Heinz-Dieter Viel

Der Codex Hammurapi

Edition Ruprecht

Inh. Dr. Reinhilde Ruprecht e.K.

Die Umschlagabbildung zeigt ein Detail des Codex Hammurapi

Die Deutsche Bibliothek verzeichnet diese Publikation in der Deutschen Nationalbibliografie; detaillierte Daten sind im Internet über http://dnb.ddb.de abrufbar.

Satz und Layout: H.D. Viel/ Karsten Riedl
Druck: dd-ag, Birkach

ISBN-13: 978-3-89744-206-1
ISBN-10: 3-89744-206-X

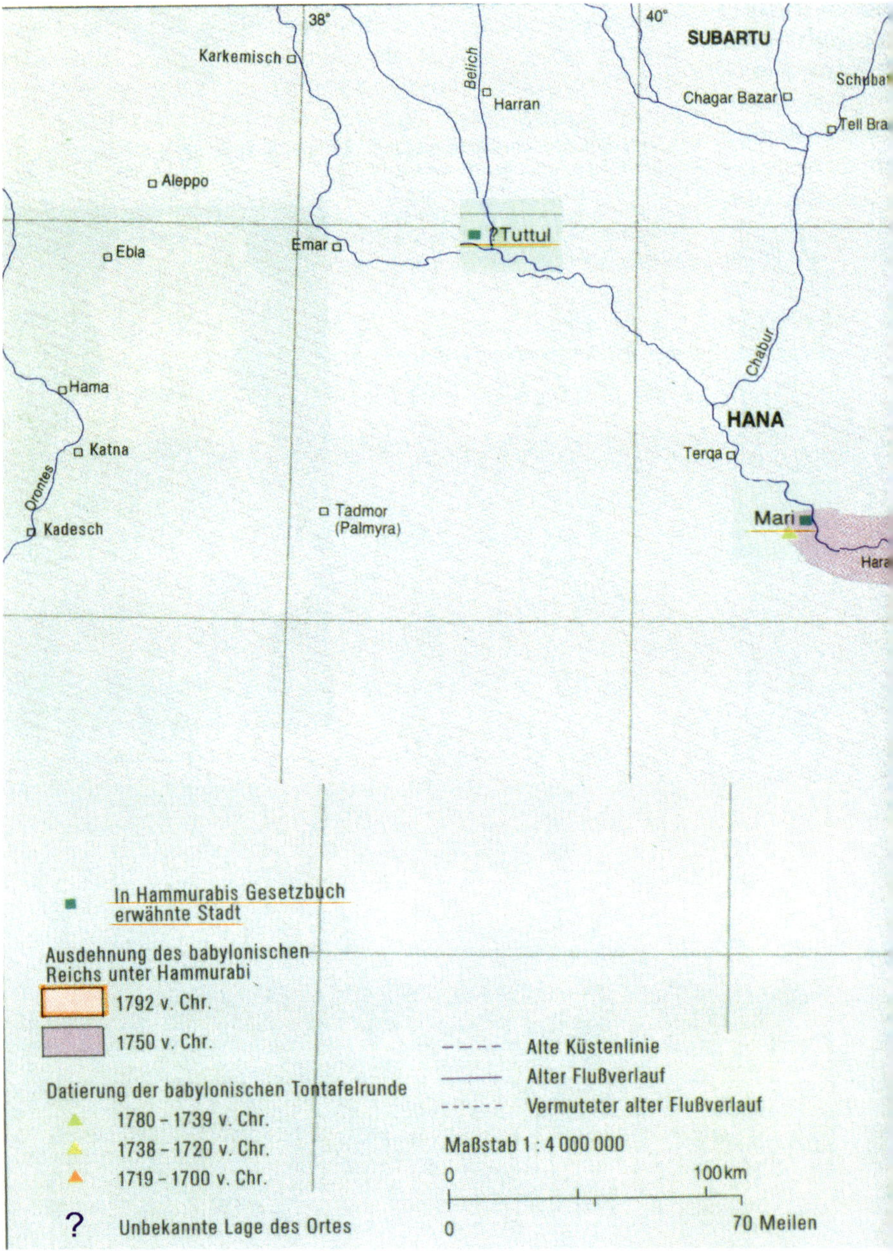
38°
40°
SUBARTU
Karkemisch
Belich
Harran
Chagar Bazar
Schuba
Tell Bra
Aleppo
?Tuttul
Ebla
Emar
Chabur
Hama
HANA
Katna
Terqa
Orontes
Tadmor
(Palmyra)
Mari
Kadesch
Hara
In Hammurabis Gesetzbuch erwähnte Stadt
Ausdehnung des babylonischen Reichs unter Hammurabi
1792 v. Chr.
1750 v. Chr.
Datierung der babylonischen Tontafelrunde
1780 – 1739 v. Chr.
1738 – 1720 v. Chr.
1719 – 1700 v. Chr.
? Unbekannte Lage des Ortes
Alte Küstenlinie
Alter Flußverlauf
Vermuteter alter Flußverlauf
Maßstab 1 : 4 000 000
0
100 km
0
70 Meilen

42°
44°
46
36
34
32
TUKRISCH
GUTIUM
Ninive
Qatara
Großer Sab
Arbil
Schuscharra
Assur
Kleiner Sab
Arrapcha
Tigris
Euphrat
WARIUM
Eschnunna
Schaddupum
Tutub
?Rapiqum
Tell Muhammad
Neribtum
Der
Sippar
?Akkad
Kutha
EMUTBAL
Babylon
Kisch
?Malgium
Borsippa
Maschkin-schapir
Kesun
Dilbat
Nippur
Marad
Isin
Adab
?Karkar
Zabalam
Umma
Girsu
Lagasch
Uruk
Kutalla
Larsa
Ur
Eridu

Tausend Dank an

PUPPA

für Ihre Geduld

und Nachsicht

wegen meiner

Rücksichtslosigkeit

Danksagung

Außer meiner Frau, deren Aufmerksamkeit ich viel zu wenig wahrnehme, verdanke ich hauptsächlich zwei weiteren Damen und einem Herrn, dass das vorliegende Werk realisiert werden konnte.

Vom zeitlichen Ablauf her seien genannt Frau Dr. Ursula Magen von den "Vorderasiaten" der Universität Frankfurt. Sie hat mich stets in meinem Vorhaben bestärkt und den Kontakt zu Frau Dr. Pientka und Herrn Prof. Dr. Walter Sommerfeld von der Philipps-Universität in Marburg, Fachgebiet Altorientalistik, vermittelt.
Trotz großer Überlastung hat sich Frau Dr. Pientka die Zeit genommen und die von mir entworfenen Keilschriftzeichen mit Herrn Prof. Dr. Walter Sommerfeld überprüft und Korrekturen vermerkt. Desweiteren hatte Frau Dr. Pientka stets ein offenes Ohr für meine Fragen und hat mir wertvolle Tipps und Literaturhinweise gegeben.
Besonderer Dank gebührt Herrn Prof. Dr. Walter Sommerfeld, der mich stets unterstützte, mehrfach zu längeren Gesprächen bereit war und äußerst wertvolle Hinweise zu den Zeichen gab. Außerdem fand er noch Zeit zur Korrektur meiner Zeichen, Schriftverkehr sowie kritisch-konstruktiver Anregungen. Weiterhin wies er mich auf spezielle Literatur und Eigenarten einiger Zeichen hin.

Ohne ihn wäre dieses Buch sicher nicht veröffentlicht worden.

Beweggründe und Vorgehensweise

Bisher existieren meines Wissens nach lediglich Zeichnungen von Keilschriftzeichen. Und wer einmal probiert hat, auch nur einen Paragraphen eines Codex´ oder einer sonstigen Urkunde zu zeichnen, weiß, wie mühevoll und schwierig dies ist.

Nun sind uns die Neu-Assyrer schon entgegengekommen, indem sie viele Zeichen stark vereinfacht haben. Trotzdem ist es häufig nicht - oder fast nicht - möglich, insbesondere für den interessierten Laien und/ oder Lernenden und wegen der ungemein großen Vielfalt und Variabilität, diese einwandfrei zu identifizieren.

Außerdem gibt es auch für den Codex Hammurapi bis heute keine Liste **aller** Zeichen mit **allen ihren Varianten**. Meistens heißt es "und ähnliche". Wer sich jedoch die entsprechenden Listen ansieht, wird schnell feststellen, dass diese sogenannten " ähnlichen" teilweise stark abweichen und dann nicht mehr zugeordnet werden können. Dies gilt insbesondere für die altbabylonischen Zeichen. Allerdings war ich bei den Varianten meistens auf die Genauigkeit des Zeichners des Buches angewiesen. Ich habe aus den zur Verfügung stehenden Exemplaren das von den meisten Experten als die am gelungensten bezeichnete Publikation von E. Bergmann, Codex Hammurabi, textus primigenus, editio tertia (Rom 1953) gewählt.
Trotzdem habe ich beim Betrachten der Dias noch zusätzliche Varianten festgestellt. Eine absolute Identität ist daher bei dem vorliegenden Buch im Verhältnis zum Original nicht möglich. Dies wäre nur der Fall, wenn eine nochmalige, peinlich genaue Abzeichnung vorgenommen werden würde. Da die Zeichen jedoch im großen und ganzen unstrittig sind und wohl nur geringfügige Änderungen vorgenommen werden müssten, ist dies zu vernachlässigen.

Ich weiß, dass sehr viele Studentinnen und Studenten - für die dieses Buch in erster Linie gedacht ist - damit große Schwierigkeiten haben und häufig gefragt wird, warum keine Einheitlichkeit besteht. Zwar existieren mittlerweile neuassyrische Zeichen, die per EDV eingegeben werden können. Wer sich diese ansieht, wird sehen, dass diese weder in der **Gestaltung** noch in der **Vollständigkeit** befriedigend sind.

Als Freund von Schriften überhaupt, aus Neugier am Unbekannten und auch aus Ärger darüber, dass das Thema nur am Rande behandelt wird, habe ich mich aufgemacht und dieses Buch gestaltet.
Ich habe dazu den allgemein bekannten C. Ḫ. als Vorlage genommen. Äußerst hilfreich war mir die im Knauf-Museum im fränkischen Iphofen stehende Replik der Stele, von dem ich ca. 80 Dias schoss, die beim Projezieren auf die Leinwand zur Identifizierung der Zeichen von großer Bedeutung waren.

Beim aufmerksamen Betrachten der Zeichen wird man auch zu dem Schluss kommen, dass wahrscheinlich mehrere Schreiber an der Erstellung mitgewirkt haben und somit auch **verschiedene Handschriften** zu erkennen wären. Während einige Teile ziemlich flüchtig und/ oder undeutlich geschrieben sind, sind andere gestochen scharf und sehr präzise.

Es ist auch sehr schade, dass man offensichtlich bei der Gestaltung solcher Werke nicht an die Lernenden denkt und/ oder damit auch nicht wissenschaftlich vorgeht. Ich meine damit, dass Wissen weitergegeben werden **muss** und man dieses nicht für sich behält. So ist es u. a. nicht nur

bedauerlich, dass zehntausende von Tontafeln in Museen oder Abstellkammern lagern und auf ihre Übersetzung und damit auf mehr Wissen für die Menschheit warten. Ich bin der festen Überzeugung, dass zur Übersetzung und damit auch zur besseren Kenntnis des Alten Orient durch sehr wahrscheinliche Neu-Entdeckungen auch sogenannte Laien bzw. Seiteneinsteiger beitragen könnten. Die Vergangenheit hat dies zur Genüge bewiesen! Dass nicht nur ich dieser Meinung bin, sondern ausgewiesene Wissenschaftler, lässt sich u. a. aus dem RLA, in dem dies ebenfalls mehrfach beklagt wird, ersehen.
Die jeweiligen Beschädigungen habe ich aus den handschriftlichen Zeichnungen übernommen und versucht, diese proportional auf den Codex zu übertragen. Allerdings erachtete ich es als nicht notwendig, die Zeichen für Beschädigung durchgehend anzuzeigen, da ja der Codex als Zeichnung vorliegt und die Kennzeichnung nur für Text sinnvoll ist.

Diese Proportionalität trifft selbstverständlich auch auf die Zeichen zu, da ich versucht habe, den Codex möglichst originalgetreu darzustellen.

Die wörtliche Übersetzung macht es manchmal schwierig, den Sinn eines Satzes zu erkennen. Andererseits gibt sie natürlich das Original wieder und ermöglicht einen sehr guten Einblick über die akkadische Grammatik (s. hierzu auch die Beilage zu dieser). Da jedoch bei manchen Sätzen bedingt durch diese wörtliche Übersetzung ein Sinn nur schwer zu erkennen ist, habe ich in Abständen den deutschen Text abschnittweise aufgeführt.

Wurden trotzdem hin und wieder sinngemäße Übersetzungen verwandt, habe ich diese **fett** gekennzeichnet oder in Klammern gesetzt.

Wenn sich die Zeichen eines Wortes über zwei Zeilen erstrecken, wurde die Übersetzung in die zweite Zeile geschrieben.

Die deutsche Bedeutung der (nicht zu sprechenden) Determinative wurde eingeklammert.

Die jeweiligen Zeichenfehler wurden übernommen, beim Text dann aber fett und in Klammern darauf hingewiesen und der Name des richtigen Zeichens vermerkt (Bsp.: šu **(nicht ma!)**).

Aus verschiedenen Gründen habe ich den C. Ḫ. auch in neuassyrischer Keilschriftzeichen erstellt.
Mindestens Teile von ihm wurden selbst noch in spätbabylonischer Zeit öfter zu Lehrzwecken oder literarhistorischen Gründen abgeschrieben. Dies dürfte für Lernende auch heute noch zutreffen.

Alle u. a. Jahresdaten sind solche vor unserer Zeitrechnung. Im gegenteiligen Falle werden diese mit u. Z. (= unsere Zeitrechnung) versehen.

Schließlich kann auch ich - wie die gelehrten Schreiber - mich nicht frei von Fehlern sprechen und bin für Hinweise auf dieselben sehr dankbar, um Korrekturen vornehmen zu können.

Hammurapi und sein Codex

Nicht durch eine gigantische Mauer oder einen bis an den Himmel reichenden Turm, sondern durch eine ca. 2,25 m hohe Gesetzesstele aus schwarzem Diorit, die im Dezember 1901 und Januar 1902 auf der Akropolis von Susa gefunden wurde, ging Hammurapi in die Geschichte ein.

Sie bestand aus drei Bruchstücken, die aber leicht zusammengesetzt werden konnten.

Die Stele war neben zahlreichen anderen Denkmälern von dem elamischen König Šutruknaḫḫunt/ de zu Beginn der 12. Jhdts. aus Babylon entführt worden.

Zwar kennen wir auch andere, sogar ältere Werke, wie die Codizes Urnammu, Lipit-Ištar oder den von Ešnunna. Diese sind uns aber leider nur als Ausfertigungen oder Abschriften von Tontafeln erhalten, während wir beim C. Ḫ. das Original in einer besonderen altbabylonischen Monumentalschrift bestaunen können.

Die Abfassung des Codex scheint sich über mehrere Jahre hingezogen zu haben und ist wohl nach dem 37. oder 38. Regierungsjahr Hammurapis, also zum Ende seiner Herrschaft hin, entstanden.

Unter einem Relief, das den König in bittender Haltung vor dem Gott der Sonne und Gerechtigkeit, Šamaš, zeigt, werden in einem Prolog, zweihundertzweiundachtzig Paragraphen und einem Epilog Vergehen gegen das Eigentum, Ehe, Scheidung, Adoption, Kauf und Verkauf, Darlehen, Entlassungen, Verleumdung, korrupte Rechtsprechung, Diebstahl, Hehlerei, Raub, Plünderung, Einbruch, Mord, Preise und Löhne, Sklaverei und vieles mehr mit ihren jeweiligen Strafen aufgelistet (s. a. Gliederung).

Von einem modernen Gesetzeswerk unterscheiden sich alle bekannten o. a. Codizes auch dadurch, dass sie keineswegs alle möglichen Rechtssituationen auszuschöpfen suchen. Auch der Vergleich mit den sehr zahlreich vorhandenen altbabylonischen Vertrags- und Gerichtsurkunden zeigt seine Lückenhaftigkeit auf.

Die Literatur, die sich an die Veröffentlichungen des C. Ḫ. angeschlossen hat, nimmt in der rechtshistorischen Forschung einen außerordentlich breiten Raum ein. Zugleich stellt er aber auch das größte zusammenhängende Denkmal der altbabylonischen Literatur und insofern das Zeugnis par excellence für die klassische altbabylonische Sprache dar. Während der Teil der Paragraphen in der Kanzleisprache Hammurapis abgefasst ist, sind Prolog und Epilog in teilweise archaisierendem und hymnischem Stil komponiert.

Mit seinen Neuerungen hebt sich der C. Ḫ. grundsätzlich von seinen sumerischen Vorgängern ab. Neu ist nicht nur die außergewöhnliche Schärfe der Strafbestimmungen, die sehr häufig angedrohte Todesstrafe durch Erschlagen, Ertränken, Verbrennen, vom Turm stürzen etc. oder auch Verstümmelungen. Neu ist auch das Talionsrecht, die Vergeltung von Gleichem mit Gleichem bei Körperverletzung oder fahrlässiger Tötung.

Blutige Strafklauseln und Talion sind ein Zug des Rechtes altbabylonischer Zeit, der es grundsätzlich von der Rechtspraxis der Sumerer oder der sumerisch bestimmten Tradition des

Codex Lipit-Ištar unterscheidet. Die Herkunft dieser Neuerungen muss zweifellos der sogenannten kanaanäischen Schicht zugeschrieben werden.

Sicher ist, dass die zu einem Grossteil drastischen Strafen in Wahrheit nicht angewendet wurden.

Wie auch immer es um die Gültigkeit des C. Ḫ. bestellt sein mag, als Literaturwerk wurde er so hoch geschätzt, dass man ihn in Schreiberschulen bis ins erste Jahrtausend hinein tradierte. Mehrere Tontafeln mit Auszügen wurden in der Bibliothek Aššurbanipals in Ninive gefunden.

So hat sich ein König, der sogar selbst der Schrift kundig war, eines der größten Denkmäler des vorderasiatischen Altertums gesetzt.

Wichtig zu wissen ist, dass die Schreibrichtung der Kolonnen auf der Stele von rechts nach links horizontal verläuft.

Index

Danksagung **5**

Beweggründe und Vorgehensweise **7**

Hammurapi und sein Codex **9**

Index **11**

Gliederung des C. H. **13**

Im Codex vorkommende Determinative (altbabylonische Zeichen) **15**

Im Codex vorkommende Determinative (neuassyrische Zeichen) **17**

Weitere Determinative **19**

Selten vorkommende Zeichen im C. H (< 5 x) **23**

Direkte Gegenüberstellung der altbabylonischen mit den neuassyrischen Zeichen **27**

Sumerogramme **41**

Eigennamen **61**

Kurzexkurs in die akkadische Grammatik **113**

Die Zeichen des C. H. - altbabylonisch - (numerisch) **119**

Die Zeichen des C. H. - dto. - (alphabetisch) **135**

Die Zeichen des C. H. - dto. - (paläographisch) **163**

Die Zeichen - neuassyrisch - (numerisch) **181**

Die Zeichen dto. - (alphabetisch) **229**

Zeichen, die identisch geblieben sind oder sich nur geringfügig änderten **329**

Der Codex Hammurapi **333**

Transkription **753**

Bemerkungen zu den Zeittafeln **773**

Zeittafel 1 (Tafel 1) **775**

Zeittafel 2 (Tafel 2) **777**

Die Entwicklung der Schrift vom Ursprung bis um 1.000 v. u. Z. (Tafeln 3 und 4) **779**

Die Entwicklung der Schrift von Ugarit (ca. 1.200 v. u. Z.) bis heute (Tafeln 5 und 6) . **783**

Maße, Gewichte und Zeiteinheiten (Tafel 7) **787**

Quellennachweis **789**

Gliederung des Codex Hammurapi

Inhaltlich lässt sich der Rechtstext in zwei große Abschnitte einteilen:

Prolog und Epilog knüpfen in ihrer Gestaltung an sumerische Vorbilder an und lassen einen ausgezeichneten Überblick über die hauptsächlich verehrten Götter sowie der wichtigsten Städte des Reiches zu.

Die ersten 41 Paragraphen widmen sich Problemen, die unmittelbar die Interessen des Palastes und der Tempel sowie die Aufrechterhaltung der öffentlichen Ordnung berühren. Dazu zählen strafrechtliche Bestimmungen, die mit der Durchführung von Prozessen im Zusammenhang stehen (§§ 1 - 5), eine Reihe von Kapitaldelikten (§§ 6 - 25) sowie Rechtsfälle, die im Bereich des "ilku"-Systems angesiedelt sind und somit die in einem Dienstpflichtverhältnis zum König stehenden Personen betreffen (§§ 26 - 41).

Aus einigen Paragraphen wird deutlich, dass Eigentumsdelikte gegen Palast und Tempel als besonders schwerwiegend angesehen wurden. So wurde z. Bsp. jenem die Todesstrafe angedroht, der sich am Eigentum des Palastes oder Tempels verging bzw. als Hehler das gestohlene Gut in Empfang nahm (§ 6). Handelte es sich um Vieh oder Schiffe, hatte der Delinquent eine hohe Geldbusse zu entrichten. Bei einer Insolvenz drohte ihm ebenfalls die Todesstrafe (§ 8). Auch die Unterstützung der Flucht von Sklaven des Palastes galt als Kapitaldelikt (§§ 15 f.).

Die Aufnahme von Bestimmungen, die Rechtsfälle im Zusammenhang mit den Dienstpflichten von Soldaten und zivilen Dienstleuten sowie die Einschränkung ihrer Verfügungsgewalt über zugewiesene Felder, Häuser und Gärten zum Gegenstand haben, zeigt deutlich das Interesse des Gesetzgebers an einem reibungslosen Funktionieren des mit königlichen Landzuweisungen verbundenen Systems der Dienstverpflichtung.
Der zweite große Abschnitt (§§ 42 - 282) handelt von Bestimmungen zum Vermögensrecht (§§ 42 - 126), Familien- und Erbrecht (§§ 128 - 193), Körperverletzung und Sachbeschädigung (§§ 196 - 240) und letztlich vom Thema Arbeit, wie Vieh-, Personen- und Schiffsmiete (§§ 241 - 277) sowie Sklavenrecht (§§ 278 - 282).
(Aus "Kulturgeschichte des alten Vorderasien" von Horst Klengel u. a., Akademie Verlag, Berlin)

Im Codex Hammurapi vorkommende

DETERMINATIVE

- altbabylonisch -

Determinative (Deutezeichen) kennzeichnen die Klasse, zu der ein Wort gehört (z. Bsp.: Mann, Frau, Gott, Stadt, Fluss etc.). Sie werden vor bzw. hinter dem entsprechende Wort in kleinen Buchstaben hochgesetzt und nicht ausgesprochen. So unterscheiden die Determinative "dingir" (abgekürzt ^{d}) = sumerisch für Gott und "^{uru}" bzw. "^{ki}" = sumerisch für Stadt, ob der Gott Aššur = ^{d} Aššur oder die Stadt Aššur = Aššur ^{ki} gemeint ist.

Zeichen	Nr.	Bezeichnung	Bedeutung
	10	d	vor Götternamen
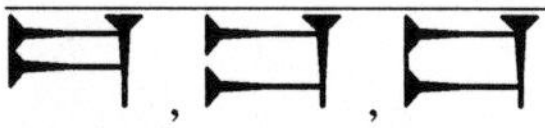	469	giš	vor Baum-, Holz- und Gerätenamen
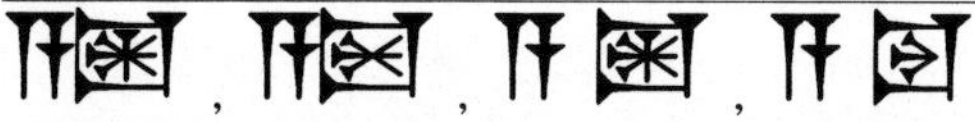	839c	íd	vor Flüssen
	174	iku	vor Flächenmassen
	737	ki	nach Länder- und Städtenamen
	16	kuš	vor Lederwaren
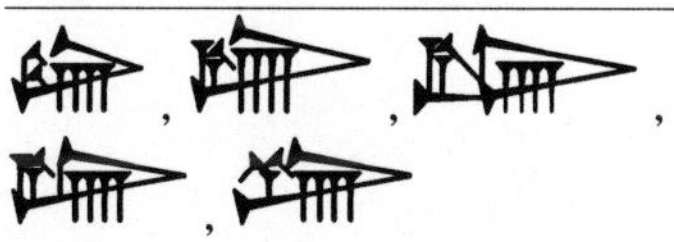	14	lú	vor Berufs- und Völkernamen
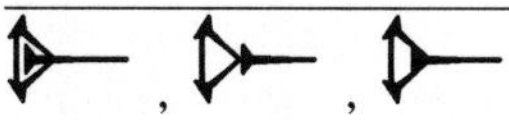	883	mí	vor weibl. Namen, Tieren und Berufen
	579	še	vor Getreidearten
	71	uru	vor Städtenamen
	311	uzu	vor Körperteilen

Im Codex Hammurapi vorkommende

DETERMINATIVE

- neuassyrisch -

Zeichen	Nr.	Bezeichnung	Bedeutung
	10	d	vor Götternamen
	469	giš	vor Baum-, Holz- und Gerätenamen
	839c	íd	vor Flüssen
	174	iku	vor Flächenmassen
	737	ki	nach Länder- und Städtenamen
	16	kuš	vor Lederwaren
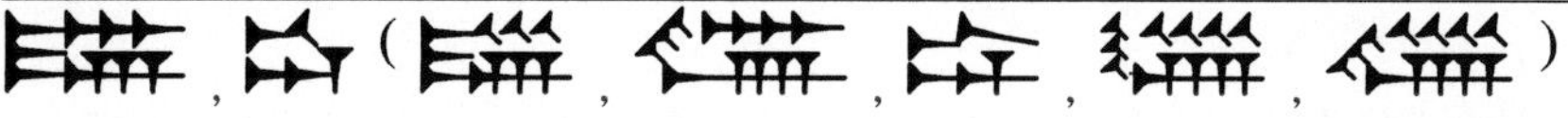	14	lú	vor Berufs- und Völkernamen
	883	mí	vor weibl. Namen, Tieren und Berufen
	579	še	vor Getreidearten
	71	uru	vor Städtenamen
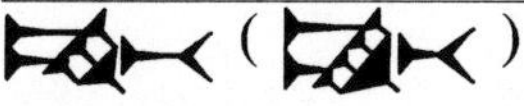	311	uzu	vor Körperteilen

weitere DETERMINATIVE

Zeichen	Nr.	Bezeichnung	Bedeutung
	748	I	vor Personennamen
	825	II	nach Dualzeichen
	839a	àm	nach Zahlen
	353	anše	vor Pferden und Kamelen
	3	didli	nach Pluralzeichen
	499	dug	vor Gefässnamen
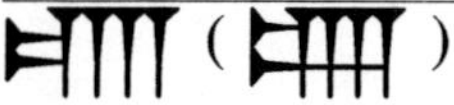	495	é	vor Gebäuden
	883	f	vor weibl. Namen, Tieren und Berufen
	157	gada	vor Leinengewändern
	141	gi	vor Rohrgegenständen
	469	giš	vor Baum-, Holz- und Gerätenamen
	472	gu_4	vor Rindern
	856	ḫa	vor Fischnamen

Zeichen	Nr.	Bezeichnung	Bedeutung
	631a	ḫá	nach Pluralzeichen
	385	ia$_4$	vor Steinnamen
	641	im	vor Winden
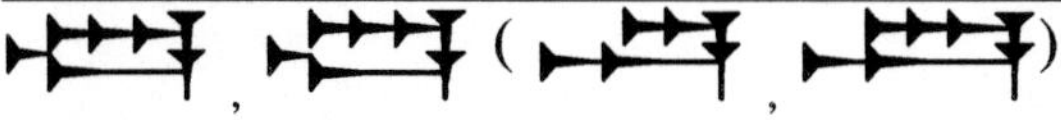	20	iti, (itu)	vor Monatsnamen
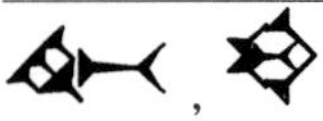 (-> a. # 595)	640	kam	nach Zahlen (bes. Ordinal-)
	254	kám	dto.
	856	ku$_6$	nach Fischnamen
	578	kur	vor Ländernamen (oft mitzulesen!)
	748	m	vor Personennamen
	753	me	nach Pluralzeichen
	754	meš	nach Pluralzeichen
	825	min, Zahl 2	nach Dualzeichen
	247	mul	vor Sternnamen

Zeichen	Nr.	Bezeichnung	Bedeutung
	883	munus	vor weibl. Namen, Tieren und Berufen
	132	mušen	nach Vogelnamen
	385	na_4	vor Steinnamen
	748	p	vor Personennamen
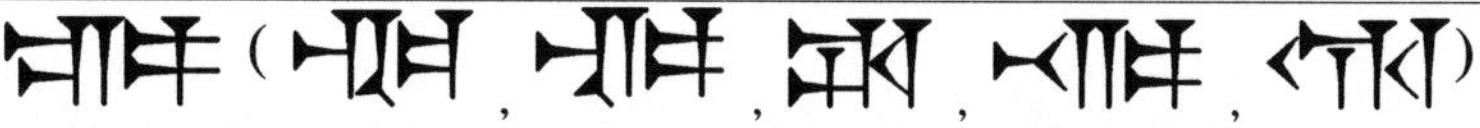	184	sag	vor arad (# 18) = Knecht bzw. Sklave und géme (# 890) = Magd/Sklavin
	883	sal	vor weibl. Namen, Tieren und Berufen
 (auch wie # 271)	541	sar	nach Kräutern
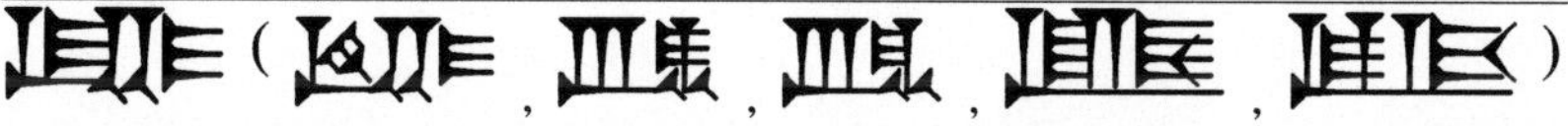	816	síg	vor Wollstoffen
	362	šim	vor Parfümpflanzen
	248	ta (- àm)	nach Zahlen
	589	te	vor Sternnamen

Zeichen	Nr.	Bezeichnung	Bedeutung
	827	tug	vor Kleidungs-stücken
	490	ú	vor Pflanzennamen
	812	udu	vor Säugetieren
	698	ul	vor Sternnamen
	230	urudu	vor Metallsachen
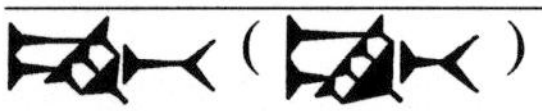	311	uzu	vor Körperteilen
	385	zá	vor Steinnamen
	259	zí	vor Mehlarten

Selten vorkommende Zeichen im C. Ḫ. (< 5 mal)

altbabylonisch	neuassyrisch	Nr.	Bedeutung	Fundstelle
		8	ušum	Prolog
 (§ 274 Zeichen nicht vollständig erkennbar!)		13	zadim	§ 274
		17	šen	Epilog (2 x)
		23	šaḫ	§ 8
		61	eme	§ 192
		64	nag	Prolog
		99	qa, sìla	§ 121, § 270
		115	šir	Prolog
		130	máš	§ 270
		131	kun	§ 248
		152	múš, tišpak	Prolog
		157	gad	§ 261, § 274
		173	ašgab	§ 274
		292	sì	§ 187, § 192, § 193
		302	kaskal	§ 33
	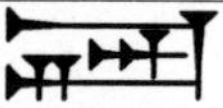	392	ama	Epilog (2 x)

altbabylonisch	neuassyrisch	Nr.	Bedeutung	Fundstelle
	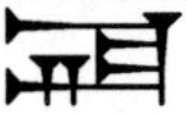	435	par$_4$	Prolog
	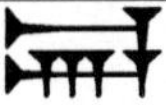	438	ták	§ 235
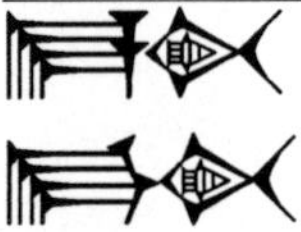		455	ubur	§ 194
		512	dùl	Prolog
		535	šeš	Prolog
 **(§ 274 Zeichen nicht vollständig erkennbar!)**		547	simug	§ 274
		550	banlimmu	§ 272
		551	bania	§ 111
		559	bur	Prolog
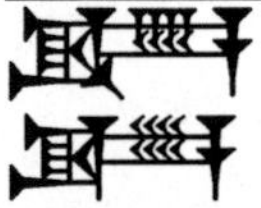		571	sa$_6$	Prolog, § 142
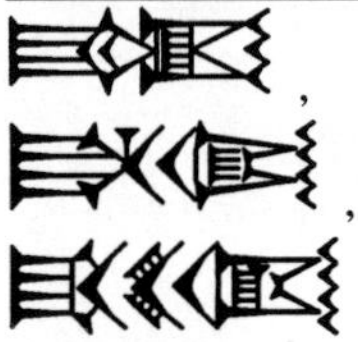		573	alam	Epilog (3 x)
		619	ùsan	§ 202
		705	gig	§ 181
		721	du$_6$	Epilog

altbabylonisch	neuassyrisch	Nr.	Bedeutung	Fundstelle
		751a?	$šur_4$ = LAL-SAR	Prolog
		767	zar	Epilog
		809	túg	§ 260, § 274
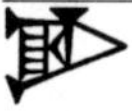		815	kin	§ 260
		819	gur_7	Prolog
		833	udug	Epilog (2 x)
		850	nieš	§ 271
		871	kèš	Prolog
		893	nagar	§ 274

KEILSCHRIFTVERZEICHNIS

des

CODEX ḪAMMURAPÍ

ALTBABYLONISCH/ NEUASSYRISCH

Sortierung - numerisch -

Direkte Gegenüberstellung der im C. Ḫ. jeweils am meisten vorkommenden Zeichen

Für die sonstigen Bedeutungen im Neuassyrischen -> dort.

altbabylonisch	neuassyrisch	Nr.	Bedeutung im C.
		1	aš, dil, Zahl 1
		2	ḫal
		4	Zahl 3 ($eš_6$)
		5	bal, bala
		6	gír
		8	ušum
		9	tar
	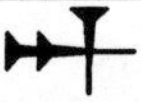	10	an, dingir, èl, ìl
 (§ 274)		13	zadim
	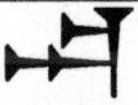	14	ba, pá
	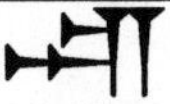	15	sú, ṣú, zu
		16	kuš, su
		17	šen
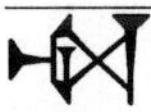		18	ìr
	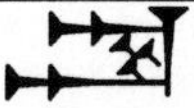	19	árad

altbabylonisch	neuassyrisch	Nr.	Bedeutung im C.
		20	itu
		23	šaḫ
		24	ka, zú
		61	eme
		64	nag
		71	rí, uru
	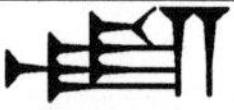	85	le, li
	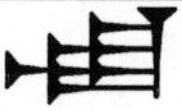	86	tu, ṭú
		89	la
		90	apin
		91	maḫ
		98	mu
		99	qa, sìla
		110	na
		111	ru
		112	nu
	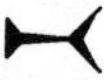	113	bad, bat, be
		115	šir
		117	numun, zer, zir

altbabylonisch	neuassyrisch	Nr.	Bedeutung im C.
		118	ti, ṭì
		119	din
		121	bar, pár
		122	bán, maš , ½
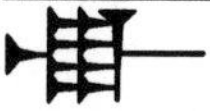	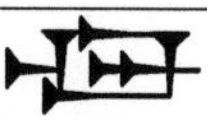	127	ag, ak, aq
		130	máš
		131	kun
		132	ḫu
		134	nam, sín
		136	ek, eq, gál, ig, ik, iq
		140	sé, sí, ṣí, ze, zi
		141	ge, gi
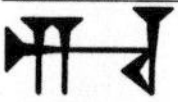		142	re, ri
		143	nun
		145	tùr
		148	kab, kap
		152	múš, tišpak
		153	innin, mùš
		157	gad

altbabylonisch	neuassyrisch	Nr.	Bedeutung im C.
		164	en
		165	$buru_{14}$
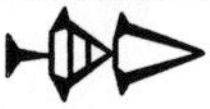		167	tim
		172	sa
		173	ašgab
		174	gán, iku, kán
		176	gú
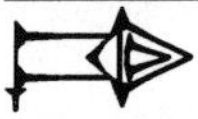		178	dur, ṭur
		179	gun (= gú-un)
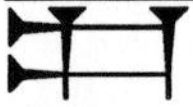		180	gur
		181	si
		183	dar, tár, ṭár
		184	sag
		201	má
		209	tab, tap
	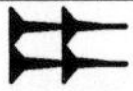	215	lím, Zahl 4
		217	$aš_4$, Zahl 6
		219	Zahl 8 (ússu)
		221	šum

altbabylonisch	neuassyrisch	Nr.	Bedeutung im C.
		222	ká
		223	ab, ap
		232	eri$_{11}$, unug
		238	um (s. auch # 314)
		242	ṭup (nur in ṭuppu)
		248	ta
		252	i
	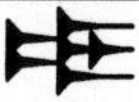	253	gan, ḫé
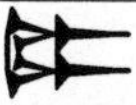	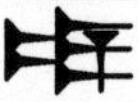	255	bànda, dumu, tur
		258	ad, at, aṭ
		259	si$_{20}$, ṣe, ṣi, zé, zí
		260	ia, iu
		261	in
		266	lugal, šàr
		292	sì
		296	ug, uk, uq
		297	as, aṣ, az
		298	du$_8$
		302	kaskal

altbabylonisch	neuassyrisch	Nr.	Bedeutung im C.
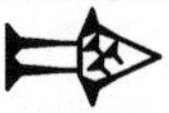		309	am
		311	uzu
		312	bíl
		313	bí, bil, dè, lám, ne
		333	šám
		339	kum, qum
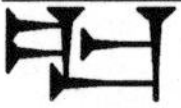	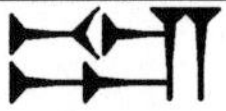	341	úr
		348	il
		350	du, rá
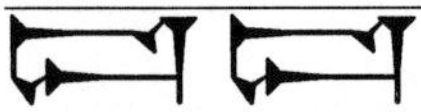		350b?	laḫ$_{5}$ (= DU.DU)
		351	suḫuš
		353	anše
		354	dum, tum
		357	iš
		358	bé, bi, kaš, pé, pí
		362	šim
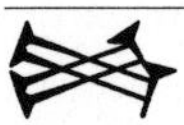	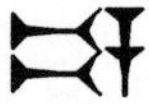	378	kib
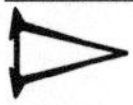		379	dù, gag
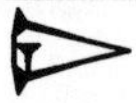		380	ì, lí, ni

altbabylonisch	neuassyrisch	Nr.	Bedeutung im C.
		381	ús, uš
		385	na_4
		387	ba_4, gá, mà
	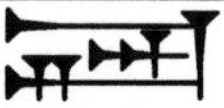	392	ama
		411	ùr
	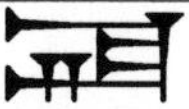	435	par_4
		437	er, ir
		438	ták
		455	ubur
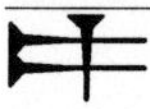	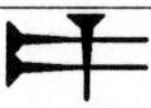	465	banmin, gidru, pa, zág
		468	sipa
		469	eṣ, ez, giš, is, iṣ, iz
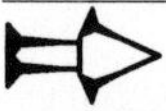		472	gu_4
		474	al
		483	mar
		484	kid
		484	líl
		486	kišib, miš (s. a. # 238)
		490	ú

altbabylonisch	neuassyrisch	Nr.	Bedeutung im C.
		491	ga, kà, qá
		493	íl, íla
		494	luḫ
		495	é
		496	dan, kal, lamma
		498	e
		500	kalam
		501	un
		504	ub, up
		507	gi_4
		511	ra
		512	dùl
		514	lú
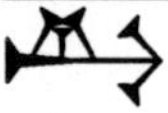		535	šeš
		541	$kiri_6$, šar
	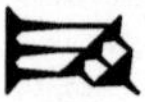	543	gàr, qar
		545	múru (? --> § " 243 ")
 (**§ 274**)		547	simug
		548	ás, áš

altbabylonisch	neuassyrisch	Nr.	Bedeutung im C.
		550	banlimmu
		551	bania
		552	ma
		553	gal, kál, qal
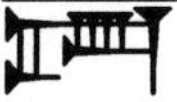		556	aga
		558	kir, piš, qer, qir
		559	bur
	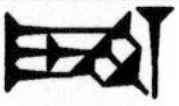	560	á, ed, et, eṭ, id, it, iṭ
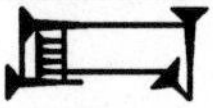		561	da, ṭa
		566	ša
		567	šu
		567	ŠU.NÍGIN
		571	sa_6
	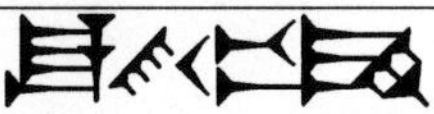	573	alam
		578	kur
		579	še
		580	bu, gíd, pu
		583	uṣ, uz
		587	ter, tir

altbabylonisch	neuassyrisch	Nr.	Bedeutung im C.
		589	te, ṭe$_4$
		590	kar
		596	babbar, tam, u$_4$, ud, utu, uṭ
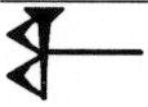		598	pe, wa, we, wi, wu
		599	šà
		611	úḫ
		612	erim
		619	ùsan
		629	Zahl 30
		631	ḫá, ḫe, ḫi
		631a	ḫá (ḫi-a)
		635	a' (ident. mit # 636)
		636	aḫ, eḫ, iḫ (ident. mit # 635)
		640	kam
		641	em, im, iškur
		644	ḫar, ḫur, mur
		661	bùr, (eš$_4$? iš$_8$?), Zahl 10

altbabylonisch	neuassyrisch	Nr.	Bedeutung im C.
		670	(eš$_4$, iš$_8$ = # 661) und tár = # 183 zusammengeschrieben (→ **RLA**) ištar
		672	áb
		678	kiš (vgl. # 701)
		681	gi$_6$, gíg, mi
		682	gul, kúl, qúl
		684	šáman
		686	šitim
		690	nim
		693	lam
		695	amar, ṣur
		698	ul
		701	gìr, nè (vgl. # 678)
		705	gig
		708	Zahl 20
		711	eš, Zahl 30
		714	ninnu, Zahl 50
		721	du$_6$

altbabylonisch	neuassyrisch	Nr.	Bedeutung im C.
		724	igi, lem , lim, mè, mì, ši
	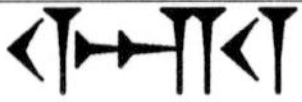	726	ar
		731	ù
		736	de, di, ṭi
		737	ki, qé, qí
		745	kù
		746	pad
		748	Zahl 1, Zahl 60
		750	lá
		751a?	šur$_4$ (= LAL-SAR)
		753	me
	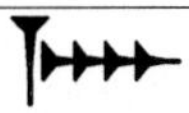	754	meš
	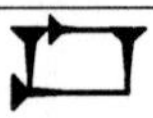	755	nígin
		756	engur
	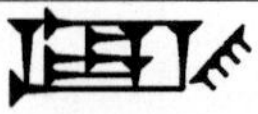	766	u$_8$
		767	zar
		807	eb, ep, ib, ip
		808	ku, qú, tukul

altbabylonisch	neuassyrisch	Nr.	Bedeutung im C.
		809	túg
		810	ḫun
		812	lu, udu
		815	kin
		816	síg
		819	gur_7
		825	min, Zahl 2
		826	⅓ (šušana)
		828	ur
		833	udug
		834	Zahl 3 ($eš_5$)
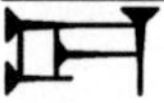		836	gín
		839	a
		839c	íd
		850	nieš
		851	sà, ṣa, za, Zahl 4
		856	ḫa
		859	níg
		861	ía, Zahl 5

altbabylonisch	neuassyrisch	Nr.	Bedeutung im C.
		862	Zahl 6
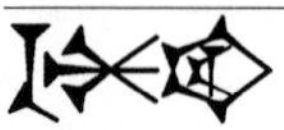		871	kèš
		881	šì
		883	mí, sal
		883a?	lukur (= MUNUS.ME)
		884	súm
		887	nin
		889	dam, tám, ṭam
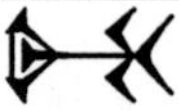		890	géme
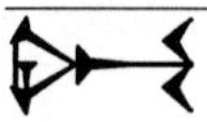		891	gu
		893	nagar
		899	el
		900	lum , núm
	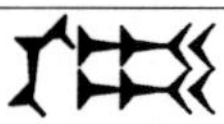	905	gar_8, sig_4

SUMEROGRAMME im Codex Hammurapi

(alphabetische Reihenfolge (die jeweiligen Determinative wurden nicht aufgeführt))

Anmerkung: Die Zeichen KEŠDA, GU_7 und UR_5 können nicht dargestellt werden, da diese sich in den zerstörten Bereichen befinden und nur aufgrund der verschiedenen, mir nicht vorliegenden, Kopien als solche identifiziert wurden.

Sumerogramm	altbabylonisch	neuassyrisch	akkadisch	deutsch
A.BA		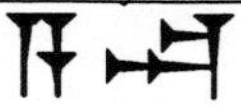	abum	Vater
Á		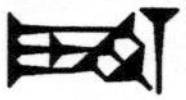	idum	Miete, Entgelt
ÁB.GU_4.ḪÁ	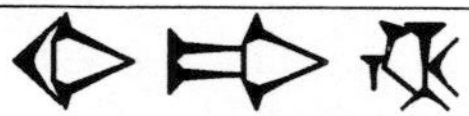		sugullum? liātum?	Rindvieh
AB.SÍN	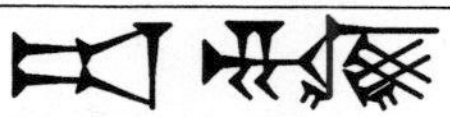		šerʾum	Saatfurche
ABUL (= KÁ.GAL)		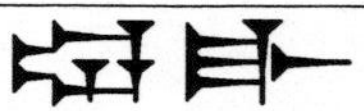	abullum	Stadttor
AD.KID		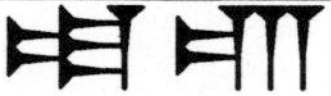	atkuppum	Rohrmattenflechter
AGA			agûm	Krone
AGA.UŠ			redûm	Soldat
A.GÀR			ugārum	Schuld

Sumerogramm	altbabylonisch	neuassyrisch	akkadisch	deutsch
A.GÀR			ugārum	Feldflur, Ackerland
ALAM			ṣalmum	Statue, Figur, Bild
AL.DÙ-a-am			aldûm	Saatgut (bestimmte Menge oder AL.DÙ.A-am Korn für die Aussaat)
AMA		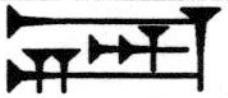	ummum	Mutter
AMAR.UTU			Marduk	Gott Marduk
AN			Anum	Gott Anu
AN.DÙL			ṣulūlum	Schirm
ANŠE			imērum	Esel
A.NUN.NA			Anunnaku	Götter der Erde und Unterwelt
APIN			epinnum	Pflug

Sumerogramm	altbabylonisch	neuassyrisch	akkadisch	deutsch
APIN.TÚG.KIN			ḫarbum	Umbruchpflug
A.RÁ		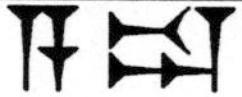	adi	bis, innerhalb, während
ARARMA (= UD.UNUG)			Larsa	Stadt Larsa
A.ŠÀ			eqlum	Feld
AŠGAB			aškāpum	Leder(be-)arbeiter
A. šur$_4$ (= LÀL.SAR)		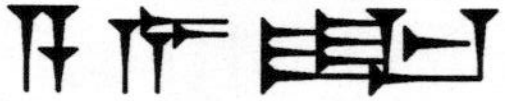	A-šur$_4$ (Aššur)	Stadt Assur
A.ZU		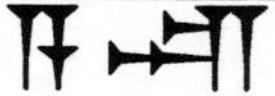	asûm	Arzt, "Wasserkundiger"
Á.ZÁG	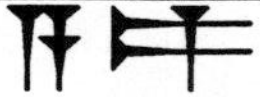		asakkum	Krankheitsdämon
BALA			palûm	Regierungszeit, -jahr
BÁN			sūtum	Messgefäss, Hohlm. (1 l), Pachtabgabe
BANIA				5 Liter

Sumerogramm	altbabylonisch	neuassyrisch	akkadisch	deutsch
BANLIMMU			4 šá	ca. 4 Liter
BANMIN (= PA)				2 Liter
BUR.GUL	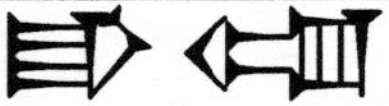		purkullum	Siegelschneider
BÙR^{iku}.E				6 ½ ha
BURANUN (= UD.KIB.NUN.NA)			Purattum	Euphrat
BURU$_{14}$			ebūrum	Erntezeit
DAM.GÀR			tamkārum	Kaufmann
DINGIR			ilum	Gott
DINGIR.GAL.GAL	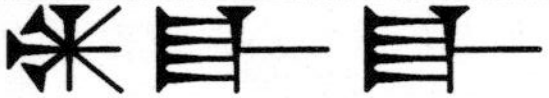		ilī rabûtim	die grossen Götter
DU$_6$			tīlum	Schutthügel, Ruine
DUMU			mārum	Sohn

Sumerogramm	altbabylonisch	neuassyrisch	akkadisch	deutsch
DUMU.A.GÀR.MEŠ			mārūm ugārim?	Flurbewohner
DUMU.MEŠ			mārūm	Kinder, Söhne
DUMU.MÍ			mārtum	Tochter
DUR.AN.KI			Duranki	Band des Himmels
É			bītum	Haus
É.GAL			ekallum	Palast
É.GAR$_8$			igārum	Wand
É.GI$_4$.A			kallatum	Schwiegertochter
EME		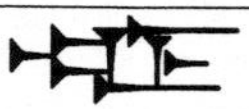	lišānum	Zunge, Sprache
EN.KI		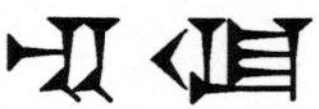	Ea (Enki)	Gott Ea/ Enki
EN.LÍL			Enlil (Ellil)	Gott Enlil
ENGAR			ikkarum	Landmann

Sumerogramm	altbabylonisch	neuassyrisch	akkadisch	deutsch
ÉNSI (= PA.TE.SI)			iššiakum	Stadtfürst
ERIM			ṣābum ummānum	Frondienst Heer, Menschenmenge
ÉZINA (= ŠE.TIR)			ašnanum	Korn, Getreide
GÁ.GI$_4$.A			gagûm	Art Frauenkloster
GAD			kitîm	Leineweber?
GAL.UŠUM	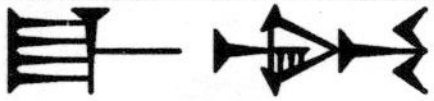	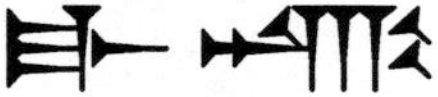	ušumgallum	Drache
GÁN.ÚR		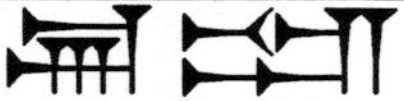	maškakātum	Egge
GANBA (= KI.LAM)			maḫīrum	Handelswert
GÉME	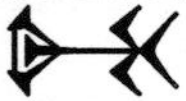		amtum	Sklavin
GÉME.ḪÁ			amātum	Sklavinnen
GIDIM$_4$ (udug)			eṭemmum	Totengeist

Sumerogramm	altbabylonisch	neuassyrisch	akkadisch	deutsch
GIDRU			ḫaṭṭum	Stab, Zepter
GÍN	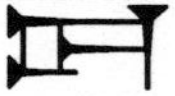		šiqlum	Schekel
GÌR	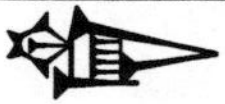		šēpum	Fuss
GÍR.GAG.ZABAR (= UD.KA.BAR)			karṣ/ zillum	Stilett, Skalpell
GÌR.PAD.DU			eṣemtum	Knochen
GÌR.SÌ.GA			qirsiqûm (girsequm)	Diener, Wärter
GÍR.SU			Giršîm	Stadt Girs (š) u
GU.DU$_8$.A			Kutâ	Stadt Kutha
GU.ZA	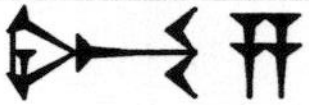		kussûm	Stuhl, Thron
GU$_4$	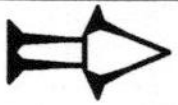		alpum	Rind
GU$_4$.Á.ÙR.RA		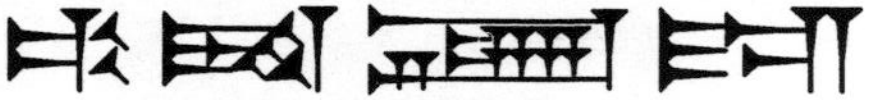	alpim warkīm? alpim ša warka?	hinteres Rind beim Pflügen

Sumerogramm	altbabylonisch	neuassyrisch	akkadisch	deutsch
GU_4.ÁB.MÚRU.SAG	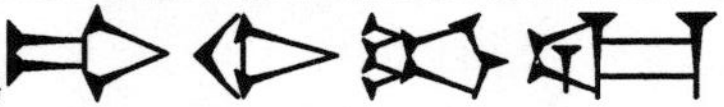			alpim qablīm? alpim ša qabla? mittleres o. vorderes Pflugrind
GUN (= GÚ.UN)		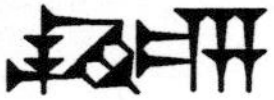	biltum	Abgabepflicht
GUR	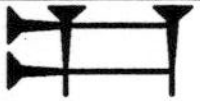		Kor	ca. 300 l
GUR_7.GUR_7			karûm	Getreidegarben, - haufen, Speicher
GUŠKIN (= KÙ.GI)			ḫurāṣum	Gold
ḪA.LA		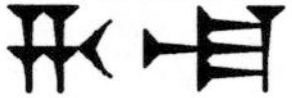	zittum	Anteil
ḪÉ.GÁL			ḫegallum	Überfluss
ḪUN.GÁ	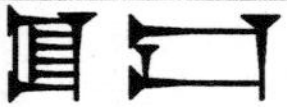		agrum	Mietling
Ì.GIŠ	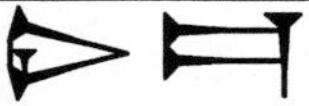		šamnum	Öl
IB	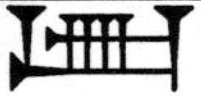		Uraš	Gott Uraš

Sumerogramm	altbabylonisch	neuassyrisch	akkadisch	deutsch
IBILA (= TUR.UŠ)			aplum	Erbsohn
ÍD			nārum	Fluss, Wasserlauf, Kanal
IGI			īnum	Auge, Quelle
IGI.GÁL		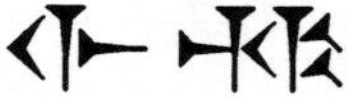	igigallum	Weisheit
IM			Karkara	Stadt Karkara
INNIN			Ištar	Göttin Ištar
IŠKUR			Adad	Gott Adad
ITU		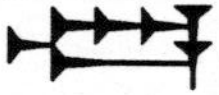	warḫum	Monat
KA			pûm	Mund, Maul
KÁ			bābum	Tor, Tür
KA.KEŠDA	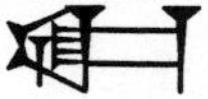 ? (§ 69+c)		kiṣrum	Knoten, Zusammen-ballung, Miete

Sumerogramm	altbabylonisch	neuassyrisch	akkadisch	deutsch
KÁ.DINGIR.RA			Babilum	Stadt Babylon
KALAM			mātum	Land
KAM				Anzahl (x-fach)
KANKAL (= KI.KAL)			nidûtum	Brachland
KAR			kārum	Deich
KASKAL			ḫarrānum	Feldzug, Reise, Weg, Strasse, Karawane
KAŠ			šikarum	Bier
$KIRI_6$			kirûm	Baumgarten
KISLAḪ (= KI. UD)			maškanum	Tenne
KIŠ			kiššatum	Gesamtheit, Welt, alle(s)
KIŠIB.LA			rittum	Hand

Sumerogramm	altbabylonisch	neuassyrisch	akkadisch	deutsch
KÙ.BABBAR			kaspum	Geld
KUN			zibattum	Schwanz, Schweif, Nachhut
LAMMA			lamassum	Schutzgötter (-in)
LUGAL			šarrum	König
LUKUR (= MUNUS.ME)			nadītum	spez. Priesterin, "Brachliegende", "Kinderlose"
MA.NA				Mine (Gewicht)
MÁ			eleppum	Schiff
MÁ.LAḪ₅ (= DU.DU)	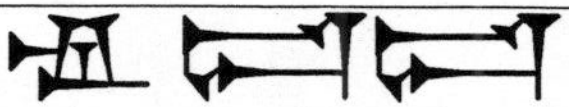		malāḫum	Schiffer
MÀ.AL.GU₇.A	 ?  (? = Schreibfehler)	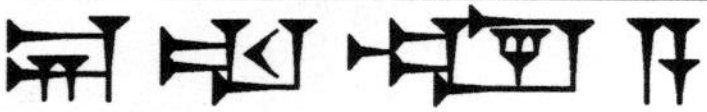	Malgîm	Stadt Malgium

Sumerogramm	altbabylonisch	neuassyrisch	akkadisch	deutsch
MAR.GÍD.DA			ereqqum	Lastwagen
MAŠ.EN.GAG			muškēnum	Palasthöriger
MÁŠ			ṣibtum	Hinzufügung, Zins
MÁŠ			urīṣum	Ziegenbock
ME.LÁM			melemmum	Schreckensglanz
MÍ			sinništum	Frau, Weib
MÍ.KURUN (= BI.DIN).NA			sābītum	Schenkin, Wirtin
MU	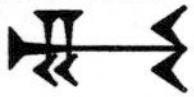			Jahr
MÚŠ			Tišpak	Gott Tišpak
NA.GAD			nāqidam	(Ober-) Hirte
NA.RU			narûm	Stele

Sumerogramm	altbabylonisch	neuassyrisch	akkadisch	deutsch
NA_4			abnum	Gewichtsstein, Stein, Gestein, (Halb-) Edelstein
NAGAR			nagārum	Zimmermann
NÈ.ERI_{11}.GAL			Nergal	Gott Nergal
NIBRU (= EN.LÍL)			Nippur	Stadt Nippur
NIEŠ			pars/ šiktum	Messgefäss (1 Scheffel)
NÍG.GA		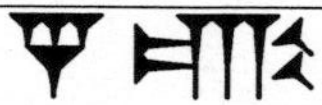	namkūr o. makkūr	Eigentum
NIN			bēltum	Herrin
NIN.DINGIR			entum	hohe Priesterin
NU.BÀNDA	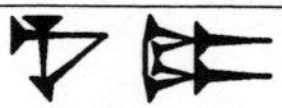	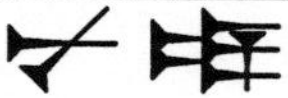	laputtûm	Leutnant?
NU.BAR		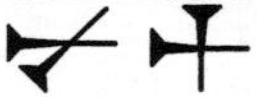	kulmašītum	Kultdirne

Sumerogramm	altbabylonisch	neuassyrisch	akkadisch	deutsch
NU.GIG			qadištum	Frauenklasse ("Reine","Geweihte")
NU.^{giš}.KIRI$_6$			nukarippum	Gärtner
NU.MU.SU			almattum	Witwe
NU.SÍG			ekūtim	Waise
NUMUN			zērum (zīrum)	Same(n), Saat, Nachkomme
NUN			Eridu	Stadt Eridu
NUN			rubûm	Fürst
NUN.ME			apkallum	Weiser, weise
PA.PA		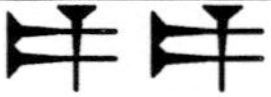	wakīl ḫaṭṭim o. ša ḫaṭṭātim?	Hauptmann?
PIḪU (= BI.Ú.SA.KA.GAG)			pīḫum	Krug Bier

Sumerogramm	altbabylonisch	neuassyrisch	akkadisch	deutsch
SA.SAL			šašallum	Rückenfleisch
SAG.DU			qaqqadum	Kopf, Kapital
SAG.GI$_6$			qaqqadim	Schwarzköpfige (Menschen)
SAR	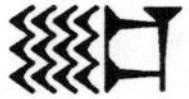		mušarum	Beet, Flächenmass (12 x 12 Ellen)
SI			qarnum	Horn
SÍG			šīpātum	Wolle
SÍG.BA			lubuštum	Kleidung, Bekleidung
SIG$_4$			libittum	Ziegelwerk
SÌLA			qûm	Gefäss, Hohlmass (ca. 1 l)
SIMUG	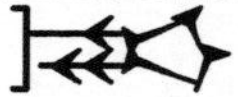		nappāḫum	Schmied

Sumerogramm	altbabylonisch	neuassyrisch	akkadisch	deutsch
SIPA			rē'ûm	Hirte
SUḪUŠ			išdum	Fundament, Grundfeste
ŠÀ.GAL			ukullûm	Verpflegung(sration), Verköstigung, Viehfutter
ŠAḪ	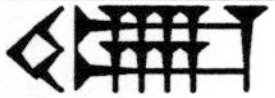		šaḫum	Schwein
ŠÁM		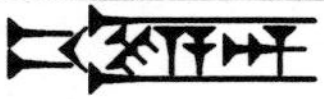	šīmum	Bezahlung, Kauf, -preis, -gut
ŠÁMAN.LÁ	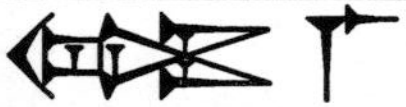	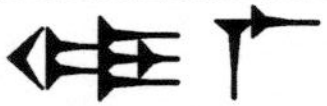	šamallûm	Handlungsgehilfe
ŠAPRA (= PA.AL)		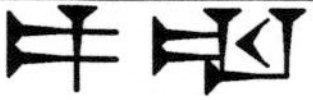	šāpir	Wortteil von Maškanšapir
ŠE			še'im	Getreide, Korn
ŠE			uṭṭatum	Gran (Gewicht)
ŠE.BA		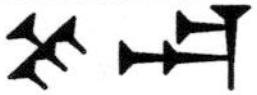	iprum	Kost, Gerstenration, Verpflegung

Sumerogramm	altbabylonisch	neuassyrisch	akkadisch	deutsch
ŠE.GIŠ.I			šamaššammum	Sesam
ŠE.GUR			še'um kur	Kor Getreide
ŠE.GUR.E			dto.	dto.
ŠEN.ŠEN			qablum	Kampf, Schlacht
ŠIR.BUR.LA			Lagaš	Stadt Lagaš
ŠITIM	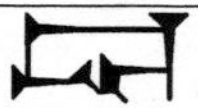		itinnum	Baumeister
ŠU.ḪA			bā'irum	Fänger (" Kopfgeldjäger ")
ŠU.I			gallābum	Barbier, Friseur
ŠU.NÍGIN			napḫarum	Gesamtheit, Summe
TAB.BA		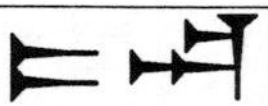	tappûtum	Gesellschaftseinlage
TÚG.DU$_8$.A	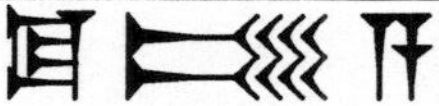		kāmidum	Stoffklopfer

Sumerogramm	altbabylonisch	neuassyrisch	akkadisch	deutsch
TUKUL			kakkum	Waffe
TÙR			tarba/ āṣum	Viehhürde, -hof
UBUR			tulûm	Brust
UD			ūmum	Tag
UD.NUN	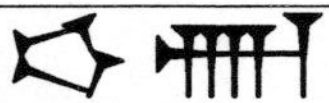		Adab	Stadt Adab
UDU			immerum	Schaf
UM.MI.A			ummânum	Handwerker
UNUG			Uruk	Stadt Uruk
UR.MAḪ		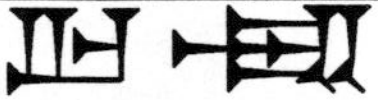	nēšum	Löwe
UR.SAG			qarrādum	Krieger, Kämpfer
UR_5.RA	? (§ 70+d) 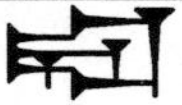	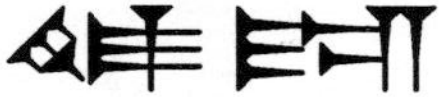	ḫubullum	Pfand, verzinsliche Schuld, Zinsen

Sumerogramm	altbabylonisch	neuassyrisch	akkadisch	deutsch
URI(M)$_5$ (= ŠEŠ.AB)			Ur	Stadt Ur
URU			ālum	Stadt
ÚSAN			qinnāzum	Ochsenziemer, Peitsche
USDUḪA (U$_8$.UDU.ḪÁ)			ṣēnūm	Kleinvieh
UTU			Šamaš	Gott Šamaš
UZU			šīrum	Fleisch, Leib, Opferschaubefund, Vorzeichen
ZÁBALA (= ZA.MÙŠ.UNUG)			Sugal	Stadt Sugal
ZADIM			sasinnum	Bogenmacher
ZI.IK.RU.UM			sekretum	Frauenklasse ("Abgesperrte")

Sumerogramm	altbabylonisch	neuassyrisch	akkadisch	deutsch
ZIMBIR (= UD.KIB.NUN)			Sippar	Stadt Sippar
ZU.AB			abzu	(unterirdischer) Süsswasserozean
ZU.EN (= EN.ZU)		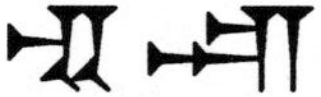	Sîn	Gott Sin
ZÚ.LUM			suluppum	Dattel

Im Codex Hammurapi vorkommende

EIGENNAMEN

(Sortierung -alphabetisch -)

Nachfolgend soll eine kurze Übersicht der im C. Ḫ vorkommenden Eigennamen aufgelistet werden. Die Beschreibungen sollen und können keinen Anspruch auf Vollständigkeit erheben. Vielmehr sollen sie zur Erinnerung und zur Anregung, sich mit den wissen-schaftlichen Werken zu beschäftigen, dienen.

Gliederung:

a) Personennamen
b) Göttinnen und Götter
c) Gebäude
d) Länder und Städte

Hinweise:

→ = siehe auch unter diesem Begriff.
C. Ḫ = Codex Hammurapi
Erste Reihe der Zeichen = alt-babylonisch
Zweite Reihe der Zeichen = neuassyrisch

a) **Personennamen**

Ḫammurapi
1.792 - 1.750

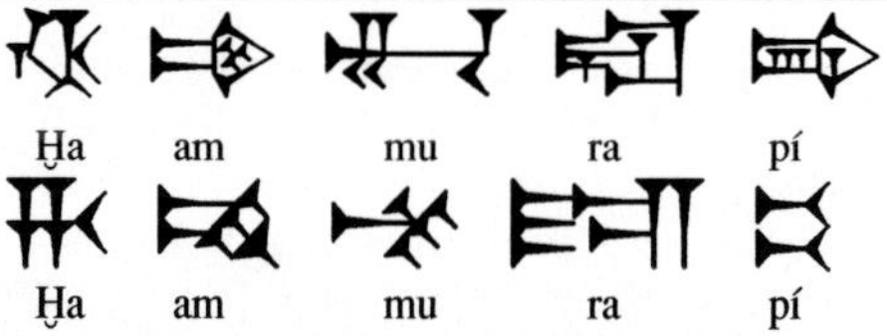

Der Name wird oft mit der Endung -bi geschrieben. Während der Name Hammura**pi** die Bedeutung "Hammurapi heilt" hat, ist bei Hammurabi "der Gott Hammu ist groß" zu verstehen. Eine eindeutige Klärung ist bis heute ausgeblieben.
Der Aufstieg **→Babylons** unter Hammurapi war zweifelsfrei auch durch die seinerzeitige politische Großwetterlage begünstigt, in der keiner der unmittelbaren Stadtstaaten eine besondere Vormachtstellung besaß. Allerdings war es sein Verdienst , dies zu erkennen und ab der zweiten Hälfte seiner Regierungszeit auszunutzen. Von Vorteil für die Stadt war zweifellos, dass ca. hundert Jahre vorher der Begründer der I. Dynastie bereits begonnen hatte, eine Stadtmauer zu bauen und auch der Bau von Kanälen in Angriff genommen worden war. Zu Beginn seiner Regierungszeit beherrschte Rīm-Sîn (1.822 - 1.763) von **→Larsa** den Süden. Ešnunna hatte im Norden eine eigene Dynastie erhalten und noch weiter im Norden war **→Aššur** unter Šamši-Adad (1.865/ 60 - 1.833) erstarkt. In seinem zweiten Regierungsjahr "richtete er die Gerechtigkeit im Lande auf", eine Formel, die wir auch von Ur-Nammu (2.111 - 2.094) von

→**Ur** kennen. Dies ist wohl ein Hinweis darauf, dass er sich zunächst besonders der Verwaltung widmete und mit der Einleitung von Reformen begann. Insbesondere ist dies auf die mišārum-Akte bezogen, einem Reformedikt, das die Könige zu Beginn der Herrschaft zu erlassen pflegten. In den ersten 30 Jahren der Amtszeit Hammurapis deuten nur drei Jahresnamen auf militärische Unternehmungen hin und erst in den letzten drei Jahren stieg →**Babylon** zu größerer Machtstellung auf. Die Archive aus →**Mari**, die hauptsächlich den Zeitraum zwischen 1.810 - 1.760 umfassen, der auch die Regierungszeit Zimri-Lims (1.782 - 1.759) beinhaltet, geben einen guten Überblick über die Situation in →**Babylon**. Wie auch heute noch üblich, gab es an den Höfen jeweils Gesandte, die ihre Berichte über die militärische und politische Situation des anderen Landes an den eigenen Hof meldeten. In einem dieser Briefe brüstet sich der Gesandte Ibal-pi-El seiner Intimkenntnisse babylonischer Angelegenheiten: " Wenn Hammurapi aus irgendeinem Grunde beunruhigt ist, dann zögere er nicht, nach mir zu senden; und ich gehe zu ihm, wo auch immer er sich aufhält. Und er erzählt mir, was ihm Kummer macht. " Zu dieser Zeit müssen die Beziehungen zwischen →**Mari** und →**Babylon** ausgesprochen freundschaftlich gewesen sein, was auch in der gegenseitigen zur Verfügungstellung von Hilfstruppen zum Ausdruck gelangt. Außer diesen Archiven geben noch eine große Anzahl von Briefen, Erlassen, Verwaltungsurkunden etc., die in verschiedenen Städten gefunden wurden, Auskunft über die politische, wirtschaftliche und soziale Struktur des Gebietes.

Im 29. Regierungsjahr muss sich die von allgemeiner Schwäche gekennzeichnete Großlage offenbar plötzlich geändert haben. Hammurapi betreibt nun eine eher auf Angriff gerichtete Politik und innerhalb kurzer Zeit wird er zum wichtigsten Herrscher - auch Assyriens. Es gelang ihm, Elam und eine Anzahl von Bundesgenossen niederzuwerfen. Assyrien unter Išme-Dagan (1.781 - 1.742) wurde besiegt und der Dynastie von Ešnunna ein Ende gesetzt. Im Jahre 1.763 wurde →**Larsa** unter dem greisen Rīm-Sîn (1.822 - 1.763) besiegt und die dortige Dynastie beendet. Anschließend verleibt sich der König das vorher unter der Herrschaft →**Larsas** stehende Südbabylonien ein und nahm den Titel der Könige von →**Sumer** und →**Akkad** an, auf den er offensichtlich gemäß seiner Inschriften stolz war. Anschließend wandte er sich gegen seinen Bundesgenossen in →**Mari**, Zimri-Lim. Dort gefundene Tonsiegel (-bullen) aus dem 32. Regierungsjahr Hammurapis lassen nicht nur erkennen, dass die Stadt bereits von Militär besetzt war, sondern auch, dass die babylonische Zivilverwaltung damit beschäftigt war, die amtlichen Archive neu zu katalogisieren.

Warum Hammurapi im Jahre 1.759 →Mari zerstören ließ, bleibt unklar. Seine Inschriften zeigen, dass er sich nicht nur im traditionellen Sinne als Erbe des Königreiches von Sumer und Akkad betrachtete, sondern auch als Nachfolger akkadischer Könige. Wie Narām-Sîn nannte er sich " König der vier Weltgegenden " und benutzte diesen Titel neben dem bereits genannten " König von Sumer und Akkad ". Ein Brauch, der in früheren Zeiten völlig unbekannt war.

Trotzdem ist es ihm nicht gelungen, einen dauerhaften Nationalstaat zu begründen. Seine politische Wirksamkeit war allerdings von so großer Tragweite, dass sie die folgenden zwei Jahrtausende (!) die Geschichte des Zweistromlandes entscheidend bestimmen sollten. Fast über Nacht wurde →**Babylon** zum traditionellen Standort der Königsresidenz. Eine Stellung, die die Stadt bis zur Gründung von Seleukeia behielt.

Hammurapi war der erfolgreichste König seiner Dynastie, unter der →**Babylon** zur fortan führenden Stadt in Vorderasien aufstieg. Nie mehr hat eine der südlichen Städte Babylonien beherrscht, und die gesellschaftlichen Strukturen , die sich in seiner Zeit herausbildeten, blieben bis zum Ende der Geschichte dieses Landes spürbar. Nichtsdestotrotz verdankt er seinen heutigen Ruf als Symbolfigur seines Zeitalters immer noch der von ihm in Auftrag gegebenen

Gesetzesstele, die 1.901/ 02 u. Z. in Susa gefunden wurde, wohin sie im 12. Jhdt. verschleppt worden war.

Sîn-muballiṭ

1.812 - 1.793

neuassyrisch

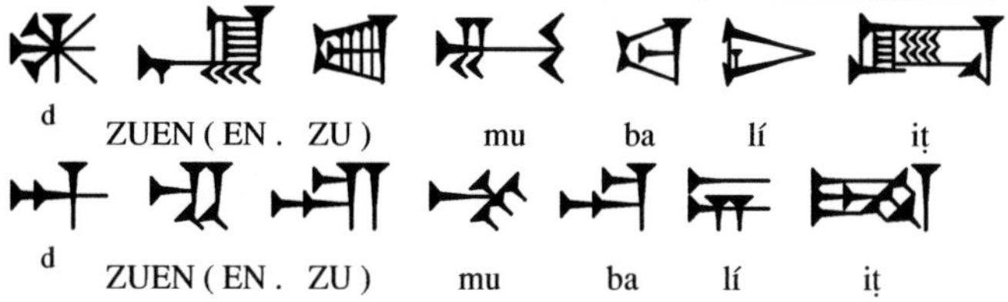

Der Name des Vater **Hammurapis** wird im C. Ḫ. bezeichnenderweise sogar mit dem Gottesdeterminativ geschrieben, obwohl keiner der babylonischen Könige sich als Gott verehren ließ. Wie bereits zu Zeiten von Sumulail Jahrzehnte vorher, hat das gute Verhältnis zwischen →**Babylon** und →**Uruk** angehalten, was in einem Brief des Anam (1.821 - 1.817) an Sîn-muballiṭ, als er noch Kronprinz war, dokumentiert ist.
Bemerkenswert ist, dass unter den elf Königen der I. Dynastie von →**Babylon** nur der Vorgänger Sumulails, Apil-Sîn (1.830 - 1.813) und er akkadische Namen tragen.
Alle anderen haben Namen amurritischen Ursprungs. Während seiner Regierungszeit hatte er einige Auseinandersetzungen zu überstehen. So wurde er 1.810 in einer Koalition mit den Städten →**Uruk** und →**Isin** von Rīm-Sîn (1.823 - 1.763) von →**Larsa** geschlagen. 1.797 konnte er für drei Jahre →**Isin** erobern, das er aber 1.794 wieder an Rīm-Sîn verlor. Auch unter seiner Regierung war →**Babylon** noch ein Kleinstaat.

Sumulail

(1.880 -1.845)

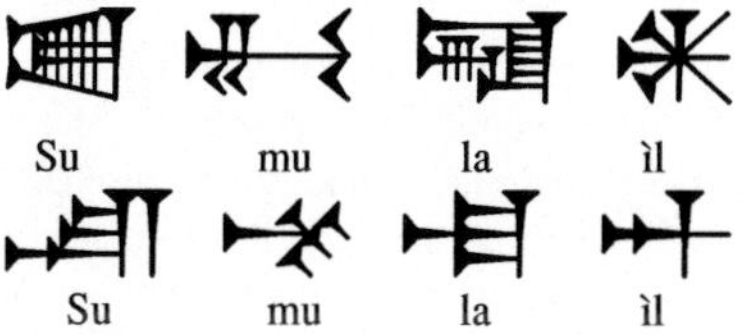

Zwar war Babylonien seit 1.894 bereits ein kleiner selbständiger Staat, jedoch erst unter Sumulail, dem Mitgründer der I. Dynastie von →**Babylon** (der eigentliche Begründer war wohl Sumu-abum (1.894 - 1.881), begann die Vergrößerung und der unaufhaltsame Aufstieg. Er annektierte das nördlich gelegene →**Sippar** und das 15 km nordöstlich befindliche →**Kiš** fiel nun endgültig an Babylonien.
Von Sumulail liegen einige Tafeln vor, von denen eine von einem Prozess berichtet, bei dem eine Beklagte einen Eid bei den Göttern →**Šamaš**, →**Aja**, →**Marduk** und dem König Sumulail leistet. Unter ihm taucht zum ersten Male →**Marduk** als Stadtgott auf. Er ließ für den Gott einen in Gold und Silber gefassten Thron herstellen. Zwei Jahre später ließ er für die Gemahlin →**Marduks**, Sarpanitum, eine Statue anfertigen. Sumulail unterhielt damals mit →**Uruk** sehr gute Beziehungen, was auch dadurch dokumentiert wird, dass er eine der Töchter des dortigen Herrscher Sin-kašid (1.865/ 60 - 1.830) heiratete.

---

b) Göttinnen und Götter

Adad

d IŠKUR (IM)

d IŠKUR (IM)

Die Herkunft des Namens für den Wettergott ist unklar. Er erscheint auch mit Namen wie Adda/ i/ u, Adada/ u, Adia, Adaia, Adaiatum, Adatum. Die Lesung für ^{d}IM mit der Bedeutung Rassam ist umstritten.
Zum ersten Male erscheint der Name mit Addi als Eigenname in einer Inschrift der I. Dynastie von →**Babylon**. Zwar sind auch ältere Urkunden mit o. a. Schreibung vorhanden, wobei aber nicht zu erkennen ist, wer damit gemeint ist.
Nach und nach verdrängte Adad ältere Gottheiten mit gleichem Charakter. Seinen Aufschwung nahm er offenbar zu Zeiten →**Hammurapis**, wobei seine Verehrung bis in spätbabylonische Zeit nachweisbar ist, in →**Uruk** sogar bis in die Zeit der Seleukiden.
Die große Vorliebe der Assyrer ist aus Tafeln von Irišum (um 1.900) bis Aššur-bân-apli (668 - 629?) zu ersehen. Dies beweisen u. a. auch die vielen Eigennamen, die Adad als Bestandteil aufweisen. Nach den Götterlisten der Assyrer wurde Adad mit einer Fülle von Namen bedacht, die in zwei Gruppen unterscheidbar sind.
Zum Einen handelt es sich um solche, die ehemals andere Götter ähnlichen Charakters trugen und zur Erhöhung seiner beitragen sollten. Hierzu gehören die sumerischen Wettergötter Iškur, Mer, Iluwer, Ilumer, Mur, Mermeri und Šara. Ausserdem der syrische Ba'al, der hethitische Teššup, die kassitischen Buriaš und Ḫudḫa und die elamischen Kunzibami, Šiḫḫas und Ašdu sowie etliche weitere. Die andere Gruppe bezeichnet Namen, die als Beiwörter versuchen, Wesensarten des Gottes zu beschreiben. Viele davon beginnen mit lugal (König), andere mit UD (Sturm), wieder andere mit dem sumerischen Ni-gi-ir (Blitz), Orkan, Regen etc..
Seine Frau ist Šala, sein Sohn Mêšaru und seine Tochter (?) Išartum. Mit dem Namen Apladda (= Apil-Adad (→ auch viele Herrschernamen)) stellt der Sohn eine Besonderheit dar.
Adad ist der Gott der Wettererscheinungen, wobei die Babylonier besonders seine zerstörende Kraft betonen.
Man stellte sich ihn als Stier vor, der auf Wolken ritt. Hierzu passt auch der Aspekt der Assyrer als Kriegsgott. Trotz der großen Furcht vor ihm, wusste man natürlich um die Fruchtbarkeit, die durch den von ihm ausgelösten Regen kam. Er wird daher auch als Zwillingsgenosse des →**Ea**, dem Gott des Süsswasser-Ozeans, gesehen. Neben Tempeln in vielen Städten Babyloniens und Assyriens war sein Hauptkultort aber in dem noch nicht lokalisierten →**Karkara**. Dort hieß sein Tempel →**É-ud-gal-gal**.
Mit →**Šamaš** zusammen ist Adad Gott des Orakels, der besonders in den Eingeweiden der Opfertiere seinen Willen bekundet. Seine kultische Verknüpfung beweisen auch die →**Anu**-Adad-Tempel in →**Uruk** und →**Aššur**. Natürlich erscheint Adad auch in vielen Mythen, wobei er in der von der Sintflut besonders sein Können beweist. Seine Symbole sind der Blitz und die Axt. Sein Tier ist der Stier und seine Zahl die 6, weshalb ihm der sechste Tag des Monats

gewidmet ist. Sein Monat ist der Šabaṭ (Februar). Als Sternbild wurde ihm der ^{kakkab}Aribu, der Rabe, zugewiesen.

Aia

d A A

d A A

Die Lesung des Namens, man schwankte zwischen Aja, Ai u. Â, war lange Zeit umstritten. Als Gefährtin des Sonnengottes **→Šamaš** von **→Sippar** und **→Larsa** - hier waren auch ihre Kultstätten - wird sie auch Braut (kallātu) und Erste Gattin (ḫīrtu) genannt. Wie Ihr Gatte ist auch sie eine Lichtgottheit, was zahlreiche sumerische Namen beweisen. Sie hat damit eine gewisse Verwandtschaft mit **→Ištar** als Morgenstern, mit der sie auch einige Namen, wie "Himmelsherrin" oder "Meine Herrin" gemeinsam hat. Auch der bei **→Ištar** hervorstechende mütterliche Aspekt wird häufig betont. Weiterhin wird sie als "Herrin der Menschen", "liebende Herrin", "Herrin mit Üppigkeit geschmückt" etc. angesprochen. Wahrscheinlich hat in ihrem Kult, ebenfalls wie bei **→Ištar**, der Geschlechtsverkehr eine große Rolle gespielt. In dieser Eigenschaft und als Göttin der Fruchtbarkeit untersteht ihr auch die Fauna, womit sie mit der Göttin Laḫar - die das Mutterschaf repräsentiert und die Menschheit mit der Viehzucht bekannt macht - personifiziert wird.
Aia ist eine sehr alte Göttin, die schon zu Zeiten Maništušus erwähnt wird. Ab der altbabylonischen Zeit erlebt ihr Kult einen rapiden Aufschwung. Ihr Name wird oft in Eigennamen und Eidesformeln verwandt. Die Göttin wird, wie ihr Gemahl, bis in die neubabylonische Zeit verehrt. Wie hoch ihre Bedeutung war, zeigt, dass sie in religiösen Texten häufig neben **→Šamaš** gestellt ist. Bestärkt wird dies weiterhin dadurch, dass sie in den Kult der Ḫarrier und sogar in den des Ḫatti-Reiches aufgenommen und bei letzteren sogar unter den Vertragsgottheiten aufgezählt wurde.

Anu

AN

AN

Anu ist der personifizierte Himmel und somit in der theologischen Theorie der höchste der Götter. Er ist der Inbegriff der Gottheit, daher hat das Zeichen, das seinen Namen bedeutet, zugleich auch den Sinn Gottheit (sumer. AN = akkad. dingir = Gott). Das ihn erfüllende Wesen ist die Anuschaft (anûtu), das die höchste Macht im Götterreich darstellt. Er bildet zusammen mit der Erde, die seine Gattin ist und *Ki* heisst, ein Paar.

Aus dieser Ehe gehen die Dämonen und die **→Anunnaki** sowie die sieben bösen *asakku* hervor. An die Stelle der Erdgöttin tritt später die Sterngöttin **→Ištar** von **→Uruk**. Anu hat noch viele weitere Göttinnen und Götter zu Kindern, z. Bsp.: **→Enlil**, **→Nergal**, **→Gira**, **→Nusku**, **→Ninkarrak**, **→Ištar** etc..

Seine Zahl ist die 60. Sein Symbol ist die auf dem Thron ruhende Krone, sein heiliges Tier der Stier. Die Prädikate, die man ihm zuteilt, kennzeichnen ihn als "König der Götter", "König des Himmels", " König der Länder", " der Grosse und Erhabene" und nach der Götterliste An-Anu umfasst sein Hofstatt ca. 80 Götter.
Er wurde später in anderen Gegenden u. a. von Aššur, →**Marduk** oder →**Enlîl** (**Ellil**) verdrängt.

Anunnakī

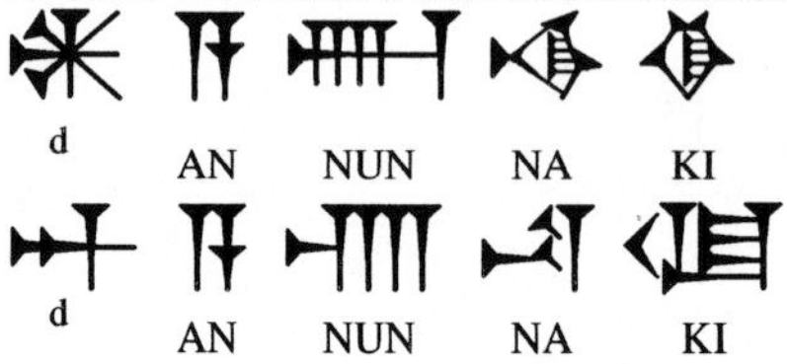

Sie sind die Söhne von →**Anu**, die von "fürstlicher Herkunft", und werden öfters mit 600 an der Zahl angegeben. Es handelt sich um sogen. Geistwesen, die zwischen Himmel und Erde (und Unterwelt) pendeln und immer als Gruppe verstanden werden müssen. Den Gegensatz stellen die →**Igigū** dar. Welche Rolle sie u. a. spielten, wird im sumerischen Epos von "Inannas (→**Ištars**) Gang zur Unterwelt" dargestellt, in dem die sieben Anunnaki-Richter diese zum Tod verurteilen, wie sie überhaupt über Leben und Tod entschieden.
Im Gilgamesch-Epos sind sie Fackelträger und klagen mit →**Ištar** über die hereingebrochene Sintflut. →**Ea/ Enki** war ihr Berater. Aus Dankbarkeit gegenüber →**Marduk** für ihre Befreiung von Tiamat erbauten sie den großen Tempelbezirk für →**Babylon** - →**Esagila** (" Haus der Erhebung"). Sie werden in etlichen Epen mit den verschiedensten Eigenschaften, Aufgaben und Taten des Öfteren genannt. Im Gegensatz zu der meist verbreiteten Meinung dürfen sie nicht nur als Götter der Unterwelt gelten.

Dagan

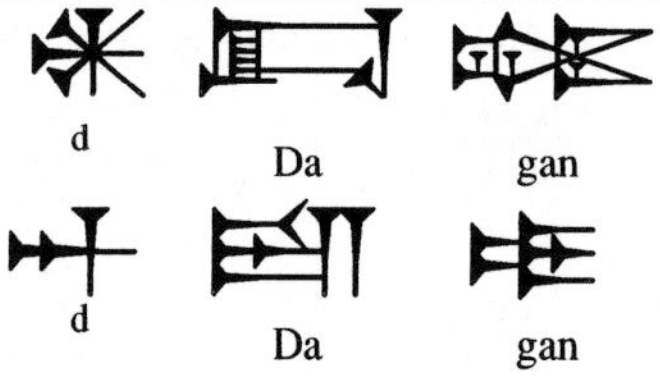

Der Name des auch Dagana und Daguna geschriebenen Gottes ist etymologisch unklar. Falls er nicht sumerischen Ursprungs ist - hier würde er soviel wie "Allheit" bedeuten - könnte er nur von einem vorsemitischen Volk, das in prähistorischer Zeit am oberen Euphrat saß, herstammen. Ausgangspunkte des Kultes sind wahrscheinlich die oberen Euphrat-Länder →**Mari**, Jarmuti, Ibla und Ḫana, wo er von Sargon von →**Akkad** bis ca. 1.800 häufig belegt ist. Es ist anzunehmen, dass sein Kult durch die Ḫurriter verdrängt wurde, obwohl er bei Sargon II. von Aššur (721 - 705) nochmals erwähnt scheint.
Gemäß der Weihinschrift von Eannatum (um 2.470) war Dagan in Babylonien schon in sumerischer Zeit bekannt. Sein Kult ist bis ins Jahr 473 bezeugt. Zahlreiche Eigennamen, darunter die von Königen und Statthaltern, sind mit Dagan gebildet. Auch in der religiösen Literatur, u. a. im →**Irra**-Mythos, wird er genannt.

Im assyrischen Großreich, wo sein Kult bekannt war und er bis in die letzten Tage verehrt wurde, nennt ihn Šalim-aḫum (2.070 - 2.050) zum ersten Male. Zu seiner umfassenden Verbreitung und Beliebtheit hat zweifelsfrei der Gründer der Dynastie von **→Isin**, Išbi-Erra, der aus **→Mari** stammte, beigetragen. Selbst in der weit entfernten assyrischen Handelskolonie Kaneš kannte man den Kult und bildete mit Dagan Eigennamen. Orte in Palästina, wie Beth-Dagon, aus der Zeit von Ramses II. (1.301 - 1.234) beweisen, dass der Kult lange vor der israelischen Einwanderung dort bekannt war. Die Philister unterwarfen sich dem Kult des Gottes so intensiv, dass das Alte Testament den Dagon, wie er in Palästina genannt wurde, letztendlich nur als Hauptgott der Philister kennt. Besonders die Funde in Ugarit beweisen, dass der Gott in Phoenikien bereits vor der Amarna-Zeit grosse Verehrung genoss. Dort wurde er auch als Sohn des Uranos und der Gê (Gaia) sowie als Bruder des El gesehen, der als Mitvorbild für die Erfindung der "nach dem Antlitz der Götter gebildeten heiligen Schriftzeichen" verantwortlich zeichnete und als Erfinder des Getreide- und Ackerbaus galt.
In seinem Ursprungsgebiet, dem oberen Euphrat, galt er als Wetter- und Berggott, der häufig mit **→Enlil/ Ellil** gleichgesetzt wurde. Der Charakter seiner Gattin Šalaš als Gegenstück zur Bergherrin Ninlil, seine ähnliche Identifizierung mit dem ausgesprochenen Wettergott **→Adad** (dessen Gattin Šala mit Šalaš ursprünglich identisch sein dürfte), eine Gleichsetzung, die Dagan oft an die Stelle **→Adad**s mit **→Šamaš** zu einer Zweiheit zusammentreten lässt, dass man in Dagan einen Gott sah, der in Wind und Wetter über Länder und Gebirge herrschte. Seine Befugnisse scheinen aber noch weitergegangen zu sein. In einem Ritualtext aus **→Nippur** wird er als der einzige Gott genannt, der über die zahlreichen Unterweltsgötter Macht hat. Dass sich dieses aber doch vor allem auf den Weltteil erstreckt, der unter dem Himmel **→Anu**s und über dem Reich **→Eas/ Enkis** liegt, wird durch Dagans Stellung als mittleres Glied in den Götterdreiheiten Ninni-Dagan-Enki und Šamaš-Dagan-Iturmêr deutlich. Zu bestimmten Zeiten galt er sogar als umfassender Herrschergott, dessen Macht überall wirksam war. So wird er einmal **→Anu** und **→Ištar** übergeordnet und ein Mardukhymnus gibt ihm das Attribut der Herrschaft schlechthin.

<u>Damgalnunna/ Damkina</u>

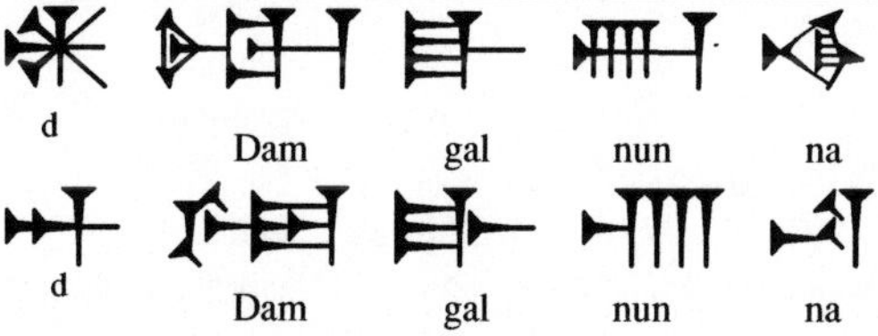

Gattin des **→Ea/ Enki**, deren Name wohl soviel wie "Grosse Gattin des Erhabenen (apsû)" bedeutet.
Bei den Akkadern wurde sie als "Königin des apsû" bezeichnet. Ein anderer Name war Damkianna, zusammengezogen Damkina, was sinngemäß soviel bedeutet wie "Gattin Erde des Himmels". Dieser Name lässt sich zuerst in einem Eigenname aus Drehem aus neu-sumerischer Zeit nachweisen. Der Name Damkina hat sich in der griechischen Literatur in der Form Dauke erhalten. Damgalnunna gehört zu den ältesten Gottheiten Babyloniens.
In neusumerischer Zeit erbaute Šulgi (2.093 - 2.046) ihr einen Tempel in **→Nippur**. In dieser Zeit wird sie in religiösen Texten u. a. als "Prinzessin im Émaḫ" und "Mutter des èš-maḫ" bezeichnet. In altbabylonischer Zeit setzte **→Hammurapi** Opfergaben für sie fest. Ausserdem wird ihr Name mehrfach neben **→Ea/ Enki** erwähnt.

Etwa in diese Zeit gehören auch die Regenten Ipiq-Ištar und Takil-iliššu von →**Malgû**, die →**Ea/ Enki** und Damkina als ihre Stadtgötter bezeichnen. In kassitischer Zeit werden beide als "die großen, die im apsû wohnen" bezeichnet. In neubabylonischer Zeit ist die Göttin nur einmal in einem Neujahrsfestritual in nicht religiösen Texten mit "Herrin Himmels und der Erde" bezeichnet. Bei den Neu-Assyrern hingegen kommt sie des öfteren vor. Damgalnunna/ Damki(an)na wird mit vielen Beinamen bedacht und hat etliche "Doppelgängerinnen". Von ihrer Dienerschaft werden das Ohr und der Verstand als sukallu bezeichnet. In religiösen Texten der assyrischen Zeit sind die Ohren Ninurtas →**Ea/ Enki** und Damkina. Dort sind sie auch die Eltern →**Marduks**.
Weiter ist die Göttin u. a. die "Königin aller Göttinen, "die Kluge unter den →**Annunakī**" und "die kundige unter den →**Igigī**".
Ihr Tier ist der Löwe und ihr Sternbild der Kleine Bär.

Ea (sumerisch Enki)

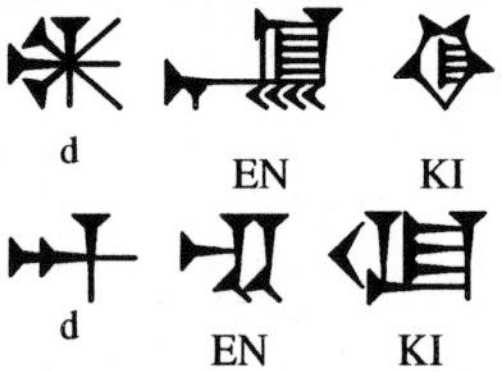

Enki ist der Gott des Süsswasserozeans, der Weisheit und der Künste.
Neben den Namensformen Enki und Ea sind in neubabylonischen und -assyrischen Texten verschiedene Ideogramme zu finden sowie die Schreibweise ^{d}a-é, die somit auch die Aussprache Ae gestattet. Enki gehört zu den ältesten Gottheiten des sumerisch-akkadischen Pantheons, was sich durch Bilderinschriften von Dschemdet Nasr aus altsumerischer Zeit und sehr alten Texten aus Fara belegen lässt. Viele Könige aus →**Uruk** zählen zu seinen Verehrern.
Während in Eigennamen der Dynastie aus →**Akkad** der Bestandteil é-a häufig vorkommt, ist er im sumerischen Gebiet nur einmal belegt. Auch in neusumerischer Zeit und während der Larsa-Dynastie wird Enki in Inschriften genannt, Tempel werden für ihn gebaut und Priester zu seinen Ehren eingesetzt. Zu Zeiten → **Hammurapis** und Samsuilunas, die sich Verehrer des Gottes nennen, sind zusammengesetzte Eigennamen mit ^{d}é-a häufiger als ^{d}en-ki. Ab der neubabylonischen Zeit sind zusammengesetzte Namen mit Ea häufig.
Enki gehört mit →**Anu** und →**Enlil** zur Göttertrias. Sein Name bedeutet "Herr des Unteren", wobei der Beiname ạpsî (König des Süsswasserozeans) auch gleich seinen Herrschaftsbereich bezeichnet. Er wohnt mit seiner zahlreichen Familie im apsû, der mittleren Erde, von wo aus die Quellen und Flüsse ihr Wasser erhalten, was ihn auch als Gott derselben ausweist.
Seine Stadt ist →**Eridu**, die sich nahe der Mündung des Euphrat in den Persischen Meerbusen befindet, wo sich auch sein Tempel Eengurra und der heilige kiškanû-Baum befinden. Ausserdem sind viele Kult- und Verehrungsstätten in zahlreichen Städten und Ländern bekannt.
Enki als Gott des "Heiligen Wassers" ist Hauptgott im Beschwörungsritus und Herr der -formeln. Als Gott der Weisheit überhaupt und der Künste verleiht er jegliche Kunstfertigkeit, was auch die Förderung der Kultur und Zivilisation beinhaltet. Dafür steht ihm Mummu zur Seite, das das Leben in höchster Form, der Weisheit, verkörpert. Bevor Enki seinem Sohn →**Marduk** weichen musste, war er in jeglicher Form der Schöpfung involviert. Im Gegensatz zu anderen

Kriegsgottheiten ist Enki friedlich und wohlwollend, was das Zurückweichen vor Kingu und Tiâmat im Kampf ebenso beweist, wie die Rettung Utnapištims vor der Sintflut.
Enki trägt zahlreiche Zusatznamen und ist Beschützer bestimmter Gebiete und Berufsarten.
Seine Gattin ist →**Damgalnunna** (auch Damkina). Ausserdem werden Ninki bzw. Nintud (Ninsikilla) neben Enki und Maḫ neben Ea als Ehefrauen genannt. Ausser seinem ersten und größten Sohn →**Marduk** hat Ea noch zahlreiche weitere Kinder, wie bspw. Tammuz, Adapa und Nanše. Seine Mutter ist Nammu.
Häufiger als jeder andere Gott spielt Enki/ Ea in den sumerischen und akkadischen Mythen eine Rolle.
Hierbei tritt er als Schöpfer verschiedenster Art auf, aber auch als Retter der Menschheit bei der Sintflut. Die Zahl Enkis/ Eas ist 40, was auch seine Namen Šanabi (= ⅔ von 60) und Nimin (sumerisch = 40) besagen.
Als Monat wird ihm der Mai (Ajjāru) gegeben. Sein heiliges Tier ist der Steinbock, wobei zu ihm auch noch Hund, Esel, Käuzchen, vielleicht auch noch Krebs und Schildkröte gehören.
Seine Symbole sind eine Stange mit einem Widderkopf oder der sogenannte Ziegenfisch (suḫurmašu), die sich auch zusammen nachweisen lassen.
Seine Waffe ist "das große Netz" (→**Enlil/ Ellil**!). Vom dreigeteilten Nachthimmel war Eas Herrschaftsbereich der Süden.

Enlil (Ellil)

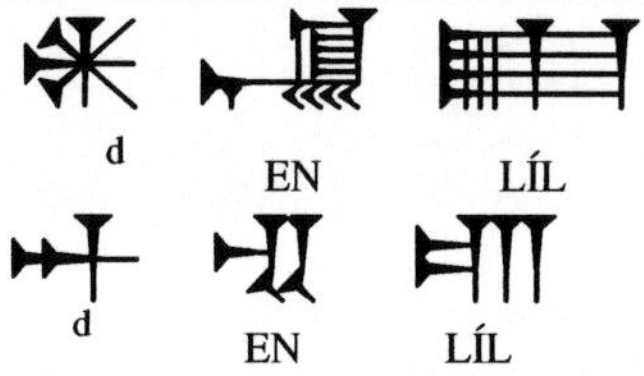

Er war ein Sohn von →**Anu** und bedeutet in der Schreibung Enlíl " Herr des Windes", als Ellil wahrscheinlich "Herr der Menschen", da er auch als Schöpfer derselben gilt. Ihm wurden zahlreiche Ehrentitel gegeben ("Herr der Länder", "Vater des Landes", "Hirt der Schwarzköpfigen" (= Menschen) etc.). Als Hauptgott →**Nippurs** steht er im Mittelpunkt einer großen Gruppe von Gottheiten und hat als Urahnen →**Enki** und dessen Frau Ninki.
Seine Hauptgemahlin ist →**Ninlil**, die später in der assyrischen Zeit zur Gemahlin Aššurs wird. Als seine Söhne werden →**Nergal**, →**Šamaš**, →**Sin** (Suen), Ninurta und →**Adad** genannt.
Im Pantheon spielte er in der alten Götterdreiheit →**Anu** (Himmel), Enlil (Erde) und →**Ea** (Ozean) bis zur Zeit →**Hammurapis** die wichtigste Rolle. So ist er für ganz Alt-Babylonien der König von "Himmel und Erde", "König der Länder" und "Vater der Götter". Mit der Zentralisierung der politischen Macht in Babylonien wurde Enlil von →**Marduk**, dem bisherigen Stadtgott, verdrängt, wobei auch die 50 Namen an letzteren übergingen. In Assyrien wird er von Gott Aššur verdrängt. Enlil ist schließlich nicht mehr nur Eigen-, sondern auch Gattungsname (ellilûtu = Ellilschaft = oberste Herrschaft über Himmel und Erde).
Nur noch theoretisch behält er seinen hohen Rang bis zuletzt in Babylonien und Assyrien.
In seinem Wesen gilt er als ursprünglich personifizierte Naturkraft, der Vernichtung und des Verderben bringenden Windsturms. In Hymnen und Gebeten wird er als Wetter von gewaltiger Kraft geschildert. Selbst sein eigenes Land und Volk verschont er nicht. Er gilt als Schöpfer von Labbu, einem grauenvollen Ungeheuer, und Initiator der Sintflut, wobei er sogar darüber verärgert ist, dass nicht alle Menschen vernichtet wurden.

Andererseits hat er aber auch eine freundliche Seite. Sein Wort ist manchmal "ein guter Hauch". In etlichen Personennamen wird diese Seite betont ("Ellil sei mir gnädig", "Ellil ist meine Hilfe" etc.). Ihm vor allem werden die Erschaffung des Menschen und die Rolle des Weltschöpfers zugeschrieben. Seine Fürsorge gilt auch der Fauna und Flora. Als Inhaber der Schicksalstafeln ist sein wichtigstes Amt aber die Bestimmung des Schicksals für Götter und Menschen.
Den Mittelpunkt des Kultes bildet der von Narâm-Sin oder dessen Sohn Šar-kalli-šarri von →**Akkad** erbaute Tempel →**Ekur** (Berghaus) bzw. Duranki in →**Nippur**, der weithin als großes Zentralheiligtum galt.
Die Fest- und Opfertage für Ellil waren äußerst zahlreich. Die astrale Zuordnung ist ziemlich unübersichtlich und hängt wohl mit den Veränderungen und Bewegungen am Sternenhimmel zusammen. Am regelmäßigsten wird ihm der "Pflugstern" (apin) zugeteilt.
Als Hauptwaffe, diese tragen aber auch andere Gottheiten, führt er das "große Netz, das Himmel und Erde bedeckt und über die Länder gespannt ist". Er trägt eine Hörnermütze (wie →**Anu**), ein Zepter und sitzt auf einem Thron. Von den drei Herrschaftsbereichen, in die der gestirnte Himmel von Babyloniern und Assyrern eingeteilt wurde, regierte Ellil den nördlichen. Auf zahlreichen Tafeln werden die verschiedensten Sterne genannt, die ihm zugerechnet werden.

Id(u)

d íd

d íd

Gott der Flüsse, der angerufen wurde in bestimmten Gerichtsfällen, wo die Schuldfrage nicht eindeutig geklärt werden konnte und somit das Flussorakel entscheiden musste.

Igigi

(im C. Ḫ **ohne** ^{d}**!**)

I GI4 GI4

I GI4 GI4

Sie kommen nur in akkadischem Kontext vor und bezeichnen allgemein die großen Götter des Himmels.
Sie stellen den Gegensatz bzw. die Ergänzung zu den →**Anunnakī** dar. Der "Atraḫasis-Epos" beschreibt, wie sie lange Zeit schwere Arbeit bei der Errichtung von Bewässerungsanlagen verrichten mussten, währenddessen die →**Anunnakī** diese Arbeit nicht leisteten. Die Igigī revoltierten, verbrannten ihre Arbeitsgeräte und zogen vor den Tempel des →**Enlil/ Ellil**. Das Ergebnis dieses Streiks war schliesslich die Erschaffung des Menschen, der von nun an diese schweren Arbeiten verrichten musste.

Irra (Erra)

(im C. Ḫ **ohne ^{d}!**) Ìr ra

Ìr ra

Babylonischer Unterweltsgott, der dem sumerischen →**Nergal** nahe steht und die Pest und andere Übel über die Menschheit brachte. Seine Eigenschaften und Taten sind in dem gleichnamigen berühmten Epos verewigt. Sein Kultsitz war das nördlich von →**Babylon** gelegene →**Kutha** (heute: Tall Ibrahim). Sein Haupttheiligtum war der Tempel →**Emišlam**, seine Gattin Mamītum.

Iškur →Adad

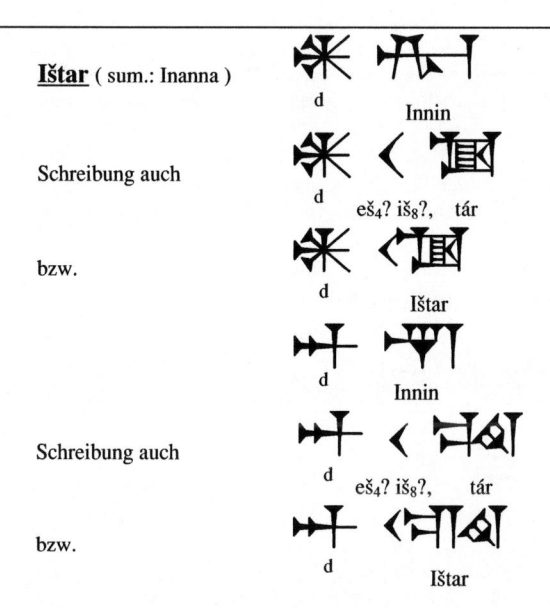

Ištar (sum.: Inanna)

d Innin

Schreibung auch

d $eš_4$? $iš_8$?, tár

bzw.

d Ištar

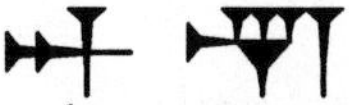

d Innin

Schreibung auch

d $eš_4$? $iš_8$?, tár

bzw.

d Ištar

Anmerkung: In der Übersetzung wird das zweite Zeichen mit $iš_8$ benannt, RLA schreibt hierfür $eš_4$?! In der neuassyrischen Zeichenliste werden die Zeichen zwei und drei zusammen geschrieben und unter # 670 = Ištar ausgewiesen! Um diese Differenzen aufzuzeigen, habe ich im Codex beide Schreibweisen verwandt.

Die Bedeutung der aus der sumerischen Inanna hervorgegangenen akkadischen Ištar ist aus den Götterlisten verschiedener Städte zu ersehen, in denen sie meist unter den bedeutensten genannt wird.

Allerdings ist durch die große Zahl von Namen - und unter diesen besonders die vielen Zusammensetzungen mit Toponymen - nicht immer klar, ob es sich um e i n e Göttin handelt, die unter verschiedenen Namen und/ oder mit besonderen Beinamen versehen ist und an vielen

Orten verehrt wurde, oder ob es mehrere in ihrem Wesen oder Wirkungsbereich verschiedene Ištar-Göttinnen gab.
Ihr Vater war der Mondgott Nanna/ **→Sîn**, ihre Mutter Ningal. Ihr Bruder, der Sonnengott **→Utu/ →Šamaš**, wird sie spätestens ab alt-babylonischer Zeit an Bedeutung überflügeln. Ihre ur-sprüngliche überragende Stellung geht u. a. aus den zahlreichen Mythen, Dichtungen, Gebetsbeschwörungen u. a. Texten sowie aus ihren Eigenschaften hervor. Es gibt fast keinen Bereich des menschlichen Lebens, der nicht in ihre Zuständigkeit fällt. Sie wird als Herrscherin, Inbegriff alles Weiblichen, Herrin der Flur und der Tiere, Göttin der Menschen, aber auch als Gottheit des Königtums, Licht- und Sternengottheit sowie als Kriegs- und Liebesgöttin verehrt und als stark, gewaltig und erhaben bezeichnet.
Obwohl sie als Tochter des Nanna/ **→Sîn** gilt, ist ihr Verhältnis zu ihrem "Großvater" **→Anu** ziemlich undurchsichtig. Aus den Texten ist zu entnehmen, dass sie zu diesem mindestens ein eheähnliches Verhältnis hatte. Andererseits ist ihr Ehemann - der ursprünglich menschliche - Dumuzi/ Tammuz, der aber nie als Vater ihrer Kinder genannt wird. Die Vereinigung der beiden wird in dem Mythos der "Heiligen Hochzeit" geschildert. Zu Ehren ihres Kultes wurden zahlreiche Priesterinnen und Priester sowie sonstiges Personal berufen.
Ihr Symbol ist das Schilfringbündel und - seit mindestens der mittelbabylonischen Zeit - ein meistens achteckiger Stern. Auf einigen frühgeschichtlichen Denkmälern ist eine Frau dargestellt, die ein Schilfringbündel hält oder neben diesem steht. Man geht davon aus, dass es sich hierbei um eine Darstellung von Ištar handelt.
In ihrer Eigenschaft als Kriegsgöttin wird sie aus der **→Isin** I.-Zeit mit einer Hörnerkrone und einem Falbelkleid gezeigt, wobei aus ihren Schultern Keulen und ein Krummsäbel wachsen. Auf späteren Darstellungen trägt sie eine Krone, ein scheibenartig verziertes Gewand und trägt einen achtzackigen Stern.
Ausserdem ist sie in einigen anderen Variationen mit Waffen (Köcher, Pfeile, Schwert etc.) zu sehen. Ihr Haupttheiligtum, der Tempel(bezirk) **→Eanna,** stand in **→Uruk**.

Mama

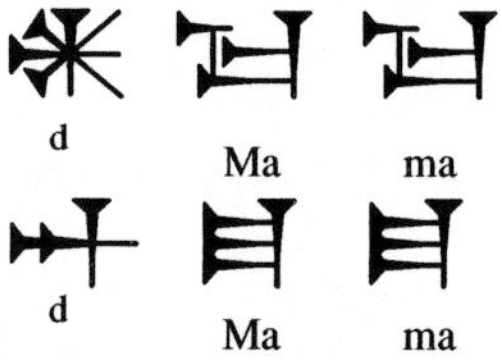

Der zunächst als Lallname für Mutter verwandte Begriff wurde später zum Namen der Muttergottheit schlechthin, die maßgeblich bei der Erschaffung des Menschen aus Lehm und Blut beteiligt war. Im Akkadischen findet sich der Beiname "Hebamme". Meines Erachtens ist hier aber die Gattin **→Irras/** Nergals wegen des Hinweises auf die Weisheit gemeint (S. a. u. a. die Weidner-Listen, in denen die Schreibweisen wie o. und ^{d}Ma-mi verwandt werden). In der Schreibweise Ma-mi-tum war sie Göttin des Eides.

Marduk

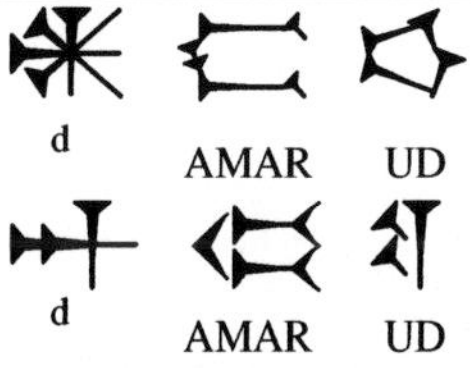

Eine genaue Beschreibung des so bekannten und seinerzeit beliebten Gottes würde hier zu weit führen. Ich will mich daher nur auf einige wenige Merkmale, Eigenschaften und Wirkungskreise beschränken:

Während bis zum Ende der altbabylonischen Zeit Marduk wie o. a. (= ^{d}AMAR.UD) geschrieben wurde, treten nachher - fast immer im sumerischen Kontext - verschiedene andere Schreibungen und Ideogramme hinzu.

Marduk wurde schon früh mit dem Beschwörungsgott Asalluḫi, dessen Kultzentrum im südbabylonischen Kuara lag, gleichgesetzt. Dabei erscheint auch in Bilinguen mit Beschwörungsliteratur und im Zusammenhang mit magischen Anspielungen im sumerischen der Name Asalluḫi, wenn der Stadtgott von →**Babylon**, Marduk, gemeint ist.

Der Stadtgott →**Tutu** von →**Ba/ orsippa** wurde durch die enge Verbindung mit →**Babylon** von Marduk abgelöst. Für Asalluḫi und →**Tutu** ist in altbabylonischer Zeit zwar noch ein selbständiger Kult nachzuweisen, doch tauchen später ihre Bedeutung und Eigenschaften nur noch als Beinamen Marduks auf. Sein Aufstieg vom Stadt- zum Nationalgott dokumentiert sich u. a. in der Dichtung "Enūma eliš" (Weltschöpfungslied) und darin, dass der ursprünglich für eine Reihe von Göttern gebrauchte Titel bēlu (Herr) zum Eigennamen Bēl (Schreibung ^{d}EN = der Herr) für Marduk schlechthin wurde. Auch gingen die ehemals für →**Enlil** (**Ellil**) verwandten 50 Namen, die auch seine heilige Zahl ist auf ihn über.

Die genaue etymologische Bedeutung der Schreibweise ^{d}AMAR.UD wie auch das erste zeitliche Erscheinen sind nicht gesichert. Gemäss dem ältesten Beleg aus der →**Hammurapi**-Zeit stammt Marduk von →**Enki/ Ea** ab. Seine Frau war →**Zarpanītum**. In altbabylonischer Zeit vereinzelt, ab mittelbabylonisch regelmäßig, wird Nabû als sein Sohn bezeichnet.

Die Entwicklung des Kultes von Marduk ist im Alten Orient beispiellos. Während sein Name in früher Zeit in Babylonien nur selten auftaucht, wächst seine Bedeutung mit der Ausbreitung und politischen Bedeutung des Reiches. In Götterlehre, Kult, Literatur und Vielseitigkeit bekam er eine herausragende Stellung, die von keiner Gottheit erreicht wurde. Sein Heiligtum war der Tempel →**Esagil** (É-sag-íl) in →**Babylon**, sein Symbol die Schaufel, das Werkzeug des Landmannes. Denn als solcher wurde er auch gesehen. Als derjenige, der das Feld und die Stadt bestellt.

In der Beliebtheit bei der Namensgebung wurde Marduk nur noch von →**Sin** übertroffen.

Literarisch spielt Marduk in sumerischer und akkadischer Zeit so gut wie keine Rolle. Wie bereits erwähnt, ist die wichtigste Marduk gewidmete Dichtung, deren Entstehung jedoch unsicher ist, ist das o. g. "Enūma eliš": Nach dem Sieg über Tiamat, an der die anderen Götter gescheitert waren und mit dem diese nun seine überragende Stellung anerkennen, schuf und ordnete er den Kosmos und die Welt. Die Götter erbauten für ihn →**Babylon** und sein Heiligtum →**Esagil** (É-sag-íl). Im Gegensatz zum sumerischen Pantheon, hatten die Semiten den Hang zur Verehrung von nur wenigen Hauptgöttern mit umfangreichen Eigenschaften, was sicher zur

Entwicklung Marduks als Hauptgott beitrug. Besonders durch seine Eigenschaften als Beschwörungsgott, der sich auf Heilung verstand und als Landesgott, dem die Geschicke der Menschen ausgeliefert waren, wurde er schnell, neben Šamaš, zum Helfergott überhaupt. Marduk rief man in allen kritischen Lebenslagen um Hilfe an, erbat seinen Segen und Schutz und leistete vor ihm Fürbitte füreinander. Dies wird sehr deutlich in dem Text " Ludlul bēl nēmeqi" (Ich will preisen den Herrn der Weisheit) und einem verwandten Text aus Ugarit, in denen die Problematik des schuldlos Leidenden behandelt wird. Es gab gelegentlich auch die Möglichkeit von Teilidentitäten. So konnte Marduk der Gott →**Ea/ Enki** sein, wenn es um das Regieren und Beraten ging, dass er aber →**Sîn** ist, wenn er als Erleuchter der Nacht fungiert.
Zeitweise gab es sogar monotheistische Tendenzen, in denen Marduk und Zarpanītum das Götterpaar repräsentierte und gewisse unbedeutende Götter als Hypostase eines Hauptgottes begriff. Die Entwicklung zu einem monotheistischen Götterbild scheiterte jedoch am ausgeprägten Traditionalismus der Babylonier und an der großen Macht der Tempel.

Nergal

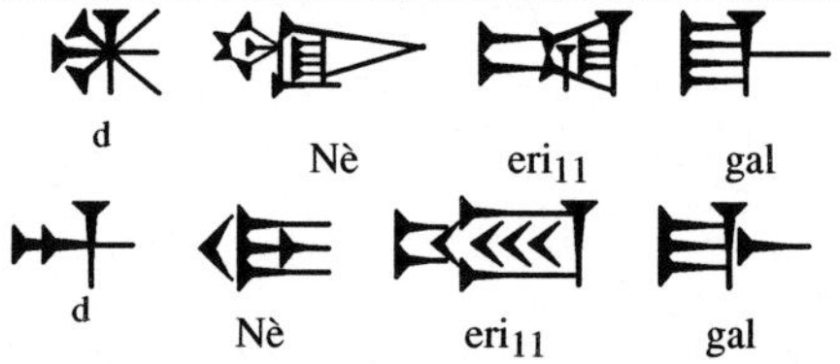

Nergal war ein Unterweltsgott, der besonders in →**Kutha** verehrt wurde, wo auch sein Heiligtum, der Tempel E-→**Meslam** stand.
→**Kutha** galt als Synonym für die Stadt, in der Unterweltsgötter allgemein verehrt wurden.
Andere Namen für den Gott sind Lugalgirra und Meslamta'ea. Letzterer verkörpert den kriegerischen Aspekt des Nergal. Ursprünglich war er ein oberirdischer Gott, der die Sonnenhitze verkörperte und den Menschen Fieber und Seuchen - insbesondere die Pest - brachte und von zweimal sieben Dämonen begleitet wurde.
Welche Macht er besaß kommt in dem Ausspruch "Vor deinem schrecklichen Glanz wälzen sich die großen Götter wie die Hunde" zum Ausdruck. Und →**Hammurapi** bezeichnet ihn sogar im Epilog seines Codex' als den mächtigsten Gott überhaupt. Diese Bezeichnung zielt auf den für den König positiven Aspekt des Nergal hin. Dieser half ihm im Kampf und besiegte die bösen Mächte. Zuweilen warf sich der Gott sogar als Beschützer der Menschen auf.
Im Mythos "Enlil und Ninlil", die seine Eltern waren, wird u. a. seine Entstehung geschildert. Der Mythos "Nergal und Ereškigal" schildert, wie Nergal der Aufstieg zum Herrscher gelingt. Dieser Mythos wurde auf einer Schultafel für "Keilschriftstudenten" in Tall al-Amarna gefunden, bestand zwar schon in altbabylonischer Zeit, ist jedoch offensichtlich in zeitgenössischen, neuassyrischen und -babylonischen Fassungen ergänzt worden.
Danach wurde einst der Bote der Unterweltsgöttin Ereškigal anlässlich eines Gastmahles von Nergal beleidigt, woraufhin ihn die Göttin zur Bestrafung zu sich befahl. →**Ea/ Enki** gab ihm aber die zweimal sieben Krankheitsdämonen mit, sodass er Ereškigal besiegte und von dieser zum Gemahl und Mitregent erhoben wurde.
Nergal, der auch häufig in verschiedenen Aspekten mit →**E/ Irra** gleichgesetzt wurde, hat man auch bei der Bestattung der Toten gehuldigt. Von den Hethitern wurde er mit dem Namen Suli(n)katte übernommen.

Mit seiner Gattin Ereškigal regierte er das Reich der Unterwelt (babylonisch Kurnugea). In spätbabylonischer Zeit wurde ihm als Sternbild der Planet Mars zugeordnet. Seine Zahl war die 14, und zwar als die Hälfte von 28, dem Tag der Unterwelt. Sein Symbol ist der Löwenstab.
Sein Name, der übrigens auch im Alten Testament erscheint, war noch im 2. Jhdt. u. Z. im Kult von Tadmur/ Palmyra in Syrien bekannt.

Ninazu

d Nin a zu

d Nin a zu

Ninazu war ein sumerischer Unterweltsgott, der im Gegensatz zu **→Irra/ Nergal** freundliche Züge aufwies.
Wie schon sein Name "Herr Arzt" erkennen lässt, war er auch Heilgott. In einem sumerischen Mythos, dessen Abschrift in das 18. Jhdt. datierbar ist, wird berichtet, dass **→Anu** Getreide vom Himmelsinneren auf die Erde herabgebracht habe. **→Enlil/ Ellil**, der auch sein Vater ist, häufte das alles im Bergland auf und "versperrte das Gebirge wie mit einer Tür". Da beschlossen die Götter Ninazu und Ninmeda "Sumer, das Land, das kein Getreide kennt, dieses kennen lernen zu lassen".
Sein Hauptkultort war **→Ešnunna**.

Ninkarrak

d Nin kar ra ak

d Nin kar ra ak

Der Name der sumerischen Heilgöttin kann nicht sicher gedeutet werden. Sie ist eine Tochter **→Anus**, der sie und andere Gottheiten mit der Erde zeugt. Laut C. Ḫ. soll sie in **→Ekur**, dem Heiligtum ihres Vaters, für **→Hammurapi** Fürbitte leisten und böse Krankheiten, die kein Arzt kennt, über diejenigen bringen, die seine Gesetze missachten. Dies zeigt, dass die Göttin nicht nur Krankheiten heilen, sondern auch bringen kann.

Ninlil

d Nin líl

d Nin líl

Ninlil war Gemahlin des **→Enlil/ Ellil** und Mutter des Mondgottes **→Sîn/** Nanna. Der sumerische Name bedeutet "Windhauch". Sie ist im Gegensatz zu ihrem Gemahl, der häufig

zornig ist und schreckliche Stürme und Unwetter über die Menschheit kommen lässt, sehr gütig mit mütterlichen Zügen. Sie wird auch als Bergherrin bezeichnet und wird in assyrischer Zeit, als **→Enlil/ Ellil** von Aššur verdrängt wird, zur Gattin Aššurs. Das ihr geweihte Heiligtum, der Tempel Tummal, stand in **→Nippur**.
Die Moralvorstellungen der damaligen Zeit sind sehr gut aus dem Mythos "Enlil und Ninlil" zu entnehmen, wo **→Enlil/ Ellil** - entgegen dem Rat ihrer Eltern - die nackt badende Ninlil vergewaltigt und diese dann den Mondgott **→Sîn** gebärt. **→Enlil/ Ellil** wird daraufhin von den Göttern in die Unterwelt verbannt, wohin ihm Ninlil folgt. Er begegnet ihr dort in Gestalt des Torhüters und schwängert sie ein zweites Mal. Später noch zwei weitere Male als Flussgott und als Fährmann. Ninlil gebiert daraufhin auch noch drei Unterweltgötter.

Nintu

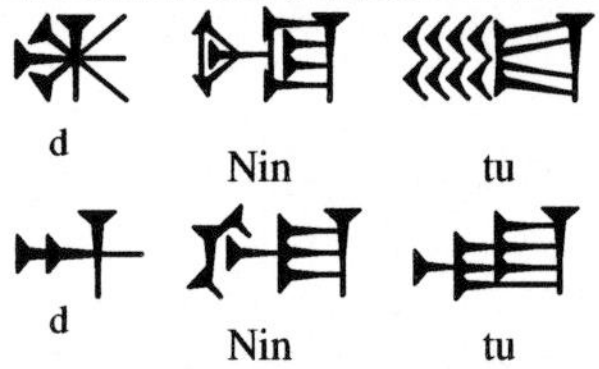

Der in vielen ähnlichen Namen vorliegende Begriff deutet immer wieder auf die Muttergöttin schlechthin.
Häufig erscheint sie als "die Gebärende", "die Gebärmutter" oder "Mutterleib". Einige Namenserweiterungen bezeichnen sie als "große" oder "überaus große Nintu(r)", "gewaltige Herrin der Könige", "Herrin der Gestaltung" oder "die die Menschen gedeihen lässt" etc. Nintu ist die akkadische Form der sumerischen Nin-ḫursaĝa.
Im Atramḫāsis-Epos trägt die Bēlet ilī, die Herrin der Götter, den Beinamen šassūru (= Gebärmutter) und stellt aus Lehm zweimal sieben Gebärmütter her, die männlichen und weiblichen Nachwuchs hervorbringen sollen. Andererseits wird sie auch als Göttin des Handwerks gesehen.
In dem Epos "Enki und Nin-ḫursaĝa" wird Enki (**→Ea**) als Vater und Gatte zugleich der Nintu(r) bezeichnet.
In "Enki und Nin-maḫ" redet Enki diese mit "meine Schwester" an. In anderen Texten ist **→Anu** ihr Gemahl.
Verschiedentlich wird Nintu auch mit Nin-sikila und **→Dam-gal-nunna** gleichgesetzt.
Das Beilager und die Schwängerung der Nintu wird auf dem sogenannten Nippur-Zylinder geschildert. Dort ist Šul-pa-e(a) ihr Gemahl, der "die große Schwester Enlils" begattete und "ihr den Samen von sieben Zwillingen in den Leib fließen ließ". Dabei raunt (?) es anschließend im Leib der Göttin, der dabei die Erde darstellt, von Schlangen und Skorpionen, die wohl Fruchtbarkeitssymbole darstellen.
Durch die unterschiedlichen Schreibungen, Zusatznamen, Gleichsetzungen mit anderen Göttinnen in verschiedenen Hymnen, Dichtungen und Liedern etc. ergibt sich insgesamt ein sehr undurchsichtiges Bild.

Ihr Kultort war →**Keš**.

<u>Sîn</u> 

d ZUEN = EN ZU

d ZUEN = EN ZU

Er war der Nachfolger des sumerischen Mondgottes Nanna, ist der Sohn →**Enlils/ Ellils** und →**Ninlils** und der Vater von →**Šamaš**. Seine Gemahlin ist Ningal. Sein Symbol ist die Mondsichel, die als Boot gedacht werden konnte; der Gott selbst wurde "glänzendes Boot des Himmels" genannt. Es gab aber auch die Vorstellung vom Mondgott als Stier, dessen Gehörn die Mondsichel bildet.
Weitere Symbole waren die Niere und die Tiara. An Prädikaten wurden ihm "freundlicher Erleuchter der Nacht", "sich selbst erneuernde Frucht" und "alles gebärender Schoss" zugegeben. Seine Beiname Ašimbabbar bedeutet " dessen Aufgang strahlend ist".
Sîn galt als weiser, alter Gott, der als "Herr des Schicksals" und - ähnlich wie →**Šamaš** - als "Richter des Himmels und der Erde" sowie als Orakelspender war. Selbstverständlich erscheint er in vielen Mythen, Gebetsbeschwörungen und Gedichten.
Besondere Verehrung wurde ihm in →**Ur**, das sein Hauptkultort war, und Ḫarrān zuteil; aber auch sonst wurde ihm in fast jeder größeren Stadt ein Tempel erbaut. Seine Zahl ist die 30.

<u>Šamaš</u> 

d UD

d UD

Das semitische Wort für Sonne wurde zum Namen des babylonischen Sonnengottes, der während des Tages alles sieht. Deshalb ist er auch Gott des Rechtes und der Gerechtigkeit - in dieser Eigenschaft wird er mit Stab und Ring dargestellt - sowie des Orakels. Auch war er Kriegsgott und Erbauer von Stadt und Haus. Mit Beginn des 2. Jtsd. verdrängt er den sumerischen →**Utu**. Zwar wurde die Schreibweise für →**Utu** beibehalten, gemeint war aber Šamaš. Er erhielt eine wesentlich größere Bedeutung als →**Utu**. Dies belegt u. a. auch die Abbildung auf der Gesetzesstele →**Hammurapis**. In zahlreichen Hymnen wird er beschworen und gepriesen, der den Unterdrückten zu ihrem Recht verhilft, die Gefangenen frei macht und allenthalben für Gerechtigkeit sorgt.
Eidesformeln nennen ihn an erster Stelle. Immer und immer wieder wird er in Sprüchen und Gebeten angefleht.
Sogar in Geschäftsbriefen wird er angerufen. Im „Babylonischen Fürstenspiegel" erscheint der Gott mit seinen alles durchdringenden Strahlen als Ahnder ungerechten Tuns.
Meineid und Ehebruch, Bestechung und Wucher, falsches Gewicht und "böses Handeln" schlechthin werden von ihm verfolgt und bestraft. Kamen die irdischen Richter nicht zu einem

Urteil, trat als letzte Instanz die göttliche Entscheidung in Gestalt eines Gottesurteils - meist eines Flussordals - in kraft.
Ein Šamaš-Tempel in →**Babylon** trägt den Namen "Haus des Richters des Landes". Die Hauptheiligtümer standen in →**Larsa** und →**Sippar**. Sein Symbol ist die Sonnenscheibe mit einem vierzackigen Stern und davon ausgehenden Strahlen. In Assyrien ist es eine Sonnenscheibe mit Flügeln. Häufig erscheint er als Scheibe, die zwischen den östlichen Bergen aufsteigt. Sonst wird er als König auf einem Thron sitzend dargestellt.
Des Nachts wandert er durch die Unterwelt und bringt den Toten Licht und Nahrung. Als Gattin wurde ihm →**Aja** gegeben. Seine Zahl war die 20.

Tišpak

d Mùš

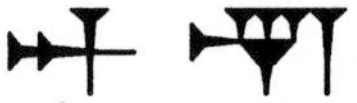

d Mùš

Der Gott, dessen Name etymologisch nicht gedeutet werden kann und dessen Herkunft unbekannt und Bedeutung nicht ganz klar ist, war Stadtgott von →**Ešnunna**. Von Ilšu-Ilia, dem zweiten König von →**Ešnunna**, wissen wir, dass er sich nur noch Stadtfürst nannte, aber die weltlichen Herrschaftstitel wie "König der vier Weltgegenden" auf Tišpak übertrug, was anderswo nicht üblich war. Hierin soll wahrscheinlich der Anspruch →**Ešnunnas** auf die universale Herrschaft zum Ausdruck kommen, was natürlich masslos übertrieben war. In einem Palast aus der Zeit Narām-Sîns von →**Ešnunna** / →**Aššur** (um 1.820) fand man in einer kleinen Kapelle, die wahrscheinlich dem Kult Tišpaks diente, eine beschriftete Stele mit dem Relief einer Sonnenscheibe.
Eventuell wurde er von den Ḫurritern mit dem Namen Tešub/ p übernommen.

Tutu
(im C. Ḫ **ohne** d)

Tu tu

Tu tu

Die Bezeichnung Tutu stellt eine Erscheinungsform des →**Marduk** dar, der Stadtgott von →**Borsippa** war.
Der Name bedeutet erêbu = untergehen bzw. êribi = Untergehender und abûbu = Südweststurm, nach dem auch die Tempel und der Turm orientiert sind. Letztlich bedeutet Tutu auch "graben", was in neubabylonischer Zeit als Nabû ša Ḫarê = Nabû des Grabens erhalten ist.
In der Bezeichnung als "Untergehender" ist Tutu die untergehende Sonne, die unterhalb der Erde als Nachtsonne umhergeht.
Sein Hauptheiligtum war der →**Ezida**-Tempel, der auch als Sternwarte diente.

Der spätere Stadtgott von →**Borsippa**, Nabû, wird im C. Ḫ. nicht genannt.

<u>**Uraš**</u>

d IB (= Uraš)

d IB (= Uraš)

Der Ackerbau- und Kriegsgott war mit →**Anu** eng verwandt. Der Name seines Tempels É-ib-bi-a-nu-um, der sich in →**Dilbat** befand, stammt mindestens aus altbabylonischer Zeit. Er tritt - auch in anderer Form - in Personennamen auf und enthält eine Anspielung auf →**Anu**. Über den Bau des Tempels ist nur wenig bekannt.
Uraš galt als Fruchtbarkeitsgott, insbesondere des Acker- und Palmenbaus. Der zum Haupttempel gehörende Tempelturm hieß É-gub-ba-an-ki = "Tempel des Standortes von Himmel und Erde". Nach ihm sind in →**Dilbat** u. a. ein Kanal, ein Stadtviertel und ein gleichnamiges -tor benannt. Ersterer war ein Prozessionskanal, der am Tempel vorbeifloss.

<u>**Utu**</u>

d UD

d UD

Im Codex wird er nur mit seiner Schreibweise aufgeführt, was dem Gott →**Šamaš** entspricht. Utu war der sumerische Sonnengott, der vor allem als Hüter des Rechtes eine Rolle spielte. Er erreichte aber nie die große Bedeutung wie der akkadische →**Ṣamaš**, was die genealogische Unterordnung unter den Mondgott in der Dichtung "Gilgameš, Enkidu und die Unterwelt" dem er beim Fällen des Ḫalub-Baumes nicht helfen will gegen die "Schlange, die keine Beschwörung kennt", den Anzu-Vogel und eine Dämonin. Andererseits hilft er → Nanna, der sein Vater war. Er war auch Vormund seiner Schwester Inanna (→**Ištar**), der er in einem →**Enki**-Mythos hilft, indem er ein Loch in der Erde öffnet, damit Enkidu aufsteigen kann. Auch hilft er in dem Mythos "Inannas Gang zur Unterwelt" dem von Inanna verlassenen Gemahl Dumuzi, sich wenigstens zeitweise, vor der Gewalt der Dämonen zu entziehen und zu dessen Schwester Geštinanna fliehen zu können. Utu wird in zahlreichen weiteren Mythen und Dichtungen - aber ohne besondere Eigenschaften oder Merkmale - genannt. Sein Sohn ist Enmerkar, der zweite König der ersten Dynastie von →**Uruk**. Hierbei ist wichtig zu erwähnen, dass Utu seinem Sohn bei der Auseinandersetzung mit dem "Herrn von Aratta" im gleichnamigen Epos die <u>**Erfindung der Schrift**</u> eingegeben hat.

Zababa

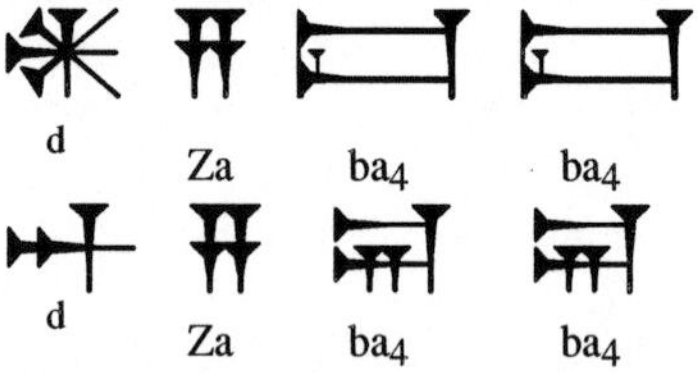

Der altmesopotamische Kriegsgott war zugleich Stadtgott von →**Kiš** und in babylonischer Zeit mit Ningirsu oder Ninurta gleichgesetzt. Seine Gemahlin ist die kriegerische Inanna. In einem Text wird er "Marduk der Schlacht" genannt. Er findet sich auch im hethitischen Pantheon und ist ein Akkadogramm für den Kriegsgott Wurunkat(t)e. Aus Texten wissen wir, dass es sich um einen sehr alten Gott handelt, dem bereits Sargon von Akkad dort einen Palast bauen liess. Und noch der zweitletzte König der Kassiten, Zababa-šūma-iddina, trug um 1.160 seinen Namen. Sein Heiligtum war das É-kišib-ba. Sein Symbol ist der Adlerstab.

Zarpanitum

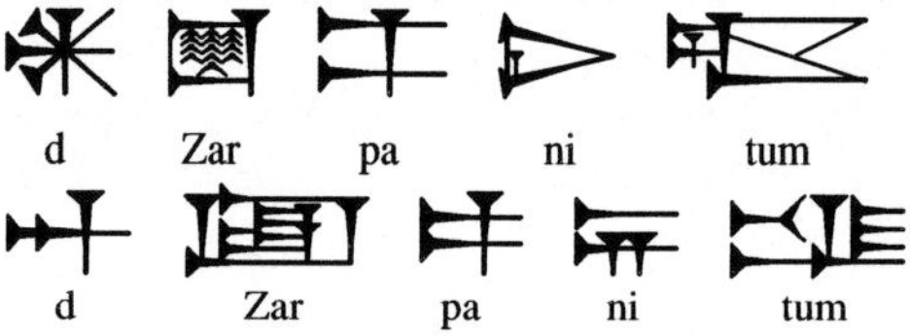

Sie war Ehefrau des babylonischen Nationalgottes →**Marduk**. Unter dem Epitheton Erua galt sie als Göttin der Schwangerschaft. Ihr Name bedeutet soviel wie "die Silberglänzende".

---

c) Gebäude

Eabzu

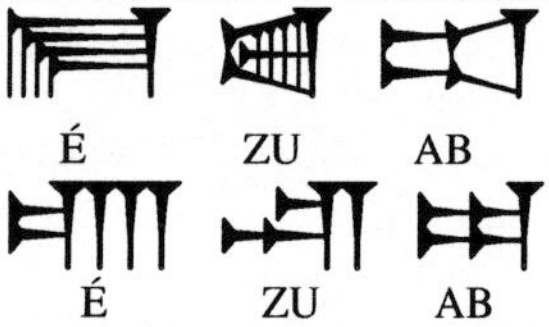

Der Name bedeutet "Haus des apsû" (=Süsswasser- = unterirdischer Ozean) und war das Hauptheiligtum von →**Ea/ Enki** in →**Eridu**. Der Tempel befindet sich auf der Südostseite der Ziqqurat. Wir wissen, dass Entemena von →**Lagaš** um 2.400 das Gebäude erbauen liess und →**Hammurapi** ihn erneuert hat. Aber auch in anderen Städten gab es Tempel gleichen Namens.

Eanna

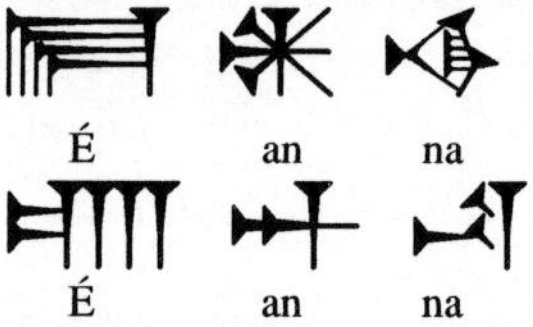

Der neben der →**Anu**-Ziqqurat wohl wichtigste Tempelkomplex in →**Uruk** war der Göttin →**Ištar** geweiht.
Beide besaßen für ihre Zeit ungeheure Dimensionen. Die Gesamtfläche für den Eanna-Bezirk, der auf einer Terrasse gelegen und von einer Mauer umschlossen ist, wird auf ungefähr neun Hektar geschätzt.
Im Inneren befand sich der Tempelturm, die Tempel der Göttinen und die Höfe. Während die Umfassungsmauer von Ur-Nammu (2.111 - 2.094) von Ur errichtet wurde, hat Sargon II. (721 - 705) große Erweiterungen und Neuerungen durchgeführt. Dass diese Stelle jedoch ein uralter Kultort gewesen sein muss, beweisen Reste eines Tempels unter den Bauten des Ur-Nammu, die auf ca. um 3.100 geschätzt werden.
Die Bedeutung des Heiligtums kann man daran erkennen, dass Herrscher der verschiedensten (Stadt-) Staaten daran bauten. Der erste, uns bekannte, war Enannatum von Ur, und selbst der letzte König Babyloniens, Nabû-na' id und der Achaemenide Kyros II. , der Gr., erneuerten ihn noch. Vom Umfang der Tempelwirtschaft in alter Zeit zeugen einige Dokumente, die stattliche Ländereien und geradezu riesige Tierherden aufführen. So besaß der Eanna-Tempel bspw. 5.000 - 7.000 Rinder und zwischen 100.000 und 150.000 Schafe und in einem Jahr mussten fünf Tonnen Schafwolle an ihn geliefert werden.

Ebabbar

É babbar

É babbar

Hauptheiligtum des →**Šamaš** in →**Sippar**. Laut Nabû-na'id wurde der Tempel von Narām-Sîn, dem Sohn Sargons von →**Akkad**, erbaut. Maništušu erneuerte das Gebäude und sicherte ihm dauernde Einkünfte. Später baute →**Hammurapi** daran und Samsu-iluna renovierte ihn.
Gemäss einer Inschrift von Nabû-apla-iddina hatten die Suti den Tempel zerstört, den er nun wieder aufbaute. Zu Zeiten von Sanherib und Asarhaddon eroberten die Elamiter →**Sippar** und zerstörten das Gebäude erneut. Ein "Mann aus Sippar" baute Ebabbar "für das Leben des Šamaš-šum-ukin und des Aššur-bân-apli" wieder auf. Nabû-kudurri-uṣṣur II. suchte vergeblich den Unterbau des Tempels, den Nabû-na'id 45 Jahre später fand.

Egalmaḫ

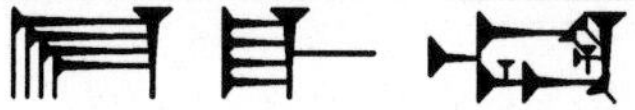

É gal maḫ

É gal maḫ

Der Tempel der Stadtgöttin Nininsina (sumerisch: Gula) in →**Isin** wird bereits in in einem altsumerischen Lied auf die Tempel Babyloniens erwähnt. →**Isin**s König Lipit-Ištar (1.934 - 1.924) weihte ihr einen goldenen Thron. Der Tempel wird in vielen religiösen Texten erwähnt.

(E)Ḫursagkalama
(**ohne É im C. Ḫ!**)

Ḫur sag kalam ma

Ḫur sag kalam ma

Tempel zu Ehren der →**Ištar**/ Ninlil in →**Kiš**. Die Tempeltürme sind um 2.500 errichtet worden. Neu erbaut wurde er von Nabû-kudurri-uṣṣūr II. (944), erweitert und renoviert von Nabû-na'id.

Ekišnugal

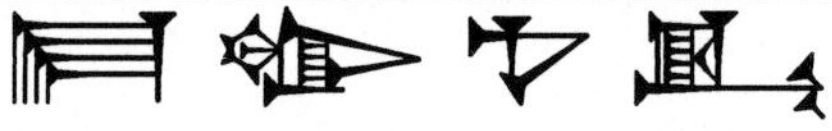

É kiš nu gál

É kiš nu gál

Tempel des Mondgottes Nanna/ →**Sîn** in →**Ur**.
Der Name bedeutet "Haus, das mit Mondlicht erfüllt ist".

Ekur

É kur

É kur

Der Name bedeutet "Berghaus" bzw. "Haus, das ein Berg ist" und sein Hauptheiligtum, der Tempel in →**Nippur**, war →**Enlil** (**Ellil**) geweiht. Er befindet sich östlich der Ziqqurat. Viele Herrscher aus akkadischer, babylonischer und assyrischer Zeit bauten daran. In einer Hymne auf →**Enlil** (**Ellil**) wird er als "der Tempel - seine göttlichen Gesetze können, wie der Himmel, nicht umgestürzt werden" und als "das Haus aus Lapislazuli, die hohe Wohnung, die Furcht einflösst" geschildert.

Emaḫ

É maḫ

É maḫ

Einer der ersten Stadtfürsten, É-iginimpaē, begann mit dem Bau des Tempels, der ursprünglich Esar hieß und später Emaḫ zu Ehren der Stadtgöttin Ninmaḫ/ Ninḫursag/ Maḫ genannt wurde. Von Gudea von Lagaš (2.144 - 2.124) liegen Inschriften vor, nach denen er den Tempel neu errichtete.

Während der Ur III-Zeit wurde die Stadt von ensis (Stadtfürsten) regiert. Ur-Nammu (2.111 - 2.094), Šulgi (2.093 - 2.046) und Amar-Sîn (2.045 - 2.037) von Ur erneuerten den Tempel, →**Hammurapi** hat ihn wieder aufgebaut.

Emeteursag

É me te ur sag

É me te ur sag

→**Hammurapi** restaurierte das Heiligtum für →**Zababa**, den Stadtgott von →**Isin**.

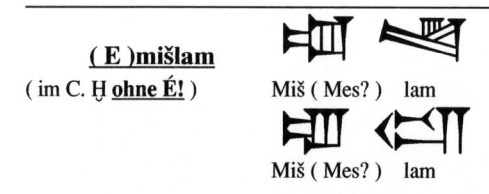

(E)mišlam

(im C. Ḫ **ohne É!**)

Miš (Mes?) lam

Miš (Mes?) lam

1.) Uralter Tempel zu Ehren →**Irras**/ Nergals in →**Kutha**, an dem Narām-Sîn (2.259 - 2.223), Šulgi (2.093 - 2.046), Apil-Sîn , →**Hammurapi** u. a. bauten.
2.) Gleichartiger Tempel in →**Maškanšapir**.

Emišmiš

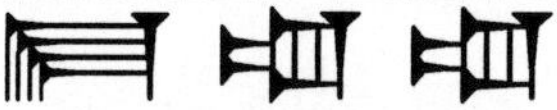

É miš (mes?) miš (mes)

É miš (mes?) miš (mes)

Der Tempel, der auch É-maš-maš geschrieben wurde, war der →**Ištar**/ Ninlil in →**Ninive** geweiht.
An ihm haben Šamši-Adad I. (?) (1.815-1.782), Aššur-Uballiṭ I. (1.365-1.330), Salmanassar I. (1.274 - 1.245), Aššur-rêš-iši I. (1.133 - 1.116), Tiglat-Pilesar I. (1.117-1.077), Aššur-naṣir-apli II. (884-859), Sanherib (704 - 681), Asarhaddon (680 - 669) und Aššur-ban-apli (668 - 629?) gebaut.

Eninnu

É ninnu

É ninnu

Bei dem "Haus Fünfzig" handelt es sich um einen Tempel(komplex) zu Ehren des Stadtgottes von →**Girs/šu**, Ningirsu. Die Zahl fünfzig bezieht sich auf die fünfzig mythologischen Vögel, die Anzû, die wie Adler waren.
Erstmals erwähnt wird das Gebäude durch Bauinschriften von Enannatum I. (um 2.450). Ca. 300 Jahre später errichtete Urbaba den Tempel an einer anderen Stelle neu und Gudea, sein Schwiegersohn und Nachfolger erweiterte den Komplex. Hierüber liegt uns ein umfangreicher Baubericht vor, der als älteste literarische Komposition in sumerischer Sprache gilt. Während der zuerst genannte Tempel unter dem Tall K vermutet wird, fand man vom zweiten Reste unter Tall A. Man geht davon aus, dass der Gesamtkomplex mit ca. 300 m x 320 m und 52 Einzelanlagen größer war als das →**Eanna**-Heiligtum in →**Uruk**.

Esagil

Das Hauptheiligtum →**Marduk**s war der Tempel Esagil (É-sag-íl) in →**Babylon**.
Es handelt sich hier um einen sumerischen Namen, der akkadisch mit "der das Haupt erhebt" übersetzt wird.
Die Babylonier sahen nicht nur ihre Stadt, sondern auch diesen Haupttempel, in den Sternen, wobei die Stadt das Feld und der Tempel den Landmann, eine Versinnbildlichung von →**Marduk** als demjenigen, der Stadt und Land bestellte, bedeutete.
Der Tempel lag im Zentrum →**Babylons**, am Ufer des Euphrat, der an dieser Stelle mit dem heiligen Namen Araḫtum benannt war. Die Geschichte des Tempels hängt auf das Engste mit der Statue →**Marduk**s zusammen. Er besteht aus einem nördlichen Teil mit der "Heiligen Pforte" und dem "Turm zu Babylon", der der älteste Teil sein muss, und einem südlichen Teil, dem Esagil selbst. Dieser Tempel ist der größte und wohl berühmteste des Alten Orient und bis in die letzten Details aus keilschriftlichen Überlieferungen bekannt.
Insgesamt werden sechs Bezirke, die zum Gesamtkomplex gehören, unterschieden, wovon wiederum zahlreiche Kapellen zum Tempel selbst zählten.

E'udgalgal

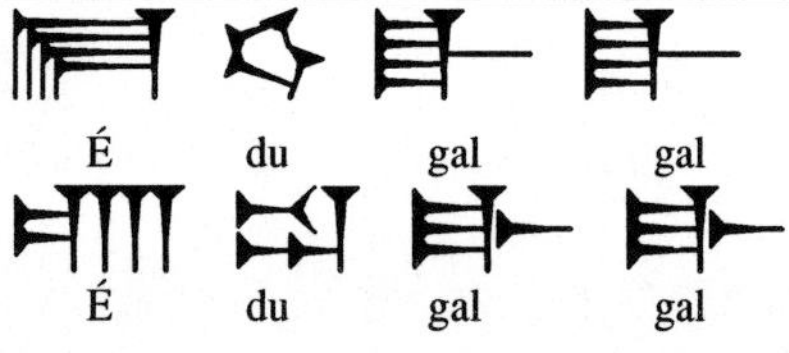

Tempelturm zu Ehren Iškurs (→**Adads**) in der noch nicht lokalisierten Stadt →**Karkara**.
Eine sumerische Tempelhymne beschreibt das é-IM^{ki} , bei dem es sich um das im C. Ḫ. genannte →**Eudgalgal** handelt.

E'ulmaš

É ul maš

É ul maš

Tempel der Stadtgöttin→**Ištar** in →**Akkad**, der von Sargon von Akkad (2.340 - 2.284), Narām-Sîn (2.259 - 2.223), →**Hammurapi** (1.792 - 1.750), dem Kassiten Kurigalzu (um 1.400), Asarhad-don (680 - 669), Nabû-kudurri-uṣṣur II. (604 - 562) erneuert und von Nabû-na'id (555 - 539) wieder aufgebaut wurde.
Asarhaddon hatte die entführte Statue der →**Ištar** im Jahre 673 aus Elam zurückgebracht.

Ezida

É zi da

É zi da

Über den Tempel des →**Tutu**, später Nabû, in →**Borsippa** sind wir insbesondere durch zahlreiche Urkunden sehr gut informiert. Er wird im C. Ḫ. zum ersten Male erwähnt. Der Name bedeutet soviel wie 'Haus der Gerechtigkeit'. Spätere Herrscher stellten einen Thron darin auf oder stifteten Bilder, (Wild-) Stiere, Fische usw. Bei Ezida handelt es sich eigentlich um einen ganzen Tempelkomplex, der aus mehreren Häusern und dem Tempel bestand und von einer Mauer umgeben war. Nabû-kudurri-uṣṣur II. (604 - 562) hat den Tempel vollständig erneuert. Selbst der Seleukide Antiochos I. hat ihn noch repariert. Der Tempel beinhaltete sechs Zimmer. Aus dem sogenannten Schatz des Tempels stammen einige Tontafeln, die dort in einer Art Bibliothek bzw. Archiv niedergelegt waren. Bisher sind acht Pforten der Ezida bekannt, wovon vier dem Gott Nabû geweiht waren. Zum Neujahrsfest wallfahrte der Gott auf der am Tempel vorbeiführenden Prozessionsstrasse auf einem prächtig verzierten Wagen für eine Woche nach →**Babylon**. Die enge Verbundenheit der Städte →**Borsippa** und →**Babylon** wird in bezug auf Ezida auch dadurch dokumentiert, dass die "Töchter des Esagila" von →**Babylon** zur Sommersonnenwende nach Ezida ziehen, während umgekehrt die "Töchter des Ezida" zur Wintersonnenwende den Tempel →**Esagila** besuchen. Die von Strabo als "Nachtvögel" bezeichneten Fledermäuse, die angeblich in →**Borsippa** am grössten sind und am meisten vorkommen, sind die letzte Erinnerung an das "Haus der Nacht", wie Ezida auch genannt wurde.

d) Städte und Länder

Adab

(heute: Bismaja)

UD NUN ki

UD NUN ki

Es handelt sich bei Adab wohl um eine der ältesten sumerischen Städte überhaupt, die in früher Zeit eine große politische Bedeutung gehabt haben muss. Sie lag etwa auf halbem Wege zwischen →**Uruk** und Akšak. Gemäss den Königslisten lebte hier der legendäre Lugalannemundu mit einer Regierungszeit von 90 Jahren.

Zunächst stand die Stadt unter der Herrschaft von Mesa/ ilim, der Vasen stiftete und am Tempel baute. Eine Statue des etwas später lebenden Lugaldalu ist erhalten. Von den Stadtfürsten sind die Namen Éiginimpaë und Mear bekannt, von denen sich Vasen und Kupferweihgegenstände erhalten haben. Ersterer begann auch mit dem Bau des Tempels. Lugalzagesi und Meskigala von Adab erwähnen ca. Mitte des 24. Jhdts. erstmals das Mittelmeer und das Amanus-Gebirge. Nach der Überlieferung soll der Stadtfürst Dubkigala von dem ebenfalls Gegenstände vorhanden sind, von Narām-Sîn von →**Akkad** gefangen worden sein. Aus dieser Zeit stammt auch das Siegel des Ur-Dumu von Adab. Unter Rīmuš von Akkad beteiligte sich Adab mit Meskigala an einer Meuterei verschiedener Städte und wurde von diesem zerstört. Von Gudea von →**Lagaš** liegen Inschriften vor, nach denen er den Tempel neu errichtete.

An bemerkenswerten literarischen Zeugnissen aus Adab liegt uns u. a. eine Version der Sprichwörterdichtung "Rat des Šuruppak" vor.

Akkad

(Stadt)

A kà dè ki

aber auch

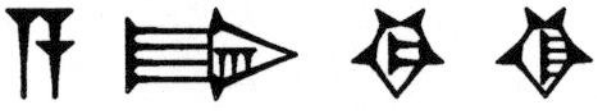

A GA DE ki

A kà dè ki

aber auch

A GA DE ki

Von der Stadt Akkad (A.GA.DE^{ki}) ausgehend hat sich um 2.500 ein Reich Akkad (Ak-ka-du-u) gebildet, in dem zum ersten Male Semiten als Beherrscher von Mesopotamien auftraten und einen wesentlichen Einfluss auf die Kultur gewannen. Dies betrifft insbesondere die Kunst, die während der ersten Periode der mesopotamischen Geschichte an Bedeutung nicht wieder erreicht worden ist.

Nach den späteren Königslisten hat diese Dynastie von Akkad insgesamt 197 oder 181 Jahre regiert (→ Zeittafel 1). In der folgenden neusumerischen Periode ist zwar die Existenz der Stadt nicht bezeugt, aber die Könige der III. Dynastie von Ur nehmen den Titel "König von Sumer und Akkad" an, der sich erhalten hat bis in die letzten Zeiten. In neubabylonischer Zeit aber hieß das ganze Land Akkad.

Geographisch zählte der nördliche Teil des Tieflandes Mesopotamiens zu Akkad. Die dortigen Städte waren sumerischen Ursprungs. Eine eigene Stadtgründung der Akkader ist nicht bekannt. Zum Reich wurden die Städte →**Sippar**, Pallukat (Felludscha), →**Babylon**, →**Ba/ orsippa**, →**Ḫursagkalamma** und →**Kiš** (Tell Uḫaimir), →**Kutha** (Tall Ibrahīm), →**Dilbat** (Tall Daillam oder Tall Dehlim), Akšak (später Upi) und die von den Kassiten als Dûr-Kurigalzu (Aqar Qûf) bezeichnete Stadt gezählt.

Über die Lage der leider bis heute noch nicht gefundenen Stadt ist viel spekuliert worden. Zumal es einige Hinweise aus verschiedenen alten Quellen gibt. Allerdings sind diese manches Mal auch widersprüchlich und meistens zu ungenau. Einige vermuten es in der Nähe oder gegenüber von →**Sippar** (Abu Habba), andere wieder unter der heutigen Hauptstadt Baghdad.

<u>Aššur</u>

(heute: Qal'at Šerqâṭ)

A šur4 ki

A šur4 (LAL.SAR) ki

Die Stadt am Tigris befindet sich 25 m hoch auf einem der nördlichen Ausläufer des Hamrîn-Gebirges, das seinerzeit Assyrien von Babylonien trennte. Von den Assyrern wurde der Bergzug "Abeḫ" (Wohnsitz der Götter) oder "Ebeḫ" genannt, der sich inschriftlich durch Šamši-Adad V. (823 - 811) bis zur Stadt Mé-Ṭurnat hinzog. Als Quellen für die Geschichte und Topographie der Stadt gelten zunächst die zahlreich erhaltenen Bau-Inschriften sowie die juristischen Gesetze und Verträge über Haus- und Feldverkäufe.

Von größter Bedeutung ist die "Stadtbeschreibung von Aššur", die in mehreren Texten und mindestens drei Versionen erhalten ist.

Der Name der Stadt ist zuerst A-šú-ur^{ki} oder A-šur^{ki}. Die Schreibung mit e i n e m š ist zunächst vorherrschend.

Dann führt Šamši-Adad (1.815 - 1.782) eine neue Schreibung ein, die man provisorisch "Ausar" gelesen hat und später archaisierend hin und wieder vorkommt. Erst seit der Zeit Aššur-Uballiṭs I. (1.365 - 1.330) ist die Schreibung des Namens mit zwei š nachweisbar. Da die Stadt bereits vor der assyrischen Zeit bestand, hatte sie sicher einen sumerischen Namen, der aber noch nicht bekannt ist. Aus der ältesten Zeit wissen wir noch sehr wenig. Es ist davon auszugehen, dass der Stadtgott von →**Nippur**, →**Enlil/ Ellil**, nach Aššur übertragen wurde. Dass erst später der gleichnamige Gott auch Stadtgott wird, sollte historische Hintergründe haben. Dem Gott Aššur wurden dann die Eigenschaften des →**Enlil/ Ellil** übertragen, der auch Ninlil zur Gemahlin nahm.

Der späteren Überlieferung nach hat Ušpia bzw. Auspia den Aššur-Tempel gegründet und Kikia die Stadtmauer um die Stadt gezogen. Laut der vorliegenden ältesten Inschriften stand Aššur

unter der Oberhoheit des neusumerischen Königs Bur (Amar) Sîn (2.045 - 2.037) von **→Ur**, der dort den Statthalter Zâriqum eingesetzt hatte. Danach ist Aššur selbständig, bis es nach dem 31. Regierungsjahr von **→Hammurapi** erobert wurde.
Die Fremdherrschaft der Babylonier war aber nur von kurzer Dauer. Danach geriet die Stadt zu Beginn des 15. Jhdts. unter den Machtbereich von Mitanni. Schliesslich wurde sie von Aššur-Uballiṭ I. (1.365 - 1.330) befreit und blieb bis zur Zerstörung durch die Meder im Jahre 614 selbständig. Obwohl die Meder und Babylonier Assyrien vollständig verwüstet hatten, wurde die Stadt rasch wieder besiedelt. Dies beweisen Urkunden von Nabû-kudurri-uṣṣur II. (604 - 562), in denen der Name wieder erscheint. Im **→Babylon** des Nabû-na'id sind Assyrer als Schreiber und Notare tätig und in persischer Zeit werden Namen mit Aššur sogar immer häufiger. Aus dem 1. Jhdt. sind Denkmäler in aramäisch-phönikischer Schrift erhalten. Zum Schluss kommen im 3. Jhdt. u. Z. noch Inschriften mit dem Namen Aššur vor, was zeigt, dass der Gott noch zu Beginn der sassanidischen Periode verehrt wird.
Die Beschreibung der Stadt, die aus mehreren Stadtteilen bestand und mit unendlich vielen Heiligtümern, 13 Stadttoren, einigen Palästen etc. gesegnet war, und selbstverständlich im Lauf der Jahrhunderte mehrfach ausgebaut, erneuert und umgebaut wurde, würde hier zu weit führen.

Babylon

(griech.: βαβνλων) KÁ DINGIR RA ^{ki}

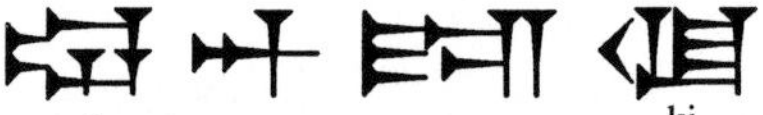

KÁ DINGIR RA ^{ki}

Der älteste geschriebene Name der Stadt ist Ká-dingir, dann Ká-dingir^{ki}, der dann bis in späteste Zeiten als Kadingirra^{ki} gebräuchlich war und Gottespforte (akkadisch Bâbilu) bedeutet. Spätere Bezeichnungen sind u. a. Tintir^{ki} (Lebenshain), E^{ki} (Kanal-, Wasserstadt?), Bâbilâni (Götterpforte) und viele Schmucknamen. Der alte, nicht semitische Name war Babilla, der dann in Bāb-ili = Gottestor umgedeutet wurde. Im Gegensatz zu allen anderen sumerischen Städten ist Babylon die einzige, die einen sumerischen Namen trägt, der semitisch übersetzt ist.
Da ein vorsumerischer Name nicht bekannt ist, wurde die Stadt wohl erst in sumerischer Zeit gegründet.
Die erste Erwähnung stammt aus dem 28./ 27. Jhdt.. Babylon wurde in den folgenden Jahrhunderten mehrfach geplündert und zerstört. Sumu-Abum, der Gründer der 1. Dynastie, baute im 19. Jhdt. die Stadtmauer, konnte diese jedoch nicht vollenden. Danach wurde die Stadt nochmals von den Kassiten zerstört. Als **→Hammurapi** an die Macht kam, war Babylonien immer noch ein Staat unter vielen unbedeutenden und Babylon nicht viel mehr als ein Dorf. Erst als er die Siedlung zum politischen und geistigen Zentrum macht, wird daraus die Stadt, die später dem Reich den Namen gab und die noch Alexander der Grosse zum Mittelpunkt seines Weltreiches machen wollte.
Danach sank es jedoch wieder zur Provinzstadt herab. Bis heute konnte lediglich ein Grossteil der jüngeren Baugeschichte freigelegt werden. Danach wurde Babylon mit seinen fast tausend Hektar Ausdehnung eine Metropole von Ausmaßen, die in der antiken Welt bis zum hellenistischen Zeitalter unübertroffen blieb. Die Bautätigkeiten der babylonischen und assyrischen Herrscher bis zur Zeit Nabopolassars(625 - 605) sind nur wenig bekannt. Sie

müssen auch tatsächlich ziemlich bescheiden gewesen sein und sich auf die Restaurierung und Ergänzung der größeren und am meisten verehrten Heiligtümer der Stadt beschränkt haben.
Erst mit Beginn der neubabylonischen, chaldäischen Dynastie scheinen die Wiederaufbauarbeiten begonnen worden zu sein. Nach seinen Inschriften begann Nabopolassar mit dem Tempel Eḫursagil des Ninurta und mit der Wiedererrichtung der Ziqqurat →**Marduk**s, Etemenanki, die schon Asarhaddon nach der schweren Zerstörung seines Vaters Sanherib begonnen hatte. Doch blieb auch dieses Vorhaben unvollendet. Das Städtebauprojekt Nabû-kudurri-uṣṣurs II. (604 - 562) hingegen ist von einer langen Reihe von Bauplätzen ausserordentlicher Grösse geprägt, denn noch bei den hellenistischen Historikern Megastenes und Berossos galt dieser als Schöpfer der Wiedergründung Babylons. Von den drei Schwerpunkten des Aufbauprogramms wurde zunächst die Stadtbefestigung mit einer Mauer von ausserordentlichen Ausmaßen in Angriff genommen. Die äußere Mauer, vor der sich ein schätzungsweise fünfzig Meter breiter Graben für einen Schutzgraben befand, könnte zwischen dreizehn und achtzehn Kilometer umfasst haben.
Ausserdem gab es eine doppelte innere Mauer mit einer Länge von über acht Kilometern alleine im östlichen Bereich. Das mächtige Westmassiv von ca. neunzig auf einhundertneunzig Meter hatte mit etwa einundzwanzig Meter dicken Mauern eine nicht bekannte Verteidigungsfunktion.
Von den von Herodot genannten einhundert Stadttoren konnte nichts entdeckt werden. Stattdessen sind nur wenige, dafür aber ausserordentlich monumentale Tore bekannt. Das bekannteste hiervon ist sicher das rekonstruierte →**Ištar**-Tor. Es folgte die Wiedererrichtung und Fertigstellung einer großen Anzahl von Tempeln, beginnend mit dem →**Esagil** des →**Marduk** und der Ziqqurat für denselben. Danach folgte der Bau von drei Palästen, von denen zwei größere an der Nordgrenze der Mauer und ein kleinerer im Norden, nahe dem ausserstädtischen bīt akītu, dem Heiligtum für das Neujahrsfest, errichtet wurden. Insbesondere der Bau des →**Esagil** wird in den Bauberichten ausführlich beschrieben. Vom Tempelturm Etemenanki erzählt der König, dass er mit gebrannten Ziegeln und glänzenden (glasierten) Steinen bis zur Spitze gebaut wurde, die mit blau glasierten Ziegeln verkleidet waren. Die fast völlige Zerstörung des Turms, die auf die lang anhaltende Plünderung zur Wiederverwendung gebrannter Ziegel zurückzuführen ist, macht jede Rekonstruktion fast unmöglich. Ein Keilschrifttext aus seleukidischer Zeit, die sogenannte "Esagil-Tafel" liefert sehr genaue Angaben über die Ausmaße. Danach war der Bau quadratisch mit jeweils 91,50 m (auch in der Höhe!). Die Ziqqurat hatte sieben Stufen, wovon allein die unterste eine Höhe von 33,55 m besaß. Allerdings gibt es auch weitere Beschreibungen, die sich widersprechen.
Ein Grossteil dieser wunderbaren Bauwerke wurden entweder von den Achaemeniden zerstört, von Wind und Wetter zernagt, vom Wasser und unter Sand begraben oder zum Bau von neuen Gebäuden wiederverwandt.
Bedauerlicherweise befinden sich die Anlagen aus altbabylonischer Zeit unter dem Grundwasserspiegel.

Bo/ arsippa

(heute: Birs Nimrud)

uru Bar sí pa ki

uru Bar sí pa ki

Wie die heutige Bezeichnung des Ruinenhügels zeigt, ist dort noch der alte Name erhalten.

Ursprünglich lag die Stadt an einem großen See, der sogar Ende des 19. Jhdts. u. Z. noch vorhanden war, mittlerweile aber versandet ist. Der auch heute noch mächtig aufragende Tempelturm wurde häufig irrtümlich für den berühmten Turmbau zu →**Babylon** gehalten.
In sumerischen Texten wird die Stadt mit Bàd-si-a-ab-ba oder Bàd-si-ab-ba geschrieben, was man in Bezug auf den nahegelegenen See als "Landfestung, die am Horn des Meeres liegt" liest. Schmucknamen sind Ki-nu-nir bzw. Ki-in-nir, die als "Ort des Kampfes" gedeutet werden.
Zu Zeiten →**Hammurapi**s wird als Stadtgott noch der sumerische →**Tutu**, eine Erscheinungsform des Gottes →**Marduk**, genannt. Später wird diese Stelle Nabû, der eigenartigerweise im C. Ḫ. nicht genannt wird, einnehmen. Der C. Ḫ. ist auch die erste Quelle, aus der wir Borsippa kennen. Erst sechshundert Jahre später finden wir wieder Erwähnungen auf einem Grenzstein des Marduk-apla-iddina I. (1.173 - 1.161), der den →**Tutu/** Nabû geweihten Tempel →**Ezida** neu baute. Aus verschiedenen Inschriften ist zu entnehmen, dass um 850 Salmanassar III. (858 - 824) in der Stadt opferte, und damit die assyrische Oberhoheit reklamierte.
Die Stadt wechselte in den folgenden Jahrhunderten zwischen babylonischen und assyrischen Dynastien, wobei sie mehrfach revoltierte.
Von Aššur-bân-apli (668 - 629?) wissen wir, dass er die aufmüpfige Stadt eroberte und plünderte, um dann die bereits erwähnten →**Ezida**-Tempel und den für →**Irra/** Nergal →**Emišlam** um 639 zu renovieren.
Ausser diesen Tempeln muss es eine ganze Reihe anderer gegeben haben, deren Anzahl aber noch nicht vollständig festgestellt werden konnte (Insgesamt mindestens 18).
Unter den neubabylonischen Königen Nabû-apli-uṣṣur (625 - 605) und Nabû-kudurri-uṣṣur II. (604 - 562) nahm die Stadt einen großen Aufschwung und wurde fast völlig neu gebaut. Auch in achaemenidischer Zeit blühte noch der Handel.
Selbst in seleukidischer, arsakidischer und arabischer Zeit ist Borsippa noch umkämpft bzw. werden umfangreiche Handelstätigkeiten erwähnt.
Die heute nur noch in Resten vorhandene Stadtmauer wird auf den Tafeln Nabû-kudurri-uṣṣurs II., der diese erneuerte, ausführlich beschrieben.
Die Gegend um Borsippa muss früher ausserordentlich fruchtbar gewesen sein, da insgesamt vier Gewässer, darunter der bereits genannte See, der Euphrat und mehrere Kanäle, erwähnt werden.
Ausser den ehemals mindestens sechs Stadttoren sind heute noch zwei "Stadtpforten" bekannt.
Zur Zeit lassen sich acht Stadtteile nachweisen. Auch müssen einige Prozessionsstrassen vorhanden gewesen sein.
Auf den zahlreich vorhandenen Tontafeln sind Kontrakte über Kauf und Verkauf von Häusern verzeichnet. Auch wird eine Fülle von hochgestellten Beamten, Gelehrten und Priestern mit den jeweiligen Aufgaben namentlich genannt.
Die engen Beziehungen zwischen Borsippa und →**Babylon** dokumentieren sich u. a. im Kultus sowie in der Erbauung einiger gleichartiger Gebäude. Diese Verbundenheit ging so weit, dass die Babylonier Borsippa, das durch den gleichnamigen Kanal mit →**Babylon** verbunden war, als das "Zweite Babylon" bezeichneten.
Politisch ist die Stadt nie selbständig gewesen, da sie sich in stetiger Abhängigkeit von ihrer Schwesternstadt befand.

Dilbat

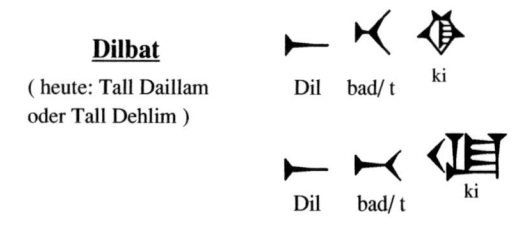

(heute: Tall Daillam oder Tall Dehlim)

Dil bad/ t ki

Dil bad/ t ki

Wie schon der Hinweis auf die heutige Bezeichnung erkennen lässt, ist die genaue Identifikation nicht möglich.
Es ist annehmbar, dass beide Stätten nacheinander als Siedlung in altbabylonischer, kassitischer und neubabylonischer Zeit gedient haben können. Die Quellen zur Geschichte und Topographie unterscheiden sich in alt- und neubabylonische Urkunden. Die älteren Texte, die hauptsächlich aus Verträgen bestehen, stammen aus der Zeit der ersten Dynastie von →**Babylon** (2.150 - 1.850). Aus der neubabylonischen Zeit sind bisher nur ca. 100 Urkunden bekannt, wobei jedoch sämtliche nichts über die genaue Lage aussagen.
Die Bedeutung des Namens, der sich auch in Personennamen beider Perioden wiederfindet, ist nicht bekannt.
Gemäss einer neubabylonischen Schultafel soll die Stadt sich gegen Narām-Sîn von →**Akkad** um 2.700 (?) erhoben haben. Sumu-abum (1.894-1.881), der erste König der ersten Dynastie von →**Babylon**, erbaute die Stadtmauer. Zabium (1.844 - 1.831) erbaute bzw. erneuerte etwa 50 Jahre später den dem Stadtgott →**Uraš** gewidmeten Haupttempel.
In altbabylonischen Verträgen werden mehrere Gewässer genannt, wobei der Euphrat erst in späteren Urkunden auftaucht. Danach erfahren wir für tausend Jahre nichts über die Stadt. Sie taucht erst wieder in neuassyrischer/ -babylonischer Zeit in etlichen Urkunden auf. Aus beiden Perioden und persischer Zeit sind die Namen etlicher Stadttore und -pforten überliefert.
An Tempeln und Kapellen lassen sich bisher 11 erschließen.
Da noch keine umfassenden Grabungen vorgenommen wurden, ist die genaue Lage der Stadt noch nicht bekannt. Sicher ist, dass sie keine große historische Rolle in Mesopotamien spielte. Es ist aber nicht ausgeschlossen, dass sie diese für die Landwirtschaft hatte. Zumal in den Inschriften sehr häufig verschiedene Gärten genannt werden, von einigen Wasserläufen durchzogen oder umgeben war und der Ackerbaugott besonders verehrt wurde.

Eridu

(heute: Abu Schaḫrain) uru NUN ki

uru NUN ki

Die Stadt war die südlichste →**Sumers** und lag 11 km südwestlich von →**Ur**, das ursprünglich auf einer Insel des Euphrats an der Mündung in den Persischen Golf lag. Auch Eridu lag um 3.300 (!) , und - wie wir aus Urkunden wissen - 1.000 Jahre später noch am Meer, nicht aber am Euphrat. Aus diesem Grunde ließ Ur-Nammu (2.111 - 2.094) von →**Ur** nach Eridu den Kanal Íd-gú-bi graben. Sie ist die einzige Stadt Babyloniens, deren Bauwerke - u. a. auch die Stadtmauer - aus Gips-, Kalk- und Sandsteinen bestehen, da diese Gesteinsarten hier vorkommen.

Zu Zeiten Sanheribs (704 - 681) gehörte die Stadt zum Meerland-Reich (Bît Jakîni) und lag bereits nicht mehr an der Küste, sondern im Flachland. Dies ist durch die ungeheure Versandung zu erklären, die bewirkt, dass sich das Land immer weiter in das Meer hineinschiebt.

Es sind verschiedene Namen von Eridu überliefert. Der gebräuchlichste ist der wie o. a. und bedeutet "Baumstadt". Mit NUN^{ki} wird zwar selten, aber auch, →**Babylon** geschrieben. Dies meist im Titel des Königs, weniger im Datum.

Die Bedeutung von Eridu ist nicht klar. Bei semitischer Auslegung würde es "Unten" oder "Untere Stadt" bedeuten, was auch der Topographie entspräche. Es könnte sich aber auch um einen Namen der ursprünglichen Bevölkerung handeln, der dann von den Sumerern in NUN^{ki} = Baumstadt geändert wurde, da hier der Kult des "Baumes von Eridu" herrschte.

Ausgrabungen haben die gleiche bunte Tonware zu Tage gefördert, wie sie auch bspw. in Susa vorkommt.

Dies bedeutet, dass der Ort bereits in vorgeschichtlicher Zeit besiedelt war. Nach bisherigen Befunden galt die Stadt nur in sumerischer Zeit und solange sie Verbindung zum Meer hatte, als Kult- und Wohnstätte. Ab spätsumerischer Zeit hat sie als Grabstätte gedient. Die Tempel wurden allerdings bis in spätbabylonische Zeit immer wieder erneuert. Aus verschiedenen Rezensionen geht hervor, dass es bereits sehr früh in Eridu Könige gab. Zwar nennen diese gemeinsam die Könige Alulim und Alagar, allerdings mit unterschiedlicher Regierungsdauer. Nach diesen ging die Dynastie an Badtibera bzw. →**Larsa** über.

Aus sumerischer Zeit liegen uns wenige Angaben vor. Wir wissen, dass Entemena von →**Lagaš** um 2.400 den bekannten Tempel →**Eabzu** (é-ZU-AB) für →**Ea/ Enki** erbauen ließ und der Ort in akkadischer Zeit in Handelsurkunden selten genannt wird. Während der Wiederherstellung der Stadt →**Lagaš** war der Gott Ningirsu von dort nach Eridu umgezogen und nach Beendigung der Arbeiten von Gudea (2.144 - 2.124) wieder zurückgeholt worden. Etwas später baute Ur-Nammu (2.111 - 2.094) dort und Dungi (Šulgi) (2.093 - 2.046) setzte einen Oberpriester ein. Danach wechselte Eridu in den Machtbereich von →**Isin** und um 2.100 wieder zu →**Larsa**, um dann ca. 300 Jahre später durch →**Hammurapi** in den Besitz Babyloniens zu geraten. Aus späteren Nachrichten erfahren wir, dass die Stadt unter assyrischer Herrschaft ist und um 800 noch als Stadt oder Heiligtum existierte. Selbst noch viel später, als Babylonien wieder die Oberhand hatte, rühmt sich der letzte König von Babylonien, dort gebaut zu haben.

Der Stadtgott von Eridu war →**Ea/ Enki**, während die Göttin La-aṣ als "Herrin von Eridu" genannt wird.

Über die Topographie wird in vier religiösen Texten berichtet (Adapa-Mythos, "die Schöpfung der Welt","der Baum von Eridu" (GIŠ-ḪAR = kiškanû) und "der Tempel Esira (Eengurra) von Eridu").

Girs/ šu

(heute: Tello) GÍR SU ki

GÍR SU ki

Der aus alt- und neu-sumerischen Texten bekannte Name der Stadt ist nicht zu deuten.
Die Stadt stellte die Residenz von →**Lagaš** dar und kann nur in Zusammenhang damit gesehen werden (→ daher auch unter →**Lagaš**). Bereits um 2.550 löste Girs/ šu →**Lagaš** als Residenzstadt ab, wobei aber die Titel ensi bzw. lugal (Statthalter bzw. König von →**Lagaš**) beibehalten wurden. Erst durch den Überfall von Lugal-zagesi (um 2.350), bei dem zwar →**Lagaš**, nicht aber Girs/ šu diesem in die Hände fiel, nannte sich Urukagina nur noch König von Girs/ šu. Ursprünglich muss die Stadt an einem Seitenarm des Euphrat gelegen, aber auch über einen Kanal Verbindung zum Tigris gehabt, haben. Letzterer diente Gudea zum Transport von Gütern aus der Umgebung von Madga (dem heutigen Kirkuk). Über →**Lagaš** führte ein "Kanal, der nach Ninâ fließt". Dieser verband Girs/ šu mindestens teilweise mit dem Hafen Gu'abba (gú-ab-ba^{ki} = Ufer des Meeres), der Umschlagplatz für Transporte aus Elam und den Ländern des Persischen Golfes war.
Die Funde aus Girs/ šu waren die ersten Zeugnisse der frühen Kunst und Kultur der Sumerer. Während wir aus der frühgeschichtlichen Zeit keine schriftlichen Zeugnisse vorliegen haben, wissen wir aus frühdynastischer Zeit um die große Bedeutung der Stadt. Mesa/ ilim (um 2.600) von →**Kiš** vermittelte in einem Grenzstreit mit Umma, worauf Eannatum (um 2.470) in Inschriften mehrfach Bezug nimmt.
Die Könige von Ur-Nanše bis Urukagina können als 1. Dynastie von →**Lagaš** bezeichnet werden. Davon ist Eannatum, von dem wir auch die berühmte "Geierstele" kennen, mit Abstand der bedeutendste. Er stellte nach Siegen über →**Ur** und →**Uruk** sowie weiteren Kämpfen die alte Regelung des Mesa/ ilim bezüglich der Grenzen wieder her.
An Bauwerken aus dieser alten Zeit ist leider nur wenig entdeckt worden. Lediglich durch Bau-Inschriften erfahren wir über verschiedene Häuser und Tempel mit den entsprechenden Verwendungszwecken. So stand hier ein Tempelkomplex für den Stadtgott Ningirsu und ein "Haus, das die großen, furchtbaren göttlichen Kräfte von Himmel und Erde besitzt" für den Sohn des Ningirsu, Igalima. Auch ein Tempel für die Gattin und Schwester des Ningirsu, Nanše, durfte nicht fehlen. Aus der Zeit Sargons von →**Akkad** (2.340 - 2.284), dem bei seinem Sieg über Lugal-zagesi (um 2.350) auch das Gebiet von →**Lagaš** zufiel, regierten mehrere Stadtfürsten von →**Lagaš** in Girs/ šu. Dies setzte sich während des dreijährigen Interregnums nach Šarkališarri (2.222 - 2.198) fort. Aber erst mit Urbaba (2.164 - 2.144), dem Begründer der II. Dynastie von Lagaš und Herrscher über →**Ur**, eventuell auch über →**Uruk**, gewinnen wir einen klareren Eindruck. Er erbaute das Haus é-ninnu (Haus 50) an anderer Stelle neu auf. Sein Nachfolger und Schwiegersohn Gudea (2.144 - 2.124) erweiterte das Gebäude. Reste desselben, das in einem umfangreichen Baubericht geschildert wird, wurden noch gefunden. Man nimmt an, dass der Gesamtkomplex des Eninnu mit insgesamt 52 Anlagen noch umfangreicher war, als das

→**Eanna**-Heiligtum in →**Uruk**. Von den Tempeln im Stadtgebiet von Girs/ šu konnten bisher nur die des Ningizzida und seiner Schwester Geštinanna der Lage nach ermittelt werden. Während Girs/ šu unter Gudea (2.144 - 2.124) noch eine Vor-machtstellung in Südbabylonien innehatte, erlitt die Stadt unter seinen Nachfolgern schwere Rückschläge. Übeltäter war Urnammu von →**Ur** (2.111 - 2.094), der gegen seinen König Utuḫengal (~ 2.116 - 2.110) von →**Uruk** revoltierte und seinen Herrschaftsbereich zu Lasten von →**Lagaš** ausdehnen wollte. Schließlich schaffte er dies mit einem Sieg über Nam(ma)ḫani (2.113 - 2.109) und setzte Urabba als Statthalter ein.

Aus der Ur III-Zeit sind keine baulichen Reste erhalten geblieben, obwohl aus einigen Bau-Inschriften u. a. hervorgeht, dass durch Šulgi (2.093 - 2.046) und Šūsin (2.036 - 2.028) umfangreiche Tätigkeiten vorgenommen wurden.

Die wichtigsten Zeugnisse aus dieser Zeit stellen die mehrere zehntausend (!) umfassenden Verwaltungsurkunden dar, die sich in zahlreichen Museen der ganzen Welt befinden. Bei dieser riesigen Anzahl - der Löwenanteil mit ca. 40.000 Tafeln befindet sich in Istanbul - ist es verständlich, dass ein Grossteil noch nicht übersetzt bzw. veröffentlicht ist. Eine Besonderheit stellen die Rechts- und Prozessurkunden dar, die als amtliche Belege gesammelt wurden (sogenannte ditilla-Texte). Literarische Texte aus der Ur III-Zeit sind nicht aufgetaucht. Nach dem Fall der III. Dynastie von Ur verlor Girs/ šu rapide an Bedeutung und zählte zum Staatsgebiet von →**Larsa**. Aus dieser Aera sind nur wenige Texte überliefert, wovon einige literarischen Charakter haben.

Nach dem Sieg von →**Hammurapi** über Rīm-Sîn von Larsa im Jahre 1.763 fiel Girs/ šu an →**Babylon**. Texte aus der Zeit Samsu'ilunas und Rīm-Sîns II. sind die letzten Zeugnisse aus der altbabylonischen Periode.

Nur ganz vereinzelte Zeugnisse zeigen, dass die Stadt bis in die erste Hälfte des ersten Jahrtausends besiedelt war. Ziegelstempel in aramäischer und griechischer Sprache verweisen auf einen Herrscher des 2. Jhdts., der sich einen Palast, hauptsächlich aus Material von Bauten Gudeas, gebaut hat. Der letzte Nachklang stammt aus Münzfunden des 2. Jhdts u. Z..

Isin

Ì si in ki

(heute: Išan al-Baḥriyat)

Ì si in ki

Bei der Schreibung des Namens der Stadt wurden in den verschiedenen Perioden unterschiedliche Varianten benutzt. Der Name dürfte ursprünglich Insin gelautet haben, woraus durch die Assimilation des **n** Issin wurde.

Die Stadt bestand bereits in der Frühperiode Frühdynastisch III (2.600 - 2.350), hat aber offensichtlich vor Išbi-Erra (2.017 - 1.985) keine eigenständigen Herrscher gehabt. Offenbar wurde auch der Stadtgöttin Nininsina, die der sumerischen Gula entspricht, keine Ziqqurat errichtet. In der Ur III-Zeit war Isin immerhin schon eine Provinz und stand unter der Leitung eines ensí (Stadtfürsten). Durch den Niedergang von →**Ur** wurde Isin zu dessen Nachfolgestaat, der sich im Verwaltungssystem, Kult, Förderung der sumerischen Literatur sowie Titel und Vergöttlichung des Königs dessen Tradition zu eigen machte. Zunächst konnte

→**Larsa** keine Konkurrenz darstellen und im Gegensatz zu →**Larsa** und →**Babylon** sich auch kein Amurriter als Herrscher etablieren. Durch Gungunum (1.932. - 1.906) von →**Larsa**, der die Hafenstadt →**Ur** eingenommen hatte, war die Vormachtstellung Isins bereits knapp einhundert Jahre später beendet.
Dieser Einbruch ist auch eindrucksvoll in der sogenannten "Nippur-Klage" wiedergegeben. Unter Enlil-bāni (1.860 - 1.837) verlor Isin zum ersten Male den Hauptkultort →**Nippur** und konnte diesen trotz mehrfacher Rückeroberung nie mehr fest an sich binden. Rīm-Sîn (1.822 - 1.763) von →**Larsa** nahm schließlich 1.793 Isin endgültig ein und fand diesen Sieg so bedeutend, dass er seine gesamte zweite Regierungszeit (ca. 30 Jahre) nach diesem Ereignis benannte. Doch bereits im 7. Regierungsjahr →**Hammurapi**s meldet dieser die Eroberung Isins. Nach →**Hammurapi** ging der Süden des Reiches verloren, wobei die Stadt aber noch bis ca. 1.730 unter babylonischer Verwaltung blieb.
Mit dem Ende der altbabylonischen Zeit liegen uns bis zur II. Dynastie von Isin (1.157 - 1.026) - also ca. 600 Jahre - keine weiteren Nachrichten über Isin vor.
Durch den Niedergang der Kassiten, hervorgerufen durch die Elamer, konnte sich in Isin eine neue Dynastie etablieren, die jedoch in den ersten Jahre ebenfalls unter deren Einfällen litt. Den Höhepunkt der jedoch auch nur 130 Jahre dauernden Herrschaft bildete die Regierungszeit unter Nabû-kudurri-uṣṣur I. (1.124 - 1.103), der die Elamer schlug und die lange Zeit verschleppte Statue des →**Marduk** in seinem Tempel in →**Babylon** wieder aufstellen konnte. Doch die Expansionsbestrebungen der Assyrer machten dieser Dynastie ein verhältnismäßig schnelles Ende, das Tiglat-Pilesar I. (1.117 -1.077) mit seinem Sieg über Marduk-šapik-zēri (1.080 - 1.068) bereits einleitete.
Die seit 1973 andauernden Ausgrabungen förderten Anlagen, Figuren, Tontafeln etc. aus den unterschiedlichsten Epochen zu Tage, lassen jedoch noch kein genaues Bild erkennen.

Karkara

uru IM (Karkara) ki

uru IM (Karkara) ki

Die bis heute nicht lokalisierte Stadt Karkara (Karkar, Kakra, Kakru) war Hauptkultort des Wettergottes →**Adad**. Die älteste Nennung ist präsargonisch (vor 2.350) und lag auf dem Weg Utuḫe(n)gals (um 2.110) von →**Uruk** bei dessen Siegeszug gegen die Gutäer. In Ur III-Texten wird öfters der Iškur von Karkara genannt.
Eine sumerische Tempelhymne beschreibt das é-IM^{ki} , bei dem es sich um das im C. Ḫ. genannte →**Eudgalgal** handelt.

Keš

Kèš ki

Kèš ki

Die Stadt mit unbekannter Lage - jedoch wohl in der Nähe von →**Adab** - darf nicht mit der ähnlich klingenden Stadt →**Kiš** verwechselt werden. Zum ersten Mal ist die Stadt auf den "kollektiven Städtesiegeln von Ur" nachweisbar (ohne Determinativ). Ausser auf weiteren kurzen Verwaltungsnotizen wird die Stadt fast ausschließlich im Zusammenhang mit dem Kult oder der Muttergöttin genannt. Sowohl Herrscher als auch Hinweise auf die Bevölkerung fehlen. Umso auffälliger ist, dass Kèš Bestandtteil vieler Namen ist. Allem Anschein nach war der Kult der Stadt weit verbreitet. Durch eine Inschrift, auf der einige Städte mit ihren Göttern genannt sind, wissen wir, dass →**Nintu(r)**, die auch mit den Namen Ninḫursa(n)g(a), Ninmaḫ, Aruru und →**Mama** erscheint, die Stadtgöttin von Kèš war. Die in Abu Ṣalābiḫ gefundene Hymnensammlung "zà-mì" erwähnt ebenfalls die Stadt im Zusammenhang mit →**Nintu(r)**. Die in die altakkadische Zeit zurückreichende Sammlung sumerischer Tempelhymnen nennt Kèš zwischen →**Nippur** und →**Ur**. In einem vorsargonischen Rätseltext wird sowohl ein Fluss oder Kanal von Kèš als auch der Gott Ašgi als dem "Herrn von Kèš" erwähnt.
Ausserdem gibt es noch weitere schriftliche Zeugnisse, die aber alle keinen konkreten Rückschluss auf die Stadt zulassen. Ihr Name wird in Verbindung mit der Muttergöttin bis in spätbabylonische Zeit überliefert, was jedoch keinen Rückschluss auf das Fortbestehen für den Kultort zulässt.
Hinsichtlich der Lage von Kèš dürfte man davon ausgehen, dass sie nicht direkt an einer der Hauptwasserstrassen gelegen hat, da sie in einigen Texten als "hoch gelegen" oder auch "einsam in der oberen Steppe gebaut" genannt wird.

Kiš

(heute: al-Uḫaimir)

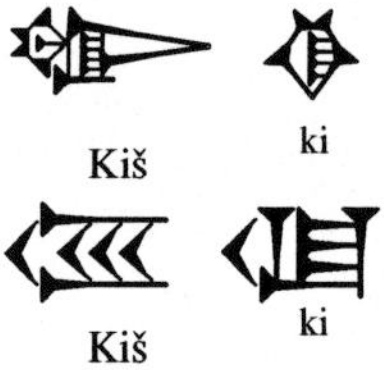

Der nur 15 km östlich von →**Babylon** gelegene Tall war einmal die repräsentative Stadt Nordbabyloniens und somit praktisch →**Babylons** Vorgänger.
Der Name der Stadt ist etymologisch ziemlich undurchsichtig.
Welches Prestige die Stadt hatte, zeigt sich darin, dass behauptet wird, nach der Sintflut sei das Königtum zuerst dorthin gekommen und sich manche fremden Herrscher mit dem Titel "König von Kiš" schmückten oder behaupteten, das Königtum von Kiš innegehabt zu haben. Dies besagte gleichzeitig, dass mit dem Titel die Herrschaft über (Nord-)Babylonien gleichzusetzen war. Kiš hatte somit den gleichen Rang nach der Flut wie →**Eridu** vor ihr. Ob der Begriff kiššatum = Gesamtheit vom Stadtnamen abzuleiten ist, ist umstritten.
Die 1. Dynastie von Kiš ist die erste überhaupt und mit 22 Königen auch die umfangreichste nach der Sintflut.
Allerdings sind von diesen nur der letzte, nämlich (En)me(n)-baragesi , dessen Sohn Aka (Agga) und Enbī-Ištar historisch nachweisbar. Von den drei weiteren Dynastien in der Sumerischen Königsliste sind die bekanntesten die legendäre Königin Ku(g)-Baba aus der III. Dynastie und ihr Enkel Ur-Zababa. Bei letzterem soll Sargon von →**Akkad** als Mundschenk gedient haben.
Da die Nachrichten allgemein zu spärlich sind, kann eine Stadtgeschichte , auch topographisch - noch nicht geschrieben werden. Aus altakkadischer Zeit ist bekannt, dass der bereits erwähnte Sargon von →**Akkad** (2.340 - 2.284), wie auch seine Nachfolger, sich "König von Kiš" nannte.

Während der Ur III-Zeit war die Stadt eine Provinz, die von einem ensi verwaltet wurde. Aus dieser Epoche liegen uns aus Kiš selbst keine Texte vor.
Für die ca. 150 Jahre zwischen der Ur III - Zeit und der Eingliederung in den bayblonischen Staat liegen auch nur wenige Nachrichten vor. Die Stadt gehörte danach teilweise zu →**Isin**, teilweise war es einige Jahrzehnte selbständig oder wurde von nordbabylonischen Nachbarn beherrscht. →**Hammurapi** zählte u. a. Kiš zu den Städten, für die er Sorge trug. Er restaurierte das Heiligtum →**Emeteursag** für →**Zababa** und →**Ḫursagkalama**, den Tempel der →**Ištar** in Kiš. Es versteht sich von selbst, dass zwei so nahe beieinander liegende Städte wie →**Babylon** und Kiš auf die Dauer nicht selbständig sein konnten. Offenbar hat eine vorübergehende Verschlechterung der Wasserversorgung schließlich den Ausschlag für →**Babylon** gegeben.
Aus der späteren Zeit liegen uns nur spärliche Nachrichten vor, die jedoch besagen, dass die Stadt zwar im Schatten von →**Babylon** lag, aber nie ihre Eigenständigkeit verlor. In neubabylonischen/ -assyrischen Quellen wird Kiš als eine der grösseren Städte Babyloniens bezeichnet. Seit der Achaemenidenzeit sind keine Nachrichten mehr überliefert.

Kutha

(heute: Tall Ibrāhīm)

uru GÚ DU_8 A ki

uru GÚ DU_8 A ki

Die ca. 25 km nördlich von →**Kiš** liegende Stadt wurde zum ersten Male erwähnt auf dem Man-ištušu-Obelisken und in Inschriften von Narām-Sîn, also um 2.300. Die etymologische Bedeutung des Namens ist unklar.
Während der Ur III-Periode wurde die Stadt von ensis regiert, wovon fünf namentlich bekannt sind. Šulgi (2.093 - 2.046) von →**Ur** erbaute den Tempel des Stadtgottes Meslamta'ea (= kriegerischer Aspekt des →**Irra/ Nergal**). Unter Amar-Suena (2.045 - 2.037)wird ein Gouverneur genannt, was sie zur Provinz erhebt.
Sumu-la-El (1.880 - 1.845) von →**Babylon** befestigte die Stadt.
Aus mittelbabylonischer Zeit liegen nur wenige Nachrichten vor, während sie in der neuassyrischen Periode in einigen Königsinschriften und Briefen genannt wird.
Interessant ist, dass der heute Ḫabl Ibrāhīm genannte Kanal, der nahe der Stadt fliesst, aus der islamischen Tradition in Zusammenhang mit der jüdischen Volkskunde mit dem Nahr Kūṭā des Altertums in Einklang gebracht wird. Kutha war die Stadt schlechthin, die für die Götter der Unterwelt stand. Allerdings sind uns leider keine Riten des Kultes bekannt.

Lagaš

(heute: Tall al-Hibā)

ŠIR BUR LA ki

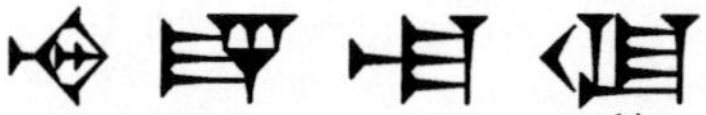

ŠIR BUR LA ki

Gelegentlich erscheinen auch andere Schreibungen wie die o. a.. Jedoch sind alle in ihrer Bedeutung nicht eindeutig zu erklären.

Lagaš, die ältere Hauptstadt des Stadtstaates von Lagaš- →**Girs/ šu**, lag etwa 20 km südöstlich der späteren Residenz -→**Girs/ šu** (heute Tellō). Als Stadtgöttin wird von Entemena (um 2.430) und Gudea (2.144 - 2.124) Gatumdug genannt. Sie wird auch in einem Preislied aus Tall Abu Ṣalābiḫ erwähnt.
Die frühesten Herrscher En-ḫe(n)gal und Lugal-šag-engur bis zu Uru-inimgina, also in der Zeit um 2.600, bezeichnen sich als König und Statthalter von Lagaš. Nach einem Überfall der Elamer - Lagaš hatte zu dieser Zeit noch keine Stadtmauer -, bei dem Enanatum II. (um 2.400) ums Leben kam, wurde die Stadt von den drei Nachfolgern von →**Girs/ šu** aus verwaltet. Erst der Verlust von Lagaš im Krieg gegen Lugal-zagesi (um 2.350) von Umma brachte Uru-inimgina dazu, den Titel "König von Lagaš" abzulegen und sich nur noch "König von Girs/ šu zu nennen". In Bezug auf die Religion spielte Lagaš nur eine untergeordnete Rolle. Lediglich zu den Festen der Göttin Nanše, der Gattin des Stadtgottes von →**Girs/ šu**, Ningirsu, gelangte diese auf dem Weg nach Nina durch Lagaš. Dies, obwohl Ningirsu auch als Gott des Staates Lagaš galt.
Unter den Heiligtümern ist der der Inanna/ →**Ištar** geweihte Komplex Ib-gal aus der Zeit kurz vor Ur-Nanše, also um 2.550, bekannt. Der Haupttempel des Ib-gal hiess →**Eanna** nach dem gleichnamigen Heiligtum in →**Uruk**. Ur-Nanše und Enannatum I. (um 2.450) rühmen sich der (Wieder-) Erbauung sowie der kostbaren Ausstattung des Tempels. Ur-Nanše war offenbar auch der Erbauer des Bagara, des Tempels für Ningirsu, das é-dam genannt wurde ("Haus der Gemahlin"), und des Gatumdug-Tempels. Durch den Krieg mit Lugal-zagesi wurden etliche Heiligtümer zerstört. Davon wohl einige endgültig, da sie in späterer Zeit nicht mehr erwähnt werden.
Für die Zeit vor Sargon von →**Akkad**, der II. Dynastie von Lagaš bis Ur III, liegen nur wenige Angaben über Bautätigkeiten vor. Gudea (2.144 - 2.124) baute das Bagara des Ningirsu und den Gatumdug-Tempel neu. Auf einer Verwaltungsurkunde sind Opfer an verschiedene Götter vermerkt.
Durch den Zusammenbruch des Reiches von →**Ur** wurde auch Lagaš von den Elamern besetzt. Aus der Zeit um 1.830 liegen Urkunden vor, die bezeugen, dass die letzten Herrscher von →**Larsa** und →**Hammurapi** die Heiligtümer gepflegt haben. Nach der altbabylonischen Zeit liegen uns keine Nachrichten mehr vor. Da Lagaš nur in Zusammenhang mit →**Girs/ šu** gesehen werden kann, → auch dort.

Larsa

(heute Senkere) ARARMA = UD UNUG ki

ARARMA = UD UNUG ki

Während sich die Macht der ersten Fürsten vom Gründer Naplanum (2.025 - 2.005) bis zu Zabāja (1.941 - 1.933) noch auf das Stadtgebiet beschränkte, erlangte nunmehr Gungunum (1.932 - 1.906) auch ausserhalb Erfolge, was die Stadt immerhin bis zu ihrem Fall unter Rim-Sîn (1.822 - 1.763) zu aussergewöhnlicher Bedeutung gelangen liess, zumal sie →**Isin** in seiner Vormachtstellung ablöste. Dadurch, dass Gungunum auch →**Ur** an sich gebracht hatte, beherrschte er nun auch den Seehandel im Persischen Golf. Urkunden beweisen, dass das

Bodenbesitzmonopol von Staat und Tempel mindestens für Hausgrundstücke schon gebrochen war; der private Bodenbesitz dehnte sich immer mehr aus.
Um die Mitte des 19. Jhdts., als sich der Euphrat und vielleicht auch der Tigris bei einem fürchterlichen Hochwasser neue Betten gruben, wurde Larsa unter den Fluten begraben. Nūr-Adad (1.865 - 1.850) und sein Sohn und Nachfolger Sîn-iddinam (1.849 - 1.843) verstanden es, den Fluss zu regulieren und Larsa schöner als vorher aufzubauen. Letzterer konnte die Macht Larsas noch wesentlich vergrößern, indem er Siege über →**Babylon**, →**Ešnunna** und andere Städte feierte. Aus einem Omentext wissen wir, dass er jedoch kurze Zeit später von einem herabfallenden Stein in einem Tempel erschlagen wurde. Unter den Folgeherrschern ging es mit der Stadt stetig bergab. 1.835 machte der Fürst des nordbabylonischen Kazallum einen Vorstoss und besetzte Larsa für einige Zeit. Ein Kultfrevel gab dem Scheich von Jamutbāl, Kudur-mabuk, den Anlass Larsa zu befreien und wiederum Kazallum zu besetzen. Kudurmabuk setzte Warad-Sîn als Herrscher ein, der jedoch kurze Zeit später starb. Ihm folgte sein Bruder Rim-Sîn (1.823 - 1.763), der Larsa nun zu einer Glanzzeit heraufführte, aber etwa ca. achtzigjährig von →**Hammurapi** geschlagen wurde.
Die Zeit zwischen ca. 2.000 und 1.750 wird auch die Isin-Larsa-Zeit genannt.
Durch den Fall von Larsa fand die Blütezeit der sumerischen Kultur ihr Ende.
Während die Stadt früher Kultort des Sonnengottes →**Utu** war, wurde sein Heiligtum in babylonischer Zeit zu dem von→**Šamaš** und seiner Gattin →**Aia**, wobei der Haupt-Kultort nach →**Sippar** wechselte.

Malgiu (Malgû)

Mà al gi4 a ki

Mà al gi4 a ki

Malgû war ein kleines, östlich des mittleren Tigris und südöstlich von Eshnunna, gelegenes Königreich.
Der Name wurde verschieden geschrieben und ist seiner Bedeutung nach unbekannt.
Gemäss der Geographie-Listen von Sargon von →**Akkad** ist die Stadt bzw. das Gebiet zwischen Mari im Norden (dieses Mari entspricht nicht dem Mari am Euphrat, das im C. H. erwähnt wird.) könnte in der Nähe von Warûm nahe Ešnunna gelegen haben)und →**Maškanšapir** im Süden zu suchen.
Bisher sind mit Ištarān, seinem Sohn Takil-ilišśu sowie Apil-ilišśu und dessen Sohn Ipiq-Ištar nur vier Könige des Staates bekannt. Auf den drei bekannten altbabylonischen Inschriften werden, ausser Apil-ilišśu, die anderen mit dem Gottesdeterminativ geschrieben. Die Namen der Herrscher sind von keiner anderen Stelle her bekannt. Die Inschriften stehen in Zusammenhang mit Kulthandlungen und lassen keinen Rückschluss auf historische Hintergründe zu. Zwei der Inschriften stammen von Takil-ilišśu und handeln u. a. von der Renovierung des →**Anu**-Tempels und der Wiederherstellung dessen Kultes und der Nin-šubur. Der Hauptteil wird jedoch vom Bau und der Ausstattung des Tempels Emaš bestimmt. Die zweite Tafel enthält eine Abhandlung über den Bau von Enamtila, dem Tempel zu Ehren von →**Ea/** Enki und →**Damkina/** Damgalnunna, den Stadtgöttern Malgûs.

Aus den Inhalten der Tontafeln ist auf eine Zeit der Regierung Takil-ilišsus zwischen der zweiten Hälfte des 19. Jhdts. und dem Beginn von **→Hammurapis** Regierung zu schließen. Wie aus dem Schriftverkehr Takil-ilišsu mit Jaḫdun-Lim von **→Mari** und Šamši-Adad von **→Aššur** hervorgeht, hatten die Herrscher einige Schwierigkeiten mit dem Gebrauch des Akkadischen (sie verwechselten bspw. ZI und GI) und der Einteilung auf den Tontafeln.
Die Kult-Terminologie hatte einiges gemeinsam mit dem **→Ištar**-Ritus von **→Mari**. Die Fluchformeln von Takil-ilišsu weisen einige Gemeinsamkeiten mit denen von Iddin-Dagān und Lipit-Ištars von **→Isin** , Kudur-Mabuks und dem C. Ḫ. auf. Von Ipiq-Ištar ist nur eine einundvierzigzeilige Inschrift bekannt, deren Fundort unbekannt ist. Der Text beinhaltet eine Gebäudebeschreibung des Tempels von Dingir-maḫ, die Rechtfertigung seiner Thron-Usorpation und die Anrufung verschiedener Götter, Übel von der Stadt fernzuhalten und für eine langanhaltende Königsdynastie des Staates zu sorgen. Ausserdem teilt er mit, dass die neue Regierung offenbar nicht friedlich an die Macht gekommen war. Es muss ein (Bürger-) Krieg stattgefunden haben, bei dem u. a. der Tempel, den er anschließend wieder aufbaute, zerstört wurde. Die Inschrift endet mit einer dreizeiligen Fluchformel. Einige sprachliche und literarische Merkmale lassen vermuten, dass die Regierungszeit Ipiq-Ištars parallel mit der **→Hammurapi**s oder seinem Nachfolger Samsu-Iluna gewesen sein muss.
Obwohl die Kutha-Legende von Narām-Sin (2.259 - 2.223) von **→Akkad** einen Krieg, der im fernen Malgû wütete, erwähnt, erscheint dies aus mehreren Gründen nicht glaubhaft. In altbabylonischer Zeit scheint Malgû ein kleines Königreich gewesen zu sein, dass als Puffer zwischen Assyrien und **→Larsa**, später Babylonien im Norden und Westen und Elam im Osten, diente. Es hat den Anschein, dass Malgû zeitweise ein Vasallenstaat oder von einem seiner starken Nachbarn besetzt worden war. Es kann sein, dass kulturelle Einflüsse aus Elam vorherrschten, die u. a. auch im Titel sukkal-maḫ (Grossfürst) für zwei ihrer Götter nachweisbar sind.
Als nächster erwähnt Gungunum von Larsa (1.932 - 1.906) Malgû in Zusammenhang mit einer Auseinandersetzung, bei der Malgûs Truppen geschlagen worden seien. Da auch hier nirgendwo andere Querverweise zu finden sind, hat es sich wahrscheinlich nur um eine kleine Grenzauseinandersetzung gehandelt. Weitere Hinweise auf die Existenz von Malgû erfahren wir von Sîn-iddinam von Larsa (1.849 - 1.843), wonach die Armee von Malgû geschlagen worden sei. Aus dem Zusammenhang ist aber zu schließen, dass Malgû nach wie vor eine Stadt unter vielen war. In den nächsten sechzig Jahren wird die Stadt nicht mehr erwähnt. Im zehnten Jahr seiner Regierung rühmt sich **→Hammurapi** der Zerstörung der Stadt und des Landes Malgû. Dass dies nicht den Tatsachen entspricht, wissen wir aus zeitgleichen Korrespondenzen zwischen Šamši-Adad I. (1.815 - 1.782) und seinen Söhnen Išme-Dagan und Jasmaḫ-Adad sowie seinem Vasallen Ibal-pi-El II. in Ešnunna. Daraus geht hervor, dass die treibende Kraft Ešnunna und die Assyrer waren, wobei **→Hammurapi** nicht erwähnt wird. Demzufolge müsste Malgû vorher für kurze Zeit selbständig gewesen sein. Von Siegeln mit der Bezeichnung "Diener der Kuduzulus" wissen wir, dass die Stadt um 1.770 unter der Herrschaft von Susa stand.
Bei den Kuduzulus handelt es sich um drei elamischen Fürsten gleichen Namens. Erst nach dem 30. Regierungsjahr hat **→Hammurapi** dann tatsächlich die Elamer besiegt und somit auch Malgû eingenommen.
Aus mittelbabylonischer Zeit liegen zwei Nachrichten vor, die Malgû als Verwaltungszentrum bezeichnen.
In der neuassyrischen Periode wird die Stadt mit Maliki oder Malaki bezeichnet. Weiterhin ist die Eroberung von Malgû und "Gefangennahme" seines Gottes Mār- bīti durch Šamši-Adad V. (823 - 811) bekannt. Auch in der Korrespondenz von Sargon II. (721 - 705) und Aššur-bān-

apli (668 - 629?) wird die Stadt, bei letzterem wiederum in Zusammenhang mit o. a. Gott, genannt. Für die neubabylonische Zeit muss ich auf das mir nicht vorliegende RGTC VIII verweisen.

Mari

(heute: Tall Hariri) Me ra ki

Me ra ki

Mari, am mittleren Euphrat nahe der Grenze zum Irak, gelegen, ist sicher eine Stadt, die bereits in frühdynastischer Zeit bestand. Obwohl sie mehrfach zerstört wurde und nur noch relativ wenig gut erhaltene Gebäude vorhanden sind, können wir uns durch diese, die gefundenen Gegenstände im weitesten Sinne und die Tontafelarchive - sie sind die umfangreichsten, die wir aus altbabylonischer Zeit kennen - ein sehr gutes Bild dieser sehr alten Stadt machen. Mari befand sich in dem Gebiet, von dem die akkadische Wanderung ihren Ausgang nahm und hat sicher mit großen Einfluss auf die Entwicklung Babyloniens genommen.
Später war dies dann umgekehrt. Ihre Bedeutung erhielt die Stadt durch die verkehrsgünstige Lage. Sie war Zwischenstation des Karawanen- und Schifffahrtsverkehrs, der vom Mittelmeer und aus Syrien nach Babylonien, Elam und zum Persischen Golf führte. Hier endete auch der von Qatna über die Oase Palmyra verlaufende Handelsweg.
Mari schrieb Keilschrift und sprach akkadisch und blieb in allen Bereichen, Kunst und Religion eingeschlossen, nehmender Teil und dem Einfluss der Kulturzentren Babyloniens verpflichtet. Königsinschriften, die nach ihrem Duktus etwa zum Anfang des 26. Jhdts. zu datieren sind, sind bereits in akkadischer Sprache abgefasst.
Die sumerische Königsliste trägt dieser Tatsache, dass das Gebiet am mittleren Euphrat in der Periode Frühdynastisch III in engem Zusammenhang mit Babylonien stand, dadurch Rechnung, dass sie eine Dynastie von Mari aufführt. Die Verbindung wurde durch den Euphrat und den von natürlichen Hindernissen freien Euphrat aufwärts führenden Landweg begünstigt. Das Territorium von Mari ist nie sehr umfangreich gewesen und umfasste unter Zimrī-Lim (1.782 - 1.759) ungefähr das Euphrattal von der Mündung des Baliḫ flussabwärts bis etwa zur heutigen Stadt Ḫīt. Hinzu kam das Gebiet am Unterlauf des Ḫābūr sowie, unter Zimrī-Lim, die 60 km flussaufwärts gelegene Stadt Terqa.
Die reichen Einnahmen aus dem Handel trugen zur üppigen Ausstattung der Stadt mit Tempeln bei. Vor allem aber ist der Palast der altbabylonischen Zeit - das ausgegrabene Areal umfasst auf einer Grundfläche von ca. einem Hektar 260 Höfe und Innenräume - das größte Architekturdenkmal seiner Art. Dafür, dass der Palast ein ganz besonderer war, spricht ein Brief des Königs von Jamḫad (Ḫalab) an Zimrī-Lim, in dem dieser ihm mitteilt, dass der König von Ugarit (Rās al-Šamra) den Palast zu sehen wünscht.
Der Horizont der Archive reicht westlich bis nach Kreta, nordwestlich bis Ḫattuša, östlich bis "Gutium", südöstlich bis Sūsa, Larsa und Tilmun, südwestlich bis nach Galiläa. Korrespondenten in Babylonien sind hauptsächlich →**Hammurapi** und Rīm-Sîn.
Äusserst aufschlussreich ist die Mannigfaltigkeit der Texte, deren Inhalt sich nicht, wie es in früheren Zeiten üblich war, auf Tabellen und Auflistungen von Waren und Personen beschränkte, sondern vielmehr aus allen Lebensbereichen berichtet.

Der älteste, sicher greifbare, Zeuge für Mari in einer Inschrift ist Eannatum (um 2.460) von Kiš. Demnach hatte Mari einen Vorstoß nach Babylonien unternommen. Etwa hundert Jahre später war es umgekehrt, denn der große Sargon von Akkad zerstörte neben →**Tuttul** auch Mari. Weitere hundert Jahrer später war die Stadt an einem Aufstand zahlreicher Städte und Stadtstaaten beteiligt, wie uns Narām-Sîn (2.260 - 2.223) berichtet.
Die Könige von →**Akkad** waren sich der politischen und strategischen Bedeutung von Mari bewusst und setzten nach der Eroberung dort Statthalter ein. Erwähnt werden auch zwei Töchter Narām-Sîns, wovon eine sehr wahrscheinlich sogar Oberpriesterin war. Nach der Eroberung von Mari haben die Akkader das von Ihnen als Hochland bezeichnete Gebiet, d. h. vom oberen Ḫabur bis ans Mittelmeer, erobert.
Während der Ur III-Zeit gehörte Mari als Zentrum der Gebiete am mittleren Euphrat mit zu diesem Reich.
Hier war ein šagin, ein Militärgouverneur, der auch die zivile Verwaltung regelte, eingesetzt worden.
Über die Zeit nach dem Zusammenbruch von Ur III geben uns die aus dem 20. Jhdt. stammenden kurzen Verwaltungstexte und einige Tonmodelle von Schafsleber mit Omenaufschriften in altakkadischer Sprache keine Auskunft über die politische Situation von Mari. Es ist auch nicht bekannt, ob die Stadt zum Reich von →**Isin** gehörte, dessen Gründer Išbi-Erra ursprünglich aus Mari stammte und sich unter dem letzten König von Ur, Ibbi-Sîn (2.027 - 2.003), →**Isin** selbständig machte. Erst das einzigartige Briefarchiv von Mari aus dem Jahrhundert →**Hammurapi**s wirft mit einem Schlage Licht auf die komplizierten politischen und ethnischen Verhältnisse in Syrien. Zwar waren auch vorher schon die langsam einsickerten Martu (Amurru) bekannt und die zu ihrem Schutz gebaute Mauer zerstört worden. Doch nun wird diese Bedrohung durch die Mari-Archive sehr plastisch. Im Gegensatz zu den zahlreichen Amurru-Stämmen standen die in den Briefen genannten Ḫanäer auf Seiten der Sesshaften, wobei ihr Name sogar als Synonym für Söldner galt. Selbst der letzte König von Mari, Zimrīlim (1.782 - 1.759) war aus einem Nomadenstamm hervorgegangen. Zuvor hatte Šamši-Adad (1.815 - 1.782) von Assyrien, nachdem der Vater des Zimrī-Lim, Jaḫdun-Lim, ermordet worden war, einen seiner Söhne, Jasmaḫ-Adad, dort als König eingesetzt. Dieser war jedoch so schwach und Šamši-Adad mittlerweile gestorben, dass Zimrīlim aus seinem Exil in Jamḫad (Ḫalab) zurückkehren und wieder den Thron besteigen konnte.
Im Jahre 1.759 wurde die Stadt durch →**Hammurapi** erobert und zerstört. Nach dem Aufstieg der Kassiten und anschließend Assyriens erreichte die Stadt nie mehr ihre ehemalige Bedeutung und geriet in Vergessenheit.

Maškanšapir

Tall Abu Duwari

Maš kán ŠAPRA = PA - AL ki

Maš kán ŠAPRA = PA - AL ki

Bis vor kurzem war die Stadt noch nicht lokalisiert, aber nun wissen wir, dass sie mit dem Tall Abu Duwari am Tigris identisch ist. Sicher ist auch, dass sie sich zeitweilig im Grenzbereich zwischen →**Larsa** und Ešnunna befunden haben muss. Nach jungbabylonischer Beschreibung reichte das "Land von Malgû" (→**Malgûm**) Sargons von Akkad von Bīt Sin bis Maškanšapir.

Gemäß einer Inschrift wird Tutunišu von →**Kiš** vor einem Angriff von 240 Schiffen gewarnt, die in Maškanšapir vor Anker lägen. Demnach muss die Stadt an einem großen Wasserlauf gelegen haben.
Der Name der Stadt wird zum ersten Male in einer sargonischen Gerichtsurkunde (?) erwähnt. In Ur III-Quellen erscheint sie ausschließlich in Zusammenhang mit Hirten und Viehlieferungen. Es ist davon auszugehen, dass Maškanšapir nicht selbständig oder eine Provinz war, da bisher kein Herrscher oder Statthalter bekannt ist.
Aus altbabylonischer Zeit existieren erst wieder Nachrichten seit Sîn-iddinam (1.849 - 1.843) von Larsa, wonach eine große Mauer gebaut wurde. Unter Warad-Sîn (1.834 - 1.823) wird ein Tempel und unter Rīm-Sîn (11822 - 1.763) zwei Stadttore gebaut. Eine Lieferung von Textilien in Maškanšapir ist von Warad-Sîn persönlich gesiegelt. Die Stadt kann aber nicht als sicherer Besitz →**Larsa**s betrachtet werden, was für seine periphere Lage spricht. Auf einem Denkmal des Kudur-mabuk wird ein Ṣillī-Ištar als "Mann von Maškanšapir" als Feind von →**Larsa** bezeichnet. Auf einer anderen Tafel meldet Kudur-mabuk die Rückgewinnung der Stadt. Es wird aber nicht klar, ob sie sich zwischenzeitlich für selbständig erklärte. Aus einer anderen Tafel geht hervor, dass Maškanšapir von einem rabiānum, einem Bürgermeister, verwaltet wurde. Die Stadt war Kultort des →**Irra/ Nergal** mit dem ihm geweihten Tempel →**Emišlam**. Aufgrund seiner Lage war Maškanšapir eine sowohl strategisch wichtige als auch als Handelsplatz bedeutende Stadt.

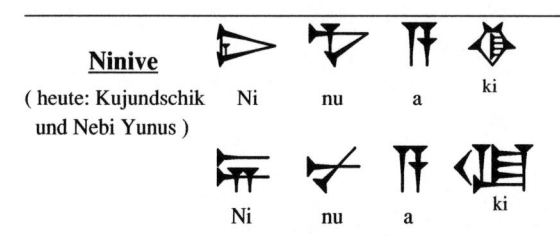

Ninive

(heute: Kujundschik und Nebi Yunus)

Ni nu a ki

Ni nu a ki

Die heutigen Hügel, von denen nur Kujundschik seit (1.846!) ausgegraben werden konnte, grenzen im Osten an den Tigris gegenüber der heutigen Stadt Mauṣil (Mossul).
Spuren der ältesten Besiedelung aus dem 5. Jtsd. verweisen auf das hohe Alter der Stadt, die jedoch erst unter Sanherib (688 - 681) Aššur als Hauptstadt ablöste und bereits 612 durch die Meder und Babylonier zerstört wurde. Im Westen war Ninive einst durch einen doppelten Mauerring und 10 Stadttore geschützt.
Im Süden befindet sich der große Palast Sanheribs. Nördlich davon der →**Ištar**-Tempel →**Émašmaš,** dessen älteste Baureste aus der →**Akkad**-Zeit stammen. Hier wurde auch der berühmte Bronzekopf gefunden, der häufig für den von Sargon von Akkad (2.340 - 2.284) gehalten wurde, wahrscheinlich aber Narām-Sîn (2.259 - 2.223) darstellt. In der Nähe befindet sich ein weiterer Palast, der eventuell Aššur-naṣir-apli II. (884 - 859) zuzuschreiben ist. Der westlich davon gelegene Nabû-Tempel wurde in der Zeit von Tukulti-Ninurta II. (890 - 885) bis Aššur-ban-apli (668 - 629?) gebaut bzw. renoviert. Ganz im Norden des Geländes befindet sich der ausgedehnte Palast des Aššur-ban-apli. Dort und im Palast des Sanherib befand sich die große "Bibliothek" mit ca. 20.000 Tontafeln, die alle Gattungen von Keilschrifttexten in sorgfältigen Abschriften enthält und u. a. auch das Gilgameš-Epos zu Tage brachte.
Überhaupt war es Sanherib zu verdanken, der Ninive zu seiner neuen Hauptstadt auserkoren hatte, dass die Stadt nunmehr prachtvoll ausgebaut wurde. Das möglicherweise älteste und sicher

größte Zentrum Assyriens wird von Sanherib gefeiert, in der sich die bewunderungswürdigsten architektonischen und künstlerischen Werke seiner Vorgänger konzentrierten. Auf der Zitadelle wurde das glänzendste, jemals erbaute Gebäude, der "Palast Ohnegleichen" errichtet. Auch wenn nur ein kleiner Teil des mittleren und der hintere Bereich bekannt sind, darf der Palast wohl als das revolutionärste Gebäude der neuassyrischen Architektur gelten. Er stellt nicht mehr den multifunktionellen Ort der Verwaltung, Repräsentation und Residenz, sondern ist eine Monumentalszenographie, in der jeder Raum durch seine Gliederung eine ausschließlich zeremonielle und repräsentative Rolle erhält. Seine Bauberichte sind in verschiedenen Fassungen erhalten. Bei den jahrelang dauernden Arbeiten erfand man sogar neue Bronzeguss-Techniken. Im Gegensatz zu dem von Šarru-kên II. (Sargon) (721 - 705) erbauten Dūr-Šarru-kên muss Sanherib über einen ausgeprägten Sinn für Ästhetik und harmonische Gestaltung verfügt haben. Die gesamte territoriale und städtebauliche Ordnung wurde erneuert: Parks und Gärten verschönerten die Umgebung der Stadt. Obst- und Ölbäume sowie Duftpflanzen und Wein wurden angepflanzt.

Weiter ließ er Landparzellen an die Stadtbewohner verteilen mit der Auflage, Obstgärten oder Kornfelder anzulegen. Hierzu war natürlich eine Unmenge an Wasser notwendig, das er zunächst durch den Lauf des Ḫosr kanalisieren ließ. Spätestens nach der Einweihung des Palastes im Jahre 694 reichte dies jedoch nicht mehr aus und er musste den Oberlauf des Gomel, eines Nebenflusses des Grossen Zab nahe der Grenze zu Urartu, mit Schleusen aufstauen. Durch die Notwendigkeit ein anderes Flusstal überbrücken zu müssen entstand das berühmte Aquädukt von Ğerwān. Noch weitgehend unbekannt sind die anderen Bauten des 7. Jhdts., deren Errichtung und Ausbau durch Königsinschriften bekannt ist.

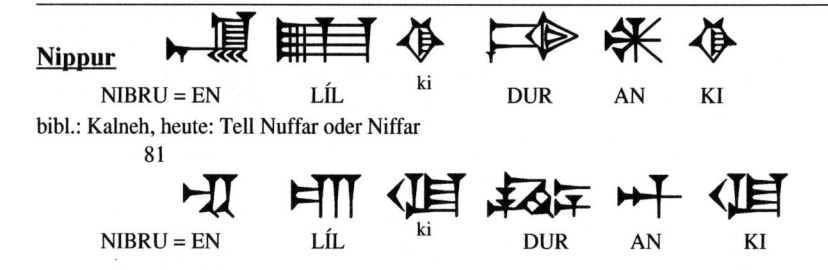

Nippur

NIBRU = EN LÍL ki DUR AN KI

bibl.: Kalneh, heute: Tell Nuffar oder Niffar

81

NIBRU = EN LÍL ki DUR AN KI

Eine Besiedelung ist schon für die frühgeschichtliche Zeit nachweisbar, wobei die Stadt ab dem 3. Jtsd. eine Sonderrolle einnahm. Die sogenannte "Heilige Stadt" hat sich selten (Aufstand gegen Narām-Sîn) an Kämpfen um die Hegemonie beteiligt, sodass es dementsprechend auch keine eigenen Könige oder Dynastien gab. Gerade deswegen und weil die Stadt als ruhender Pol galt, war sie häufig Zankapfel rivalisierender Stadtstaaten.

Nach den Sumerern wurde Nippur nun auch bei den Akkadern zum anerkannten Kultzentrum. Ein sumerischer Text, der wahrscheinlich der älteste für Mesopotamien bezeugte religiöse ist, zeigt, dass die Mythologie seinerzeit in voller Blüte stand. Sie nahm auch insofern eine Sonderstellung ein, als hier Krönungsfeiern stattfanden und Nippur ein sogenanntes Ensitum war. D. h., sie musste keine Steuern oder Abgaben zahlen, sondern erhielt vielmehr welche von den ensis des babylonischen Raumes. Auch mussten regelmäßig Opferlieferungen, Ausnahmen waren nur Städte, die für Schlachtopfer zu weit weg lagen, erfolgen. Die kultische Stellung Nippurs und die alles überragende Rolle →**Enlils** blieben unbestritten. Ein klarer Beweis hierfür bietet auch die sumerische Dichtung von der "Reise Nannas nach Nippur". Mit dem Untergang von Ur III gelangte die Stadt um das Jahr 2.020 in den Herrschaftsbereich von →**Isin**. In den

nächsten 250 Jahren wechselt die Stadt ständig zwischen den Oberherrschaften von →**Isin** und →**Larsa**.
Dies ist aus Urkunden des letzten Drittels des 19. Jhdts. besonders gut belegt (1.838, 1.835, 1.832, 1.828 zu Larsa und 1.836, 1.833, 1.830 sowie einige Jahre zwischen 1.813 und 1.802 zu Isin). Durch →**Hammurapi** gelangt sie in babylonischen Besitz. Auch noch viel später, in assyrischer Zeit, spielte die Stadt durch →**Enlil** in Bezug auf die Heiligtümer die erste Rolle.
Ständig wurde neu gebaut, Tempel restauriert oder vergrößert. Nach dem letzten bedeutenden König Assyriens, Aššurbānipal, zerfiel das Reich schnell und Nippur gehörte nun zu dem wieder erstarkten Babylonien. Da dort zwischenzeitlich →**Marduk** als höchster Gott die Oberhand gewonnen hatte, verlor Nippur rasch an Bedeutung. Hinzu kam, dass der Euphrat im Laufe der Zeit seine Richtung geändert hatte und nun nicht mehr durch →**Uruk** und Nippur, sondern durch →**Babylon** floss.
Der Name Duranki bezieht sich auf die Ziqqurat und bedeutet "Band zwischen Himmel und Erde".
Zu den kostbarsten Dingen, die der Tell freigegeben hat, zählen zweifellos die über fünfzigtausend Tontafeln aus den unterschiedlichsten Bereichen. U. a. auch der um 2.100 entstandene "Codex Urnammu", der das älteste Zeugnis einer von Menschen durchgeführten sozialen Reform und öffentlicher Sitte darstellt.

Sippar

(heute: Abu Habba)ZIMBIR = UD KIB NUN ki

ZIMBIR = UD KIB NUN ki

Die Stadt - der Tall liegt etwa 40 km südlich von Bagdad - gehört zu den ältesten Mesopotamiens. Auch in den 40 Tempelmythen, die Enḫeduanna (um 2.350), die Tochter Sargons von →**Akkad**, zusammenstellte, wird sie genannt.
Aus den umfangreichen Archiven, die in Sippar gefunden wurden, erhalten wir einen sehr guten Überblick hauptsächlich über das seinerzeitige Wirtschafts-, Tempel- und Rechtsleben. Aus dem "Babylonischen Fürstenspiegel" erfahren wir, dass die Stadt neben der "Heiligen Stadt" →**Nippur** und →**Babylon** von Steuern befreit war. Hohen Bekanntheitsgrad erreichte die Stadt ebenso durch die dort gefundene "älteste Weltkarte" aus dem 6. Jhdt.. Diese gibt die Erde, in deren Mittelpunkt →**Babylon** steht, als eine auf dem Ozean, dem "Bitterfluss", schwimmende runde Scheibe wieder. Diese Karte diente wahrscheinlich als Vorlage für griechische und arabische Entwürfe, die ähnliche Vorstellungen von der Gestalt der Welt hatten.
Das bekannteste Steinzeugnis aus Sippar stellt die Siegesstele des Naram-Sîn dar.
Sippar und →**Larsa** waren Kultorte des Sonnengottes →**Utu/ Šamaš**.
Von der Stadt sind leider nur noch Reste aus sumerischer Zeit, einem Mauergeviert, Tempelruinen aus dem 6. Jhdt., der Ziqqurat sowie des →**Šamaš**-Tempels erhalten.

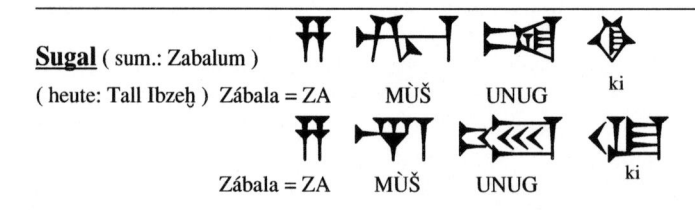

Sugal (sum.: Zabalum) 

(heute: Tall Ibzeḫ) Zábala = ZA MÙŠ UNUG ki

Zábala = ZA MÙŠ UNUG ki

Über die seinerzeit nahe Umma gelegene Stadt liegen mir leider kaum Quellen vor. Zu Zeiten Entemenas (um 2.430) nutzte ein ensi von Zabalum namens Il die Kämpfe zwischen →**Lagaš** und Umma und nahm die Niederlage Ur-Lummas zum Anlass, um in Umma einzufallen. Hierüber liegen uns Nachrichten der Kriegsberichterstatter Entemenas vor, die Il auf das wüsteste beschimpfen. Aus anderen Texten geht hervor, dass es sich bei Il um einen Tempelvorsteher, also nicht um einen Herrscher, handelte.

Sumer(er) 

uru Šu me er

uru Šu me er

Die vielfach gestellte Frage, woher die Sumerer kamen, wird kaum jemals eine Antwort finden. Die Einwanderung muss in urgeschichtlicher Zeit erfolgt sind. Material dieser Epoche lässt aber nur in den seltensten Fällen Rückschlüsse auf Fragen zu, die ihrer Natur nach historisch sind.
Das Sumerische gehört zu den agglutinierenden Sprachen, bei denen unveränderliche Wörter nach festen Regeln zusammengefügt werden. Zu diesen - aus dem Alten Orient überlieferten - Sprachen zählen das Elamische, Proto-Ḫattische und das Ḫurritisch-Urartäische, die aber alle nicht mit dem Sumerischen verwandt sind.
Auch mit den sonstigen Sprachen gleichen Typs sind keine näheren Beziehungen festzustellen.
Unvergleichlich sind die Verdienste der Sumerer um die Kunst, Architektur, Religion, Verwaltung etc., wobei sie auf vielen Gebieten für lange Zeit führend und richtungweisend waren.
Ihre wohl grösste Leistung ist in der Erfindung der Schrift zu sehen. Sehr eindrucksvoll wird dieses durch den Mythos "Enmerkar und der Herr von Aratta", in dem Enmerkar nach mehrmaligen vergeblichen mündlichen Befehlen durch einen Boten diesem dann seinen Willen "aufschreibt", geschildert. Dieser Vorgang des Schreibens wird so ganz nebenbei dokumentiert. Zunächst wird die Schrift jedoch ausschließlich wirtschaftlichadministrativ verwandt. Die vielen Mythen, Lieder, Gebete etc. wurden erst später in Schriftform entwickelt.
Sicher sind die Sumerer in dieser frühen Epoche kulturell und politisch die führende Schicht gewesen. Und für den Beginn der sumerischen Frühgeschichte, die um 3.300 anzusetzen ist, ist es kennzeichenend, dass sich neben den bereits vorher von Bedeutung gewesenen Kultorten wie →**Uruk** und →**Eridu** auch die meisten der später wichtigen sumerischen Städte als Zentren des religiösen und wirtschaftlichen Lebens herauskristallisierten. Jede von ihnen war nunmehr zum Mittelpunkt einer bestimmten Landschaft geworden. Die Entstehung gegeneinander abgegrenzter territorialer Einheiten bildete die Grundlage für die Entwicklung der sumerischen Stadtstaaten. In diesen Städten lag die Herrschaft in den Händen eines Priesterfürsten (EN), der seinen Führungsanspruch offenbar aus seiner rituellen Funktion herleitete, wobei aber seine Autorität

sich nicht auf den Kultus beschränkte. Vielmehr war auch die staatliche - hier vor allem die wirtschaftliche -Verwaltung bei den Tempeln angesiedelt.
Die politischen Organisationsformen werden aus den Quellen nicht deutlich und die Herrscher als Individuen nicht fassbar. Die Bildkunst zeigt den EN lediglich als Typus und meistens bei der Wahrnehmung kultischer Tätigkeiten.
Zum Verbreitungsgebiet der sumerischen Kultur zählen Nord-Babylonien, das Dijala-Gebiet, wobei man aber nicht auf ein einheitliches Volkstum schließen darf. Wie Funde aus Nordsyrien (Tall Brāk) und dem mittleren Euphrattal (Tall Qannas und Ḫabuba) zeigen, bestanden auch Enklaven der frühsumerischen Kultur.
Einzelfunde, sogar im prädynastischen Ägypten, lassen auf einen ausgeprägten Fernhandel schliessen und sind für die Chronologie dieser Zeit sehr wichtig.
Eine Gliederung der frühsumerischen Periode, die eine Zweiteilung nahelegen, ergibt sich insbesondere aus der Veränderung der Keramik. Diesem Keramikwandel entspricht eine erhebliche Umgestaltung des →**Eanna**-Heiligtums in →**Uruk**. Auf die einzelnen Gliederungen der →**Uruk**- und Ǧemdet-Nasr-Zeiten möchte ich hier nicht eingehen.
Bezüglich der Denkmäler aus dieser Periode ist es ein glücklicher Umstand, dass diese insbesondere in →**Uruk** relativ dicht unter der Oberfläche zu finden waren, wohingegen in den meisten anderen Städten umfangreiche Tiefgrabungen nötig sind.
Die Heiligtümer bildeten seinerzeit den Mittelpunkt der Städte. Die häufige Umgestaltung und Erneuerung der Kultbauten ist wohl auch darauf zurückzuführen, dass neue Generationen sich dazu verpflichtet sahen, ihren eigenen Beitrag zur Gestaltung des Heiligtums zu leisten. Ausserdem wird - wie dies schon immer der Fall war - sich der Geschmack auch geändert haben, neue Materialien kamen hinzu, alte fielen weg etc. Bemerkenswert ist, dass weder Stadtmauern noch Paläste aus dieser Zeit nachweisbar sind. Es muss also ein starkes Gleichgewicht der Kräfte geherrscht haben. Als weitere Erfindung der Sumerer können die Hochtempel (Ziqqurats) genannt werden, die in der weiteren Geschichte der sumerischen Architektur verbindlich geworden sind.
Die Bildkunst blieb in den folgenden Jahrhunderten vorwiegend mit den Tempeln verbunden. Die meisten ihrer Gattungen kommen in der frühsumerischen Zeit neu auf, wobei dies die schöpferischste Periode der altorientalischen Kunstgeschichte gewesen ist. In der Sakralarchitektur entwickelte sich die Wanddekoration, die in →**Uruk** in der Form des "Tonstiftmosaiks" erscheint und in anderen Orten vielfältigste Gestaltung annimmt.
Hinzu tritt etwas später die Reliefkunst und das Rollsiegel, das einen ausserordentlich wichtigen Platz einnimmt und dessen Entwicklung in Zusammenhang mit der Keilschrift zu sehen ist. Dank der großen Anzahl der Rollsiegel kann man in der Glyptik besser als in irgendeiner anderen Gattung der altorientalischen Bildkunst erkennen, in welchem Masse für Stil und Inhalt durch die Tradition ein fester Rahmen vorgegeben war, und der sich mit dem Begriff "Schule" nur annähernd erfassen lässt.
Bemerkenswert ist weiterhin, dass das Sumerische nicht über die Grenzen des späteren Babylonien hinaus Verbreitung fand. In Elam hatte man den Ehrgeiz, eine eigene Schrift - das Proto-Elamische - zu entwickeln, während der assyrische Raum bis in die Zeit der Dynastie von →**Akkad** schriftlos blieb.
Obwohl die Sumerische Königsliste eine Fülle von Namen lokaler Herrscher nennt, die in Dynastien geordnet sind und obwohl diese Quellen für die frühdynastische Zeit (ca. 2.850 - ca. 2.350) die ersten glaubwürdigen historischen Nachrichten überliefern, ist es mit ihrer Hilfe bisher nicht möglich, ein klares Bild der geschichtlichen Entwicklung zu zeichnen. Zwar bleiben die älteren Abschnitte noch ziemlich im Dunkeln.

Aber nach und nach sind einige Neuerungen zu verzeichnen, die es verdienen, als eigene(r) Abschnitt(e) gesehen zu werden. Der Beginn der frühdynastischen Zeit lässt sich bisher nicht mit bestimmten Ereignissen in Verbindung bringen. Das Anwachsen der Städte und sesshaft gewordenen Nomaden, die teilweise die Macht übernahmen, lassen einen Verfall der Kunst erkennen. In der Sumerischen Königsliste erscheinen jetzt mehr und mehr semitische Namen. So ist die Regierung des Mebaragesi von →**Kiš** (um 2.700) als ältestes inschriftlich bezeugtes Faktum der mesopotamischen Geschichte zu sehen. Jedoch ist hier keine Kontinuität wahrnehmbar. Zwar mag der Übergang der Herrschaft von →**Kiš** auf →**Uruk** durch den Mythos von Gilgameš und Akka bezeugt sein. Doch ist dessen Bedeutung noch nicht abschätzbar. Auffallend ist, dass die Sumerische Königsliste unmittelbar danach realistischere Zahlen für Regierungszeiten nennt, man also tatsächliche Quellen annehmen kann. Erst mit Ur-Nanše, dem ersten König der ersten Dynastie von →**Lagaš**, beginnt eine Periode, für die eine lückenlose Abfolge von Herrschernamen und damit ein tragfähiges chronologisches Gerüst vorliegt.
Die Geschichte des sumerischen Volkes war offensichtlich davon bestimmt, dass sie sich nicht durch Zuwanderung eigener oder verwandter ethnischer Gruppen verstärken oder ergänzen konnten. Sie waren den semitischsprechenden Bewohnern zahlenmässig unterlegen, die sich dauernd durch Nachschub vermehrten. So war ihr Schicksal, in einer weit größeren Volksgruppe, den Semiten, aufgehen zu müssen, vorhersehbar. Ihre Sprache als gesprochene Volkssprache ist um 1.900 ausgestorben.
Ihr Ende kündigte sich spätestens mit der Dynastie von →**Akkad** an, mit der erstmals eine semitische Gruppe die führende Schicht darstellte und fortan nur noch der Süden als Land Sumer bezeichnet wurde. Aus dieser Zeit kennen wir lediglich die Namen einer Reihe von Königen und Stadtfürsten aus →**Ur**, →**Adab**, Kazallu, Marad, →**Isin**, Umma, Ludamu und Ašarid. Wahrscheinlich hat →**Uruk** eine Zeitlang die Vorherrschaft über Sumer ausgeübt. Ab-gesehen von den in der Königsliste genannten fünf Königen wissen wir aber nichts Näheres. Weitere beherrschende Stadtstaaten waren →**Kiš**, →**Ur** und - für etwa siebzig Jahre - Umma. Die einzige Stadt, deren Geschichte wir in etwas geschlossenerer Form beschreiben können, ist das →**Lagaš** in der Gutäerzeit (2.300 - 2.100). Von dort sind die Namen mehrerer Ensis bekannt, die Zeitgenossen und Vasallen von →**Akkad** waren. Aus der Folgezeit, in der →**Lagaš** sicher noch keine hervorragende Rolle spielte, sind ebenfalls einige Herrscher bekannt, deren Reihenfolge allerdings noch nicht klar ist. Unter den letzten sechs Königen, von Urbaba (2.164 - 2.144) bis Nammaḫāni (2.113 -2.109) spielte →**Lagaš** eine Führungsrolle. Während man die Periode von Ur-Nanše (um 2.520) bis Urukagina (um 2.355) als I. Dynastie bezeichnet, stellen die o. a. sechs Könige die II. Dynastie dar. Hierbei handelte es sich um eine Familie, in der das Königtum jeweils vom Vater auf den Sohn vererbt wurde oder vom Schwiegervater auf den -sohn überging. Betont werden muss hier, dass nicht →**Lagaš**, sondern →**Girs/ šu** die eigentliche Hauptstadt von Sumer war.
Die Zeit der II. Dynastie von →**Lagaš** dürfte wohl die gewesen sein, in der Sumer seinen grössten Wohlstand erreichte. Wissenschaft und Künste blühen. Besonders aber an der Sprache ist dies zu spüren, die sich seit präsargonischer Zeit zwar weiterentwickelt hatte, aber es handelte sich immer noch um das reine, klassische Sumerisch. So sind die Inschriften auf den Weihestatuen Gudeas und seinen beiden Zylindern die ersten wirklich ausführlichen Kompositionen in sumerischer Sprache. Die literarische Form gleicht in vielem der einst in Sumer entwickelten.
Zwar waren die Gutäer nicht direkt für den Untergang der sumerischen Kultur verantwortlich. Aber →**Uruk** war wiedererstarkt und die nunmehr auf den Plan tretende III. Dynastie von →**Ur**, die hauptverantwortlich war für das Zurückschlagen der Gutäer, bekam Appetit auf mehr. Somit

konnte Ur-Nammu von →**Ur** den letzten König von →**Lagaš** vom Thron verjagen und leitete damit eine neue Geschichtsperiode im Vorderen Orient ein.

Tuttul

(heute: Ḫīt)

Tu tu ul ki

Tu tu ul ki

Einen ersten greifbaren Beweis für die Existenz dieser Stadt, die am Euphrat stromaufwärts von →**Mari** lag, erhalten wir von Sargon von →**Akkad**, der in einem seiner vielen Feldzüge beide Städte unterwarf. Er erwähnte Tuttul als ein bedeutendes Kultzentrum des Gottes →**Dagan**. Aus den Worten Sargons, dass er diesem Gott von Tuttul "das gesamte "Hochland" verdanke" kann man schliessen, dass das Gebiet um die Stadt bis nach Nordsyrien in seinen Augen eine gewisse Einheit darstellte.
In der altbabylonischen Korrespondenz von →**Mari** wird Tuttul als Īdu in den Schreibweisen ^{d}Íd^{ki}, í-da^{ki} und i-ta-i(a) ^{ki} genannt. Durch die in der Nähe vorkommenden Öl- und Asphaltquellen konnte die Stadt einen ansehnlichen Bekanntheitsgrad und Wohlstand erreichen. Das Öl und der Asphalt wurden teils im Bauwesen, zur Abdichtung oder auch zu Beleuchtungszwecken benötigt.
In der mittelassyrischen Periode zur Zeit Tiglat-Pilesers I. (1.115 -1.077) wird Īdu als Provinz bezeichnet, die Abgaben an Aššur zu entrichten hat. Dies wird auch durch die „Synchronistische Geschichte“ bestätigt, nach der Aššur-rēš-iši (969 - 967) einen Angriff von Nabû-kudurri-uṣṣur II. (944) auf die Städte Zanqu und Īdu (dort i-di geschrieben) abwehrte, die die Grenzfestungen Assyriens am Euphrat darstellten.
Unter Adad-nirāri II. (911 - 891) werden die beiden Städte von Assyrien erneut beansprucht und Tukulti-Ninurta II. (890 - 884) beschreibt, wie er am Ostufer des Euphrats an den Bitumenquellen, gegenüber von Īdu (hier URU.ÍD) sein Lager aufgeschlagen hatte. Herodot nennt die Stadt (hier mit der Schreibweise **Is**) als Lieferant für die Gebäude Nabû-kudurri-uṣṣurs (604 -562) in →**Babylon**.
Der Zusammenhang des Namens der Stadt mit Bitumen kommt auch in dem akkadischen Wort ittû für Bitumen zum Tragen.

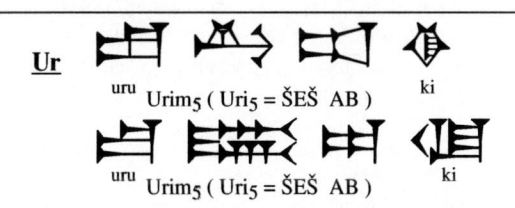

Ur

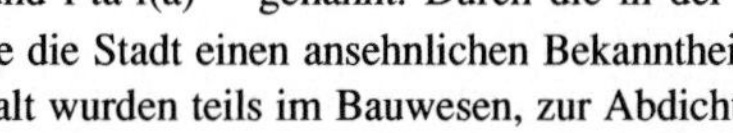

^{uru} Urim$_5$ (Uri$_5$ = ŠEŠ AB) ki

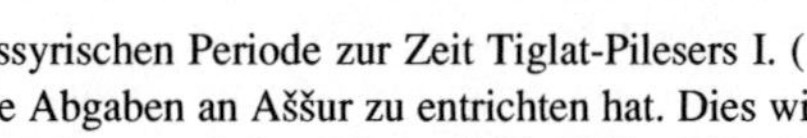

^{uru} Urim$_5$ (Uri$_5$ = ŠEŠ AB) ki

Der heutige Tall al-Muqayyar, der "Pechhügel", liegt in Südbabylonien auf der Westseite des Euphrates und war mit der Nanna-Ziqqurat und dem dem grossen Tempel →**Ekišnugal** Kultort des Mondgottes →**Sîn**.

Um die Mitte des 3. Jtsds. war Mesanepada König der ersten Dynastie von Ur und vielleicht der erste Herrscher aus dem Süden, der die Vorherrschaft über das Gebiet des späteren Babylonien beanspruchte. Dank seiner vorteilhaften Lage an der Küste des Persischen Golfes beherrschte Ur den Seehandel. Doch nach etwa einem Jahrhundert musste die Stadt die Vorherrschaft an →**Lagaš** abtreten. Ebenso wie →**Uruk** wurde sie von Eannatum (um 2.470) zerstört. Urnammu (2.111 - 2.094), der Gründer der III. Dynastie von Ur und mit Abstand größter Bauherr, nicht nur seiner Zeit, konnte um 2.110 den letzten Fürsten der II. Dynastie von →**Lagaš**, Nammaḫāni, besiegen und somit die Stadt befreien. „Er befreite das Land von Räubern und Rebellen", heisst es u. a. in seinem Gesetzes-Codex. Von ihm erhielt die Landwirtschaft neue Impulse und die Verkehrsverbindungen wurden durch neue Kanäle verbessert. Ausserdem wurde die Stadt durch Befestigungsanlagen geschützt.
Allerdings werden mit seinem Namen die grossartigsten Werke für immer verbunden bleiben - dem Bau der Ziqqurats von Ur, →**Uruk**, →**Nippur**, →**Eridu** und in zahlreichen anderen sumerischen Städten. Aus dieser Zeit sind ca. 30.000 Tafeln erhalten, die überwiegend aus staatlichen Archiven stammen und meist Rechtsurkunden darstellen.
Doch auch dieses Reich war nicht von langer Dauer und gut hundert Jahre später wird die Stadt durch Išme-Dagan (1.953 - 1.935) von →**Isin** zerstört. Andere Reiche, wie Assyrien und Babylonien, wurden dann gegründet, wodurch sich die Zentren verlagerten. Insbesondere aber durch die rapide ansteigende Versalzung der Böden und der Änderung des Euphratlaufes verlor die Stadt immer mehr an Bedeutung und geriet schließlich in Vergessenheit.
Besondere Berühmtheit erlangte Ur durch seine in den zwanziger Jahren des 20. Jhdts u. Z. gefundenen "Königsgräber" mit ihren unermesslichen Schätzen, die einen Einblick über die seinerzeit äusserst hochentwickelte handwerkliche Kunst geben und deren Alter bis in die erste Hälfte des dritten Jtsds. datiert werden kann. Ausserdem sind natürlich noch die zwischen 2.600 und 2.500 entstandene Mosaikstandarte zu nennen und die bisher älteste Töpferscheibe der Welt.

<u>Uruk</u>

(heute Warka)

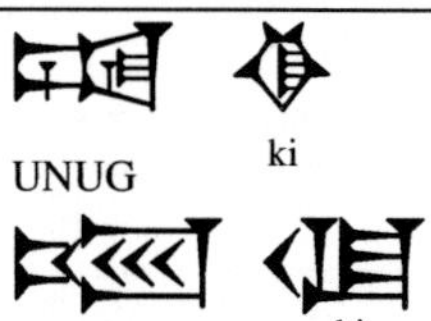

UNUG ki

UNUG ki

Das biblische Erek war die grösste Stadt Südbabyloniens und Kultort von →**Anu** und →**Ištar**.
Insgesamt konnte man bis heute achtzehn Schichten registrieren, die zum Teil für das Studium der Vor- und Frühgeschichte Mesopotamiens von großer Wichtigkeit sind. Aus der Uruk IV-Periode stammen auch die ältesten schriftlichen Zeugnisse, die im antiken Nahen Osten gefunden wurden und aus Tontafeln mit Piktogrammen aus der Zeit um 3.100 bestanden. Teilweise konnten diese noch nicht gedeutet werden.
Einstmals war Uruk von einer doppelten Ringmauer umgeben, die von innen mit dicken Pfeilern verstärkt wurde und in die man später Türme einbaute. Innerhalb dieser Mauern konnten auf einer Länge von ca. zehn Kilometern zwei "Heilige Bezirke" lokalisiert werden, von denen der eine - das →**Eanna**-Heiligtum für →**Ištar** - durch eine Mauer von der übrigen Stadt getrennt war.
Welche Bedeutung Uruk hatte, lässt sich daraus erkennen, dass die Zeit zwischen 3.500 und 3.100 nach ihr benannt wurde. Für den Beginn der frühsumerischen Geschichte ist es kennzeichnend, dass sich neben Kultorten wie →**Eridu** und Uruk, die schon in der vorhergehenden

Ubaid-Zeit von Bedeutung waren, auch die meisten der in der späteren sumerischen Geschichte wichtigen Städte als Zentren des religiösen und wirtschaftlichen Lebens herausbildeten. Es ist daher ein glücklicher Umstand, dass die frühsumerischen Schichten in den Heiligtümern von Uruk sich so dicht unter der Oberfläche befinden, wie sonst nur in kleineren Orten.
Wie an den meisten anderen Stätten konzentrierten sich die Ausgrabungen auf die heiligen Bezirke mit den Kultbauten der Gottheiten, die den Mittelpunkt der Städte bildeten. Der Bau von Palästen lässt sich in Uruk nicht nachweisen. Dass sich die Herrscher einen Namen machen wollten bzw. sich kultisch dazu verpflichtet fühlten, lässt sich in den häufigen Abrissen und/ oder Umbauten sowohl der seinerzeit wohl riesige Ausmasse besitzenden →**Anu**-Ziqqurat als auch des →**Eanna**-Heiligtums erkennen.
Uruk ist auch die Heimatstadt von Gilgameš, der - wie wir aus dem gleichnamigen Epos erfahren - entgegen dem Rat der Ältesten - gegen →**Kiš** in den Krieg zog, dieses besiegte und damit der Stadt Uruk die Freiheit bewahrte. Auch Enmerkar gehört zu Uruk, der König, der dem Epos nach die Schrift erfunden hat.
Ein paar Jahrhunderte später gehörte Uruk zum akkadischen Reich, das um 2.150 von den Gutäern besiegt wurde, um dann für kurze Zeit in den Herrschaftsbereich von →**Lagaš** und dann unter die III. Dynastie von →**Ur** zu geraten. Es folgten die Assyrer, Babylonier und Kassiten, wieder Assyrer und Babylonier usw. usw. Seit dem letzten König Irdanene (1.816. - 1.809) hatte die Stadt bei weitem nicht mehr die einstige Bedeutung als Machtfaktor, jedoch wurden ihre Heiligtümer, insbesondere wegen →**Ištar,** bis in die letzten Tage verehrt.

KURZEXKURS IN DIE AKKADISCHE GRAMMATIK

Die Stammformen des starken Verbums (§§ 87 - 95)

§/ Art	Klasse	Infinitiv	Präsens Präfixe i bzw. u o. uša + Verdoppelung des 2. Radikals	Perfekt 2) Präfixe i bzw. u o. uša und Infix ta bzw. ti o. tu	Präteritum Präfixe i bzw. u o. uša und Weglassen des 2. Vokals	Imperativ Vokale kurz	Partizip 26) G= Längung 1. Vokal, Gtn - + Gt Präfix mu bzw. mu und ident. 1. Kons., 1. Vokal entfaellt.	Verb.-Adj. 2., gelängter Vokal entfällt	Stativ Vokale kurz
G (§ 87)	a/ u	parāsu(m)	iparras	iptaras	iprus	purus	pārisu(m)	parsu(m)	paris
Aktionsverben	i	paqādu(m)	ipaqqid	iptaqid,	ipqid	piqid	pāqidu(m)	paqdu(m)	paqid
dto.	u	rapādu(m)	irappud	irtapud,	irpud	rupud	rāpidu(m)	./.	./.
dto.	a	lamādu(m)	ilammad	iltamad	ilmad	limad	lāmidu(m)	lamdu(m)	lamid
Zustandsverben	i	kabātu(m)	ikabbit	iktabit,	ikbit	kibit	./.	kabtu(m)	kabit
dto.	i	rapāšu(m)	irappiš	irtapiš,	irpiš	ripiš	./.	rapšu(m)	rapaš
dto.	i	qerēbu(m)	iqerrib	iqterib	iqrib	qirib	./.	qerbu(m)	qerub
dto.	assyr.	qarābu(m)	iqarrib	iqtirib	./.	./.	./.	qorbu(m)	qorub
dto.	u	balāṭu(m)	iballuṭ	ibtaluṭ,	ibluṭ	buluṭ	./.	balṭu(m)	baliṭ
dto.	a	palāḫu(m)	ipallaḫ	iptalaḫ	iplaḫ	pilaḫ	pāliḫu(m)	palḫu(m)	paliḫ
Gtn. (§ 91)	a	pitarrusu(m)	iptanarras	iptatarras	iptarras	pitarras	muptarrisu(m)	./.	pitarrus
	i	kitabbutu(m)	iktanabbit	iktatabbit	iktabbit	kitabbit	muktabbitu(m)	./.	kitabbut
	u	ritapuddu(m)	irtanappud	irtatappud	irtappud	ritappud	murtappiddu(m)	./.	./.
Gt (§ 92)	a	mitḫuṣu(m), mitaḫṣu(m)	imtaḫḫas	imtatḫas	imtaḫas	mitḫaṣ	mumtaḫṣu(m)	./.	mitḫuṣ
	i	mitluku(m), mitalku(m)	imtallik	imtatlik	imtalik, imtilik	mitlik	mumtalku(m)	./.	mitluk

	u	ritgumu(m), ritagmu(m)	irtaggum	irtatgum	irtagum, irtugum	ritgum	murtagmu(m)	./.	ritgum
D (§ 88)		purrusu(m), parrusu(m)	uparras	uptarris	uparris	purris, parris	muparrisu(m)	purrusu(m), parrusu(m)	purrus, parrus
Dtn (§ 91)		putarrusu(m)	uptanarras	uptatarris	uptarris	putarris	muptarrisu(m)	./.	putarrus
Dt (§ 93)		[putarrusu(m)]	uptarras	uptatarris	uptarris	putarris	muptarrisu(m)	./.	./.
Š (§ 89)		šuprusu(m), šaprusu(m)	ušapras	uštapris	ušapris	šupris, šapris	mušaprisu(m)	šuprusu(m), šaprusu(m)	šuprus, šaprus
Štn (§ 91)		šutaprusu(m)	uštanapras	uštatapris	uštapris	šutapris	muštaprisu(m)	./.	šutaprus
Št-Pass. (§ 94b)		[šutaprusu(m)]	uštapras	uštatapris	uštapris	šutapris	[muštaprisu(m)	./.	./.
Št. lex. (§ 94c)		šutaprusu(m)	uštaparras	uštatapris	uštapris	šutapris	muštaprisu(m)	šutaprusu(m)	šutaprus
N (§ 90)	a/ u	naprusu(m)	ipparras	ittapras	ipparis ,	napris	mupparsu(m)	naprusu(m)	naprus
	i	napqudu(m)	ippaqqid	ittapqid	ippaqid,	napqid	muppaqdu(m)	napqudu(m)	napqud
	u	namguru(m)	(immaggur)	(ittamgur)	(immagur)	./.	mummagru(m)	namguru(m)	namgur
Ntn (§ 91)	a/ u	itaprusu(m)	ittanapras	[ittatapras]	ittapras	itapras	muttaprisu(m)	./.	itaprus
	i	itapqudu(m)	ittanapqid	[ittatapqid]	ittapqid	itapqid	muttapqidu(m)	./.	itapqud
ŠD (§ 95)		[šuparrusu(m)]	ušparras	./.	ušparris	šuparris	mušparrisu(m)	./.	./.
ŠDtn (§ 95c)		[šutraqqudu(m)]	./.	./.	./.	./.	./.	./.	./.
Dtt (§ 93e)	neu-ass.	./.	uptatarras	./	uptatarris	./.	./.	./.	./.

Adjektive		Personalpronomen							
Kasus		Kasus	selbst.	Stativ	Nomen	Verb	selbst.	selbst.	Verb
	Beispiel: dannum (Dual ist wie Plural!)		**Nomi-nativ**	**Nominativ Suffix**	**Genitiv Suffix**	**Akkusativ Suffix**	**Genitiv/ Akkusativ**	**Dativ**	**Dativ Suffix**
Sg. Nom.	dannum	**1. P.Sg.**	anāku	-āku	K + ī, V + i̯a	-ni	i̯āti	i̯āši(m)	K + a(m), V + (m), Pl.: -ū/ ā + ni(m)
Sg. Gen.	dannim	**2. P. Sg. m.**	atta	-āta	-ka	-ka	kâti, -kâta	kâši(m), kâša	-ku(m)
Sg. Akk.	dannam	**2. P. Sg. f.**	atti	āti	-ki	-ki	kâti (<kuāti	kâši(m)	-ki(m)
Dual Nom.	dannutum	**3. P. Sg. m.**	šū	./.	-šu	-šu	šuāti/ šuātu,	šuāšim,	-šu(m)
Dual obliq.	dannutim	**3. P. Sg. f.**	šī	-at	-ša	-ši	šuāti/ šiāti, šâti	šuāši(m), šiāši(m), šâši, šâša	-ši(m)
Pl. Nom.	dannutum	**1. P. Pl.**	nīnu	-ānu	-ni	-niāti	niāti	niāšim, nâši	-niāši(m), -nâši, -nâšu
Pl. obliq.	dannutim	**2. P. Pl. m.**	attunu	-ātunu	-kunu	-kunūti	kunūti,	kunūši(m),	-kunūši(m)
		2. P. Pl. f.	attina	-ātina	-kina	-kināti	kināti,	kināši(m),	-kināši(m)
		3. P. Pl. m.	šunu	-ū	-šunu	-šunūti	šunūti,	šunūši(m),	-šunūši(m)
		3. P. Pl. f.	šina	-ā	-šina	-šināti	šināti,	šināši(m),	-šināši(m)
		2. P. Dual	./.	./.	-kunī	./.	./.	./.	./.
		3. P. Dual	./.	m: -ā, f: -tā	-šunī	-šunī(ti)	-šunī ti	./.	-šunīšim

N o m e n — Status Constructus — Z a h l e n

Status rectus | die wichtigsten Formen

Kasus	Endungen auf Konsonant maskulin	End. <u>feminin</u> (End. <u>at</u>, wenn der Nomenstamm auf doppelten Konsononanten auslautet)	Endungen auf Vokal = mit Kontraktionszeichen <u>maskulin</u>	Endungen auf Vokal = mit Kontraktionszeichen <u>feminin</u>	Singular	Kasus	ohne Suffix	mit Suffix	mask.	fem.	mask.
Sg. Nom.	-um	-(a)t-um	-ium = -ûm	-ītum	bēl-um	Nom./	bēl	bēl-šu,	ištēn	išiat	maḫrûm
Sg. Gen.	-im	-(a)t-im	-iim = -îm			Gen.	bēl	bēlī-šu,	šena	šitta	šanûm
Sg. Akk.	-am	-(a)t-am	-iam = -âm						šalaš	šalāšat	šalšum
Dual Nom.	-ān	-(a)t-ān			ab-um	Nom.	abi	abū-šu	erbe	erbet	rebûm
Dual obliq.	-īn	-(a)t-īn				Gen.	abi	abī-šu	ḫamiš	ḫamšat	ḫamšum
Pl. Nom.	-ū, -ānu	-āt-um,	-iūtum =	-iātum =		Akk.	abi	abā-šu	?	šeššet	šeššum
		-ēt-um	-ûtum	-âtum							
Pl. obliq.	-ī, -āni	-āt-im,	-iûtim =		ṭupp-um	Nom./	ṭuppi	ṭuppa-šu	sebe	sebet	sebûm
		-ēt-im	-ûtim			Akk.					
						Gen.	ṭuppi	ṭuppī-šu	samāne	samānat	samnum
					kunukk-um	Nom./	kunuk	kunukka-šu	tiše	tišet	tišûm
						Gen.	kunuk	kunukkī-šu	ešer	ešeret	ešrum
					parsum,	Nom./	paras,	paras-su			
					pirsum,	Akk.	piris, purus	etc.			
					pursum						
						Gen.	paras,	parsī-šu			
							piris, purus	etc.			
					šarrat-um	Nom./	šarrat	šarras-su			
						Gen.	šarrat	šarratī-šu			

šubtum	Nom./	šubat	šubas-su
	Gen.	šubat	šubtī-šu
qīšt-um	Nom./	qīšti	qīšta-šu
	Gen..	qīšti	qīštī-šu
ṣibit-t-um	Nom./	ṣibitti	ṣibitta-šu
	Gen.	ṣibitti	ṣibittī-šu
bāni-um	Nom./	bāni	bānī-šu
	Gen.	bāni	bānî-šu
kala-um	Nom.	kala	kalû-šu
	Gen.	kala	kalî-šu
	Akk.	kala	kalâ-šu
Dual			
šēp-ān	Nom.	šēpā (Nunat.!)	šēpā-šu
	obliq.	šēpā (Nunat.!)	šēpī-šu
Plural,			
bēl-ū	Nom.	bēl(ū)	bēl(ū)-šu
	obliq.	bēl(ī)	bēl(ī)-šu
Plural, fem.			
māt-ātum	Nom.	mātāt	mātātū-šu
	obliq.	mātāt	mātātī-šu

KEILSCHRIFTVERZEICHNIS

des

CODEX ḪAMMURAPI

- altbabylonisch -

(**numerische** Reihenfolge)

Bei den nachfolgend aufgeführten Zeichen handelt es sich um sogenannte Standarttypen.
Außer den hier aufgeführten Varianten kommen noch weitere Spielarten vor, die aber zur Identifizierung der Zeichen unwesentlich sind und hier nur verwirren könnten.

Bei Zeichen mit Varianten steht das am meisten verwendete Zeichen an erster Stelle.

Zeichen	Nr.	Bedeutung
	1	aš, dil, Zahl 1
	2	ḫal
	4	Zahl 3 ($eš_6$)
	5	bal, bala
	6	gír
	8	ušum
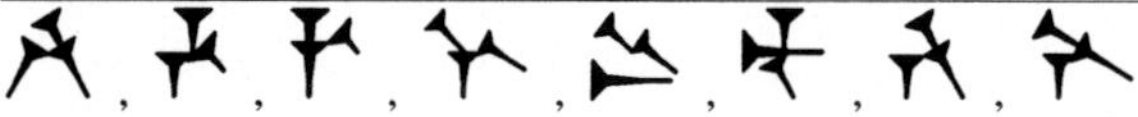	9	tar
	10	an, dingir, èl, ìl
 **(§ 274 Zeichen nicht vollständig erkennbar!)**	13	zadim
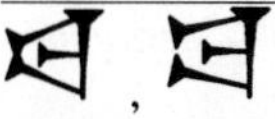	14	ba, pá
	15	sú, ṣú, zu
	16	kuš, su
	17	šen

Zeichen	Nr.	Bedeutung
	18	ìr *
	19	árad (ir_{11}) *

* Die Zeichen ARAD und ÁRAD (ARAD×KUR) waren vor der UR III-Zeit sorgfältig getrennt und wurden nur noch hin und wieder (so auch in der Stele des C. H.) in der archaisierenden altbabylonischen Schreibweise so dargestellt. Später, ab dem normalen altbabylonischen Duktus, sind die Zeichen zusammengefallen.

	20	itu
	23	šaḫ
	24	ka, zú
	61	eme
	64	nag
	71	rí, uru
	85	le, li
	86	tu, ṭú
	89	la
	90	apin
	90	engar
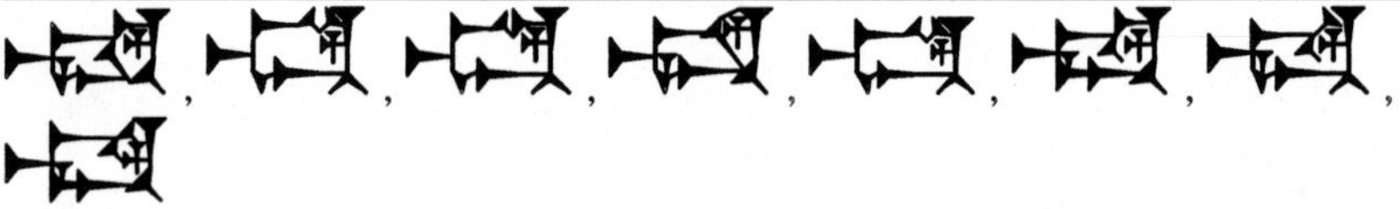	91	maḫ
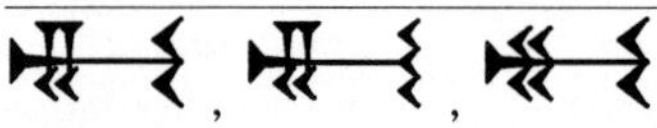	98	mu
	99	qa, sìla

Zeichen	Nr.	Bedeutung
	110	na
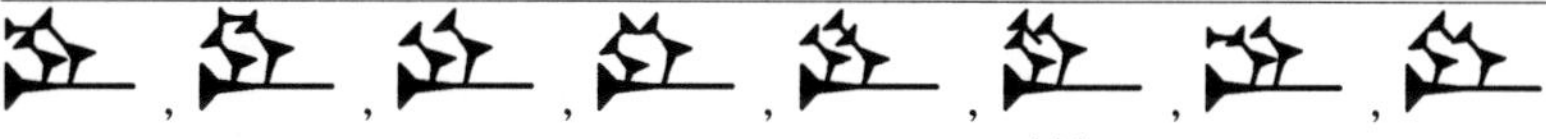	111	ru
	112	nu
	113	bad, bat, be
	115	šir
	117	numun, zer, zir
	118	ti, ṭì
	119	din
	121	bar, pár
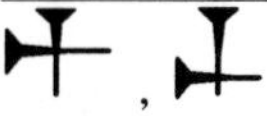	122	bán, maš , ½
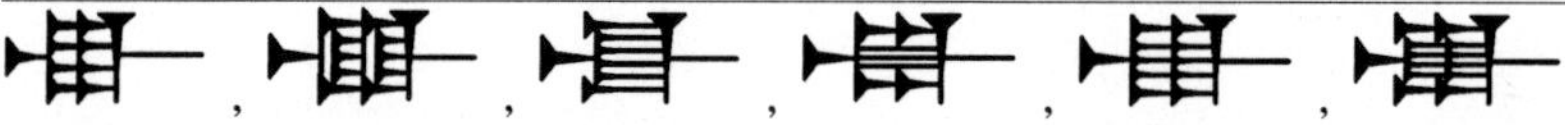	127	ag, ak, aq
	130	máš
	131	kun
	132	ḫu
	134	nam, sín
	136	ek, eq, gál, ig, ik, iq
	140	sé, sí, ṣí, ze, zi

Zeichen	Nr.	Bedeutung
	141	ge, gi
	142	re, ri
	143	nun
	145	tùr
	148	kab, kap
	152	múš, tišpak
	153	innin, mùš
	157	gad
	164	en
	165	$buru_{14}$
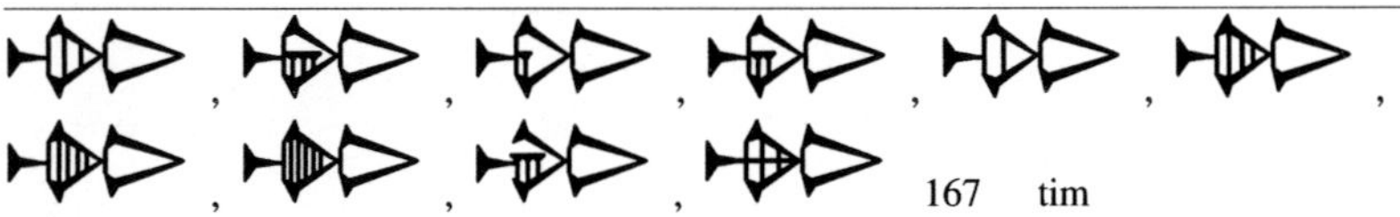	167	tim
	172	sa
	173	ašgab
	174	gán, iku, kán
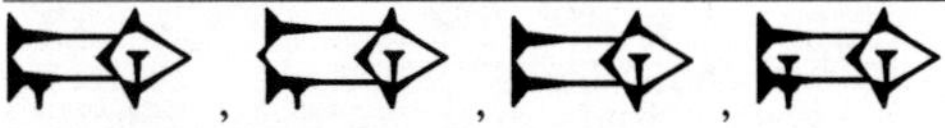	176	gú
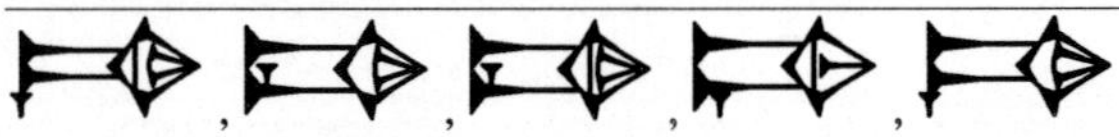	178	dur, ṭur

Zeichen	Nr.	Bedeutung
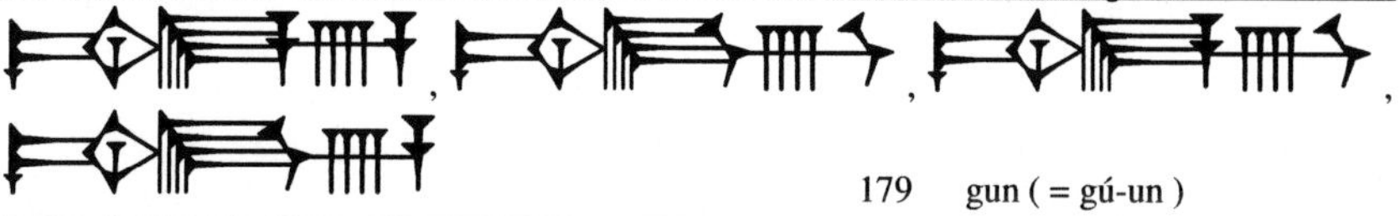	179	gun (= gú-un)
	180	gur
	181	si
	183	dar, tár, ṭár
	184	sag
	201	má
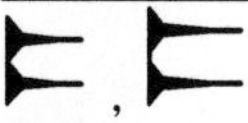	209	tab, tap
	215	lím, Zahl 4
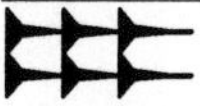	217	$aš_4$, Zahl 6
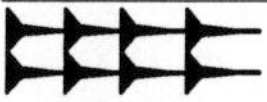	219	Zahl 8 (ússu)
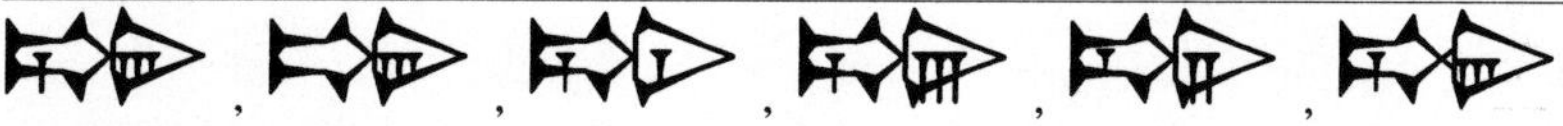	221	šum
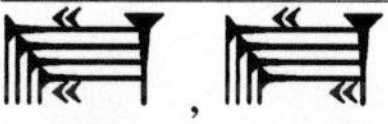	222	ká
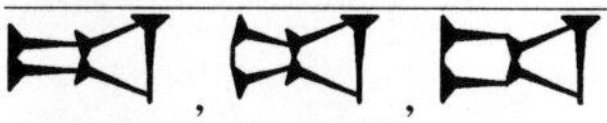	223	ab, ap
	232	eri_{11}, unug
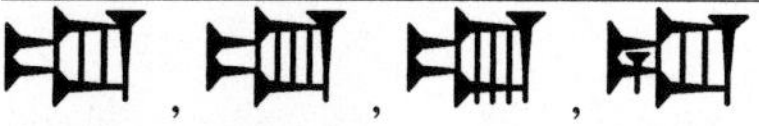	238	um (s. auch ## 242 + 486)
	242	ṭup (nur in ṭuppu) (s. auch ## 238 + 486)
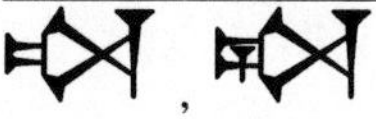	248	ta

Zeichen	Nr.	Bedeutung
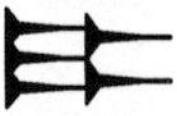	252	i
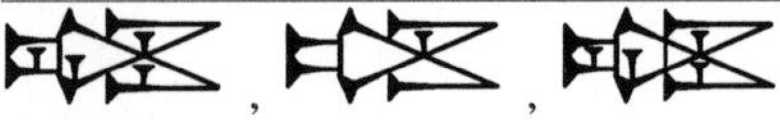	253	gan, ḫé
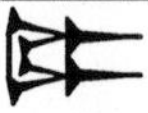	255	bànda, dumu, tur
	258	ad, at, aṭ
	259	si_{20}, ṣe, ṣi, zé, zí
	260	ia, iu
	261	in
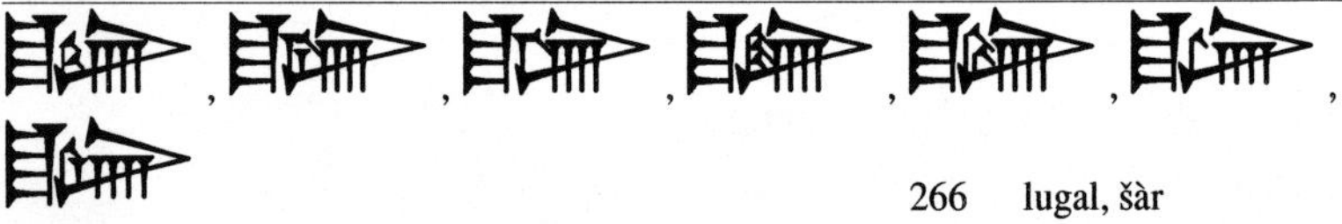	266	lugal, šàr
	292	sì
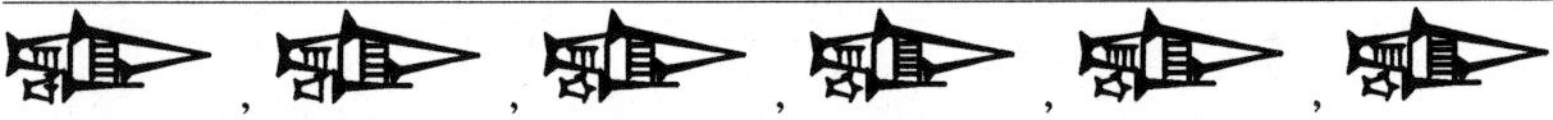	296	ug, uk, uq
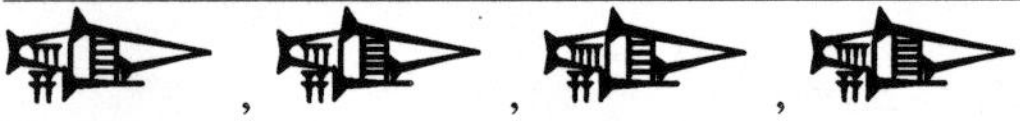	297	as, aṣ, az
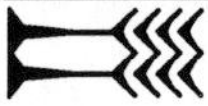	298	du_8
	302	kaskal
	309	am
	311	uzu
	312	bíl

Zeichen	Nr.	Bedeutung
	313	bí, bil, dè, lám, ne
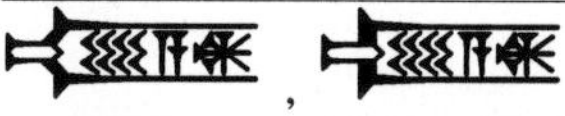	333	šám
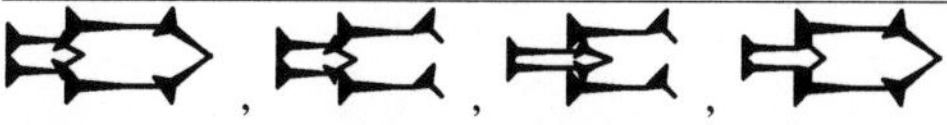	339	kum, qum
	341	úr
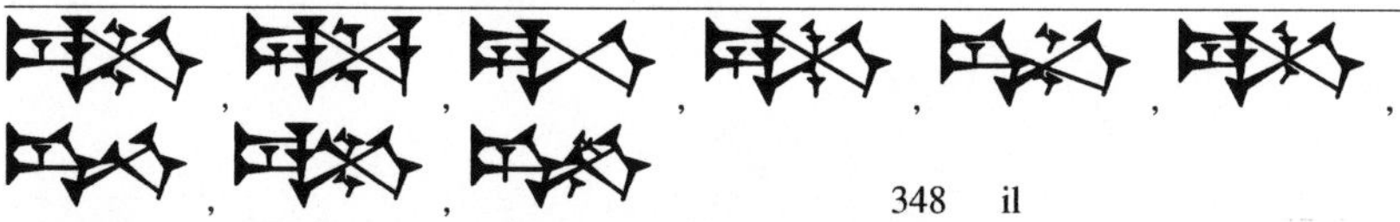	348	il
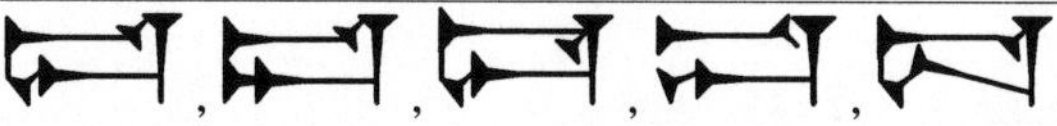	350	du, rá
	350b?	laḫ$_5$ (= DU.DU)
	351	suḫuš
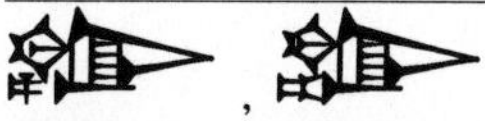	353	anše
	354	dum, tum
	357	iš
	358	bé, bi, kaš, pé, pí
	362	šim
	378	kib
	379	dù, gag
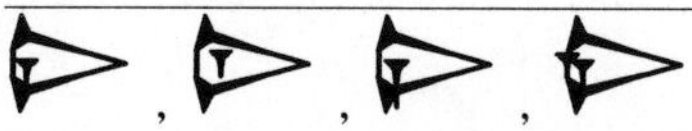	380	ì, lí, ni

Zeichen	Nr.	Bedeutung
	381	ús, uš
	385	na_4
	387	ba_4, gá, mà
	392	ama
	411	ùr
	435	par_4
	437	er, ir
	438	ták
	455	ubur
	465	banmin, gidru, pa, zág
	468	sipa
	469	eṣ, ez, giš, is, iṣ, iz
	472	gu_4
	474	al
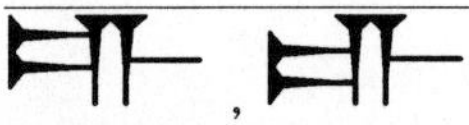	483	mar
	484	kid

Zeichen	Nr.	Bedeutung
	484	líl
	486	kišib, miš (s. a. ## 238 + 242)
	490	ú
	491	ga, kà, qá
	493	íl, íla
	494	luḫ
	495	é
	496	dan, kal, lamma
	498	e
	500	kalam
	501	un
	504	ub, up
	507	gi_4
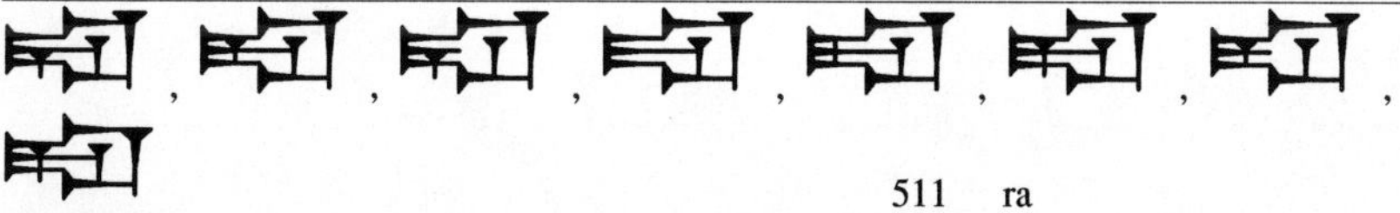	511	ra
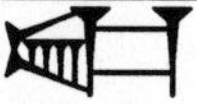	512	dùl

Zeichen	Nr.	Bedeutung
	514	lú
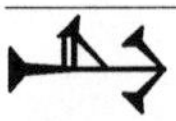	535	šeš
	541	$kiri_6$, šar
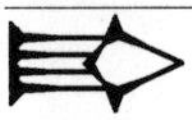	543	gàr, qar
	545	múru (? --> § " 243 ")
 **(§ 274 Zeichen nicht vollständig erkennbar!)**	547	simug
	548	ás, áš
	550	banlimmu
	551	bania
	552	ma
	553	gal, kál, qal
	556	aga
	558	kir, piš, qer, qir
	559	bur
	560	á, ed, et, eṭ, id,
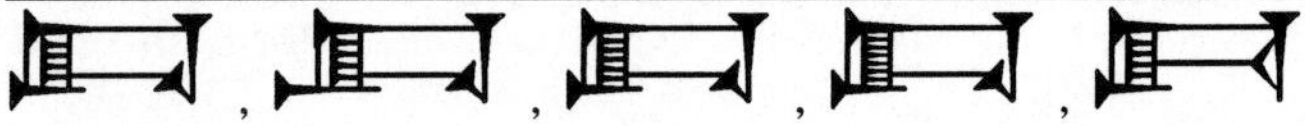	561	da, ṭa
	566	ša

Zeichen	Nr.	Bedeutung
	567	šu
	567	ŠU.NÍGIN
	571	sa$_6$
	573	alam
	578	kur
	579	še
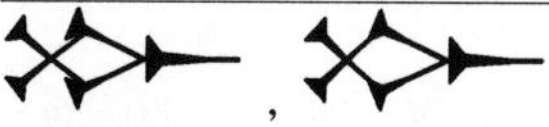	580	bu, gíd, pu
	583	uṣ, uz
	587	ter, tir
	589	te, ṭe$_4$
	590	kar
	596	bàbbar, tam, u$_4$, ud, ut(u), uṭ
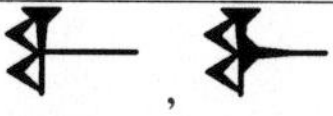	598	pe, wa, we, wi, wu
	599	šà
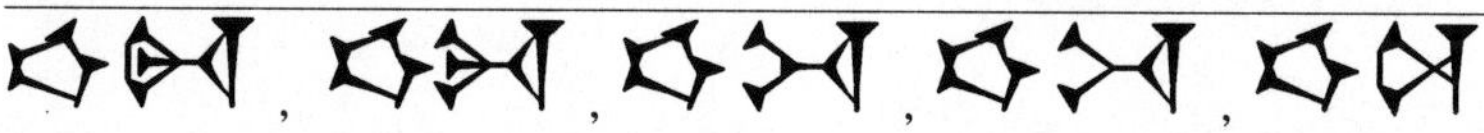	611	úḫ
	612	erim
	619	ùsan
	629	Zahl 30

Zeichen	Nr.	Bedeutung
	631	ḫá, ḫe, ḫi
	631a	ḫá (ḫi-a)
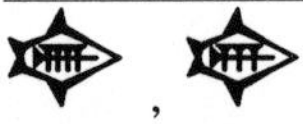	635	a' (ident. mit # 636)
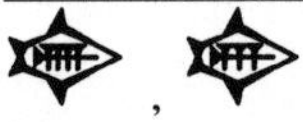	636	aḫ, eḫ, iḫ (ident. mit # 635)
	640	kam
	641	em, im, iškur
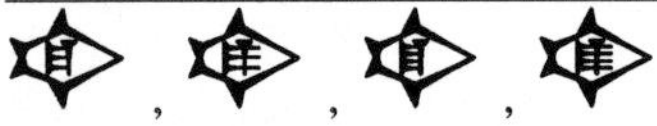	644	ḫar, ḫur, mur
	661	bùr, (eš$_4$? iš$_8$?), Zahl 10
	670	ištar = eš$_4$? iš$_8$?= # 661 und tár = # 183 zusammengeschrieben (→ **RLA**)
	672	áb
	678	kiš (vgl. # 701)
	681	gi$_6$, gíg, mi
	682	gul, kúl, qúl
	684	šáman
	686	šitim
	690	nim

Zeichen	Nr.	Bedeutung
	693	lam
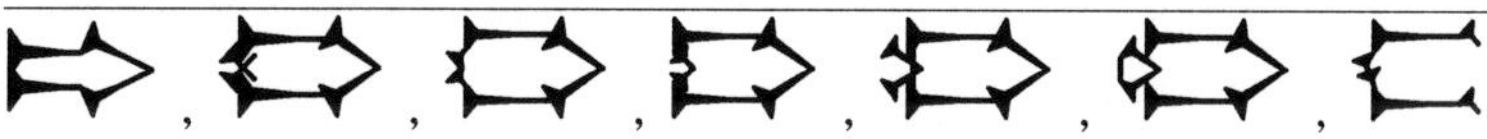	695	amar, ṣur
	698	ul
	701	gìr, nè (vgl. # 678)
	705	gig
	708	Zahl 20
, ( s. # 629) ()	711	eš, Zahl 30
	714	ninnu, Zahl 50
	721	du_6
	724	igi, lem , lim, mè, mì, ši
	726	ar
	731	ù
	736	de, di, ṭi
	737	ki, qé, qí
	745	kù, kug
	746	pad
	748	Zahl 1, Zahl 60
	750	lá

Zeichen	Nr.	Bedeutung
	751a?	šur$_4$ (= LAL-SAR)
	753	me
	754	meš
	755	nígin
	756	engur
	766	u$_8$
	767	zar
	807	eb, ep, ib, ip
	808	ku, qú, tukul
	809	túg
	810	ḫun
	812	lu, udu
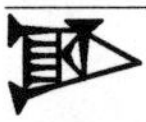	815	kin
	816	síg
	819	gur$_7$
	825	min, Zahl 2
	826	⅓ (šušana)
	828	ur
	833	udug

Zeichen	Nr.	Bedeutung
	834	Zahl 3 (eš$_5$)
	836	gín
	839	a
	839c	íd
	850	nieš
	851	sà, ṣa, za, Zahl 4
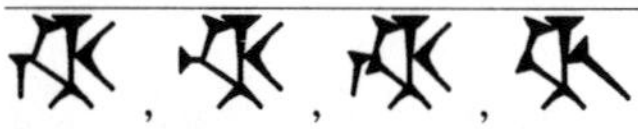	856	ḫa
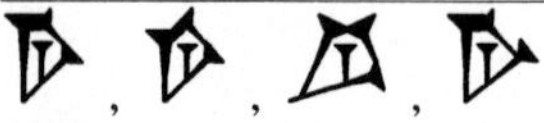	859	níg
	861	ía, Zahl 5
	862	Zahl 6
 ( ?)	871	kèš
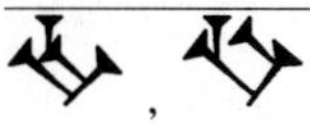	881	šì
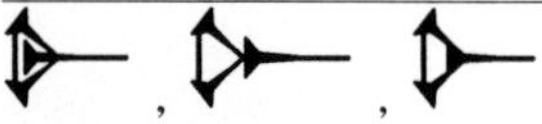	883	mí, sal
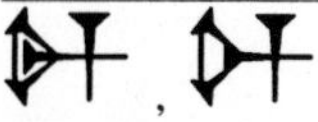	883a?	lukur (= MUNUS.ME)
	884	súm
	887	nin
	889	dam, tám, ṭam
	890	géme
	891	gu

Zeichen	Nr.	Bedeutung
	893	nagar
	899	el
	900	lum, núm
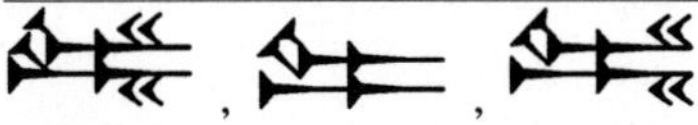	905	gar_8, sig_4
		Zahl 12

KEILSCHRIFTVERZEICHNIS
des
CODEX ḪAMMURAPI

altbabylonisch
(**alphabetische** Reihenfolge)

Bei den nachfolgend aufgeführten Zeichen handelt es sich um sogenannte Standarttypen. Ausser den hier aufgeführten Varianten kommen noch weitere Spielarten vor, die aber zur Identifizierung der Zeichen unwesentlich sind und hier nur verwirren könnten.

Bei Zeichen mit Varianten steht das am meisten verwendete Zeichen an erster Stelle.

Zeichen	Nr.	Bedeutung
a		
	839	a
	560	á, ed, et, eṭ, id, it, iṭ
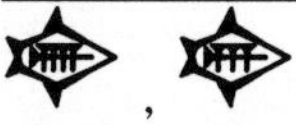	635	a’ (ident. mit # 636)
	223	ab, ap
	672	áb
	258	ad, at, aṭ
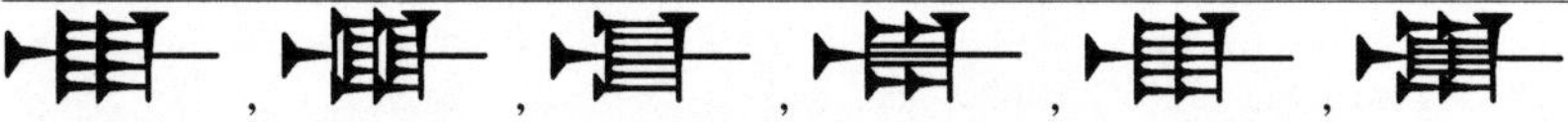	127	ag, ak, aq
	556	aga
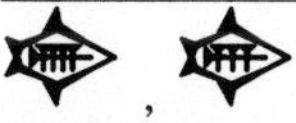	636	aḫ, eḫ, iḫ (ident. mit # 635)
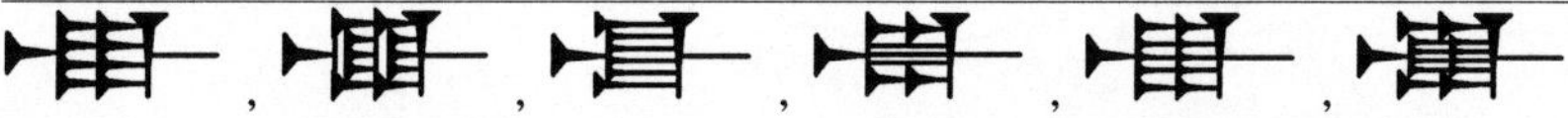	127	ak, ag, aq

Zeichen	Nr.	Bedeutung
	474	al
	573	alam
	309	am
	392	ama
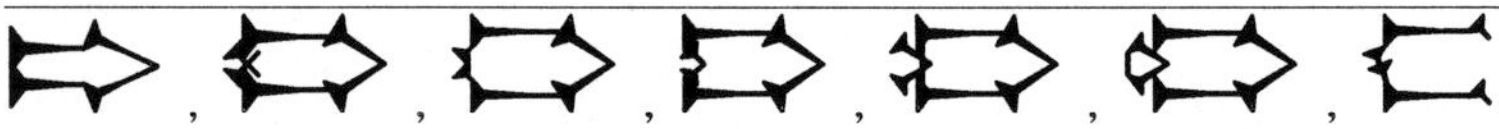	695	amar, ṣur
	10	an, dingir, èl, ìl
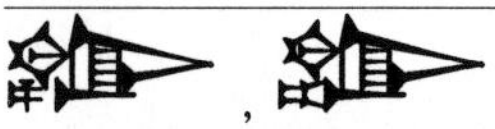	353	anše
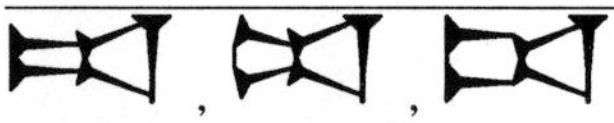	223	ap, ab
	90	apin
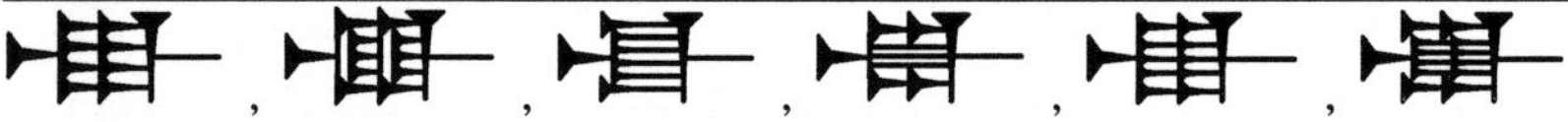	127	aq, ag, ak
	726	ar
	19	árad

* Die Zeichen ARAD (ìr) und ÁRAD (ARAD×KUR = ir_{11}) waren vor der UR III-Zeit sorgfältig getrennt und wurden nur noch hin und wieder (so auch in der Stele des C. H.) in der archaisierenden altbabylonischen Schreibweise so dargestellt. Später, ab dem normalen altbabylonischen Duktus, sind die Zeichen zusammengefallen.

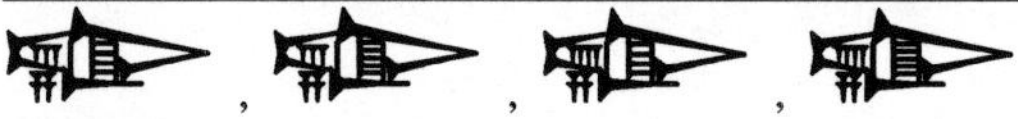	297	as, aṣ, az
	548	ás, áš
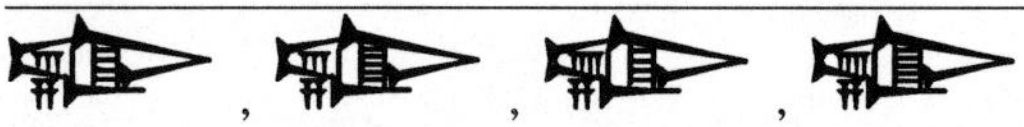	297	aṣ, as, az
	1	aš, dil, Zahl 1

Zeichen	Nr.	Bedeutung
	548	ás, áš
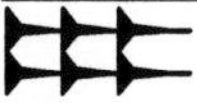	217	aš4, Zahl 6
	173	ašgab
	258	at, ad, aṭ
	258	aṭ, ad, at
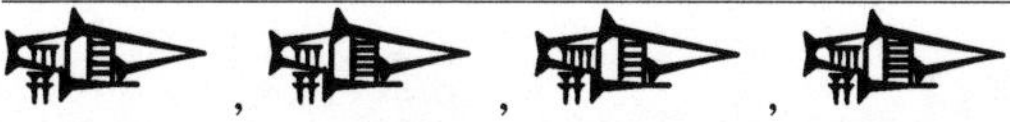	297	az, as, aṣ

b

Zeichen	Nr.	Bedeutung
	14	ba, pá
	387	ba4, gá, mà
	596	babbar, tam, u4, ud, ut(u), uṭ
	113	bad, bat, be
	5	bal, bala
	122	bán, maš, ½
	255	bànda, dumu, tur
	551	bania
	550	banlimmu
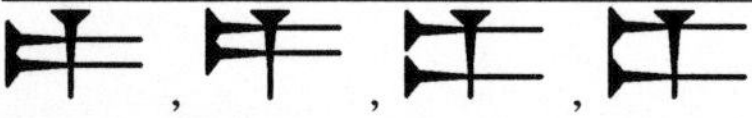	465	banmin, gidru, pa, zág
	121	bar, pár

Zeichen	Nr.	Bedeutung
	113	bat, bad, be
	113	be, bad, bat
	358	bé, bi, kaš, pé, pí
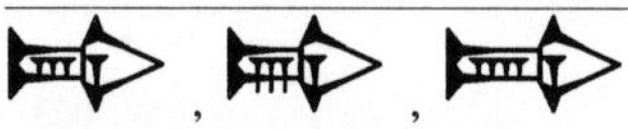	358	bi, bé, kaš, pé, pí
	313	bí, bil, dè, lám, ne
	313	bil, bí, dè, lám, ne
	312	bíl
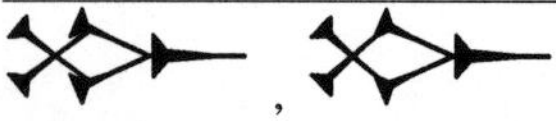	580	bu, gíd, pu
	559	bur
	661	bùr, (eš$_4$? iš$_8$?) Zahl 10
	165	buru$_{14}$

d

Zeichen	Nr.	Bedeutung
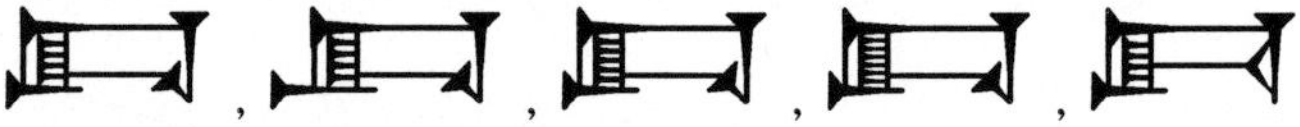	561	da, ṭa
	889	dam, tám, ṭam
	496	dan, kal, lamma
	183	dar, tár, ṭár
	736	de, di, ṭi

Zeichen	Nr.	Bedeutung
	313	dè, bí, bil, lám, ne
	736	di, de, ṭi
	1	dil, aš, Zahl 1
	119	din
	10	dingir, an, èl, ìl
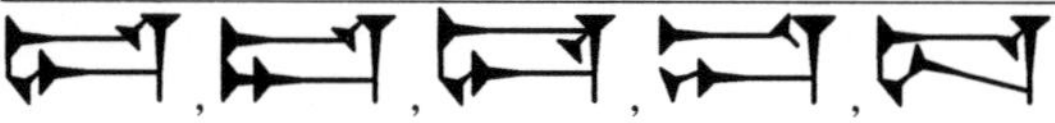	350	du, rá
	379	dù, gag
	721	du_6
	298	du_8
	512	dùl
	354	dum, tum
	255	dumu, bànda, tur
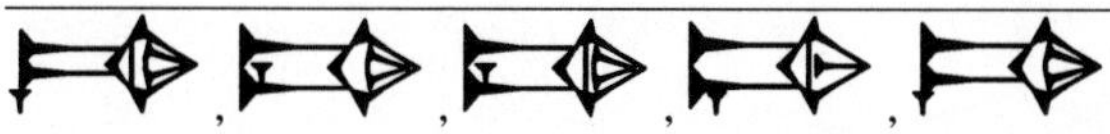	178	dur, ṭur

e

Zeichen	Nr.	Bedeutung
	498	e
	495	é
	807	eb, ep, ib, ip

Zeichen	Nr.	Bedeutung
	560	ed, á, et, eṭ, id, it, iṭ
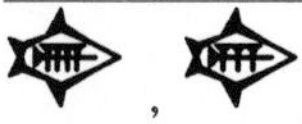	636	eḫ, aḫ, iḫ (ident. mit # 635)
	136	ek, eq, gál, ig, ik, iq
	899	el
	10	èl, an, dingir, ìl
	641	em, im, iškur
	61	eme
	164	en
	90	engar
	756	engur
	807	ep, eb, ib, ip
	136	eq, ek, gál, ig, ik, iq
	437	er, ir
	232	eri$_{11}$, unug
	612	erim
	469	eṣ, ez, giš, is, iṣ, iz
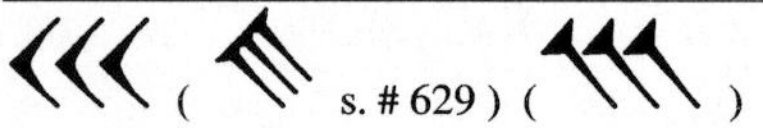 (s. # 629) ( )	711	eš, Zahl 30

Zeichen	Nr.	Bedeutung
	661	(eš$_4$?), bùr, (iš$_8$?), Zahl 10
	560	et, á, ed, eṭ, id, it, iṭ
	560	eṭ, á, ed, et, id, it, iṭ
	469	ez, eṣ, giš, is, iṣ, iz

g

Zeichen	Nr.	Bedeutung
	491	ga, kà, qá
	387	gá, ba$_4$, mà
	157	gad
	379	gag, dù
	553	gal, kál, qal
	136	gál, ek, eq, ig, ik, iq
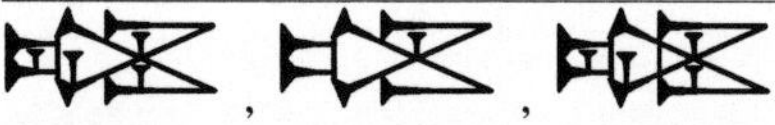	253	gan, ḫé
	174	gán, iku, kán
	543	gàr, qar
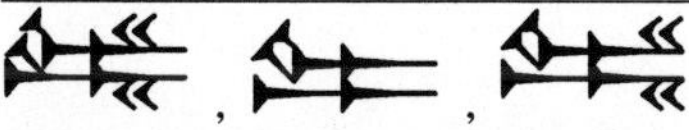	905	gar$_8$, sig$_4$
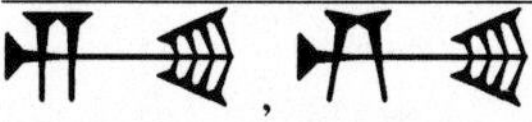	141	ge, gi
	890	géme

Zeichen	Nr.	Bedeutung
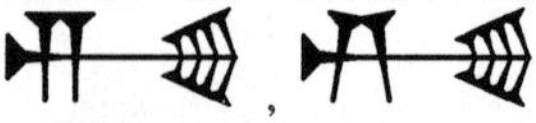	141	gi, ge
	507	gi4
	681	gi6, gíg, mi
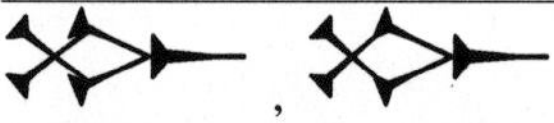	580	gíd, bu, pu
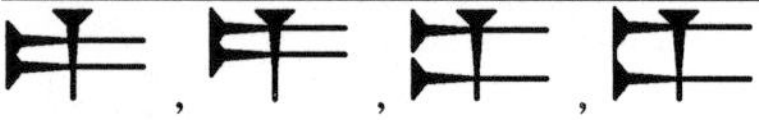	465	gidru, banmin, pa, zág
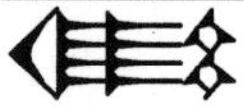	705	gig
	681	gíg, gi6, mi
	836	gín
	6	gír
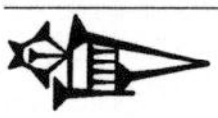	701	gìr, nè (vgl. # 678)
	469	giš, eṣ, ez, is, iṣ, iz
	891	gu
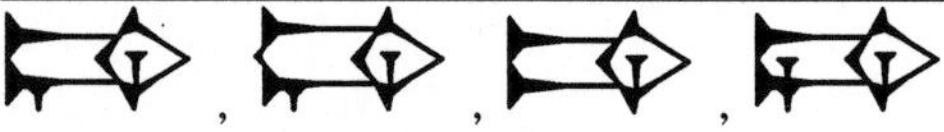	176	gú
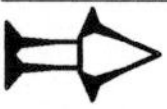	472	gu4
	682	gul, kúl, qúl
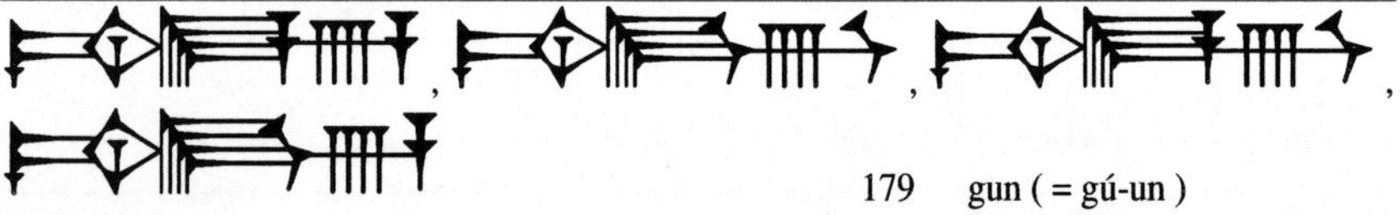	179	gun (= gú-un)
	180	gur

Zeichen	Nr.	Bedeutung
	819	gur$_7$
ḫ		
	856	ḫa
	631	ḫá, ḫe, ḫi
	631a	ḫá (ḫi-a)
	2	ḫal
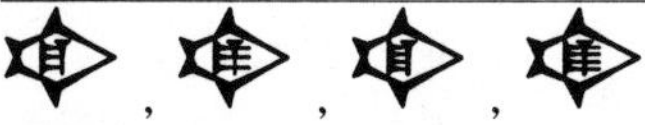	644	ḫar, ḫur, mur
	631	ḫe, ḫá, ḫi
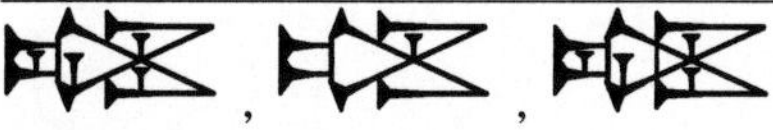	253	ḫé, gan
	631	ḫi, ḫá, ḫe
	132	ḫu
	810	ḫun
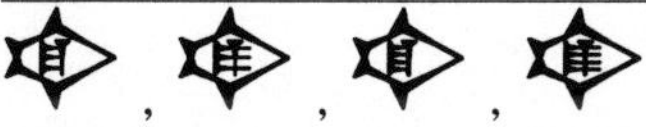	644	ḫur, ḫar, mur
i		
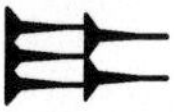	252	i
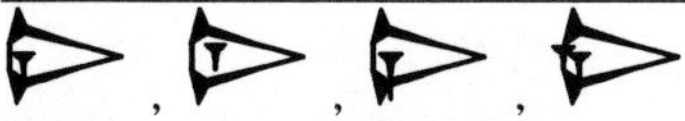	380	ì, lí, ni
	260	ia, iu
	861	ía, Zahl 5
	807	ib, eb, ep, ip

Zeichen	Nr.	Bedeutung
	560	id, á, ed, et, eṭ, it, iṭ
	839c	íd
	136	ig, ek, eq, gál, ik, iq
	724	igi, lem, lim, mè, mì, ši
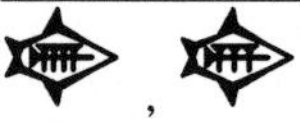	636	iḫ, aḫ, eḫ (ident. mit # 635)
	136	ik, ek, eq, gál, ig, iq
	174	iku, gán, kán
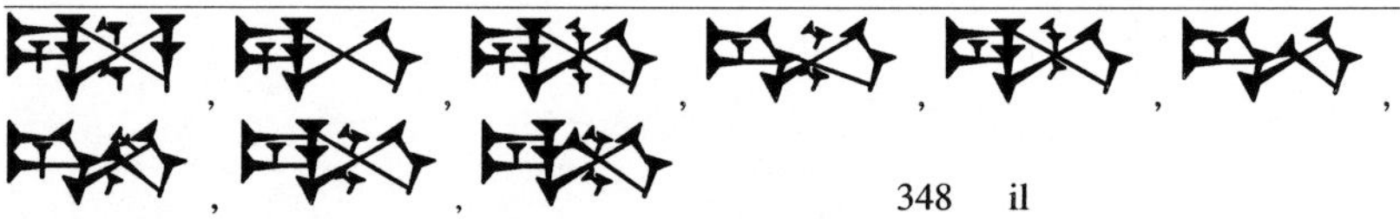	348	il
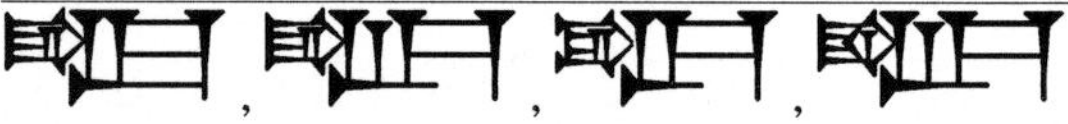	493	íl, íla
	10	ìl, an, dingir, èl
	641	im, em, iškur
	261	in
	153	innin, mùš
	807	ip, eb , ep, ib
	136	iq, ek, eq, gál, ig, ik

Zeichen	Nr.	Bedeutung
	437	ir, er
	18	ìr

* Die Zeichen ARAD (ìr) und ÁRAD (ARAD×KUR = ir_{11}) waren vor der UR III-Zeit sorgfältig getrennt und wurden nur noch hin und wieder (so auch in der Stele des C. H.) in der archaisierenden altbabylonischen Schreibweise so dargestellt. Später, ab dem normalen altbabylonischen Duktus, sind die Zeichen zusammengefallen.

Zeichen	Nr.	Bedeutung
	469	is, eṣ, ez, giš, iṣ, iz
	469	iṣ, eṣ, ez, giš, is, iz
	357	iš
	661	$iš_8$? bùr, ($eš_4$?), Zahl 10
	641	iškur, em, im
	670	ištar = $eš_4$? $iš_8$?= # und tár = # 183 zusammengeschrieben (→ **RLA**)
	560	it, á, ed, et, eṭ, id, iṭ
	560	iṭ, á, ed, et, eṭ, id, it
	20	itu
	260	iu, ia
	469	iz, eṣ, ez, giš, is, iṣ

Zeichen	Nr.	Bedeutung
k		
	24	ka, zú
	222	ká
	491	kà, ga, qá
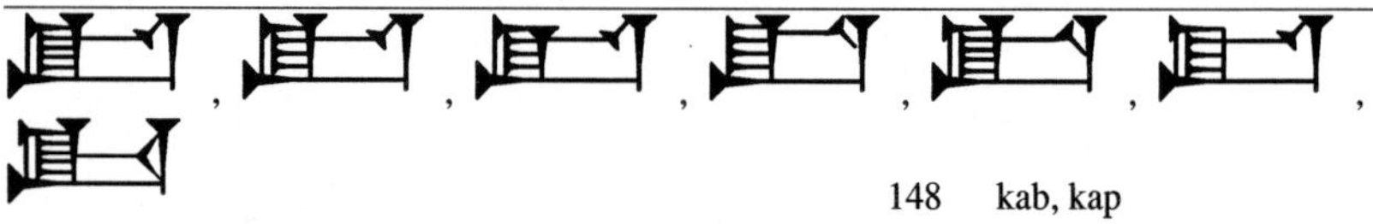	148	kab, kap
	496	kal, dan, lamma
	553	kál, gal, qal
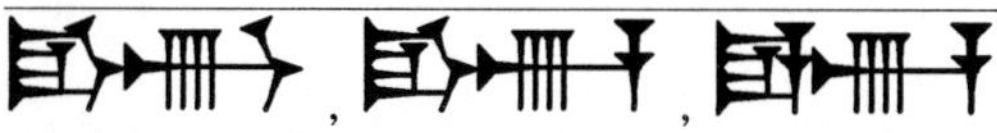	500	kalam
	640	kam
	174	kán, gán, iku
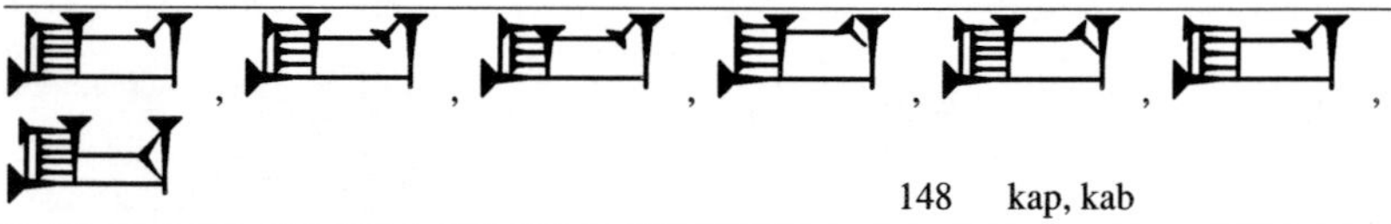	148	kap, kab
	590	kar
	302	kaskal
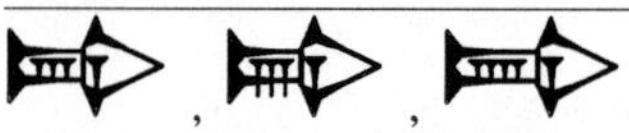	358	kaš, bé, bi, pé, pí
	871	kèš
	737	ki, qé, qí

Zeichen	Nr.	Bedeutung
	378	kib
	484	kid
	815	kin
	558	kir, piš, qer, qir
	541	$kiri_6$, šar
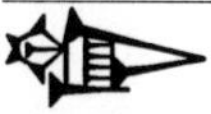	678	kiš (vgl. # 701)
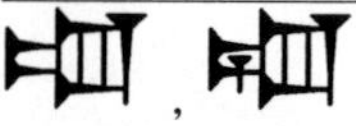	486	kišib, miš (s. a. ## 238 + 242)
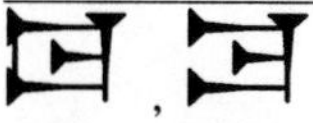	808	ku, qú, tukul
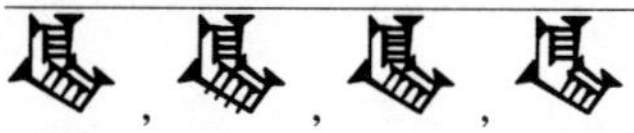	745	kù, kug
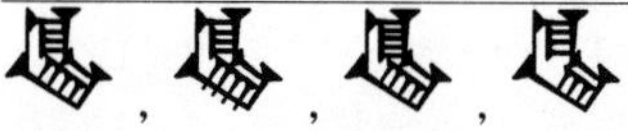	745	kug, kù
	682	kúl, gul, qúl
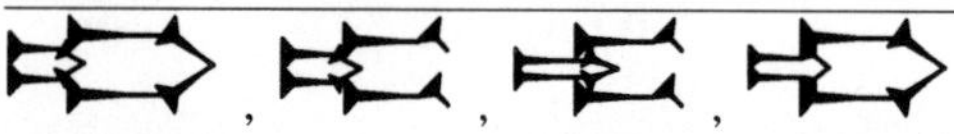	339	kum, qum
	131	kun
	578	kur
	16	kuš, su

l

Zeichen	Nr.	Bedeutung
	89	la
	750	lá

Zeichen	Nr.	Bedeutung
	350b?	lah_5 (= DU.DU)
	693	lam
	313	lám, bí, bil, dè, ne
	496	lamma, dan, kal
	85	le, li
	724	lem, igi, lim, mè, mì, ši
	85	li, le
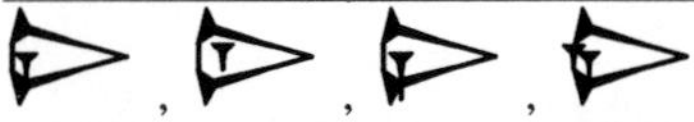	380	lí, ì, ni
	484	líl
	724	lim, igi, lem, mè, mì, ši
	215	lím, Zahl 4
	812	lu, udu
	514	lú
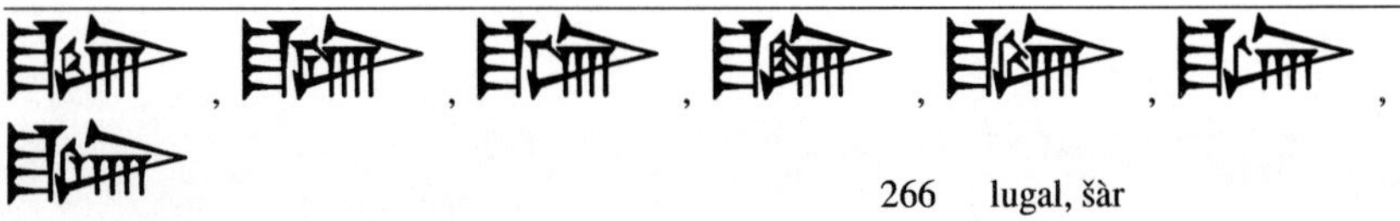	266	lugal, šàr
	494	luḫ
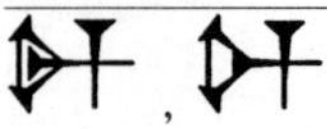	883a?	lukur (= MUNUS.ME)

Zeichen	Nr.	Bedeutung
	900	lum , núm

m

Zeichen	Nr.	Bedeutung
	552	ma
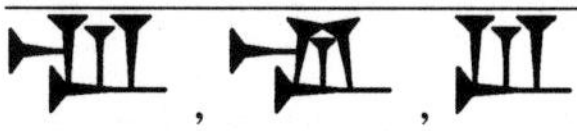	201	má
	387	mà, ba_4, gá
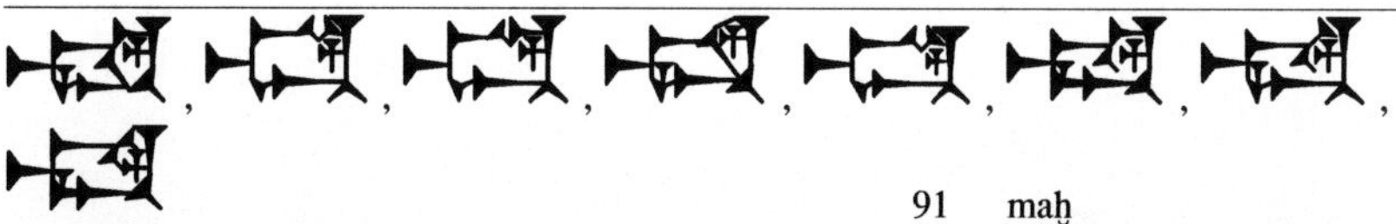	91	maḫ
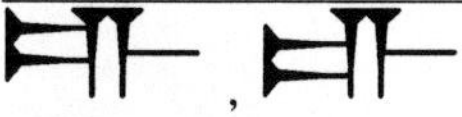	483	mar
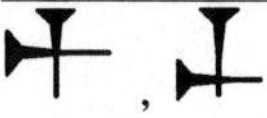	122	maš ,bán, ½
	130	máš
	753	me
	724	mè, igi, lem, lim, mì, ši
	754	meš
	681	mi, gi_6, gíg
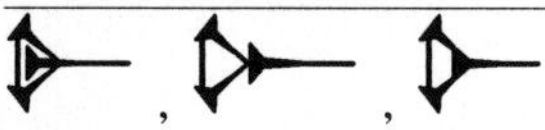	883	mí, sal
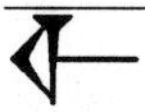	724	mì, igi, lem, lim, mè, ši
	825	min, Zahl 2
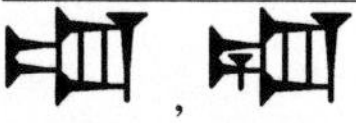	486	kišib, miš (s. a. ## 238 + 242)

Zeichen	Nr.	Bedeutung
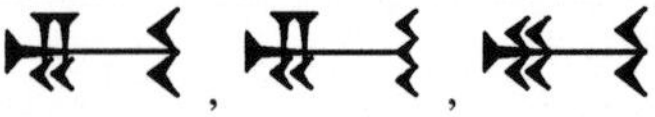	98	mu
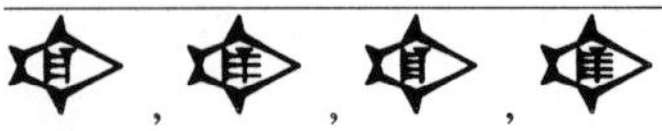	644	mur, ḫar, ḫur
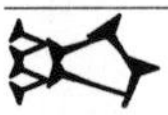	545	múru (? --> § " 243 ")
	152	múš, tišpak
	153	mùš, innin

n

Zeichen	Nr.	Bedeutung
	110	na
	385	na_4
	64	nag
	893	nagar
	134	nam, sín
	313	ne, bí, bil, dè, lám
	701	nè, gìr (vgl. # 678)
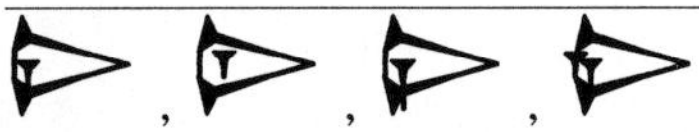	380	ni, lí, ì
	850	nieš
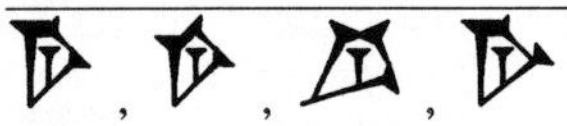	859	níg
	755	nígin
	690	nim

Zeichen	Nr.	Bedeutung
	887	nin
	714	ninnu, Zahl 50
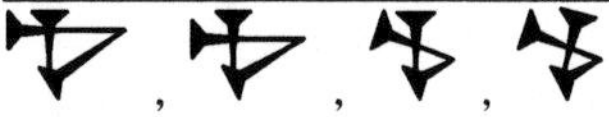	112	nu
	900	núm, lum
	117	numun, zer, zir
	143	nun

p

Zeichen	Nr.	Bedeutung
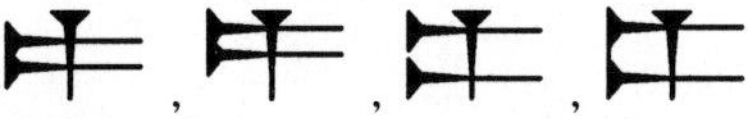	465	pa, banmin, gidru, zág
	14	pá, ba
	746	pad
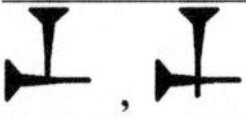	121	pár, bar
	435	par_4
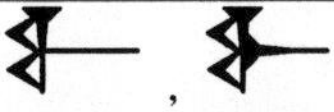	598	pe, wa, we, wi, wu
	358	pé, bé, bi, kaš, pí
	358	pí, bé, bi, kaš, pé
	558	piš, kir, qer, qir
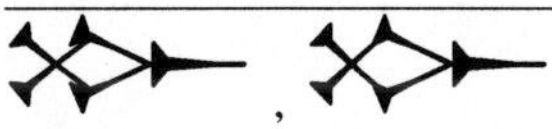	580	pu, bu, gíd

q

Zeichen	Nr.	Bedeutung
	99	qa, sìla

Zeichen	Nr.	Bedeutung
	491	qá, ga, kà
	553	qal, gal, kál
	543	qar, gàr
	737	qé, ki, qí
	558	qer, kir, piš, qir
	737	qí, ki, qé
	558	qir, kir, piš, qer
	808	qú, ku, tukul
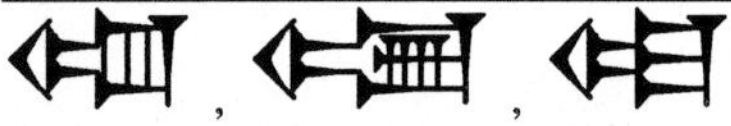	682	qúl, gul, kúl
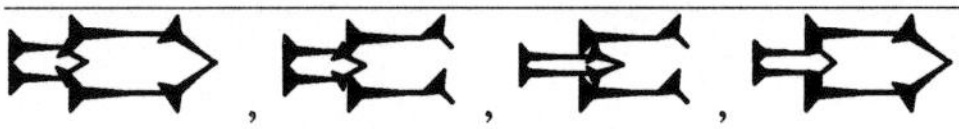	339	qum, kum

r

Zeichen	Nr.	Bedeutung
	511	ra
	350	rá, du
	142	re, ri
	142	ri, re
	71	rí, uru

Zeichen	Nr.	Bedeutung
	111	ru

S

Zeichen	Nr.	Bedeutung
	172	sa
	851	sà, ṣa, za, Zahl 4
	571	sa_6
	184	sag
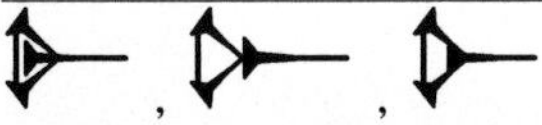	883	sal, mí
	140	sé, sí, ṣí, ze, zi
	181	si
	140	sí, sé, ṣí, ze, zi
	292	sì
	259	si_{20}, ṣe, ṣi, zé, zí
	816	síg
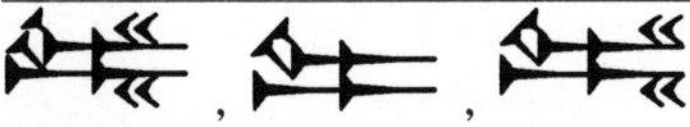	905	sig_4, gar_8
	99	sìla, qa
 **(§ 274 Zeichen nicht vollständig erkennbar!)**	547	simug
	134	nam, sín

Zeichen	Nr.	Bedeutung
	468	sipa
	16	su, kuš
	15	sú, ṣú, zu
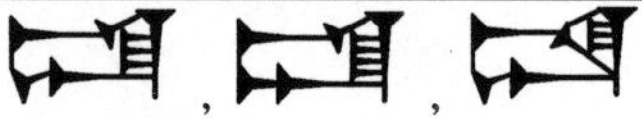	351	suḫuš
	884	súm

ṣ

Zeichen	Nr.	Bedeutung
	851	ṣa, sà, za, Zahl 4
	259	ṣe, si_{20}, ṣi, zé, zí
	259	ṣi, si_{20}, ṣe, zé, zí
	140	ṣí, sé, sí, ze, zi
	15	ṣú, sú, zu
	695	ṣur, amar

š

Zeichen	Nr.	Bedeutung
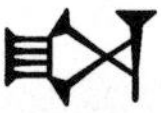	566	ša
	599	šà
	23	šaḫ
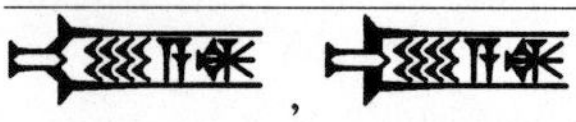	333	šám

Zeichen	Nr.	Bedeutung
	684	šáman
	541	šar, $kiri_6$
	266	šàr, lugal
	579	še
	17	šen
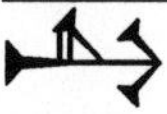	535	šeš
	724	ši, igi, lem, lim, mè, mì
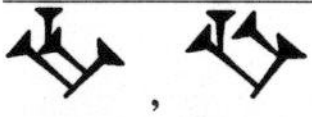	881	šì
	362	šim
	115	šir
	686	šitim
	567	šu
	567	ŠU.NÍGIN
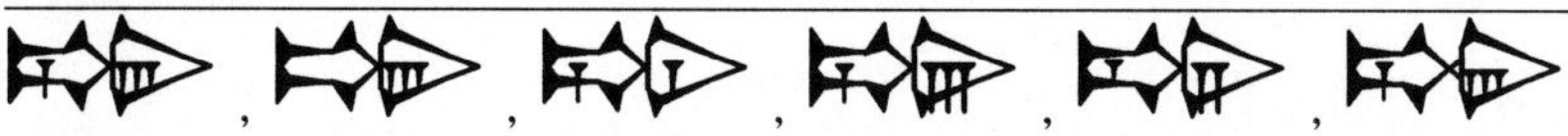	221	šum
	751a?	$šur_4$ (= LAL-SAR)

Zeichen	Nr.	Bedeutung
t		
	248	ta
	209	tab, tap
	438	ták
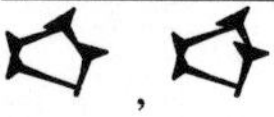	596	tam, babbar, u_4, ud, ut(u), uṭ
	889	tám, dam, ṭam
	209	tap, tab
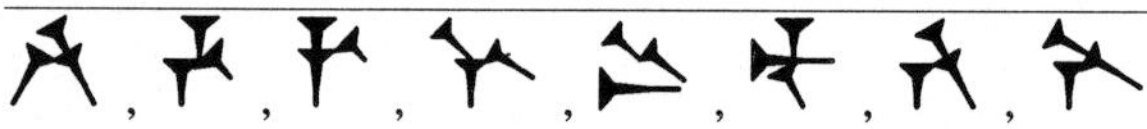	9	tar
	183	tár, dar, ṭár
	589	te, ṭe$_4$
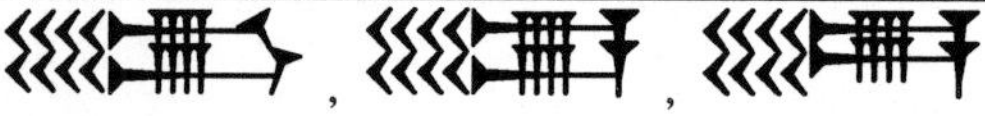	587	ter, tir
	118	ti, ṭì
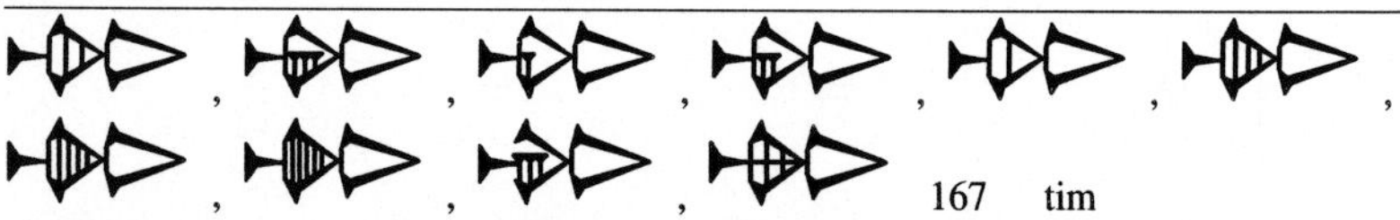	167	tim
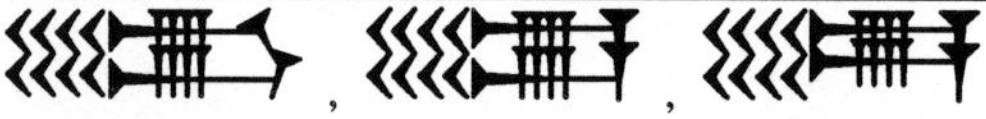	587	tir, ter
	152	tišpak, múš
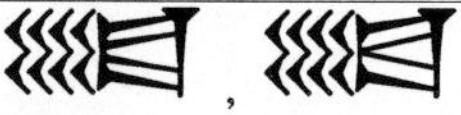	86	tu, ṭú
	809	túg
	808	tukul, ku, qú

Zeichen	Nr.	Bedeutung
	354	tum, dum
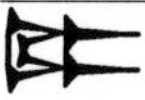	255	tur, bànda, dumu
	145	tùr

ṭ

Zeichen	Nr.	Bedeutung
	561	ṭa, da
	889	ṭam, dam, tám
	183	ṭár, dar, tár
	589	ṭe$_4$, te
	736	ṭi, de, di
	118	ṭì, ti
	86	ṭú, tu
	242	ṭup (nur in ṭuppu) (s. auch ## 238 + 486)
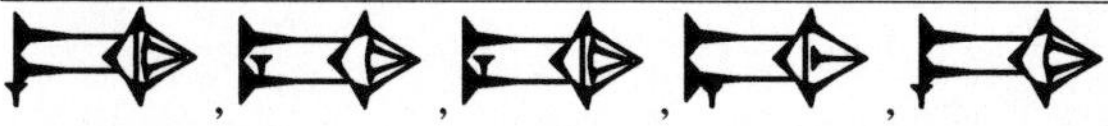	178	ṭur, dur

u

Zeichen	Nr.	Bedeutung
	490	ú
	731	ù

Zeichen	Nr.	Bedeutung
	596	u4, babbar, tam, ud, ut(u), uṭ
	766	u8
	504	ub, up
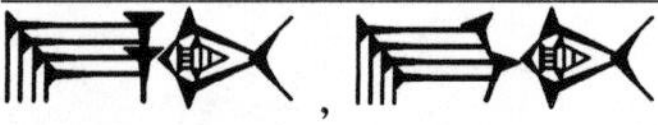	455	ubur
	596	ud, babbar, tam, u4, ut(u), uṭ
	812	udu, lu
	833	udug
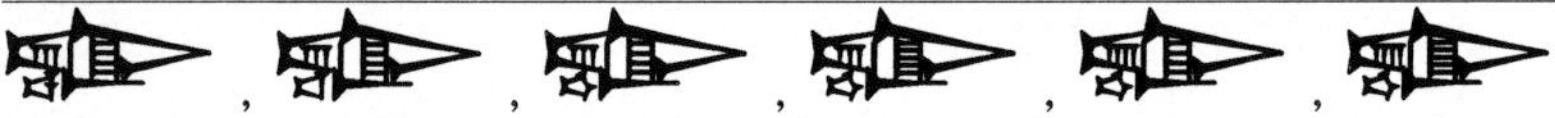	296	ug, uk, uq
	611	úḫ
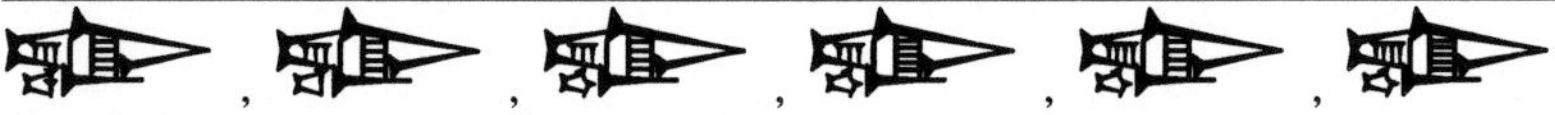	296	uk, ug, uq
	698	ul
	238	um (s. auch ## 242 + 486)
	501	un
	232	unug, eri11
	504	up, ub
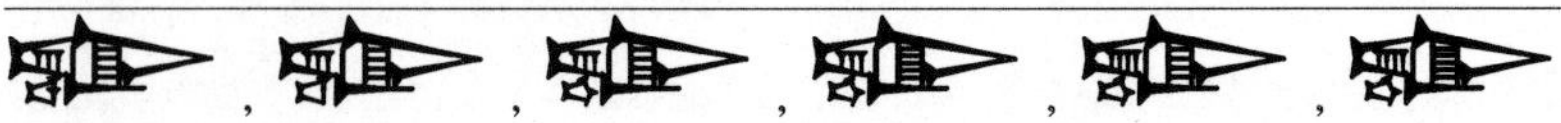	296	uq, ug, uk

Zeichen	Nr.	Bedeutung
	828	ur
	341	úr
	411	ùr
	71	uru, rí
	381	ús, uš
	619	ùsan
	583	uṣ, uz
	381	uš, ús
	8	ušum
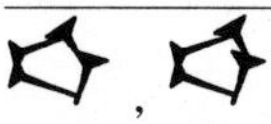	596	ut(u), babbar, tam, u_4, ud, uṭ
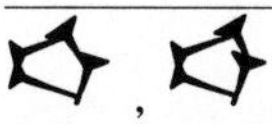	596	uṭ, babbar, tam, u_4, ud, ut(u)
	583	uz, uṣ
	311	uzu

W

Zeichen	Nr.	Bedeutung
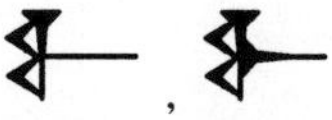	598	wa, pe, we, wi, wu
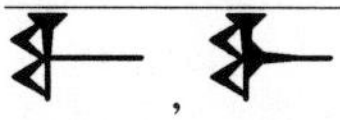	598	we, pe, wa, wi, wu
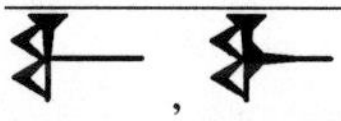	598	wi, pe, wa, we, wu
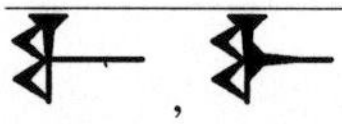	598	wu, pe, wa, we, wi

Zeichen	Nr.	Bedeutung
z		
	851	za, sà, ṣa, Zahl 4
 **(§ 274 Zeichen nicht vollständig erkennbar!)**	13	zadim
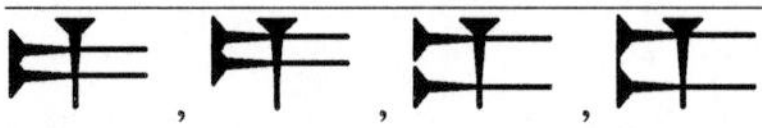	465	zág, banmin, gidru, pa
	748	Zahl 1, Zahl 60
	1	Zahl 1, aš, dil
	825	Zahl 2, min
	4	Zahl 3 ($eš_6$)
	834	Zahl 3 ($eš_5$)
	215	Zahl 4, lím
	851	Zahl 4, za, sà, ṣa
	861	Zahl 5, ía
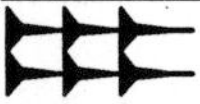	217	Zahl 6, $aš_4$
	862	Zahl 6
	219	Zahl 8 (ússu)
	661	Zahl 10, bùr, ($eš_4$? $iš_8$?)
		Zahl 12
	708	Zahl 20
 ( s. # 629) ()	711	Zahl 30, eš
	629	Zahl 30

Zeichen	Nr.	Bedeutung
	714	Zahl 50, ninnu
	748	Zahl 60, Zahl 1
	767	zar
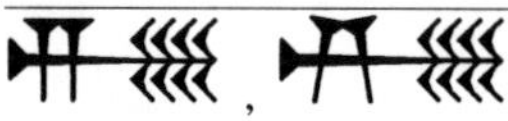	140	ze, sé, sí, ṣí, zi
	259	zé, si_{20}, ṣe, ṣi, zí
	140	zi, sé, sí, ṣí, ze
	259	zí, si_{20}, ṣe, ṣi, zé
	117	zer, numun, zir
	117	zir, numun, zer
	15	zu, sú, ṣú
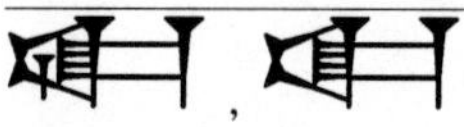	24	zú, ka
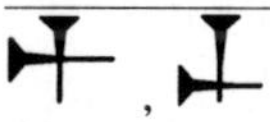	122	½, bán, maš
	826	⅓ (šušana)

Versuch einer

Palaeographie

des

CODEX HAMMURAPI

Nachfolgende Liste dient der schnelleren Identifizierung der Zeichen im Hinblick auf ihren Laut-/ Silbenwert. Die Reihenfolge erhebt keinen Anspruch auf 100 %-ige Genauigkeit. Sie soll nur die ungefähre Richtung vorgeben!Maßgeblich ist immer der Keil, der am weitesten links (am Anfang) steht.

Die Struktur der Zeichen gliedert sich wie folgt:	Beispiel	Seiten
1 waagerechter Keil		164 - 166
2 waagerechte Keile		166 - 170
3 waagerechte Keile	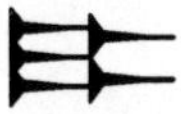	171
4 oder mehr waagerechte Keile		171 - 172
4 waagerechte/ senkrechte Keile		172 - 173
1 oder mehr diagonale (**„halbe“**) Keile		173
2 diagonale Keile (**links** geschlossen)		173 - 175
2 oder mehr diagonale Keile (**rechts** geschlossen)		175 - 176
1 Winkelhaken		176 - 177
2 oder mehr Winkelhaken		177 - 178
1 senkrechter Keil		178
2 oder mehr senkrechte Keile		179

4 senkrechte/ waagerechte Keile→ waagerechte/ senkrechte Keile

Zeichen nicht klar zuzuordnen bzw. zu verschiedene Variationen  etc. 179

Bei Zeichen mit Varianten steht das am meisten verwendete Zeichen an erster Stelle.

Zeichen	Nr.	Bedeutung

1 waagerechter Keil:

Zeichen	Nr.	Bedeutung
	1	aš, dil, Zahl 1
	4	Zahl 3 (eš$_6$)
	5	bal, bala
	90	engar
	90	apin
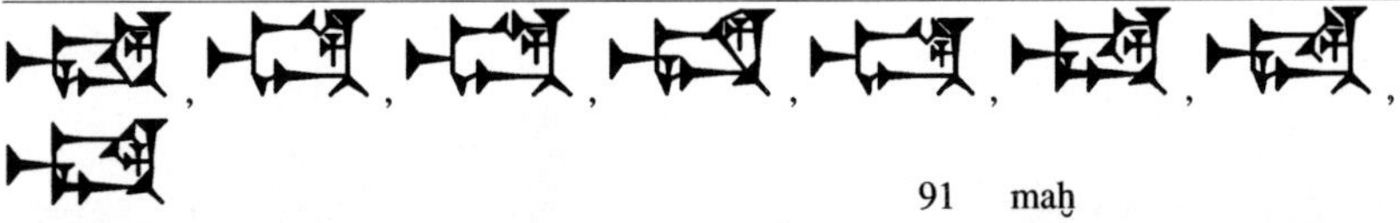	91	maḫ
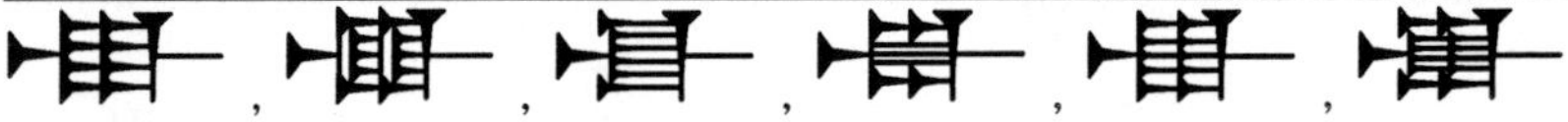	127	ag, ak, aq
	164	en
	165	buru$_{14}$
	535	šeš
	2	ḫal
	6	gír
	8	ušum

Zeichen	Nr.	Bedeutung
	10	an, dingir, èl, ìl
	19	árad
	18	ìr

* Die Zeichen ARAD (ìr) und ÁRAD (ARAD×KUR = ir_{11}) waren vor der UR III-Zeit sorgfältig getrennt und wurden nur noch hin und wieder (so auch in der Stele des C. H.) in der archaisierenden altbabylonischen Schreibweise so dargestellt. Später, ab dem normalen altbabylonischen Duktus, sind die Zeichen zusammengefallen.

Zeichen	Nr.	Bedeutung
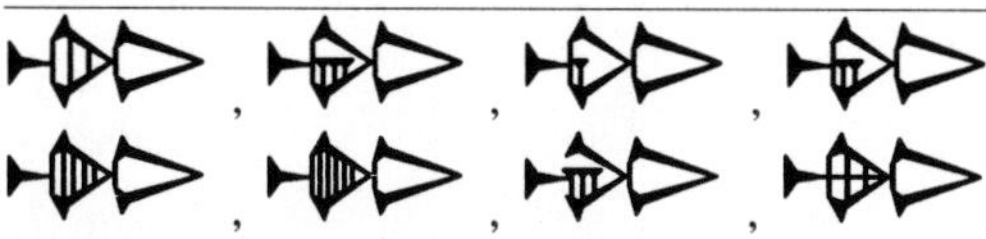	167	tim
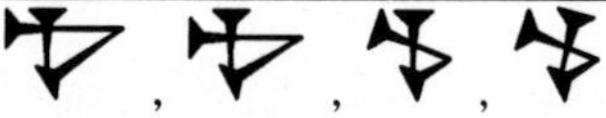	112	nu
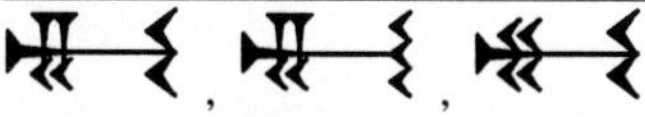	98	mu
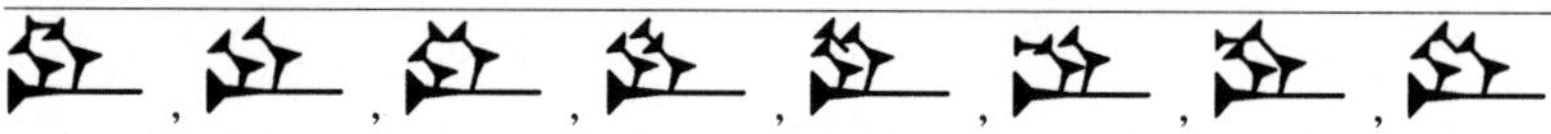	111	ru
	113	bad, bat, be
	110	na
	115	šir
	117	numun, zer, zir
	118	ti, ṭì
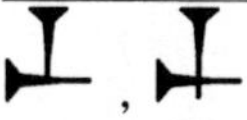	121	bar, pár
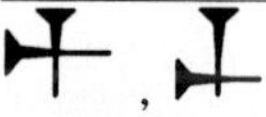	122	bán, maš , ½
	130	máš
	131	kun

Zeichen	Nr.	Bedeutung
	132	ḫu
	826	⅓ (šušana)
	134	nam, sín
	140	sé, sí, ṣí, ze, zi
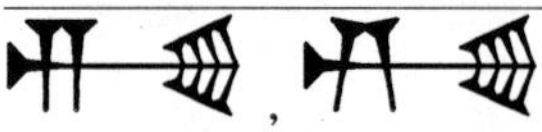	141	ge, gi
	142	re, ri
	145	tùr
	143	nun
	828	ur
	833	udug
	807	eb, ep, ib, ip
	152	múš, tišpak
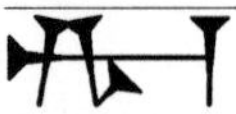	153	innin, mùš
	201	má

2 waagerechte Keile:

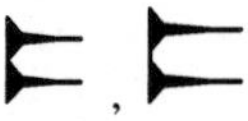	209	tab, tap
	215	lím, Zahl 4
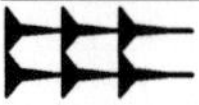	217	$aš_4$, Zahl 6

Zeichen	Nr.	Bedeutung
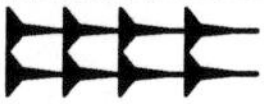	219	Zahl 8 (ússu)
	298	du$_8$
	309	am
	341	úr
	755	nígin
	552	ma
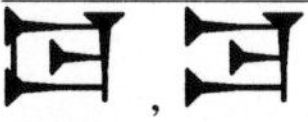	808	ku, qú, tukul
	809	túg
	836	gín
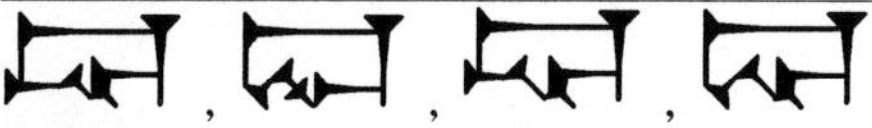	686	šitim
	756	engur
	571	sa$_6$
	816	síg
	810	ḫun
	767	zar
	812	lu, udu
	556	aga
	238	um (s. auch ## 242 + 486)

Zeichen	Nr.	Bedeutung
	486	kišib, miš (s. a. ## 238 + 242)
	242	ṭup (nur in ṭuppu)
	351	suḫuš
	223	ab, ap
	695	amar, ṣur
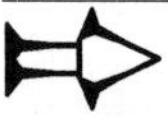	472	gu_4
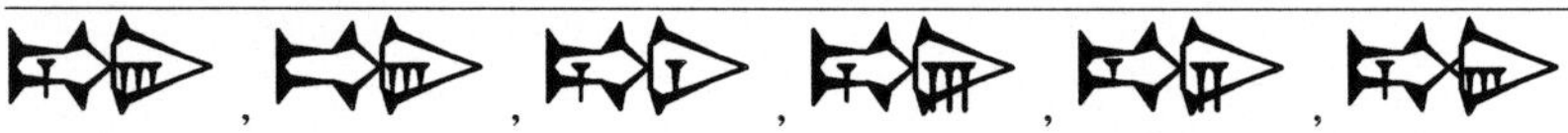	221	šum
	248	ta
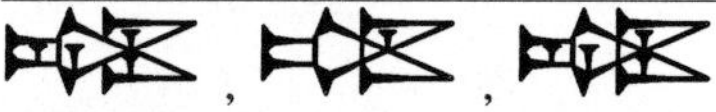	253	gan, ḫé
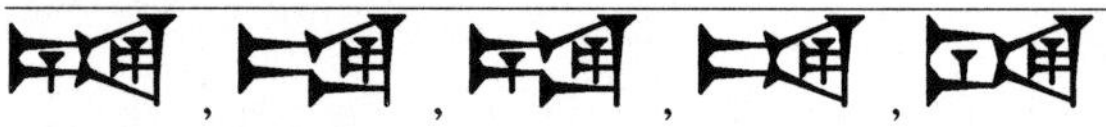	259	si_{20}, ṣe, ṣi, zé, zí '
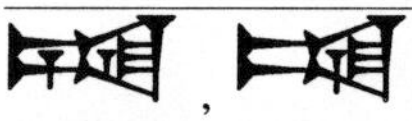	232	eri_{11}, unug
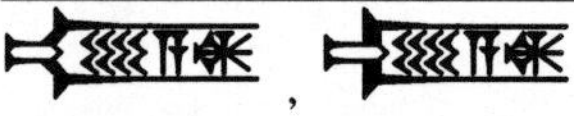	333	šám
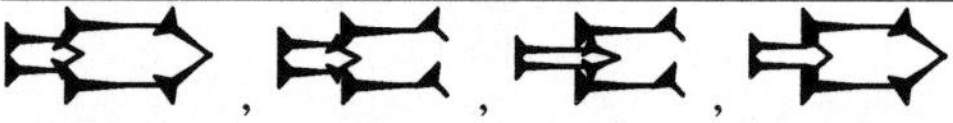	339	kum, qum
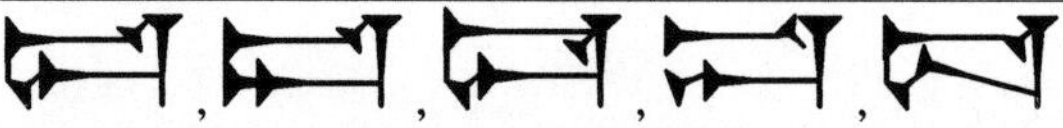	350	du, rá
	350b?	$laḫ_5$ (= DU.DU)
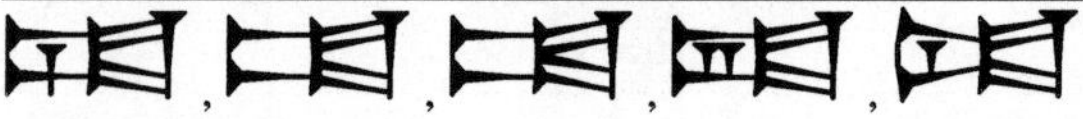	258	ad, at, aṭ

Zeichen	Nr.	Bedeutung
	311	uzu
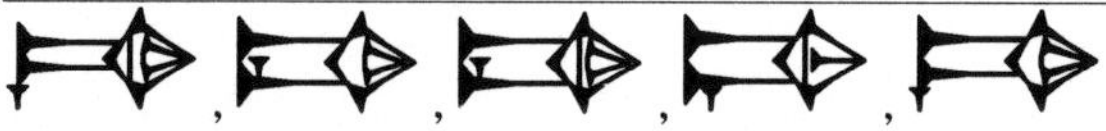	178	dur, ṭur
	176	gú
	179	gun (= gú-un)
	465	banmin, gidru, pa, zág
	469	eṣ, ez, giš, is, iṣ, iz
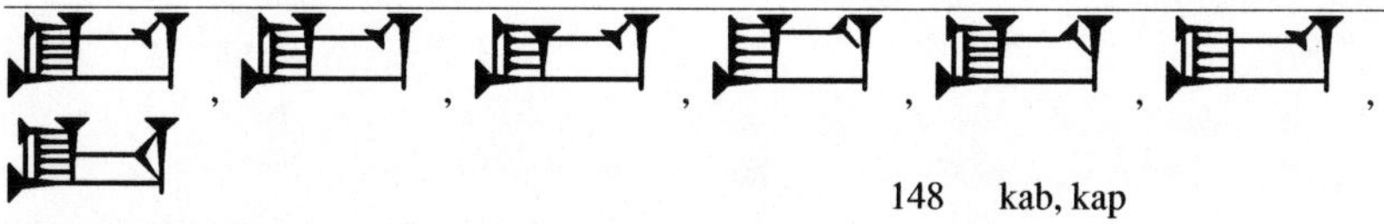	148	kab, kap
	561	da, ṭa
	560	á, ed, et, eṭ, id, it, iṭ
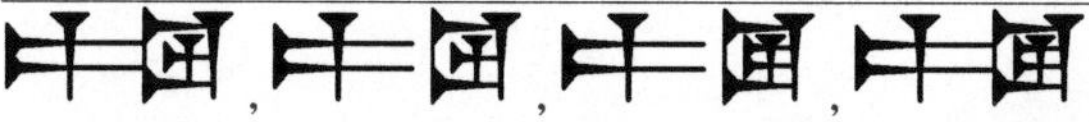	468	sipa
	387	ba_4, gá, mà
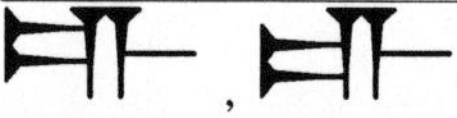	483	mar
	474	al
	496	dan, kal, lamma

Zeichen	Nr.	Bedeutung
	411	ùr
	392	ama
	354	dum, tum
	341	úr
	348	il
	381	ús, uš
	136	ek, eq, gál, ig, ik, iq
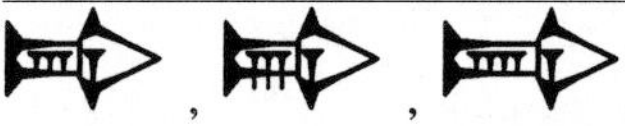	358	bé, bi, kaš, pé, pí
	362	šim
	89	la
	174	gán, iku, kán
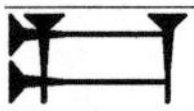	180	gur
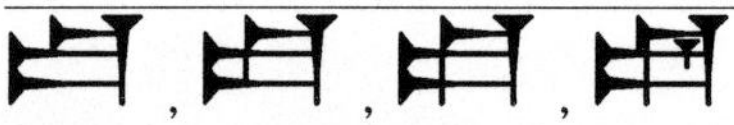	71	rí, uru
	181	si
	183	dar, tár, ṭár

Zeichen	Nr.	Bedeutung
3 waagerechte Keile:		
	252	i
	260	ia, iu
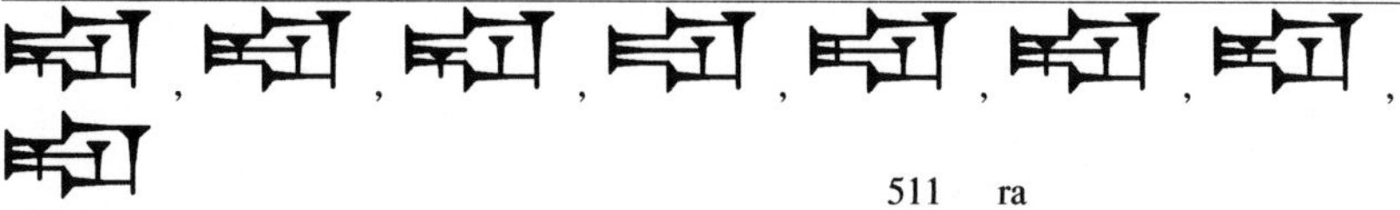	511	ra
	550	banlimmu
	551	bania
4 oder mehr waagerechte Keile:		
	313	bí, bil, dè, lám, ne
	312	bíl
	435	par_4
	266	lugal, šàr
	491	ga, kà, qá
	566	ša
	559	bur
	558	kir, piš, qer, qir
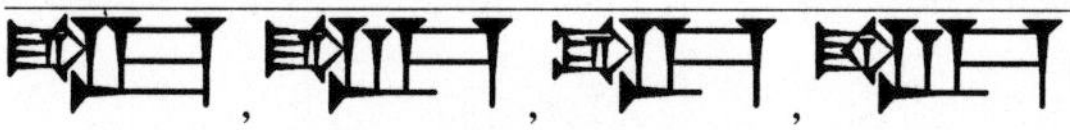	493	íl, íla

Zeichen	Nr.	Bedeutung
	543	gàr, qar
	573	alam
	548	ás, áš
	553	gal, kál, qal
	357	iš
	484	kid
	484	líl
	490	ú
	494	luḫ
	498	e
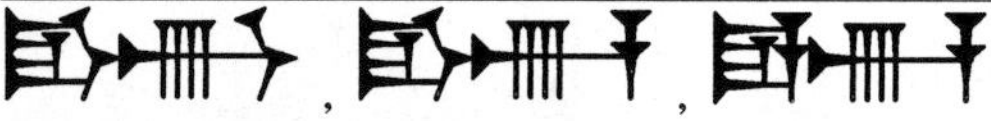	500	kalam
	507	gi_4
	567	šu
	567	ŠU.NÍGIN
	815	kin
	766	u_8

4 waagerechte/ senkrechte Keile:

Zeichen	Nr.	Bedeutung
	172	sa

Zeichen	Nr.	Bedeutung
	438	ták
	495	é
	222	ká
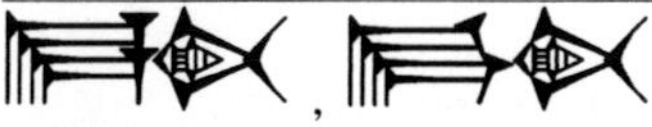	455	ubur
	501	un
	819	gur_7

1 oder mehr diagonale ("halbe") Keile:

Zeichen	Nr.	Bedeutung
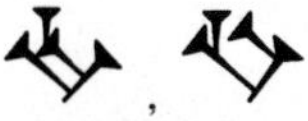	881	šì
	23	šaḫ
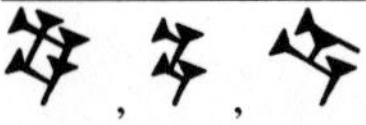	612	erim
	900	lum , núm
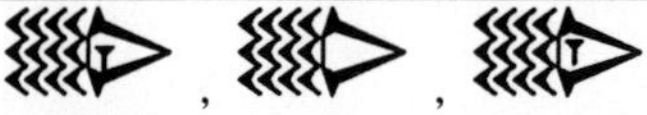	261	in
	541	$kiri_6$, šar
	693	lam
	629	Zahl 30

2 diagonale Keile (links geschlossen):

Zeichen	Nr.	Bedeutung
	631	ḫá, ḫe, ḫi
	631a	ḫá (ḫi-a)

Zeichen	Nr.	Bedeutung
	678	kiš (vgl. # 701)
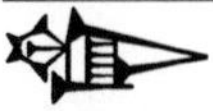	701	gìr, nè (vgl. # 678)
	353	anše
	640	kam
	641	em, im, iškur
	635	a' (ident. mit # 636)
	636	aḫ, eḫ, iḫ (ident. mit # 635)
	644	ḫar, ḫur, mur
	20	itu
	504	ub, up
	589	te, ṭe$_4$
	590	kar
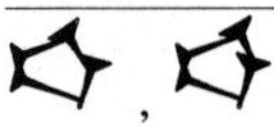	596	babbar, tam, u$_4$, ud, ut(u), uṭ
	611	úḫ
	14	ba, pá
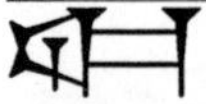	184	sag
	15	sú, ṣú, zu
	16	kuš, su

Zeichen	Nr.	Bedeutung
	17	šen
	24	ka, zú
	61	eme
	64	nag
	721	du_6
	157	gad
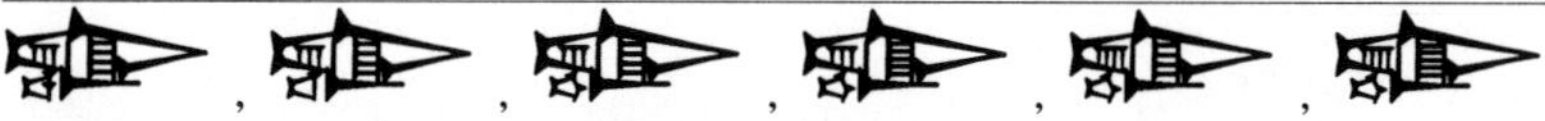	296	ug, uk, uq
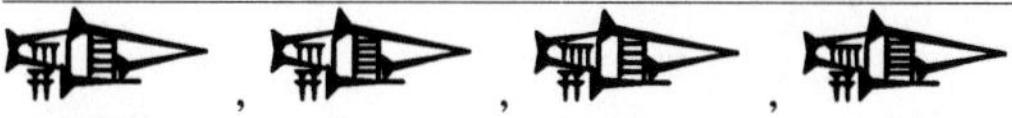	297	as, aṣ, az
	512	dùl
	736	de, di, ṭi
	737	ki, qé, qí
	599	šà

2 oder mehr diagonale Keile (rechts geschlossen):

Zeichen	Nr.	Bedeutung
	99	qa, sìla
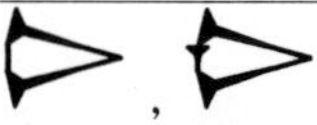	379	dù, gag
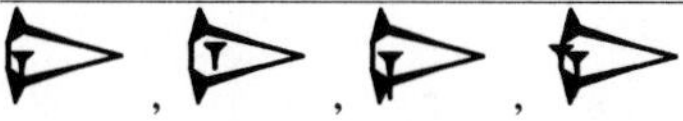	380	ì, lí, ni
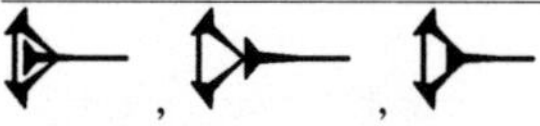	883	mí, sal
	887	nin

Zeichen	Nr.	Bedeutung
	889	dam, tám, ṭam
	899	el
	891	gu
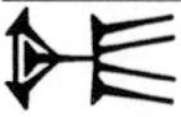	884	súm
	890	géme
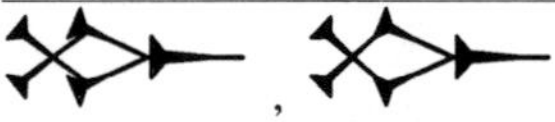	580	bu, gíd, pu
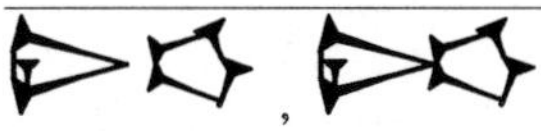	385	na_4
	437	er, ir
	173	ašgab
	514	lú
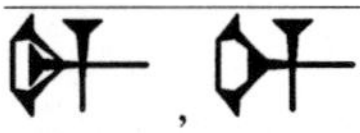	883a?	lukur (= MUNUS.ME)
	893	nagar
	302	kaskal
	378	kib
	255	bànda, dumu, tur
	545	múru (? --> § " 243 ")

1 Winkelhaken:

	661	bùr, ($eš_4$? $iš_8$?), Zahl 10

Zeichen	Nr.	Bedeutung
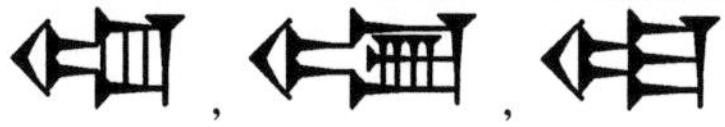	682	gul, kúl, qúl
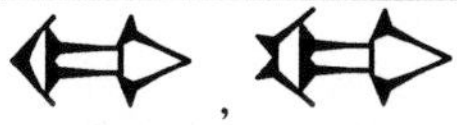	698	ul
	684	šamán
	681	gi_6, gíg, mi
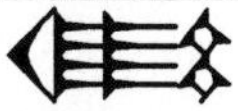	705	gig
	672	áb
	690	nim
	670	ištar = $eš_4$? $iš_8$?= # und tár = # 183 zusammengeschrieben (→ **RLA**)
	724	igi, lem , lim, mè, mì, ši
	726	ar
	731	ù
	746	pad
		Zahl 12

<u>Zwei oder mehr Winkelhaken:</u>

	708	Zahl 20
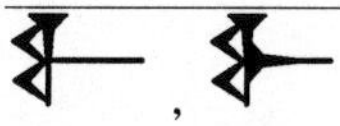	598	pe, wa, we, wi, wu

Zeichen	Nr.	Bedeutung
	619	ùsan
	578	kur
 ( s. # 629) ()	711	eš, Zahl 30
	714	ninnu, Zahl 50
	579	še
	583	uṣ, uz
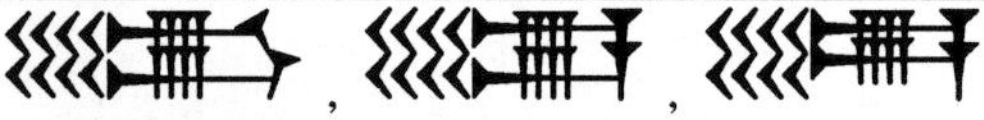	587	ter, tir
	85	le, li
	86	tu, ṭú

1 senkrechter Keil:

Zeichen	Nr.	Bedeutung
	748	Zahl 1, Zahl 60
	750	lá
	753	me
	754	meš
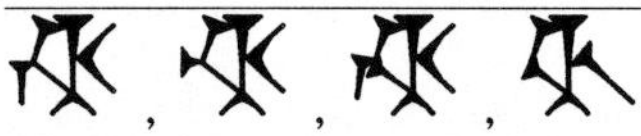	856	ḫa
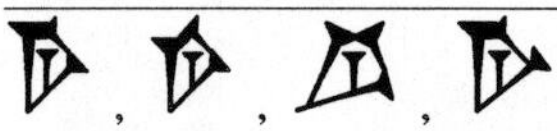	859	níg
 ( ?)	871	kèš
	751a?	$šur_4$ (= LAL-SAR)

Zeichen	Nr.	Bedeutung

2 oder mehr senkrechte Keile:

Zeichen	Nr.	Bedeutung
	825	min, Zahl 2
	839	a
	839c	íd
	850	nieš
	851	sà, ṣa, za, Zahl 4
	834	Zahl 3 ($eš_5$)
	861	ía, Zahl 5
	862	Zahl 6

Nicht klar zuzuordnende Zeichen bzw. zu verschiedene Varianten:

Zeichen	Nr.	Bedeutung
	9	tar
	292	sì
	119	din
	745	kù, kug
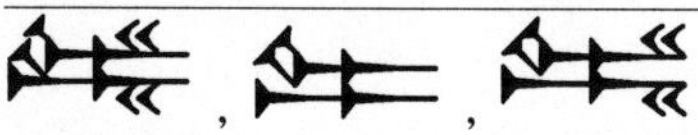	905	gar_8, sig_4
 **(§ 274 Zeichen nicht vollständig erkennbar!)**	547	simug
 **(§ 274 Zeichen nicht vollständig erkennbar!)**	13	zadim

-.-

KEILSCHRIFTVERZEICHNIS

NEU-ASSYRISCH

Sortierung - numerisch -

Erläuterungen: ? hinter der Nummer bedeutet, dass das Zeichen in der Liste aus 1999 ohne Bedeutung aufgeführt ist.
Eine **fettgedruckte** Bedeutung mit ? bedeutet, dass das Zeichen in früheren Listen benannt war, in der Liste aus 1999 aber nicht mehr.
Die in Klammern aufgeführten Zeichen waren in der früheren Palaeographie aufgeführt, sind aber in der Liste aus 1999 nicht enthalten.
Buchstaben in Klammern bedeuten dass die Begriffe sowohl vorher als auch insgesamt gemeint sind (Bsp.: ḫal(a) = ḫal oder ḫala, mak(k)as = makas oder makkas etc.).

Quelle: Liste von Prof. Dr. Rykle Borger des bis August 2002 noch nicht veröffentlichten neuen Buches.

Zeichen	Nr.	Bedeutung
	1	aš, dil, dili, in_6, ina, rù, rum, ṭil, Zahl 1 (horizontal)
	2	ḫal(a)
	3	didli, Zahl 2
	4	Zahl 3
	5	bal, bala, bùl, pal, pùl
	6	gír
	7	ád, ul_4
	8	búl, búr, púl, sun_5, ušum
	9	ḫas, ḫaš, ku_5, kud, kur_5, qud, sil, sila, šil, tar, tara, ṭar
	10	an, dingir, èl, ìl
	11	Ligatur: aššur
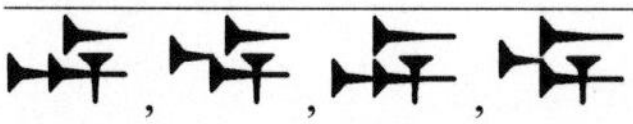	12	bug, mug, pug

Zeichen	Nr.	Bedeutung
	13	zadim
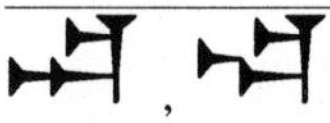	14	ba, pá
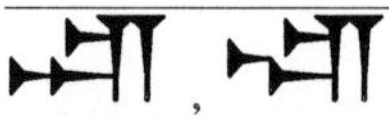	15	sú, ṣú, zu
	16	kus, kuš, kuz, su
	16a	**e$_6$**
	17	dur$_{10}$, rug, šen, šin, šun
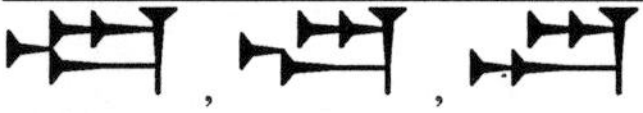	18	arad, èr, ìr, níta
	19	árad
	20	iti, itu
	21	íti
	22	šubur
	23	siḫ, šaḫ, šiḫ
	24	dug$_4$, gù, inim, ka, kir$_4$, zú
	26	tu$_6$
	27	**?**
	29	uš$_{11}$
	30	**s$_4$?**
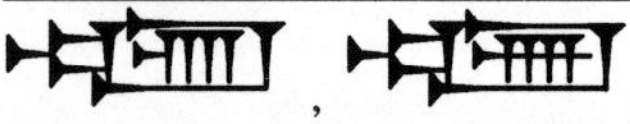	31	nundum

Zeichen	Nr.	Bedeutung
	32	su$_6$
	33	pù
	34	**nigru?**
	35	**mùrgu?**
	37	**ibira?**
	42	še$_{25}$
	43	**uzug$_5$**
	44	sub
	45	**ma$_8$?**
	46	**uš$_{13}$?**
	47	še$_{26}$
	49	šùdu
	50	**túkur?**
	51	**immin?**
	52	**uš$_{14}$?**
	53	mè (Variante, -> # 129)
	54	bún
	56	**kau?**

Zeichen	Nr.	Bedeutung
	57	kan_5?
	59	?
	61	em_4, eme
	62	ma_5, mù
	64	nag
	65	gu_7
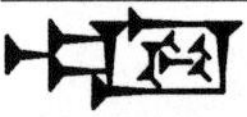	69	gur_5? (-> # 84)
	70	?
	71	eri, iri, ré, rí, u_{19}, uru
	72	**$šeg_5$?**
	73	ukkin
	74	**ru_{11}?**
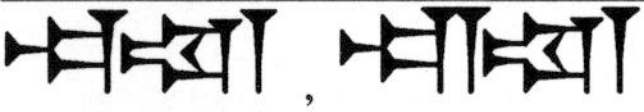	75	banšur
	76	šàkir
	77	ru_4, úru
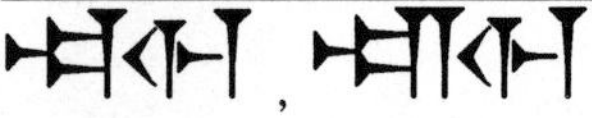	79	asal, asari, šilig
	80	gišgal, u_{18}
	80v	qál
	81	?

Zeichen	Nr.	Bedeutung
	82	?
	83	èrim
	84	gur$_5$ (-> # 69)
	85	le, li
	86	tu, ṭú
	87	ku$_4$
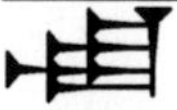	88	gur$_8$, uru$_5$
	88a	?
	89	la
	90	apin, engar, pin, uru$_4$, uš$_8$
	91	maḫ, miḫ
	92	bab, kúr, pab
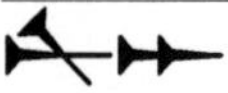	93	púš
	94	bùlug, dim$_4$, munu$_4$
	94a	munu$_5$
	94a	munu$_6$
	94a	munu$_7$
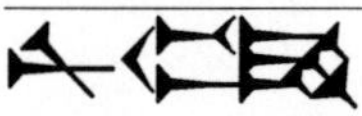	97	gàm, zubi
	98	ia$_5$, mu, muḫaldim

Zeichen	Nr.	Bedeutung
	98a	?
	99	qa, sìla, šál
	100	**šešlam?**
	101	?
	102	aški, númun, šub$_5$, zukum
	105	gib, gil, gilim, kíl
	106	dad, tad, tag$_4$, ṭad
, 	107	kíd
	108	kád
	109	kàd
, 	110	na
	111	ru, šub
	112	nu
	113	bad, be, bi$_4$, bíd, idim, mid, múd, pè, pì, píd, sun, šum$_4$, til, ug$_7$, úš, zis
	113a	**gúrun?**
	113b	**gúrun?**
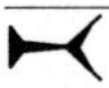	114	èše
	114a	?
	115	nu$_{11}$, šir, šùr

Zeichen	Nr.	Bedeutung
	116	?
	117	gúl, kul, numun, qul, zir
	118	te$_9$, ti, ṭì
	119	din, kúrun, tén, tin
	120	mas, maš, sa$_9$
	121	bar, pár
	122	bán, ½
	124	dalla, idigna
	125	gídim
	126	?
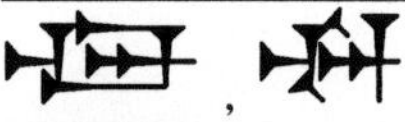	127	ag, ak, aq
	127	Ligatur: ^{d}×AG = dingirag
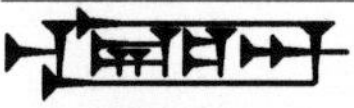	128	?
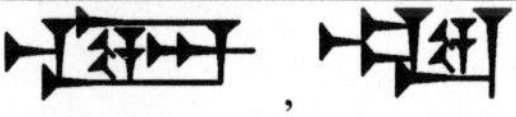	129	mè (-> Variante # 53)
	130	kun$_8$, máš
	131	kun
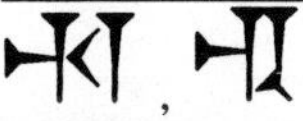	132	bag, baḫ, ḫu, mušen, pag
	133	u$_5$
	134	bir$_5$, nam, sim, sín

Zeichen	Nr.	Bedeutung
	135	buru$_5$
	136	eg, ek, eq, gál, ig, ik, iq
	137	mud
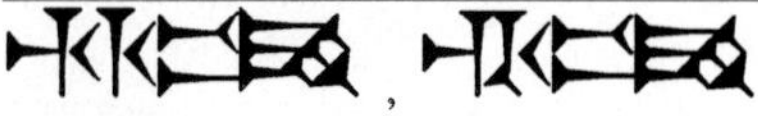	138	sa$_4$
	139	rad, rud, šìta
	140	sé, sí, ṣé, ṣí, ze, zi
	141	ge, gi, qì
	141a	**?**
	142	dal, re, ri, tal, ṭal
	143	eridu, nun, síl, ṣil, zil
	144	?
	145	tùr
	145a	**éga?**
	146	immal
	146	immal (Variante?)
	147	šilam
	147a	**akar?**
	148	gáb, gùb, kab, qáb

Zeichen	Nr.	Bedeutung
	149	ḫúb, kùb
	150	ḫub
	151	sur, šur
	152	múš, suḫ, šuḫ, tišpak
	152	Ligatur: ? (nicht in LS-Akkad !)
	153	inanna, innin, mùš
	153	Ligatur: ^{d} × Innin = Ištar
	153	Ligatur: ? (nicht in LS-Akkad !)
	154	**še$_{12}$?**
	155	sed
	156	**?**
	157	gad, gada, kad, qàd
	158	?
	159	akkil
	160	umbin
	161	**?**
	162	šinig
	163	kinda

Zeichen	Nr.	Bedeutung
	164	en, in_4
	164	Ligatur: dingiren
	164	**Ligatur: ?**
	164a	**nìgir?**
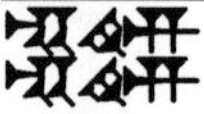	164b	**dàlḫamun?**
	164c	**?**
	165	$buru_{14}$
	166	dàr, dàra, tàr, tàra, ṭàr
	167	dim, tì, tim, ṭim
	168	mun
	169	bulug
	169a	**?**
	169b	**?**
	170	làl
	171	gurušda, ku_7
	172	sa
, 	173	ašgab
	174	$aša_5$, gán, iku, kán
	174a	**?**

Zeichen	Nr.	Bedeutung
	175	guru$_6$, kár, kára
	176	gú, tig
	177	usan
	178	dur, túr, ṭur
	179	gun
	180	gur, kùr, qur
	180a	?
	181	se, si, ší
	182	sa$_{11}$, si$_4$, su$_4$, usan$_4$?
	183	dar, gùn, tár, ṭár
	184	ris, riš, sag, šag
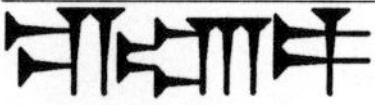	186	dịlib (-> 191)
	187	**sagdu**
	188	**múḫ?**
	191	dìlib (-> # 186)
	195	kàn
	196	gúd
	201	má
	202	dimgul

Zeichen	Nr.	Bedeutung
	203	ud$_5$, ùz
	207	dir, mál, sa$_5$, ṭir
	208	**nìg?**
	209	dáb, tab, ṭab
	210	**eš$_{21}$?**
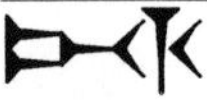	211	**megida?**
	212	geštin
	215	lím, límmu, Zahl 4
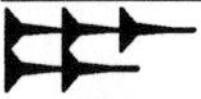	216	Zahl 5
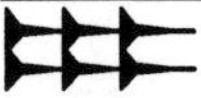	217	Zahl 6
	218	Zahl 7
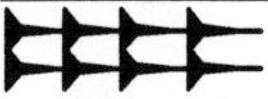	219	Zahl 8
	220	Zahl 9
	221	šu$_{14}$, šum, tag
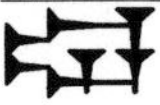	222	ká
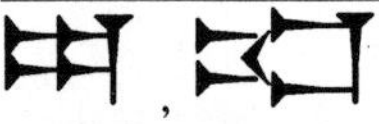	223	ab, ap, èš, ìs, iš$_7$
	225	**?**
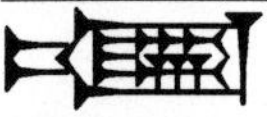	226	**zi$_4$?(-> # 329)**
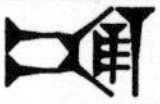	227	**ábaš?**
	228	urugal

Zeichen	Nr.	Bedeutung
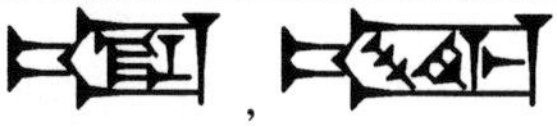	229	**unugi?**
	230	urudu
	232	ab_4, eri_{11}, unu, unug
	234	**$nigin_6$?**
	235	**agarin?**
	236	nanše, nina
	237	**$ešemin_4$?**
	237a?	**sàmag?**
	238	díḫ, um
	241	**úmmeda?**
 (auch wie # 238)	242	dub, tub, ṭub, ṭup
	244	**sámag?**
	245	**$samag_5$?**
	245a	**$samag_5$?**
	246	nab
	247	mul
	248	ta
	249	**s_7?**

Zeichen	Nr.	Bedeutung
	250	**làl? (Variante von # 170?)**
	251	**gansis?**
	252	i
	252	**Ligaturen: ?**
	253	gan, ḫ̮é, kan, li$_6$, qan
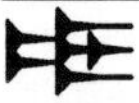	254	kám
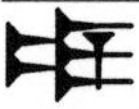	255	bàn, bànda, dumu, tur, ṭùr
	256	genna
	257	**zizna?**
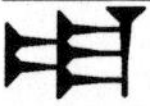	258	ad, at, aṭ
	259	si$_{20}$, ṣe, ṣi, zé, zí
	260	ia, ie, ii, iu
	261	in
	262	rab
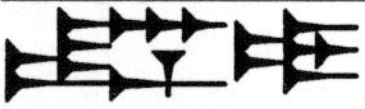	263	dim$_8$
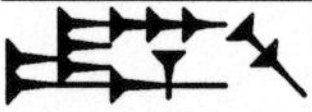	264	dìm
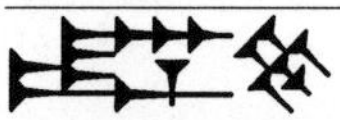	265	dim$_{10}$
	266	lugal, šàr
	267	dim$_9$

Zeichen	Nr.	Bedeutung
	268	**ádamen?**
	269	dim$_{11}$
	270	ḫ̮ašḫ̮ur
	271	ezen, ḫ̮ir, kešda, šìr
	273	?
	274	**gubalag**
 , 	275	bàd, ug$_5$
	277	ubara
	278	**s$_6$?**
	280	**?**
	281	**kísig?**
	283	?
	284	**kisig?**
	285	**asilal?**
	286	**lubun?**
	287	?
	288	**àsilal?**
	289	sil$_7$

Zeichen	Nr.	Bedeutung
	290	**asilal$_4$?**
	292	sè, sì, sum, šúm
	293	naga, nídaba, nísaba
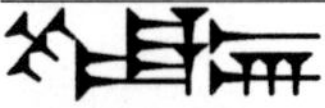	293	nidaba, nisaba
	295	?
	296	ug, uk, uq
	297	as, aṣ, az, us$_4$
	298	du$_8$, duḫ, gab, gaba, qab, táḫ, tuḫ, ṭáḫ, ṭuḫ
	300	edin, ru$_6$
	301	daḫ, taḫ, ṭaḫ
	302	kas, kaskal, ras, raš
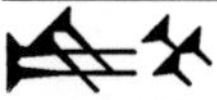	304	illat
	307a	?
	309	am
	310	**íldag?**
	311	šir$_4$, uzu
	312	bíl, gibil, píl
	313	bar$_7$, bí, bil, bir$_9$, dè, izi, kúm, lám, li$_9$, ne, ni$_5$, pi$_5$, pil, ṭè, ṭi$_5$

Zeichen	Nr.	Bedeutung
	313a?	?
	314	**eš$_{12}$?**
	315	**eš$_{13}$?**
	316	nínda
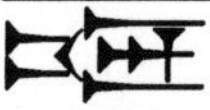	320	šàm
	323	**sumaš**
	324	azu
	326	ág, ram
	327	**s$_5$?**
	328	**uru$_{11}$?**
	329?	**zi$_4$? (-> # 226)**
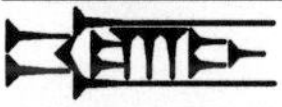	330	murum$_{11}$
 ,  ,  , 	333	sa$_{10}$, sám, šám
	336	ḫíš, zíb, zig, zik
 , 	338	galam, sukud
	339	kum, qu, qum
	340	gas, gaz, kàs
	341	úr

Zeichen	Nr.	Bedeutung
	342	**ušbar?**
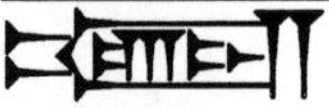	345	uru$_7$
	348	él, il
	349	il$_8$
	350	du, gin, gub, im$_6$, kin$_7$, kub, qub, rá, ša$_4$, túm, ṭù
	350a	laḫ$_4$
	**350b?**	**laḫ$_5$**
	351	suḫuš
	352	ím, kas$_4$, kaš$_4$
	353	anše
	354	dum, éb, íb, tu$_4$, tum, ṭum
	356	egir
	357	es$_5$, eš$_{15}$, ís, iš, kuš$_7$, mil, saḫar
	358	bé, bi, gaš, kás, kaš, pé, pí
	359	ešemin$_5$
	362	lunga, rig, šim
	363	**šímmug?**
	364	**šimmug?**
	365	**nug?**

Zeichen	Nr.	Bedeutung
	366	**núg?**
	367	**šìmmug?**
	368	**še/ imbi?**
	369	**šáqa?**
	371	**šémbulug?**
	372	dumgal, lúnga
	373	bappir, lùnga
	374	**šemešal?**
	376	gisal
	377	bánšur
	378	gíb, kib, qib, tur_4, $ṭur_4$, ùl
	379	dà, dù, gag, kag, kàl, qag, rú
	379a?	?
	380	dig, ì, ìa, lé, lí, né, ni, ṣal, tíg, zal
	381	nid, nita, ús, uš
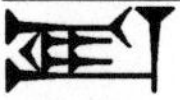	382?	**utima?**
	384	kàš
	385	ia_4, na_4, zá
	386	dàg, tàg

Zeichen	Nr.	Bedeutung
	387	ba_4, gá, mà, mal, pisan
	388	šita
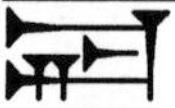	389	**íku?**
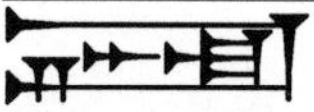	390	**gaḫalla?**
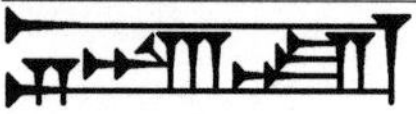	391	**gagirsu?**
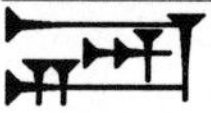	392	ama, dagal
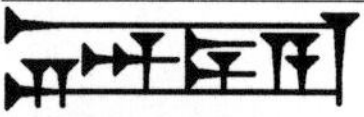	393	**?**
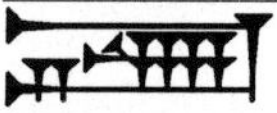	394	**dàn?**
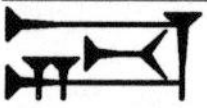	395	**sábad?**
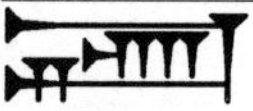	397	ganun
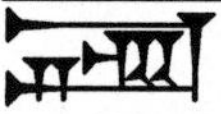	398	**garaš?**
	400	**gasibir?**
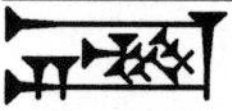	401	**mùnu?**
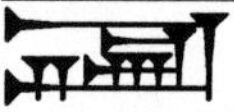	402	**dan_4?**
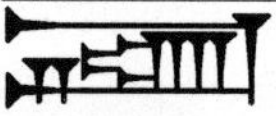	403	**emedub?**
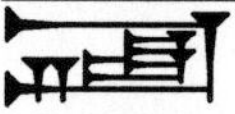	404	**?**
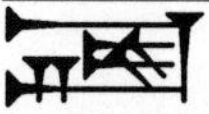	405	**me_7?**
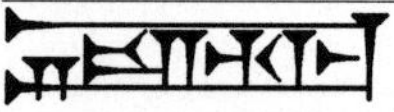	406	**?**

Zeichen	Nr.	Bedeutung
	407	**am$_4$?**
	408	gazi, sila$_4$
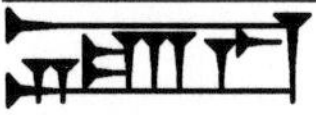	409	**galilla?**
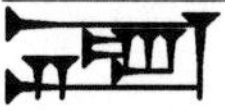	410	**émedub?**
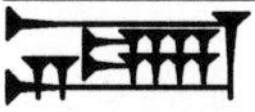	411	ùr
	412	**gagia?**
	413	**gàzi?**
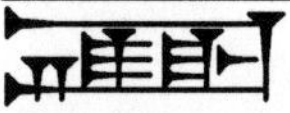	414	**?**
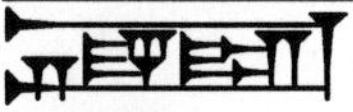	415	**gaburra?**
	417	**bara$_{10}$?**
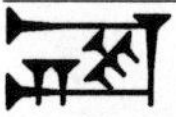	418	ésag
	419	**?**
	420	**erim$_4$?**
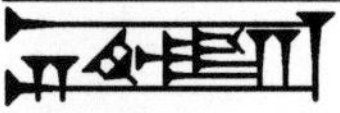	421	**gaḫili?**
	422	**sabad?**
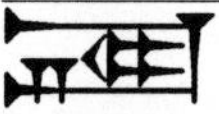	424	itima
	426	**gazag?**
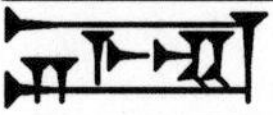	427	men

Zeichen	Nr.	Bedeutung
	428	**edakua?**
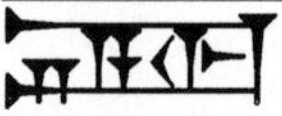	429	**piru?**
	430	**ḫalubba?**
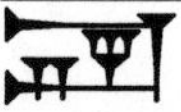	431	galga
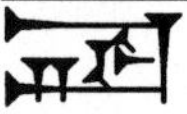	432	arḫuš
	433	**gasikilla?**
	433a?	**?**
	434	šíta
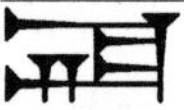	435	kisal, par$_4$
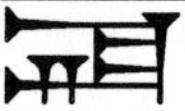	436	Ligatur: ì×giš
	437	er, ir
	438	dag, pàr, tág, ták
	439	**ùtua?**
	440	kiši$_8$
	441	**laḫta?**
	442	**rapiqu?**
	443	**zibin?**
	444	**kiši$_7$?**

Zeichen	Nr.	Bedeutung
	445	**kísim?**
	446	**šurun$_4$?**
	447	**ḫara$_4$?**
	448	?
	449	utua
	452	utul$_5$
	453	kiši$_9$
	455	ubur
	456	**lu$_{10}$?**
	457	**šaran?**
	459	úbur
 , 	460	amaš
	461	**mássa?**
	462	**ḫùlum?**
	464	gidru, ḫad, ḫás, muati, pa, sàg, sìg, ugula, zág
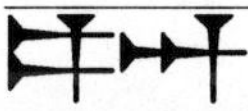	464a	garza
	464b	**tirtum?**
	464c	**zilulu?**

Zeichen	Nr.	Bedeutung
	464d	rig$_7$
	464e	**gárza?**
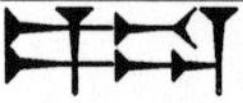	464f	màškim
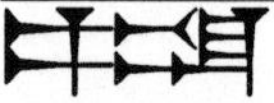	464g	máškim
	464h	maškim
	464i	šabra, šapra
	465	banmin
	466	sab, šab
	467	nuska
	468	sipa
	469	es, eṣ, ez, geš, gis, giš, is, iṣ, iz, kís, níš
	470	gur$_{17}$
	471	**gišḫar?**
	472	gu$_4$, gud
	474	al
	476	**ḫíbis?**
	477	**gišbar?**
	478	**?**
	480	**lidim?**

Zeichen	Nr.	Bedeutung
	481	?
	482	**ḫibira?**
	483	mar
	484	gid, kid, líl, qid, saḫ, síḫ, suḫ$_4$, šàḫ
 , 	485	ka$_9$, lag, sag$_5$, sanga, síd, šid, šita$_5$, šiti, umbisag
	486	kišib, mes, mèš, mis, miš, rid
	487	?
	488	**éme?**
	489	úmbisag
	490	kùš, sam, šam, ú
	491	ga, kà, qá
	491a	**gàraš?**
	492	Ligatur: ga×gunu
	493	dusu, íl, íla
	494	làḫ, lìḫ, luḫ, raḫ, riḫ, sukkal
	495	bid, é, pid
	496	dan, esi, guruš, kal, lab, lamma, líb, rib, tan, ṭan
	497	alad

Zeichen	Nr.	Bedeutung
	498	e
	498a	**ḫilibu?**
	499	dug, lud, tùg
	500	kalam
	501	ùg, un
	502	nàr, nir
	503	gurun
	504	ár, ub, up
	505	**$eš_{16}$, Zahl 3?**
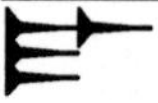	506	**$limmu_{4}$, Zahl 4?**
	507	ge_{4}, gi_{4}
	508	gigi
	509	úsan
	511	ra
	512	dùl, kúš, súr, šúr
	513	**ia_{9}, Zahl 5?**
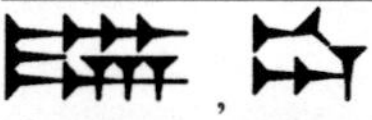	514	lú, $ša_{11}$
	514a	**adamen?**
	517	**adda?**

Zeichen	Nr.	Bedeutung
	535	sis, siš, šas, šaš, šeš, šis, šiṣ, šiš
	536	**aš$_9$?**
	537	**ìmin?**
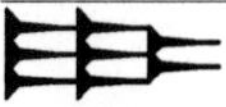	538	**ùssa?**
	539	**ìlimmu?**
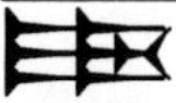	540	zà, zag
	541	kiri$_6$, sakar, sar, šar
	543	gàr, kàr, qar
	544	lil
	545	múru, murub$_4$, nisag
	547	dé, simug
	548	ás, áš, zíz
	549	baneš
	550	banlimmu
	551	bania
	552	ma, pèš
	553	gal, kál, qal
	554	bára
	555	gar$_5$, gúg, lù

Zeichen	Nr.	Bedeutung
	556	aga, mir, nimgir, uku
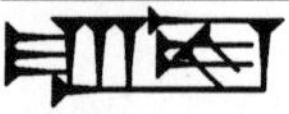	557	dun$_4$, nímgir
	558	bís, biš, gir, kir, pis, piš, pùš, qer, qir
	559	bur, pur
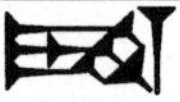	560	á, ed, et, eṭ, id, it, iṭ, ti$_8$
	561	da, qàb, ṭa
	561a	?
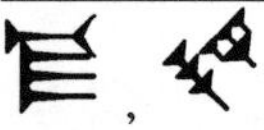	562	gašan
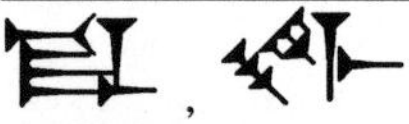	564	sa$_7$, sig$_7$
	565	balag, dúb, túb, ṭúb
	566	na$_5$, ša, zur$_8$
	567	qad, šu
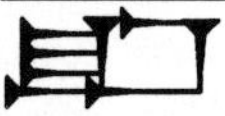	567	Ligatur: ŠU-NÍGIN
	567	Ligatur: ŠU-NIGIN
	567a	qád, Ligatur: ŠU-MIN
	568	kad$_4$
	569	kad$_5$
	570	bàḫ, ka$_5$, lib, lub, lul, nar, paḫ, puḫ

Zeichen	Nr.	Bedeutung
	571	gišimmar, sa_6
	571a	?
	572	?
	573	alam
	574	tilla, uri
	575	ge_{23}
	576	gam, gúr, qam
	577	**$ilimmu_4$, Zahl 9?**
	578	gìn, kìn, kur, lad, mad, nad, sad, šad
	578a	?
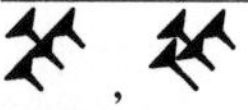	579	niga, nigu, še
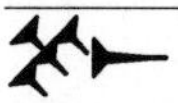	580	bu, gíd, pu, qíd, sír, šír
	580a	?
	581	?
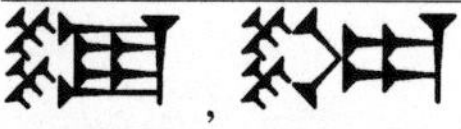	582	sirsir
	583	us, uṣ, uz
	584	sir, sù, sud, šud
	585	muš, rig_{13}, ṣir
	586	ri_8

Zeichen	Nr.	Bedeutung
	587	ter, tir, ṭir$_5$
	587a	ninni$_5$
	588	garadin, karadin
	589	de$_4$, gal$_5$, múl, te, ti$_7$, ṭe$_4$, ṭi$_4$
	589	Ligatur: ?
	590	kar
	591	lis, liš, šil$_4$
	592	**s$_3$?**
	593	?
	594	**s$_1$?**
	595	kam (-> a. # 640)
	596	babbar, bír, dám, ḫád, ḫiš, laḫ, liḫ, par, pir, tam, tú, ṭám, u$_4$, ud, ut, utu, uṭ
	596a	zabar
	596b	è
	597	**utima?**
	598	à, aw, geštu, ja, ji, ju, pe, pi, tál, tála, wa, we, wi, wu, ya, yi, yu
	598a	Ligatur: geštu-min

Zeichen	Nr.	Bedeutung
	599	lìb, šà
	601	?
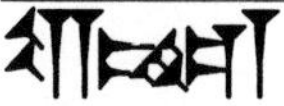	602	**nanam?**
	606	**bir$_6$?**
	608	peš$_4$
	609	**gudu$_5$?**
	610	algames
	611	úḫ
	612	erem, érin, ṣab, zab, zálag, zap
	613	bìr, láḫ, líḫ, par$_5$, pír
	614	nunuz
	616	laḫtan
, 	619	ùsan
	621	mùd
, 	628	ṣib, zib
	629	?
	630	**s$_2$?**
	631	dùg, ḫe, ḫi, ṭà
	631a	ḫá

Zeichen	Nr.	Bedeutung
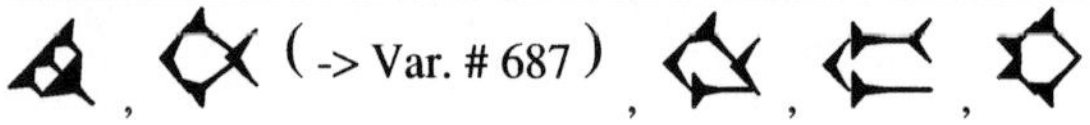 (-> Var. # 687)	632	sár, šár
	633	de$_{8}$, dí, té, tí, ṭé, ṭí
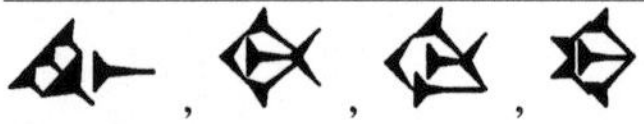	634	sùr
	635	ʾa, aʾ, ʾe, eʾ, ʾi, iʾ, ʾu, uʾ
	636	aḫ, eḫ, iḫ, uḫ
	638	gudu$_{4}$
 (-> a. # 595)	640	gám, kam, qám, útul
	641	em, im, iškur, ní, šar$_{5}$
	641a	?
	641b	?
	643	bir, pìr
	644	àr, ḫar, ḫír, ḫur, kín, mur, ur$_{5}$
	645	ḫuš
	646	suḫur
	647	ge$_{22}$
	648	šušur
	648a	?
	649	**šúšur?**

Zeichen	Nr.	Bedeutung
	650	?
	653	dúbur (-> Var. # 688)
	655	?
	659	?
	660	gúkin
	661	bùr, eš$_4$, iš$_8$, u, umun, Zahl 10
	662	**GAŠAN (Flächenmass) ?**
	663	muḫ, ugu
	665	udun
	666	šibir, ušbar$_5$
	667	?
	668	gakkul
	669	ugur, Ligatur: u-gur
	670	ašdar, ìštar, Ligatur: u-dar
	671	sagšu
	672	áb, lid, rém, réme, rím
	673	?
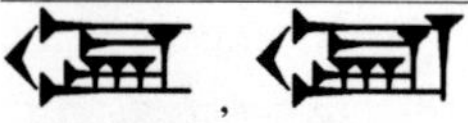	674	kir$_6$
	676	liliz

Zeichen	Nr.	Bedeutung
	677	kír, libiš
	678	kis, kiš, qis, qiš
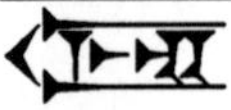	679	meze
	681	ge_6, gi_6, mé, mi, ṣíl
	682	gul, kúl, qú, sún, šùn
	683	gir_4
	684	šagan, šáman
	685	ban, pan
	686	dím, gim, kim, qim, šidim, šitim, ṭím
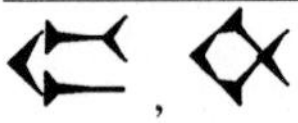 (wie Var. # 632)	687	$kisim_5$
	688	dúbur, (-> Var. # 653)
	688a	**?**
	689	ná, nú
	690	dìḫ, elam, nim, nù, num, tum_4
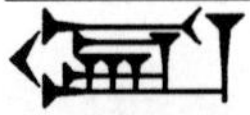	691	tùm
	691a	**tùm?**
	692	kir_7, tum_{11}
	693	lam

Zeichen	Nr.	Bedeutung
	694	iš$_{11}$
	695	amar, ṣur, zur
	696	sizkur
	698	du$_{7}$, mul$_{4}$, ul
	698a	**s$_{9}$?**
	699	šita$_{4}$
	700	útu
	700a	**bùzur?**
	701	gìr, nè, pirig, šákkan
	701a	Ligatur: gìr×min
	701b	**Ligatur: gir×min?**
	701c	?.
	702	lulim
	703	alim
	704	dugud
	705	gig, qig
	706	nigin$_{4}$
	707	nìgin
	708	mam, man, mìm, mìn, nis, niš, Zahl 20

Zeichen	Nr.	Bedeutung
	710	kušu
	711	bà, és, eš, is_5, ìš, sin, ùšu, Zahl 30
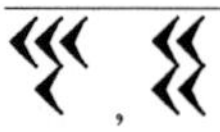	712	nimin, Zahl 40
	713	?
	714	ninnu, Zahl 50
	715	Zahl 60
	719	lagar
	720	dul, tul
	721	du_6
	721a	**šumunda?**
	722	su_7
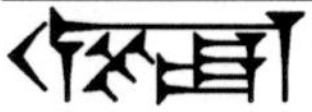	723	?
	724	bad_5, igi, lè, lì, lim, $še_{20}$, ši
	724a	Ligatur: igi×min
	725	pà, pàd
	726	ar
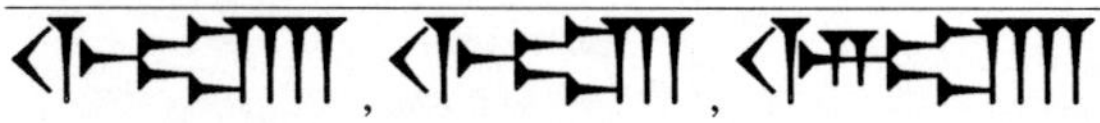	727	agrig, giškim
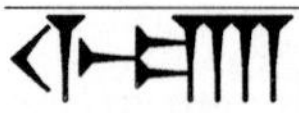	728	u_6

Zeichen	Nr.	Bedeutung
	729	sig$_5$
	730	kurum$_7$
	731	ù
	732	libir
	733	ḫul
	736	de, di, sá, silim, šùl, ṭe, ṭi
	737	ke, ki, qé, qí, Ligatur: 60-šu
	738	**ḫábrud?**
	739	**kíslaḫ?**
	740	ḫabrud
	741	péš (Variante, -> # 882)
	742	kimin
	743	kiši$_4$
	744	dun, sul, šáḫ, šul
	745	kù, kug
	746	kurum$_6$, pad, šug, šuku
	747	Zahl 15
	748	ana, dáš, diš, géš, gì, il$_4$, táš, tis, tiš, ṭiš, Zahl 1

Zeichen	Nr.	Bedeutung
	748	Ligatur: Zahl 1 + en
	748	Ligatur: Zahl 1 + et
	748	**Ligatur: 1 oder 60+an?**
	750	lá
	750	lal
 ,  (sollte lt. R. Borger nicht benutzt werden)	750	?
	750a?	šur$_4$ (= LAL-SAR)
	751	la$_5$
	751	lál
 ,  (sollte lt. R. Borger nicht benutzt werden)	751	?
	753	me, méš, mì, sib, šib
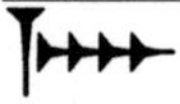 , 	754	meš, míš
 , 	755	gíl, ḫab, kil, kìr, lagab, nígin, qil, qìr, reme, rì, rim, rin
	756	engur
	757	zikum
	759	**bara$_8$?**
	760	gigir

Zeichen	Nr.	Bedeutung
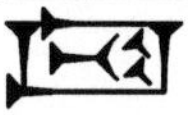	761	ésir
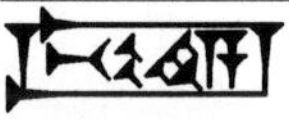	762	?
	763	**s_{10}?**
	764	**$bara_5$?**
	765	**sidug?**
	766	ùʾ, ʾù, u_8
	767	sar_6, ṣar, zar
	768	**udub?**
	769	**kùnin?**
	771	**me_9?**
	772	**$ganam_5$?**
	773	**$gala_4$?**
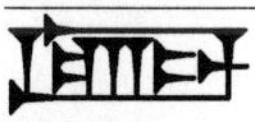	774	**ugra?**
	776	šára
	777	**$bara_9$?**
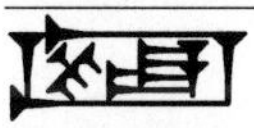	779	**šerimsur?**
	780	**muššagana?**
	781	**šedur?**

Zeichen	Nr.	Bedeutung
	782	**gìgir?**
	783	**umuna$_{12}$?**
	783	**umuna$_{13}$?**
	784	**umun$_{6}$?**
	785	dìlim
	786	pú, túl, ṭul
	787	umuḫ
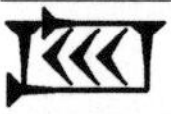	788	bul, pul
	789	**gala$_{5}$?**
	790	garim
	791	**bùgin?**
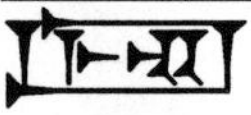	792	**men$_{4}$?**
	793	**élamkuš?**
	794	**gukkin?**
	795	ambar, as$_{4}$, sug, zug
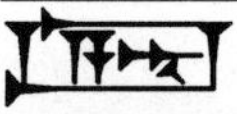	796	**índa?**
	797	**édakua?**
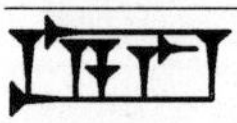	798	**ablal?**

Zeichen	Nr.	Bedeutung
	799	**àgar?**
	800	**èlamkuš?**
	801	**nindu?**
	802	**šu$_5$?**
	803	**šu$_6$?**
	804	nigin
	806	nenni
	807	eb, ep, ib, ip, uraš, urta
	808	dúr, gu$_5$, ku, qú, su$_5$, suḫ$_5$, tukul, tur$_7$, tuš, ṭúr
	809	ázlag, mu$_4$, nám, taškarin, túg, umuš, uš$_4$
	810	éš, gi$_7$, ḫun, šè, úb, zì, zíd
	811	?
	812	lu, udu
	813	dab, dib, tib, ṭib
, , 	814	àd
	815	gur$_{10}$, kin, qe, qi, qin
	816	síg, sík, siki, šíg
	817	dara$_4$

Zeichen	Nr.	Bedeutung
	818	eren, erin
	819	gur_7, $kara_6$
	820	munšub
	821	šéš
	823	múnšub
 , 	824	**gešu?**
	825	min, Zahl 2
	826	šušana, ⅓
	827	dúg, ráš, tug, tuku
	828	das, daš, lig, tas, taš, tés, téš, tís, tíš, ur
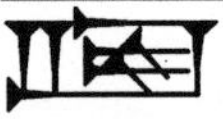	829	**$šudun_5$?**
	830	gidim
	831	**šumelu?**
	832	šanabi
	833	udug
	834	$eš_5$, Zahl 3
	835	ur_4
 , 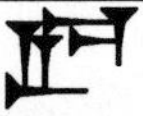	836	gín, tùn, ṭu
 , 	837	iššebu

Zeichen	Nr.	Bedeutung
	838	kingusila
	839	a
	839a	àm
	839b	ér
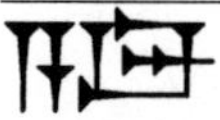	839c	íd
	839d	esir
	839e	$šeg_4$
	839f	ai
	840	**agam?**
	841	**esag?**
	843	**šèdu?**
	844	**ir_6?**
	845	eduru
	846	**zàḫ?**
	847	**nìmin?**
	848	**?**
	849	papnun
	850	**nieš?**
	851	sà, ṣa, za

Zeichen	Nr.	Bedeutung
	852	?
	854	ad_4
	856	ḫa, ku_6
	857	zubud
	858	gug
	859	gar, nì, níg, ninda, šá
	860	limmu, Zahl 4
	861	í, ía, Zahl 5
	862	àš, Zahl 6
	863	**Zahl 7?**
	864	**Zahl 8?**
	865	**Zahl 9?**
	866	imin, Zahl 7
	867	ussu, Zahl 8
	868	ilimmu, Zahl 9
	869	šú
	870	én
	871	kèš
	872	kunga

Zeichen	Nr.	Bedeutung
	873	šeg$_8$
	874	**lil$_5$**
	875	gíbil
	876	šudun
	877	ḫúl
	878	šeg$_9$
	879	**lìl?**
	881	big, pig, sig, šì, šig, zíg
	881a	? (noch nicht in LS-Akkad !)
	882	péš (Variante, -> # 741)
	882a	**?**
	883	mám, mí, mim, munus, rag, sal, ša$_{12}$, šal
	884	ríg, súm, ṣu, ṣum, zum
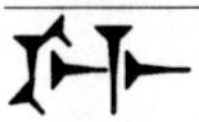	884a?	lukur (= MUNUS.ME)
	885	zúm
	886	nin$_9$
	887	ereš, eriš, in$_5$, min$_4$, nin
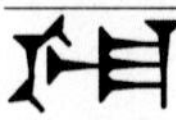	888	Ligatur: mim-ma

Zeichen	Nr.	Bedeutung
	889	dam, tám, ṭam
	890	amtu, géme
	891	gu, qù
	892	saḫ$_4$, sùḫ
	893	alla, nagar
	894	tugul
	895	**emeš?**
	896	kúšu, ùḫ
	897	égi
	898	nig
	899	el, il$_5$, sikil
	900	gúm, ḫum, ḫus, kús, lu$_4$, lum, núm
	901	múrgu
	902	**?**
	903	**gúḫšu?**
	904	**lùgud?**
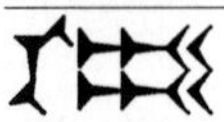	905	gar$_8$, sig$_4$

Zeichen	Nr.	Bedeutung
	906	murgu
	907	**guḫšu?**

"ALTE ZEICHEN"

	951	**?**
	952	**?**
	953	**?**
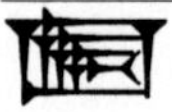	954	**?**
[		abgebrochen links
]		abgebrochen rechts
⌜		abgebrochen links oben
⌝		abgebrochen rechts oben
⌞		abgebrochen links unten
⌟		abgebrochen rechts unten

KEILSCHRIFTVERZEICHNIS
NEU-ASSYRISCH
Sortierung – alphabetisch –

Erläuterungen: **?** hinter der Nummer bedeutet, dass das Zeichen in der Liste aus 1999 ohne Bedeutung aufgeführt ist. Diese Zeichen sind numerisch am Schluss aufgeführt.
Eine **fettgedruckte** Bedeutung mit **?** bedeutet, dass das Zeichen in früheren Listen benannt war, in der Liste aus 1999 aber nicht mehr.
Die in Klammern aufgeführten Zeichen waren in der früheren Palaeographie aufgeführt, sind aber in der Liste aus 1999 nicht enthalten. Ligaturen wurden separat aufgeführt.

Quelle: Liste von Prof. Dr. Rykle Borger des bis August 2002 noch nicht veröffentlichten neuen Buches.

Zeichen	Nr.	Bedeutung
		a
	635	ʾa, aʾ, ʾe, eʾ, ʾi, iʾ, ʾu, uʾ
	635	aʾ, ʾa, ʾe, eʾ, ʾi, iʾ, ʾu, uʾ
	839	a
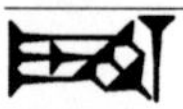	560	á, ed, et, eṭ, id, it, iṭ, ti_8
	598	à, aw, geštu, ja, ji, ju, pe, pi, tál, tála, wa, we, wi, wu, ya, yí, yu
 , 	223	ab, ap, èš, ìs, $iš_7$
	672	áb, lid, rém, réme, rím
	232	ab_4, eri_{11}, unu, unug
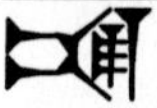	227	**ábaš?**
	798	**ablal?**
	258	ad, at, aṭ
	7	ád, ul_4

Zeichen	Nr.	Bedeutung
	814	àd
	854	ad_4
	514a	**adamen?**
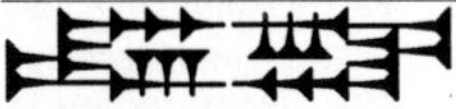	268	**adámen?**
	517	**adda?**
	556	aga, mir, nimgir, uku
	840	**agam?**
	799	**àgar?**
	235	**agarin?**
	727	agrig, giškim
	636	aḫ, eḫ, iḫ, uḫ
	839f	ai
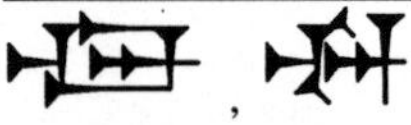	127	ak, ag, aq
	147a	**akar?**
	159	akkil
	474	al
	497	alad
	573	alam

Zeichen	Nr.	Bedeutung
	610	algames
	703	alim
	893	alla, nagar
	309	am
	839a	àm
	407	**am$_4$?**
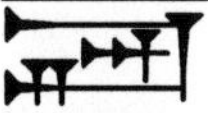	392	ama, dagal
	695	amar, ṣur, zur
	460	amaš
	795	ambar, as$_4$, sug, zug
	890	amtu, géme
	10	an, dingir, èl, ìl
	748	ana, dáš, diš, géš, gì, il$_4$, táš, tis, tiš, ṭiš, Zahl 1
	353	anše
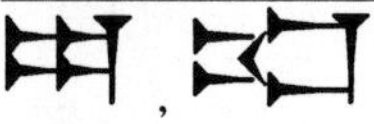	223	ap, ab, èš, ìs, iš$_7$
	90	apin, engar, pin, uru$_4$, uš$_8$
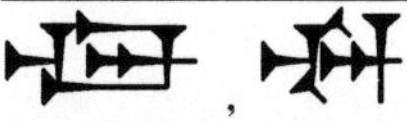	127	aq, ag, ak
	726	ar

Zeichen	Nr.	Bedeutung
	504	ár, ub, up
	644	àr, ḫar, ḫír, ḫur, kín, mur, ur_5
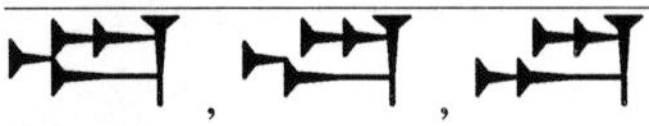	18	arad, èr, ìr, níta
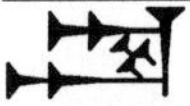	19	árad
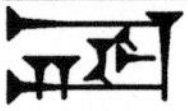	432	arḫuš
	297	as, aṣ, az, us_4
	548	ás, áš, zíz
	795	as_4, ambar, sug, zug
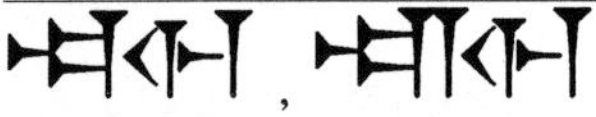	79	asal, asari, šilig
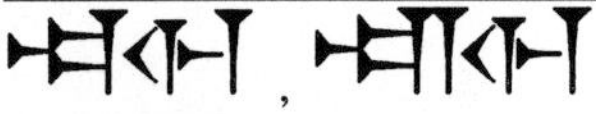	79	asari, asal, šilig
	285	**asilal?**
	288	**àsilal?**
	290	**$asilal_4$?**
	297	aṣ, as, az, us_4
	1	aš, dil, dili, in_6, ina, rù, rum, ṭil, Zahl 1
	548	áš, ás, zíz
	862	àš, Zahl 6
	536	**$aš_9$?**
	174	$aša_5$, gán, iku, kán

Zeichen	Nr.	Bedeutung
	173	ašgab
	102	aški, númun, šub$_5$, zukum
	258	at, ad, aṭ
	258	aṭ, ad, at
	598	aw, à, geštu, ja, ji, ju, pe, pi, tál, tála, wa, we, wi, wu, ya, yi, yu
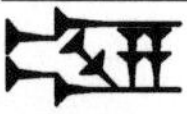	297	az, as, aṣ, us$_4$
	809	ázlag, mu$_4$, nám, taškarin, túg, umuš, uš$_4$
	324	azu
		b
	14	ba, pá
	711	bà, és, eš, is$_5$, ìš, sin, ùšu, Zahl 30
	387	ba$_4$, gá, mà, mal, pisan
	92	bab, kúr, pab
	596	babbar, bír, dám, ḫád, ḫiš, laḫ, liḫ, par, pir, ta$_5$, tam, tú, ṭám, u$_4$, ud, ut, utu, uṭ
	113	bad, bat, be, bi$_4$, bíd, idim, mid, múd, pè, pì, píd, sun, šum$_4$, til, ug$_7$, úš, zis

Zeichen	Nr.	Bedeutung
	275	bàd, ug$_5$
	724	bad$_5$, igi, lè, lì, lim, še$_{20}$, ši
	132	bag, baḫ, ḫu, mušen, pag
	132	baḫ, bag, ḫu, mušen, pag
	570	bàḫ, ka$_5$, lib, lub, lul, nar, paḫ, puḫ
	5	bal, bala, bùl, pal, pùl
	5	bala, bal, bùl, pal, pùl
	565	balag, dúb, túb, ṭúb
	685	ban, pan
	122	bán, ½
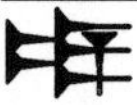	255	bàn, bànda, dumu, tur, ṭùr
	255	bànda, bàn, dumu, tur, ṭùr
	549	baneš
	551	bania
	550	banlimmu
	465	banmin
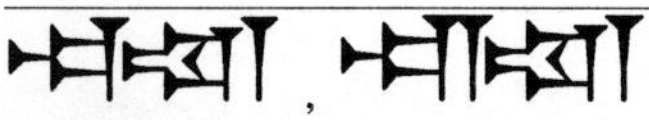	75	banšur
	377	bánšur

Zeichen	Nr.	Bedeutung
	373	bappir, lùnga
	121	bar, pár
	313	bar$_7$, bí, bil, bir$_9$, dè, izi, kúm, lám, li$_9$, ne, ni$_5$, pi$_5$, pil, ṭè, ṭi$_5$
	554	bára
	764	**bara$_5$?**
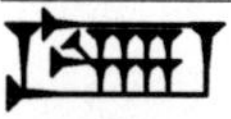	759	**bara$_8$?**
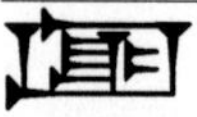	777	**bara$_9$?**
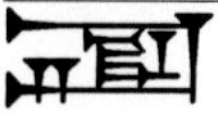	417	**bara$_{10}$?**
	113	bat, bad, be, bi$_4$, bíd, idim, mid, múd, pè, pì, píd, sun, šum$_4$, til, ug$_7$, úš, zis
	358	bé, bi, gaš, kás, kaš, pé, pí
	358	bi, bé, gaš, kás, kaš, pé, pí
	313	bí, bar$_7$, bil, bir$_9$, dè, izi, kúm, lám, li$_9$, ne, ni$_5$, pi$_5$, pil, ṭè, ṭi$_5$
	113	bi$_4$, bad, bat, be, bíd, idim, mid, múd, pè, pì, píd, sun, šum$_4$, til, ug$_7$, úš, zis
	495	bid, é, pid
	113	bíd, bad, bat, be, bi$_4$, idim, mid, múd, pè, pì, píd, sun, šum$_4$, til, ug$_7$, úš, zis
, 	881	big, pig, sig, šì, šig, zíg

Zeichen	Nr.	Bedeutung
	313	bil, bar$_7$, bí, bir$_9$, dè, izi, kúm, lám, li$_9$, ne, ni$_5$, pi$_5$, pil, ṭè, ṭi$_5$
	312	bíl, gibil, píl
	643	bir, pìr
	596	bír, babbar, dám, ḫád, ḫiš, laḫ, liḫ, par, pir, ta$_5$, tam, tú, ṭám, u$_4$, ud, ut, utu, uṭ
	613	bìr, láḫ, líḫ, par$_5$, pír
	134	bir$_5$, nam, sim, sín
	606	**bir$_6$?**
	313	bir$_9$, bar$_7$, bí, bil, dè, izi, kúm, lám, li$_9$, ne, ni$_5$, pi$_5$, pil, ṭè, ṭi$_5$
	558	bís, biš, gir, kir, pis, piš, pùš, qer, qir
	558	biš, bís, gir, kir, pis, piš, pùš, qer, qir
	580	bu, gíd, pu, qíd, sír, šír
	12	bug, mug, pug
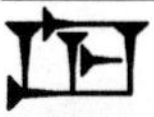	791	**bùgin?**
	788	bul, pul
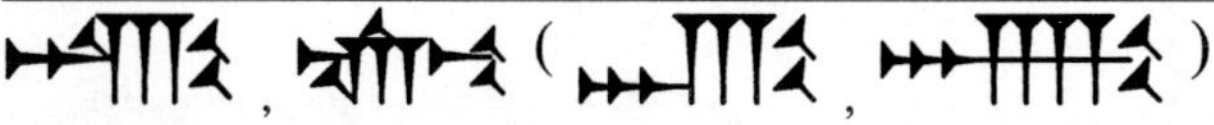	8	búl, búr, púl, sun$_5$, ušum
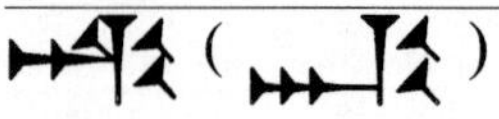	5	bùl, bal, bala, pal, pùl

Zeichen	Nr.	Bedeutung
	169	bulug
	94	bùlug, dim$_4$, munu$_4$
	54	bún
	559	bur, pur
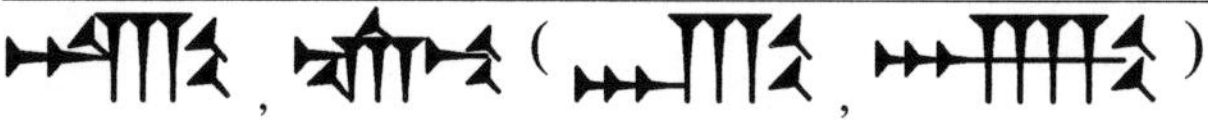	8	búr, búl, púl, sun$_5$, ušum
	661	bùr, eš$_4$, iš$_8$, u, umun, Zahl 10
	135	buru$_5$
	165	buru$_{14}$
	700a	**bùzur?**

<u>**d**</u>

Zeichen	Nr.	Bedeutung
	561	da, qàb, ṭa
	379	dà, dù, gag, kag, kàl, qag, rú
	813	dab, dib, tib, ṭib
	209	dáb, tab, tap, ṭab
	106	dad, tad, tag$_4$, ṭad
	438	dag, pàr, tág, ták
	386	dàg, tàg
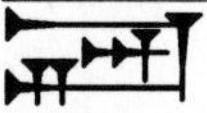	392	dagal, ama

Zeichen	Nr.	Bedeutung
	301	daḫ, taḫ, ṭaḫ
	142	dal, re, ri, tal, ṭal
	164b	**dàlḫamun?**
	124	dalla, idigna
	889	dam, tám, ṭam
	596	dám, babbar, bír, ḫád, ḫiš, laḫ, liḫ, par, pir, ta$_5$, tam, tú, ṭám, u$_4$, ud, ut, utu, uṭ
	496	dan, esi, guruš, kal, lab, lamma, líb, rib, tan, ṭan
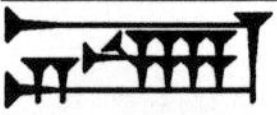	394	**dàn?**
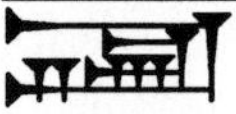	402	**dan$_4$?**
	183	dar, gùn, tár, ṭár
	166	dàr, dàra, tàr, tàra, ṭàr
	166	dàra, dàr, tàr, tàra, ṭàr
	817	dara$_4$
	828	das, daš, lig, tas, taš, tés, téš, tís, tíš, ur
	828	daš, das, lig, tas, taš, tés, téš, tís, tíš, ur
	748	dáš, ana, diš, géš, gì, il$_4$, táš, tis, tiš, ṭiš, Zahl 1

Zeichen	Nr.	Bedeutung
	736	de, di, sá, silim, šùl, ṭe, ṭi
	547	dé, simug
	313	dè, bar$_7$, bí, bil, bir$_9$, izi, kúm, lám, li$_9$, ne, ni$_5$, pi$_5$, pil, ṭè, ṭi$_5$
	589	de$_4$, gal$_5$, múl, te, ti$_7$, ṭe$_4$, ṭi$_4$
	633	de$_8$, dí, té, tí, ṭé, ṭí
	736	di, de, sá, silim, šùl, ṭe, ṭi
	633	dí, de$_8$, té, tí, ṭé, ṭí
	813	dib, dab, tib, ṭib
	3	didli, Zahl 2
	380	dig, ì, ìa, lé, lí, né, ni, ṣal, tíg, zal
	238	díḫ, um
	690	dìḫ, elam, nim, nù, num, tum$_4$
	1	dil, aš, dili, in$_6$, ina, rù, rum, ṭil, Zahl 1
	1	dili, aš, dil, in$_6$, ina, rù, rum, ṭil, Zahl 1
	191	dìlib (-> # 186)
	186	dìlib (-> 191)
	785	dìlim
	167	dim, tì, tim, ṭim

Zeichen	Nr.	Bedeutung
	686	dím, gim, kim, qim, šidim, šitim, ṭím
	264	dìm
	94	dim$_4$, bùlug, munu$_4$
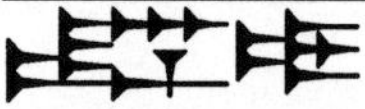	263	dim$_8$
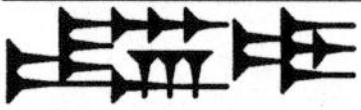	267	dim$_9$
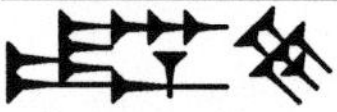	265	dim$_{10}$
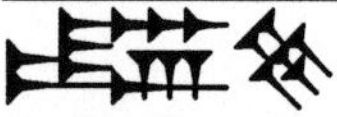	269	dim$_{11}$
	202	dimgul
	119	din, kúrun, tén, tin
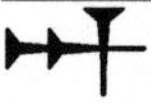	10	dingir, an, èl, ìl
	207	dir, mál, sa$_5$, ṭir
	748	diš, ana, dáš, géš, gì, il$_4$, táš, tis, tiš, ṭiš, Zahl 1
	350	du, gin, gub, im$_6$, kin$_7$, kub, qub, rá, ša$_4$, túm, ṭù
	379	dù, dà, gag, kag, kàl, qag, rú
	721	du$_6$
	698	du$_7$, mul$_4$, ul
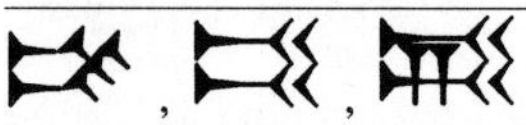	298	du$_8$, duḫ, gab, gaba, qab, táḫ, tuḫ, ṭáḫ, ṭuḫ

Zeichen	Nr.	Bedeutung
 (auch wie # 238)	242	dub, tub, ṭub, ṭup
	565	dúb, balag, túb, ṭúb
	688	dúbur, (-> Var. # 653)
	653	dúbur (-> Var. # 688)
	499	dug, lud, tùg
	827	dúg, ráš, tug, tuku
	631	dùg, ḫe, ḫi, ṭà
	24	dug$_4$, gù, inim, ka, kir$_4$, zú
	704	dugud
	298	duḫ, du$_8$, gab, gaba, qab, táḫ, tuḫ, ṭáḫ, ṭuḫ
	720	dul, tul
	512	dùl, kúš, súr, šúr
	354	dum, éb, íb, tu$_4$, tum, ṭum
	372	dumgal, lúnga
	255	dumu, bàn, bànda, tur, ṭùr
	744	dun, sul, šáḫ, šul
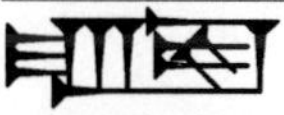	557	dun$_4$, nímgir
	178	dur, túr, ṭur

Zeichen	Nr.	Bedeutung
	808	dúr, gu$_5$, ku, qú, suḫ$_5$, tukul, tur$_7$, tuš, ṭúr
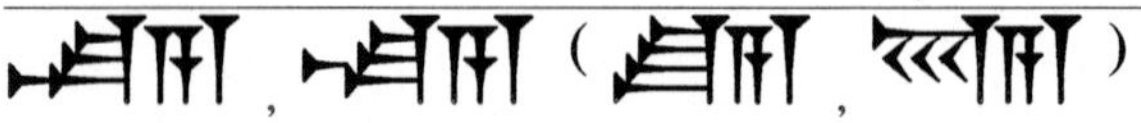	17	dur$_{10}$, rug, šen, šin, šun
	493	dusu, íl, íla

e

Zeichen	Nr.	Bedeutung
	635	ʾe, ʾa, aʾ, eʾ, ʾi, iʾ, ʾu, uʾ
	635	eʾ, ʾa, aʾ, ʾe, ʾi, iʾ, ʾu, uʾ
	498	e
	495	é, bid, pid
	596b	è
	16a	**e$_6$**
	807	eb, ep, ib, ip, uraš, urta
	354	éb, dum, íb, tu$_4$, tum, ṭum
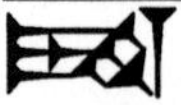	560	ed, á, et, eṭ, id, it, iṭ, ti$_8$
	428	**edakua?**
	797	**édakua?**
	300	edin, ru$_6$
	845	eduru
	136	eg, ek, eq, gál, ig, ik, iq

Zeichen	Nr.	Bedeutung
	145a	**éga?**
	897	égi
	356	egir
	636	eḫ, aḫ, iḫ, uḫ
	136	ek, eg, eq, gál, ig, ik, iq
	899	el, il_5, sikil
	348	él, il
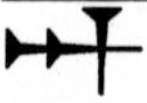	10	èl, an, dingir, ìl
	690	elam, dìḫ, nim, nù, num, tum_4
	793	**élamkuš?**
	800	**èlamkuš?**
	641	em, im, iškur, ní, $šar_5$
	61	em_4, eme
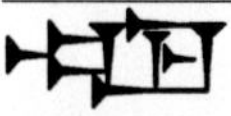	61	eme, em_4
	488	**éme?**
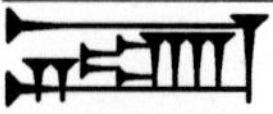	403	**emedub?**
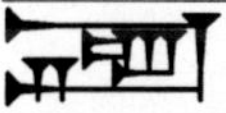	410	**émedub?**
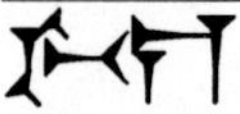	895	**emeš?**

Zeichen	Nr.	Bedeutung
	164	en, in_4
	870	én
	90	engar, apin, pin, uru_4, $uš_8$
	756	engur
	807	ep, eb, ib, ip, uraš, urta
	136	eq, eg, ek, gál, ig, ik, iq
	437	er, ir
	839b	ér
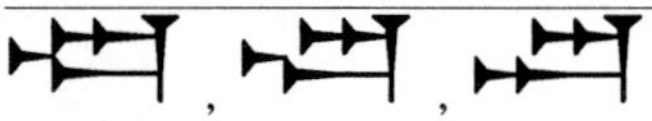	18	èr, arad, ìr, níta
	818	eren, erin
	887	ereš, eriš, in_5, min_4, nin
	71	eri, iri, ré, rí, u_{19}, uru
	232	eri_{11}, ab_4, unug, unu
	143	eridu, nun, síl, ṣil, zil
	612	erim, érin, ṣab, zab, zálag
	83	èrim
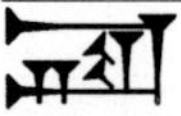	420	**$erim_4$?**
	818	erin, eren
	612	érin, erim, ṣab, zab, zálag

Zeichen	Nr.	Bedeutung
	887	eriš, ereš, in$_5$, min$_4$, nin
	469	es, eṣ, ez, geš, gis, giš, is, iṣ, iz, kís, níš
	711	és, bà, eš, is$_5$, ìš, sin, ùšu, Zahl 30
	357	es$_5$, eš$_{15}$, ís, iš, kuš$_7$, mil, saḫar
	841	**esag?**
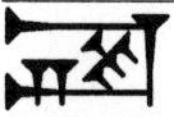	418	ésag
	496	esi, dan, guruš, kal, lab, lamma, líb, rib, tan, ṭan
	839d	esir
	761	ésir
	469	eṣ, es, ez, geš, gis, giš, is, iṣ, iz, kís, níš
	711	eš, bà, és, is$_5$, ìš, sin, ùšu, Zahl 30
	810	éš, gi$_7$, ḫun, šè, úb, zì, zíd
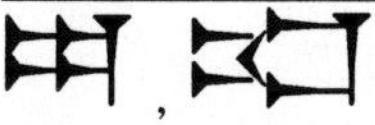	223	èš, ab, ap, ìs, iš$_7$
	661	eš$_4$, bùr, iš$_8$, u, umun, Zahl 10
	834	eš$_5$, Zahl 3
	314	**eš$_{12}$?**
	315	**eš$_{13}$?**

Zeichen	Nr.	Bedeutung
	357	eš$_{15}$, es$_{5}$, ís, iš, kuš$_{7}$, mil, saḫ̮ar
	505	**eš$_{16}$, Zahl 3?**
	210	**eš$_{21}$?**
	114	èše
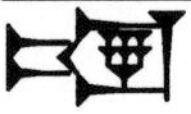	237	**ešemin$_{4}$?**
	359	ešemin$_{5}$
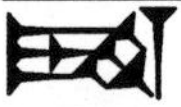	560	et, á, ed, eṭ. id, it, iṭ, ti$_{8}$
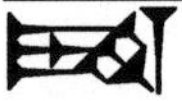	560	et, eṭ. á, ed, id, it, iṭ, ti$_{8}$
	469	ez, es, eṣ, geš, gis, giš, is, iṣ, iz, kís, níš
	271	ezen, ḫ̮ir, kešda, šìr

g

Zeichen	Nr.	Bedeutung
	491	ga, kà, qá
	387	gá, ba$_{4}$, mà, mal, pisan
	298	gab, du$_{8}$, duḫ̮, gaba, qab, táḫ̮, tuḫ̮, ṭáḫ̮, ṭuḫ̮
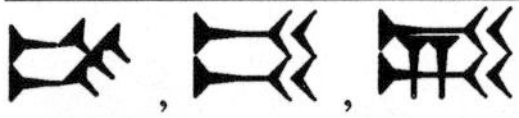	298	gaba, du$_{8}$, duḫ̮, gab, qab, táḫ̮, tuḫ̮, ṭáḫ̮, ṭuḫ̮
	148	gáb, gùb, kab, kap, qáb
	415	**gaburra?**
	157	gad, gada, kad, qàd

Zeichen	Nr.	Bedeutung
	157	gada, gad, kad, qàd
	379	gag, dà, dù, kag, kàl, qag, rú
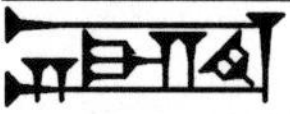	412	**gagia?**
	391	**gagirsu?**
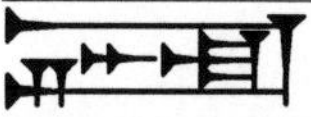	390	**gaḫalla?**
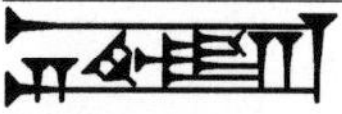	421	**gaḫili?**
	668	gakkul
	553	gal, kál, qal
	136	gál, eg, ek, eq, ig, ik, iq
	589	gal$_5$, de$_4$, múl, te, ti$_7$, ṭe$_4$, ṭi$_4$
	773	**gala$_4$?**
	789	**gala$_5$?**
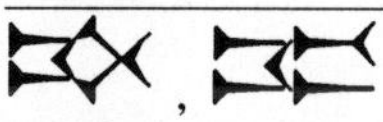	338	galam, sukud
	431	galga
	409	**galilla?**
	576	gam, gúr, qam
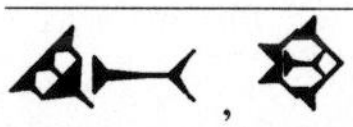 (-> a. # 595)	640	gám, kam, qám, útul
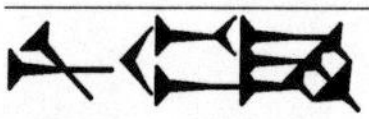	97	gàm, zubi
	253	gan, ḫé, kan, li$_6$, qan

Zeichen	Nr.	Bedeutung
	174	gán, aša$_5$, iku, kán
	772	**ganam$_5$?**
	251	**gansis?**
	397	ganun
	859	gar, nì, níg, ninda, šá
	543	gàr, kàr, qar
	555	gar$_5$, gúg, lù
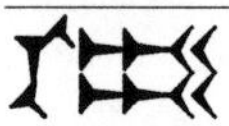	905	gar$_8$, sig$_4$
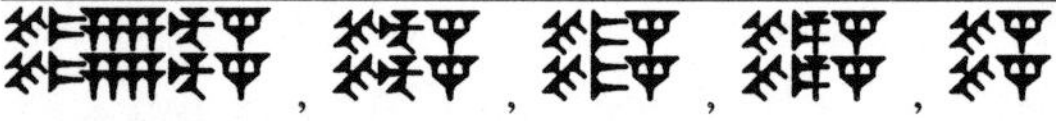	588	garadin, karadin
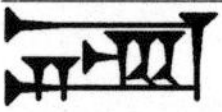	398	**garaš?**
	491a	**gàraš?**
	790	garim
	464a	garza
	464e	**gárza?**
	340	gas, gaz, kàs
	400	**gasibir?**
	433	**gasikilla?**
	358	gaš, bé, bi, kás, kaš, pé, pí

Zeichen	Nr.	Bedeutung
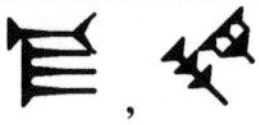	562	gašan
	662	GAŠAN (Flächenmass) ?
	340	gaz, gas, kàs
	426	**gazag?**
	408	gazi, $sila_4$
	413	**gàzi?**
	141	ge, gi, qì
	507	ge_4, gi_4
	681	ge_6, gi_6, mé, mi, ṣíl
	647	ge_{22}
	575	ge_{23}
	890	géme, amtu
	256	genna
	469	geš, es, eṣ, ez, gis, giš, is, iṣ, iz, kís, níš
	748	géš, ana, dáš, diš, gì, il_4, táš, tis, tiš, ṭiš, Zahl 1
	212	geštin
	598	geštu, à, aw, ja, ji, ju, pe, pi, tál, tála, wa, we, wi, wu, ya, yi, yu
	824	gešu?

Zeichen	Nr.	Bedeutung
	141	gi, ge, qì
	748	gì, ana, dáš, diš, géš, il$_4$, táš, tis, tiš, ṭiš, Zahl 1
	507	gi$_4$, ge$_4$
	681	gi$_6$, ge$_6$, mé, mi, ṣíl
	810	gi$_7$, éš, ḫun, šè, úb, zì, zíd
	105	gib, gil, gilim, kíl
	378	gíb, kib, qib, tur$_4$, ṭur$_4$, ùl
	312	gibil, bíl, píl
	875	gíbil
	484	gid, kid, líl, qid, saḫ, síḫ, suḫ$_4$, šàḫ
	580	gíd, bu, pu, qíd, sír, šír
	830	gidim
	125	gídim
	464	gidru, ḫad, ḫás, muati, pa, sàg, sìg, ugula, zág
	705	gig, qig
	508	gigi
	760	gigir
	782	**gìgir?**

Zeichen	Nr.	Bedeutung
	105	gil, gib, gilim, kíl
	755	gíl, ḫab, kil, kìr, lagab, nígin, qil, qìr, reme, rì, rim, rin
	105	gilim, gib, gil, kíl
	686	gim, dím, kim, qim, šidim, šitim, ṭím
	350	gin, du, gub, im$_6$, kin$_7$, kub, qub, rá, ša$_4$, túm, ṭù
	836	gín, tùn, ṭu
	578	gìn, kìn, kur, lad, mad, nad, sad, šad
	558	gir, bís, biš, kir, pis, piš, pùš, qer, qir
	6	gír
	701	gìr, nè, pirig, šákkan
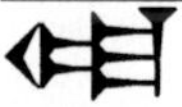	683	gir$_4$
	469	gis, es, eṣ, ez, geš, giš, is, iṣ, iz, kís, níš
	376	gisal
	469	giš, es, eṣ, ez, geš, gis, is, iṣ, iz, kís, níš
	477	**gišbar?**
	80	gišgal, u$_{18}$

Zeichen	Nr.	Bedeutung
	471	**gišḫar?**
	571	gišimmar, sa$_6$
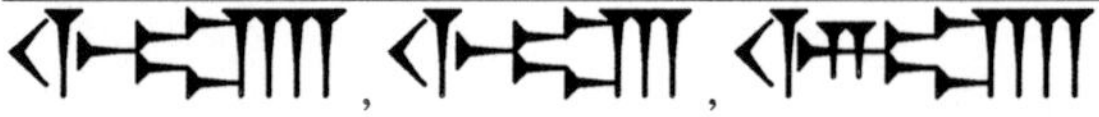	727	giškim, agrig
	891	gu, qù
	176	gú, tig
	24	gù, dug$_4$, inim, ka, kir$_4$, zú
	472	gu$_4$, gud
	808	gu$_5$, dúr, ku, qú, suḫ$_5$, tukul, tur$_7$, tuš, ṭúr
	65	gu$_7$
	350	gub, du, gin, im$_6$, kin$_7$, kub, qub, rá, ša$_4$, túm, ṭù
	148	gùb, gáb, kab, kap, qáb
	274	**gubalag?**
	472	gud, gu$_4$
	196	gúd
	638	gudu$_4$
	609	**gudu$_5$?**
	858	gug

Zeichen	Nr.	Bedeutung
	555	gúg, gar$_5$, lù
	907	**guḫšu?**
	903	**gúḫšu?**
	660	gúkin
	794	**gukkin?**
	682	gul, kúl, qúl, sún, šùn
	117	gúl, kul, numun, qul, zir
	900	gúm, ḫum, ḫus, kús, lu$_4$, lum, núm
	179	gun
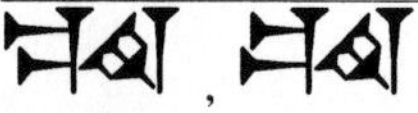	183	gùn, dar, tár, ṭár
	180	gur, kùr, qur
	576	gúr, gam, qam
	84	gur$_5$ (-> # 69)
	69	**gur$_6$?**
	819	gur$_7$, kara$_6$
	88	gur$_8$, uru$_5$
	815	gur$_{10}$, kin, qe, qi, qin
	470	gur$_{17}$

Zeichen	Nr.	Bedeutung
	175	guru$_6$, kár, kára
	503	gurun
	113a	**gúrun?**
	113b	**gúrun?**
	496	guruš, dan, esi, kal, lab, lamma, líb, rib, tan, ṭan
	171	gurušda, ku$_7$
	ḫ	
	856	ḫa, ku$_6$
	631a	ḫá
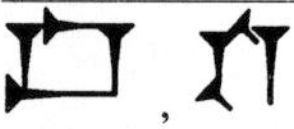	755	ḫab, gíl, kil, kìr, lagab, nígin, qil, qìr, reme, rì, rim, rin
	740	ḫabrud
	738	**ḫábrud?**
	464	ḫad, gidru, ḫás, muati, pa, sàg, sìg, ugula, zág
	596	ḫád, babbar, bír, dám, ḫiš, laḫ, liḫ, par, pir, ta$_5$, tam, tú, ṭám, u$_4$, ud, ut, utu, uṭ
	2	ḫal
	430	**ḫalubba?**
	644	ḫar, àr, ḫír, ḫur, kín, mur, ur$_5$

Zeichen	Nr.	Bedeutung
	447	**ḫara$_4$?**
	9	ḫas, ḫaš, ku$_5$, kud, kur$_5$, qud, sil, sila, šil, tar, tara, ṭar
	464	ḫás, gidru, ḫad, muati, pa, sàg, sìg, ugula, zág
	9	ḫaš, ḫas, ku$_5$, kud, kur$_5$, qud, sil, sila, šil, tar, tara, ṭar
	270	ḫašḫur
	631	ḫe, dùg, ḫi, ṭà
	253	ḫé, gan, kan, li$_6$, qan
	631	ḫi, dùg, ḫe, ṭà
	482	**ḫibira?**
	476	**ḫíbis?**
	498a	**ḫilibu?**
	271	ḫir, ezen, kešda, šìr
	644	ḫír, àr, ḫar, ḫur, kín, mur, ur$_5$
	596	ḫiš, babbar, bír, dám, ḫád, laḫ, liḫ, par, pir, ta$_5$, tam, tú, ṭám, u$_4$, ud, ut, utu, uṭ
	336	ḫíš, zíb, zig, zik
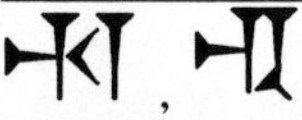	132	ḫu, bag, baḫ, mušen, pag
	150	ḫub

Zeichen	Nr.	Bedeutung
	149	ḫúb, kùb
	733	ḫul
	877	ḫúl
	462	**ḫùlum?**
	900	ḫum, gúm, ḫus, kús, lu$_4$, lum, núm
	810	ḫun, éš, gi$_7$, šè, úb, zì, zíd
	644	ḫur, àr, ḫar, ḫír, kín, mur, ur$_5$
	900	ḫus, gúm, ḫum, kús, lu$_4$, lum, núm
	645	ḫuš
	i	
	635	ʾi, ʾa, aʾ, ʾe, eʾ, iʾ, ʾu, uʾ
	635	iʾ, ʾa, aʾ, ʾe, eʾ, ʾi, ʾu, uʾ
	252	i
	861	í, ía, Zahl 5
	380	ì, dig, ìa, lé, lí, né, ni, ṣal, tíg, zal
	260	ia, ie, ii, iu
	861	ía, í, Zahl 5

Zeichen	Nr.	Bedeutung
	380	ìa, dig, ì, lé, lí, né, ni, ṣal, tíg, zal
	385	ia$_{4}$, na$_{4}$, zá
	98	ia$_{5}$, mu, muḫaldim
	513	**ia$_{9}$, Zahl 5?**
	807	ib, eb, ep, ip, uraš, urta
	354	íb, dum, éb, tu$_{4}$, tum, ṭum
	37	**ibira?**
	560	id, it, iṭ, á, ed, et, eṭ, ti$_{8}$
	839c	íd
	124	idigna, dalla
	113	idim, bad, bat, be, bi$_{4}$, bíd, mid, múd, pè, pì, píd, sun, šum$_{4}$, til, ug$_{7}$, úš, zis
	260	ie, ia, ii, iu
	136	ig, eg, ek, eq, gál, ik, iq
	724	igi, bad$_{5}$, lè, lì, lim, še$_{20}$, ši
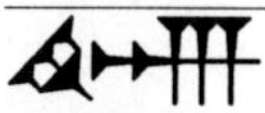	636	iḫ, aḫ, eḫ, uḫ
	260	ii, ia, ie, iu
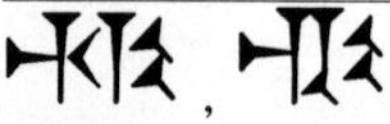	136	ik, gál, eg, ek, eq, ig, iq
	174	iku, aša$_{5}$, gán, kán

Zeichen	Nr.	Bedeutung
	389	**íku?**
	348	il, él
	493	íl, íla, dusu
	10	ìl, an, dingir, èl
	748	il_4, ana, dáš, diš, géš, gì, táš, tis, tiš, ṭiš, Zahl 1
	899	il_5, el, sikil
	349	il_8
	493	íla, dusu, íl
	310	**íldag?**
	868	ilimmu, Zahl 9
	539	**ìlimmu?**
	577	**$ilimmu_4$, Zahl 9?**
	304	illat
	641	im, em, iškur, ní, $šar_5$
	352	ím, kas_4, $kaš_4$
	350	im_6, du, gin, gub, kin_7, kub, qub, rá, $ša_4$, túm, ṭù
	866	imin, Zahl 7
	537	**ìmin?**

Zeichen	Nr.	Bedeutung
	146	immal
	146	immal (Variante?)
	51	**immin?**
	261	in
	164	in$_4$, en
	887	in$_5$, ereš, eriš, min$_4$, nin
	1	in$_6$, aš, dil, dili, ina, rù, rum, ṭil, Zahl 1
	1	ina, aš, dil, dili, in$_6$, rù, rum, ṭil, Zahl 1
	153	inanna, innin, mùš
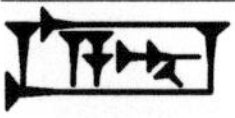	796	**índa?**
	24	inim, dug$_4$, gù, ka, kir$_4$, zú
	153	innin, inanna, mùš
	807	ip, eb, ep, ib, uraš, urta
	136	iq, gál, eg, ek, eq, ig, ik
	437	ir, er
	18	ìr, arad, èr, níta
	844	**ir$_6$?**
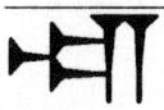	71	iri, eri, ré, rí, u$_{19}$, uru

Zeichen	Nr.	Bedeutung
	469	is, es, eṣ, ez, geš, gis, giš, iṣ, iz, kís, níš
	357	ís, es$_5$, eš$_{15}$, iš, kuš$_7$, mil, saḫar
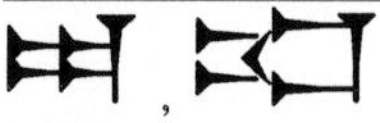	223	ìs, ab, ap, èš, iš$_7$
	711	is$_5$, bà, és, eš, ìš, sin, ùšu, Zahl 30
	469	iṣ, es, eṣ, ez, geš, gis, giš, is, iz, kís, níš
	357	iš, es$_5$, eš$_{15}$, ís, kuš$_7$, mil, saḫar
	711	ìš, bà, és, eš, is$_5$, sin, ùšu, Zahl 30
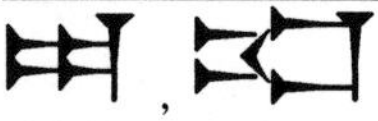	223	iš$_7$, ab, ap, èš, ìs
	661	iš$_8$, bùr, eš$_4$, u, umun, Zahl 10
	694	iš$_{11}$
	641	iškur, em, im, ní, šar$_5$
	837	iššebu
	670	ìštar, Ligatur: u-dar
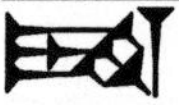	560	it, á, ed, et, eṭ, id, iṭ, ti$_8$
	20	iti, itu
	21	íti
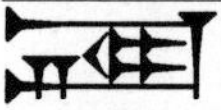	424	itima
	560	iṭ, á, ed, eṭ, id, it, ti$_8$

Zeichen	Nr.	Bedeutung
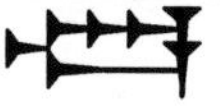 , 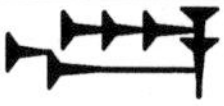	20	itu, iti
	260	iu, ia, ie, ii
	469	iz, es, eṣ, ez, geš, gis, giš, is, iṣ, kís, níš
	313	izi, bar$_7$, bí, bil, bir$_9$, dè, kúm, lám, li$_9$, ne, ni$_5$, pi$_5$, pil, ṭè, ṭi$_5$

j

Zeichen	Nr.	Bedeutung
	598	ja, à, aw, geštu, ji, ju, pe, pi, tál, tála, wa, we, wi, wu, ya, yi, yu
	598	ji, à, aw, geštu, ja, ju, pe, pi, tál, tála, wa, we, wi, wu, ya, yi, yu
	598	ju, à, aw, geštu, ja, ji, pe, pi, tál, tála, wa, we, wi, wu, ya, yi, yu

k

Zeichen	Nr.	Bedeutung
	24	ka, dug$_4$, gù, inim, kir$_4$, zú
	222	ká
	491	kà, ga, qá
 , 	485	ka$_9$, lag, sag$_5$, sanga, síd, šid, šita$_5$, šiti, umbisag
	148	kab, gáb, gùb, kap, qáb
	157	kad, gad, gada, qàd

Zeichen	Nr.	Bedeutung
	108	kád
	109	kàd
	568	kad_4
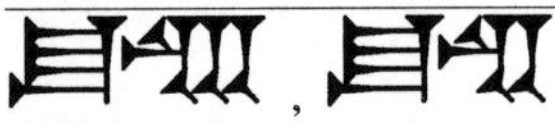	569	kad_5
	379	kag, dà, dù, gag, kàl, qag, rú
	496	kal, dan, esi, guruš, lab, lamma, líb, rib, tan, ṭan
	553	kál, gal, qal
	379	kàl, dà, dù, gag, kag, qag, rú
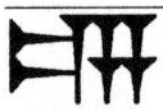	500	kalam
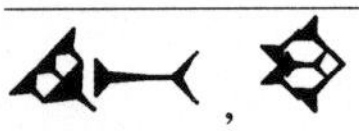 (-> a. # 595)	640	kam, gám, qám, útul
	595	kam (-> a. # 640)
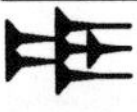	254	kám
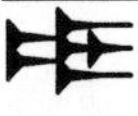	253	kan, gan, ḫé, li_6, qan
	174	kán, $aša_5$, gán, iku
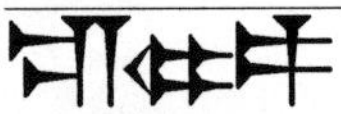	195	kàn
	57	kan_5?
	148	kap, gáb, gùb, kab, qáb
	590	kar

Zeichen	Nr.	Bedeutung
	175	kár, $guru_6$, kára
	543	kàr, gàr, qar
	175	kára, $guru_6$, kár
	819	$kara_6$, gur_7
	588	karadin, garadin
	302	kas, kaskal, ras, raš
	358	kás, bé, bi, gaš, kaš, pé, pí
	340	kàs, gas, gaz
	352	kas_4, ím, $kaš_4$
	302	kaskal, kas, ras, raš
	358	kaš, bé, bi, gaš, kás, pé, pí
	384	kàš
	352	$kaš_4$, ím, kas_4
	56	**kau?**
	737	ke, ki, qé, qí, Ligatur: 60-šu
	871	kèš
	271	kešda, ezen, ḫir, šìr
	737	ki, ke, qé, qí, Ligatur: 60-šu

Zeichen	Nr.	Bedeutung
	378	kib, gíb, qib, tur$_4$, ṭur$_4$, ùl
	484	kid, gid, líl, qid, saḫ, síḫ, suḫ$_4$, šàḫ
	107	kíd
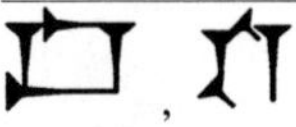	755	kil, gíl, ḫab, kìr, lagab, nígin, qil, qìr, reme, rì, rim, rin
	105	kíl, gib, gil, gilim
	686	kim, dím, gim, qim, šidim, šitim, ṭím
	742	kimin
	815	kin, gur$_{10}$, qe, qi, qin
	644	kín, àr, ḫar, ḫír, ḫur, mur, ur$_5$
	578	kìn, gìn, kur, lad, mad, nad, sad, šad
	350	kin$_7$, du, gin, gub, im$_6$, kub, qub, rá, ša$_4$, túm, ṭù
	163	kinda
	838	kingusila
	558	kir, bís, biš, gir, pis, piš, pùš, qer, qir
	677	kír, libiš

Zeichen	Nr.	Bedeutung
	755	kìr, gíl, ḫab, kil, lagab, nígin, qil, qìr, reme, rì, rim, rin
	24	kir_4, dug_4, gù, inim, ka, zú
	674	kir_6
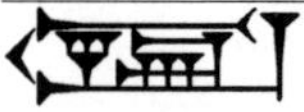	692	kir_7, tum_{11}
	541	$kiri_6$, sakar, sar, šar
	678	kis, kiš, qis, qiš
	469	kís, es, eṣ, ez, geš, gis, giš, is, iṣ, iz, níš
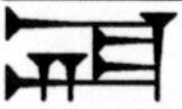	435	kisal, par_4
	284	**kisig?**
	281	**kísig?**
	445	**kísim?**
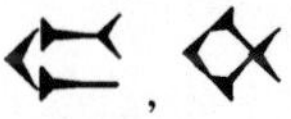 (wie Var. # 632)	687	$kisim_5$
	739	**kíslaḫ?**
	678	kiš, kis, qis, qiš
	743	$kiši_4$
	444	**$kiši_7$?**
	440	$kiši_8$

Zeichen	Nr.	Bedeutung
	453	kiši$_9$
	486	kišib, mes, mèš, mis, miš, rid
	808	ku, dúr, gu$_5$, qú, suḫ$_5$, tukul, tur$_7$, tuš, ṭúr
	745	kù, kug
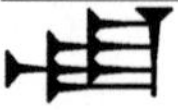	87	ku$_4$
	9	ku$_5$, ḫas, ḫaš, kud, kur$_5$, qud, sil, sila, šil, tar, tara, ṭar
	856	ku$_6$, ḫa
	171	ku$_7$, gurušda
	350	kub, du, gin, gub, im$_6$, kin$_7$, qub, rá, ša$_4$, túm, ṭù
	149	kùb, ḫúb
	9	kud, ḫas, ḫaš, ku$_5$, kur$_5$, qud, sil, sila, šil, tar, tara, ṭar
	745	kug, kù
, 	117	kul, gúl, numun, qul, zir
	682	kúl, gul, qúl, sún, šùn
	339	kum, qu, qum
	313	kúm,bar$_7$, bí, bil, bir$_9$, dè, izi, lám, li$_9$, ne, ni$_5$, pi$_5$, pil, ṭè, ṭi$_5$
	131	kun

Zeichen	Nr.	Bedeutung
	130	kun$_8$, máš
	872	kunga
	769	**kùnin?**
	578	kur, gìn, kìn, lad, mad, nad, sad, šad
	92	kúr, bab, pab
	180	kùr, gur, qur
	9	kur$_5$, ḫas, ḫaš, ku$_5$, kud, qud, sil, sila, šil, tar, tara, ṭar
	746	kurum$_6$, pad, šug, šuku
	730	kurum$_7$
	119	kúrun, din, tén, tin
	16	kus, kuš, kuz, su
	900	kús, gúm, ḫum, ḫus, lu$_4$, lum, núm
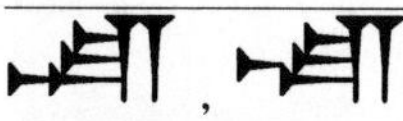	16	kuš, kus, kuz, su
	512	kúš, dùl, súr, šúr
	490	kùš, sam, šam, ú
	357	kuš$_7$, es$_5$, eš$_{15}$, ís, iš, mil, saḫar
	710	kušu
	896	kúšu, ùḫ

Zeichen	Nr.	Bedeutung
	16	kuz, kus, kuš, su
l		
	89	la
	750	lá
	751	la$_5$
	496	lab, dan, esi, guruš, kal, lamma, líb, rib, tan, ṭan
	578	lad, gìn, kìn, kur, mad, nad, sad, šad
	485	lag, ka$_9$, sag$_5$, sanga, síd, šid, šita$_5$, šiti, umbisag
	755	lagab, gíl, ḫab, kil, kìr, nígin, qil, qìr, reme, rì, rim, rin
	719	lagar
	596	laḫ, babbar, bír, dám, ḫád, ḫiš, liḫ, par, pir, ta$_5$, tam, tú, ṭám, u$_4$, ud, ut, uṭ utu
	613	láḫ, bìr, líḫ, par$_5$, pír
	494	làḫ, lìḫ, luḫ, raḫ, riḫ, sukkal
	350a	laḫ$_4$
	**350b?**	**laḫ$_5$**
	441	**laḫta?**

Zeichen	Nr.	Bedeutung
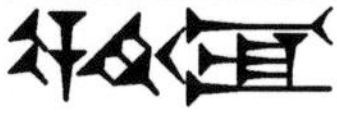	616	laḫtan
	750	lal
	751	la$_5$
	170	làl
	250	**làl? (Variante?)**
	693	lam
	313	lám, bar$_7$, bí, bil, bir$_9$, dè, izi, kúm, li$_9$, ne, ni$_5$, pi$_5$, pil, ṭè, ṭi$_5$
	496	lamma, dan, esi, guruš, kal, lab, líb, rib, tan, ṭan
	85	le, li
	380	lé, dig, ì, ìa, lí, né, ni, ṣal, tíg, zal
	724	lè, bad$_5$, igi, lì, lim, še$_{20}$, ši
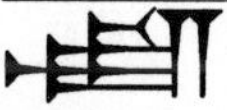	85	li, le
	380	lí, dig, ì, ìa, lé, né, ni, ṣal, tíg, zal
	724	lì, bad$_5$, igi, lè, lim, še$_{20}$, ši
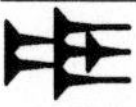	253	li$_6$, gan, ḫé, kan, qan
	313	li$_9$, bar$_7$, bí, bil, bir$_9$, dè, izi, kúm, lám, ne, ni$_5$, pi$_5$, pil, ṭè, ṭi$_5$

Zeichen	Nr.	Bedeutung
	570	lib, bàḫ, ka$_5$, lub, lul, nar, paḫ, puḫ
	496	líb, dan, esi, guruš, kal, lab, lamma, rib, tan, ṭan
	599	lìb, šà
	732	libir
	677	libiš, kír
	672	lid, áb, rém, réme, rím
	480	**lidim?**
	828	lig, das, daš, tas, taš, tés, téš, tís, tíš, ur
	596	liḫ, babbar, bír, dám, ḫád, ḫiš, laḫ, par, pir, ta$_5$, tam, tú, ṭám, u$_4$, ud, ut, utu, uṭ
	613	líḫ, bìr, láḫ, par$_5$, pír
	494	lìḫ, làḫ, luḫ, raḫ, riḫ, sukkal
	544	lil
	484	líl, gid, kid, qid, saḫ, síḫ, suḫ$_4$, šàḫ
	879	**lìl?**
	874	**lil$_5$**
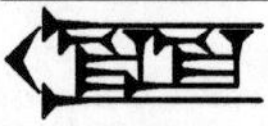	676	liliz

Zeichen	Nr.	Bedeutung
	724	lim, bad_5, igi, lè, lì, $še_{20}$, ši
	215	lím, límmu, Zahl 4
	860	limmu, Zahl 4
	215	límmu, lím, Zahl 4
	506	**$limmu_4$, Zahl 4?**
	591	lis, liš, $šil_4$
	591	liš, lis, $šil_4$
	812	lu, udu
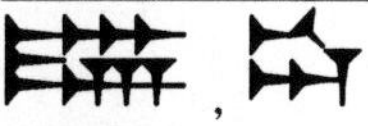	514	lú, $ša_{11}$
	555	lù, gar_5, gúg
	900	lu_4, gúm, ḫum, ḫus, kús, lum, núm
	456	**lu_{10}?**
	570	lub, bàḫ, ka_5, lib, lul, nar, paḫ, puḫ
	286	**lubun?**
	499	lud, dug, tùg
	266	lugal, šàr
	904	**lùgud?**
	494	luḫ, làḫ, lìḫ, raḫ, riḫ, sukkal

Zeichen	Nr.	Bedeutung
	884a?	lukur = MUNUS.ME
	570	lul, bàḫ, ka$_5$, lib, lub, nar, paḫ, puḫ
	702	lulim
	900	lum, gúm, ḫum, ḫus, kús, lu$_4$, núm
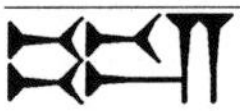	362	lunga, rig, šim
	372	lúnga, dumgal
	373	lùnga, bappir
	m	
	552	ma, pèš
	201	má
	387	mà, mal, ba$_4$, gá, pisan
	62	ma$_5$, mù
	45	**ma$_8$?**
	578	mad, gìn, kìn, kur, lad, nad, sad, šad
	91	maḫ, miḫ
	387	mal, mà, ba$_4$, gá, pisan
	207	mál, dir, sa$_5$, ṭir
	708	mam, man, mìm, mìn, nis, niš, Zahl 20

Zeichen	Nr.	Bedeutung
	883	mám, mí, mim, munus, rag, sal, ša$_{12}$, šal
	708	man, mam, mìm, mìn, nis, niš, Zahl 20
	483	mar
	120	mas, maš, sa$_9$
	461	**mássa?**
	120	maš, mas, sa$_9$
	130	máš, kun$_8$
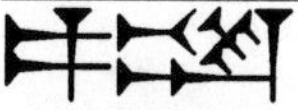	464h	maškim
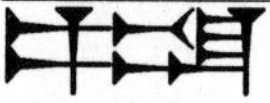	464g	máškim
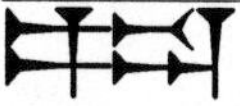	464f	màškim
	753	me, méš, mì, sib, šib
	681	mé, ge$_6$, gi$_6$, mi, ṣíl
	53	mè (Variante, -> # 129)
 , 	129	mè (-> Variante # 53)
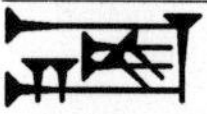	405	**me$_7$?**
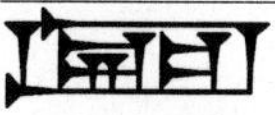	771	**me$_9$?**
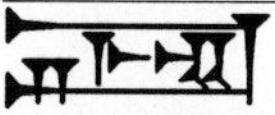	427	men
	792	**men$_4$?**

Zeichen	Nr.	Bedeutung
	486	mes, kišib, mèš, mis, miš, rid
	754	meš, míš
	753	méš, me, mì, sib, šib
	486	mèš, kišib, mes, mis, miš, rid
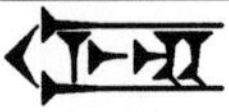	679	meze
	681	mi, ge$_6$, gi$_6$, mé, ṣíl
	883	mí, mám, mim, munus, rag, sal, ša$_{12}$, šal
	753	mì, me, méš, sib, šib
	113	mid, bad, bat, be, bi$_4$, bíd, idim, múd, pè, pì, píd, sun, šum$_4$, til, ug$_7$, úš, zis
	91	miḫ, maḫ
	357	mil, es$_5$, eš$_{15}$, ís, iš, kuš$_7$, saḫar
	883	mim, mám, mí, munus, rag, sal, ša$_{12}$, šal
	708	mìm, mam, man, mìn, nis, niš, Zahl 20
	825	min, Zahl 2
	708	mìn, mam, man, mìm, nis, niš, Zahl 20
	887	min$_4$, ereš, eriš, in$_5$, nin
	556	mir, aga, nimgir, uku

Zeichen	Nr.	Bedeutung
	486	mis, kišib, mes, mèš, miš, rid
	486	miš, kišib, mes, mèš, mis, rid
	754	míš, meš
	98	mu, ia$_5$, muḫaldim
	62	mù, ma$_5$
	809	mu$_4$, ázlag, nám, taškarin, túg, umuš, uš$_4$
	464	muati, gidru, ḫad, ḫás, pa, sàg, sìg, ugula, zág
	137	mud
	113	múd, bad, bat, be, bi$_4$, bíd, idim, mid, pè, pì, píd, sun, šum$_4$, til, ug$_7$, úš, zis
	621	mùd
	12	mug, bug, pug
	663	muḫ, ugu
	188	**múḫ?**
	98	muḫaldim, ia$_5$, mu
	247	mul
	589	múl, de$_4$, gal$_5$, te, ti$_7$, ṭe$_4$, ṭi$_4$
	698	mul$_4$, du$_7$, ul

Zeichen	Nr.	Bedeutung
	168	mun
	820	munšub
	823	múnšub
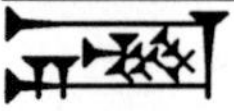	401	**mùnu?**
	94	munu$_4$, bùlug, dim$_4$
	94a	munu$_5$
	94a	munu$_6$
	94a	munu$_7$
	883	munus, mám, mí, mim, rag, sal, ša$_{12}$, šal
	644	mur, àr, ḫar, ḫír, ḫur, kín, ur$_5$
	906	murgu
	901	múrgu
	35	**mùrgu?**
	545	múru, murub$_4$, nisag
	545	murub$_4$, múru, nisag
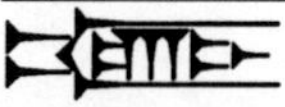	330	murum$_{11}$
	585	muš, rig$_{13}$, ṣir
	152	múš, suḫ, šuḫ, tišpak

Zeichen	Nr.	Bedeutung
	153	mùš, inanna, innin
	132	mušen, bag, baḫ, ḫu, pag
	780	**muššagana?**

n

Zeichen	Nr.	Bedeutung
	110	na
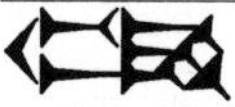	689	ná, nú
	385	na$_4$, ia$_4$, zá
	566	na$_5$, ša, zur$_8$
	246	nab
	578	nad, gìn, kìn, kur, lad, mad, sad, šad
	64	nag
	293	naga, nídaba, nísaba
	893	nagar, alla
	134	nam, bir$_5$, sim, sín
	809	nám, ázlag, mu$_4$, taškarin, túg, umuš, uš$_4$
	602	**nanam?**
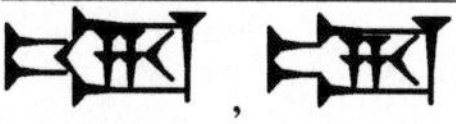	236	nanše, nina

Zeichen	Nr.	Bedeutung
	570	nar, bàḫ, ka$_5$, lib, lub, lul, paḫ, puḫ
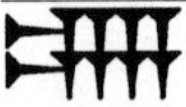	502	nàr, nir
	313	ne, bar$_7$, bí, bil, bir$_9$, dè, izi, kúm, lám, li$_9$, ni$_5$, pi$_5$, pil, ṭè, ṭi$_5$
	380	né, dig, ì, ìa, lé, lí, ni, ṣal, tíg, zal
	701	nè, gìr, pirig, šákkan
	806	nenni
	380	ni, dig, ì, ìa, lé, lí, né, ṣal, tíg, zal
	641	ní, em, im, iškur, šar$_5$
	859	nì, gar, níg, ninda, šá
	313	ni$_5$, bar$_7$, bí, bil, bir$_9$, dè, izi, kúm, lám, li$_9$, ne, pi$_5$, pil, ṭè, ṭi$_5$
	381	nid, nita, ús, uš
	293	nidaba, nisaba
	293	nídaba, naga, nísaba
	850	**nieš?**
	898	nig
	859	níg, gar, nì, ninda, šá

Zeichen	Nr.	Bedeutung
	208	**nìg?**
	579	niga, nigu, še
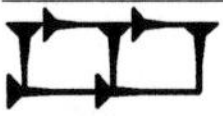	804	nigin
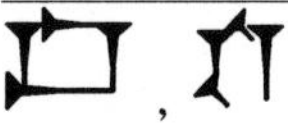	755	nígin, gíl, ḫab, kil, kìr, lagab, qil, qìr, reme, rì, rim, rin
	707	nìgin
	706	$nigin_4$
	234	**$nigin_6$?**
	164a	**nìgir?**
	34	**nigru?**
	579	nigu, niga, še
	579	nigu, niga, še
	690	nim, dìḫ, elam, nù, num, tum_4
	556	nimgir, aga, mir, uku
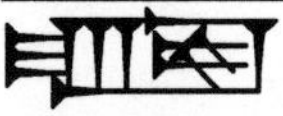	557	nímgir, dun_4
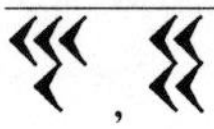	712	nimin, Zahl 40
	847	**nìmin?**
	887	nin, ereš, eriš, in_5, min_4
	886	nin_9

Zeichen	Nr.	Bedeutung
	236	nina, nanše
	859	ninda, gar, nì, níg, šá
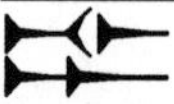	316	nínda
	801	**nindu?**
	587a	ninni$_5$
	714	ninnu, Zahl 50
	502	nir, nàr
	708	nis, mam, man, mìm, mìn, niš, Zahl 20
	293	nisaba, nidaba
	293	nísaba, naga, nídaba
	545	nisag, múru, murub$_4$
	708	niš, mam, man, mìm, mìn, nis, Zahl 20
	469	níš, es, eṣ, ez, geš, gis, giš, is, iṣ, iz, kís
	381	nita, nid, ús, uš
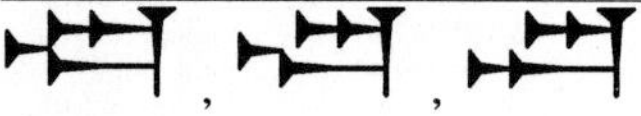	18	níta, arad, èr, ìr
	112	nu
	689	nú, ná
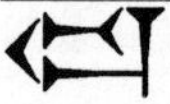	690	nù, dìḫ, elam, nim, num, tum$_4$

Zeichen	Nr.	Bedeutung
	115	nu_{11}, šir, šùr
	365	**nug?**
	366	**núg?**
	690	num, dìḫ, elam, nim, nù, tum_4
	900	núm, gúm, ḫum, ḫus, kús, lu_4, lum
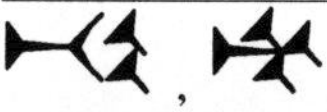	117	numun, gúl, kul, qul, zir
	102	númun, aški, $šub_5$, zukum
	143	nun, eridu, síl, ṣil, zil
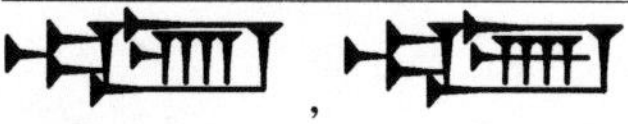	31	nundum
	614	nunuz
	467	nuska

<u>p</u>

	464	pa, gidru, ḫad, ḫás, muati, sàg, sìg, ugula, zág
	14	pá, ba
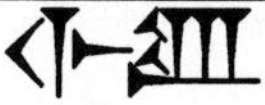	725	pà, pàd
	92	pab, bab, kúr
	746	pad, $kurum_6$, šug, šuku
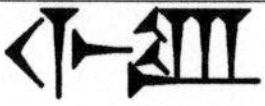	725	pàd, pà

Zeichen	Nr.	Bedeutung
	132	pag, bag, baḫ, ḫu, mušen
	570	paḫ, bàḫ, ka$_5$, lib, lub, lul, nar, puḫ
	5	pal, bal, bala, bùl, pùl
	685	pan, ban
	849	papnun
	596	par, babbar, bír, dám, ḫád, ḫiš, laḫ, liḫ, pir, ta$_5$, tam, tú, ṭám, u$_4$, ud, ut, utu, uṭ
	121	pár, bar
	438	pàr, dag, tág, ták
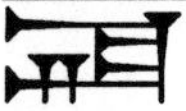	435	par$_4$, kisal
	613	par$_5$, bìr, láḫ, líḫ, pír
	598	pe, à, aw, geštu, ja, ji, ju, pi, tál, tála, wa, we, wi, wu, ya, yi, yu
	358	pé, bé, bi, gaš, kás, kaš, pí
	113	pè, bad, bat, be, bi$_4$, bíd, idim, mid, múd, pì, píd, sun, šum$_4$, til, ug$_7$, úš, zis
	741	péš (Variante, -> # 882)
	882	péš (Variante, -> # 741)
	552	pèš, ma

Zeichen	Nr.	Bedeutung
	608	peš$_4$
	598	pi, à, aw, geštu, ja, ji, ju, pe, tál, tála, wa, we, wi, wu, ya, yi, yu
	358	pí, bé, bi, gaš, kás, kaš, pé
	313	pi$_5$, bar$_7$, bí, bil, bir$_9$, dè, izi, kúm, lám, li$_9$, ne, ni$_5$, pil, ṭè, ṭi$_5$
	495	pid, bid, é
	113	píd, bad, bat, be, bi$_4$, bíd, idim, mid, múd, pè, pì, sun, šum$_4$, til, ug$_7$, úš, zis
	881	pig, big, sig, šì, šig, zíg
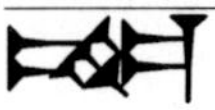	313	pil, bar$_7$, bí, bil, bir$_9$, dè, izi, kúm, lám, li$_9$, ne, ni$_5$, pi$_5$, ṭè, ṭi$_5$
	312	píl, bíl, gibil
	90	pin, apin, engar, uru$_4$, uš$_8$
	596	pir, babbar, bír, dám, ḫád, ḫiš, laḫ, liḫ, par, ta$_5$, tam, tú, ṭám, u$_4$, ud, ut, utu, uṭ
	613	pír, bìr, láḫ, líḫ, par$_5$
	643	pìr, bir
	701	pirig, gìr, nè, šakkan
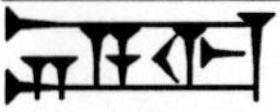	429	**piru?**

Zeichen	Nr.	Bedeutung
	558	pis, bís, biš, gir, kir, piš, pùš, qer, qir
	387	pisan ba$_4$, gá, mà, mal
	558	piš, bís, biš, gir, kir, pis, pùš, qer, qir
	580	pu, bu, gíd, qíd, sír, šír
	786	pú, túl, ṭul
	33	pù
	12	pug, bug, mug
	570	puḫ, bàḫ, ka$_5$, lib, lub, lul, nar, paḫ
	788	pul, bul
	8	púl, búl, búr, sun$_5$, ušum
	5	pùl, bal, bala, bùl, pal
	559	pur, bur
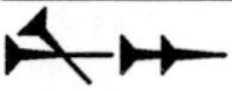	93	púš
	558	pùš, bís, biš, gir, kir, pis, piš, qer, qir

q

	99	qa, sìla, šál
	491	qá, ga, kà

Zeichen	Nr.	Bedeutung
	298	qab, du$_8$, duḫ, gab, gaba, táḫ, tuḫ, ṭáḫ, ṭuḫ
	148	qáb, gáb, gùb, kab, kap
	561	qàb, da, ṭa
	567	qad, šu
	567a	qád, Ligatur: ŠU×MIN
	157	qàd, gad, gada, kad
	379	qag, dà, dù, gag, kag, kàl, rú
	553	qal, gal, kál
	80v	qál
	576	qam, gam, gúr
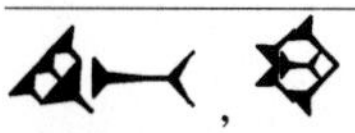 (-> a. # 595)	640	qám, gám, kam, útul
	253	qan, gan, ḫé, kan, li$_6$
	543	qar, gàr, kàr
	815	qe, gur$_{10}$, kin, qi, qin
	737	qé, ke, ki, qí, Ligatur: 60-šu
	558	qer, bís, biš, gir, kir, pis, piš, pùš, qir
	815	qi, gur$_{10}$, kin, qe, qin
	737	qí, ke, ki, qé, Ligatur: 60-šu

Zeichen	Nr.	Bedeutung
	141	qì, ge, gi
	378	qib, gíb, kib, tur$_4$, ṭur$_4$, ùl
	484	qid, gid, kid, líl, saḫ, síḫ, suḫ$_4$, šàḫ
	580	qíd, bu, gíd, pu, sír, šír
	705	qig, gig
	755	qil, gíl, ḫab, kil, kìr, lagab, nígin, qìr, reme, rì, rim, rin
	686	qim, dím, gim, kim, šidim, šitim, ṭím
	815	qin, gur$_{10}$, kin, qe, qi
	558	qir, bís, biš, gir, kir, pis, piš, pùš, qer
	755	qìr,gíl, ḫab, kil, kìr, lagab, nígin, qil, reme, rì, rim, rin
	678	qis, kis, kiš, qiš
	678	qiš, kis, kiš, qis
	339	qu, kum, qum
	808	qú, dúr, gu$_5$, ku, suḫ$_5$, tukul, tur$_7$, tuš, ṭúr
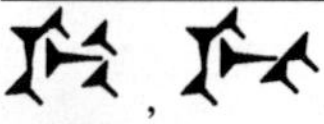	891	qù, gu
	350	qub, du, gin, gub, im$_6$, kin$_7$, kub, rá, ša$_4$, túm, ṭù

Zeichen	Nr.	Bedeutung
	9	qud, ḫas, ḫaš, ku_5, kud, kur_5, sil, sila, šil, tar, tara, ṭar
	117	qul, gúl, kul, numun, zir
	682	qúl, gul, kúl, sún, šùn
	339	qum, kum, qu
	180	qur, gur, kùr

r

Zeichen	Nr.	Bedeutung
	511	ra
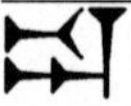	350	rá, du, gin, gub, im_6, kin_7, kub, qub, $ša_4$, túm, ṭù
	262	rab
	139	rad, rud, šìta
	883	rag, mám, mí, mim, munus, sal, $ša_{12}$, šal
	494	raḫ, làḫ, lìḫ, luḫ, riḫ, sukkal
	326	ram, ág
	442	**rapiqu?**
	302	ras, kas, kaskal, raš
	302	raš, kas, kaskal, ras
	827	ráš, dúg, tug, tuku
	142	re, dal, ri, tal, ṭal

Zeichen	Nr.	Bedeutung
	71	ré, eri, iri, rí, u$_{19}$, uru
	672	rém, áb, lid, réme, rím
	755	reme, gíl, ḫab, kil, kìr, lagab, nígin, qil, qìr, rì, rim, rin
	672	réme, áb, lid, rém, rím
	142	ri, dal, re, tal, ṭal
	71	rí, eri, iri, ré, u$_{19}$, uru
	755	rì, gíl, ḫab, kil, kìr, lagab, nígin, qil, qìr, reme, rim, rin
	586	ri$_8$
	496	rib, dan, esi, guruš, kal, lab, lamma, líb, tan, ṭan
	486	rid, kišib, mes, mèš, mis, miš
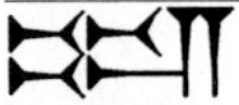	362	rig, lunga, šim
	884	ríg, súm, ṣu, ṣum, zum
	464d	rig$_7$
	585	rig$_{13}$, muš, ṣir
	494	riḫ, làḫ, lìḫ, luḫ, raḫ, sukkal
	755	rim, gíl, ḫab, kil, kìr, lagab, nígin, qil, qìr, reme, rì, rin
	672	rím, áb, lid, rém, réme

Zeichen	Nr.	Bedeutung
	755	rin, gíl, ḫab, kil, kìr, lagab, nígin, qil, qìr, reme, rì, rim
	184	ris, riš, sag, šag
	184	riš, ris, sag, šag
	111	ru, šub
	379	rú, dà, dù, gag, kag, kàl, qag
	1	rù, aš, dil, dili, in$_6$, ina, rum, ṭil, Zahl 1
	77	ru$_4$, úru
	300	ru$_6$, edin
	74	**ru$_{11}$?**
	139	rud, rad, šìta
	17	rug, dur$_{10}$, šen, šin, šun
	1	rum, aš, dil, dili, in$_6$, ina, rù,ṭil, Zahl 1

s

Zeichen	Nr.	Bedeutung
	594	**s$_1$?**
	630	**s$_2$?**
	592	**s$_3$?**
	30	**s$_4$?**
	327	**s$_5$?**

Zeichen	Nr.	Bedeutung
	278	**s_6?**
	249	**s_7?**
	698a	**s_9?**
	763	**s_{10}?**
	172	sa
	736	sá, de, di, silim, šùl, ṭe, ṭi
	851	sà, ṣa, za
	138	sa_4
	207	sa_5, dir, mál, ṭir
	571	sa_6, gišimmar
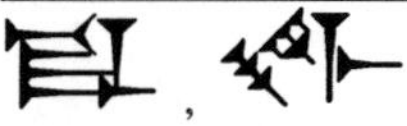	564	sa_7, sig_7
	120	sa_9, mas, maš
	333	sa_{10}, sám, šám
	182	sa_{11}, si_4, su_4, $usan_4$?
	466	sab, šab
	422	**sabad?**
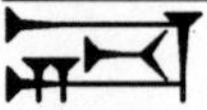	395	**sábad?**
	578	sad, gìn, kìn, kur, lad, mad, nad, šad

Zeichen	Nr.	Bedeutung
	184	sag, ris, riš, šag
	464	sàg, gidru, ḫad, ḫás, muati, pa, sìg, ugula, zág
	485	sag$_{5}$, ka$_{9}$, lag, sanga, síd, šid, šita$_{5}$, šiti, umbisag
	187	**sagdu**
	671	sagšu
	484	saḫ, gid, kid, líl, qid, síḫ, suḫ$_{4}$, šàḫ
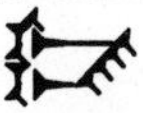	892	saḫ$_{4}$, sùḫ
	357	saḫar, es$_{5}$, eš$_{15}$, ís, iš, kuš$_{7}$, mil
	541	sakar, kiri$_{6}$, sar, šar
	883	sal, mám, mí, mim, munus, rag, ša$_{12}$, šal
	490	sam, kùš, šam, ú
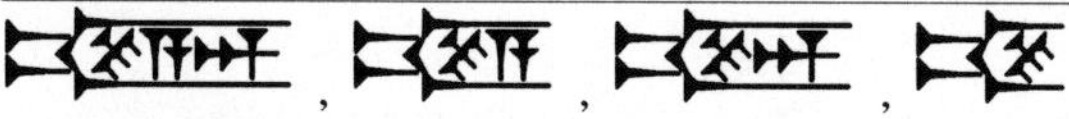	333	sám, sa$_{10}$, šám
	244	**sámag?**
	237a?	**sàmag?**
	245	**samag$_{5}$?**

Zeichen	Nr.	Bedeutung
	245a	**samag$_5$?**
	485	sanga, ka$_9$, lag, sag$_5$, síd, šid, šita$_5$, šiti, umbisag
	541	sar, kiri$_6$, sakar, šar
 (-> Var. # 687) 	632	sár, šár
	767	sar$_6$, ṣar, zar
	181	se, si, ší
	140	sé, sí, ṣé, ṣí, ze, zi
	292	sè, sì, sum, šúm
	155	sed
	181	si, se, ší
	140	sí, sé, ṣé, ṣí, ze, zi
	292	sì, sè, sum, šúm
	182	si$_4$, sa$_{11}$, su$_4$, usan$_4$?
	259	si$_{20}$, ṣe, ṣi, zé, zí
	753	sib, me, méš, mì, šib
	765	**sidug?**
	485	síd, ka$_9$, lag, sag$_5$, sanga, šid, šita$_5$, šiti, umbisag

Zeichen	Nr.	Bedeutung
	881	sig, big, pig, šì, šig, zíg
	816	síg, sík, siki, šíg
	464	sìg, gidru, ḫad, ḫás, muati, pa, sàg, ugula, zág
	905	sig$_4$, gar$_8$
	729	sig$_5$
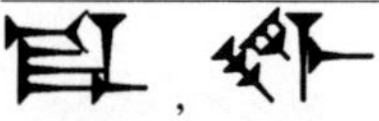	564	sig$_7$, sa$_7$
	23	siḫ, šaḫ, šiḫ
	484	síḫ, gid, kid, líl, qid, saḫ, suḫ$_4$, šàḫ
	816	sík, síg, siki, šíg
	816	siki, síg, sík, šíg
	899	sikil, el, il$_5$
	9	sil, ḫas, ḫaš, ku$_5$, kud, kur$_5$, qud, sila, šil, tar, tara, ṭar
	143	síl, eridu, nun, ṣil, zil
	289	sil$_7$
	9	sila, ḫas, ḫaš, ku$_5$, kud, kur$_5$, qud, sil, šil, tar, tara, ṭar
	99	sìla, qa, šál
	99	sìla (Variante?)

Zeichen	Nr.	Bedeutung
	408	sila$_4$, gazi
	736	silim, de, di, sá, šùl, ṭe, ṭi
	134	sim, bir$_5$, nam, sín
	547	simug, dé
	711	sin, bà, és, eš, is$_5$, ìš, ùšu, Zahl 30
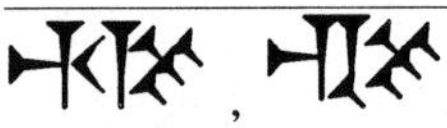	134	sín, bir$_5$, nam, sim
	468	sipa
	584	sir, sù, sud, šud
	580	sír, bu, gíd, pu, qíd, šír
	582	sirsir
	535	sis, siš, šas, šaš, šeš, šis, šiš
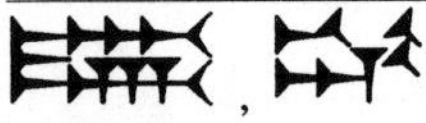	535	siš, sis, šas, šaš, šeš, šis, šiš
	696	sizkur
	16	su, kus, kuš, kuz
	15	sú, ṣú, zu
	584	sù, sir, sud, šud
	182	su$_4$, sa$_{11}$, si$_4$, usan$_4$?
	32	su$_6$

Zeichen	Nr.	Bedeutung
	722	su$_7$
	44	sub
	584	sud, sir, sù, šud
	795	sug, ambar, as$_4$, zug
	152	suḫ, múš, šuḫ, tišpak
	892	sùḫ, saḫ$_4$
	484	suḫ$_4$, gid, kid, líl, qid, saḫ, síḫ, šàḫ
	808	suḫ$_5$, dúr, gu$_5$, ku, qú, tukul, tur$_7$, tuš, ṭúr
	646	suḫur
	351	suḫuš
	494	sukkal, làḫ, lìḫ, luḫ, raḫ, riḫ
	338	sukud, galam
	744	sul, dun, šáḫ, šul
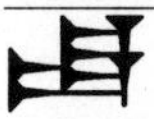	292	sum, sè, sì, šúm
	884	súm, ríg, ṣu, ṣum, zum
	323	**sumaš**
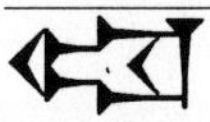	682	sún, gul, kúl, qúl, šùn
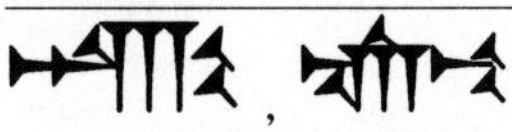	8	sun$_5$, búl, búr, púl, ušum

Zeichen	Nr.	Bedeutung
	113	sun, bad, bat, be, bi$_4$, bíd, idim, mid, múd, pè, pì, píd, šum$_4$, til, ug$_7$, úš, zis
	151	sur, šur
	512	súr, dùl, kúš, šúr
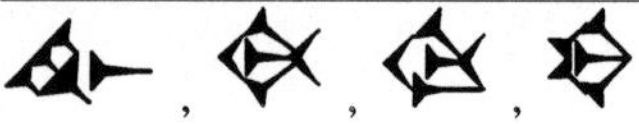	634	sùr

ṣ

Zeichen	Nr.	Bedeutung
	851	ṣa, sà, za
	612	ṣab, erim, érin, zab, zálag
	380	ṣal, dig, ì, ìa, lé, lí, né, ni, tíg, zal
	767	ṣar, sar$_6$, zar
	259	ṣe, si$_{20}$, ṣi, zé, zí
	140	ṣé, sé, sí, ṣí, ze, zi
	259	ṣi, si$_{20}$, ṣe, zé, zí
	140	ṣí, sé, sí, ṣé, ze, zi
	628	ṣib, zib
	143	ṣil, eridu, nun, síl, zil
	681	ṣíl, ge$_6$, gi$_6$, mé, mi
	585	ṣir, muš, rig$_{13}$
	884	ṣu, ríg, súm, ṣum, zum

Zeichen	Nr.	Bedeutung
	15	ṣú, sú, zu
	884	ṣum, ríg, súm, ṣu, zum
	695	ṣur, amar, zur

š

	566	ša, na$_5$, zur$_8$
	859	šá, gar, nì, níg, ninda
	599	šà, lìb
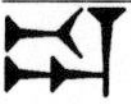	350	ša$_4$, du, gin, gub, im$_6$, kin$_7$, kub, qub, rá, túm, ṭù
	514	ša$_{11}$, lú
	883	ša$_{12}$, mám, mí, mim, munus, rag, sal, šal
	466	šab, sab
	464i	šabra, šapra
	578	šad, gìn, kìn, kur, lad, mad, nad, sad
	184	šag, ris, riš, sag
	684	šagan, šáman
	23	šaḫ, siḫ, šiḫ
	744	šáḫ, dun, sul, šul
	484	šàḫ, gid, kid, líl, qid, saḫ, síḫ, suḫ$_4$

Zeichen	Nr.	Bedeutung
	76	šàkir
	701	šakkan, gìr, né, pirig
	883	šal, mám, mí, mim, munus, rag, sal, $ša_{12}$
	99	šál, qa, sìla
	490	šam, kùš, sam, ú
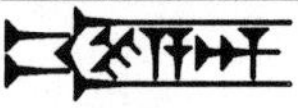, , 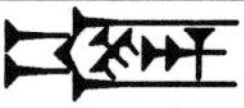, 	333	šám, sa_{10}, sám
	320	šàm
	684	šáman, šagan
	832	šanabi
	464i	šapra, šabra
	369	**šáqa?**
	541	šar, $kiri_6$, sakar, sar
,  (-> Var. # 687), , , 	632	šár, sár
	266	šàr, lugal
	641	$šar_5$, em, im, iškur, ní
	776	šára
	457	**šaran?**

Zeichen	Nr.	Bedeutung
	535	šas, sis, siš, šaš, šeš, šis, šiš
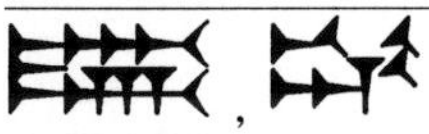	535	šaš, sis, siš, šas, šeš, šis, šiš
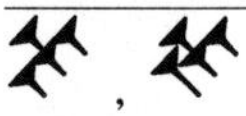	579	še, niga, nigu
	810	šè, éš, gi$_7$, ḫun, úb, zì, zíd
	154	**še$_{12}$?**
	724	še$_{20}$, bad$_5$, igi, lè, lì, lim, ši
	42	še$_{25}$
	47	še$_{26}$
	843	**šèdu?**
	781	**šedur?**
	839e	šeg$_4$
	72	**šeg$_5$?**
	873	šeg$_8$
	878	šeg$_9$
	368	**še/ imbi?**
	371	**šémbulug?**
	374	**šemešal?**
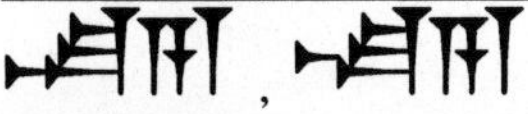	17	šen, dur$_{10}$, rug, šin, šun
	779	**šerimsur?**

Zeichen	Nr.	Bedeutung
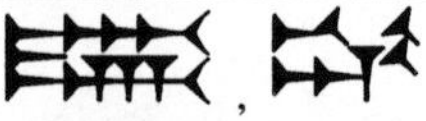	535	šeš, sis, siš, šas, šaš, šis, šiš
	821	šéš
	100	**šešlam?**
	724	ši, bad$_{5}$, igi, lè, lì, lim, še$_{20}$
	181	ší, se, si
	881	šì, big, pig, sig, šig, zíg
	753	šib, me, méš, mì, sib
	667	šibir, ušbar$_{5}$
	485	šid, ka$_{9}$, lag, sag$_{5}$, sanga, síd šita$_{5}$, šiti, umbisag
	686	šidim, dím, gim, kim, qim, šitim, ṭím
	881	šig, big, pig, sig, šì, zíg
	816	šíg, síg, sík, siki
	23	šiḫ, siḫ, šaḫ
	9	šil, ḫas, ḫaš, ku$_{5}$, kud, kur$_{5}$, qud, sil, sila, tar, tara, ṭar
	591	šil$_{4}$, lis, liš
	147	šilam
	79	šilig, asal, asari
	362	šim, lunga, rig

Zeichen	Nr.	Bedeutung
	368	**še/ imbi?**
	364	**šimmug?**
	363	**šímmug?**
	367	**šìmmug?**
	17	šin, dur$_{10}$, rug, šen, šun
	162	šinig
	115	šir, nu$_{11}$, šùr
	580	šír, bu, gíd, pu, qíd, sír
	271	šìr, ezen, ḫir, kešda
	311	šir$_4$, uzu
	535	šis, sis, siš, šas, šaš, šeš, šiš
	535	šiš, sis, siš, šas, šaš, šeš, šis
	388	šita
	434	šíta
	139	šìta, rad, rud
	699	šita$_4$
	485	šita$_5$, ka$_9$, lag, sag$_5$, sanga, síd, šid, šiti, umbisag
	485	šiti, ka$_9$, lag, sag$_5$, sanga, síd, šid, šita$_5$, umbisag

Zeichen	Nr.	Bedeutung
	686	šitim, dím, gim, kim, qim, šidim, ṭím
	567	šu, qad
	869	šú
	802	**šu$_5$?**
	803	**šu$_6$?**
	221	šu$_{14}$, šum, tag
	111	šub, ru
	102	šub$_5$, aški, númun, zukum
 , 	22	šubur
	584	šud, sir, sù, sud
	49	šùdu
	876	šudun
	829	**šudun$_5$?**
	746	šug, kurum$_6$, pad, šuku
	152	šuḫ, múš, suḫ, tišpak
	746	šuku, kurum$_6$, pad, šug
	744	šul, dun, sul, šáḫ
	736	šùl, de, di, sá, silim, ṭe, ṭi

Zeichen	Nr.	Bedeutung
	221	šum, šu$_{14}$, tag
	292	šúm, sè, sì, sum
	113	šum$_{4}$, bad, bat, be, bi$_{4}$, bíd, idim, mid, múd, pè, pì, píd, sun, til, ug$_{7}$, úš, zis
	831	**šumelu?**
	721a	**šumunda?**
	17	šun, dur$_{10}$, rug, šen, šin
	682	šùn, gul, kúl, qúl, sún
	151	šur, sur
	512	šúr, dùl, kúš, súr
	115	šùr, nu$_{11}$, šir
	750a?	šur$_{4}$ (= LAL-SAR)
	446	**šurun$_{4}$?**
	826	šušana, ⅓
	648	šušur
	649	**šúšur?**

t

Zeichen	Nr.	Bedeutung
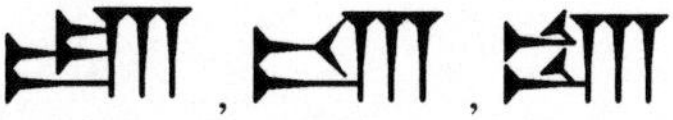	248	ta

Zeichen	Nr.	Bedeutung
	596	ta$_5$, babbar, bír, dám, ḫád, ḫiš, laḫ, liḫ, par, pir, tam, tú, ṭám, u$_4$, ud, ut, utu, uṭ
	209	tab, dáb, tap, ṭab
	106	tad, dad, tag$_4$, ṭad
	221	tag, šu$_{14}$, šum
	438	tág, dag, pàr, ták
	386	tàg, dàg
	106	tag$_4$, dad, tad,ṭad
	301	taḫ, daḫ, ṭaḫ
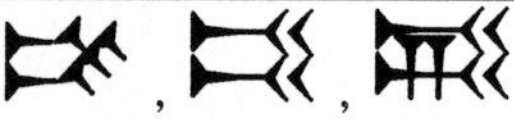	298	táḫ, du$_8$, duḫ, gab, gaba, qab, tuḫ, ṭáḫ, ṭuḫ
	438	ták, pàr, dag, tág
	142	tal, dal, re, ri,ṭal
	598	tál, à, aw, geštu, ja, ji, ju, pe, pi, tála, wa, we, wi, wu, ya, yi, yu
	598	tála, à, aw, geštu, ja, ji, ju, pe, pi, tál, wa, we, wi, wu, ya, yi, yu
	596	tam, babbar, bír, dám, ḫád, ḫiš, laḫ, liḫ, par, pir, ta$_5$, tú, ṭám, u$_4$, ud, ut, utu, uṭ
	889	tám, dam, ṭam

Zeichen	Nr.	Bedeutung
	496	tan, dan, esi, guruš, kal, lab, lamma, líb, rib, ṭan
	209	tap, dáb, tab, ṭab
	9	tar, ḫas, ḫaš, ku$_5$, kud, kur$_5$, qud, sil, sila, šil, tara, ṭar
	183	tár, dar, gùn,ṭár
	166	tàr, dàr, dàra, tàra, ṭàr
	9	tara, ḫas, ḫaš, ku$_5$, kud, kur$_5$, qud, sil, sila, šil, tar, ṭar
	166	tàra, dàr, dàra, tàr, ṭàr
	828	tas, das, daš, lig, taš, tés, téš, tís, tíš, ur
	828	taš, das, daš, lig, tas, tés, téš, tís, tíš, ur
	748	táš, ana, dáš, diš, géš, gì, il$_4$, tis, tiš, ṭiš, Zahl 1
	809	taškarin, ázlag, mu$_4$, nám, túg, umuš, uš$_4$
	589	te, de$_4$, gal$_5$, múl, ti$_7$, ṭe$_4$, ṭi$_4$
	633	té, de$_8$, dí, tí, ṭé, ṭí
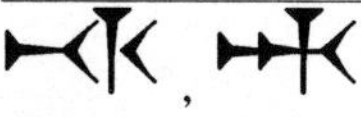	118	te$_9$, ti, ṭì
	119	tén, din, kúrun, tin
	587	ter, tir, ṭir$_5$

Zeichen	Nr.	Bedeutung
	828	tés, das, daš, lig, tas, taš, téš, tís, tíš, ur
	828	téš, das, daš, lig, tas, taš, tés, tís, tíš, ur
	118	ti, te$_9$, ṭì
	633	tí, de$_8$, dí, té, ṭé, ṭí
	167	tì, dim, tim, ṭim
	589	ti$_7$, de$_4$, gal$_5$, múl, te, ṭe$_4$, ṭi$_4$
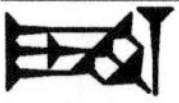	560	ti$_8$, á, ed, et, eṭ, id, it, iṭ
	813	tib, dab, dib, ṭib
	176	tig, gú
	380	tíg, dig, ì, ìa, lé, lí, né, ni, ṣal, zal
	113	til, bad, bat, be, ƀi$_4$, bíd, idim, mid, múd, pè, pì, píd, sun, šum$_4$, ug$_7$, úš, zis
	574	tilla, uri
	167	tim, dim, tì, ṭim
	119	tin, din, kúrun, tén
	587	tir, ter, ṭir$_5$
	464b	**tirtum?**
	748	tis, ana, dáš, diš, géš, gì, il$_4$, táš, tiš, ṭiš, Zahl 1

Zeichen	Nr.	Bedeutung
	828	tís, das, daš, lig, tas, taš, tés, téš, tíš, ur
	748	tiš, ana, dáš, diš, géš, gì, il_4, táš, tís, ṭiš, Zahl 1
	828	tíš, das, daš, lig, tas, taš, tés, téš, tís, ur
	152	tišpak, múš, suḫ, šuḫ
	86	tu, ṭú
	596	tú, babbar, bír, dám, ḫád, ḫiš, laḫ, liḫ, par, pir, ta_5, tam, ṭám, u_4, ud, ut, utu, uṭ
	354	tu_4, dum, éb, íb, tum, ṭum
	26	tu_6
 (auch wie # 238)	242	tub, dub, ṭub, ṭup
	565	túb, balag, dúb, ṭúb
	827	tug, dúg, ráš, tuku
	809	túg, ázlag, mu_4, nám, taškarin, umuš, $uš_4$
	499	tùg, dug, lud
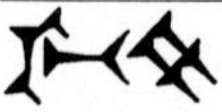	894	tugul
 ,  , 	298	tuḫ, du_8, duḫ, gab, gaba, qab, táḫ, ṭáḫ, ṭuḫ
	827	tuku, dúg, ráš, tug

Zeichen	Nr.	Bedeutung
	808	tukul, dúr, gu$_5$, ku, qú, suḫ$_5$, tur$_7$, tuš, ṭúr
	50	**túkur?**
	720	tul, dul
	786	túl, pú, ṭul
	354	tum, dum, éb, íb, tu$_4$, ṭum
	350	túm, du, gin, gub, im$_6$, kin$_7$, kub, qub, rá, ša$_4$, ṭù
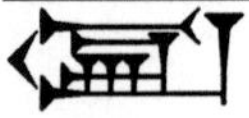	691	tùm
	691a	**tùm?**
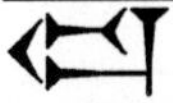	690	tum$_4$, dìḫ, elam, nim, nù, num
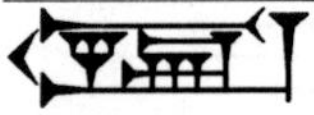	692	tum$_{11}$, kir$_7$
	836	tùn, gín, ṭu
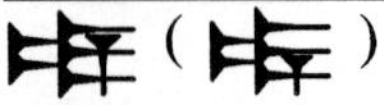	255	tur, bàn, bànda, dumu, ṭùr
	178	túr, dur, ṭur
	145	tùr
	378	tur$_4$, gíb, kib, qib, ṭur$_4$, ùl
	808	tur$_7$, tuš, dúr, gu$_5$, ku, qú, suḫ$_5$, tukul, ṭúr

ṭ

Zeichen	Nr.	Bedeutung
	561	ṭa, da, qàb
	631	ṭà, dùg, ḫe, ḫi
	209	ṭab, dáb, tab, tap
	106	ṭad, dad, tad, tag$_4$
	301	ṭaḫ, daḫ, taḫ
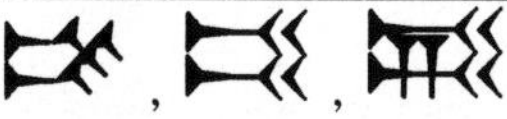	298	ṭáḫ, du$_8$, duḫ, gab, gaba, qab, táḫ, tuḫ, ṭuḫ
	142	ṭal, dal, re, ri, tal
	889	ṭam, dam, tám
	596	ṭám, babbar, bír, dám, ḫád, ḫiš, laḫ, liḫ, par, pir, ta$_5$, tam, tú, u$_4$, ud, ut, utu, uṭ
	496	ṭan, dan, esi, guruš, kal, lab, lamma, líb, rib, tan
	9	ṭar, ḫas, ḫaš, ku$_5$, kud, kur$_5$, qud, sil, sila, šil, tar, tara
	183	ṭár, dar, gùn, tár
	166	ṭàr, dàr, dàra, tàr, tàra
	736	ṭe, de, di, sá, silim, šùl, ṭi
	633	ṭé, de$_8$, dí, té, tí, ṭí
	313	ṭè, bar$_7$, bí, bil, bir$_9$, dè, izi, kúm, lám, li$_9$, ne, ni$_5$, pi$_5$, pil, ṭi$_5$

Zeichen	Nr.	Bedeutung
	589	ṭe$_4$, de$_4$, gal$_5$, múl, te, ti$_7$, ṭi$_4$
	736	ṭi, de, di, sá, silim, šùl, ṭe
	633	ṭí, de$_8$, dí, té, tí, ṭé
 , 	118	ṭì, te$_9$, ti
	589	ṭi$_4$, de$_4$, gal$_5$, múl, te, ti$_7$, ṭe$_4$
	313	ṭi$_5$, bar$_7$, bí, bil, bir$_9$, dè, izi, kúm, lám, li$_9$, ne, ni$_5$, pi$_5$, pil, ṭè
	813	ṭib, dab, dib, tib
	1	ṭil, aš, dil, dili, in$_6$, ina, rù, rum, Zahl 1
	167	ṭim, dim, tì, tim
	686	ṭím, dím, gim, kim, qim, šidim, šitim
	207	ṭir, dir, mál, sa$_5$
	587	ṭir$_5$, ter, tir
	748	ṭiš, ana, dáš, diš, géš, gì, il$_4$, táš, tis, tiš, Zahl 1
 , 	836	ṭu, gín, tùn
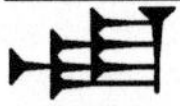	86	ṭú, tu
	350	ṭù, du, gin, gub, im$_6$, kin$_7$, kub, qub, rá, ša$_4$, túm
 (auch wie # 238)	242	ṭub, dub, tub, ṭup

Zeichen	Nr.	Bedeutung
	565	ṭúb, balag, dúb, túb
	298	ṭuḫ, du$_8$, duḫ, gab, gaba, qab, táḫ, tuḫ, ṭáḫ
	786	ṭul, pú, túl
	354	ṭum, dum, éb, íb, tu$_4$, tum
 (auch wie # 238)	242	ṭup, dub, tub, ṭub
	178	ṭur, dur, túr
	808	ṭúr, dúr, gu$_5$, ku, qú, suḫ$_5$, tukul, tur$_7$, tuš
	255	ṭùr, bàn, bànda, dumu, tur
	378	ṭur$_4$, gíb, kib, qib, tur$_4$, ùl

u

	635	ʾu, ʾa, aʾ, ʾe, eʾ, ʾi, iʾ, uʾ
	766	ʾù, ùʾ, u$_8$
	635	uʾ, ʾa, aʾ, ʾe, eʾ, ʾi, iʾ, ʾu
	766	ùʾ, ʾù, u$_8$
	661	u, bùr, eš$_4$, iš$_8$, umun, Zahl 10
	490	ú, kùš, sam, šam
	731	ù

Zeichen	Nr.	Bedeutung
	596	u$_4$, babbar, bír, dám, ḫád, ḫiš, laḫ, liḫ, par, pir, ta$_5$, tam, tú, ṭám, ud, ut, utu, uṭ
	133	u$_5$
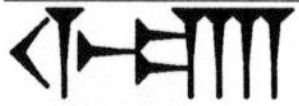	728	u$_6$
	766	u$_8$, ʾù, ùʾ
	80	u$_{18}$, gišgal
	71	u$_{19}$, eri, iri, ré, rí, uru
	504	ub, ár, up
	810	úb, éš, gi$_7$, ḫun, šè, zì, zíd
	277	ubara
	455	ubur
	459	úbur
	596	ud, babbar, bír, dám, ḫád, ḫiš, laḫ, liḫ, par, pir, ta$_5$, tam, tú, ṭám, u$_4$, ut, utu, uṭ
	203	ud$_5$, ùz
	812	udu, lu
	768	**udub?**
	833	udug
	665	udun

Zeichen	Nr.	Bedeutung
	296	ug, uk, uq
	501	ùg, un
	275	ug$_5$, bàd
	113	ug$_7$, bad, bat, be, bi$_4$, bíd, idim, mid, múd, pè, pì, píd, sun, šum$_4$, til, úš, zis
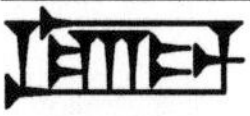	774	**ugra?**
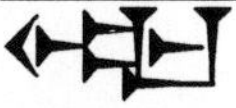	663	ugu, muḫ
	464	ugula, gidru, ḫad, ḫás, muati, pa, sàg, sìg, zág
	669	ugur, Ligatur: u-gur
	636	uḫ, aḫ, eḫ, iḫ
	611	úḫ
	896	ùḫ, kúšu
	296	uk, ug, uq
	73	ukkin
	556	uku, aga, mir, nimgir
	698	ul, du$_7$, mul$_4$
	378	ùl, gíb, kib, qib, tur$_4$, ṭur$_4$
	7	ul$_4$, ád
	238	um, díḫ

Zeichen	Nr.	Bedeutung
	160	umbin
	485	umbisag, ka$_{9}$, lag, sag$_{5}$, sanga, síd, šid, šita$_{5}$, šiti,
	489	úmbisag
	241	**úmmeda?**
	787	umuḫ
	661	umun, bùr, eš$_{4}$, iš$_{8}$, u, Zahl 10
	784	**umun$_{6}$?**
	783	**umuna$_{12}$?**
	783	**umuna$_{13}$?**
	809	umuš, ázlag, mu$_{4}$, nám, taškarin, túg, uš$_{4}$
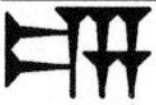	501	un, ùg
	232	unu, ab$_{4}$, eri$_{11}$, unug
	232	unug, ab$_{4}$, eri$_{11}$, unu
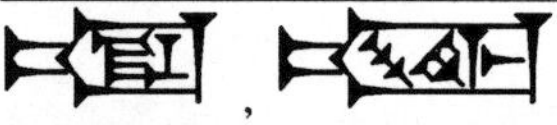	229	**unugi?**
	504	up, ub, ár
	296	uq, ug, uk
	828	ur, das, daš, lig, tas, taš, tés, téš, tís, tíš

Zeichen	Nr.	Bedeutung
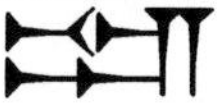	341	úr
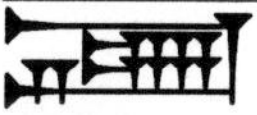	411	ùr
	835	ur$_4$
	644	ur$_5$, àr, ḫar, ḫír, ḫur, kín, mur
	807	uraš, eb, ep, ib, ip, urta
	574	uri, tilla
	807	urta, eb, ep, ib, ip, uraš
	71	uru, eri, iri, ré, rí, u$_{19}$
	77	úru, ru$_4$
	90	uru$_4$, apin, engar, pin, uš$_8$
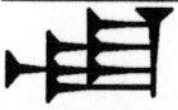	88	uru$_5$, gur$_8$
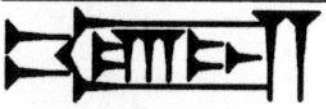	345	uru$_7$
	328	**uru$_{11}$?**
	230	urudu
	228	urugal
	583	us, uṣ, uz
	381	ús, nid, nita, uš
	297	us$_4$, as, aṣ, az
	177	usan

Zeichen	Nr.	Bedeutung
	509	úsan
	619	ùsan
	182	usan$_4$? sa$_{11}$, si$_4$, su$_4$
	538	**ùssa?**
	867	ussu, Zahl 8
	583	uṣ, us, uz
	381	uš, nid, nita, ús
	809	uš$_4$, ázlag, mu$_4$, nám, taškarin, túg, umuš
	90	uš$_8$, apin, engar, pin, uru$_4$
	29	uš$_{11}$
	46	**uš$_{13}$?**
	52	**uš$_{14}$?**
	342	**ušbar?**
	667	ušbar$_5$, šibir
	711	ùšu, bà, és, eš, is$_5$, ìš, sin, Zahl 30
	8	ušum, búl, búr, púl, sun$_5$
	382?	**utima?**
	597	**utima?**

Zeichen	Nr.	Bedeutung
	596	ut, babbar, bír, dám, ḫád, ḫiš, laḫ, liḫ, par, pir, ta$_5$, tam, tú, ṭám, u$_4$, ud, utu, uṭ
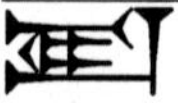	**382?**	**utima?**
	596	utu, babbar, bír, dám, ḫád, ḫiš, laḫ, liḫ, par, pir, ta$_5$, tam, tú, ṭám, u$_4$, ud, ut, uṭ
	700	útu
	449	utua
	439	**ùtua?**
 ,  (-> a. # 595)	640	útul, gám, kam, qám
	452	utul$_5$
	596	uṭ, babbar, bír, dám, ḫád, ḫiš, laḫ, liḫ, par, pir, ta$_5$, tam, tú, ṭám, u$_4$, ud, ut, utu
 , 	583	uz, us, uṣ
	203	ùz, ud$_5$
	311	uzu, šir$_4$
	43	**uzug$_5$**

w

Zeichen	Nr.	Bedeutung
	598	wa, à, aw, geštu, ja, ji, ju, pe, pi, tál, tála, we, wi, wu, ya, yi, yu

Zeichen	Nr.	Bedeutung
	598	we, à, aw, geštu, ja, ji, ju, pe, pi, tál, tála, wa, wi, wu, ya, yi, yu
	598	wi, à, aw, geštu, ja, ji, ju, pe, pi, tál, tála, wa, we, wu, ya, yi, yu
	598	wu, à, aw, geštu, ja, ji, ju, pe, pi, tál, tála, wa, we, wi, ya, yi, yu

y

Zeichen	Nr.	Bedeutung
	598	ya, à, aw, geštu, ja, ji, ju, pe, pi, tál, tála, wa, we, wi, wu, yi, yu
	598	yi, à, aw, geštu, ja, ji, ju, pe, pi, tál, tála, wa, we, wi, wu, ya, yu
	598	yu, à, aw, geštu, ja, ji, ju, pe, pi, tál, tála, wa, ẉe, wi, wu, ya, yi

z

Zeichen	Nr.	Bedeutung
	851	za, sà, ṣa
	385	zá, ia_4, na_4
	540	zà, zag
	612	zab, erim, érin, ṣab, zálag
	596a	zabar
	13	zadim

Zeichen	Nr.	Bedeutung
	540	zag, zà
	464	zág, gidru, ḫad, ḫás, muati, pa, sàg, sìg, ugula
	846	**zàḫ?**
	1	Zahl 1, aš, dil, dili, in$_6$, ina, rù, rum, ṭil
	748	Zahl 1, ana, dáš, diš, géš, gì, il$_4$, táš, tis, tiš, ṭiš
	825	Zahl 2, min
	4	Zahl 3
	505	**Zahl 3, eš$_{16}$?**
	834	Zahl 3, eš$_5$
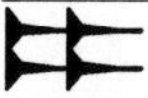	215	Zahl 4, lím, límmu
	506	**Zahl 4, limmu$_4$?**
	860	Zahl 4, limmu
	216	Zahl 5
	513	**Zahl 5, ia$_9$?**
	861	Zahl 5, í, ía
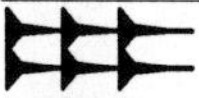	217	Zahl 6
	862	Zahl 6, àš
	218	Zahl 7
	863	**Zahl 7?**

Zeichen	Nr.	Bedeutung
	866	Zahl 7, imin
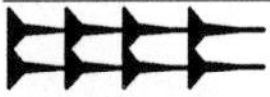	219	Zahl 8
	864	**Zahl 8?**
	867	Zahl 8, ussu
	220	Zahl 9
	577	**Zahl 9, ilimmu$_4$?**
	865	**Zahl 9?**
	868	Zahl 9, ilimmu
	661	Zahl 10, bùr, eš$_4$, iš$_8$, u, umun
	747	Zahl 15
	708	Zahl 20, mam, man, mìm, mìn, nis, niš
	711	Zahl 30, bà, és, eš, is$_5$, ìš, sin, ùšu
	712	Zahl 40, nimin
	714	Zahl 50, ninnu
	715	Zahl 60
	380	zal, dig, ì, ìa, lé, lí, né, ni, ṣal, tíg
	612	zálag, erim, érin, ṣab, zab
	767	zar, sar$_6$, ṣar

Zeichen	Nr.	Bedeutung
	140	ze, sé, sí, ṣé, ṣí, zi
	259	zé, si$_{20}$, ṣe, ṣi, zí
	140	zi, sé, sí, ṣé, ṣí, ze
	259	zí, si$_{20}$, ṣe, ṣi, zé
	810	zì, éš, gi$_7$, ḫun, šè, úb, zíd
	329?	**zi$_4$? (-> # 226.)**
	628	zib, ṣib
	336	zíb, ḫíš, zig, zik
	443	**zibin?**
	810	zíd, éš, gi$_7$, ḫun, šè, úb, zì
	336	zig, ḫíš, zíb, zik
	881	zíg, big, pig, sig, šì, šig
	336	zik, ḫíš, zíb, zig
	757	zikum
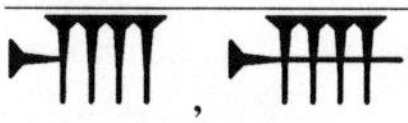	143	zil, eridu, nun, síl, ṣil
	464c	**zilulu?**
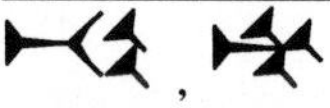	117	zir, gúl, kul, numun, qul

Zeichen	Nr.	Bedeutung
	113	zis, bad, bat, be, bi$_4$, bíd, idim, mid, múd, pè, pì, píd, sun, šum$_4$, til, ug$_7$, úš
	548	zíz, ás, áš
	257	**zizna?**
	15	zu, sú, ṣú
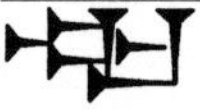	24	zú, dug$_4$, gù, inim, ka, kir$_4$
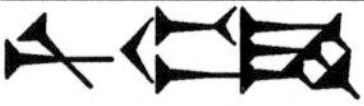	97	zubi, gàm
	857	zubud
	795	zug, ambar, as$_4$, sug
	102	zukum, aški, númun, šub$_5$
	884	zum, ríg, súm, ṣu, ṣum
	885	zúm
	695	zur, amar, ṣur
	566	zur$_8$, na$_5$, ša
	122	½, bán
	826	⅓, šušana

Ligaturen

	11	Ligatur: aššur
	127	Ligatur: $^{d}\times$AG = dingirag

Zeichen	Nr.	Bedeutung
	152	Ligatur: ? (nicht in LS-Akkad !)
	153	Ligatur: ? (nicht in LS-Akk. !)
	164	Ligatur: dingiren
	492	Ligatur: ga×gunu
	598a	Ligatur: geštu-min
	701a	Ligatur: gìr×min
	701b	**Ligatur: gir×min?**
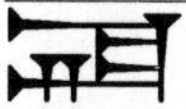	436	Ligatur: ì×giš
	724a	Ligatur: igi×min
	153	Ligatur: ^{d} × Innin = Ištar
	888	Ligatur: mim-ma
	567a	Ligatur: ŠU×MIN, qád
	567	Ligatur: ŠU × NIGIN
	567	Ligatur: ŠU × NÍGIN
	221a?	Ligatur: TAG×TÚG?
	670	Ligatur: u-dar, ìštar
	669	Ligatur: u-gur, ugur
	748	Ligatur: Zahl 1 + en

Zeichen	Nr.	Bedeutung
	748	Ligatur: Zahl 1 + et
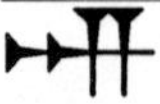	748	Ligatur: 1 oder 60+an?
	737	Ligatur: Zahl 60-šu, ke, ki, qé, qí

Zeichen mit unbekannter Bedeutung

Zeichen	Nr.	Bedeutung
	164	**Ligatur: ?**
	252	Ligaturen: ?
	589	Ligatur: ?
	27	?
	59	?
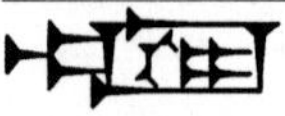	70	?
	81	?
	82	?
	88a	?
	98a	?
	101	?
	114a	?
	116	?
	126	?

Zeichen	Nr.	Bedeutung
	128	?
	141a	?
	144	?
	156	?
	158	?
	161	?
	164c	?
	169a	?
	169b	?
	174a	?
	180a	?
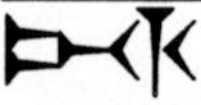	211	?
	225	?
	273	?
	280	?
	283	?
	287	?
	295	?
	307a	?

Zeichen	Nr.	Bedeutung
	313a?	?
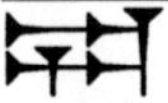	379a?	?
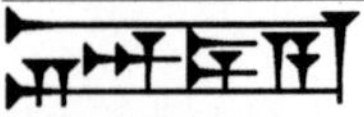	393	?
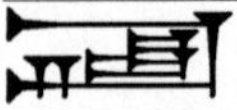	404	?
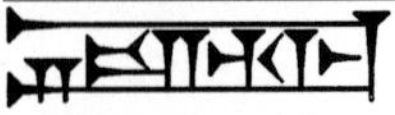	406	?
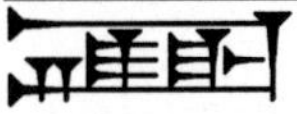	414	?
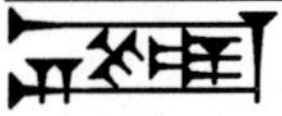	419	?
	433a?	?
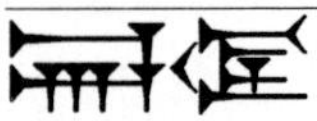	448	?
	478	?
	481	?
	487	?
	561a	?
	571a	?
	572	?
	578a	?
	580a	?
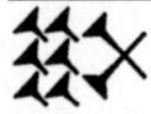	581	?
	593	?

Zeichen	Nr.	Bedeutung
	601	?
	629	?
	641a	?
	641b	?
	648a	?
	650	?
	655	?
	659	?
	667	?
	673	?
	688a	?
	701c	?
	713	?
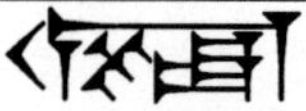	723	?
 ,  (sollte lt. R. Borger nicht benutzt werden)	750	? (lal?)
 ,  (sollte lt. R. Borger nicht benutzt werden)	751	?
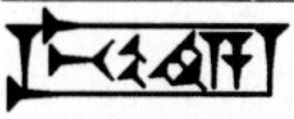	762	?

Zeichen	Nr.	Bedeutung
	789	?
	811	?
	848	?
	852	?
	881a	? (noch nicht in LS-Akkad !)
	882a	?
	902	?

"ALTE ZEICHEN"

	951	?
	952	?
	953	?
	954	?
[		abgebrochen links
]		abgebrochen rechts
⌜		abgebrochen links oben
⌝		abgebrochen rechts oben
⌞		abgebrochen links unten
⌟		abgebrochen rechts unten

-.-.-.-.-.-.-.-.-.-.-.-.-.-.-.-

KEILSCHRIFTVERZEICHNIS

des

CODEX ḪAMMURAPÍ

Zeichen des C. Ḫ., die altbabylonisch und neuassyrisch gleichgeblieben oder sehr ähnlich sind.

Nachfolgend werden nur die jeweils am meisten verwendeten Zeichen aufgeführt. Wurde unter neuassyrisch kein Zeichen angegeben, ist dies völlig identisch.

altbabylonisch	neuassyrisch	Nr.	Bedeutung im C. Ḫ.
		1	aš, dil, Zahl 1
		4	Zahl 3 ($eš_6$)
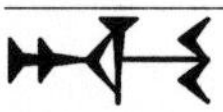		5	bal, bala
		113	bad, bat, be
		118	ti, ṭì
		122	bán, maš , $^1/2$
		174	gán, iku, kán
		209	tab, tap
		215	lím, Zahl 4
		217	$aš_4$, Zahl 6
		219	Zahl 8 (ússu)
	 !	252	i
	 !	260	ia, iu
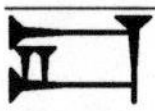		387	ba_4, gá, mà
		465	banmin, gidru, pa, zág

altbabylonisch	neuassyrisch	Nr.	Bedeutung im C. Ḫ.
		469	eṣ, ez, giš, is, iṣ, iz
		483	mar
		548	ás, áš
		551	bania
		553	gal, kál, qal
		567	šu
		661	bùr, ($eš_4$? $iš_8$?), Zahl 10
		708	Zahl 20
 * ( s. # 629)	()	711	eš, Zahl 30
		714	ninnu, Zahl 50
		724	igi, lem , lim, mè, mì, ši
		748	Zahl 1, Zahl 60
		750	lá
		753	me
		825	min, Zahl 2
		826	$^{1}/3$ (šušana)
		828	ur
		834	Zahl 3 ($eš_5$)

altbabylonisch	neuassyrisch	Nr.	Bedeutung im C. Ḫ.
		839	a
		850	nieš
		861	ía, Zahl 5
		862	Zahl 6

Der

Codex Hammurapi

Hinweis zur deutschen Übersetzung:

Wie bereits im Vorwort erwähnt, weicht die akkadische Grammatik hinsichtlich der Wortstellung im Satz teilweise erheblich von der deutschen ab. Da ich die akkadische Übersetzung wörtlich gegenübergestellt habe, entstehen somit im Deutschen teilweise unverständliche Sätze. Um dieses Problem zu beheben, habe ich in unregelmässigen Abständen die allgemein gängige deutsche Übersetzung (s. Quellenverzeichnis) eingefügt.

Nachfolgend zur Auffindung der entsprechenden Seiten die Aufstellung:

Prolog	363
§§ 1 - 9	381
§§ 10 - 25	399
§§ 26 - 36	417
§§ 37 - 48	433
§§ 49 - 60	449
§§ 61 - 65	457
§§ 66 - 78	471
§§ 100 - 112	489
§§ 113 - 123	505
§§ 124 - 134	521
§§ 135 - 145	539
§§ 146 - 159	559
§§ 160 - 169	577
§§ 170 - 176a	595
§§ 176b - 182	613
§§ 183 - 199	631
§§ 200 - 219	645
§§ 220 - 235	659
§§ 236 - 251	675
§§ 252 - 269	691
§§ 270 - 282	703
Epilog	749

CODEX HAMMURAPI
PROLOG

I

altbabylonisch	neuassyrisch

#	altbabylonisch	neuassyrisch
1	ì - nu Anum (AN) — Als ANU,	ì - nu Anum (AN) — Als ANU,
	ṣi - ru - um — der erhabene,	ṣi - ru - um — der erhabene,
2	šàr (LUGAL) ᵈA - nun - na - ki — der König (Gott) der ANUNNAKU (und)	šàr (LUGAL) ᵈA - nun - na - ki — der König (Gott) der ANUNNAKU (und)
3	ᵈEllil (EN . LÍL) — (Gott) ENLIL	ᵈEllil (EN . LÍL) — (Gott) ENLIL
4	be - el ša - me - e — der Herr des Himmels	be - el ša - me - e — der Herr des Himmels
5	ù er - ṣe - tim — und der Erde,	ù er - ṣe - tim — und der Erde,
6	ša - i - im — der Bestimmer	ša - i - im — der Bestimmer
7	ši - ma - at mātim (KALAM) — der Geschicke des Landes	ši - ma - at mātim (KALAM) — der Geschicke des Landes
8	a - na ᵈMarduk (AMAR . UTU) — (Gott) MARDUK	a - na ᵈMarduk (AMAR . UTU) — (Gott) MARDUK
9	mārim (DUMU) re - eš - ti - im — dem Sohn, erstgeborenen,	mārim (DUMU) re - eš - ti - im — dem Sohn, erstgeborenen,
10	ša ᵈEa (EN . KI) — des (Gottes) EA (ENKI)	ša ᵈEa (EN . KI) — des (Gottes) EA (ENKI)

11 d Ellil (EN . LÍL) - ut
(Gott) die Enlil-Würde

12 kiššat (KIŠ) ni - šì
über alle Menschen

13 i - ši - mu - šum
bestimmten (und)

14 in I - gi_4 - gi_4
unter *den* ***IGIGU***

15 ú - šar - bí - ù - šu
ihn gross machten,

16 Bābilam (KÁ . DINGIR . RA) ki
BABYLON *(Stadt)*

17 šum - šu ṣi - ra - am
(mit) seinem Namen, dem erhabenen,

ib - bi - ù
nannten,

18 in ki - ib - ra - tim
in den Weltsektoren

19 ú - ša - te - ru - šu
es hervorragend machten,

20 i - na li - ib -
darin

bi - šu
(in ihrem Inneren bzw. ihrem Herzen)

11 d Ellil (EN . LÍL) - ut
(Gott) die Enlil-Würde

12 kiššat (KIŠ) ni - šì
über alle Menschen

13 i - ši - mu - šum
bestimmten (und)

14 in I - gi_4 - gi_4
unter *den* ***IGIGU***

15 ú - šar - bí - ù - šu
ihn gross machten,

16 Bābilam (KÁ . DINGIR . RA) ki
BABYLON *(Stadt)*

17 šum - šu ṣi - ra - am
(mit) seinem Namen, dem erhabenen,

ib - bi - ù
nannten,

18 in ki - ib - ra - tim
in den Weltsektoren

19 ú - ša - te - ru - šu
es hervorragend machten,

20 i - na li - ib -
darin

bi - šu
(in ihrem Inneren bzw. ihrem Herzen

21 šar - ru - tam da - rí - tam
ein Königtum, ein ewiges,

22 ša ki - ma ša - me - e
das wie der Himmel

23 ù er - ṣe - tim
und die Erde

24 iš - da - ša
dessen Fundamente

25 šu - úr - šu - da
fest gegründet sind,

26 ú - ki - in -
nu - šum
ihm festsetzten.

27 i - nu - mi - šu
Damals (haben) mich,

28 Ḫa - am - mu - ra - pí
HAMMURAPI,

29 ru - ba - am
den Fürsten,

30 na - a' - dam
den frommen,

31 pa - li - iḫ ì - lí
den Verehrer der Götter,
ia - ti
um mich

21 šar - ru - tam da - rí - tam
ein Königtum, ein ewiges,

22 ša ki - ma ša - me - e
das wie der Himmel

23 ù er - ṣe - tim
und die Erde

24 iš - da - ša
dessen Fundamente

25 šu - úr - šu - da
fest gegründet sind,

26 ú - ki - in -
nu - šum
ihm festsetzten.

27 i - nu - mi - šu
Damals (haben) mich,

28 Ḫa - am - mu - ra - pí
HAMMURAPI,

29 ru - ba - am
den Fürsten,

30 na - a' - dam
den frommen,

31 pa - li - iḫ ì - lí
den Verehrer der Götter,
ia - ti
um mich

32	mi - ša - ra - am	*Gerechtigkeit*
33	i - na ma - tim	*im Lande*
34	a - na šu - pí - i - im	*sichtbar zu lassen,*
35	ra - ga - am ù ṣe - nam	*den Bösen und Schlimmen*
36	a - na ḫu - ul - lu - qí - im	*zu vernichten,*
37	dan - nu - um	*(damit) der Starke*
38	en - ša - am	*den Schwachen*
39	a - na la ḫa - ba - li - im	*nicht schädige,*
40	ki - ma ^{d}Šamaš (UTU)	*gleich (Gott)* ***ŠAMAŠ*** *(dem Sonnengott)*
41	a - na ṣalmāt qaqqadim (SAG . GI_6)	*für die Schwarzköpfigen (= die Menschen)*
42	wa - ṣe - e - em - ma	*aufzugehen*

32	mi - ša - ra - am	*Gerechtigkeit*
33	i - na ma - tim	*im Lande*
34	a - na šu - pí - i - im	*sichtbar zu lassen,*
35	ra - ga - am ù ṣe - nam	*den Bösen und Schlimmen*
36	a - na ḫu - ul - lu - qí - im	*zu vernichten,*
37	dan - nu - um	*den Starken*
38	en - ša - am	*den Schwachen*
39	a - na la ḫa - ba - li - im	*nicht schädige,*
40	ki - ma ^{d}Šamaš (UTU	*gleich (Gott)* ***ŠAMAŠ*** *(dem Sonnengott*
41	a - na ṣalmāt qaqqadim (SAG . GI_6	*für die Schwarzköpfigen (= die Menschen)*
42	wa - ṣe - e - em - ma	*aufzugehen*

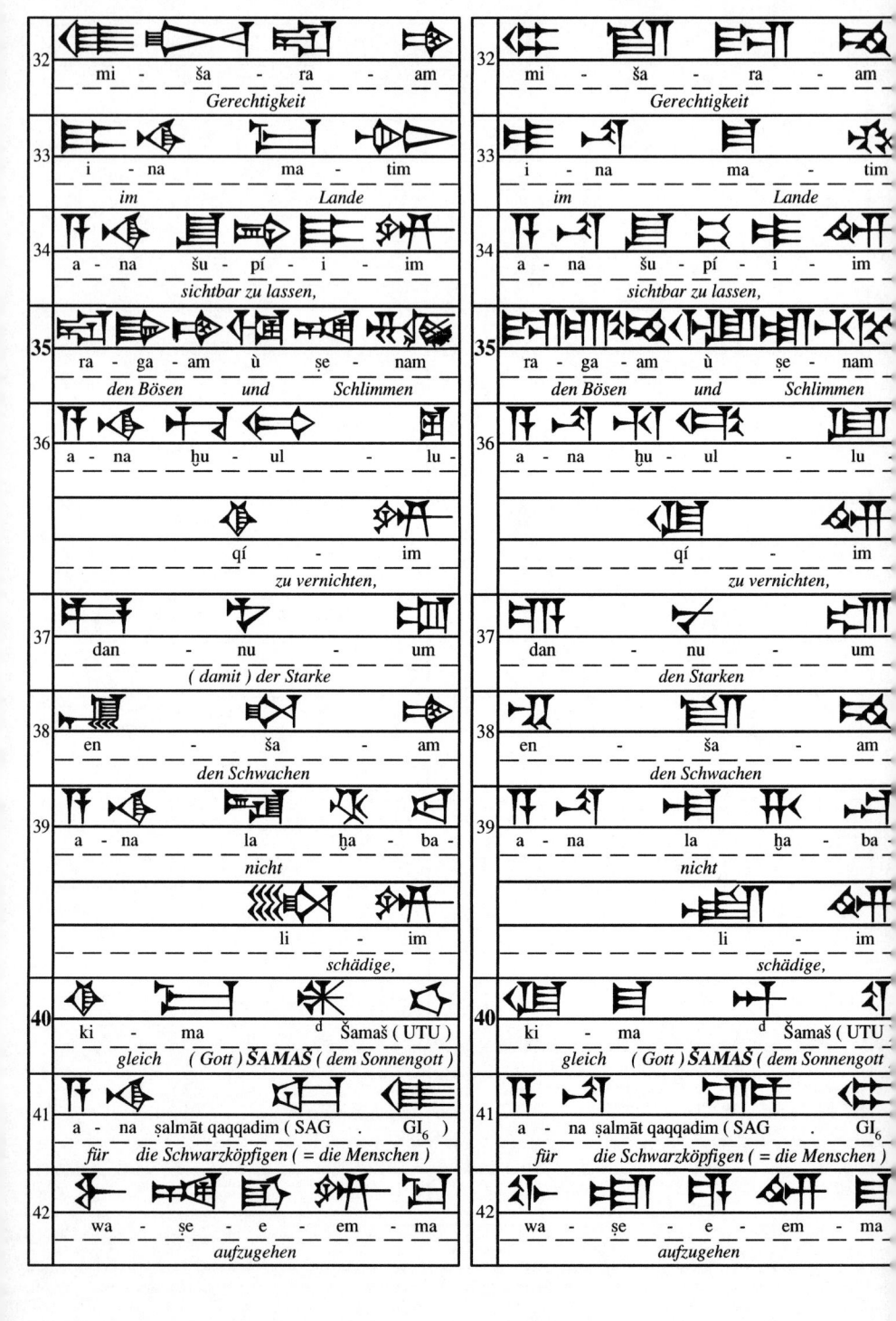

43	ma - tim	*(und) das Land*
44	nu - wu - ri - im	*zu erleuchten,*
45	Anum (AN)	***ANUM***
46	ù ^{d}Ellil (EN . LÍL)	*und (Gott)* ***ENLIL***
47	a - na ši - ir ni - ši	*um für das Wohlergehen der Menschen*
48	ṭú - ub - bi - im	*Sorge zu tragen,*
49	šu - mi ib - bu - ú	*(mit) meinem Namen genannt.*
50	Ḫa - am - mu - ra - pí	***ḪAMMURAPI,***
51	re - iu - um	*der Hirte,*
52	ni - bi - it	*der Berufene*
53	^{d}Ellil (EN . LÍL)	*(Gott)* ***ENLIL***
	a - na - ku	*bin ich.*
54	mu - kam - me - er	*der aufhäufte*

43	ma - tim	*(und) das Land*
44	nu - wu - ri - im	*zu erleuchten,*
45	Anum (AN)	***ANU***
46	ù ^{d}Ellil (EN . LÍL)	*und (Gott)* ***ENLIL***
47	a - na ši - ir ni - ši	*um für das Wohlergehen der Menschen*
48	ṭú - ub - bi - im	*Sorge zu tragen,*
49	šu - mi ib - bu - ú	*(mit) meinem Namen genannt.*
50	Ḫa - am - mu - ra - pí	***ḪAMMURAPI,***
51	re - iu - um	*der Hirte,*
52	ni - bi - it	*der Berufene*
53	^{d}Ellil (EN . LÍL)	*(Gott)* ***ENLIL***
	a - na - ku	*bin ich.*
54	mu - kam - me - er	*der aufhäufte*

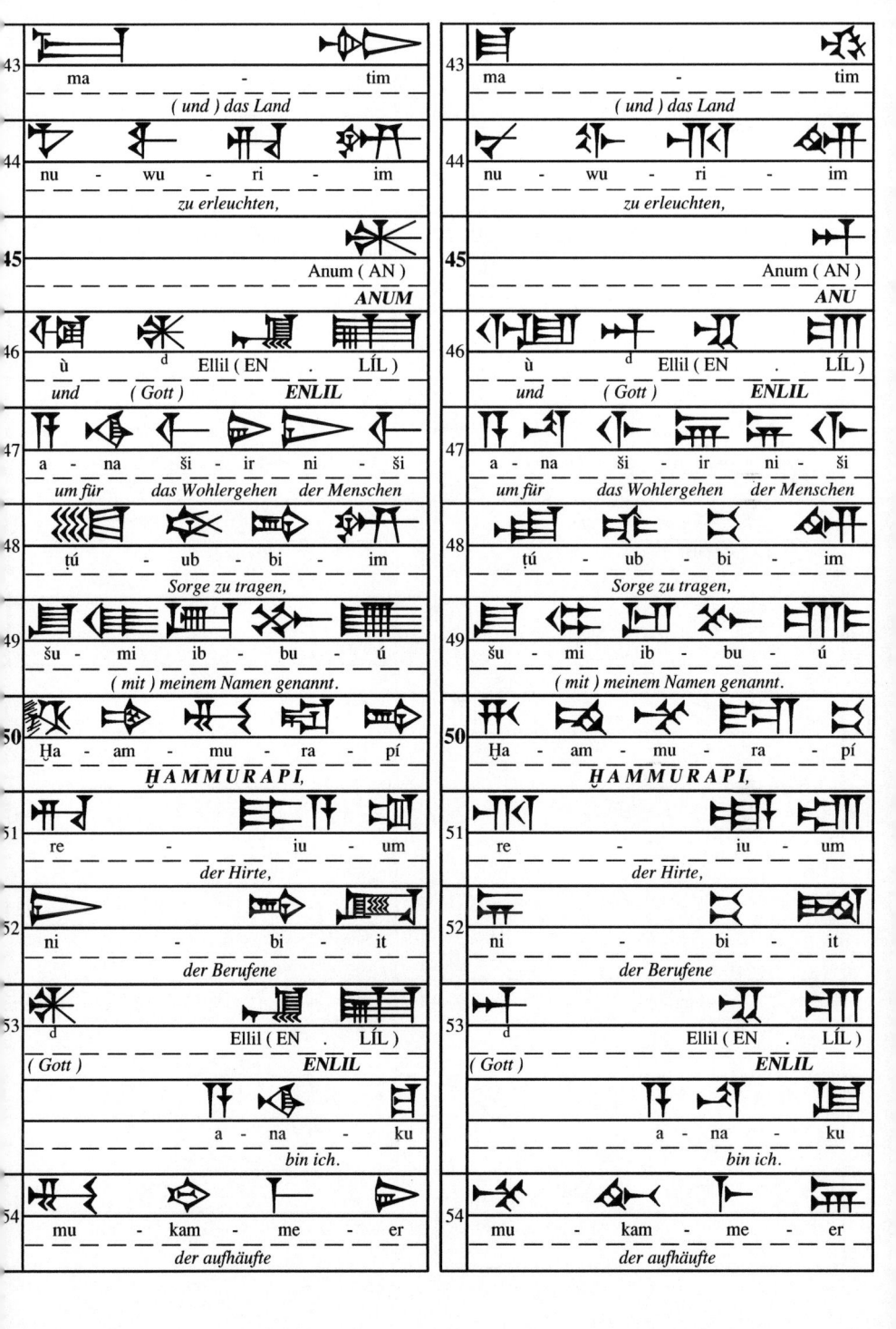

Zeile	Umschrift	Übersetzung
55	nu - úḫ - ši - im	*Hülle*
56	ù ṭú - úḫ - di - im	*und Fülle,*
57	mu - ša - ak - li - il	*der fertigstellte*
58	mi - im - ma šum - šu	*alles Erdenkliche*
59	a - na Nippur (NIBRU = EN.LÍL) ki	*für* ***NIPPUR****- (Stadt)*
	Rasur DUR . AN . KI	***DURANKI,***
60	za - ni - nu - um	*der Pfleger,*
61	na - a' - du - um	*der fromme,*
62	ša É - kur	*von* ***EKUR,***
63	šarrum (LUGAL) le - iu - um	*der König, der tüchtige,*
64	mu - te - er uruEridu (NUN) ki	*(der) (Stadt)* ***ERIDU*** *(Stadt)*
65	a - na aš - ri - šu	*wiederherstellte,*
66	mu - ub - bi - ib	*der reinigte*

Zeile	Umschrift	Übersetzung
55	nu - úḫ - ši - im	*Hülle*
56	ù ṭú - úḫ - di - im	*und Fülle,*
57	mu - ša - ak - li - il	*der fertigstellte*
58	mi - im - ma šum - šu	*alles Erdenkliche*
59	a - na Nippur (NIBRU = EN.LÍL) ki	*für* ***NIPPUR****- (Stadt*
	Rasur DUR . AN . KI	***DURANKI,***
60	za - ni - nu - um	*der Pfleger,*
61	na - a' - du - um	*der fromme,*
62	ša É - kur	*von* ***EKUR,***
63	šarrum (LUGAL) le - iu - um	*der König, der tüchtige,*
64	mu - te - er uruEridu (NUN) ki	*(der) (Stadt)* ***ERIDU*** *(Stadt*
65	a - na aš - ri - šu	*wiederherstellte,*
66	mu - ub - bi - ib	*der reinigte*

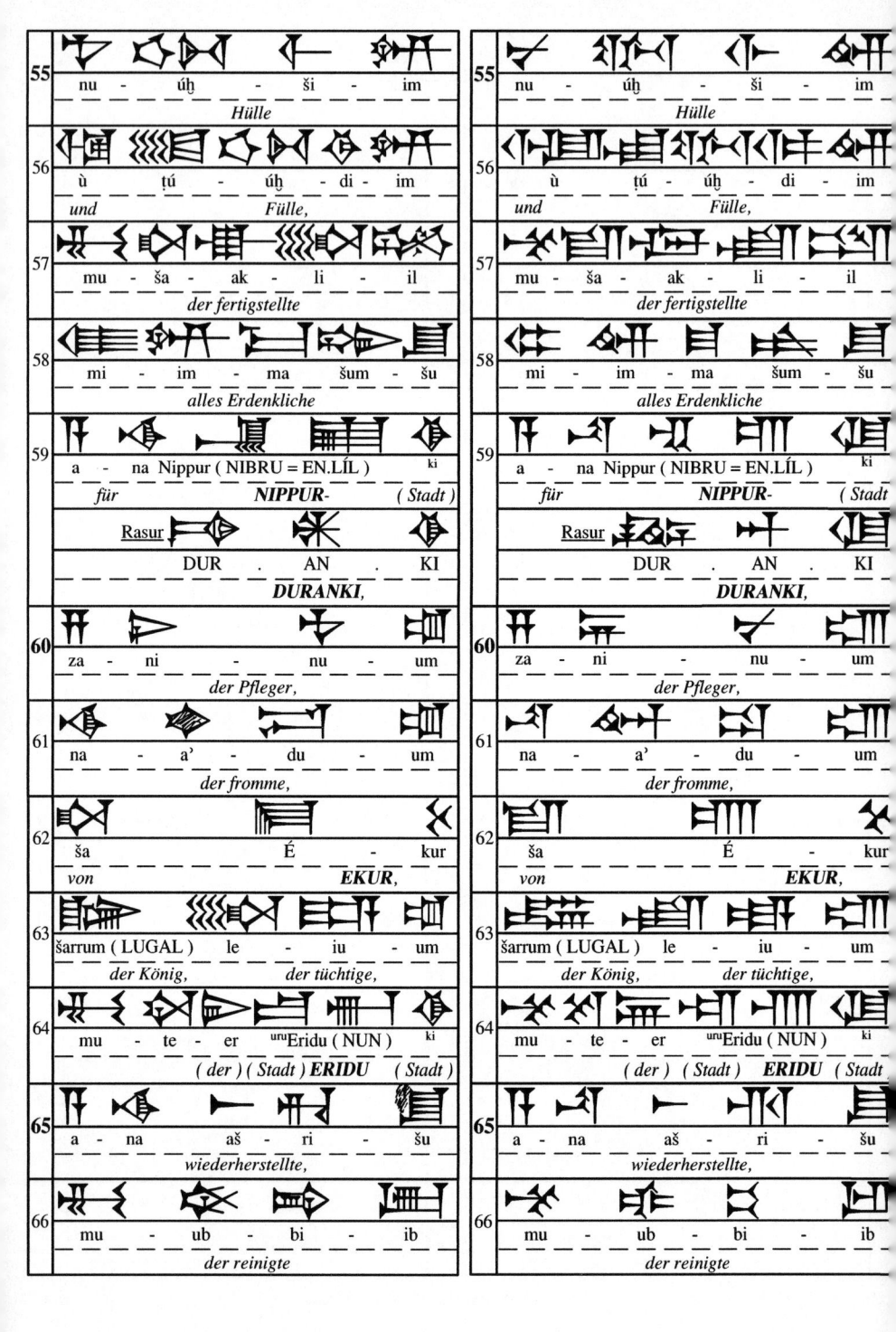

II

1	šu - luḫ É - abzu (ZU . AB)	*den Ritus (von)* ***EABZU***
2	ti - i - ib	*der Erstürmer*
3	ki - ib - ra - at	*der Weltsektoren,*
4	er - bé - tim	*der vier*
5	mu - šar - bí zi - ik - ru	*der gross machte* *den Namen*
6	Bābilim (KÁ.DINGIR . RA) [ki]	***B A B Y L O N****,* *(Stadt)*
7	mu - ṭì - ib	*der erfreute*
8	li - ib - bi [d]Marduk (AMAR.UTU)	*das Herz* *(Gott)* ***MARDUKS****,*
9	be - lí - šu	*seines Herrn,*
10	ša u_4 - mi - šu	*der* *täglich*
11	iz - za - zu	*zu Diensten ist*
12	a - na É - sag - íl	*für* ***E S A G I L****,*

II

1	šu - luḫ É - abzu (ZU . AB)	*den Ritus (von)* *EABZU*
2	ti - i - ib	*der Erstürmer*
3	ki - ib - ra - at	*der Weltsektoren,*
4	er - bé - tim	*der vier*
5	mu - šar - bí zi - ik - ru	*der gross machte* *den Namen*
6	Bābilim (KÁ.DINGIR . RA) [ki]	***B A B Y L O N****,* *(Stadt)*
7	mu - ṭì - ib	*der erfreute*
8	li - ïb - bi [d]Marduk (AMAR.UTU)	*das Herz* *(Gott)* ***MARDUKS****,*
9	be - lí - šu	*seines Herrn,*
10	ša u_4 - mi - šu	*der* *täglich*
11	iz - za - zu	*zu Diensten ist*
12	a - na É - sag - íl	*für* ***E S A G I L****,*

	Transliteration	Übersetzung
13	zēr (NUMUN) šar - ru - tim	*der Königsspross*
14	ša ^{d}Sîn (ZUEN = EN . ZU)	*den (Gott)* ***SIN***
15	ib - ni - ù - šu	*schuf,*
16	mu - na - aḫ - ḫi - iš	*der gedeihen liess,*
17	^{uru}Urim$_5$ (URI$_5$ = ŠEŠ . AB) ^{ki}	*(Stadt)* ***U R*** *(Stadt)*
18	wa - aš - ru - um	*der Demütige,*
19	mu - uš - te - mi - qum	*der (inbrünstige) Beter,*
20	ba - bíl ḫegallim (HÉ . GÁL)	*der Überfluss brachte*
21	a - na É - kiš - nu - gál	*nach* ***EKIŠNUGAL,***
22	šàr ta - ši - im - tim	*der König, (voll) Einsicht,*
23	še - mu ^{d} Šamaš (UTU)	*der gehorcht dem Sonnengott,*
	da - núm	*der Mächtige,*
24	mu - ki - in	*der gefestigt hat*

	Transliteration	Übersetzung
13	zēr (NUMUN) šar - ru - tim	*der Königsspross*
14	ša ^{d}Sîn (ZUEN = EN . ZU)	*den (Gott)* ***SIN***
15	ib - ni - ù - šu	*schuf,*
16	mu - na - aḫ - ḫi - iš	*der gedeihen liess,*
17	^{uru}Urim$_5$ (URI$_5$ = ŠEŠ . AB) ^{ki}	*(Stadt)* ***U R*** *(Stadt*
18	wa - aš - ru - um	*der Demütige,*
19	mu - uš - te - mi - qum	*der (inbrünstige) Beter,*
20	ba - bíl ḫegallim (HÉ . GÁL)	*der Überfluss brachte*
21	a - na É - kiš - nu - gál	*nach* ***EKIŠNUGAL,***
22	šàr ta - ši - im - tim	*der König, der besonnene,*
23	še - mu ^{d} Šamaš (UTU	*der gehorcht dem Sonnengott*
	da - núm	*der Mächtige,*
24	mu - ki - in	*der gefestigt hat*

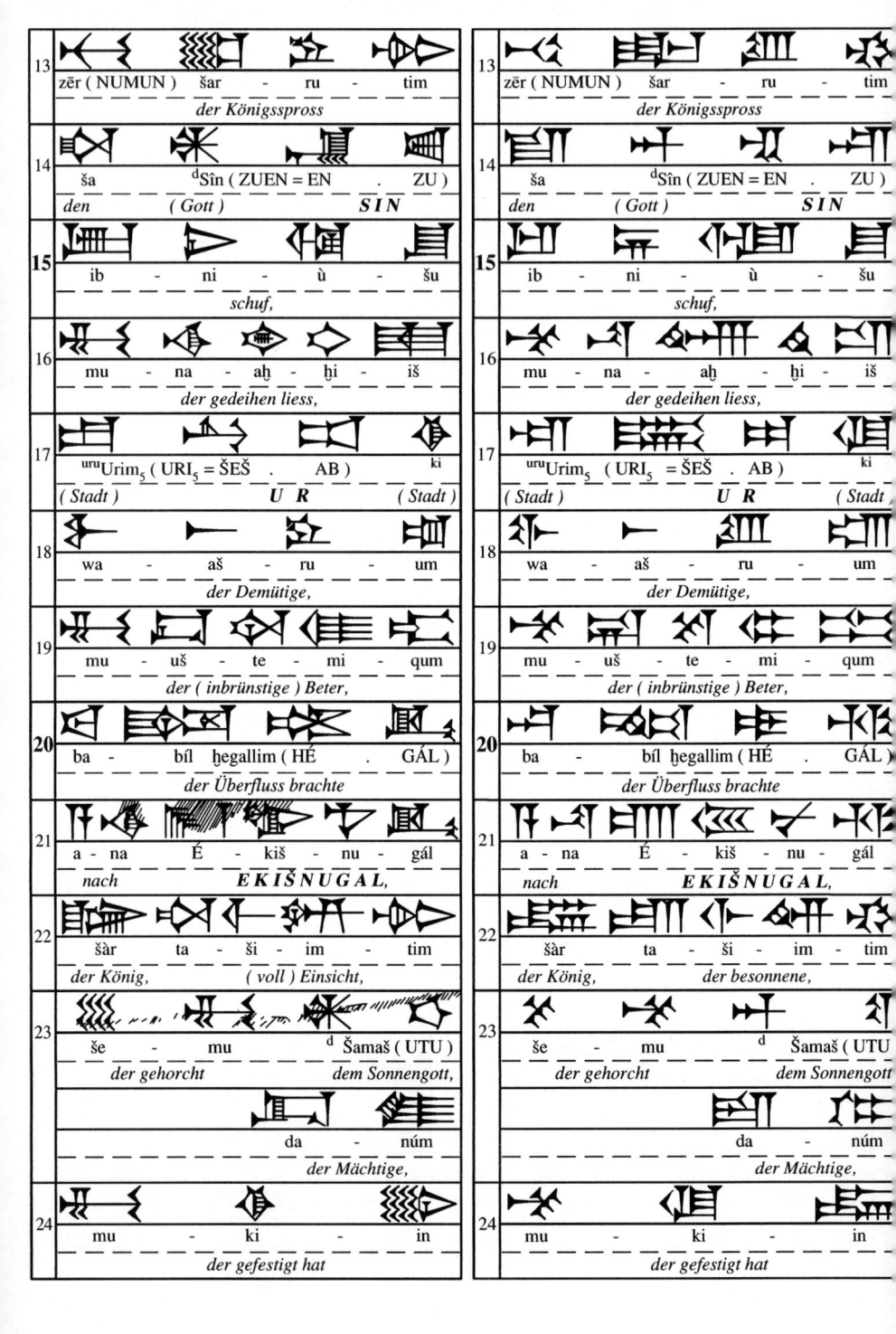

25 išdī (SUḪUŠ) Sippar (ZIMBIR = UD.KIB.NUN) ki
die Grundfesten (von) ***SIPPAR*** *(Stadt),*

26 mu - ša - al - bi - iš
der bekleidete

27 wa - ar - qí - im
(mit) Grün

28 gi - gu - ne - e
den Hochtempel

d A - a
der (Göttin) ***A I A****,*

29 mu - ṣi - ir
der erhaben machte

30 bītim (É) É - babbar
den Tempel ***E B A B B A R****,*

31 ša ki šu - ba - at
der gleicht der Wohnung

ša - ma - i
des Himmels,

32 qarrādum (UR.SAG) g[a] - mi - il
der Krieger, (der) schonte

33 Larsa (ARARMA = UD.UNUG) ki
L A R S A *(Stadt),*

34 mu - ud - di - iš É - babbar
der erneuerte ***E B A B B A R***

35 a - na d Šamaš (UTU)
für (Gott) den Sonnengott,

25 išdī (SUḪUŠ) Sippar (ZIMBIR = UD.KIB.NUN) ki
die Grundfesten (von) SIPPAR (Stadt),

26 mu - ša - al - bi - iš
der bekleidete

27 wa - ar - qí - im
(mit) Grün

28 gi - gu - ne - e
den Hochtempel

d A - a
der (Göttin) ***A I A****,*

29 mu - ṣi - ir
der erhaben machte

30 bītim (É) É - babbar
den Tempel ***E B A B B A R****,*

31 ša ki šu - ba - at
der gleicht der Wohnung

ša - ma - i
des Himmels,

32 qarrādum (UR.SAG) g[a] - mi - il
der Krieger, (der) schonte

33 Larsa (ARARMA = UD.UNUG) ki
L A R S A *(Stadt),*

34 mu - ud - di - iš É - babbar
der erneuerte ***E B A B B A R***

35 a - na d Šamaš (UTU)
für den Sonnengott,

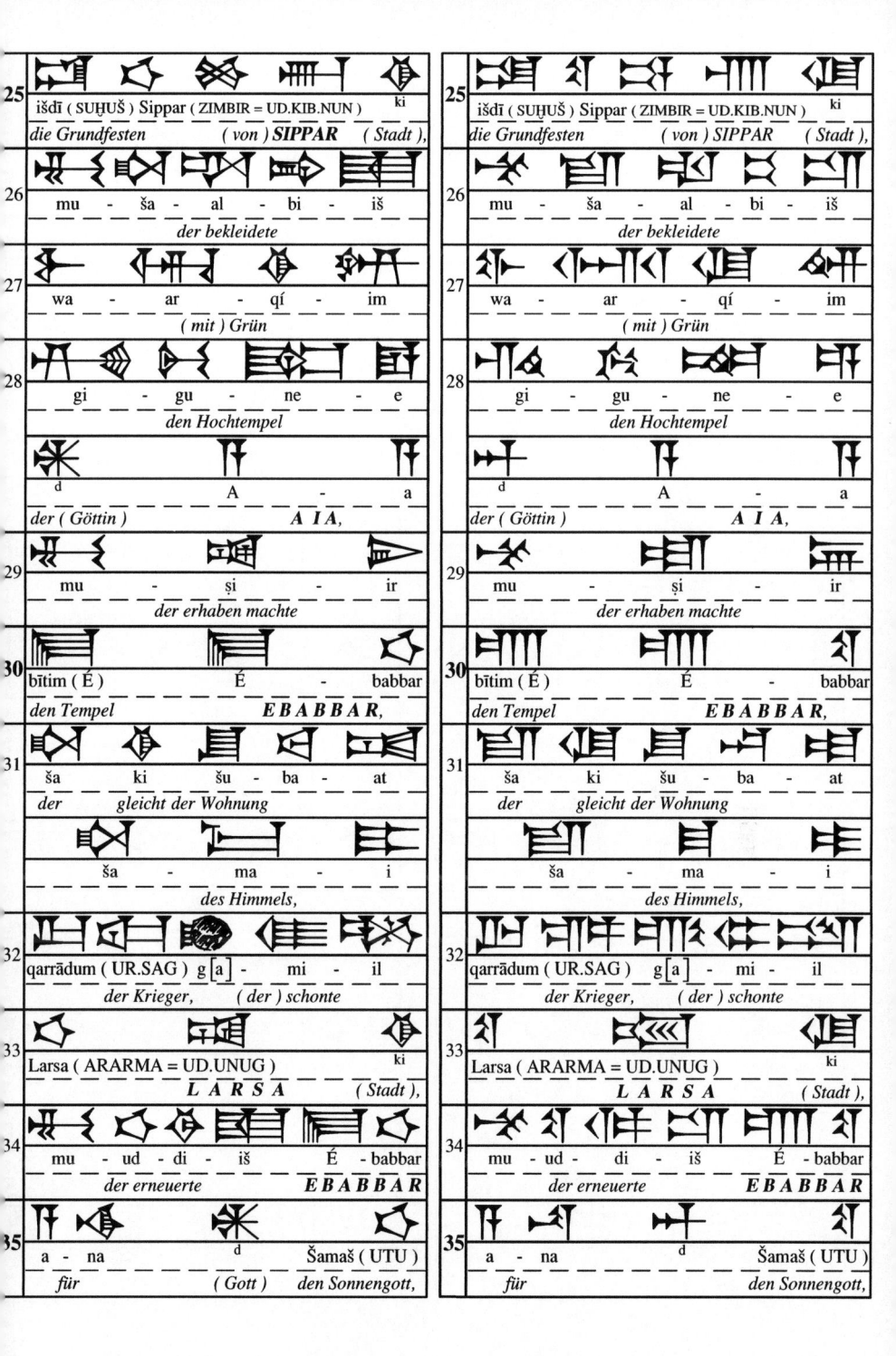

36	re - ṣi - šu	*seinen Helfer,*
37	be - lum mu - ba - lí - iṭ	*der Herr, der belebte*
38	Uruk (UNUG) ki	***U R U K,*** *(Stadt)*
39	ša - ki - in me - e	*der vorsetzte Wasser*
40	nu - úḫ - ši - im	*der Fülle*
41	a - na ni - ši - šu	*für seine Einwohner,*
42	mu - ul - li	*der erhöhte*
43	re - eš É - an - na	*die Spitze (von)* ***E A N N A,***
44	mu - kam - me - er	*der aufhäufte*
45	ḫi - iṣ - bi - im	*Ertrag*
46	a - na Anim (AN - nim)	*für* ***A N U M***
47	ù d Ištar (INNIN)	*und (Göttin)* ***IŠTAR,***
48	ṣulūl (AN . DÙL) ma - tim	*der Schirm des Landes,*

36	re - ṣi - šu	*seinen Helfer,*
37	be - lum mu - ba - lí - iṭ	*der Herr, der belebte*
38	Uruk (UNUG) ki	***U R U K,*** *(Stadt)*
39	ša - ki - in me - e	*der vorsetzte Wasser*
40	nu - úḫ - ši - im	*der Fülle*
41	a - na ni - ši - šu	*für seine Einwohner,*
42	mu - ul - li	*der erhöhte*
43	re - eš É - an - na	*die Spitze (von)* ***E A N N A,***
44	mu - kam - me - er	*der aufhäufte*
45	ḫi - iṣ - bi - im	*Ertrag*
46	a - na Anim (AN - nim)	*für* ***A N U M***
47	ù d Ištar (INNIN)	*und (Göttin)* ***IŠTAR,***
48	ṣulūl (AN . DÙL) ma - tim	*der Schirm des Landes,*

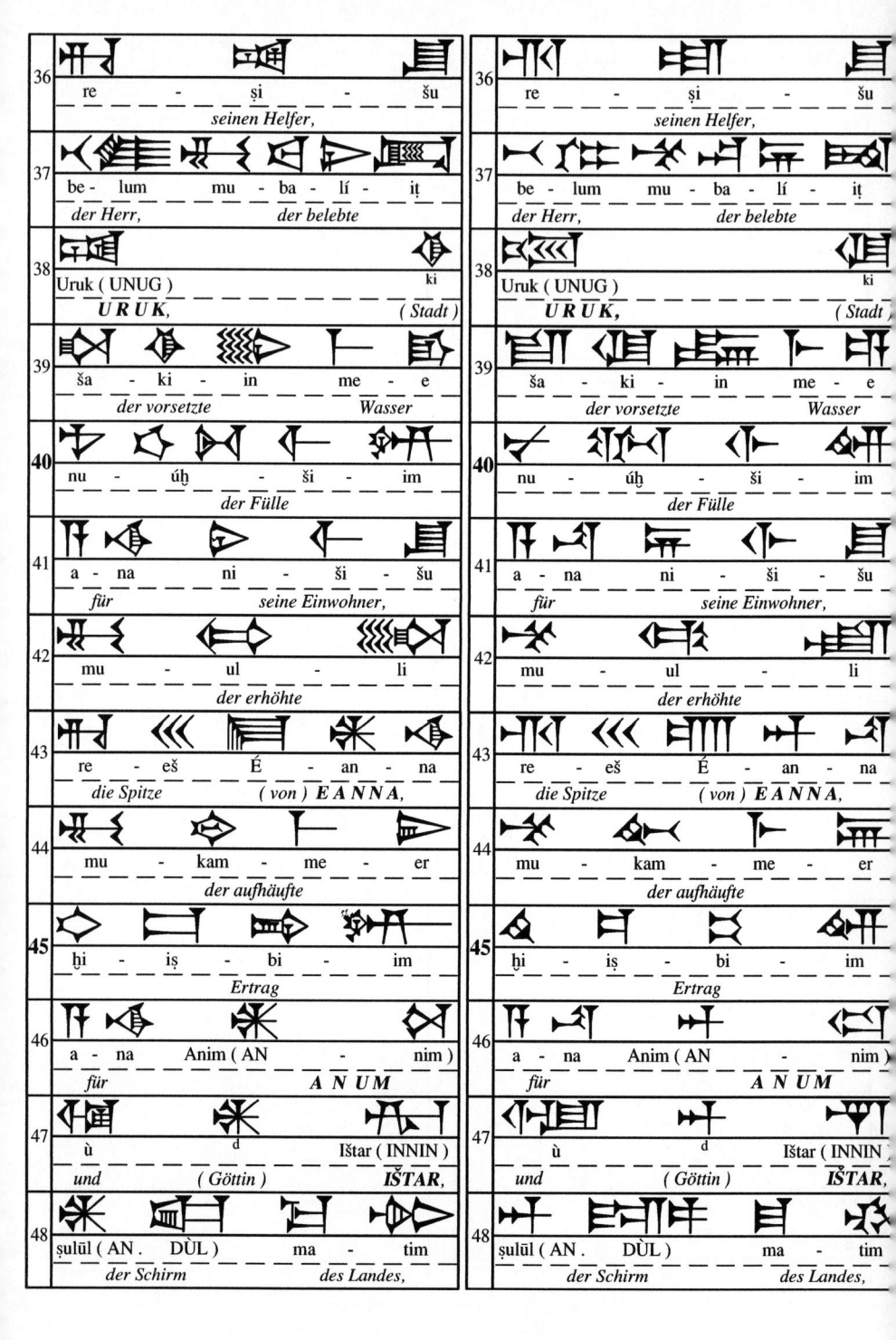

49 mu - pa - aḫ - ḫi - ir
der sammelte

50 ni - ši
die Einwohner,

sa$_6$ - ap - ḫa - tim
die zerstreuten,

51 ša Ì - si - in [ki]
von *I S I N*, *(Stadt)*

52 mu - ṭa - aḫ - ḫi - id
der reichlich versah

53 nu - úḫ - ši - im
mit Überfluss

54 bītam (É) É - gal - maḫ
den Tempel *EGALMAḪ*,

55 ušumgal (GAL.UŠUM) šàr - rí
der Drache (unter) den Königen,

56 ta - li - im
" der Lieblingsbruder "

57 [d] Za - ba$_4$ - ba$_4$
des (Gottes) *Z A B A B A*,

58 mu - šar - ši - id
der fest gründete

59 šu - ba - at [uru]
die Stätte (von) (Stadt)

Kiš [ki]
KIŠ (Stadt),

49 mu - pa - aḫ - ḫi - ir
der sammelte

50 ni - ši
die Einwohner,

sa$_6$ - ap - ḫa - tim
die zerstreuten,

51 ša Ì - si - in [ki]
von *I S I N*, *(Stadt)*

52 mu - ṭa - aḫ - ḫi - id
der reichlich versah

53 nu - úḫ - ši - im
mit Überfluss

54 bītam (É) É - gal - maḫ
den Tempel *EGALMAḪ*,

55 ušumgal (GAL.UŠUM) šàr - rí
der Drache (unter) den Königen,

56 ta - li - im
" der Lieblingsbruder "

57 [d] Za - ba$_4$ - ba$_4$
(des) (Gottes) *Z A B A B A*,

58 mu - šar - ši - id
der fest gründete

59 šu - ba - at [uru]
die Stätte (von) (Stadt)

Kiš [ki]
KIŠ (Stadt),

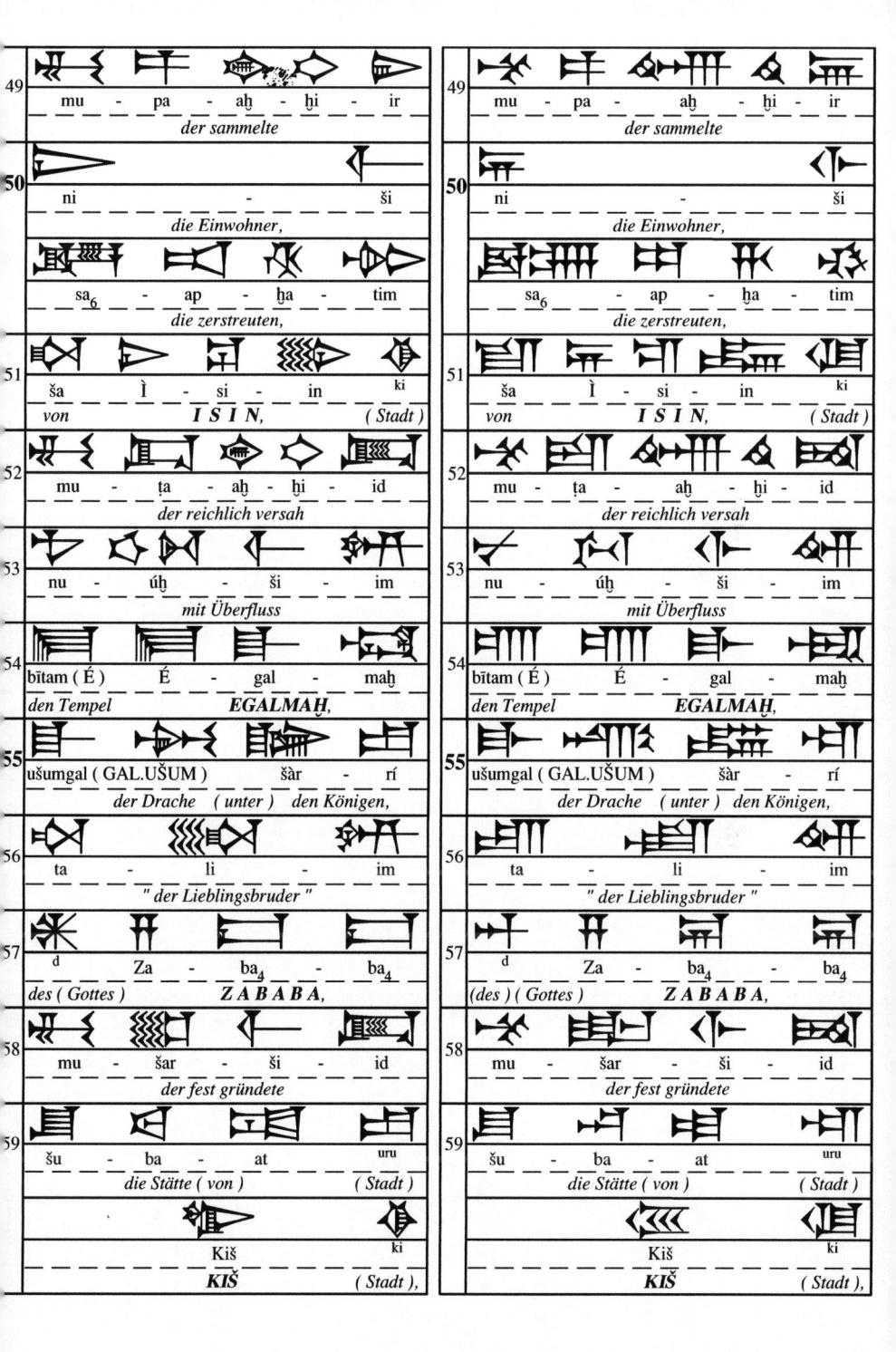

60 mu - uš - ta - ás - ḫi - ir

der umgab

61 me - le - em - mi

mit Glanz

62 É - me - te - ur - sag

EMETE'URSAG,

63 mu - uš - te - eṣ - bi

der planmässig ausführte

64 pa - ar - ṣí

die Kultordnungen,

ra - bu - ú - tim

die grossen,

65 ša ^{d} Ištar (INNIN)

der (Göttin) ***IŠTAR,***

66 pa - qí - id bi - tim

der betreute den Tempel

67 Ḫur - sag - kalam - ma

(E) ḪURSAGKALAMA,

68 sa - par$_4$ na - ki - ri

das Netz der Feinde,

69 ša Ìr - ra ru - šu

den ***IRRA,*** *sein Freund,*

70 ú - ša - ak -

ši - du

erreichen liess

60 mu - uš - ta - ás - ḫi - ir

der umgab

61 me - le - em - mi

mit Glanz

62 É - me - te - ur - sag

EMETE'URSAG,

63 mu - uš - te - eṣ - bi

der planmässig ausführte

64 pa - ar - ṣí

die Kultordnungen,

ra - bu - ú - tim

die grossen,

65 ša ^{d} Ištar (INNIN

der (Göttin) ***IŠTAR***

66 pa - qí - id bi - tim

der betreute den Tempel

67 Ḫur - sag - kalam - ma

(E) ḪURSAGKALAMA,

68 sa - par$_4$ na - ki - ri

das Netz der Feinde,

69 ša Ìr - ra ru - šu

den ***IRRA,*** *sein Freund,*

70 ú - ša - ak -

ši - du

erreichen liess

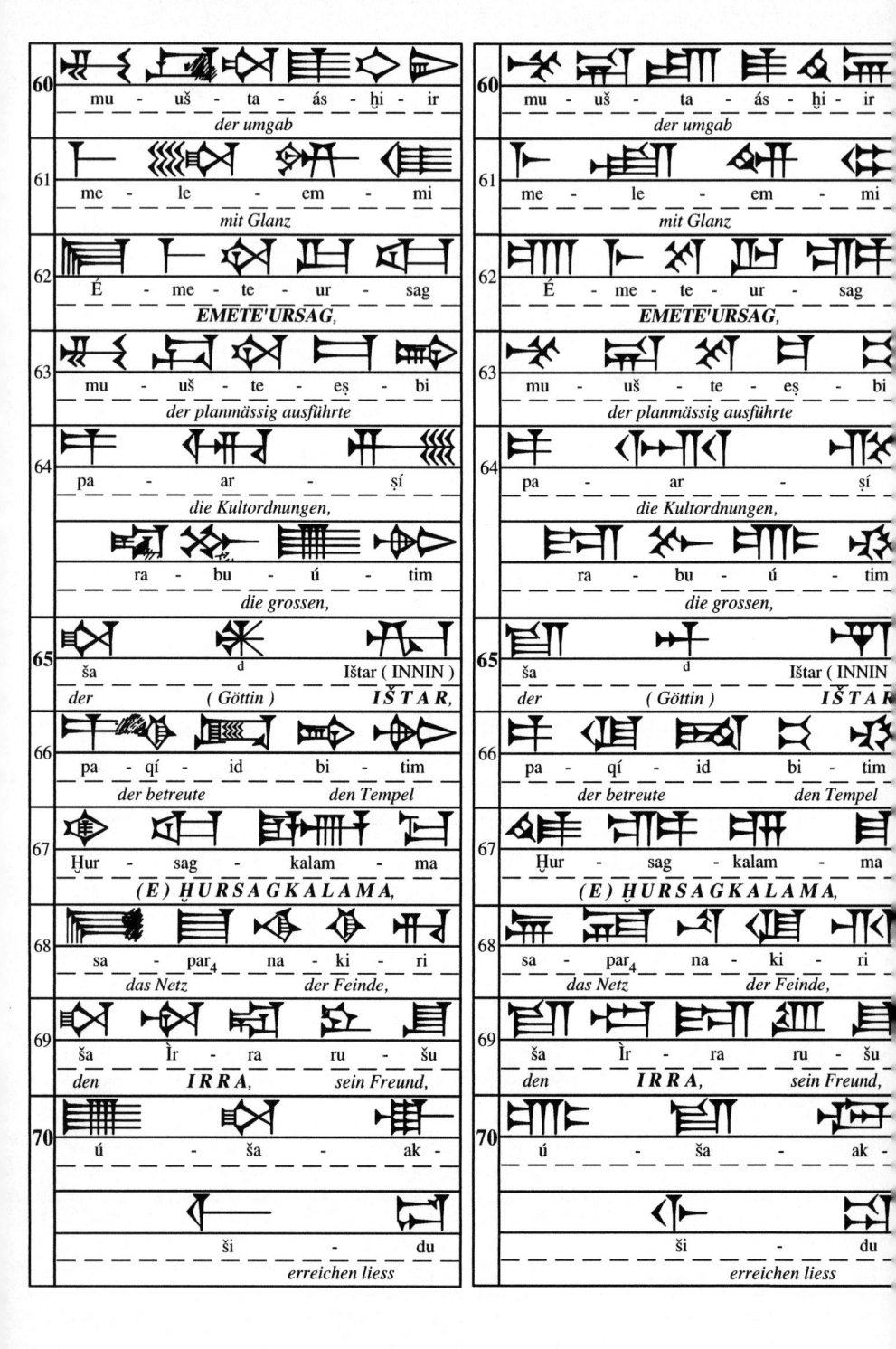

III

1	ni - iz - ma - sú	*seinen Wunsch,*
2	mu - ša - te - er	*der hervorragend machte*
3	uru Kutâ (GÚ . DU_8 . A) ki	*(Stadt)* ***K U T H A,*** *(Stadt)*
4	mu - ra - ap - pí - iš	*der erweiterte*
5	mi - im - ma šum - šu	*alles Erdenkliche*
6	a - na Miš (Mes?) - lam	*für* ***(E) M I Š*** ***L A M,***
7	ri - mu - um	*der Stier,*
8	ka - ad - ru - um	*der angriffsbereite,*
9	mu - na - ak - ki - ip	*der niederstiess*
	za - i - ri	*die Feinde,*
10	na - ra - am Tu - tu	*der Liebling des* ***T U T U,***
11	mu - ri - iš	*der jauchzen machte*

III

1	ni - iz - ma - sú	*seinen Wunsch,*
2	mu - ša - te - er	*der hervorragend machte*
3	uru Kutâ (GÚ . DU_8 . A) ki	*(Stadt)* ***K U T H A,*** *(Stadt)*
4	mu - ra - ap - pí - iš	*der erweiterte*
5	mi - im - ma šum - šu	*alles Erdenkliche*
6	a - na Miš (Mes?) - lam	*für* ***(E) M I Š*** ***L A M,***
7	ri - mu - um	*der Stier,*
8	ka - ad - ru - um	*der angriffsbereite,*
9	mu - na - ak - ki - ip	*der niederstiess*
	za - i - ri	*die Feinde,*
10	na - ra - am Tu - tu	*der Liebling des* ***T U T U,***
11	mu - ri - iš	*der jauchzen machte*

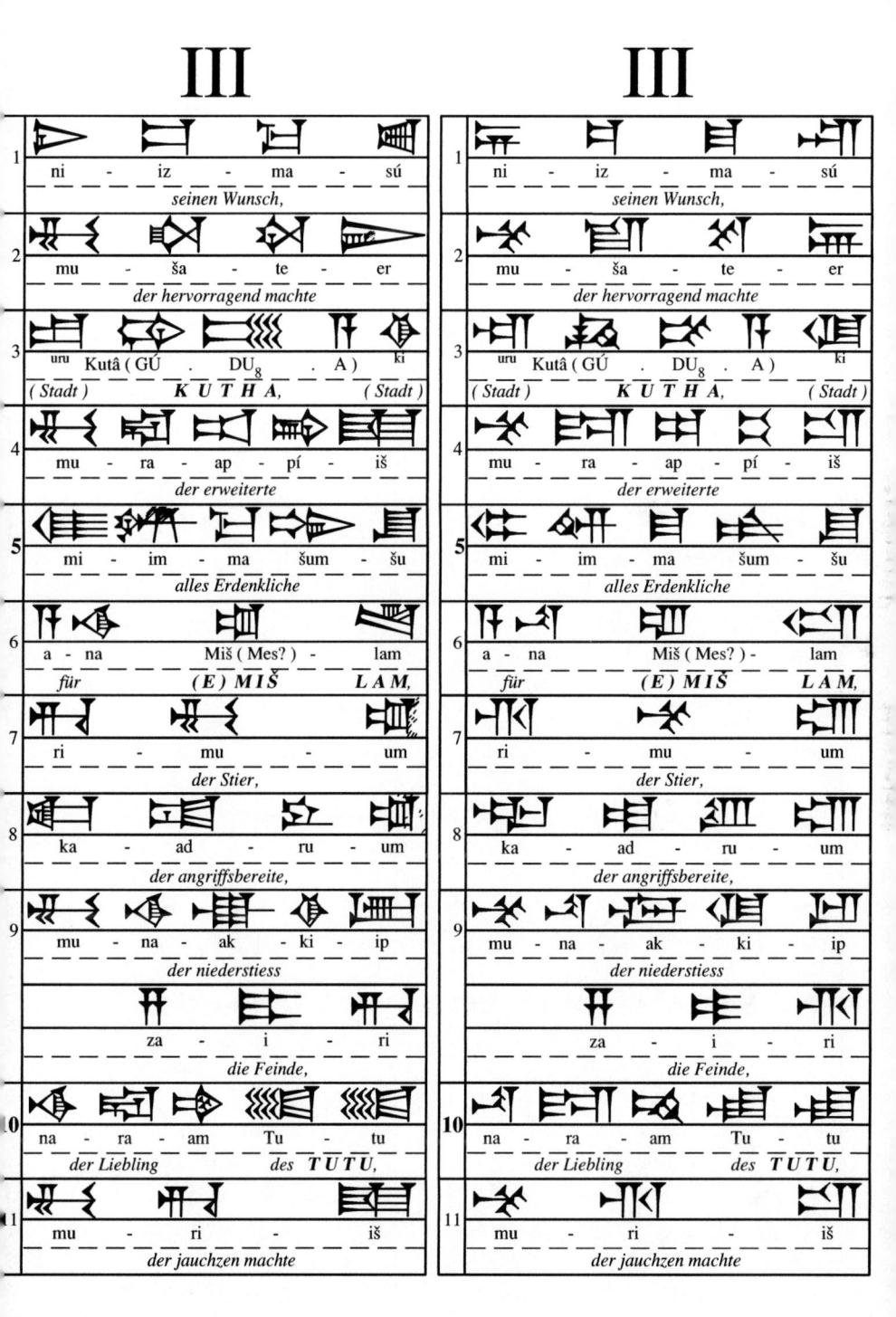

12	uru Bar - sí - pá ki	(Stadt) ***BORSIPPA***, (Stadt)
13	na - a' - du - um	*der Fromme,*
14	la mu - up - pa - ar - ku - ú - um	*der unablässig (tätig war)*
15	a - na É - zi - da	*für* ***EZIDA***,
16	i - lu šàr - rí	*der Gott (unter) den Königen,*
17	mu - de igigallim (IGI.GÁL - im)	*vertraut mit Weisheit*
18	mu - ša - ad - di - il	*der Erweiterer*
19	me - re - eš - tim	*des kultivierten Feldes*
20	ša Dil - bad ki	*von* ***DILBAD***, *(Stadt)*
21	mu - ga - ar - ri - in karê (GUR_7 . GUR_7)	*der aufhäufte Getreidegarben*
22	a - na d Uraš (IB)	*für (Gott)* ***URAŠ***,

12	uru Bar - sí - pá ki	(Stadt) ***BORSIPPA***, (Stadt
13	na - a' - du - um	*der Fromme,*
14	la mu - up - pa - ar - ku - ú - um	*der unablässig (tätig war)*
15	a - na É - zi - da	*für* ***EZIDA***,
16	i - lu šàr - rí	*der Gott (unter) den Königen,*
17	mu - de igigallim (IGI. GÁL - im)	*vertraut mit Weisheit*
18	mu - ša - ad - di - il	*der Erweiterer*
19	me - re - eš - tim	*des kultivierten Feldes*
20	ša Dil - bad ki	*von* ***DILBAD***, *(Stadt*
21	mu - ga - ar - ri - in karê (GUR_7 . GUR_7)	*der aufhäufte Getreidegarben*
22	a - na d Uraš (IB)	*für (Gott)* ***URAŠ***,

23 ga - aš - ri - im
den starken,

24 be - lum sí - ma - at
der Herr, würdig

25 ḫa - aṭ - ṭi - im
des Zepters

26 ù a - ge - em
und der Krone,

27 ša ú - ša - ak -
den

li - lu - šu
vollkommen gemacht hat

28 e - ri - iš - tum
die weise

29 d Ma - ma
(Göttin) ***M A M A,***

30 mu - ki - in
der festsetzte

31 ú - ṣú - ra - tim
die Grundrisszeichnungen

32 ša Kèš ki
von ***KEŠ*** *(Stadt),*

33 mu - de - eš - ši
der reichlich darbrachte

34 ma - ka - li
Mahlzeiten

23 ga - aš - ri - im
den starken,

24 be - lum sí - ma - at
der Herr, würdig

25 ḫa - aṭ - ṭi - im
des Zepters

26 ù a - ge - em
und der Krone,

27 ša ú - ša - ak -
den

li - lu - šu
vollkommen gemacht hat

28 e - ri - iš - tum
die weise

29 d Ma - ma
(Göttin) ***M A M A,***

30 mu - ki - in
der festsetzte

31 ú - ṣú - ra - tim
die Grundrisszeichnungen

32 ša Kèš ki
von ***KEŠ*** *(Stadt),*

33 mu - de - eš - ši
der reichlich darbrachte

34 ma - ka - li
Mahlzeiten

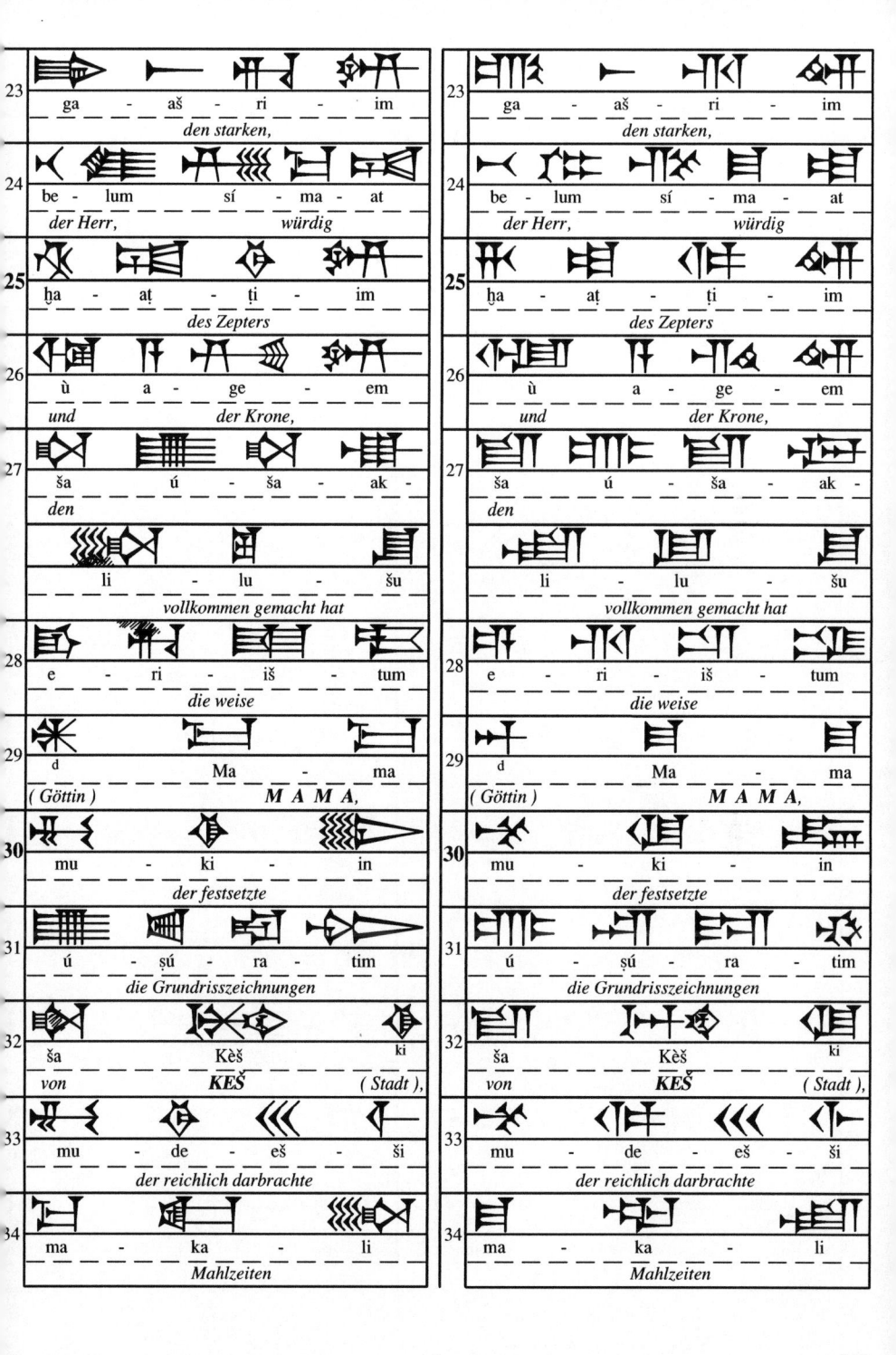

Zeile	Umschrift	Übersetzung
	el - lu - tim	*reine*
35	a - na ^{d}Nin - tu	*für (Göttin)* ***NINTU,***
36	mu - uš - ta - lum	*der Besonnene,*
37	gi - it - ma - lum	*der Vollkommene,*
38	ša - i - im	*der festsetzte*
39	mi - ri - tim	*Weideland*
40	ù ma - aš - qí - tim	*und Wassertränke*
41	a - na Lagaš (ŠIR . BUR . LA) ^{ki}	*für* ***LAGAŠ*** *(Stadt)*
42	ù Giršîm (GÍR . SU) ^{ki}	*und* ***GIRS(Š)U*** *(Stadt)*
43	mu - ki - il	*der hielt*
44	ni - in - da - bé - e	*Opfergaben,*
45	ra - bu - tim	*grosse,*
46	a - na É - ninnu	*für* ***ENINNU***

Zeile	Umschrift	Übersetzung
	el - lu - tim	*reine*
35	a - na ^{d}Nin - tu	*für (Göttin)* ***NINTU,***
36	mu - uš - ta - lum	*der Besonnene,*
37	gi - it - ma - lum	*der Vollkommene,*
38	ša - i - im	*der festsetzte*
39	mi - ri - tim	*Weideland*
40	ù ma - aš - qí - tim	*und Wassertränke*
41	a - na Lagaš (ŠIR.BUR . LA) ^{ki}	*für* ***LAGAŠ*** *(Stadt*
42	ù Giršîm (GÍR . SU) ^{ki}	*und* ***GIRS(Š)U*** *(Stadt*
43	mu - ki - il	*der hielt*
44	ni - in - da - bé - e	*Opfergaben,*
45	ra - bu - tim	*grosse,*
46	a - na É - ninnu	*für* ***ENINNU***

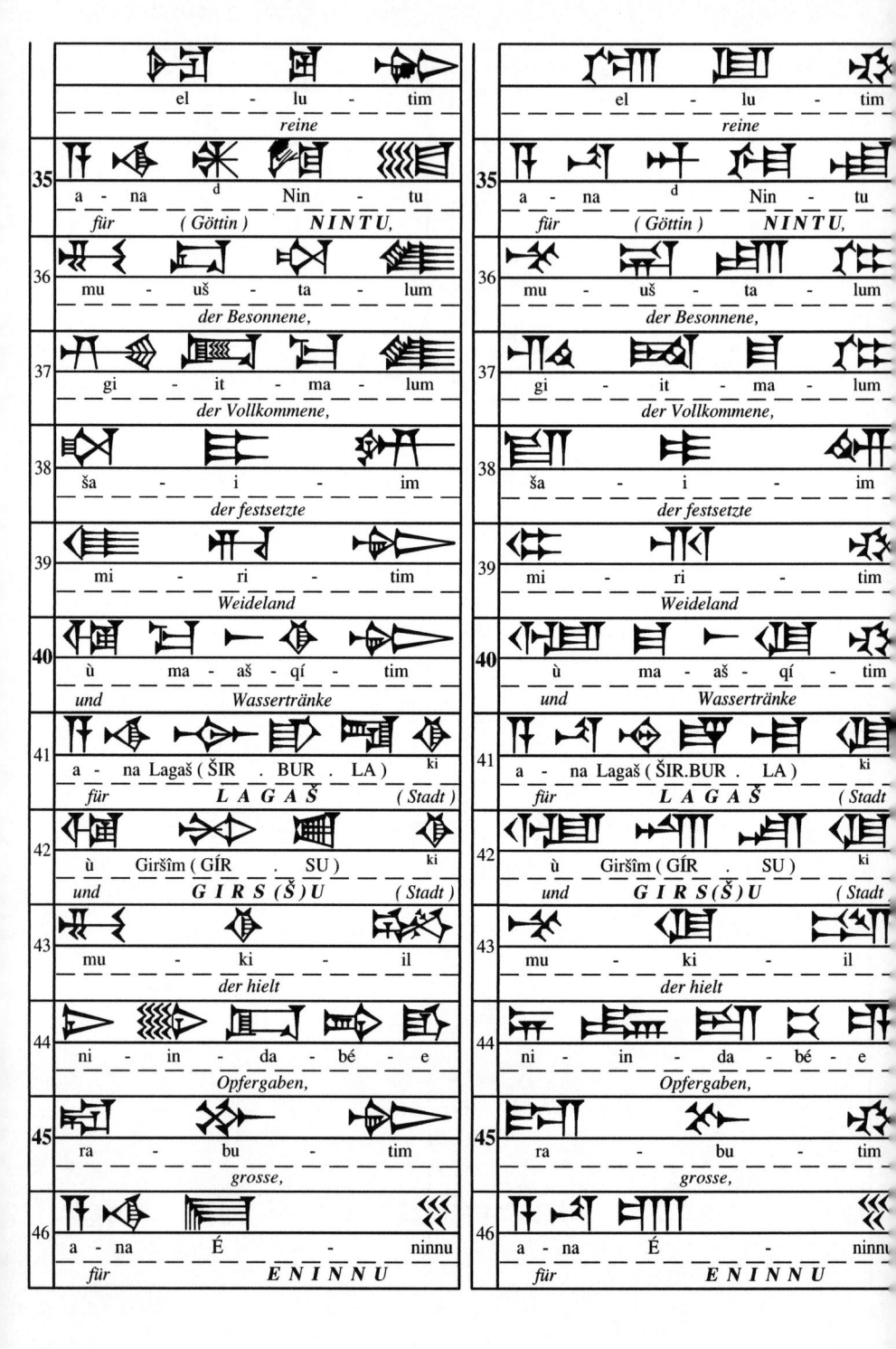

47 mu - tam - me - eḫ a - a - bi
der packte die Feinde,

48 mi - gi$_4$ - ir
der Liebling

49 te - li - tim
der " tüchtigen " (Göttin),

50 mu - ša - ak - li - il
der vollführte

51 te - re - tim
die Weisungen

52 ša Sugal (ZÁBALA = ZA.MÙŠ.UNUG)^{ki}
von ***S U G A L*** *(Stadt),*

53 mu - ḫa - ad - di
der erfreute

54 li - ib - bi Ištar (Iš$_8$- tár)
das Herz der ***IŠTAR****,*

55 ru - bu - um el - lum
der Fürst, der reine,

56 ša ni - iš qá - ti - šu
dessen Gebet (wörtl.: Erhebung der Hände)

57 ^{d}Adad (IŠKUR) i - du - ú
(Gott) ***A D A D*** *kennt,*

58 mu - ne - eḫ
der beschwichtigte

59 li - ib - bi ^{d}Adad (IŠKUR)
das Herz (Gott) ***ADADS****,*

47 mu - tam - me - eḫ a - a - bi
der packte die Feinde,

48 mi - gi$_4$ - ir
der Liebling

49 te - li - tim
der " tüchtigen " (Göttin),

50 mu - ša - ak - li - il
der vollführte

51 te - re - tim
die Weisungen

52 ša Sugal (ZÁBALA = ZA.MÙŠ.UNUG)^{ki}
von ***S U G A L,*** *(Stadt),*

53 mu - ḫa - ad - di
der erfreute

54 li - ib - bi Ištar (Iš$_8$- tár)
das Herz der ***IŠTAR****,*

55 ru - bu - um el - lum
der Fürst, der reine,

56 ša ni - iš qá - ti - šu
dessen Gebet (wörtl.: Erhebung der Hände)

57 ^{d}Adad (IŠKUR) i - du - ú
(Gott) ***A D A D*** *kennt,*

58 mu - ne - eḫ
der beschwichtigte

59 li - ib - bi ^{d}Adad (IŠKUR)
das Herz (Gott) ***ADADS****,*

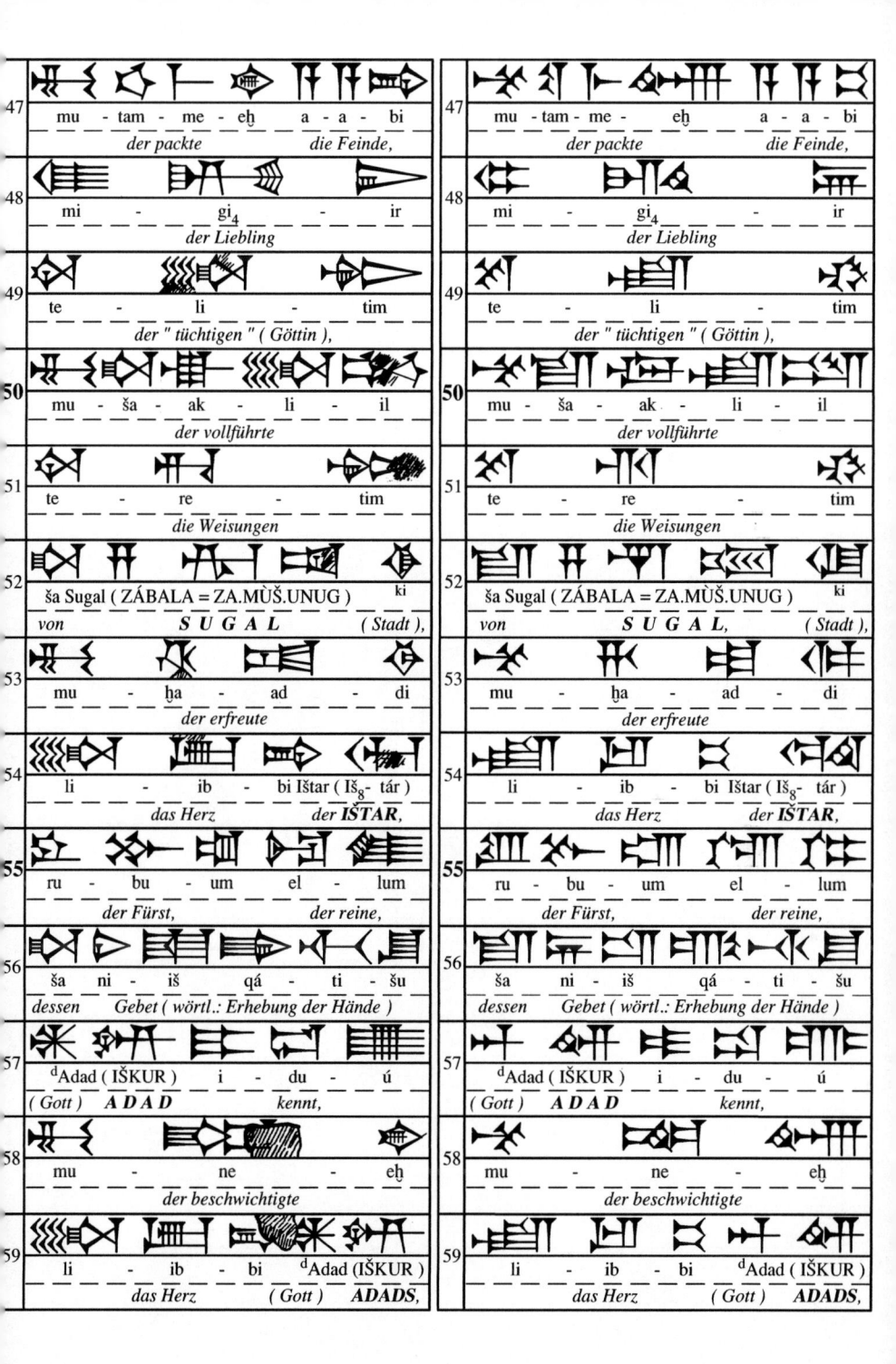

60	qú - ra - di - im	*des Helden,*
61	i - na [uru] Karkara (IM) [ki]	*in (Stadt)* ***KARKARA*** *(Stadt),*
62	mu - uš - ta - ak - ki - in	*der immer wieder herstellte*
63	sí - ma - tim	*das Erforderliche*
64	i - na É - ud - gal - gal	*für* ***E ' U D G A L G A L,***
65	šarrum (LUGAL) na - di - in	*der König, der gab*
66	na - pí - iš - tim	*das Leben*
67	a - na Adab (UD . NUN) [ki]	*für* ***A D A B*** *(Stadt),*
68	a - še - er	*der überwachte*
69	bītim (É) É - maḫ	*den Tempel* ***E M A Ḫ,***
70	e - te - el šàr - rí	*der Herrscher der Könige,*
71	qá - ba - al	*(im) Kampf*

60	qú - ra - di - im	*des Helden,*
61	i - na [uru] Karkara (IM) [ki]	*in (Stadt)* ***KARKARA*** *(Stadt),*
62	mu - uš - ta - ak - ki - in	*der immer wieder herstellte*
63	sí - ma - tim	*das Erforderliche*
64	i - na É - ud - gal - gal	*für* ***E ' U D G A L G A L,***
65	šarrum (LUGAL) na - di - in	*der König, der gab*
66	na - pí - iš - tim	*das Leben*
67	a - na Adab (UD . NUN) [ki]	*für* ***A D A B*** *(Stadt)*
68	a - še - er	*der überwachte*
69	bītim (É) É - maḫ	*den Tempel* ***E M A Ḫ,***
70	e - te - el šàr - rí	*der Herrscher der Könige,*
71	qá - ba - al	*(im) Kampf*

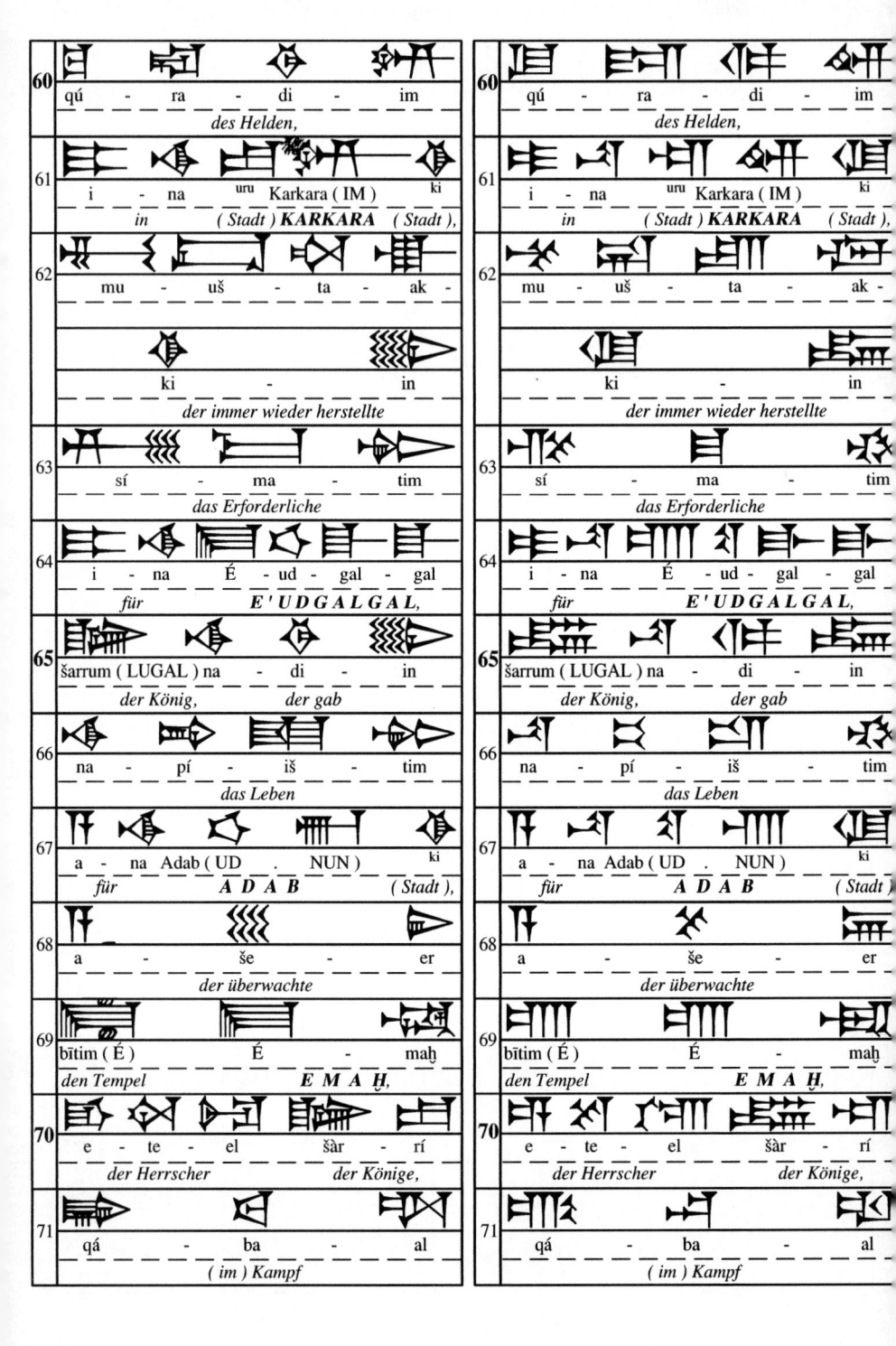

72 la ma - ḫa - ri - im

unwiderstehlich,

IV

1 šu i - qí - šu

der schenkte

2 na - ap - ša - tam

das Leben

3 a - na uru

an (Stadt)

Maš - kán - šāpir (ŠAPRA = PA.AL) ki

***MAŠKANŠAPIR** (Stadt),*

4 mu - še - eš - qí

der tränkte

5 nu - úḫ - ši - im

(mit) Überfluss

6 a - na Miš - lam

(E) MIŠLAM,

7 em - qum

der Weise,

8 mu - tab - bi - lum

der Verwalter,

9 šu ik - šu - du

der erreichte

10 na - ga - ab úr - ši - im

die Urquelle der Weisheit,

72 la ma - ḫa - ri - im

unwiderstehlich,

IV

1 šu i - qí - šu

der schenkte

2 na - ap - ša - tam

das Leben

3 a - na uru

an (Stadt)

Maš - kán - šāpir (ŠAPRA = PA.AL) ki

***MAŠKANŠAPIR** (Stadt),*

4 mu - še - eš - qí

der tränkte

5 nu - úḫ - ši - im

(mit) Überfluss

6 a - na Miš - lam

(E) MIŠLAM,

7 em - qum

der Weise,

8 mu - tab - bi - lum

der Verwalter,

9 šu ik - šu - du

der erreichte

10 na - ga - ab úr - ši - im

die Urquelle der Weisheit,

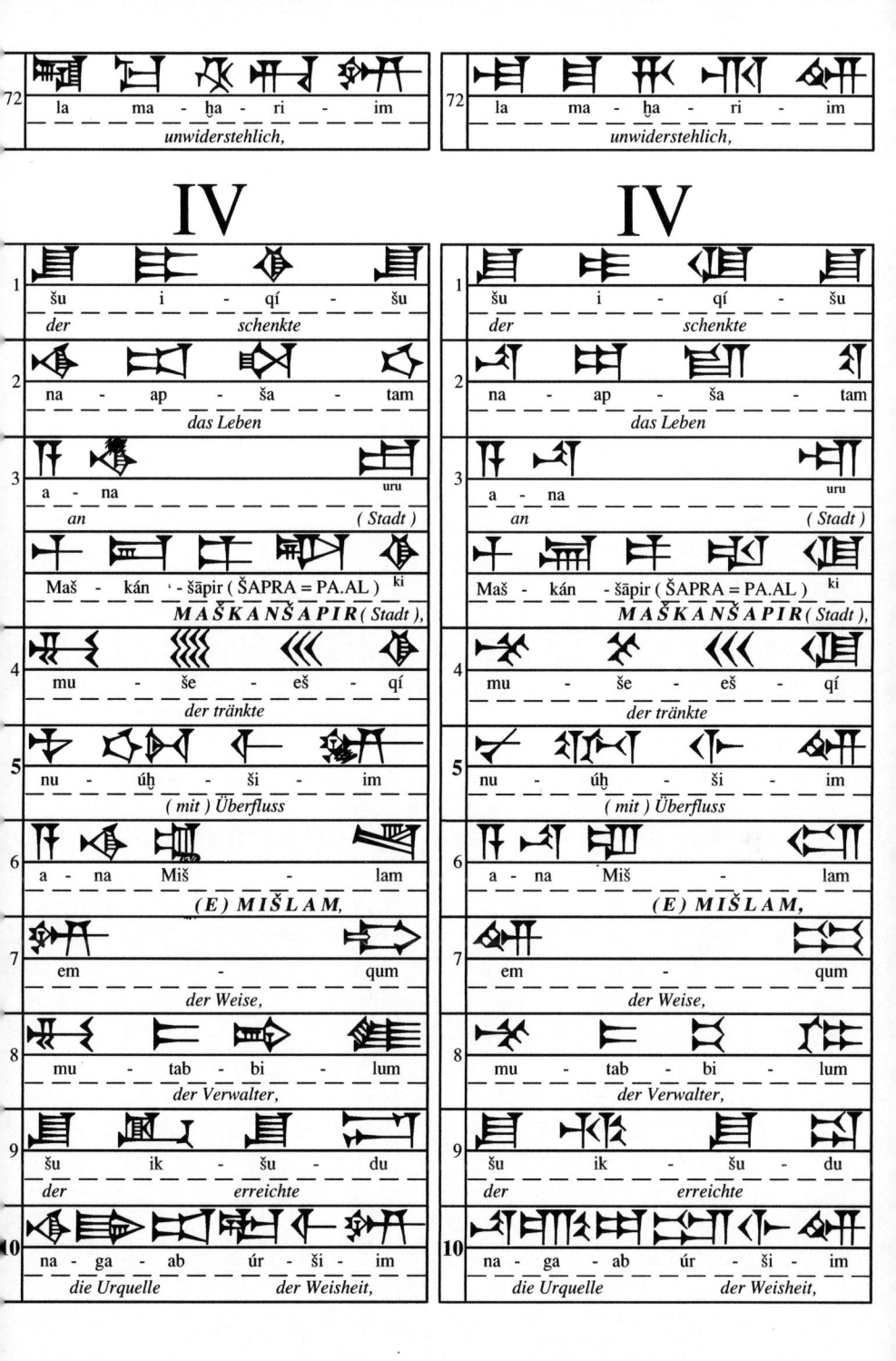

11	mu - uš - pa - az - zi - ir	*der barg*
12	ni - ši Malgîm (MÀ . AL . GU$_7$ (**nicht NAG!**) . A) [ki]	*die Einwohner* ***M A L G I U S*** *(Stadt)*
13	in ka - ra - ši - im	*in der Not,*
14	mu - šar - ši - du	*der fest gründete*
15	šu - ba - ti - ši - in	*ihre Wohnstätten,*
16	in nu - úḫ - ši - im (**nicht in!**)	*der im Überfluss*
17	a - na [d] Ea (EN . KI)	*für (Gott)* ***E A***
18	ù [d] Dam - gal - nun - na	*und (Göttin) DAMGALNUNNA,*
19	mu - šar - bu - ú	*die Mehrer*
20	šar - ru - ti - šu	*seines Königtums,*
21	da - rí - iš i - ši - mu	*für ewig festsetzte*
22	zi - bi el - lu - tim	*Opfer, reine,*

11	mu - uš - pa - az - zi - ir	*der barg*
12	ni - ši Malgîm (MÀ . AL . GU$_7$ (**nicht NAG!**) . A) [ki]	*die Einwohner* ***M A L G I U S*** *(Stadt*
13	in ka - ra - ši - im	*in der Not,*
14	mu - šar - ši - du	*der fest gründete*
15	šu - ba - ti - ši - in	*ihre Wohnstätten,*
16	in nu - úḫ - ši - im (**nicht in!**	*der im Überfluss*
17	a - na [d] Ea (EN . KI)	*für (Gott)* ***E A***
18	ù [d] Dam - gal - nun - na	*und (Göttin) DAMGALNUNNA,*
19	mu - šar - bu - ú	*die Mehrer*
20	šar - ru - ti - šu	*seines Königtums,*
21	da - rí - iš i - ši - mu	*für ewig festsetzte*
22	zi - bi el - lu - tim	*Opfer, reine,*

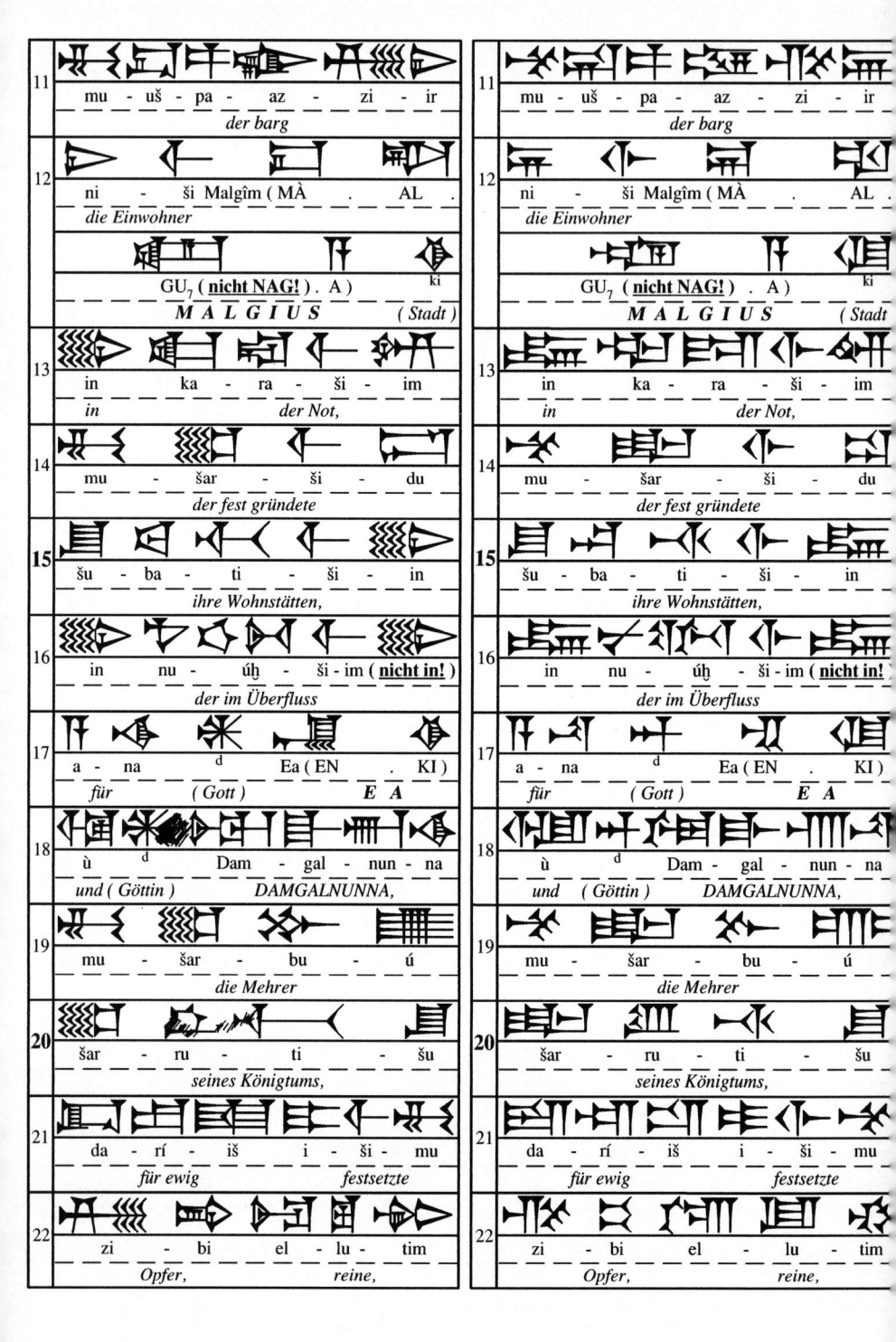

23	a - ša - re - ed	*der Erste*
	šàr - rí	*der Könige,*
24	mu - ka - an - ni - iš	*der unterwarf*
25	da - ad - mi	*die Ortschaften*
26	ídPurattim (BURANUN.NA = UD.KIB.NUN.NA)	*(Fluss) (am)* ***E U P H R A T***
27	ì - tum d Da - gan	*(auf) Befehl (Gott)* ***D A G A N S,***
28	ba - ni - šu	*seines Schöpfers,*
29	šu ig - mi - lu	*der schonte*
30	ni - ši Me - ra ki	*die Einwohner* ***M A R I S*** *(Stadt)*
31	ù Tu - tu - ul ki	*und* ***T U T T U L S*** *(Stadt),*
32	ru - bu - um	*der Fürst,*
33	na - a' - du - um	*der fromme,*
34	mu - na - wi - ir	*der erglänzen liess*

23	a - ša - re - ed	*der Erste*
	šàr - rí	*der Könige,*
24	mu - ka - an - ni - iš	*der unterwarf*
25	da - ad - mi	*die Ortschaften*
26	ídPurattim (BURANUN.NA = UD.KIB.NUN.NA)	*(Fluss) (am)* ***E U P H R A T***
27	ì - tum d Da - gan	*(auf) Befehl (Gott)* ***D A G A N S,***
28	ba - ni - šu	*seines Schöpfers,*
29	šu ig - mi - lu	*der schonte*
30	ni - ši Me - ra ki	*die Einwohner* ***M A R I S*** *(Stadt)*
31	ù Tu - tu - ul ki	*und* ***T U T T U L S*** *(Stadt),*
32	ru - bu - um	*der Fürst,*
33	na - a' - du - um	*der fromme,*
34	mu - na - wi - ir	*der erglänzen liess*

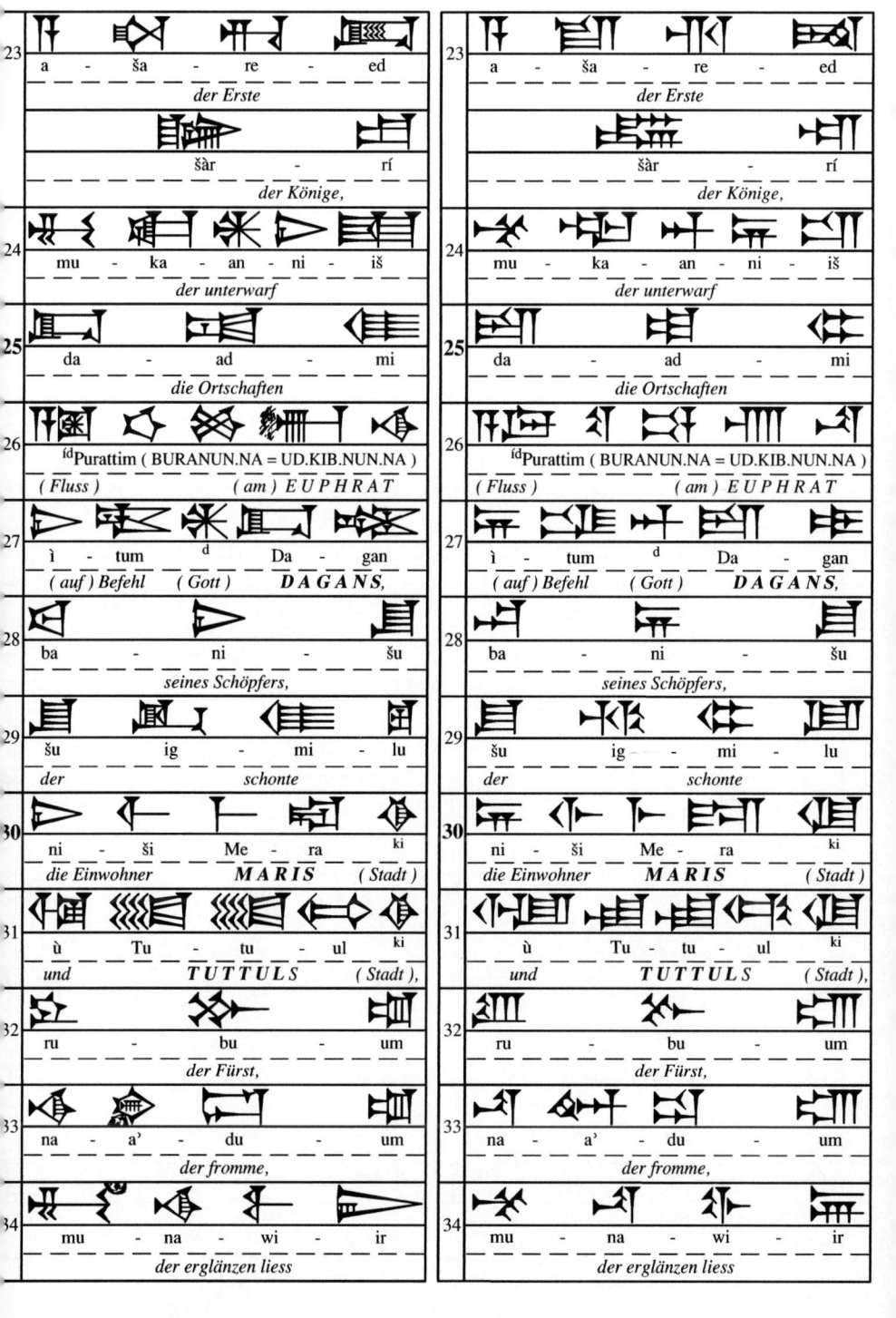

35	pa - ni [d] Tišpak (MÚ Š)	*das Antlitz (Gott)* ***TIŠPAKS,***
36	ša - ki - in ma - ka - li	*der bereiten liess Mahlzeiten*
	el - lu - tim	*reine,*
37	a - na [d] Nin - a - zu	*für (Gott)* ***N I N A Z U,***
38	ša - ṭì - ip ni - ši - šu	*der rettete seine Einwohner*
39	in pu - uš - qí - im	*in der Not,*
40	mu - ki - in - nu	*der festsetzte*
41	iš - di - ši - in	*ihre Grundfesten*
42	qer - bu - um	*innerhalb*
43	Bābilim (KÁ.DINGIR . RA) [ki]	***B A B Y L O N S*** *(Stadt)*
44	šu - ul - ma - ni - iš	*in Wohlbefinden,*
45	rē'i (SIPA) ni - šì	*der Hirte der Leute,*
46	ša ep - še - tu - šu	*dessen Taten*

35	pa - ni [d] Tišpak (MÚ Š)	*das Antlitz (Gott)* ***TIŠPAKS***
36	ša - ki - in ma - ka - li	*der bereiten liess Mahlzeiten*
	el - lu - tim	*reine,*
37	a - na [d] Nin - a - zu	*für (Gott)* ***N I N A Z U,***
38	ša - ṭì - ip ni - ši - šu	*der rettete seine Einwohner*
39	in pu - uš - qí - im	*in der Not,*
40	mu - ki - in - nu	*der festsetzte*
41	iš - di - ši - in	*ihre Grundfesten*
42	qer - bu - um	*innerhalb*
43	Bābilim (KÁ.DINGIR . RA) [ki]	***B A B Y L O N S*** *(Stadt)*
44	šu - ul - ma - ni - iš	*in Wohlbefinden,*
45	rē'i (SIPA) ni - šì	*der Hirte der Leute,*
46	ša ep - še - tu - šu	*dessen Taten*

47	e - li Iš$_8$ - tár ṭa - ba	(über) der **IŠTAR** *gefallen,*
48	mu - ki - in - ni Iš$_8$ - tár	*der einsetzte* *IŠTAR*
49	i - na É - ul - maš	*in* ***E ' U L M A Š,***
50	qer - bu - um	*innerhalb*
51	A - kà - dè [ki] (= Akkadim[ki])	***A K K A D E S*** *(Stadt),*
52	re - bi - tim	*der " Marktstadt ",*
53	mu - še - pí ki - na - tim	*der erstrahlen liess* *das Recht,*
54	mu - šu - še - er	*der lenkte*
	am - mi	*die Völker,*
55	mu - te - er	*der zurückführte*
56	d lamassī (LAMMA) - šu	*die Schutzgöttin,*
57	da - mi - iq - tim	*dessen gnädige,*
58	a - na uru A-šur$_4$ (LÁL-SAR) ki	*nach* *(Stadt)* ***A Š Š U R*** *(Stadt)*

47	e - li Iš$_8$- tár ṭa - ba	*(über)* *der* ***IŠTAR*** *gefallen,*
48	mu - ki - in - ni Ìštár	*der einsetzte* *IŠTAR*
49	i - na É - ul - maš	*in* ***E ' U L M A Š,***
50	qer - bu - um	*innerhalb*
51	A - kà - dè [ki] (= Akkadim[ki])	***A K K A D E S*** *(Stadt),*
52	re - bi - tim	*der " Marktstadt ",*
53	mu - še - pí ki - na - tim	*der erstrahlen liess* *das Recht,*
54	mu - šu - še - er	*der lenkte*
	am - mi	*die Völker,*
55	mu - te - er	*der zurückführte*
56	d lamassī (LAMMA) - šu	*die Schutzgöttin,*
57	da - mi - iq - tim	*dessen gnädige*
58	a - na uru A - šur$_4$ (LÁL-SAR) ki	*nach* *(Stadt)* ***A Š Š U R*** *(Stadt)*

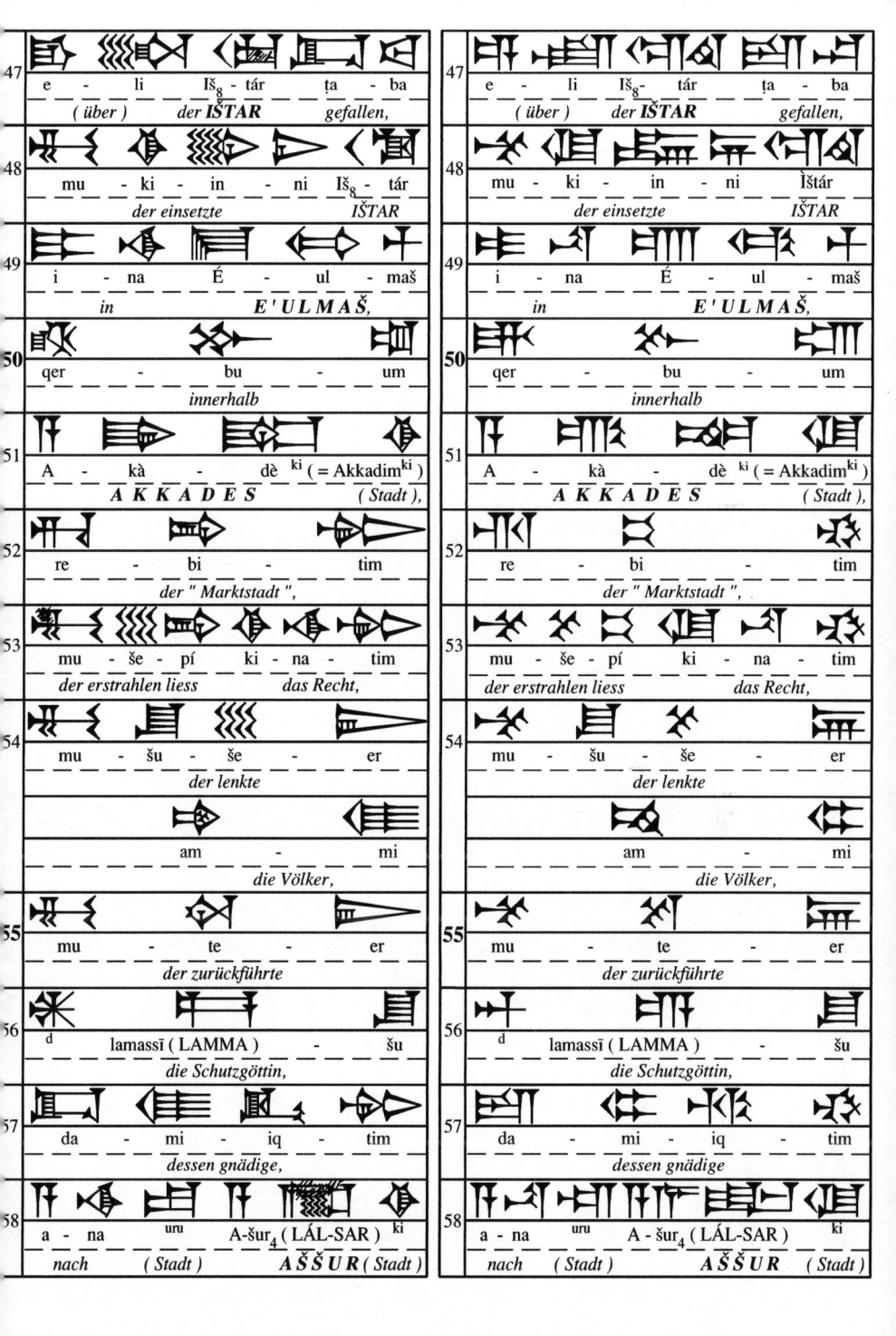

59 mu - še - ep - pí
der zum Schweigen brachte
na - bi - ḫi
die Feuer (?),

60 šarrum (LUGAL) ša i - na
der König, der in
Ni - nu - a ki
N I N I V E *(Stadt),*

61 i - na É - miš - miš
in ***E M I Š M I Š,***

62 ú - šu - pí - ù
erglänzen liess

63 me - e d Ištar (INNIN)
die Kultordnungen (Göttin) der ***IŠTAR,***

64 na - a' - du - um
der Fromme,

65 mu - uš - te - mi - qum
der Betende

66 a - na ilī rabûtim (DINGIR.GAL . GAL)
zu den grossen Göttern,

67 li - ip - li - ip - pí
Nachkomme

68 ša Su - mu - la - ìl
des ***S U M U L A I L,***

69 aplum (IBILA = TUR.UŠ) da - núm
Erbsohn, mächtiger,

59 mu - še - ep - pí
der zum Schweigen brachte
na - bi - ḫi
die Feuer (?),

60 šarrum (LUGAL) ša i - na
der König, der in
Ni - nu - a ki
N I N I V E *(Stadt),*

61 i - na É - miš - miš
in ***E M I Š M I Š,***

62 ú - šu - pí - ù
erglänzen liess

63 me - e d Ištar (INNIN
die Kultordnungen (Göttin) der ***IŠTAR***

64 na - a' - du - um
der Fromme,

65 mu - uš - te - mi - qum
der Betende

66 a - na ilī rabûtim (DINGIR.GAL. GAL)
zu den grossen Göttern,

67 li - ip - li - ip - pí
Nachkomme

68 ša Su - mu - la - ìl
des ***S U M U L A I L,***

69 aplum (IBILA = TUR.UŠ) da - núm
Erbsohn, mächtiger,

70 ša ^{d}Sîn (ZUEN = EN . ZU)
des (Gott) ***S Î N-***

mu - ba - lí - iṭ
M U B A L L I T,

V

1 zērum (NUMUN = zir) da - rí - um
Same, ewiger,

2 ša šar - ru - tim
des Königtums,

3 šarrum (LUGAL) da - núm
der König, der mächtige,

4 ^{d} Šamšu (UTU - šu)
(Gott) Sonne(ngott)

5 Bābilim (KÁ . DINGIR . RA) ^{ki}
B A B Y L O N S *(Stadt),*

6 mu - še - ṣí nu - ri - im
der aufgehen liess das Licht

7 a - na ma - at
über das Land

8 Šu - me - rí - im
S U M E R

9 ù Ak - ka - di - im
und ***A K K A D,***

10 šarrum (LUGAL) mu - uš - te -
der König,

70 ša ^{d}Sîn (ZUEN = EN . ZU)
des (Gott) ***S Î N-***

mu - ba - lí - iṭ
M U B A L L I T,

V

1 zērum (NUMUN = zir) da - rí - um
Same, ewiger,

2 ša šar - ru - tim
des Königtums,

3 šarrum (LUGAL) da - núm
der König, der mächtige,

4 ^{d} Šamšu (UTU - šu)
(Gott) Sonne(ngott)

5 Bābilim (KÁ.DINGIR . RA) ^{ki}
B A B Y L O N S *(Stadt),*

6 mu - še - ṣí nu - ri - im
der aufgehen liess das Licht

7 a - na ma - at
über das Land

8 Šu - me - rí - im
S U M E R

9 ù Ak - ka - di - im
und ***A K K A D,***

10 šarrum (LUGAL) mu - uš - te -
der König,

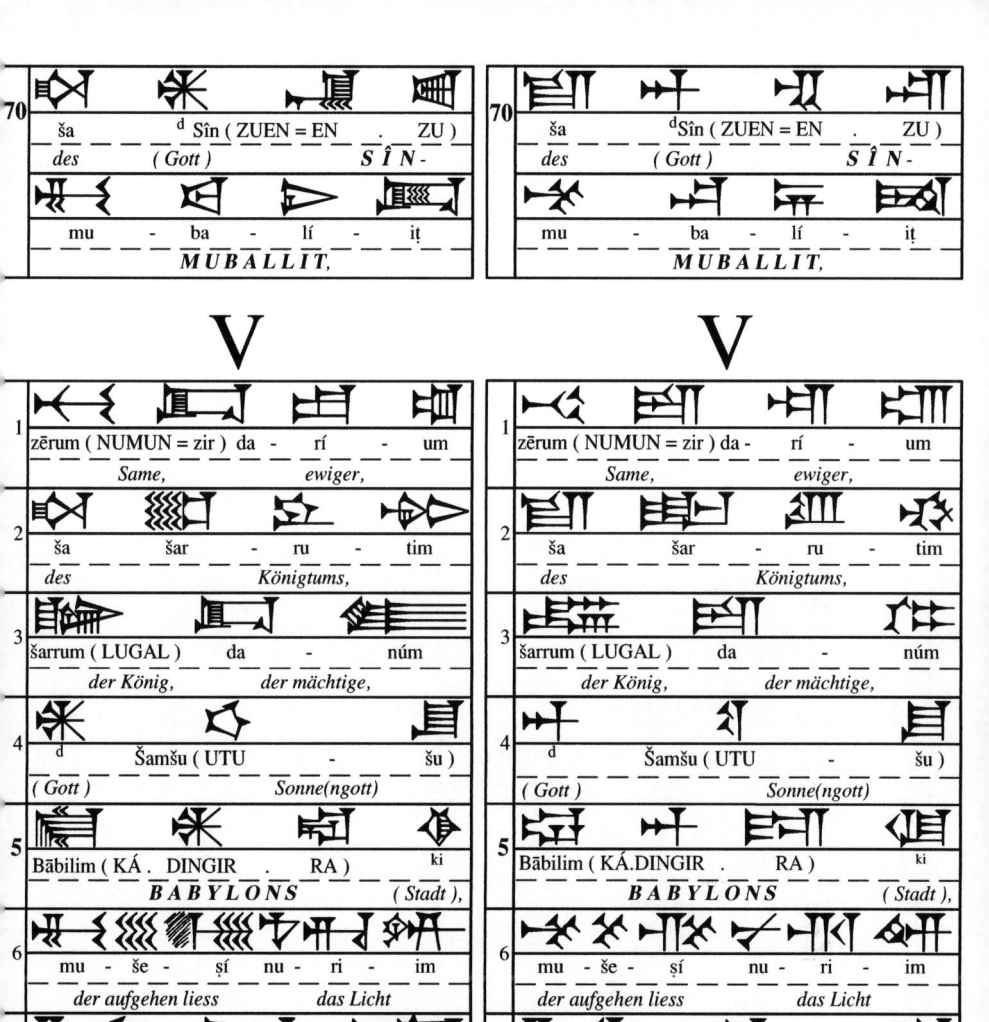

eš - mi
der sich gefügig machte

11 ki - ib - ra - at
die Weltsektoren,

12 ar - ba - im
die vier,

13 mi - gi_4 - ir [d]Ištar (INNIN)
der Liebling der (Göttin) ***IŠTAR****,*

a - na - ku
(bin) ich.

14 i - nu - ma
Als

15 [d] Marduk (AMAR . UTU)
(Gott) ***M A R D U K****,*

16 a - na šu - te - šu - ur
um zu lenken

ni - ši
die Einwohner,

17 mātim (KALAM) ú - si - im
dem Lande Sitte

18 šu - ḫu - zi - im
angedeihen zu lassen,

19 ú - wa (oder we) - e - ra - an - ni
mich beauftragte,

20 ki - it - tam
das Recht

eš - mi
der sich gefügig machte

11 ki - ib - ra - at
die Weltsektoren,

12 ar - ba - im
die vier,

13 mi - gi_4 - ir [d]Ištar (INNIN
der Liebling der (Göttin) ***IŠTAR***

a - na - ku
(bin) ich.

14 i - nu - ma
Als

15 [d] Marduk (AMAR . UTU
(Gott) ***M A R D U K****,*

16 a - na šu - te - šu - ur
um zu lenken

ni - ši
die Einwohner,

17 mātim (KALAM) ú - si - im
dem Lande Sitte

18 šu - ḫu - zi - im
angedeihen zu lassen,

19 ú - wa (oder we) - e - ra - an - ni
mich beauftragte,

20 ki - it - tam
das Recht

21 ù mi - ša - ra - am

und die Gerechtigkeit

22 i - na pī (KA) ma - tim

in den Mund des Landes

23 aš - ku - un

legte ich

24 ši - ir ni - ši

(und trug) Sorge (für) der Menschen

ú - ṭi - ib

Wohlergehen

25 i - nu - mi - šu

Damals (gab ich folgende Gesetze:)

21 ù mi - ša - ra - am

und die Gerechtigkeit

22 i - na pī (KA) ma - tim

in den Mund des Landes

23 aš - ku - un

legte ich

24 ši - ir ni - ši

(und trug) Sorge (für) der Menschen

ú - ṭi - ib

Wohlergehen

25 i - nu - mi - šu

Damals (gab ich folgende Gesetze:)

Die Gesetze:

Die Gesetze:

§ 1

§ 1

26 šum - ma a - wi - lum

Wenn ein Bürger

a - wi - lam

einen (anderen) Bürger

27 ú - ub - bi - ir - ma

bezichtigt

28 ne - er - tam e - li - šu

(und) ihm Mord

29 id - di - ma

vorwirft,

26 šum - ma a - wi - lum

Wenn ein Bürger

a - wi - lam

einen (anderen) Bürger

27 ú - ub - bi - ir - ma

bezichtigt

28 ne - er - tam e - li - šu

(und) ihm Mord

29 id - di - ma

vorwirft,

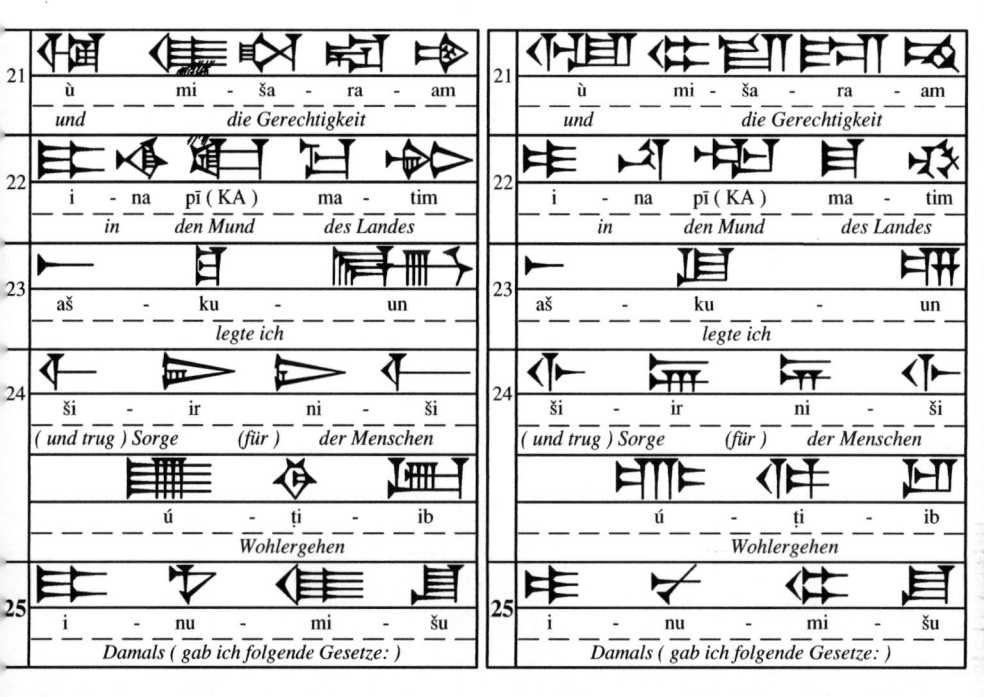

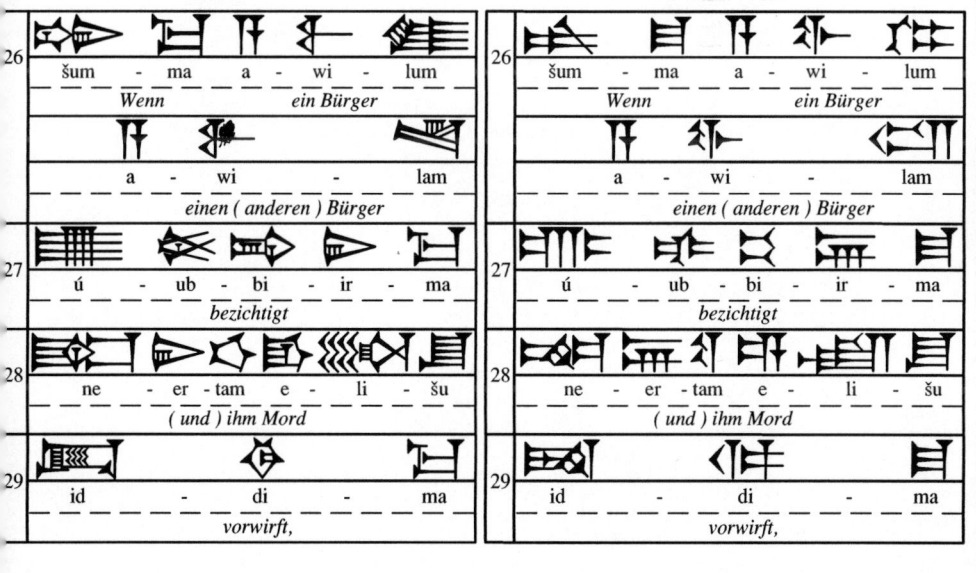

Der Prolog

(Fette und unterstrichene Begriffe s. Beschreibungen)

1) Als der erhabene **Anu**, 2) der König der **Anunnaku**, 3) und **Enlil**, 4) der Herr des Himmels 5) und der Erde, 6) der Bestimmer 7) der Geschicke des Landes, 8) dem **Marduk**, 9) dem erstgeborenen Sohn 10)des **Ea**, 11) die Enlil-Würde 12) über alle Menschen 13) bestimmten, 14) und unter den **Igigu** 15) ihn gross machten, 16) **Babel** 17) mit seinem erhabenen Namen nannten, 18) in den Weltsektoren 19) es hervorragend machten, 20) darin 21) ein ewiges Königtum, 24) dessen Grundfesten 22) wie Himmel 23) und Erde 25) fest gegründet sind, 26) ihm festsetzten, 27) damals haben mich, **Hammurapi**, 30) den frommen 29) Fürsten, 31) den Verehrer der Götter, 32) um Gerechtigkeit 33) im Lande 34) sichtbar zu machen, 35) den Bösen und den Schlimmen 36) zu vernichten, 38) den Schwachen 37) vom Starken 39) nicht schädigen zu lassen, 40) dem Sonnengott gleich 41) den "Schwarzköpfigen" 42) aufzugehen 43) und das Land 44) zu erleuchten, 45) **Anu** 46) und **Enlil**, 47) um für das Wohlergehen der Menschen 48) Sorge zu tragen, 49) mit meinem Namen genannt.

53) Ich 50) **Hammurapi**, 53) der von **Enlil** 52) berufene 51) Hirte, 55) der Hülle 56) und Fülle aufhäufte 58) und alles Erdenkliche 57) fertigstellte 59) für **Nippur-Duranki**, 61) der fromme 60) Pfleger 62) von **Ekur**, 63) der tüchtige König, 64) der **Eridu**, 65) wiederherstellte, **II** 1) der den Ritus von **Eabzu** **I** 66) reinigte. **II** 2) der Erstürmer 4) der vier 3) Weltsektoren, 5) der den Namen 6) **Babels** 5) gross machte, 8) der das Herz **Marduks**, 9) seines Herrn, 7) erfreute, 10) der täglich 12) **Esagil** 11) zu Diensten ist. 13) der Königsspross, 14) **Sin** 15) schuf, 17) der **Ur** 16) gedeihen ließ, 18) der Demütige, 19) der Betende, 20) der Überfluss brachte 21) nach **Ekischnugal**, 22) der besonnene König, 23) der dem Sonnengott gehorcht, der Mächtige, 25) der die Grundfesten von **Sippar**, 24) gefestigt hat, 28) der den Hochtempel der **Aja** 27) mit Grün 28) bekleidete, 30) der den 'I'empel **Ebabbar** , 31) welcher der Wohnung des Himmels gleich ist, 29) erhaben gemacht hat, 32) der Krieger, 33) der **Larsa** 32) schonte, 34) der **Ebabbar** erneuerte 35) für den Sonnengott, 36) seinen Helfer, 37) der Herr, 38) der **Uruk**, 37) belebte, 39) Wasser 40) der Fülle 41) seinen Einwohnern 39) vorsetzte, 43) der die Spitze von **Eanna** 42) erhöhte, 45) der reichen Ertrag 46) für **Anu** 47) und **Ischtar** 44) aufhäufte, 48) der Schirm des Landes, 50) der die zerstreuten Einwohner 51) von **Isin** 49) sammelte, 54) der den Tempel **Egalmach** 52) reichlich versah 53) mit Überfluss. 55) Der Drache unter den Königen, 56) der "Lieblingsbruder" 57) des **Zababa**, 59) der die Stätte von **Kisch** 58) fest gründete, 62) der **Emete'ursag** 61) mit Glanz 60) umgab, 64) der die großen Kultordnungen 65) der **Ischta**r 63) planmässig ausführte, 66) der den Tempel 67) **(E)chursagkalama** 66) betreute.

68) Das Netz der Feinde, 69) den sein Freund **Irra** **III** 1) seinen Wunsch **II** 70) erreichen liess, **III** 3) der **Kutha** 2) hervorragend machte, 5) der alles Erdenkliche 6) für **(E)mischlam** 4) erweiterte, 8) der ungestüme 7) Auerochse, 9) der die Feinde niederstieß, 10) der Liebling des **Tutu**, 12) der **Borsippa** 11) jauchzen machte, 13) der Fromme, 14) der unablässig 15) für **Ezida** (tätig war).

16) Der Gott unter den Königen, 17) mit Weisheit vertraut, 18) der Erweiterer 19) des kultivierten Feldes 20) von **Dilbad**, 21) der Getreidehaufen aufhäufte 23) für den starken 22) **Urasch**, 24) der Herr, würdig 25) des Zepters 26) und der Krone, 27) den 28) die weise 29) **Mama** 27) vollkommen gemacht hat, 31) der die Grundrisszeichnungen 32) von **Kesch**, 30) festsetzte, 34) der reine Mahlzeiten 35) für **Nintu** 33) reichlich darbrachte, 36) der Besonnene, 37) der Vollkommene, 39) der Weideland 40) und Wassertränke 38) festsetzte 41) für **Lagasch**

42) und **Girschu**, 45) der große 44) Opfergaben 43) hielt 46) für **Eninnu**, 47) der die Feinde packte, 48) der Liebling 49) der "tüchtigen" Göttin, 51) der die Weisungen 52) von **Sugal**, 50) vollführte, 54) der das Herz der **Ischtar** 53) erfreute, 55) der reine Fürst, 56) dessen Gebet 57) **Adad** kennt, 59) der das Herz 60) des Helden 59) **Adad** beschwichtigte 61) in **Karkara**, 63) der das Erforderliche 64) in **E'udgalgal** 62) immer wieder herstellte, 65) der König, 67) der **Adab**, 66) Leben 65) gab, 69) der den Tempel **Emach** 68) überwachte.

70) Herrscher, unter den Königen, 72) unwiderstehlich 71) im Kampf, **IV** 1) der 3) **Maschkanschapir** 2) Leben 1) schenkte, 6) der **(E)mischlam** 5) mit Überfluss 4) tränkte, 7) der Weise, 8) der Verwalter, 9) der 10) die "Urquelle" der Weisheit 9) erreichte, 12) der die Einwohner von **Malgiu** 13) in der Not 11) barg, 15) der ihre Wohnstätten 14) fest gründete, 16) der in Überfluss 17) für **Ea** 18) und **Damgalnunna**, 19) die Mehrer 20) seines Königtums, 21) für ewig 22) reine Opfer festsetzte, 23) der Erste unter den Königen, 25) der die Ortschaften 26) am Euphrat 24) unterwarf 27) auf "Befehl" **Dagans**, 28) seines Schöpfers, 29) der 30) die Einwohner von **Mari** 31) und **Tuttul** 29) schonte, 33) der fromme 32) Fürst, 35) der das Antlitz des **Tischpak** erglänzen ließ, 36) der reine Mahlzeiten bereitete 37) für **Ninazu**, 38) der seine Einwohner (Eschnunnas) rettete 39) in der Not, 41) der ihre Grundfesten 40) festsetzte 42) innerhalb 43) **Babel**s 44) in Wohlbefinden, 45) der Hirte der Leute, 46) dessen Taten 47) der **Ischtar** gefallen, 48) der **Ischtar** einsetzte 49) in **E'ulmasch** 50) innerhalb 52) der Marktstadt 51) Akkade, 53) der das Recht erstrahlen liess, 54) der die "Völker" lenkte, 58) der nach **Assur** 57) dessen gnädige 56) Schutzgöttin 55) zurückführte, 59) der die (Feuer?) zum Schweigen brachte, 60) der König, der in **Ninive**, in **Emischmisch**, 63) die Kultordnungen der Ischtar 62) erglänzen ließ, 64) der Fromme, 65) der Betende 66) zu den großen Göttern, 67) Nachkomme 68) des **Sumulail**, 69) mächtiger Erbsohn 70) des **Sinmuballit**, **V** 1) ewiger Same 2) des Königtums, 3) der mächtige König, 4) Sonne(ngott) 5) von **Babel**, 6) der Licht aufgehen ließ 7) über das Land 8) **Sumer** 9) und **Akkad**, 10) der König, der sich 12) die vier 11) Weltsektoren 10) gefügig machte, 13) der Liebling der **Ischtar**, ich - 14) als 15) Marduk 19) mich beauftragte, 16) die Menschen zu lenken 17) und dem Lande Sitte 18) angedeihen zu lassen, 23) legte ich 20) Recht 21) und Gerechtigkeit 22) in den Mund des Landes 24) und trug Sorge für das Wohlergehen der Menschen. 25) Damals (gab ich folgende Gesetze):

30 

la uk - ti - in - šu

(aber ihn) nicht überführt,

31 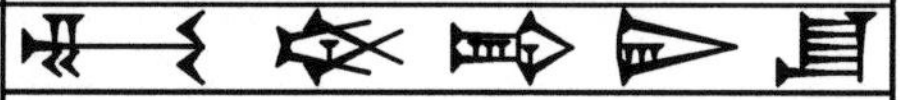

mu - ub - bi - ir - šu

der ihn bezichtigte

32 

id - da - ak

wird getötet.

§ 2

33 

šum - ma a - wi - lum

Wenn ein Bürger

34 

ki - iš - pí

Zauberei

35 

e - li a - wi - lim

(über) einen (anderen) Bürger

id - di - ma

vorwirft,

36 

la uk - ti - in - šu

(aber) nicht ihn überführt,

37 

ša e - li - šu

wird derjenige,

38 

ki - iš - pu na - du - ú

(dem) Zauberei vorgeworfen worden ist,

39 

a - na ^{d} Íd

zum (Gott) Fluss

40 

i - il - la - ak

gehen,

30 

la uk - ti - in - šu

(aber ihn) nicht überführt,

31 

mu - ub - bi - ir - šu

der ihn bezichtigte

32 

id - da - ak

wird getötet.

§ 2

33 

šum - ma a - wi - lum

Wenn ein Bürger

34 

ki - iš - pí

Zauberei

35 

e - li a - wi - lim

einem (anderen) Bürger

id - di - ma

vorwirft,

36 

la uk - ti - in - šu

(aber ihn) nicht überführt,

37 

ša e - li - šu

wird derjenige,

38 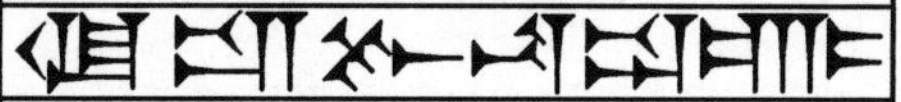

ki - iš - pu na - du - ú

(dem) Zauberei vorgeworfen worden ist,

39 

a - na ^{d} Íd

zum (Gott) Fluss

40 

i - il - la - ak

gehen,

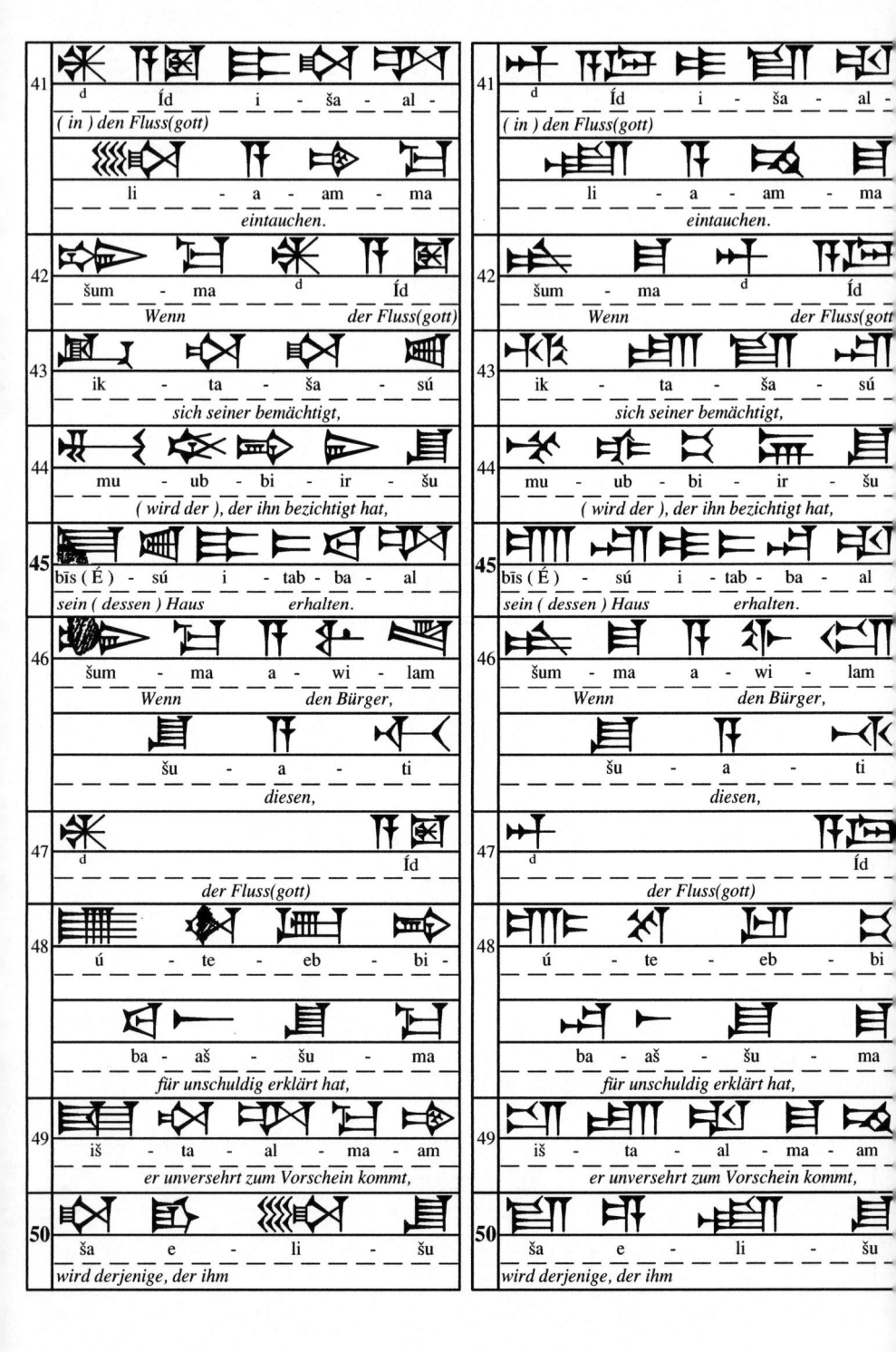

41	^{d}Íd i - ša - al -	*(in) den Fluss(gott)*
	li - a - am - ma	*eintauchen.*
42	šum - ma ^{d}Íd	*Wenn der Fluss(gott)*
43	ik - ta - ša - sú	*sich seiner bemächtigt,*
44	mu - ub - bi - ir - šu	*(wird der), der ihn bezichtigt hat,*
45	bīs (É) - sú i - tab - ba - al	*sein (dessen) Haus erhalten.*
46	šum - ma a - wi - lam	*Wenn den Bürger,*
	šu - a - ti	*diesen,*
47	^{d}Íd	*der Fluss(gott)*
48	ú - te - eb - bi -	
	ba - aš - šu - ma	*für unschuldig erklärt hat,*
49	iš - ta - al - ma - am	*er unversehrt zum Vorschein kommt,*
50	ša - e - li - šu	*wird derjenige, der ihm*

41	^{d}Íd i - ša - al -	*(in) den Fluss(gott)*
	li - a - am - ma	*eintauchen.*
42	šum - ma ^{d}Íd	*Wenn der Fluss(gott*
43	ik - ta - ša - sú	*sich seiner bemächtigt,*
44	mu - ub - bi - ir - šu	*(wird der), der ihn bezichtigt hat,*
45	bīs (É) - sú i - tab - ba - al	*sein (dessen) Haus erhalten.*
46	šum - ma a - wi - lam	*Wenn den Bürger,*
	šu - a - ti	*diesen,*
47	^{d}Íd	*der Fluss(gott)*
48	ú - te - eb - bi	
	ba - aš - šu - ma	*für unschuldig erklärt hat,*
49	iš - ta - al - ma - am	*er unversehrt zum Vorschein kommt,*
50	ša - e - li - šu	*wird derjenige, der ihm*

51	ki - iš - pí id - du - ú	*Zauberei vorgeworfen hat,*
52	id - da - ak	*getötet.*
53	ša ^{d} Íd	*Der (in) den Fluss(gott)*
54	iš - li - a - am	*eingetaucht worden ist,*
55	bīt (É) mu - ub - bi - ri - šu	*das Haus (desjenigen), der ihn bezichtigt hat,*
56	i - tab - ba - al	*erhält.*

51	ki - iš - pí id - du - ú	*Zauberei vorgeworfen hat,*
52	id - da - ak	*getötet.*
53	ša ^{d} Íd	*Der (in) den Fluss(gott)*
54	iš - li - a - am	*eingetaucht worden ist,*
55	bīt (É) mu - ub - bi - ri - šu	*das Haus (desjenigen), der ihn bezichtigt hat,*
56	i - tab - ba - al	*erhält.*

§ 3

§ 3

57	šum - ma a - wi - lum	*Wenn ein Bürger*
58	i - na di - nim	*vor dem Gericht*
59	a - na ši - bu - ut	*zum Zeugnis,*
60	sà - ar - ra - tim	*falschen,*
61	ú - ṣí - a - am - ma	*auftritt,*
62	a - wa - at iq - bu - ú	*und seine Aussage,*

57	šum - ma a - wi - lum	*Wenn ein Bürger*
58	i - na di - nim	*vor dem Gericht*
59	a - na ši - bu - ut	*zum Zeugnis,*
60	sà - ar - ra - tim	*falschen,*
61	ú - ṣí - a - am - ma	*auftritt,*
62	a - wa - at iq - bu - ú	*und seine Aussage,*

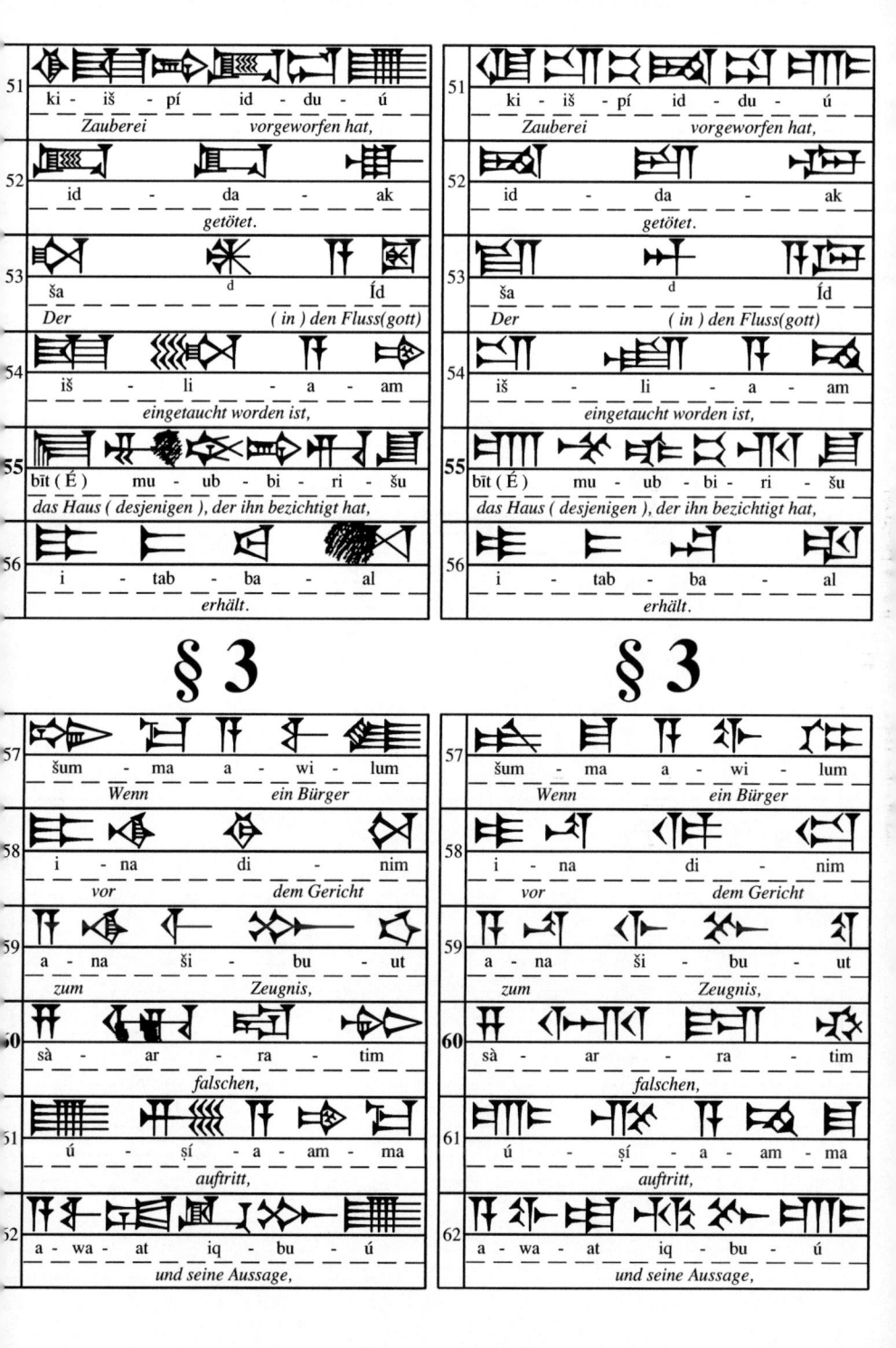

63	la uk - ti - in	*nicht beweist,*
64	šum - ma di - nu - um	*wenn das Gericht,*
	šu - ú	*dieses,*
65	di - in na - pí - iš - tim	*ein Gericht des Halses (ist),*
66	a - wi - lum šu - ú	*der Bürger, dieser,*
67	id - da - ak	*wird getötet.*

§ 4

68	šum - ma a - na ši - bu - ut	*Wenn zu einem Zeugnis er*

VI

1	šeʾim (ŠE) ù kaspim (KÙ . BABBAR)	*(über) Getreide und Geld*
2	ú - ṣí - a - am	*auftritt,*
3	a - ra - an	*die jeweilige Strafe*
4	di - nim šu - a - ti	*des Prozesses, dieses,*

63	la uk - ti - in	*nicht beweist,*
64	šum - ma di - nu - um	*wenn das Gericht,*
	šu - ú	*dieses,*
65	di - in na - pí - iš - tim	*ein Gericht des Halses (ist),*
66	a - wi - lum šu - ú	*der Bürger, dieser,*
67	id - da - ak	*wird getötet.*

§ 4

68	šum - ma a - na ši - bu - ut	*Wenn zu einem Zeugnis er*

VI

1	šeʾim (ŠE) ù kaspim (KÙ . BABBAR)	*(über) Getreide und Geld*
2	ú - ṣí - a - am	*auftritt,*
3	a - ra - an	*die jeweilige Strafe*
4	di - nim šu - a - ti	*des Prozesses, dieses,*

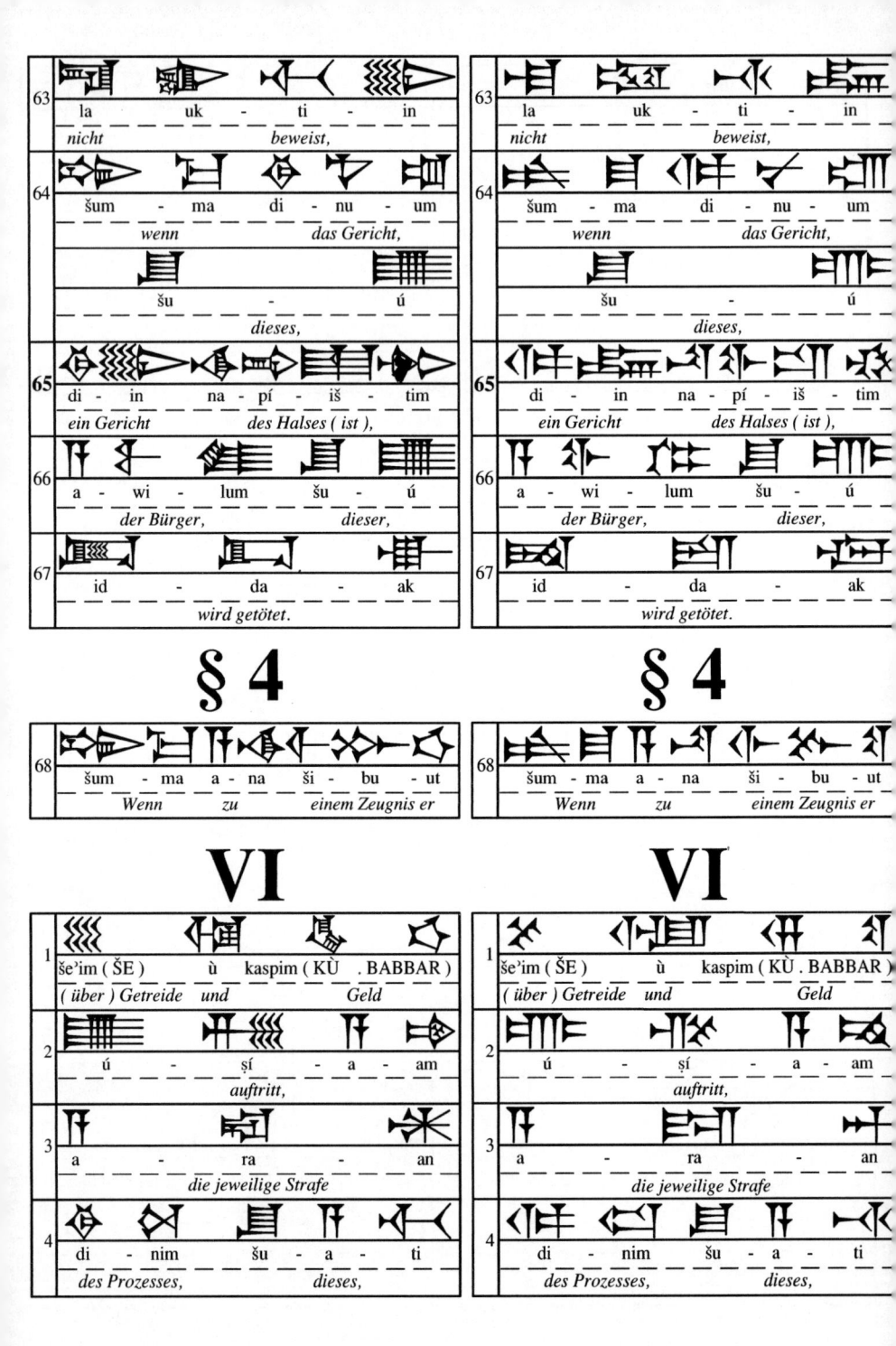

5 it - ta - na - aš - ši
trägt er.

§ 5

6 šum - ma da - a - a - nu - um
Wenn ein Richter

7 di - nam i - di - in
ein Urteil fällt,

8 pu - ru - sà - am
eine Entscheidung

9 ip - ru - ús
trifft

10 ku - nu - uk - kam
(und) eine Urkunde

11 ú - še - zi - ib
ausstellt,

12 wa - ar - ka -
nu - um - ma
nachher (jedoch)

13 di - in - šu i - te - ni
sein Urteil abändert,

14 da - a - a - nam šu - a - ti
(soll man) dem Richter, diesem,

15 i - na di - in
des Urteils,

5 it - ta - na - aš - ši
trägt er.

§ 5

6 šum - ma da - a - a - nu - um
Wenn ein Richter

7 di - nam i - di - in
ein Urteil fällt,

8 pu - ru - sà - am
eine Entscheidung

9 ip - ru - ús
trifft

10 ku - nu - uk - kam
(und) eine Urkunde

11 ú - še - zi - ib
ausstellt,

12 wa - ar - ka -
nu - um - ma
nachher (jedoch)

13 di - in - šu i - te - ni
sein Urteil abändert,

14 da - a - a - nam šu - a - ti
(soll man) dem Richter, diesem,

15 i - na di - in
des Urteils,

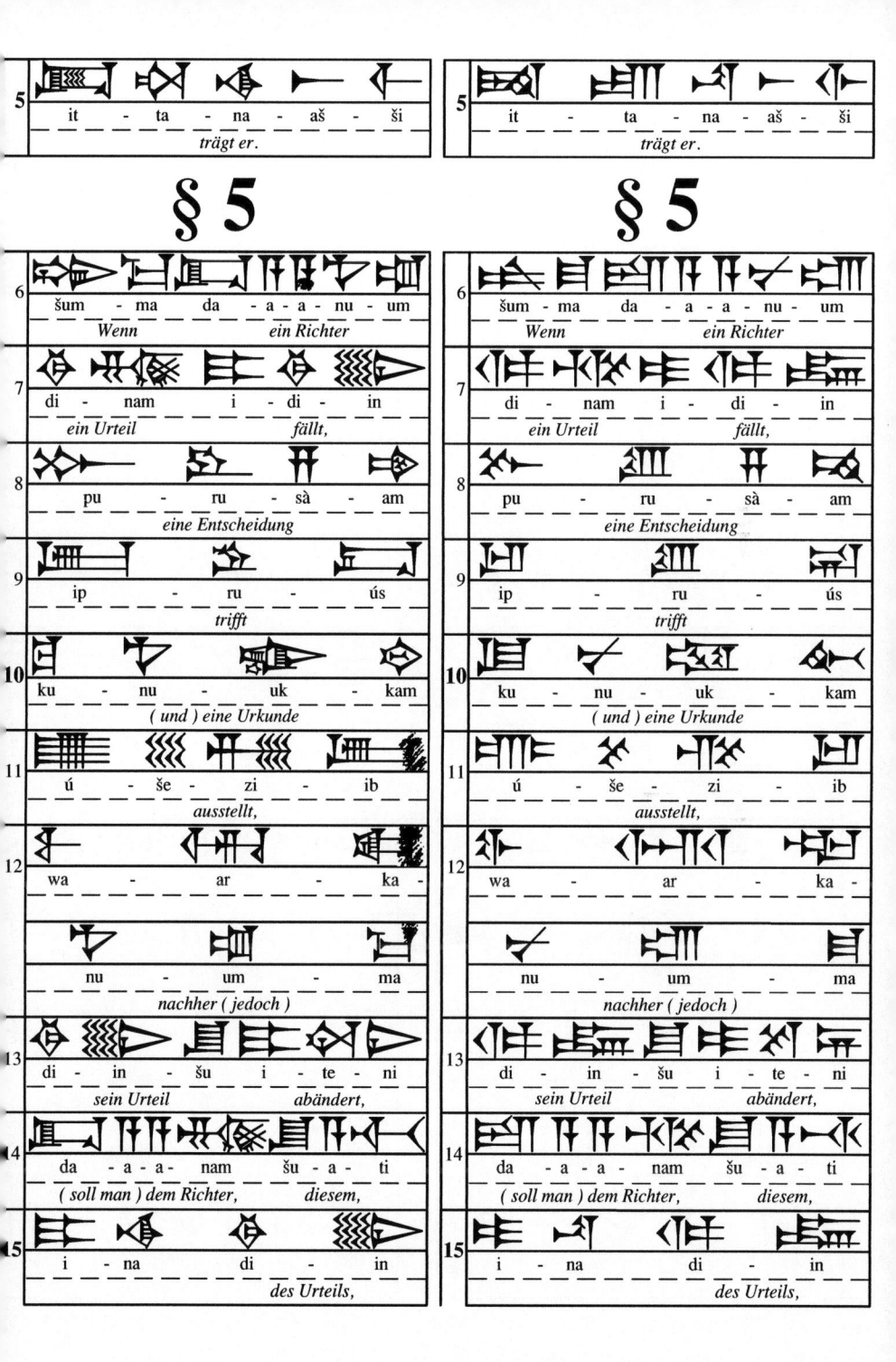

i - di - nu
(das) er gefällt hat,

16 e - ne - em
die Änderung

17 ú - ka - an - nu - šu - ma
nachweisen,

18 ru - gu - um - ma - am
(dann soll) er den Klageanspruch,

19 ša i - na di - nim
der bei dem Prozess,

šu - a - ti
diesem,

20 ib - ba - aš - šu - ú
entsteht,

21 adi (A . RÁ) 12 - šu
bis zum zwölffachen

22 i - na - ad - di - in
hingeben;

23 ù i - na pu - úḫ -
und ausserdem (lässt man)

ri - im
ihn in der Versammlung

24 i - na ^{giš} kussi (GU . ZA)
von (Holz) seinem Stuhl

25 da - a - a - nu - ti - šu
des Richters

i - di - nu
(das) er gefällt hat,

16 e - ne - em
die Änderung

17 ú - ka - an - nu - šu - ma
nachweisen,

18 ru - gu - um - ma - am
(dann soll) er den Klageanspruch,

19 ša i - na di - nim
der bei dem Prozess,

šu - a - ti
diesem,

20 ib - ba - aš - šu - ú
entsteht,

21 adi (A . RÁ) 12 - šu
bis zum zwölffachen

22 i - na - ad - di - in
hingeben;

23 ù i - na pu - úḫ -
und ausserdem (lässt man)

ri - im
ihn in der Versammlung

24 i - na ^{giš} kussi (GU . ZA
von (Holz) seinem Stuhl

25 da - a - a - nu - ti - šu
des Richters

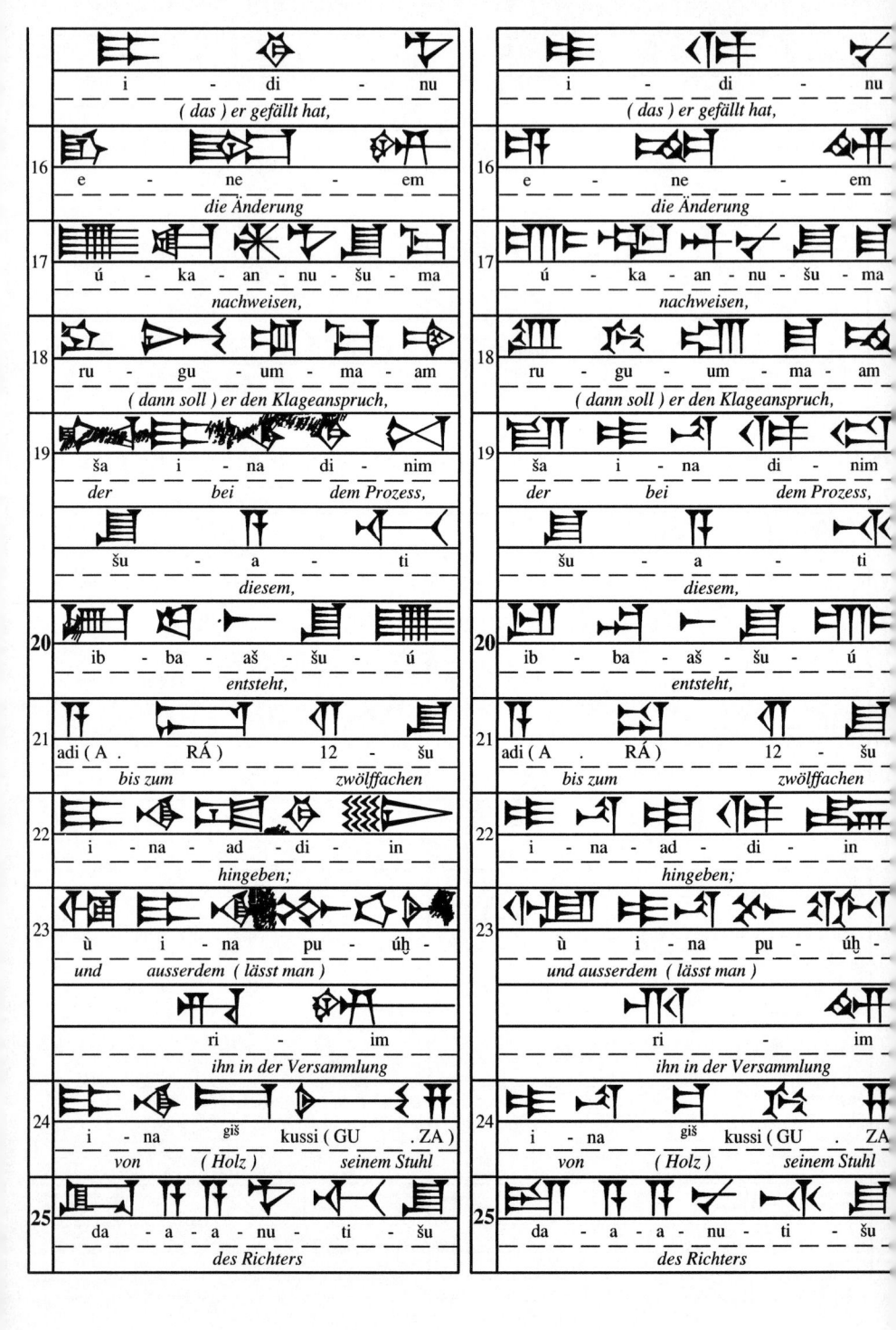

26 ú - še - et - bu - ú - šu - ma
aufstehen,

27 ú - ul i - ta - ar - ma
(und) nicht *darf er wieder*

28 it - ti da - a - a - ni
zusammen mit *den Richtern*

29 i - na di - nim
zu *Gericht*

30 ú - ul uš - ša **(nicht ta!)** - ab
nicht *sich setzen.*

§ 6

31 šum - ma a - wi - lum
Wenn *ein Bürger*

32 NÍG . GA (= namkūr o. makkūr) ilim (DINGIR)
Eigentum *eines Gottes*

33 ù ekallim (É - GAL)
und/ oder *eines Palastes*

34 iš - ri - iq
stiehlt,

35 a - wi - lum šu - ú
der Bürger, *dieser,*

36 id - da - ak
wird getötet.

37 ù ša šu - úr - qá - am
Auch *der* *Diebesgut*

26 ú - še - et - bu - ú - šu - ma
aufstehen,

27 ú - ul i - ta - ar - ma
(und) nicht *darf er wieder*

28 it - ti da - a - a - ni
zusammen mit *den Richtern*

29 i - na di - nim
zu *Gericht*

30 ú - ul uš - ša **(nicht ta!)** - ab
nicht *sich setzen.*

§ 6

31 šum - ma a - wi - lum
Wenn *ein Bürger*

32 NÍG . GA (= namkūr o. makkūr) ilim (DINGIR)
Eigentum *eines Gottes*

33 ù ekallim (É - GAL)
und/ oder *eines Palastes*

34 iš - ri - iq
stiehlt,

35 a - wi - lum šu - ú
der Bürger, *dieser,*

36 id - da - ak
wird getötet.

37 ù ša šu - úr - qá - am
Auch *der* *Diebesgut*

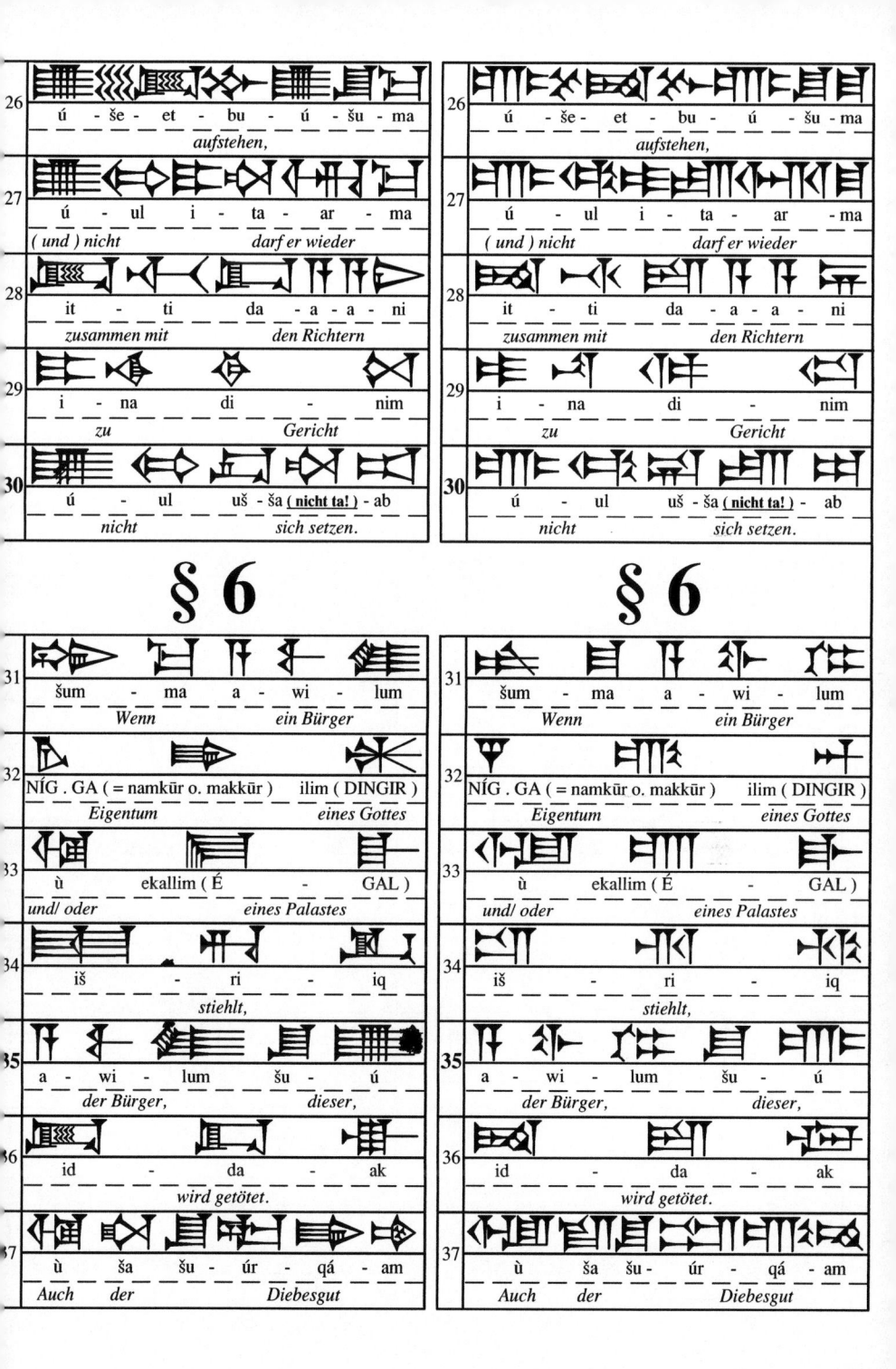

38	i - na qá - ti - šu	*aus seiner Hand*
39	im - ḫu - ru	*annimmt,*
40	id - da - ak	*wird getötet.*

§ 7

41	šum - ma a - wi - lum	*Wenn ein Bürger*
42	lu kaspam (KÙ . BABBAR)	*Silber,*
43	lu ḫurāṣam (GUŠKIN = KUG . GI)	*Gold,*
44	lu wardam (árad) lu amtam (GÉME)	*einen Sklaven, eine Sklavin,*
45	lu alpam (GU_4) lu immeram (UDU)	*ein Rind, ein Schaf,*
46	lu imēram (ANŠE)	*einen Esel*
47	ù lu mi - im - ma	*und/ oder*
	šum - šu	*was auch immer bzw. sonst irgendwas*
48	i - na qá - at	*aus der Hand*

38	i - na qá - ti - šu	*aus seiner Hand*
39	im - ḫu - ru	*annimmt,*
40	id - da - ak	*wird getötet.*

§ 7

41	šum - ma a - wi - lum	*Wenn ein Bürger*
42	lu kaspam (KÙ . BABBAR	*Silber,*
43	lu ḫurāṣam (GUŠKIN = KUG . GI)	*Gold,*
44	lu wardam (árad) lu amtam (GÉME	*einen Sklaven, eine Sklavin,*
45	lu alpam (GU_4) lu immeram (UDU	*ein Rind, ein Schaf,*
46	lu imēram (ANŠE)	*einen Esel*
47	ù lu mi - im - ma	*und/ oder*
	šum - šu	*was auch immer bzw. sonst irgendwas*
48	i - na qá - at	*aus der Hand*

mār (DUMU) a - wi - lim **(nicht lum!)**

des Sohnes eines Bürgers

49 ù lu warad (árad) a - wi - lim

und/ oder eines Sklaven eines Bürgers

50 ba - lum ši - bi

ohne Zeugen

51 ù ri - ik - sa - tim

und/ oder vertragliche Abmachungen

52 iš - ta - am

kauft,

53 ù lu a - na ma - ṣa - ru - tim

und/ oder zur Verwahrung

54 im - ḫu - ur

nimmt,

55 a - wi - lum šu - ú

der Bürger, dieser (gilt als)

56 šar - ra - aq id - da - ak

Dieb, er wird getötet.

mār (DUMU) a - wi - lim **(nicht lum!)**

des Sohnes eines Bürgers

49 ù lu warad (árad) a - wi - lim

und/ oder eines Sklaven eines Bürgers

50 ba - lum ši - bi

ohne Zeugen

51 ù ri - ik - sa - tim

und/ oder vertragliche Abmachungen

52 iš - ta - am

kauft,

53 ù lu a - na ma - ṣa - ru - tim

und/ oder zur Verwahrung

54 im - ḫu - ur

nimmt,

55 a - wi - lum šu - ú

der Bürger, dieser (gilt als)

56 šar - ra - aq id - da - ak

Dieb, er wird getötet.

§ 8

57 šum - ma a - wi - lum

Wenn ein Bürger

58 lu alpam (GU_4) lu immeram (UDU)

ein Rind, ein Schaf,

lu imēram (ANŠE) lu šaḫâm (ŠAḪ)

einen Esel, ein Schwein

§ 8

57 šum - ma a - wi - lum

Wenn ein Bürger

58 lu alpam (GU_4) lu immeram (UDU)

ein Rind, ein Schaf,

lu imēram (ANŠE) lu šaḫâm (ŠAḪ)

einen Esel, ein Schwein

59	ù lu giš eleppam (MÁ)	und/ oder (Holz) ein Schiff
60	iš - ri - iq	stiehlt,
61	šum - ma ša i - lim	(muss er,) wenn es (Eigentum) eines Gottes (ist)
62	šum - ma ša ekallim (É . GAL)	(oder) wenn es (Eigentum) eines Palastes (ist),
63	adi (A. RÁ) 30 - šu	(es) dreissigfach
64	i - na - ad - di - in	(hin)geben,
65	šum - ma ša muškēnim (MAŠ.EN.GAG)	wenn es (Eigentum) eines Palasthörigen (ist),
66	adi (A.RÁ) 10 - šu i - ri - a - ab	(muss er) es zehnfach ersetzen;
67	šum - ma šar - ra - qá - nu - um	wenn der Dieb
68	ša na - da - nim la i - šu	zu geben nichts hat,
69	id - da - ak	wird er getötet.

59	ù lu giš eleppam (MÁ)	und/ oder (Holz) ein Schiff
60	iš - ri - iq	stiehlt,
61	šum - ma ša i - lim	(muss er,) wenn es (Eigentum) eines Gottes (ist
62	šum - ma ša ekallim (É . GAL)	(oder) wenn es (Eigentum) eines Palastes (ist),
63	adi (A . RÁ) 30 - šu	(es) dreissigfach
64	i - na - ad - di - in	(hin)geben,
65	šum - ma ša muškēnim (MAŠ.EN .GAG	wenn es (Eigentum) eines Palasthörigen (ist),
66	adi (A.RÁ) 10 - šu i - ri - a - ab	(muss er) es zehnfach ersetzen;
67	šum - ma šar - ra - qá - nu - um	wenn der Dieb
68	ša na - da - nim la i - šu	zu geben nichts hat,
69	id - da - ak	wird er getötet.

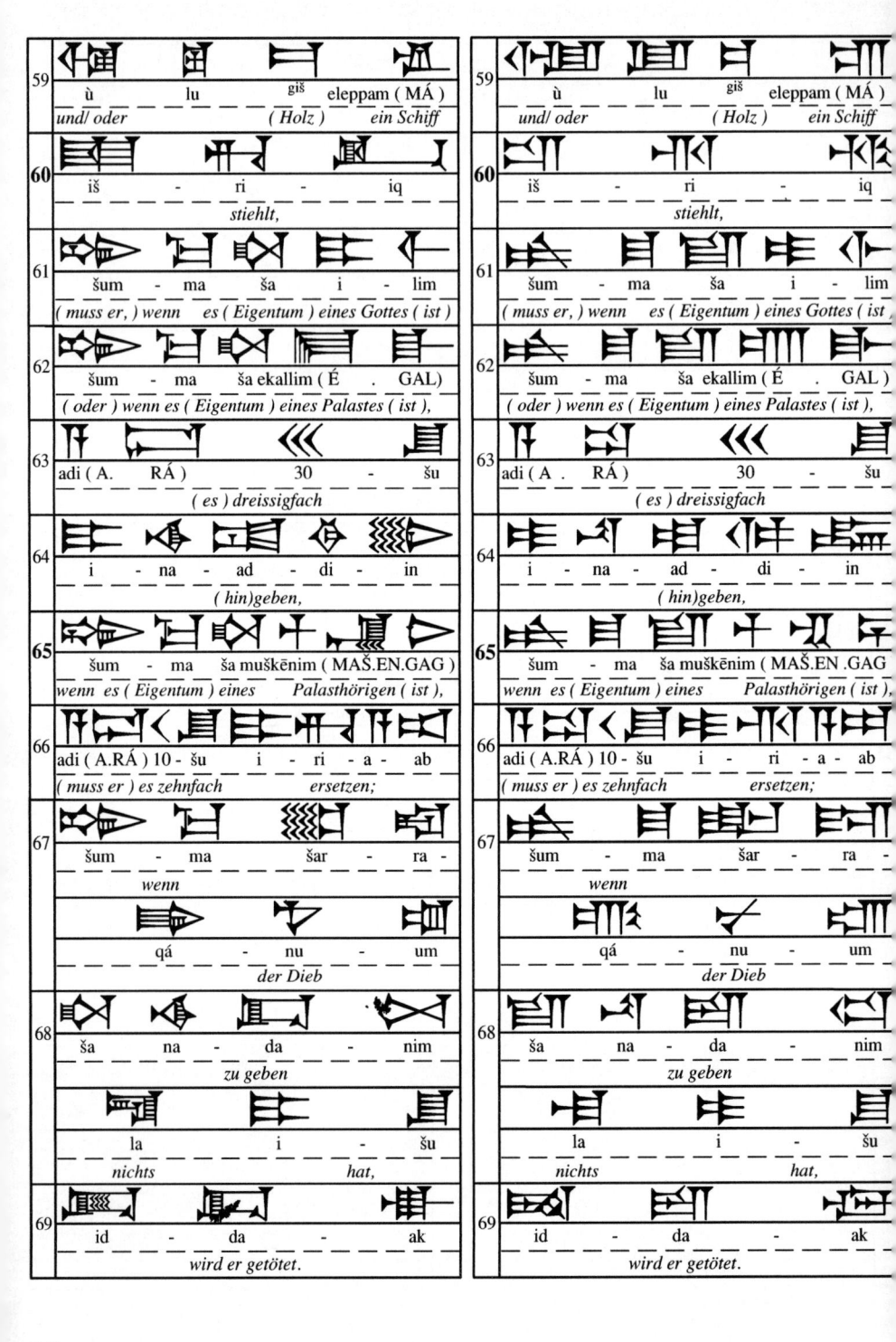

§ 9

70 šum - ma a - wi - lum

Wenn ein Bürger,

VII

1 ša mi - im - mu - šu

dem sein Gut

ḫal - qú

abhanden gekommen ist,

2 mi - im - ma - šu

sein Gut

3 ḫal - qá - am

(das ihm) abhanden gekommen (ist),

4 i - na qá - ti

in der Hand

a - wi - lim

eines (anderen) Bürgers

5 iṣ - ṣa - ba - at

antrifft,

6 a - wi - lum ša ḫu -

der Bürger, dessen

ul - qum

abhanden gekommenes Gut

7 i - na qá - ti - šu

in seiner (dessen) Hand

§ 9

70 šum - ma a - wi - lum

Wenn ein Bürger,

VII

1 ša mi - im - mu - šu

dem sein Gut

ḫal - qú

abhanden gekommen ist,

2 mi - im - ma - šu

sein Gut

3 ḫal - qá - am

(das ihm) abhanden gekommen (ist),

4 i - na qá - ti

in der Hand

a - wi - lim

eines (anderen) Bürgers

5 iṣ - ṣa - ba - at

antrifft,

6 a - wi - lum ša ḫu -

der Bürger, dessen

ul - qum

abhanden gekommenes Gut

7 i - na qá - ti - šu

in seiner (dessen) Hand

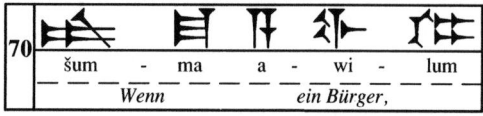

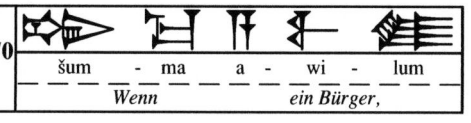

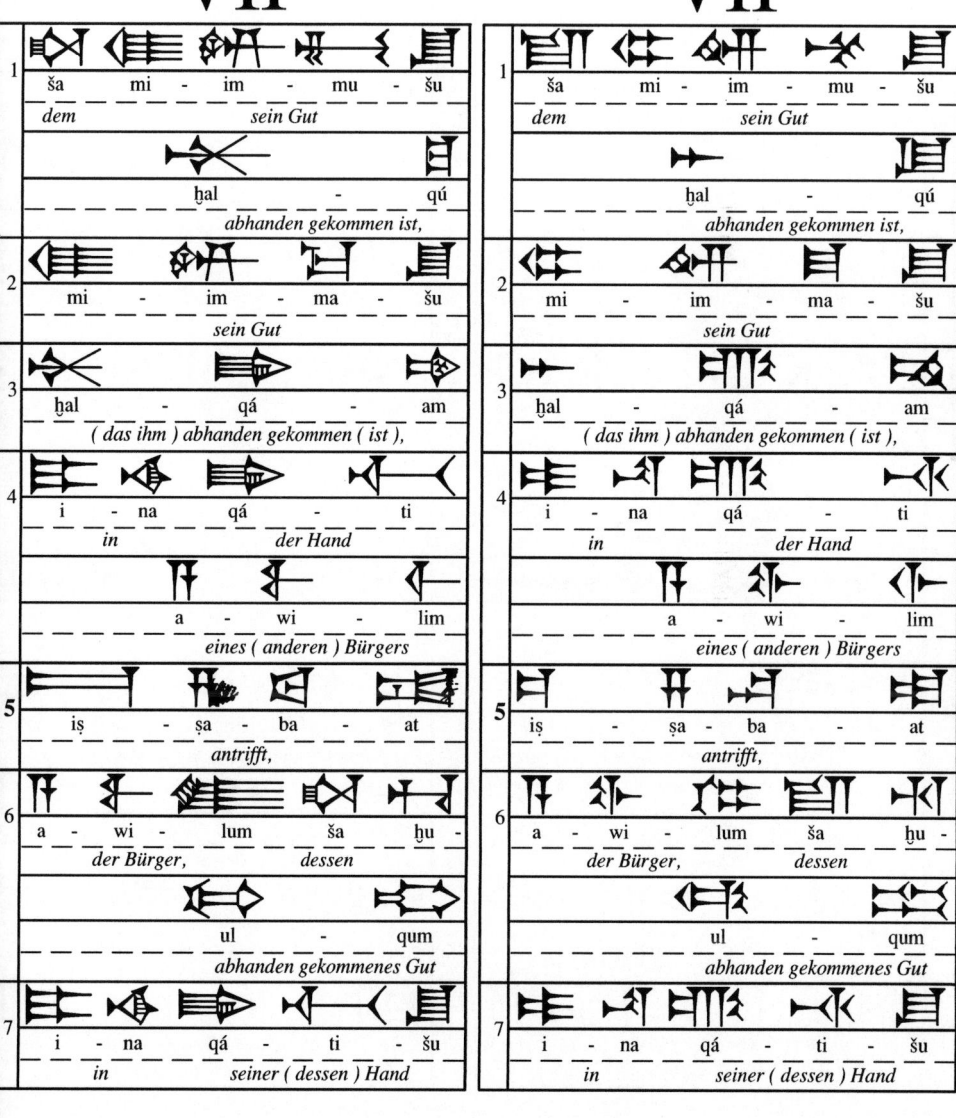

8	ṣa - ab - tu	*angetroffen ist,*
9	na - di - na - nu - um - mi	*" Jemand hat es mir verkauft*
	id - di - nam	*(gegeben),*
10	ma - ḫar ši - bi - mi	*vor Zeugen*
11	a - ša - am	*habe ich es gekauft. "*
12	iq - ta - bi	*sagt:*
13	ù be - el ḫu - ul -	*und der Eigentümer*
	qí - im	*des abhanden gekommenen Gutes*
14	ši - bi mu - de	*Zeugen, die kennen*
15	ḫu - ul - qí - ia - mi	*" mein abhanden gekommenes Gut*
16	lu - ub - lam	*(will) ich beibringen. "*
17	iq - ta - bi	*sagt:*
18	ša - a - a - ma - nu - um	*(wenn dann einerseits) der Käufer*

8	ṣa - ab - tu	*angetroffen ist,*
9	na - di - na - nu - um - mi	*" Jemand hat es mir verkauft*
	id - di - nam	*(gegeben),*
10	ma - ḫar ši - bi - mi	*vor Zeugen*
11	a - ša - am	*habe ich es gekauft. "*
12	iq - ta - bi	*sagt:*
13	ù be - el ḫu - ul -	*und der Eigentümer*
	qí - im	*des abhanden gekommenen Gutes*
14	ši - bi mu - de	*Zeugen, die kennen*
15	ḫu - ul - qí - ia - mi	*" mein abhanden gekommenes Gut*
16	lu - ub - lam	*(will) ich beibringen. "*
17	iq - ta - bi	*sagt:*
18	ša - a - a - ma - nu - um	*(wenn dann einerseits) der Käufer*

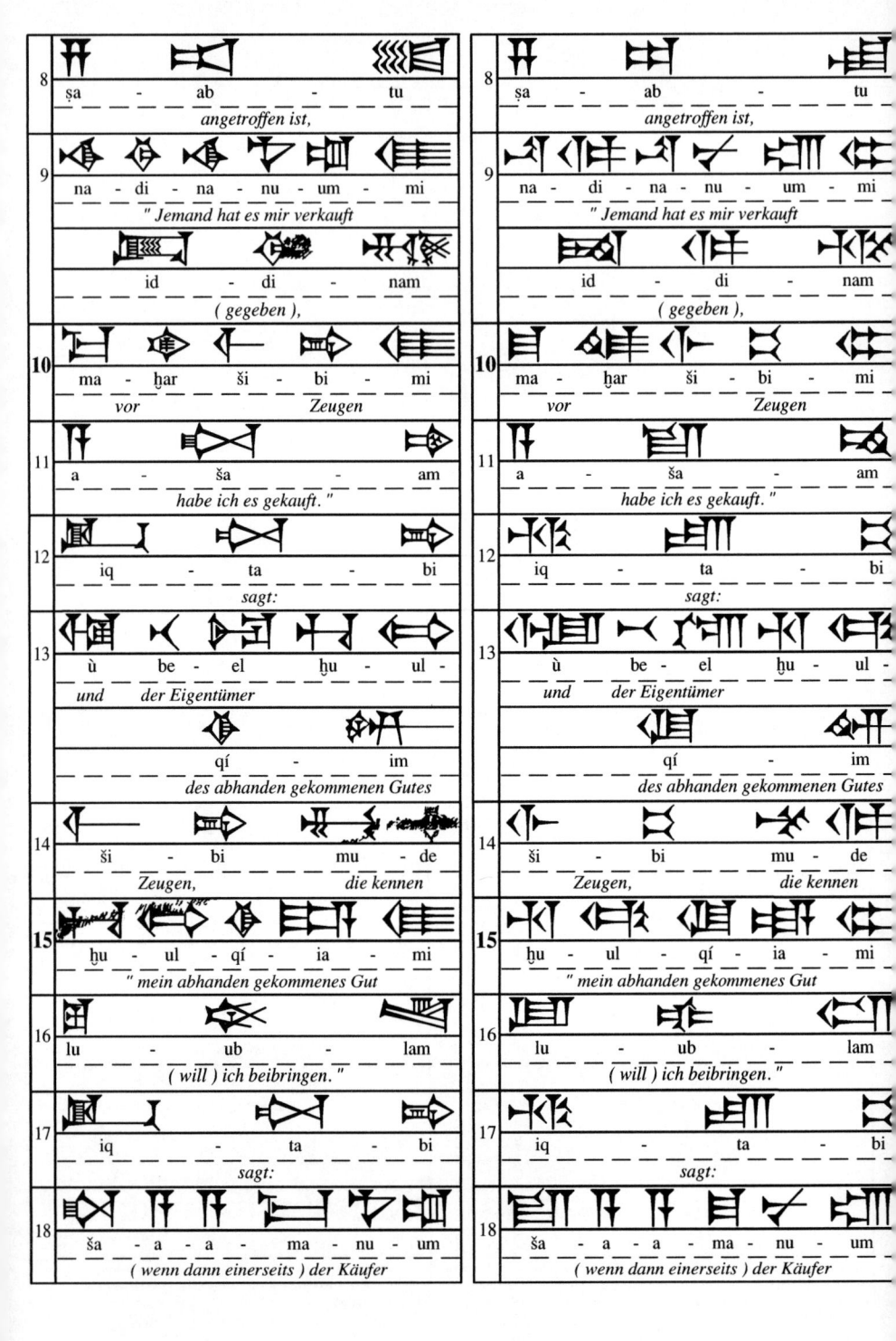

19	na - di - in
	den Verkäufer,
20	id - di - nu - šum
	der es ihm verkauft hat
21	ù ši - bi
	und die Zeugen
22	ša i - na maḫ - ri -
	derer
	šu - nu
	im Angesicht
23	i - ša - mu it - ba - lam
	er es gekauft hat, beibringt,
24	ù be - el ḫu - ul -
	und (andererseits) der Eigentümer
	qí - im
	des abhanden gekommenen Gutes
25	ši - bi mu - de
	Zeugen, die kennen
	ḫu - ul - qí - šu
	sein abhanden gekommenes Gut
26	it - ba - lam
	beibringt,
27	da - a - a - nu
	die Richter
28	a - wa - a - ti - šu - nu
	ihre Angelegenheiten (Aussagen)

19	na - di - in
	den Verkäufer,
20	id - di - nu - šum
	der es ihm verkauft hat
21	ù ši - bi
	und die Zeugen
22	ša i - na maḫ - ri -
	derer
	šu - nu
	im Angesicht
23	i - ša - mu it - ba - lam
	er es gekauft hat, beibringt,
24	ù be - el ḫu - ul -
	und (andererseits) der Eigentümer
	qí - im
	des abhanden gekommenen Gutes
25	ši - bi mu - de
	Zeugen, die kennen
	ḫu - ul - qí - šu
	sein abhanden gekommenes Gut
26	it - ba - lam
	beibringt,
27	da - a - a - nu
	die Richter
28	a - wa - a - ti - šu - nu
	ihre Angelegenheiten (Aussagen)

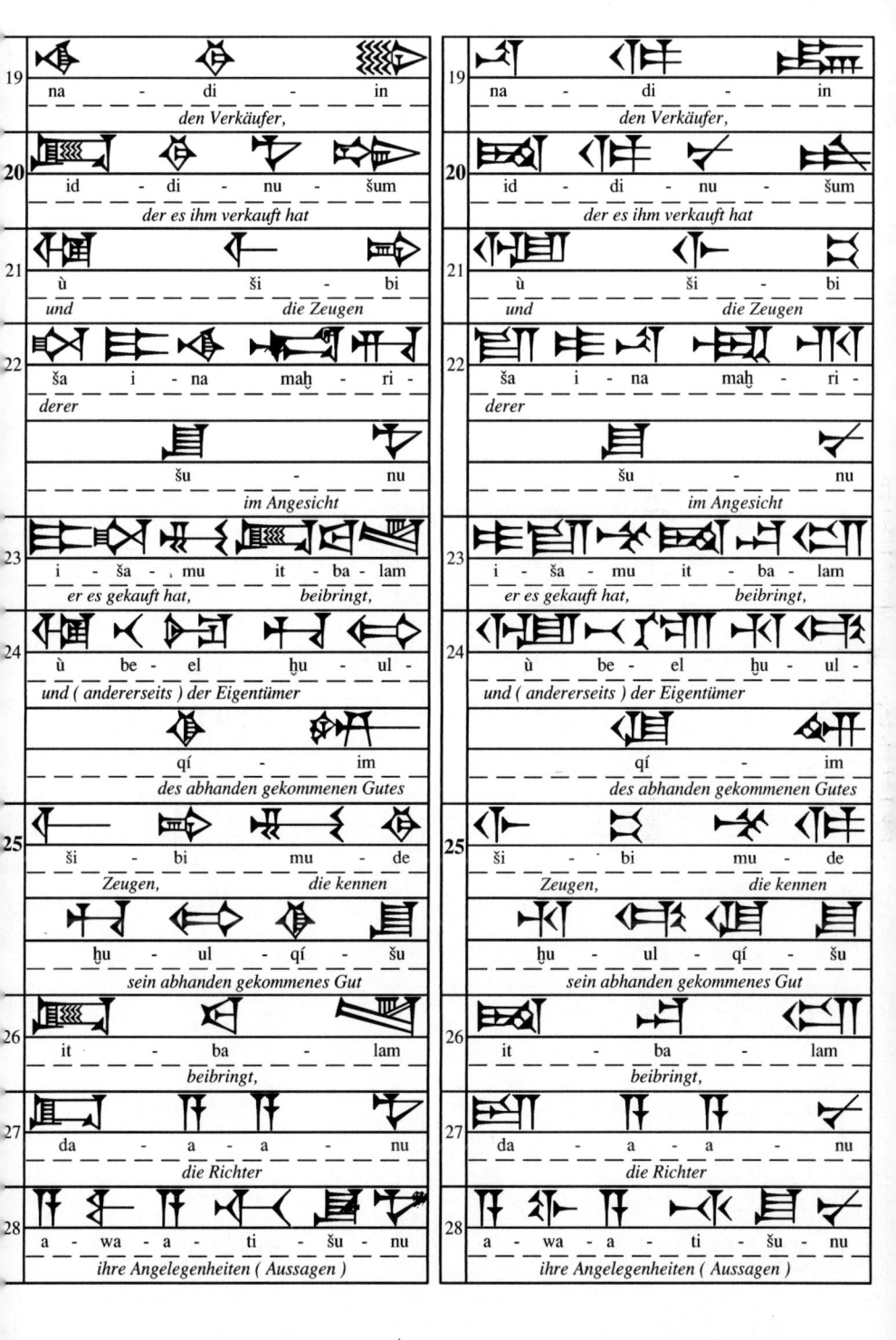

29	i - im - ma - ru - ma	*prüfen*
30	ši - bu ša maḫ - ri - šu - nu	*die Zeugen, denen* … *vor*
31	ši - mu - um	*der Kauf*
32	iš - ša - mu	*abgeschlossen wurde,*
33	ù ši - bu mu - de	*und die Zeugen, die kennen*
34	ḫu - ul - qí - im	*das abhanden gekommene Gut*
35	mu - du - sú - nu	*ihre Kenntnis*
36	ma - ḫar i - lim	*vor dem/ einem Gott*
37	i - qá - ab - bu - ma	*bekunden,*
38	na - di - na - nu - um	*(dann ist) der Verkäufer*
39	šar - ra - aq id - da - ak	*ein Dieb, er wird getötet;*
40	be - el ḫu - ul - qí - im	*Der Eigentümer des abhanden gekommenen Gutes*

29	i - im - ma - ru - ma	*prüfen*
30	ši - bu ša maḫ - ri - šu - nu	*die Zeugen, denen* … *vor*
31	ši - mu - um	*der Kauf*
32	iš - ša - mu	*abgeschlossen wurde,*
33	ù ši - bu mu - de	*und die Zeugen, die kennen*
34	ḫu - ul - qí - im	*das abhanden gekommene Gut*
35	mu - du - sú - nu	*ihre Kenntnis*
36	ma - ḫar i - lim	*vor dem/ einem Gott*
37	i - qá - ab - bu - ma	*bekunden,*
38	na - di - na - nu - um	*(dann ist) der Verkäufer*
39	šar - ra - aq id - da - ak	*ein Dieb, er wird getötet;*
40	be - el ḫu - ul - qí - im	*Der Eigentümer des abhanden gekommenen Gutes*

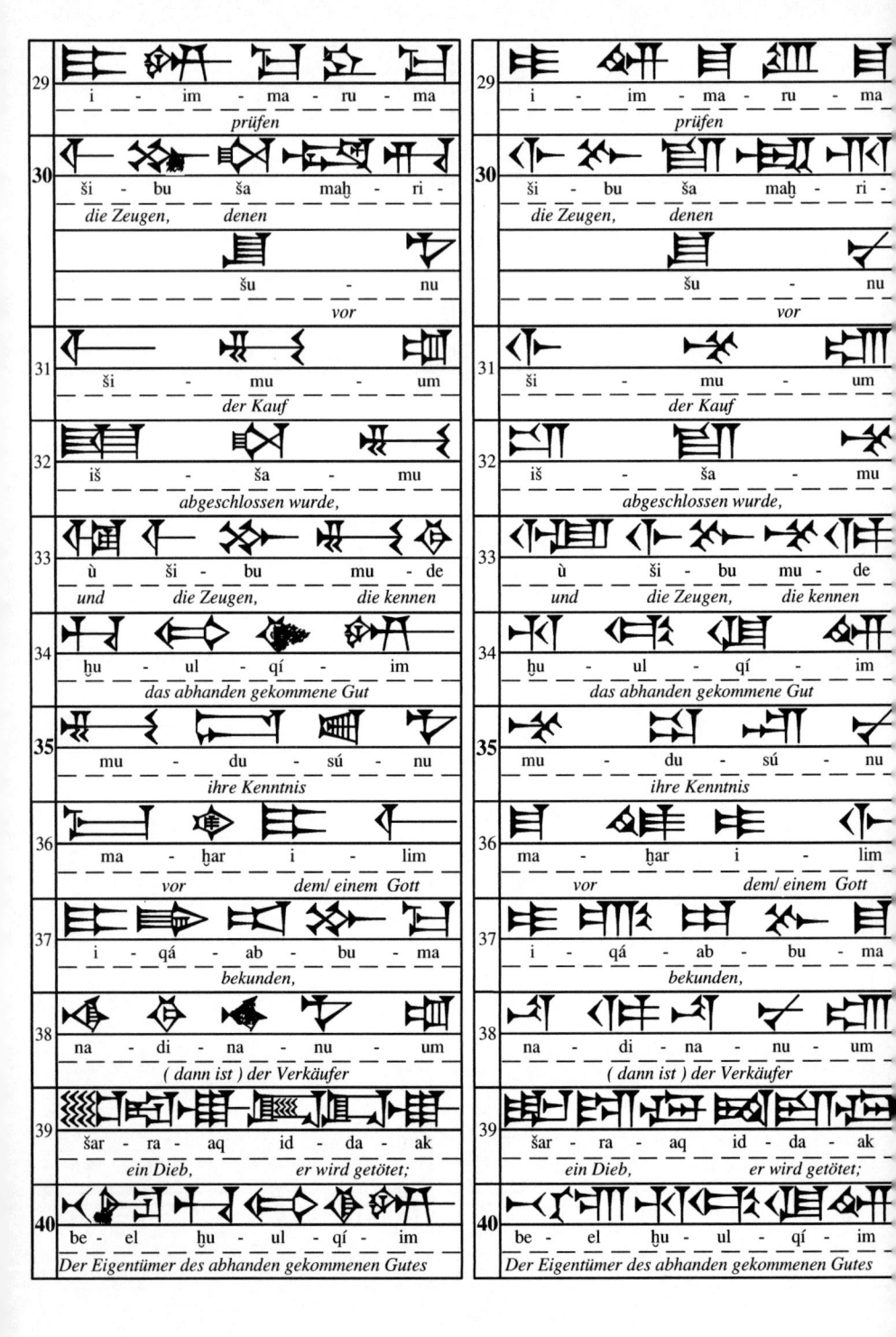

41 ḫu - lu - uq - šu

sein abhanden gekommenes Gut

42 i - le - qé

erhält er (zurück).

43 ša - a - a - ma - nu - um

Der Käufer

44 i - na bi - it

aus dem Hause

45 na - di - na - nim

des Verkäufers

46 kasap (KÙ.BABBAR) iš - qú - lu

das Geld, das er gezahlt hat,

47 i - le - qé

erhält er (zurück).

§ 10

48 šum - ma ša - a - a -

Wenn

ma - nu - um

der Käufer

49 na - di - in

den Verkäufer,

50 id - di - nu - šum

der es ihm verkauft hat,

51 ù ši - bi ša i - na

und Zeugen,

41 ḫu - lu - uq - šu

sein abhanden gekommenes Gut

42 i - le - qé

erhält er (zurück).

43 ša - a - a - ma - nu - um

Der Käufer

44 i - na bi - it

aus dem Hause

45 na - di - na - nim

des Verkäufers

46 kasap (KÙ.BABBAR) iš - qú - lu

das Geld, das er gezahlt hat,

47 i - le - qé

erhält er (zurück).

§ 10

48 šum - ma ša - a - a -

Wenn

ma - nu - um

der Käufer

49 na - di - in

den Verkäufer,

50 id - di - nu - šum

der es ihm verkauft hat,

51 ù ši - bi ša i - na

und Zeugen,

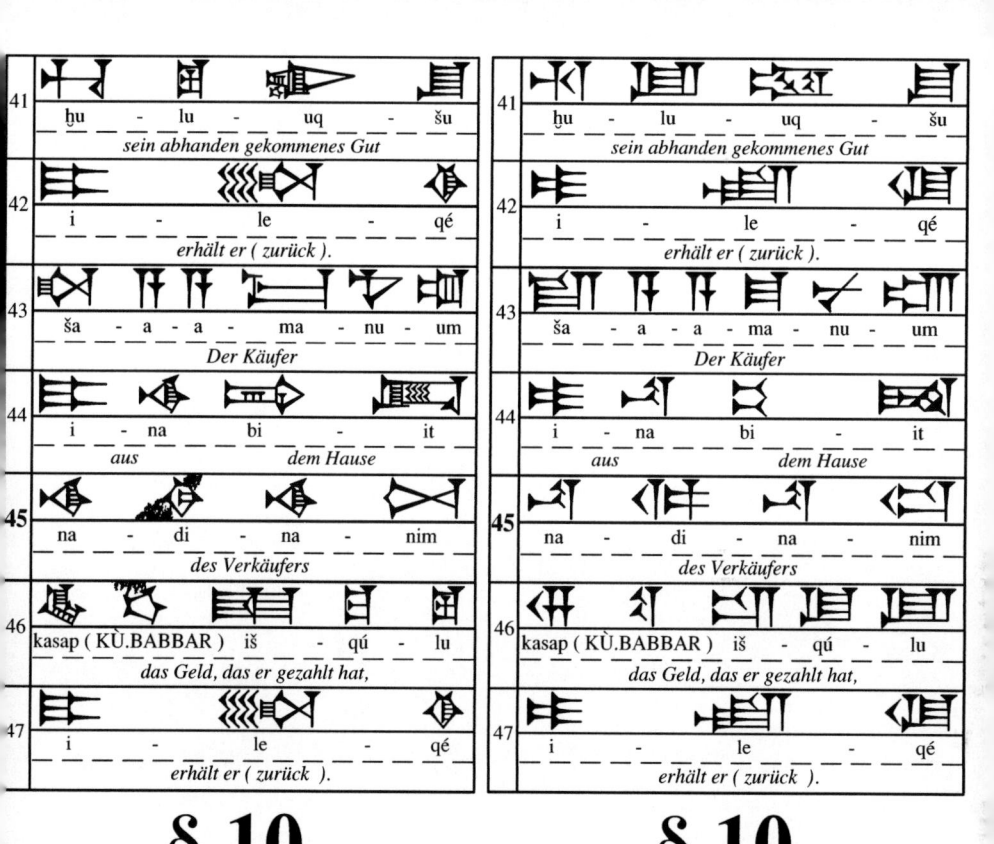

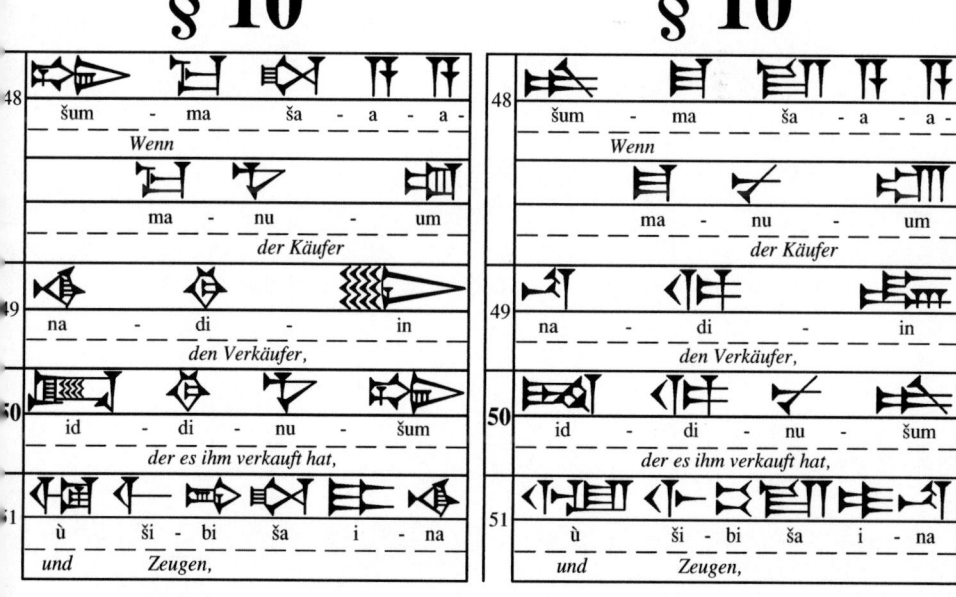

Die Gesetze

§ 1) **V** 26) Wenn ein Bürger einen (anderen) Bürger 27) bezichtigt 28) und ihm Mord 29) vorwirft, 30) ihn jedoch nicht überführt, 31) so wird derjenige, der ihn bezichtigt hat, 32) getötet.

§ 2) 33) Wenn ein Bürger 35) einem (anderen) Bürger 34)Zauberei 35) vorwirft, 36) ihn jedoch nicht überführt, 37) so wird derjenige, dem 38) Zauberei vorgeworfen worden ist 39) zum Fluss(gott) 40) gehen 41) und in den Fluss(gott) eintauchen. 42) Wenn der Fluss(gott) 43) sich seiner bemächtigt, 44) so wird derjenige, der ihn bezichtigt hat, 45) sein Haus erhalten. 46) Wenn 47) der Fluss(gott) 46) diesen Bürger 48) für unschuldig erklärt 49) und er unversehrt zum Vorschein kommt, 50) so wird derjenige, der ihm 51) Zauberei vorgeworfen hat, 52) getötet. 53) Derjenige, der in den Fluss(gott) 54) eingetaucht ist, 56) erhält 55) das Haus desjenigen, der ihn bezichtigt hat.

§ 3) 57) Wenn ein Bürger 58) vor Gericht 59) zu 60) falschem 59) Zeugnis 61) auftritt 62) und seine Aussage 63) nicht beweist, 64) so wird, wenn dieses Gericht 65) ein Halsgericht ist, 66) dieser Bürger 67) getötet.

§ 4) 68) Wenn er zu einem Zeugnis **VI** 1) über Getreide oder Geld 2) auftritt, 3) muss er die jeweilige Strafe 4) dieses Prozesses 5) tragen.

§ 5) 6)Wenn ein Richter 7) ein Urteil fällt, 8) eine Entscheidung 9) trifft 10) und eine Urkunde 11) ausstellt, 12) nachher jedoch 13) sein Urteil abändert, 14) so soll man diesem Richter 16) die Änderung 15) des Urteils, das er gefällt hat, 17) nachweisen, 18) und er soll dann den Klageanspruch, 19) der bei diesem Prozess 20) entsteht, 21) zwölffach 22) hingeben; 23) ausserdem lässt man ihn in der Versammlung 24f.) von seinem Richterstuhl 26) aufstehen, 27) und er darf nicht wieder 28) mit den Richtern 29) sich zu Gericht 30) setzen.

§6) 31) Wenn ein Bürger 32) Eigentum eines Gottes 33) oder des Palastes 34) stiehlt, 35) so wird dieser Bürger 36) getötet; 37) auch wer Diebesgut 38) aus seiner Hand 39) annimmt, 40) wird getötet.

§7) 41)Wenn ein Bürger 42) Silber, 43) Gold, 44) einen Sklaven, eine Sklavin, 45) ein Rind, ein Schaf, 46) ein Esel 47) oder was auch immer 48) aus der Hand eines Bürgers 49) oder eines Sklaven eines Bürgers 50) ohne Zeugen 51) und vertragliche Abmachungen 52) kauft 53) oder in Verwahrung 54) nimmt, 55) so gilt dieser Bürger 56) als Dieb, er wird getötet.

§8) 57) Wenn ein Bürger 58) ein Rind, ein Schaf, einen Esel, ein Schwein 59) oder ein Schiff 60) stiehlt, 61) so muss er, wenn es Eigentum eines Gottes 62) oder des Palastes ist, 63) es dreissigfach, 64) hingeben, 65) wenn es Eigentum eines Palasthörigen ist, 66) so muss er es zehnfach ersetzen; 67) wenn der Dieb 68) nichts zu geben hat, 69) wird er getötet.

§9) 70) Wenn ein Bürger, **VII** 1) dem ein Gut abhanden gekommen ist, 3) sein abhanden gekommenes 2) Gut 4) in der Hand eines (anderen) Bürgers 5) antrifft, 6) der Bürger, 7) in dessen Hand 6) das abhanden gekommene Gut 8) angetroffen ist, 12) sagt: 9) "Jemand hat es mir verkauft, 10) vor Zeugen 11) habe ich es gekauft", 13) und der Eigentümer des abhanden gekommenen Gutes 17) sagt: 14) "Zeugen, 15) die mein abhanden gekommenes Gut 14) kennen, 16) will ich beibringen", 18) (wenn dann einerseits) der Käufer 19) den Verkäufer, 20) der es ihm verkauft hat, 21) und die Zeugen, 22) vor denen 23) er es gekauft hat, beibringt, 24) und (andererseits) der Eigentümer des abhanden gekommenen Gutes 25) Zeugen, die sein abhanden gekommenes Gut kennen, 26) beibringt, 29) so prüfen 27) die Richter 28) ihre Aussagen; 30) die Zeugen, vor denen 31) der Kauf 32) abgeschlossen wurde, 33) kennen 37) bekunden 35) ihre Kenntnis 36) vor (einem/ dem) Gott.. 38) Dann ist der Verkäufer 39) ein Dieb, er wird getötet; 40) der Eigentümer des abhanden gekommenen Gutes 42) bekommt 44) sein abhanden gekommenes Gut 42) zurück, 43) der Käufer 47) bekommt 44) aus dem Hause 45) des Verkäufers 46) das Geld, das er gezahlt hat, 47) zurück.

maḫ - ri - šu - nu

vor denen

52 i - ša - mu

er es gekauft hat,

53 la it - ba - lam

nicht beibringt,

54 be - el ḫu - ul -

der Eigentümer

qí - im - ma

des abhanden gekommenen Gutes (jedoch)

55 ši - bi mu - de

Zeugen kennen,

56 ḫu - ul - qí - šu

die sein abhanden gekommenes Gut

it - ba - lam

beibringen,

57 ša - a - a - ma - nu - um

ist der (angebliche) Käufer

58 šar - ra - aq id - da - ak

ein Dieb, er wird getötet;

59 be - el ḫu - ul - qí - im

Der Eigentümer des abhanden gekommenen Gutes

60 ḫu - lu - uq - šu

sein abhanden gekommenes Gut

61 i - le - qé

erhält er (zurück).

maḫ - ri - šu - nu

vor denen

52 i - ša - mu

er es gekauft hat,

53 la it - ba - lam

nicht beibringt,

54 be - el ḫu - ul -

der Eigentümer

qí - im - ma

des abhanden gekommenen Gutes (jedoch)

55 ši - bi mu - de

Zeugen kennen,

56 ḫu - ul - qí - šu

die sein abhanden gekommenes Gut

it - ba - lam

beibringen,

57 ša - a - a - ma - nu - um

ist der (angebliche) Käufer

58 šar - ra - aq id - da - ak

ein Dieb, er wird getötet;

59 be - el ḫu - ul - qí - im

Der Eigentümer des abhanden gekommenen Gutes

60 ḫu - lu - uq - šu

sein abhanden gekommenes Gut

61 i - le - qé

erhält er (zurück).

§ 11

62 šum - ma be - el
Wenn der Eigentümer
ḫu - ul - qí - im
des abhanden gekommenen Gutes

63 ši - bi mu - de
Zeugen kennen,

64 ḫu - ul - qí - šu
die sein abhanden gekommenes Gut

65 la it - ba - lam
nicht beibringen,

VIII

1 sà - ar
(ist er) ein Lügner,

2 tu - uš - ša - am - ma
er hat bösen Leumund
id - ke
verbreitet,

3 id - da - ak
er wird getötet.

§ 12

4 šum - ma na - di -
Wenn

§ 11

62 šum - ma be - el
Wenn der Eigentümer
ḫu - ul - qí - im
des abhanden gekommenen Gutes

63 ši - bi mu - de
Zeugen kennen,

64 ḫu - ul - qí - šu
die sein abhanden gekommenes Gut

65 la it - ba - lam
nicht beibringen,

VIII

1 sà - ar
(ist er) ein Lügner,

2 tu - uš - ša - am - ma
er hat bösen Leumund
id - ke
verbreitet,

3 id - da - ak
er wird getötet.

§ 12

4 šum - ma na - di -
Wenn

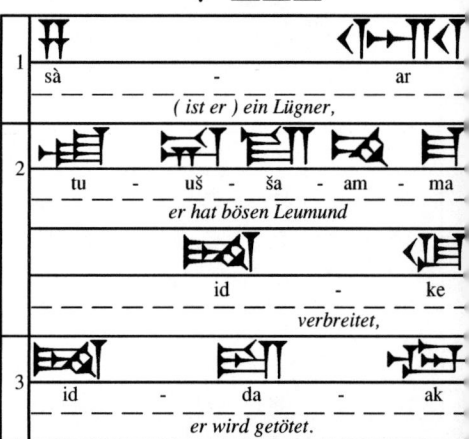

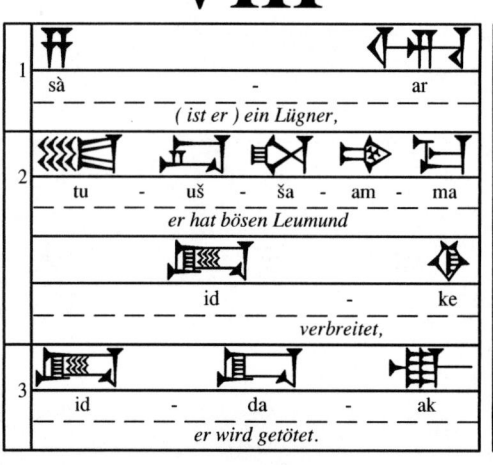

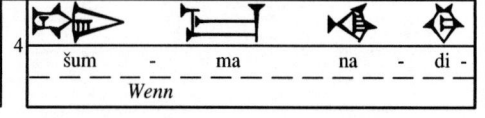

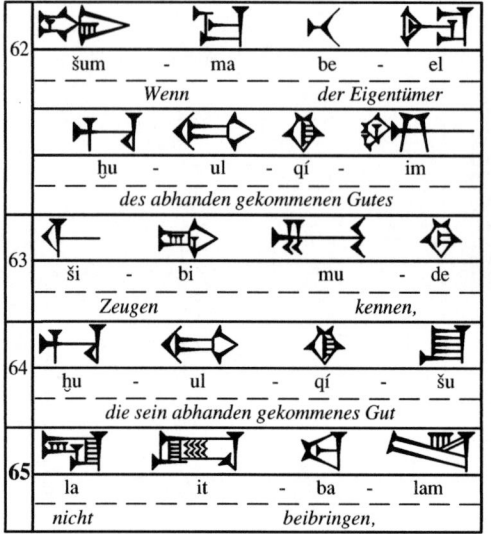

na - nu - um
der Verkäufer (inzwischen)

5 a - na ši - im - tim
zum Schicksal (das Zeitliche)

6 it - ta - la - ak
gegangen ist (gesegnet hat),

7 ša - a - a - ma - nu - um
der Käufer

8 i - na bi - it
aus dem Hause

9 na - di - na - nim
des Verkäufers

10 ru - gu - um - me - e
den Klageanspruch

11 di - nim šu - a - ti
des Prozesses, dieses,

12 adi (A . RÁ) 5 - šu
fünffach

13 i - le - qé
bekommt.

§ 13

14 šum - ma a - wi - lum
Wenn des Bürgers,

šu - ú
dieses,

na - nu - um
der Verkäufer (inzwischen)

5 a - na ši - im - tim
zum Schicksal (das Zeitliche)

6 it - ta - la - ak
gegangen ist (gesegnet hat),

7 ša - a - a - ma - nu - um
der Käufer

8 i - na bi - it
aus dem Hause

9 na - di - na - nim
des Verkäufers

10 ru - gu - um - me - e
den Klageanspruch

11 di - nim šu - a - ti
des Prozesses, dieses,

12 adi (A . RÁ) 5 - šu
fünffach

13 i - le - qé
bekommt.

§ 13

14 šum - ma a - wi - lum
Wenn des Bürgers,

šu - ú
dieses,

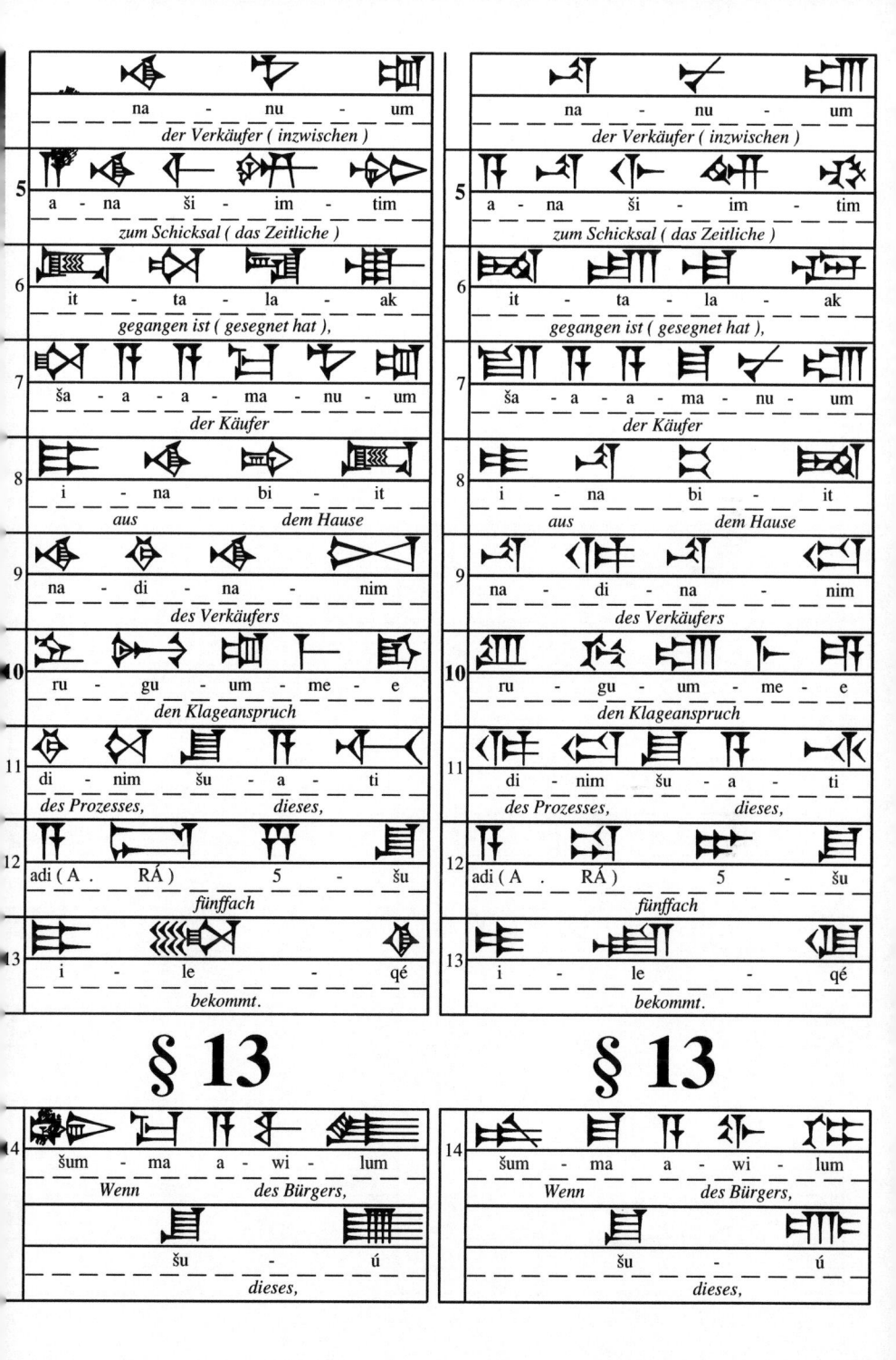

15	ši - bu - šu	(wenn) seine Zeugen
	la qer - bu	nicht zur Stelle sind,
16	da - a - a - nu a - da - nam	werden die Richter ihm eine Frist
17	a - na ITU . 6 . KAM	von sechs Monaten
18	i - ša - ak - ka -	
	nu - šum - ma	setzen;
19	šum - ma i - na ITU . 6 .KAM	wenn in den sechs Monaten
20	ši - bi - šu	seine Zeugen
	la ir - de - a - am	nicht er herbeiführt,
21	a - wi - lum šu - ú	(ist) der Bürger, dieser,
22	sà - ar	ein Lügner,
23	a - ra - an di - nim	er (muss) die (jeweilige) Strafe des Prozesses
	šu - a - ti	diese,

15	ši - bu - šu	(wenn) seine Zeugen
	la qer - bu	nicht zur Stelle sind,
16	da - a - a - nu a - da - nam	werden die Richter ihm eine Frist
17	a - na ITU . 6 . KAM	von sechs Monaten
18	i - ša - ak - ka -	
	nu - šum - ma	setzen;
19	šum - ma i - na ITU . 6 . KAM	wenn in den sechs Monaten
20	ši - bi - šu	seine Zeugen
	la ir - de - a - am	nicht er herbeiführt,
21	a - wi - lum šu - ú	(ist) der Bürger, dieser,
22	sà - ar	ein Lügner,
23	a - ra - an di - nim	er (muss) die (jeweilige) Strafe des Prozesses
	šu - a - ti	diese,

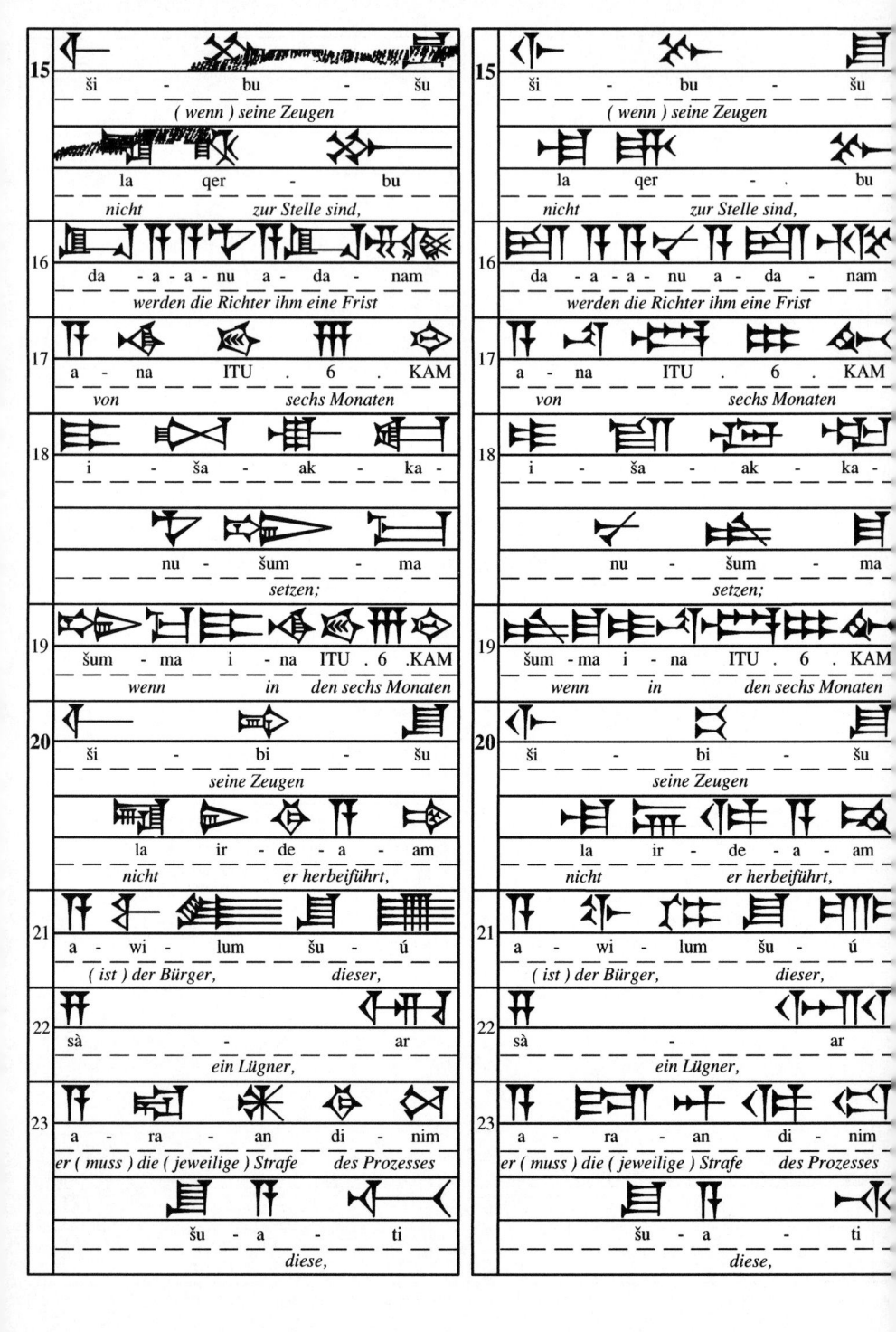

24 

it - ta - na - aš - ši

tragen.

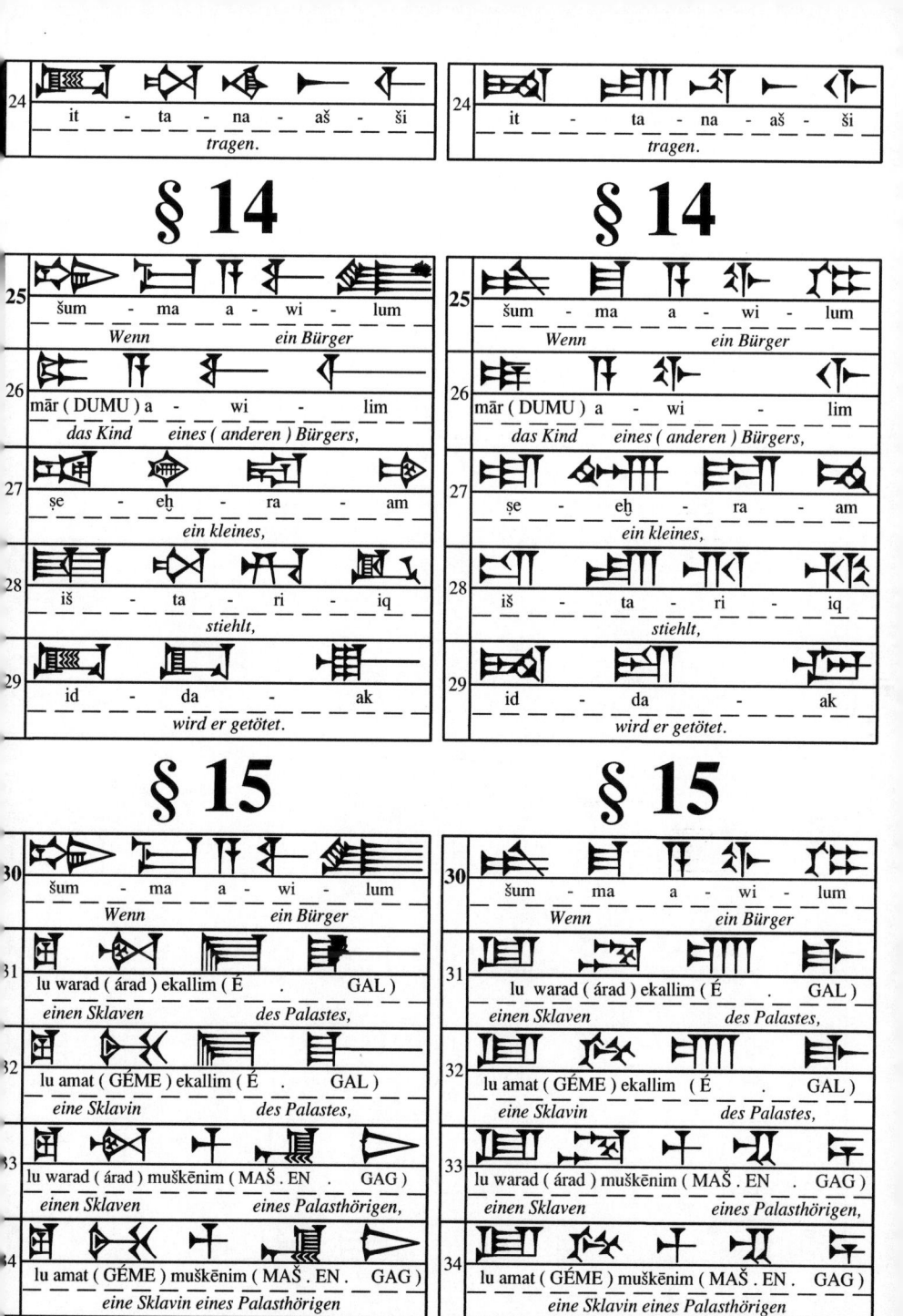

§ 14

25 

šum - ma a - wi - lum

Wenn ein Bürger

26 

mār (DUMU) a - wi - lim

das Kind eines (anderen) Bürgers,

27 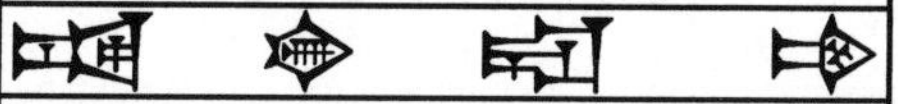

ṣe - eḫ - ra - am

ein kleines,

28 

iš - ta - ri - iq

stiehlt,

29 

id - da - ak

wird er getötet.

§ 15

30 

šum - ma a - wi - lum

Wenn ein Bürger

31 

lu warad (árad) ekallim (É . GAL)

einen Sklaven des Palastes,

32 

lu amat (GÉME) ekallim (É . GAL)

eine Sklavin des Palastes,

33 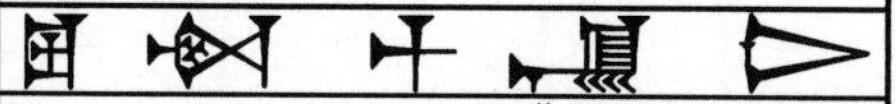

lu warad (árad) muškēnim (MAŠ . EN . GAG)

einen Sklaven eines Palasthörigen,

34 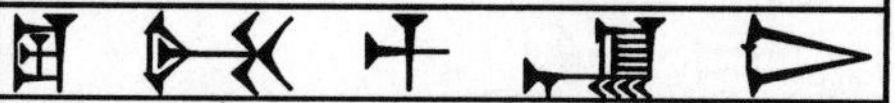

lu amat (GÉME) muškēnim (MAŠ . EN . GAG)

eine Sklavin eines Palasthörigen

24 

it - ta - na - aš - ši

tragen.

§ 14

25 

šum - ma a - wi - lum

Wenn ein Bürger

26 

mār (DUMU) a - wi - lim

das Kind eines (anderen) Bürgers,

27 

ṣe - eḫ - ra - am

ein kleines,

28 

iš - ta - ri - iq

stiehlt,

29 

id - da - ak

wird er getötet.

§ 15

30 

šum - ma a - wi - lum

Wenn ein Bürger

31 

lu warad (árad) ekallim (É . GAL)

einen Sklaven des Palastes,

32 

lu amat (GÉME) ekallim (É . GAL)

eine Sklavin des Palastes,

33 

lu warad (árad) muškēnim (MAŠ . EN . GAG)

einen Sklaven eines Palasthörigen,

34 

lu amat (GÉME) muškēnim (MAŠ . EN . GAG)

eine Sklavin eines Palasthörigen

35	abullam (ABUL = KÁ.GAL) uš - te - ṣí
	(zum) Stadttor hinausgehen lässt,
36	id - da - ak
	wird er getötet.

35	abullam (ABUL = KÁ.GAL) uš - te - ṣí
	(zum) Stadttor hinausgehen lässt,
36	id - da - ak
	wird er getötet.

§ 16

37	šum - ma a - wi - lum
	Wenn ein Bürger
38	lu wardam (árad) lu amtam (GÉME)
	einen Sklaven, eine Sklavin
39	ḫal - qá - am
	eine(n) entlaufene(n),
40	ša ekallim (É . GAL)
	des Palastes
41	ù lu muškēnim (MAŠ.EN . GAG)
	und/ oder eines Palastangehörigen
42	i - na bi - ti - šu
	in seinem Haus
43	ir - ta - qí - ma
	versteckt,
44	a - na ši - si - it
	auf den Ruf
45	na - gi - ri - im
	des Heroldes
46	la uš - te - ṣí - a - am
	nicht herausgibt,

§ 16

37	šum - ma a - wi - lum
	Wenn ein Bürger
38	lu wardam (árad) lu amtam (GÉME)
	einen Sklaven, eine Sklavin
39	ḫal - qá - am
	eine(n) entlaufene(n),
40	ša ekallim (É . GAL)
	des Palastes
41	ù lu muškēnim (MAŠ.EN . GAG
	und/ oder eines Palastangehörigen
42	i - na bi - ti - šu
	in seinem Haus
43	ir - ta - qí - ma
	versteckt,
44	a - na ši - si - it
	auf den Ruf
45	na - gi - ri - im
	des Heroldes
46	la uš - te - ṣí - a - am
	nicht herausgibt,

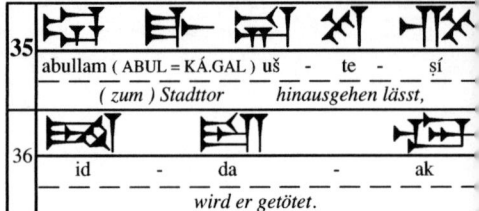

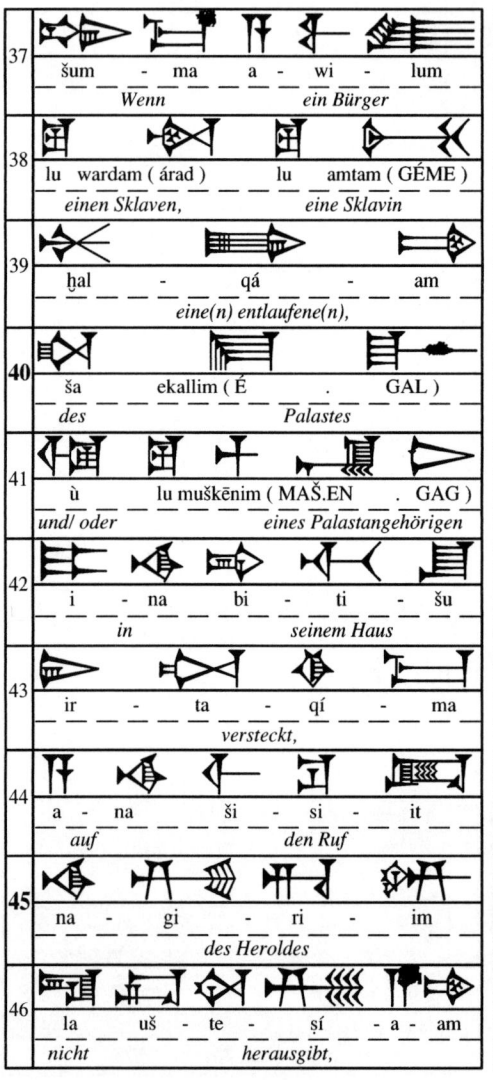

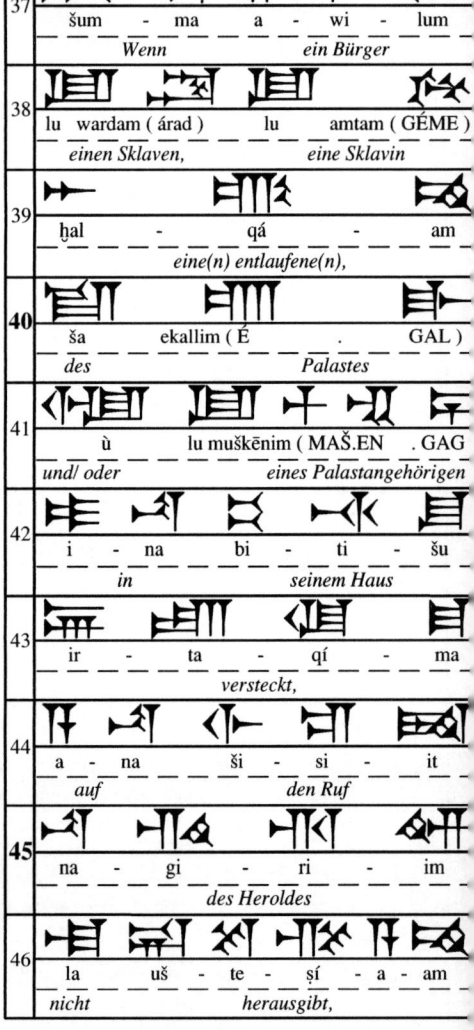

47	be - el bītim (É) šu - ú	*der Eigentümer des Hauses, dieser,*
48	id - da - ak	*wird getötet.*

§ 17

49	šum - ma a - wi - lum	*Wenn ein Bürger*
50	lu wardam (árad) lu amtam (GÉME)	*einen Sklaven, eine Sklavin,*
51	ḫal - qá - am	*eine(n) entlaufene(n),*
52	i - na ṣe - ri - im	*auf dem Felde*
53	iṣ - ba - at - ma	*ergreift,*
54	a - na be - lí - šu	*zu seinem/ ihrem Herrn*
55	ir - te - de - a - aš - šu	*zurückführt,*
56	2 šiqil (GÍN) kaspam (KÙ .BABBAR)	*zwei Schekel Silber*
57	be - el wardim (árad)	*(soll) der Herr des Sklaven*
58	i - na - ad - di - iš - šum	*ihm geben.*

47	be - el bītim (É) šu - ú	*der Eigentümer des Hauses, dieser,*
48	id - da - ak	*wird getötet.*

§ 17

49	šum - ma a - wi - lum	*Wenn ein Bürger*
50	lu wardam (árad) lu amtam (GÉME)	*einen Sklaven, eine Sklavin,*
51	ḫal - qá - am	*eine(n) entlaufene(n),*
52	i - na ṣe - ri - im	*auf dem Felde*
53	iṣ - ba - at - ma	*ergreift,*
54	a - na be - lí - šu	*zu seinem/ ihrem Herrn*
55	ir - te - de - a - aš - šu	*zurückführt,*
56	2 šiqil (GÍN) kaspam (KÙ .BABBAR)	*zwei Schekel Silber*
57	be - el wardim (árad)	*(soll) der Herr des Sklaven*
58	i - na - ad - di - iš - šum	*ihm geben.*

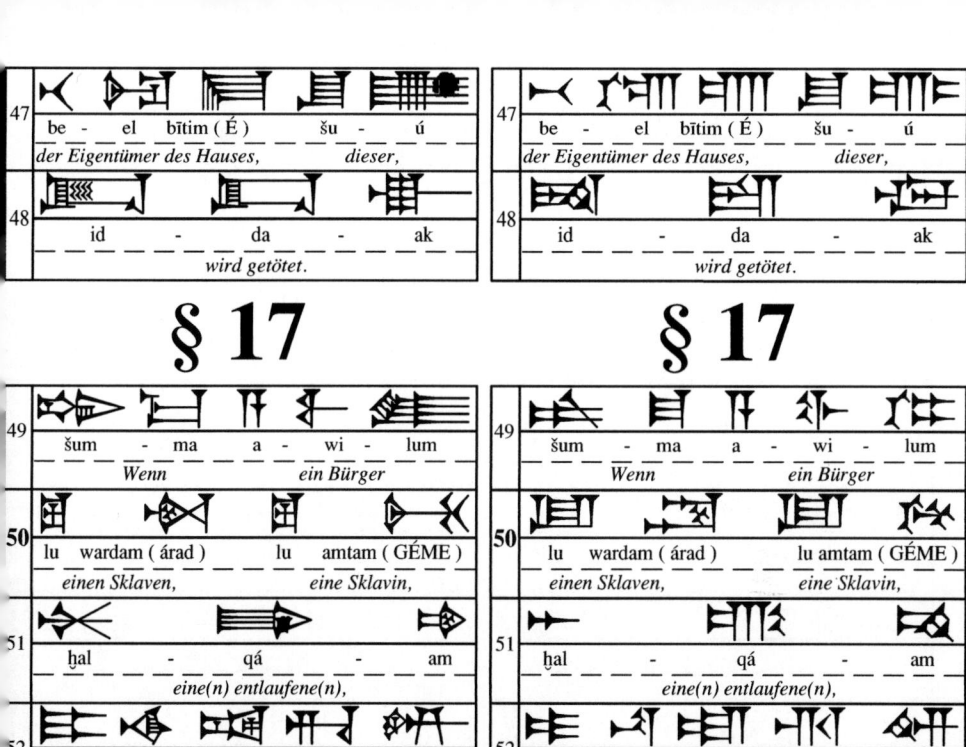

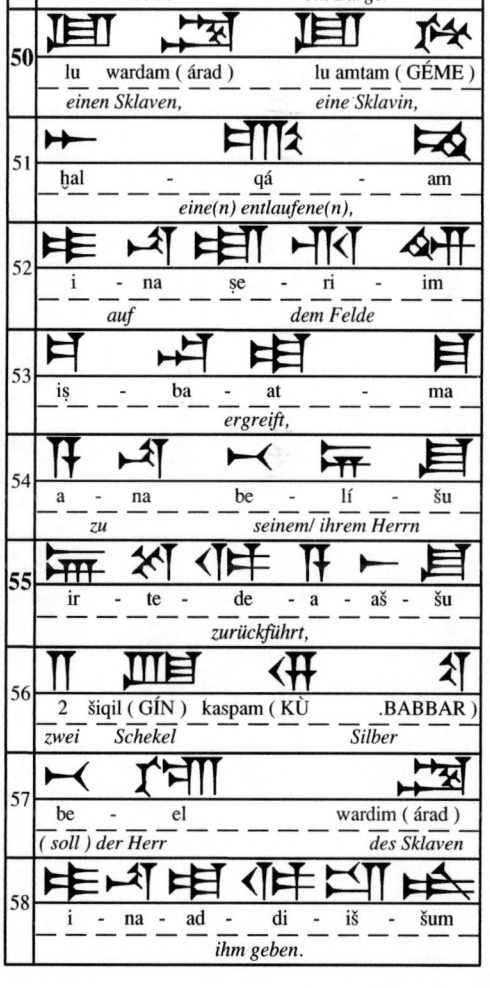

§ 18

59	šum - ma wardum (árad) šu - ú	*Wenn der Sklave, dieser,*
60	be - el - šu	*seinen Herrn*
61	la iz - za - kar	*nicht nennt,*
62	a - na ekallim (É . GAL)	*(soll) er zum Palast*
63	i - re - ed - de - šu	*ihn führen;*
64	wa - ar - ka - sú	*Danach (wird dort seine Sache)*
65	ip - pa - ar - ra - ás - ma	*entschieden,*
66	a - na be - lí - šu	*zu seinem Herrn*
67	ú - ta - ar - ru - šu	*wird er zurückgebracht.*

§ 19

68	šum - ma wardam (árad)	*Wenn (er) den Sklaven,*
69	šu - a - ti	*diesen,*

§ 18

59	šum - ma wardum (árad) šu - ú	*Wenn der Sklave, dieser,*
60	be - el - šu	*seinen Herrn*
61	la iz - za - kar	*nicht nennt,*
62	a - na ekallim (É . GAL)	*(soll) er zum Palast*
63	i - re - ed - de - šu	*ihn führen;*
64	wa - ar - ka - sú	*Danach (wird dort seine Sache)*
65	ip - pa - ar - ra - ás - ma	*entschieden,*
66	a - na be - lí - šu	*zu seinem Herrn*
67	ú - ta - ar - ru - šu	*wird er zurückgebracht.*

§ 19

68	šum - ma wardam (árad)	*Wenn (er) den Sklaven,*
69	šu - a - ti	*diesen,*

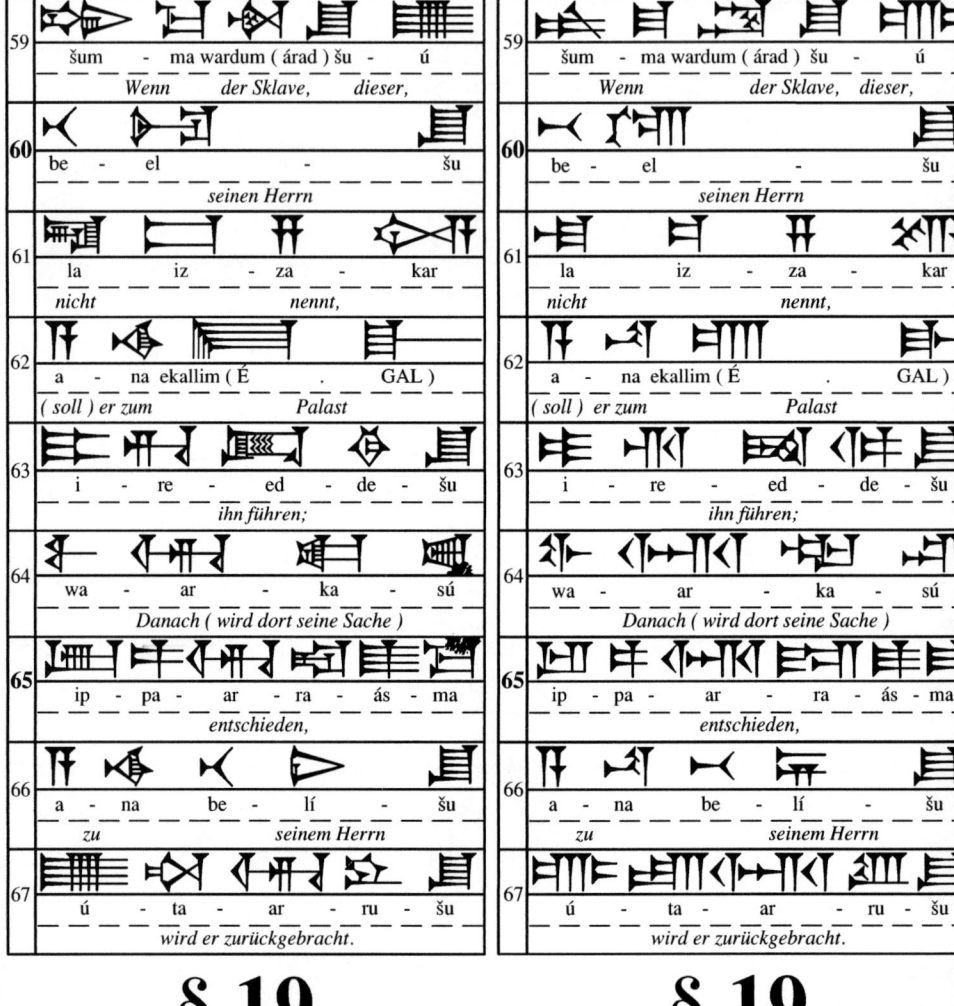

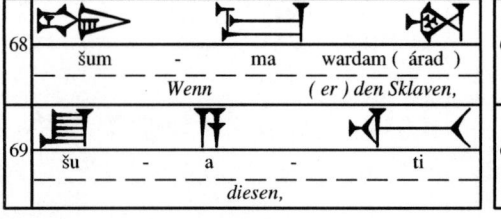

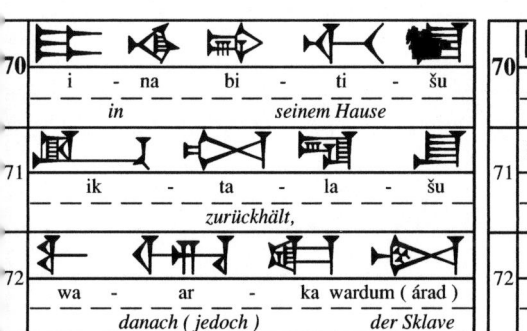

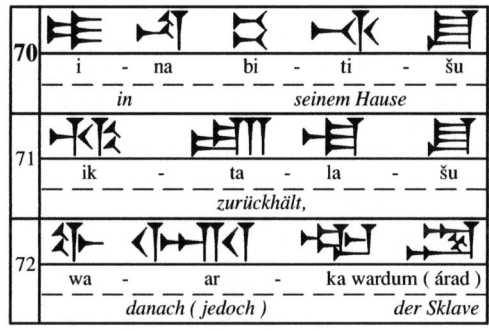

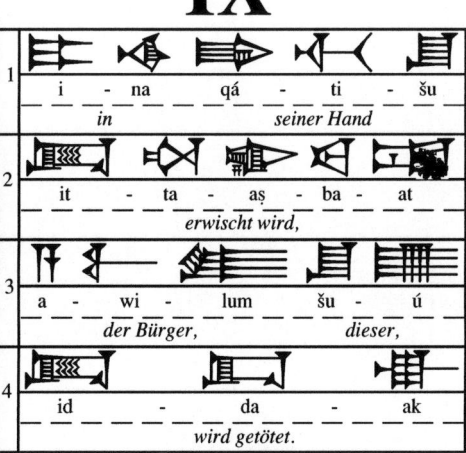

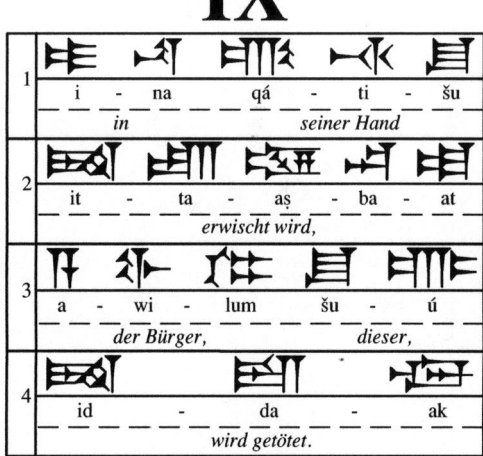

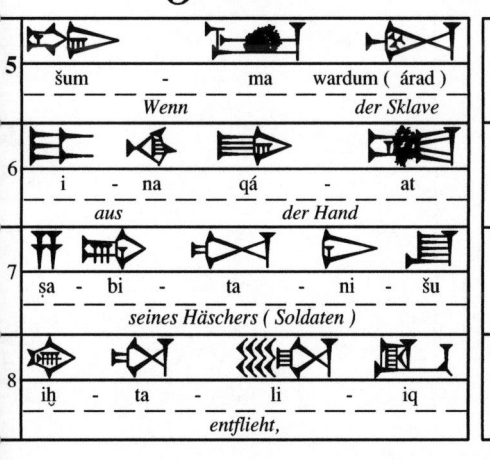

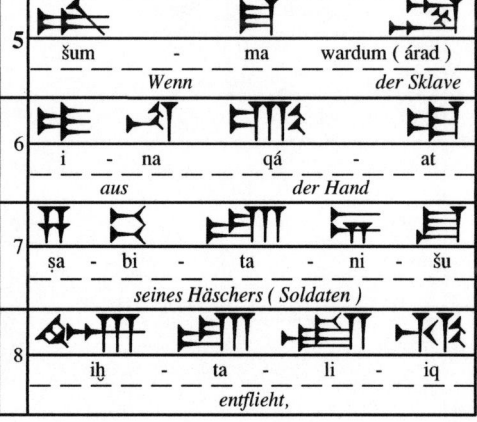

70 

i - na bi - ti - šu

in seinem Hause

71 

ik - ta - la - šu

zurückhält,

72 

wa - ar - ka wardum (árad)

danach (jedoch) der Sklave

IX

1 

i - na qá - ti - šu

in seiner Hand

2 

it - ta - aṣ - ba - at

erwischt wird,

3 

a - wi - lum šu - ú

der Bürger, dieser,

4 

id - da - ak

wird getötet.

§ 20

5 

šum - ma wardum (árad)

Wenn der Sklave

6 

i - na qá - at

aus der Hand

7 

ṣa - bi - ta - ni - šu

seines Häschers (Soldaten)

8 

iḫ - ta - li - iq

entflieht,

70 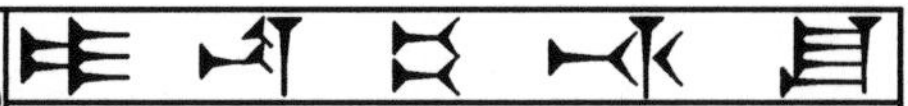

i - na bi - ti - šu

in seinem Hause

71 

ik - ta - la - šu

zurückhält,

72 

wa - ar - ka wardum (árad)

danach (jedoch) der Sklave

IX

1 

i - na qá - ti - šu

in seiner Hand

2 

it - ta - aṣ - ba - at

erwischt wird,

3 

a - wi - lum šu - ú

der Bürger, dieser,

4 

id - da - ak

wird getötet.

§ 20

5 

šum - ma wardum (árad)

Wenn der Sklave

6 

i - na qá - at

aus der Hand

7 

ṣa - bi - ta - ni - šu

seines Häschers (Soldaten)

8 

iḫ - ta - li - iq

entflieht,

9	a - wi - lum šu - ú	(soll) der Bürger, dieser,
10	a - na be - el wardim (árad)	zu dem Herrn des Sklaven
11	ni - iš i - lim	bei(m) Gott
12	i - za - kar - ma	schwören
13	ú - ta - aš - šar	(und) frei ausgehen.

§ 21

14	šum - ma a - wi - lum	Wenn ein Bürger
15	bi - tam	(in) ein Haus
16	ip - lu - uš	einbricht,
17	i - na pa - ni	angesichts
18	pí - il - ši - im	der Einbruchstelle,
19	šu - a - ti	dieser,
20	i - du - uk - ku -	

9	a - wi - lum šu - ú	(soll) der Bürger, dieser,
10	a - na be - el wardim (árad)	zu dem Herrn des Sklaven
11	ni - iš i - lim	bei(m) Gott
12	i - za - kar - ma	schwören
13	ú - ta - aš - šar	(und) frei ausgehen.

§ 21

14	šum - ma a - wi - lum	Wenn ein Bürger
15	bi - tam	(in) ein Haus
16	ip - lu - uš	einbricht,
17	i - na pa - ni	angesichts
18	pí - il - ši - im	der Einbruchstelle,
19	šu - a - ti	dieser,
20	i - du - uk - ku -	

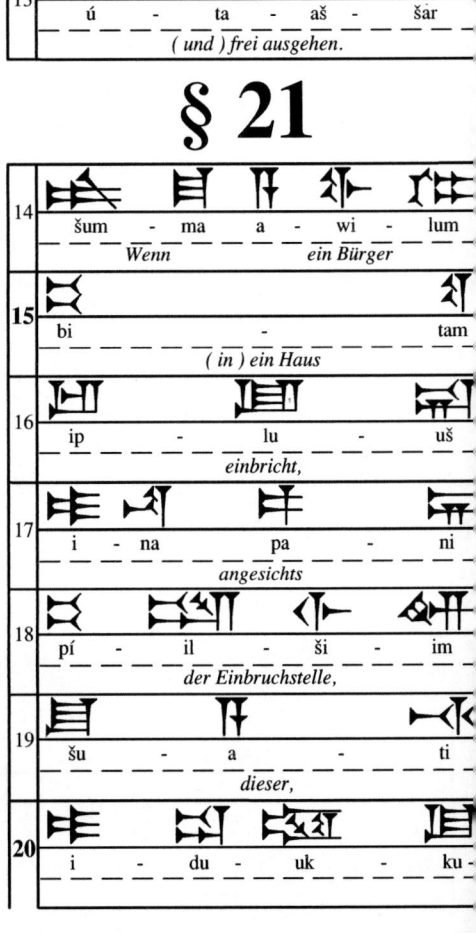

šu - ma

(soll man) ihn töten,

21 i - ḫa - al -

la - lu - šu

(und) ihn dort aufhängen (verscharren).

§ 22

22 šum - ma a - wi - lum

Wenn ein Bürger

23 ḫu - ub - tam

einen Raub

24 iḫ - bu - ut - ma

verübt

25 it - ta - aṣ - ba - at

(und) erwischt wird,

26 a - wi - lum šu - ú

der Bürger, dieser,

27 id - da - ak

wird getötet.

§ 23

28 šum - ma ḫa - ab -

Wenn

ba - tum

der Räuber

šu - ma

(soll man) ihn töten,

21 i - ḫa - al -

la - lu - šu

(und) ihn dort aufhängen (verscharren).

§ 22

22 šum - ma a - wi - lum

Wenn ein Bürger

23 ḫu - ub - tam

einen Raub

24 iḫ - bu - ut - ma

verübt

25 it - ta - aṣ - ba - at

(und) erwischt wird,

26 a - wi - lum šu - ú

der Bürger, dieser,

27 id - da - ak

wird getötet.

§ 23

28 šum - ma ḫa - ab -

Wenn

ba - tum

der Räuber

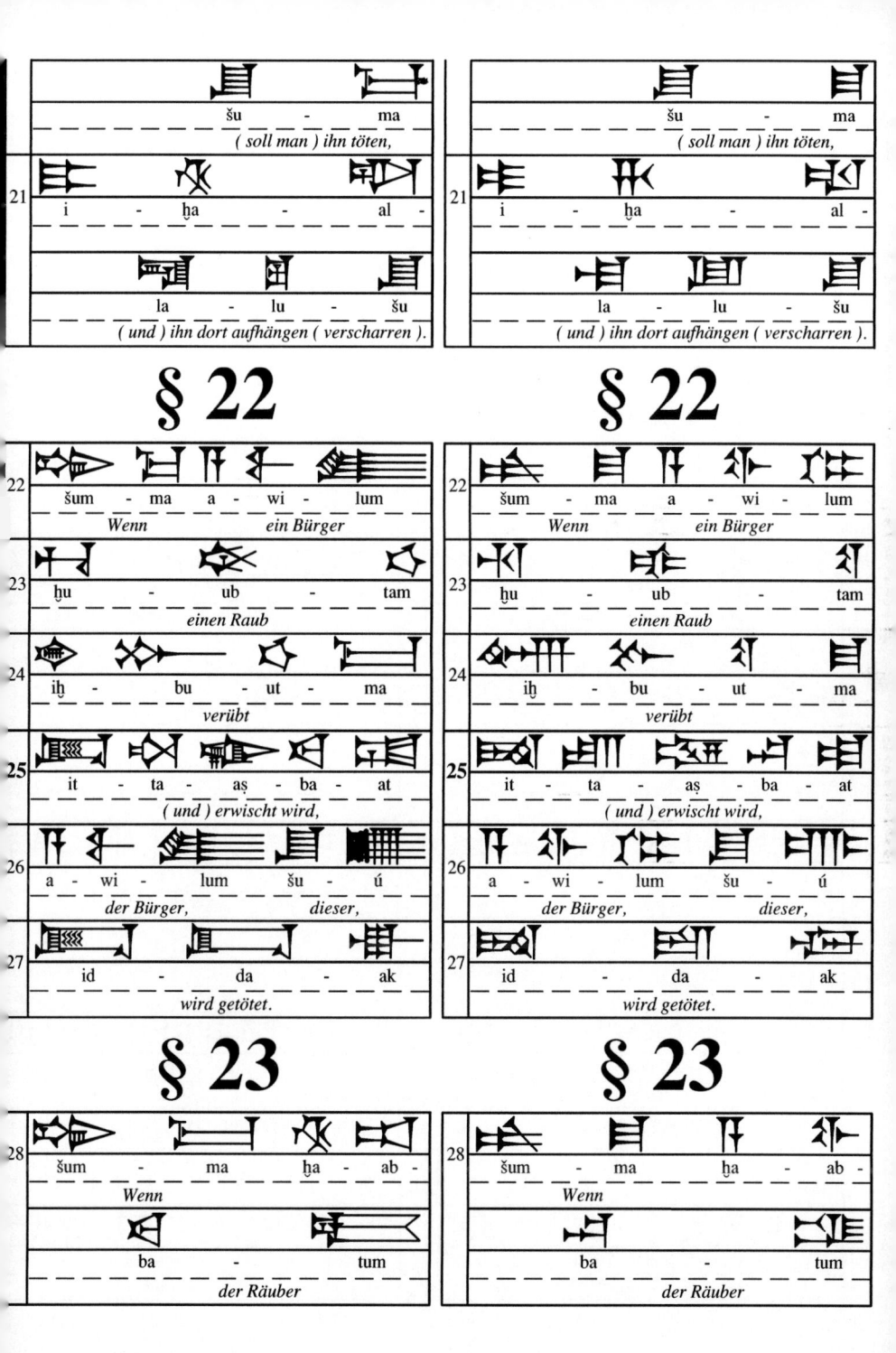

29	la - it - ta - aṣ - ba - at	nicht erwischt wird,
30	a - wi - lum	(soll) der Bürger,
31	ḫa - ab - tum	der beraubte,
32	mi - im - ma - šu	sein Gut,
33	ḫal - qá - am	das abhanden gekommene,
34	ma - ḫa - ar	vor
35	i - lim	dem/ einem Gott
36	ú - ba - ar - ma	angeben;
37	ālum (URU)	die Stadt
38	ù ra - bi - a - nu - um	und der Vorsteher
39	ša i - na er - ṣe - ti - šu - nu	deren in Land

29	la - it - ta - aṣ - ba - at	nicht erwischt wird,
30	a - wi - lum	(soll) der Bürger,
31	ḫa - ab - tum	der beraubte,
32	mi - im - ma - šu	sein Gut,
33	ḫal - qá - am	das abhanden gekommene,
34	ma - ḫa - ar	vor
35	i - lim	dem/ einem Gott
36	ú - ba - ar - ma	angeben;
37	ālum (URU)	die Stadt
38	ù ra - bi - a - nu - um	und der Vorsteher
39	ša i - na er - ṣe - ti - šu - nu	deren in Land

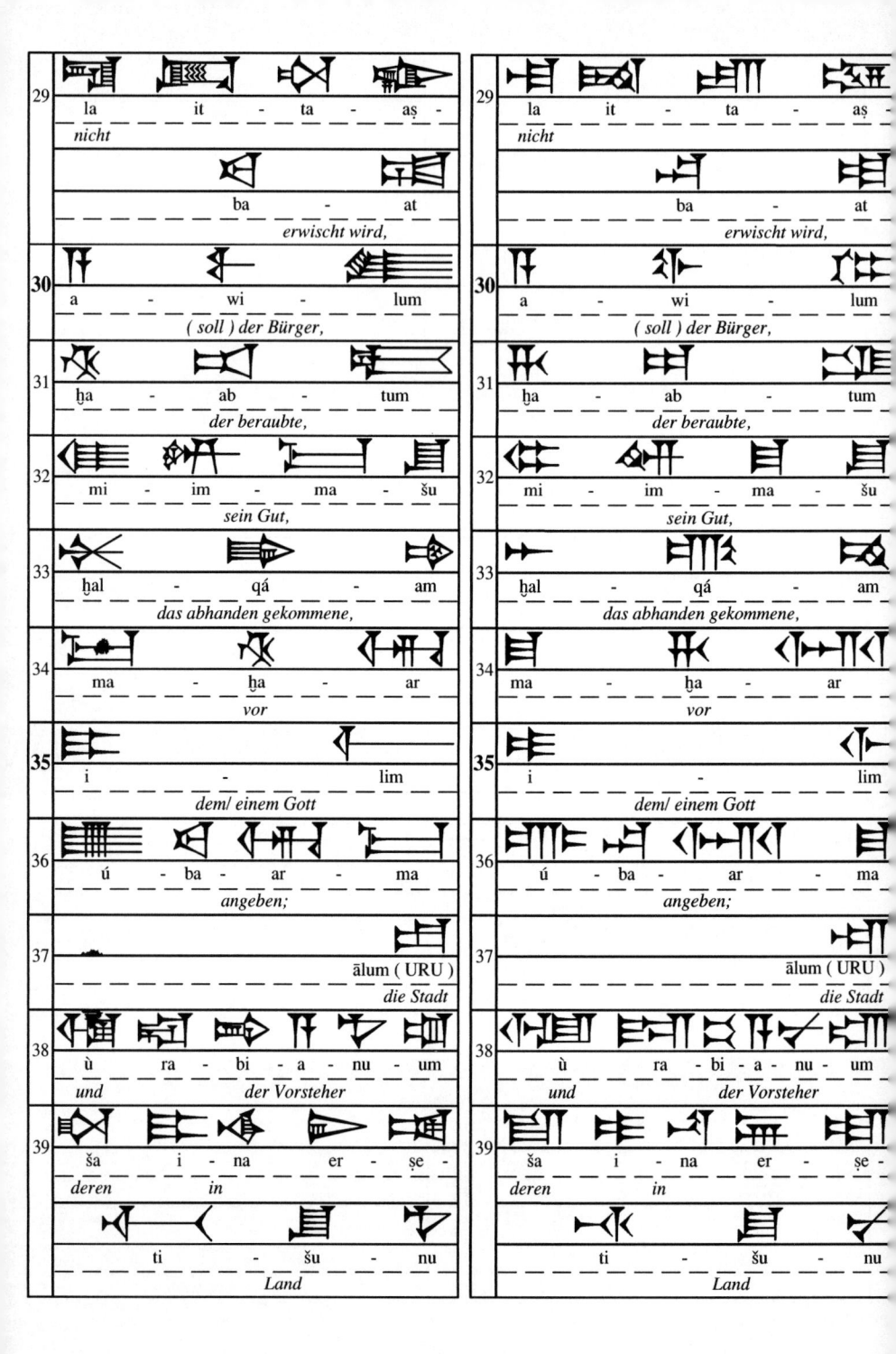

40 ù - pa - ṭi - šu - nu
und Gebiet

41 ḫu - ub - tum
der Raub

42 iḫ - ḫa - ab - tu
verübt (wurde),

43 mi - im - ma - šu
sein Gut (alles, was ihm ist)

44 ḫal - qá - am
(sollen) das abhanden gekommene Gut

45 i - ri - a - ab - bu - šum
ersetzen.

40 ù - pa - ṭi - šu - nu
und Gebiet

41 ḫu - ub - tum
der Raub

42 iḫ - ḫa - ab - tu
verübt (wurde),

43 mi - im - ma - šu
sein Gut (alles, was ihm ist)

44 ḫal - qá - am
(sollen) das abhanden gekommene Gut

45 i - ri - a - ab - bu - šum
ersetzen.

§ 24

§ 24

46 šum - ma na - pí - iš - tum
Wenn (es sich um) einen Raubmord (handelt),

47 ālum (URU) ù ra - bi - a - nu - um
(sollen) die Stadt und der Vorsteher

48 1 MA - NA kaspam (KÙ . BABBAR)
eine Mine Silber

49 a - na ni - ši - šu
an seine Angehörigen (Leute)

46 šum - ma na - pí - iš - tum
Wenn (es sich um) einen Raubmord (handelt),

47 ālum (URU) ù ra - bi - a - nu - um
(sollen) die Stadt und der Vorsteher

48 1 MA - NA kaspam (KÙ . BABBAR)
eine Mine Silber

49 a - na ni - ši - šu
an seine Angehörigen (Leute)

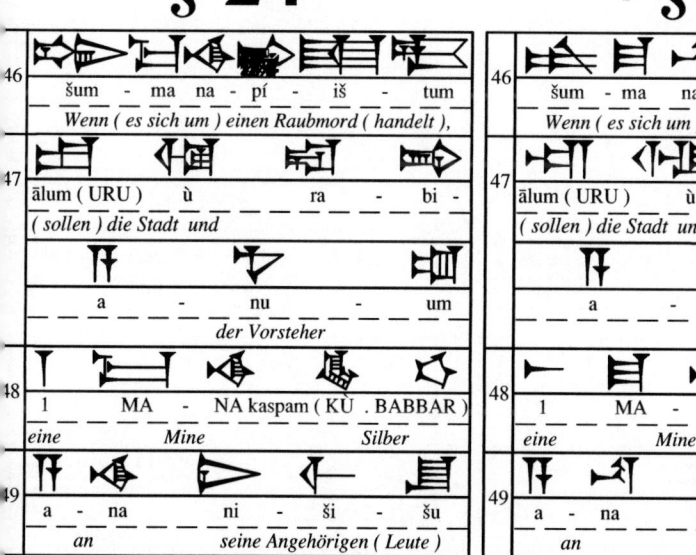

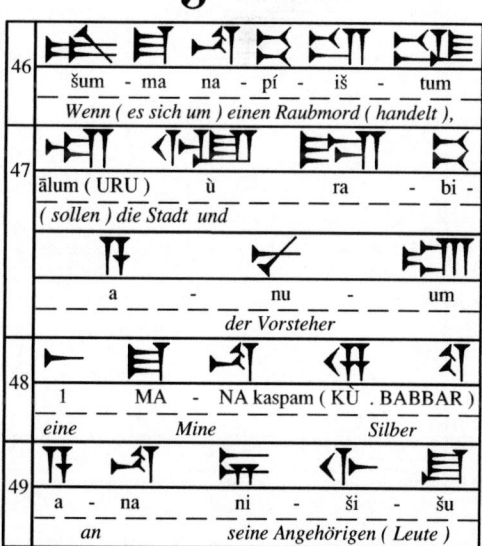

50	i - ša - qá - lu	*zahlen.*

§ 25

51	šum - ma i - na bīt (É)	*Wenn im Hause*
	a - wi - lim	*eines Bürgers*
52	i - ša - tum	*ein Feuer*
53	in - na - pí - iḫ - ma	*ausbricht,*
54	a - wi - lum	*ein Bürger,*
55	ša a - na bu - ul -	*der (angeblich) zum*
	li - im	*Löschen*
56	il - li - ku	*gegangen ist,*
57	a - na nu - ma - at	*auf das Hausgerät*
58	be - el bītim (É)	*des Herrn des Hauses*
59	i - in - šu iš - ši - ma	*sein Augenmerk richtet,*

50	i - ša - qá - lu	*zahlen.*

§ 25

51	šum - ma i - na bīt (É)	*Wenn im Hause*
	a - wi - lim	*eines Bürgers*
52	i - ša - tum	*ein Feuer*
53	in - na - pí - iḫ - ma	*ausbricht,*
54	a - wi - lum	*ein Bürger,*
55	ša a - na bu - ul -	*der (angeblich) zum*
	li - im	*Löschen*
56	il - li - ku	*gegangen ist,*
57	a - na nu - ma - at	*auf das Hausgerät*
58	be - el bītim (É)	*des Herrn des Hauses*
59	i - in - šu iš - ši - ma	*sein Augenmerk richtet,*

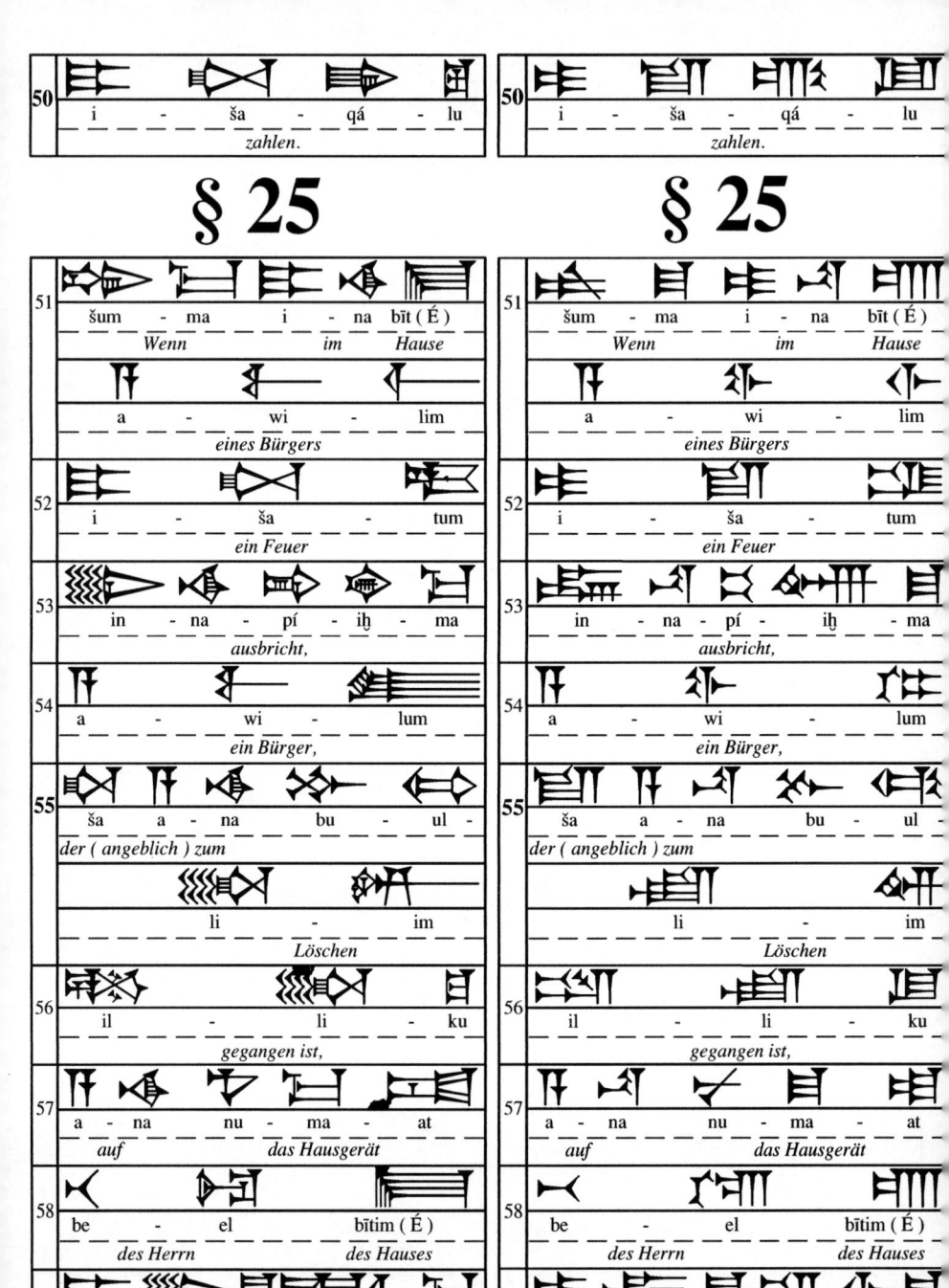

60 nu - ma - at
(sich) Hausgerät

61 be - el bītim (É)
des Herrn des Hauses

62 il - te - qé (**nicht di!**)
aneignet,

63 a - wi - lum šu - ú
(wird) der Bürger, dieser,

64 a - na i - ša - tim
in das Feuer,

šu - a - ti
dieses,

65 in - na - ad - di
geworfen.

§ 26

66 šum - ma lu redûm (AGA . UŠ)
Wenn ein Soldat

67 ù lu bā'irum (ŠU . ḪA)
und/ oder ein " Fänger ",

68 ša a - na ḫar - ra - an
der an einem Feldzug

šar - ri - im
des Königs

69 a - la - ak - šu
teilzunehmen

60 nu - ma - at
(sich) Hausgerät

61 be - el bītim (É)
des Herrn des Hauses

62 il - te - qé (**nicht di!**)
aneignet,

63 a - wi - lum šu - ú
(wird) der Bürger, dieser,

64 a - na i - ša - tim
in das Feuer,

šu - a - ti
dieses,

65 in - na - ad - di
geworfen.

§ 26

66 šum - ma lu redûm (AGA . UŠ)
Wenn ein Soldat

67 ù lu bā'irum (ŠU . ḪA)
und/ oder ein " Fänger ",

68 ša a - na ḫar - ra - an
der an einem Feldzug

šar - ri - im
des Königs

69 a - la - ak - šu
teilzunehmen

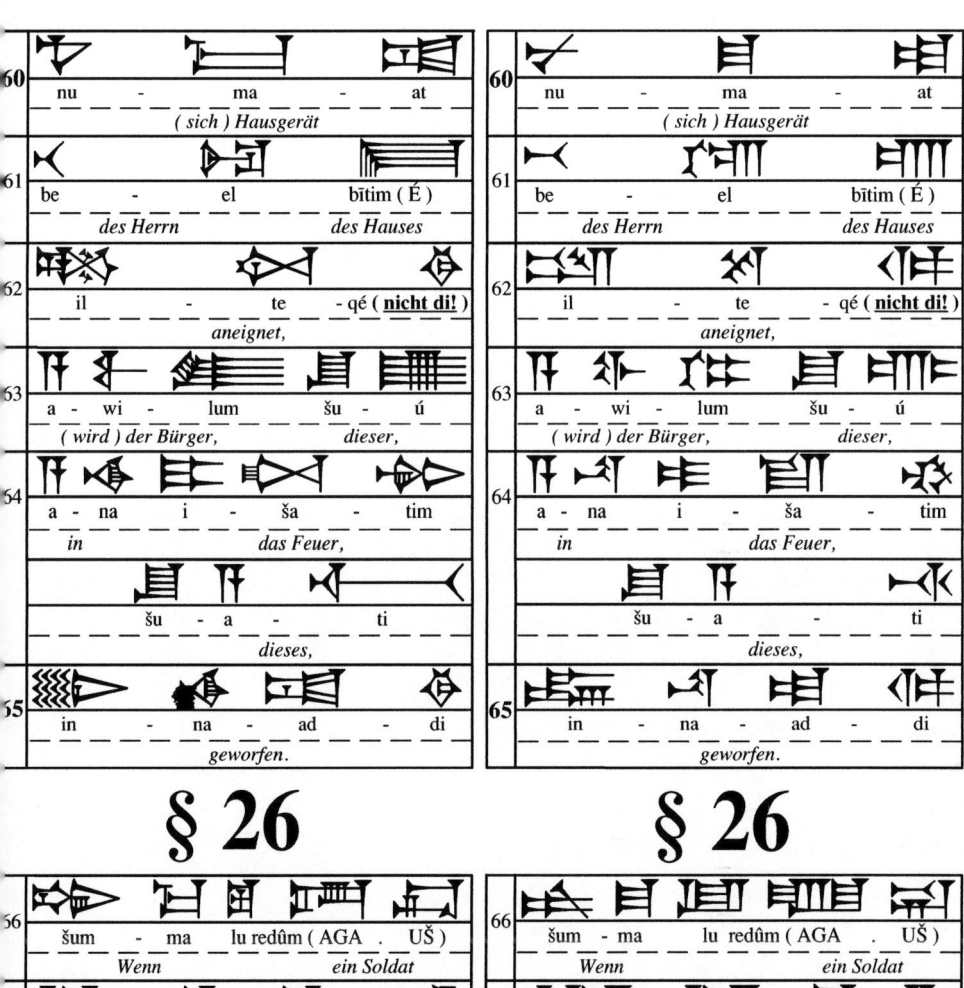

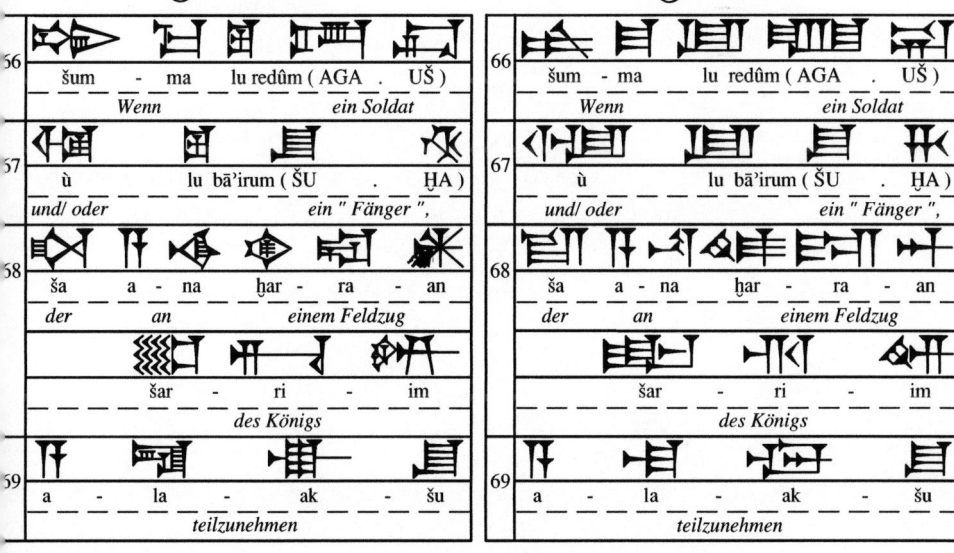

§ 10) 48) Wenn der Käufer 49) den Verkäufer, 50) der es ihm verkauft hat, 51) und Zeugen, vor denen 52) er es gekauft hat, 53) nicht beibringt, 54) der Eigentümer des abhanden gekommenen Gutes (jedoch) 55) Zeugen, 56) die sein abhanden gekommenes Gut 55) kennen, 56) beibringt, 57) ist der (angebliche) Käufer 58) ein Dieb, er wird getötet; 59) der Eigentümer des abhanden gekommenen Gutes 61) bekommt 60) sein abhanden gekommenes Gut 61) zurück.

§ 11) 62) Wenn der Eigentümer des abhanden gekommenen Gutes 63) Zeugen, 64) die sein abhanden gekommenes Gut 63) kennen, 65) nicht beibringt, **VIII** 1) ist er ein Lügner, 2) er hat, bösen Leumund verbreitet (gesprochen), 3) er wird getötet.

§ 12) 4) Wenn der Verkäufer (inzwischen) 5) das Zeitliche 6) gesegnet hat, 13) bekommt 7) der Käufer 8) aus dem Hause 9) des Verkäufers 12) fünffach 10) den Klageanspruch 11) dieses Prozesses.

§ 13) 14) Wenn 15) die Zeugen 14) dieses Bürgers 15) nicht zur Stelle sind, 16) werden die Richter ihm eine Frist 17) von sechs Monaten 18) setzen;19) wenn er in sechs Monaten 20) seine Zeugen nicht herbeiführt, 21) so ist dieser Bürger 22) ein Lügner, 23) er muss die jeweilige Strafe dieses Prozesses 24) tragen.

§ 14) 25) Wenn ein Bürger 27) das kleine 26) Kind eines (anderen) Bürgers 28) stiehlt, 29)wird er getötet.

§ 15) 30) Wenn ein Bürger 31) einen Sklaven des Palastes, 32) eine Sklavin des Palastes, 13) einen Sklaven eines Palasthörigen 34) oder eine Sklavin eines Palasthörigen 35) zum Stadttor hinausgehen lässt, 36) wird er getötet.

§ 16) 37) Wenn ein Bürger 38) einen (entlaufenen) Sklaven oder eine 39) entlaufene 38) Sklavin 40) des Palastes 41) oder eines Palasthörigen 42) in seinem Hause 43) versteckt 44) (und) nicht auf den Ruf 45) des Herolds 46) herausgibt, 47) wird dieser Hausherr 48) getötet.

§ 17) 49) Wenn ein Bürger 50) einen 51) entlaufenen 50) Sklaven oder eine 51) entlaufene 50) Sklavin 52) auf dem Felde 53) erwischt 54) und seinem/ ihrem Herrn 55) zuführt, 57) soll der Herr des Sklaven ihm 56) zwei Scheqel Silber 58) geben.

§ 18) 59) Wenn dieser Sklave 60) seinen Herrn 61) nicht nennt, 62) soll er ihn zum Palast 63) führen; 64) (dort) wird seine Sache 65) geprüft, und man wird ihn zu seinem Herrn 67) zurückbringen.

§ 19) Wenn er diesen Sklaven 70) in seinem Hause 71) zurückhält, 72) nachher jedoch der Sklave **IX** 1) in seiner Hand 2) erwischt wird, 3) wird dieser Bürger 4) getötet.

§ 20) 5) Wenn der Sklave 6) aus der Hand 7) seines Häschers 8) entflieht, 9) soll dieser Bürger 10) dem Herrn des Sklaven 11) bei (einem) Gott 12) schwören 13) und frei ausgehen.

§21) 14) Wenn ein Bürger, 15) in ein Haus 16) einbricht, 17) so soll man vor 19) jener 18) Einbruchsstelle 20) ihn töten 21) und ihn dort aufhängen (verscharren).

§22) 22) Wenn ein Bürger 23) einen Raub 24) verübt 25) und erwischt wird, 26) wird dieser Bürger 27) getötet.

§ 23) 28) Wenn der Räuber 29) nicht erwischt wird, 31) soll der beraubte 30) Bürger 33) das ihm abhanden gekommene 32) Gut 34) vor 35) dem/ einem Gott 36) angeben; 37) die Stadt 38) und der Vorsteher, 39) in deren Land 40) und Gebiet 41) der Raub 42) verübt worden ist, 44) sollen ihm sein abhanden gekommenes Gut ersetzen.

§ 24) 46) Wenn es sich in um einen Raubmord handelt, 47) sollen die Stadt und der Vorsteher 48) eine Mine Silber 49) seinen Angehörigen 50) zahlen.

§ 25) 51) Wenn im Hause eines Bürgers 52) Feuer 53) ausbricht 54) und ein Bürger, 55) der (angeblich) zum Löschen 56) gegangen ist, 59) sein Augenmerk richtet 57) auf Hausgerät 58) des Hausherrn 60) und sich Hausgerät 61) des Hausherrn 62) aneignet, 63) wird dieser Bürger 64) in eben dieses Feuer 65) geworfen.

X

1	qá - bu - ú	*den Befehl (erhalten hat),*
2	la il - li - ik	*nicht geht,*
3	ù lu ^{lú}agram (ḪUN . GÁ)	*und/ oder (Mann) einen Mietling*
4	i - gur - ma	*mietet,*
5	pu - úḫ - šu	*diesen als Ersatz*
6	iṭ - ṭa - ra - ad	*schickt,*
7	lu redûm (AGA . UŠ)	*wird der Soldat*
8	ù lu bā'irum (ŠU.ḪA) šu - ú	*und/ oder " Fänger "*
9	id - da - ak	*getötet;*
10	mu - na - ag - gi - ir - šu	*sein Denunziant*
11	bīs (É) - sú	*sein Haus*

X

1	qá - bu - ú	*den Befehl (erhalten hat),*
2	la il - li - ik	*nicht geht,*
3	ù lu ^{lú}agram (ḪUN . GÁ)	*und/ oder (Mann) einen Mietling*
4	i - gur - ma	*mietet,*
5	pu - úḫ - šu	*diesen als Ersatz*
6	iṭ - ṭa - ra - ad	*schickt,*
7	lu redûm (AGA . UŠ)	*wird der Soldat*
8	ù lu bā'irum (ŠU.ḪA) šu - ú	*und/ oder " Fänger ", dieser,*
9	id - da - ak	*getötet;*
10	mu - na - ag - gi - ir - šu	*sein Denunziant*
11	bīs (É) - sú	*sein Haus*

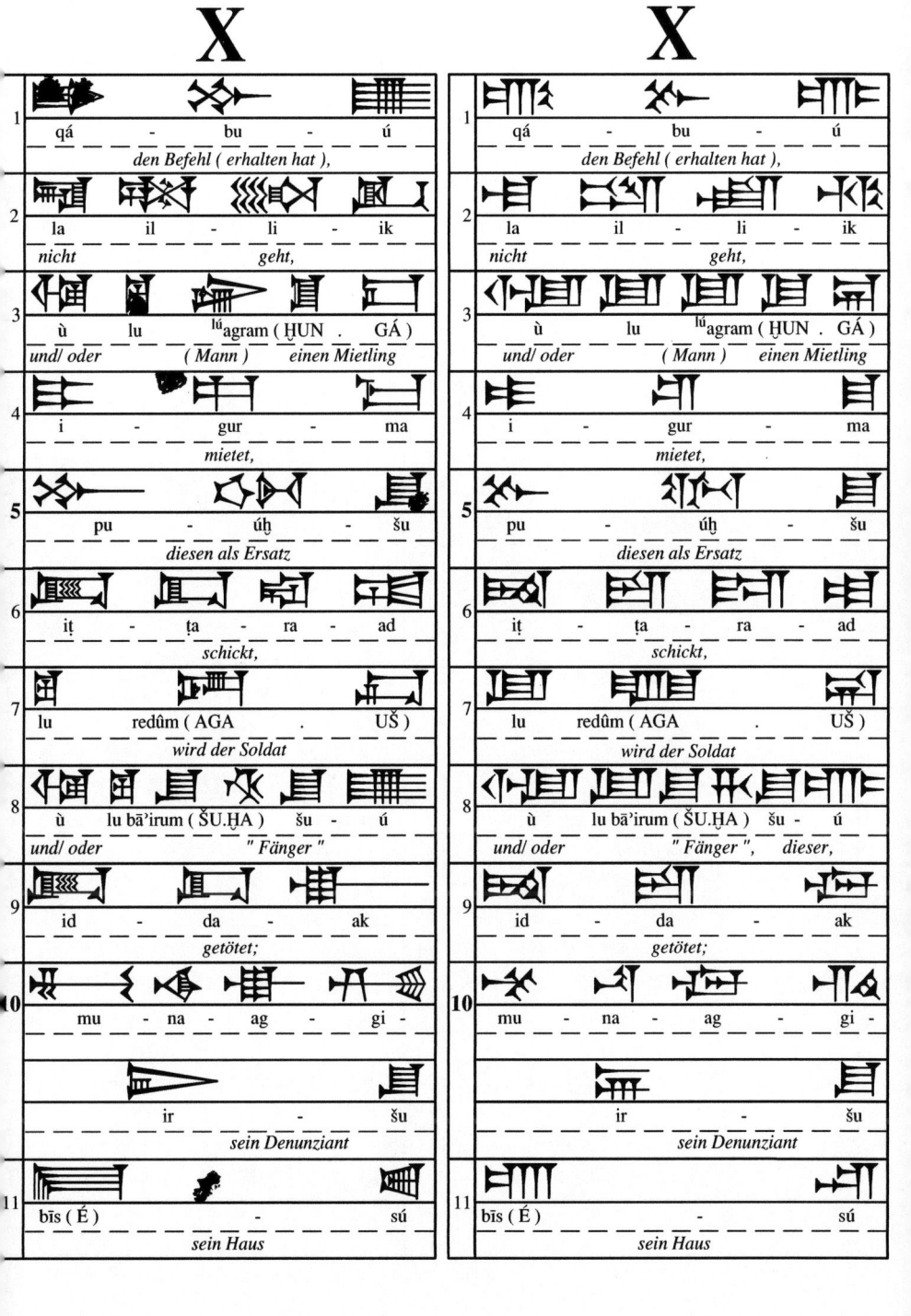

12	i - tab - ba - al	*erhält er.*

§ 27

13	šum - ma lu redûm (AGA . UŠ)	*Wenn ein Soldat*
14	ù lu - ú bā'irum (ŠU . ḪA)	*und/ oder ein " Fänger ",*
15	ša i - na dan - na - at	*der beim Festungsdienst*
16	šar - ri - im	*(für) den König*
17	tu - úr - ru	*" in Kriegsgefangenschaft geraten ist ",*
18	wa - ar - ki - šu	*(wenn) man nach seinem Wegbleiben*
19	eqel (A.ŠÀ) - šu ù ^{giš}kirâ ($KIRI_6$) - šu	*sein Feld und (Holz) seinen Baumgarten*
20	a - na ša - ni - im	*an einen anderen*
21	id - di - nu - ma	*gibt,*
22	i - li - ik - šu	*(dieser) seine Lehnspflicht*
23	it - ta - la - ak	*erfüllt,*

12	i - tab - ba - al	*erhält er.*

§ 27

13	šum - ma lu redûm (AGA . UŠ)	*Wenn ein Soldat*
14	ù lu - ú bā'irum (ŠU . ḪA)	*und/ oder ein " Fänger ",*
15	ša i - na dan - na - at	*der beim Festungsdienst*
16	šar - ri - im	*(für) den König*
17	tu - úr - ru	*" in Kriegsgefangenschaft geraten ist ",*
18	wa - ar - ki - šu	*(wenn) man nach seinem Wegbleiben*
19	eqel (A.ŠÀ) - šu ù ^{giš}kirâ ($KIRI_6$) - šu	*sein Feld und (Holz) seinen Baumgarten*
20	a - na ša - ni - im	*an einen anderen*
21	id - di - nu - ma	*gibt,*
22	i - li - ik - šu	*(dieser) seine Lehnspflicht*
23	it - ta - la - ak	*erfüllt,*

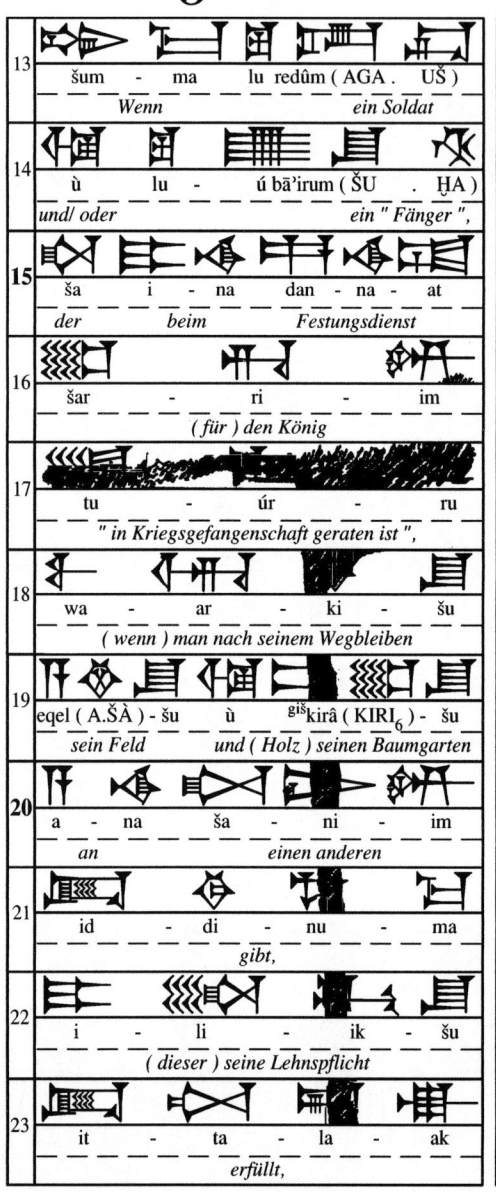

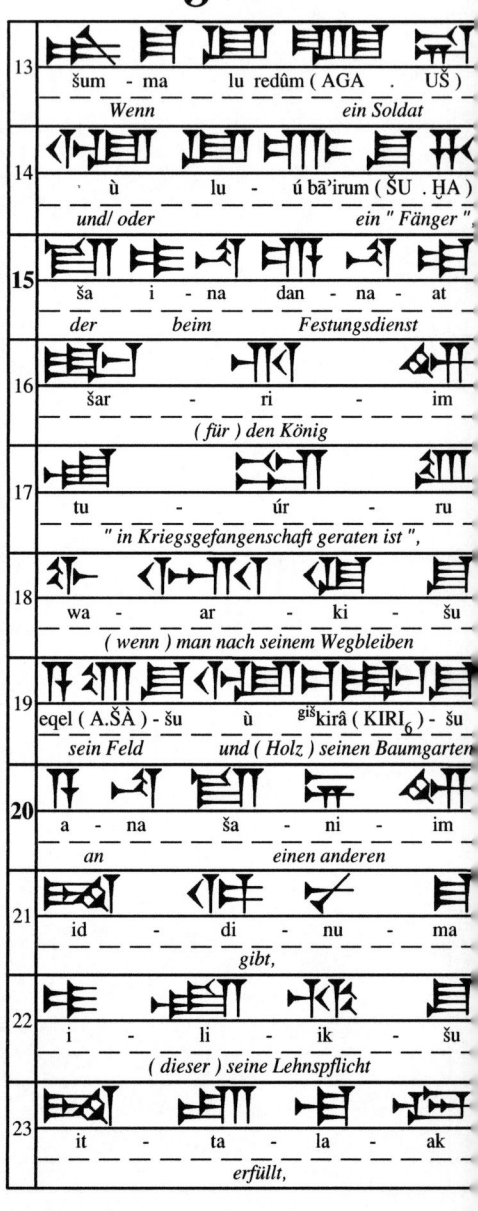

24 šum - ma it - tu -
(soll man,) wenn

ra - am - ma
er zurückkehrt,

25 āl (URU) - šu
seiner Stadt

ik - ta - áš - dam
beim Erreichen

26 eqel (A.ŠÀ) - šu ù ${}^{\text{giš}}$kirâ ($KIRI_6$) - šu
sein Feld und (Holz) seinen Baumgarten

27 ú - ta - ar -

ru - šum - ma
ihm zurückgeben,

28 šu - ma i - li - ik - šu
er selbst soll seine Lehnspflicht

29 i - il - la - ak
erfüllen.

§ 28

30 šum - ma lu redûm (AGA . UŠ)
Wenn ein Soldat

31 ù lu - ú bā'irum (ŠU . ḪA)
und/ oder ein " Fänger ",

32 ša i - na dan - na - at
der beim Festungsdienst

24 šum - ma it - tu -
(soll man,) wenn

ra - am - ma
er zurückkehrt,

25 āl (URU) - šu
seiner Stadt

ik - ta - áš - dam
beim Erreichen

26 eqel (A.ŠÀ) - šu ù ${}^{\text{giš}}$kirâ ($KIRI_6$) - šu
sein Feld und (Holz) seinen Baumgarten

27 ú - ta - ar -

ru - šum - ma
ihm zurückgeben,

28 šu - ma i - li - ik - šu
er selbst soll seine Lehnspflicht

29 i - il - la - ak
erfüllen.

§ 28

30 šum - ma lu redûm (AGA . UŠ)
Wenn ein Soldat

31 ù lu - ú bā'irum (ŠU. ḪA)
und/ oder ein " Fänger ",

32 ša i - na dan - na - at
der beim Festungsdienst

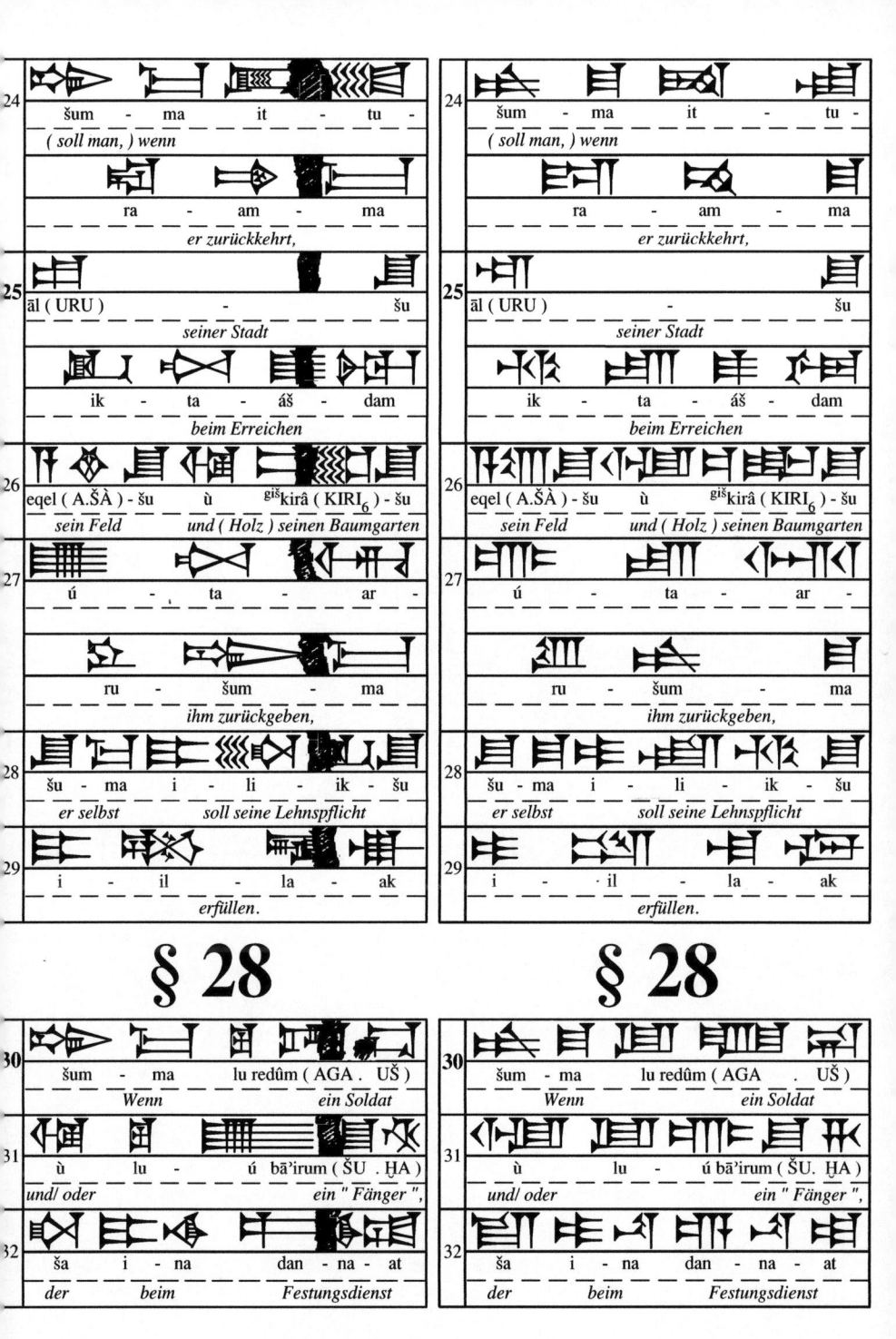

33 šar - ri - im
(für) den König

34 tu - úr - ru
" in Kriegsgefangenschaft geraten ist ",

35 mārū (DUMU) - šu il - kam
einen Sohn (hat), der seine Lehnspflicht

36 a - la - kam i - le - i
imstande ist, zu erfüllen,

37 eqlum (A.ŠÀ) ù ^{giš}kirûm (KIRI$_6$)
(sollen) Feld und (Holz) Baumgarten

38 in - na - ad - di -
iš - šum - ma
diesem gegeben werden,

39 i - li - ik a - bi - šu
(er soll) die Lehnspflicht seines Vaters

40 i - il - la - ak
erfüllen.

§ 29

41 šum - ma mārū (DUMU) - šu
Wenn sein Sohn

42 ṣe - ḫe - er - ma
(noch) klein ist,

43 i - li - ik a - bi - šu
die Lehnspflicht seines Vaters

33 šar - ri - im
(für) den König

34 tu - úr - ru
" in Kriegsgefangenschaft geraten ist ",

35 mārū (DUMU) - šu il - kam
einen Sohn (hat), der seine Lehnspflicht

36 a - la - kam i - le - i
imstande ist, zu erfüllen,

37 eqlum (A.ŠÀ) ù ^{giš}kirûm (KIRI$_6$)
(sollen) Feld und (Holz) Baumgarten

38 in - na - ad - di -
iš - šum - ma
diesem gegeben werden,

39 i - li - ik a - bi - šu
(er soll) die Lehnspflicht seines Vaters

40 i - il - la - ak
erfüllen.

§ 29

41 šum - ma mārū (DUMU) - šu
Wenn sein Sohn

42 ṣe - ḫe - er - ma
(noch) klein ist,

43 i - li - ik a - bi - šu
die Lehnspflicht seines Vaters

44	a - la - kam	*(zu) erfüllen*
45	la i - le - i	*nicht imstande ist,*
46	ša - lu - uš - ti	*(soll) ein Drittel*
	eqlim (A. ŠÀ) ù ^{giš} kirîm (KIRI$_6$)	*des Feldes und (Holz) des Baumgartens*
47	a - na um - mi - šu	*an seine Mutter*
48	in - na - ad - di -	
	in - ma	*gegeben werden,*
49	um - ma - šu	*seine Mutter*
50	ù - ra - ab - ba - šu	*(soll) ihn grossziehen.*

§ 30

51	šum - ma lu redûm (AGA . UŠ)	*Wenn ein Soldat*
52	ù lu bā'irum (ŠU . ḪA)	*und/ oder ein " Fänger "*
53	eqel (A.ŠÀ) - šu ^{giš} kirâ (KIRI$_6$) - šu	*sein Feld (Holz), seinen Baumgarten*

44	a - la - kam	*(zu) erfüllen*
45	la i - le - i	*nicht imstande ist,*
46	ša - lu - uš - ti	*(soll) ein Drittel*
	eqlim (A. ŠÀ) ù ^{giš}kirîm (KIRI$_6$)	*des Feldes und (Holz) des Baumgartens*
47	a - na um - mi - šu	*an seine Mutter*
48	in - na - ad - di -	
	in - ma	*gegeben werden,*
49	um - ma - šu	*seine Mutter*
50	ù - ra - ab - ba - šu	*(soll) ihn grossziehen.*

§ 30

51	šum - ma lu redûm (AGA . UŠ)	*Wenn ein Soldat*
52	ù lu bā'irum (ŠU . ḪA)	*und/ oder ein " Fänger "*
53	eqel (A.ŠÀ) - šu ^{giš}kirâ (KIRI$_6$) - šu	*sein Feld (Holz), seinen Baumgarten*

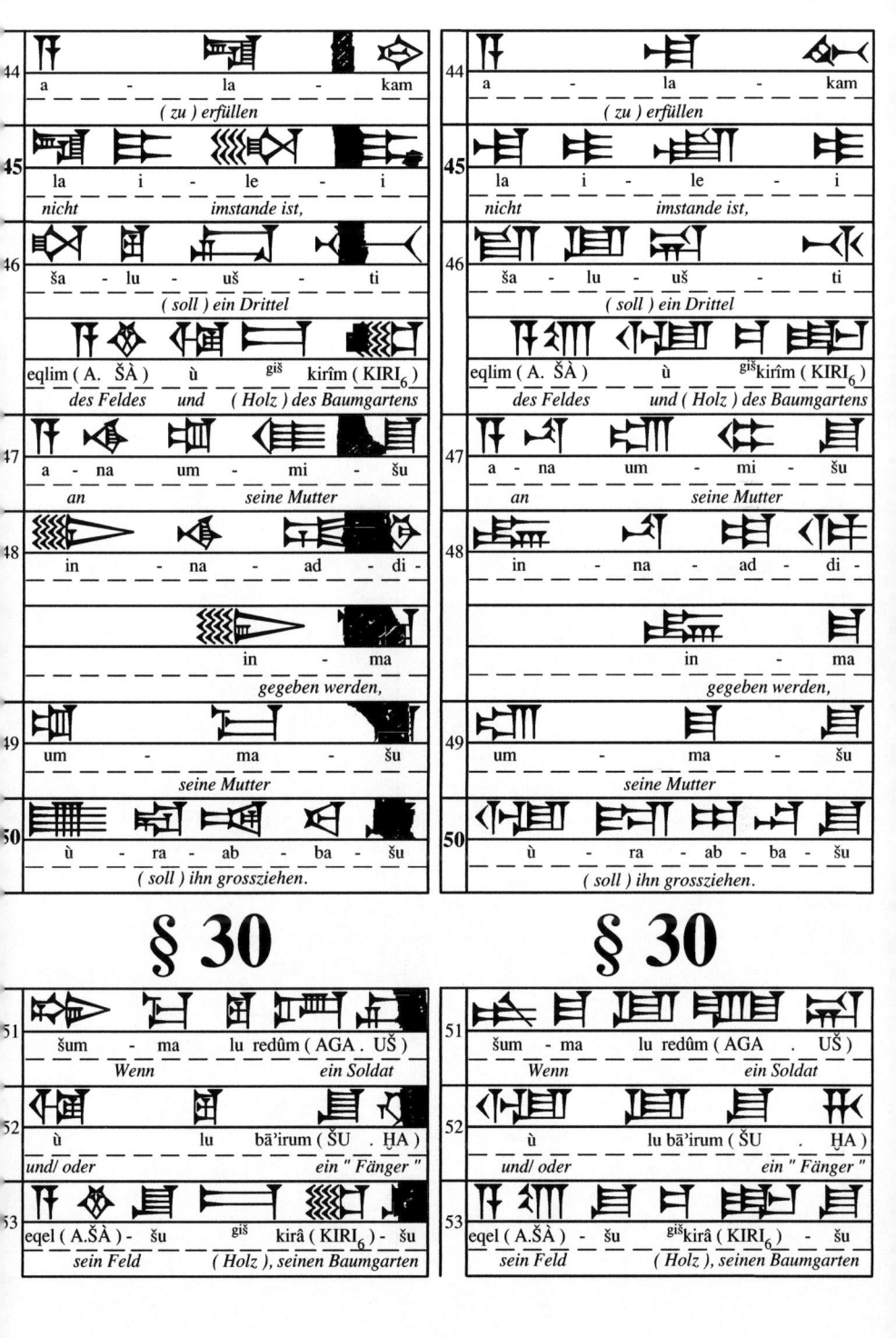

	ù	bīs (É)	-	sú
	oder	*sein Haus*		
54	i - na	pa	-	ni
		angesichts		
	il	- ki	-	im
		(der Schwere) der Lehnspflicht		
55	id	- di	-	ma
		aufgibt,		
56	ud - da	- ap	- pí	- ir
		sich entfernt,		
57	ša	- nu	-	um
		ein anderer		
58	wa	- ar	- ki	- šu
		nach seinem Weggehen		
59	eqel (A.ŠÀ)		-	šu
		sein Feld,		
		giš kirâ ($KIRI_6$)	-	šu
		(Holz) seinen Baumgarten		
60	ù	bīs (É)	-	sú
	und/ oder	*sein Haus*		
61	iṣ	- ba - at	-	ma
		übernimmt,		
62	MU	. 3	.	KAM
		drei Jahre		
63	i	- li	- ik	- šu
		seine Lehnspflicht		

	ù	bīs (É)	-	sú
	oder	*sein Haus*		
54	i - na	pa	-	ni
		angesichts		
	il	- ki	-	im
		(der Schwere) der Lehnspflicht		
55	id	- di	-	ma
		aufgibt,		
56	ud - da	- ap	- pí	- ir
		sich entfernt,		
57	ša	- nu	-	um
		ein anderer		
58	wa	- ar	- ki	- šu
		nach seinem Weggehen		
59	eqel (A.ŠÀ)		-	šu
		sein Feld,		
		giš kirâ ($KIRI_6$)	-	šu
		(Holz) seinen Baumgarten		
60	ù	bīs (É)	-	sú
	und/ oder	*sein Haus*		
61	iṣ	- ba - at	-	ma
		übernimmt,		
62	MU	. 3	.	KAM
		drei Jahre		
63	i	- li	- ik	- šu
		seine Lehnspflicht		

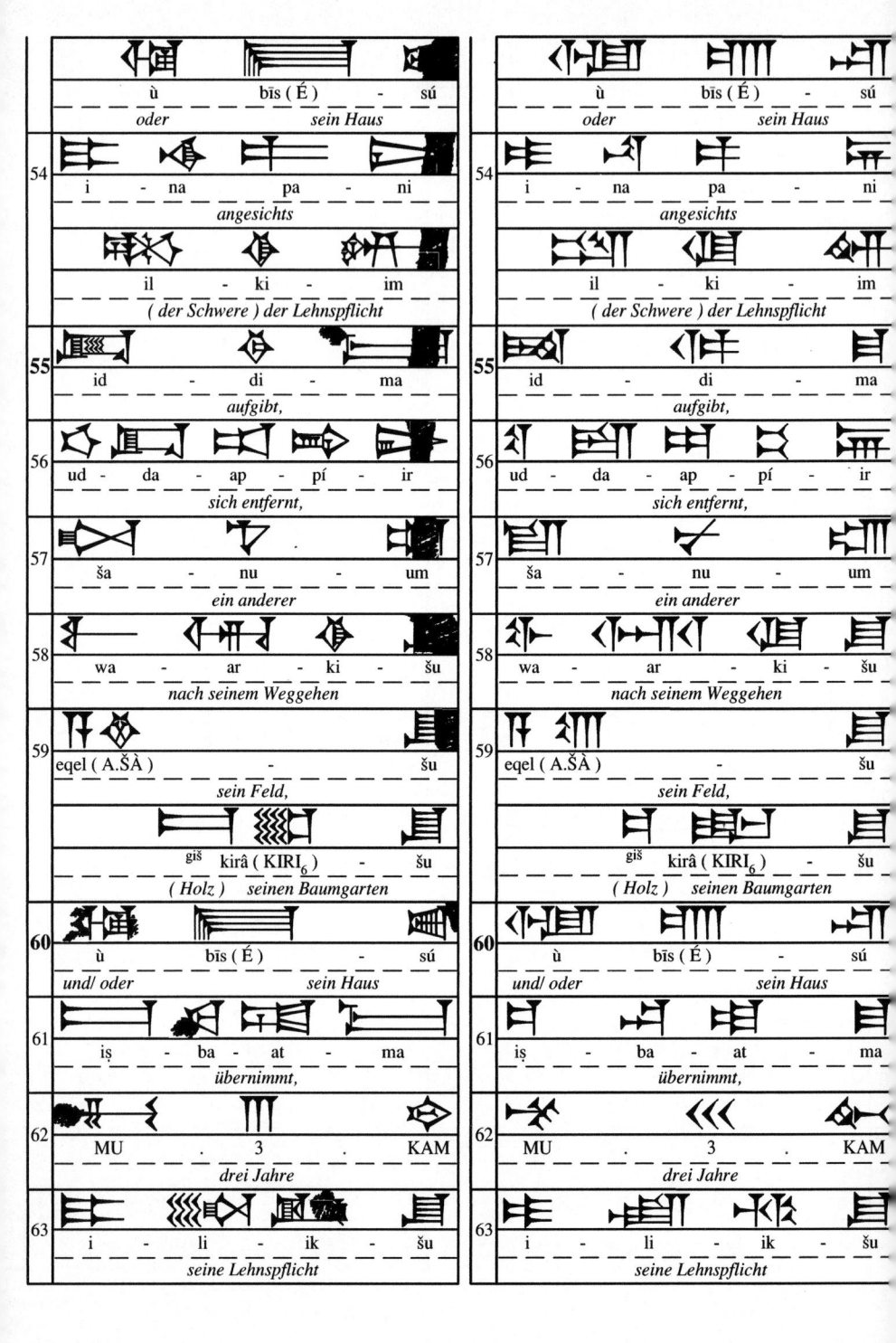

64 
it - ta - la - ak
erfüllt,

65 
šum - ma it - tu -
(soll es ihm,) wenn

ra - am - ma
er zurückkehrt,

66 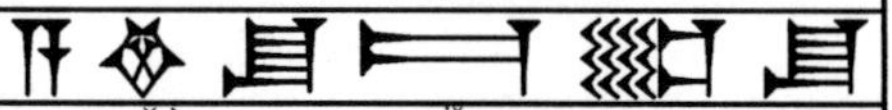
eqel (A.ŠÀ) - šu [giš] kirâ (KIRI$_6$) - šu
sein Feld, (Holz), seinen Baumgarten

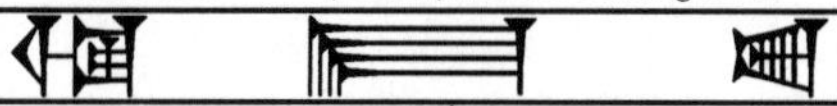
ù bīs (É) - sú
und/ oder sein Haus

67 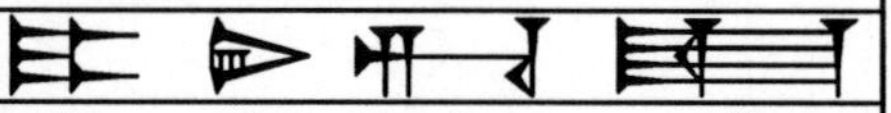
i - ir - ri - iš
verlangt (bearbeiten will),

68 
ú - ul in - na - ad -
nicht

di - iš - šum
gegeben werden,

64 
it - ta - la - ak
erfüllt,

65 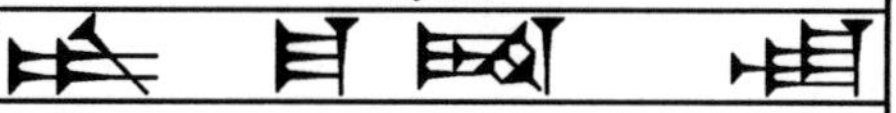
šum - ma it - tu -
(soll es ihm,) wenn

ra - am - ma
er zurückkehrt,

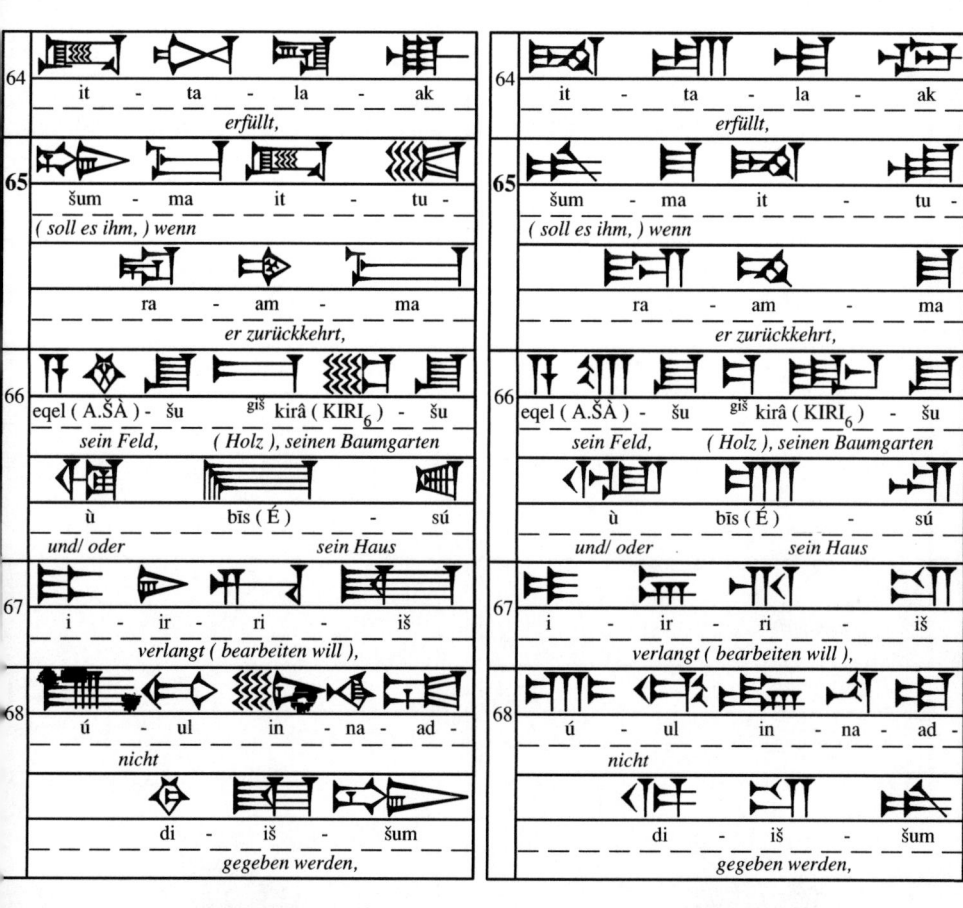

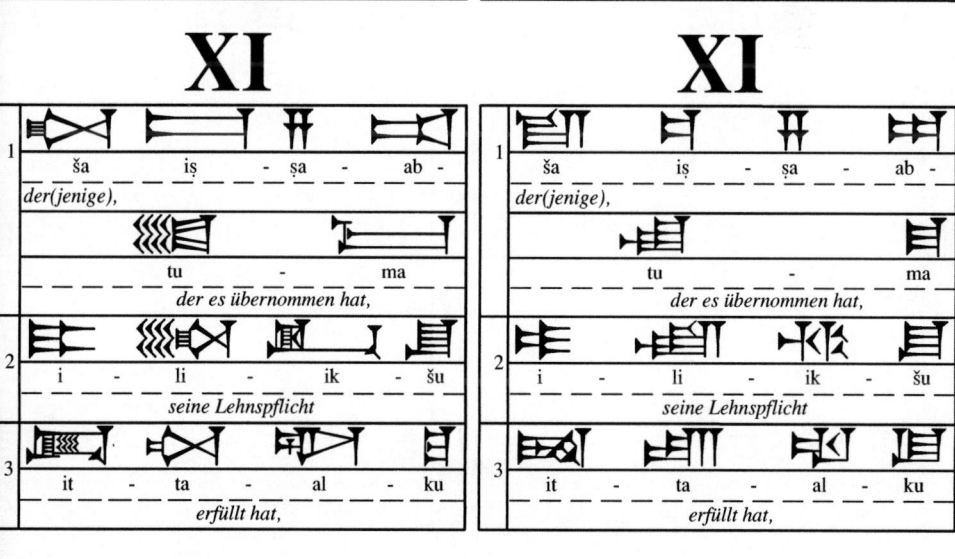

66 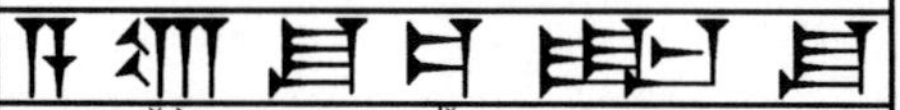
eqel (A.ŠÀ) - šu [giš] kirâ (KIRI$_6$) - šu
sein Feld, (Holz), seinen Baumgarten

ù bīs (É) - sú
und/ oder sein Haus

67 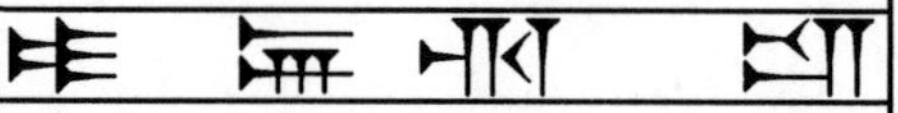
i - ir - ri - iš
verlangt (bearbeiten will),

68 
ú - ul in - na - ad -
nicht

di - iš - šum
gegeben werden,

XI

1 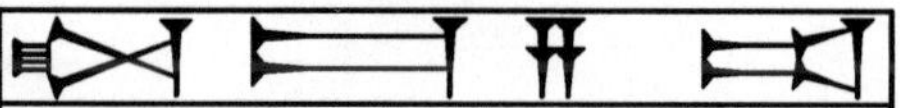
ša iṣ - ṣa - ab -
der(jenige),

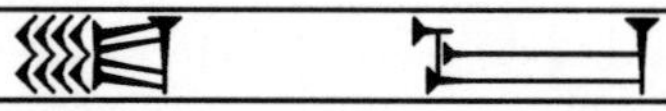
tu - ma
der es übernommen hat,

2 
i - li - ik - šu
seine Lehnspflicht

3 
it - ta - al - ku
erfüllt hat,

XI

1 
ša iṣ - ṣa - ab -
der(jenige),

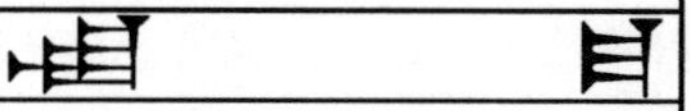
tu - ma
der es übernommen hat,

2 
i - li - ik - šu
seine Lehnspflicht

3 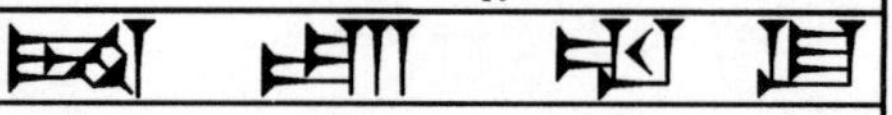
it - ta - al - ku
erfüllt hat,

4 šu - ma
(soll auch weiterhin seine Lehnspflicht)
i - il - la - ak
erfüllen.

§ 31

5 šum - ma ša - at - tam
Wenn (er sich nur) Jahr

6 iš - ti - a - at - ma
ein

7 ud - da - ap -
pí - ir - ma
fernhält,

8 it - tu - ra - am
(und dann) zurückkehrt,

9 eqel (A.ŠÀ) - šu [giš] kirû ($KIRI_6$) - šu
(sollen) sein Feld (Holz), sein Baumgarten
ù bīs (É) - sú
und/ oder sein Haus

10 in - na - ad - di -
iš - šum - ma
ihm zurückgegeben werden,

11 šu (!) - ma i - li - ik - šu
wenn er seine Lehnspflicht

4 šu - ma
(soll auch weiterhin seine Lehnspflicht)
i - il - la - ak
erfüllen.

§ 31

5 šum - ma ša - at - tam
Wenn (er sich nur) Jahr

6 iš - ti - a - at - ma
ein

7 ud - da - ap -
pí - ir - ma
fernhält,

8 it - tu - ra - am
(und dann) zurückkehrt,

9 eqel (A.ŠÀ) - šu [giš] kirû ($KIRI_6$) - šu
(sollen) sein Feld (Holz), sein Baumgarten
ù bīs (É) - sú
und/ oder sein Haus

10 in - na - ad - di -
iš - šum - ma
ihm zurückgegeben werden,

11 šu (!) - ma i - li - ik - šu
wenn er seine Lehnspflicht

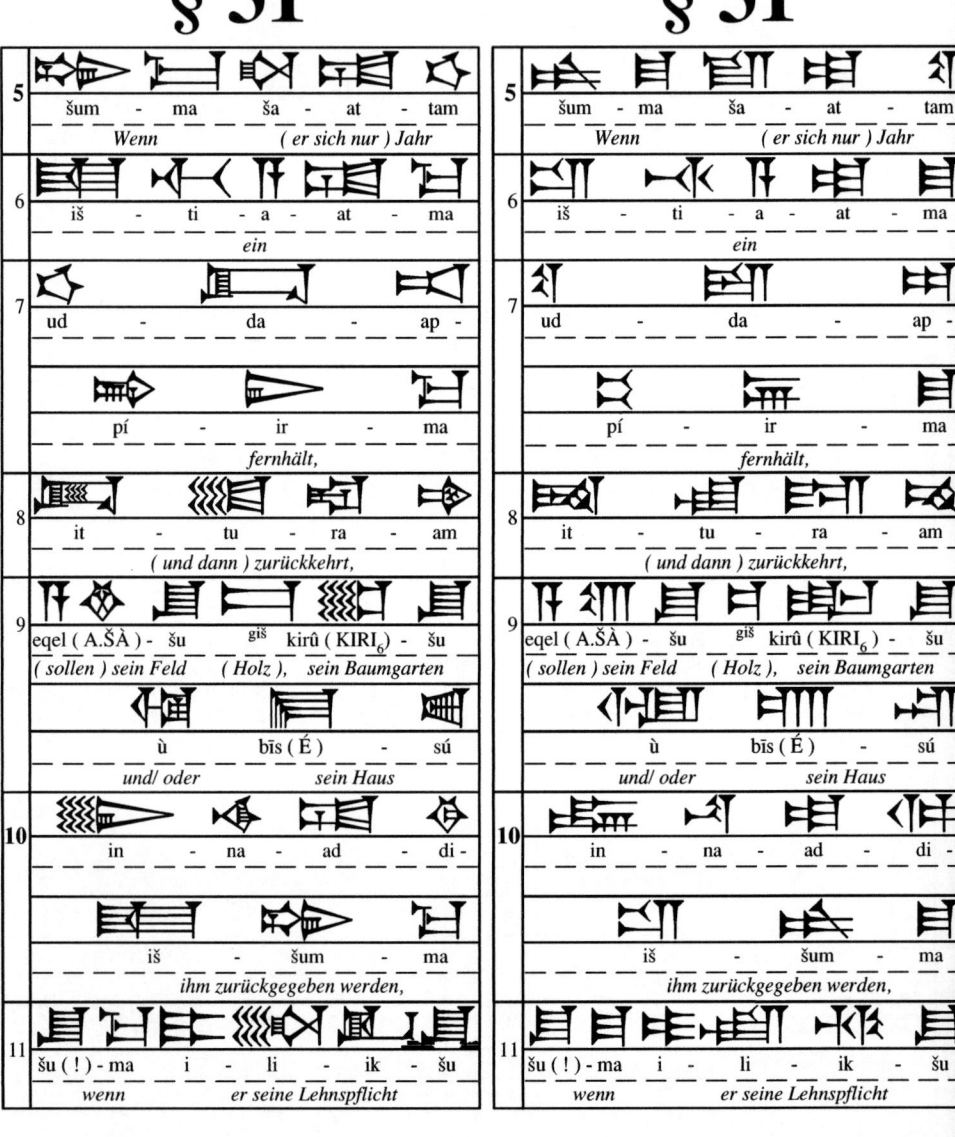

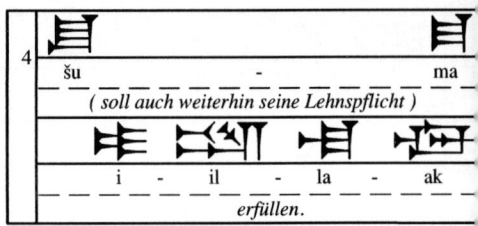

12 i - il - la - ak

(wieder) erfüllt.

§ 32

13 šum - ma lu rediam (AGA . UŠ)

Wenn einen Soldaten

14 ù lu bā'iram (ŠU . ḪA)

und/ oder einen " Fänger ",

15 ša i - na ḫar - ra - an

der bei einem Feldzug

16 šar - ri - im

des Königs

17 tu - úr - ru

in " Kriegsgefangenschaft " (geraten ist),

18 tamkārum (DAM.GÀR) ip - ṭú - ra - aš - šu - ma

ein Kaufmann freikauft,

19 āl (URU) - šu uš - ta - ak - ši - da - aš - šu

seine Stadt ihn erreichen lässt,

20 šum - ma i - na bi - ti - šu

(soll er,) wenn in seinem Haus

21 ša pa - ṭa - ri - im

(Geld) zum Freikauf

12 i - il - la - ak

(wieder) erfüllt.

§ 32

13 šum - ma lu rediam (AGA . UŠ)

Wenn einen Soldaten

14 ù lu bā'iram (ŠU . ḪA)

und/ oder einen " Fänger ",

15 ša i - na ḫar - ra - an

der bei einem Feldzug

16 šar - ri - im

des Königs

17 tu - úr - ru

in " Kriegsgefangenschaft " (geraten ist),

18 tamkārum (DAM.GÀR) ip - ṭú - ra - aš - šu - ma

ein Kaufmann freikauft,

19 āl (URU) - šu uš - ta - ak - ši - da - aš - šu

seine Stadt ihn erreichen lässt,

20 šum - ma i - na bi - ti - šu

(soll er,) wenn in seinem Haus

21 ša pa - ṭa - ri - im

(Geld) zum Freikauf

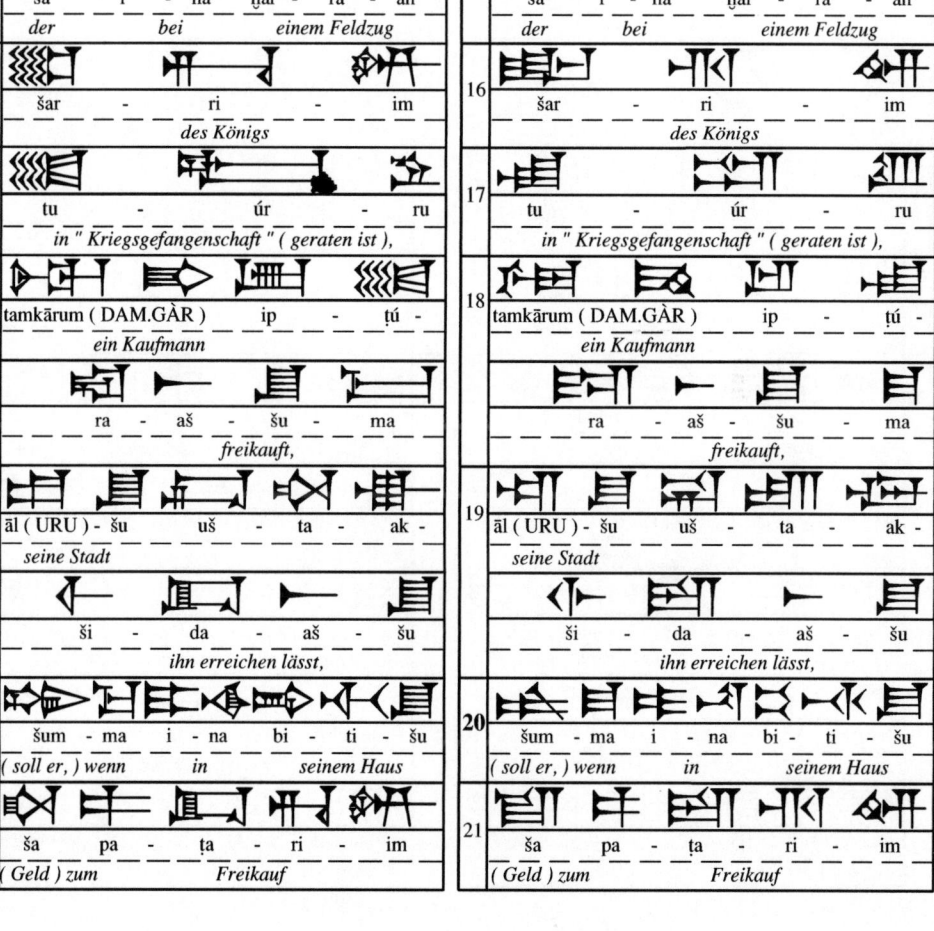

Nr.	Transliteration	Übersetzung
22	i - ba - aš - ši	*vorhanden ist,*
23	šu (!) - ma ra - ma - an - šu	*wenn er sich selbst*
24	i - pa - aṭ - ṭa - ar	*freikauft.*
25	šum - ma i - na bi - ti - šu	*Wenn in seinem Hause*
26	ša pa - ṭa - ri - šu	*(Geld) für seinen Freikauf*
27	la i - ba - aš - ši	*nicht vorhanden ist,*
28	i - na bīt (É) ìl (DINGIR) ālī (URU) - šu	*(soll er) im Tempel des Gottes seiner Stadt*
29	ip - pa - aṭ - ṭár	*freigekauft werden.*
30	šum - ma i - na bīt (É)	*Wenn im Haus*
31	ìl (DINGIR) ālī (URU) - šu	*des Gottes seiner Stadt*
32	ša pa - ṭa - ri - šu	*(Geld) für seinen Freikauf*
33	la i - ba - aš - ši	*nicht vorhanden ist,*
34	ekallum (É . GAL) i - pa -	*(soll) der Palast*

Nr.	Transliteration	Übersetzung
22	i - ba - aš - ši	*vorhanden ist,*
23	šu (!) - ma ra - ma - an - šu	*wenn er sich selbst*
24	i - pa - aṭ - ṭa - ar	*freikauft.*
25	šum - ma i - na bi - ti - šu	*Wenn in seinem Hause*
26	ša pa - ṭa - ri - šu	*(Geld) für seinen Freikauf*
27	la i - ba - aš - ši	*nicht vorhanden ist,*
28	i - na bīt (É) ìl (DINGIR) ālī (URU) - šu	*(soll er) im Tempel des Gottes seiner Stadt*
29	ip - pa - aṭ - ṭár	*freigekauft werden.*
30	šum - ma i - na bīt (É)	*Wenn im Haus*
31	ìl (DINGIR) ālī (URU) - šu	*des Gottes seiner Stadt*
32	ša pa - ṭa - ri - šu	*(Geld) für seinen Freikauf*
33	la i - ba - aš - ši	*nicht vorhanden ist,*
34	ekallum (É . GAL) i - pa -	*(soll) der Palast*

aṭ - ṭa - ar (nicht ri!) - šu

ihn freikaufen.

35 eqel (A.ŠÀ) - šu giš kirû (KIRI$_6$) - šu

Sein Feld (Holz), sein Baumgarten

36 ù bīs (É) - sú

und sein Haus

37 a - na ip - ṭe$_4$ - ri - šu

(dürfen) als Lösegeld

38 ú - ul in - na -

nicht

ad - di - in

hingegeben werden.

aṭ - ṭa - ar (nicht ri!) - šu

ihn freikaufen.

35 eqel (A.ŠÀ) - šu giš kirû (KIRI$_6$) - šu

Sein Feld (Holz), sein Baumgarten

36 ù bīs (É) - sú

und sein Haus

37 a - na ip - ṭe$_4$ - ri - šu

(dürfen) als Lösegeld

38 ú - ul in - na -

nicht

ad - di - in

hingegeben werden.

§ 33

§ 33

39 šum - ma lu PA . PA (wakil ḫaṭṭim? ša ḫaṭṭātim?)

Wenn ein " Hauptmann "

40 ù lu - ú laputtûm (NU . BÀNDA)

und/ oder ein " Leutnant "

41 ṣāb (ERIM) ni - is - ḫa - tim

zum Frondienst Leute

42 ir - ta - ši

anwirbt,

43 ù lu a - na ḫarrān (KASKAL)

oder für einen Feldzug

44 šar - ri - im

des Königs

39 šum - ma lu PA .PA (wakil ḫaṭṭim? ša ḫaṭṭātim?)

Wenn ein " Hauptmann "

40 ù lu - ú laputtûm (NU.BÀNDA)

und/ oder ein " Leutnant "

41 ṣāb (ERIM) ni - is - ḫa - tim

zum Frondienst Leute

42 ir - ta - ši

anwirbt,

43 ù lu a -na ḫarrān (KASKAL)

oder für einen Feldzug

44 šar - ri - im

des Königs

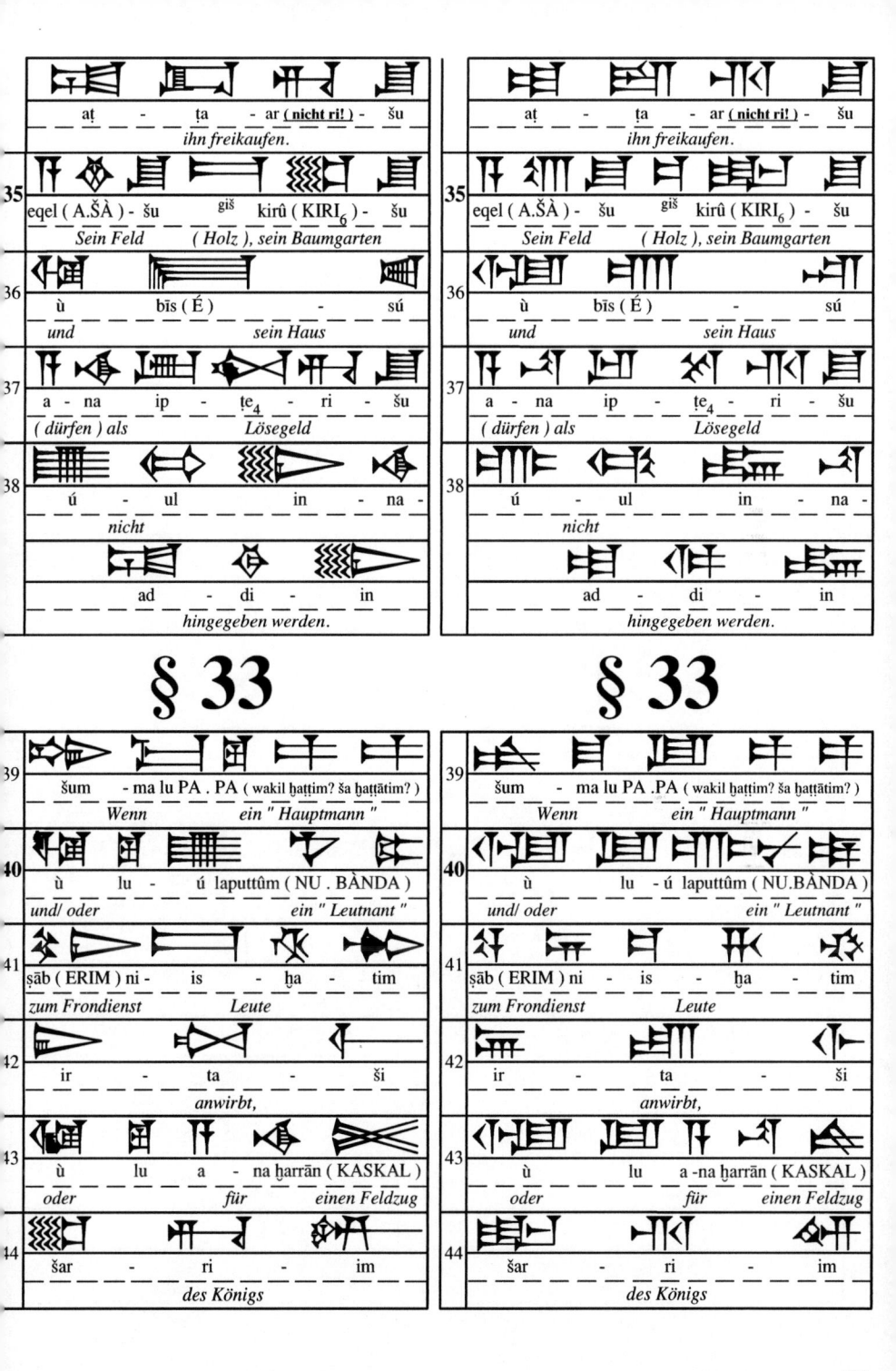

45 lúagram (ḪUN . GÁ) pu - ḫa - am
(Mann) einen Mietling (als) Ersatz

46 im - ḫu - ur - ma
annimmt,

47 ir - te - de
(und) ins Feld führt,

48 lu PA . PA
(wird) der " Hauptmann "

49 ù lu laputtûm (NU . BÀNDA) šu - ú
und der " Leutnant " , dieser,

50 id - da - ak
getötet.

§ 34

51 šum - ma lu PA . PA
Wenn ein " Hauptmann "

52 ù lu laputtûm (NU . BÀNDA)
und/ oder ein " Leutnant "

53 nu - ma - at redîm (AGA . UŠ)
Hausgerät eines Soldaten

il - te - qé
sich aneignet,

54 rediam (AGA . UŠ) iḫ - ta -
einen Soldaten

ba - al
schädigt,

45 lúagram (ḪUN . GÁ) pu - ḫa - am
(Mann) einen Mietling (als) Ersatz

46 im - ḫu - ur - ma
annimmt,

47 ir - te - de
(und) ins Feld führt,

48 lu PA . PA
(wird) der " Hauptmann "

49 ù lu laputtûm (NU . BÀNDA) šu - ú
und der " Leutnant ", dieser,

50 id - da - ak
getötet.

§ 34

51 šum - ma lu PA . PA
Wenn ein " Hauptmann "

52 ù lu laputtûm (NU . BÀNDA
und/ oder ein " Leutnant "

53 nu - ma - at redîm (AGA . UŠ)
Hausgerät eines Soldaten

il - te - qé
sich aneignet,

54 rediam (AGA . UŠ) iḫ - ta -
einen Soldaten

ba - al
schädigt,

55	rediam (AGA . UŠ) a - na ig - ri - im	*einen Soldaten zur Miete*
56	it - ta - di - in	*weggibt,*
57	rediam (AGA.UŠ) i - na di - nim	*einen Soldaten bei einem Prozess*
58	a - na dan - nim iš - ta - ra - ak	*an einen Mächtigen ausliefert*
59	qí - iš - ti šar - ru - um	*(oder sich) ein Geschenk, das der König*
60	a - na redîm (AGA . UŠ) id - di - nu	*an den Soldaten gegeben hat,*
61	il - te - qé **(nicht de/ i !)**	*aneignet,*
62	lu PA . PA	*(wird) der " Hauptmann "*
63	ù lu laputtûm (NU . BÀNDA) šu - ú	*und/ oder " Leutnant " , dieser*
64	id - da - ak	*getötet.*

§ 35

65	šum - ma a - wi - lum	*Wenn ein Bürger*
66	ÁB . GU$_4$ **(nicht BI!)** . ḪÁ (sugullam? liātim?)	*Rindvieh*

55	rediam (AGA . UŠ) a - na ig - ri - im	*einen Soldaten zur Miete*
56	it - ta - di - in	*weggibt,*
57	rediam (AGA.UŠ) i - na di - nim	*einen Soldaten bei einem Prozess*
58	a - na dan - nim iš - ta - ra - ak	*an einen Mächtigen ausliefert*
59	qí - iš - ti šar - ru - um	*(oder sich) ein Geschenk, das der König*
60	a - na redîm (AGA . UŠ) id - di - nu	*an den Soldaten gegeben hat,*
61	il - te - qé **(nicht de/ i !)**	*aneignet,*
62	lu PA . PA	*(wird) der " Hauptmann "*
63	ù lu laputtûm (NU . BÀNDA) šu - ú	*und/ oder " Leutnant " , dieser*
64	id - da - ak	*getötet.*

§ 35

65	šum - ma a - wi - lum	*Wenn ein Bürger*
66	ÁB . GU$_4$ **(nicht BI!)** . ḪÁ (sugullam? liātim?)	*Rindvieh*

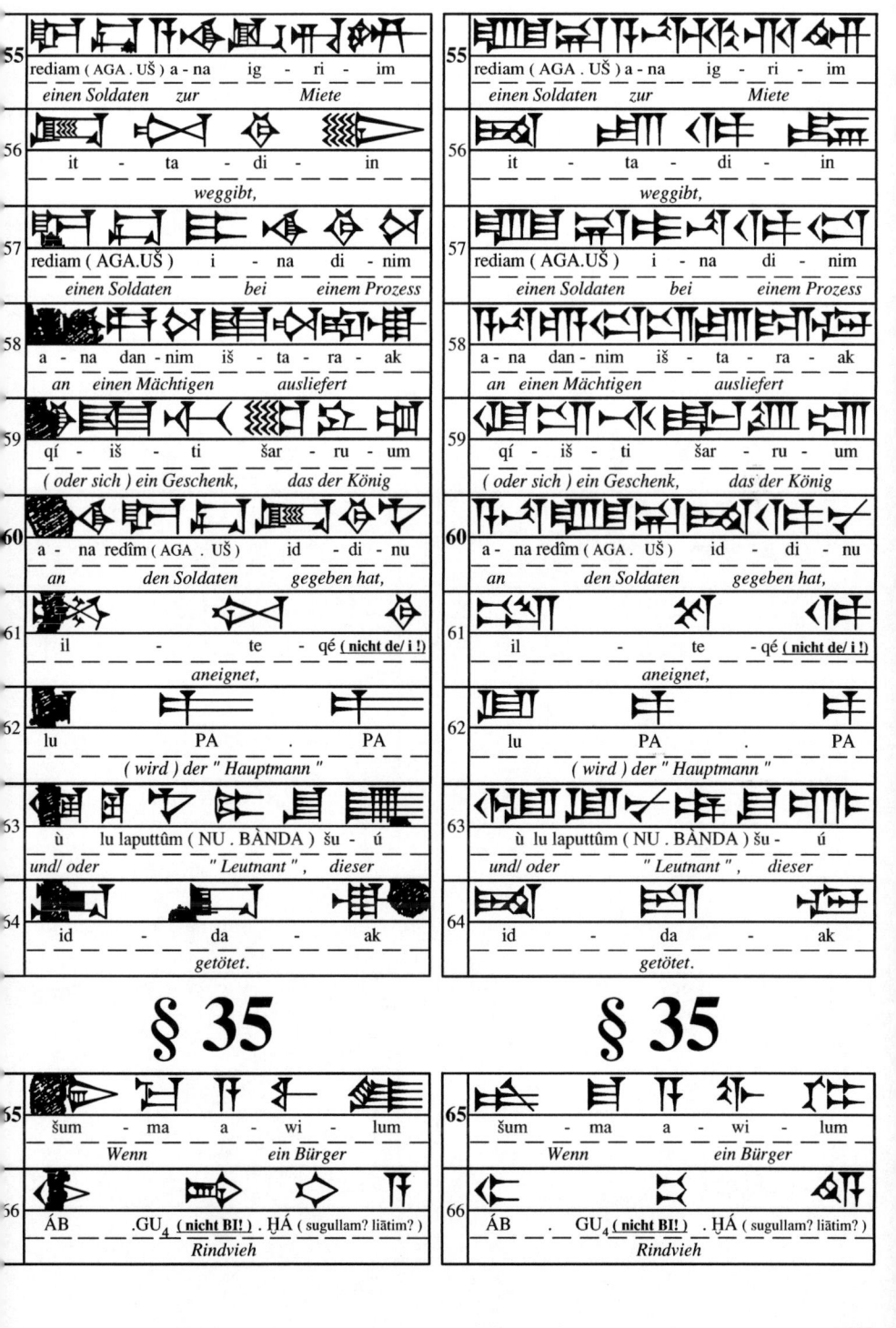

67	ù ṣēnī (USDUḪA = U$_8$. UDU . ḪÁ)
	oder Kleinvieh,
68	ša šar - ru - um
	das der König
69	a - na redîm (AGA . UŠ)
	an einen Soldaten
70	id - di - nu
	gegeben hat,

XII

1	i - na qá - ti redîm (AGA . UŠ)
	aus der Hand des Soldaten
2	iš - ta - am
	kauft,
3	i - na kaspī (KÙ . BABBAR) - šu
	geht er seines Geldes
4	i - te - el - li
	verlustig.

§ 36

5	eqlum (A.ŠÀ - um) [giš] kirûm (KIRI$_6$)
	Ein Feld, (Holz) ein Baumgarten
	ù bītum (É)
	oder ein Haus
6	ša redîm (AGA . UŠ) bā'irim (ŠU . ḪA)
	eines Soldaten, eines " Fängers "

67	ù ṣēnī (USDUḪA = U$_8$. UDU . ḪÁ)
	oder Kleinvieh,
68	ša šar - ru - um
	das der König
69	a - na redîm (AGA . UŠ)
	an einen Soldaten
70	id - di - nu
	gegeben hat,

XII

1	i - na qá - ti redîm (AGA . UŠ)
	aus der Hand des Soldaten
2	iš - ta - am
	kauft,
3	i - na kaspī (KÙ . BABBAR) - šu
	geht er seines Geldes
4	i - te - el - li
	verlustig.

§ 36

5	eqlum (A.ŠÀ - um) [giš] kirûm (KIRI$_6$)
	Ein Feld, (Holz) ein Baumgarten
	ù bītum (É)
	oder ein Haus
6	ša redîm (AGA . UŠ) bā'irim (ŠU . ḪA
	eines Soldaten, eines " Fängers "

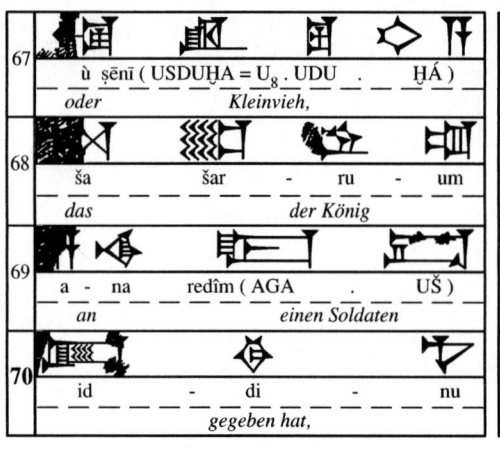

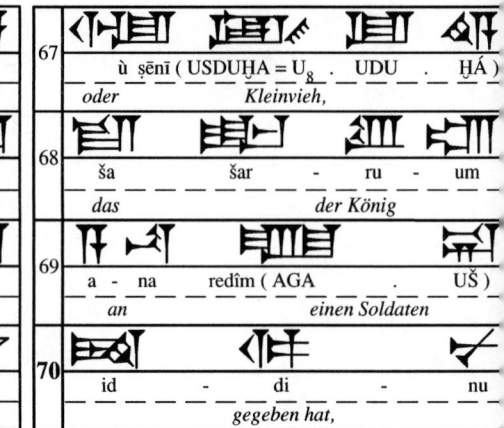

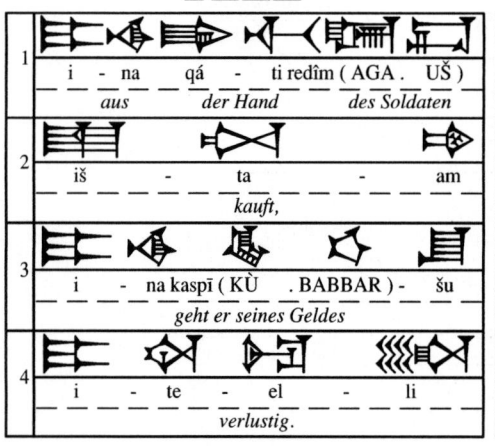

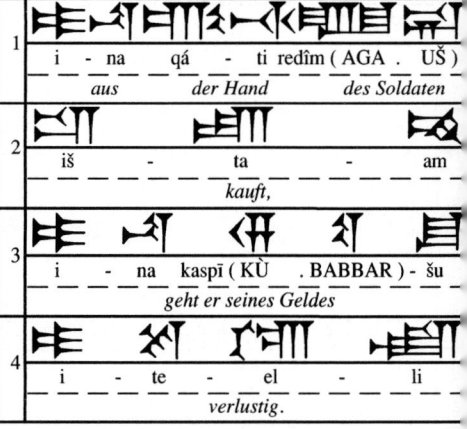

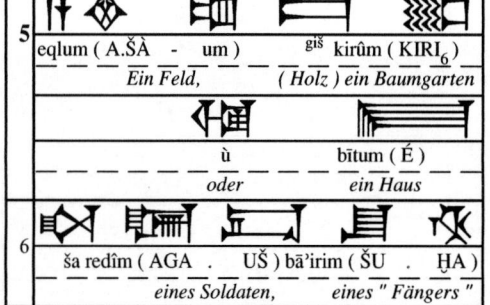

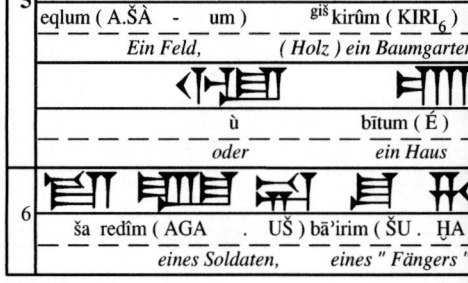

7 ù - na - ši
oder
bi - il - tim
eines Abgabepflichtigen

8 a - na kaspim (KÙ . BABBAR)
(darf) für Geld

9 ú - ul i - na - ad -
nicht
di - in
hingegeben werden.

§ 37

10 šum - ma a - wi - lum
Wenn ein Bürger

11 eqlam (A.ŠÀ) ^{giš}kiriam (KIRI$_6$) ù bītam (É)
ein Feld, (Holz) einen Baumgarten oder ein Haus

12 ša rēdîm (AGA . UŠ) bā'irim (ŠU . ḪA)
eines Soldaten, eines " Fängers "

13 ù na - ši biltim (G U N)
oder Abgabepflichtigen

14 iš - ta - am
kauft,

15 ṭup - pa - šu
(wird) seine Tafel

16 iḫ - ḫe - ep - pé
zerbrochen

7 ù - na - ši
oder
bi - il - tim
eines Abgabepflichtigen

8 a - na kaspim (KÙ . BABBAR)
(darf) für Geld

9 ú - ul i - na - ad -
nicht
di - in
hingegeben werden.

§ 37

10 šum - ma a - wi - lum
Wenn ein Bürger

11 eqlam (A.ŠÀ) ^{giš}kiriam (KIRI$_6$) ù bītam (É)
ein Feld, (Holz) einen Baumgarten oder ein Haus

12 ša rēdîm (AGA . UŠ) bā'irim (ŠU . ḪA)
eines Soldaten, eines " Fängers "

13 ù na - ši biltim (G U N)
oder Abgabepflichtigen

14 iš - ta - am
kauft,

15 ṭup - pa - šu
(wird) seine Tafel

16 iḫ - ḫe - ep - pé
zerbrochen

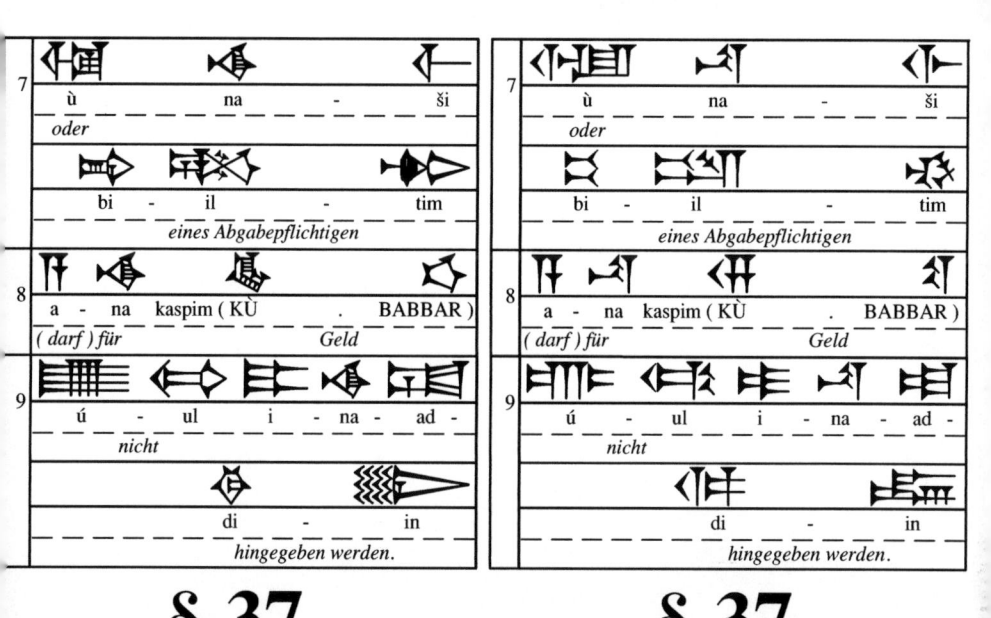

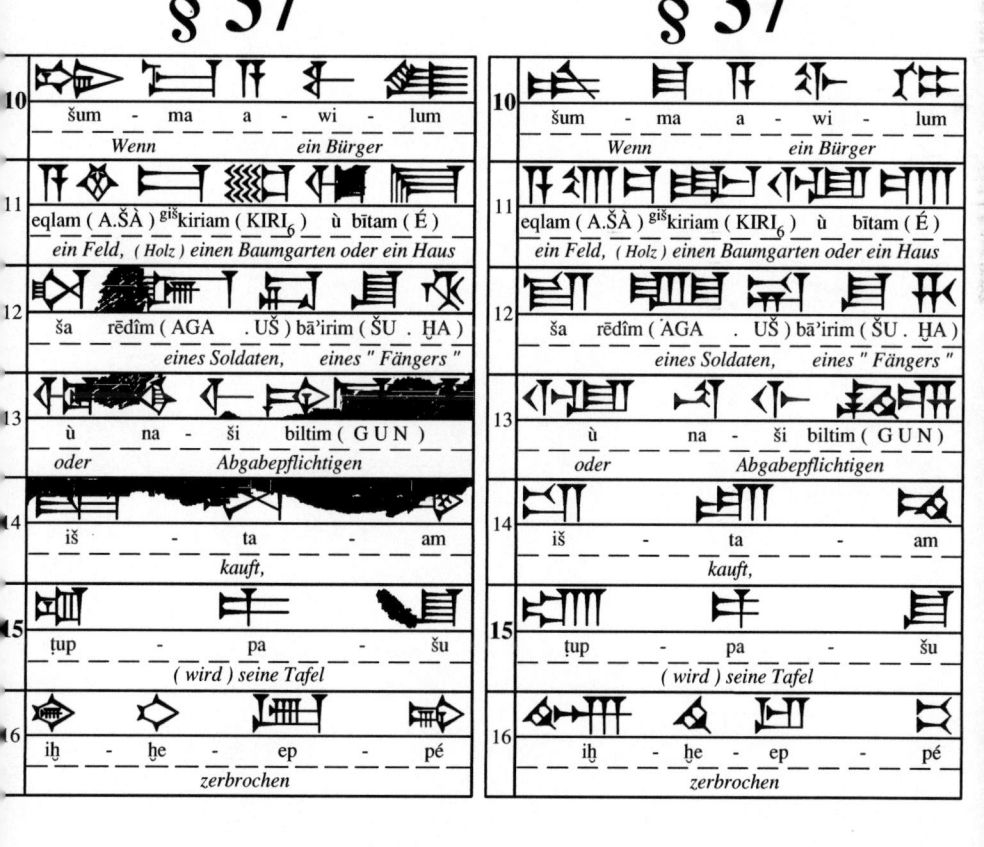

§ 26) 66) Wenn ein Soldat 67) oder ein "Fänger", 68) der **X** 1) den Befehl erhalten hat, **IX** 68) sich an einem Feldzug des Königs 69) zu beteiligen, **X** 2) nicht geht 3) oder einen Mietling 4) mietet 5) und diesen als Ersatz 6) schickt, 7) so wird dieser Soldat 8) oder "Fänger" 9) getötet; 10) sein Denunziant 12) erhält 11) sein Haus.

§ 27) 13) Wenn ein Soldat 14) oder ein "Fänger", der beim Festungsdienst 16) für den König 17) "in Kriegsgefangenschaft geraten ist" - 18) wenn man nach seinem Wegbleiben 19) sein Feld und seinen Baumgarten 20) einer anderen 21) gibt 22) und dieser seine Lehnspflicht 23) erfüllt, 24) so soll man, wenn er zurückkehrt 25) und seine Stadt erreicht, 26) sein Feld und seinen Baumgarten 27) ihm zurückgeben, 28) und er selbst soll seine Lehnspflicht 29) erfüllen.

§ 28) 30) Wenn ein Soldat 31) oder ein "Fänger", 32) der beim Festungsdienst 33) für den König 34) "in Kriegsgefangenschaft geraten ist", 35) einen Sohn hat, der 36) imstande ist, 35) seine Lehnspflicht 36) zu erfüllen, 37) so sollen Feld und Baumgarten 38) diesem gegeben werden, 39) und er soll die Lehnspflicht seines Vaters 40) erfüllen.

§ 29) 41) Wenn sein Sohn 42) noch klein ist 45) und nicht imstande ist, 43) die Lehnspflicht seines Vaters 44) zu erfüllen, 46) so soll ein Drittel des Feldes und des Baumgartens 47) seiner Mutter gegeben werden, 49) und seine Mutter 50) soll ihn großziehen.

§ 30 51) Wenn ein Soldat 52) oder ein "Fänger" 53) sein Feld, seinen Baumgarten oder sein Haus 54) angesichts (der Schwere) der Lehnspflicht 55) aufgibt 56) und sich entfernt, 57) ein anderer 58) nach seinem Weggehen 59) sein Feld, seinen Baumgarten 60) oder sein Haus 61) übernimmt 62) und drei Jahre 63) seine Lehnspflicht 64) erfüllt, 65) so soll es, wenn er zurückkehrt 66) und sein Feld, seinen Baumgarten und sein Haus 67) "verlangt" (bearbeiten will), 68) ihm nicht gegeben werden; **XI** 1) derjenige, der es übernommen hat 2) und seine Lehnspflicht 3) erfüllt hat, 4) der soll (auch weiterhin seine Lehnspflicht) erfüllen.

§ 31) 5) Wenn er sich 6) nur ein Jahr 7) fernhält 8) und dann zurückkehrt, 9) sollen sein Feld, sein Baumgarten und sein Haus 10) ihm zurückgegeben werden, 11) und er soll selbst seine Lehnspflicht 12) (wieder) erfüllen.

§ 32 13) Wenn einen Soldaten 14) oder einen "Fänger", 15) der bei einem Feldzug 16) des Königs 17) "in Kriegsgefangenschaft geraten ist", 18) ein Kaufmann freikauft 19) und ihn seine Stadt erreichen lässt, 20) so soll er, wenn in seinem Hause 21) Geld) zum Freikauf 22) vorhanden ist, 23) sich selbst 24) freikaufen; 25) wenn in seinem Hause 26) (Geld) zu seinem Freikauf 27) nicht vorhanden ist, 28) so soll er im Tempel des Gottes seiner Stadt 29) freigekauft werden; 30) wenn im Tempel 31) des Gottes seiner Stadt 31) (Geld) zu seinem Freikauf 33) nicht vorhanden ist, 34) so soll der Palast ihn freikaufen; 35) sein Feld, sein Baumgarten 36) und sein Haus 38) darf nicht 37) als sein Lösegeld 38) hingegeben werden.

§ 33) 39) Wenn ein "Hauptmann" 40) oder ein "Leutnant" 41) Leute, "zum Frondienst 42) anwirbt" (Zeilen 41 - 42 Übersetzung unsicher!) 43) oder für einen Feldzug 44) des Königs 45) einen Mietling als Ersatz 46) nimmt 47) und ins Feld führt, 48) so wird dieser "Hauptmann" 49) oder "Leutnant" 50) getötet.

§ 34) 51)Wenn ein "Hauptmann" 52) oder ein "Leutnant" 53) sich Hausgerät eines Soldaten aneignet, 54) einen Soldaten schädigt, 55) einen Soldaten gegen Miete 56) weggibt, 57) einen Soldaten bei einem Prozess 58) einem Mächtigen ausliefert 59) oder sich ein Geschenk, das der König 60) dem Soldaten gegeben hat, 61) aneignet(auch: aus der Hand eines Soldaten nimmt) 62) so wird dieser "Hauptmann" 63) oder "Leutnant" 64) getötet.

§ **35**) 65) Wenn ein Bürger 66) Rindvieh 67) oder Kleinvieh, 68) das der König 69) einem Soldaten 70) gegeben hat, **XII** 1) aus der Hand des Soldaten 2) kauft, 3) so geht er seines Geldes 4) verlustig.

§ **36)** 5) Ein Feld, ein Baumgarten und ein Haus 6) eines Soldaten, eines "Fängers" 7) oder eines Abgabepflichtigen 8) darf nicht für Geld 9) hingegeben werden.

17	ù i - na kaspī (KÙ.BABBAR) - šu	*und er geht seines Geldes*
18	i - te - el - li	*verlustig.*
19	eqlum (A.ŠÀ) ^{giš}kirûm (KIRI$_6$) ù bītum (É)	*Das Feld (Holz), der Baumgarten oder das Haus*
20	a - na be - lí - šu	*(geht) an seinen Eigentümer*
21	i - ta - ar	*zurück.*

§ 38

22	rēdûm (AGA . U Š) bā'irum (ŠU . ḪA)	*Ein Soldat, ein " Fänger "*
23	ù na - ši bīltim (GUN)	*und ein Abgabepflichtiger*
24	i - na eqlim (A.ŠÀ) ^{giš} kirîm (KIRI$_6$)	*(darf) vom Feld (Holz), Baumgarten*
	ù bītim (É)	*und/ oder Haus*
25	ša il - ki - šu	*seines Lehens*
26	a - na aš - ša - ti - šu	*an seine Frau*
27	ù mārtī (DUMU . MÍ) - šu	*und/ oder seine Tochter*

17	ù i - na kaspī (KÙ.BABBAR) - šu	*und er geht seines Geldes*
18	i - te - el - li	*verlustig.*
19	eqlum (A.ŠÀ) ^{giš}kirûm (KIRI$_6$) ù bītum (É)	*Das Feld (Holz), der Baumgarten oder das Haus*
20	a - na be - lí - šu	*(geht) an seinen Eigentümer*
21	i - ta - ar	*zurück.*

§ 38

22	rēdûm (AGA . U Š) bā'irum (ŠU . ḪA)	*Ein Soldat, ein " Fänger "*
23	ù na - ši bīltim (GUN)	*und ein Abgabepflichtiger*
24	i - na eqlim (A. ŠÀ) ^{giš}kirîm (KIRI$_6$)	*(darf) vom Feld (Holz), Baumgarten*
	ù bītim (É)	*und/ oder Haus*
25	ša il - ki - šu	*seines Lehens*
26	a - na aš - ša - ti - šu	*an seine Frau*
27	ù mārtī (DUMU . MÍ) - šu	*und/ oder seine Tochter*

28 ú - ul i - ša -
nichts
aṭ - ṭa - ar
überschreiben.

29 ù a - na i - il -
Auch (darf) er für
ti - šu
eine auf ihm lastende Schuldverschreibung

30 ú - ul i - na -
nichts
ad - di - in
(davon) hingeben.

28 ú - ul i - ša -
nichts
aṭ - ṭa - ar
überschreiben.

29 ù a - na i - il -
Auch (darf) er für
ti - šu
eine auf ihm lastende Schuldverschreibung

30 ú - ul i - na -
nichts
ad - di - in
(davon) hingeben.

§ 39

§ 39

31 i - na eqlim (A. ŠÀ) giš kirîm ($KIRI_6$)
Von einem Feld (Holz), Baumgarten
ù bītim (É)
und/ oder Haus,

32 ša i - ša - am - mu - ma
die er durch Kauf

33 i - ra - aš - šu - ú
erwirbt,

34 a - na aš - ša - ti - šu
(darf) er an seine Frau

35 ù mārtī (DUMU . MÍ) - šu
und/ oder seine Tochter

31 i - na eqlim (A. ŠÀ) giš kirîm ($KIRI_6$)
Von einem Feld (Holz), Baumgarten
ù bītim (É)
und/ oder Haus,

32 ša i - ša - am - mu - ma
die er durch Kauf

33 i - ra - aš - šu - ú
erwirbt,

34 a - na aš - ša - ti - šu
(darf) er an seine Frau

35 ù mārtī (DUMU . MÍ) - šu
und/ oder seine Tochter

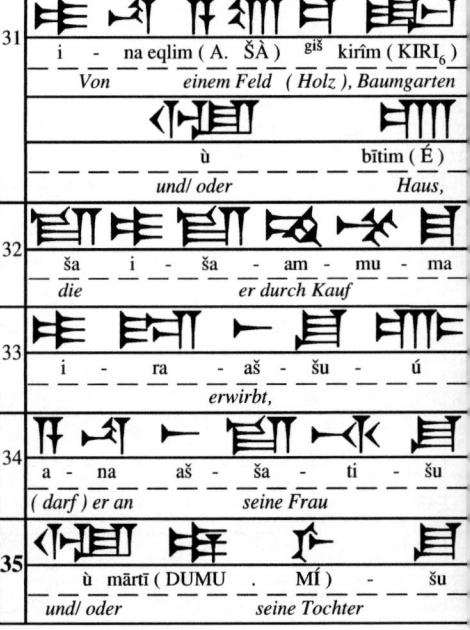

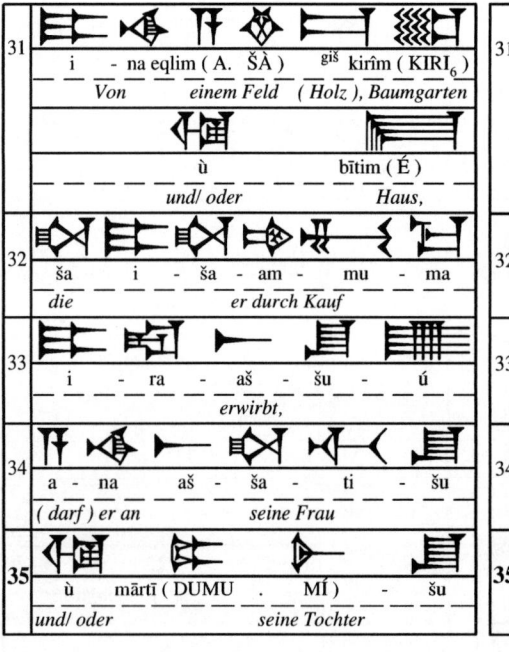

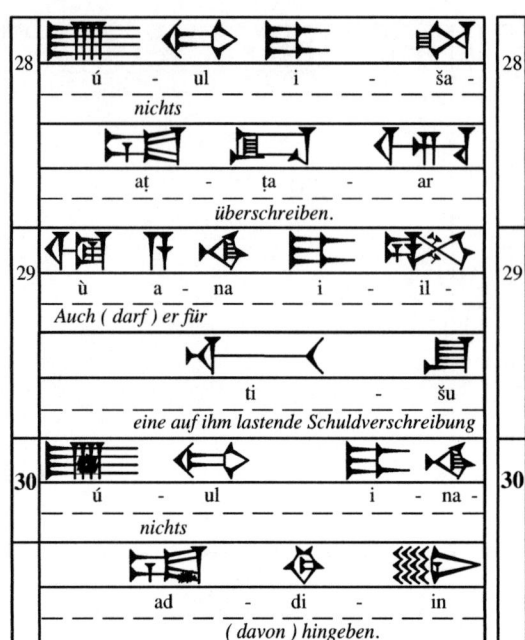

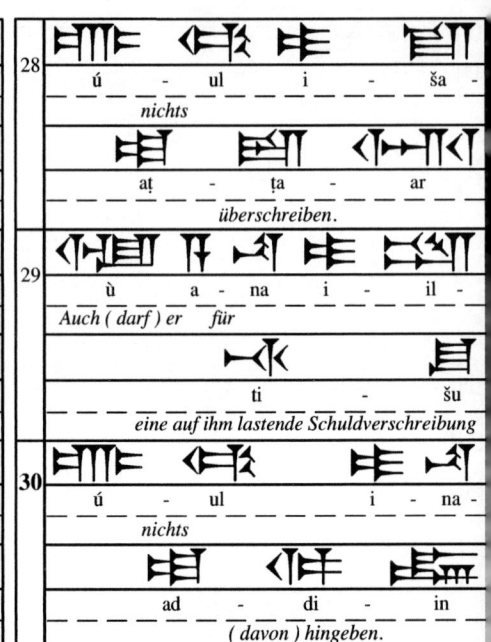

36	i - ša - aṭ - ṭár
	überschreiben.
37	ù a - na e - ḫi -
	Auch (darf er etwas davon) für
	il - ti - šu
	eine (auf ihm lastende) Schuldverschreibung
38	i - na - ad - di - in
	hingeben.

§ 40

39	nadītum (LUKUR) tamkārum (DAM . GÀR)
	Eine " nadītu "-Priesterin, ein Kaufmann
40	ù il - kum
	und ein(es) Sonderlehen(s)
	a - ḫu - ú - um
	Inhaber
41	eqel (A.ŠÀ) - šu giš kirâ (KIRI$_6$) - šu
	(dürfen) ihr Feld, (Holz) ihren Baumgarten
42	ù bīs (É) - sú a - na kaspim (KÙ.BABBAR)
	und ihr Haus für Geld
43	i - na - ad - di - in
	hingeben.
44	ša - a - a - ma - nu - um
	Der Käufer
45	i - li - ik eqlim (A . ŠÀ)
	(soll dann) die Lehnspflicht des Feldes,

36	i - ša - aṭ - ṭár
	überschreiben.
37	ù a - na e - ḫi -
	Auch (darf er etwas davon) für
	il - ti - šu
	eine (auf ihm lastende) Schuldverschreibung
38	i - na - ad - di - in
	hingeben.

§ 40

39	nadītum (LUKUR=MUNUS-ME) tamkārum (DAM.GÀR)
	Eine " nadītu "-Priesterin, ein Kaufmann
40	ù il - kum
	und ein(es) Sonderlehen(s)
	a - ḫu - ú - um
	Inhaber
41	eqel (A.ŠÀ) - šu giš kirâ (KIRI$_6$) - šu
	(dürfen) ihr Feld, (Holz) ihren Baumgarten
42	ù bīs (É) - sú a - na kaspim (KÙ.BABBAR)
	und ihr Haus für Geld
43	i - na - ad - di - in
	hingeben.
44	ša - a - a - ma - nu - um
	Der Käufer
45	i - li - ik eqlim (A . ŠÀ)
	(soll dann) die Lehnspflicht des Feldes,

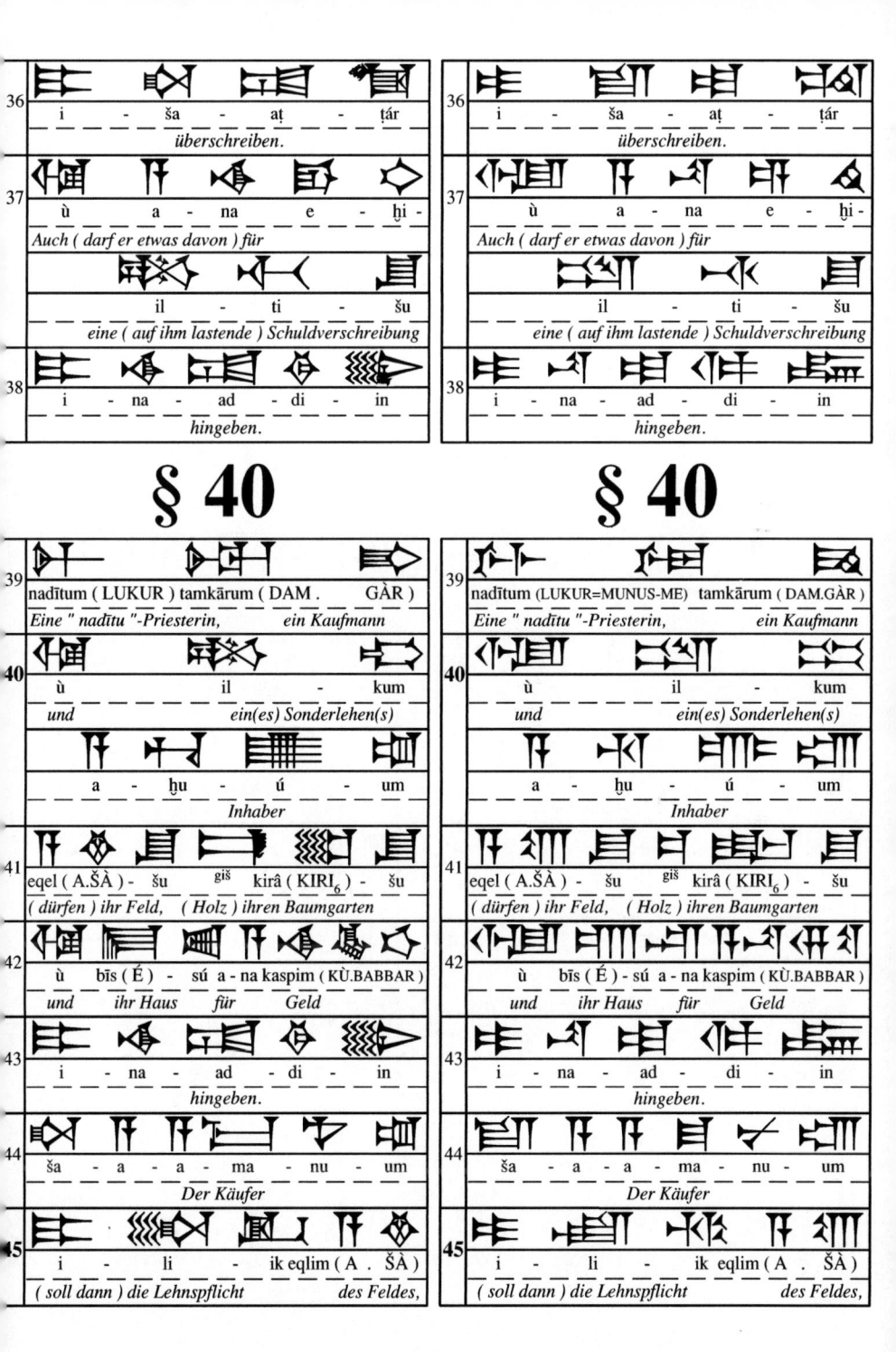

46	giš kirîm (KIRI6) ù bītim (É)	(Holz) des Baumgartens oder des Hauses,
47	ša i - ša - am - mu	das er kauft,
48	i - il - la - ak	erfüllen.

§ 41

49	šum - ma a - wi - lum	Wenn ein Bürger
50	eqlam (A.ŠÀ) giškiriam (KIRI6) ù bītam (É)	ein Feld (Holz), einen Baumgarten oder ein Haus
51	ša redîm (AGA . UŠ) bā'irim (ŠU . ḪA)	eines Soldaten, eines " Fängers "
52	ù na - ši bi - il - tim	und/ oder eines Abgabepflichtigen
53	ú - pí - iḫ	eintauscht
54	ù ni - ip - la - tim	und eine Ausgleichszahlung
55	id - di - in	hingibt,
56	redûm (AGA. UŠ) bā'irum (ŠU . ḪA)	(soll) der Soldat, der " Fänger "
57	ù na - ši bi - il - tim	und/ oder der Abgabepflichtige

46	giš kirîm (KIRI6) ù bītim (É)	(Holz) des Baumgartens oder des Hauses,
47	ša i - ša - am - mu	das er kauft,
48	i - il - la - ak	erfüllen.

§ 41

49	šum - ma a - wi - lum	Wenn ein Bürger
50	eqlam (A.ŠÀ) giškiriam (KIRI6) ù bītam (É)	ein Feld (Holz), einen Baumgarten oder ein Haus
51	ša redîm (AGA . UŠ) bā'irim (ŠU . ḪA)	eines Soldaten, eines " Fängers "
52	ù na - ši bi - il - tim	und/ oder eines Abgabepflichtigen
53	ú - pí - iḫ	eintauscht
54	ù ni - ip - la - tim	und eine Ausgleichszahlung
55	id - di - in	hingibt,
56	redûm (AGA . UŠ) bā'irum (ŠU . ḪA)	(soll) der Soldat, der " Fänger "
57	ù na - ši bi - il - tim	und/ oder der Abgabepflichtige

58 a - na eqlī (A.ŠÀ) - šu giškirî (KIRI6) - šu
zu seinem Feld (Holz), Baumgarten
ù bītī (É) - šu
oder seinem Haus

59 i - ta - ar
zurückkehren

60 ù ni - ip - la - tim
und die Ausgleichszahlung,

61 ša in - na - ad -
die ihm bezahlt worden ist,
na (**nicht nu!**) - šum
(Andere Lesart: "aus der Hand des Soldaten nimmt")

62 i - tab - ba - al
behalten.

§ 42

63 šum - ma a - wi - lum
Wenn ein Bürger

64 eqlam (A.ŠÀ) a - na er - re -
ein Feld zur
šu - tim
Bebauung

65 ú - še - ṣi - ma
pachtet,

66 i - na eqlim (A . ŠÀ) še'am (ŠE)
auf dem Feld (jedoch) Getreide

58 a - na eqlī (A.ŠÀ) - šu giškirî (KIRI6) - šu
zu seinem Feld (Holz), Baumgarten
ù bītī (É) - šu
oder seinem Haus

59 i - ta - ar
zurückkehren

60 ù ni - ip - la - tim
und die Ausgleichszahlung,

61 ša in - na - ad -
die ihm bezahlt worden ist,
na (**nicht nu!**) - šum
(Andere Lesart: "aus der Hand des Soldaten nimmt")

62 i - tab - ba - al
behalten.

§ 42

63 šum - ma a - wi - lum
Wenn ein Bürger

64 eqlam (A.ŠÀ) a - na er - re -
ein Feld zur
šu - tim
Bebauung

65 ú - še - ṣi - ma
pachtet,

66 i - na eqlim (A . ŠÀ) še'am (ŠE)
auf dem Feld (jedoch) Getreide

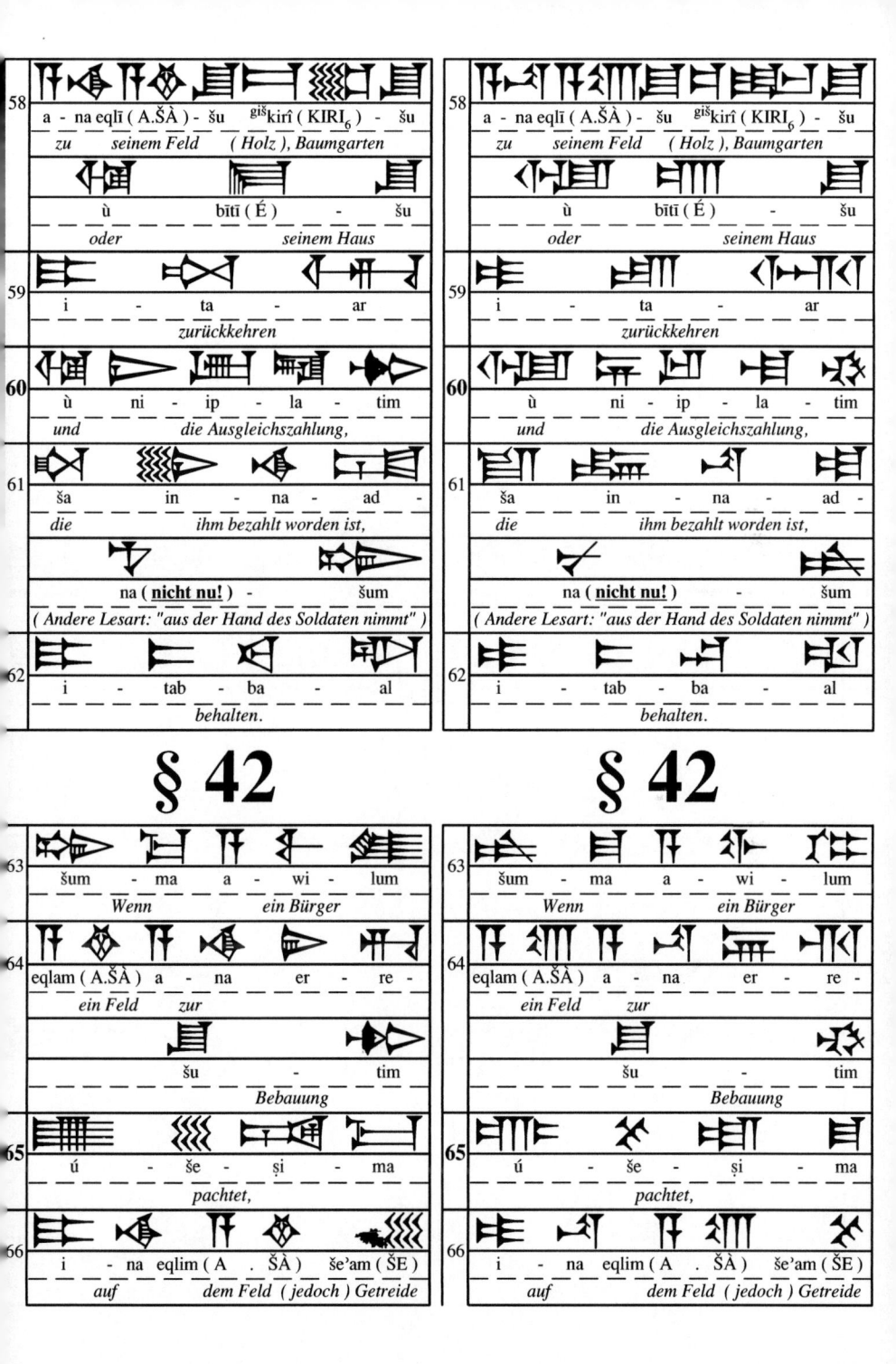

	la uš - tab - ši
	nicht anbaut,
67	i - na eqlim (A . ŠÀ) ši - ip -
	von seiner Feld-
	ri - im
	arbeit

XIII

1	la e - pé - ši - im
	nichts geleistet hat,
2	ú - ka - an - nu - šu - ma
	weist man ihm dies nach;
3	še'am (ŠE) ki - ma i - te - šu
	er (soll) Getreide wie der (Ertrag) des Nachbarn
4	a - na be - el eqlim (A . ŠÀ)
	an den Eigentümer des Feldes
5	i - na - ad - di - in
	geben.

§ 43

6	šum - ma eqlam (A . ŠÀ - am)
	Wenn er das Feld
	la i - ri - iš - ma
	nicht bebaut,
7	it - ta - di
	(sondern) es vernachlässigt,

	la uš - tab - ši
	nicht anbaut,
67	i - na eqlim (A . ŠÀ) ši - ip -
	von seiner Feld-
	ri - im
	arbeit

XIII

1	la e - pé - ši - im
	nichts geleistet hat,
2	ú - ka - an - nu - šu - ma
	weist man ihm dies nach;
3	še'am (ŠE) ki - ma i - te - šu
	er (soll) Getreide wie der (Ertrag) des Nachbarn
4	a - na be - el eqlim (A . ŠÀ)
	an den Eigentümer des Feldes
5	i - na - ad - di - in
	geben.

§ 43

6	šum - ma eqlam (A . ŠÀ - am)
	Wenn er das Feld
	la i - ri - iš - ma
	nicht bebaut,
7	it - ta - di
	(sondern) es vernachlässigt,

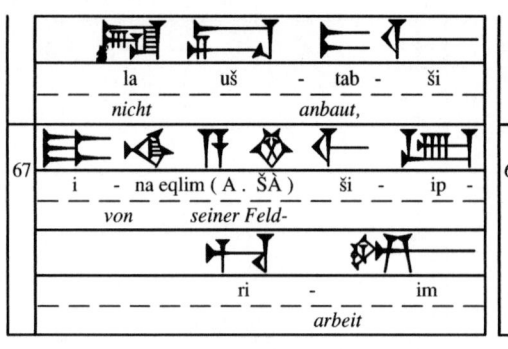

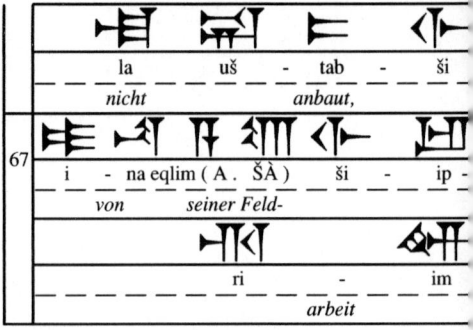

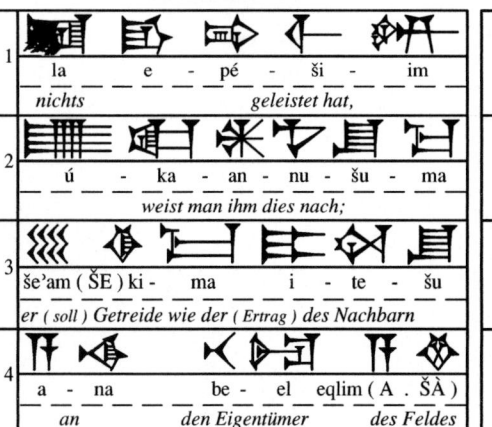

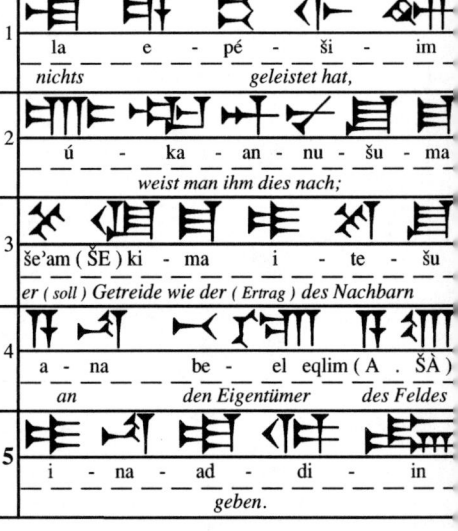

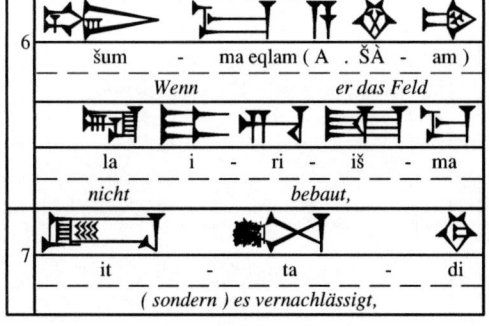

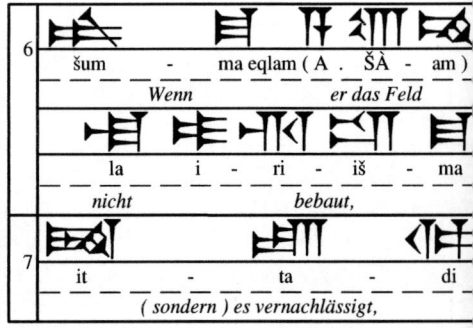

8 še'am (ŠE) ki - ma i - te - šu
(soll) er Getreide wie (der Ertrag) des Nachbarn

9 a - na be - el eqlim (A . ŠÀ)
an den Eigentümer des Feldes

10 i - na - ad - di - in
geben.

11 ù eqlam (A . ŠÀ) ša id -
Auch (soll) er das Feld, das

du - ú
er vernachlässigt hat,

12 ma - a - a - ri
mit Furchen

13 i - ma - aḫ - ḫa - aṣ
durchziehen,

14 i - ša - ak - ka -

ak - ma
eggen

15 a - na be - el eqlim (A . ŠÀ)
(und) an den Eigentümer des Feldes

16 ú - ta - ar
zurückgeben.

8 še'am (ŠE) ki - ma i - te - šu
(soll) er Getreide wie (der Ertrag) des Nachbarn

9 a - na be - el eqlim (A . ŠÀ)
an den Eigentümer des Feldes

10 i - na - ad - di - in
geben.

11 ù eqlam (A . ŠÀ) ša id -
Auch (soll) er das Feld, das

du - ú
er vernachlässigt hat,

12 ma - a - a - ri
mit Furchen

13 i - ma - aḫ - ḫa - aṣ
durchziehen,

14 i - ša - ak - ka -

ak - ma
eggen

15 a - na be - el eqlim (A . ŠÀ)
(und) an den Eigentümer des Feldes

16 ú - ta - ar
zurückgeben.

§ 44

§ 44

17 šum - ma a - wi - lum
Wenn ein Bürger

17 šum - ma a - wi - lum
Wenn ein Bürger

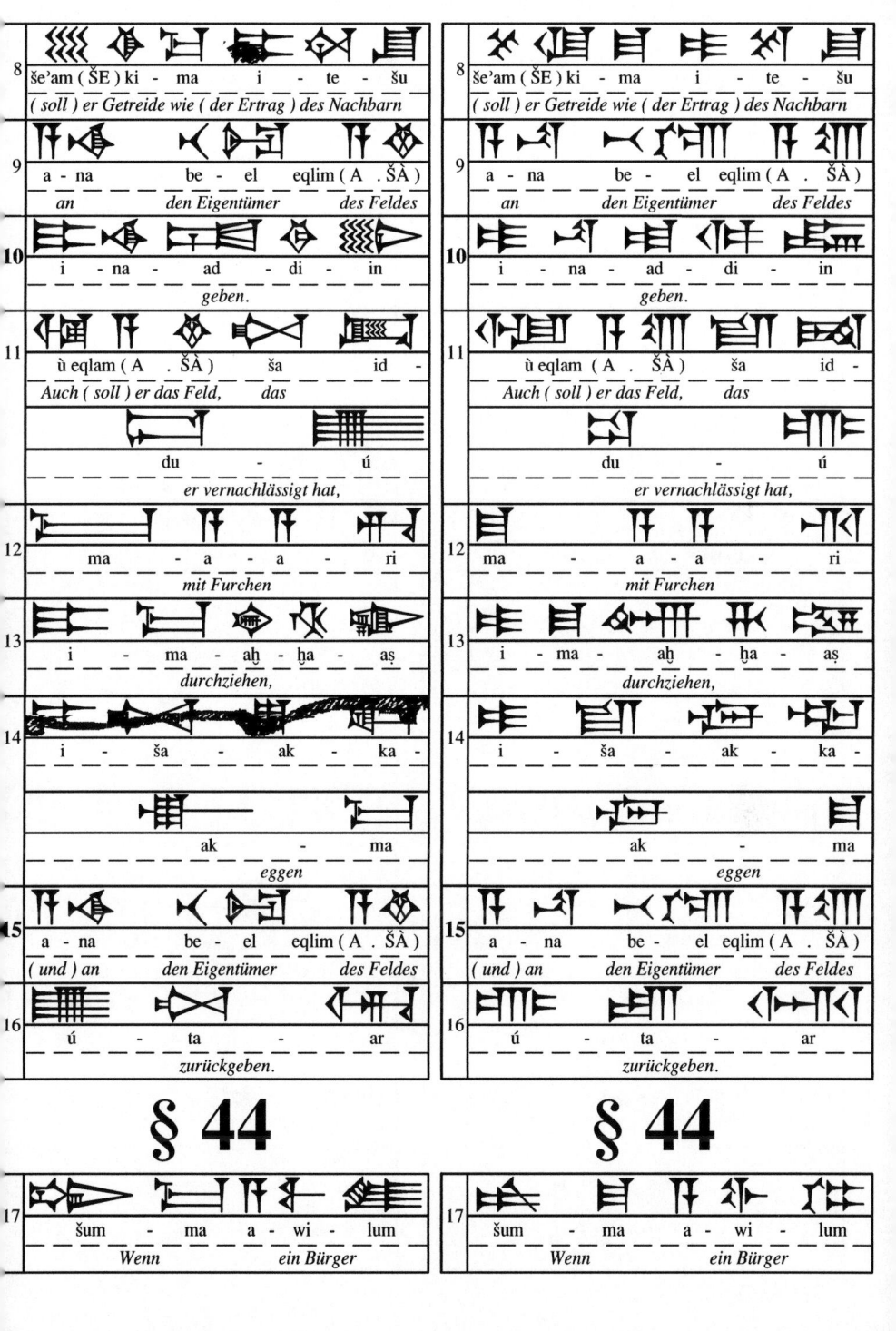

18	eqel (A.ŠÀ) nidûtim (KANKAL = KI . KAL)	*Brachland*
19	a - na MU . 3 . KAM	*auf* *drei Jahre*
20	a - na te - ep - ti - tim	*zur* *Urbarmachung*
21	ú - še - ṣi - ma	*pachtet,*
22	a - aḫ - šu id - di - ma	*seine Hände zur Seite (in den Schoss) legt,*
23	eqlam (A.ŠÀ) la ip - te - te	*das Feld nicht* *urbar macht,*
24	i - na re - bu - tim	*(soll er) im* *vierten*
25	ša - at - tim	*Jahr*
26	eqlam (A.ŠÀ) ma - a - a - ri	*das Feld* *(mit) Furchen*
27	i - ma - aḫ - ḫa - aṣ	*durchziehen,*
28	i - mar - ra - ar	*umgraben*
29	ù i - ša - ak -	*und*
	ka - ak - ma	*eggen,*

18	eqel (A.ŠÀ) nidûtim (KANKAL = KI . KAL)	*Brachland (unbebautes Ackerland)*
19	a - na MU . 3 . KAM	*auf* *drei Jahre*
20	a - na te - ep - ti - tim	*zur* *Urbarmachung*
21	ú - še - ṣi - ma	*pachtet,*
22	a - aḫ - šu id - di - ma	*seine Hände zur Seite (in den Schoss) legt,*
23	eqlam (A.ŠÀ) la ip - te - te	*das Feld nicht* *urbar macht,*
24	i - na re - bu - tim	*(soll er) im* *vierten*
25	ša - at - tim	*Jahr*
26	eqlam (A.ŠÀ) ma - a - a - ri	*das Feld* *(mit) Furchen*
27	i - ma - aḫ - ḫa - aṣ	*durchziehen,*
28	i - mar - ra - ar	*umgraben*
29	ù i - ša - ak -	*und*
	ka - ak - ma	*eggen,*

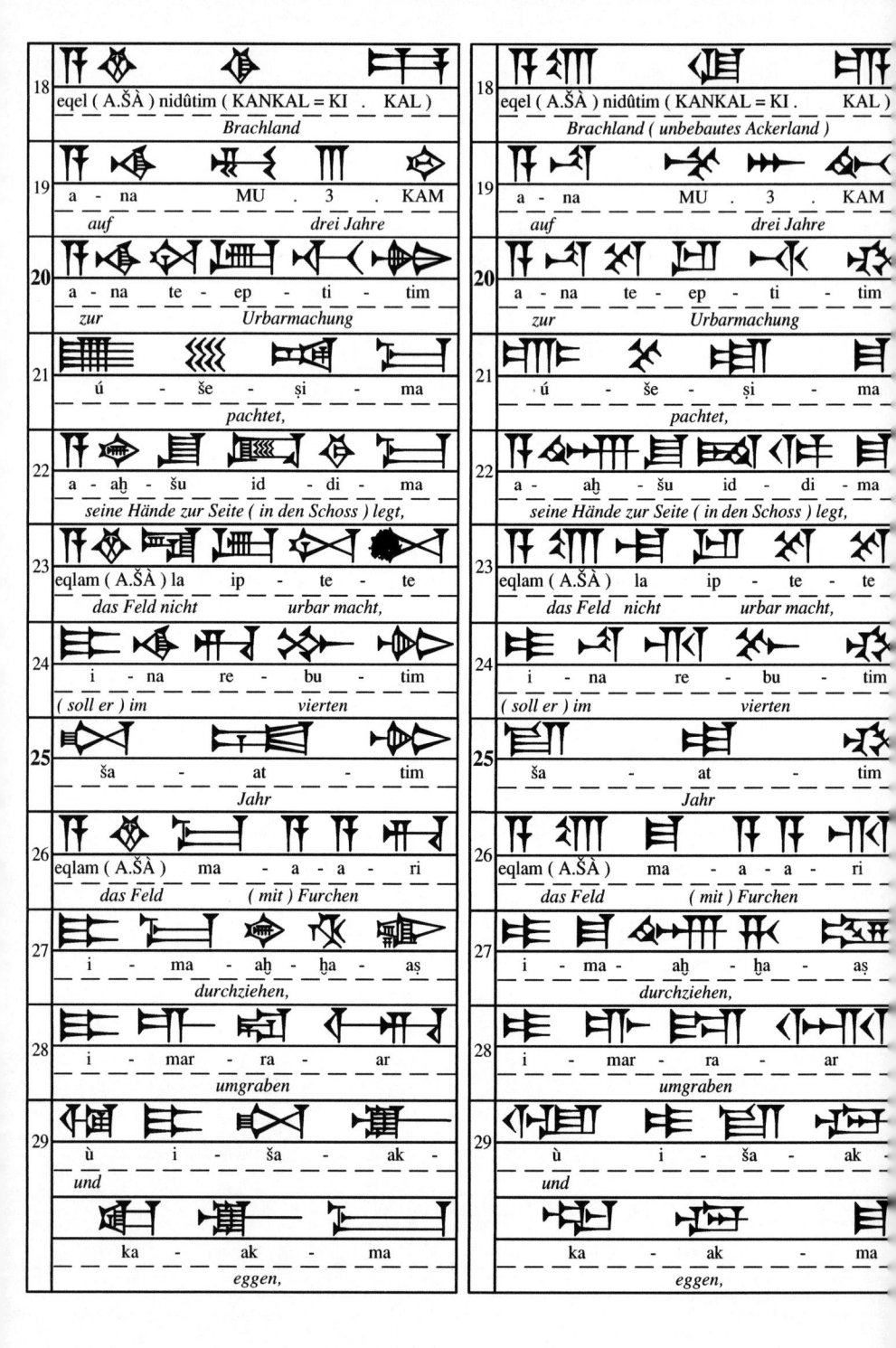

30	a - na be - el eqlim (A . ŠÀ)	*es an den Eigentümer des Feldes*
31	ú - ta - ar	*zurückgeben*
32	ù BÙR ^{iku} . E	*und (pro) 6 1/2 Hektar*
33	10 ŠE . GUR	*zehn Getreide Kor*
34	i - ma - ad - da - ad	*darmessen.*

§ 45

35	šum - ma a - wi - lum	*Wenn ein Bürger*
36	eqel (A.ŠÀ) - šu a - na biltim (G U N)	*sein Feld gegen Abgabe*
37	a - na er - re - ši - im	*an einen Pächter*
38	id - di - in - ma	*gibt*
39	ù bilat (GUN) eqlī (A . ŠÀ) - šu	*und die Abgabe (für) sein Feld*
40	im - ta - ḫa - ar	*erhält,*
41	wa - ar - ka eqlam (A . ŠÀ)	*nachher das Feld*

30	a - na be - el eqlim (A . ŠÀ)	*es an den Eigentümer des Feldes*
31	ú - ta - ar	*zurückgeben*
32	ù BÙR ^{iku} . E	*und (pro) 6 1/2 Hektar*
33	10 ŠE . GUR	*zehn Getreide Kor*
34	i - ma - ad - da - ad	*darmessen.*

§ 45

35	šum - ma a - wi - lum	*Wenn ein Bürger*
36	eqel (A.ŠÀ) - šu a - na biltim (G U N)	*sein Feld gegen Abgabe*
37	a - na er - re - ši - im	*an einen Pächter*
38	id - di - in - ma	*gibt*
39	ù bilat (GUN) eqlī (A . ŠÀ) - šu	*und die Abgabe (für) sein Feld*
40	im - ta - ḫa - ar	*erhält,*
41	wa - ar - ka eqlam (A . ŠÀ)	*nachher das Feld*

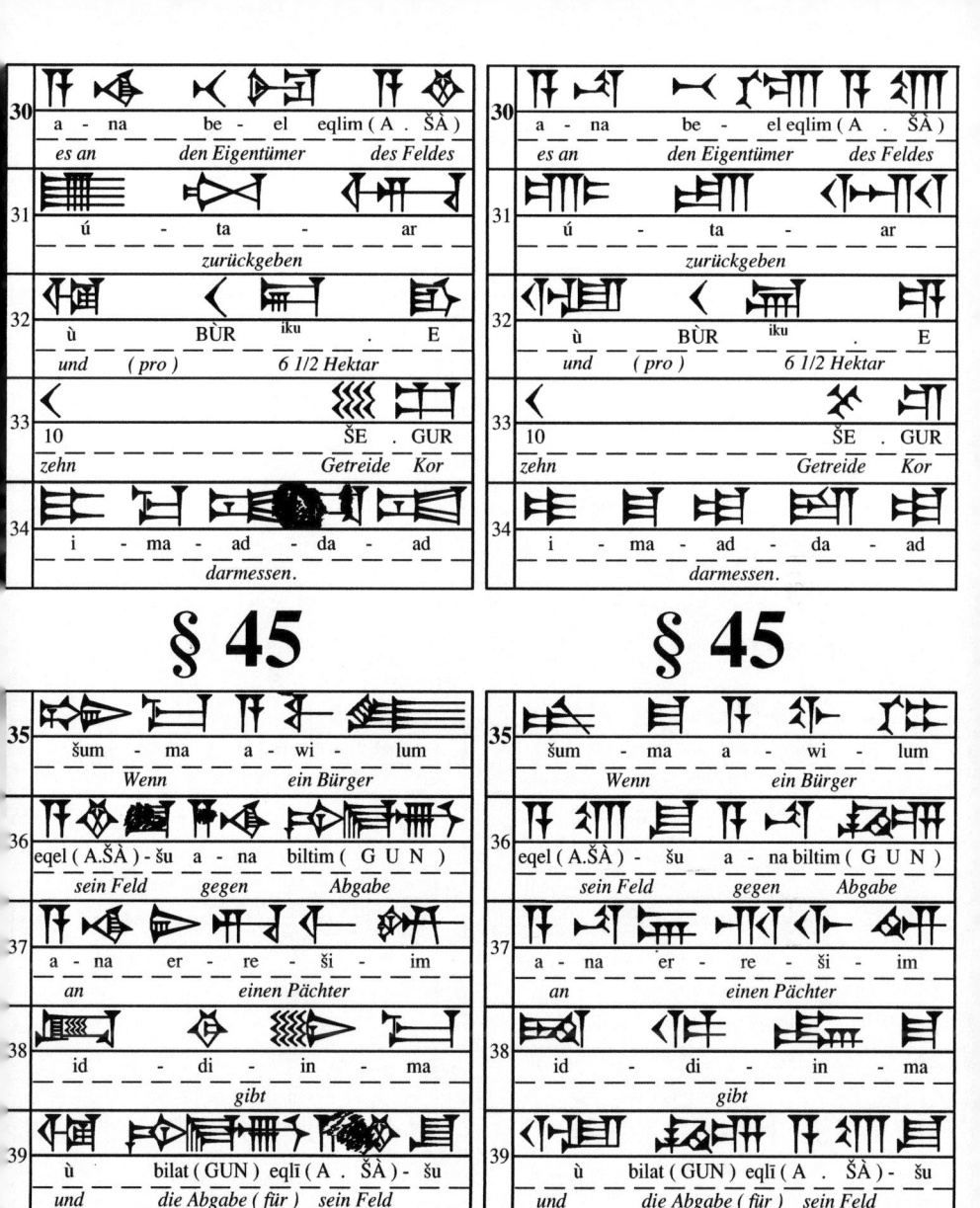

42	dAdad (IŠKUR) ir - ta - ḫi - iṣ
	der (Wettergott) ADAD überschwemmt
43	ù lu bi - ib - bu - lum
	und/ oder eine Hochflut
44	it - ba - al
	es an sich nimmt (wegschwemmt),
45	bi - ti - iq - tum
	(ist) der Schaden
46	ša er - re - ši - im - ma
	des Pächters (Angelegenheit).

42	dAdad (IŠKUR) ir - ta - ḫi - iṣ
	der (Wettergott) ADAD überschwemmt
43	ù lu bi - ib - bu - lum
	und/ oder eine Hochflut
44	it - ba - al
	es an sich nimmt (wegschwemmt),
45	bi - ti - iq - tum
	(ist) der Schaden
46	ša er - re - ši - im - ma
	des Pächters (Angelegenheit).

§ 46

§ 46

47	šum - ma bilat (G U N) eqlī (A . ŠÀ) - šu
	Wenn er die Abgabe (für) sein Feld
48	la im - ta - ḫar
	(noch) nicht erhalten hat,
49	ù lu a - na mi - iš -
	" sei es, dass er " auf
	la - ni
	die Hälfte,
50	ù lu a - na ša - lu - uš
	und " sei es, dass " er auf ein Drittel
51	eqlam (A.ŠÀ) id - di - in
	das Feld übergeben hat,
52	še'am (ŠE) ša i - na eqlim (A . ŠÀ)
	(werden) das Getreide, das auf dem Feld

47	šum - ma bilat (GUN) eqlī (A . ŠÀ) - šu
	Wenn er die Abgabe (für) sein Feld
48	la im - ta - ḫar
	(noch) nicht erhalten hat,
49	ù lu a - na mi - iš -
	" sei es, dass er " auf
	la - ni
	die Hälfte,
50	ù lu a - na ša - lu - uš
	und " sei es, dass " er auf ein Drittel
51	eqlam (A.ŠÀ) id - di - in
	das Feld übergeben hat,
52	še'am (ŠE) ša i - na eqlim (A. ŠÀ)
	(werden) das Getreide, das auf dem Feld

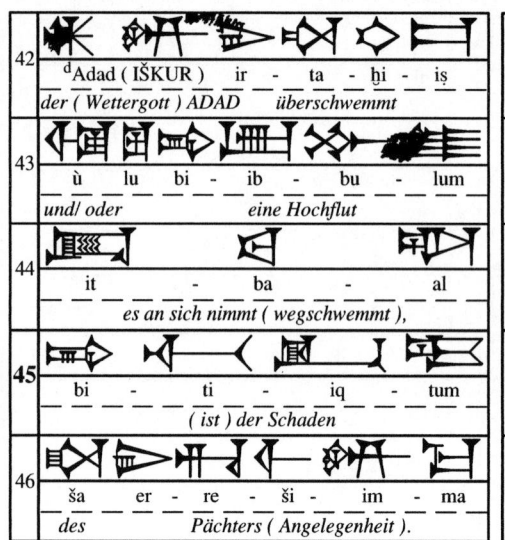

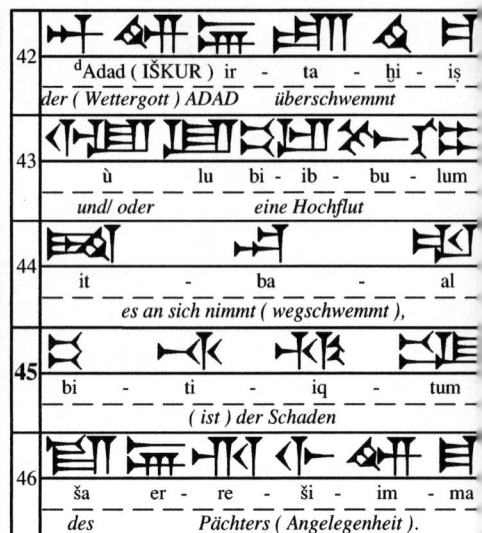

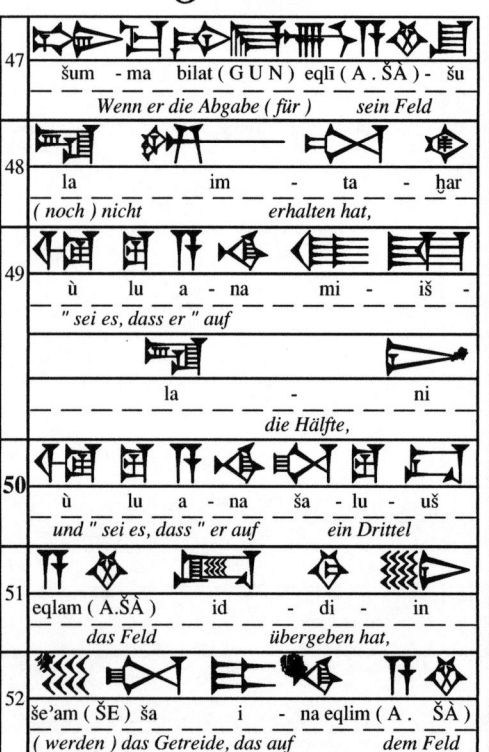

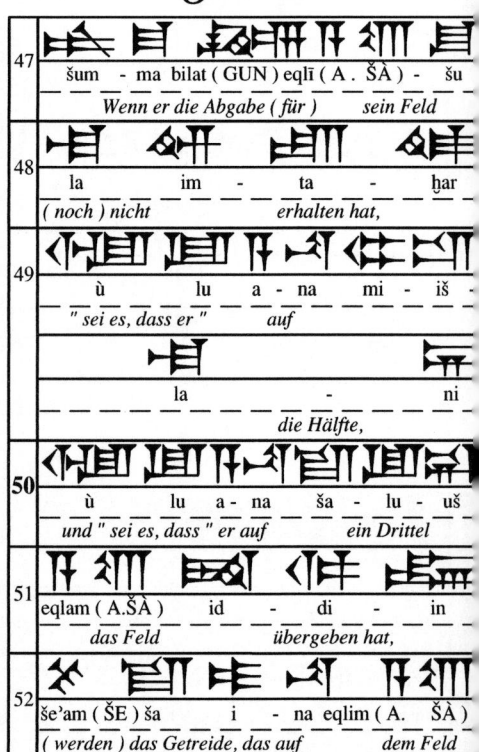

53 ib - ba - aš - šu - ú
wächst,

54 er - re - šum
der Pächter

55 ù be - el eqlim (A . ŠÀ)
und der Eigentümer des Feldes

56 a - na ap - ši - te - em
gemäss dem festgesetzten Verhältnis

57 i - zu - uz - zu
teilen.

§ 47

58 šum - ma er - re - šum
Wenn ein Pächter,

59 aš - šum i - na ša -
weil im

at - tim
Jahr

60 maḫ - ri - tim
vorher

61 ma - na - ḫa - ti - šu
er auf seine Kosten

62 la il - qu (**nicht lu!**) - ú
nicht gekommen ist,

63 eqlam (A . ŠÀ) e - re - ša - am
das Feld sich bereit erklärt,

53 ib - ba - aš - šu - ú
wächst,

54 er - re - šum
der Pächter

55 ù be - el eqlim (A . ŠÀ)
und der Eigentümer des Feldes

56 a - na ap - ši - te - em
gemäss dem festgesetzten Verhältnis

57 i - zu - uz - zu
teilen.

§ 47

58 šum - ma er - re - šum
Wenn ein Pächter,

59 aš - šum i - na ša -
weil im

at - tim
Jahr

60 maḫ - ri - tim
vorher

61 ma - na - ḫa - ti - šu
er auf seine Kosten

62 la il - qu (**nicht lu!**) - ú
nicht gekommen ist,

63 eqlam (A . ŠÀ) e - re - ša - am
das Feld sich bereit erklärt,

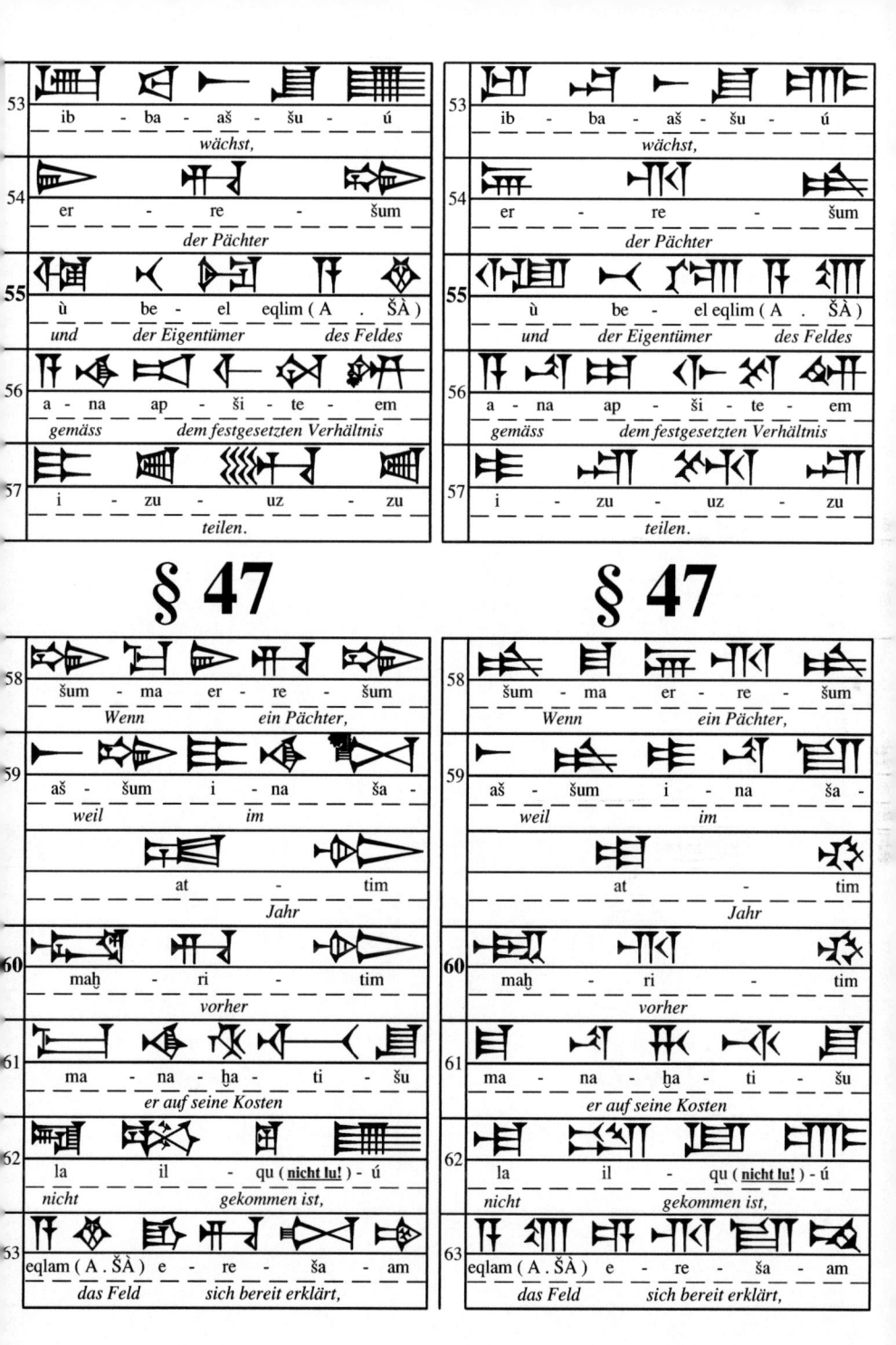

	iq - ta - bi	(erneut) zu bearbeiten,
64	be - el eqlim (A . ŠÀ)	(soll) der Eigentümer des Feldes
65	ú - ul ú - up - pa - as	keine Schwierigkeiten machen;
66	er - re - sú (**nicht su!**) - ma	sein Pächter
67	eqel (A.ŠÀ) - šu i - ir (**nicht ni!**) - ri - iš - ma	(darf) sein Feld bearbeiten,
68	i - na ebūrim ($BURU_{14}$)	zur Erntezeit
69	ki - ma ri - ik - sa - ti - šu	entsprechend seinen vertraglichen Abmachungen
70	še'am (ŠE) i - le - qé	Getreide bekommt er.

§ 48

71	šum - ma a - wi - lum	Wenn ein Bürger
72	ḫu - bu - ul - lum	eine Zinsschuld

	iq - ta - bi	(erneut) zu bearbeiten,
64	be - el eqlim (A . ŠÀ)	(soll) der Eigentümer des Feldes
65	ú - ul ú - up - pa - as	keine Schwierigkeiten machen;
66	er - re - sú (**nicht su!**) - ma	sein Pächter
67	eqel (A.ŠÀ) - šu i - ir (**nicht ni!**) - ri - iš - ma	(darf) sein Feld bearbeiten,
68	i - na ebūrim ($BURU_{14}$)	zur Erntezeit
69	ki - ma ri - ik - sa - ti - šu	entsprechend seinen vertraglichen Abmachungen
70	še'am (ŠE) i - le - qé	Getreide bekommt er.

§ 48

71	šum - ma a - wi - lum	Wenn ein Bürger
72	ḫu - bu - ul - lum	eine Zinsschuld

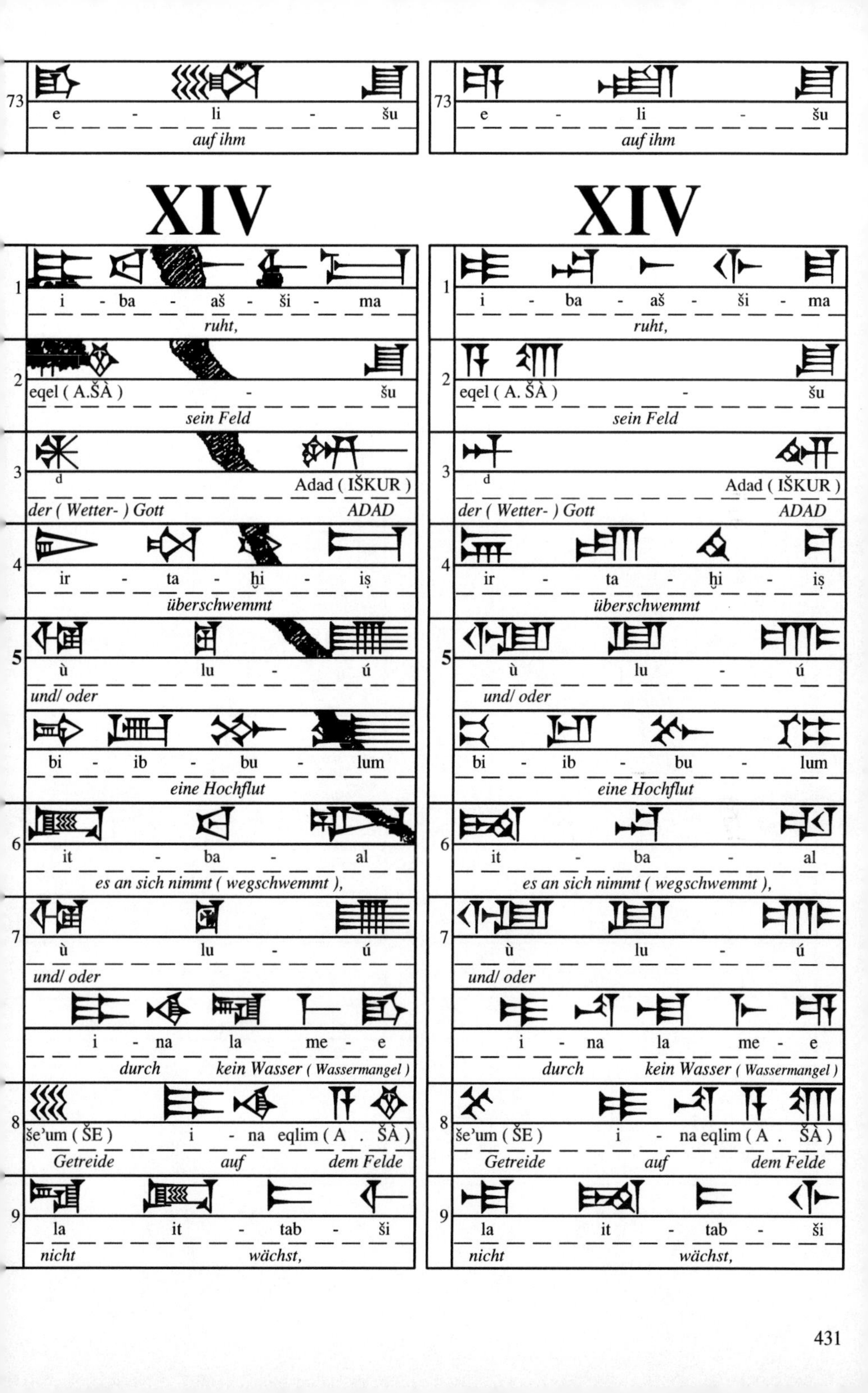

73 e - li - šu

auf ihm

XIV

1 i - ba - aš - ši - ma

ruht,

2 eqel (A.ŠÀ) - šu

sein Feld

3 ^{d} Adad (IŠKUR)

der (Wetter-) Gott ADAD

4 ir - ta - ḫi - iṣ

überschwemmt

5 ù lu - ú

und/ oder

bi - ib - bu - lum

eine Hochflut

6 it - ba - al

es an sich nimmt (wegschwemmt),

7 ù lu - ú

und/ oder

i - na la me - e

durch kein Wasser (Wassermangel)

8 še'um (ŠE) i - na eqlim (A . ŠÀ)

Getreide auf dem Felde

9 la it - tab - ši

nicht wächst,

73 e - li - šu

auf ihm

XIV

1 i - ba - aš - ši - ma

ruht,

2 eqel (A. ŠÀ) - šu

sein Feld

3 ^{d} Adad (IŠKUR)

der (Wetter-) Gott ADAD

4 ir - ta - ḫi - iṣ

überschwemmt

5 ù lu - ú

und/ oder

bi - ib - bu - lum

eine Hochflut

6 it - ba - al

es an sich nimmt (wegschwemmt),

7 ù lu - ú

und/ oder

i - na la me - e

durch kein Wasser (Wassermangel)

8 še'um (ŠE) i - na eqlim (A . ŠÀ)

Getreide auf dem Felde

9 la it - tab - ši

nicht wächst,

10	i - na ša - at - tim	(braucht) er im Jahr
	šu - a - ti	diesem,
11	še'am (ŠE) a - na be - el	Getreide an
	ḫu - bu - ul - li - šu	seinen Gläubiger
12	ú - ul ú - ta - ar	nicht zurückgeben.
13	ṭup - pa - šu	(Er darf) seine Tafel
14	ú - ra - aṭ - ṭa - ab	(zur Abänderung) aufweichen;
15	ù ṣi - ib - tam	auch Zinsen
16	ša ša - at - tim	des Jahres
	šu - a - ti	dieses,
17	ú - ul i - na -	(braucht er) nicht
	ad - di - in	(zu) geben.

§ 49

10	i - na ša - at - tim	(braucht) er im Jahr
	šu - a - ti	diesem,
11	še'am (ŠE) a - na be - el	Getreide an
	ḫu - bu - ul - li - šu	seinen Gläubiger
12	ú - ul ú - ta - ar	nicht zurückgeben.
13	ṭup - pa - šu	(Er darf) seine Tafel
14	ú - ra - aṭ - ṭa - ab	(zur Abänderung) aufweichen;
15	ù ṣi - ib - tam	auch Zinsen
16	ša ša - at - tim	des Jahres
	šu - a - ti	dieses,
17	ú - ul i - na	(braucht er) nicht
	ad - di - in	(zu) geben.

§ 49

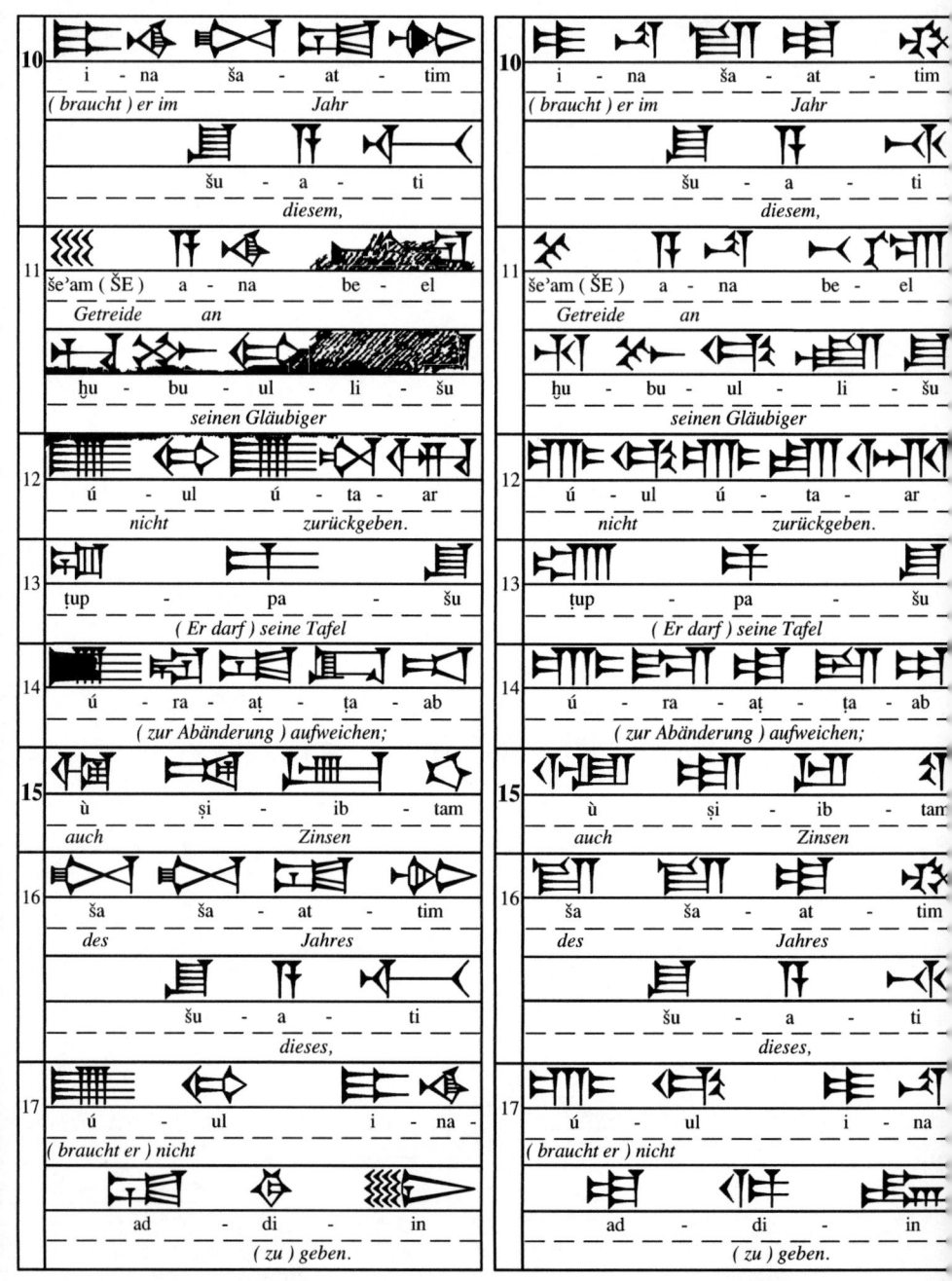

§ 37) 10) Wenn ein Bürger 11) ein Feld, einen Baumgarten oder ein Haus 12) eines Soldaten 13) oder eines Abgabepflichtigen 14) kauft, 15) so wird seine 'Tafel "zerbrochen, 17) und er geht seines Geldes 18) verlustig; 19) das Feld, der Baumgarten oder das Haus 21) kehrt 20) zu seinem Eigentümer 21) zurück.

§ 38) 22) Ein Soldat, ein "Fänger" 23) und ein Abgabepflichtiger 24) darf vom Felde, vom Baumgarten und vom Hause 25) seines Lehens 28) nichts 26) seiner Frau 27) oder seiner 'Tochter 28) verschreiben; 29) auch darf er 30) nichts davon 29) für eine auf ihm lastende Schuldverpflichtung, 30) hingeben.

§ 39) 31) Von einem Felde, einem Baumgarten oder einem Hause, 32) die er durch Kauf 33) erwirbt, 34) darf er etwas seiner Frau 35) oder seiner Tochter 36) verschreiben; 37) auch darf er etwas davon für eine auf ihm lastende Schuldverpflichtung 38) hingeben.

§ 40) 39) Eine *naditu*-Priesterin, ein Kaufmann 40) und (der Inhaber) ein(es) Sonderlehen(s) 41) darf sein Feld, seinen Baumgarten 42) und sein Haus für Geld 43) hingeben; 44) der Käufer 45) soll dann die Lehnspflicht des Feldes, 46) des Baumgartens und des Hauses, 47) das er kauft, 48) erfüllen.

§ 41) 49) Wenn ein Bürger 50) ein Feld, einen Baumgarten oder ein Haus 51) eines Soldaten, eines "Fängers" 52) oder eines Abgabepflichtigen 53) eintauscht 54) und eine Ausgleichszahlung 55) bezahlt, 56) so soll der Soldat, der "Fänger" 57) oder der Abgabepflichtige 58) zu seinem Felde, seinem Baumgarten und seinem Hause 59) zurückkehren 60) und die Ausgleichszahlung, 60) die ihm bezahlt worden ist, 62) behalten.

§ 42) 63) Wenn ein Bürger 64) ein Feld zur Bebauung 65) pachtet, 66) auf dem Felde jedoch kein Getreide produziert, **XIII** 2) so weist man ihm nach, **XII** 67) dass er das Feld **XIII** 1) nicht bearbeitet hat 3) und er soll entsprechend dem (Ertrag) seines Nachbarn 4) dem Eigentümer des Feldes 3) Getreide 5) geben.

§ 43) 6) Wenn er das Feld nicht bebaut, 7) sondern es vernachlässigt, 8) so soll er entsprechend dem (Ertrag) seines Nachbarn 9) dem Eigentümer des Feldes 8) Getreide 10) geben; 11) weiter soll er das Feld, das er vernachlässigt hat, 12) mit Furchen 13) durchziehen, 14) eggen 15) und dem Eigentümer des Feldes 16) zurückgeben.

§ 44) 17) Wenn ein Bürger 18) Brachland 19) auf drei Jahre 20) zur Urbarmachung 21) pachtet, 22) aber dann die Hände in den Schoss legt 23) und das Feld nicht urbar macht, 24) so soll er im vierten 25) Jahre 26) das Feld mit Furchen 27) durchziehen, 28) umhacken 29) und eggen, 30) es dem Eigentümer des Feldes 31) zurückgeben 32) und pro 6 ½ Hektar 33) zehn Kor Getreide 34) darmessen.

§ 45) 35) Wenn ein Bürger 36) sein Feld gegen Abgabe 37) einem Pächter 38) übergibt 39) und die Abgabe für sein Feld 40) erhält -- 41) (wenn) nachher 42) (der Wettergott) Adad 41) das Feld 42) überschwemmt 43) oder eine Hochflut 44) es wegschwemmt, 45) so ist der Schaden 46) Sache des Pächters.

§ 46) 47) Wenn er die Abgabe für sein Feld 48) noch nicht erhalten hat, 49) sei es, dass er 51) das Feld 49) auf Halbpart, 50) sei es, dass er es auf Drittteil 51) übergeben hat, 52) so werden das Getreide, das auf dem Felde 53) wächst, 54) der Pächter 55) und der Eigentümer des Feldes 56) gemäss dem festgesetzten Verhältnis 57) teilen.

§ 47) 58) Wenn ein Pächter, 59) weil er im 60) vorherigen 59) Jahre 62) nicht 61) auf seine Kosten 62) gekommen ist, 63) "sich bereit erklärt", das Feld (erneut) zu bearbeiten, 64) so soll der Eigentümer des Feldes 65) "keine Schwierigkeiten machen"; 66) sein Pächter 67) darf sein Feld bearbeiten, 68) und zur Erntezeit 70) bekommt er Getreide 69) seinen vertraglichen Abmachungen entsprechend.

§48) 71) Wenn 73) auf 71) einem Bürger 72) eine Zinsschuld **XIV** 1) ruht, 3) und wenn dann (der Wettergott) Adad 2) sein Feld 4) überschwemmt, 5) oder eine Hochflut 6) es wegschwemmt, 7) oder durch Wassermangel 8) kein Getreide auf dem Felde 9) wächst, 10) so braucht er in dem Jahre 11) seinem Gläubiger kein Getreide 12) zurückzugeben, 13) er darf seine 'Tafel 14 (zur Abänderung) aufweichen; 16) er braucht für dieses Jahr 15) auch keinen Zins 17) abzugeben.

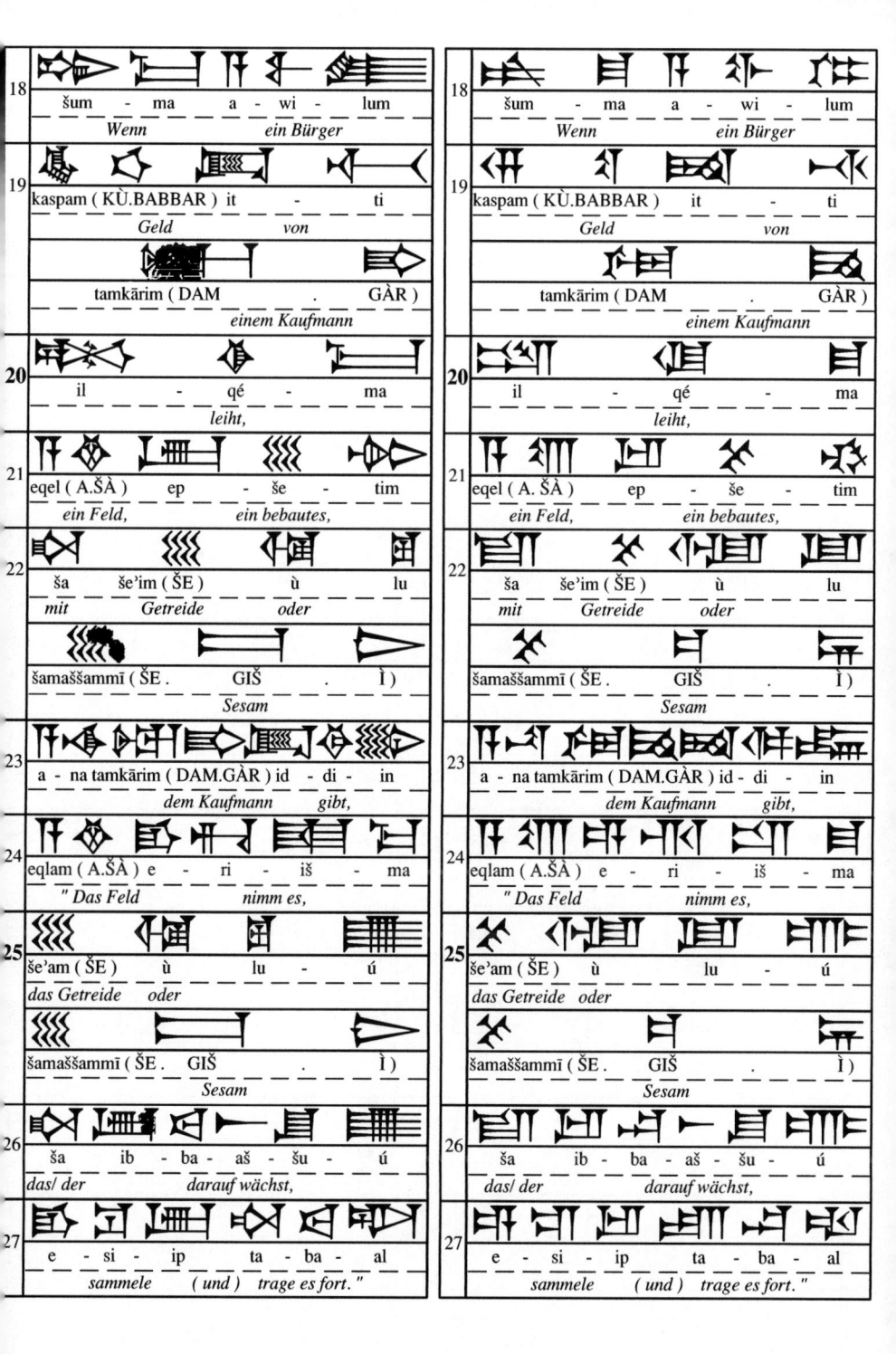

18		šum - ma a - wi - lum	*Wenn ein Bürger*
19		kaspam (KÙ.BABBAR) it - ti	*Geld von*
		tamkārim (DAM . GÀR)	*einem Kaufmann*
20		il - qé - ma	*leiht,*
21		eqel (A.ŠÀ) ep - še - tim	*ein Feld, ein bebautes,*
22		ša še’im (ŠE) ù lu	*mit Getreide oder*
	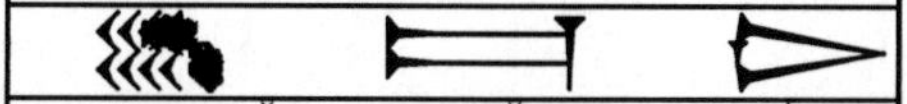	šamaššammī (ŠE . GIŠ . Ì)	*Sesam*
23		a - na tamkārim (DAM.GÀR) id - di - in	*dem Kaufmann gibt,*
24		eqlam (A.ŠÀ) e - ri - iš - ma	*" Das Feld nimm es,*
25		še’am (ŠE) ù lu - ú	*das Getreide oder*
	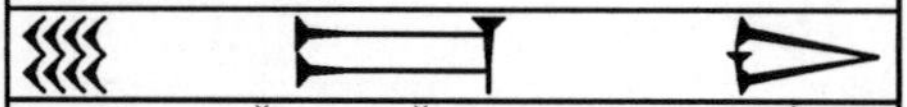	šamaššammī (ŠE . GIŠ . Ì)	*Sesam*
26	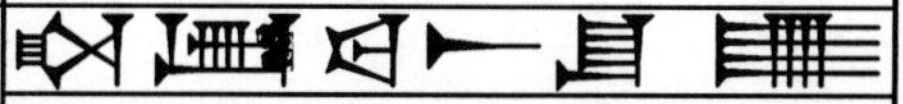	ša ib - ba - aš - šu - ú	*das/ der darauf wächst,*
27		e - si - ip ta - ba - al	*sammele (und) trage es fort. "*

18		šum - ma a - wi - lum	*Wenn ein Bürger*
19		kaspam (KÙ.BABBAR) it - ti	*Geld von*
		tamkārim (DAM . GÀR)	*einem Kaufmann*
20		il - qé - ma	*leiht,*
21		eqel (A. ŠÀ) ep - še - tim	*ein Feld, ein bebautes,*
22		ša še’im (ŠE) ù lu	*mit Getreide oder*
	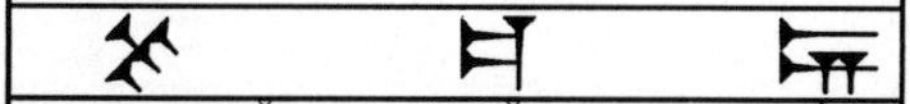	šamaššammī (ŠE . GIŠ . Ì)	*Sesam*
23		a - na tamkārim (DAM.GÀR) id - di - in	*dem Kaufmann gibt,*
24		eqlam (A.ŠÀ) e - ri - iš - ma	*" Das Feld nimm es,*
25		še’am (ŠE) ù lu - ú	*das Getreide oder*
	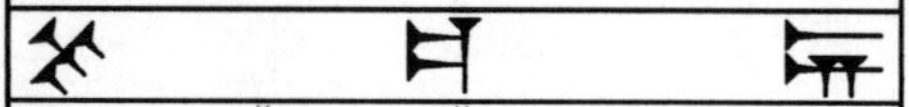	šamaššammī (ŠE . GIŠ . Ì)	*Sesam*
26	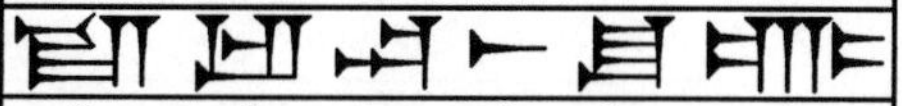	ša ib - ba - aš - šu - ú	*das/ der darauf wächst,*
27		e - si - ip ta - ba - al	*sammele (und) trage es fort. "*

28	iq - bi - šum	*Mit den Worten:*
29	šum - ma er - re - šum	*Wenn ein Pächter*
30	i - na eqlim (A . ŠÀ) še'am (ŠE)	*auf dem Felde Getreide*
31	ù lu šamaššammī (ŠE . GIŠ . Ì)	*und/ oder Sesam*
32	uš - tab - ši	*wachsen lässt,*
33	i - na ebūrim ($BURU_{14}$) še'am (ŠE)	*zur Erntezeit Getreide*
	ù šamaššammī (ŠE . GIŠ . Ì)	*und/ oder Sesam*
34	ša i - na eqlim (A . ŠÀ)	*das/ der auf dem Felde*
	ib - ba - aš - šu - ú	*wächst,*
35	be - el eqlim (A . ŠÀ) - ma	*(soll) der Eigentümer des Feldes*
36	i - le - qé - ma	*erhalten;*
37	še'am (ŠE) ša kaspī (KÙ . BABBAR) - šu	*Getreide für sein Geld*
38	ù ṣi - ba - sú	*und die Zinsen (dafür)*

28	iq - bi - šum	*Mit den Worten:*
29	šum - ma er - re - šum	*Wenn ein Pächter*
30	i - na eqlim (A . ŠÀ) še'am (ŠE)	*auf dem Felde Getreide*
31	ù lu šamaššammī (ŠE . GIŠ . Ì)	*und/ oder Sesam*
32	uš - tab - ši	*wachsen lässt,*
33	i - na ebūrim ($BURU_{14}$) še'am (ŠE)	*zur Erntezeit Getreide*
	ù šamaššammī (ŠE . GIŠ . Ì)	*und/ oder Sesam*
34	ša i - na eqlim (A . ŠÀ)	*das/ der auf dem Felde*
	ib - ba - aš - šu - ú	*wächst,*
35	be - el eqlim (A . ŠÀ) - ma	*(soll) der Eigentümer des Feldes*
36	i - le - qé - ma	*erhalten;*
37	še'am (ŠE) ša kaspī (KÙ . BABBAR) - šu	*Getreide für sein Geld*
38	ù ṣi - ba - sú	*und die Zinsen (dafür)*

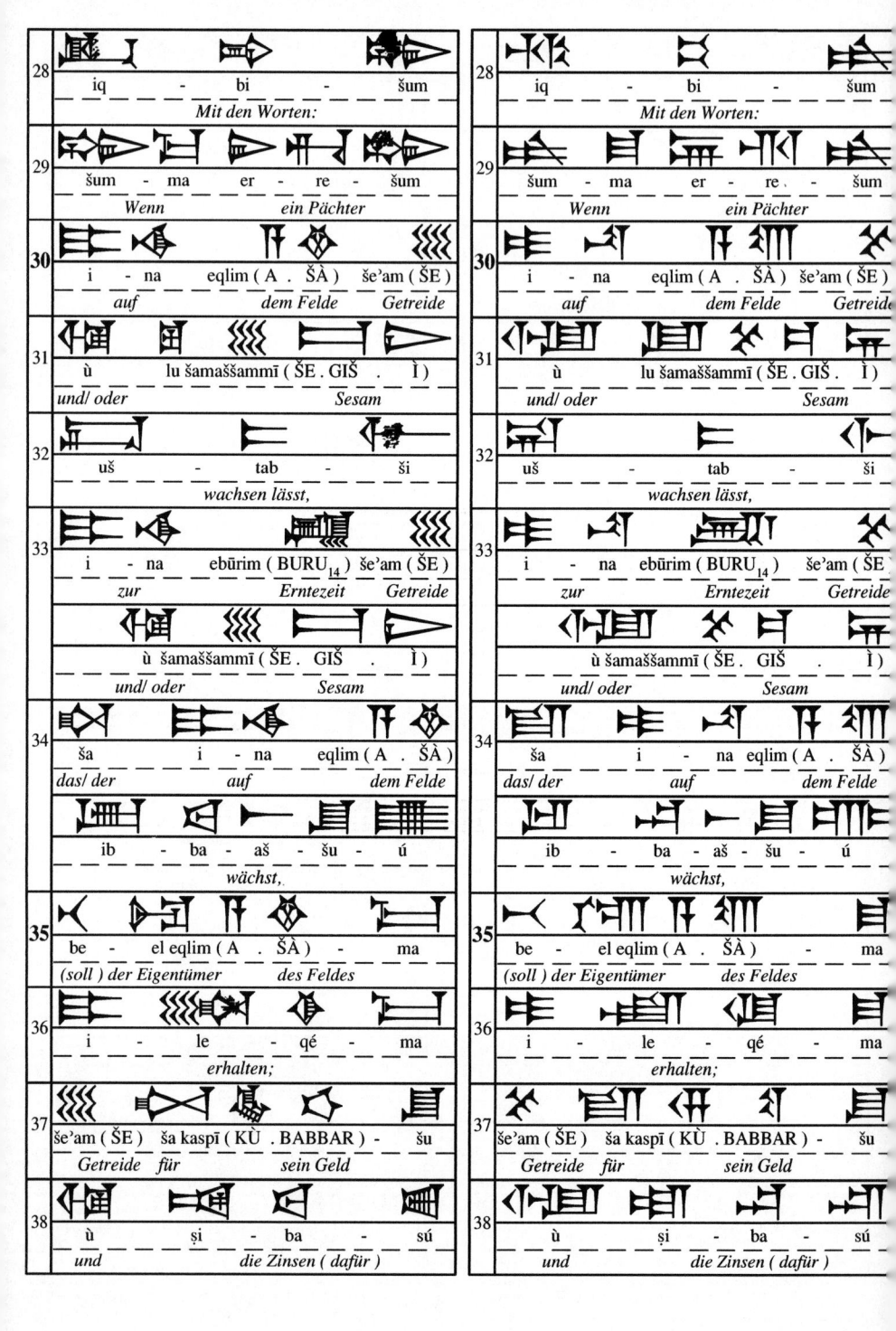

39	ša it - ti tamkārim (DAM . GÀR)	*das er vom Kaufmann*
40	il - qú - ú	*entliehen hat,*
41	ù ma - na - ḫa - at	*und die Kosten*
42	e - re - ši - im	*der Bewirtschaftung*
43	a - na tamkārim (DAM . GÀR)	*an den Kaufmann*
44	i - na - ad - di - in	*gibt er.*

§ 50

45	šum - ma eqel (A.ŠÀ) **(še'im (ŠE) fehlt!)** er-ša-am	*Wenn er ein (mit Getreide) Feld, bebautes,*
46	ù lu - ú	*und/ oder*
47	eqel (A.ŠÀ) šamaššammī (ŠE . GIŠ . Ì)	*ein Sesamfeld,*
48	er - ša - am id - di - in	*ein bebautes, hingibt,*
49	še'am (ŠE) ù lu šamaššammī (ŠE.GIŠ. Ì)	*das Getreide oder den Sesam*
50	ša i - na eqlim (A . ŠÀ)	*das/ der auf dem Felde*

39	ša it - ti tamkārim (DAM . GÀR)	*das er vom Kaufmann*
40	il - qú - ú	*entliehen hat,*
41	ù ma - na - ḫa - at	*und die Kosten*
42	e - re - ši - im	*der Bewirtschaftung*
43	a - na tamkārim (DAM . GÀR)	*an den Kaufmann*
44	i - na - ad - di - in	*gibt er.*

§ 50

45	šum - ma eqel (A.ŠÀ) **(še'im (ŠE) fehlt!)** er-ša-am	*Wenn er ein (mit Getreide) Feld, bebautes,*
46	ù lu - ú	*und/ oder*
47	eqel (A.ŠÀ) šamaššammī (ŠE . GIŠ . Ì)	*ein Sesamfeld,*
48	er - ša - am id - di - in	*ein bebautes, hingibt,*
49	še'am (ŠE) ù lu šamaššammī (ŠE.GIŠ . Ì)	*das Getreide oder den Sesam*
50	ša i - na eqlim (A . ŠÀ)	*das/ der auf dem Felde*

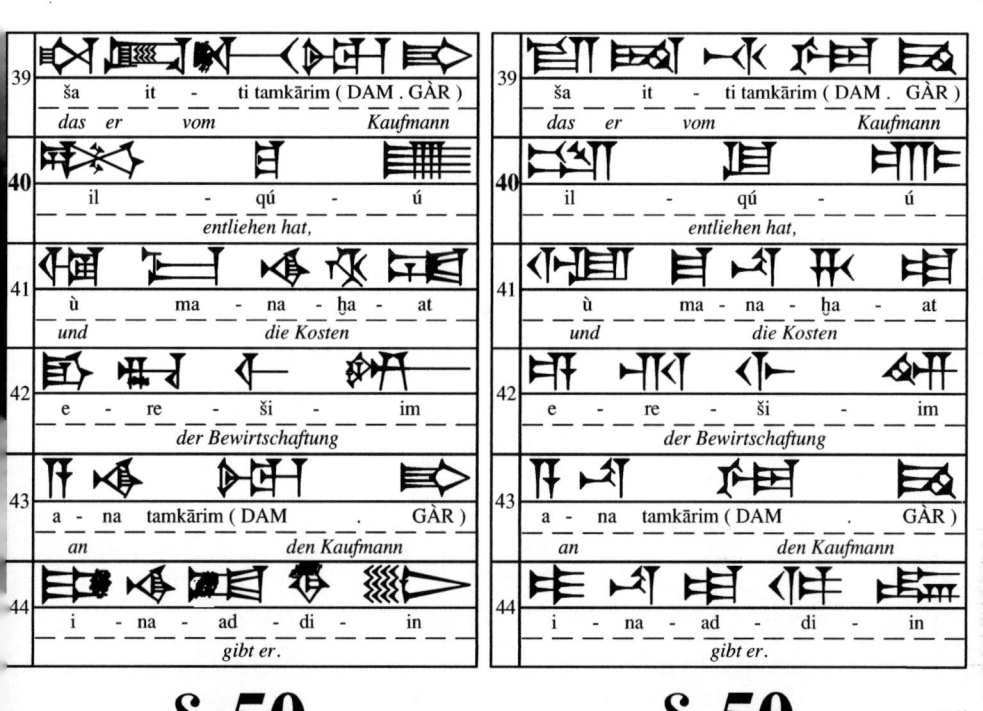

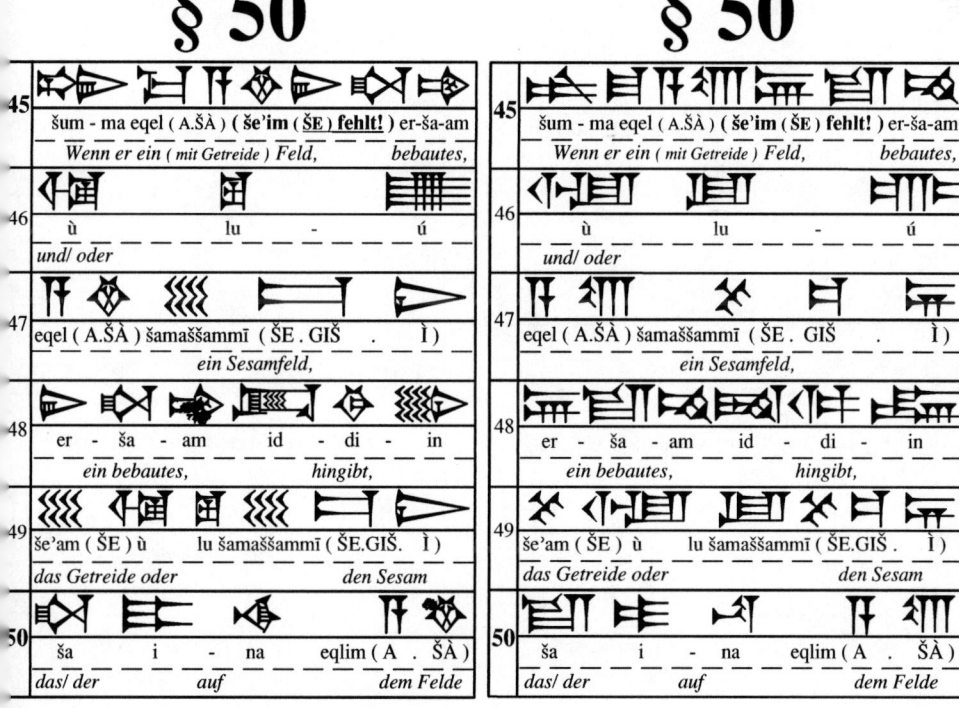

51	ib - ba - aš - šu - ú
	wächst,
52	be - el eqlim (A . ŠÀ) - ma
	(soll) der Eigentümer des Feldes
53	i - le - qé - ma
	bekommen
54	kaspam (KÙ.BABBAR) ù ṣi - ba - sú
	(und) das Geld sowie die Zinsen
55	a - na tamkārim (DAM . GÀR)
	an den Kaufmann
	ú - ta - ar
	zurückgeben.

§ 51

56	šum - ma kaspam (KÙ . BABBAR)
	Wenn Geld
57	a - na tu - úr - ri - im
	zum Zurückgeben
58	la i - šu
	er nicht hat,
59	(še'am (ŠE) ù lu?) šamaššammī (ŠE . GIŠ. Ì)
	(soll er Getreide oder) Sesam
60	a - na ma - ḫi - ra -
	für
	ti - šu - nu
	den Handelswert

51	ib - ba - aš - šu - ú
	wächst,
52	be - el eqlim (A . ŠÀ) - ma
	(soll) der Eigentümer des Feldes
53	i - le - qé - ma
	bekommen
54	kaspam (KÙ.BABBAR) ù ṣi - ba - sú
	(und) das Geld sowie die Zinsen
55	a - na tamkārim (DAM . GÀR)
	an den Kaufmann
	ú - ta - ar
	zurückgeben.

§ 51

56	šum - ma kaspam (KÙ . BABBAR
	Wenn Geld
57	a - na tu - úr - ri - im
	zum Zurückgeben
58	la i - šu
	er nicht hat,
59	(še'am (ŠE) ù lu?) šamaššammī (ŠE . GIŠ. Ì)
	(soll er Getreide oder) Sesam
60	a - na ma - ḫi - ra -
	für
	ti - šu - nu
	den Handelswert

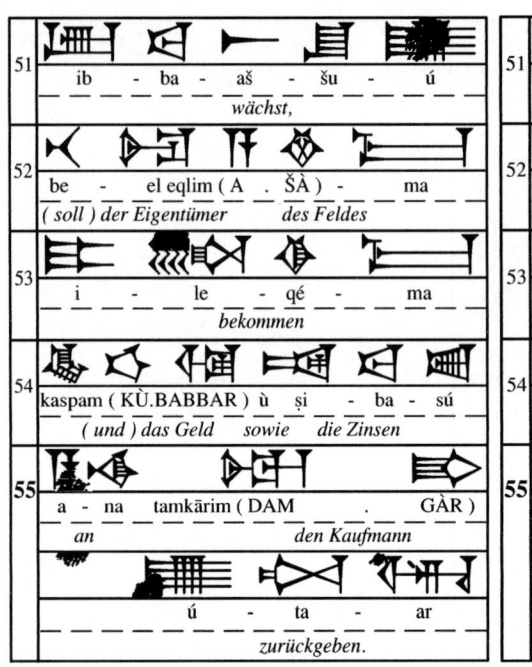

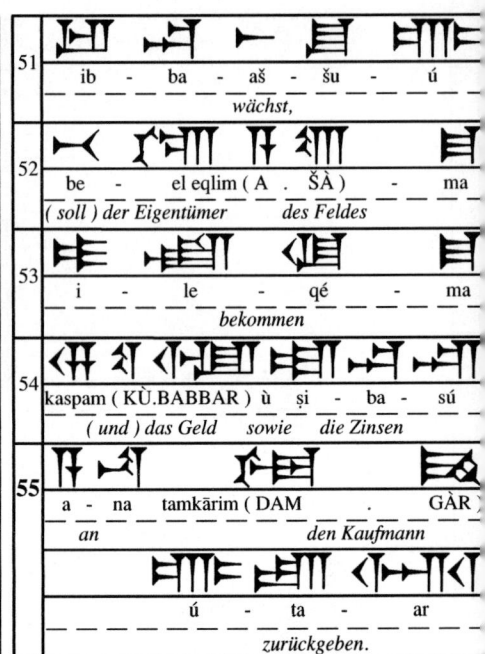

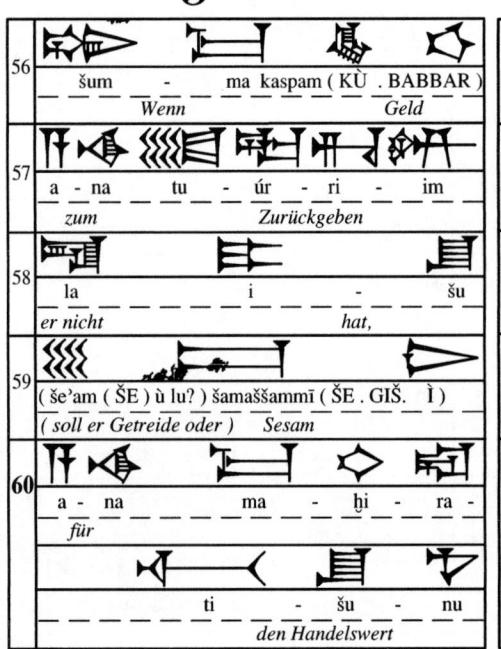

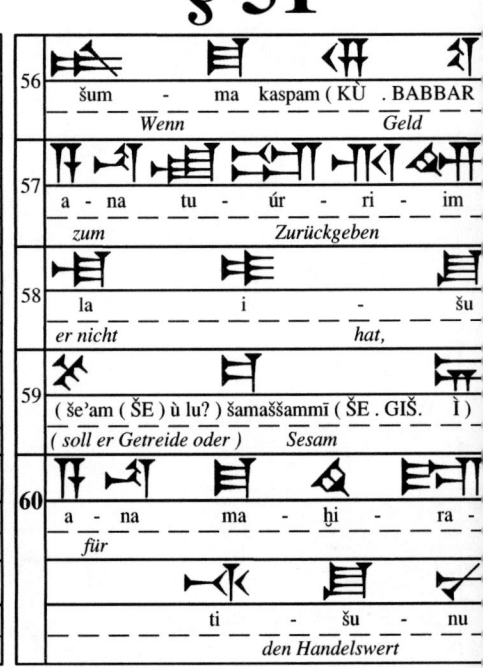

61 ša kaspī (KÙ .BABBAR) - šu
seines Geldes

62 ù ṣi - ib - ti - šu
und der Zinsen (dafür),

63 ša it - ti tamkārim (DAM . GÀR)
das er vom Kaufmann

il - qú - ú
bekommen hat,

64 a - na pī (KA) ṣi - im -
entsprechend (wörtl.: aus dem Munde)

da - at
der Verordnung

65 šar - ri - im
des Königs

66 a - na tamkārim (DAM . GÀR)
an den Kaufmann

i - na - ad - di - in
geben.

XV

§ 52

1 šum - ma er - re - šum
Wenn der (fragliche) Pächter

2 i - na eqlim (A. ŠÀ) še - am
auf dem Felde Getreide

61 ša kaspī (KÙ .BABBAR) - šu
seines Geldes

62 ù ṣi - ib - ti - šu
und der Zinsen (dafür),

63 ša it - ti tamkārim (DAM . GÀR)
das er vom Kaufmann

il - qú - ú
bekommen hat,

64 a - na pī (KA) ṣi - im -
entsprechend (wörtl.: aus dem Munde)

da - at
der Verordnung

65 šar - ri - im
des Königs

66 a - na tamkārim (DAM . GÀR)
an den Kaufmann

i - na - ad - di - in
geben.

XV

§ 52

1 šum - ma er - re - šum
Wenn der (fragliche) Pächter

2 i - na eqlim (A . ŠÀ) še - am
auf dem Felde Getreide

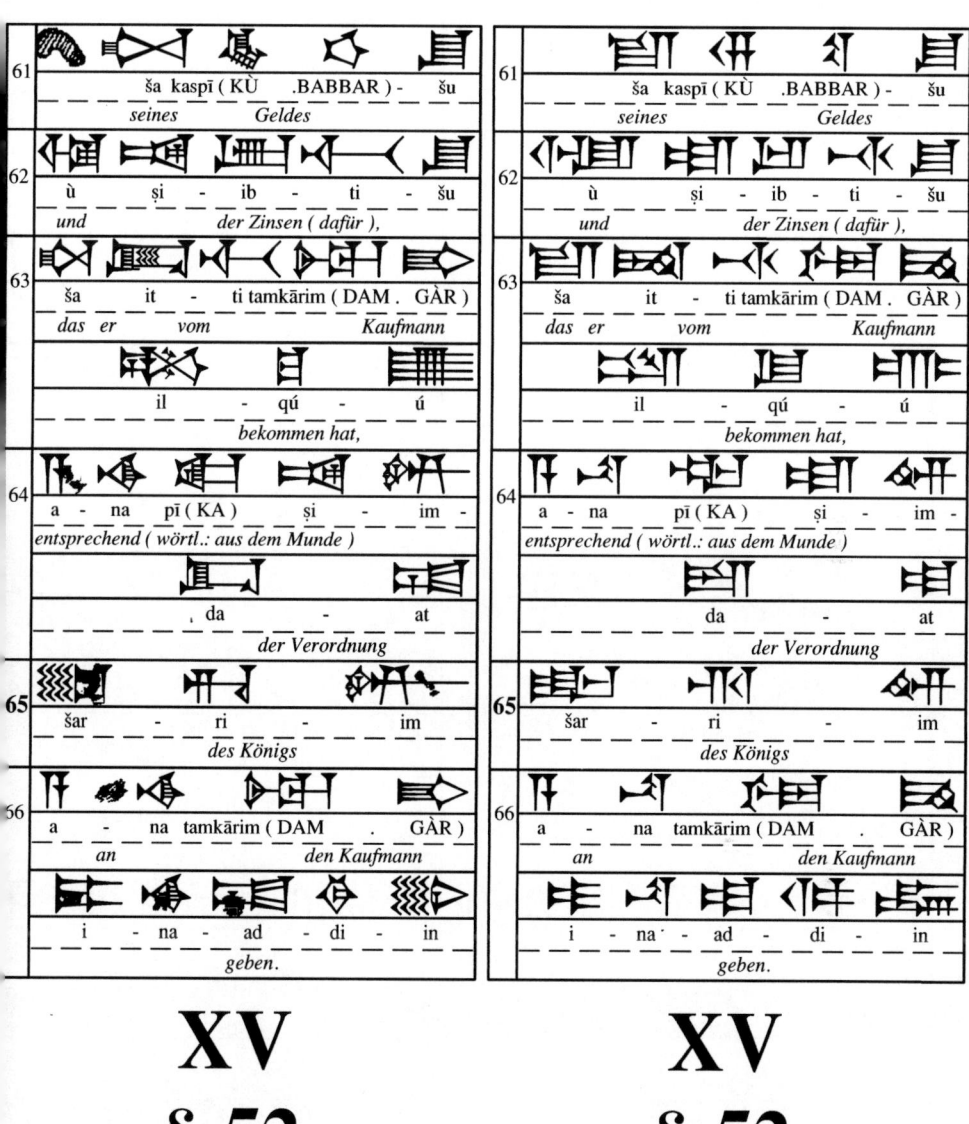

3	ù lu šamaššammī (ŠE . GIŠ . Ì)	*und/ oder Sesam*
4	la uš - tab - ši	*nicht wachsen lässt,*
5	ri - ik - sa - ti - šu	*(darf) er seine vertraglichen Abmachungen*
6	ú - ul [i] - in - ni	*nicht ändern.*

3	ù lu šamaššammī (ŠE . GIŠ . Ì)	*und/ oder Sesam*
4	la uš - tab - ši	*nicht wachsen lässt,*
5	ri - ik - sa - ti - šu	*(darf) er seine vertraglichen Abmachungen*
6	ú - ul i - in - ni	*nicht ändern.*

§ 53

7	šum - m[a a - w]i - lum	*Wenn ein Bürger*
8	a - n[a kār (KAR) eqlī (A . ŠÀ)] - šu	*für den Deich seines Feldes*
9	du - u[n - nu] - nim	*die Befestigung*
10	a - aḫ - šu [id - di - m]a	*die Hände in den Schoss legt,*
11	kār (KAR) - [šu]	*seinen Deich*
12	la ú - da[n - ni - in - ma]	*nicht befestigt,*
13	i - na [kārī (KAR) - šu]	*(und dann) in seinem Deich*
14	pí - tum it - t[e - ep - te]	*ein Loch entsteht,*

§ 53

7	šum - ma a - wi - lum	*Wenn ein Bürger*
8	a - na kār (KAR) eqlī (A . ŠÀ) - šu	*für den Deich seines Feldes*
9	du - un - nu - nim	*die Befestigung*
10	a - aḫ - šu id - di - ma	*die Hände in den Schoss legt,*
11	kār (KAR) - šu	*seinen Deich*
12	la ú - dan - ni - in - ma	*nicht befestigt,*
13	i - na kārī (KAR) - šu	*(und dann) in seinem Deich*
14	pí - tum it - te - ep - te	*ein Loch entsteht,*

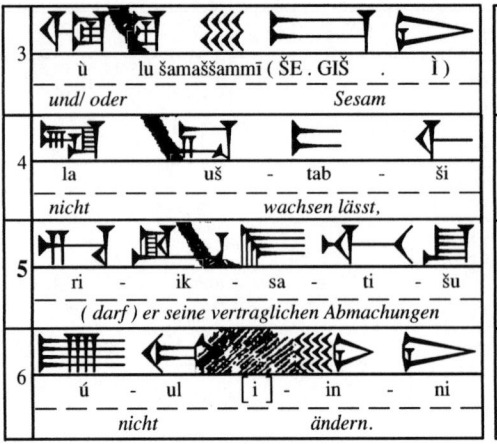

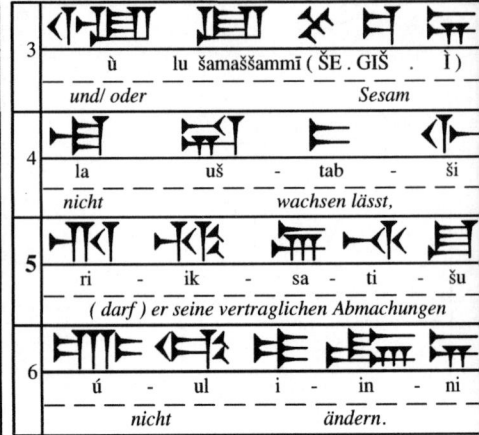

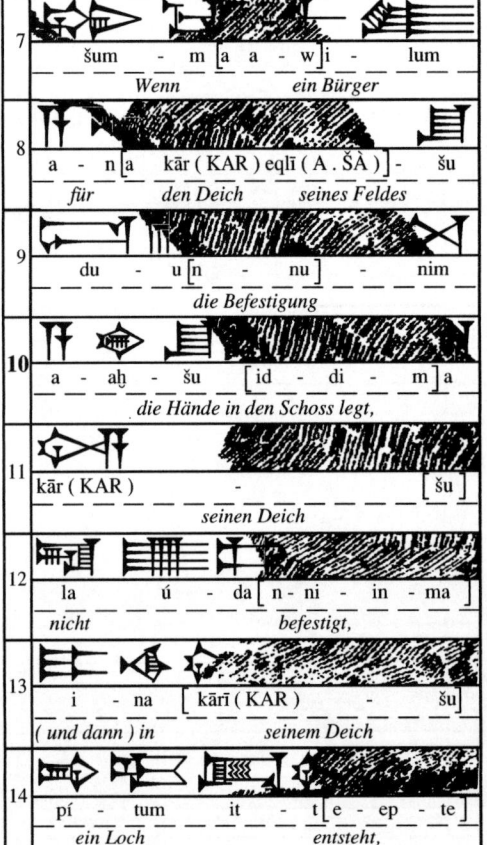

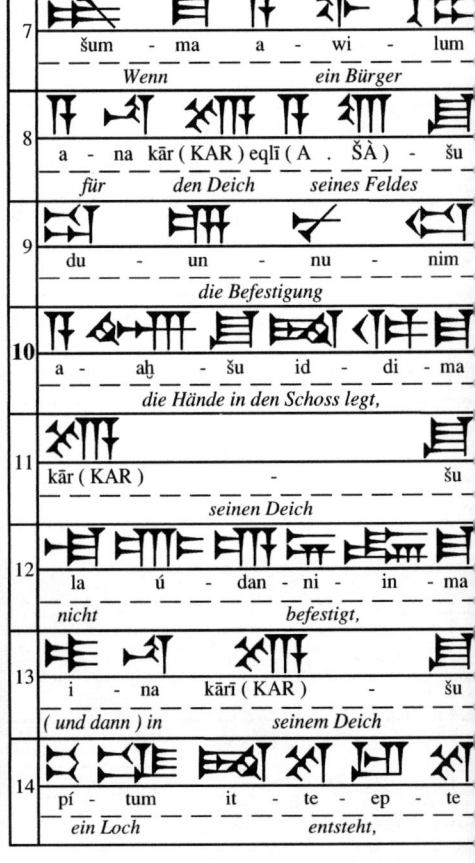

15 ù ugāram (A . GÀR)
und (durch) seine Schuld
me - e uš - ta - bíl
das Wasser (die Flur) wegschwemmt,

16 a - wi - lum
(soll) der Bürger,

17 ša i - na kārī (KAR) - šu
dessen in seinem Deich

18 pí - tum ip - pé - tu - ú
das Loch entstanden ist,

19 še'am (ŠE) ša ú - ḫal - li - qú
das Getreide, das vernichtet wurde,

20 i - ri - a - ab
ersetzen.

§ 54

21 šum - ma še'am (ŠE) ri - a - ba - am
Wenn Getreide zu ersetzen

22 la i - le - i
er nicht imstande ist,

23 šu - a - ti
(soll man) diesen

24 ù bi - ša - šu
und seine Habe

25 a - na kaspim (KÙ . BABBAR)
für Geld

15 ù ugāram (A . GÀR)
und (durch) seine Schuld
me - e uš - ta - bíl
das Wasser (die Flur) wegschwemmt,

16 a - wi - lum
(soll) der Bürger,

17 ša i - na kārī (KAR) - šu
dessen in seinem Deich

18 pí - tum ip - pé - tu - ú
das Loch entstanden ist,

19 še'am (ŠE) ša ú - ḫal - li - qú
das Getreide, das vernichtet wurde,

20 i - ri - a - ab
ersetzen.

§ 54

21 šum - ma še'am (ŠE) ri - a - ba - am
Wenn Getreide zu ersetzen

22 la i - le - i
er nicht imstande ist,

23 šu - a - ti
(soll man) diesen

24 ù bi - ša - šu
und seine Habe

25 a - na kaspim (KÙ . BABBAR)
für Geld

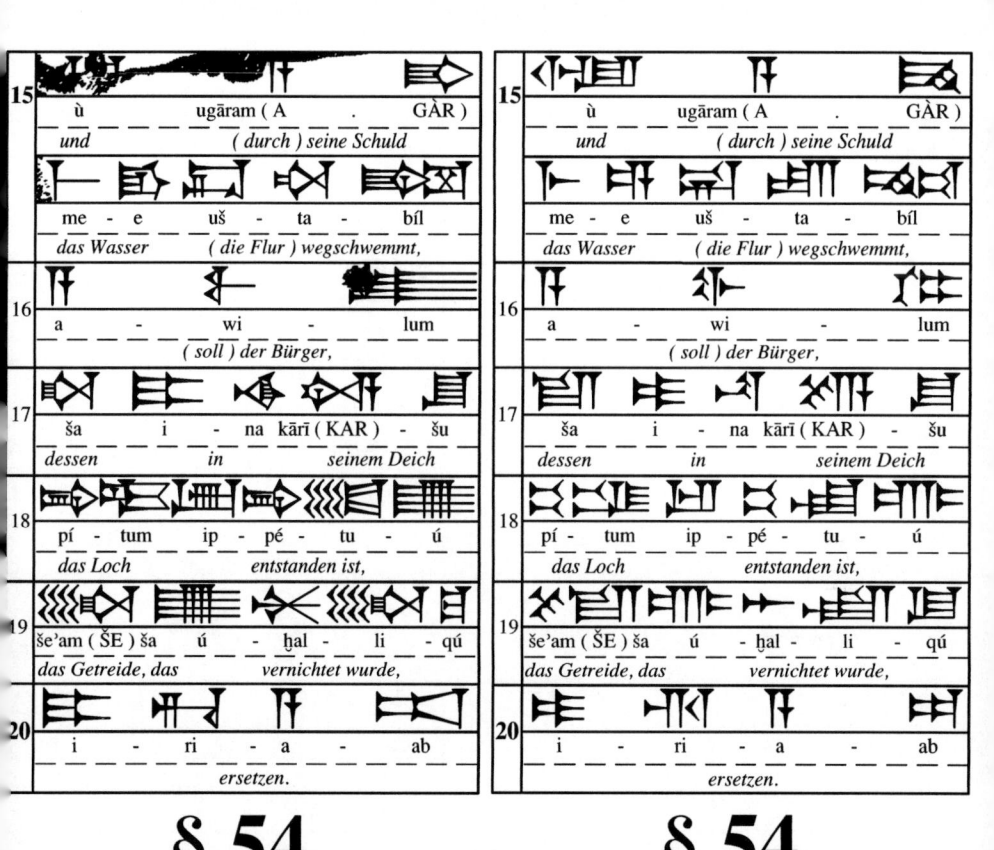

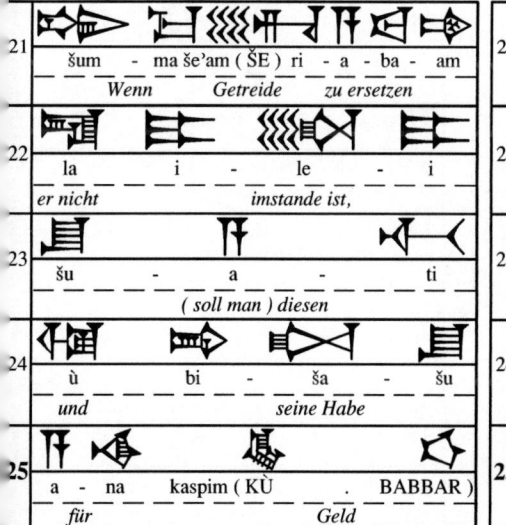

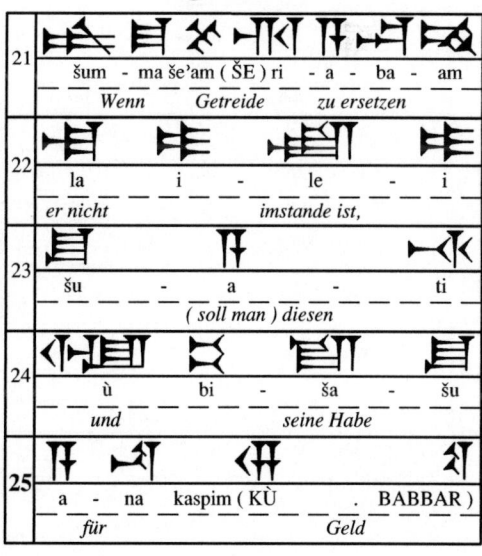

26	i - na - ad - di - nu - ma	*hergeben (verkaufen).*
27	DUMU . A . GÀR .MEŠ (mārū ugārim?)	*Die Bewohner der Flur*
28	ša še - šu - nu	*deren Getreide*
29	mu - ú ub - lu	*das Wasser weggeschwemmt hat,*
30	i - zu - uz - zu	*teilen (den Erlös).*

§ 55

31	šum - ma a - wi - lum	*Wenn ein Bürger*
32	a - tap - pa - šu	*seinen Graben*
33	a - na ši - qí - tim ip - te	*zur Bewässerung öffnet,*
34	a - aḫ - šu id - di - ma	*(dann aber) in den Schoss legt seine Hände,*
35	eqel (A.ŠÀ) i - te - šu	*das Feld seines Nachbarn*
36	me - e uš - ta - bíl	*das Wasser wegschwemmen lässt,*
37	še'am (ŠE) ki - ma i - te - šu	*(soll) er Getreide wie (der Ertrag) seines Nachbarn*

26	i - na - ad - di - nu - ma	*hergeben (verkaufen).*
27	DUMU . A . GÀR .MEŠ (mārū ugārim?)	*Die Bewohner der Flur*
28	ša še - šu - nu	*deren Getreide*
29	mu - ú ub - lu	*das Wasser weggeschwemmt hat,*
30	i - zu - uz - zu	*teilen (den Erlös).*

§ 55

31	šum - ma a - wi - lum	*Wenn ein Bürger*
32	a - tap - pa - šu	*seinen Graben*
33	a - na ši - qí - tim ip - te	*zur Bewässerung öffnet,*
34	a - aḫ - šu id - di - ma	*(dann aber) in den Schoss legt seine Hände,*
35	eqel (A. ŠÀ) i - te - šu	*das Feld seines Nachbarn*
36	me - e uš - ta - bíl	*das Wasser wegschwemmen lässt,*
37	še'am (ŠE) ki - ma i - te - šu	*(soll) er Getreide wie (der Ertrag) seines Nachbarn*

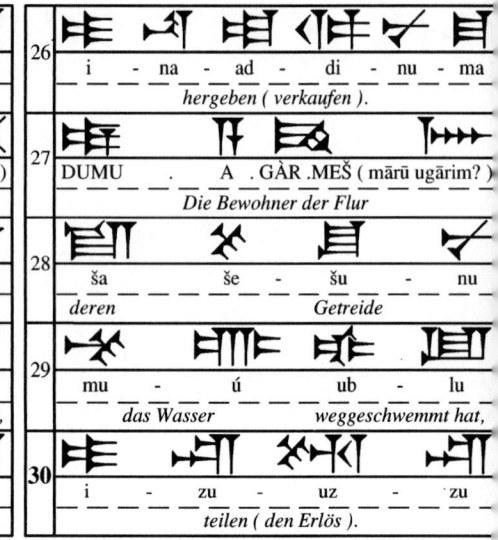

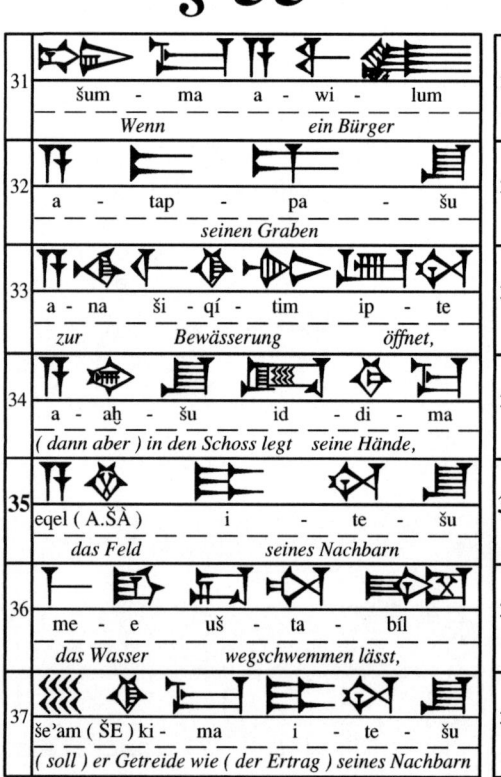

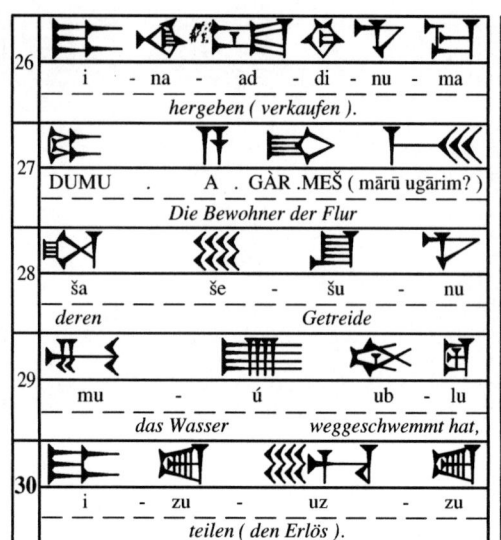

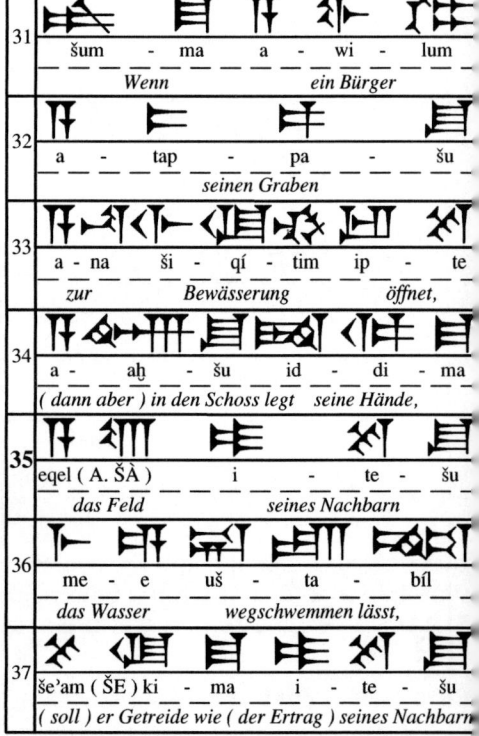

38 i - ma - ad - da - ad

darmessen.

§ 56

39 šum - ma a - wi - lum

Wenn ein Bürger

40 me - e ip - te - ma

Wasser einlässt,

41 ep - še - tim

(und so) die Pflanzungen

ša eqel (A . ŠÀ) i - te - šu

des Feldes seines Nachbarn

42 me - e uš - ta - bíl

das Wasser wegschwemmt,

43 BÙR iku . E

(soll er pro) 6 1/2 Hektar

44 10 ŠE . GUR

zehn Getreide Kor

45 i - ma - ad - da - ad

darmessen.

§ 57

46 šum - ma rē'ûm (SIPA)

Wenn ein Hirte

47 a - na ša - am - mi

zum Grasen

38 i - ma - ad - da - ad

darmessen.

§ 56

39 šum - ma a - wi - lum

Wenn ein Bürger

40 me - e ip - te - ma

Wasser einlässt,

41 ep - še - tim

(und so) die Pflanzungen

ša eqel (A . ŠÀ) i - te - šu

des Feldes seines Nachbarn

42 me - e uš - ta - bíl

das Wasser wegschwemmt,

43 BÙR iku . E

(soll er pro) 6 1/2 Hektar

44 10 ŠE . GUR

zehn Getreide Kor

45 i - ma - ad - da - ad

darmessen.

§ 57

46 šum - ma rē'ûm (SIPA)

Wenn ein Hirte

47 a - na ša - am - mi

zum Grasen

48	ṣēnī (USDUḪA = U$_8$ .UDU.ḪÁ) šu - ku - lim	*seines Kleinviehs (seiner Schafe und Ziegen)*
49	it - ti be - el eqlim (A . ŠÀ)	*mit dem Eigentümer des Feldes*
50	la im - ta - gàr - ma	*(sich) nicht einigt,*
51	ba - lum be - el eqlim (A . ŠÀ)	*ohne (Erlaubnis) des Eigentümers des Feldes*
52	eqlam (A . ŠÀ) ṣēnī (USDUḪA = U$_8$. UDU . ḪÁ)	*das Feld (vom) Kleinvieh*
53	uš - ta - ki - il	*abgrasen lässt,*
54	be - el eqlim (A . ŠÀ) eqel (A . ŠÀ) - šu	*(soll) der Eigentümer des Feldes sein Feld*
55	i - iṣ - ṣi - id	*abernten,*
56	rē'ûm (SIPA) ša i - na ba - lum	*der Hirt, der ohne (Erlaubnis)*
57	be - el eqlim (A . ŠÀ)	*des Eigentümers des Feldes*
58	eqlam (A . ŠÀ) ṣēnī (USDUḪA = U$_8$. UDU . ḪÁ)	*das Feld (vom) Kleinvieh*
59	ú - ša - ki - lu	*abgrasen liess,*
60	e - le - nu - um - ma	*(soll) obendrein*

48	ṣēnī (USDUḪA = U$_8$ .UDU.ḪÁ) šu - ku - lim	*seines Kleinviehs (seiner Schafe und Ziegen)*
49	it - ti be - el eqlim (A . ŠÀ)	*mit dem Eigentümer des Feldes*
50	la im - ta - gàr - ma	*(sich) nicht einigt,*
51	ba - lum be - el eqlim (A . ŠÀ)	*ohne (Erlaubnis) des Eigentümers des Feldes*
52	eqlam (A . ŠÀ) ṣēnī (USDUḪA = U$_8$. UDU . ḪÁ)	*das Feld (vom) Kleinvieh*
53	uš - ta - ki - il	*abgrasen lässt,*
54	be - el eqlim (A . ŠÀ) eqel (A . ŠÀ) - šu	*(soll) der Eigentümer des Feldes sein Feld*
55	i - iṣ - ṣi - id	*abernten,*
56	rē'ûm (SIPA) ša i - na ba - lum	*der Hirt, der ohne (Erlaubnis)*
57	be - el eqlim (A . ŠÀ)	*des Eigentümers des Feldes*
58	eqlam (A . ŠÀ) ṣēnī (USDUḪA = U$_8$. UDU . ḪÁ)	*das Feld (vom) Kleinvieh*
59	ú - ša - ki - lu	*abgrasen liess,*
60	e - le - nu - um - ma	*(soll) obendrein*

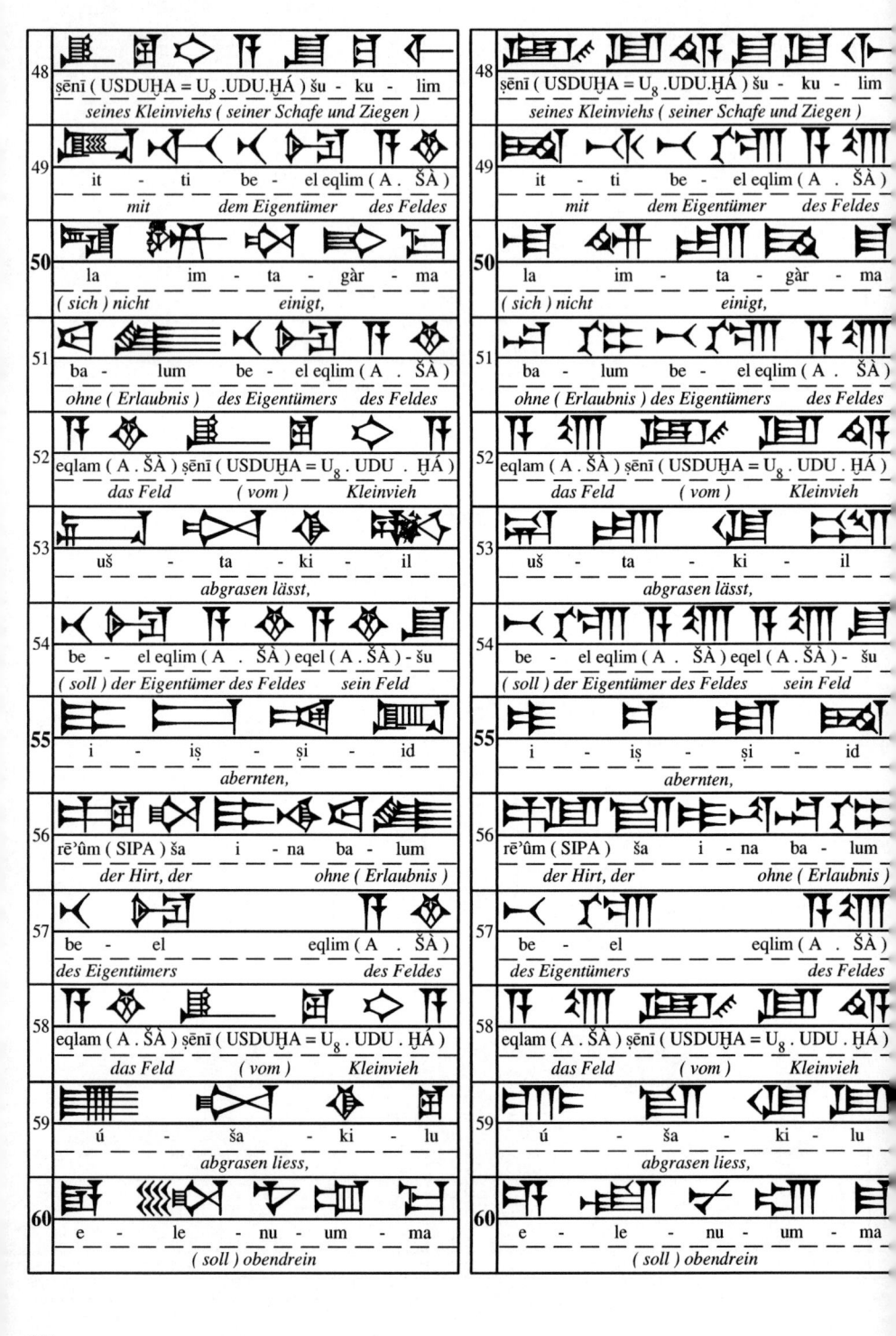

61 BÙR iku . E
(pro) 6 1/2 Hektar

62 20 ŠE . GUR
zwanzig *Getreide Kor*

63 a - na be - el eqlim (A . ŠÀ)
an *den Eigentümer* *des Feldes*

64 i - na - ad - di - in
geben.

§ 58

65 šum - ma iš - tu
Wenn, *nachdem*

ṣēnū (USDUḪA = U$_8$. UDU . ḪÁ)
das Kleinvieh

66 i - na ugārim (A . GÀR)
die Flur

67 i - te - li - a - nim
verlassen hat,

68 ka - an - nu
?

ga - ma - ar - tim
?

69 i - na abullim (ABUL = KÁ . GAL)
am *Stadttor*

70 it - ta - aḫ - la - lu
?

61 BÙR iku . E
(pro) 6 1/2 Hektar

62 20 ŠE . GUR
zwanzig *Getreide Kor*

63 a - na be - el eqlim (A . ŠÀ)
an *den Eigentümer* *des Feldes*

64 i - na - ad - di - in
geben.

§ 58

65 šum - ma iš - tu
Wenn, *nachdem*

ṣēnū (USDUḪA = U$_8$. UDU . ḪÁ)
das Kleinvieh

66 i - na ugārim (A . GÀR)
die Flur

67 i - te - li - a - nim
verlassen hat,

68 ka - an - nu
?

ga - ma - ar - tim
?

69 i - na abullim (ABUL = KÁ . GAL)
am *Stadttor*

70 it - ta - aḫ - la - lu
?

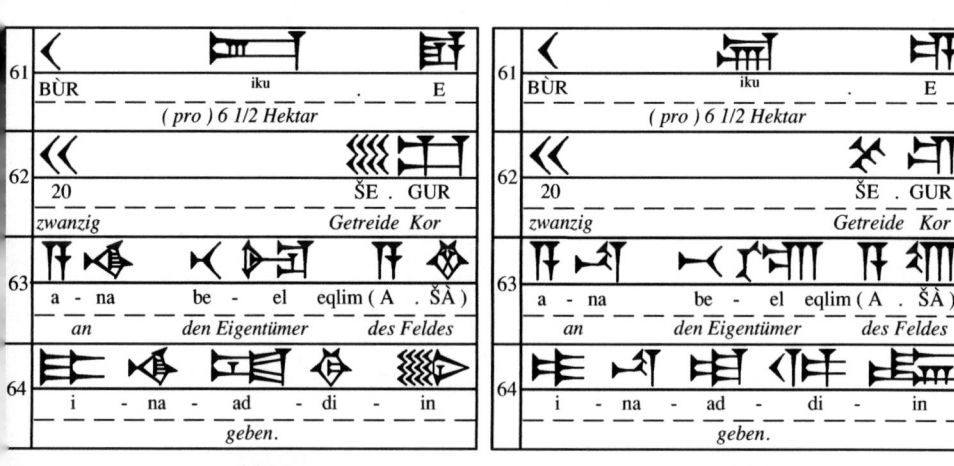

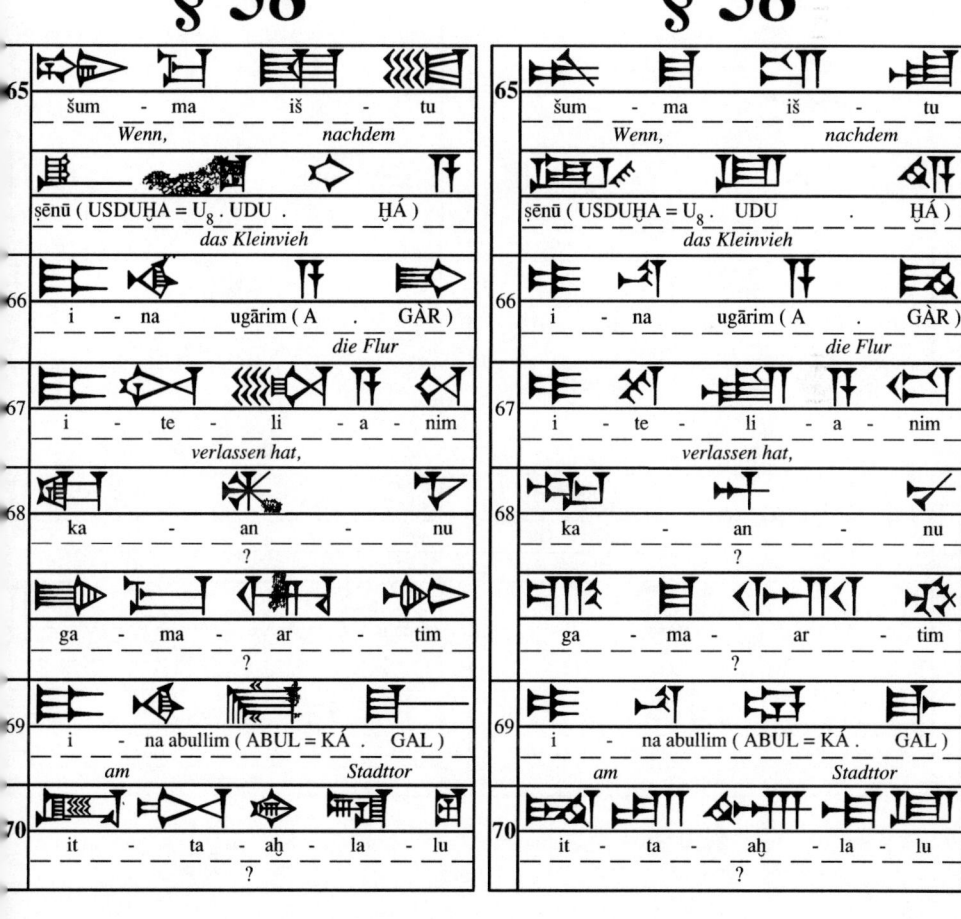

71	rē'ûm (SIPA) ṣēnī (USDUḪA = U$_8$ .UDU. ḪÁ)
	ein Hirte Kleinvieh
72	a - na eqlim (A.ŠÀ) id - di - ma
	auf ein Feld treibt,
73	eqlam (A.ŠÀ) ṣēnī (USDUḪA = U$_8$ .UDU. ḪÁ)
	das Feld (vom) Kleinvieh
74	uš - ta - ki - il
	abgrasen lässt,
75	rē'ûm (SIPA) eqel (A. ŠÀ) ú - ša - ki - lu
	(soll) der Hirte das Feld, das er hat abgrasen lassen,
76	i - na - ṣa - ar - ma
	in Ordnung halten,
77	i - na ebūrim (BURU$_{14}$)
	zur Erntezeit
78	BÙR ^{iku} . E
	(pro) 6 1/2 Hektar

XVI

1	60 ŠE . GUR
	sechzig Getreide Kor
2	a - na be - el eqlim (A . ŠÀ)
	an den Eigentümer des Feldes
3	i - ma - ad - da - ad
	darmessen.

§ 59

71	rē'ûm (SIPA) ṣēnī (USDUḪA = U$_8$. UDU . ḪÁ)
	ein Hirte Kleinvieh
72	a - na eqlim (A.ŠÀ) id - di - ma
	auf ein Feld treibt,
73	eqlam (A.ŠÀ) ṣēnī (USDUḪA = U$_8$ .UDU . ḪÁ)
	das Feld (vom) Kleinvieh
74	uš - ta - ki - il
	abgrasen lässt,
75	rē'ûm (SIPA) eqel (A. ŠÀ) ú - ša - ki - lu
	(soll) der Hirte das Feld, das er hat abgrasen lassen,
76	i - na - ṣa - ar - ma
	in Ordnung halten,
77	i - na ebūrim (BURU$_{14}$)
	zur Erntezeit
78	BÙR ^{iku} . E
	(pro) 6 1/2 Hektar

XVI

1	60 ŠE . GUR
	sechzig Getreide Kor
2	a - na be - el eqlim (A . ŠÀ)
	an den Eigentümer des Feldes
3	i - ma - ad - da - ad
	darmessen.

§ 59

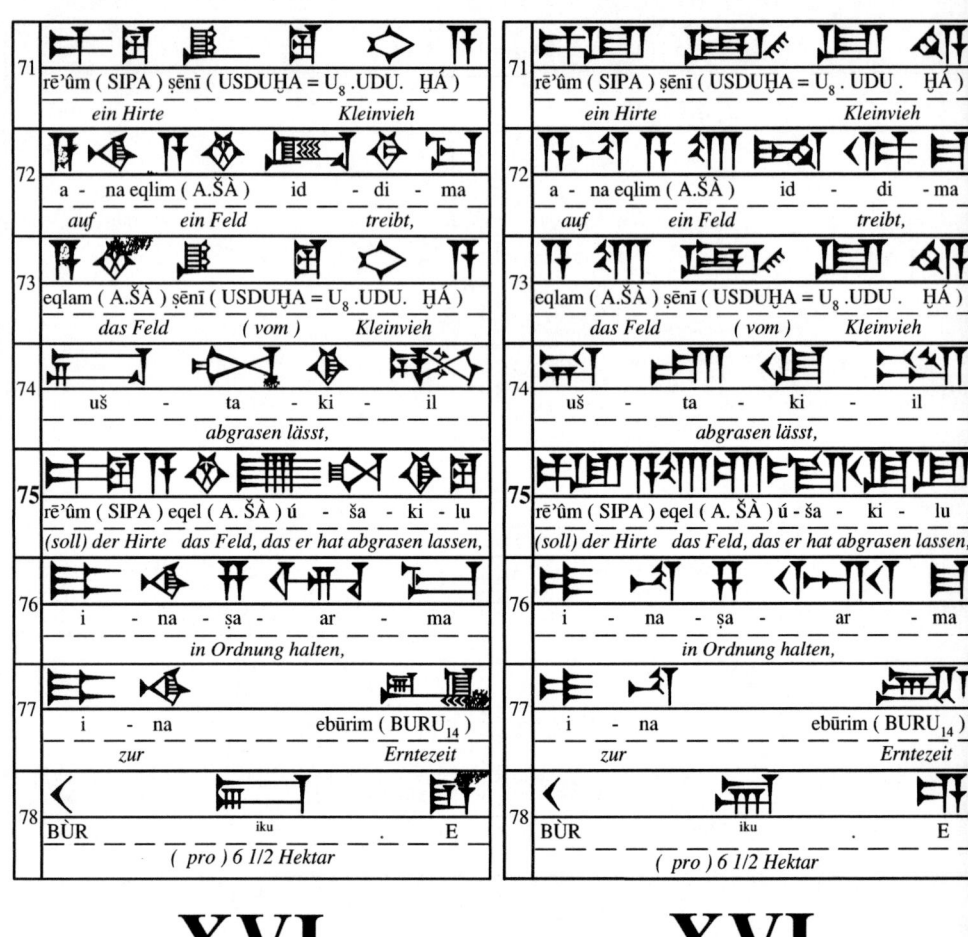

4 šum - ma a - wi - lum

Wenn ein Bürger

5 ba - lum be - el ^{giš}kirîm ($KIRI_6$)

ohne (Erlaubnis) des Eigentümers (Holz) des Baumgartens

6 i - na ^{giš}kiri ($KIRI_6$) a - wi - lim

im (Holz) Baumgarten eines (anderen) Bürgers

7 i - ṣa - am ik - ki - is

Holz hackt,

8 1/2 MA .NA kaspam (KÙ . BABBAR)

(soll) er eine halbe Mine Silber

9 i - ša - qal

bezahlen.

§ 60

10 šum - ma a - wi - lum

Wenn ein Bürger

11 eqlam (A.ŠÀ) a - na ^{giš} kirîm ($KIRI_6$)

ein Feld, um (dort) (Holz) einen Baumgarten

[z] a - qá - pí - im

anzupflanzen,

12 [a - n] a nukarippim (NU. ^{giš} . $KIRI_6$)

an einen Gärtner

id - di - in

gibt,

13 nukarippum (NU . ^{giš} . $KIRI_6$)

der Gärtner

4 šum - ma a - wi - lum

Wenn ein Bürger

5 ba - lum be - el ^{giš}kirîm ($KIRI_6$)

ohne (Erlaubnis) des Eigentümers (Holz) des Baumgartens

6 i - na ^{giš} kiri ($KIRI_6$) a - wi - lim

im (Holz) Baumgarten eines (anderen) Bürgers

7 i - ṣa - am ik - ki - is

Holz hackt,

8 1/2 MA . NA kaspam (KÙ . BABBAR)

(soll) er eine halbe Mine Silber

9 i - ša - qal

bezahlen.

§ 60

10 šum - ma a - wi - lum

Wenn ein Bürger

11 eqlam (A.ŠÀ) a - na ^{giš} kirîm ($KIRI_6$)

ein Feld, um (dort) (Holz) einen Baumgarten

za - qá - pí - im

anzupflanzen,

12 a - na nukarippim (NU . ^{giš} . $KIRI_6$)

an einen Gärtner

id - di - in

gibt,

13 nukarippum (NU . ^{giš} . $KIRI_6$)

der Gärtner

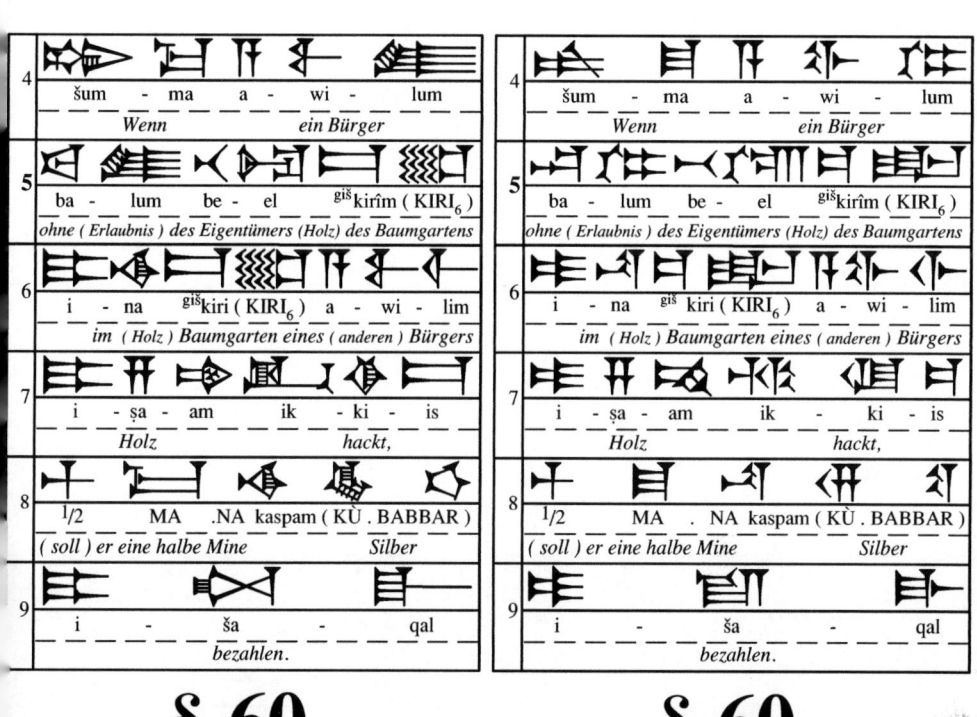

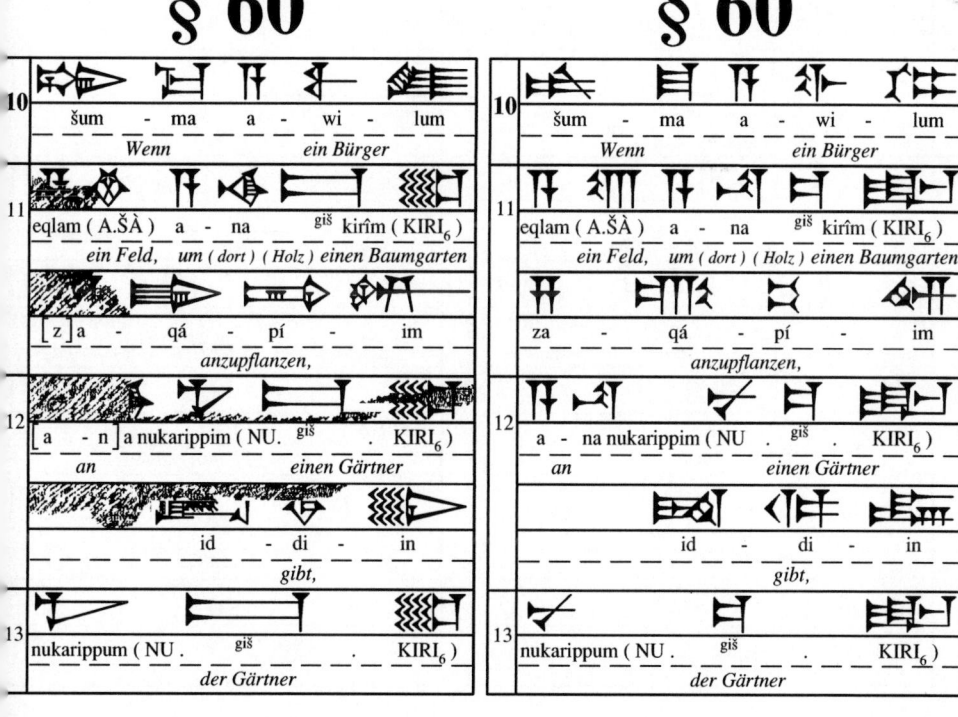

14	^{giš}kiriam ($KIRI_6$) iz - qú - up	(Holz) den Baumgarten anpflanzt,
15	MU . 4 . KAM	(soll) er 4 Jahre
16	^{giš}kiriam ($KIRI_6$) ú - ra - ab - ba	(Holz) den Baumgarten grossziehen;
17	i - na ḫa - mu - uš - tim	im fünften
18	ša - at - tim	Jahr
19	be - el ^{giš} kirîm ($KIRI_6$)	(sollen) der Eigentümer (Holz) des Baumgartens
20	ù nukarippum (NU . ^{giš} . $KIRI_6$)	und der Gärtner
21	mi - it - ḫa - ri - iš	zu gleichen Teilen
22	i - zu - zu	teilen.
23	be - el ^{giš} kirîm ($KIRI_6$)	Der Eigentümer (Holz) des Baumgartens
24	zitta (ḪA . LA) - šu	(darf) seinen Anteil
25	i - na - sà - aq - ma	auswählen
26	i - le - qé	(und) vorwegnehmen.

14	^{giš}kiriam ($KIRI_6$) iz - qú - up	(Holz) den Baumgarten anpflanzt,
15	MU . 4 . KAM	(soll) er 4 Jahre
16	^{giš}kiriam ($KIRI_6$) ú - ra - ab - ba	(Holz) den Baumgarten grossziehen;
17	i - na ḫa - mu - uš - tim	im fünften
18	ša - at - tim	Jahr
19	be - el ^{giš} kirîm ($KIRI_6$)	(sollen) der Eigentümer (Holz) des Baumgartens
20	ù nukarippum (NU . ^{giš} . $KIRI_6$)	und der Gärtner
21	mi - it - ḫa - ri - iš	zu gleichen Teilen
22	i - zu - zu	teilen.
23	be - el ^{giš} kirîm ($KIRI_6$)	Der Eigentümer (Holz) des Baumgartens
24	zitta (ḪA . LA) - šu	(darf) seinen Anteil
25	i - na - sà - aq - ma	auswählen
26	i - le - qé	(und) vorwegnehmen.

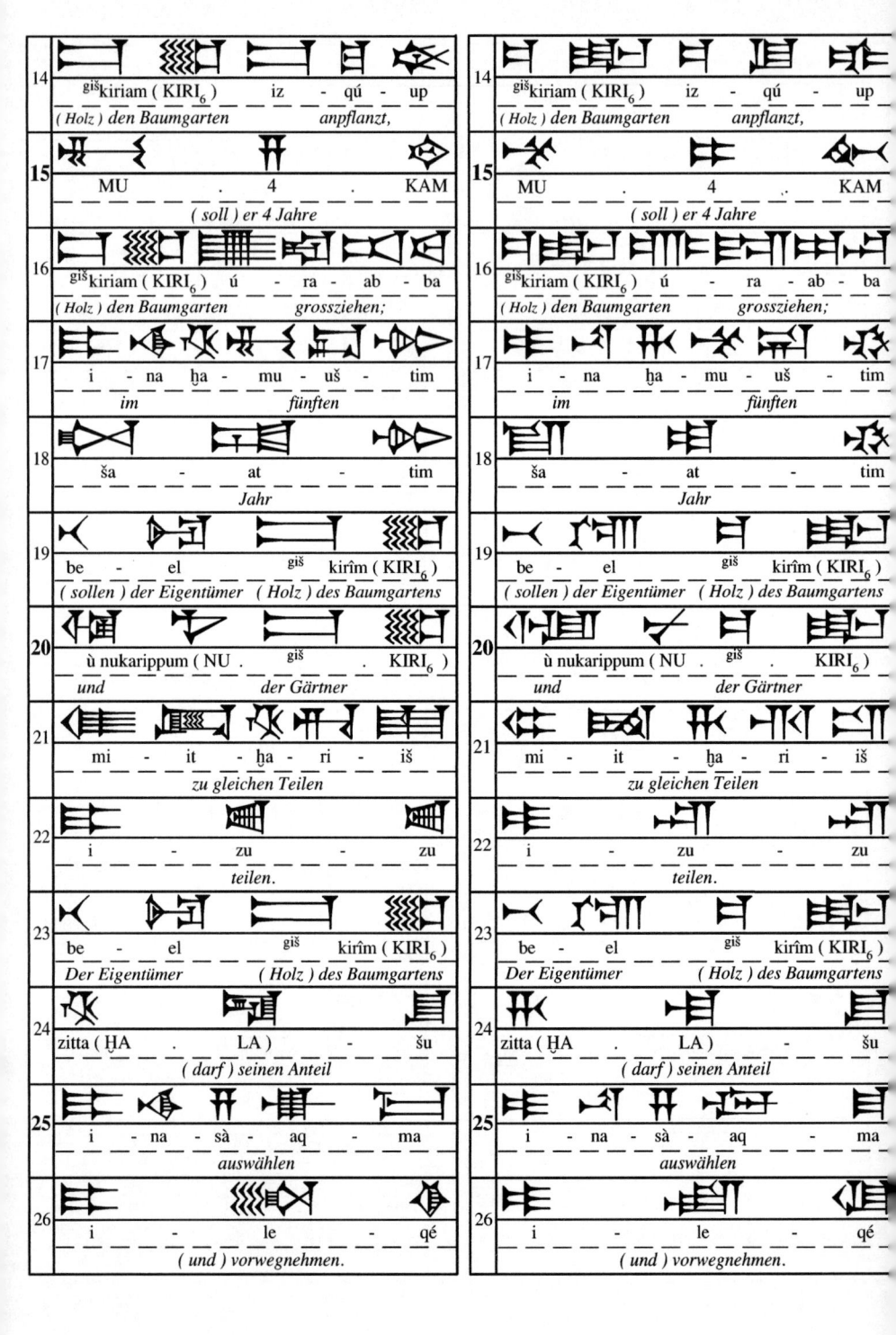

§ 49) 18) Wenn ein Bürger 19) von einem Kaufmann Geld 20) entleiht, 23) und er gibt dem Kaufmann 21) ein "bebautes" 22) Getreide- oder Sesamfeld, 28) mit den Worten: 24) "Bearbeite. das Feld, 27) sammele 25) das Getreide oder den Sesam ein, 26) das/ der darauf wächst, 27) und nimm es/ ihn hin" - 29) wenn dann ein Pächter, 30) auf dem Felde Getreide 31) oder Sesam 32) wachsen lässt, 35) so soll der Eigentümer des Feldes 33) zur Erntezeit das Getreide oder den Sesam, 34) das/ der auf dem Felde wächst, 36) erhalten; 37) Getreide für sein Geld, 39) das er vom Kaufmann 40) entliehen hat, 38) und die Zinsen dafür, 41) sowie die Kosten 42) der Bewirtschaftung 44) gibt er 43) dem Kaufmann.

§ 50) 45) Wenn er ein mit (Getreide) bebautes Feld 46) oder ein 48) bebautes 47) Sesamfeld 48) hingibt, 52) so soll der Eigentümer des Feldes 49) das Getreide oder den Sesam, 50) das/ der auf dem Felde 51) wächst, 53) erhalten 54) und das Geld mit den Zinsen dafür 55) dem Kaufmann zurückgeben.

§ 51) 56) Wenn er Geld 57) zum Zurückgeben 58) nicht hat, 66) so soll er dem Kaufmann 59) (Getreide oder) Sesam 60) für den Handelswert 61) seines Geldes, 63) das er vorn Kaufmann bekommen hat, 62) und der Zinsen dafür , 64) entsprechend der Regelung 65) des Königs 66) geben.

§ 52 XV 1) Wenn der (fragliche) Pächter 2) auf dem Felde kein Getreide 3) oder keinen Sesam 4) wachsen lässt, 5) so darf er seine vertraglichen Abmachungen 6) nicht ändern.

§ 53) 7) Wenn ein Bürger 8) in bezug auf 9) die Befestigung 8) des Deiches seines Feldes 10) die Hände in den Schoss legt 11) und seinen Deich 12) nicht befestigt- 13) (wenn dann) in seinem Deich 14) eine Öffnung entsteht 15) und durch seine Schuld das Wasser die Flur wegschwemmt, 16) so soll der Bürger, 17) in dessen Deich 18) die Öffnung entstanden ist, 19) das Getreide, das er dadurch vernichtet hat, 20) ersetzen.

§ 54) 21) Wenn er 22) nicht imstande ist, 21) das Getreide zu ersetzen, 23) so soll man ihn 24) und seine Habe 25) für Geld 26) verkaufen, 27) und die Bewohner der Flur, 28) deren Getreide 29) das Wasser weggeschwemmt hat, 30) teilen (den Erlös).

§ 55) 31) Wenn ein Bürger 32) seinen Graben 33) zur Bewässerung öffnet, 34) dann aber die Hände in den Schoß legt 36) und auf die Weise das Wasser 35) das Feld eines Nachbarn 36) wegschwemmen lässt, 37) so soll er Getreide entsprechend dem (Ertrag) seines Nachbarn 38) darmessen.

§ 56) 39) Wenn ein Bürger 40) Wasser einlässt 41) und auf die Weise 42) das Wasser 41) die Pflanzungen des Feldes seines Nachbarn 42) wegschwemmen lässt, 43) so soll er pro 6½ Hektar 44) zehn Kor Getreide 45) darmessen.

§ 57) 46) Wenn ein Hirt 49) mit dem Eigentümer eines Feldes 50) sich nicht einigt, 47f) dass er das Kleinvieh grasen lassen darf, 51) und ohne Erlaubnis des Eigentümers des Feldes 52) das Kleinvieh das Feld 53) abgrasen lässt, 54) soll der Eigentümer des Feldes 55) sein Feld abernten; 56) der Hirt, der ohne Erlaubnis 57) des Eigentümers des Feldes 58) das Feld vom Kleinvieh 59) hat abgrasen lassen, 60) soll obendrein 61) pro 6½ Hektar 62) zwanzig Kor Getreide 63) dem Eigentümer des Feldes 64) geben.

§ 58) 65) Wenn, nachdem das Kleinvieh 66) die Flur verlassen hat, 68).?. 69) am Stadttor .70) ?, 71) ein Hirt das Kleinvieh 72) auf das Feld treibt 73) und das Kleinvieh das Feld 74) abgrasen lässt, 75) soll der Hirt das Feld, das er hat abgrasen lassen, 76) in Ordnung halten 77) und zur Erntezeit 78) pro 6½ Hektar **XVI** 1) sechzig Kor Getreide 2) dem Eigentümer des Feldes 3) darmessen.

§ 59) 4) Wenn ein Bürger 5) ohne Erlaubnis des Eigentümers eines Baumgartens 6) im Baumgarten eines (anderen) Bürgers 7) Holz hackt, 8) so soll er eine halbe Mine Silber 9) zahlen.

§ 60) 10) Wenn ein Bürger 11) ein Feld 12) einem Gärtner übergibt, 11) um dort einen Baumgarten anzupflanzen, 13) und der Gärtner 14) den Baumgarten anpflanzt, 15) so soll er vier Jahre 16) den Baumgarten großziehen; 17) im fünften 18) Jahre 19) sollen der Eigentümer des Gartens 20) und der Gärtner 21) zu gleichen 'Teilen 22) teilen; 23) der Eigentümer des Baumgartens 24) darf seinen Anteil 25) auswählen 26) und vorwegnehmen.

§ 61

27	šum - ma nukarippum (NU. ^{giš} . $KIRI_6$)	*Wenn der Gärtner*
28	eqlam (A.ŠÀ) i - na za - qá - pí - im	*des Feldes mit der Bepflanzung*
29	la ig - mur - ma	*nicht fertig wird,*
30	ni - di - tam i - zi - ib	*(sondern) unbebautes Land zurücklässt,*
31	ni - di - tam	*(soll man) das unbebaute Land*
32	a - na li - ib - bi	*auf*
	zittī (ḪA . LA) - šu	*seinen Anteil*
33	i - ša - ka - nu - šum	*setzen.*

§ 61

27	šum - ma nukarippum (NU. ^{giš} . $KIRI_6$)	*Wenn der Gärtner*
28	eqlam (A.ŠÀ) i - na za - qá - pí - im	*des Feldes mit der Bepflanzung*
29	la ig - mur - ma	*nicht fertig wird,*
30	ni - di - tam i - zi - ib	*(sondern) unbebautes Land zurückläßt,*
31	ni - di - tam	*(soll man) das unbebaute Land*
32	a - na li - ib - bi	*auf*
	zittī (ḪA . LA) - šu	*seinen Anteil*
33	i - ša - ka - nu - šum	*setzen.*

§ 62

34	šum - ma eqlam (A . ŠÀ)	*Wenn er das Feld,*
35	ša in - na - ad - nu - šum	*das ihm gegeben wurde,*
36	a - na ^{giš} kirîm ($KIRI_6$)	*als (Holz) Baumgarten*

§ 62

34	šum - ma eqlam (A . ŠÀ)	*Wenn er das Feld,*
35	ša in - na - ad - nu - šum	*das ihm gegeben wurde,*
36	a - na ^{giš} kirîm ($KIRI_6$)	*als (Holz) Baumgarten*

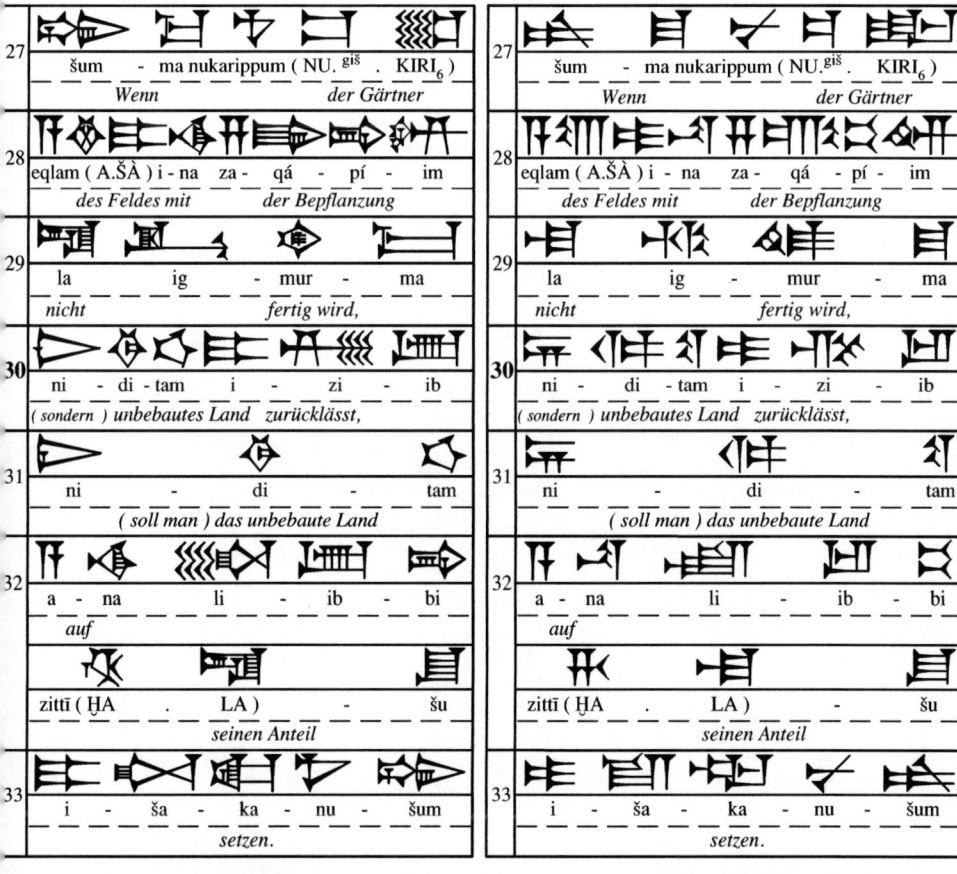

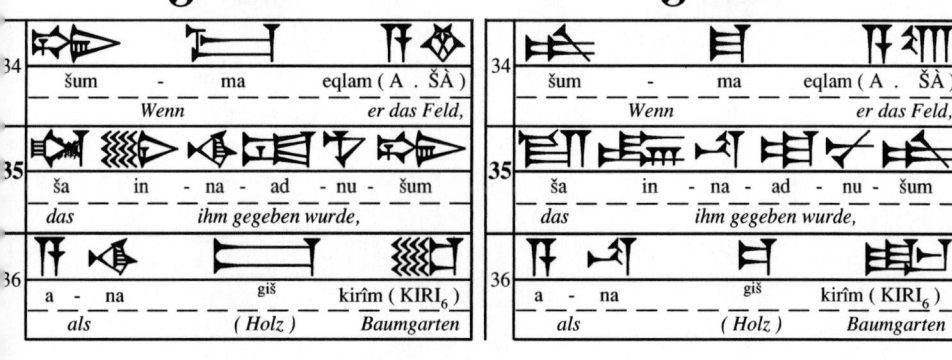

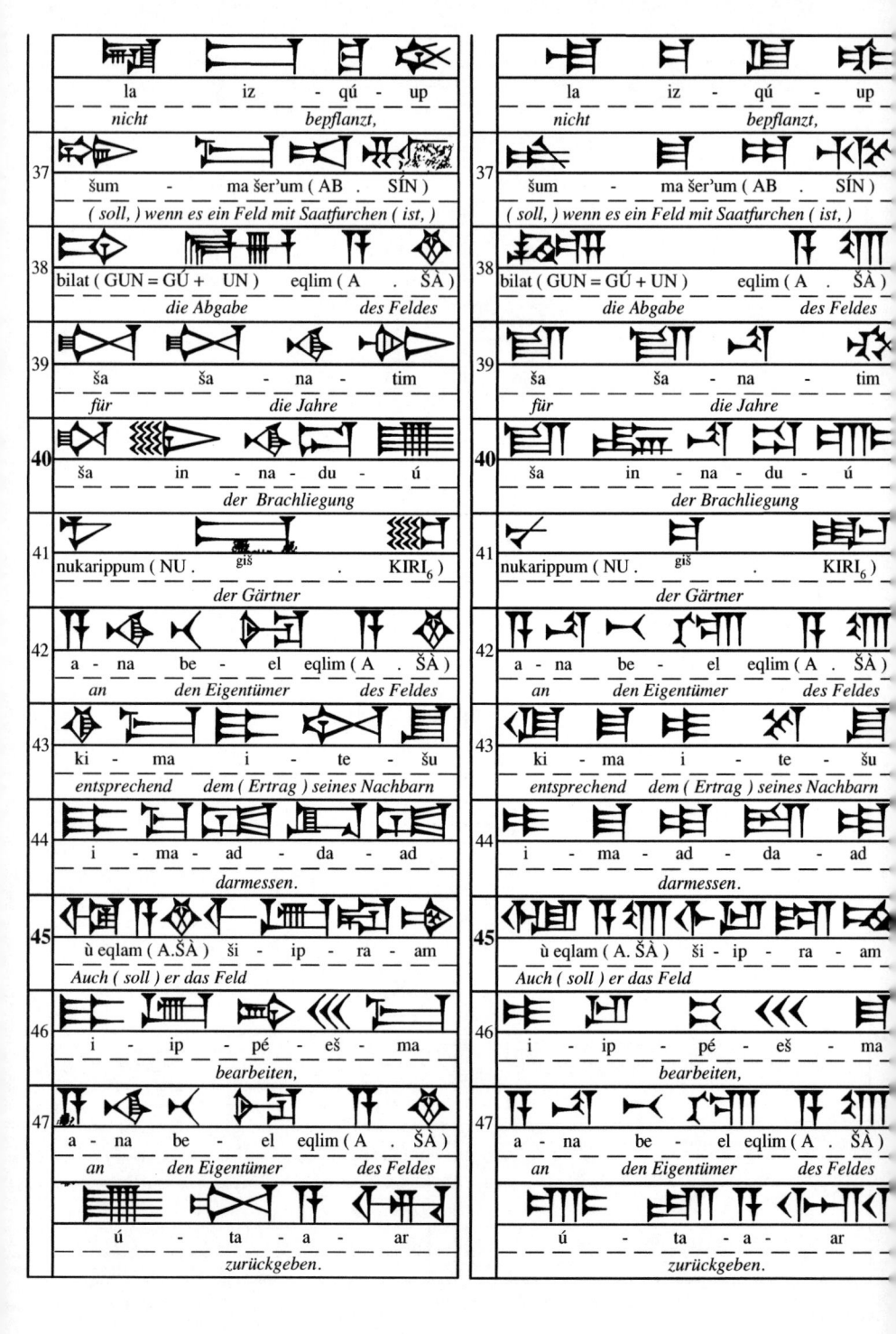

la iz - qú - up	la iz - qú - up
nicht bepflanzt,	nicht bepflanzt,
37 šum - ma šer'um (AB . SÍN)	37 šum - ma šer'um (AB . SÍN)
(soll,) wenn es ein Feld mit Saatfurchen (ist,)	(soll,) wenn es ein Feld mit Saatfurchen (ist,)
38 bilat (GUN = GÚ + UN) eqlim (A . ŠÀ)	38 bilat (GUN = GÚ + UN) eqlim (A . ŠÀ)
die Abgabe des Feldes	die Abgabe des Feldes
39 ša ša - na - tim	39 ša ša - na - tim
für die Jahre	für die Jahre
40 ša in - na - du - ú	40 ša in - na - du - ú
der Brachliegung	der Brachliegung
41 nukarippum (NU . giš . KIRI$_6$)	41 nukarippum (NU . giš . KIRI$_6$)
der Gärtner	der Gärtner
42 a - na be - el eqlim (A . ŠÀ)	42 a - na be - el eqlim (A . ŠÀ)
an den Eigentümer des Feldes	an den Eigentümer des Feldes
43 ki - ma i - te - šu	43 ki - ma i - te - šu
entsprechend dem (Ertrag) seines Nachbarn	entsprechend dem (Ertrag) seines Nachbarn
44 i - ma - ad - da - ad	44 i - ma - ad - da - ad
darmessen.	darmessen.
45 ù eqlam (A.ŠÀ) ši - ip - ra - am	45 ù eqlam (A.ŠÀ) ši - ip - ra - am
Auch (soll) er das Feld	Auch (soll) er das Feld
46 i - ip - pé - eš - ma	46 i - ip - pé - eš - ma
bearbeiten,	bearbeiten,
47 a - na be - el eqlim (A . ŠÀ)	47 a - na be - el eqlim (A . ŠÀ)
an den Eigentümer des Feldes	an den Eigentümer des Feldes
ú - ta - a - ar	ú - ta - a - ar
zurückgeben.	zurückgeben.

§ 63

48	šum - ma eqel (A.ŠÀ) nidûtim (KANKAL=KI.KAL)	*Wenn das Feld Brachland (ist),*
49	eqlam (A.ŠÀ) ši - ip - ra - am	*(soll er) das Feld*
50	i - ip - pé - eš - ma	*bearbeiten*
51	a - na (**nicht ŠÀ!**) be - el eqlim (A . ŠÀ)	*(und) an den Eigentümer des Feldes*
52	ú - ta - a - ar	*zurückgeben.*
53	ù BÙR iku . E	*Auch (soll er pro) 6 1/2 Hektar*
54	10 ŠE . GUR	*zehn Getreide Kor*
55	ša ša - at - tim	*für Jahr*
56	iš - ti - a - at	*ein*
57	i - ma - ad - da - ad	*darmessen.*

§ 64

58	šum - ma a - wi - lum	*Wenn ein Bürger*

§ 63

48	šum - ma eqel (A.ŠÀ) nidûtim (KANKAL=KI.KAL)	*Wenn das Feld Brachland (ist),*
49	eqlam (A.ŠÀ) ši - ip - ra - am	*(soll er) das Feld*
50	i - ip - pé - eš - ma	*bearbeiten*
51	a - na (**nicht ŠÀ!**) be - el eqlim (A . ŠÀ)	*(und) an den Eigentümer des Feldes*
52	ú - ta - a - ar	*zurückgeben.*
53	ù BÙR iku . E	*Auch (soll er pro) 6 1/2 Hektar*
54	10 ŠE . GUR	*zehn Getreide Kor*
55	ša ša - at - tim	*für Jahr*
56	iš - ti - a - at	*ein*
57	i - ma - ad - da - ad	*darmessen.*

§ 64

58	šum - ma a - wi - lum	*Wenn ein Bürger*

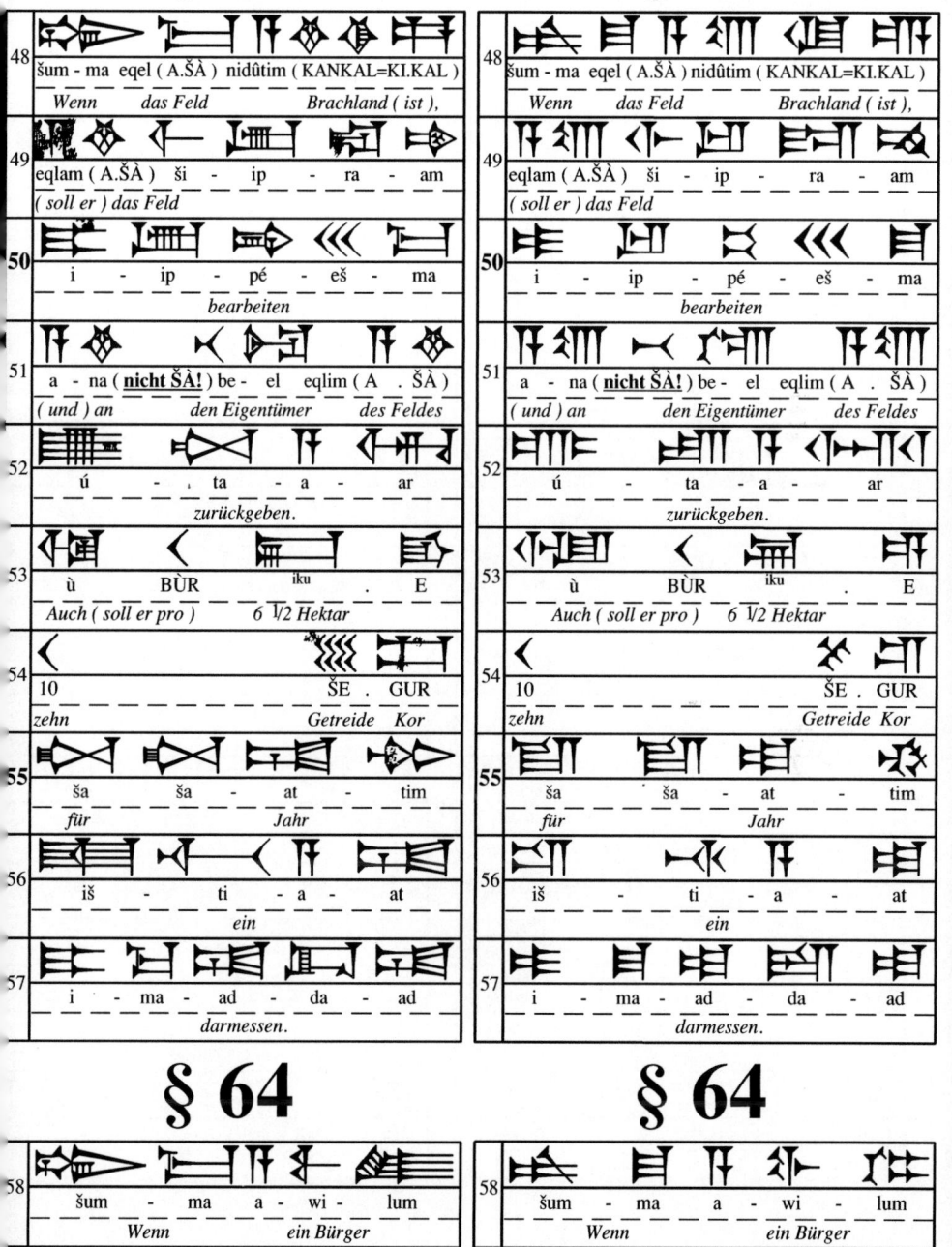

59	^{giš} kirâ (KIRI$_6$) - šu	(Holz) seinen Baumgarten
60	a - na nukarippim (NU . ^{giš} . KIRI$_6$)	an (Holz) den/ einen Gärtner
61	a - na ru - ku - bi - im	zur Bestäubung (Befruchtung)
62	id - di - in	gibt,
63	nukarippum (NU . ^{giš} . KIRI$_6$)	(Holz) (soll) der Gärtner
64	a - di ^{giš}kiriam (KIRI$_6$) ṣa - ab - tu	solange (Holz) er den Baumgarten innehat,
65	i - na bi - la - at ^{giš}kirîm (KIRI$_6$)	vom Ertrag (Holz) des Baumgartens
66	ši - it - ti - in	zwei Drittel
67	a - na be - el ^{giš}kiriam (KIRI$_6$)	an den Eigentümer (Holz) des Baumgartens
68	i - na - ad - di - in	geben.
69	ša - lu - uš - tam	Ein Drittel
70	šu - ú i - le - qé	er selbst bekommt.

59	^{giš} kirâ (KIRI$_6$) - šu	(Holz) seinen Baumgarten
60	a - na nukarippim (NU . ^{giš} . KIRI$_6$)	an (Holz) den/ einen Gärtner
61	a - na ru - ku - bi - im	zur Bestäubung (Befruchtung)
62	id - di - in	gibt,
63	nukarippum (NU . ^{giš} . KIRI$_6$)	(Holz) (soll) der Gärtner
64	a - di ^{giš}kiriam (KIRI$_6$) ṣa - ab - tu	solange (Holz) er den Baumgarten innehat,
65	i - na bi - la - at ^{giš}kirîm (KIRI$_6$	vom Ertrag (Holz) des Baumgartens
66	ši - it - ti - in	zwei Drittel
67	a - na be - el ^{giš}kiriam (KIRI$_6$	an den Eigentümer (Holz) des Baumgartens
68	i - na - ad - di - in	geben.
69	ša - lu - uš - tam	Ein Drittel
70	šu - ú i - le - qé	er selbst bekommt.

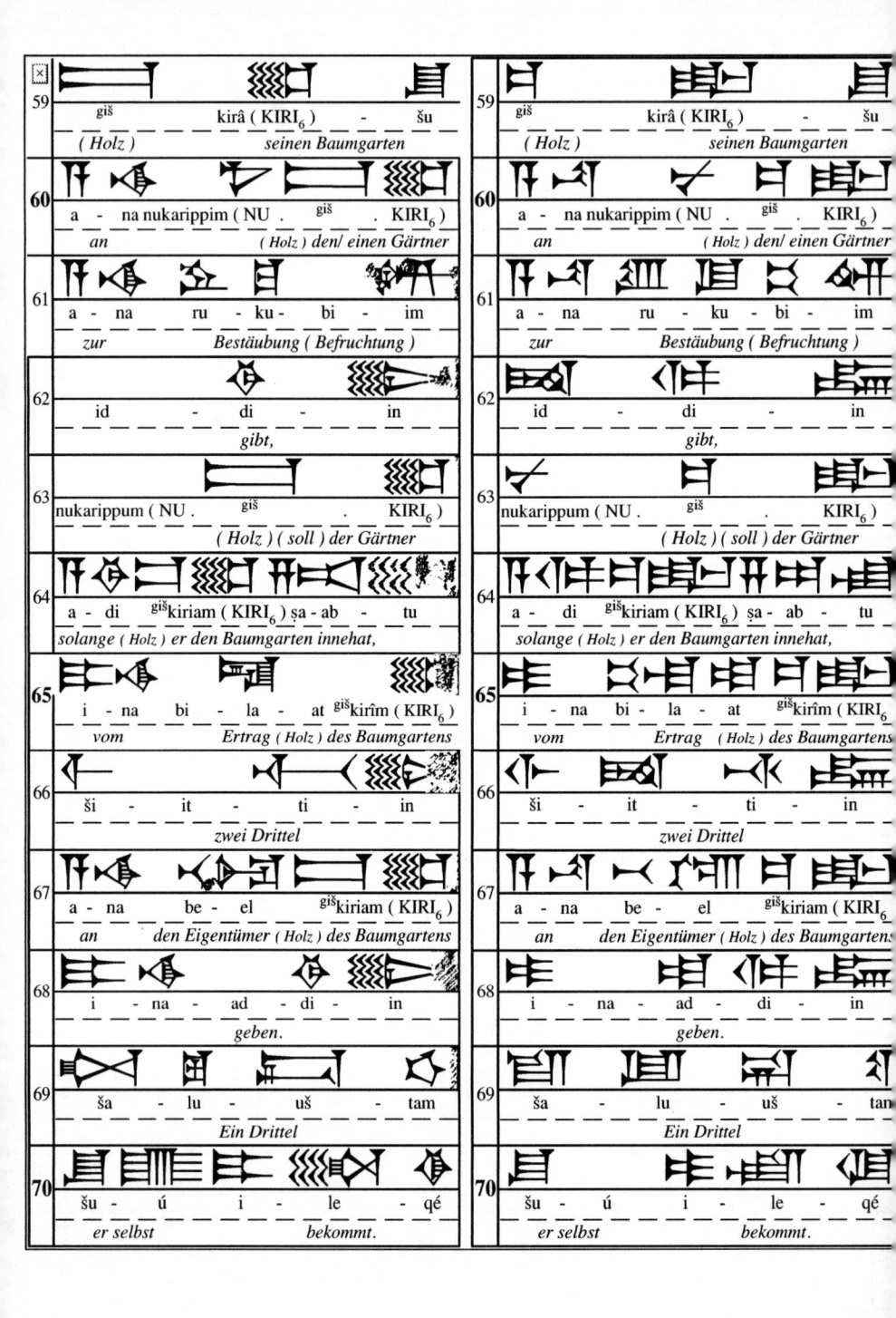

§ 65

71

šum - ma nukarippum (NU.giš . $KIRI_6$)

Wenn *(Holz) der Gärtner*

72

giškiriam ($KIRI_6$) la ú - ra -

(Holz) den Baumgarten nicht

ak - ki - ib - ma

bestäubt,

73

bi - il - tam um - ta - ṭi

den Ertrag (dadurch) mindert,

74
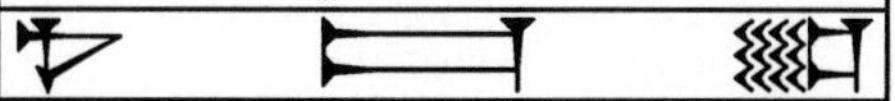

nukarippum (NU . giš . $KIRI_6$)

(Holz) (soll) der Gärtner

75

bi - la - at giškirîm ($KIRI_6$)

den Ertrag (Holz) des Baumgartens

76

a - na (be-el giš kirîm ($KIRI_6$) ki-ma fehlt!) i - te - šu

entsprechend dem (Ertrag) seines Nachbarn

XVII

1

i - ma - ad - da - ad

darmessen.

Die Kolonnen XVII - XXIII sind auf der grossen Stele weggemeisselt worden. Die dadurch entstandene Lücke lässt sich nach den Duplikaten nur teilweise ergänzen.

§ 66

1 šum - ma a - wi - lum

Wenn *ein Bürger*

§ 65

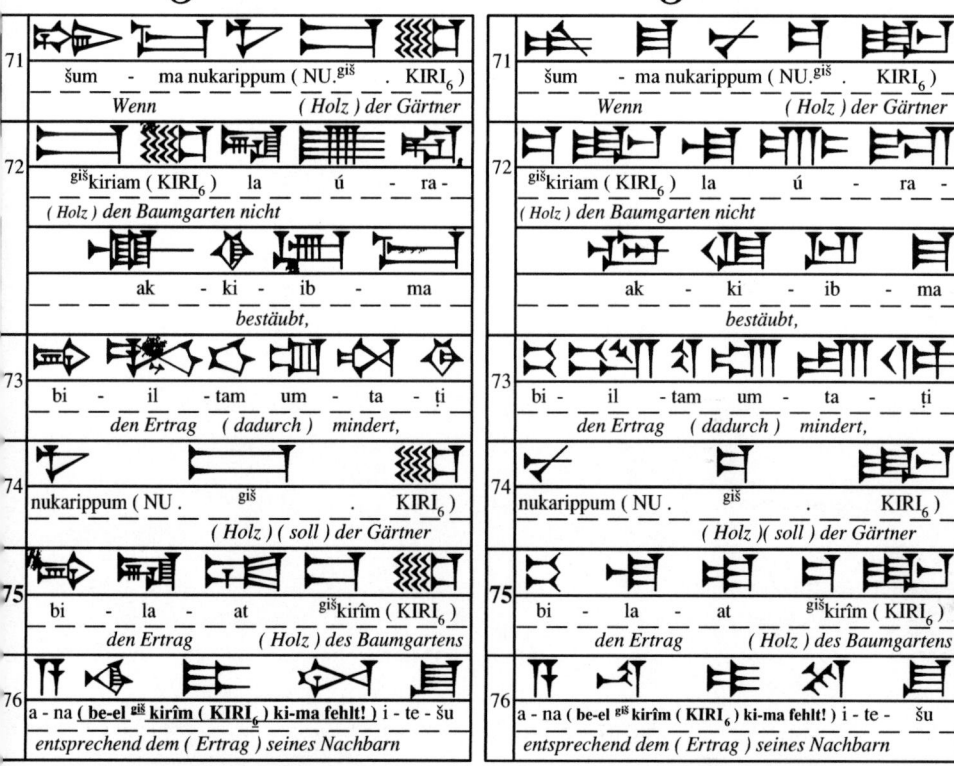

71

šum - ma nukarippum (NU.giš . $KIRI_6$)

Wenn *(Holz) der Gärtner*

72

giškiriam ($KIRI_6$) la ú - ra -

(Holz) den Baumgarten nicht

ak - ki - ib - ma

bestäubt,

73

bi - il - tam um - ta - ṭi

den Ertrag (dadurch) mindert,

74

nukarippum (NU . giš . $KIRI_6$)

(Holz)(soll) der Gärtner

75

bi - la - at giškirîm ($KIRI_6$)

den Ertrag (Holz) des Baumgartens

76

a - na (be-el giš kirîm ($KIRI_6$) ki-ma fehlt!) i - te - šu

entsprechend dem (Ertrag) seines Nachbarn

XVII

1
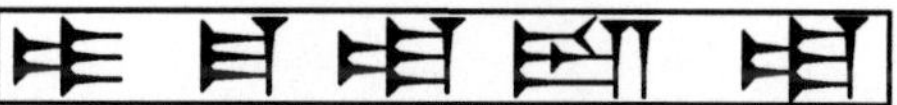

i - ma - ad - da - ad

darmessen.

Die Kolonnen XVII - XXIII sind auf der grossen Stele weggemeisselt worden. Die dadurch entstandene Lücke lässt sich nach den Duplikaten nur teilweise ergänzen.

§ 66

1 šum - ma a - wi - lum

Wenn *ein Bürger*

§ **61)** 27) Wenn der Gärtner 28) mit der Bepflanzung des Feldes 29) nicht fertig wird, 30) sondern unkultiviertes Land übrig lässt, 31) so soll man das unkultivierte Land 32) auf seinen Anteil 33) setzen.

§ **62)** 34) Wenn er das Feld, 35) das ihm gegeben wurde, 36) nicht zu einem Baumgarten bepflanzt, 37) so soll, wenn es ein Feld mit Saatfurchen ist, 41) der Gärtner 38) die Abgabe des Feldes 39) für die Jahre, 40) in denen es brach gelegen bat, 42) dem Eigentümer des Feldes 43) entsprechend dem (Ertrag) seines Nachbarn 44) darmessen; 45) auch soll er das Feld 46) bearbeiten 47) und dem Eigentümer des Feldes zurückgeben.

§ **63)** 48) Wenn es sich um Brachland handelt, 49) so soll er das Feld 50) bearbeiten 51) und dem Eigentümr des Feldes 52) zurückgeben; 53) auch soll er pro 6½ Hektar 54) zehn Kor Getreide 55) für 56) ein 55) Jahr 57) darmessen.

§ **64)** 58) Wenn ein Bürger, 59) seinen Baumgarten 60) einem Gärtner 61) zur Bestäubung 62) gibt, 63) so soll der Gärtner, 64) solange er den Baumgarten innehat 65) vom Ertrag des Baumgartens 66) zwei Drittel 67) dem Eigentümer des Baumgartens 68) geben, 70) er selbst bekommt 69) ein Drittel.

§ **65)** 71) Wenn der Gärtner 72) den Baumgarten nicht bestäubt 73) und dadurch den Ertrag mindert, 74) so soll der Gärtner 75) den Ertrag des Baumgartens 76) dem Eigentümer des Baumgartens entsprechend dem (Ertrag)) seines Nachbarn **XVII** 1) [darmessen].

Die Kolonnen XVII - XXIII sind auf der grossen Stele weggemeisselt worden. Die dadurch entstandene Lücke lässt sich nach den Duplikaten nur teilweise ergänzen.

2 kaspam (KÙ . BABBAR) it - ti

Geld von

tamkārim (DAM . GÀR) il - qé - ma

einem Kaufmann leiht,

3 tamkār (DAM . GÀR) - šu

sein Kaufmann

4 i - si - ir - šu - ma

es von ihm einfordert,

5 mi - im - ma ša na - da - nim

er nichts gibt,

6 la i - ba - aš - ši - šum

(weil) nichts vorhanden (ist),

7 ^{giš} kirâ (KIRI$_6$) - šu iš - tu

(Holz) er seinen Baumgarten nach

tar - ki - ib - tim

der Bestäubung

8 a - na tamkārim (DAM . GÀR)

an den Kaufmann

9 id - di - in - ma

gibt,

10 suluppī (ZÚ . LUM) ma - la

die Datteln alle

i - na ^{giš} kirîm (KIRI$_6$)

(die) im (Holz) Baumgarten

11 ib - ba - aš - šu - ú

wachsen,

12 a - na kaspī (KÙ . BABBAR) - ka

für dein Geld. "

13 ta - ba - al iq - bi - šum

mit den Worten: " Nimm

14 tamkārum (DAM . GÀR) šu - ú

Dem Kaufmann, diesem,

15 ú - ul im - ma - gàr

(soll dies) nicht gestattet werden.

16 suluppī (ZÚ .LUM)

Die Datteln,

ša i - na ^{giš} kirîm (KIRI$_6$)

die im (Holz) Baumgarten

17 ib - ba - aš - šu - ú

wachsen,

18 be - el ^{giš} kirîm (KIRI$_6$) - ma

(soll) der Eigentümer (Holz) des Baumgartens

19 i - le - qé - ma

bekommen.

2 kaspam (KÙ . BABBAR) it - ti

Geld von

tamkārim (DAM . GÀR) il - qé - ma

einem Kaufmann leiht,

3 tamkār (DAM . GÀR) - šu

sein Kaufmann

4 i - si - ir - šu - ma

es von ihm einfordert,

5 mi - im - ma ša na - da - nim

er nichts gibt,

6 la i - ba - aš - ši - šum

(weil) nichts vorhanden (ist),

7 ^{giš} kirâ (KIRI$_6$) - šu iš - tu

(Holz) er seinen Baumgarten nach

tar - ki - ib - tim

der Bestäubung

8 a - na tamkārim (DAM . GÀR)

an den Kaufmann

9 id - di - in - ma

gibt,

10 suluppī (ZÚ . LUM) ma - la

die Datteln alle

i - na ^{giš} kirîm (KIRI$_6$)

(die) im (Holz) Baumgarten

11 ib - ba - aš - šu - ú

wachsen,

12 a - na kaspī (KÙ . BABBAR) - ka

für dein Geld. "

13 ta - ba - al iq - bi - šum

mit den Worten: " Nimm

14 tamkārum (DAM . GÀR) šu - ú

Dem Kaufmann, diesem,

15 ú - ul im - ma - gàr

(soll dies) nicht gestattet werden.

16 suluppī (ZÚ .LUM)

Die Datteln,

ša i - na ^{giš} kirîm (KIRI$_6$)

die im (Holz) Baumgarten

17 ib - ba - aš - šu - ú

wachsen,

18 be - el ^{giš} kirîm (KIRI$_6$) - ma

(soll) der Eigentümer (Holz) des Baumgartens

19 i - le - qé - ma

bekommen.

20	kaspam (KÙ . BABBAR) ù ṣibas (MÁŠ) - šu	*Das Geld und seine Zinsen (dafür)*
21	ša pī (KA) ṭup - pí - šu	*entsprechend seiner Tafel*
22	tamkāram (DAM. GÀR) i - ip - pa - al - ma	*(muss) er dem Kaufmann bezahlen.*
23	suluppī (ZÚ . LUM) wa - at - ru - tim	*Die Datteln, die überschüssigen,*
24	ša i - na ^giš^ kirîm (KIRI$_6$)	*die im (Holz) Baumgarten*
25	ib - ba - aš - šu - ú	*wachsen,*
26	be - el ^giš^ kirîm (KIRI$_6$) - ma	*der Eigentümer (Holz) des Baumgartens.*
27	i - [le] - [qé]	*bekommt*

§ 67

1	šum - ma a - [wi - lum]	*Wenn ein Bürger*
2	bītam (É) i - [ip - pé - eš - ma]	*ein Haus bauen (will)*
3	ṭe$_4$ - ḫu - šu	?
4	ša	?

§ 67 + a

1	a - na šīm [im (Š Á M)]	*für den Kaufpreis ....*
2	ú - ul i° - [na - ad]- di - [i] š - šum	*nicht (soll) er ihm geben.*
3	šum - ma še'am (ŠE) kaspam (KÙ.BABBAR)	*Wenn er Getreide, Geld*
	ù bi - ša - am	*und/ oder Habe*
4	a - na bīt (É) il - ki - im	*für ein Haus als Lehen,*
5	ša bīt (É) i - te - šu	*das (zum) Haus seines Nachbarn,*

20	kaspam (KÙ . BABBAR) ù ṣibas (MÁŠ) - šu	*Das Geld und seine Zinsen (dafür)*
21	ša pī (KA) ṭup - pí - šu	*entsprechend seiner Tafel*
22	tamkāram (DAM. GÀR) i - ip - pa - al - ma	*(muss) er dem Kaufmann bezahlen.*
23	suluppī (ZÚ . LUM) wa - at - ru - tim	*Die Datteln, die überschüssigen,*
24	ša i - na ^giš^ kirîm (KIRI$_6$)	*die im (Holz) Baumgarten*
25	ib - ba - aš - šu - ú	*wachsen,*
26	be - el ^giš^ kirîm (KIRI$_6$) - ma	*der Eigentümer (Holz) des Baumgartens.*
27	i - [le] - [qé]	*bekommt*

§ 67

1	šum - ma a - [wi - lum]	*Wenn ein Bürger*
2	bītam (É) i - [ip - pé - eš - ma]	*ein Haus bauen (will)*
3	ṭe$_4$ - ḫu - šu	?
4	ša	?

§ 67 + a

1	a - na šīm [im (Š Á M)]	*für den Kaufpreis ....*
2	ú - ul i° - [na - ad]- di - [i] š - šum	*nicht (soll) er ihm geben.*
3	šum - ma še'am (ŠE) kaspam (KÙ.BABBAR)	*Wenn er Getreide, Geld*
	ù bi - ša - am	*und/ oder Habe*
4	a - na bīt (É) il - ki - im	*für ein Haus als Lehen,*
5	ša bīt (É) i - te - šu	*das (zum) Haus seines Nachbarn,*

6	ša i - ša - am - mu	das er kaufen will,
7	i - na - ad - di - in	hingibt,
8	i - na mi - im - ma	geht er all dessen,
9	ša id - di - nu	was er hingegeben hat,
10	i - te - el - li	verlustig.
11	bītum (É) a - n[a be - lí - šu]	Das Haus (fällt) an seinen Eigentümer
12	i - ta - ar	zurück.
13	šum - ma bītum (É) šu - ú	Wenn (auf) dem Haus, seinem,
14	il - kam la i - šu	eine Lehnspflicht nicht lastet,
15	i - ša - am	(darf) er es kaufen,
16	a - na bi - tim šu - a - ti	(und) für das Haus, dieses,
17	še'am (ŠE) kaspam (KÙ . BABBAR) ù	Getreide, Geld und/ oder
	bi - ša - am i - na - ad - d[i - in]	Habe hingeben.

6	ša i - ša - am - mu	das er kaufen will,
7	i - na - ad - di - in	hingibt,
8	i - na mi - im - ma	geht er all dessen,
9	ša id - di - nu	was er hingegeben hat,
10	i - te - el - li	verlustig.
11	bītum (É) a - n[a be - lí - šu]	Das Haus (fällt) an seinen Eigentümer
12	i - ta - ar	zurück.
13	šum - ma bītum (É) šu - ú	Wenn (auf) dem Haus, seinem,
14	il - kam la i - šu	eine Lehnspflicht nicht lastet,
15	i - ša - am	(darf) er es kaufen,
16	a - na bi - tim šu - a - ti	(und) für das Haus, dieses,
17	še'am (ŠE) kaspam (KÙ . BABBAR) ù	Getreide, Geld und/ oder
	bi - ša - am i - na - ad - d[i - in]	Habe hingeben.

§ 68 + a

§ 68 + a

1	šum - ma a - wi - [lum]	Wenn ein Bürger
2	ni - [di - tam (?)]	ein unbebautes Grundstück
3	ba - lum i - [te - šu]	ohne (Erlaubnis) seines Nachbarn
	i - t[e - pu - uš]	bearbeitet,
4	i - na bīt (É) [..........]	im Hause ?
5	i - te [- ....]	?
6	be - e [1 (?) ....]	?

1	šum - ma a - wi - [lum]	Wenn ein Bürger
2	ni - [di - tam (?)]	ein unbebautes Grundstück
3	ba - lum i - [te - šu]	ohne (Erlaubnis) seines Nachbarn
	i - t[e - pu - uš]	bearbeitet,
4	i - na bīt (É) [..........]	im Hause ?
5	i - te [- ....]	?
6	be - e [1 (?) ....]	?

7	a - n[a.........]	?

§ 68 + b

1	[n]a - ba - al - ka - [t]a (?) - ka	*deinen ...*
2	[d]u - ni - in	*" Befestige*
3	[i]š - tu bi - ti - ka	*aus deinem Hause*
4	[i]b - ba - la - ka - tu - nim	*kommt man zu mir herüber"*
5	[a] - na be - el [n]i - di - tim	*(und) zum Eigentümer des unbebauten Grundstücks*
6	[n]i - di - it - ka e - pu - uš	*" Dein unbebautes Grundstück bearbeite,*
7	[iš - t]u ni - di - ti - ka	*aus deinem unbebauten Grundstück*
8	[bi - t]i i - pa - al - la - šu - nim	*(in) mein Haus bricht man ein",*
9	[iq] - bi	*sagt:*
10	[ši] - bi iš - ku - un	*(und) Zeugen bringt ......*
11	[šum - ma (?)]°i - na na - ba - [a]l - ka - tim	?
12	[šar (?) - r] a (?) - qum	?
13	[........] AD (sehr kleine oder keine Lücke)	?
13 + x	⸢mi⸣ (?) - [im - ma ša i - na (?)]	?
14 + x	na - b[a (?) - al - ka - tim ḫal - qú (?)]	
15 + x	be - el x [..... i - ri - a - ab (??)]	
16 + x	šum - ma x (K[Á (?) ...]	
17 + x	be - el [ni - di - tim (?)]	
18 + x	mi - im - ma⸣ - [šu ḫal - qá - am (?)]	

7	a - n[a.........]	?

§ 68 + b

1	[n]a - ba - al - ka - [t]a (?) - ka	*deinen ...*
2	[d]u - ni - in	*" Befestige*
3	[i]š - tu bi - ti - ka	*aus deinem Hause*
4	[i]b - ba - la - ka - tu - nim	*kommt man zu mir herüber"*
5	[a] - na be - el [n]i - di - tim	*(und) zum Eigentümer des unbebauten Grundstücks*
6	[n]i - di - it - ka e - pu - uš	*" Dein unbebautes Grundstück bearbeite,*
7	[iš - t]u ni - di - ti - ka	*aus deinem unbebauten Grundstück*
8	[bi - t]i i - pa - al - la - šu - nim	*(in) mein Haus bricht man ein",*
9	[iq] - bi	*sagt:*
10	[ši] - bi iš - ku - un	*(und) Zeugen bringt ......*
11	[šum - ma (?)]°i - na na - ba - [a]l - ka - tim	?
12	[šar (?) - r] a (?) - qum	?
13	[........] AD (sehr kleine oder keine Lücke)	?
13 + x	⸢mi⸣ (?) - [im - ma ša i - na (?)]	?
14 + x	na - b[a (?) - al - ka - tim ḫal - qú (?)]	
15 + x	be - el x [..... i - ri - a - ab (??)]	
16 + x	šum - ma x (K[Á (?) ...]	
17 + x	be - el [ni - di - tim (?)]	
18 + x	mi - im - ma⸣ - [šu ḫal - qá - am (?)]	

19 + x i - r [i - a - ab (?)]

20 + x šum - ma [............]

21 + x ú - [............]

22 + x x [............]

§ 68 + c

1 i - na [............]

2 É . [G] AR$_8$ š [a] xx DA x [x]

3 É . G [A] R$_8$ Á [xx]

4 i - [............]

§ 69 + c

1 š [um - ma be - el bītim (É) (??)]

2 w [a - aš - ša - ba - am (??)]

3 i° (?) - [na bītī (É) - šu (??)]

4 ú° (?) - [še - ši - ib - ma (??)]

5 a - wi - lum aš - bu - um - ⌈ ma (?)
der Mieter einer Wohnung

6 kasap (KÙ . BABBAR) kiṣrī (KA . KEŠDA) - šu (?)
seine Miete,

7 ga - am - ra - am
die ganze,

8 ša ša - na - [at]
für (ein) Jahr

9 a - na be - el [bītim (É)]
an den Eigentümer des Hauses

10 id - di - in
gibt,

19 + x i - r [i - a - ab (?)]

20 + x šum - ma [............]

21 + x ú - [............]

22 + x x [............]

§ 68 + c

1 i - na [............]

2 É . [G] AR$_8$ š [a] xx DA x [x]

3 É . G [A] R$_8$ Á [xx]

4 i - [............]

§ 69 + c

1 š [um - ma be - el bītim (É) (??)]

2 w [a - aš - ša - ba - am (??)]

3 i° (?) - [na bītī (É) - šu (??)]

4 ú° (?) - [še - ši - ib - ma (??)]

5 a - wi - lum aš - bu - um - ⌈ ma (?)
der Mieter einer Wohnung

6 kasap (KÙ . BABBAR) kiṣrī (KA . KEŠDA) - šu (?)
seine Miete,

7 ga - am - ra - am
die ganze,

8 ša ša - na - [at]
für (ein) Jahr

9 a - na be - el [bītim (É)]
an den Eigentümer des Hauses

10 id - di - in
gibt,

11 be - el bītim (É) a - na
der Eigentümer der Wohnung
wa - aš - ša⌉ - bi⌉ - x
den Wohnungsmieter
12 i - na u_4 - mi - [šu]
vor seiner Zeit
13 la ma - lu - tim wa - a (!) - [ṣa - am]
nicht mehr zu wohnen (auszuziehen),
14 iq - ta - b[i - x]
auffordert,
15 be - el bītim (É) ⌈áš⌉ (?) - [šum (?)]
(geht) der Eigentümer des Hauses,
16 wa - aš - ša - [ba - am]
(weil er) den Wohnungsmieter
17 i - na u_4 - m[i - šu]
vor seiner Zeit
18 la ma - lu - [tim]
nicht (vor) Ablauf
19 i - na bītī (É) - šu ú - [še - ṣú - ú (?)]
aus seinem Hause hat ausziehen lassen,
20 i - na kaspim (KÙ . BABBAR) ša
wegen des Geldes, das
wa - ⌈aš⌉ - ša⌉ - b[u - um]
der Wohnungsmieter
21 ⌈id⌉ - di - [nu - šum (?)]
ihm gegeben hat,
22 [.....................] x [.....................]

§ 69 + d

1 [.....................] x - šu
2 [.....................] x - šu
3 [ú - ta - ar] - ru - šum

§ 70 + d

1 [šu] m - ⌈ma tamkārum (DA [M.GÀR) še - am ù]
Wenn ein Kaufmann (Getreide oder)

11 be - el bītim (É) a - na
der Eigentümer der Wohnung
wa - aš - ša⌉ - bi⌉ - x
den Wohnungsmieter
12 i - na u_4 - mi - [šu]
vor seiner Zeit
13 la ma - lu - tim wa - a (!) - [ṣa - am]
nicht mehr zu wohnen (auszuziehen),
14 iq - ta - b[i - x]
auffordert,
15 be - el bītim (É) ⌈áš⌉ (?) - [šum (?)]
(geht) der Eigentümer des Hauses,
16 wa - aš - ša - [ba - am]
(weil er) den Wohnungsmieter
17 i - na u_4 - m[i - šu]
vor seiner Zeit
18 la ma - lu - [tim]
nicht (vor) Ablauf
19 i - na bītī (É) - šu ú - [še - ṣú - ú (?)]
aus seinem Hause hat ausziehen lassen,
20 i - na kaspim (KÙ . BABBAR) ša
wegen des Geldes, das
wa - ⌈aš⌉ - ša⌉ - b[u - um]
der Wohnungsmieter
21 ⌈id⌉ - di - [nu - šum (?)]
ihm gegeben hat,
22 [.....................] x [.....................]

§ 69 + d

1 [.....................] x - šu
2 [.....................] x - šu
3 [ú - ta - ar] - ru - šum

§ 70 + d

1 [šu] m - ⌈ma tamkārum (DA [M.GÀR) še - am ù]
Wenn ein Kaufmann (Getreide oder)

	še'am u kaspam
	Getreide oder Geld
2	° a - na ḫubul [lim (UR_5 . RA) id - d] i - in
	als Darlehen gibt,
3	a - na 1 GUR . E] [1 paršikat 4 sâ]
	für ein Kor 100 Liter
	[še'am (ŠE) ṣibtam (MÁŠ)
	Getreide (als) Zins,
4	i - le - [eq] - qé
	bekommt er,
5	šum - ma kaspam (KÙ . BABBAR) a - na
	wenn er Geld als
	ḫubul [lim (UR_5 . RA) i] d - di - in
	Darlehen gibt,
6	a - na 1 šiqil (GÍN)
	für einen Schekel
	kaspim (KÙ . BAB [BAR] - im)
	Silber
7	IGI . 6 . GÁL 6 uṭṭet (ŠE)
	1/6 (Schekel und) sechs Gran
	ṣibtam (MÁŠ - am)
	Zinsen
8	i - le - eq - qé
	bekommt er.

	še'am u kaspam
	Getreide oder Geld
2	° a - na ḫubul [lim (UR_5 . RA) id - d] i - in
	als Darlehen gibt,
3	a - na 1 GUR . E] [1 paršikat 4 sâ]
	für ein Kor 100 Liter
	[še'am (ŠE) ṣibtam (MÁŠ)
	Getreide (als) Zins,
4	i - le - [eq] - qé
	bekommt er,
5	šum - ma kaspam (KÙ . BABBAR) a - na
	wenn er Geld als
	ḫubul [lim (UR_5 . RA) i] d - di - in
	Darlehen gibt,
6	a - na 1 šiqil (GÍN)
	für einen Schekel
	kaspim (KÙ . BAB [BAR] - im)
	Silber
7	IGI . 6 . GÁL 6 uṭṭet (ŠE)
	1/6 (Schekel und) sechs Gran
	ṣibtam (MÁŠ - am)
	Zinsen
8	i - le - eq - qé
	bekommt er.

§ 71 + d

§ 71 + d

1	[š] um - [m] a a - [wi] - [l] um
	Wenn ein Bürger,
2	[ša ḫu - bu - ul - la [m ir (?) - š] u (?) - ú
	der eine Zinsschuld hat,
3	kaspam (KÙ.BABBAR) a - na tu - [ur - ri] - im
	Geld zur Rückzahlung
4	[l] a i - šu še - a - am - ma [i] - šu
	nicht selbst hat, (aber) Getreide selbst hat,
5	[k] i - ma ṣi - im - d [a - at] šarrim (LUGAL)
	entsprechend der Regelung des Königs
6	[xx] a - na MÁŠ . BI (?) [x] x - ma
	..... *für seine Zinsen*
7	[i] - le - [eq] - qé
	bekommt er
8	[šu] m - ma tamkārum (DAM . GÀR) MÁ [Š xx]
	Wenn der Kaufmann ....

1	[š] um - [m] a a - [wi] - [l] um
	Wenn ein Bürger,
2	[ša ḫu - bu - ul - la [m ir (?) - š] u (?) - ú
	der eine Zinsschuld hat,
3	kaspam (KÙ.BABBAR) a - na tu - [ur - ri] - im
	Geld zur Rückzahlung
4	[l] a i - šu še - a - am - ma [i] - šu
	nicht selbst hat, (aber) Getreide selbst hat,
5	[k] i - ma ṣi - im - d [a - at] šarrim (LUGAL)
	entsprechend der Regelung des Königs
6	[xx] a - na MÁŠ . BI (?) [x] x - ma
	..... *für seine Zinsen*
7	[i] - le - [eq] - qé
	bekommt er
8	[šu] m - ma tamkārum (DAM . GÀR) MÁ [Š xx]
	Wenn der Kaufmann ....

9 xx 1 GUR . [E xx]
..... ein Kor .....

10 ....
....

11 IGI . 6 . GÁL
1/6 (Scheqel und)
6 ⌜uṭṭet⌝ (ŠE) [xx] x
sechs Gran ......

12 ú - wa - at - t[e - er - m]a
steigert,

13 xx i° -[n]a m[i - im - ma]
so geht er all dessen,

14 ša id - di - nu i - t[e - el - li]
das er gegeben hat, verlustig.

§ 72 + d

1 šum - ma tamk[ār]um (DAM . G[À]R)
Wenn ein Kaufmann
⌞še⌟-[am ù kaspa]m (KÙ.BABBAR - am)
Getreide und/ oder Geld

2 a - na ṣibtim (MÁŠ) [id - di - in - m]a
auf Zinsen gibt,

3 ṣibtam (MÁŠ) (-) ma (-) [xx]
den Zins ?

4 še - e - am kaspim (KÙ.BABBAR - i[m)....]
Getreide (und/ oder) Geld ....

5 [i]l - te - qé - m[a xxx] MI x
bekommt, ...

6 še⌟- um ù kaspum (K[Ù.BABBAR - um) x] x
Getreide und/ oder Geld ......

7 [ú⌟ - ul [................] x ....

§ 72 + e

1 ù lu ŠE⌝ [.............]

2 ma - la [.............]

3 la uš - ta - aḫ - ri -[i]ṣ (?) -⌜ma⌝
nicht verrechnet

9 xx 1 GUR . [E xx]
..... ein Kor .....

10 ....
....

11 IGI . 6 . GÁL
1/6 (Scheqel und)
6 ⌜uṭṭet⌝ (ŠE) [xx] x
sechs Gran ......

12 ú - wa - at - t[e - er - m]a
steigert,

13 xx i° -[n]a m[i - im - ma]
so geht er all dessen,

14 ša id - di - nu i - t[e - el - li]
das er gegeben hat, verlustig.

§ 72 + d

1 šum - ma tamk[ār]um (DAM . G[À]R)
Wenn ein Kaufmann
⌞še⌟-[am ù kaspa]m (KÙ.BABBAR - am)
Getreide und/ oder Geld

2 a - na ṣibtim (MÁŠ) [id - di - in - m]a
auf Zinsen gibt,

3 ṣibtam (MÁŠ) (-) ma (-) [xx]
den Zins ?

4 še - e - am kaspim (KÙ.BABBAR - i[m)....]
Getreide (und/ oder) Geld ....

5 [i]l - te .- qé - m[a xxx] MI x
bekommt, ...

6 še⌟- um ù kaspum (K[Ù.BABBAR - um) x] x
Getreide und/ oder Geld ......

7 [ú⌟ - ul [................] x ....

§ 72 + e

1 ù lu ŠE⌝ [.............]

2 ma - la [.............]

3 la uš - ta - aḫ - ri -[i]ṣ (?) -⌜ma⌝
nicht verrechnet

4 ṭup - pa - am e (?) - li (?) - am
(und) eine Tafel zusätzlich
la ⌈iš - ṭù - ur
nicht schreibt,
5 ù lu ṣi - ba - [t]im
oder die Zinsen
a - na qaqqadim (SAG . DU)
zum Kapital
6 uṭ - ṭe$_4$ - eḫ - ḫi
schlägt,
7 tamkārum (DAM . GÀR) šu - ⌈ú⌉ še - am
(soll) der Kaufmann, dieser, das Getreide,
ma - la il - qú - ú
alles, was er bekommen hat,
8 uš - ta - ša - an - na - ma ú - ta - a - ar
doppelt (zweifach) zurückgeben.

§ 73 + d

1 šum - ma tamkārum (DAM . GÀR)
Wenn ein Kaufmann
še - am ù kaspam (KÙ.BABBAR - am)
Getreide und/oder Geld
2 a - na ḫu - bu - ul - li - im id - di - in - ma
auf Zinsen gibt,
3 i - nu - ma a - na ḫubullim (UR$_5$. RA)
und wenn er es auf Zinsen
id - di - nu
gibt,
4 kaspam (KÙ⌉. ⌈BABBAR⌉-am) i˚ [na⌉ ab-ni-im⌉
das Geld mit einem Gewichtsstein,
⌈ma⌉ - ⌈ṭi⌉ - t[im]
einem zu kleinen,
5 ù še - am i - na⌉ ^{giš} sūtim (BÁN)
oder das Getreide mit (Holz) einem Messgefäss,
ma - ṭi - tim
einem zu kleinen,
6 id - di - in
hingibt,
7 ù˚ i - nu - ma im - ḫu - ru
und bei der Rücknahme
8 kaspam (KÙ.BABBAR-am) [i] - ⌈na⌉⌈ab⌉ - ⌈ni⌉ - ⌈im⌉
das Geld mit einem Gewichtsstein,

4 ṭup - pa - am e (?) - li (?) - am
(und) eine Tafel zusätzlich
la ⌈iš - ṭù - ur
nicht schreibt,
5 ù lu ṣi - ba - [t]im
oder die Zinsen
a - na qaqqadim (SAG . DU)
zum Kapital
6 uṭ - ṭe$_4$ - eḫ - ḫi
schlägt,
7 tamkārum (DAM . GÀR) šu - ⌈ú⌉ še - am
(soll) der Kaufmann, dieser, das Getreide,
ma - la il - qú - ú
alles, was er bekommen hat,
8 uš - ta - ša - an - na - ma ú - ta - a - ar
doppelt (zweifach) zurückgeben.

§ 73 + d

1 šum - ma tamkārum (DAM . GÀR)
Wenn ein Kaufmann
še - am ù kaspam (KÙ.BABBAR - am)
Getreide und/oder Geld
2 a - na ḫu - bu - ul - li - im id - di - in - ma
auf Zinsen gibt,
3 i - nu - ma a - na ḫubullim (UR$_5$. RA)
und wenn er es auf Zinsen
id - di - nu
gibt,
4 kaspam (KÙ⌉. ⌈BABBAR⌉-am) i˚ [na⌉ ab-ni-im⌉
das Geld mit einem Gewichtsstein,
⌈ma⌉ - ⌈ṭi⌉ - t[im]
einem zu kleinen,
5 ù še - am i - na⌉ ^{giš} sūtim (BÁN)
oder das Getreide mit (Holz) einem Messgefäss,
ma - ṭi - tim
einem zu kleinen,
6 id - di - in
hingibt,
7 ù˚ i - nu - ma im - ḫu - ru
und bei der Rücknahme
8 kaspam (KÙ.BABBAR-am) [i] - ⌈na⌉⌈ab⌉ - ⌈ni⌉ - ⌈im⌉
das Geld mit einem Gewichtsstein,

	[ra - bi - tim]	*einem zu grossen,*
9	še - a [m i - na ^{giš} sūtim (BÁN) ra - bi - tim]	*das Getreide mit (Holz) einem Messgefäss, einem zu grossen,*
10	im - ḫu - ⸢ur] [tamkārum (DAM.GÀR) šu - ú]	*zurücknimmt, (geht) der Kaufmann, dieser,*
11	i - na m [i - im - ma ša id - di - nu (?)]	*dessen, was er gegeben hat,*
12	i - [te - el - li]	*verlustig.*

§ 74 + e

1	šum - ma [tamkārum (DAM.GÀR) ......]	*Wenn ein Kaufmann*
2	a - na ḫu - b [u - ul - li - im.....]	*auf Zinsen*
3	xxx [.............] x	
4	id - di - in	*gibt,*
5	i - na mi - im - m [a ša i] d - di - nu	*dessen, was er gegeben hat,*
6	i - te - [e] l - li	*verlustig.*

§ 75 + e

1	šum - ma a - wi - ⸢lum	*Wenn ein Bürger,*
2	še - ⸢am ù kaspam (KÙ.BABBAR - am)	*Getreide und/ oder Geld*
	it - ti tamk [ā] rim (DAM . G⸢ÀR)	*von einem Kaufmann*
3	il - qé - e - ma	*entliehen hat,*
4	še - am ù kaspam (KÙ.BABBAR - am)	*Getreide und/ oder Geld*
	a - na tu - ur - ri - im	*zum Zurückzahlen*
5	la i - šu - ú	*nicht hat,*

	[ra - bi - tim]	*einem zu grossen,*
9	še - a [m i - na ^{giš} sūtim (BÁN) ra - bi - tim]	*das Getreide mit (Holz) einem Messgefäss, einem zu grossen,*
10	im - ḫu - ⸢ur] [tamkārum (DAM.GÀR) šu - ú]	*zurücknimmt, (geht) der Kaufmann, dieser,*
11	i - na m [i - im - ma ša id - di - nu (?)]	*dessen, was er gegeben hat,*
12	i - [te - el - li]	*verlustig.*

§ 74 + e

1	šum - ma [tamkārum (DAM.GÀR) ......]	*Wenn ein Kaufmann*
2	a - na ḫu - b [u - ul - li - im.....]	*auf Zinsen*
3	xxx [.............] x	
4	id - di - in	*gibt,*
5	i - na mi - im - m [a ša i] d - di - nu	*dessen, was er gegeben hat,*
6	i - te - [e] l - li	*verlustig.*

§ 75 + e

1	šum - ma a - wi - ⸢lum	*Wenn ein Bürger,*
2	še - ⸢am ù kaspam (KÙ.BABBAR - am)	*Getreide und/ oder Geld*
	it - ti tamk [ā] rim (DAM . G⸢ÀR)	*von einem Kaufmann*
3	il - qé - e - ma	*entliehen hat,*
4	še - am ù kaspam (KÙ.BABBAR - am)	*Getreide und/ oder Geld*
	a - na tu - ur - ri - im	*zum Zurückzahlen*
5	la i - šu - ú	*nicht hat,*

6	bi - ša - am - ma i - šu	*(aber) Habe hat,*
7	mi - im - ma ša i - na qá - ti - šu	*(soll) er alles, was sich in seiner Hand*
8	i - ba - aš - šu - ú	*befindet,*
9	ma - ḫar ši - bi ki - ma ub - ba - lu	*vor Zeugen, die bestätigen, dass er es bringt. **
10	a - na tamkārī (DAM . GÀR) - šu	*an seinen Kaufmann*
	i - na - ad - di - in	*geben;*
11	tamkārum (DAM.GÀR) ú - ul ú - pa - as	*der Kaufmann (soll) keine Schwierigkeiten machen,*
	i - ma - ḫa - ar	*sondern es (ohne weiteres) annehmen.*

* Übersetzung sehr unsicher!

"§ 76 + e"

1	a - [wi] - [lum ......]
2	i - si - [.......]
3	ki - ma [.......]
4	ma] (?) - [.......] ....

§ 76 + f

1	id - da - a [k]	*er wird getötet.*

§ 77 + f

1	šum - ma a - wi - lum a - na a - wi - lim	*Wenn ein Bürger einem (anderen) Bürger*
2	kaspam (KÙ.BABBAR) a - na tappûtim (TAB.BA)	*Geld als Gesellschaftseinlage*
	id - di - in	*gibt,*

6	bi - ša - am - ma i - šu	*(aber) Habe hat,*
7	mi - im - ma ša i - na qá - ti - šu	*(soll) er alles, was sich in seiner Hand*
8	i - ba - aš - šu - ú	*befindet,*
9	ma - ḫar ši - bi ki - ma ub - ba -lu	*vor Zeugen, die bestätigen, dass er es bringt. **
10	a - na tamkārī (DAM . GÀR) - šu	*an seinen Kaufmann*
	i - na - ad - di - in	*geben;*
11	tamkārum (DAM.GÀR) ú - ul ú - pa - as	*der Kaufmann (soll) keine Schwierigkeiten machen,*
	i - ma - ḫa - ar	*sondern es (ohne weiteres) annehmen.*

* Übersetzung sehr unsicher!

"§ 76 + e"

1	a - [wi] - [lum ......]
2	i - si - [.......]
3	ki - ma [.......]
4	ma] (?) - [.......] ....

§ 76 + f

1	id - da - a [k]	*er wird getötet.*

§ 77 + f

1	šum - ma a - wi - lum a - na a - wi - lim	*Wenn ein Bürger einem (anderen) Bürger*
2	kaspam (KÙ.BABBAR) a - na tappûtim (TAB.BA)	*Geld als Gesellschaftseinlage*
	id - di - in	*gibt,*

3 ne - me - lam ù bu - tu - uq - qá - am
(sollen) sie den Gewinn oder den Verlust

4 ša ib - ba -šu - ú ma - ḫar ilim (DINGIR) x*
der entstanden ist, vor einem Gott ..

5 mi - it - ḫa - ri - iš i - zu - uz - zu
zu gleichen Teilen teilen.

* Schreibfehler?

§ 100 (78 + f V)

1 šum - ma tamkārum (DAM . GÀR - um)
Wenn ein Kaufmann

2 a - na šamallêm (ŠÁMAN . LÁ - e [m])
an einen Handlungsgehilfen

3 kaspam (KÙ.BABBAR-am) a-na ⌉[na⌉(?) - ⌈da](?) - [nim]
Geld

4 [ù] ⌈ma] (?) - [ḫa] (?) - ri - [im]

5 id - [di] - in - ma
gibt,

6 a - ⌈na ḫarrānim (KASKAL) ⌈iṭ⌉ - ru - us - sú
auf Reisen ihn schickt,

7 šamallûm (ŠÁMAN . LÁ)
der Handlungsgehilfe

i - na ḫarrānim (KASKAL)
auf der Reise

8 x [xx] xxx

9 x [xx] xxx

10 [š] u [m - ma a - šar i] l - li - ku
wenn er, wo er gegangen ist,

11 [ne - me - lam] i - ⌈ta ⌉ - mar
Gewinne erzielt,

Rückseite der Stele

XXIV

1 
ṣi - ba - a - at kaspim (KÙ.BABBAR)
(soll) er das Zinsgeld,

3 ne - me - lam ù bu - tu - uq - qá - am
(sollen) sie den Gewinn oder den Verlust

4 ša ib - ba -šu - ú ma - ḫar ilim (DINGIR) x*
der entstanden ist, vor einem Gott ..

5 mi - it - ḫa - ri - iš i - zu - uz - zu
zu gleichen Teilen teilen.

* Schreibfehler?

§ 100 (78 + f V)

1 šum - ma tamkārum (DAM . GÀR - um)
Wenn ein Kaufmann

2 a - na šamallêm (ŠÁMAN . LÁ - e [m])
an einen Handlungsgehilfen

3 kaspam (KÙ.BABBAR-am) a-na ⌉[na⌉(?) - ⌈da](?) - [nim]
Geld

4 [ù] ⌈ma] (?) - [ḫa] (?) - ri - [im]

5 id - [di] - in - ma
gibt,

6 a - ⌈na ḫarrānim (KASKAL) ⌈iṭ⌉ - ru - us - sú
auf Reisen ihn schickt,

7 šamallûm (ŠÁMAN . LÁ)
der Handlungsgehilfe

i - na ḫarrānim (KASKAL)
auf der Reise

8 x [xx] xxx

9 x [xx] xxx

10 [š] u [m - ma a - šar i] l - li - ku
wenn er, wo er gegangen ist,

11 [ne - me - lam] i - ⌈ta ⌉ - mar
Gewinne erzielt,

Rückseite der Stele

XXIV

1 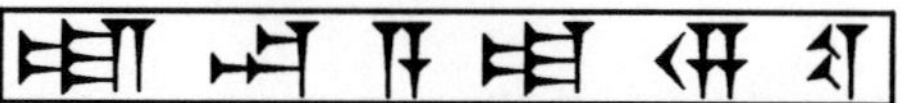

ṣi - ba - a - at kaspim (KÙ.BABBAR)
(soll) er das Zinsgeld,

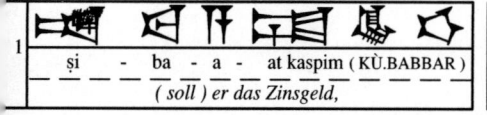

Die Kolonnen XVII - XXIII sind auf der grossen Stele weggemeisselt worden. Die dadurch entstandene Lücke lässt sich nach den Duplikaten nur teilweise ergänzen.

§ 66A 1) Wenn ein Bürger 2) von einem Kaufmann Geld entleiht 3) und sein Kaufmann 4) es von ihm einfordert, 5) wenn er dann nichts gibt, 6) weil nichts vorhanden ist, 7) und er seinen Baumgarten nach der Bestäubung 8) dem Kaufmann 9) gibt 13) mit den Worten: "Nimm 10) alle Datteln, die im Baumgarten 17) wachsen, 12) für dein Geld hin", 14) so soll das diesem Kaufmann 15) *nicht gestattet werden,* 16) die Datteln, die im Baumgarten 17) wachsen, 19) bekommt 18) vielmehr der Eigentümer des Baumgartens; 20) das Geld und die Zinsen dafür 22) bezahlt er 21) seiner Tafel entsprechend 22) dem Kaufmann; 23) die überschüssigen Datteln, 24) die im Baumgarten 25) wachsen, 27) bekommt 26) der Eigentümer des Baumgartens.

§ 67 B 1) Wenn ein Bürger 2) ein Haus bauen will ...

§ 67+a C ... 1) für den Kaufpreis... 2) soll er ihm nicht geben. 3) Wenn er Getreide, Geld oder Habe 4) für ein zu Lehen gegebenes Haus, 5) das zum Haus seines Nachbarn gehört 6) und das er kaufen will, 7) hingibt, 8) so geht er all dessen, 9) was er hingegeben hat, 10) verlustig, 11) das Haus fällt an seinen Eigentümer 12) zurück. 13) Wenn auf seinem Hause 14) keine Lehnspflicht lastet, 15) so darf er es kaufen 16) und für dieses Haus 17) Getreide, Geld oder Habe hingeben.

§ 68+a D 1) Wenn ein Bürger 2) ein *unbebautes Grundstück* 3) ohne Erlaubnis seines Nachbarn *bearbeitet,* 4) im Hause ...

§ 68 + b H + G ... 2) "Befestige 1) deine(n) ..., 3) aus deinem Hause 4) kommt man zu mir herüber" 5) und zum Eigentümer des *unbebauten Grundstücks* 9) sagt: 6) "*Bearbeite* dein *unbebautes Grundstück,* 7) aus deinem unbebauten Grundstück 8) bricht man in mein Haus ein", 10) und Zeugen stellt...

§ 68 + c J...

§ 69 + J + E ...5) der Wohnungsmieter 7) seine ganze 6) Miete 8) für ein Jahr 9)dem Eigentümer [des Hauses] 10) gibt, 11) der Eigentümer der Wohnung den Wohnungsmieter 13) vor Ablauf 12) seiner Zeit 14) auffordert, 13) auszuziehen, 15) so [geht] der Eigentümer des Hauses, weil er 16) den Wohnungsmieter 18) vor Ablauf 17) seiner Zeit 19) aus seinem Hause hat *ausziehen lassen,* 20) des Geldes, das der Wohnungsmieter 21) ihm gegeben hat, [verlustig] ...

§ 69 + d K...

§ 70 + d L 1) Wenn ein Kaufmann [Getreide oder] Geld 2) auf Zinsen gibt, 4) bekommt er 3) pro Kor [einhundert Liter] Getreide als Zins, 5) wenn er Geld auf Zinsen gibt, 8) bekommt er 6) pro Scheqel Silber ein sechstel (Scheqel) und fünf Gran als Zins.

§ 71 + d M 1) Wenn ein Bürger, 2) der eine *Zinsschuld* hat, 3) Geld zum Zurückzahlen 4) nicht hat, wohl aber Getreide hat, 7) so bekommt 6)... 5) entsprechend der Regelung des Königs; 8) wenn der Kaufmann... 9)...pro Kor...10) ... 11) ein sechstel (Scheqel) und sechs Gran ... 12) steigert, 13) so geht er all dessen, 14) was er gegeben hat, verlustig.

§ 72 + d N 1) Wenn ein Kaufmann Getreide oder Geld 2) auf Zinsen gibt 3) und den Zins ... 4) Getreide und Geld ... 5) bekommt 6) Getreide und Geld ... 7) nicht ...

§ 72 + e 0 ... 3) nicht verrechnet 4) und keine *zusätzliche* Tafel schreibt 5) oder die Zinsen zum Kapital 6) schlägt, 7) so soll der Kaufmann alles Getreide, das er bekommen hat, 8) doppelt zurückgeben.

§ 73 + e P 1) Wenn ein Kaufmann Getreide oder Geld 2) auf Zinsen gibt 3) und, wenn er es auf Zinsen gibt, 4) das Geld mit zu kleinem Gewichtsstein 5) bzw. das Getreide mit zu kleinem Messgefäß 6) hingibt, 7) bei der Rücknahme 8) das Geld mit [zu großem] Gewichtsstein 9) bzw. das Getreide [mit zu großem Messgefäß] 10) zurücknimmt, so geht [der Kaufmann] 11) all dessen, *{ was er gegeben hat]* 12) verlustig.

§ 74 + e Q 1) Wenn [ein Kaufmann ...] 2) auf Zinsen gibt [···] 3···· 4) gibt, 5) so geht er all dessen, was er gegeben hat, 6) verlustig.

§ 75 + e R 1) Wenn ein Bürger 2) Getreide oder Geld von einem Kaufmann 3) entliehen hat, (aber) Getreide oder Geld zum Zurückzahlen 5) nicht hat, 6) wohl aber Habe hat, 7) so soll er alles, was sich in seiner Hand 8) befindet, 9) vor Zeugen, (die bestätigen können,) *daß er (es) bringt,* 10) seinem Kaufmann geben; 11) der Kaufmann *soll keine Schwierigkeiten machen,* sondern es (ohne weiteres) annehmen.

§"76 + e" S ...

§ 76 + f T... 1) er wird getötet.

§ 77 + f U 1) Wenn ein Bürger einem (anderen) Bürger 2) Geld als Gesellschaftseinlage gibt, 3) so sollen sie den Gewinn oder den Verlust, 4) der entstanden ist, vor (einem/dem) Gott 5) zu gleichen Teilen teilen.

§ 78 + f V = §100 1) Wenn ein Kaufmann 2) einem Handlungsgehilfen 3) Geld 3f.) zu *Handelszwecken;* 5) gibt 6) und ihn auf Reisen schickt, 7) der Handlungsgehilfe unterwegs 8) ... 9) wenn er, wo er gegangen ist, 10) [Gewinn] erzielt, XXIV 1) so soll er all das Geld, 2) das er eingenommen hat, 3) buchen, 4) seine Tage 5) zählen 6) und seinen Kaufmann 7) bezahlen.

2 ma - la il - qú - ú
alles, was er eingenommen hat,

3 i - sa - ad - dar - ma
buchen,

4 u$_4$ - mi - šu
seine Tage

5 i - ma - an - nu
ú - ma
zählen (man zählt seine Tage)

6 tamkār (DAM . GÀR) - šu
(und) seinen Kaufmann

7 i - ip - pa - al
bezahlen.

§ 101

8 šum - ma a - šar
Wenn er an einem Ort,
il - li - ku
(wo) er gegangen ist,

9 ne - me - lam
Gewinn

10 la i - ta - mar
nicht erzielt,

11 kasap (KÙ.BABBAR) il - qú - ú
das Geld, das er erhalten hat,

2 ma - la il - qú - ú
alles, was er eingenommen hat,

3 i - sa - ad - dar - ma
buchen,

4 u$_4$ - mi - šu
seine Tage

5 i - ma - an - nu
ú - ma
zählen (man zählt seine Tage)

6 tamkār (DAM . GÀR) - šu
(und) seinen Kaufmann

7 i - ip - pa - al
bezahlen.

§ 101

8 šum - ma a - šar
Wenn er an einem Ort,
il - li - ku
(wo) er gegangen ist,

9 ne - me - lam
Gewinn

10 la i - ta - mar
nicht erzielt,

11 kasap (KÙ.BABBAR) il - qú - ú
das Geld, das er erhalten hat,

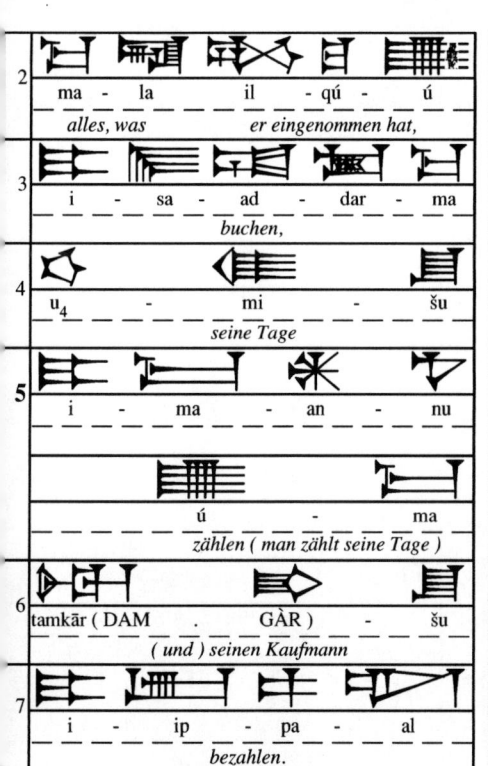

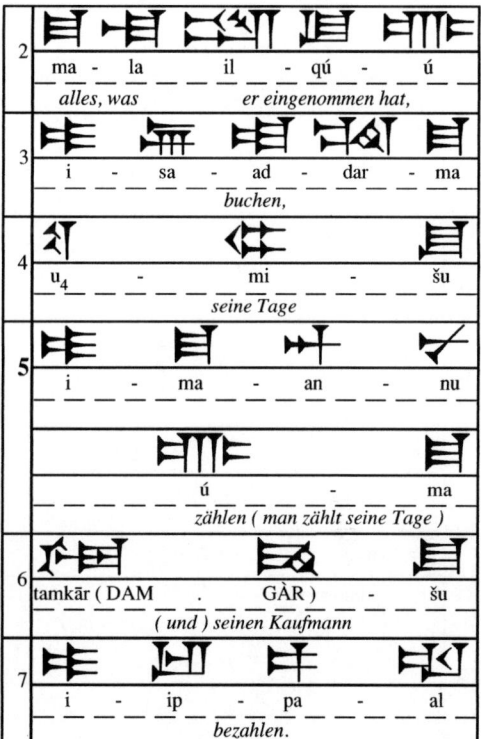

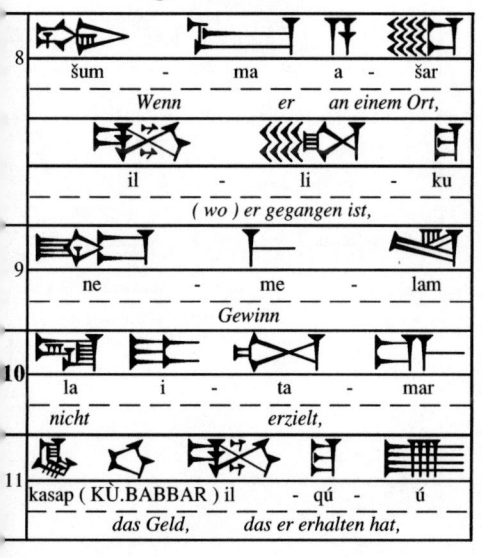

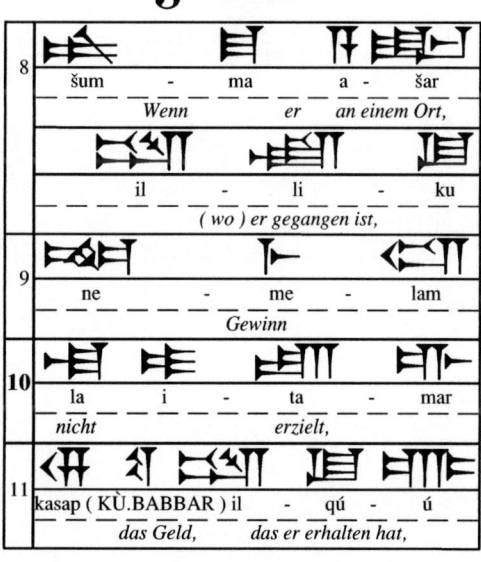

12	uš - ta - ša - na - ma	*doppelt (zwei Mal)*
13	šamallûm (ŠÁMAN.LÁ) a - na tamkārim (DAM.GÀR)	*(soll) der Handlungsgehilfe an den Kaufmann*
14	i - na - ad - di - in	*geben.*

§ 102

15	šum - ma tamkārum (DAM . GÀR)	*Wenn ein Kaufmann*
16	a - na šamallêm (ŠÁMAN . LÁ)	*an einen Handlungsgehilfen*
17	kaspam (KÙ.BABBAR) a-na ta - ad -	*Geld als*
	mi - iq - tim	*Reisekostenvorschuss*
18	it - ta - di -	
	in - ma	*gibt,*
19	a - šar il - li - ku	*an einem Ort, wo er gegangen ist,*
20	bi - ti - iq - tam	*Verlust*
21	i - ta - mar	*erleidet,*

12	uš - ta - ša - na - ma	*doppelt (zwei Mal)*
13	šamallûm (ŠÁMAN.LÁ) a - na tamkārim (DAM. GÀR)	*(soll) der Handlungsgehilfe an den Kaufmann*
14	i - na - ad - di - in	*geben.*

§ 102

15	šum - ma tamkārum (DAM . GÀR)	*Wenn ein Kaufmann*
16	a - na šamallêm (ŠÁMAN . LÁ)	*an einen Handlungsgehilfen*
17	kaspam (KÙ.BABBAR) a-na ta - ad -	*Geld als*
	mi - iq - tim	*Reisekostenvorschuss*
18	it - ta - di -	
	in - ma	*gibt,*
19	a - šar il - li - ku	*an einem Ort, wo er gegangen ist,*
20	bi - ti - iq - tam	*Verlust*
21	i - ta - mar	*erleidet,*

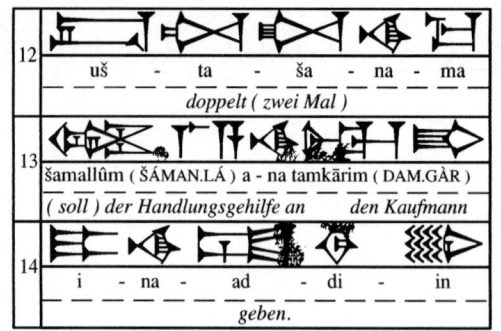

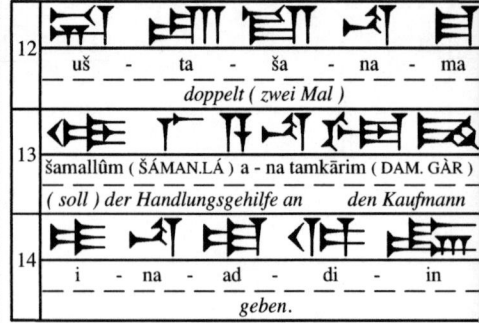

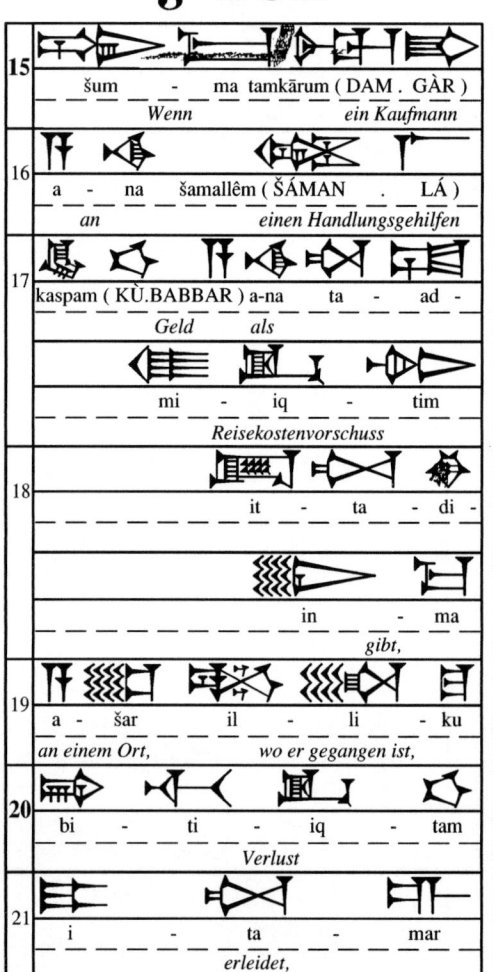

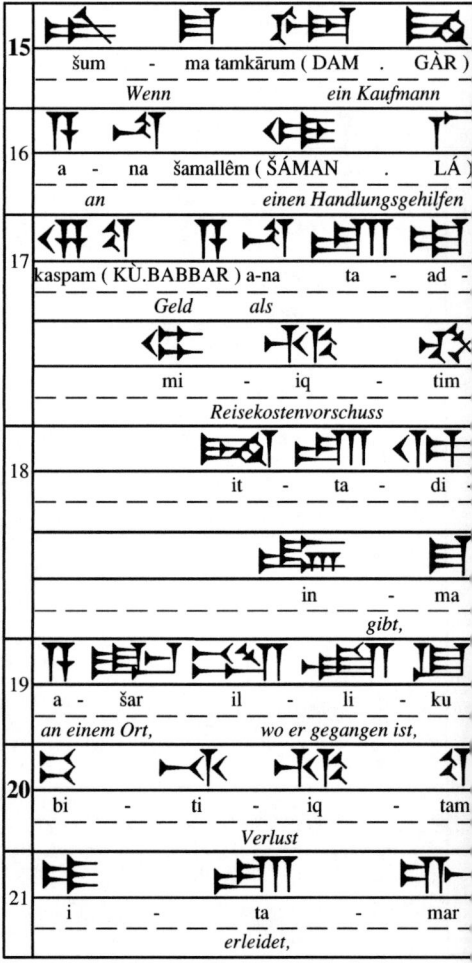

22 qá - qá - ad kaspim (KÙ .BABBAR)

(soll) er das Kapital

23 a - na tamkārim (DAM . GÀR)

an den Kaufmann

ú - ta - ar

zurückgeben.

§ 103

24 šum - ma ḫar - ra - nam

Wenn auf der Reise

25 i - na a - la - ki - šu

ihn unterwegs,

26 na - ak - ru - um

ein Feind

27 mi - im - ma

alles, was

ša na - šu - ú

er trägt,

28 uš - ta - ad - di - šu

verlieren lässt,

29 šamallûm (ŠÁMAN . LÁ)

(soll) der Handlungsgehilfe

ni - iš i - lim

bei (einem) Gott

30 i - za - kar - ma

schwören

22 qá - qá - ad kaspim (KÙ.BABBAR)

(soll) er das Kapital

23 a - na tamkārim (DAM . GÀR)

an den Kaufmann

ú - ta - ar

zurückgeben.

§ 103

24 šum - ma ḫar - ra - nam

Wenn auf der Reise

25 i - na a - la - ki - šu

ihn unterwegs,

26 na - ak - ru - um

ein Feind

27 mi - im - ma

alles, was

ša na - šu - ú

er trägt,

28 uš - ta - ad - di - šu

verlieren lässt,

29 šamallûm (ŠÁMAN . LÁ)

(soll) der Handlungsgehilfe

ni - iš i - lim

bei (einem) Gott

30 i - za - kar - ma

schwören

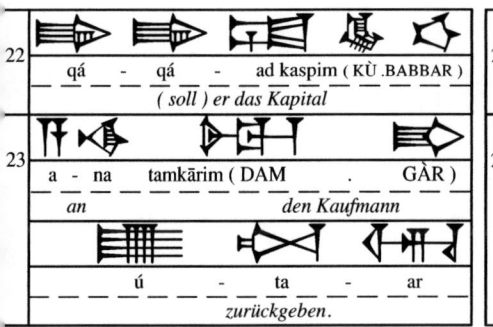

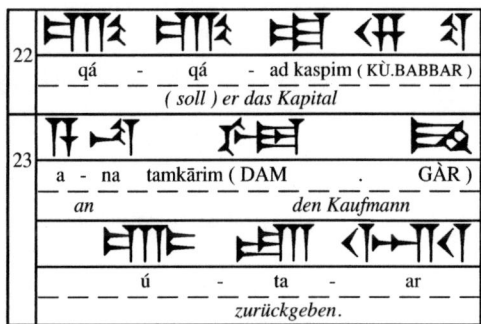

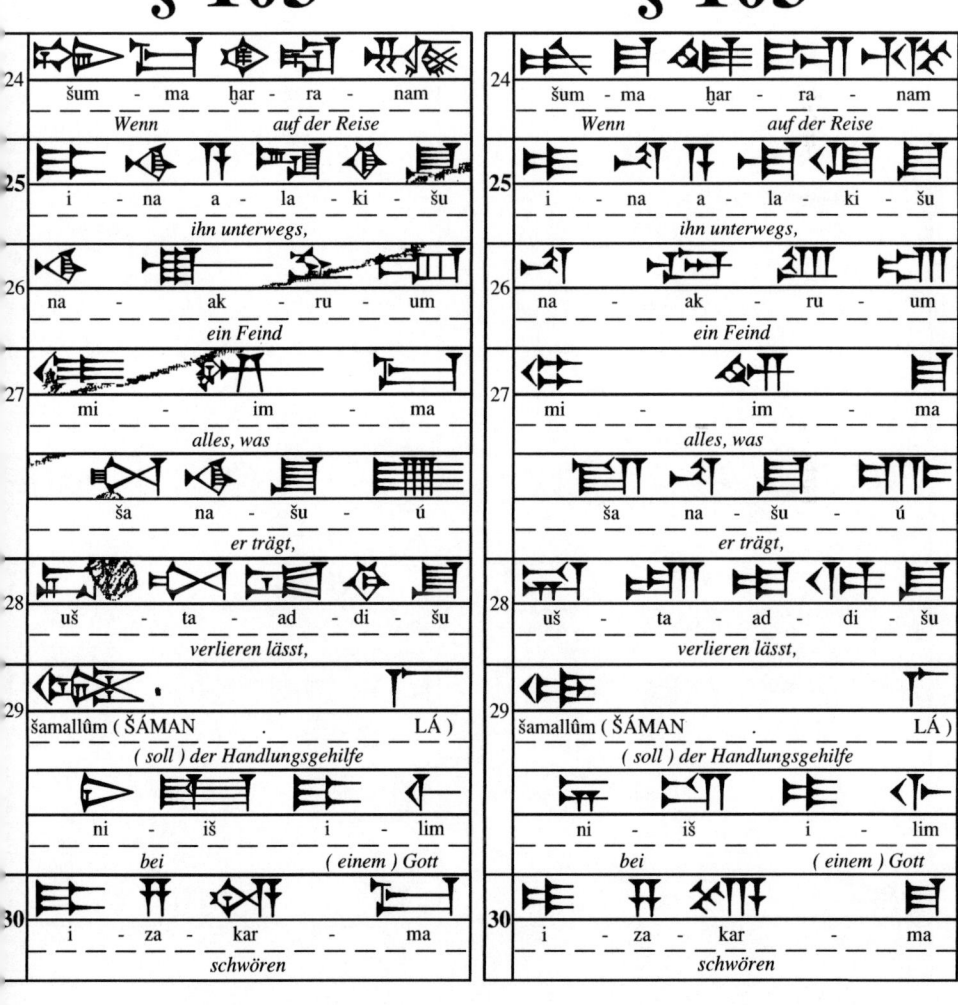

31	ú - ta - aš - šar	(und) frei ausgehen.

§ 104

32	šum - ma tamkārum (DAM . GÀR)	Wenn ein Kaufmann
33	a - na šamallêm (ŠÁMAN . LÁ)	an einen Handlungsgehilfen
34	še'am (ŠE) šīpātim (SÍG) šamnam (Ì . GIŠ)	Getreide, Wolle, Öl
35	ù mi - im - ma	oder irgendwelche
	bi - ša - am	Habe
36	a - na pa - ša - ri - im	zum Verkauf
37	id - di - in	gibt,
38	šamallûm (ŠÁMAN . LÁ) kaspam (KÙ . BABBAR)	(soll) der Handlungsgehilfe das Geld
39	i - sa - ad - dar - ma	buchen,
40	a - na tamkārim (DAM . GÀR)	(und) an den Kaufmann
41	ú - ta - ar	zurückgeben;

31	ú - ta - aš - šar	(und) frei ausgehen.

§ 104

32	šum - ma tamkārum (DAM . GÀR)	Wenn ein Kaufmann
33	a , - na šamallêm (ŠÁMAN . LÁ)	an einen Handlungsgehilfen
34	še'am (ŠE) šīpātim (SÍG) šamnam (Ì . GIŠ)	Getreide, Wolle, Öl
35	ù mi - im - ma	oder irgendwelche
	bi - ša - am	Habe
36	a - na pa - ša - ri - im	zum Verkauf
37	id - di - in	gibt,
38	šamallûm (ŠÁMAN . LÁ) kaspam (KÙ . BABBAR	(soll) der Handlungsgehilfe das Geld
39	i - sa - ad - dar - ma	buchen,
40	a - na tamkārim (DAM . GÀR)	(und) an den Kaufmann
41	ú - ta - ar	zurückgeben;

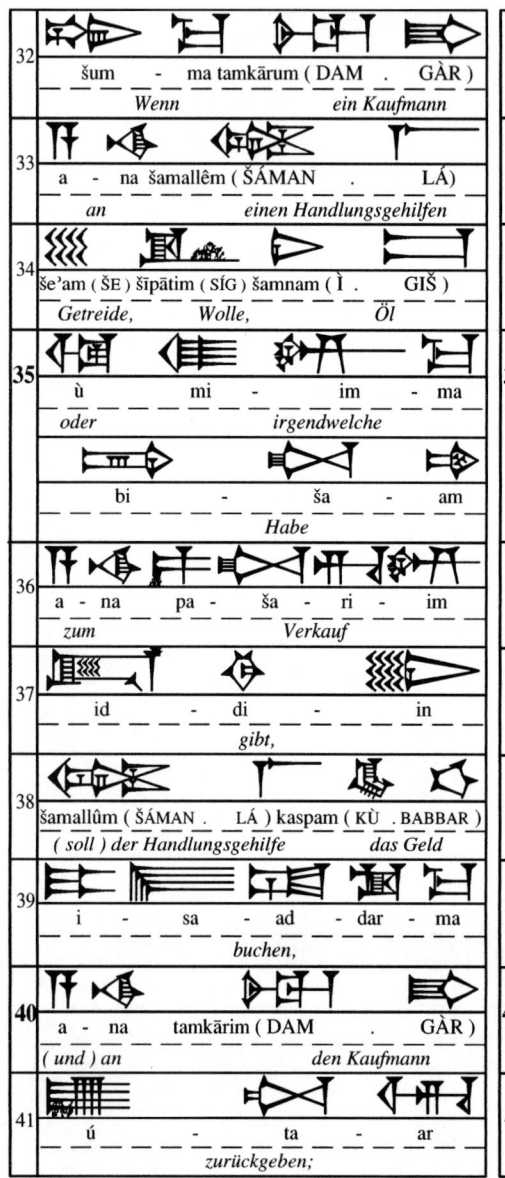

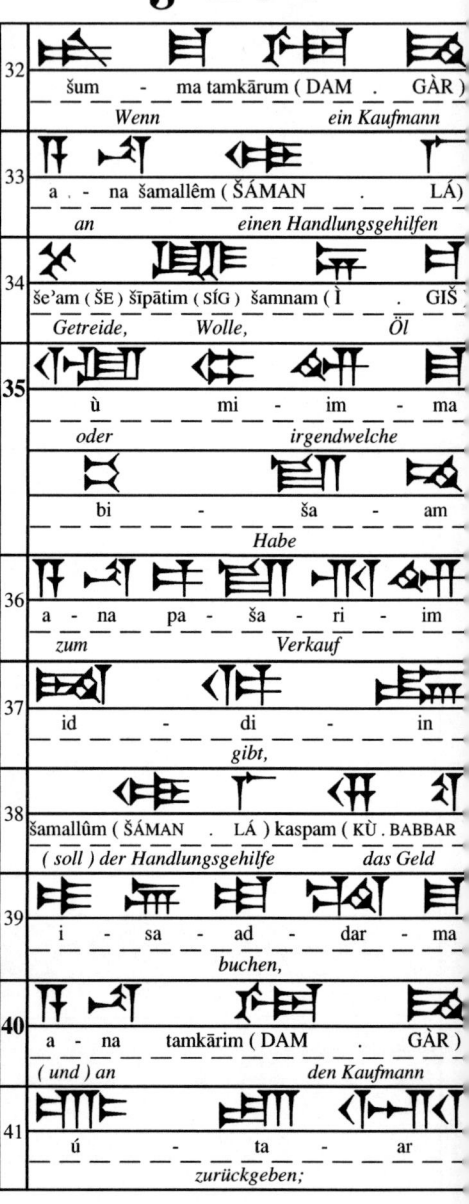

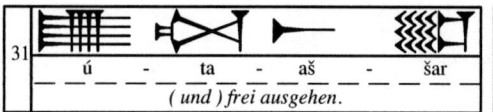

42 šamallûm (ŠÁMAN . LÁ)
der Handlungsgehilfe
ka - ni - ik kaspim (KÙ . BABBAR)
(soll) eine gesiegelte Urkunde (über) das Geld,

43 ša a - na tamkārim (DAM . GÀR)
das er an den Kaufmann

44 i - na - ad - di - nu
gibt,

45 i - le - qé
bekommen.

42 šamallûm (ŠÁMAN . LÁ)
der Handlungsgehilfe
ka - ni - ik kaspim (KÙ . BABBAR)
(soll) eine gesiegelte Urkunde (über) das Geld,

43 ša a - na tamkārim (DAM . GÀR)
das er an den Kaufmann

44 i - na - ad - di - nu
gibt,

45 i - le - qé
bekommen.

§ 105

§ 105

46 šum - ma šamallûm (ŠÁMAN . LÁ)
Wenn der Handlungsgehilfe

47 i - te - gi - ma
sich nachlässigerweise

48 ka - ni - ik kaspim (KÙ . BABBAR)
eine gesiegelte Urkunde (über) das Geld,

49 ša a - na tamkārim (DAM . GÀR)
das er an den Kaufmann

50 id - di - nu
gegeben hat,

51 la il - te - qé
nicht hat geben lassen,

52 kasap (KÙ.BABBAR) la ka - ni -
(wird) das Geld, das nicht (durch)

46 šum - ma šamallûm (ŠÁMAN . LÁ)
Wenn der Handlungsgehilfe

47 i - te - gi - ma
sich nachlässigerweise

48 ka - ni - ik kaspim (KÙ . BABBAR)
eine gesiegelte Urkunde (über) das Geld,

49 ša a - na tamkārim (DAM . GÀR)
das er an den Kaufmann

50 id - di - nu
gegeben hat,

51 la il - te - qé
nicht hat geben lassen,

52 kasap (KÙ.BABBAR) la ka - ni -
(wird) das Geld, das nicht (durch)

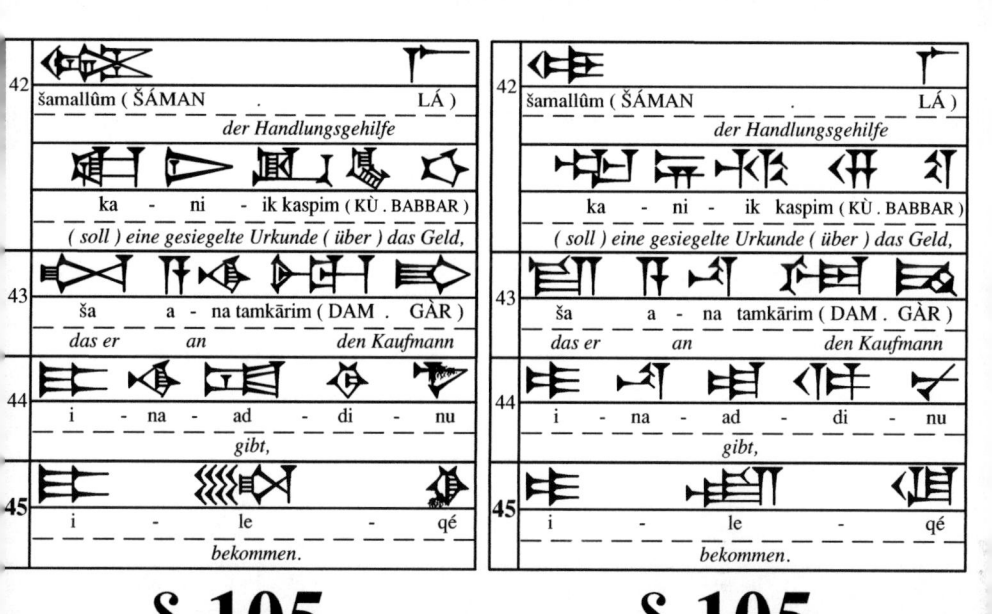

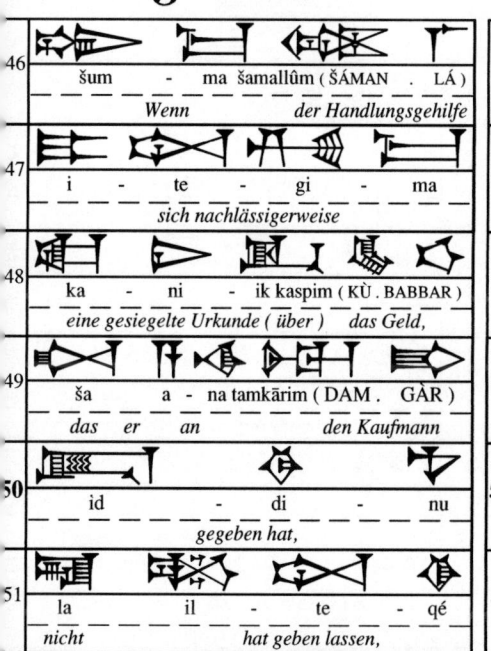

	ki - im
	eine gesiegelte Urkunde (quittiert wurde,)
53	a - na ni - ik - ka -
	auf
	as - sí - im
	die Abrechnung
54	ú - ul iš - ša - ak - ka - an
	nicht gesetzt.

§ 106

55	šum - ma šamallûm (ŠÁMAN . LÁ)
	Wenn ein Handlungsgehilfe
56	kaspam (KÙ.BABBAR) it - ti
	Geld von
	tamkārim (DAM . GÀR)
	einem Kaufmann
57	il - qé - ma
	bekommen hat,
58	tamkār (DAM . GÀR) - šu
	(das) seinem Kaufmann
59	it - ta - ki - ir
	ableugnet,
60	tamkārum (DAM. GÀR) šu - ú
	(soll) der Kaufmann
61	i - na ma - ḫar i - lim
	vor (im Angesicht) einem(s)/ dem(s) Gott(es)

	ki - im
	eine gesiegelte Urkunde (quittiert wurde,)
53	a - na ni - ik - ka -
	auf
	as - sí - im
	die Abrechnung
54	ú - ul iš - ša - ak - ka - an
	nicht gesetzt.

§ 106

55	šum - ma šamallûm (ŠÁMAN . LÁ)
	Wenn ein Handlungsgehilfe
56	kaspam (KÙ.BABBAR) it - ti
	Geld von
	tamkārim (DAM . GÀR)
	einem Kaufmann
57	il - qé - ma
	bekommen hat,
58	tamkār (DAM . GÀR) - šu
	(das) seinem Kaufmann
59	it - ta - ki - ir
	ableugnet,
60	tamkārum (DAM. GÀR) šu - ú
	(soll) der Kaufmann
61	i - na ma - ḫar i - lim
	vor (im Angesicht) einem(s)/ dem(s) Gott(es)

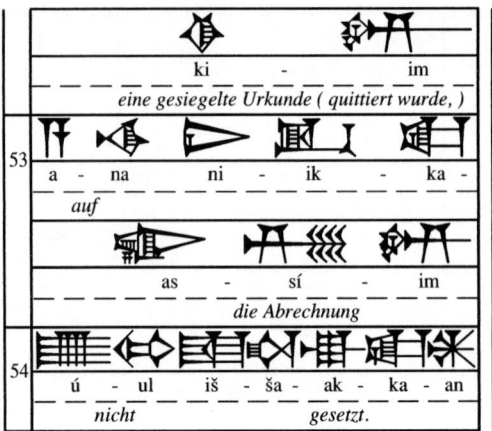

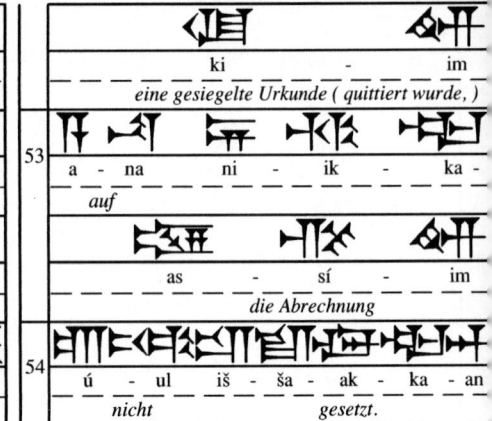

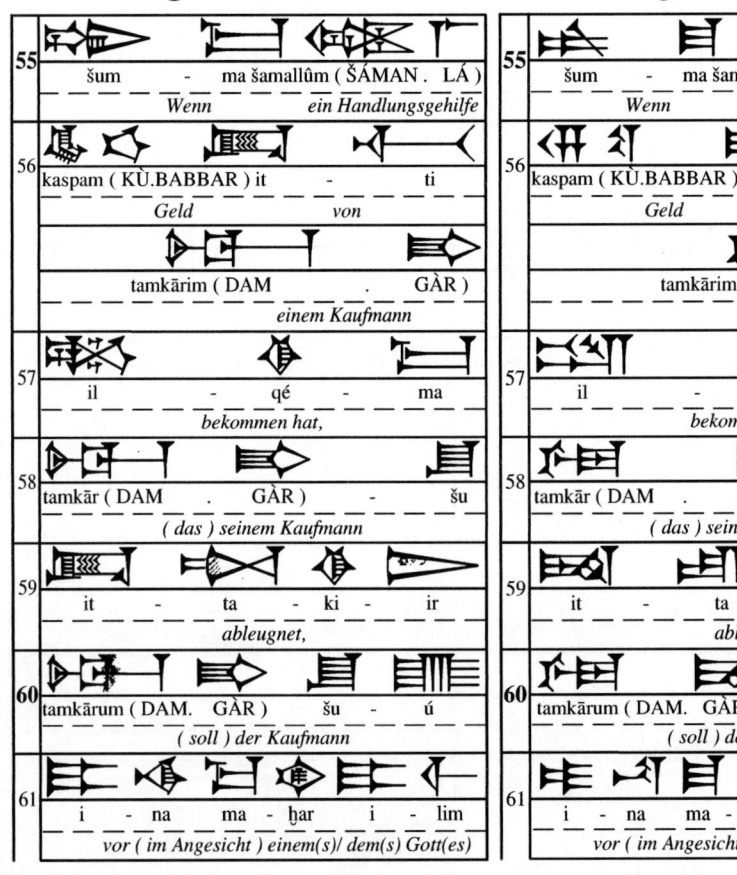

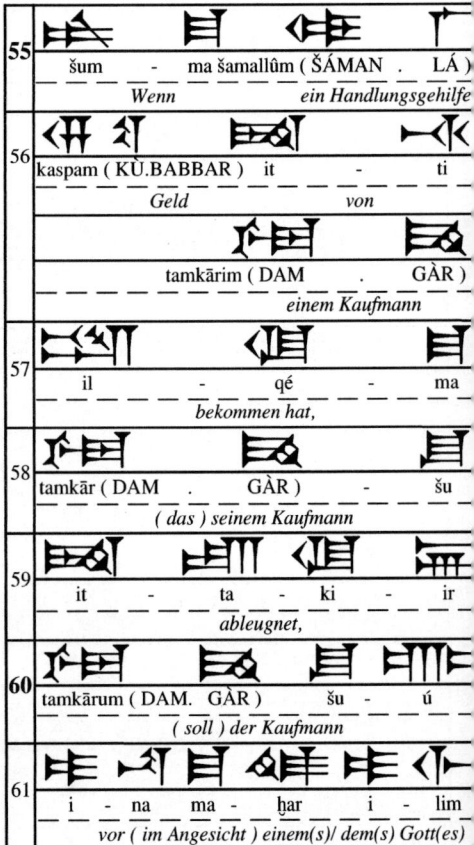

	ù ši - bi *und Zeugen*
62	i - na kaspim (KÙ.BABBAR) le - qé - em *dass Geld erhalten hat,*
63	šamallâm (ŠÁMAN.LÁ) ú - ka - an - ma *der Handlungsgehilfe, (soll) er nachweisen,*
64	šamallûm (ŠÁMAN.LÁ) kaspam (KÙ . BABBAR) *der Handlungsgehilfe (soll) das Geld*
65	ma - la il - qú - ú *alles, was er erhalten hat,*
66	adi (A.RÁ) 3 - šu a - na tamkārim (DAM.GÀR) *dreifach an den Kaufmann*
67	i - na - ad - di - in *geben.*

§ 107

68	šum-ma tamkārum (DAM.GÀR) kaspam (KÙ.BABBAR) *Wenn ein Kaufmann Geld*
69	šamallâm (ŠÁMAN.LÁ) i - qí - ip - ma *einem Handlungsgehilfen anvertraut (hat),*
70	šamallûm (ŠÁMAN.LÁ) mi - im - ma *der Handlungsgehilfe alles, was*
71	ša tamkārum (DAM.GÀR) id - di - nu - šum *der Kaufmann ihm gegeben (hat),*
72	a - na tamkārī (DAM . GÀR) - šu *an seinen Kaufmann*

	ù ši - bi *und Zeugen*
62	i - na kaspim (KÙ.BABBAR) le - qé - em *dass Geld erhalten hat,*
63	šamallâm (ŠÁMAN.LÁ) ú - ka - an - ma *der Handlungsgehilfe, (soll) er nachweisen,*
64	šamallûm (ŠÁMAN.LÁ) kaspam (KÙ . BABBAR) *der Handlungsgehilfe (soll) das Geld*
65	ma - la il - qú - ú *alles, was er erhalten hat,*
66	adi (A.RÁ) 3 - šu a- na tamkārim (DAM.GÀR) *dreifach an den Kaufmann*
67	i - na - ad - di - in *geben.*

§ 107

68	šum-ma tamkārum (DAM.GÀR) kaspam (KÙ.BABBAR) *Wenn ein Kaufmann Geld*
69	šamallâm (ŠÁMAN.LÁ) i - qí - ip - ma *einem Handlungsgehilfen anvertraut (hat),*
70	šamallûm (ŠÁMAN.LÁ) mi - im - ma *der Handlungsgehilfe alles, was*
71	ša tamkārum (DAM.GÀR) id - di - nu - šum *der Kaufmann ihm gegeben (hat),*
72	a - na tamkārī (DAM . GÀR) - šu *an seinen Kaufmann*

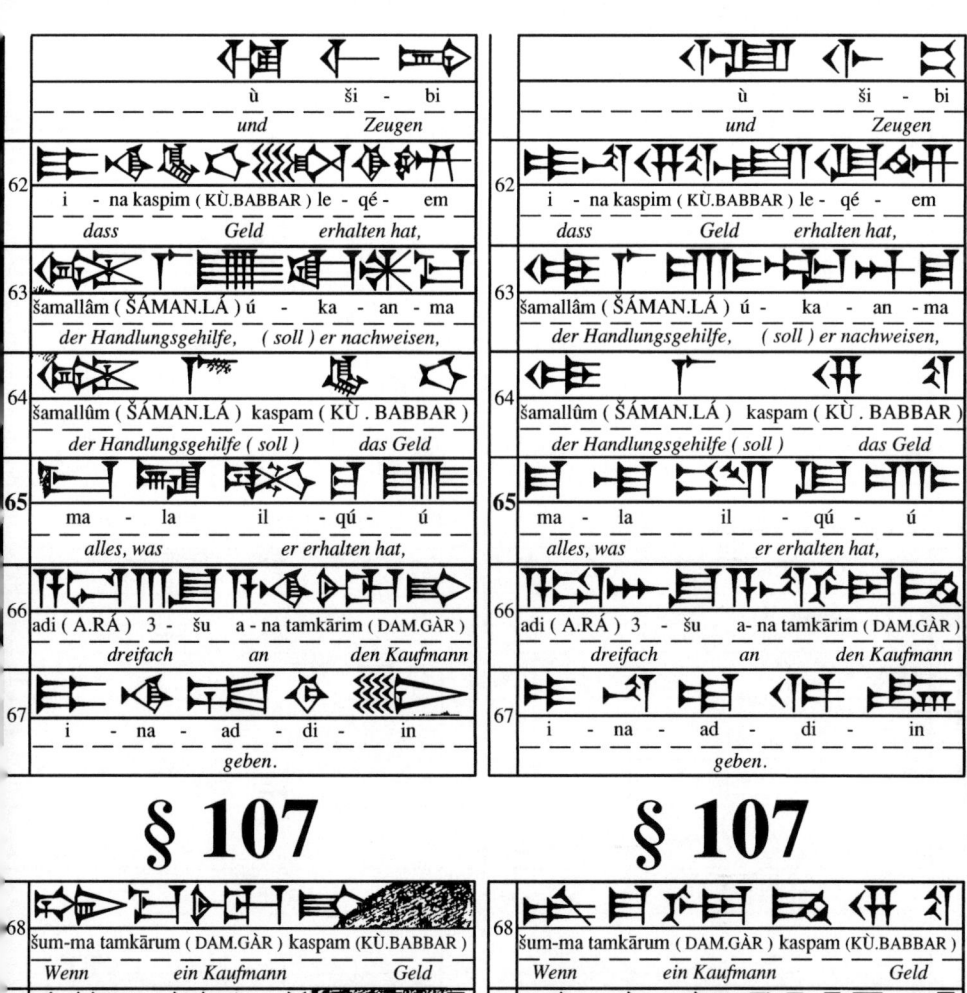

XXV

1	ut - te - er	*zurückgibt,*
2	tamkārum (DAM.GÀR) mi - im - ma	*der Kaufmann (jedoch) alles, was*
3	ša šamallûm (ŠÁMAN . LÁ)	*der Handlungsgehilfe*
4	id - di - nu - šum	*ihm gegeben hat,*
5	it - ta - ki - ir - šu	*diesem ableugnet,*
6	šamallûm (ŠÁMAN.LÁ) šu - ú	*(soll) der Handlungsgehilfe, dieser,*
7	i - na ma - ḫar i - lim	*vor (im Angesicht) dem/ einem Gott (es)*
	ù ši - bi	*und Zeugen*
8	tamkāram (DAM.GÀR) ú - ka - an - ma	*den Kaufmann überführen;*
9	tamkārum (DAM . GÀR)	*der Kaufmann (soll),*
	aš - šum šamallâ (ŠÁMAN . LÁ) - šu	*weil er es seinem Handlungsgehilfen*
10	ik - ki - ru	*abgeleugnet hat,*

XXV

1	ut - te - er	*zurückgibt,*
2	tamkārum (DAM.GÀR) mi - im - ma	*der Kaufmann (jedoch) alles, was*
3	ša šamallûm (ŠÁMAN . LÁ)	*der Handlungsgehilfe*
4	id - di - nu - šum	*ihm gegeben hat,*
5	it - ta - ki - ir - šu	*diesem ableugnet,*
6	šamallûm (ŠÁMAN.LÁ) šu - ú	*(soll) der Handlungsgehilfe, dieser,*
7	i - na ma - ḫar i - lim	*vor (im Angesicht) dem/ einem Gott (es)*
	ù ši - bi	*und Zeugen*
8	tamkāram (DAM.GÀR) ú - ka - an - ma	*den Kaufmann überführen;*
9	tamkārum (DAM . GÀR)	*der Kaufmann (soll),*
	aš - šum šamallâ (ŠÁMAN . LÁ) - šu	*weil er es seinem Handlungsgehilfen*
10	ik - ki - ru	*abgeleugnet hat,*

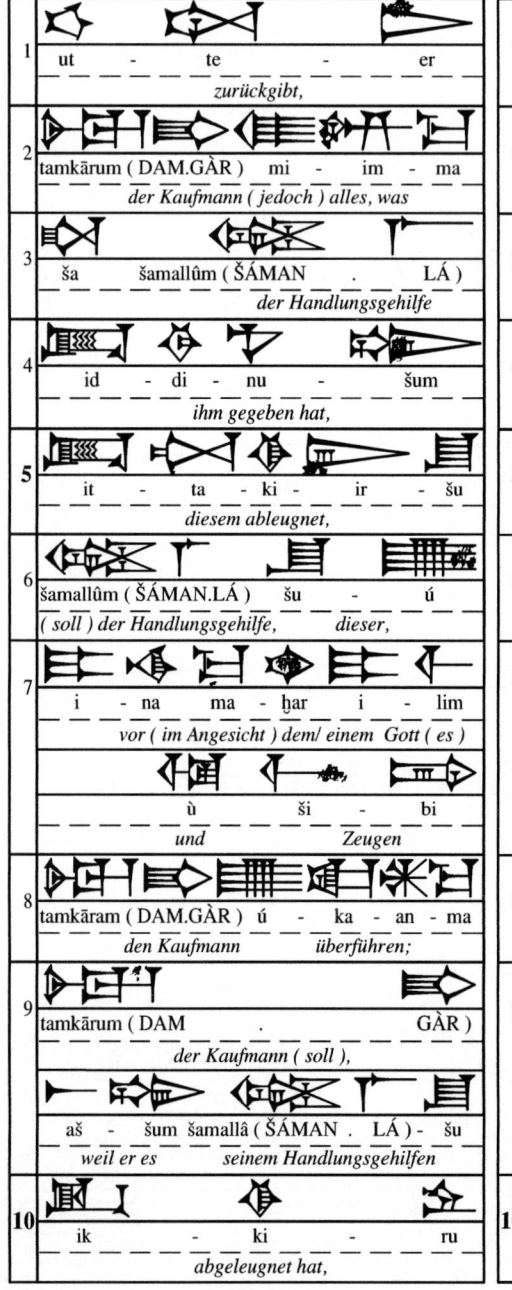

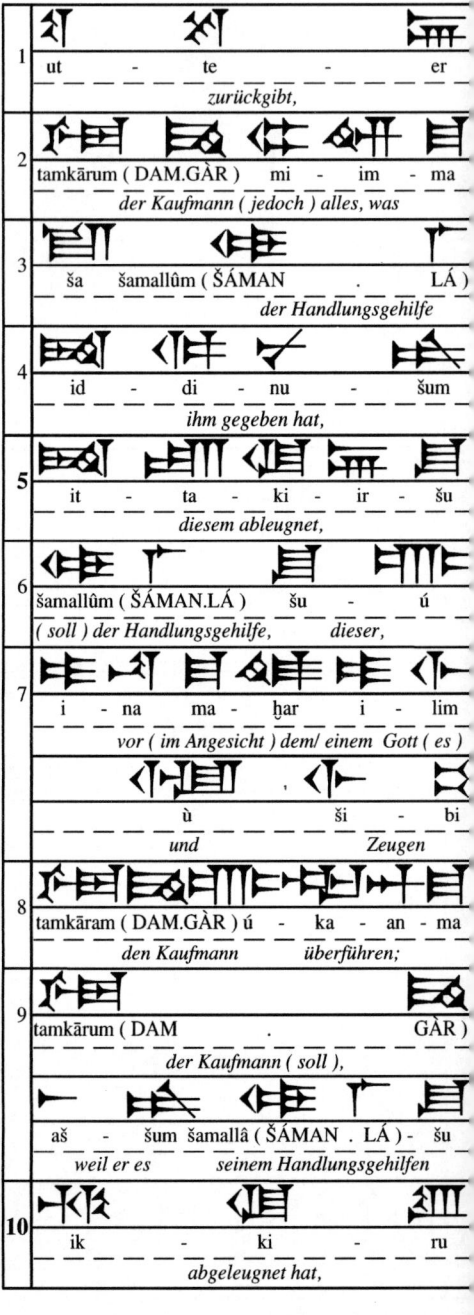

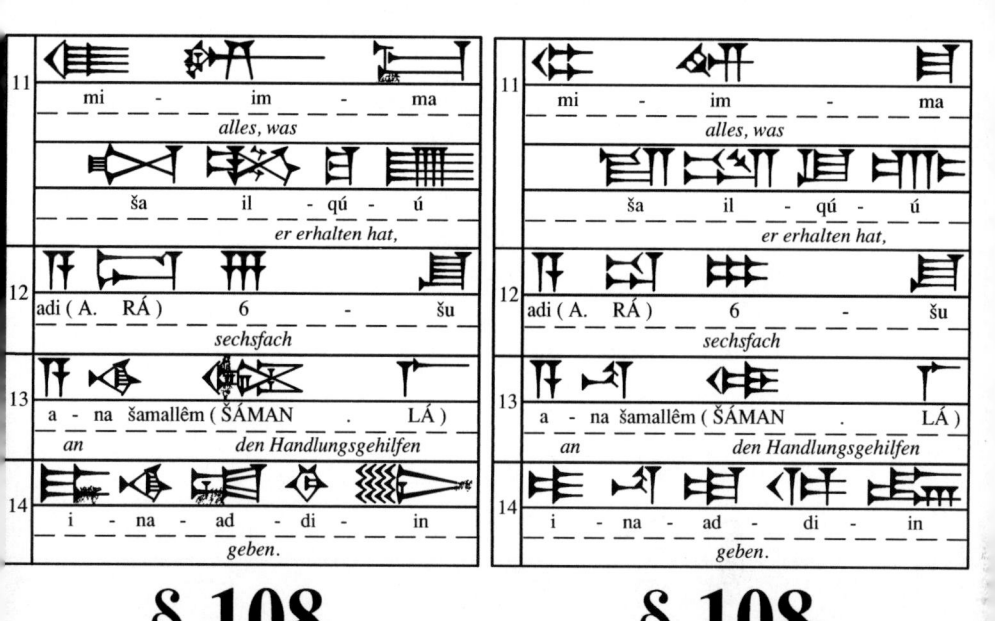

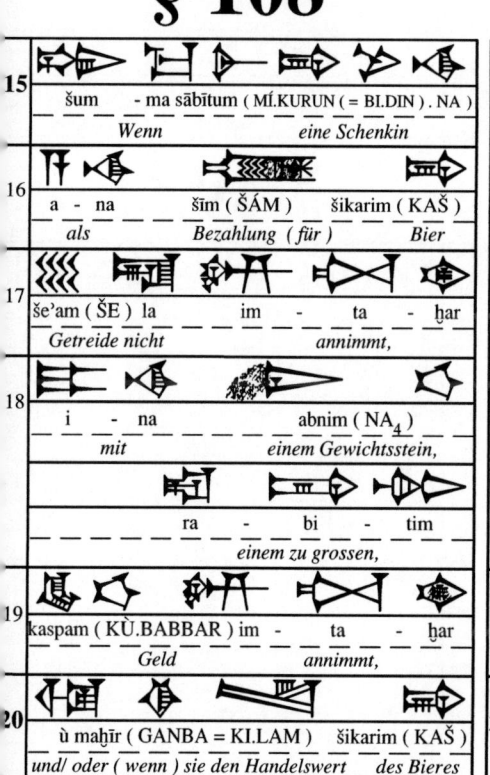

11 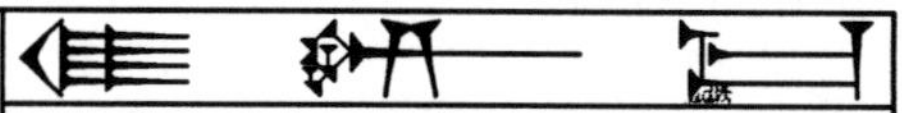

mi - im - ma

alles, was

ša il - qú - ú

er erhalten hat,

12 

adi (A. RÁ) 6 - šu

sechsfach

13 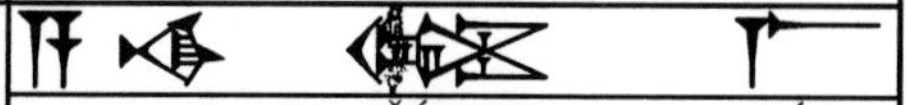

a - na šamallêm (ŠÁMAN . LÁ)

an den Handlungsgehilfen

14 

i - na - ad - di - in

geben.

§ 108

15 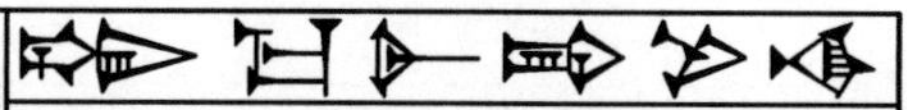

šum - ma sābītum (MÍ.KURUN (= BI.DIN) . NA)

Wenn eine Schenkin

16 

a - na šīm (ŠÁM) šikarim (KAŠ)

als Bezahlung (für) Bier

17 

še'am (ŠE) la im - ta - ḫar

Getreide nicht annimmt,

18 

i - na abnim (NA_4)

mit einem Gewichtsstein,

ra - bi - tim

einem zu grossen,

19 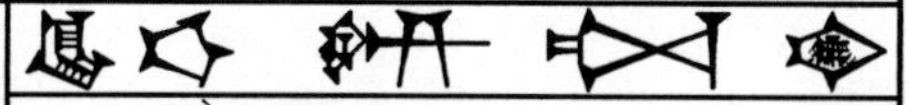

kaspam (KÙ.BABBAR) im - ta - ḫar

Geld annimmt,

20 

ù maḫīr (GANBA = KI.LAM) šikarim (KAŠ)

und/ oder (wenn) sie den Handelswert des Bieres

11 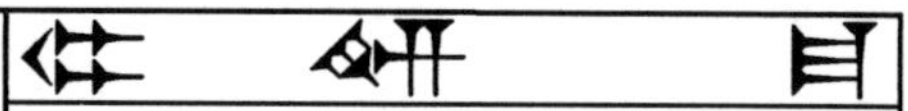

mi - im - ma

alles, was

ša il - qú - ú

er erhalten hat,

12 

adi (A. RÁ) 6 - šu

sechsfach

13 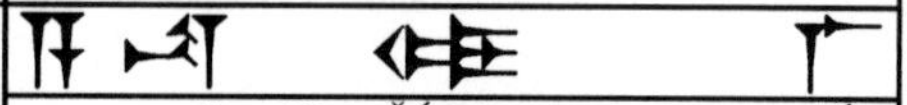

a - na šamallêm (ŠÁMAN . LÁ)

an den Handlungsgehilfen

14 

i - na - ad - di - in

geben.

§ 108

15 

šum - ma sābītum (MÍ.KURUN (= BI.DIN) . NA)

Wenn eine Schenkin

16 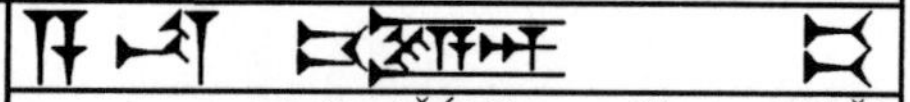

a - na šīm (ŠÁM) šikarim (KAŠ)

als Bezahlung (für) Bier

17 

še'am (ŠE) la im - ta - ḫar

Getreide nicht annimmt,

18 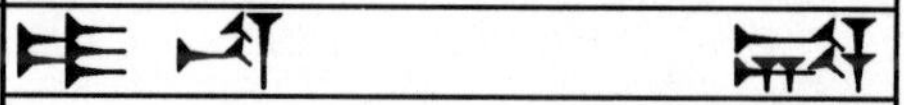

i - na abnim (NA_4)

mit einem Gewichtsstein,

ra - bi - tim

einem zu grossen,

19 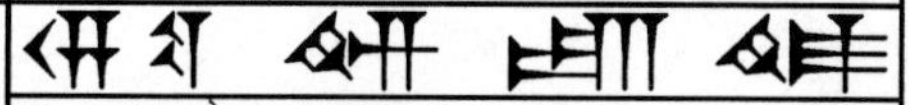

kaspam (KÙ.BABBAR) im - ta - ḫar

Geld annimmt,

20 

ù maḫīr (GANBA = KI.LAM) šikarim (KAŠ)

und/ oder (wenn) sie den Handelswert des Bieres

21 a - na maḫīr (GANBA = KI . LAM) še'im (ŠE)
im (Verhältnis zum) Handelswert des Getreides
um - ta - ṭi
verringert,

22 sābītam (MÍ.KURUN (= BI . DIN) . NA)
(soll man) die Schenkin,
šu - a - ti
diese,

23 ú - ka - an - nu - ši - ma
überführen (und)

24 a - na me - e
ins Wasser

25 i - na - ad - du - ú - ši
werfen.

§ 109

26 šum - ma sābītum (MÍ.KURUN (= BI.DIN) . NA)
Wenn (bei) einer Schenkin

27 sà - ar - ru - tum
Betrüger

28 i - na bītī (É) - ša
in ihrem Hause

29 it - tar - ka - sú (? su?) - ma
sich zusammenfinden,

30 sà - ar - ru - tim
(sie) die Betrüger,

21 a - na maḫīr (GANBA = KI . LAM) še'im (ŠE)
im (Verhältnis zum) Handelswert des Getreides
um - ta - ṭi
verringert,

22 sābītam (MÍ.KURUN (= BI . DIN) . NA)
(soll man) die Schenkin,
šu - a - ti
diese,

23 ú - ka - an - nu - ši - ma
überführen (und)

24 a - na me - e
ins Wasser

25 i - na - ad - du - ú - ši
werfen.

§ 109

26 šum - ma sābītum (MÍ.KURUN (= BI.DIN) . NA)
Wenn (bei) einer Schenkin

27 sà - ar - ru - tum
Betrüger

28 i - na bītī (É) - ša
in ihrem Hause

29 it - tar - ka - sú (? su?) - ma
sich zusammenfinden,

30 sà - ar - ru - tim
(sie) die Betrüger,

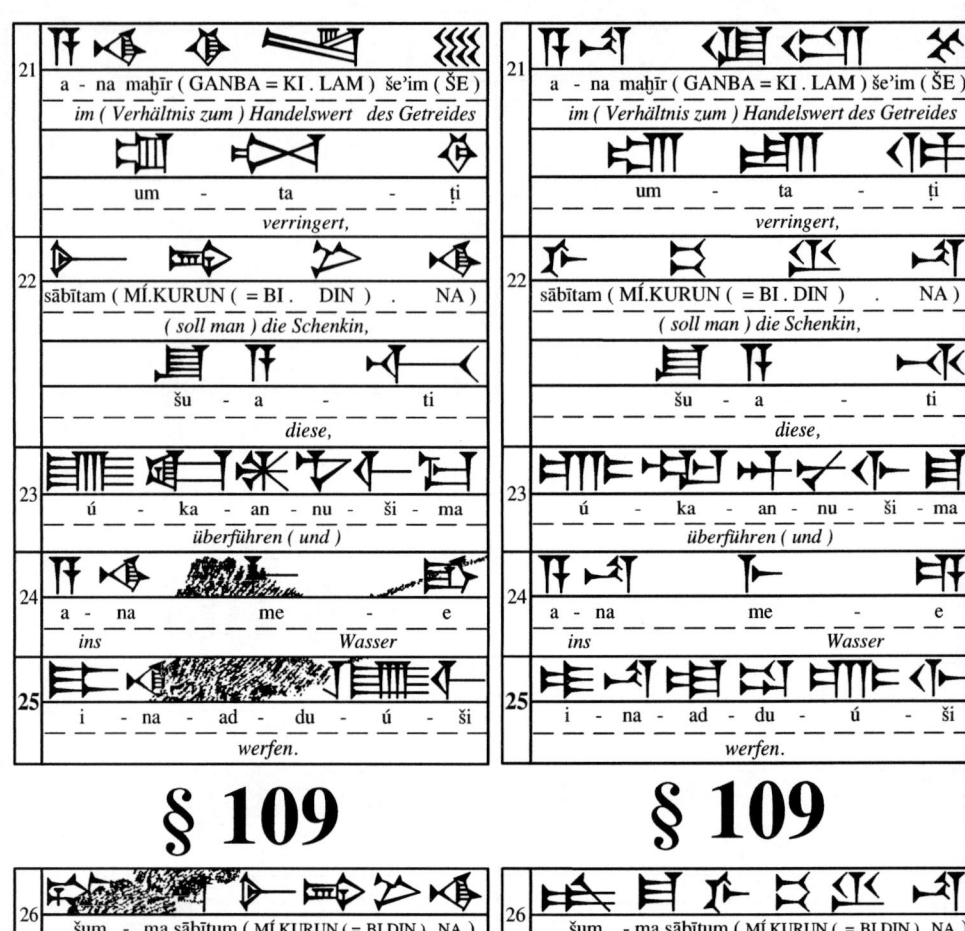

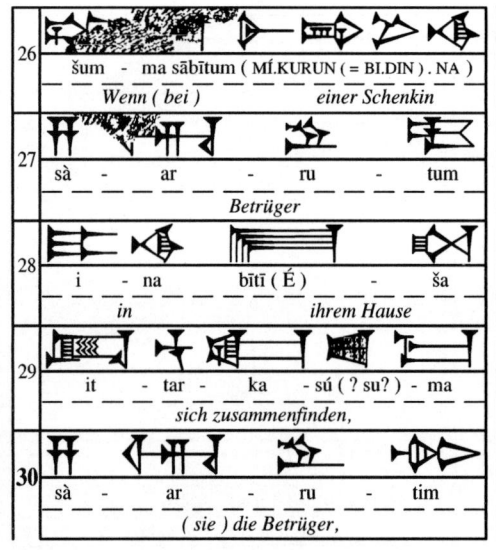

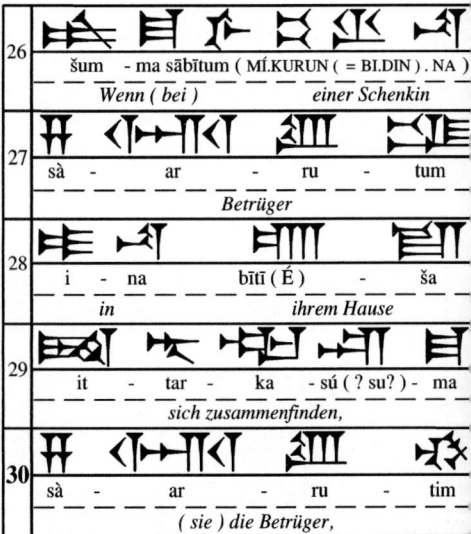

šu - nu - ti

diese,

31 la iṣ - ṣa - ab -

nicht

tam - ma

festnimmt,

32 a - na ekallim (É - GAL)

(und) zum Palast

33 la ir - de - a - am *

nicht führt,

34 sābītum (MÍ.KURUN (= BI . DIN) . NA)

(wird) die Schenkin,

ši - i

diese,

35 id - da - ak

getötet.

* lies: ir-<te>-de-a-am?

§ 110

36 šum - ma nadītum (LUKUR) entum (NIN.DINGIR)

Wenn eine ***naditu*** *- (oder)* ***entu*** *- Priesterin,*

37 ša i - na gagîm (GÁ . GI_4 . A)

die in einem ***gagû*** *- Kloster*

38 la wa - aš - ba - at

nicht wohnt,

39 É . KURUN (= BI . DIN) . NA

(die Tür) einer Schenke

šu - nu - ti

diese,

31 la iṣ - ṣa - ab -

nicht

tam - ma

festnimmt,

32 a - na ekallim (É - GAL)

(und) zum Palast

33 la ir - de - a - am *

nicht führt,

34 sābītum (MÍ.KURUN (= BI . DIN) . NA)

(wird) die Schenkin,

ši - i

diese,

35 id - da - ak

getötet.

* lies: ir-<te>-de-a-am?

§ 110

36 šum - ma nadītum (LUKUR) entum (NIN.DINGIR)

Wenn eine ***naditu*** *- (oder)* ***entu*** *- Priesterin,*

37 ša i - na gagîm (GÁ . GI_4 . A)

die in einem ***gagû*** *- Kloster*

38 la wa - aš - ba - at

nicht wohnt,

39 É . KURUN (= BI . DIN) . NA

(die Tür) einer Schenke

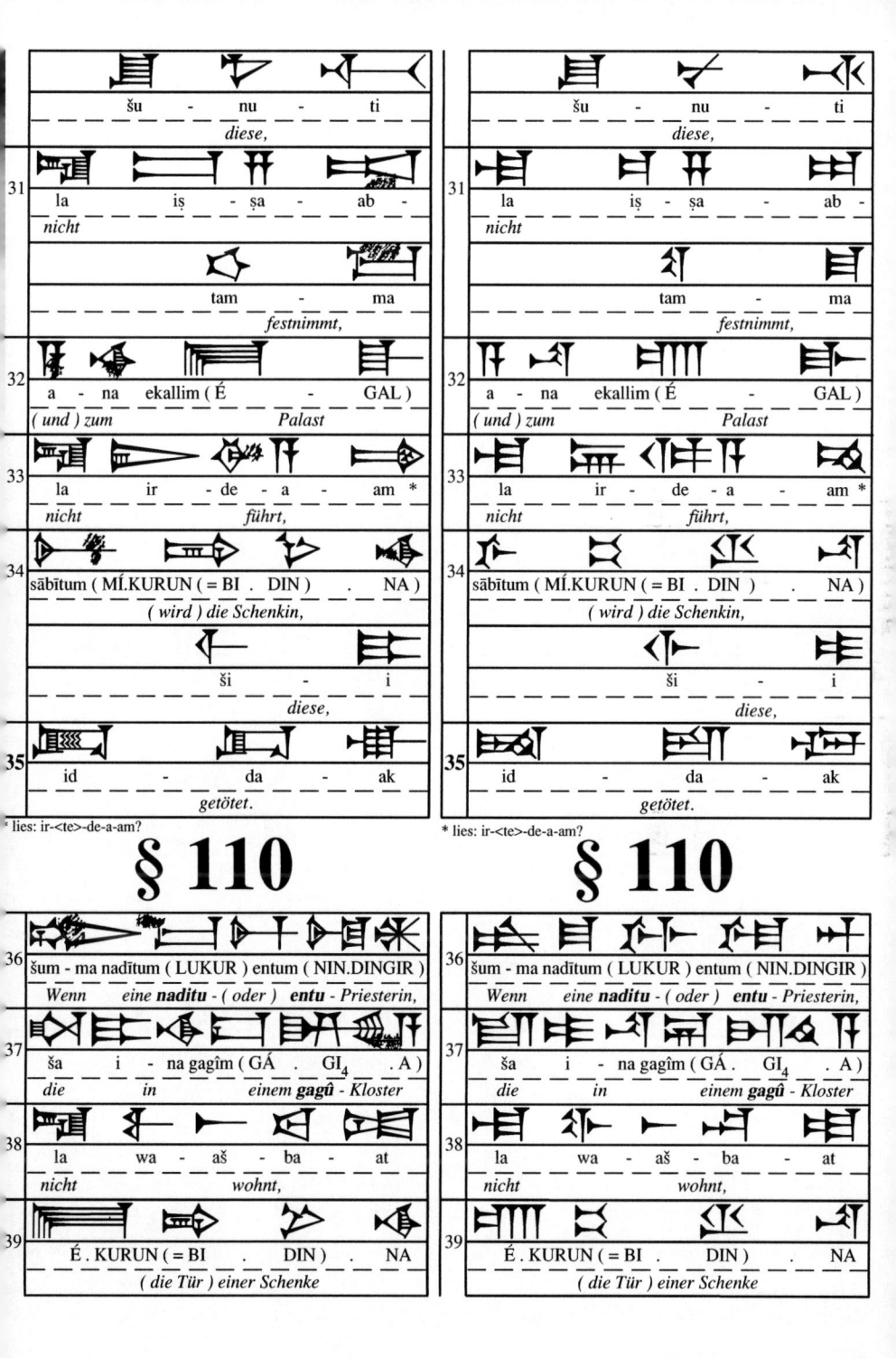

	ip - te - te	*aufmacht,*
40	ù lu a - na šikarim (KAŠ)	*und/ oder zum Bier(trinken)*
41	a - na É.KURUN (= BI . DIN) . NA	*in eine Schenke*
42	i - te - ru - ub	*eintritt,*
43	a - wi - il - tam	*(soll man) die Bürgerin,*
	šu - a - ti	*diese,*
44	i - qal - lu - ú - ši	*verbrennen.*

§ 111

45	šum - ma sābītum (MÍ.KURUN (= BI.DIN) . NA)	*Wenn eine Schenkin*
46	1 pīḫam (PIḪU = KAŠ.Ú.SA.KA.GAG (**<u>nicht ni!</u>**)	*einen Krug Bier*
47	a- na qí (**<u>nicht di!</u>**) - ip - tim id - di - in	*auf Borg gibt,*
48	i - na ebūrim (BURU$_{14}$)	*(soll sie) zur Erntezeit*
49	5 sâ (= BANIA) še'am (ŠE) i - le - qé	*fünf Liter Getreide erhalten.*

	ip - te - te	*aufmacht,*
40	ù lu a - na šikarim (KAŠ	*und/ oder zum Bier(trinken*
41	a - na É.KURUN (= BI . DIN) . NA	*in eine Schenke*
42	i - te - ru - ub	*eintritt,*
43	a - wi - il - tam	*(soll man) die Bürgerin,*
	šu - a - ti	*diese,*
44	i - qal - lu - ú - ši	*verbrennen.*

§ 111

45	šum - ma sābītum (MÍ.KURUN (= BI.DIN) . NA)	*Wenn eine Schenkin*
46	1 pīḫam (PIḪU = KAŠ.Ú.SA.KA.GAG (**<u>nicht ni!</u>**)	*einen Krug Bier*
47	a- na qí (**<u>nicht di!</u>**) - ip - tim id - di - in	*auf Borg gibt,*
48	i - na ebūrim (BURU$_{14}$	*(soll sie) zur Erntezeit*
49	5 sâ (= BANIA) še'am (ŠE) i - le - qé	*fünf Liter Getreide erhalten.*

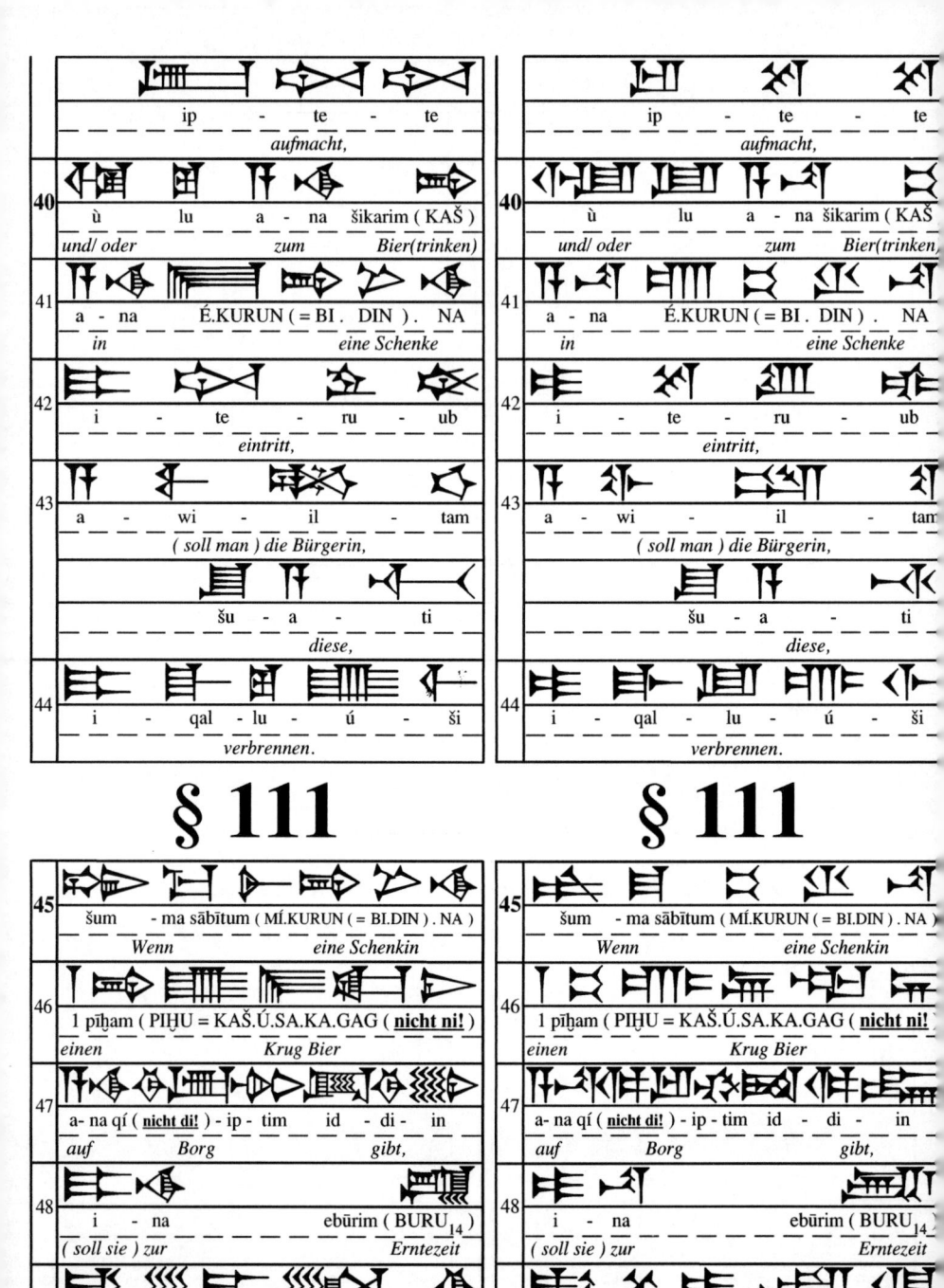

§ 112

50	šum - ma a - wi - lum	*Wenn ein Bürger*
51	i - na ḫar - ra - nim	*(sich) auf Reisen*
52	wa - ši - ib - ma	*aufhält,*
53	kaspam (KÙ.BABBAR) ḫurāṣam (GUŠKIN=KUG.GI) abnam (NA_4)	*Silber, Gold, Edelsteine*
54	ù bi - iš qá - ti - šu	*und/ oder sonstige ihm gehörige Habe*
55	a - na a - wi - lim	*an einen (anderen) Bürger*
56	id - di - in - ma	*gegeben,*
57	a - na ši - bu - ul - tim	*als Beförderungsgut*
58	ú - ša - bíl - šu	*transportieren lassen,*
59	a - wi - lum šu - ú	*(wenn) der (andere) Bürger, dieser,*
60	mi - im - ma ša šu - bu - lu	*alles, was ihm zur Beförderung gegeben war,*
61	a - šar šu - bu - lu	*dort, wohin er es hätte befördern sollen,*

§ 112

50	šum - ma a - wi - lum	*Wenn ein Bürger*
51	i - na ḫar - ra - nim	*(sich) auf Reisen*
52	wa - ši - ib - ma	*aufhält,*
53	kaspam (KÙ.BABBAR) ḫurāṣam (GUŠKIN=KUG.GI) abnam (NA_4)	*Silber, Gold, Edelsteine*
54	ù bi - iš qá - ti - šu	*und/ oder sonstige ihm gehörige Habe*
55	a - na a - wi - lim	*an einen (anderen) Bürger*
56	id - di - in - ma	*gegeben,*
57	a - na ši - bu - ul - tim	*als Beförderungsgut*
58	ú - ša - bíl - šu	*transportieren lassen,*
59	a - wi - lum šu - ú	*(wenn) der (andere) Bürger, dieser,*
60	mi - im - ma ša šu - bu - lu	*alles, was ihm zur Beförderung gegeben war,*
61	a - šar šu - bu - lu	*dort, wohin er es hätte befördern sollen,*

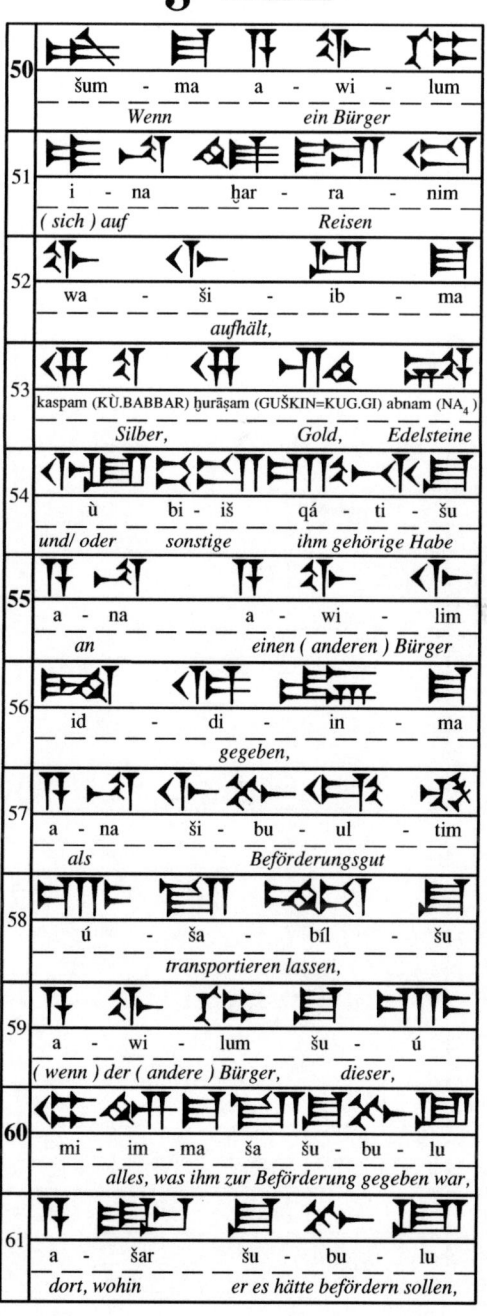

62	la id (**- di fehlt!**) - in - ma	*nicht abliefert,*
63	it - ba - al	*(sondern) es wegnimmt,*
64	be - el ši - bu - ul - tim	*(soll) der Eigentümer des Beförderungsgutes*
65	a - wi - lam šu - a - ti	*dem (anderen) Bürger, diesem,*
66	i - na mi - im - ma	*dass er alles, was*
67	ša šu - bu - lu - ma	*zur Beförderung an ihn (übergeben war),*
68	la id - di - nu	*nicht abgeliefert (gegeben) hat,*
69	ú - ka - an - nu - šu - ma	*nachweisen,*
70	a - wi - lum šu - ú	*der (andere) Bürger, dieser,*
71	adi (A.RÁ) 5 - šu mi - im - ma	*(soll) fünffach alles, was*
72	ša in - na - ad - nu - šum	*an ihn übergeben worden war,*
73	a - na be - el	*an den Eigentümer*
	ši - bu - ul - tim	*des Beförderungsgutes*

62	la id (**- di fehlt!**) - in - ma	*nicht abliefert,*
63	it - ba - al	*(sondern) es wegnimmt,*
64	be - el ši - bu - ul - tim	*(soll) der Eigentümer des Beförderungsgutes*
65	a - wi - lam šu - a - ti	*dem (anderen) Bürger, diesem,*
66	i - na mi - im - ma	*dass er alles, was*
67	ša šu - bu - lu - ma	*zur Beförderung an ihn (übergeben war),*
68	la id - di - nu	*nicht abgeliefert (gegeben) hat,*
69	ú - ka - an - nu - šu - ma	*nachweisen,*
70	a - wi - lum šu - ú	*der (andere) Bürger, dieser,*
71	adi (A.RÁ) 5 - šu mi - im - ma	*(soll) fünffach alles, was*
72	ša in - na - ad - nu - šum	*an ihn übergeben worden war,*
73	a - na be - el	*an den Eigentümer*
	ši - bu - ul - tim	*des Beförderungsgutes*

74 i - na - ad - di - in

geben.

§ 113

75 šum - ma a - wi - lum

Wenn ein Bürger

76 e - li a - wi - lim

gegenüber einem (anderen) Bürger

XXVI

1 še'am (ŠE) ù kaspam (KÙ . BABBAR)

(auf) Getreide und/ oder Geld

i - šu - ma

eine Forderung (hat),

2 i - na ba - lum

ohne (Erlaubnis)

be - el še'im (ŠE)

des Eigentümers des Getreides

3 i - na na - aš - pa -

aus

ki - im

einem Speicher

4 ù lu i - na ma -

oder von

aš - ka - nim

einer Tenne

74 i - na - ad - di - in

geben.

§ 113

75 šum - ma a - wi - lum

Wenn ein Bürger

76 e - li a - wi - lim

gegenüber einem (anderen) Bürger

XXVI

1 še'am (ŠE) ù kaspam (KÙ . BABBAR)

(auf) Getreide und/ oder Geld

i - šu - ma

eine Forderung (hat),

2 i - na ba - lum

ohne (Erlaubnis)

be - el še'im (ŠE)

des Eigentümers des Getreides

3 i - na na - aš - pa -

aus

ki - im

einem Speicher

4 ù lu i - na ma -

oder von

aš - ka - nim

einer Tenne

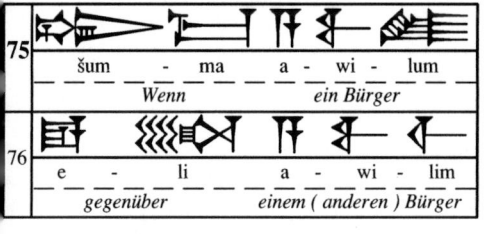

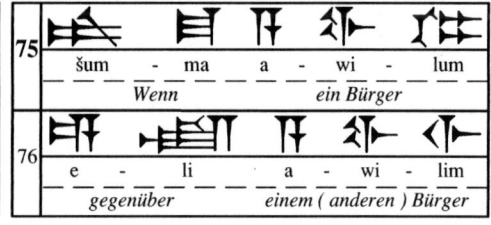

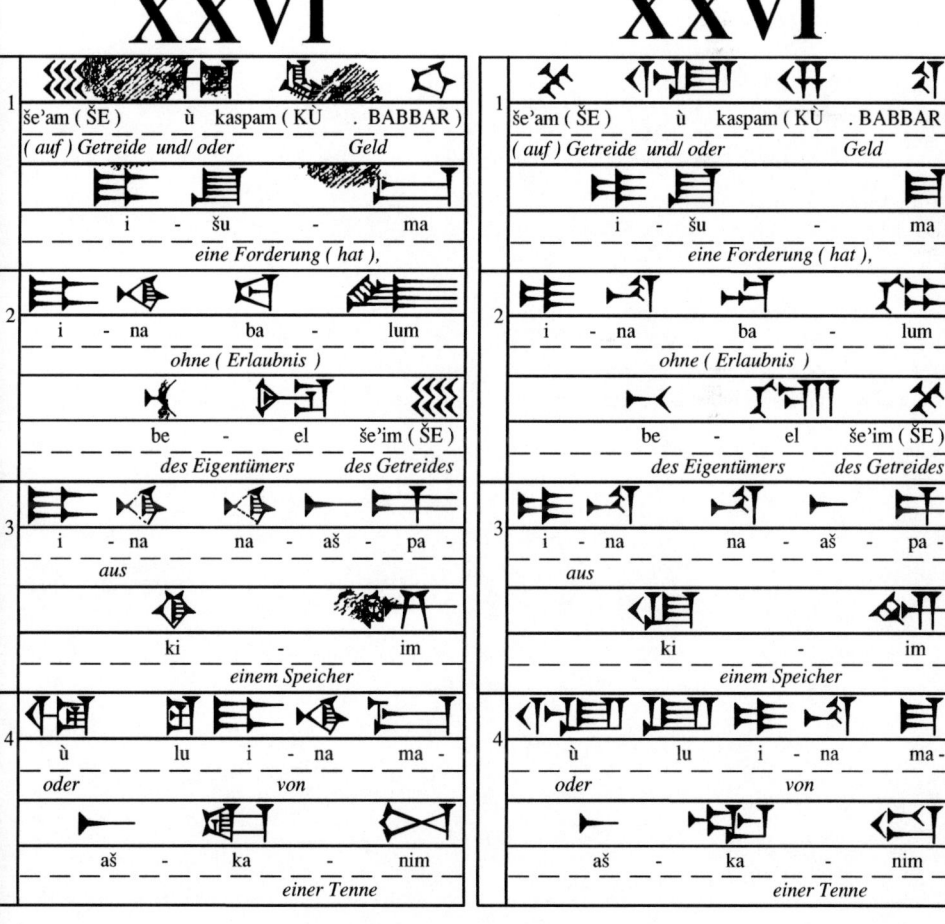

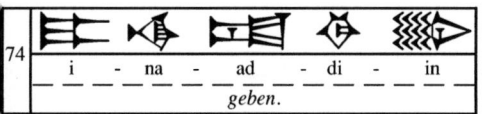

§ 100 XXIV 1) so soll er das Zinsgeld, 2) das er eingenommen hat, 3) buchen, 4) seine Tage 5) zählen (oder: man zählt seine Tage) 6) und seinen Kaufmann 7) bezahlen.

§ 101 8) Wenn er an einem Ort wo er gegangen ist, 9) Gewinn 10) nicht erzielt, 13) so soll der Handlungsgehilfe 11) das Geld, das er erhalten hat, 12) doppelt 13) dem Kaufmann 14) geben.

§ 102 15) Wenn ein Kaufmann 16) einem Handlungsgehilfen 17) Geld als Geschäftsreisevorschuss 18) gibt 19) und dieser, wo er gegangen ist, 20) Verlust 21) erleidet, 22) soll er das Kapital 23) dem Kaufmann zurückgeben.

§ 103 24) Wenn auf der Reise 25) unterwegs 26) ein Feind ihn 27) alles, was er trägt, 28) verlieren lässt, 29) so soll der Handlungsgehilfe bei (einem/ dem) Gott 30) schwören 31) und frei ausgehen.

§ 104 32) Wenn ein Kaufmann 33) einem Handlungsgehilfen, 34) Getreide, Wolle, Öl 35) oder irgendwelche Habe 36) zum Verkauf 37) gibt, 38) so soll der Handlungsgehilfe das Geld 39) buchen 40) und dem Kaufmann 41) zurückgeben; 42) der Handlungsgehilfe. soll eine gesiegelte Urkunde über das Geld, 43) das er dem Kaufmann 44) gibt, 45) erhalten.

§ 105) 46) Wenn ein Handlungsgehilfe 47) sich nachlässigerweise 48) keine gesiegelte Urkunde über das Geld, 49) das er dem Kaufmann 50) gegeben hat, 51) hat geben lassen, 52) so wird das nicht durch eine gesiegelte Urkunde quittierte Geld 54) nicht 53) auf die Abrechnung 54) gesetzt.

§ 106 55) Wenn ein Handlungsgehilfe 56) Geld von einem Kaufmann 57) erhalten hat, 58) aber das seinem Kaufmann 59) ableugnet, 60) so soll dieser Kaufmann 61) vor (einem/ dem) Gott und vor Zeugen 63) nachweisen, dass der Handlungsgehilfe 62) Geld erhalten hat, 64) und der Handlungsgehilfe soll all das Geld, 65) das er erhalten hat, 66) dreifach dem Kaufmann 67) geben.

§ 107 68) Wenn ein Kaufmann 69) einem Handlungsgehilfen 68) Geld 69) anvertraut hat 70) und der Handlungsgehilfe alles, was 71) der Kaufmann ihm gegeben hat, 72) seinem Kaufmann **XXV** 1) zurückgibt, 2) der Kaufmann jedoch alles, was 3) der Handlungsgehilfe 4) ihm gegeben hat, 5) diesem ableugnet, 6) so soll dieser Handlungsgehilfe 7) vor (einem/ dem) Gott und vor Zeugen 8) den Kaufmann überführen; 9) der Kaufmann soll, weil er es seinem Handlungsgehilfen 10) abgeleugnet hat, 11) alles, was er erhalten hat, 12) sechsfach 13) dem Handlungsgehilfen 14) geben.

§ 108 15) Wen eine Schenkin 16) als Bezahlung für Bier 17) kein Getreide annimmt, 18) aber mit einem zu großen Gewichtsstein 19) Geld annimmt, 20) oder/ und wenn sie den Handelswert des Bieres 21) im Verhältnis zum Handelswert des Getreides verringert, 22) so soll man diese Schenkin 23) überführen 24) und ins Wasser 25) werfen.

§ 109) 26) Wenn 28) im Hause 26) einer Schenkin 27) Betrüger 29) sich zusammenfinden 30) und sie diese Betrüger 31) nicht festnimmt 32) und zum Palast 33) führt, 34) so wird diese Schenkin 35) getötet.

§ 110 36) Wenn eine *naditu*-Priesterin oder eine *entu*-Priesterin, 37) die nicht in einem *gagû*-Kloster 38) wohnt, 39) (die Tür zu) einer Schenke aufmacht 40) oder zum Biertrinken 41) in einer Schenke 42) eintritt, 43) so soll man diese Bürgerin 44) verbrennen.

§ 111 45) Wenn eine Schenkin 46) einen Krug Bier 47) auf Borg gibt, 48) soll sie zur Erntezeit 49) fünf Liter Getreide erhalten.

§ 112 50) Wenn ein Bürger 51) sich auf Reisen 52) aufhält 55) und er hat einem (anderen) Bürger 53) Silber, Gold, Edelsteine 54) oder sonstige ihm gehörige Habe 56) gegeben 57) und als Beförderungsgut 58) transportieren lassen; 59) wenn dieser (andere) Bürger 60) alles, was ihm zur Beförderung übergeben war, 61) dort, wohin er es hätte befördern sollen, 62) nicht abliefert, 63) sondern es wegnimmt, 64) so soll der Eigentümer des Beförderungsgutes 65) diesem (anderen) Bürger 69) nachweisen, 66) dass er alles, was 67) ihm zur Beförderung übergeben war 68) nicht abgeliefert hat, 70) und dieser (andere) Bürger 71) soll alles, was 72) ihm übergeben worden war, 71) fünffach 73) dem Eigentümer des Beförderungsgutes 74) geben.

5	še'am (ŠE) il - te - qé	*Getreide holt,*
6	a - wi - lam šu - a - ti	*(soll man) dem Bürger, diesem,*
7	i - na ba - lum	*dass er ohne (Erlaubnis)*
	be - el še'im (ŠE)	*des Eigentümers des Getreides*
8	i - na na - aš - pa - ki - im	*vom Speicher*
9	ù lu i - na maškanim (KISLAH̯ = KI . UD)	*oder von der Tenne*
10	i - na še'im (ŠE) le - qé - em	*Getreide geholt hat,*
11	ú - ka - an - nu - šu - ma	*nachweisen*
12	še'am (ŠE) ma - la il - qú - ú	*Getreide, alles, das er geholt hat,*
13	ú - ta - ar	*(soll) er zurückgeben*
14	ù i - na mi - im -	*und*
	ma šum - šu	*was dieser*
15	ma - la id - di - nu	*alles gegeben hat,*

5	še'am (ŠE) il - te - qé	*Getreide holt,*
6	a - wi - lam šu - a - ti	*(soll man) dem Bürger, diesem,*
7	i - na ba - lum	*dass er ohne (Erlaubnis)*
	be - el še'im (ŠE)	*des Eigentümers des Getreides*
8	i - na na - aš - pa - ki - im	*vom Speicher*
9	ù lu i - na maškanim (KISLAH̯ = KI . UD)	*oder von der Tenne*
10	i - na še'im (ŠE) le - qé - em	*Getreide geholt hat,*
11	ú - ka - an - nu - šu - ma	*nachweisen*
12	še'am (ŠE) ma - la il - qú - ú	*Getreide, alles, das er geholt hat,*
13	ú - ta - ar	*(soll) er zurückgeben*
14	ù i - na mi - im -	*und*
	ma šum - šu	*was dieser*
15	ma - la id - di - nu	*alles gegeben hat,*

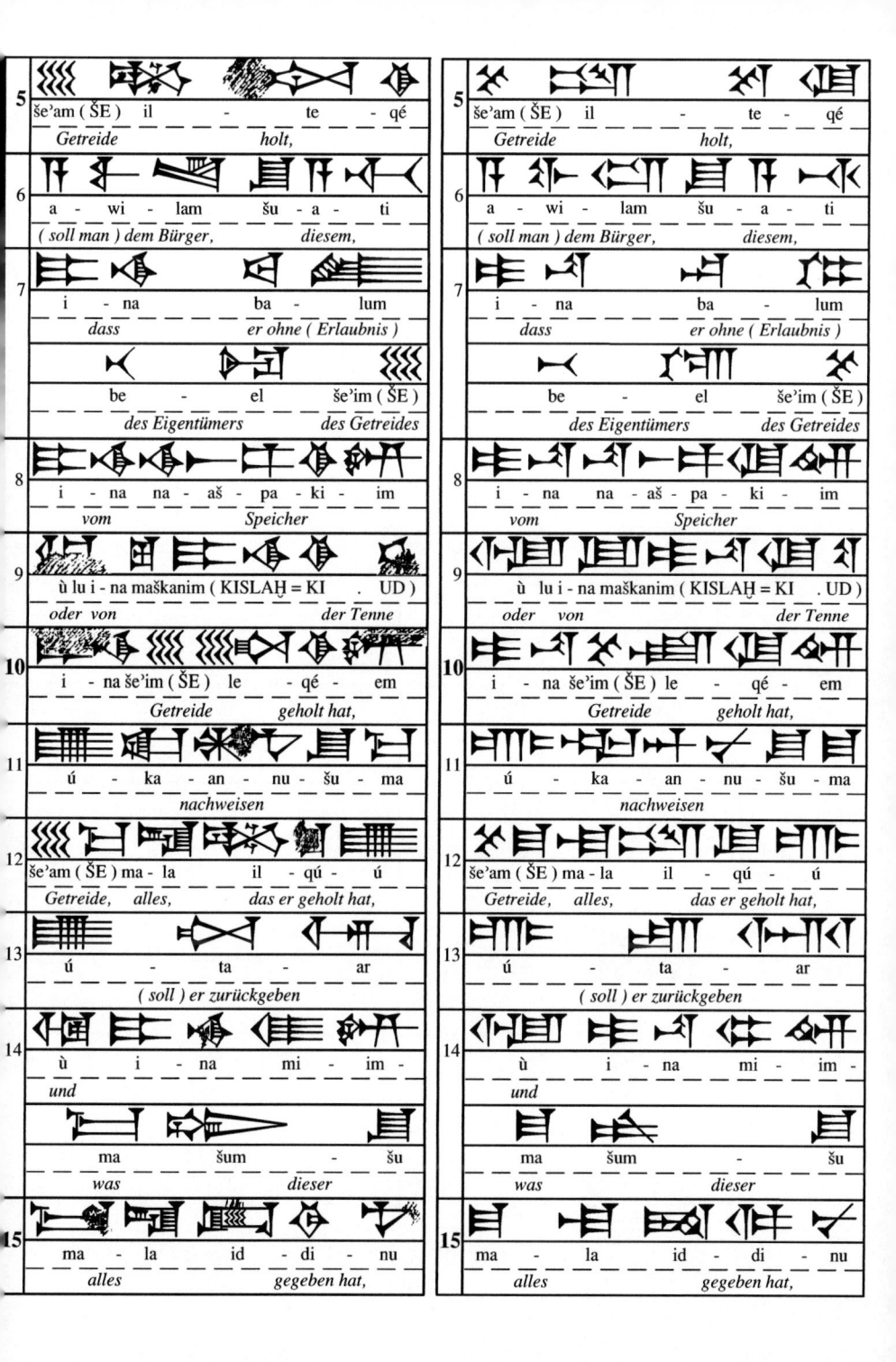

Zeile	Umschrift	Übersetzung
16	i - te - el - li	*geht er verlustig.*

§ 114

Zeile	Umschrift	Übersetzung
17	šum - ma a - wi - lum	*Wenn ein Bürger*
18	e - li a - wi - lim	*gegenüber einem (anderen) Bürger*
19	še'am (ŠE) ù kaspam (KÙ . BABBAR)	*(auf) Getreide und/ oder Geld*
20	la i - šu - ma	*keine Forderung (hat),*
21	ni - pu - sú	*(und trotzdem) eine(n) Angehörige(n) als*
	it - te - pé	*Pfand (nimmt),*
22	a - na ni - pu - tim	*(soll er) pro Pfändung*
23	iš - ti - a - at	
24	1/3 MA . NA kaspam (KÙ . BABBAR)	*ein Drittel Mine Silber*
25	i - ša - qal	*zahlen.*

Zeile	Umschrift	Übersetzung
16	i - te - el - li	*geht er verlustig.*

§ 114

Zeile	Umschrift	Übersetzung
17	šum - ma a - wi - lum	*Wenn ein Bürger*
18	e - li a - wi - lim	*gegenüber einem (anderen) Bürger*
19	še'am (ŠE) ù kaspam (KÙ . BABBAR)	*(auf) Getreide und/ oder Geld*
20	la i - šu - ma	*keine Forderung (hat),*
21	ni - pu - sú	*(und trotzdem) eine(n) Angehörige(n) als*
	it - te - pé	*Pfand (nimmt),*
22	a - na ni - pu - tim	*(soll er) pro Pfändung*
23	iš - ti - a - at	
24	1/3 MA . NA kaspam (KÙ . BABBAR)	*ein Drittel Mine Silber*
25	i - ša - qal	*zahlen.*

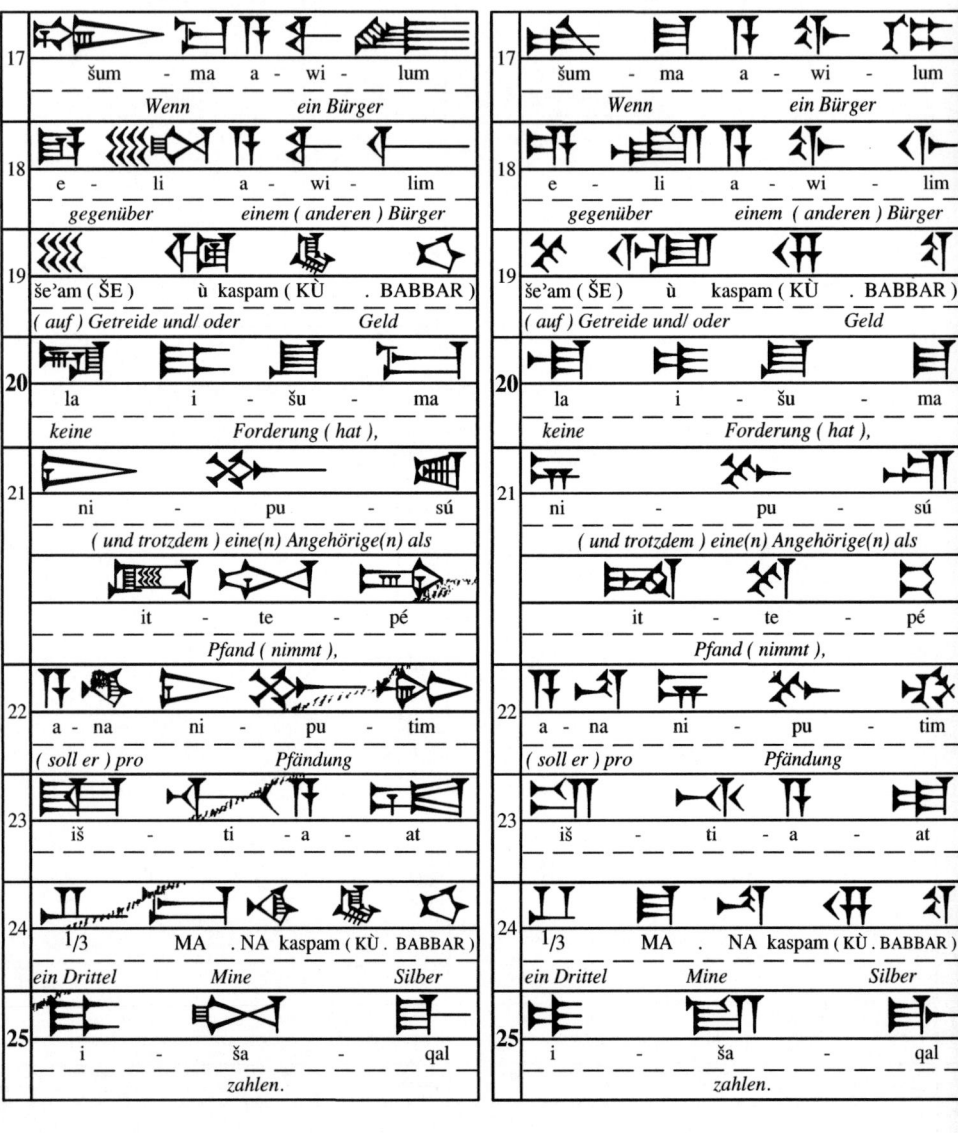

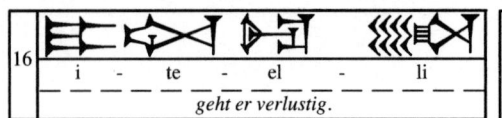

§ 115

26	šum - ma a - wi - lum	*Wenn ein Bürger*
27	e - li a - wi - lim	*gegenüber einem (anderen) Bürger*
28	še'am (ŠE) ù kaspam (KÙ . BABBAR)	*(auf) Getreide und/ oder Geld*
29	i - šu - ma	*eine Forderung (hat),*
30	ni - pu - sú ip - pé - ma	*einen ihm Angehörigen als Pfand (nimmt),*
31	ni - pu - tum	*die gepfändete Person (das Pfand)*
32	i - na bīt (É) ne - pí - ša	*im Hause seines Pfänders*
33	i - na ši - ma - ti - ša	*eines natürlichen Todes*
34	im - tu - ut	*stirbt,*
35	di - nu - um šu - ú	*der Rechtsfall, dieser,*
36	ru - gu - um - ma - am	*Klageanspruch.*
37	ú - ul i - šu	*keinen hat er.*

§ 115

26	šum - ma a - wi - lum	*Wenn ein Bürger*
27	e - li a - wi - lim	*gegenüber einem (anderen) Bürger*
28	še'am (ŠE) ù kaspam (KÙ . BABBAR)	*(auf) Getreide und/ oder Geld*
29	i - šu - ma	*eine Forderung (hat),*
30	ni - pu - sú ip - pé - ma	*einen ihm Angehörigen als Pfand (nimmt),*
31	ni - pu - tum	*die gepfändete Person (das Pfand)*
32	i - na bīt (É) ne - pí - ša	*im Hause seines Pfänders*
33	i - na ši - ma - ti - ša	*eines natürlichen Todes*
34	im - tu - ut	*stirbt,*
35	di - nu - um šu - ú	*der Rechtsfall, dieser,*
36	ru - gu - um - ma - am	*Klageanspruch.*
37	ú - ul i - šu	*keinen hat er.*

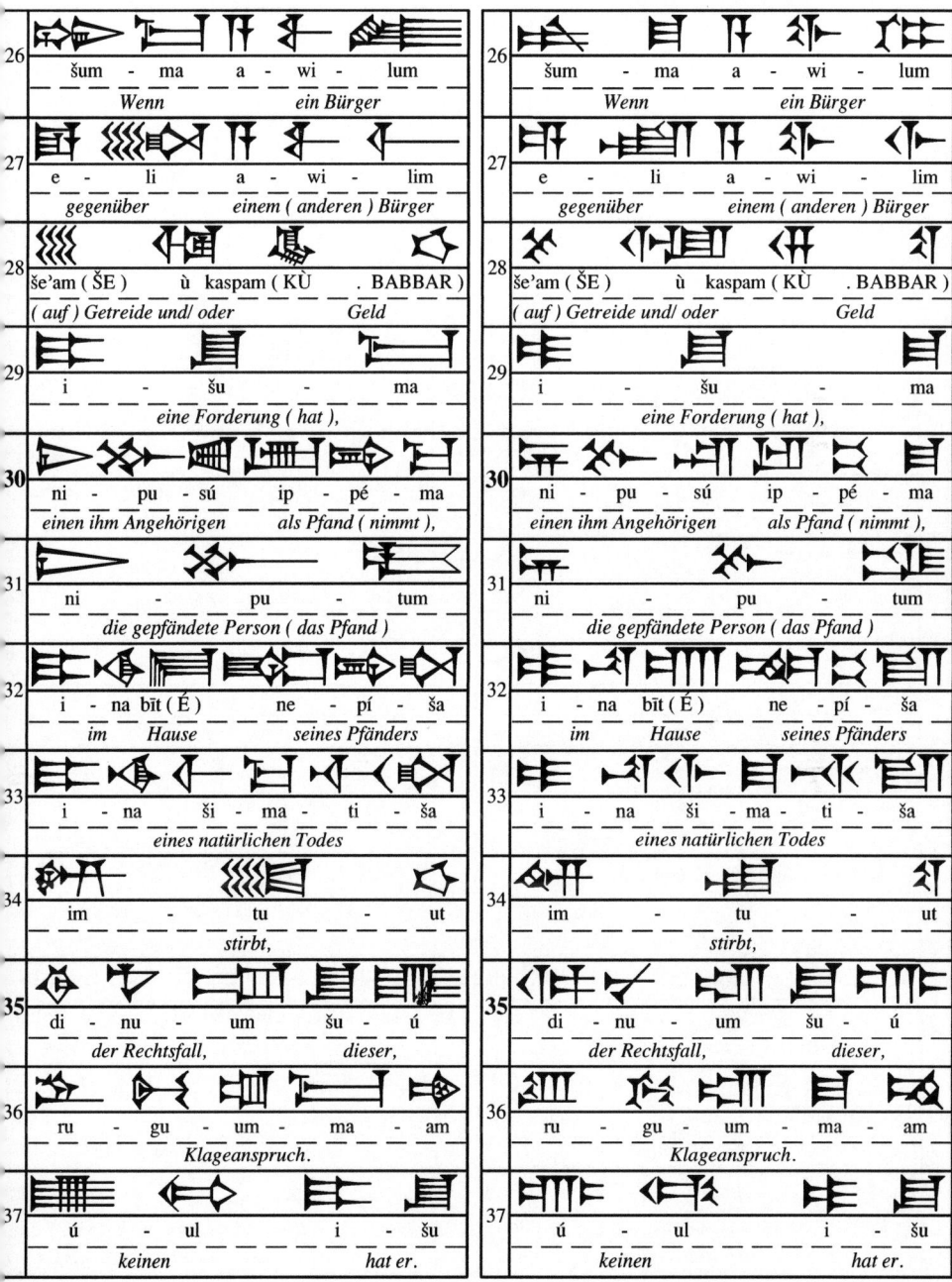

§ 116

38	šum - ma ni - pu - tum	Wenn eine gepfändete Person
39	i - na bīt (É) ne - pí - ša	im Hause seines Pfänders
40	i - na ma - ḫa - ṣí - im	durch Schläge
41	ù lu i - na uš -	und/ oder durch
	šu - ši - im	Misshandlung
42	im - tu - ut	stirbt,
43	be - el ni - pu - tim	(soll) der Eigentümer der gepfändeten Person
44	tamkār (DAM . GÀR) - šu	seinen Kaufmann (Pfänder)
45	ú - ka - an - ma	überführen;
46	šum - ma mār (DUMU) a - wi - lim	Wenn er der Sohn eines Bürgers (ist),
47	mārā (DUMU) - šu i - du - uk - ku	(soll man) seinen (eigenen) Sohn töten.
48	šum - ma warad (árad) a - wi - lim	Wenn er der Sklave eines Bürgers (ist),

§ 116

38	šum - ma ni - pu - tum	Wenn eine gepfändete Person
39	i - na bīt (É) ne - pí - ša	im Hause seines Pfänders
40	i - na ma - ḫa - ṣí - im	durch Schläge
41	ù lu i - na uš -	und/ oder durch
	šu - ši - im	Misshandlung
42	im - tu - ut	stirbt,
43	be - el ni - pu - tim	(soll) der Eigentümer der gepfändeten Person
44	tamkār (DAM . GÀR) - šu	seinen Kaufmann (Pfänder)
45	ú - ka - an - ma	überführen;
46	šum - ma mār (DUMU) a - wi - lim	Wenn er der Sohn eines Bürgers (ist),
47	mārā (DUMU) - šu i - du - uk - ku	(soll man) seinen (eigenen) Sohn töten.
48	šum - ma warad (árad) a - wi - lim	Wenn er der Sklave eines Bürgers (ist),

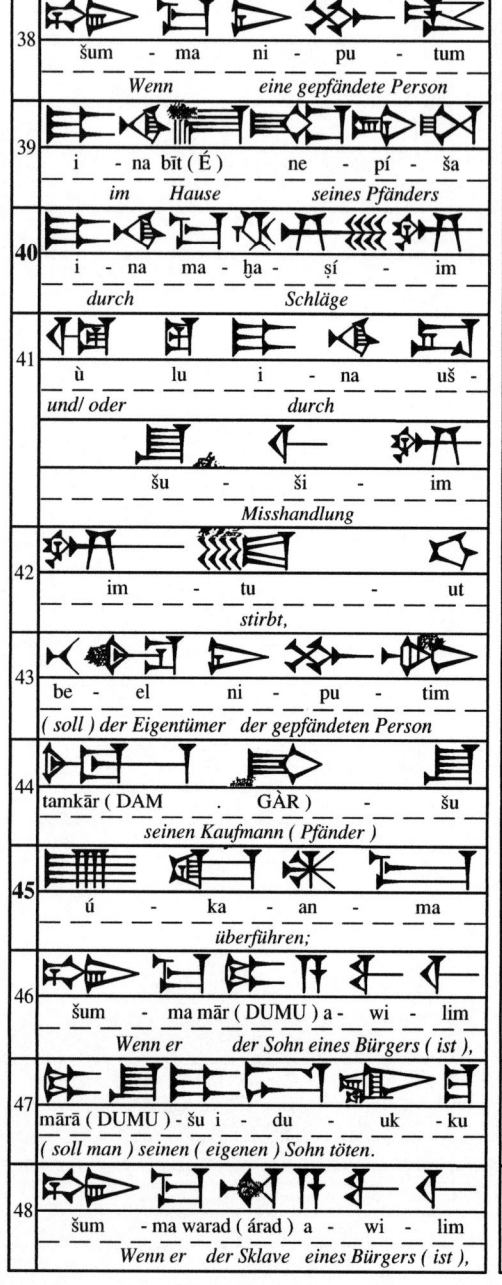

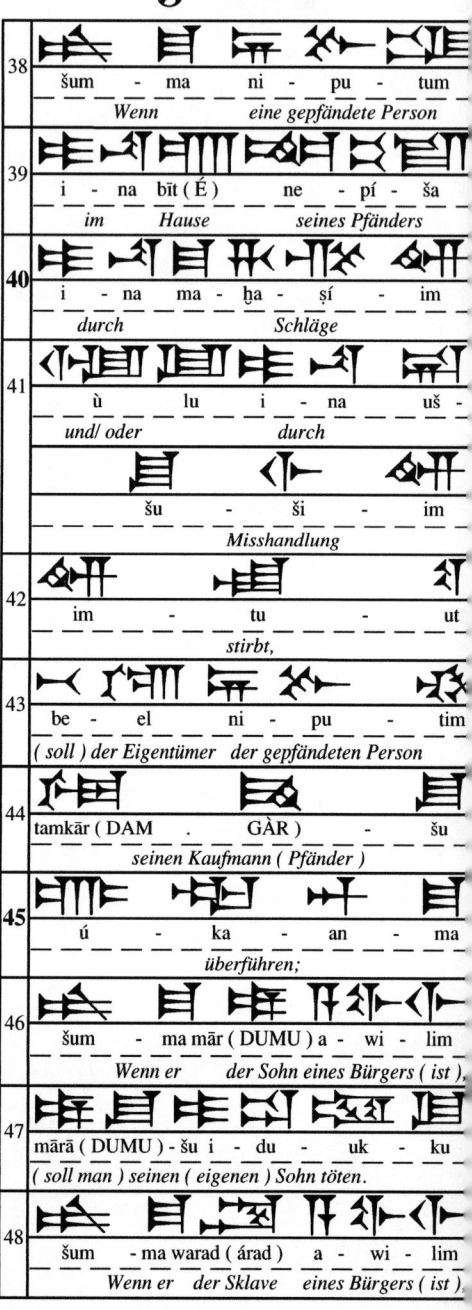

49 1/3 MA . NA kaspam (KÙ . BABBAR)
(soll) er ein Drittel Mine Silber

50 i - ša - qal
zahlen;

51 ù i - na mi - im - ma
und was

šum - šu
dieser

52 ma - la id - di - nu
alles gegeben hat,

53 i - te - el - li
verliert er.

§ 117

54 šum - ma a - wi - lam
Wenn einen Bürger

55 e - ḫi - il - tum
eine Schuldverpflichtung

56 iṣ - ba - sú - ma
erfasst,

57 aššas (DAM) - sú mārā (DUMU) - šu
er seine Frau, seinen Sohn

ù māras (DUMU . MÍ) - sú
oder seine Tochter

58 a - na kaspim (KÙ . BABBAR)
für Geld

49 1/3 MA . NA kaspam (KÙ . BABBAR)
(soll) er ein Drittel Mine Silber

50 i - ša - qal
zahlen;

51 ù i - na mi - im - ma
und was

šum - šu
dieser

52 ma - la id - di - nu
alles gegeben hat,

53 i - te - el - li
verliert er.

§ 117

54 šum - ma a - wi - lam
Wenn einen Bürger

55 e - ḫi - il - tum
eine Schuldverpflichtung

56 iṣ - ba - sú - ma
erfasst,

57 aššas (DAM) - sú mārā (DUMU) - šu
er seine Frau, seinen Sohn

ù māras (DUMU . MÍ) - sú
oder seine Tochter

58 a - na kaspim (KÙ . BABBAR)
für Geld

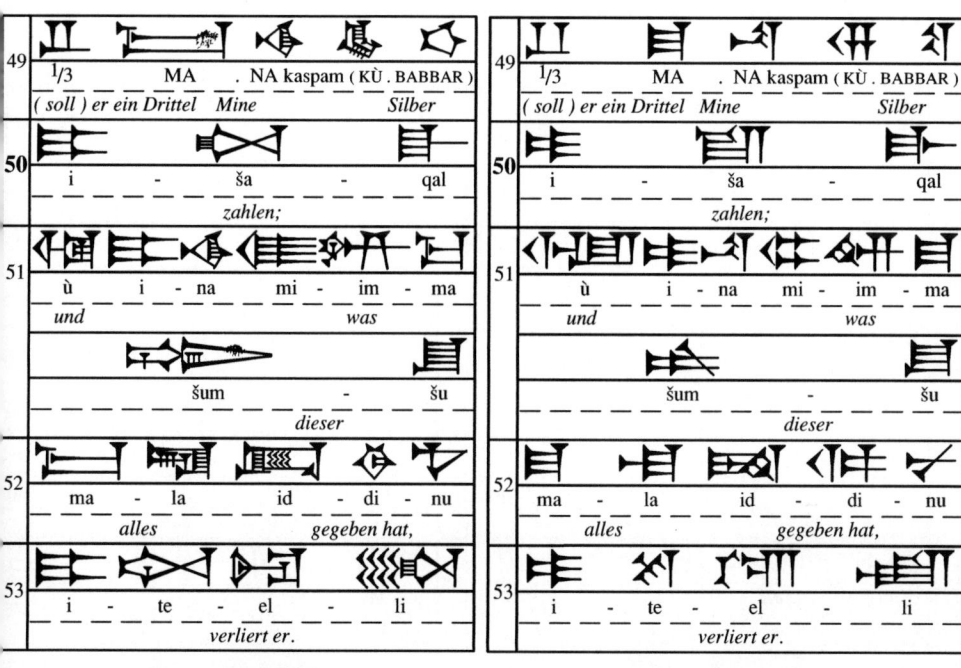

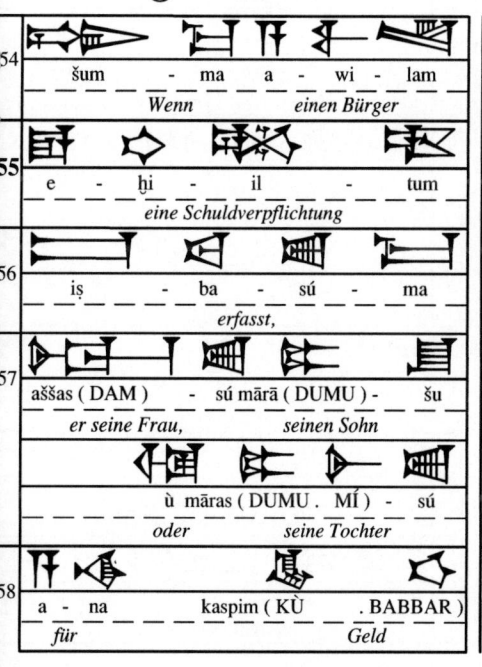

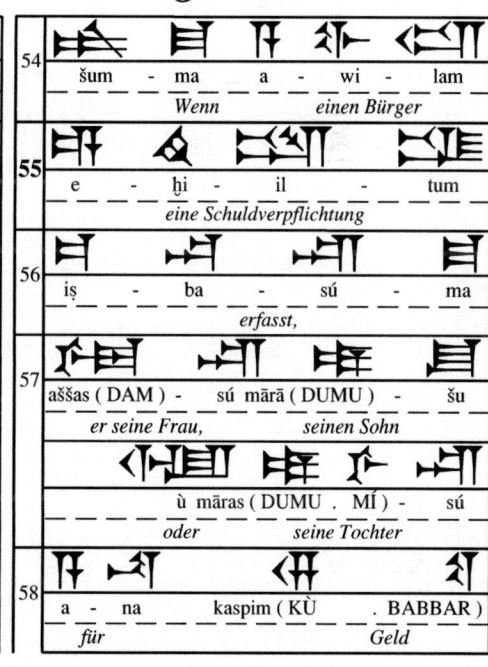

id - di - in
hingibt,

59 ù lu a - na ki - iš -
oder (jeweils) in
ša - a - tim
ein Gewaltverhältnis

60 it - ta - an - di - in
gibt,

61 MU . 3 . KAM
(sollen diese) drei Jahre

62 bīt (É) ša - a - a - ma -
das Haus
ni - šu - nu
ihres Käufers

63 ù ka - ši - ši - šu - nu
oder (dem, der sie in) ein Gewaltverhältnis (nahm),

64 i - ip - pé - šu i - na re -
besorgen, im
bu - tim
vierten

65 ša - at - tim
Jahr

66 an - du - ra - ar - šu - nu
(sollen) sie von ihren Lasten

67 iš - ša - ak - ka - an
freigestellt werden.

id - di - in
hingibt,

59 ù lu a - na ki - iš -
oder (jeweils) in
ša - a - tim
ein Gewaltverhältnis

60 it - ta - an - di - in
gibt,

61 MU . 3 . KAM
(sollen diese) drei Jahre

62 bīt (É) ša - a - a - ma -
das Haus
ni - šu - nu
ihres Käufers

63 ù ka - ši - ši - šu - nu
oder (dem, der sie in) ein Gewaltverhältnis (nahm),

64 i - ip - pé - šu i - na re -
besorgen, im
bu - tim
vierten

65 ša - at - tim
Jahr

66 an - du - ra - ar - šu - nu
(sollen) sie von ihren Lasten

67 iš - ša - ak - ka - an
freigestellt werden.

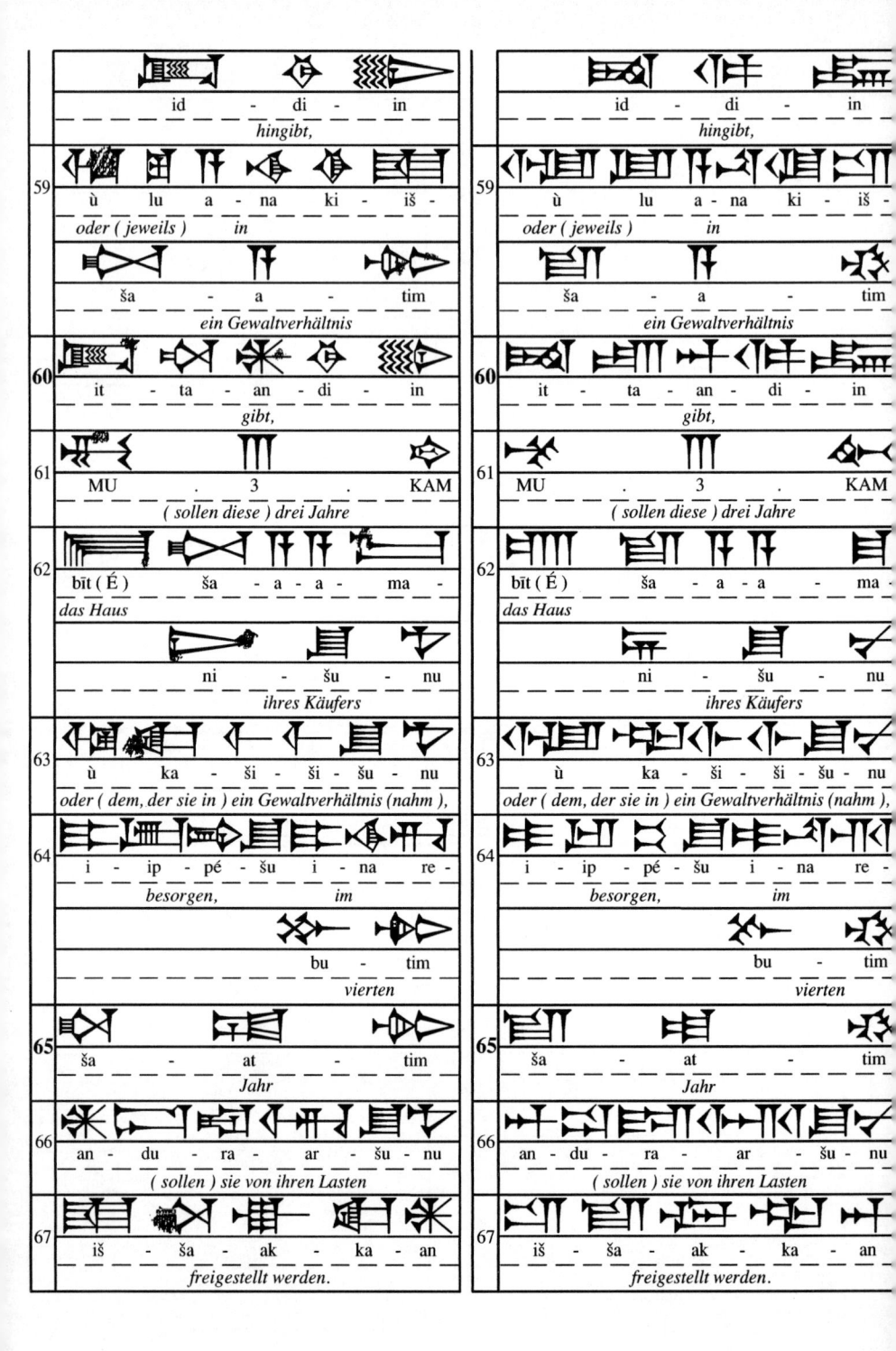

§ 118

68	šum - ma wardam (árad) ù lu amtam (GÉME) *Wenn er einen Sklaven oder eine Sklavin*
69	a - na ki - iš - ša - tim *(jeweils) in ein Gewaltverhältnis*
70	it - ta - an - di - in *gibt,*
71	tamkārum (DAM.GÀR) ú - še - te - eq *(kann) der Kaufmann (den Termin) verstreichen lassen* *
72	a - na kaspim (KÙ.BABBAR) i - na - ad - din *(und) für Geld (darf) er ihn/ sie hergeben,*
73	ú - ul ib - ba - qar *(es besteht) kein Herausgabeanspruch.*

* bzw. er kann ihn/ sie weiterverkaufen

§ 119

74	šum - ma a - wi - lam *Wenn einen Bürger*
75	e - ḫi - il - tum *eine Schuldverpflichtung*
76	iṣ - ba - sú - ma *erfasst,*
77	amas (GÉME)-sú ša mārī (DUMU.MEŠ) ul - du - šum *er eine Sklavin, die ihm Kinder geboren hat,*
	a - na kaspim (KÙ.BABBAR) it - ta - din *für Geld hingibt,*

§ 118

68	šum - ma wardam (árad) ù lu amtam (GÉME) *Wenn er einen Sklaven oder eine Sklavin*
69	a - na ki - iš - ša - tim *(jeweils) in ein Gewaltverhältnis*
70	it - ta - an - di - in *gibt,*
71	tamkārum (DAM.GÀR) ú - še - te - eq *(kann) der Kaufmann (den Termin) verstreichen lassen* *
72	a - na kaspim (KÙ.BABBAR) i - na - ad - din *(und) für Geld (darf) er ihn/ sie hergeben,*
73	ú - ul ib - ba - qar *(es besteht) kein Herausgabeanspruch.*

* bzw. er kann ihn/ sie weiterverkaufen

§ 119

74	šum - ma a - wi - lam *Wenn einen Bürger*
75	e - ḫi - il - tum *eine Schuldverpflichtung*
76	iṣ - ba - sú - ma *erfasst,*
77	amas (GÉME)-sú ša mārī (DUMU.MEŠ) ul - du - šum *er eine Sklavin, die ihm Kinder geboren hat,*
	a - na kaspim (KÙ.BABBAR) it - ta - din *für Geld hingibt,*

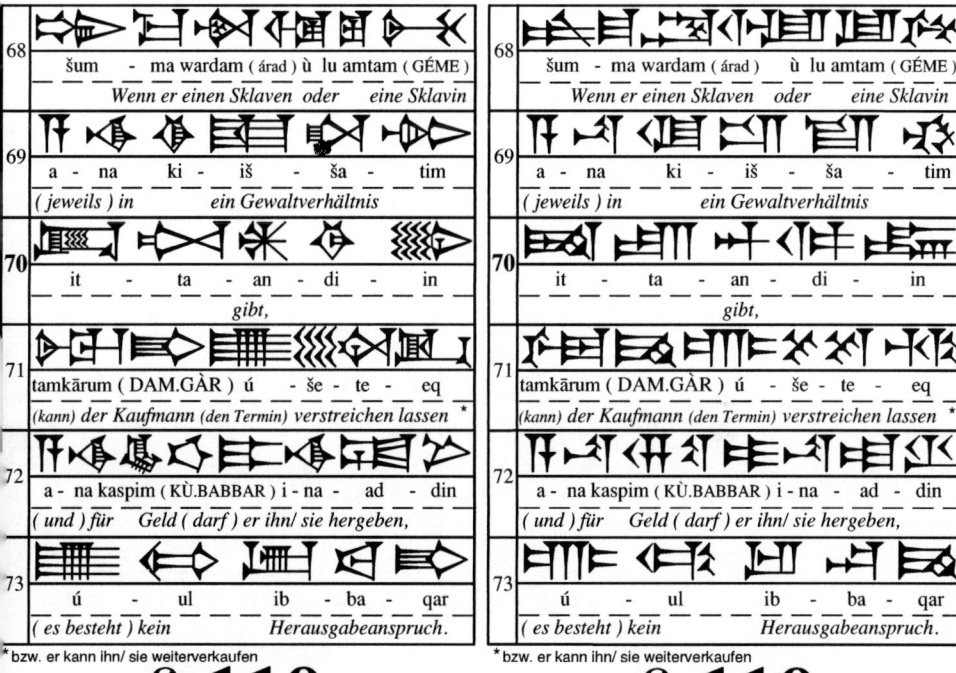

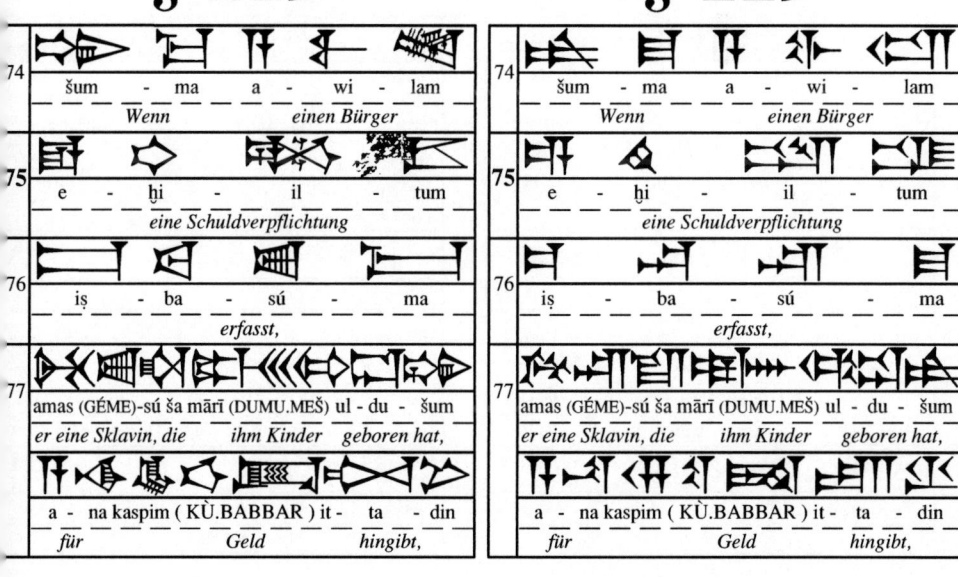

XXVII

1 kasap (KÙ.BABBAR) tamkārum (DAM . GÀR)
das Geld, (das) der Kaufmann
iš - qú - lu
gezahlt hat,

2 be - el amtim (GÉME)
(soll) der Eigentümer der Sklavin
i - ša - qal - ma
zahlen

3 amas (GÉME) - sú
(und) seine Sklavin
i - pa - ṭár
freikaufen.

§ 120

4 šum - ma a - wi - lum
Wenn ein Bürger

5 še - šu a - na na - aš -
sein Getreide zur
pa - ku - tim
Lagerung

6 i - na bīt (É) a - wi - lim (**nicht lum!**)
im Hause eines (anderen) Bürgers

7 iš - pu - uk - ma
speichert,

XXVII

1 kasap (KÙ.BABBAR) tamkārum (DAM . GÀR)
das Geld, (das) der Kaufmann
iš - qú - lu
gezahlt hat,

2 be - el amtim (GÉME)
(soll) der Eigentümer der Sklavin
i - ša - qal - ma
zahlen

3 amas (GÉME) - sú
(und) seine Sklavin
i - pa - ṭár
freikaufen.

§ 120

4 šum - ma a - wi - lum
Wenn ein Bürger

5 še - šu a - na na - aš -
sein Getreide zur
pa - ku - tim
Lagerung

6 i - na bīt (É) a - wi - lim (**nicht lum!**)
im Hause eines (anderen) Bürgers

7 iš - pu - uk - ma
speichert,

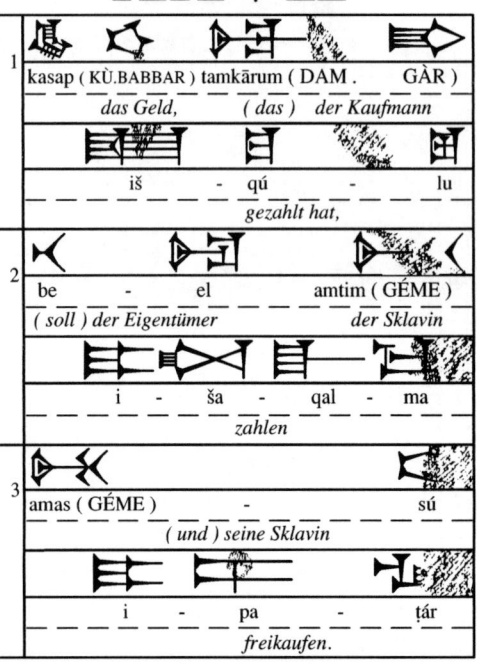

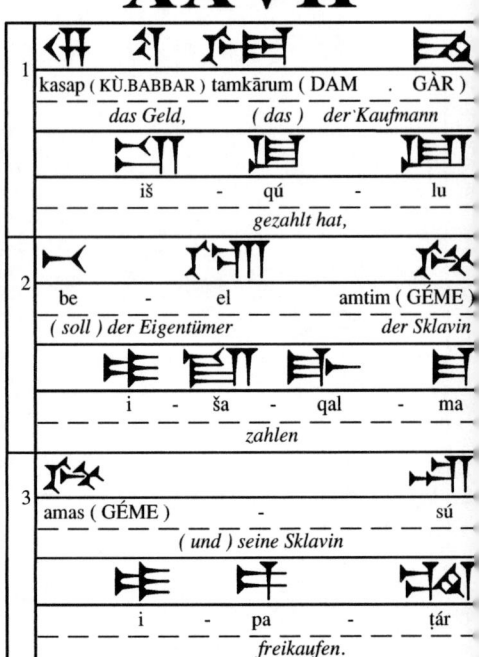

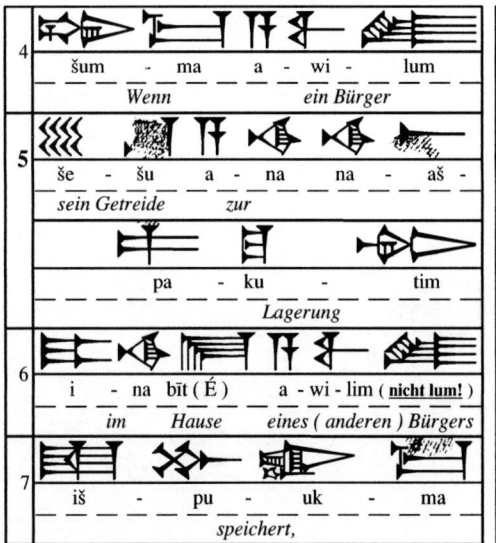

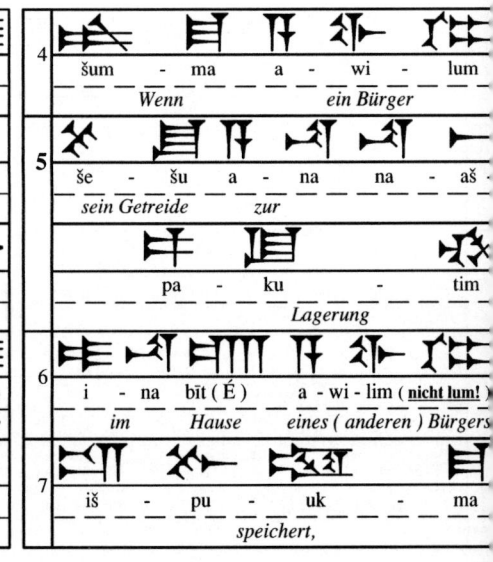

8 i - na qá - ri - tim
im Schuppen

9 i - ib - bu - ú - um
Verlust

it - tab - ši
entsteht,

10 ù lu be - el bītim (É)
oder (wenn) der Eigentümer des Hauses

11 na - aš - pa - kam
den Speicher

ip - te - ma
öffnet,

12 še'am (ŠE) il - qé
Getreide entnimmt,

13 ù lu še'am (ŠE)
oder (wenn) er das Getreide

ša i - na bītī (É) - šu
das in seinem Hause

14 iš - ša - ap - ku
gespeichert ist,

15 a - na ga - am - ri - im
vollständig

16 it - ta - ki - ir
ableugnet,

17 be - el še'im (ŠE)
(soll) der Eigentümer des Getreides

8 i - na qá - ri - tim
im Schuppen

9 i - ib - bu - ú - um
Verlust

it - tab - ši
entsteht,

10 ù lu be - el bītim (É)
oder (wenn) der Eigentümer des Hauses

11 na - aš - pa - kam
den Speicher

ip - te - ma
öffnet,

12 še'am (ŠE) il - qé
Getreide entnimmt,

13 ù lu še'am (ŠE)
oder (wenn) er das Getreide

ša i - na bītī (É) - šu
das in seinem Hause

14 iš - ša - ap - ku
gespeichert ist,

15 a - na ga - am - ri - im
vollständig

16 it - ta - ki - ir
ableugnet,

17 be - el še'im (ŠE)
(soll) der Eigentümer des Getreides

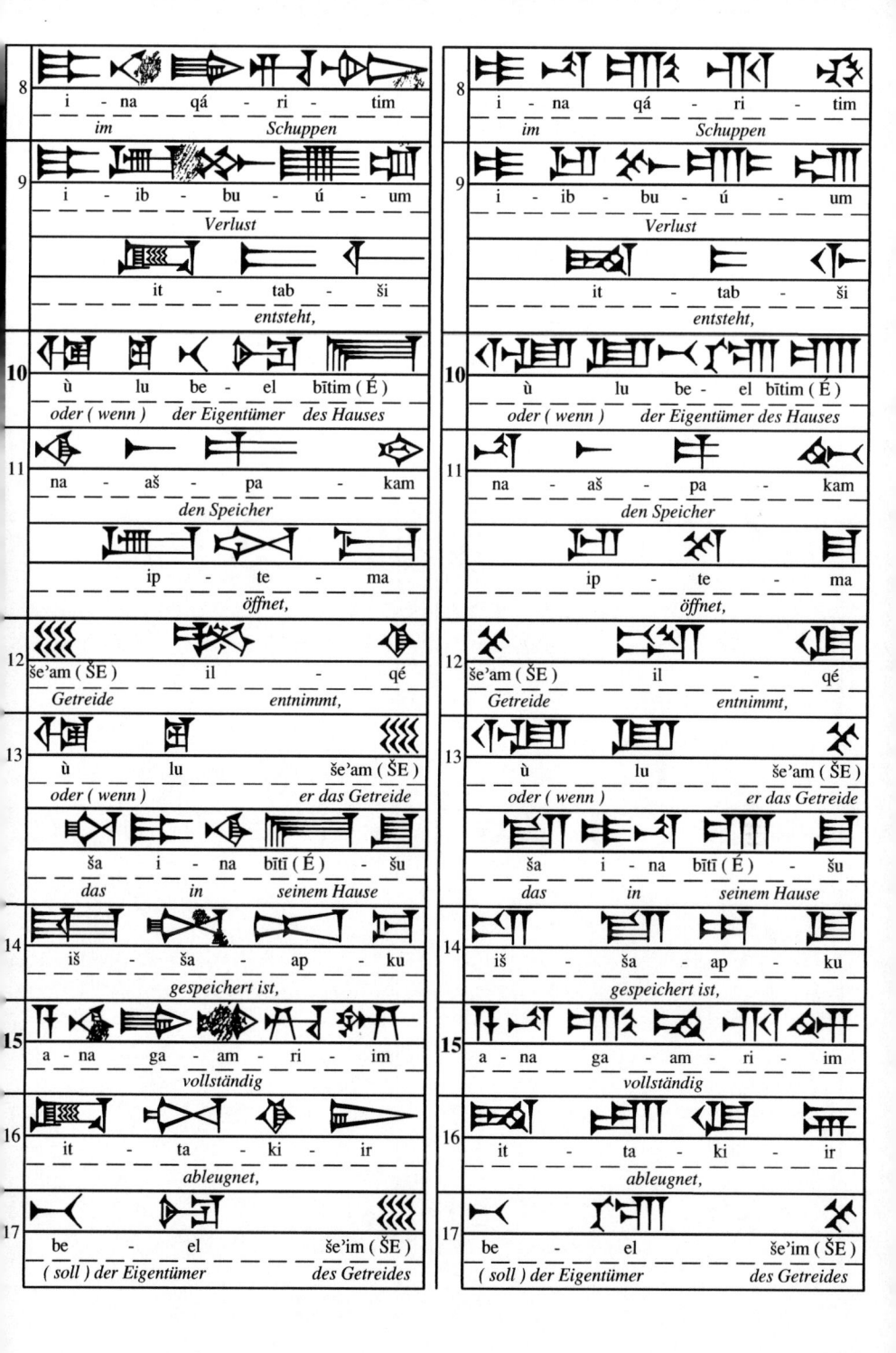

	ma - ḫar i - lim	vor (im Angesicht) einem(s) Gott(es)
18	še - šu ú - ba - ar - ma	sein Getreide angeben,
19	be - el bītim (É)	der Eigentümer des Hauses
20	še'am (ŠE) ša il - qú (**nicht lu!**) - ú	(soll) das Getreide, das er entnommen hat,
21	uš - ta - ša - na - ma	zweifach
22	a - na be - el še'im (ŠE)	an den Eigentümer des Getreides
23	i - na - ad - di - in	geben.

	ma - ḫar i - lim	vor (im Angesicht) einem(s) Gott(es)
18	še - šu ú - ba - ar - ma	sein Getreide angeben,
19	be - el bītim (É)	der Eigentümer des Hauses
20	še'am (ŠE) ša il - qú (**nicht lu!**) - ú	(soll) das Getreide, das er entnommen hat,
21	uš - ta - ša - na - ma	zweifach
22	a - na be - el še'im (ŠE)	an den Eigentümer des Getreides
23	i - na - ad - di - in	geben.

§ 121

24	šum - ma a - wi - lum	Wenn ein Bürger
25	i - na bīt (É) a - wi - lim	im Hause eines (anderen) Bürgers
26	še'am (ŠE) iš - pu - uk	Getreide speichert,
27	i - na ša - na - at	(soll er) pro Jahr
28	a - na 1 ŠE . GUR . E	für ein Getreide Kor

§ 121

24	šum - ma a - wi - lum	Wenn ein Bürger
25	i - na bīt (É) a - wi - lim	im Hause eines (anderen) Bürgers
26	še'am (ŠE) iš - pu - uk	Getreide speichert,
27	i - na ša - na - at	(soll er) pro Jahr
28	a - na 1 ŠE . GUR . E	für ein Getreide Kor

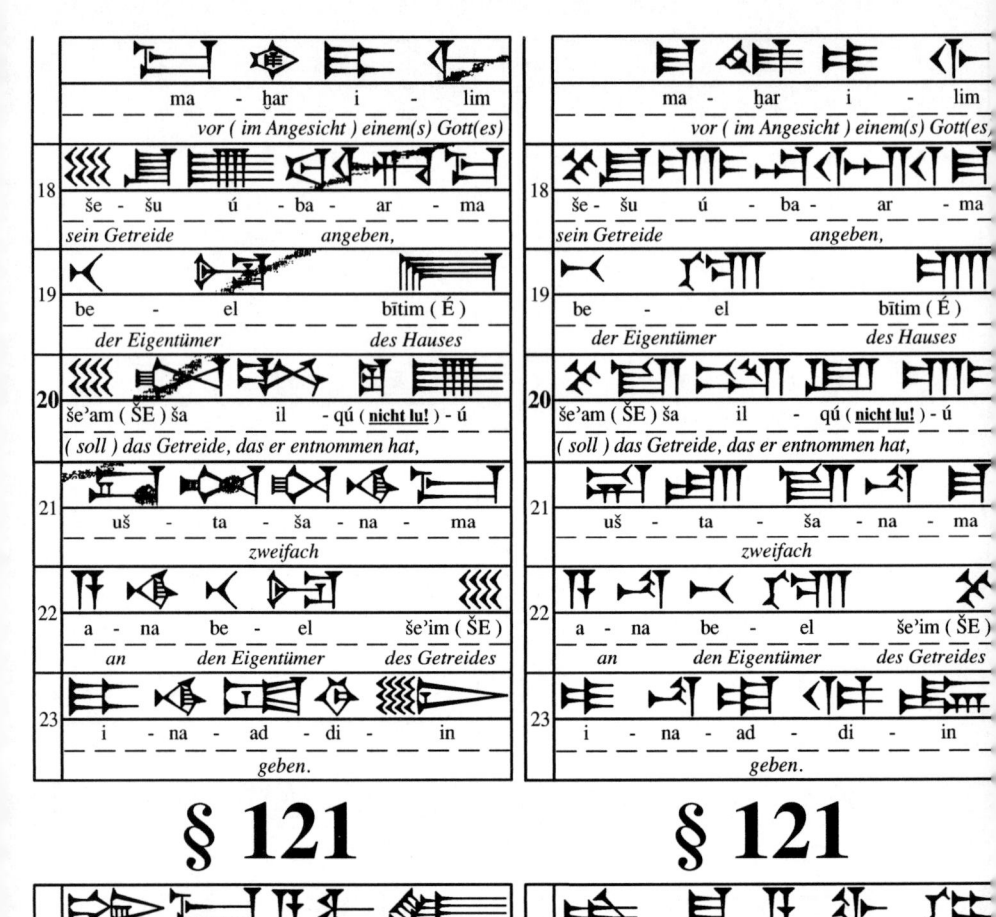

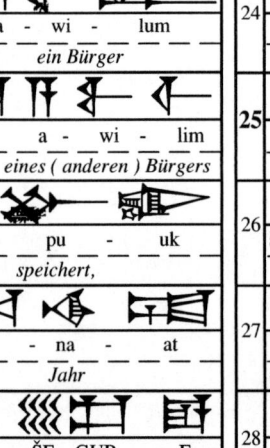

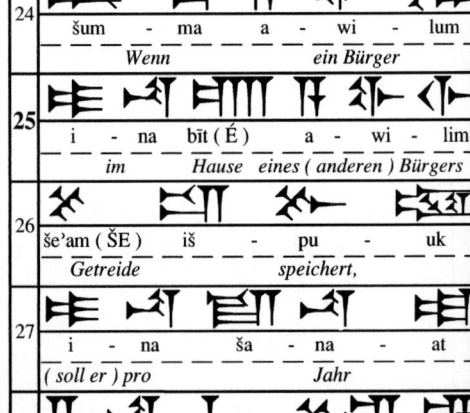

	5	qa (SÌLA)	še'am (ŠE)
	fünf	*Liter*	*Getreide*
29	idī (Á)	na - aš - pa - ki - im	
	als	*Speichermiete*	
30	i - na - ad - di - in		
	geben.		

§ 122

31	šum - ma a - wi - lum	
	Wenn	*ein Bürger*
32	a - na a - wi - lim	
	an	*einen (anderen) Bürger*
33	kaspam (KÙ.BABBAR) ḫurāṣam (GUŠKIN = KUG . GI)	
	Silber,	*Gold*
34	ù mi - im - ma šum - šu	
	und/ oder	*irgend etwas*
35	a - na ma - ṣa - ru - tim	
	zur	*Aufbewahrung*
36	i - na - ad - di - in	
	geben will,	
37	mi - im - ma ma - la	
	(soll er) was	*alles*
38	i - na - ad - di - nu	
	er hingeben (will),	
39	ši - bi ú - kál - lam	
	Zeugen	*zeigen,*

	5	qa (SÌLA)	še'am (ŠE)
	fünf	*Liter*	*Getreide*
29	idī (Á)	na - aš - pa - ki - im	
	als	*Speichermiete*	
30	i - na - ad - di - in		
	geben.		

§ 122

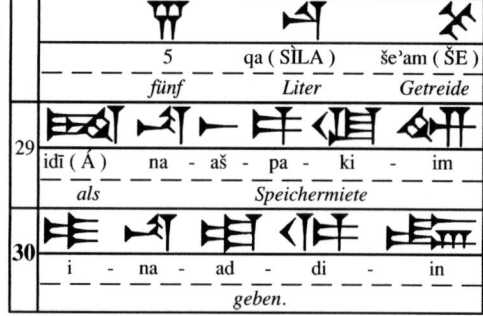

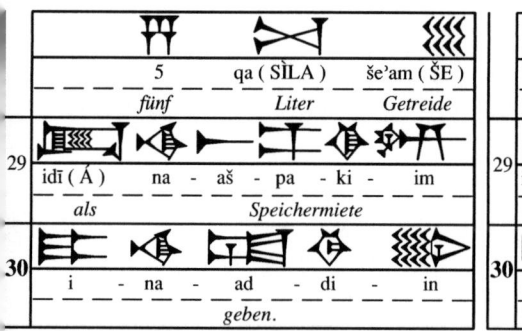

31	šum - ma a - wi - lum	
	Wenn	*ein Bürger*
32	a - na a - wi - lim	
	an	*einen (anderen) Bürger*
33	kaspam (KÙ.BABBAR) ḫurāṣam (GUŠKIN = KUG . GI)	
	Silber,	*Gold*
34	ù mi - im - ma šum - šu	
	und/ oder	*irgend etwas*
35	a - na ma - ṣa - ru - tim	
	zur	*Aufbewahrung*
36	i - na - ad - di - in	
	geben will,	
37	mi - im - ma ma - la	
	(soll er) was	*alles*
38	i - na - ad - di - nu	
	er hingeben (will),	
39	ši - bi ú - kál - lam	
	Zeugen	*zeigen,*

40	ri - ik - sa - tim	*einen Vertrag*
41	i - ša - ak - ka - an - ma	*abschliessen,*
42	a - na ma - ṣa - ru - tim	*(und dann) zur Aufbewahrung*
43	i - na - ad - di - in	*geben.*

§ 123

44	šum - ma ba - lum ši - bi	*Wenn er es ohne Zeugen*
45	ù ri - ik - sa - tim	*und einen Vertrag*
46	a - na ma - ṣa - ru - tim	*zur Aufbewahrung*
47	id - di - in - ma	*gibt,*
48	a - šar id - di - nu	*(und man es, wo) er es hingegeben hat,*
49	it - ta - ak - ru - šu	*ableugnet,*
50	di - nu - um šu - ú	*der Rechtsfall, dieser,*
51	ru - gu - um - ma - am	*Klageanspruch*

40	ri - ik - sa - tim	*einen Vertrag*
41	i - ša - ak - ka - an - ma	*abschliessen,*
42	a - na ma - ṣa - ru - tim	*(und dann) zur Aufbewahrung*
43	i - na - ad - di - in	*geben.*

§ 123

44	šum - ma ba - lum ši - bi	*Wenn er es ohne Zeugen*
45	ù ri - ik - sa - tim	*und einen Vertrag*
46	a - na ma - ṣa - ru - tim	*zur Aufbewahrung*
47	id - di - in - ma	*gibt,*
48	a - šar id - di - nu	*(und man es, wo) er es hingegeben hat,*
49	it - ta - ak - ru - šu	*ableugnet,*
50	di - nu - um šu - ú	*der Rechtsfall, dieser,*
51	ru - gu - um - ma - am	*Klageanspruch*

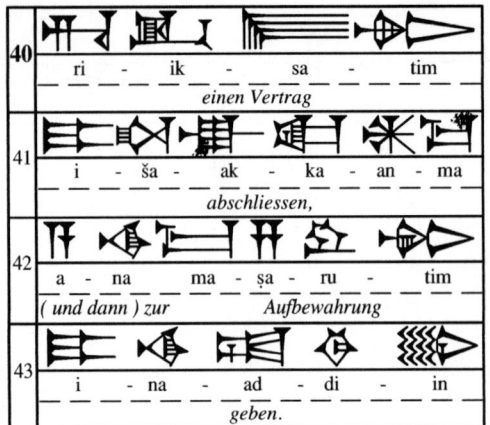

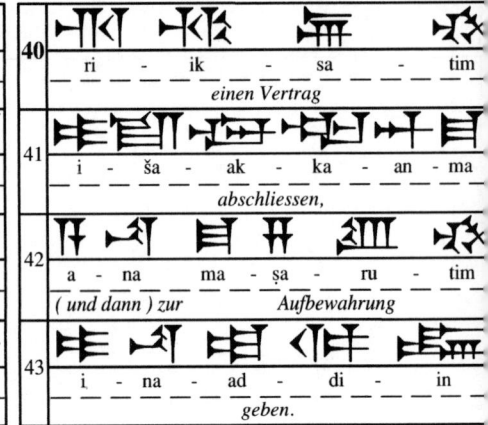

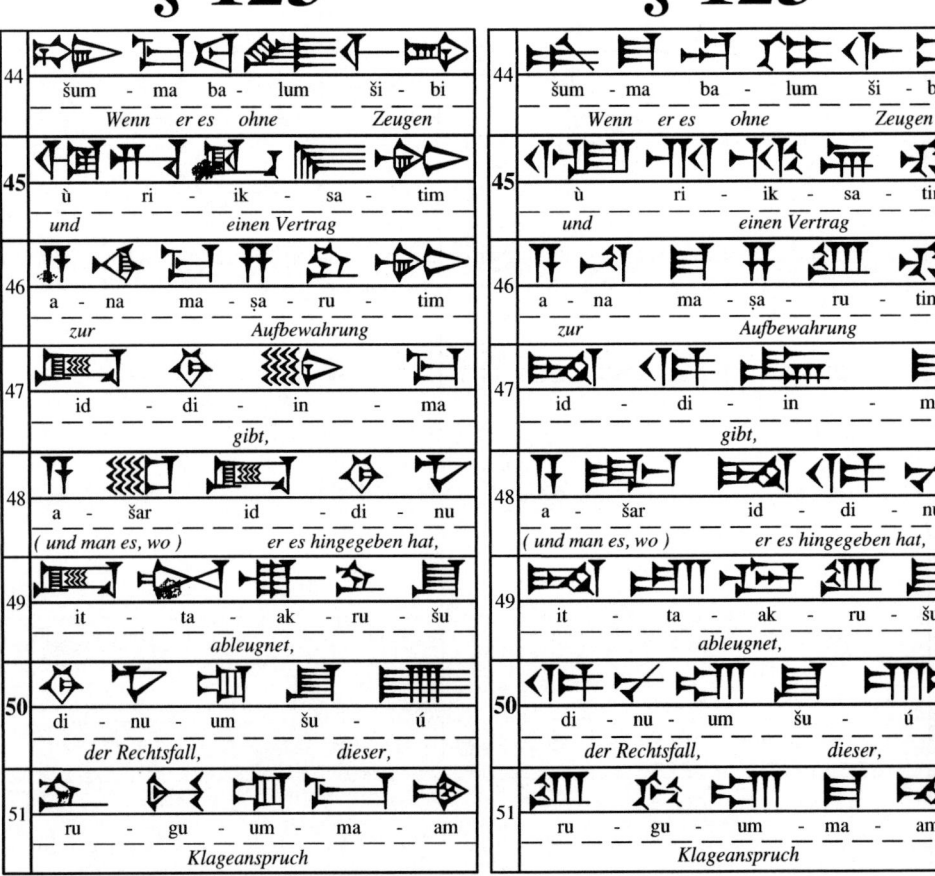

52	ú - ul i - šu	keinen hat er.

§ 124

53	šum - ma a - wi - lum	Wenn ein Bürger
54	a - na a - wi - lim	an einen (anderen) Bürger
55	kaspam (KÙ.BABBAR) ḫurāṣam (GUŠKIN = KUG.GI)	Silber, Gold
56	ù mi - im - ma šum - šu	oder irgend etwas
57	ma - ḫar ši - bi	vor (im Angesicht von) Zeugen
58	a - na ma - ṣa - ru - tim	zur Aufbewahrung
59	id - di - in - ma	gibt,
60	it - ta - ki - ir - šu	(dieser) ihm das ableugnet,
61	a - wi - lam šu - a - ti	(soll man) dem Bürger, diesem,
62	ú - ka - an - nu - šu - ma	nachweisen,
63	mi - im - ma	alles, was

52	ú - ul i - šu	keinen hat er.

§ 124

53	šum - ma a - wi - lum	Wenn ein Bürger
54	a - na a - wi - lim	an einen (anderen) Bürger
55	kaspam (KÙ.BABBAR) ḫurāṣam (GUŠKIN = KUG.GI)	Silber, Gold
56	ù mi - im - ma šum - šu	oder irgend etwas
57	ma - ḫar ši - bi	vor (im Angesicht von) Zeugen
58	a - na ma - ṣa - ru - tim	zur Aufbewahrung
59	id - di - in - ma	gibt,
60	it - ta - ki - ir - šu	(dieser) ihm das ableugnet,
61	a - wi - lam šu - a - ti	(soll man) dem Bürger, diesem,
62	ú - ka - an - nu - šu - ma	nachweisen,
63	mi - im - ma	alles, was

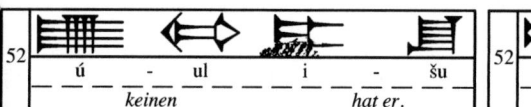

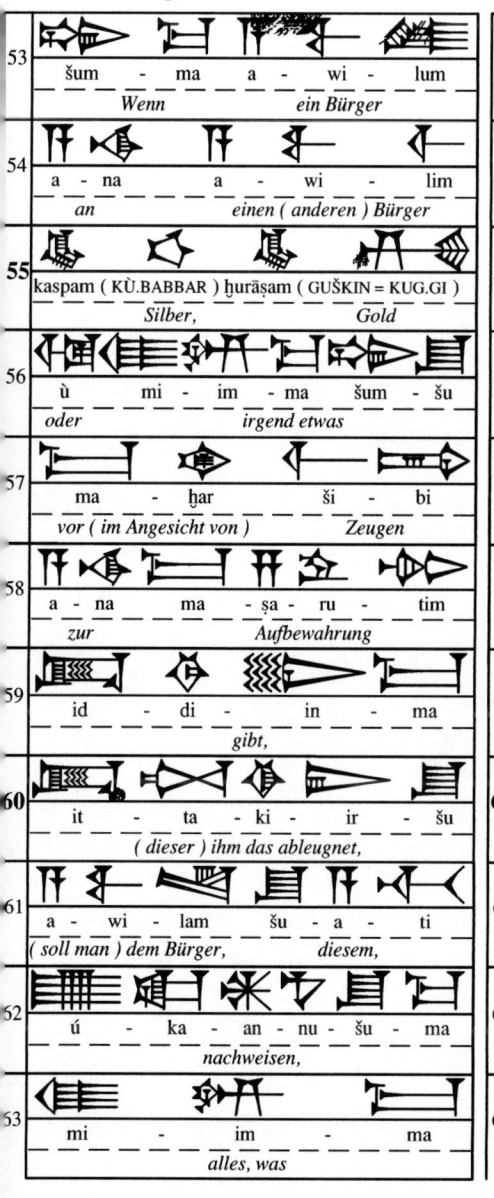

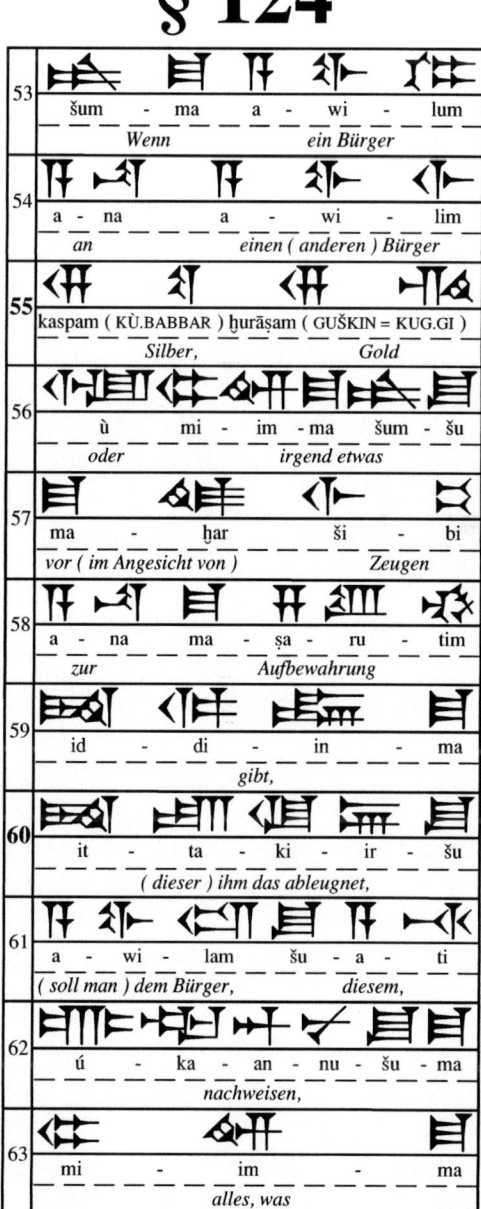

§ 113) 75) Wenn ein Bürger 76) gegenüber einem (anderen) Bürger **XXVI** 1) eine Forderung auf Getreide oder Geld hat 2) und ohne Erlaubnis des Eigentümers des Getreides 3) aus einem Speicher 4) oder von einer Tenne 5) Getreide holt, 6) so soll man diesem Bürger 11) nachweisen, 7) dass er ohne Erlaubnis des Eigentümers des Getreides 10) Getreide 8) aus dem Speicher 9) oder von der Tenne 10) geholt hat; 12) alles Getreide, das er geholt hat, 13) soll er zurückgeben 14) und all dessen, 15) was er gegeben hat, 16) geht er verlustig.

§ 114) 17) Wenn ein Bürger 18) gegenüber einem Bürger 20) keine Forderung 19) auf Getreide und/ oder Geld 20) hat 21) und trozdem ihm einen Angehörigen als Pfand nimmt, 22f.) so soll er pro Pfändung 24) ein drittel Mine Silber 25) zahlen.

§ 115) 26) Wenn ein Bürger 27) gegenüber einem Bürger 29) eine Forderung auf 28) Getreide, und/ oder Geld 29) hat 30) und einen ihm Angehörigen als Pfand nimmt, 31) und die gepfändete Person 32) im Hause seines Pfandgläubigers 33) eines natürlichen Todes 34) stirbt, 35) so hat dieser Rechtsfall 37) keinen 36) Klageanspruch.

§ 116) 38) Wenn eine gepfändete Person 39) im Hause ihres Pfandgläubigers 40) infolge von Schlägen 41) oder durch Misshandlung 42) stirbt, 43) so soll der Eigentümer der gepfändeten Person 44) seinen Kaufmann (= seinen Pfandgläubiger) 40) überführen; 46) wenn es sich um einen Sohn eines Bürgers handelte, 47) so soll man seinen (eigenen) Sohn töten, 48) wenn es sich um einen Sklaven eines Bürgers handelte, 49) so soll er ein drittel Mitte Silber 50) zahlen; 51) und all dessen, 52)was er gegeben hat, 53) geht er verlustig.

§ 117) 54) Wenn einen Bürger 55) eine Schuldverpflichtung 56) erfasst 57) und er seine Frau, seinen Sohn oder seine Tochter 58) für Geld hingibt, 59) oder *jeweils* in ein Gewaltverhältnis 60) gibt, 61) so sollen diese drei Jahre 62) das Haus ihres Käufers 63) oder desjenigen, der sie in ein Gewaltverhältnis genommen hat, 64) besorgen, und im vierten 65) Jahre 66f.) sollen sie freigelassen werden.

§ 118) 68) Wenn er einen Sklaven oder eine Sklavin 69) *jeweils* in ein Gewaltverhältnis 70) gibt, 71) so kann der Kaufmann (den Termin) verstreichen lassen (oder: er kann ihn/ sie weiterverkaufen) 72) er darf (ihn/ sie) für Geld verkaufen, 73 Vindikation ist nicht statthaft (d.h.: ein Herausgabeanspruch seitens des Eigentümers an den Besitzer kann nicht geltend gemacht werden.).

§ 119) 74) Wenn einen Bürger 75) eine Schuldverpflichtung 76) erfasst 77) und er eine Sklavin, die ihm Kinder geboren hat, 78) für Geld hingibt, **XXVII** 2) so soll der Eigentümer der Sklavin 1) das Geld, das der Kaufmann gezahlt hat, 2) zahlen 3) und seine Sklavin freikaufen.

§ 120) 4) Wenn ein Bürger 5) sein Getreide zur Speicherung 6) im Hause eines Bürgers 7) aufspeichert 8) und im Schuppen 9) Verlust entsteht, 10) oder wenn der Eigentümer des Hauses 11) den Speicher öffnet 12) und ihm Getreide entnimmt, 13) oder wenn er das Getreide, das in seinem Hause 14) aufgespeichert ist, 15) ganz und gar 16) ableugnet, 17) so soll der Eigentümer des Getreides vor (einem/ dem) Gott 18) sein Getreide angeben, 19) und der Eigentümer des Hauses 20) soll das Getreide, das er entnommen hat, 21) doppelt 22) dem Eigentümer des Getreides 23) geben.

§ 121) 24) Wenn ein Bürger 25) im Hause eines Bürgers 26) Getreide aufspeichert, 27) soll er pro Jahr 28) für ein Kor Getreide fünf Liter Getreide 29) als Speichermiete 30) geben.

§ 122) 31) Wenn ein Bürger 32) einem Bürger 33) Silber, Gold 34) oder sonst irgend etwas 35) zur Aufbewahrung 36) geben will, 37) so soll er alles, was 38) er hingeben will 39) Zeugen zeigen, 40) einen Vertrag 41) abschließen 42) und (erst dann) zur Aufbewahrung 43) geben.

§ 123) 44) Wenn er es ohne Zeugen 45) und vertragliche Abmachungen 46) zur Aufbewahrung 47) gibt, 48) und man es, wo er es hingegeben hat, 49) ableugnet, 50) so hat dieser Rechtsfall 52) keinen 51) Klageanspruch.

ša - ik - ki - ru

er abgeleugnet hat,

64 uš - ta - ša - na - ma

(soll) er zweifach

65 i - na - ad - di - in

geben.

§ 125

66 šum - ma a - wi - lum

Wenn ein Bürger

67 mi - im - ma - šu

etwas, was ihm (gehört),

68 a - na ma - ṣa - ru - tim id -

zur Aufbewahrung

di - in - ma

gibt,

69 a - šar id - di - nu

(und man es, wo) er es hingegeben hat,

70 ù lu i - na pí -

entweder durch

il - ši - im

Einbruch

71 ù lu i - na na - ba -*

oder mittels

72 al - ka - at - tim

einer Leiter

ša - ik - ki - ru

er abgeleugnet hat,

64 uš - ta - ša - na - ma

(soll) er zweifach

65 i - na - ad - di - in

geben.

§ 125

66 šum - ma a - wi - lum

Wenn ein Bürger

67 mi - im - ma - šu

etwas, was ihm (gehört),

68 a - na ma - ṣa - ru - tim id -

zur Aufbewahrung

di - in - ma

gibt,

69 a - šar id - di - nu

(und man es, wo) er es hingegeben hat,

70 ù lu i - na pí -

entweder durch

il - ši - im

Einbruch

71 ù lu i - na na - ba -*

oder mittels

72 al - ka - at - tim

einer Leiter

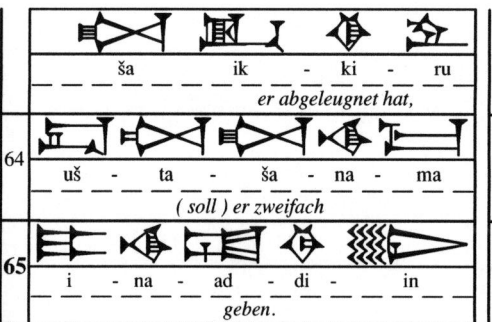

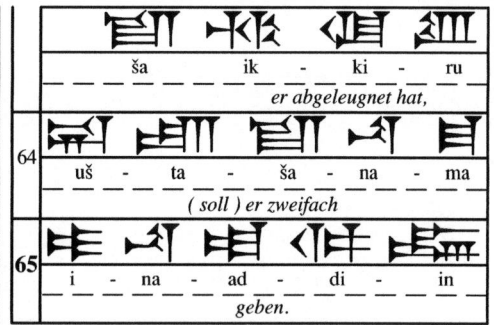

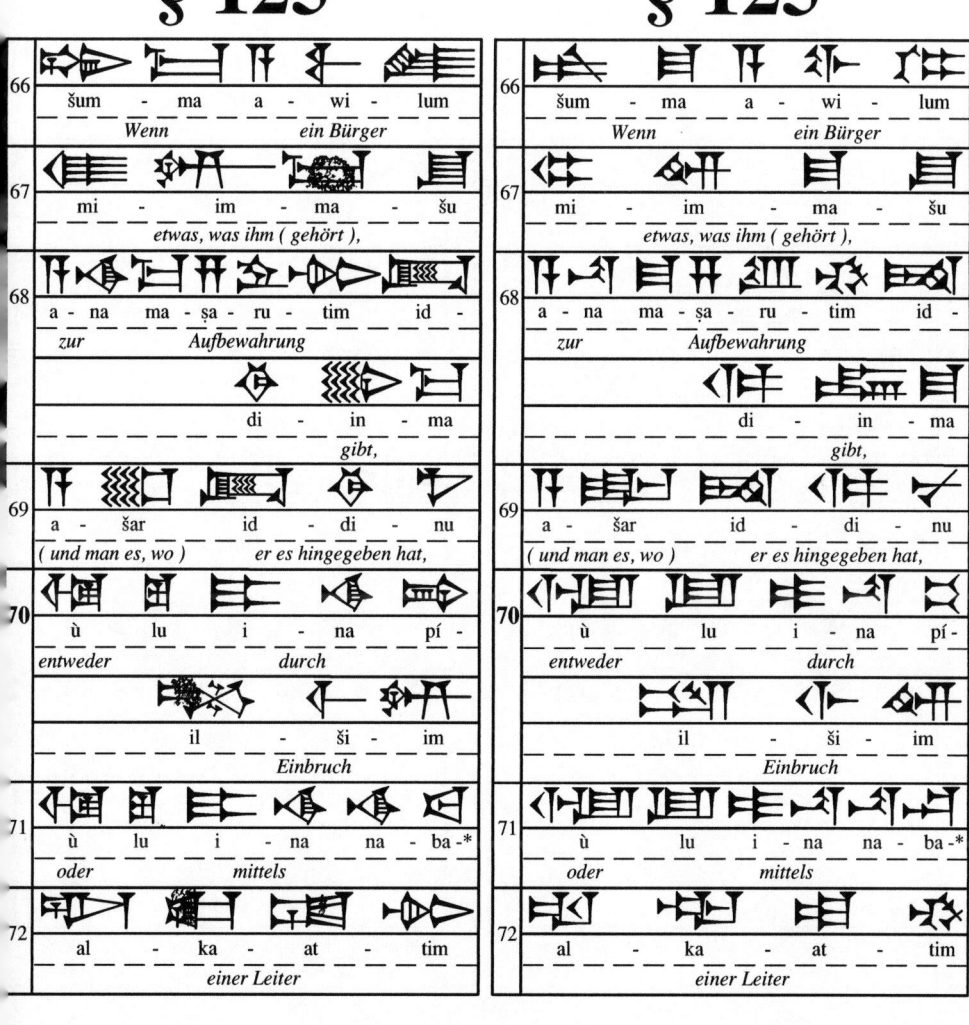

73 

mi - im - mu - šu

alles, was ihm (gehört)

74 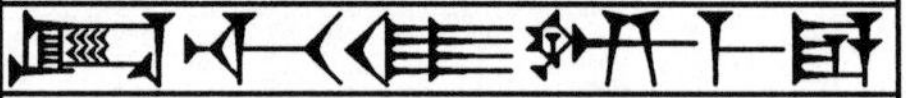

it - ti mi - im - me - e

gleichzeitig mit etwas, das

75 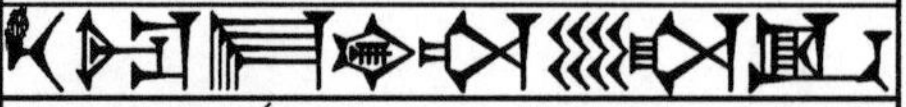

be - el bītim (É) iḫ - ta - li - iq

dem Eigentümer des Hauses (gehört), abhanden kommt,

be - el bītim (É) ša i - gu - ma

(soll) der Eigentümer des Hauses, der (durch) Nachlässigkeit

76 

mi - im - ma ša a - na

alles, was (er ihm) zur

77 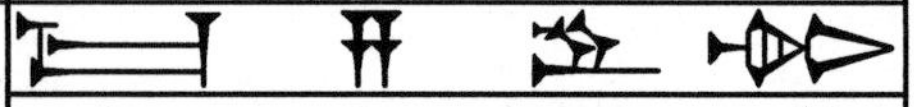

ma - ṣa - ru - tim

Aufbewahrung

id - di - nu - šum - ma

gegeben hat,

78 

ú - ḫal - li - qú

(und) hat abhanden kommen lassen,

79 

ú - ša - lam - ma

vollständig

* = Worttrennung in zwei Zeilen

XXVIII

1 

a - na be - el NÍG.GA (namkūrim/ makkūrim?)

an den Eigentümer des Besitzes

2 

i - ri - a - ab

ersetzen.

3 

be - el bītim (É)

Der Eigentümer des Hauses

73 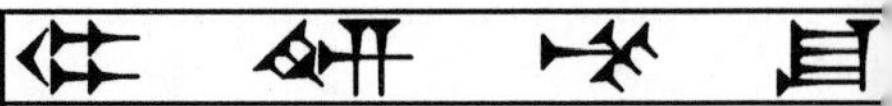

mi - im - mu - šu

alles, was ihm (gehört)

74 

it - ti mi - im - me - e

gleichzeitig mit etwas, das

75 

be - el bītim (É) iḫ - ta - li - iq

dem Eigentümer des Hauses (gehört), abhanden kommt

be - el bītim (É) ša i - gu - ma

(soll) der Eigentümer des Hauses, der (durch) Nachlässigkeit

76 

mi - im - ma ša a - na

alles, was (er ihm) zur

77 

ma - ṣa - ru - tim

Aufbewahrung

id - di - nu - šum - ma

gegeben hat,

78 

ú - ḫal - li - qú

(und) hat abhanden kommen lassen,

79 

ú - ša - lam - ma

vollständig

* = Worttrennung in zwei Zeilen

XXVIII

1 

a - na be - el NÍG.GA (namkūrim/ makkūrim?)

an den Eigentümer des Besitzes

2 

i - ri - a - ab

ersetzen.

3 

be - el bītim (É)

Der Eigentümer des Hauses

4 mi - im - ma - šu

(soll) alles, was

ḫal - qá - am

ihm abhanden gekommen ist,

5 iš - te - ne - i - ma

suchen

6 it - ti šar - ra -

(und) von

qá - ni - šu

seinem Dieb

7 i - le - qé

zurücknehmen.

§ 126

8 šum - ma a - wi - lum

Wenn ein Bürger,

9 mi - im - mu - šu

obwohl ihm

10 la ḫa - li - iq - ma

nichts abhanden kam,

11 mi - im - me - e

" Etwas mir Gehöriges

12 ḫa - li - iq

ist mir abhanden gekommen. "

iq - ta - bi

sagt:

4 mi - im - ma - šu

(soll) alles, was

ḫal - qá - am

ihm abhanden gekommen ist,

5 iš - te - ne - i - ma

suchen

6 it - ti šar - ra -

(und) von

qá - ni - šu

seinem Dieb

7 i - le - qé

zurücknehmen.

§ 126

8 šum - ma a - wi - lum

Wenn ein Bürger,

9 mi - im - mu - šu

obwohl ihm

10 la ḫa - li - iq - ma

nichts abhanden kam,

11 mi - im - me - e

" Etwas mir Gehöriges

12 ḫa - li - iq

ist mir abhanden gekommen. "

iq - ta - bi

sagt:

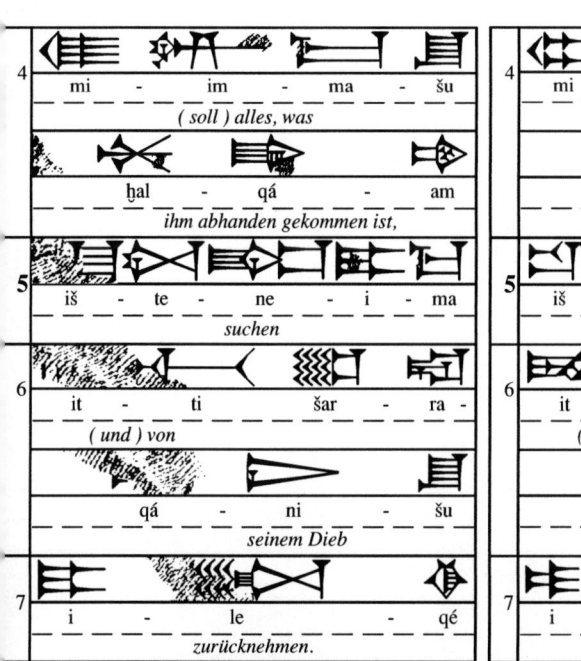

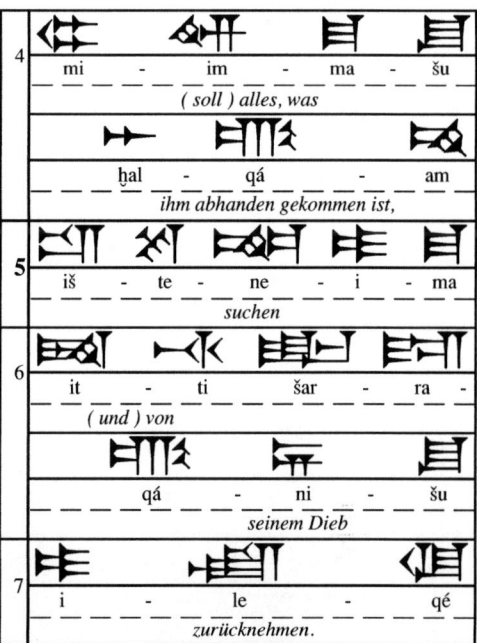

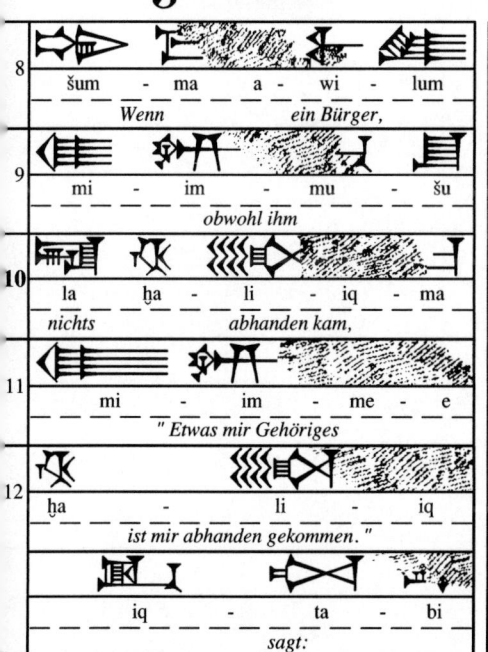

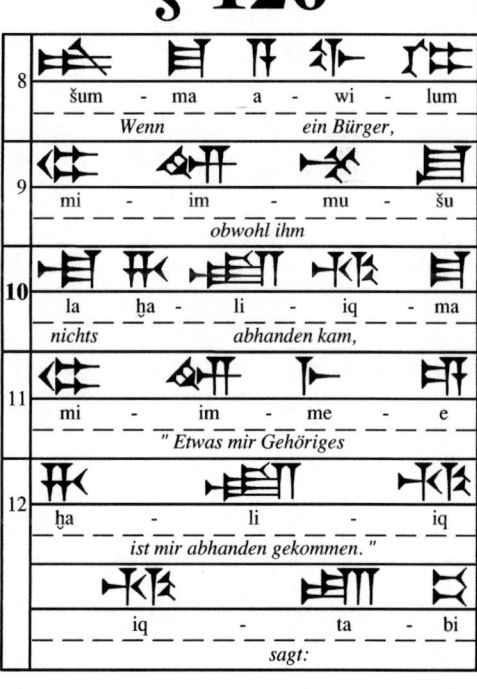

Zeile	Transliteration	Übersetzung
13	ba - ab - ta - šu	*(und) seine Behörde*
14	ú - te - eb - bi - ir	*bezichtigt,*
15	ki - ma mi - im - mu - šu	*alles, was ihm*
16	la ḫal - qú	*nicht abhanden gekommen ist,*
17	ba - ab - ta - šu	*(soll) seine Behörde*
18	i - na ma - ḫar i - lim	*vor (im Angesicht) des (eines) Gott (es)*
19	ú - ba - ar - šu - ma	*ihm nachweisen,*
20	mi - im - ma	*(und) alles, was*
21	ša ir - gu - mu	*(er) zur Klage (erhoben hat),*
22	uš - ta - ša - na - ma	*(soll er) zweifach*
23	a - na ba - ab - ti - šu	*an seine Behörde*
24	i - na - ad - di - in	*geben.*

Zeile	Transliteration	Übersetzung
13	ba - ab - ta - šu	*(und) seine Behörde*
14	ú - te - eb - bi - ir	*bezichtigt,*
15	ki - ma mi - im - mu - šu	*alles, was ihm*
16	la ḫal - qú	*nicht abhanden gekommen ist,*
17	ba - ab - ta - šu	*(soll) seine Behörde*
18	i - na ma - ḫar i - lim	*vor (im Angesicht) des (eines) Gott (es)*
19	ú - ba - ar - šu - ma	*ihm nachweisen,*
20	mi - im - ma	*(und) alles, was*
21	ša ir - gu - mu	*(er) zur Klage (erhoben hat),*
22	uš - ta - ša - na - ma	*(soll er) zweifach*
23	a - na ba - ab - ti - šu	*an seine Behörde*
24	i - na - ad - di - in	*geben.*

§ 127

§ 127

25 šum - ma a - wi - lum
Wenn ein Bürger

26 e - li entim (NIN . DINGIR)
*über eine **entu** - Priesterin*

27 ù aš - ša - at a - wi - lim
oder die Gattin eines Bürgers

28 ú - ba - nam
üble Nachrede

ú - ša - at - ri - iṣ - ma
verbreitet,

29 la uk - ti - in
(das) nicht beweist,

30 a - wi - lam šu - a - ti
(soll man) den Bürger, diesen,

31 ma - ḫar da - a - a - ni
vor die Richter

32 i - na - ad - du - ú - šu
ihn schleppen (nehmen)

33 ù mu - ut - ta - sú
und eine (Kopf-) Hälfte

34 ú - gal - la - bu
rasiert man ihm.

25 šum - ma a - wi - lum
Wenn ein Bürger

26 e - li entim (NIN . DINGIR)
*über eine **entu** - Priesterin*

27 ù aš - ša - at a - wi - lim
oder die Gattin eines Bürgers

28 ú - ba - nam
üble Nachrede

ú - ša - at - ri - iṣ - ma
verbreitet,

29 la uk - ti - in
(das) nicht beweist,

30 a - wi - lam šu - a - ti
(soll man) den Bürger, diesen,

31 ma - ḫar da - a - a - ni
vor die Richter

32 i - na - ad - du - ú - šu
ihn schleppen (nehmen)

33 ù mu - ut - ta - sú
und eine (Kopf-) Hälfte

34 ú - gal - la - bu
rasiert man ihm.

§ 128

§ 128

35 šum - ma a - wi - lum
Wenn ein Bürger

35 šum - ma a - wi - lum
Wenn ein Bürger

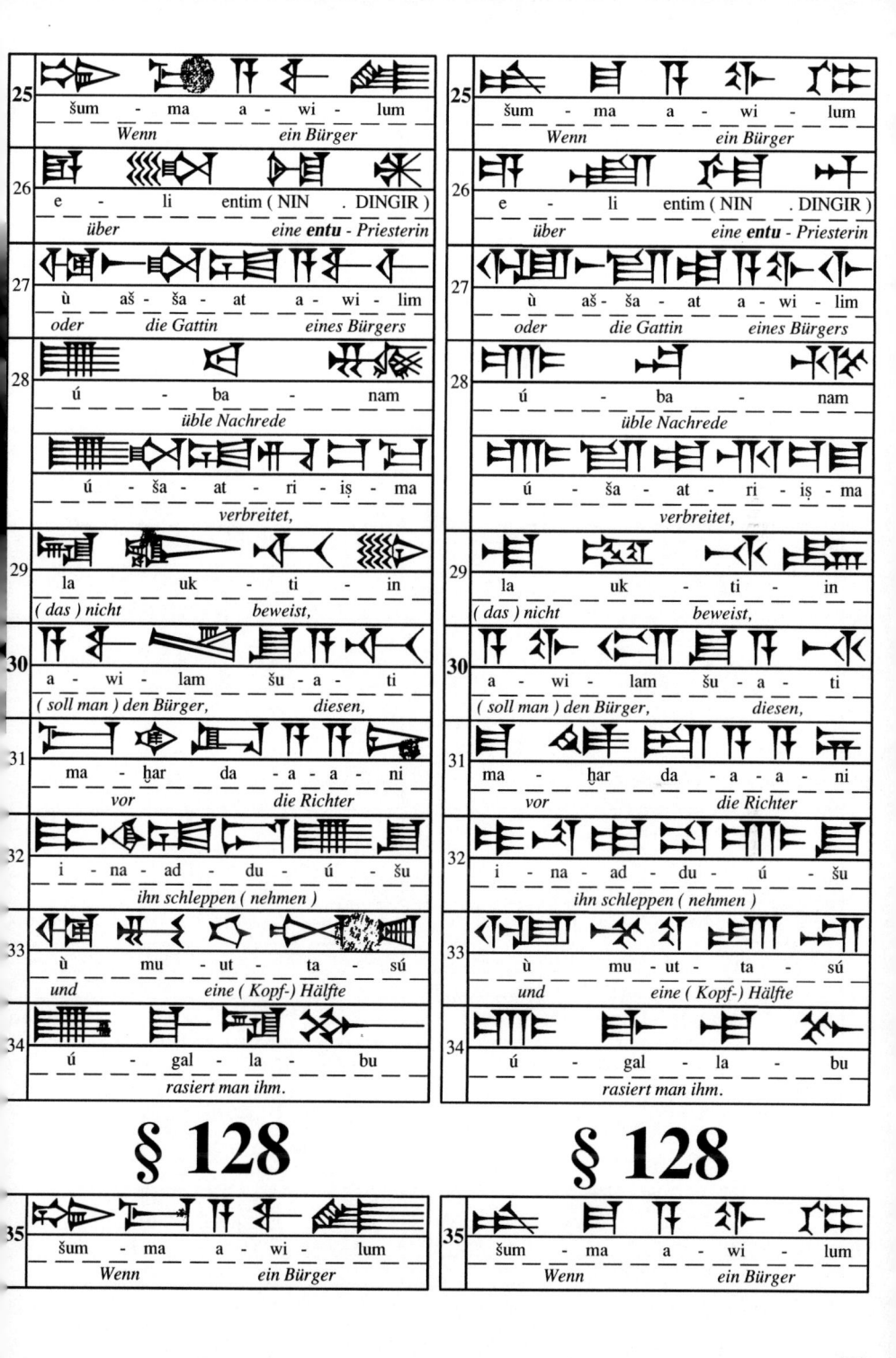

36	aš - ša - tam	*eine Gattin*
37	i - ḫu - uz - ma	***nimmt**,*
38	ri - ik - sa - ti - ša	*(aber) einen Vertrag*
39	la iš - ku - un	*nicht abschliesst,*
40	sinništum (MÍ) ši - i	*(ist) die Frau, diese,*
41	ú - ul aš - ša - at	*keine Gattin.*

§ 129

42	šum - ma aš - ša - at	*Wenn die Gattin*
	a - wi - lim	*eines Bürgers*
43	it - ti zi - ka - ri - im	*mit einem Mann,*
44	ša - ni - im	*einem anderen,*
45	i - na i - tu - lim	*beim Beischlaf*
46	it - ta - aṣ - bat	*ertappt wird,*

36	aš - ša - tam	*eine Gattin*
37	i - ḫu - uz - ma	***nimmt**,*
38	ri - ik - sa - ti - ša	*(aber) einen Vertrag*
39	la iš - ku - un	*nicht abschliesst,*
40	sinništum (MÍ) ši - i	*(ist) die Frau, diese,*
41	ú - ul aš - ša - at	*keine Gattin.*

§ 129

42	šum - ma aš - ša - at	*Wenn die Gattin*
	a - wi - lim	*eines Bürgers*
43	it - ti zi - ka - ri - im	*mit einem Mann,*
44	ša - ni - im	*einem anderen,*
45	i - na i - tu - lim	*beim Beischlaf*
46	it - ta - aṣ - bat	*ertappt wird,*

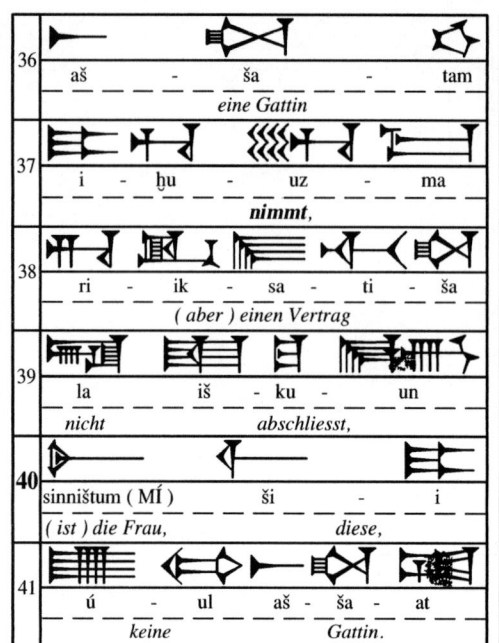

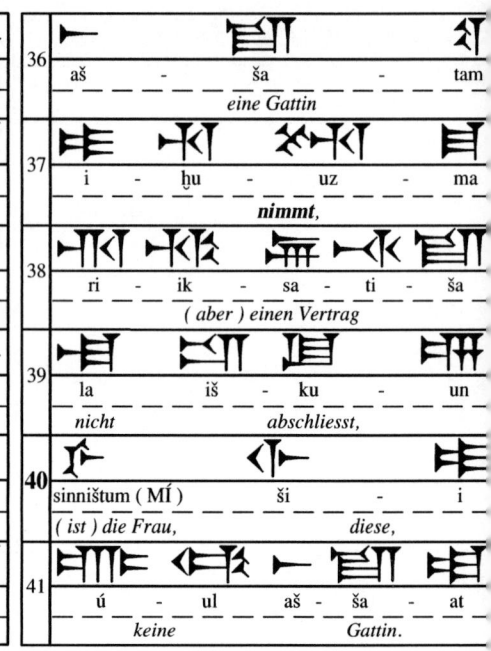

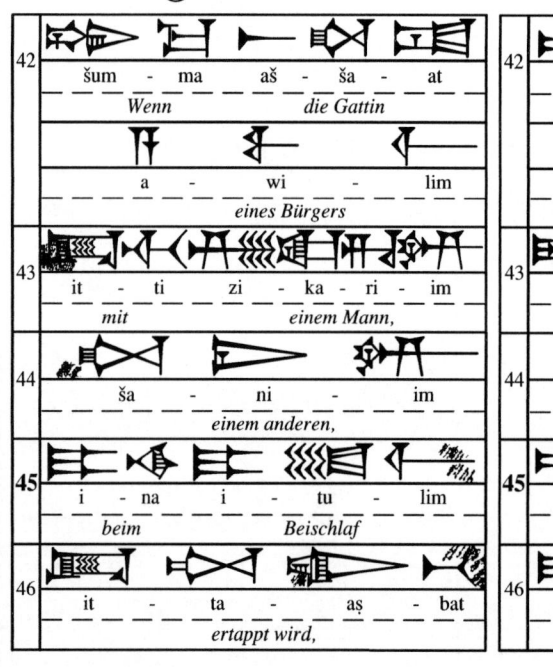

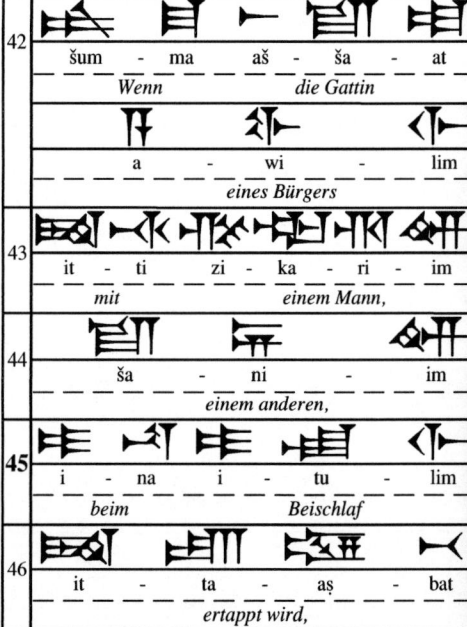

47 i - ka - sú - šu - nu - ti - ma

(soll man) sie (beide) fesseln (und)

48 a - na me - e

ins Wasser

49 i - na - ad - du - ú - šu - nu - ti

werfen;

50 šum - ma be - el aš - ša - tim

wenn der Herr der Ehefrau

51 aš - ša - sú ú - ba - la - aṭ

seine Ehefrau am Leben lassen will,

52 ù šar - ru - um

(soll) auch der König

53 waras (árad) - sú ú - ba - la - aṭ

seinen Untertanen (Sklaven) am Leben lassen.

47 i - ka - sú - šu - nu - ti - ma

(soll man) sie (beide) fesseln (und)

48 a - na me - e

ins Wasser

49 i - na - ad - du - ú - šu - nu - ti

werfen;

50 šum - ma be - el aš - ša - tim

wenn der Herr der Ehefrau

51 aš - ša - sú ú - ba - la - aṭ

seine Ehefrau am Leben lassen will,

52 ù šar - ru - um

(soll) auch der König

53 waras (árad) - sú ú - ba - la - aṭ

seinen Untertanen (Sklaven) am Leben lassen.

§ 130

§ 130

54 šum - ma a - wi - lum

Wenn ein Bürger

55 aš - ša - at a - wi - lim

die (künftige) Gattin) eines (anderen) Bürgers,

56 ša zi - ka - ra - am

die einen Mann

54 šum - ma a - wi - lum

Wenn ein Bürger

55 aš - ša - at a - wi - lim

die (künftige) Gattin) eines (anderen) Bürgers,

56 ša zi - ka - ra - am

die einen Mann

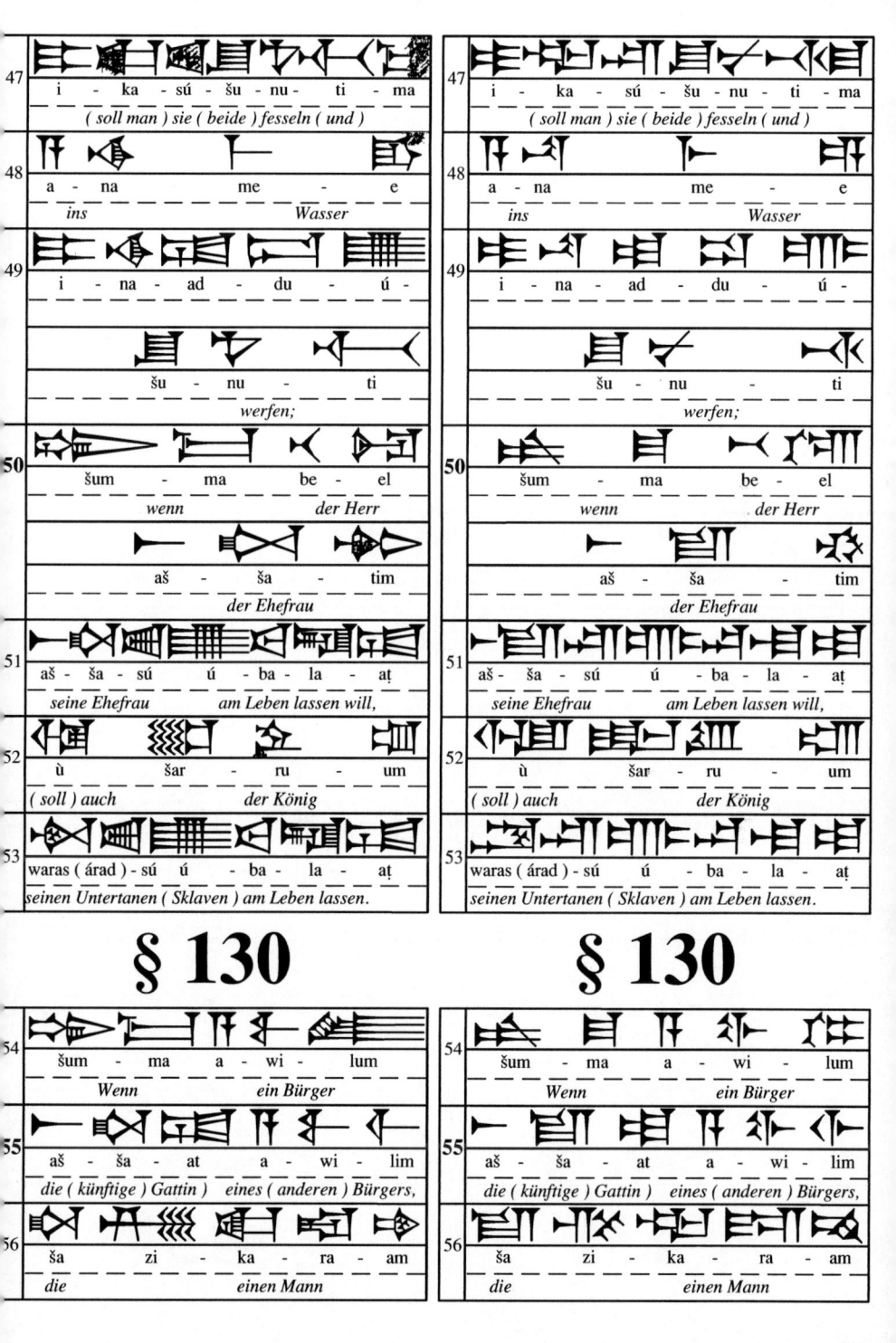

Zeile							
57	la	i	-	du	-	ú	- ma
	(noch) nicht			erkannt hat,			
58	i	- na	bīt (É)	a	- bi	-	ša
	(und noch) im		Hause		ihres Vaters		
59	wa	-	aš	-	ba	-	at
				wohnt,			
60	ú	-	kab	-	bíl	-	ši - ma
				knebelt,			
61	i	-	na sú (**nicht su!**) -	ni	-	ša	
	in			ihrem Schoss			
62	it	-	ta	-	ti -		
	il	-	ma				
				liegt,			
63	iṣ	- ṣa	-	ab	-	tu	- šu
			(und ihn dabei) erwischt,				
64	a	- wi	-	lum	šu	-	ú
	(wird) der Bürger,				dieser,		
65	id	-	da	-	ak		
				getötet.			
66	sinništum (MÍ)		ši	-	i		
	Die Frau,				diese,		
67	ú	-	ta	-	aš	-	šar
				geht frei aus.			

§ 131

Zeile							
57	la	i	-	du	-	ú	- ma
	(noch) nicht			erkannt hat,			
58	i	- na	bīt (É)	a	- bi	-	ša
	(und noch) im		Hause		ihres Vaters		
59	wa	-	aš	-	ba	-	at
				wohnt,			
60	ú	-	kab	-	bíl	-	ši - ma
				knebelt,			
61	i	-	na sú (**nicht su!**) -	ni	-	ša	
	in			ihrem Schoss			
62	it	-	ta	-	ti -		
	il	-	ma				
				liegt,			
63	iṣ	- ṣa	-	ab	-	tu	- šu
			(und ihn dabei) erwischt,				
64	a	- wi	-	lum	šu	-	ú
	(wird) der Bürger,				dieser,		
65	id	-	da	-	ak		
				getötet.			
66	sinništum (MÍ)		ši	-	i		
	Die Frau,				diese,		
67	ú	-	ta	-	aš	-	šar
				geht frei aus.			

§ 131

68 šum - ma aš - ša - at

Wenn die Gattin

69 a - wi - lim

eines Bürgers

70 mu - sà ú - ub - bi -

(von) ihrem Ehemann

ir - ši - ma

bezichtigt wird,

71 it - ti zi - ka - ri - im

mit einem Mann,

ša - ni - im

einem anderen,

72 i - na ú - tu - lim

(aber) beim Beischlaf

73 la iṣ - ṣa - bi - it

nicht ertappt wird,

74 ni - iš i - lim

(soll) sie bei dem/ einem Gott

75 i - za - kar - ma

schwören

76 a - na bītī (É) - ša i - ta - ar

(und) in ihr Haus zurückkehren.

§ 132

77 šum - ma aš - ša - at

Wenn (über) die Gattin

68 šum - ma aš - ša - at

Wenn die Gattin

69 a - wi - lim

eines Bürgers

70 mu - sà ú - ub - bi -

(von) ihrem Ehemann

ir - ši - ma

bezichtigt wird,

71 it - ti zi - ka - ri - im

mit einem Mann,

ša - ni - im

einem anderen,

72 i - na ú - tu - lim

(aber) beim Beischlaf

73 la iṣ - ṣa - bi - it

nicht ertappt wird,

74 ni - iš i - lim

(soll) sie bei dem/ einem Gott

75 i - za - kar - ma

schwören

76 a - na bītī (É) - ša i - ta - ar

(und) in ihr Haus zurückkehren.

§ 132

77 šum - ma aš - ša - at

Wenn (über) die Gattin

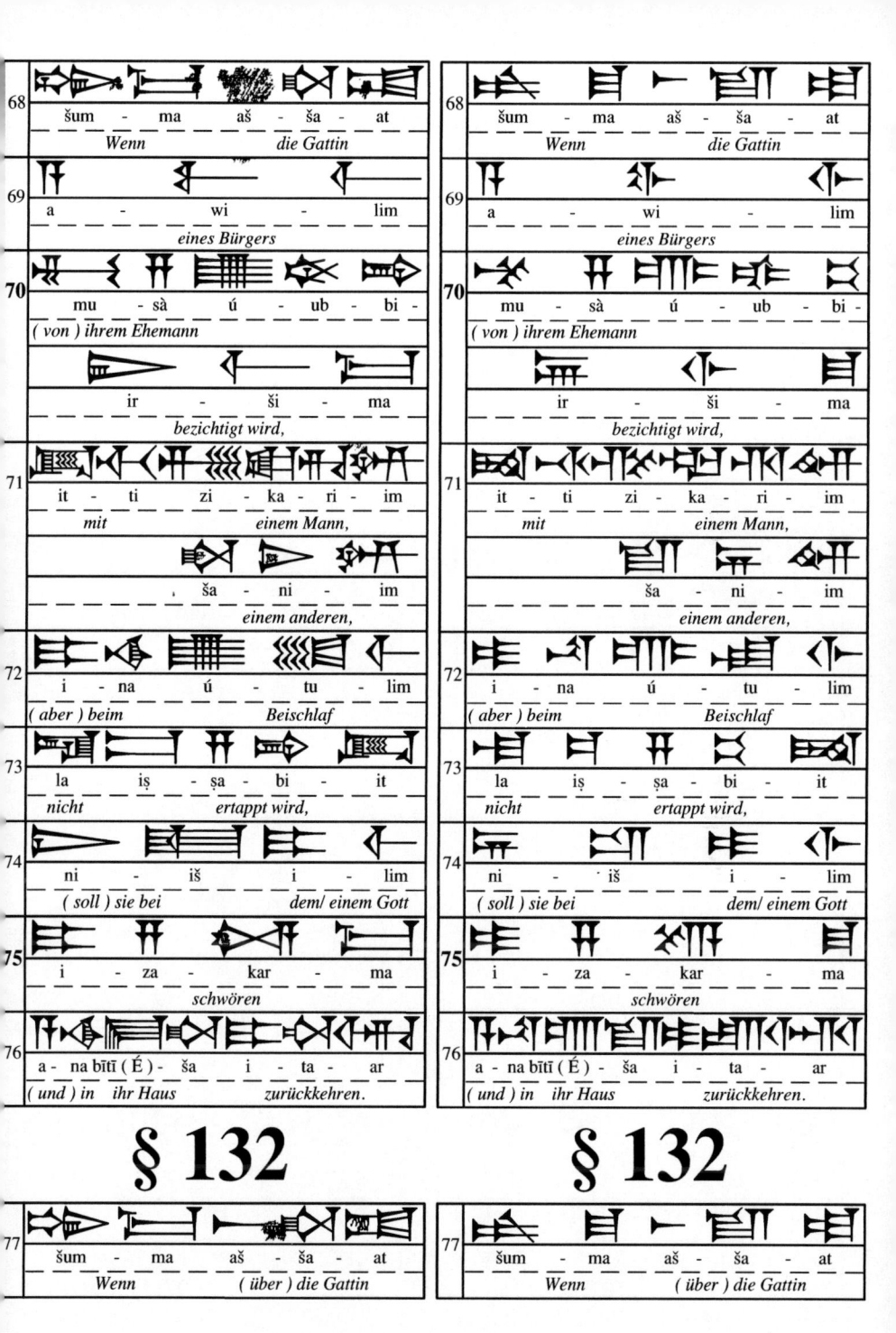

78 a - wi - lim

eines Bürgers

79 aš - šum zi - ka -

wegen

ri - im ša - ni - im

eines Mannes, eines anderen,

80 ú - ba - nu - um

üble Nachrede

81 e - li - ša

über sie

82 it - ta - ri - iṣ - ma

verbreitet wird,

83 it - ti zi - ka -

mit

ri - im

einem Manne,

XXIX

1 ša - ni - im

einem anderen,

2 i - na ú - tu - lim

beim Beischlaf

3 la it - ta - aṣ -

nicht

ba - at

ertappt worden ist,

78 a - wi - lim

eines Bürgers

79 aš - šum zi - ka -

wegen

ri - im ša - ni - im

eines Mannes, eines anderen,

80 ú - ba - nu - um

üble Nachrede

81 e - li - ša

über sie

82 it - ta - ri - iṣ - ma

verbreitet wird,

83 it - ti zi - ka -

mit

ri - im

einem Manne,

XXIX

1 ša - ni - im

einem anderen,

2 i - na ú - tu - lim

beim Beischlaf

3 la it - ta - aṣ -

nicht

ba - at

ertappt worden ist,

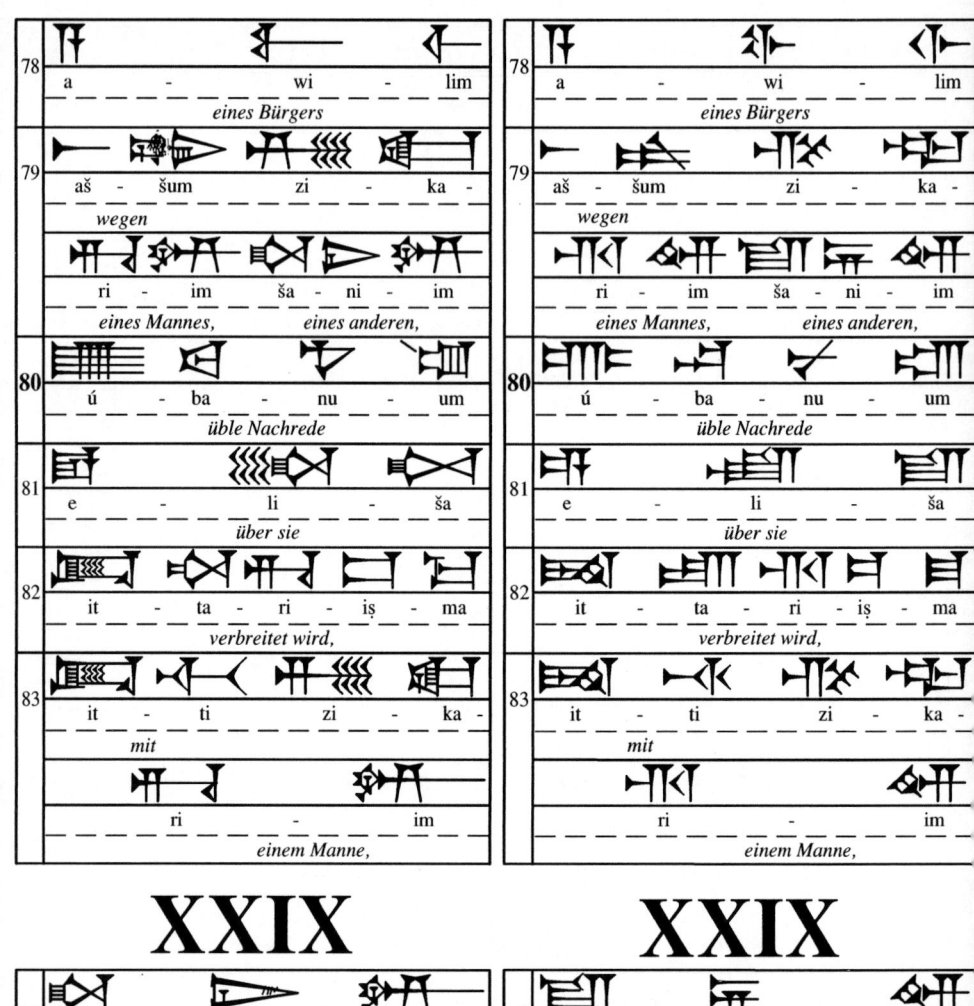

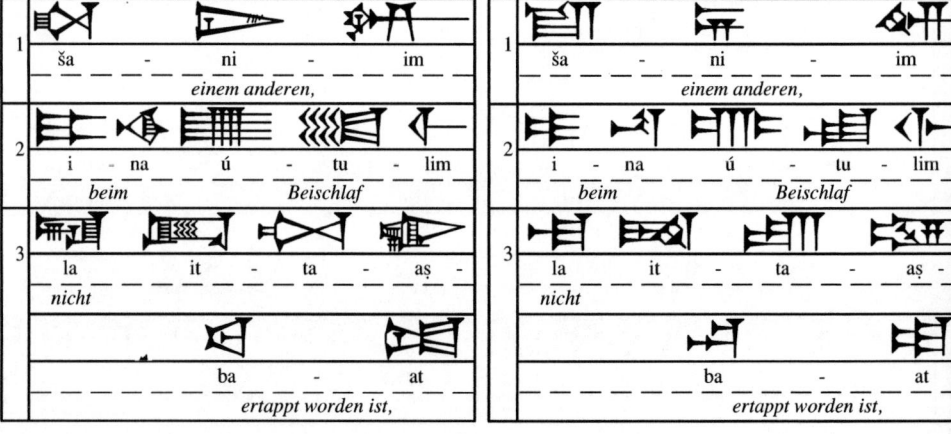

4	a - na mu - ti - ša	(soll sie) für ihren Mann
5	d Íd	(Gott) in den Fluss(gott)
6	i - ša - al - li	eintauchen.

4	a - na mu - ti - ša	(soll sie) für ihren Mann
5	d Íd	(Gott) in den Fluss(gott)
6	i - ša - al - li	eintauchen.

§ 133a

§ 133a

7	šum - ma a - wi - lum	Wenn ein Bürger
8	iš - ša - li - il - ma	gefangen weggeführt worden ist.
9	i - na bītī (É) - šu	(aber) in seinem Hause
10	ša a - ka - lim	das Nötige zum Essen
11	[i] - ba - aš - ši	(noch) vorhanden ist,
12	[aš] - ša⌋ - sú	(soll) seine Gattin
13	[a - di mu (?)] - sà	solange ihr Ehemann
	[ṣa - ab -] tu (?)	gefangen ist,

7	šum - ma a - wi - lum	Wenn ein Bürger
8	iš - ša - li - il - ma	gefangen weggeführt worden ist.
9	i - na bītī (É) - šu	(aber) in seinem Hause
10	ša a - ka - lim	das Nötige zum Essen
11	i - ba - aš - ši	(noch) vorhanden ist,
12	aš - ša - sú	(soll) seine Gattin
13	a - di mu (?) - sà	solange ihr Ehemann
	ṣa - ab - tu (?)	gefangen ist,

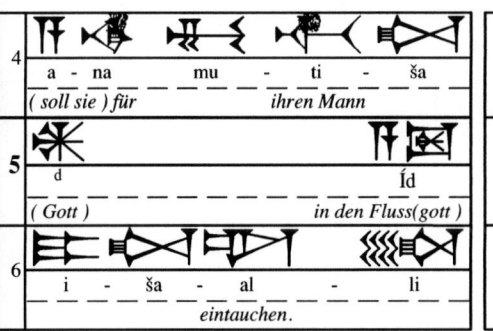

14 [pa - gàr - š]a

15 [i - na ṣa - a]r
(sich) in acht nehmen

16 [a - na bīt (É) ša - ni - i]m
(und) in das Haus eines anderen

17 [ú - ul i - ir] - ru - ub
nicht eintreten.

§ 133b

18 [šum - ma] sinništum (MÍ) ši - i
Wenn die Frau, diese,

19 [pa] - gàr - ša

20 la iṣ - ṣur - ma
(sich) nicht in acht nimmt,

21 a - na bīt (É) ša - ni - im
in das Haus eines anderen

22 i - te - ru - ub
eintritt,

23 sinništam (MÍ) šu - a - ti
(soll) man die Frau, diese,

24 ú - ka - an - nu - ši - ma
überführen

25 a - na me - e
(und) ins Wasser

14 [pa - gàr - š]a

15 [i - na ṣa - a]r
(sich) in acht nehmen

16 [a - na bīt (É) ša - ni - i]m
(und) in das Haus eines anderen

17 [ú - ul i - ir] - ru - ub
nicht eintreten.

§ 133b

18 [šum - ma] sinništum (MÍ) ši - i
Wenn die Frau, diese,

19 [pa] - gàr - ša

20 la iṣ - ṣur - ma
(sich) nicht in acht nimmt,

21 a - na bīt (É) ša - ni - im
in das Haus eines anderen

22 i - te - ru - ub
eintritt,

23 sinništam (MÍ) šu - a - ti
(soll) man die Frau, diese,

24 ú - ka - an - nu - ši - ma
überführen

25 a - na me - e
(und) ins Wasser

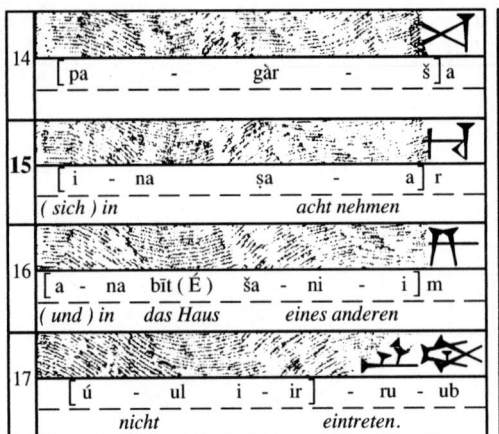

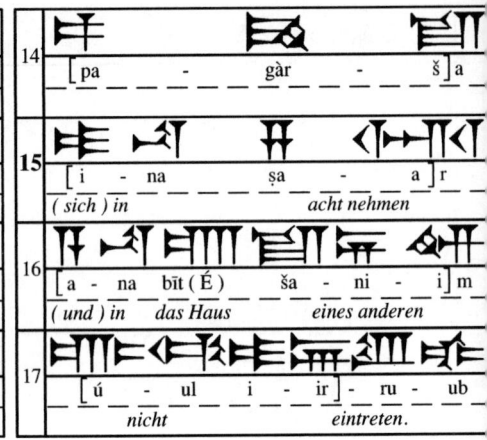

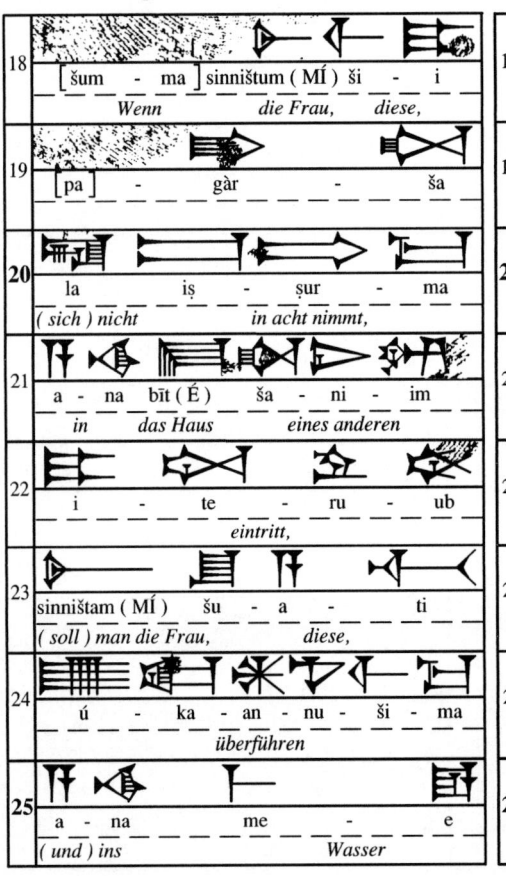

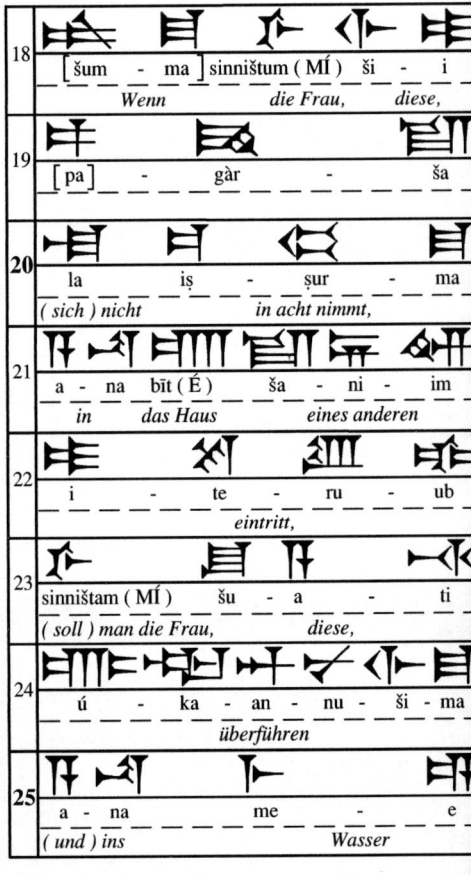

26 i - na - ad - du - ú - ši
werfen.

§ 134

27 šum - ma a - wi - lum
Wenn ein Bürger

28 iš - ša -
li - il - ma
gefangen weggeführt worden ist,

29 i - na bītī (É) - šu
in seinem Hause

30 ša a - ka - li - im
das, was nötig ist zum Essen,

31 la i - ba - aš - ši
nicht vorhanden ist,

32 aš - ša - sú
(darf) seine Ehefrau

33 a - na bīt (É) ša - ni - im
in das Haus eines anderen

34 i - ir - ru - ub
eintreten;

35 sinništum (MÍ) ši - i
die Frau, diese,

36 ar - nam
Schuld

26 i - na - ad - du - ú - ši
werfen.

§ 134

27 šum - ma a - wi - lum
Wenn ein Bürger

28 iš - ša -
li - il - ma
gefangen weggeführt worden ist,

29 i - na bītī (É) - šu
in seinem Hause

30 ša a - ka - li - im
das, was nötig ist zum Essen,

31 la i - ba - aš - ši
nicht vorhanden ist,

32 aš - ša - sú
(darf) seine Ehefrau

33 a - na bīt (É) ša - ni - im
in das Haus eines anderen

34 i - ir - ru - ub
eintreten;

35 sinništum (MÍ) ši - i
die Frau, diese,

36 ar - nam
Schuld

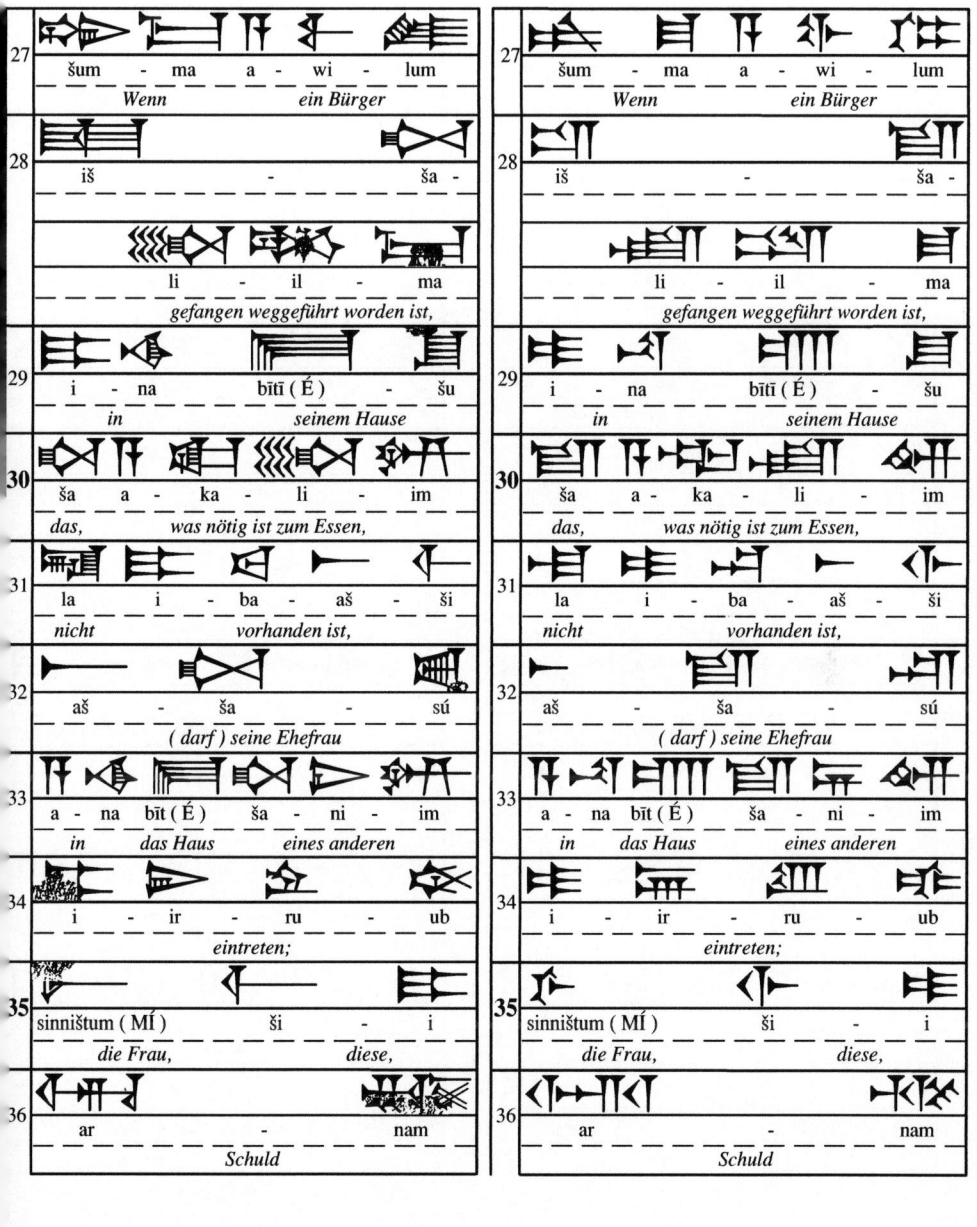

	ú - ul i - šu	keine hat sie.

§ 135

37	šum - ma a - wi - lum	Wenn ein Bürger
38	iš - ša - li - il - ma	gefangen weggeführt worden ist,
39	i - na bītī (É) - šu	(und) in seinem Hause
40	ša a - ka - li - im	das, was nötig ist zum Essen
41	la i - ba - aš - ši	nicht vorhanden ist,
42	a - na pa - ni - šu	in **Erwartung seiner Rückkehr**
43	aš - ša - sú	seine Gattin
44	a - na bīt (É) ša - ni - im	in das Haus eines anderen
45	i - te - ru - ub - ma	eintritt,
46	mārī (DUMU . MEŠ)	(und ihm) Kinder

	ú - ul i - šu	keine hat sie.

§ 135

37	šum - ma a - wi - lum	Wenn ein Bürger
38	iš - ša - li - il - ma	gefangen weggeführt worden ist,
39	i - na bītī (É) - šu	(und) in seinem Hause
40	ša a - ka - li - im	das, was nötig ist zum Essen
41	la i - ba - aš - ši	nicht vorhanden ist,
42	a - na pa - ni - šu	in **Erwartung seiner Rückkehr**
43	aš - ša - sú	seine Gattin
44	a - na bīt (É) ša - ni - im	in das Haus eines anderen
45	i - te - ru - ub - ma	eintritt,
46	mārī (DUMU . MEŠ)	(und ihm) Kinder

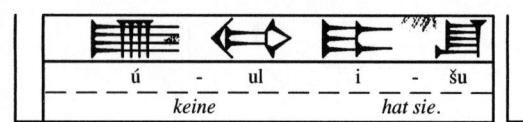

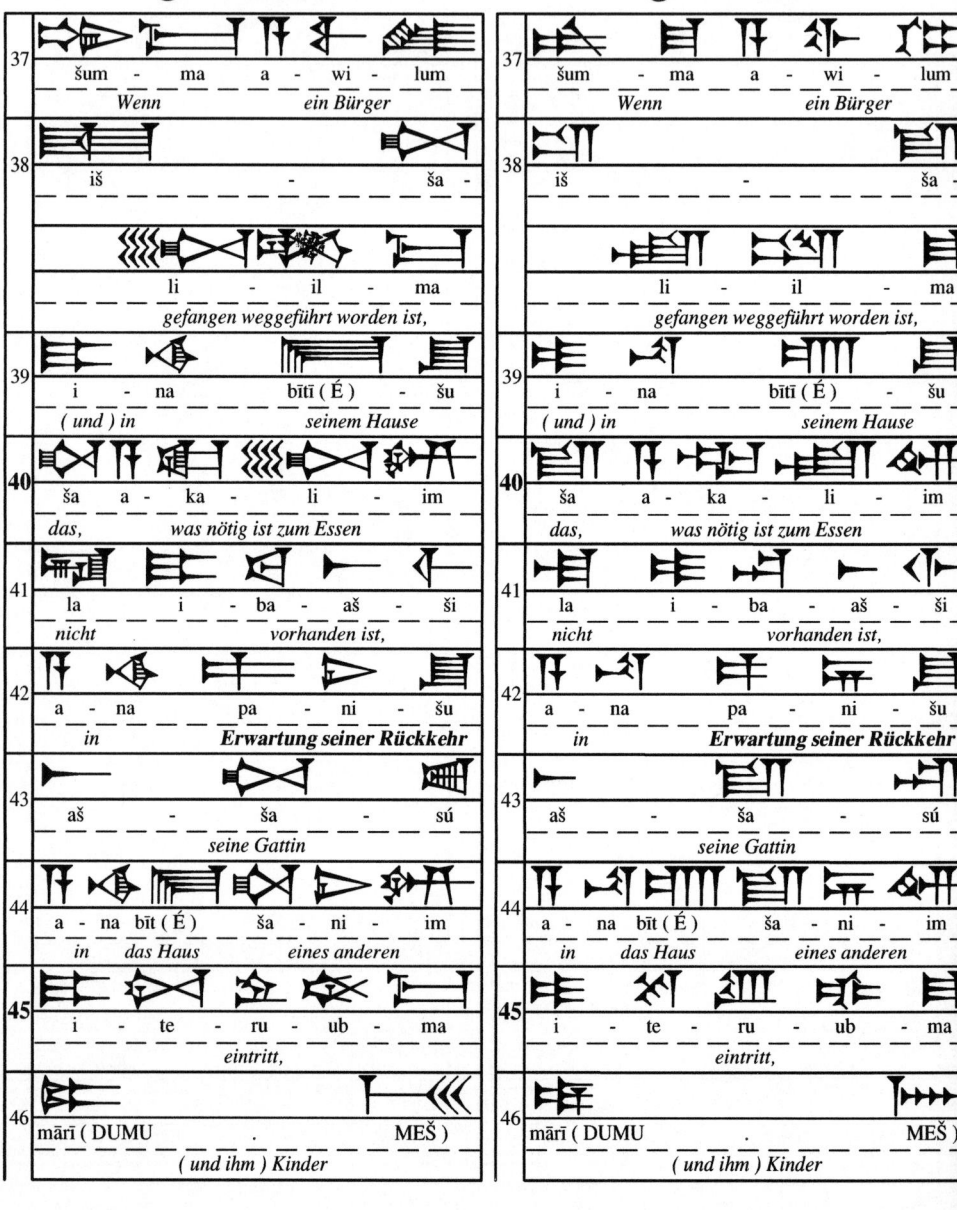

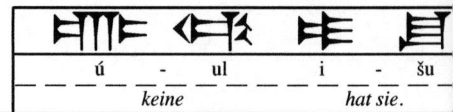

§ 124) 53) Wenn ein Bürger, 54) einem (anderen) Bürger 55) Silber, Gold 56) oder irgend etwas 57) vor Zeugen 58) zur Aufbewahrung 59) gibt 60) und dieser ihm das ableugnet, 61) so soll man diesen Bürger 62) überführen, 63) und alles, was er abgeleugnet hat, 64) soll er doppelt 65 geben.

§ 125) 66) Wenn ein Bürger 67) etwas ihm Gehöriges 68) zur Aufbewahrung gibt 69) (und man das, wo) er es hingegeben hat 73) und das ihm Gehörige 70) entweder durch Einbruch 71f.) oder mittels einer *Leiter* 74) gleichzeitig mit etwas, das 75) dem Eigentümer des Hauses gehört, abhanden kommt, so soll der Eigentümer des Hauses, der durch Nachlässigkeit 76) das, was er ihm zur 77) Aufbewahrung gegeben hat, 78) hat abhanden kommen lassen, 79) vollständig **XXVIII** 1) dem Eigentümer des Besitzes 2) ersetzen; 3) der Eigentümer des Hauses 4) soll seinen abhanden gekommenen Gegenstand 5) suchen 6) und von seinem Dieb 7) zurücknehmen.

§ 126) 8) Wenn ein Bürger, 9) obwohl ihm 10) nichts abhanden gekommen ist, 11) sagt: "Etwas mir Gehöriges 12) ist mir abhanden gekommen", 13) und seine Behörde 14) bezichtigt, 17) so soll seine Behörde 18) vor (einem/ dem) Gott 19) ihm nachweisen, 15) alles, was ihm 16) nicht abhanden gekommen ist, 20) und alles, 21) worauf er Klageanspruch erhoben hat, 22) soll er doppelt 23) seiner Behörde 24) geben.

§ 127) 25) Wenn ein Bürger 26) über eine *entu*-Priesterin 27) oder die Gattin eines Bürgers 28) üble Nachrede verbreitet, 29) aber das nicht beweist, 30) so soll man diesen Bürger 31) vor die Richter 32) "schleppen" 34) und man rasiert 33) ihm eine (Kopf)hälfte.

§ 128) 35) Wenn ein Bürger 36) eine Gattin 37) nimmt, 38) aber keinen Vertrag mit ihr 39) abschließt, 40) so ist diese Frau 41) keine Gattin.

§ 129) 42) Wenn die Gatin eines Bürgers 45) beim Beischlaf 43) mit 44) einem anderen 43) Manne 46) ertappt wird, 47) so soll man sie (beide) fesseln 48) und ins Wasser 49) werfen; 50) wenn der Herr der Ehefrau 51) seine Ehefrau am Leben lassen will, 52) so soll auch der König 53) seinen Untertan am Leben lassen.

§ 130) 54) Wenn ein Bürger 55) die (künftige) Gattin eines (anderen) Bürgers, 56) die noch keinen Mann 57) erkannt hat 58) und noch im Hause ihres Vaters 59) wohnt, 60) knebelt 61) und in ihrem Schoss 62) liegt, 63) und wenn man ihn dabei erwischt, 64) so wird dieser Bürger 65) getötet; 66) diese Frau 67) geht frei aus.

§ 131) 68) Wenn die Gattin 69) eines Bürgers 70) von ihrem Ehemann bezichtigt wird, 72) jedoch nicht beim Beischlaf 71) mit einem anderen Manne 73) ertappt wird, 74) so soll sie bei (einem/ dem) Gott 75) schwören 76) und in ihr Haus zurückkehren.

§ 132) 77) Wenn über die Ehefrau 78) eines Bürgers 79) wegen eines anderen Mannes 80f.) üble Nachrede 82) verbreitet wird, **XXIX** 2) sie jedoch beim Beischlaf **XXVIII** 83) mit **XXIX** 1) einem anderen **XXVIII** 83) Manne **XXIX** 3) nicht ertappt worden ist, 4) so soll sie ihrem Gatten zuliebe in den Fluss(gott) 6) eintauchen.

§ 133a) 7) Wenn ein Bürger 8) gefangen weggeführt worden ist, 9) aber in seinem Hause 10) das, was nötig ist zum Essen, 11) noch vorhanden ist, 12) so soll seine Ehefrau, 13) [solange] ihr [Ehemann gefangen ist,] sich 15) in acht nehmen 16) und [in das Haus eines anderen] 17) nicht eintreten.

§ 133b) 18) Wenn diese Frau 19) sich 20) nicht in acht nimmt 21) und in das Haus eines anderen 22) eintritt, 23) so soll man diese Frau 24) überführen 25) und sie ins Wasser 26) werfen.

§ 134) 27) Wenn ein Bürger 28) gefangen weggeführt worden ist 29) und in seinem Hause 30) das, was nötig ist zum Essen, 31) nicht vorhanden ist, 32) so darf seine Ehefrau 33) in das Haus eines anderen 34) eintreten; 35) diese Frau 36) trifft keine Schuld.

	it - ta - la - ad
	gebiert,
47	i - na wa - ar - ka
	(und) später
48	mu - sà it - tu - ra -
	ihr Ehemann
	am - ma
	zurückkehrt,
49	āl (URU) - šu
	seine Stadt
50	ik - ta - áš - dam
	erreicht,
51	sinništum (MÍ) ši - i
	(soll) die Frau, diese,
52	a - na ḫa - wi - ri - ša
	zu ihrem Gatten
53	i - ta - ar
	zurückkehren.
54	mārū (DUMU.MEŠ) wa - ar - ki
	Die Kinder nachher
55	a - bi - šu - nu
	ihrem Vater
56	i - il - la - ku
	folgen.

	it - ta - la - ad
	gebiert,
47	i - na wa - ar - ka
	(und) später
48	mu - sà it - tu - ra -
	ihr Ehemann
	am - ma
	zurückkehrt,
49	āl (URU) - šu
	seine Stadt
50	ik - ta - áš - dam
	erreicht,
51	sinništum (MÍ) ši - i
	(soll) die Frau, diese,
52	a - na ḫa - wi - ri - ša
	zu ihrem Gatten
53	i - ta - ar
	zurückkehren.
54	mārū (DUMU.MEŠ) wa - ar - ki
	Die Kinder nachher
55	a - bi - šu - nu
	ihrem Vater
56	i - il - la - ku
	folgen.

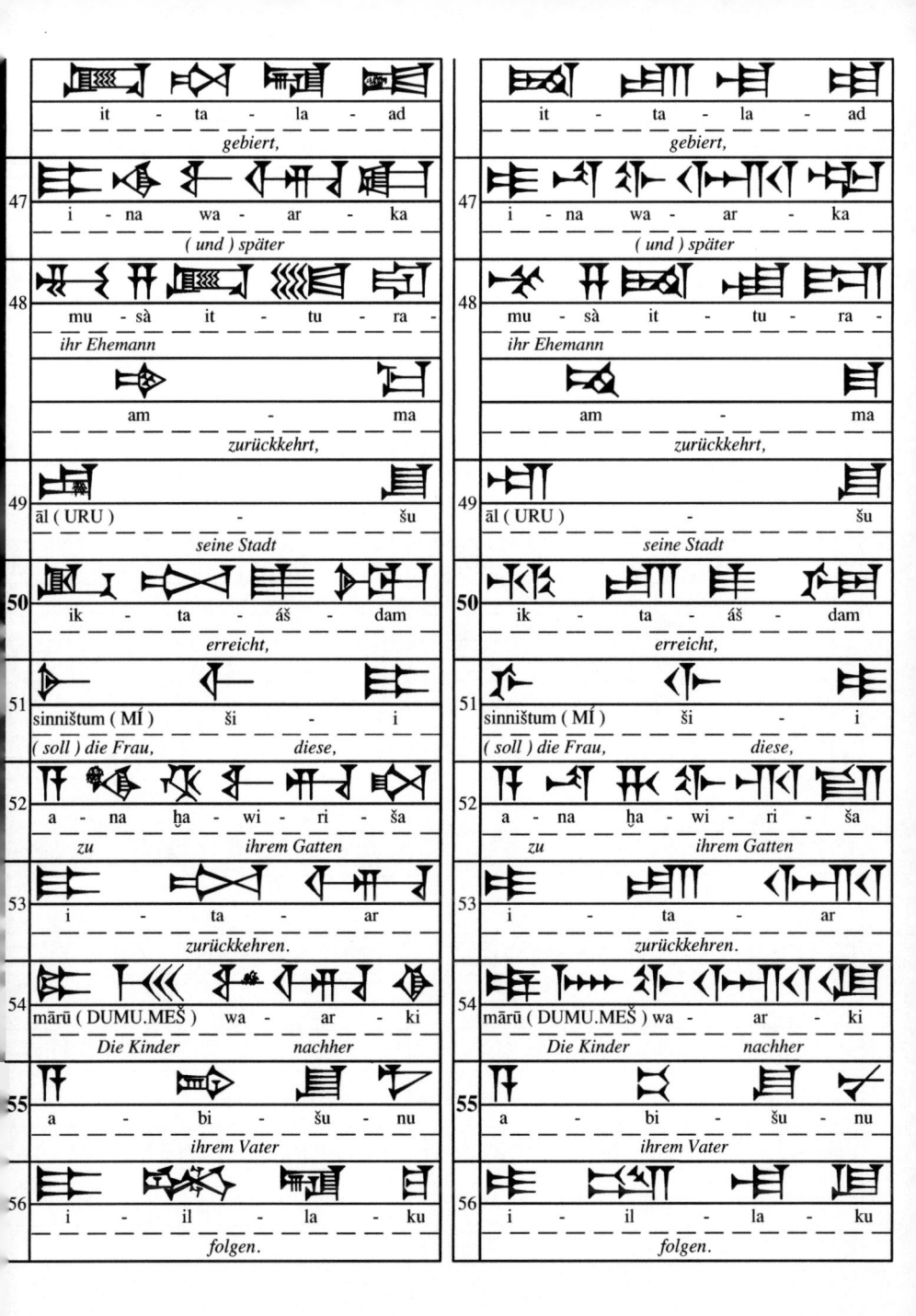

§ 136

57	šum - ma a - wi - lum	*Wenn ein Bürger*
58	āl (URU) - šu	*seine Stadt*
	id - di - ma	*verlässt*
59	it - ta - bi - it	*(und) flieht,*
60	wa - ar - ki - šu	*(und wenn) nach seinem Wegbleiben*
61	aš - ša - sú	*seine Gattin*
62	a - na bīt (É) ša - ni - im	*in das Haus eines anderen*
63	i - te - ru - ub	*eintritt,*
64	šum - ma a - wi - lum	*wenn der Bürger,*
	šu - ú	*dieser,*
65	it - tu - ra - am - ma	*zurückkehrt,*
66	aš - ša - sú	*seine Gattin*

§ 136

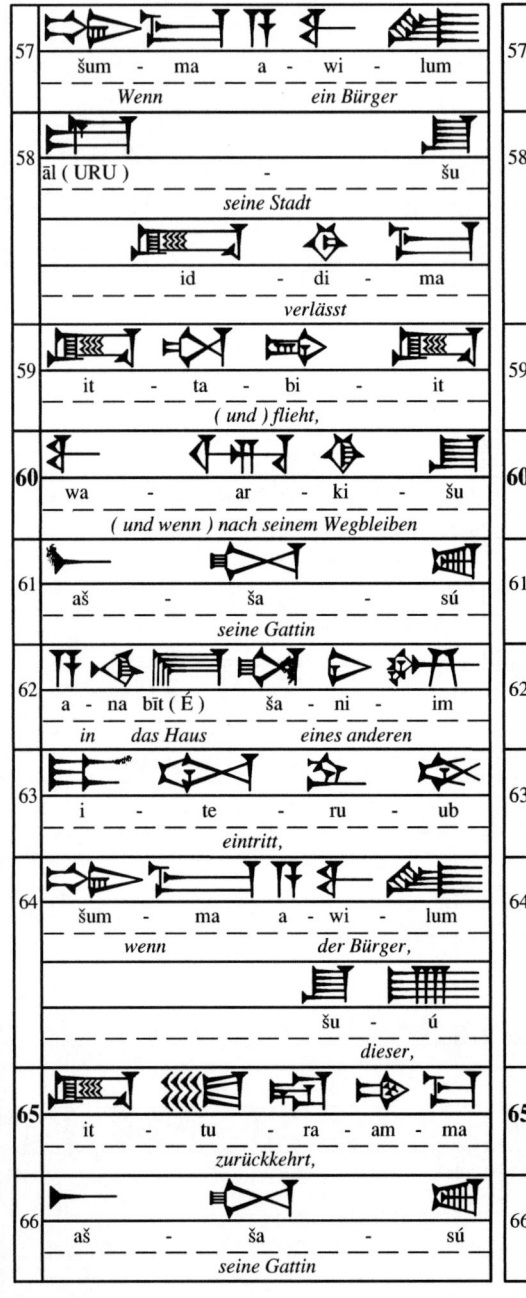

57	šum - ma a - wi - lum	*Wenn ein Bürger*
58	āl (URU) - šu	*seine Stadt*
	id - di - ma	*verlässt*
59	it - ta - bi - it	*(und) flieht,*
60	wa - ar - ki - šu	*(und wenn) nach seinem Wegbleiben*
61	aš - ša - sú	*seine Gattin*
62	a - na bīt (É) ša - ni - im	*in das Haus eines anderen*
63	i - te - ru - ub	*eintritt,*
64	šum - ma a - wi - lum	*wenn der Bürger,*
	šu - ú	*dieser,*
65	it - tu - ra - am - ma	*zurückkehrt,*
66	aš - ša - sú	*seine Gattin*

67	iṣ - ṣa - ba - at
	fordert,
68	aš - šum āl (URU) - šu
	(soll,) weil er gegen seine Stadt
69	i - ze - ru - ma
	(aus) Abneigung
70	in - na - bi - tu
	geflohen ist,
71	aš - ša - at mu - na - ab - tim
	(soll) die Gattin des Flüchtlings
72	a - na mu - ti - ša
	zu ihrem Ehemann
73	ú - ul i - ta - ar
	nicht zurückkehren.

§ 137

74	šum - ma a - wi - lum
	Wenn ein Bürger
75	a - na ^{mí} šu - gi$_4$ - tim
	(Frau) eine ***šugītu*** *- Priesterin,*
76	ša mārī (DUMU.MEŠ) ul - du - šum
	die ihm Kinder geboren hat,
	ù lu nadītim (LUKUR) **(nicht mí!)** ša mārī (DUMU.MEŠ)
	oder eine ***nadītu****-Priesterin, die ihn Kinder*
77	ú - šar - šu - šu
	hat bekommen lassen,

67	iṣ - ṣa - ba - at
	fordert,
68	aš - šum āl (URU) - šu
	(soll,) weil er gegen seine Stadt
69	i - ze - ru - ma
	(aus) Abneigung
70	in - na - bi - tu
	geflohen ist,
71	aš - ša - at mu - na - ab - tim
	(soll) die Gattin des Flüchtlings
72	a - na mu - ti - ša
	zu ihrem Ehemann
73	ú - ul i - ta - ar
	nicht zurückkehren.

§ 137

74	šum - ma a - wi - lum
	Wenn ein Bürger
75	a - na ^{mí} šu - gi$_4$ - tim
	(Frau) eine ***šugītu*** *- Priesterin,*
76	ša mārī (DUMU.MEŠ) ul - du - šum
	die ihm Kinder geboren hat,
	ù lu nadītim (LUKUR) **(nicht mí!)** ša mārī (DUMU.MEŠ)
	oder eine ***nadītu****-Priesterin, die ihn Kinder*
77	ú - šar - šu - šu
	hat bekommen lassen,

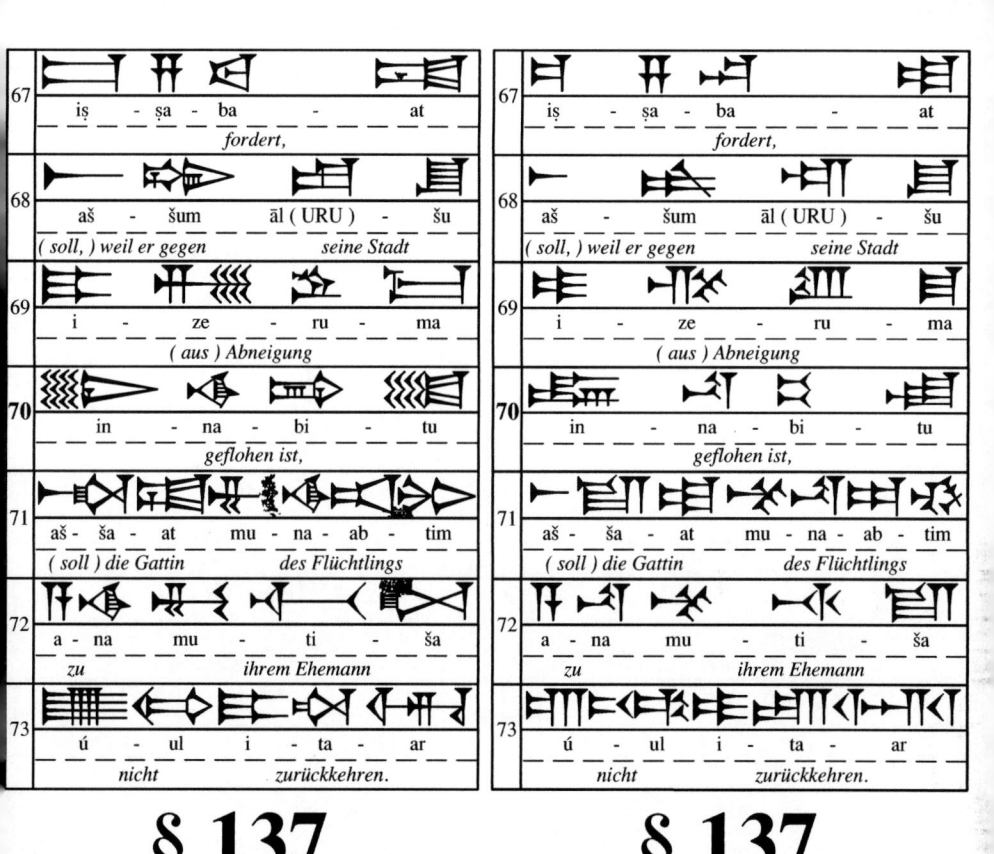

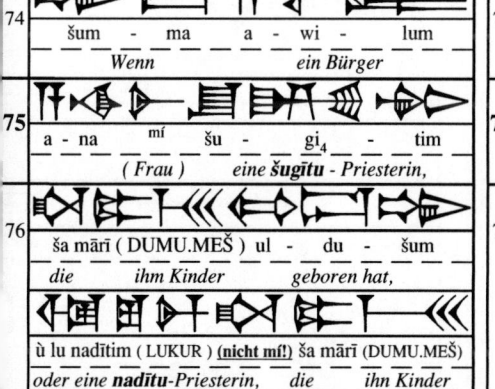

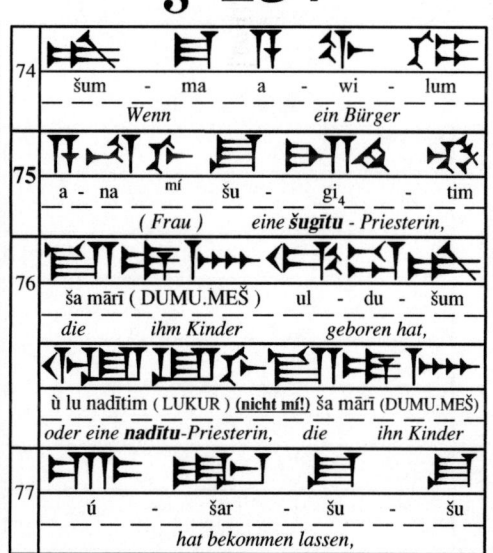

78	e - zé - bi - im	*zu verstossen*
79	pa - ni - šu	
80	iš - ta - ka - an	*beabsichtigt,*
81	a - na sinništim (MÍ) šu - a - ti	*(soll man) der Frau, dieser*
82	še - ri - ik - ta - ša	*ihre Mitgift*
83	ú - ta - ar - ru - ši - im	*zurückgeben*
84	ù mu - ut - ta - at	*und ihr die Hälfte*
85	eqlim (A.ŠÀ) ^{giš}kirîm (KIRI$_6$) ù bi - ši - im	*des Feldes, (Holz) des Baumgartens und der Habe*

XXX

1	i - na - ad - di - nu -	
	ši - im - ma	*geben,*
2	mārī (DUMU. MEŠ) - ša	*ihre Kinder*
3	ú - ra - ab - ba	*wird sie grossziehen;*

78	e - zé - bi - im	*zu verstossen*
79	pa - ni - šu	
80	iš - ta - ka - an	*beabsichtigt,*
81	a - na sinništim (MÍ) šu - a - ti	*(soll man) der Frau, dieser*
82	še - ri - ik - ta - ša	*ihre Mitgift*
83	ú - ta - ar - ru - ši - im	*zurückgeben*
84	ù mu - ut - ta - at	*und ihr die Hälfte*
85	eqlim (A.ŠÀ) ^{giš}kirîm (KIRI$_6$) ù bi - ši - im	*des Feldes, (Holz) des Baumgartens und der Habe*

XXX

1	i - na - ad - di - nu -	
	ši - im - ma	*geben,*
2	mārī (DUMU. MEŠ) - ša	*ihre Kinder*
3	ú - ra - ab - ba	*wird sie grossziehen;*

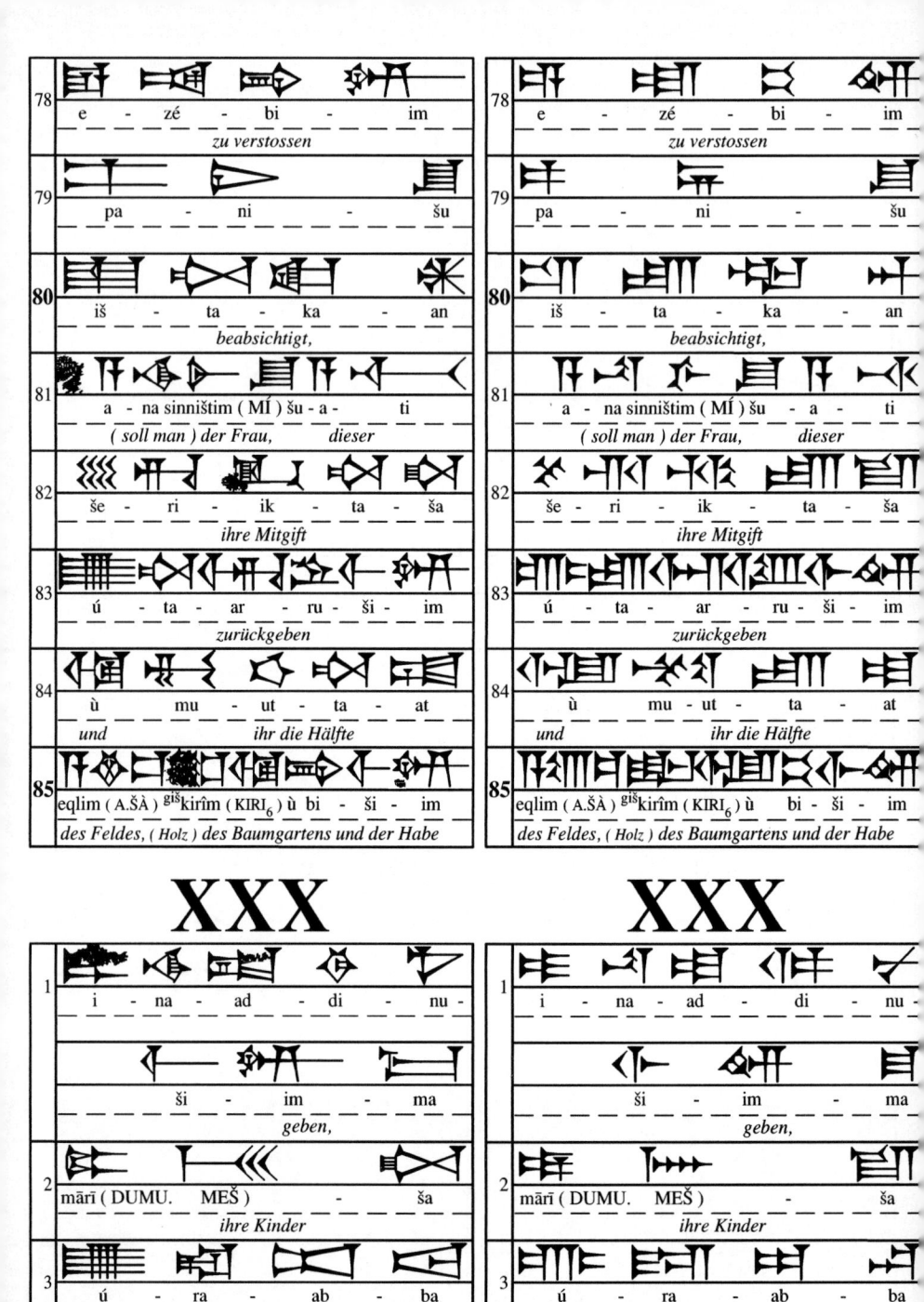

4	iš - tu mārī (DUMU . MEŠ) - ša	*nachdem sie ihre Kinder*
5	úr - ta - ab - bu - ú	*grossgezogen hat,*
6	i - na mi - im - ma	*(soll man) ihr von allem, was*
7	ša a - na mārī (DUMU . MEŠ) - ša	*an ihre Kinder*
8	in - na - ad - nu	*gegeben worden ist,*
9	zí - it - tam	*einen Anteil*
10	ki - ma ap - lim	*wie dem Erbsohn,*
	iš - te - en	*dem einzelnen,*
11	i - na - ad - di - nu -	
	ši - im - ma	*geben.*
12	mu - tu	*Einen Ehemann*
	li - ib - bi - ša	*nach ihrem Herzen*
13	i - iḫ - ḫa - as - sí	*(mag) sie heiraten.*

4	iš - tu mārī (DUMU . MEŠ) - ša	*nachdem sie ihre Kinder*
5	úr - ta - ab - bu - ú	*grossgezogen hat,*
6	i - na mi - im - ma	*(soll man) ihr von allem, was*
7	ša a - na mārī (DUMU . MEŠ) - ša	*an ihre Kinder*
8	in - na - ad - nu	*gegeben worden ist,*
9	zí - it - tam	*einen Anteil*
10	ki - ma ap - lim	*wie dem Erbsohn,*
	iš - te - en	*dem einzelnen,*
11	i - na - ad - di - nu -	
	ši - im - ma	*geben.*
12	mu - tu	*Einen Ehemann*
	li - ib - bi - ša	*nach ihrem Herzen*
13	i - iḫ - ḫa - as - sí	*(mag) sie heiraten.*

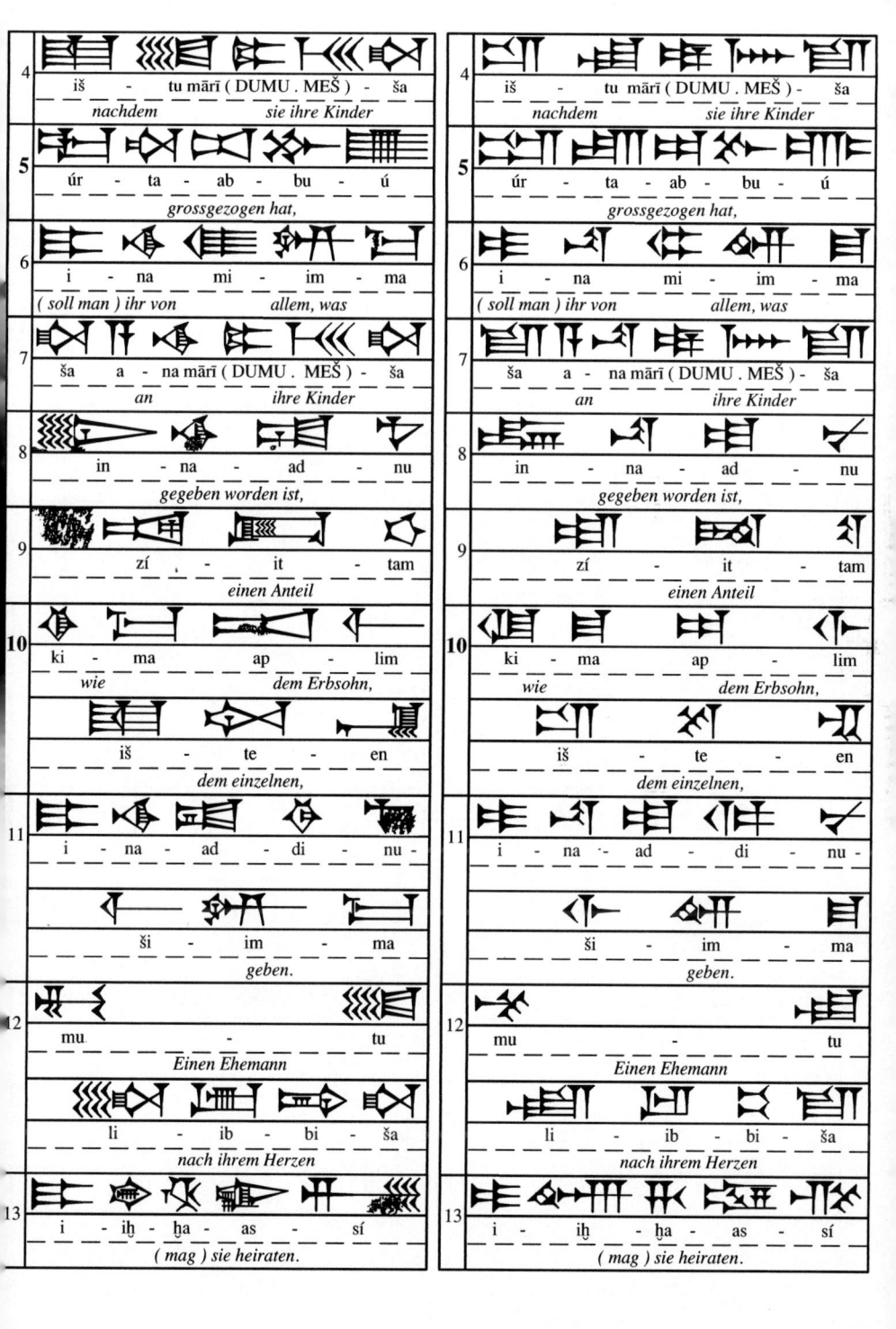

§ 138

14	šum - ma a - wi - lum	*Wenn ein Bürger*
15	ḫi - ir - ta - šu	*seine Gattin,*
16	ša mārī (DUMU . MEŠ)	*die ihm Kinder*
	la ul - du - šum	*nicht geboren hat,*
17	i - iz - zi - ib	*verstossen will,*
18	kaspam (KÙ.BABBAR) ma - la	*(soll) er ihr Geld in Höhe*
19	ter - ḫa - ti - ša	*ihres Brautpreises*
20	i - na - ad - di - iš -	
	ši - im	*geben.*
21	ù še - ri - ik - tam	*Auch die Mitgift,*
22	ša iš - tu	*die sie selbst*
	bīt (É) a - bi - ša ub - lam	*(aus) dem Hause ihres Vaters mitgebracht hat,*

§ 138

14	šum - ma a - wi - lum	*Wenn ein Bürger*
15	ḫi - ir - ta - šu	*seine Gattin,*
16	ša mārī (DUMU . MEŠ)	*die ihm Kinder*
	la ul - du - šum	*nicht geboren hat,*
17	i - iz - zi - ib	*verstossen will,*
18	kaspam (KÙ.BABBAR) ma - la	*(soll) er ihr Geld in Höhe*
19	ter - ḫa - ti - ša	*ihres Brautpreises*
20	i - na - ad - di - iš -	
	ši - im	*geben.*
21	ù še - ri - ik - tam	*Auch die Mitgift,*
22	ša iš - tu	*die sie selbst*
	bīt (É) a - bi - ša ub - lam	*(aus) dem Hause ihres Vaters mitgebracht hat,*

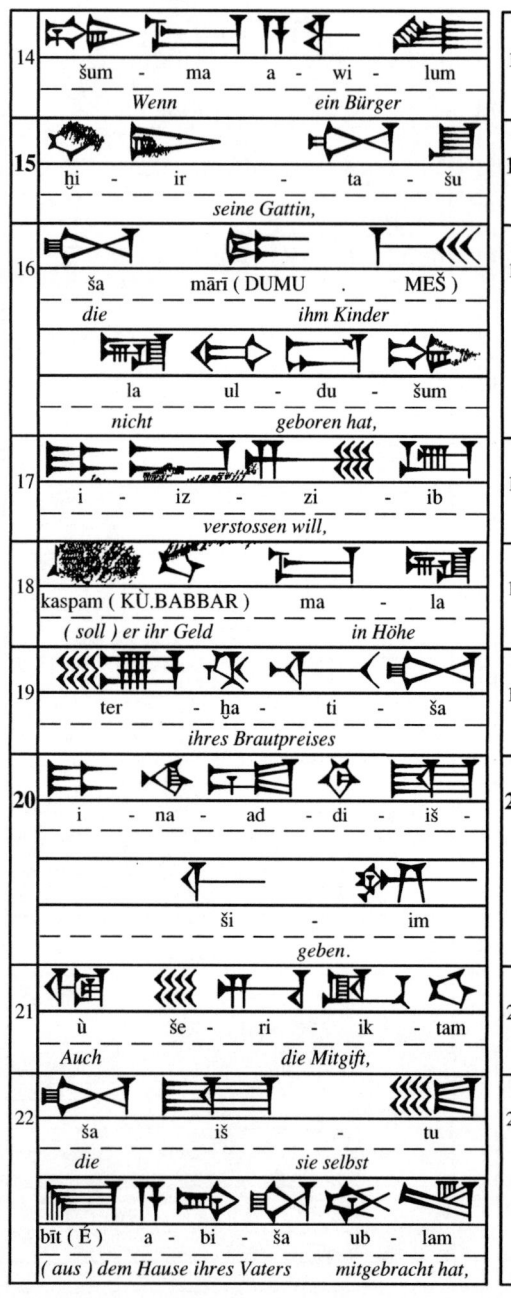

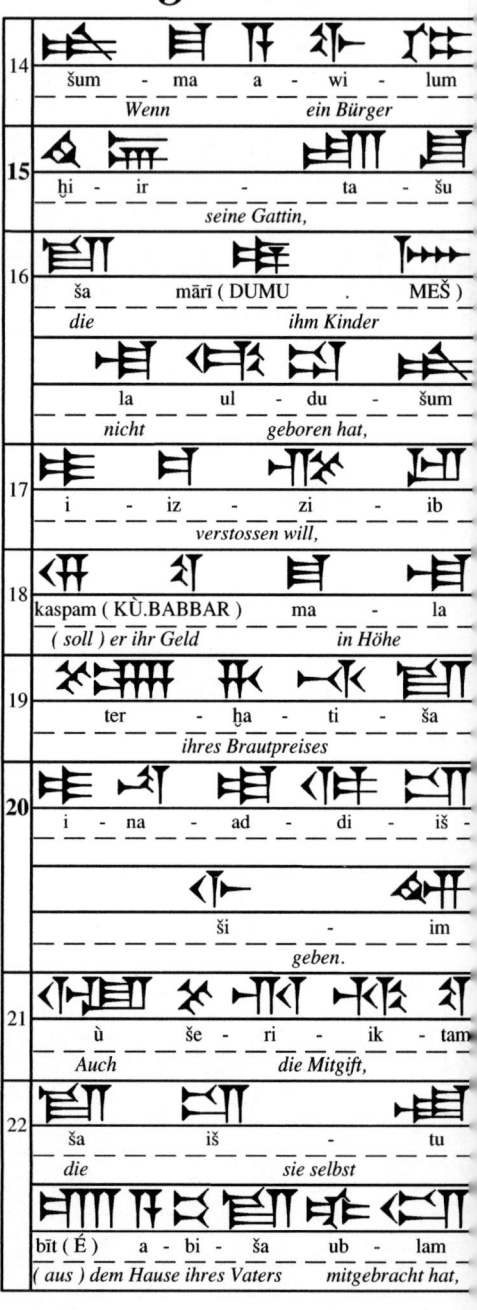

23 ú - ša - lam -

ši - im - ma

(soll) er voll erstatten,

24 i - iz - zi - ib - ši

(bevor) er sie verstösst.

§ 139

25 šum - ma ter - ḫa - tum

Wenn ein Brautpreis

26 la i - ba - aš - ši

nicht vorhanden ist,

27 1 MA - NA kaspam (KÙ.BABBAR)

(soll) er ihr eine Mine Silber

28 a - na ú - zu - ub -

als

bé - em

Scheidegeld

29 i - na - ad - di - iš -

ši - im

geben.

§ 140

30 šum - ma muškēnum (MAŠ.EN.GAG) (**nicht ni!**)

Wenn er Palasthöriger (ist),

23 ú - ša - lam -

ši - im - ma

(soll) er voll erstatten,

24 i - iz - zi - ib - ši

(bevor) er sie verstösst.

§ 139

25 šum - ma ter - ḫa - tum

Wenn ein Brautpreis

26 la i - ba - aš - ši

nicht vorhanden ist,

27 1 MA - NA kaspam (KÙ.BABBAR)

(soll) er ihr eine Mine Silber

28 a - na ú - zu - ub -

als

bé - em

Scheidegeld

29 i - na - ad - di - iš -

ši - im

geben.

§ 140

30 šum - ma muškēnum (MAŠ.EN.GAG) (**nicht ni!**)

Wenn er Palasthöriger (ist),

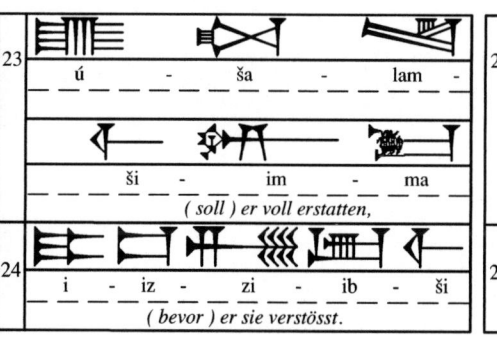

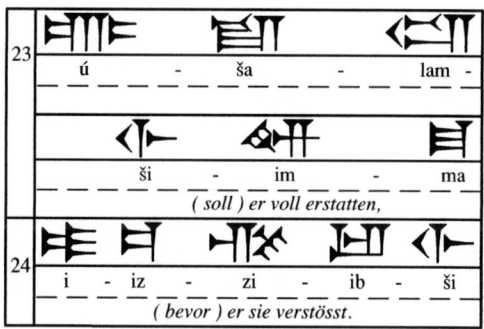

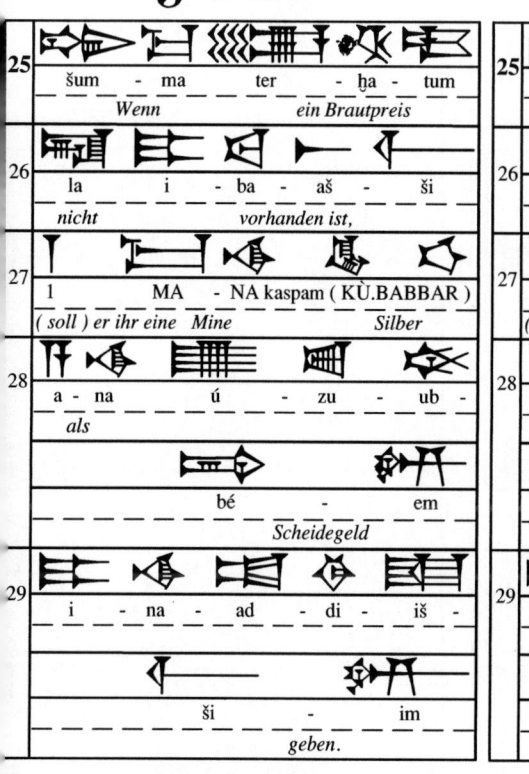

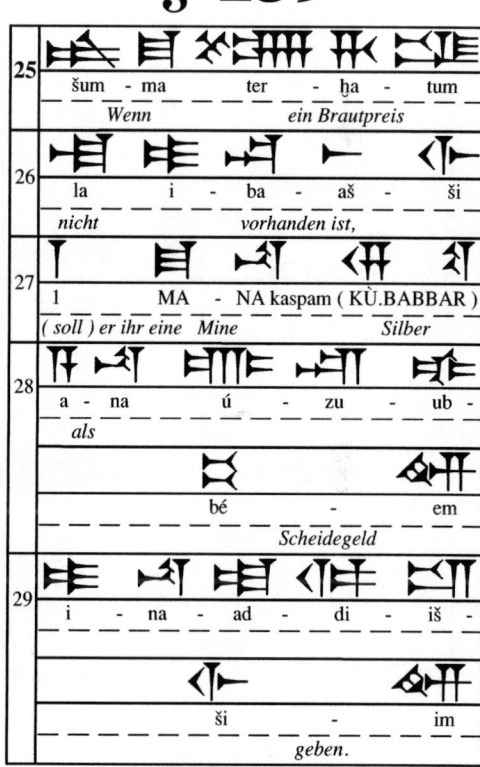

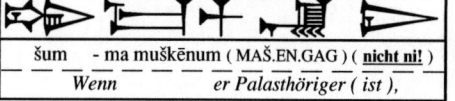

31	1/3 (šušana) MA . NA kaspam (KÙ .BABBAR)
	(soll) er ihr ein drittel Mine Silber
32	i - na - ad - di - iš -
	ši - im
	geben.

31	1/3 (šušana) MA . NA kaspam (KÙ .BABBAR)
	(soll) er ihr ein drittel Mine Silber
32	i - na - ad - di - iš -
	ši - im
	geben.

§ 141

33	šum - ma aš - ša - at
	Wenn die Ehefrau
	a - wi - lim
	eines Bürgers
34	ša i - na bīt (É)
	die im Hause
	a - wi - lim
	eines Bürgers
35	wa - aš - ba - at
	wohnt,
36	a - na wa - ṣe - em
	fortzugehen
37	pa - ni - ša
	im Sinn hat,
38	iš - ta - ka - an - ma
	beabsichtigt,
39	sí - ki - il - tam
	sich Privateigentum

§ 141

33	šum - ma aš - ša - at
	Wenn die Ehefrau
	a - wi - lim
	eines Bürgers
34	ša i - na bīt (É)
	die im Hause
	a - wi - lim
	eines Bürgers
35	wa - aš - ba - at
	wohnt,
36	a - na wa - ṣe - em
	fortzugehen
37	pa - ni - ša
	im Sinn hat,
38	iš - ta - ka - an - ma
	beabsichtigt,
39	sí - ki - il - tam
	sich Privateigentum

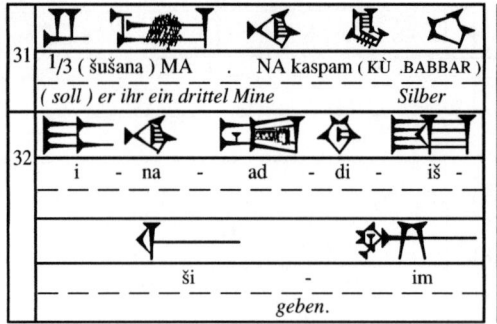

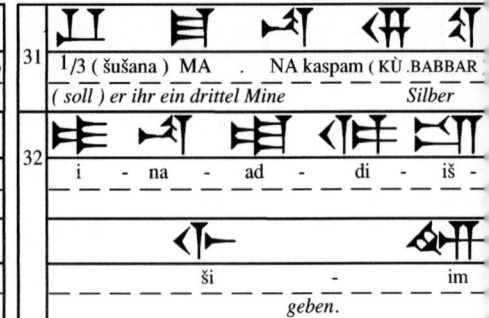

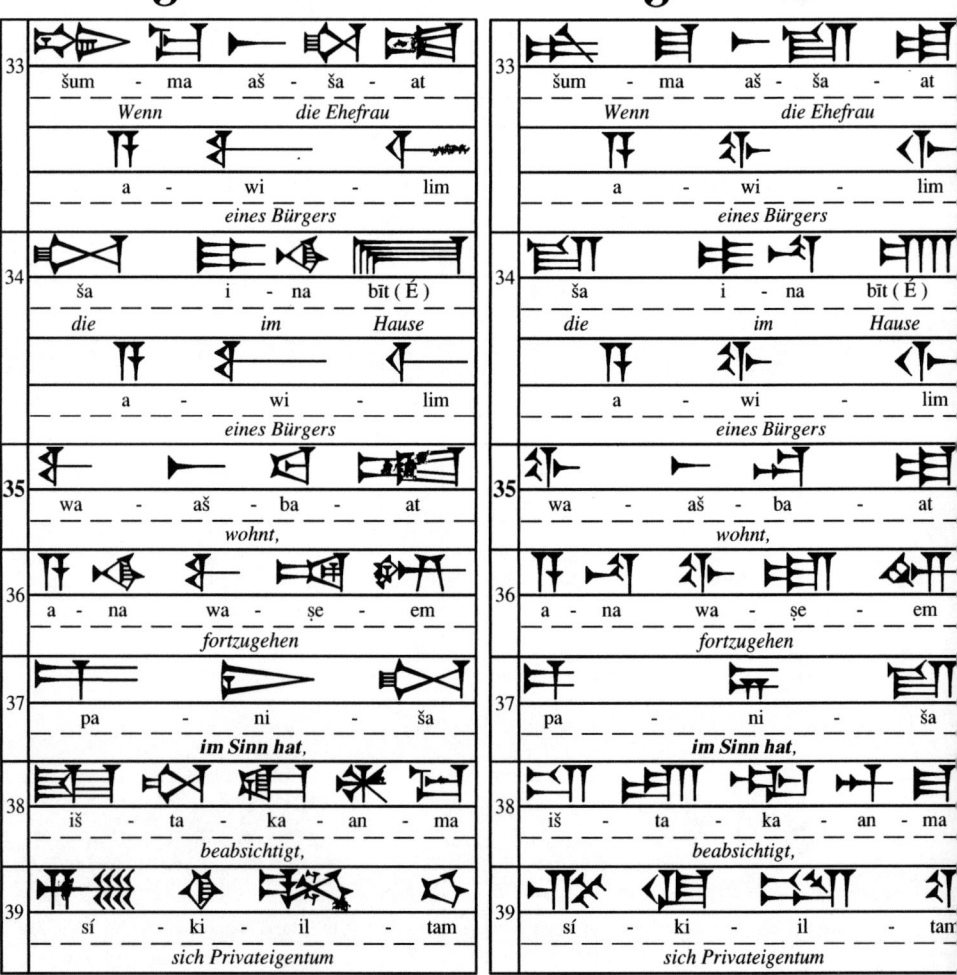

40	i - sà - ak - ki - il
	anzueignen,
41	bīs (É) - sà
	ihren Haushalt
	ú - sà - ap - pa - aḫ
	verschlampt,
42	mu - sà ú - ša -
	ihren Ehemann
	am - ṭa
	vernachlässigt,
43	ú - ka - an - nu -
	ši - ma
	(soll man) sie überführen;
44	šum - ma mu - sà
	wenn ihr Ehemann
45	e - zé - eb - ša
	die Scheidung (von ihr)
46	iq - ta - bi
	erklärt,
47	i - iz - zi - ib - ši
	(darf) er sie verstossen,
48	ḫa - ra - an - ša
	Wegegeld
49	ú - zu - ub - bu - ša
	(und) Scheidegeld,

40	i - sà - ak - ki - il
	anzueignen,
41	bīs (É) - sà
	ihren Haushalt
	ú - sà - ap - pa - aḫ
	verschlampt,
42	mu - sà ú - ša -
	ihren Ehemann
	am - ṭa
	vernachlässigt,
43	ú - ka - an - nu -
	ši - ma
	(soll man) sie überführen;
44	šum - ma mu - sà
	wenn ihr Ehemann
45	e - zé - eb - ša
	die Scheidung (von ihr)
46	iq - ta - bi
	erklärt,
47	i - iz - zi - ib - ši
	(darf) er sie verstossen,
48	ḫa - ra - an - ša
	Wegegeld
49	ú - zu - ub - bu - ša
	(und) Scheidegeld,

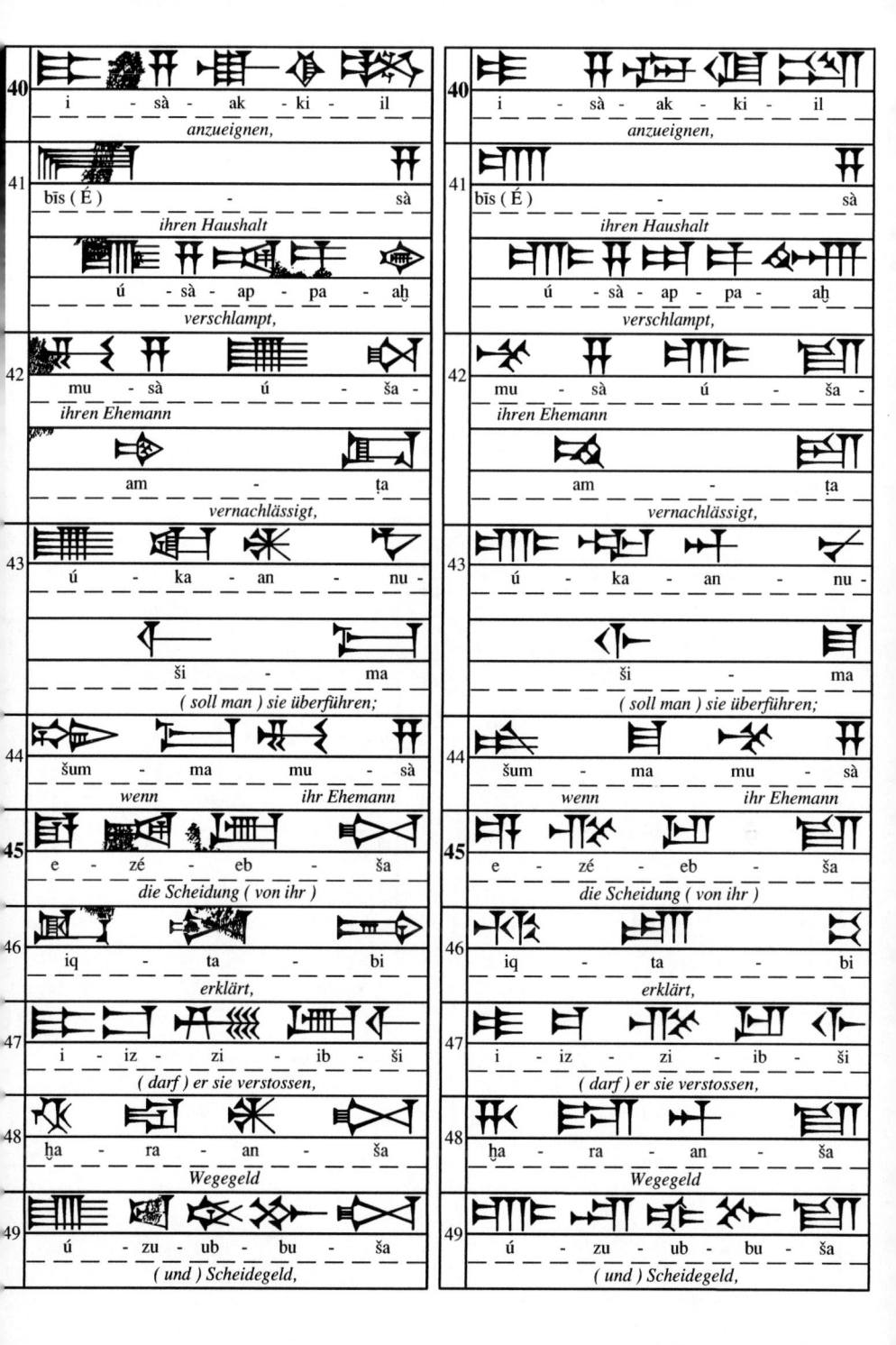

Zeile	
50	mi - im - ma
	all dieses
51	ú - ul in - na - ad -
	(braucht) ihr nicht
	di - iš - ši - im
	gegeben zu werden.
52	šum - ma mu - sà
	Wenn ihr Ehemann
53	la e - zé - eb - ša
	nicht die Scheidung
	iq - ta - bi
	erklärt,
54	mu - sà sinništam (MÍ) ša - ni - tam
	(darf) ihr Ehemann eine Frau, eine andere,
55	i - iḫ - ḫa - az
	heiraten.
56	sinništum (MÍ) ši - i
	Die Frau, diese,
57	ki - ma amtim (GÉME)
	(soll) wie eine Sklavin
58	i - na bīt (É) mu - ti - ša
	im Hause ihres Ehemannes
59	uš - ša - ab
	wohnen.

§ 142

Zeile	
50	mi - im - ma
	all dieses
51	ú - ul in - na - ad -
	(braucht) ihr nicht
	di - iš - ši - im
	gegeben zu werden.
52	šum - ma mu - sà
	Wenn ihr Ehemann
53	la e - zé - eb - ša
	nicht die Scheidung
	iq - ta - bi
	erklärt,
54	mu - sà sinništam (MÍ) ša - ni - tam
	(darf) ihr Ehemann eine Frau, eine andere,
55	i - iḫ - ḫa - az
	heiraten.
56	sinništum (MÍ) ši - i
	Die Frau, diese,
57	ki - ma amtim (GÉME)
	(soll) wie eine Sklavin
58	i - na bīt (É) mu - ti - ša
	im Hause ihres Ehemannes
59	uš - ša - ab
	wohnen.

§ 142

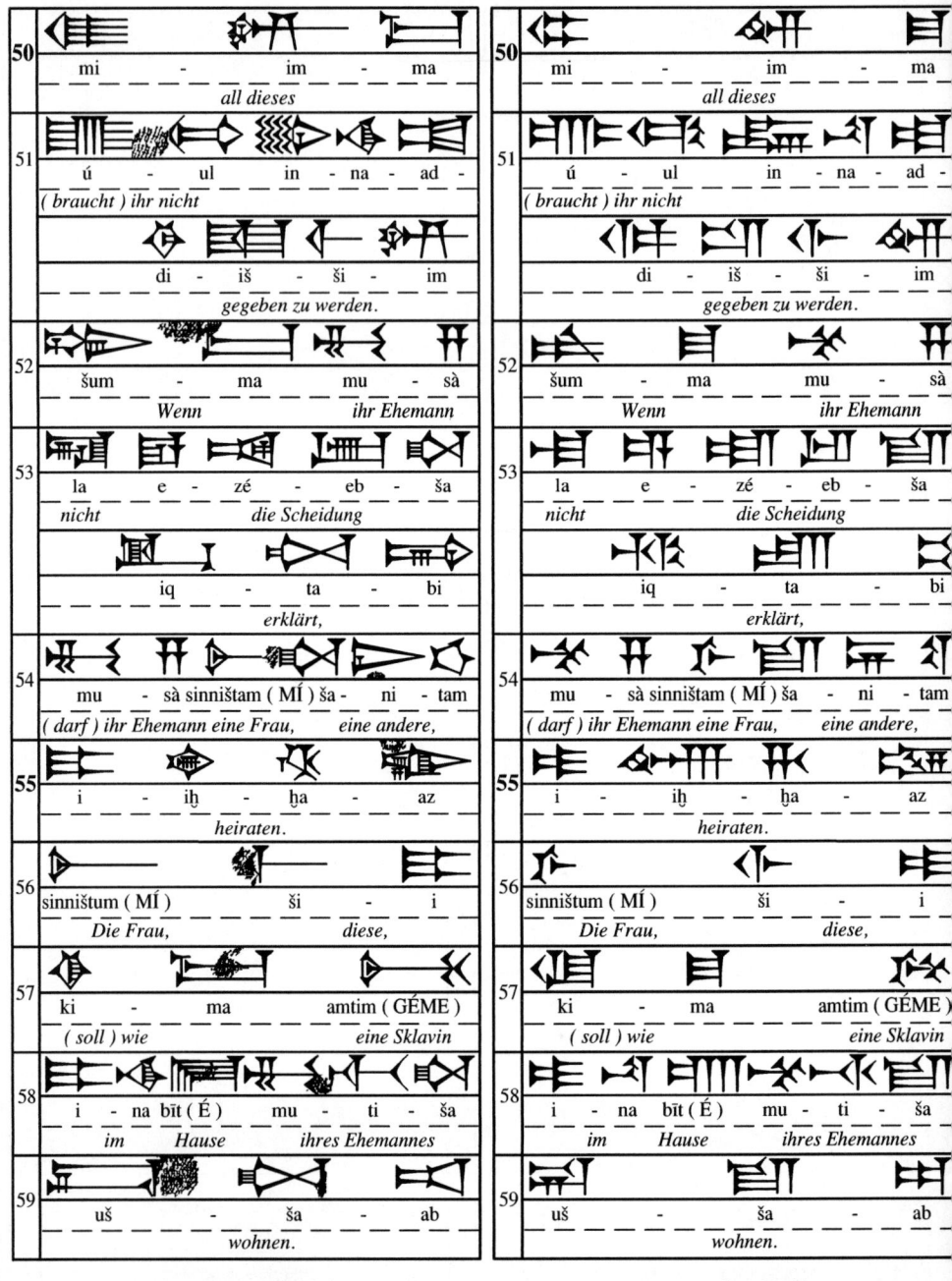

60 šum - ma sinništum (MÍ)

Wenn eine Frau

mu - sà i - ze - er - ma

(gegen) ihren Ehemann Abneigung bekommt,

61 ú - ul ta - aḫ - ḫa -

" Nicht

za - an - ni

sollst du mit mir verkehren! "

62 iq - ta - bi

sagt,

63 wa - ar - ka - sà

(soll) ihre Angelegenheit

64 i - na ba - ab -

von

ti - ša

ihrer Behörde

65 ip - pa - ar - ra -

ás - ma

überprüft werden;

66 šum - ma na - aṣ -

wenn

ra - at - ma

sie unbescholten ist,

67 ḫi - ṭi - tam

Schuld

60 šum - ma sinništum (MÍ)

Wenn eine Frau

mu - sà i - ze - er - ma

(gegen) ihren Ehemann Abneigung bekommt,

61 ú - ul ta - aḫ - ḫa -

" Nicht

za - an - ni

sollst du mit mir verkehren! "

62 iq - ta - bi

sagt,

63 wa - ar - ka - sà

(soll) ihre Angelegenheit

64 i - na ba - ab -

von

ti - ša

ihrer Behörde

65 ip - pa - ar - ra -

ás - ma

überprüft werden;

66 šum - ma na - aṣ -

wenn

ra - at - ma

sie unbescholten ist,

67 ḫi - ṭi - tam

Schuld

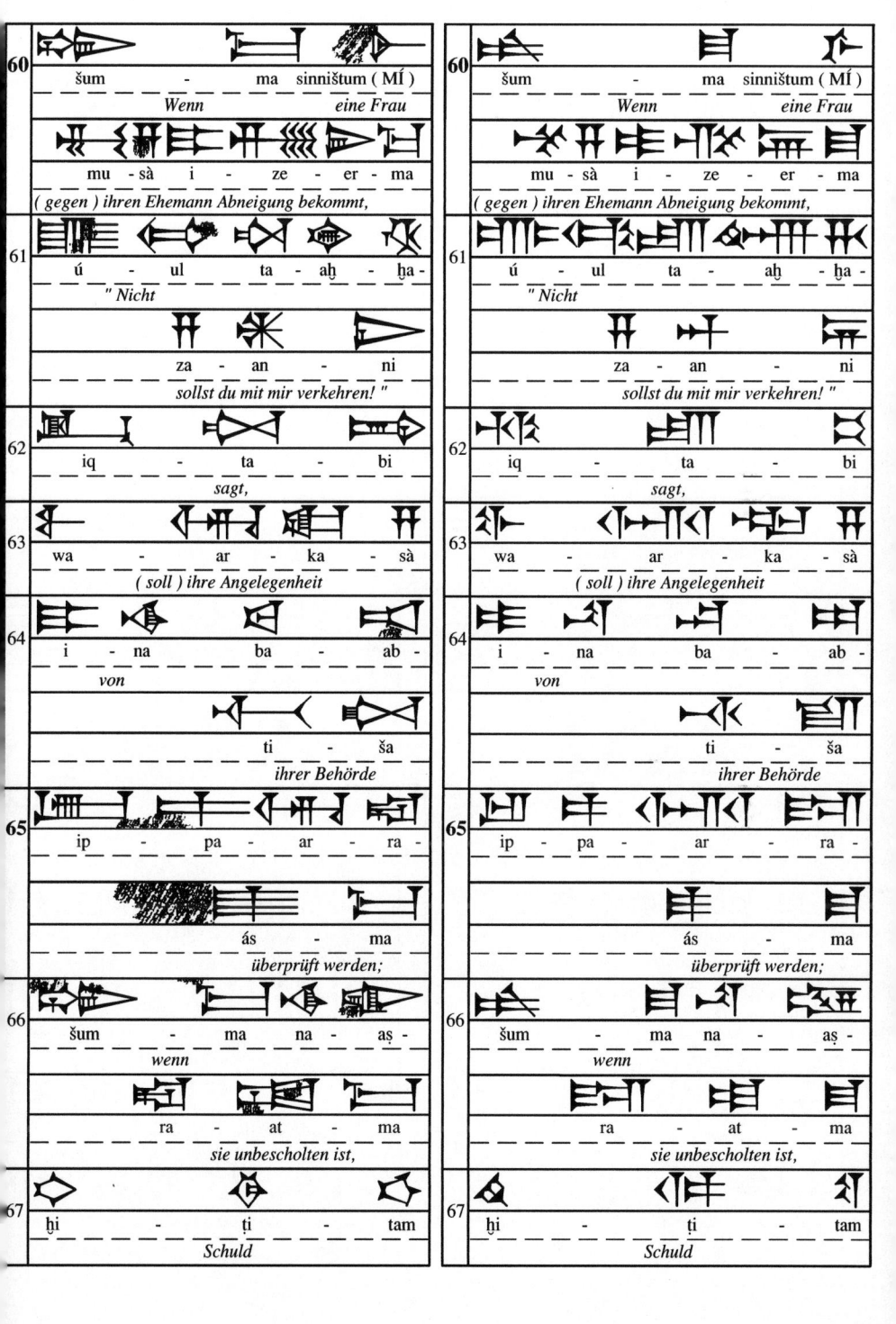

68	la i - šu	*nicht hat,*
69	ù mu - sa$_6$	*aber ihr Ehemann*
70	wa - ṣí - ma	*aushäusig ist,*
71	ma - ga - al	*(und sie) schwer*
72	ú - ša - am - ṭa - ši	*vernachlässigt,*
73	sinništum (MÍ) ši - i	*die Frau, diese,*

68	la i - šu	*nicht hat,*
69	ù mu - sa$_6$	*aber ihr Ehemann*
70	wa - ṣí - ma	*aushäusig ist,*
71	ma - ga - al	*(und sie) schwer*
72	ú - ša - am - ṭa - ši	*vernachlässigt,*
73	sinništum (MÍ) ši - i	*die Frau, diese,*

XXXI

XXXI

1	ar - nam ú - ul i - šu	*Schuld keine hat sie.*
2	še - ri - ik - ta - ša	*Sie (darf) ihre Mitgift*
3	i - le - qé - ma	*nehmen*
4	a - na bīt (É) a - bi - ša	*(und) zum Haus ihres Vaters*

1	ar - nam ú - ul i - šu	*Schuld keine hat sie.*
2	še - ri - ik - ta - ša	*Sie (darf) ihre Mitgift*
3	i - le - qé - ma	*nehmen*
4	a - na bīt (É) a - bi - ša	*(und) zum Haus ihres Vaters*

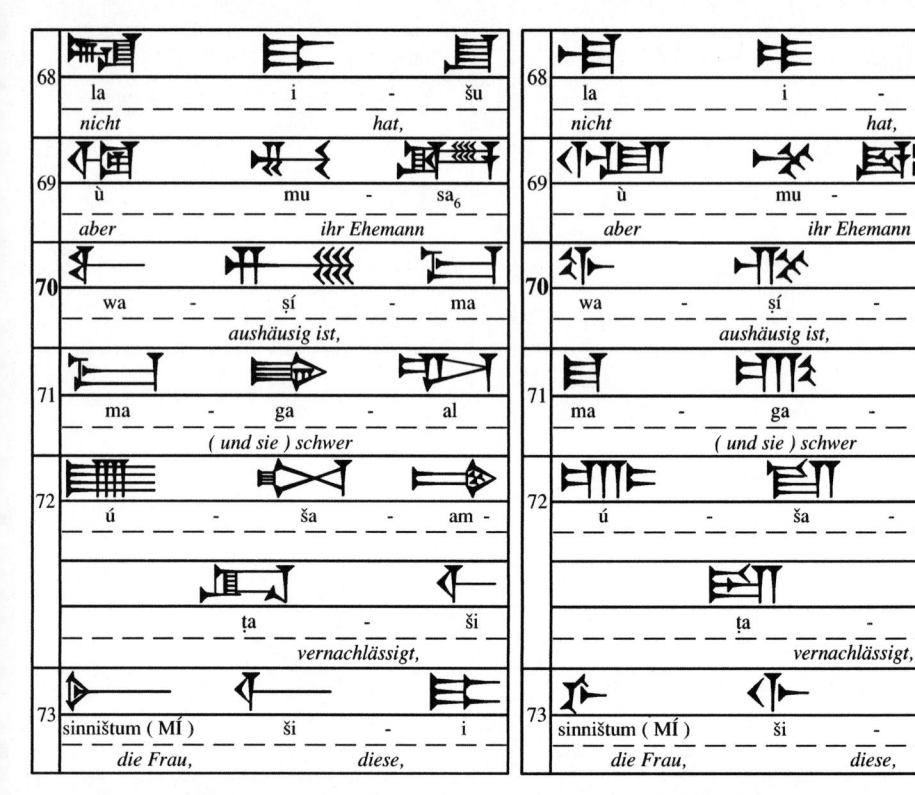

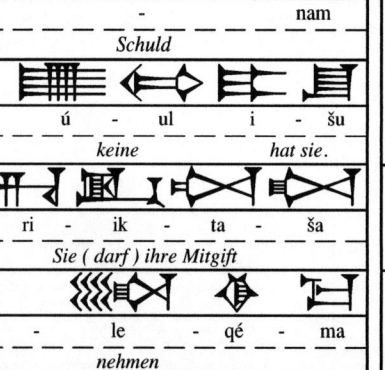

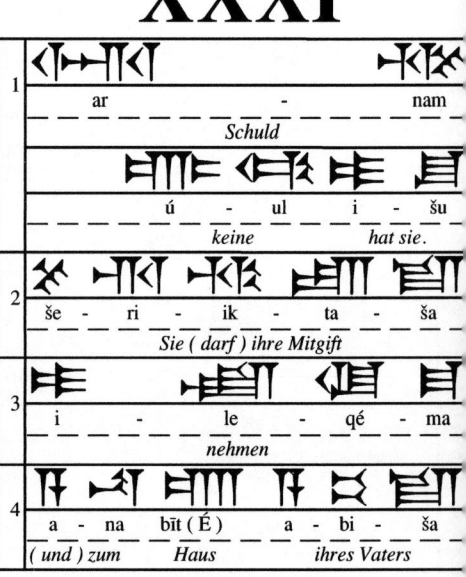

5 it - ta - al - la - ak

gehen.

§ 143

6 šum - ma la na -

Wenn sie nicht

aṣ - ra - at - ma

unbescholten ist,

7 wa - ṣí - a - at

aushäusig ist,

8 bi - sà

ihren Haushalt

ú - sà - ap - pa - aḫ

verschlampt,

9 mu - sà ú - ša - am - ṭa

ihren Ehemann vernachlässigt,

10 sinništam (MÍ) šu - a - ti

(soll man) die Frau, diese,

11 a - na me - e

ins Wasser

12 i - na - ad - du - ú - ši

werfen.

§ 144

13 šum - ma a - wi - lum

Wenn ein Bürger

5 it - ta - al - la - ak

gehen.

§ 143

6 šum - ma la na -

Wenn sie nicht

aṣ - ra - at - ma

unbescholten ist,

7 wa - ṣí - a - at

aushäusig ist,

8 bi - sà

ihren Haushalt

ú - sà - ap - pa - aḫ

verschlampt,

9 mu - sà ú - ša - am - ṭa

ihren Ehemann vernachlässigt,

10 sinništam (MÍ) šu - a - ti

(soll man) die Frau, diese,

11 a - na me - e

ins Wasser

12 i - na - ad - du - ú - ši

werfen.

§ 144

13 šum - ma a - wi - lum

Wenn ein Bürger

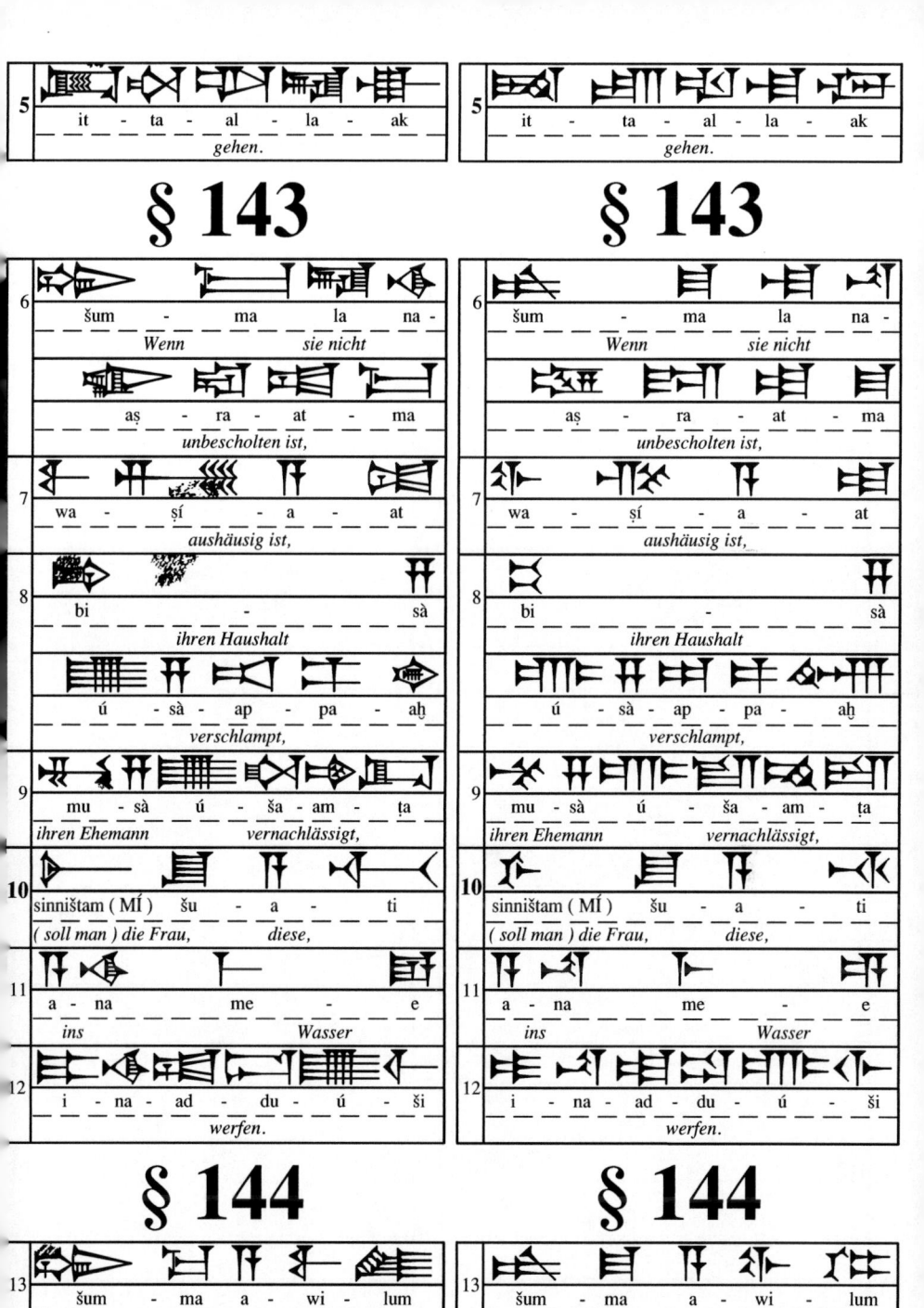

14	nadītam (LUKUR) i - ḫu -	*eine **nadītu** - Priesterin*
	uz - ma	*heiratet,*
15	nadītum (LUKUR) ši - i	*die **nadītu** - Priesterin, diese,*
16	amtam (GÉME) a - na mu - ti - ša	*eine Sklavin an ihren Ehemann*
17	id - di - in - ma	*gibt,*
18	mārī (DUMU.MEŠ) uš - tab - ši	*(so) Kinder zur Welt kommen lässt,*
19	a - wi - lum šu - ú	*(wenn dann) der Bürger, dieser,*
20	a - na ^{mí} šu - gi$_4$ - tim	*(Frau) eine **šugītu** - Priesterin*
21	a - ḫa - zi - im	*(zu) heiraten*
22	pa - ni - šu	*im Sinn hat,*
23	iš - ta - ka - an	*beabsichtigt,*
24	a - wi - lam	*(soll man) das dem Bürger,*
	šu - a - ti	*diesem,*

14	nadītam (LUKUR = MUNUS-ME) i - ḫu -	*eine **nadītu** - Priesterin*
	uz - ma	*heiratet,*
15	nadītum (LUKUR= MUNUS-ME) ši - i	*die **nadītu** - Priesterin, diese,*
16	amtam (GÉME) a - na mu - ti - ša	*eine Sklavin an ihren Ehemann*
17	id - di - in - ma	*gibt,*
18	mārī (DUMU.MEŠ) uš - tab - ši	*(so) Kinder zur Welt kommen lässt,*
19	a - wi - lum šu - ú	*(wenn dann) der Bürger, dieser,*
20	a - na ^{mí} šu - gi$_4$ - tim	*(Frau) eine **šugītu** - Priesterin*
21	a - ḫa - zi - im	*(zu) heiraten*
22	pa - ni - šu	*im Sinn hat,*
23	iš - ta - ka - an	*beabsichtigt,*
24	a - wi - lam	*(soll man) das dem Bürger,*
	šu - a - ti	*diesem,*

25 ú - ul i - ma - ag - ga - ru - šu
nicht *gestatten.*

26 ^mí^ šu - gi$_4$ - tam
(Frau) Eine ***šugītu*** *- Priesterin*

27 ú - ul i - iḫ - ḫa - az
(darf) er nicht heiraten.

25 ú - ul i - ma - ag - ga - ru - šu
nicht *gestatten.*

26 ^mí^ šu - gi$_4$ - tam
(Frau) Eine ***šugītu*** *- Priesterin*

27 ú - ul i - iḫ - ḫa - az
(darf) er nicht heiraten.

§ 145

28 šum - ma a - wi - lum
Wenn ein Bürger

29 nadītam (LUKUR) i - ḫu - uz - ma
eine ***nadītu*** *- Priesterin heiratet,*

30 mārī (DUMU.MEŠ) la ú - šar - ši - šu - ma
(diese) Kinder ihn nicht bekommen lässt,

31 a - na ^mí^ šu - gi$_4$ - tim
(Frau) eine ***šugītu*** *- Priesterin*

32 a - ḫa - zi - im
(zu) heiraten

33 pa - ni - šu
im Sinn hat,

34 iš - ta - ka - an
beabsichtigt,

§ 145

28 šum - ma a - wi - lum
Wenn ein Bürger

29 nadītam (LUKUR= MUNUS-ME) i - ḫu - uz - ma
eine ***nadītu*** *- Priesterin heiratet,*

30 mārī (DUMU.MEŠ) la ú - šar - ši - šu - ma
(diese) Kinder ihn nicht bekommen lässt,

31 a - na ^mí^ šu - gi$_4$ - tim
(Frau) eine ***šugītu*** *- Priesterin*

32 a - ḫa - zi - im
(zu) heiraten

33 pa - ni - šu
im Sinn hat,

34 iš - ta - ka - an
beabsichtigt,

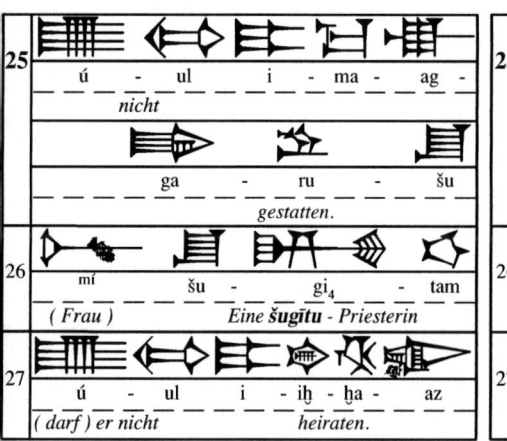

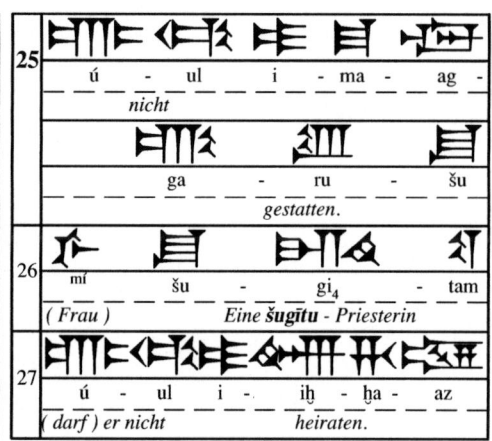

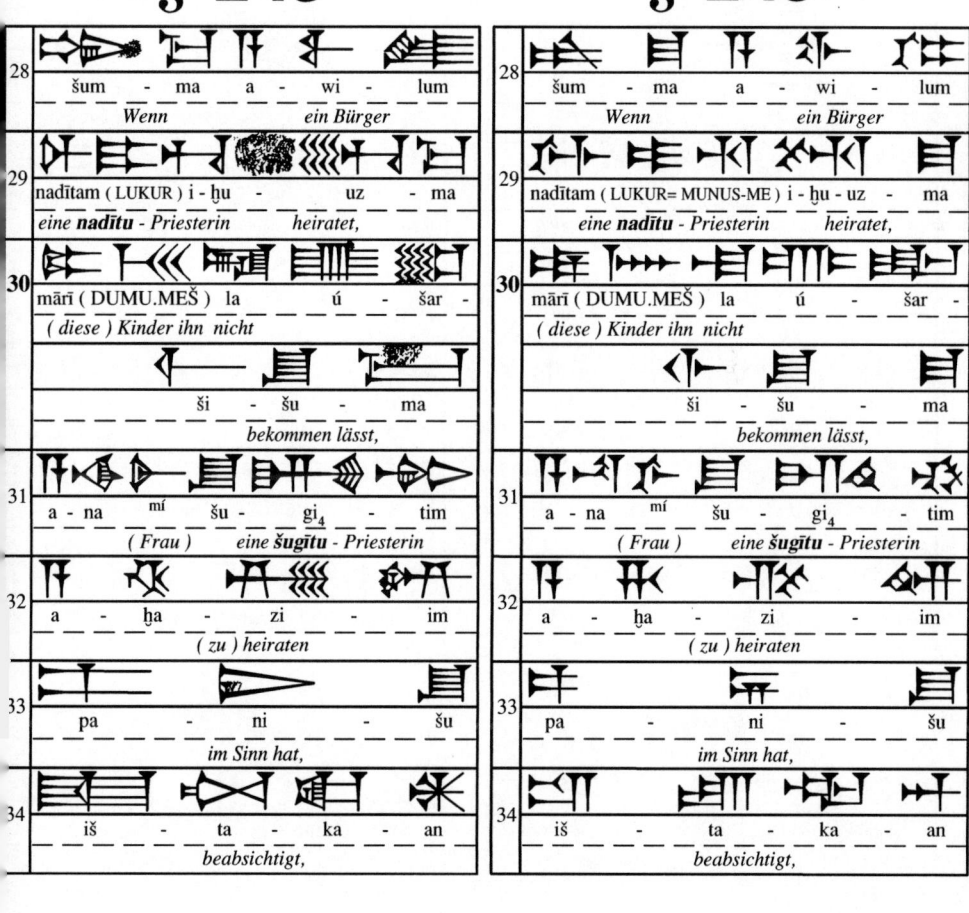

35 a - wi - lum šu - ú
(darf) der Bürger, dieser,

36 mí šu - gi_4 - tam
(Frau) eine **šugītu** - Priesterin

37 i - iḫ - ḫa - az
heiraten

38 a - na bītī (É) - šu
(und sie) in sein Haus

39 ú - še - er - re -
eb - ši
eintreten lassen.

40 mí šu - gi_4 - tum
(Frau) (Aber) die **šugītu** - Priesterin
ši - i
diese,

41 it - ti nadītim (LUKUR)
(darf sich) mit der **nadītu** - Priesterin

42 ú - ul uš - ta -
nicht
ma - aḫ - ḫa - ar
gleichstellen.

§ 146

43 šum - ma a - wi - lum
Wenn ein Bürger

35 a - wi - lum šu - ú
(darf) der Bürger, dieser,

36 mí šu - gi_4 - tam
(Frau) eine **šugītu** - Priesterin

37 i - iḫ - ḫa - az
heiraten

38 a - na bītī (É) - šu
(und sie) in sein Haus

39 ú - še - er - re -
eb - ši
eintreten lassen.

40 mí šu - gi_4 - tum
(Frau) (Aber) die **šugītu** - Priesterin
ši - i
diese,

41 it - ti nadītim (LUKUR)
(darf sich) mit der **nadītu** - Priesterin

42 ú - ul uš - ta -
nicht
ma - aḫ - ḫa - ar
gleichstellen.

§ 146

43 šum - ma a - wi - lum
Wenn ein Bürger

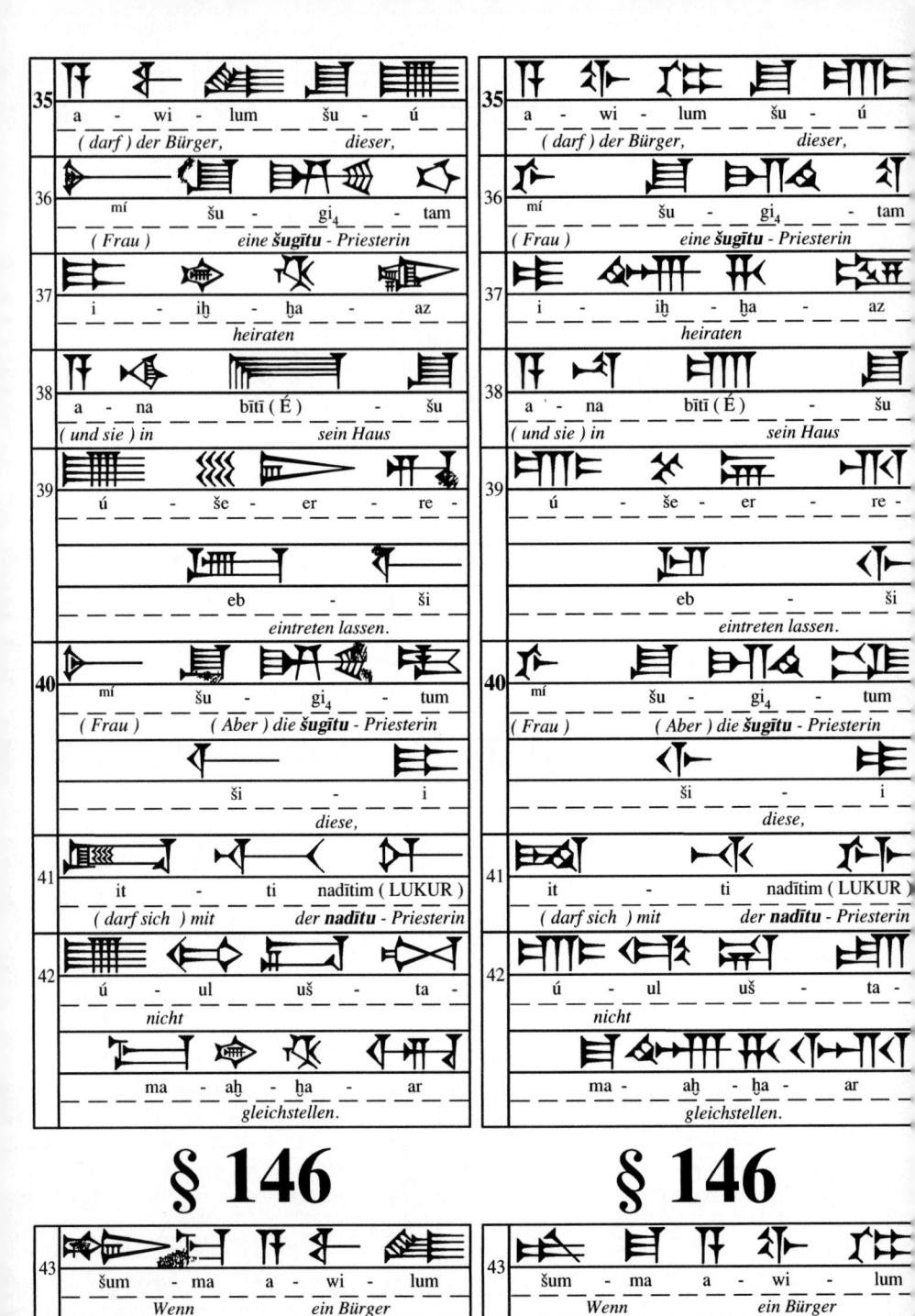

§ 135) 37) Wenn ein Bürger 38) gefangen weggeführt worden ist 39) und in seinem Hause 40) das, was nötig ist zum Essen, 41) nicht vorhanden ist, 43) (wenn dann) seine Ehefrau 42) in Erwartung seiner Rückkehr 44) in das Haus eines anderen 45) eintritt 46) und (diesem) Kinder gebiert, 47) und später 48) ihr Ehemann zurückkehrt 49) und seine Stadt 50) erreicht, 51) so soll diese Frau 52) zu ihrem Gatten 53) zurückkehren; 54) die Kinder 56) folgen 55) ihrem Vater.

§ 136) 57) Wenn ein Bürger 58) seine Stadt verlässt 59) und flieht, 60) und wenn nach seinem Wegbleiben 61) seine Ehefrau 62) in das Haus eines anderen 63) eintritt, 64) wenn dieser Bürger 65) zurückkehrt 66) und seine Ehefrau 67) fordert, 68) so soll, weil er 69) aus Abneigung 68) gegen seine Stadt 70) geflohen ist, 71) die Ehefrau des Flüchtlings 72) zu ihrem Ehemann 73) nicht zurückkehren.

§ 137) 74) Wenn ein Bürger 79f.) beabsichtigt, 75) eine *šugītu*-Priesterin, 76) die ihm Kinder geboren hat, oder eine *nadītu*-Priesterin, die ihn Kinder 77) hat bekommen lassen, 78) zu verstoßen, 81) so soll man dieser Frau 82) ihre Mitgift 83) zurückgeben 84) und ihr die Hälfte 85) des Feldes, des Baumgartens und der Habe **XXX** 1) geben, 2) und sie wird ihre Kinder 3) großziehen; 4) nachdem sie ihre Kinder 5) großgezogen hat, 6) soll man ihr von allem, 7) was ihren Kindern 8) gegeben worden ist, 9) einen Anteil 10) wie dem einzelnen Erbsohn 11) geben, 12) und ein Ehemann nach ihrem Herzen 13) mag sie heiraten.

§ 138) 14) Wenn ein Bürger 15) seine Gattin, 16) die ihm keine Kinder geboren hat, 17) verstoßen will, 18) so soll er ihr Geld in Höhe 19) ihres Brautpreises 20) geben; auch die Mitgift, 22) die sie aus dem Hause ihres Vaters mitgebracht hat, 23) soll er voll erstatten, 24) bevor er sie verstößt.

§ 139) 25) Wenn ein Brautpreis 26) nicht vorhanden ist, 27) soll er ihr eine Mine Silber 28) als Scheidegeld 29) geben.

§ 140) 30) Wenn es sich um einen Palasthörigen handelt, 31) soll er ihr ein drittel Mine Silber 32) geben.

§ 141) 33) Wenn die Ehefrau eines Bürgers, 34) die im Hause des Bürgers wohnt, 37) ihren Sinn darauf setzt, 36) aushäusig zu sein, 38) beabsichtigt, 39) sich Privateigentum 40) anzueignen, 41) ihren Haushalt verschlampt 42) und ihren Ehemann vernachlässigt , 43) so soll man sie überführen; 44) wenn ihr Ehemann 45) die Scheidung von ihr 46) erklärt, 47) darf er sie verstoßen, 48) Wegegeld 49) und Scheidegeld 50) braucht ihr gar 51) nicht gegeben zu werden; 52) wenn ihr Ehemann 53) die Scheidung von ihr nicht erklärt, 54) so darf ihr Ehemann eine andere Frau 55) heiraten, 56) und jene Frau 57) soll wie eine Sklavin 58) im Hause ihres Ehemanns 59) wohnen.

§ 142) 60) Wenn eine Frau gegen ihren Ehemann Abneigung bekommt 62) und sagt: 61) "Du sollst nicht mit mir verkehren", 63) so soll ihre Angelegenheit 64) von ihrer Behörde 65) überprüft werden; 66) wenn sie unbescholten ist 67) und keine Schuld 68) trägt, 69) ihr Ehemann dagegen 70) aushäusig ist 71) und sie schwer 72) vernachlässigt, 73) so ist diese Frau **XXXI** 1) schuldlos, 2) sie darf ihre Mitgift 3) nehmen 5) und weggehen 4) zum Hause ihres Vaters.

§ 143) 6) Wenn sie nicht unbescholten ist, 7) aushäusig ist, 8) ihren Haushalt verschlampt 9) und ihren Ehemann vernachlässigt, 10) so soll man diese Frau 11) ins Wasser 12) werfen.

§ 144) 13) Wenn ein Bürger 14) eine *nadītu*-Priesterin heiratet 15) und diese *nadītu*-Priesterin 16) ihrem Ehemann eine Sklavin 17) gibt 18) und (so) Kinder zur Welt kommen lässt, 19) wenn dann dieser Bürger 22f.) plant, 20) eine *šugītu*-Priesterin 21) zu heiraten , 24) so soll man das diesem Bürger 25) nicht gestatten, 26) er darf keine *šugītu*-Priesterin 27) heiraten.

§ 145) 28) Wenn ein Bürger 29) eine *nadītu*-Priesterin heiratet 30) und (diese) ihn keine Kinder bekommen lässt, 33f.) wenn er dann plant, 31) eine *šugītu*-Priesterin 32) zu heiraten, 35) so darf dieser Bürger 36) eine *šugītu*-Priesterin 37) heiraten 38) und sie in sein Haus 39) eintreten lassen, 40) aber diese *šugītu*-Priesterin 41) darf sich mit der *nadītu*-Priesterin 42) nicht gleichstellen.

44 nadītam (LUKUR) i - ḫu - uz - ma
*eine **nadītu** - Priesterin heiratet,*

45 amtam (GÉME) a - na mu - ti - ša
eine Sklavin an ihren Ehemann

46 id - di - in - ma
gibt,

47 mārī (DUMU.MEŠ) it - ta -
die Kinder

la - ad
gebiert,

48 wa - ar - ka - nu - um
(und) nachher

49 amtum (GÉME) ši - i
die Sklavin, diese,

50 it - ti
(dazu noch) mit

be - el - ti - ša
ihrer Herrin

51 uš - ta - tam - ḫi - ir
(sich) gleichstellt,

52 aš - šum mārī (DUMU . MEŠ)
(weil) die Gattin die Kinder

ul - du
geboren (hat)

53 be - le - sà
(darf sie) ihre Herrin

44 nadītam (LUKUR= MUNUS-ME) i - ḫu - uz - ma
*eine **nadītu** - Priesterin heiratet,*

45 amtam (GÉME) a - na mu - ti - ša
eine Sklavin an ihren Ehemann

46 id - di - in - ma
gibt,

47 mārī (DUMU.MEŠ) it - ta -
die Kinder

la - ad
gebiert,

48 wa - ar - ka - nu - um
(und) nachher

49 amtum (GÉME) ši - i
die Sklavin, diese,

50 it - ti
(dazu noch) mit

be - el - ti - ša
ihrer Herrin

51 uš - ta - tam - ḫi - ir
(sich) gleichstellt,

52 aš - šum mārī (DUMU . MEŠ)
(weil) die Gattin die Kinder

ul - du
geboren (hat)

53 be - le - sà
(darf sie) ihre Herrin

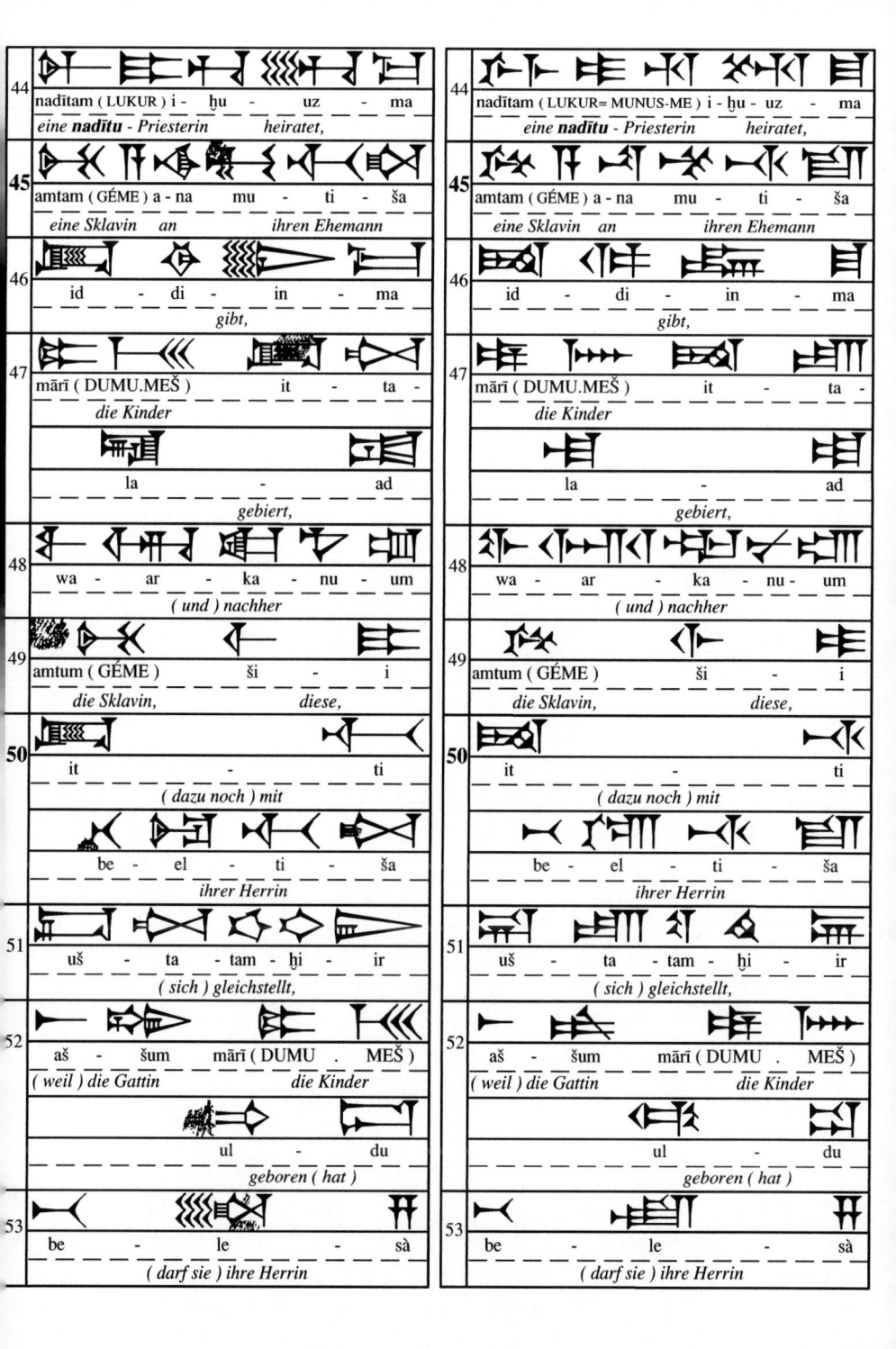

54	a - na kaspim (KÙ . BABBAR)	*für Geld*
55	ú - ul i - na - ad - di - iš - ši	*nicht verkaufen (hergeben).*
56	ab - bu - ut - tam	*(Aber sie darf sie mit) einer Sklavenmarke*
57	i - ša - ak - ka - an - ši - ma	*versehen*
58	it - ti amātim (GÉME . ḪÁ (= ḪI.A))	*(und) mit (zu) ihren Sklavinnen*
59	i - ma - an - nu - ši	*zählen.*

§ 147

60	šum - ma mārī (DUMU . MEŠ)	*Wenn (sie) Kinder*
61	la ú - li - id	*nicht geboren (hat),*
62	be - le - sà	*(darf) ihre Herrin*
63	a - na kaspim (KÙ . BABBAR)	*für Geld*

54	a - na kaspim (KÙ . BABBAR)	*für Geld*
55	ú - ul i - na - ad - di - iš - ši	*nicht verkaufen (hergeben).*
56	ab - bu - ut - tam	*(Aber sie darf sie mit) einer Sklavenmarke*
57	i - ša - ak - ka - an - ši - ma	*versehen*
58	it - ti amātim (GÉME . ḪÁ (= ḪI.A))	*(und) mit (zu) ihren Sklavinnen*
59	i - ma - an - nu - ši	*zählen.*

§ 147

60	šum - ma mārī (DUMU . MEŠ)	*Wenn (sie) Kinder*
61	la ú - li - id	*nicht geboren (hat),*
62	be - le - sà	*(darf) ihre Herrin*
63	a - na kaspim (KÙ . BABBAR)	*für Geld*

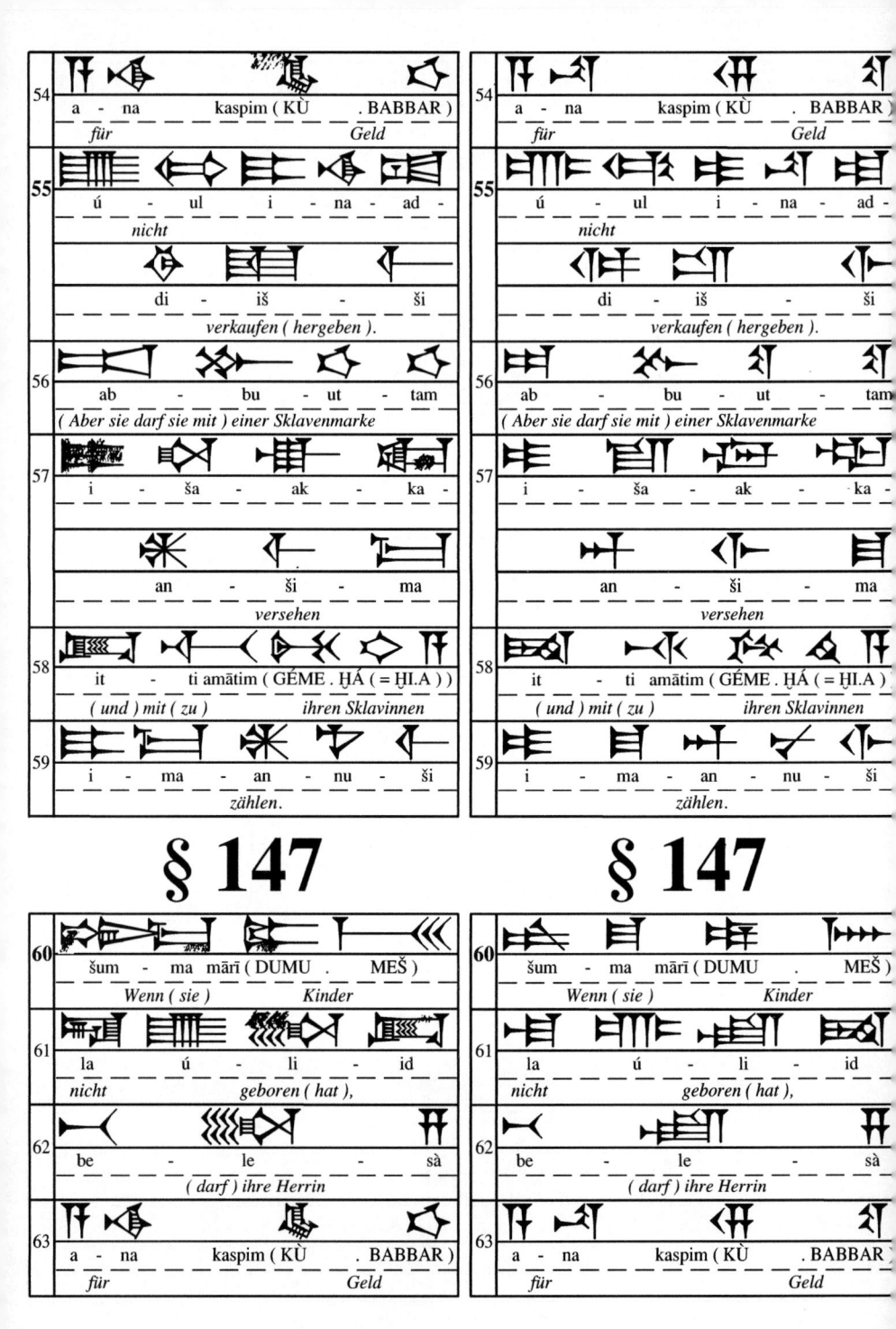

64 i - na - ad - di -

iš - ši

hergeben.

§ 148

65 šum - ma a - wi - lum

Wenn ein Bürger

66 aš - ša - tam

eine Ehefrau

67 i - ḫu - uz - ma

nimmt (heiratet),

68 la - a' - bu - um

(und) die **la'bu** *- Krankheit*

69 iṣ - ṣa - ba - as - sí

sie befällt (packt),

70 a - na ša - ni - tim

(wenn er dann) eine andere

71 a - ḫa - zi - im

(zu) heiraten

72 pa - ni - šu

im Sinn hat,

73 iš - ta - ka - an

beabsichtigt,

74 i - iḫ - ḫa - az

(darf er sie) heiraten.

64 i - na - ad - di -

iš - ši

hergeben.

§ 148

65 šum - ma a - wi - lum

Wenn ein Bürger

66 aš - ša - tam

eine Ehefrau

67 i - ḫu - uz - ma

nimmt (heiratet),

68 la - a' - bu - um

(und) die **la'bu** *- Krankheit*

69 iṣ - ṣa - ba - as - sí

sie befällt (packt),

70 a - na ša - ni - tim

(wenn er dann) eine andere

71 a - ḫa - zi - im

(zu) heiraten

72 pa - ni - šu

im Sinn hat,

73 iš - ta - ka - an

beabsichtigt,

74 i - iḫ - ḫa - az

(darf er sie) heiraten.

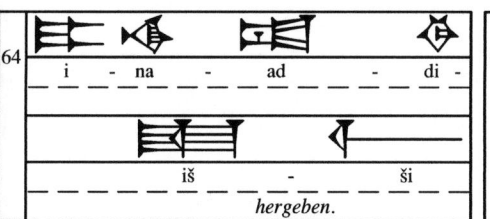

75	aš - ša - sú	*Seine (erste) Ehefrau*
76	ša la - a' - bu - um	*die die* ***la'bu*** *- Krankheit*
77	iṣ - ba - tu	*gepackt hat,*
78	ú - ul i - iz -	*(darf er aber) nicht*
	zi - ib - ši	*verstossen.*
79	i - na bīt (É) i - pu - šu	*In dem Haus, (das) sie versorgt hat,*
80	uš - ša - am - ma	*(soll) sie wohnen (bleiben).*
81	a - di ba - al - ṭa - at	*Solange sie lebt*
	it - ta - na - aš - ši - ši	*(soll) er sie unterhalten.*

75	aš - ša - sú	*Seine (erste) Ehefrau*
76	ša la - a' - bu - um	*die die* ***la'bu*** *- Krankheit*
77	iṣ - ba - tu	*gepackt hat,*
78	ú - ul i - iz -	*(darf er aber) nicht*
	zi - ib - ši	*verstossen.*
79	i - na bīt (É) i - pu - šu	*In dem Haus, (das) sie versorgt hat,*
80	uš - ša - am - ma	*(soll) sie wohnen (bleiben).*
81	a - di ba - al - ṭa - at	*Solange sie lebt*
	it - ta - na - aš - ši - ši	*(soll) er sie unterhalten.*

XXXII

§ 149

XXXII

§ 149

1	šum - ma sinništum (MÍ) ši - i	*Wenn die Frau, diese,*
2	i - na bīt (É) mu - ti - ša	*im Hause ihres Ehemannes*

1	šum - ma sinništum (MÍ) ši - i	*Wenn die Frau, diese,*
2	i - na bīt (É) mu - ti - ša	*im Hause ihres Ehemannes*

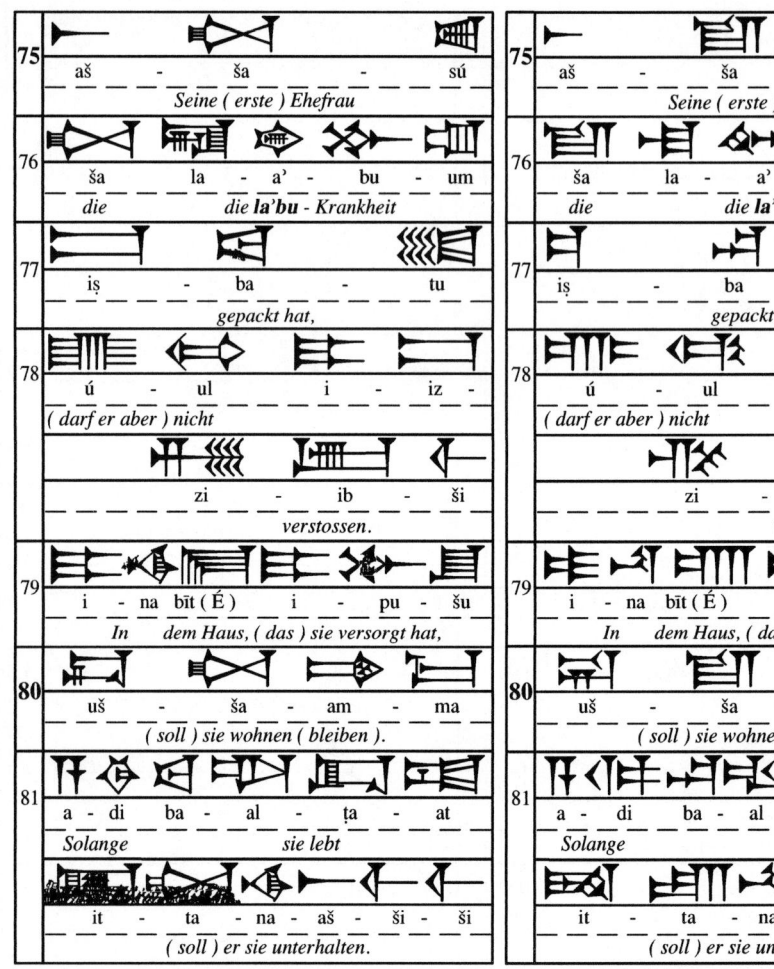

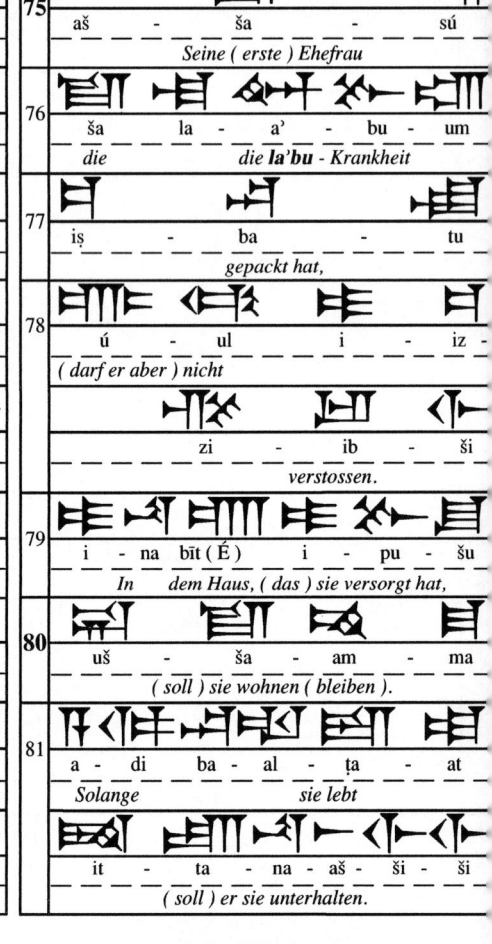

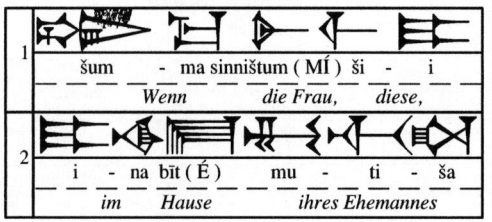

3	wa - ša - ba - am	*zu wohnen*
4	la im - ta - gàr	*nicht bereit ist,*
5	še - ri - ik - ta - ša	*(soll er) ihre Mitgift,*
6	ša iš - tu	*die sie selbst*
	bīt (É) a - bi - ša	*(aus) dem Hause ihres Vaters*
7	ub - lam	*mitgebracht hat,*
8	ú - ša - lam - šim - ma	*voll erstatten,*
9	it - ta - al - la - ak	*(sie kann) davongehen.*

§ 150

10	šum - ma a - wi - lum	*Wenn ein Bürger*
11	a - na aš - ša - ti - šu	*an seine Frau*
12	eqlam (A.ŠÀ) [giš] kiriam ($KIRI_6$) bītam (É)	*ein Feld, (Holz) einen Baumgarten, ein Haus*
13	ù bi - ša - am	*und/ oder Habe*

3	wa - ša - ba - am	*zu wohnen*
4	la im - ta - gàr	*nicht bereit ist,*
5	še - ri - ik - ta - ša	*(soll er) ihre Mitgift,*
6	ša iš - tu	*die sie selbst*
	bīt (É) a - bi - ša	*(aus) dem Hause ihres Vaters*
7	ub - lam	*mitgebracht hat,*
8	ú - ša - lam - šim - ma	*voll erstatten,*
9	it - ta - al - la - ak	*(sie kann) davongehen.*

§ 150

10	šum - ma a - wi - lum	*Wenn ein Bürger*
11	a - na aš - ša - ti - šu	*an seine Frau*
12	eqlam (A.ŠÀ) [giš] kiriam ($KIRI_6$) bītam (É)	*ein Feld, (Holz) einen Baumgarten, ein Haus*
13	ù bi - ša - am	*und/ oder Habe*

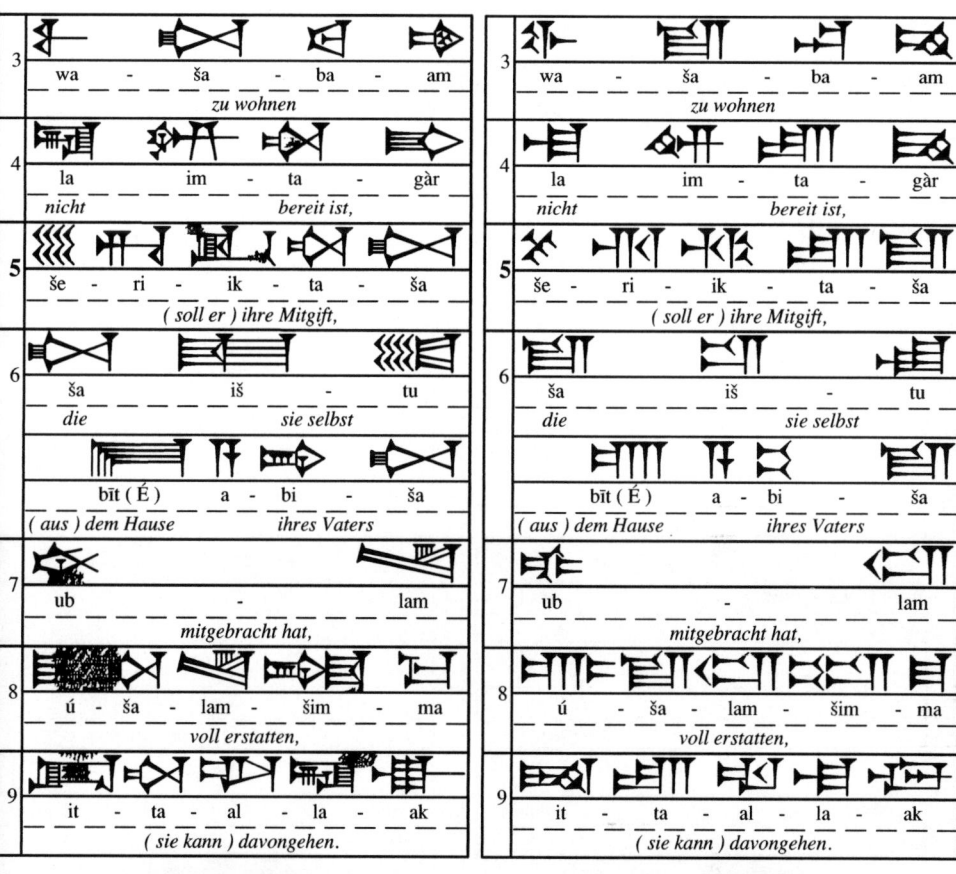

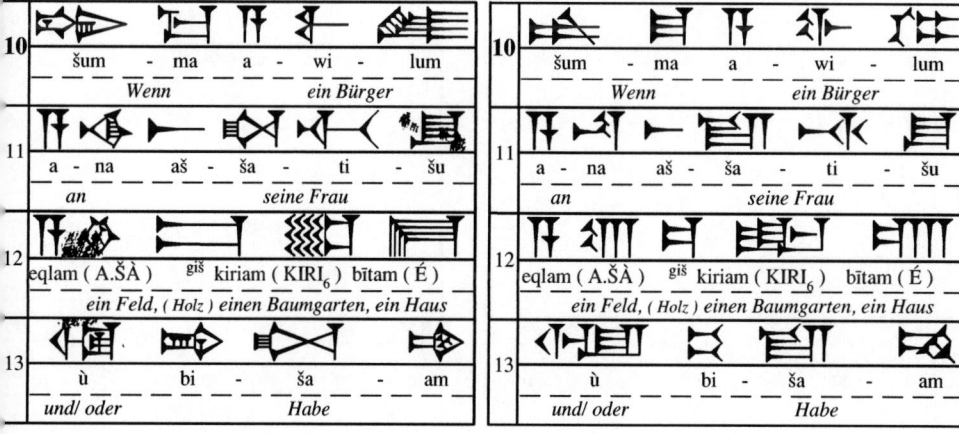

14 iš - ru - uk - šim

schenkt,

15 ku - nu - uk - kam

(ihr) eine gesiegelte Urkunde

16 i - zi - ib - ši - im

ausstellt,

17 wa - ar - ki

(dürfen) nachher (nach dem Tod)

mu - ti - ša

des Ehemannes

18 mārū (DUMU.MEŠ) - ša ú - ul

ihre Söhne keine

i - ba - qá - ru - ši

Klage auf Herausgabe erheben.

19 um - mu - um

Die Mutter

20 wa - ar - ka - sà

(darf) ihren Nachlass

21 a - na mārī (DUMU) - ša

an ihren Sohn,

22 ša i - ra - am - mu

den sie liebt,

23 i - na - ad - di - in

geben,

24 a - na a - ḫi - im

an einen anderen (braucht)

14 iš - ru - uk - šim

schenkt,

15 ku - nu - uk - kam

(ihr) eine gesiegelte Urkunde

16 i - zi - ib - ši - im

ausstellt,

17 wa - ar - ki

(dürfen) nachher (nach dem Tod)

mu - ti - ša

des Ehemannes

18 mārū (DUMU.MEŠ) - ša ú - ul

ihre Söhne keine

i - ba - qá - ru - ši

Klage auf Herausgabe erheben.

19 um - mu - um

Die Mutter

20 wa - ar - ka - sà

(darf) ihren Nachlass

21 a - na mārī (DUMU) - ša

an ihren Sohn,

22 ša i - ra - am - mu

den sie liebt,

23 i - na - ad - di - in

geben,

24 a - na a - ḫi - im

an einen anderen (braucht)

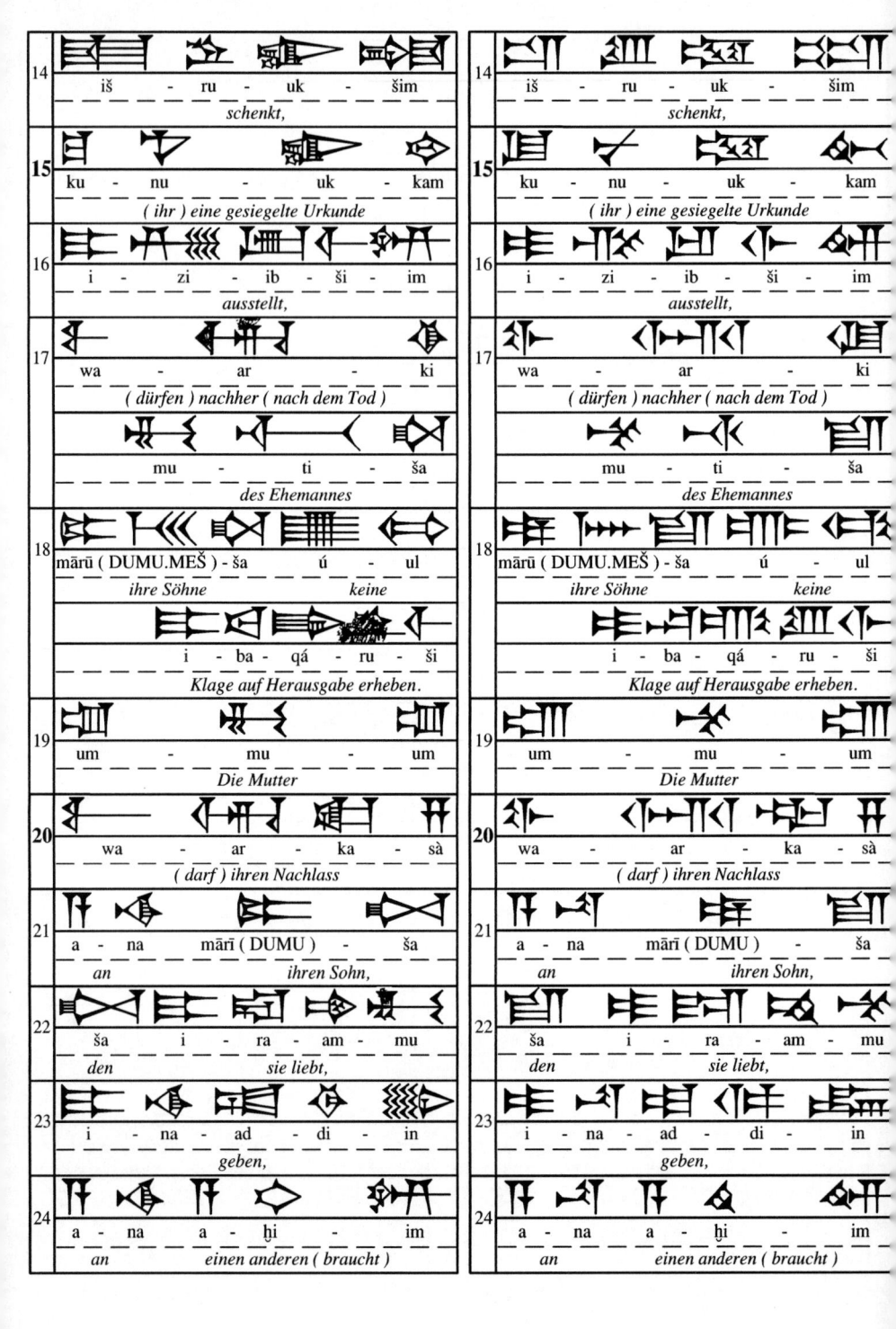

25 ú - ul i - na - ad - di - in
(sie ihn) nicht (zu) geben.

§ 151

26 šum - ma sinništum (MÍ)
Wenn eine Frau,

27 ša i - na bīt (É) a - wi - lim
die im Hause eines Bürgers

28 wa - aš - ba - at
wohnt,

29 aš - šum be - el
damit

ḫu - bu - ul - lim
ein Gläubiger (Herr der Schuld)

30 ša mu - ti - ša
des Ehemannes

31 la ṣa - ba - ti - ša
(ihrer) nicht habhaft werden kann,

32 mu - sà
ihren Ehemann

úr - ta - ak - ki - is
vertraglich verpflichtet,

33 ṭup (**nicht um!**) - pa - am
(und) ihn eine Urkunde

34 uš - te - zi - ib
ausstellen lässt,

25 ú - ul i - na - ad - di - in
(sie ihn) nicht (zu) geben.

§ 151

26 šum - ma sinništum (MÍ)
Wenn eine Frau,

27 ša i - na bīt (É) a - wi - lim
die im Hause eines Bürgers

28 wa - aš - ba - at
wohnt,

29 aš - šum be - el
damit

ḫu - bu - ul - lim
ein Gläubiger (Herr der Schuld)

30 ša mu - ti - ša
des Ehemannes

31 la ṣa - ba - ti - ša
(ihrer) nicht habhaft werden kann,

32 mu - sà
ihren Ehemann

úr - ta - ak - ki - is
vertraglich verpflichtet,

33 ṭup (**nicht um!**) - pa - am
(und) ihn eine Urkunde

34 uš - te - zi - ib
ausstellen lässt,

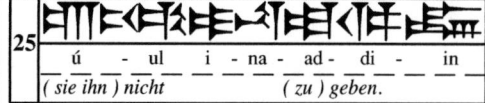

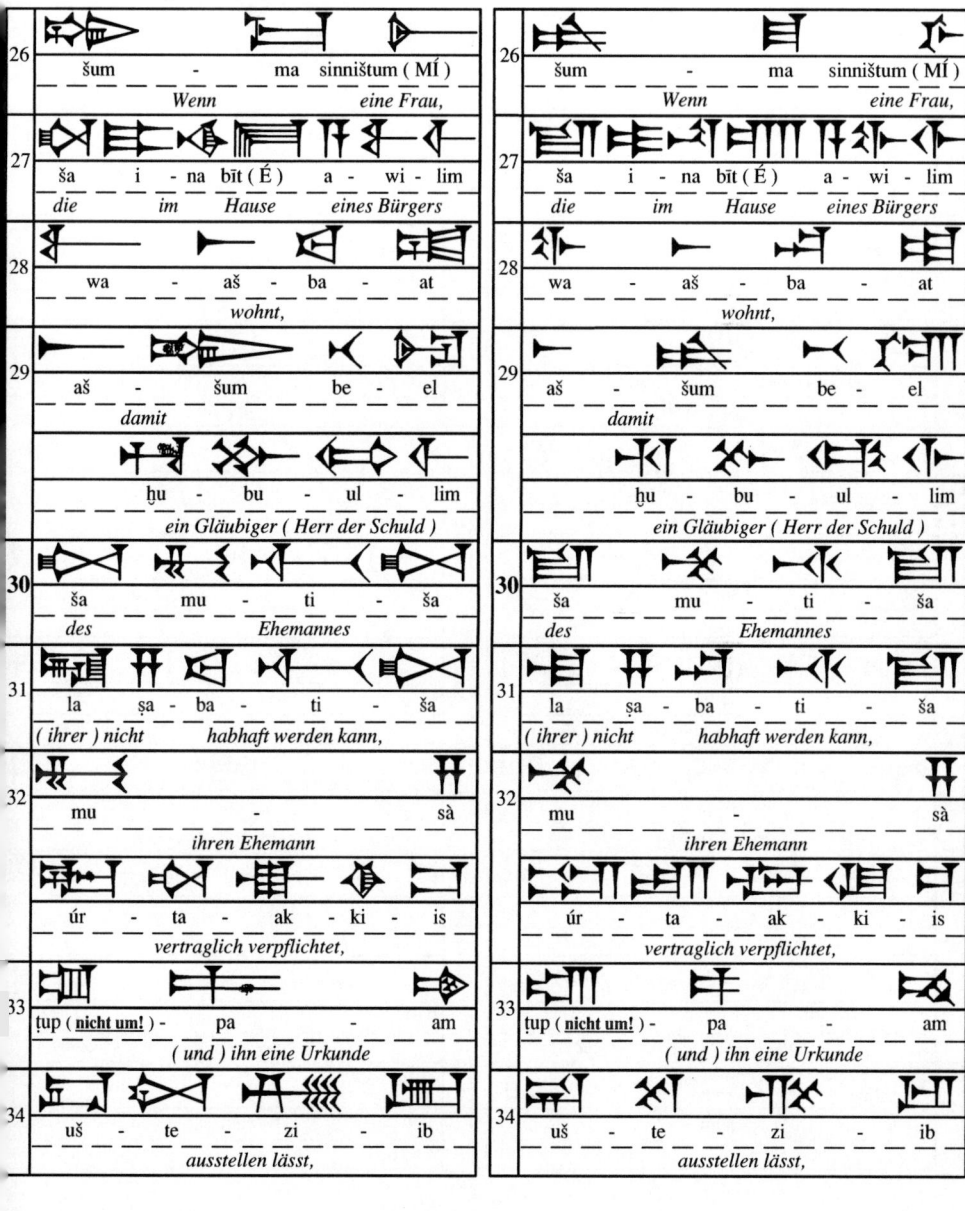

35	šum - ma	*wenn*
	a - wi - lum šu - ú	*(dann auf) dem Bürger, diesem,*
36	la - ma sinništam (MÍ) šu - a - ti	*bevor er die Frau, diese,*
37	i - iḫ - ḫa - zu	*heiratet,*
38	ḫu - bu - ul - lum	*eine Schuld*
39	e - li - šu	*auf ihm*
40	i - ba - aš - ši	*lastet,*
41	be - el ḫu - bu - ul - li - šu	*(können) seine Gläubiger*
42	aš - ša - sú	*seiner Ehefrau*
43	ú - ul i - ṣa - ba - tu	*nicht habhaft werden (sie ergreifen).*
44	ù šum - ma	*Und wenn*

35	šum - ma	*wenn*
	a - wi - lum šu - ú	*(dann auf) dem Bürger, diesem,*
36	la - ma sinništam (MÍ) šu - a - ti	*bevor er die Frau, diese,*
37	i - iḫ - ḫa - zu	*heiratet,*
38	ḫu - bu - ul - lum	*eine Schuld*
39	e - li - šu	*auf ihm*
40	i - ba - aš - ši	*lastet,*
41	be - el ḫu - bu - ul - li - šu	*(können) seine Gläubiger*
42	aš - ša - sú	*seiner Ehefrau*
43	ú - ul i - ṣa - ba - tu	*nicht habhaft werden (sie ergreifen).*
44	ù šum - ma	*Und wenn*

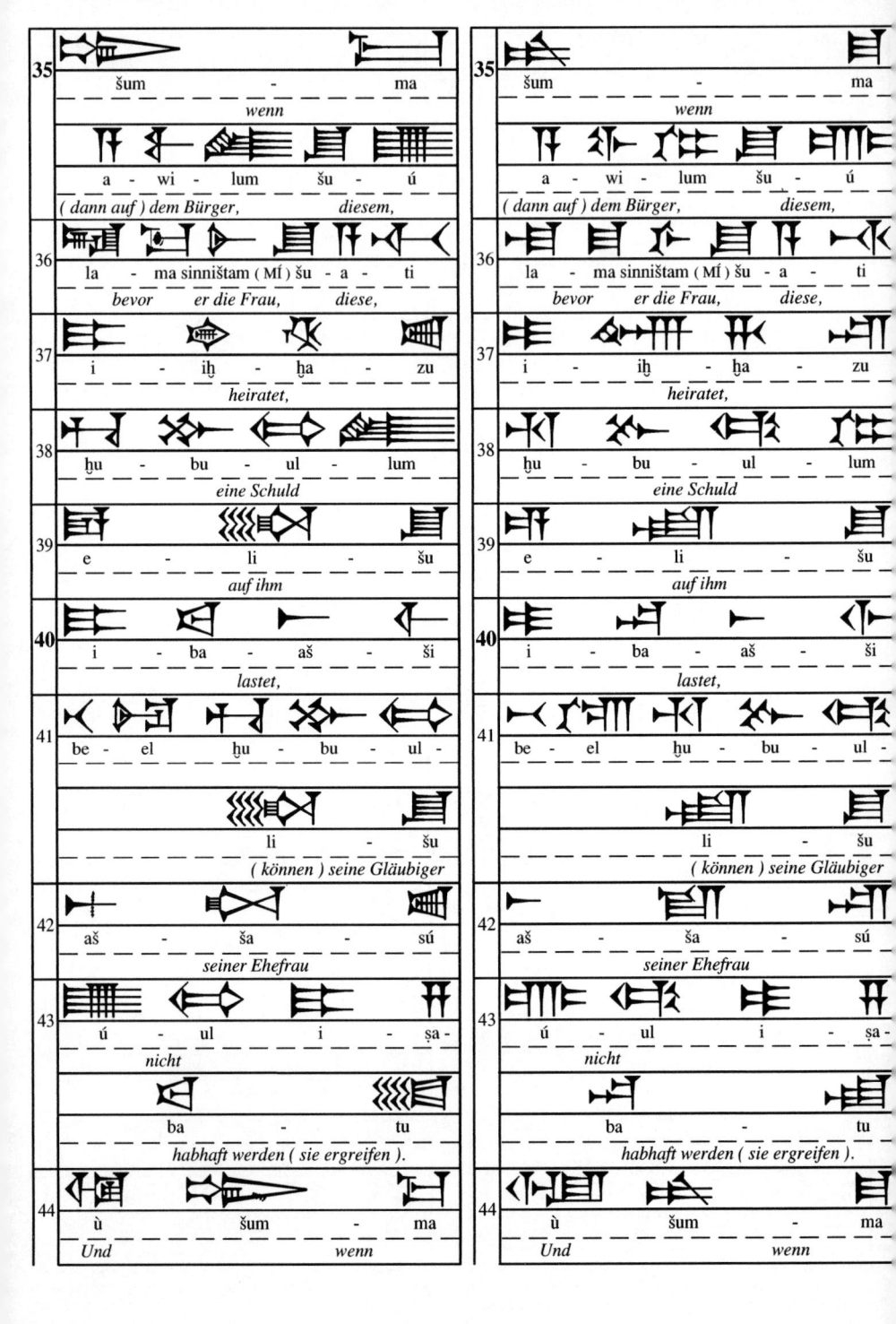

sinništum (MÍ) ši - i
der Frau, dieser,

45 la - ma a - na bīt (É)
bevor sie in das Haus

a - wi - lim
des Bürgers

46 i - ir - ru - bu
eintritt,

47 ḫu - bu - ul - lum
eine Schuld

48 e - li - ša
auf ihr

49 i - ba - aš - ši
lastet,

50 be - el ḫu - bu - ul -
li - ša
(können) ihre Gläubiger

51 mu - sà ú - ul
ihres Ehemannes nicht

i - ṣa - ba - tu
habhaft werden.

§ 152

52 šum - ma iš - tu
Wenn, nachdem

sinništum (MÍ) ši - i
der Frau, dieser,

45 la - ma a - na bīt (É)
bevor sie in das Haus

a - wi - lim
des Bürgers

46 i - ir - ru - bu
eintritt,

47 ḫu - bu - ul - lum
eine Schuld

48 e - li - ša
auf ihr

49 i - ba - aš - ši
lastet,

50 be - el ḫu - bu - ul -
li - ša
(können) ihre Gläubiger

51 mu - sà ú - ul
ihres Ehemannes nicht

i - ṣa - ba - tu
habhaft werden.

§ 152

52 šum - ma iš - tu
Wenn, nachdem

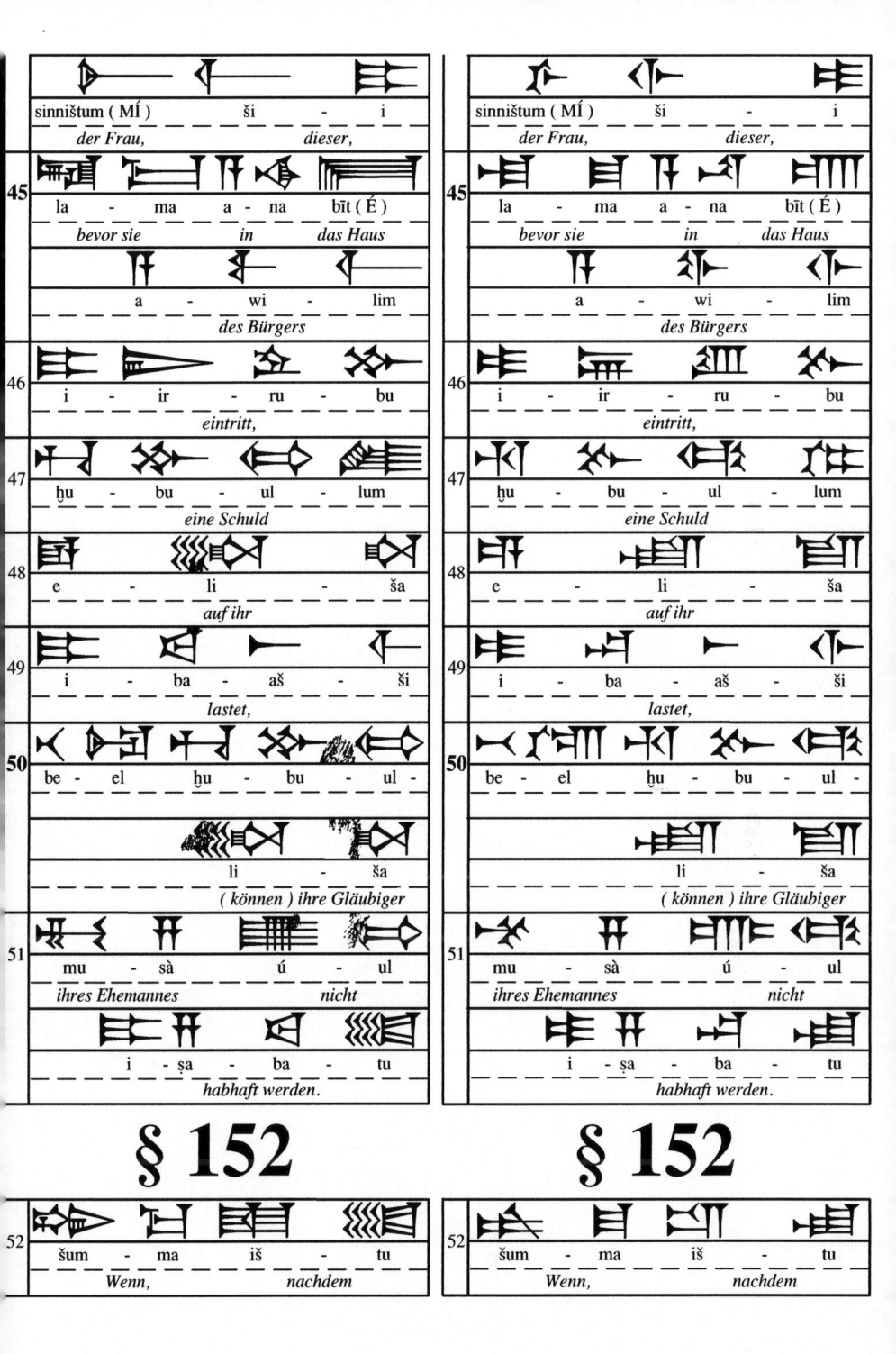

53	sinništum (MÍ) ši - i	*die Frau, diese,*
54	a - na bīt (É) a - wi - lim	*in das Haus des Bürgers*
55	i - ru - bu	*eingetreten ist,*
56	e - li - šu - nu *	*sie sich hoch*
57	ḫu - bu - ul - lum	*(mit) Schulden*
58	it - tab - ši	*belastet,*
59	ki - la - la - šu - nu	*(sollen) sie beide*
60	tamkāram (DAM.GÀR) i - ip - pa - lu	*den Kaufmann bezahlen.*

* 56-58 oder "ihr Ehemann sich verschuldet"

§ 153

61	šum - ma aš - ša - at	*Wenn die Ehefrau*
	a - wi - lim	*eines Bürgers*
62	aš - šum zi - ka -	*wegen*
	ri - im	*eines Mannes,*

53	sinništum (MÍ) ši - i	*die Frau, diese,*
54	a - na bīt (É) a - wi - lim	*in das Haus des Bürgers*
55	i - ru - bu	*eingetreten ist,*
56	e - li - šu - nu *	*sie sich hoch*
57	ḫu - bu - ul - lum	*(mit) Schulden*
58	it - tab - ši	*belastet,*
59	ki - la - la - šu - nu	*(sollen) sie beide*
60	tamkāram (DAM.GÀR) i - ip - pa - lu	*den Kaufmann bezahlen.*

* 56-58 oder "ihr Ehemann sich verschuldet"

§ 153

61	šum - ma aš - ša - at	*Wenn die Ehefrau*
	a - wi - lim	*eines Bürgers*
62	aš - šum zi - ka	*wegen*
	ri - im	*eines Mannes,*

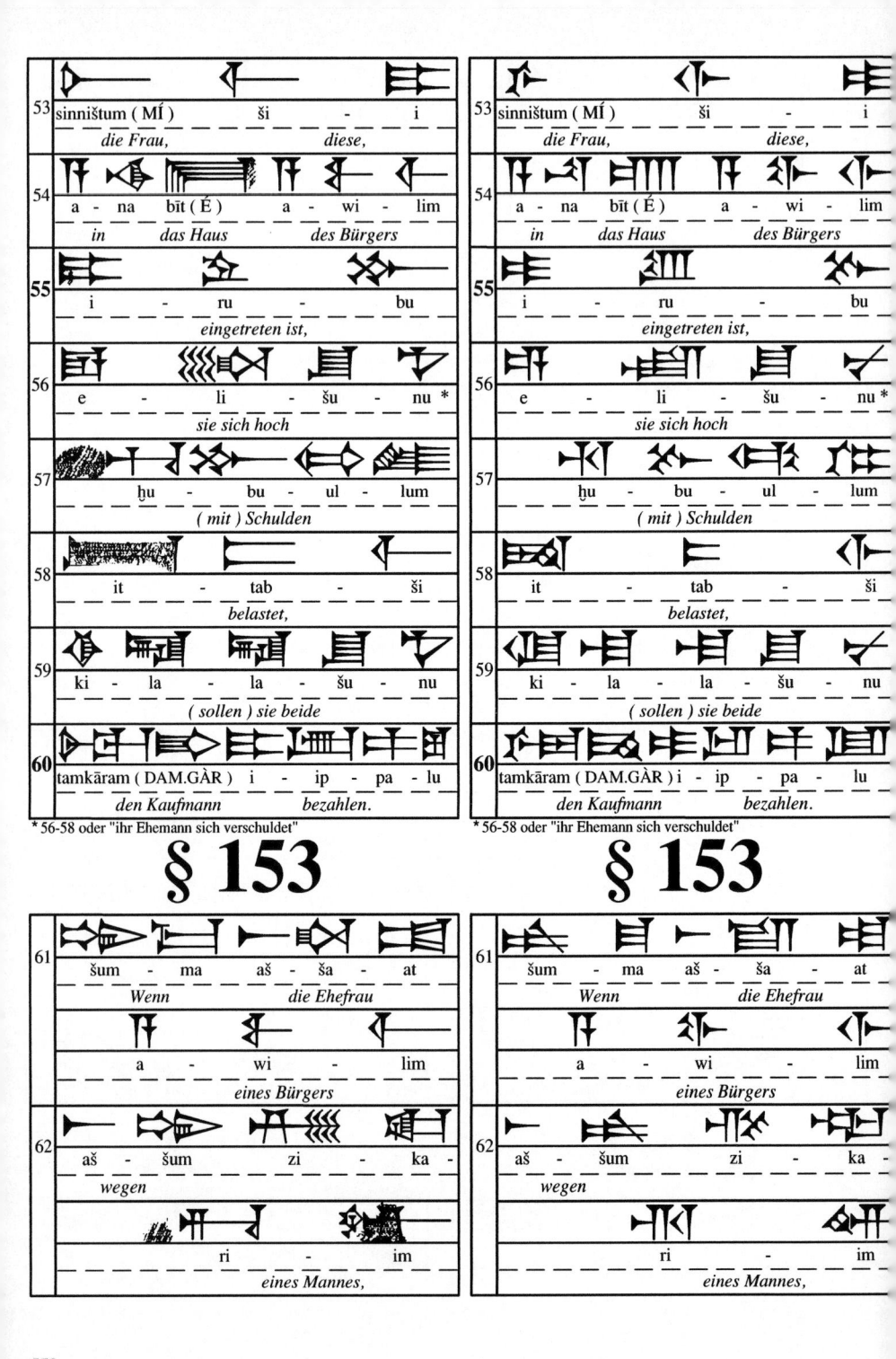

63 ša - ni - im
eines anderen,

64 mu - sà uš - di - ik
ihren Ehemann umbringen lässt,

65 sinništam (MÍ) šu - a - ti
(soll man) die Frau, diese,

i - na ga - ši - ši - im
auf einen Pfahl

66 i - ša - ak - ka - nu - ši
packen.

§ 154

67 šum - ma a - wi - lum
Wenn ein Bürger

68 māras (DUMU . MÍ) - sú
seine Tochter

69 il - ta - ma - ad
(geschlechtlich) erkennt,

70 a - wi - lam šu - a - ti
(soll man) den Bürger, diesen,

71 ālam (URU) ú - še - eṣ -
(aus) der Stadt

ṣú - ú - šu
verjagen.

§ 155

63 ša - ni - im
eines anderen,

64 mu - sà uš - di - ik
ihren Ehemann umbringen lässt,

65 sinništam (MÍ) šu - a - ti
(soll man) die Frau, diese,

i - na ga - ši - ši - im
auf einen Pfahl

66 i - ša - ak - ka - nu - ši
packen.

§ 154

67 šum - ma a - wi - lum
Wenn ein Bürger

68 māras (DUMU . MÍ) - sú
seine Tochter

69 il - ta - ma - ad
(geschlechtlich) erkennt,

70 a - wi - lam šu - a - ti
(soll man) den Bürger, diesen,

71 ālam (URU) ú - še - eṣ -
(aus) der Stadt

ṣú - ú - šu
verjagen.

§ 155

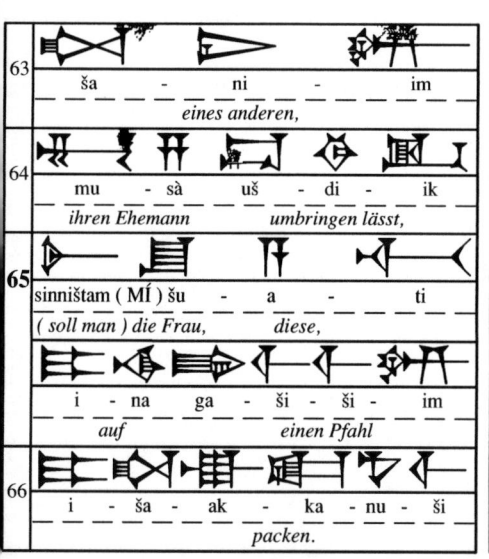

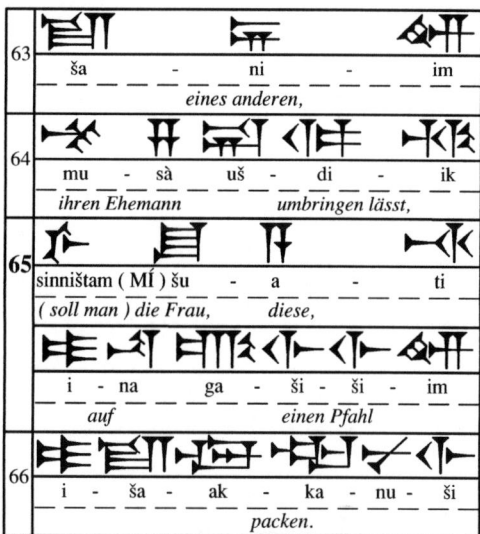

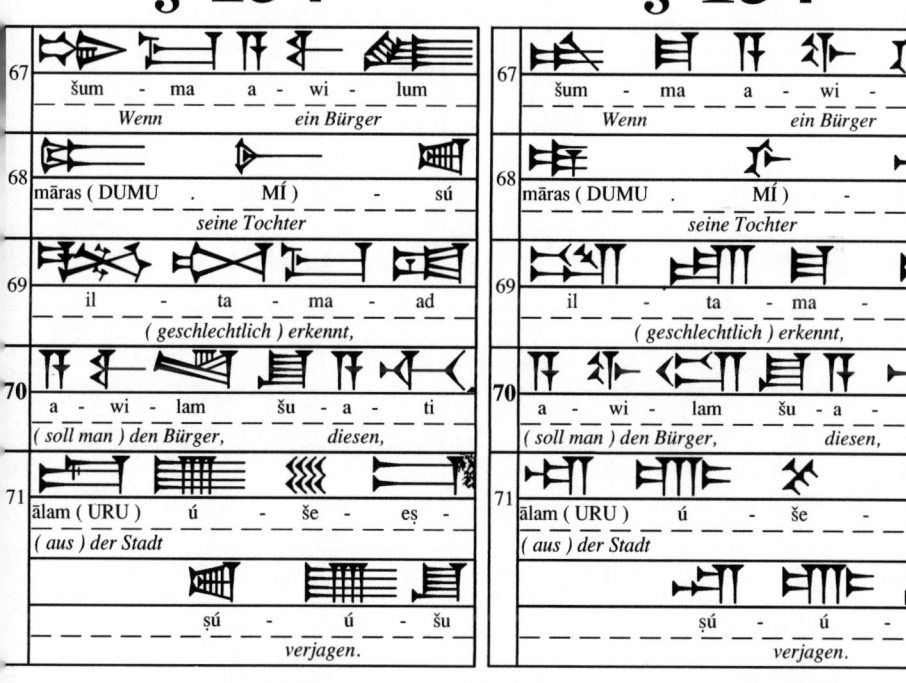

Zeile	Umschrift	Übersetzung
72	šum - ma a - wi - lum	*Wenn ein Bürger*
73	a - na mārī (DUMU) - šu	*für seinen Sohn*
74	kallatam (É . GI_4 . A)	*eine Schwiegertochter*
	i - ḫ̮i - ir - ma	*auswählt,*
75	mārū (DUMU) - šu il - ma - sí	*sein Sohn sie erkennt,*
76	šu - ú wa - ar -	*er selbst (aber)*
	ka - nu - um - ma	*nachher*
77	i - na sú - ni - ša	*in ihrem Schoss*
78	it - ta - ti - il - ma	*liegt,*
79	iṣ - ṣa - ab - tu - šu	*(und man ihn dabei) ertappt,*
80	a - wi - lam šu - a - ti	*(soll man) den Bürger, diesen,*
81	i - ka - sú - šu - ma	*fesseln*
82	a - na me - e	*(und) ins Wasser*

Zeile	Umschrift	Übersetzung
72	šum - ma a - wi - lum	*Wenn ein Bürger*
73	a - na mārī (DUMU) - šu	*für seinen Sohn*
74	kallatam (É . GI_4 . A)	*eine Schwiegertochter*
	i - ḫ̮i - ir - ma	*auswählt,*
75	mārū (DUMU) - šu il - ma - sí	*sein Sohn sie erkennt,*
76	šu - ú wa - ar -	*er selbst (aber)*
	ka - nu - um - ma	*nachher*
77	i - na sú - ni - ša	*in ihrem Schoss*
78	it - ta - ti - il - ma	*liegt,*
79	iṣ - ṣa - ab - tu - šu	*(und man ihn dabei) ertappt,*
80	a - wi - lam šu - a - ti	*(soll man) den Bürger, diesen,*
81	i - ka - sú - šu - ma	*fesseln*
82	a - na me - e	*(und) ins Wasser*

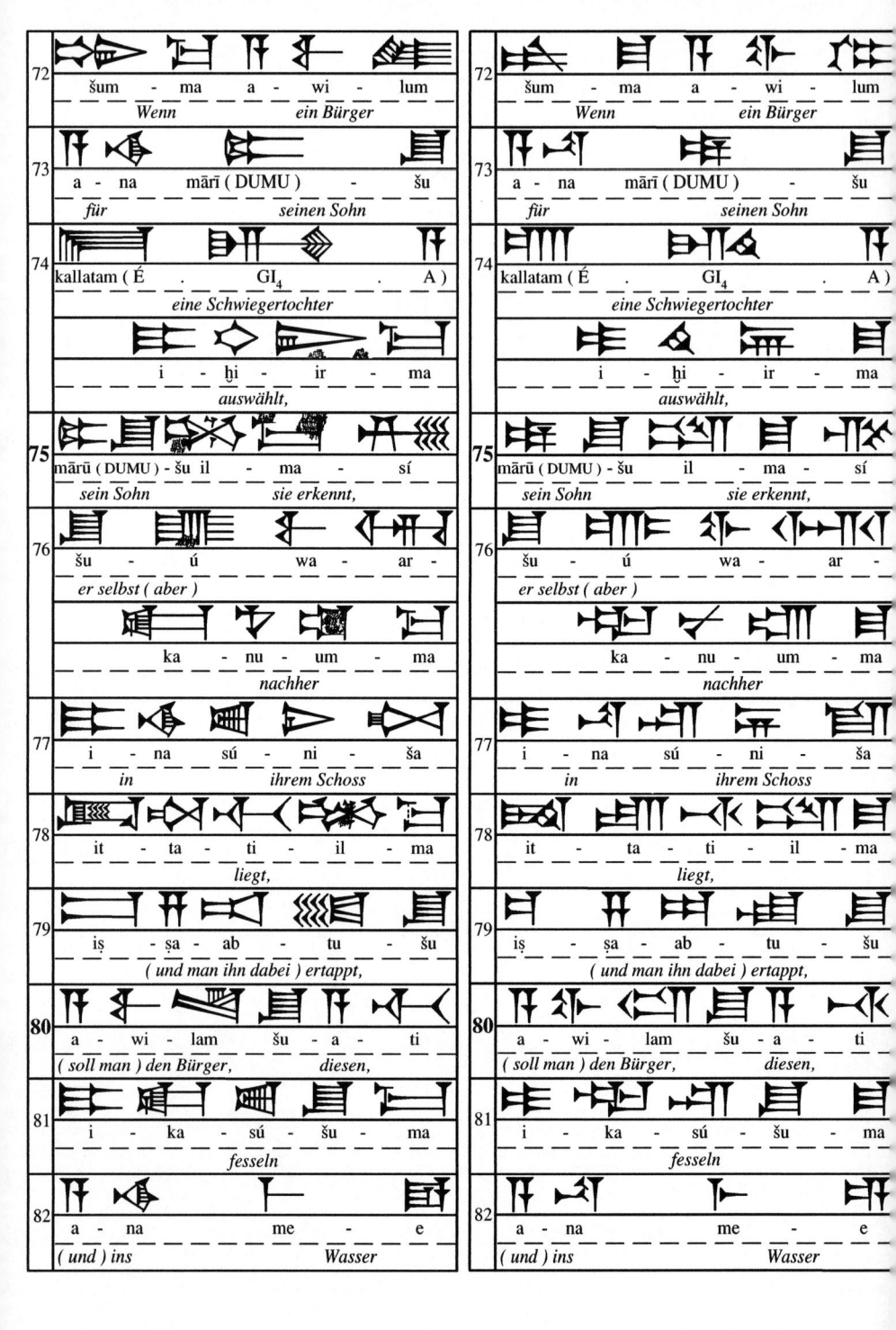

XXXIII

1	i - na - ad - du - ú - šu (**nicht ši!**)
	werfen.

§ 156

2	šum - ma a - wi - lum
	Wenn ein Bürger
3	a - na mārī (DUMU) - šu
	für seinen Sohn
4	kallatam (É . GI_4 . A)
	eine Schwiegertochter
5	i - ḫi - ir - ma
	auswählt,
6	mārū (DUMU) - šu la il -
	sein Sohn sie (noch) nicht
	ma - sí - ma
	erkannt hat,
7	šu - ú i - na sú - ni - ša
	er selbst (aber) in ihrem Schoss
8	it - ta (**nicht ša!**) - ti - il
	liegt,
9	1/2 (= BÁN) MA . NA kaspam (KÙ.BABBAR)
	(soll er ihr) eine halbe Mine Silber
10	i - ša - qal -

XXXIII

1	i - na - ad - du - ú - šu (**nicht ši!**)
	werfen.

§ 156

2	šum - ma a - wi - lum
	Wenn ein Bürger
3	a - na mārī (DUMU) - šu
	für seinen Sohn
4	kallatam (É . GI_4 . A)
	eine Schwiegertochter
5	i - ḫi - ir - ma
	auswählt,
6	mārū (DUMU) - šu la il -
	sein Sohn sie (noch) nicht
	ma - sí - ma
	erkannt hat,
7	šu - ú i - na sú - ni - ša
	er selbst (aber) in ihrem Schoss
8	it - ta (**nicht ša!**) - ti - il
	liegt,
9	1/2 (= BÁN) MA . NA kaspam (KÙ.BABBAR)
	(soll er ihr) eine halbe Mine Silber
10	i - ša - qal -

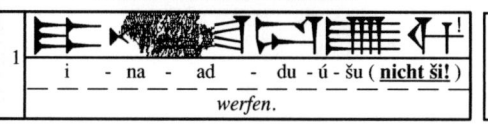

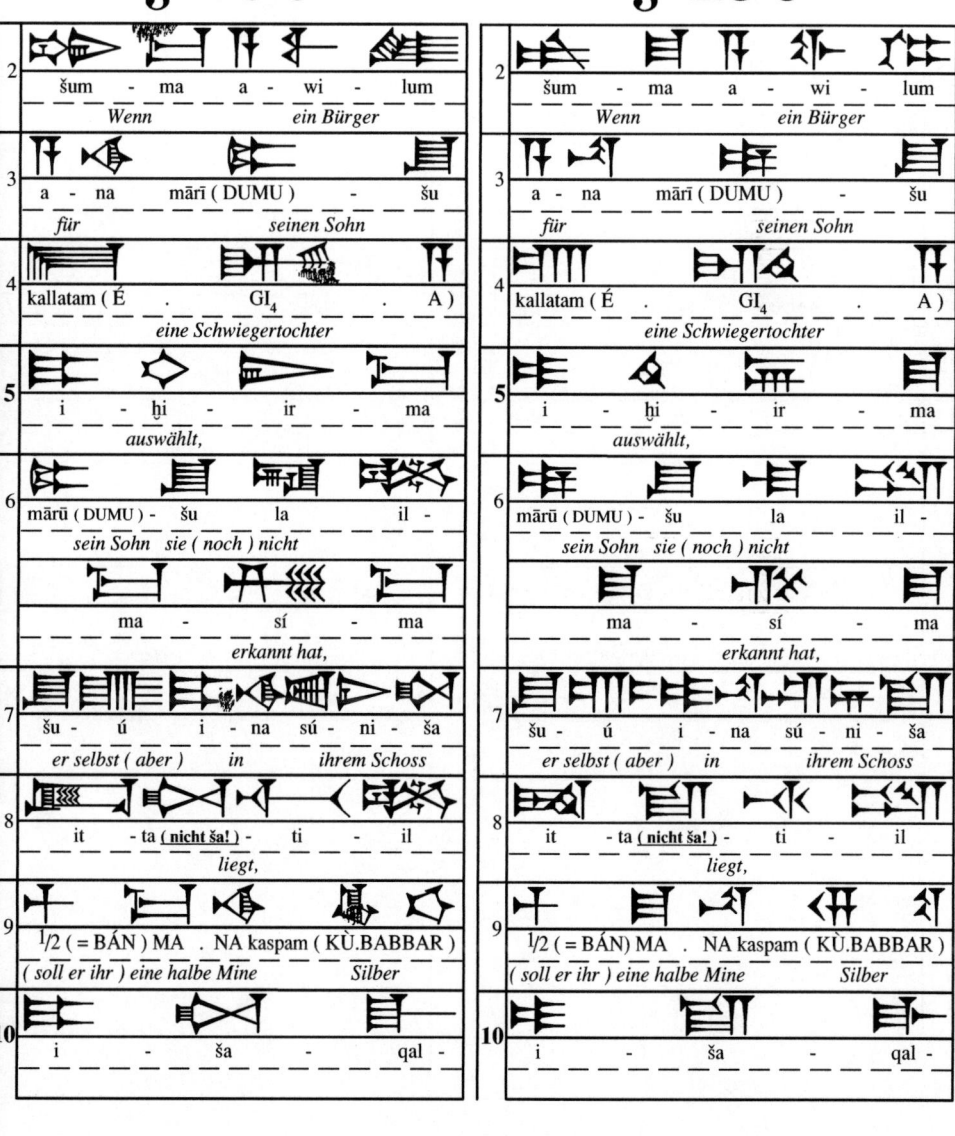

ši - im - ma
zahlen,

11 ù mi - im - ma
und alles

12 ša iš - tu
das, was sie aus

13 bīt (É) a - bi - ša
dem Haus ihres Vaters

14 ub - lam
mitgebracht hat,

15 ú - ša - lam -
ši - im - ma
(soll) er ihr voll erstatten;

16 mu - tu
einen Ehemann
li - ib - bi - ša
nach ihrem Herzen

17 i - iḫ - ḫa - as - sí
(mag) sie heiraten.

§ 157

18 šum - ma a - wi - lum
Wenn ein Bürger

19 wa - ar - ki
nach dem Tode

ši - im - ma
zahlen,

11 ù mi - im - ma
und alles

12 ša iš - tu
das, was sie aus

13 bīt (É) a - bi - ša
dem Haus ihres Vaters

14 ub - lam
mitgebracht hat,

15 ú - ša - lam -
ši - im - ma
(soll) er ihr voll erstatten;

16 mu - tu
einen Ehemann
li - ib - bi - ša
nach ihrem Herzen

17 i - iḫ - ḫa - as - sí
(mag) sie heiraten.

§ 157

18 šum - ma a - wi - lum
Wenn ein Bürger

19 wa - ar - ki
nach dem Tode

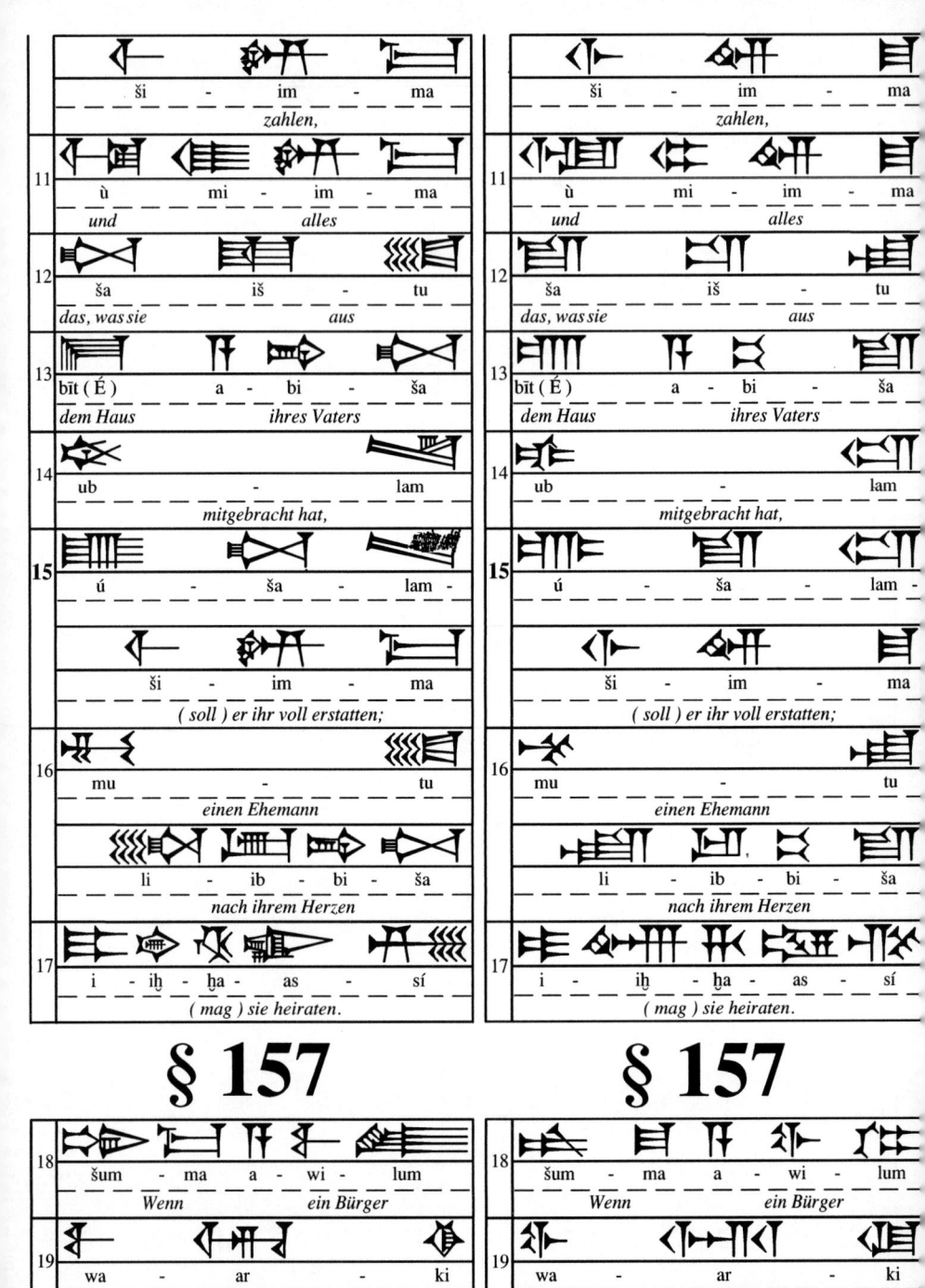

a - bi - šu
seines Vaters

20 i - na sú - un
im Schoss

um - mi - šu
seiner Mutter

21 it - ta - ti - il
liegt,

22 ki - la - li - šu - nu
(soll) man sie beide

23 i - qal - lu - ú -

šu - nu - ti
verbrennen.

a - bi - šu
seines Vaters

20 i - na sú - un
im Schoss

um - mi - šu
seiner Mutter

21 it - ta - ti - il
liegt,

22 ki - la - li - šu - nu
(soll) man sie beide

23 i - qal - lu - ú -

šu - nu - ti
verbrennen.

§ 158

24 šum - ma a - wi - lum
Wenn ein Bürger

25 wa - ar - ki
nach dem Tode

a - bi - šu
seines Vaters

26 i - na sú - un
im Schoss

27 ra - bi - ti - šu
seiner Grossen,

§ 158

24 šum - ma a - wi - lum
Wenn ein Bürger

25 wa - ar - ki
nach dem Tode

a - bi - šu
seines Vaters

26 i - na sú - un
im Schoss

27 ra - bi - ti - šu
seiner Grossen,

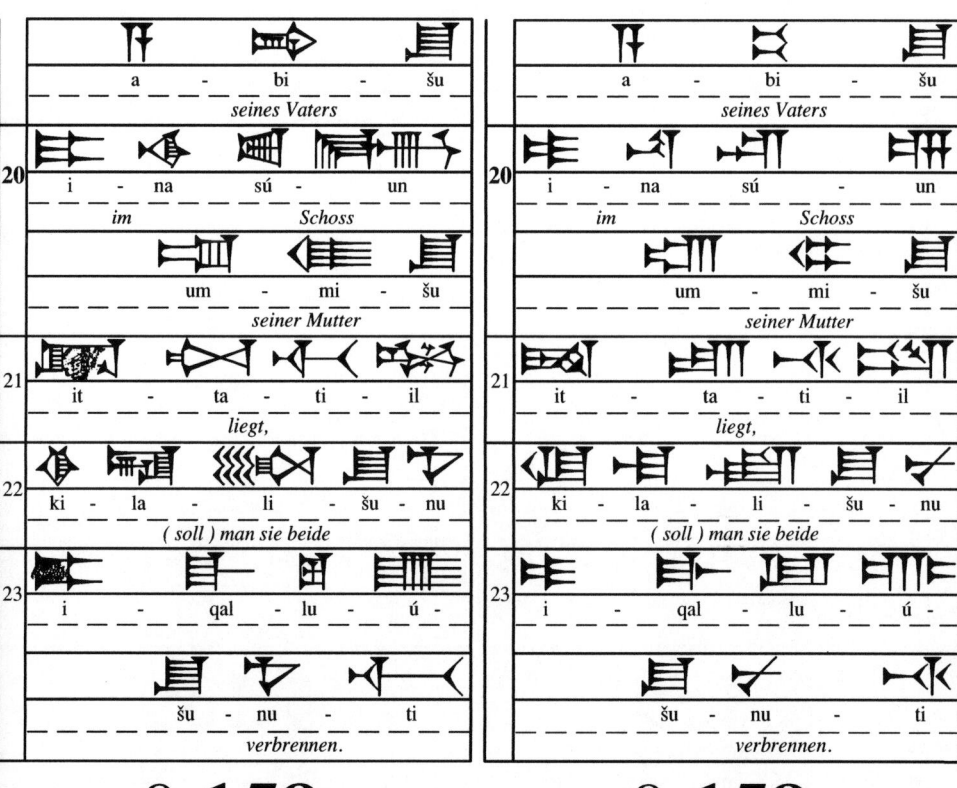

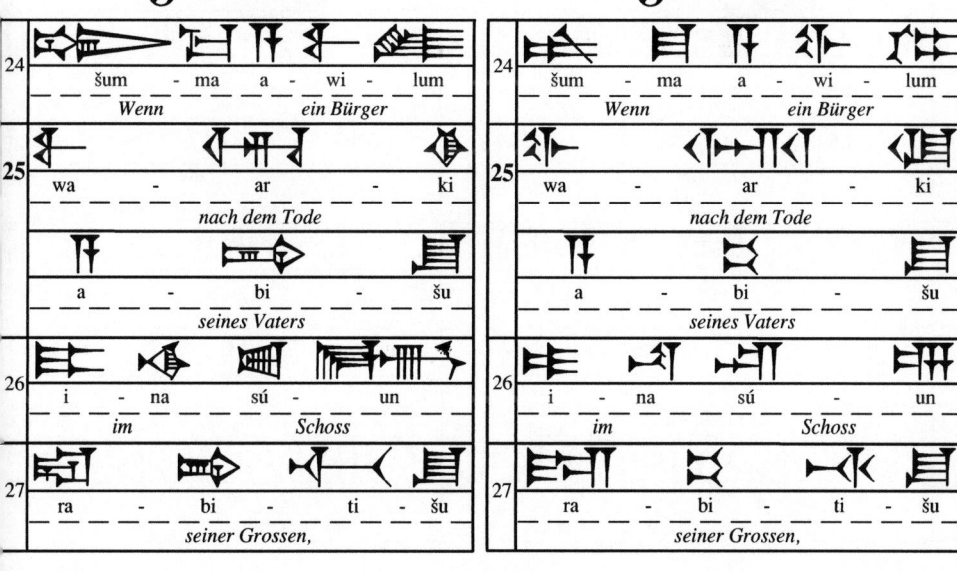

28	ša māri (DUMU . MEŠ)	*die Kinder*
	wa - al - da - at	*geboren hat,*
29	it - ta - aṣ - ba - at	*ertappt wird,*
30	a - wi - lum šu - ú	*(soll) der Bürger, dieser,*
31	i - na bīt (É) abim (A . BA)	*aus dem Haus des Vaters*
32	in - na - as - sà - aḫ	*verstossen werden*

§ 159

33	šum - ma a - wi - lum	*Wenn ein Bürger*
34	ša a - na bīt (É)	*der in das Haus*
	e - mi - šu	*seines Schwiegervaters*
35	bi - ib - lam	*das Hochzeitsgeschenk*
36	ú - ša - bi - lu	*hat bringen lassen,*
37	ter - ḫa - tam id - di - nu	*den Brautpreis gegeben hat,*

28	ša māri (DUMU . MEŠ)	*die Kinder*
	wa - al - da - at	*geboren hat,*
29	it - ta - aṣ - ba - at	*ertappt wird,*
30	a - wi - lum šu - ú	*(soll) der Bürger, dieser,*
31	i - na bīt (É) abim (A . BA)	*aus dem Haus des Vaters*
32	in - na - as - sà - aḫ	*verstossen werden*

§ 159

33	šum - ma a - wi - lum	*Wenn ein Bürger*
34	ša a - na bīt (É)	*der in das Haus*
	e - mi - šu	*seines Schwiegervaters*
35	bi - ib - lam	*das Hochzeitsgeschenk*
36	ú - ša - bi - lu	*hat bringen lassen,*
37	ter - ḫa - tam id - di - nu	*den Brautpreis gegeben hat,*

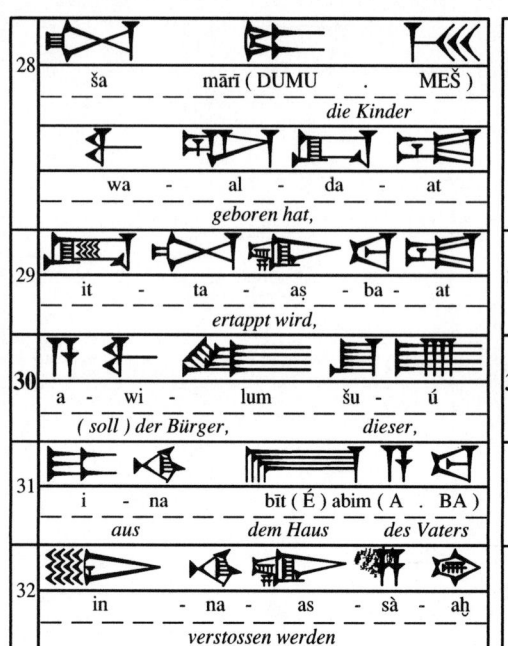

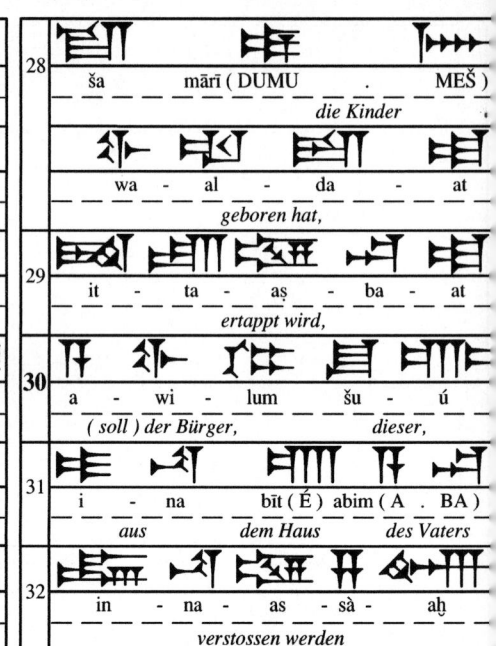

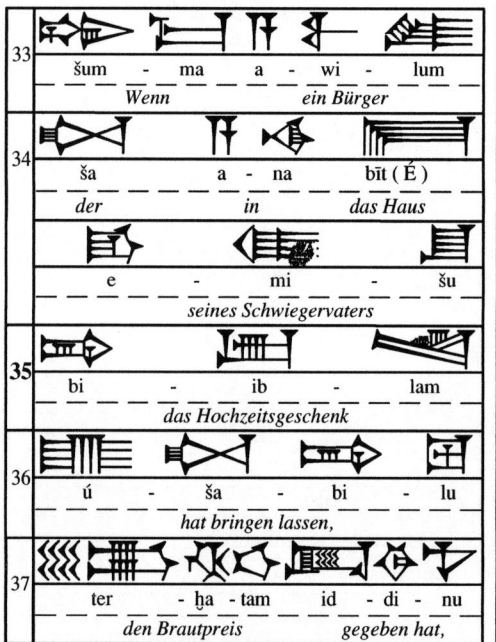

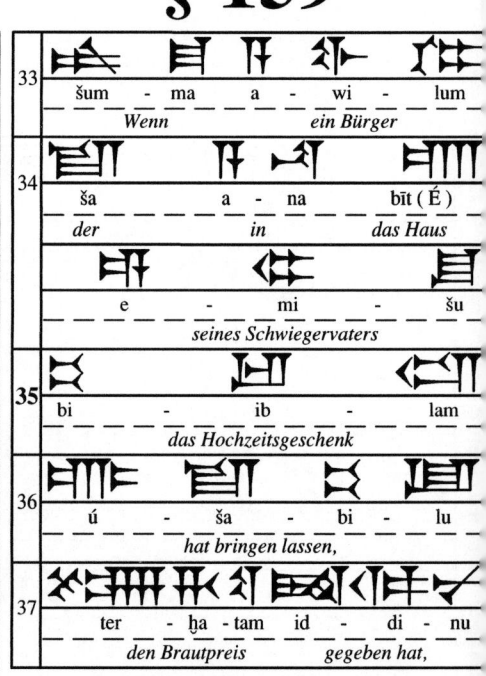

38 a - na sinništim (MÍ) ša - ni - tim
auf eine Frau, eine andere,

39 ub - ta - al - li -
iṣ - ma
starrt,

40 a - na e - mi - šu
zu seinem Schwiegervater

41 mārat (DUMU . MÍ) - ka
" Deine Tochter

42 ú - ul a - ḫa - az
(werde ich) nicht heiraten! "
iq - ta - bi
sagt:

43 a - bi mārtim (DUMU . MÍ)
(soll) der Vater der Tochter

44 mi - im - ma
alles, was

45 ša ib - ba - ab -
zu
lu - šum
ihm gebracht worden ist,

46 i - tab - ba - al
behalten.

38 a - na sinništim (MÍ) ša - ni - tim
auf eine Frau, eine andere,

39 ub - ta - al - li -
iṣ - ma
starrt,

40 a - na e - mi - šu
zu seinem Schwiegervater

41 mārat (DUMU . MÍ) - ka
" Deine Tochter

42 ú - ul a - ḫa - az
(werde ich) nicht heiraten! "
iq - ta - bi
sagt:

43 a - bi mārtim (DUMU . MÍ)
(soll) der Vater der Tochter

44 mi - im - ma
alles, was

45 ša ib - ba - ab -
zu
lu - šum
ihm gebracht worden ist,

46 i - tab - ba - al
behalten.

§ 160

§ 160

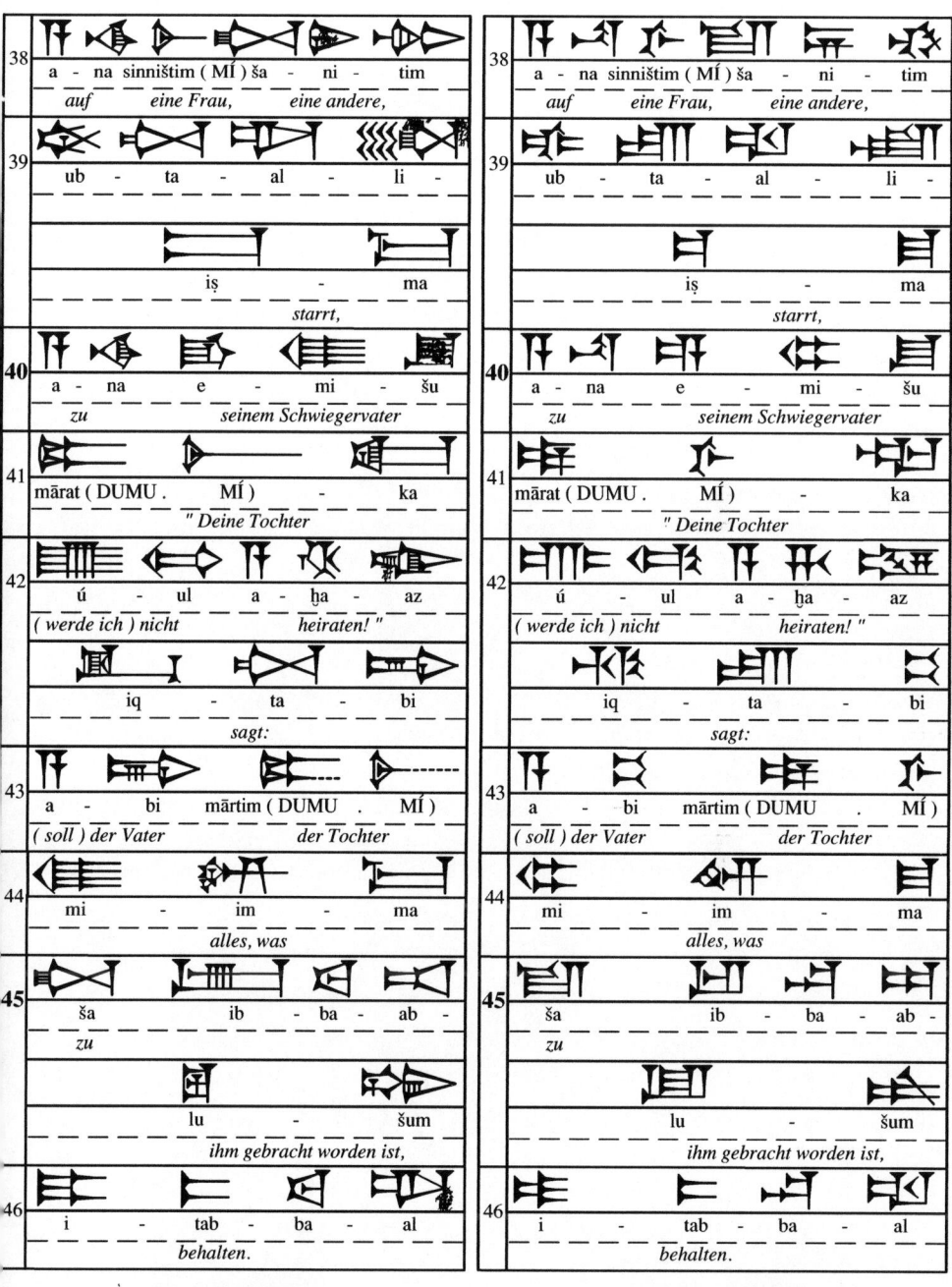

§ 146) 43) Wenn ein Bürger 44) eine *nadītu*-Priesterin heiratet, 45) sie ihrem Ehemann eine Sklavin 46) gibt 47) und diese Kinder gebiert, 48) wenn dann nachher 49) diese Sklavin 50) sich mit ihrer Herrin 51) gleichstellt, 53) darf ihre Herrin, 52) weil sie Kinder geboren hat, 54) sie für Geld 55) nicht verkaufen (hergeben). 56) aber sie darf sie mit einer Sklavenmarke 57) versehen 58) und sie zu den Sklavinnen 59) zählen.

§ 147) 60) Wenn sie keine Kinder 61) geboren hat, 62) darf ihre Herrin 63) sie für Geld 64) hergeben.

§ 148) 65) Wenn ein Bürger 66) eine Ehefrau 67) heiratet 68) und die *la'bu*-Krankheit 69) sie befällt, 72f) wenn er dann plant, 70) eine andere 71) zu heiraten, 74) so darf er das tun; 75) seine (erste) Ehefrau, 76) welche die *la'bu*-Krankheit 77) befallen hat, 78) darf er (jedoch) nicht verstoßen, 79) im Hause, das sie besorgt hat, 80) soll sie wohnen bleiben, 81) und solange sie lebt, soll er sie unterhalten.

§ 149) XXXII 1) Wenn diese Frau 4) nicht bereit ist, 2) im Hause ihres Ehemannes 3) zu wohnen, 5) soll er ihr ihre Mitgift, 6) die sie aus dem Hause ihres Vaters 7) mitgebracht hat, 8) voll erstatten, 9) und sie kann davongehen.

§ 150) 10) Wenn ein Bürger 11) seiner Ehefrau 12) ein Feld, einen Baumgarten, ein Haus 13) oder Habe 14) schenkt 15) und ihr eine gesiegelte Urkunde 16) ausstellt, 17) so dürfen nach dem Tode ihres Ehemannes 18) ihre Söhne keine Vindikationsklage gegen sie erheben; 19) die Mutter 20) darf ihren Nachlass 21) ihrem Sohne, 22) den sie liebt, 23) geben 24) und braucht ihn keinem anderen, 25) zu geben.

§ 151) 26) Wenn eine Ehefrau, 27) die im Hause eines Bürgers 28) wohnt, 29) damit ein Gläubiger 30) ihres Mannes 31) ihrer nicht habhaft werden kann, 32) ihren Ehemann vertraglich verpflichtet 33) und ihn eine Urkunde 34) ausstellen lässt, 35) wenn dann auf diesem Bürger, 36) bevor er diese Frau 37) heiratet, 38) eine Schuld 39f.) lastet, 41) so kann/ können sein/e Gläubiger 42) seiner Ehefrau 43) nicht habhaft werden; 44) und wenn auf dieser Frau, 45) bevor sie in das Haus des Bürgers 46) eintritt, 47) eine Schuld 48f.) lastet, 50) so können ihre Gläubiger 51) ihres Ehemannes nicht habhaft werden.

§ 152) 52) Wenn, nachdem 53) diese Frau 54) in das Haus des Bürgers 55) eingetreten ist, 56-58) sie sich verschulden (oder: ihr Ehemann sich verschuldet), 59) so sollen sie beide 60) den Kaufmann bezahlen.

§ 153) 61)Wenn die Ehefrau eines Bürgers 62) wegen 63) eines anderen 62) Mannes 64) ihren Ehemann umbringen lässt, 65) so soll man diese Frau 65f.) pfählen.

§ 154) 67) Wenn ein Bürger 68) seine Tochter (geschlechtlich) erkennt, 70) soll man diesen Bürger 71) aus der Stadt verjagen.

§ 155) 72) Wenn ein Bürger 73) für seinen Sohn 74) eine Schwiegertochter 5) auswählt 75) und sein Sohn sie erkennt, 76) er selbst aber nachher 77) in ihrem Schoss 78) liegt 79) und man ihn dabei ertappt, 80) so soll man diesen Bürger 81) fesseln 82) und ins Wasser **XXXIII** 1) werfen.

§ 156) 2) Wenn ein Bürger 3) für seinen Sohn 4) eine Schwiegertochter 5) auswählt 6) und sein Sohn sie noch nicht erkannt hat, 7) er selbst aber in ihrem Schoss 8) liegt, 9) so soll er ihr eine halbe Mine Silber 10) zahlen, 11) und alles, was 12) sie aus 13) dem Hause ihres Vaters 14) mitgebracht hat, 15) soll er ihr voll erstatten, 16) und ein Ehemann nach ihrem Herzen 17) mag sie heiraten.

§ 157) 18) Wenn ein Bürger 19) nach dem Tode seines Vaters 20) im Schosse seiner Mutter 21) liegt, 22) so soll man sie beide 23) verbrennen.

§ 158) 24) Wenn ein Bürger, 25) nach dem Tode seines Vaters 26) im Schosse 27) seiner "Grossen" (Schwiegermutter?), 28) die Kinder geboren hat, 29) ertappt wird, 30) so soll dieser Bürger 31) aus dem Vaterhause 32) verstoßen werden.

§ 159) 33) Wenn ein Bürger, 34) der ins Haus seines Schwiegervaters 35) das Hochzeitsgeschenk 36) hat bringen lassen 37) und den Brautpreis gegeben hat, 38) auf eine andere Frau 39) starrt 40) und zu seinem Schwiegervater 42) sagt: 41) "Deine Tochter 42) werde ich nicht nehmen", 43) so soll der Vater der Tochter 44) alles, was 45) ihm gebracht worden ist, 46) behalten.

47	šum - ma a - wi - lum	*Wenn ein Bürger*
48	a - na bīt (É) e - mi - im	*in das Haus des Schwiegervaters*
49	bi - ib - lam	*das Hochzeitsgeschenk*
50	ú - ša - bi - il	*hat bringen lassen,*
51	ter - ḫa - tam	*den Brautschatz*
52	id - di - in - ma	*gegeben hat,*
53	a - bi mārtim (DUMU . MÍ)	*(wenn dann) der Vater der Tochter*
54	mārti (DUMU.MÍ) - i ú - ul a - na -	*" Meine Tochter werde ich dir nicht*
	ad - di - ik - kum	*geben . "*
55	iq - ta - bi	*sagt:*
56	mi - im - ma ma - la	*(soll er) alles, was in der Höhe*
57	ib - ba - ab - lu - šum	*ihm gebracht worden ist,*
58	uš - ta - ša - an - na - ma	*doppelt*

47	šum - ma a - wi - lum	*Wenn ein Bürger*
48	a - na bīt (É) e - mi - im	*in das Haus des Schwiegervaters*
49	bi - ib - lam	*das Hochzeitsgeschenk*
50	ú - ša - bi - il	*hat bringen lassen,*
51	ter - ḫa - tam	*den Brautschatz*
52	id - di - in - ma	*gegeben hat,*
53	a - bi mārtim (DUMU . MÍ)	*(wenn dann) der Vater der Tochter*
54	mārti (DUMU.MÍ) - i ú - ul a - na -	*" Meine Tochter werde ich dir nicht*
	ad - di - ik - kum	*geben . "*
55	iq - ta - bi	*sagt:*
56	mi - im - ma ma - la	*(soll er) alles, was in der Höhe*
57	ib - ba - ab - lu - šum	*ihm gebracht worden ist,*
58	uš - ta - ša - an - na - ma	*doppelt*

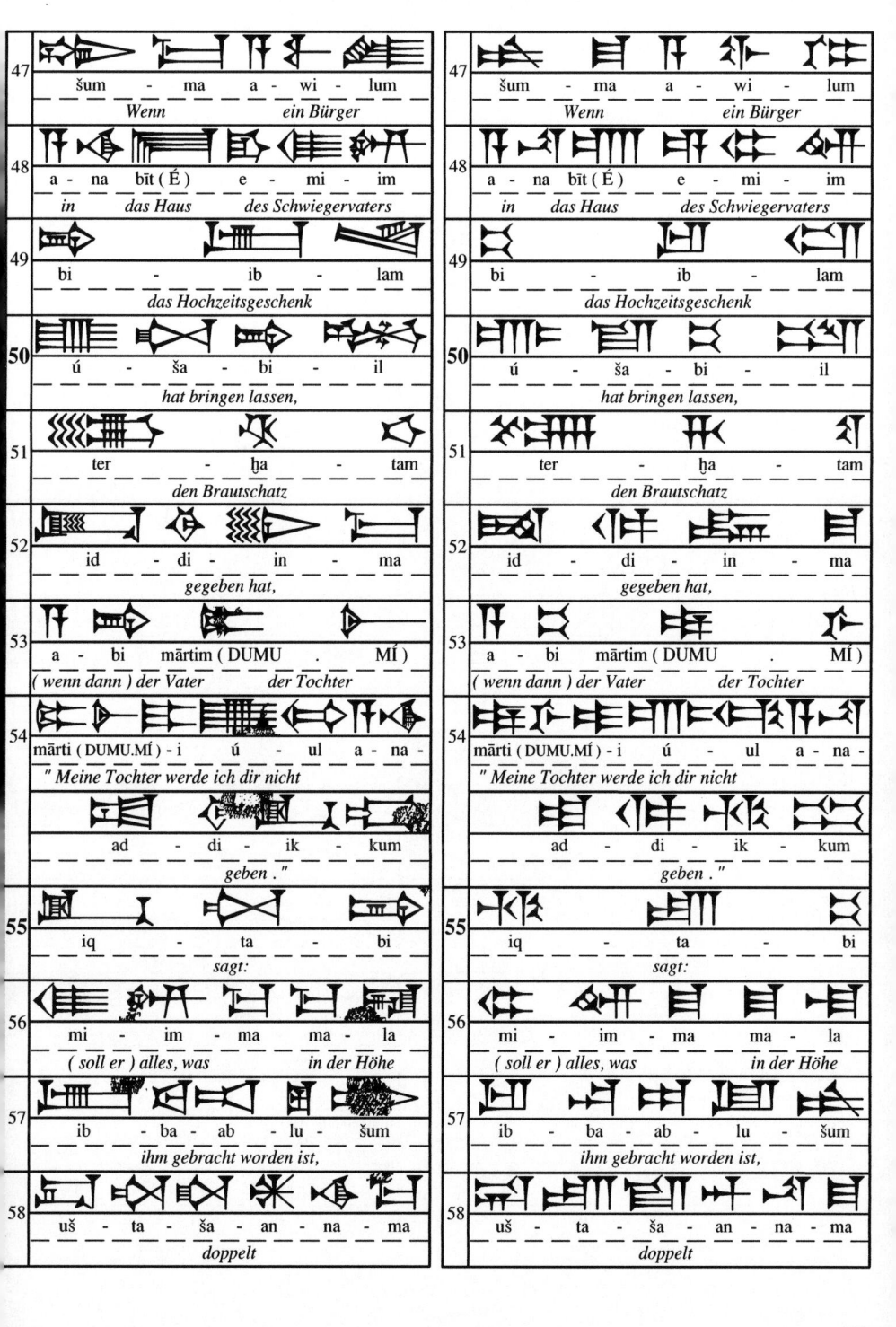

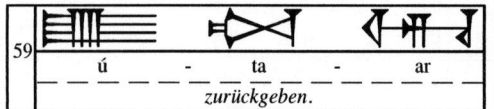

59	ú - ta - ar *zurückgeben.*

§ 161

60	šum - ma a - wi - lum *Wenn ein Bürger*
61	a - na bīt (É) e - mi - šu *in das Haus des Schwiegervaters*
62	bi - ib - lam ú - ša - bíl *das Hochzeitsgeschenk hat bringen lassen,*
63	ter - ḫa - tam *den Brautschatz*
64	id - di - in - ma *gegeben hat,*
65	i - bi - ir - šu *(wenn dann) sein Freund*
66	uk - tar - ri - sú *ihn verleumdet,*
67	e - mu - šu *sein Schwiegervater*
68	a - na be - el aš - ša - tim *zum (vorgesehenen) Gatten (Herrn der Gattin)*
69	mārti (DUMU.MÍ) - i ú - ul *" Meine Tochter (wirst du) nicht* ta - aḫ - ḫa - az *bekommen (heiraten) ".*

59	ú - ta - ar *zurückgeben.*

§ 161

60	šum - ma a - wi - lum *Wenn ein Bürger*
61	a - na bīt (É) e - mi - šu *in das Haus des Schwiegervaters*
62	bi - ib - lam ú - ša - bíl *das Hochzeitsgeschenk hat bringen lassen,*
63	ter - ḫa - tam *den Brautschatz*
64	id - di - in - ma *gegeben hat,*
65	i - bi - ir - šu *(wenn dann) sein Freund*
66	uk - tar - ri - sú *ihn verleumdet,*
67	e - mu - šu *sein Schwiegervater*
68	a - na be - el aš - ša - tim *zum (vorgesehenen) Gatten (Herrn der Gattin)*
69	mārti (DUMU.MÍ) - i ú - ul *" Meine Tochter (wirst du) nicht* ta - aḫ - ḫa - az *bekommen (heiraten) ".*

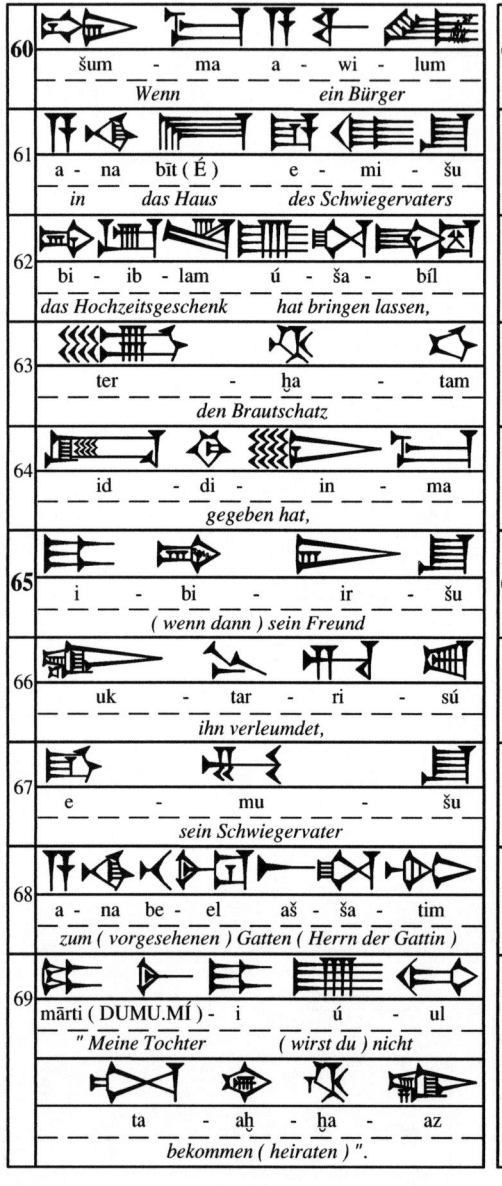

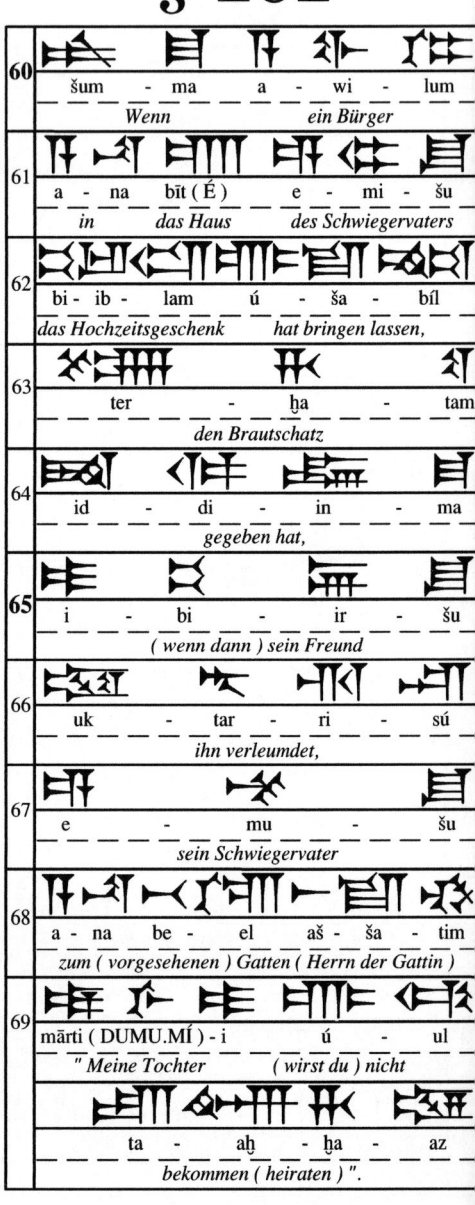

70	iq - ta - bi	*sagt:*
71	mi - im - ma ma - la	*(soll er) alles, was in der Höhe*
72	ib - ba - ab - lu - šum	*ihm gebracht worden ist,*
73	uš - ta - ša - an - na - ma	*doppelt*
74	ú - ta - ar	*zurückgeben*
75	ù aš - ša - sú	*und seine (vorgesehene) Ehefrau*
76	i - bi - ir - šu	*(darf) sein Freund*
77	ú - ul i - iḫ̮ - ḫa - az	*nicht heiraten.*

§ 162

78	šum - ma a - wi - lum	*Wenn ein Bürger*
79	aš - ša - tam	*eine Ehefrau*
80	i - ḫu - uz	*nimmt (heiratet),*
81	mārī (DUMU.MEŠ) ú - li -	*Kinder*

70	iq - ta - bi	*sagt:*
71	mi - im - ma ma - la	*(soll er) alles, was in der Höhe*
72	ib - ba - ab - lu - šum	*ihm gebracht worden ist,*
73	uš - ta - ša - an - na - ma	*doppelt*
74	ú - ta - ar	*zurückgeben*
75	ù aš - ša - sú	*und seine (vorgesehene) Ehefrau*
76	i - bi - ir - šu	*(darf) sein Freund*
77	ú - ul i - iḫ̮ - ḫa - az	*nicht heiraten.*

§ 162

78	šum - ma a - wi - lum	*Wenn ein Bürger*
79	aš - ša - tam	*eine Ehefrau*
80	i - ḫu - uz	*nimmt (heiratet),*
81	mārī (DUMU.MEŠ) ú - li -	*Kinder*

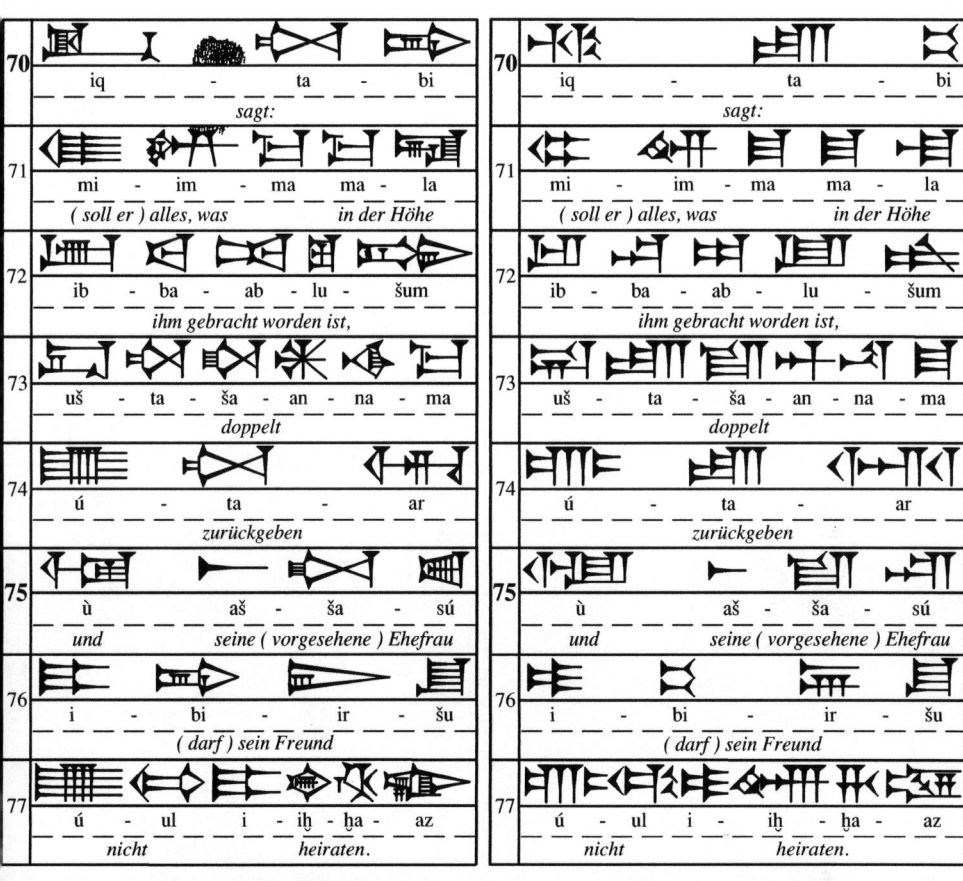

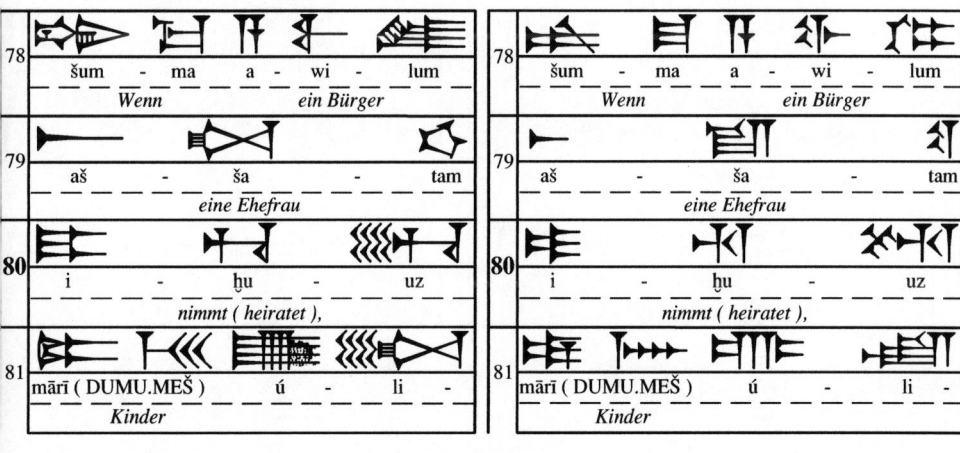

súm - ma
sie ihm gebiert,

82 sinništum (MÍ) ši - i
(wenn) die Frau, diese,

83 a - na ši - im - tim
zum Jenseitigen

XXXIV

1 it - ta - la - ak
geht (das Zeitliche segnet),

2 a - na še - ri - ik -
auf

ti - ša
ihre Mitgift

3 a - bu - ša
(darf) ihr Vater

4 ú - ul i - ra -
keinen

ag - gu - um
Klageanspruch erheben.

5 še - ri - ik - ta - ša
Ihre Mitgift

6 ša mārī (DUMU . MEŠ) - ša - ma
(gehört) ihren Kindern.

§ 163

súm - ma
sie ihm gebiert,

82 sinništum (MÍ) ši - i
(wenn) die Frau, diese,

83 a - na ši - im - tim
zum Jenseitigen

XXXIV

1 it - ta - la - ak
geht (das Zeitliche segnet),

2 a - na še - ri - ik -
auf

ti - ša
ihre Mitgift

3 a - bu - ša
(darf) ihr Vater

4 ú - ul i - ra -
keinen

ag - gu - um
Klageanspruch erheben.

5 še - ri - ik - ta - ša
Ihre Mitgift

6 ša mārī (DUMU . MEŠ) - ša - ma
(gehört) ihren Kindern.

§ 163

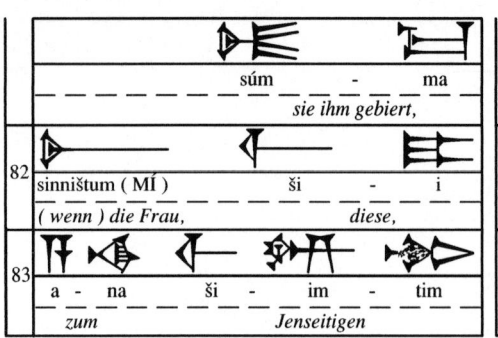

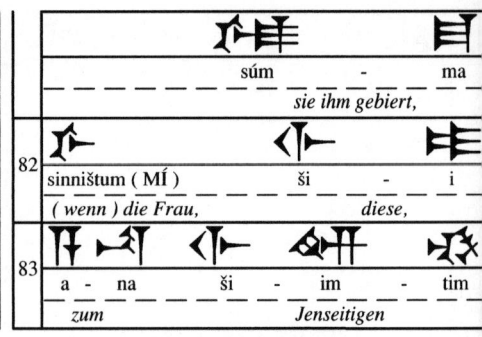

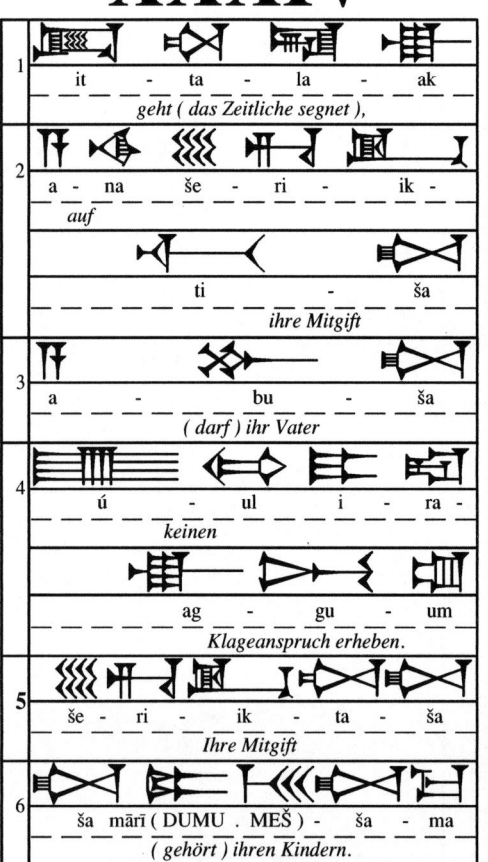

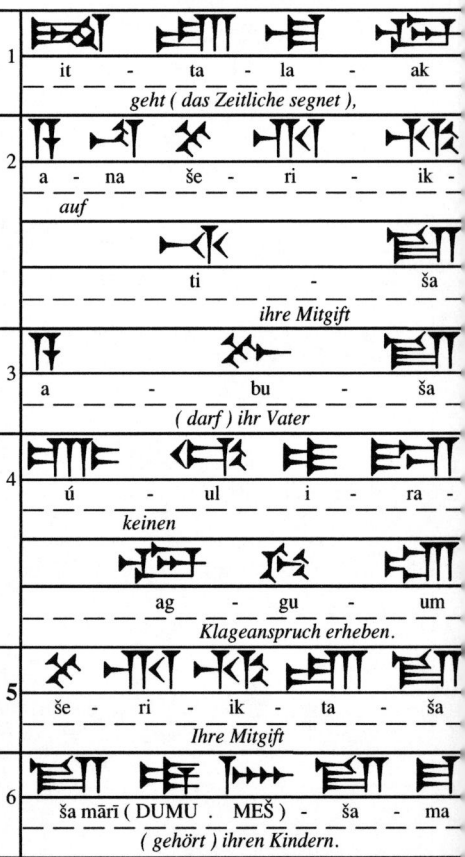

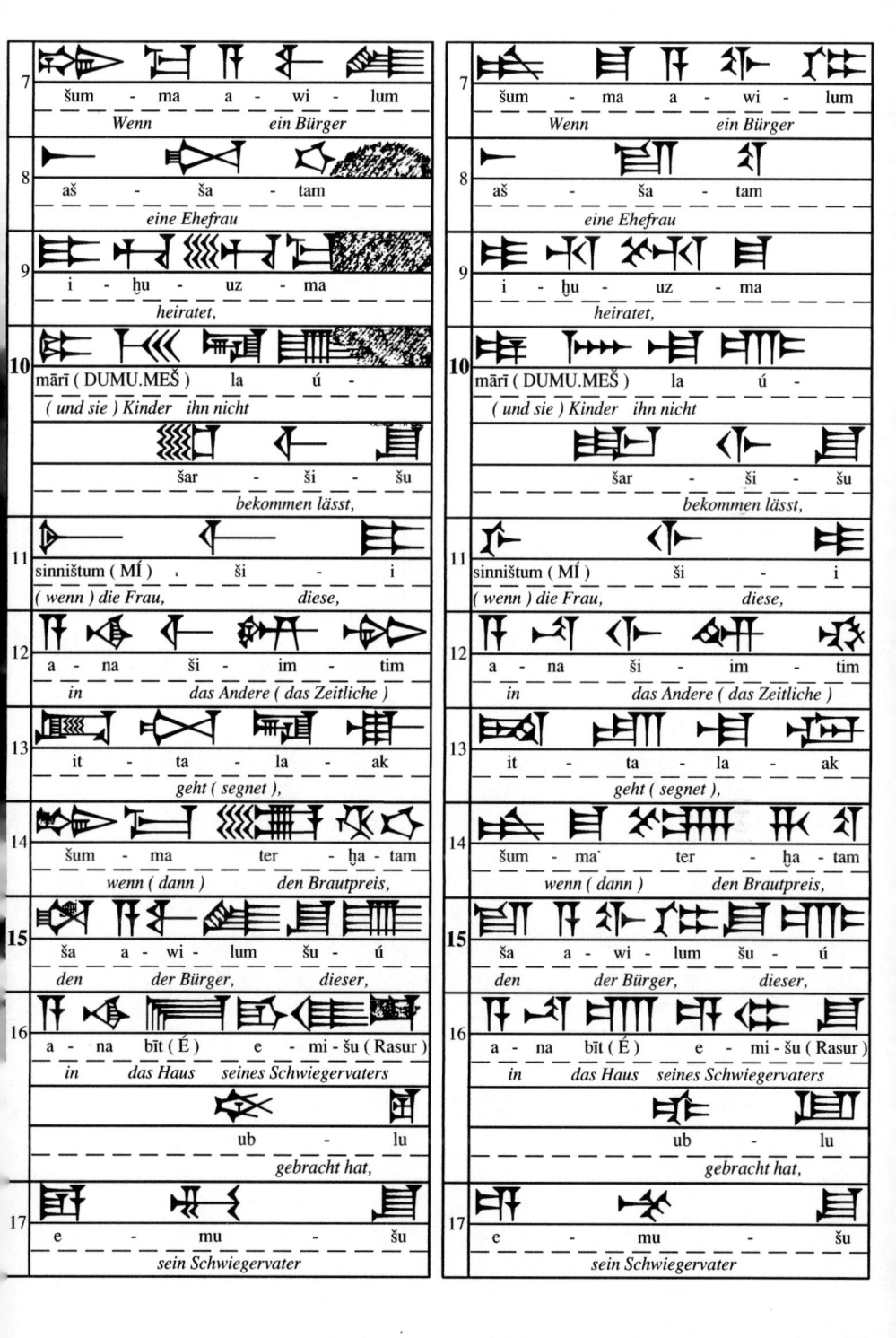

#		
7	šum - ma a - wi - lum	šum - ma a - wi - lum
	Wenn ein Bürger	Wenn ein Bürger
8	aš - ša - tam	aš - ša - tam
	eine Ehefrau	eine Ehefrau
9	i - ḫu - uz - ma	i - ḫu - uz - ma
	heiratet,	heiratet,
10	mārī (DUMU.MEŠ) la ú -	mārī (DUMU.MEŠ) la ú -
	(und sie) Kinder ihn nicht	(und sie) Kinder ihn nicht
	šar - ši - šu	šar - ši - šu
	bekommen lässt,	bekommen lässt,
11	sinništum (MÍ) ši - i	sinništum (MÍ) ši - i
	(wenn) die Frau, diese,	(wenn) die Frau, diese,
12	a - na ši - im - tim	a - na ši - im - tim
	in das Andere (das Zeitliche)	in das Andere (das Zeitliche)
13	it - ta - la - ak	it - ta - la - ak
	geht (segnet),	geht (segnet),
14	šum - ma ter - ḫa - tam	šum - ma ter - ḫa - tam
	wenn (dann) den Brautpreis,	wenn (dann) den Brautpreis,
15	ša a - wi - lum šu - ú	ša a - wi - lum šu - ú
	den der Bürger, dieser,	den der Bürger, dieser,
16	a - na bīt (É) e - mi - šu (Rasur)	a - na bīt (É) e - mi - šu (Rasur)
	in das Haus seines Schwiegervaters	in das Haus seines Schwiegervaters
	ub - lu	ub - lu
	gebracht hat,	gebracht hat,
17	e - mu - šu	e - mu - šu
	sein Schwiegervater	sein Schwiegervater

18 ut - te - er - šum
ihm zurückgibt,

19 a - na še - ri - ik - ti
auf die Mitgift

20 sinništim (MÍ) šu - a - ti
der Frau, dieser,

21 mu - sà ú - ul
(soll) ihr Ehemann keinen

i - ra - ag - gu - um
Klageanspruch erheben.

22 še - ri - ik - ta - ša
Ihre Mitgift

23 ša bīt (É) a - bi - ša - ma
(geht an) das Haus ihres Vaters.

18 ut - te - er - šum
ihm zurückgibt,

19 a - na še - ri - ik - ti
auf die Mitgift

20 sinništim (MÍ) šu - a - ti
der Frau, dieser,

21 mu - sà ú - ul
(soll) ihr Ehemann keinen

i - ra - ag - gu - um
Klageanspruch erheben.

22 še - ri - ik - ta - ša
Ihre Mitgift

23 ša bīt (É) a - bi - ša - ma
(geht an) das Haus ihres Vaters.

§ 164

§ 164

24 šum - ma e - mu - šu
Wenn sein Schwiegervater

25 ter - ḫa - tam
den Brautschatz

26 la ut - te - er - šum
nicht zurückgibt,

27 i - na še - ri - ik -
(soll er) von

ti - ša
ihrer Mitgift

24 šum - ma e - mu - šu
Wenn sein Schwiegervater

25 ter - ḫa - tam
den Brautschatz

26 la ut - te - er - šum
nicht zurückgibt,

27 i - na še - ri - ik -
(soll er) von

ti - ša
ihrer Mitgift

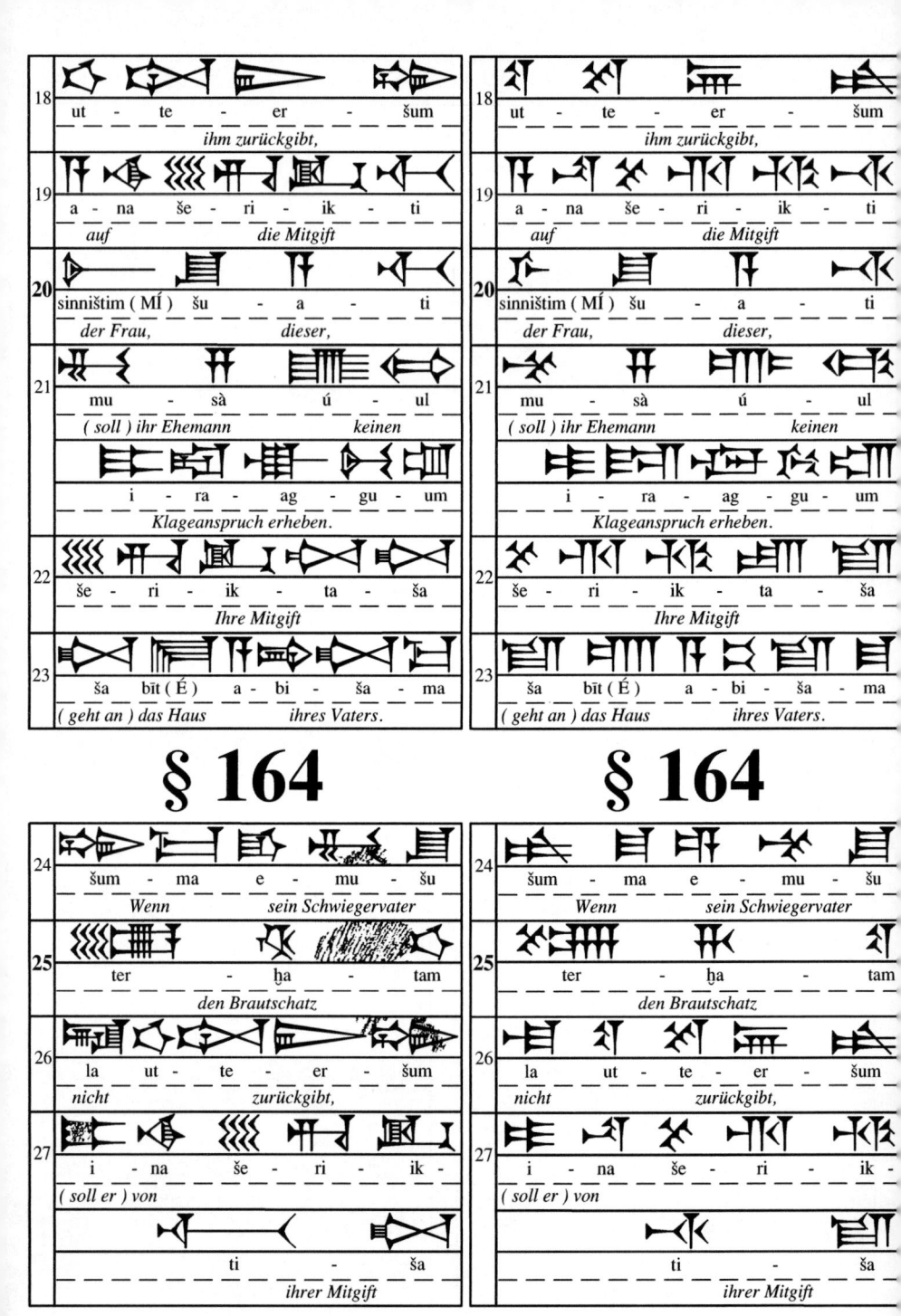

28 ma - la
in der Höhe

ter - ḫa - ti - ša
des Brautpreises

29 i - ḫar - ra - aṣ - ma
abziehen.

30 še - ri - ik - ta - ša
Ihre Mitgift

31 a - na bīt (É) a - bi **(nicht ta!)** - ša
(ist) an das Haus des Vaters

32 ú - ta - ar
zurückzugeben.

28 ma - la
in der Höhe

ter - ḫa - ti - ša
des Brautpreises

29 i - ḫar - ra - aṣ - ma
abziehen.

30 še - ri - ik - ta - ša
Ihre Mitgift

31 a - na bīt (É) a - bi **(nicht ta!)** - ša
(ist) an das Haus des Vaters

32 ú - ta - ar
zurückzugeben.

§ 165

§ 165

33 šum - ma a - wi - lum
Wenn ein Bürger

34 a - na aplī (IBILA = TUR . UŠ) - šu
an seinen Erbsohn,

35 ša i - in - šu
der

maḫ - ru
ihm angenehm ist,

36 eqlam (A.ŠÀ) ^{giš}kiriam (KIRI$_6$) ù bītam (É)
ein Feld, (Holz) einen Baumgarten oder ein Haus

37 iš - ru - uk
schenkt,

33 šum - ma a - wi - lum
Wenn ein Bürger

34 a - na aplī (IBILA = TUR . UŠ) - šu
an seinen Erbsohn,

35 ša i - in - šu
der

maḫ - ru
ihm angenehm ist,

36 eqlam (A.ŠÀ) ^{giš}kiriam (KIRI$_6$) ù bītam (É)
ein Feld, (Holz) einen Baumgarten oder ein Haus

37 iš - ru - uk
schenkt,

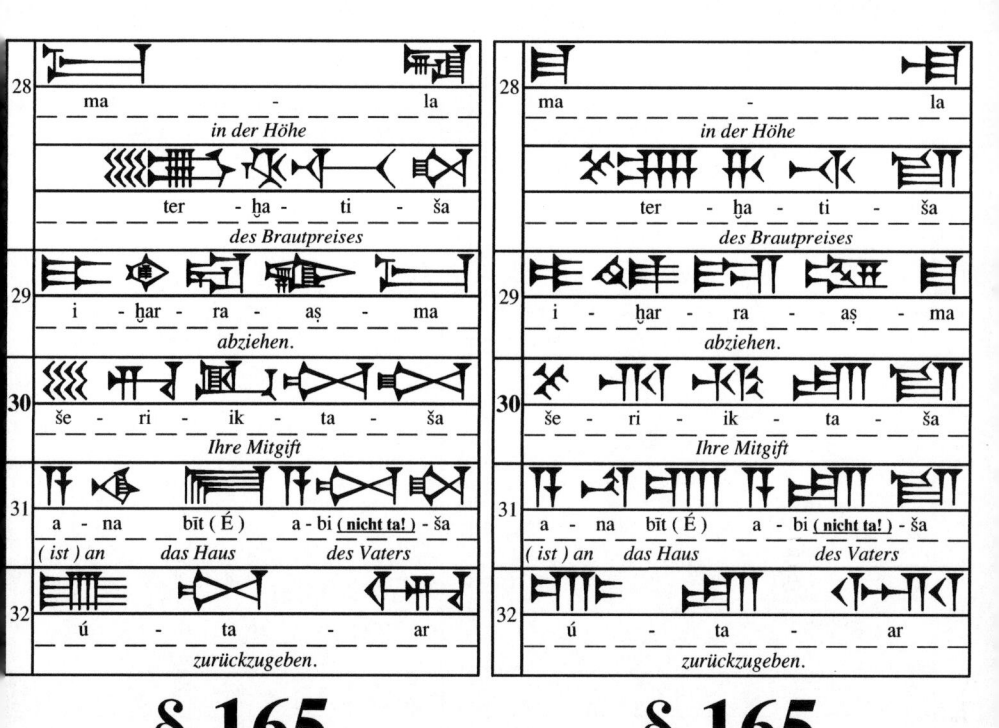

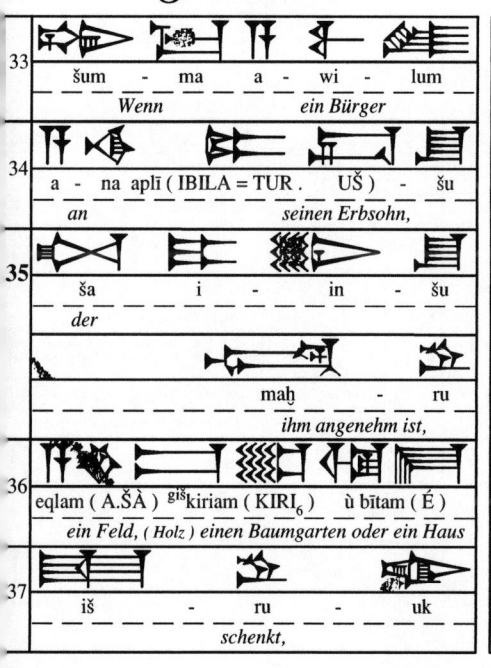

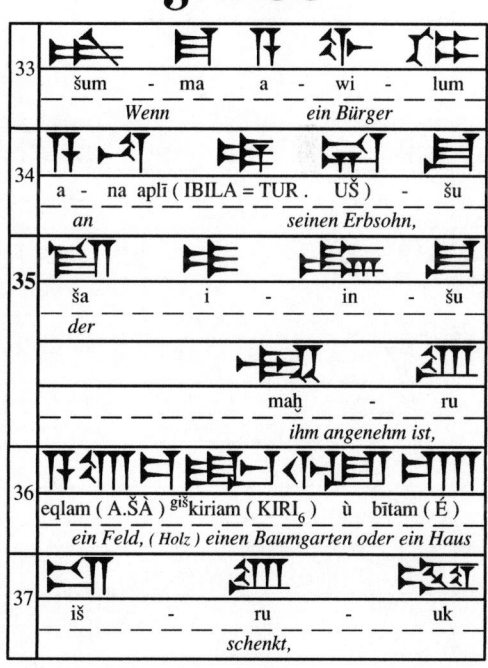

38		ku - nu - kam iš - ṭur - šum	*ihm eine gesiegelte Urkunde schreibt,*
39		wa - ar - ka a - bu - um	*nachdem der Vater*
40		a - na ši - im - tim	*zu dem Anderen (das Zeitliche)*
41		it - ta - al - ku	*gegangen ist (gesegnet hat),*
42	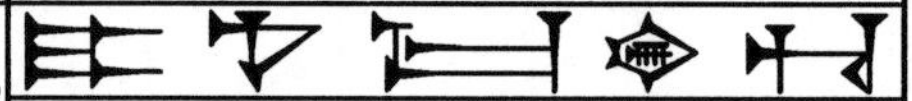	i - nu - ma aḫ - ḫu	*(soll er) alsdann, wenn die Brüder*
43		i - zu - uz - zu	*die Teilung (vornehmen),*
44	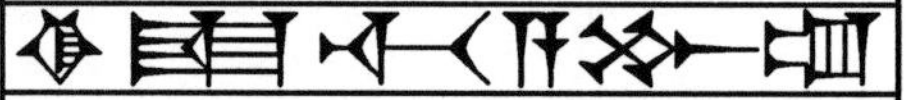	qí - iš - ti a - bu - um	*das Geschenk, (das) der Vater*
45		id - di - nu - šum	*ihm gegeben hat,*
46		i - le - qé - ma	*(an) sich nehmen,*
47		e - le - nu - um - ma	*(und) ausserdem*
48		i - na NÍG.GA (namkūr/ makkūr) bīt (É) abim (A.BA)	*(sollen sie sich) in den Besitz des Hauses des Vaters*
49		mi - it - ḫa - ri - iš	*zu gleichen Teilen*
50		i - zu - uz - zu	*teilen.*

38	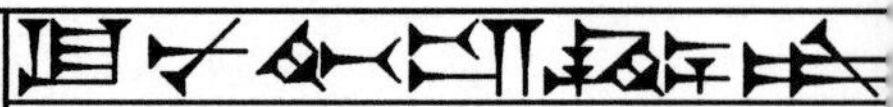	ku - nu - kam iš - ṭur - šum	*ihm eine gesiegelte Urkunde schreibt,*
39		wa - ar - ka a - bu - um	*nachdem der Vater*
40	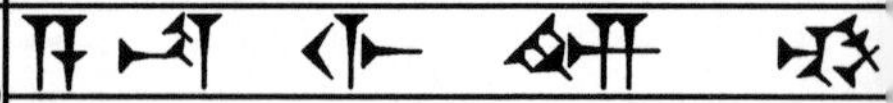	a - na ši - im - tim	*zu dem Anderen (das Zeitliche)*
41		it - ta - al - ku	*gegangen ist (gesegnet hat),*
42		i - nu - ma aḫ - ḫu	*(soll er) alsdann, wenn die Brüder*
43		i - zu - uz - zu	*die Teilung (vornehmen),*
44		qí - iš - ti a - bu - um	*das Geschenk, (das) der Vater*
45	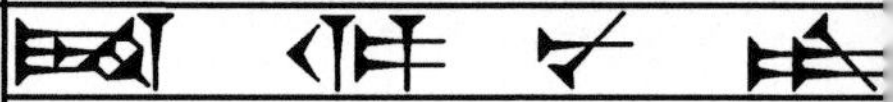	id - di - nu - šum	*ihm gegeben hat,*
46		i - le - qé - ma	*(an) sich nehmen,*
47		e - le - nu - um - ma	*(und) ausserdem*
48		i - na NÍG.GA (namkūr/ makkūr) bīt (É) abim (A.BA)	*(sollen sie sich) in den Besitz des Hauses des Vaters*
49		mi - it - ḫa - ri - iš	*zu gleichen Teilen*
50		i - zu - uz - zu	*teilen.*

§ 166

51	šum - ma a - wi - lum	*Wenn ein Bürger*
52	a - na mārī (DUMU.MEŠ) ša ir - šu - ú	*für die Söhne, die der bekommen hat,*
53	aš - ša - tim i - ḫu - uz	*Ehefrauen freit,*
54	a - na mārī (DUMU) - šu	*(aber) für seinen Sohn,*
55	ṣe - eḫ - ri - im	*den jüngsten (kleinsten),*
56	aš - ša - tam	*eine Ehefrau*
57	la i - ḫu - uz	*(noch) nicht gefreit hat,*
58	wa - ar - ka a - bu - um	*(sollen sie,) nachdem der Vater*
59	a - na ši - im - tim	*in das Andere (das Zeitliche)*
60	it - ta - al - ku	*gegangen ist (gesegnet hat),*
61	i - nu - ma aḫ - ḫu	*wenn dann die Brüder*
62	i - zu - uz - zu	*teilen,*

§ 166

51	šum - ma a - wi - lum	*Wenn ein Bürger*
52	a - na mārī (DUMU.MEŠ) ša ir - šu - ú	*für die Söhne, die der bekommen hat,*
53	aš - ša - tim i - ḫu - uz	*Ehefrauen freit,*
54	a - na mārī (DUMU) - šu	*(aber) für seinen Sohn,*
55	ṣe - eḫ - ri - im	*den jüngsten (kleinsten),*
56	aš - ša - tam	*eine Ehefrau*
57	la i - ḫu - uz	*(noch) nicht gefreit hat,*
58	wa - ar - ka a - bu - um	*(sollen sie,) nachdem der Vater*
59	a - na ši - im - tim	*in das Andere (das Zeitliche)*
60	it - ta - al - ku	*gegangen ist (gesegnet hat),*
61	i - nu - ma aḫ - ḫu	*wenn dann die Brüder*
62	i - zu - uz - zu	*teilen,*

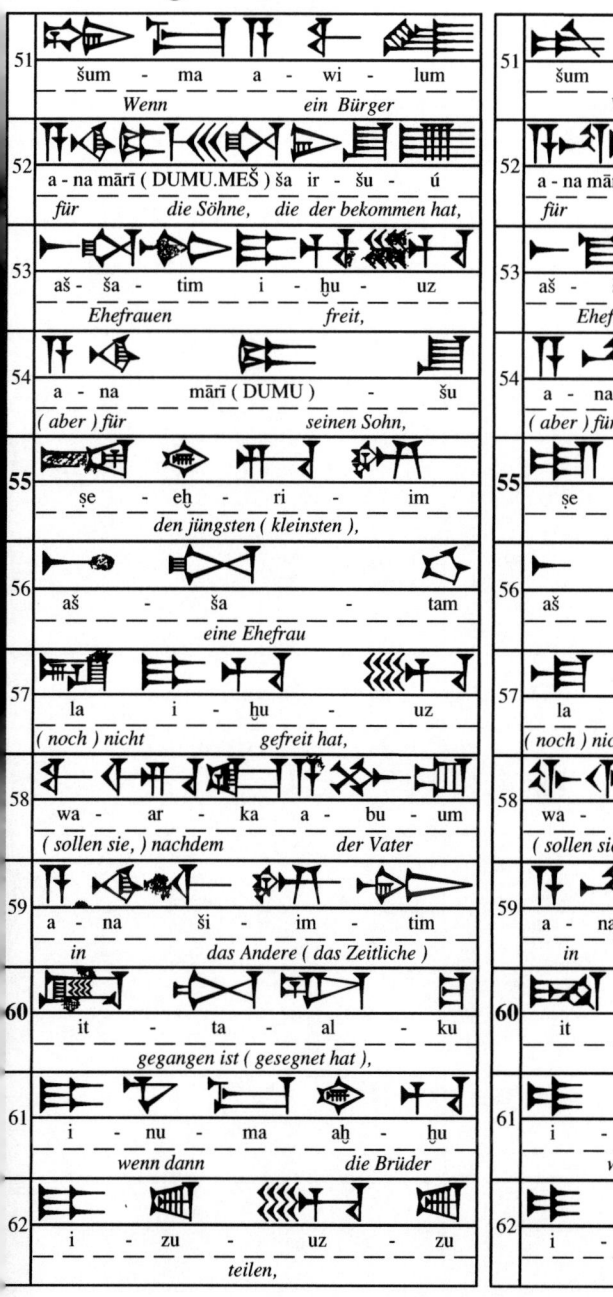

63 i - na NÍG.GA (namkūr/ makkūr) bīt (É) abim (A.BA)
aus dem Besitz (des) Hauses des Vaters

64 a - na a - ḫi - šu - nu
für ihren Bruder,

65 ṣe - eḫ - ri - im
den jüngsten (kleinsten),

66 ša aš - ša - tam
der eine Ehefrau

67 la aḫ - zu
(noch) nicht geheiratet hat,

68 e - li - a - at
(als) Zusatzbetrag

69 zi - it - ti - šu
(zu) seinem Erbteil

70 kasap (KÙ.BABBAR) ter - ḫa - tim
Geld (für) einen Brautpreis

71 i - ša - ak - ka -
nu - šum - ma
bereitstellen

72 aš - ša - tam
(und) eine Ehefrau

73 ú - ša - aḫ -
ḫa - zu - šu
ihm ermöglichen, zu nehmen .

63 i - na NÍG.GA (namkūr/ makkūr) bīt (É) abim (A.BA)
aus dem Besitz (des) Hauses des Vaters

64 a - na a - ḫi - šu - nu
für ihren Bruder,

65 ṣe - eḫ - ri - im
den jüngsten (kleinsten),

66 ša aš - ša - tam
der eine Ehefrau

67 la aḫ - zu
(noch) nicht geheiratet hat,

68 e - li - a - at
(als) Zusatzbetrag

69 zi - it - ti - šu
(zu) seinem Erbteil

70 kasap (KÙ.BABBAR) ter - ḫa - tim
Geld (für) einen Brautpreis

71 i - ša - ak - ka -
nu - šum - ma
bereitstellen

72 aš - ša - tam
(und) eine Ehefrau

73 ú - ša - aḫ -
ḫa - zu - šu
ihm ermöglichen, zu nehmen .

§ 167

74 šum - ma a - wi - lum
Wenn ein Bürger

75 aš - ša - tam
eine Ehefrau

76 i - ḫu - uz - ma
heiratet,

77 mārī (DUMU.MEŠ) ú - li - súm
(und) Söhne sie ihm gebiert,

78 sinništum (MÍ) ši - i
(und) die Frau, diese,

79 a - na ši - im - tim
in das Andere (das Zeitliche)

80 it - ta - la - ak
geht (segnet),

81 wa - ar - ki - ša
(er) nachher (nach ihrem Tode)

82 sinništam (MÍ) ša - ni - tam
eine Frau, eine andere,

83 i - ta - ḫa -
az - ma
heiratet,

84 mārī (DUMU. MEŠ) it - ta -
(und auch diese) Söhne

§ 167

74 šum - ma a - wi - lum
Wenn ein Bürger

75 aš - ša - tam
eine Ehefrau

76 i - ḫu - uz - ma
heiratet,

77 mārī (DUMU.MEŠ) ú - li - súm
(und) Söhne sie ihm gebiert,

78 sinništum (MÍ) ši - i
(und) die Frau, diese,

79 a - na ši - im - tim
in das Andere (das Zeitliche)

80 it - ta - la - ak
geht (segnet),

81 wa - ar - ki - ša
(er) nachher (nach ihrem Tode)

82 sinništam (MÍ) ša - ni - tam
eine Frau, eine andere,

83 i - ta - ḫa -
az - ma
heiratet,

84 mārī (DUMU. MEŠ) it - ta -
(und auch diese) Söhne

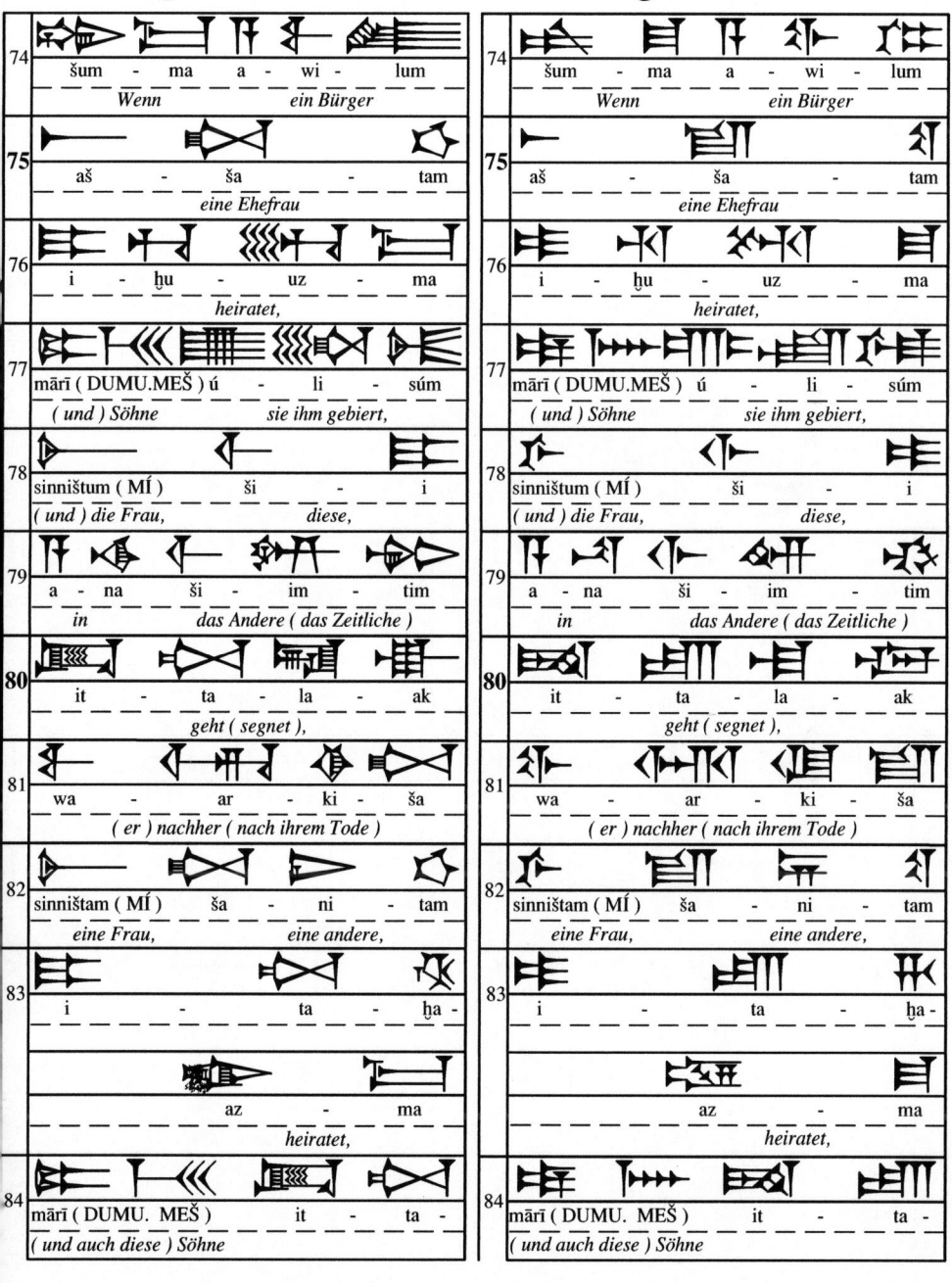

la - ad
gebiert,

85 wa - ar - ka - nu - um
(sollen,) nachdem

86 a - bu - um
der Vater

a - na ši - im - tim
in das Andere (das Zeitliche)

87 it - ta - al - ku
gegangen ist (gesegnet hat),

XXXV

1 mārū (DUMU.MEŠ) a - na um -
die Söhne nach

ma - tim
den Müttern

2 ú - ul i - zu -
nicht

uz - zu
teilen;

3 še - ri - ik - ti
die Mitgift(e)

4 um - ma - ti - šu - nu
ihrer Mütter

5 i - le - qú - ma
(sollen) sie nehmen

la - ad
gebiert,

85 wa - ar - ka - nu - um
(sollen,) nachdem

86 a - bu - um
der Vater

a - na ši - im - tim
in das Andere (das Zeitliche)

87 it - ta - al - ku
gegangen ist (gesegnet hat),

XXXV

1 mārū (DUMU.MEŠ) a - na um -
die Söhne nach

ma - tim
den Müttern

2 ú - ul i - zu -
nicht

uz - zu
teilen;

3 še - ri - ik - ti
die Mitgift(e)

4 um - ma - ti - šu - nu
ihrer Mütter

5 i - le - qú - ma
(sollen) sie nehmen

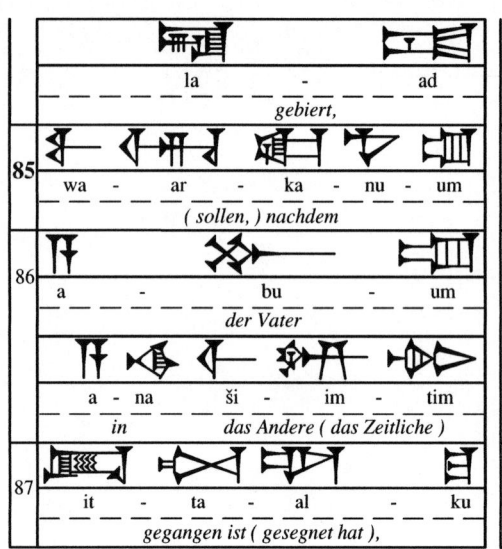

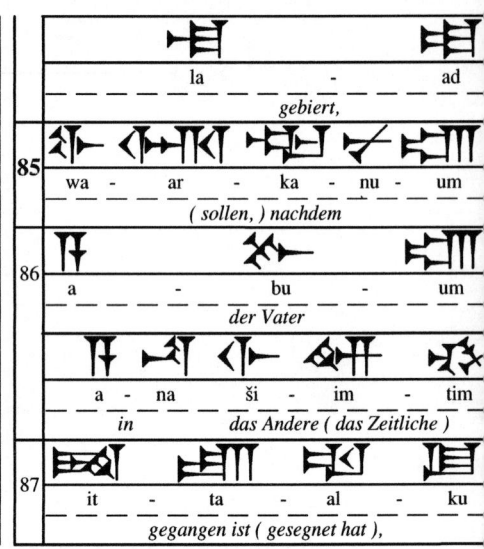

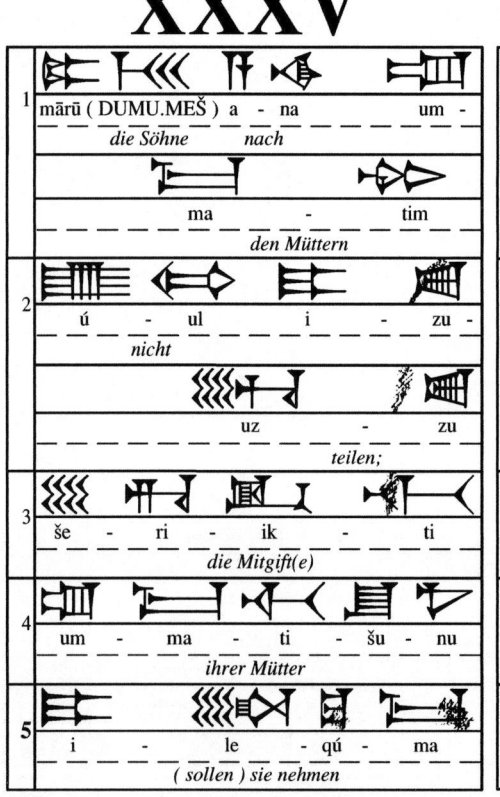

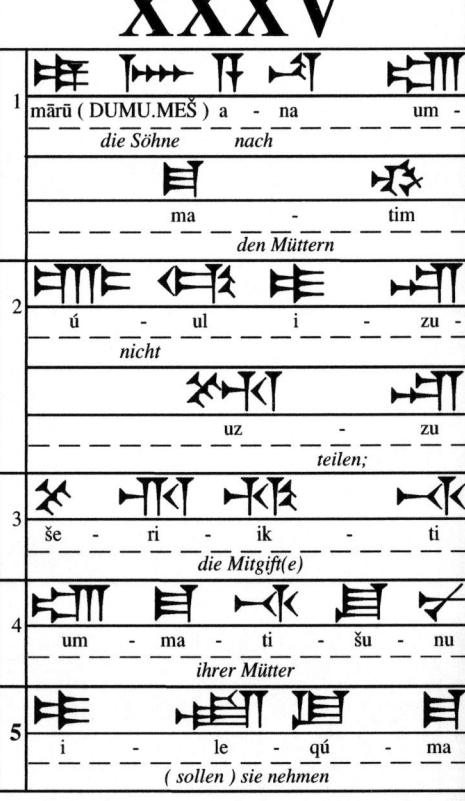

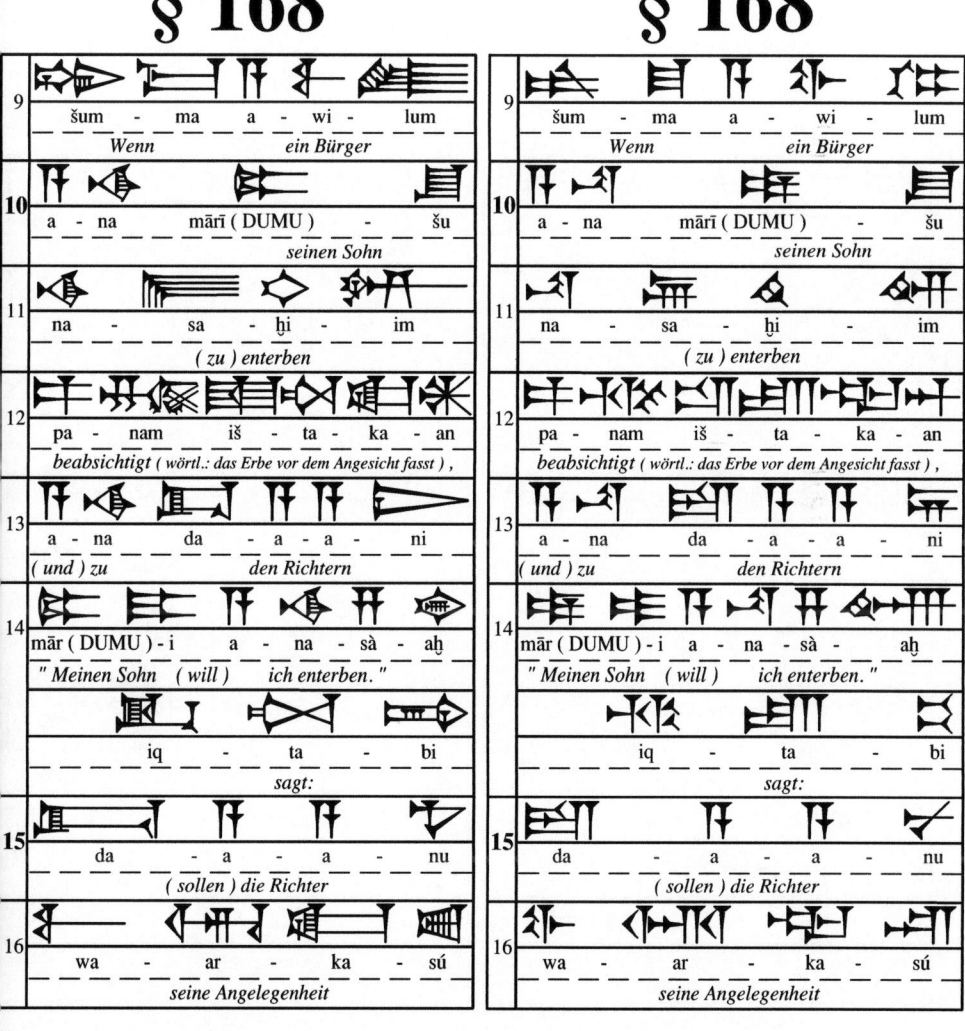

6 

NÍG . GA (namkūr/ makkūr) bīt (É) abim (A . BA)

(und) den Besitz des Hauses des Vaters

7 

mi - it - ḫa - ri - iš

zu gleichen Stücken

8 

i - zu - uz - zu

teilen.

§ 168

9 

šum - ma a - wi - lum

Wenn ein Bürger

10 

a - na mārī (DUMU) - šu

seinen Sohn

11 

na - sa - ḫi - im

(zu) enterben

12 

pa - nam iš - ta - ka - an

beabsichtigt (wörtl.: das Erbe vor dem Angesicht fasst) ,

13 

a - na da - a - a - ni

(und) zu den Richtern

14 

mār (DUMU) - i a - na - sà - aḫ

" Meinen Sohn (will) ich enterben. "

iq - ta - bi

sagt:

15 

da - a - a - nu

(sollen) die Richter

16 

wa - ar - ka - sú

seine Angelegenheit

6 

NÍG . GA (namkūr/ makkūr) bīt (É) abim (A . BA)

(und) den Besitz des Hauses des Vaters

7 

mi - it - ḫa - ri - iš

zu gleichen Stücken

8 

i - zu - uz - zu

teilen.

§ 168

9 

šum - ma a - wi - lum

Wenn ein Bürger

10 

a - na mārī (DUMU) - šu

seinen Sohn

11 

na - sa - ḫi - im

(zu) enterben

12 

pa - nam iš - ta - ka - an

beabsichtigt (wörtl.: das Erbe vor dem Angesicht fasst) ,

13 

a - na da - a - a - ni

(und) zu den Richtern

14 

mār (DUMU) - i a - na - sà - aḫ

" Meinen Sohn (will) ich enterben. "

iq - ta - bi

sagt:

15 

da - a - a - nu

(sollen) die Richter

16 

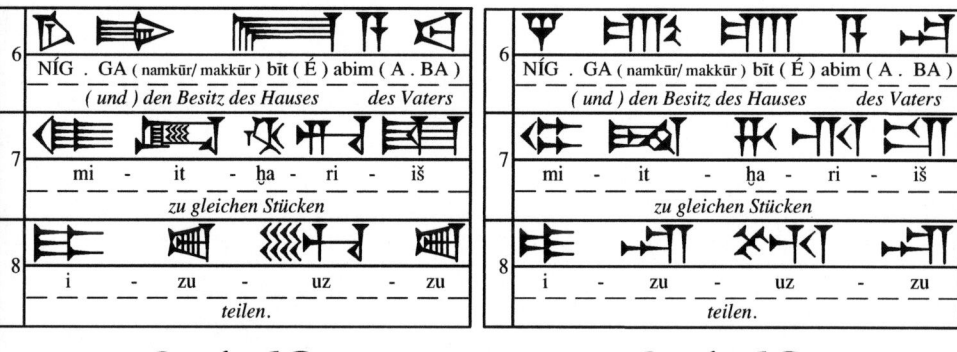

wa - ar - ka - sú

seine Angelegenheit

17 i - pár - ra - su - ma
überprüfen;

18 šum - ma mārum (DUMU)
wenn der Sohn

ar - nam kab - tam
eine Schuld, eine schwere,

19 ša i - na ap - lu - tim
des Erbrechts

20 na - sa - ḫi - im
Aufhebung

21 la ub - lam
nicht verdient,

22 a - bu - um mārā (DUMU) - šu
(darf) der Vater seinen Sohn

23 i - na ap - lu - tim
aus der Erbschaft

24 ú - ul i - na - sà - aḫ
nicht verstossen.

§ 169

25 šum - ma ar - nam kab - tam
Wenn eine Schuld, eine schwere,

26 ša i - na ap - lu - tim
die des Erbrechts

27 na - sa - ḫi - im
Aufhebung

17 i - pár - ra - su - ma
überprüfen;

18 šum - ma mārum (DUMU)
wenn der Sohn

ar - nam kab - tam
eine Schuld, eine schwere,

19 ša i - na ap - lu - tim
des Erbrechts

20 na - sa - ḫi - im
Aufhebung

21 la ub - lam
nicht verdient,

22 a - bu - um mārā (DUMU) - šu
(darf) der Vater seinen Sohn

23 i - na ap - lu - tim
aus der Erbschaft

24 ú - ul i - na - sà - aḫ
nicht verstossen.

§ 169

25 šum - ma ar - nam kab - tam
Wenn eine Schuld, eine schwere,

26 ša i - na ap - lu - tim
die des Erbrechts

27 na - sa - ḫi - im
Aufhebung

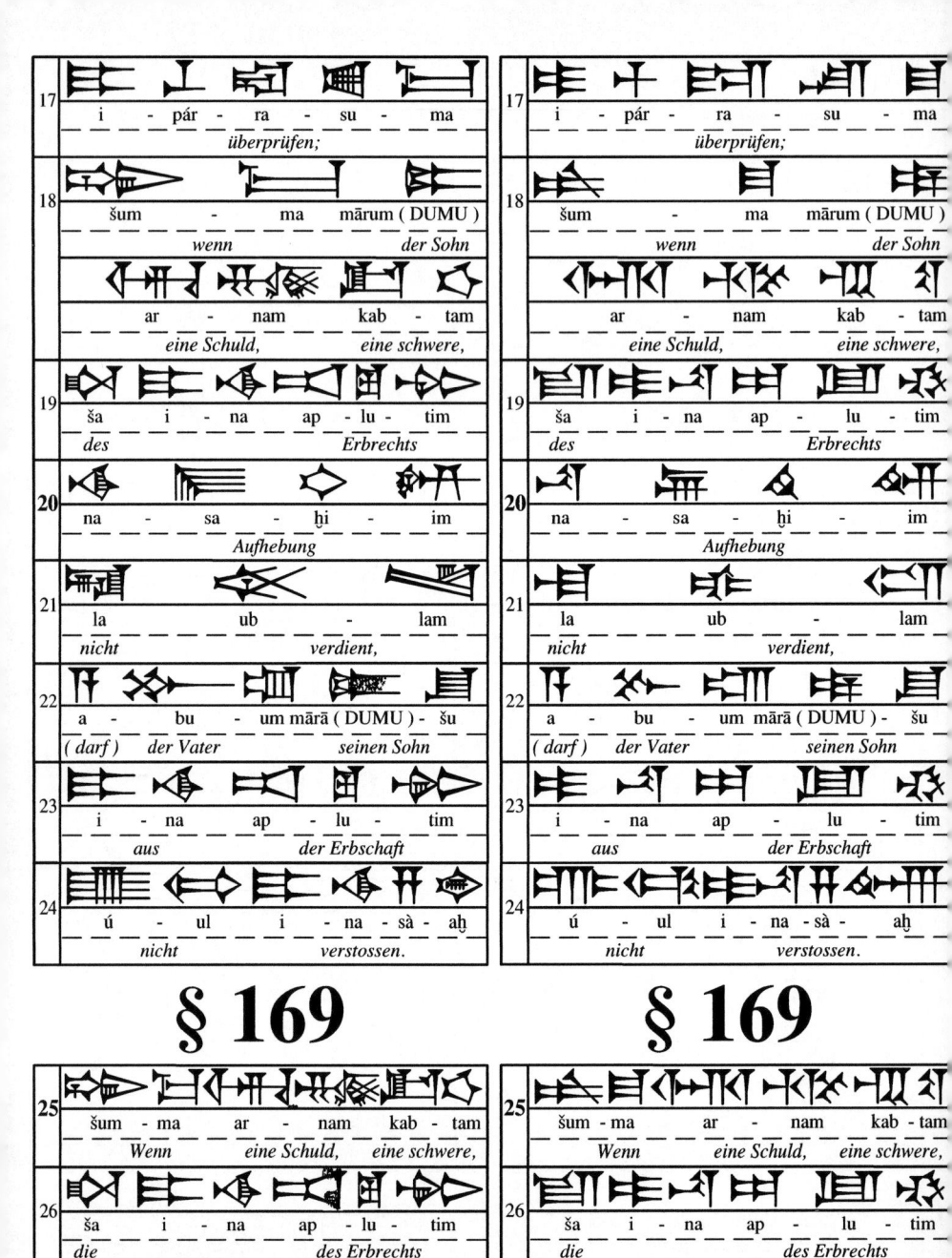

28 a - na a - bi - šu

gegenüber seinem Vater

29 it - ba - lam

auf sich geladen hat,

30 a - na iš - ti - iš - šu

beim ersten (Mal)

31 pa - ni - šu ub - ba - lu

(soll man) ihm verzeihen;

32 šum - ma ar - nam

wenn er eine Schuld,

kab - tam

eine schwere,

33 a - di ši - ni - šu

zum zweiten (Mal)

it - ba - lam

auf sich lädt,

34 a - bu - um mārā (DUMU) - šu

(darf) der Vater seinen Sohn

35 i - na ap - lu - tim

aus der Erbschaft

36 i - na sà - aḫ

verstossen.

§ 170

37 šum - ma a - wi - lum

Wenn eines Bürgers

28 a - na a - bi - šu

gegenüber seinem Vater

29 it - ba - lam

auf sich geladen hat,

30 a - na iš - ti - iš - šu

beim ersten (Mal)

31 pa - ni - šu ub - ba - lu

(soll man) ihm verzeihen;

32 šum - ma ar - nam

wenn er eine Schuld,

kab - tam

eine schwere,

33 a - di ši - ni - šu

zum zweiten (Mal)

it - ba - lam

auf sich lädt,

34 a - bu - um mārā (DUMU) - šu

(darf) der Vater seinen Sohn

35 i - na ap - lu - tim

aus der Erbschaft

36 i - na sà - aḫ

verstossen.

§ 170

37 šum - ma a - wi - lum

Wenn eines Bürgers

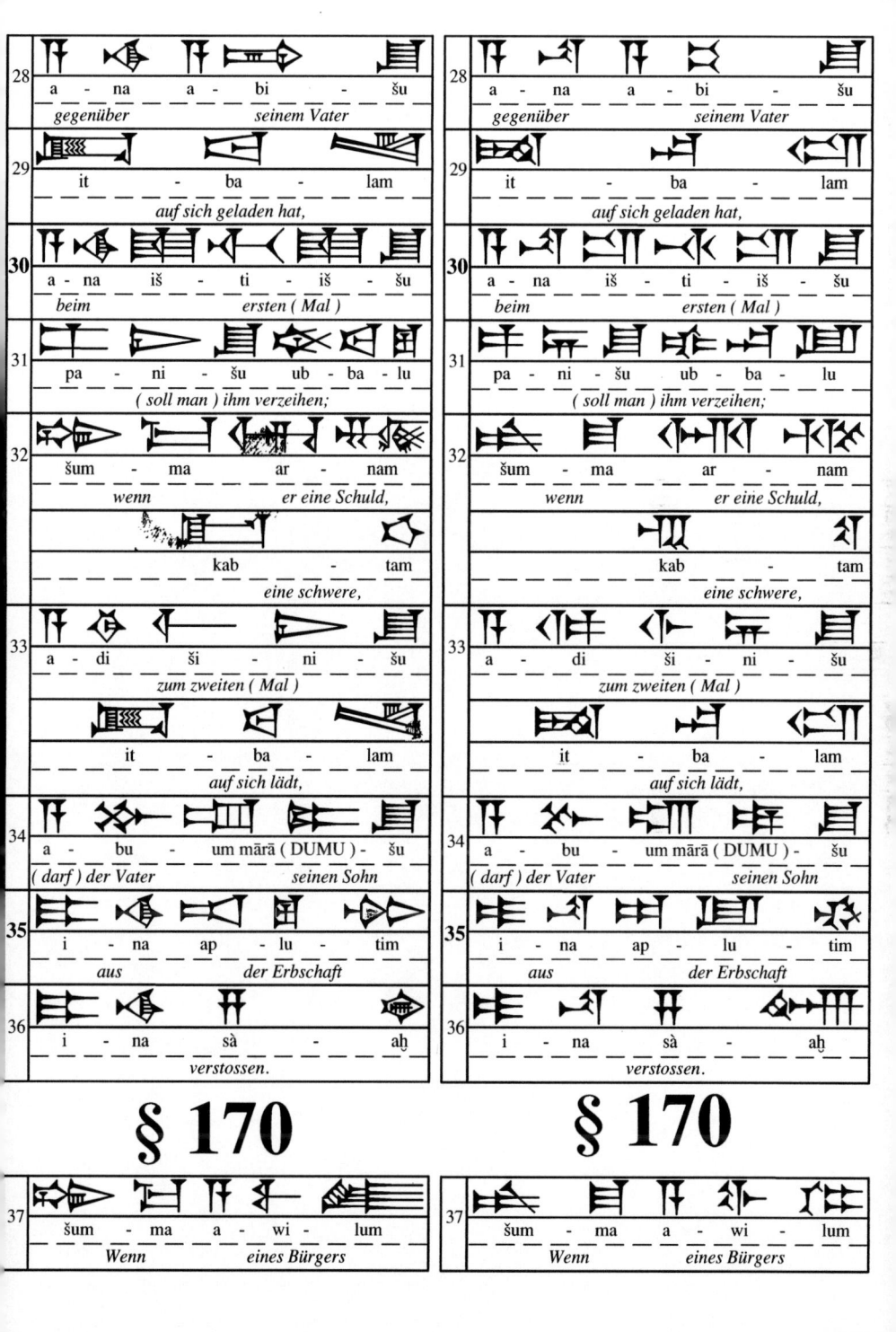

§ 160) 47) Wenn ein Bürger 48) ins Haus des Schwiegervaters 49) das Hochzeitsgeschenk 50) hat bringen lassen 51) und den Brautschatz 52) gegeben hat, 53) (wenn dann) der Vater der Tochter 55) sagt: 54) "Meine Tochter werde ich dir nicht geben", 56) so soll er alles, was 57) ihm gebracht worden ist, 58) doppelt 59) zurückgeben.

§ 161) 60) Wenn ein Bürger 61) ins Haus seines Schwiegervaters 62) das Hochzeitsgeschenk hat bringen lassen 63) und den Brautpreis 64) gegeben hat, 65) wenn dann sein "Freund" 66) ihn verleumdet 67) und sein Schwiegervater 68) zum (vorgesehenen) Gatten 70) sagt: 69) "Meine Tochter wirst du nicht 71) bekommen", 72) so soll er alles, was 72) ihm gebracht worden ist, 73) doppelt 74) zurückgeben, 75) und sein "Freund" 75) darf seine (vorgesehene) Ehefrau 77) nicht heiraten.

§ 162) 78) Wenn ein Bürger 79) eine Ehefrau 80) nimmt 81) und sie ihm Kinder gebiert, 82) wenn diese Frau 83) das Zeitliche **XXXIV** 1) segnet, 3) so darf ihr Vater 4) keinen Klageanspruch erheben 2) auf ihre Mitgift; 5) ihre Mitgift 6) gehört ihren Kindern.

§ 163) 7) Wenn ein Bürger 8) eine Ehefrau 9) nimmt 10) und sie ihn nicht Kinder bekommen lässt, 11) wenn diese Frau 12) das Zeitliche 13) segnet, 14) und wenn dann 17) sein Schwiegervater 14) den Brautpreis, 15) den dieser Bürger 16) in das Haus seines Schwiegervaters gebracht hat, 18) ihm zurückgibt, 21) so soll ihr Ehemann keinen Klageanspruch erheben 19) auf die Mitgift 20) dieser Frau; 22) ihre Mitgift 23) gehört dem Hause ihres Vaters.

§ 164) 24) Wenn sein Schwiegervater 25) ihm den Brautpreis 26) nicht zurückgibt, 27) so soll er von ihrer Mitgift 28) einen ihrem Brautpreis entsprechenden Betrag 29) abziehen 30) und ihre Mitgift 31) dem Hause ihres Vaters 32) zurückgeben.

§ 165) 33) Wenn ein Bürger 34) seinem Erbsohn, 35) der ihm angenehm ist, 36) ein Feld, einen Baumgarten oder ein Haus 37) schenkt 38) und ihm eine gesiegelte Urkunde schreibt, 39) nachdem der Vater 40) das Zeitliche 41) gesegnet hat, 42) soll er, wenn die Brüder 43) die Teilung vornehmen, 44) das Geschenk, das der Vater 45) ihm gegeben hat, 46) an sich nehmen, 47) und ausserdem 48) sollen sie sich in den Besitz des Vaterhauses 49) zu gleichen Teilen 50) teilen.

§ 166) 51) Wenn ein Bürger 52) für die Söhne, die er bekommen hat, 53) Ehefrauen freit, 54) aber für seinen 55) jüngsten 54) Sohn 56) noch keine Ehefrau 57) gefreit hat, 58) so sollen, nachdem der Vater 59) das Zeitliche 60) gesegnet hat, 61) die Brüder, wenn sie 62) die Teilung vornehmen, 63) aus dem Besitz des Vaterhauses 64) für ihren 65) jüngsten 64) Bruder, 66) der noch keine Frau 67) geheiratet hat, 68) als Zusatzbetrag 69) zu seinem Erbteil 70) Geld für einen Brautpreis 71) bereitstellen 73) und es ihm ermöglichen 72) eine Ehefrau 73) zu nehmen.

§ 167) 74) Wenn ein Bürger 75) eine Ehefrau 76) nimmt 77) und sie ihm Söhne gebiert, 78) wenn diese Frau 79) das Zeitliche 80) segnet, 81) er nach ihrem Tode 82) eine andere Frau 83) heiratet 84) und (auch diese) Söhne gebiert, 85) so sollen, nachdem 86) der Vater das Zeitliche 87) gesegnet hat, **XXXV**, 1) die Söhne 2) die Teilung nicht 1) je nach Müttern vornehmen; 3) die Mitgift 4) ihrer Mütter 5) sollen sie nehmen 6) und den Besitz des Vaterhauses 7) zu gleichen Teilen 8) teilen.

§ 168) 9) Wenn ein Bürger 12) beabsichtigt, 10) seinen Sohn 11) zu enterben, 13) und zu den Richtern 14) sagt: "Ich will meinen Sohn enterben", 15) sollen die Richter 16) seine Angelegenheit 17) überprüfen; 18) wenn der Sohn keine schwere Schuld 21) auf sich geladen hat, 20) die Aufhebung 19) des Erbrechtes verdient, 22) darf der Vater seinen Sohn 23) nicht aus der Erbschaft 24) verstoßen.

§ 169) 25) Wenn er 28) gegenüber seinem Vater 25) eine schwere Schuld, 27) die die Aufhebung 26) des Erbrechts verdient, 29) auf sich geladen hat, 30) so soll man ihm beim ersten Male 31) verzeihen; 32) wenn er 33) ein zweites Mal 32) eine schwere Schuld 33) auf sich lädt, 34) darf der Vater seinen Sohn 35) aus der Erbschaft 36) verstoßen.

38 ḫi - ir - ta - šu

(erste) Gemahlin

39 mārī (DUMU.MEŠ) ú - li - súm

Kinder ihm gebiert,

40 ú amas (GÉME) - sú

und seine Sklavin

41 mārī (DUMU.MEŠ) ú - li - súm

Kinder ihm gebiert,

42 a - bu - um

(und wenn) der Vater

43 i - na bu - ul - ṭì - šu

zu seinen Lebzeiten

44 a - na mārī (DUMU. MEŠ) ša amtum (GÉME)

die Kinder, die die Sklavin

ul - du - šum

ihm geboren hat,

45 mārū (DUMU.MEŠ) - ú - a

" (Das sind) meine Kinder "

iq - ta - bi

sagt:

46 it - ti mārī (DUMU . MEŠ)

(und) mit den Kindern

ḫi - ir - tim

der (ersten) Gattin

47 im - ta - nu - šu - nu - ti

gleichgestellt hat,

38 ḫi - ir - ta - šu

(erste) Gemahlin

39 mārī (DUMU.MEŠ) ú - li - súm

Kinder ihm gebiert,

40 ú amas (GÉME) - sú

und seine Sklavin

41 mārī (DUMU.MEŠ) ú - li - súm

Kinder ihm gebiert,

42 a - bu - um

(und wenn) der Vater

43 i - na bu - ul - ṭì - šu

zu seinen Lebzeiten

44 a - na mārī (DUMU. MEŠ) ša amtum (GÉME)

die Kinder, die die Sklavin

ul - du - šum

ihm geboren hat,

45 mārū (DUMU.MEŠ) - ú - a

" (Das sind) meine Kinder "

iq - ta - bi

sagt:

46 it - ti mārī (DUMU . MEŠ)

(und) mit den Kindern

ḫi - ir - tim

der (ersten) Gattin

47 im - ta - nu - šu - nu - ti

gleichgestellt hat,

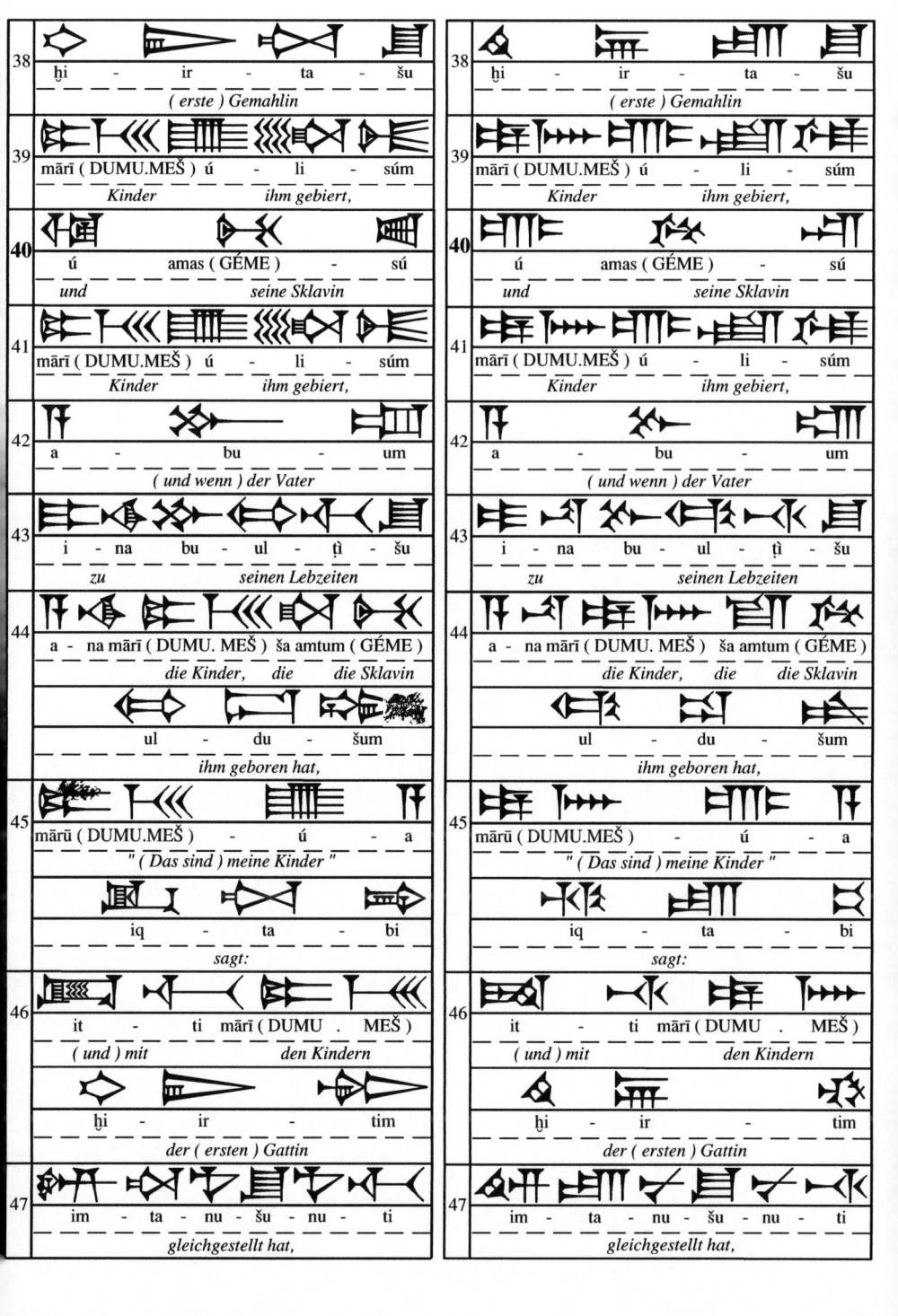

48	wa - ar - ka	(sollen,) nachdem
	a - bu - um	der Vater
49	a - na ši - im - tim	in das Andere (das Zeitliche)
50	it - ta - al - ku	gegangen ist (gesegnet hat),
51	i - na NÍG .GA (namkūr/ makkūr)	in den Besitz
	bīt (É) abim (A . BA)	des Hauses des Vaters
52	mārū (DUMU.MEŠ) ḫi - ir - tim	die Kinder der (ersten) Gattin)
53	ù mārū (DUMU. MEŠ) amtim (GÉME)	und die Kinder der Sklavin
54	mi - it - ḫa - ri - iš	(sich) zu gleichen Teilen
55	i - zu - uz - zu	teilen.
56	aplum (IBILA = TUR.UŠ) mār (DUMU) ḫi - ir - tim	Der Erbsohn, Sohn der (ersten) Gattin,
57	i - na zi - it - tim	(darf) seinen Anteil
58	i - na - sà - aq - ma	auswählen

48	wa - ar - ka	(sollen,) nachdem
	a - bu - um	der Vater
49	a - na ši - im - tim	in das Andere (das Zeitliche)
50	it - ta - al - ku	gegangen ist (gesegnet hat),
51	i - na NÍG . GA (namkūr/ makkūr)	in den Besitz
	bīt (É) abim (A . BA)	des Hauses des Vaters
52	mārū (DUMU.MEŠ) ḫi - ir - tim	die Kinder der (ersten) Gattin)
53	ù mārū (DUMU . MEŠ) amtim (GÉME)	und die Kinder der Sklavin
54	mi - it - ḫa - ri - iš	(sich) zu gleichen Teilen
55	i - zu - uz - zu	teilen.
56	aplum (IBILA = TUR.UŠ) mār (DUMU) ḫi - ir - tim	Der Erbsohn, Sohn der (ersten) Gattin,
57	i - na zi - it - tim	(darf) seinen Anteil
58	i - na - sà - aq - ma	auswählen

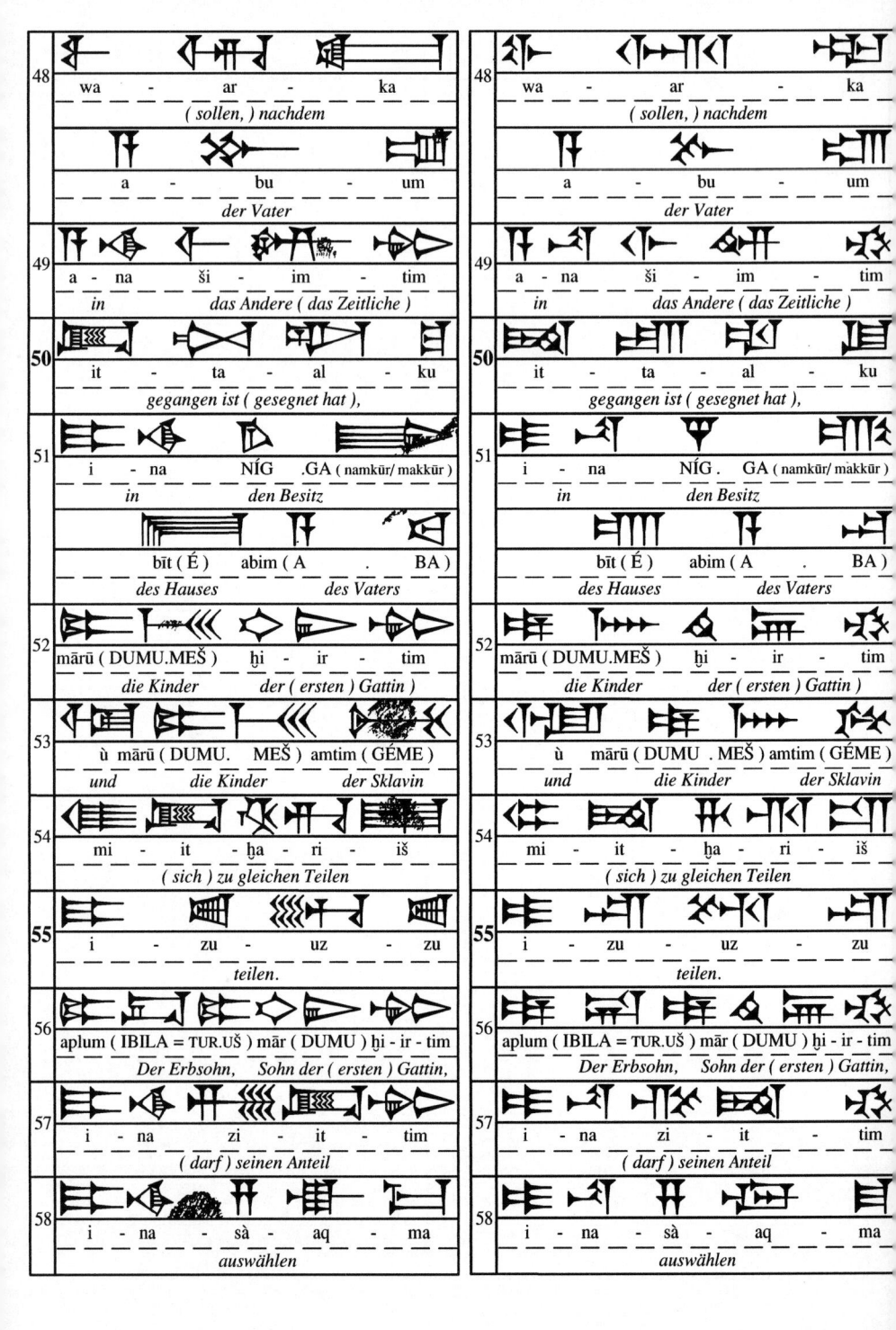

59 i - le - qé
(und) gehen (und vorwegnehmen).

§ 171a

Zeile	Umschrift	Übersetzung
60	ù šum - ma a - bu - um	Aber wenn der Vater
61	i - na bu - ul - ṭì - šu	zu seinen Lebzeiten
62	a - na mārī (DUMU.MEŠ) ša amtum (GÉME)	die Kinder, die die Sklavin
	ul - du - šum	ihm geboren hat
63	mārū (DUMU. MEŠ) - ú - a	" (Das sind) meine Kinder
	la iq - ta - bi	nicht! " sagt:
64	wa - ar - ka	(sollen,) nachdem
	a - bu - um	der Vater
65	a - na ši - im - tim	in das Andere (das Zeitliche)
66	it - ta - al - ku	gegangen ist (gesegnet hat),
67	i - na NÍG.GA (namkūr/ makkūr) bīt (É) abim (A.BA)	(sie sich) in den Besitz des Hauses des Vaters

59 i - le - qé
(und) gehen (und vorwegnehmen).

§ 171a

Zeile	Umschrift	Übersetzung
60	ù šum - ma a - bu - um	Aber wenn der Vater
61	i - na bu - ul - ṭì - šu	zu seinen Lebzeiten
62	a - na mārī (DUMU.MEŠ) ša amtum (GÉME)	die Kinder, die die Sklavin
	ul - du - šum	ihm geboren hat
63	mārū (DUMU. MEŠ) - ú - a	" (Das sind) meine Kinder
	la iq - ta - bi	nicht! " sagt:
64	wa - ar - ka	(sollen,) nachdem
	a - bu - um	der Vater
65	a - na ši - im - tim	in das Andere (das Zeitliche)
66	it - ta - al - ku	gegangen ist (gesegnet hat),
67	i - na NÍG.GA (namkūr/ makkūr) bīt (É) abim (A.BA)	(sie sich) in den Besitz des Hauses des Vaters

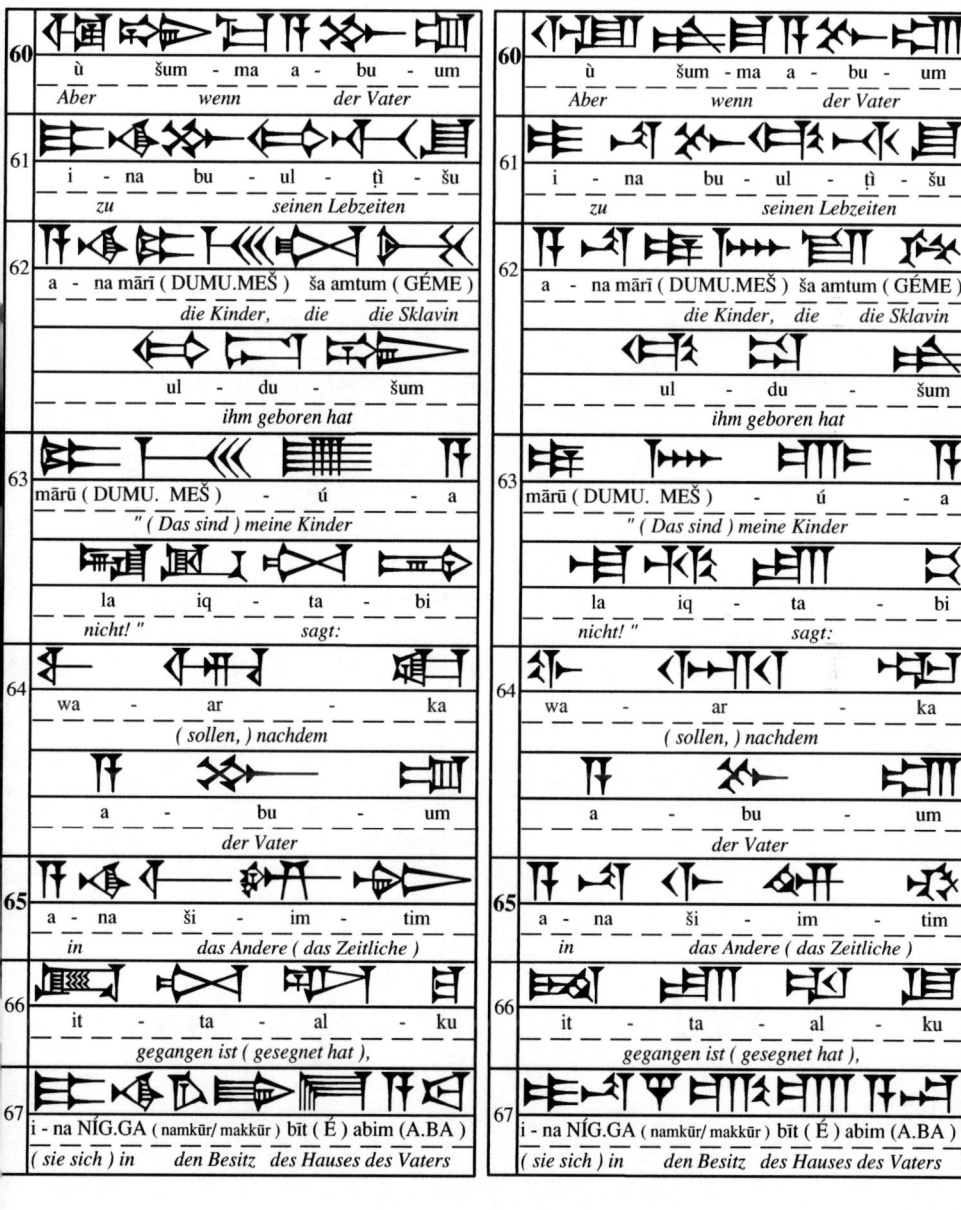

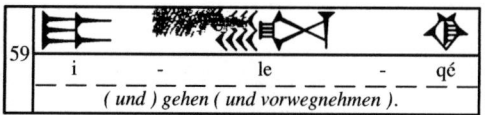

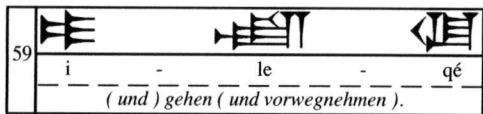

68 mārū (DUMU . MEŠ) amtim (GÉME)
die Kinder der Sklavin

69 it - ti mārī (DUMU . MEŠ)
mit den Kindern

ḫi - ir - tim
der (ersten) Gattin

70 ú - ul i - zu - uz - zu
nicht teilen.

71 an - du - ra - ar
(--> Zeile 73)

72 amtim (GÉME) ù mārī DUMU . MEŠ) - ša
Die Sklavin und ihre Kinder

73 iš - ša - ak - ka - an
(sollen) freigelassen werden (-> Zeile 71).

74 mārū (DUMU.MEŠ) ḫi - ir - tim
Die Kinder der (ersten) Gattin

75 a - na mārī (DUMU. MEŠ) amtim (GÉME)
(dürfen) die Kinder der Sklavin

76 a - na wa - ar - du - tim
als Sklaven

77 ú - ul i - ra - ag - gu - mu
nicht beanspruchen.

68 mārū (DUMU . MEŠ) amtim (GÉME)
die Kinder der Sklavin

69 it - ti mārī (DUMU . MEŠ)
mit den Kindern

ḫi - ir - tim
der (ersten) Gattin

70 ú - ul i - zu - uz - zu
nicht teilen.

71 an - du - ra - ar
(--> Zeile 73)

72 amtim (GÉME) ù mārī DUMU . MEŠ) - ša
Die Sklavin und ihre Kinder

73 iš - ša - ak - ka - an
(sollen) freigelassen werden (-> Zeile 71).

74 mārū (DUMU.MEŠ) ḫi - ir - tim
Die Kinder der (ersten) Gattin

75 a - na mārī (DUMU . MEŠ) amtim (GÉME)
(dürfen) die Kinder der Sklavin

76 a - na wa - ar - du - tim
als Sklaven

77 ú - ul i - ra - ag - gu - mu
nicht beanspruchen.

§ 171b

§ 171b

78 ḫi - ir - tum
Die (erste) Gattin

78 ḫi - ir - tum
Die (erste) Gattin

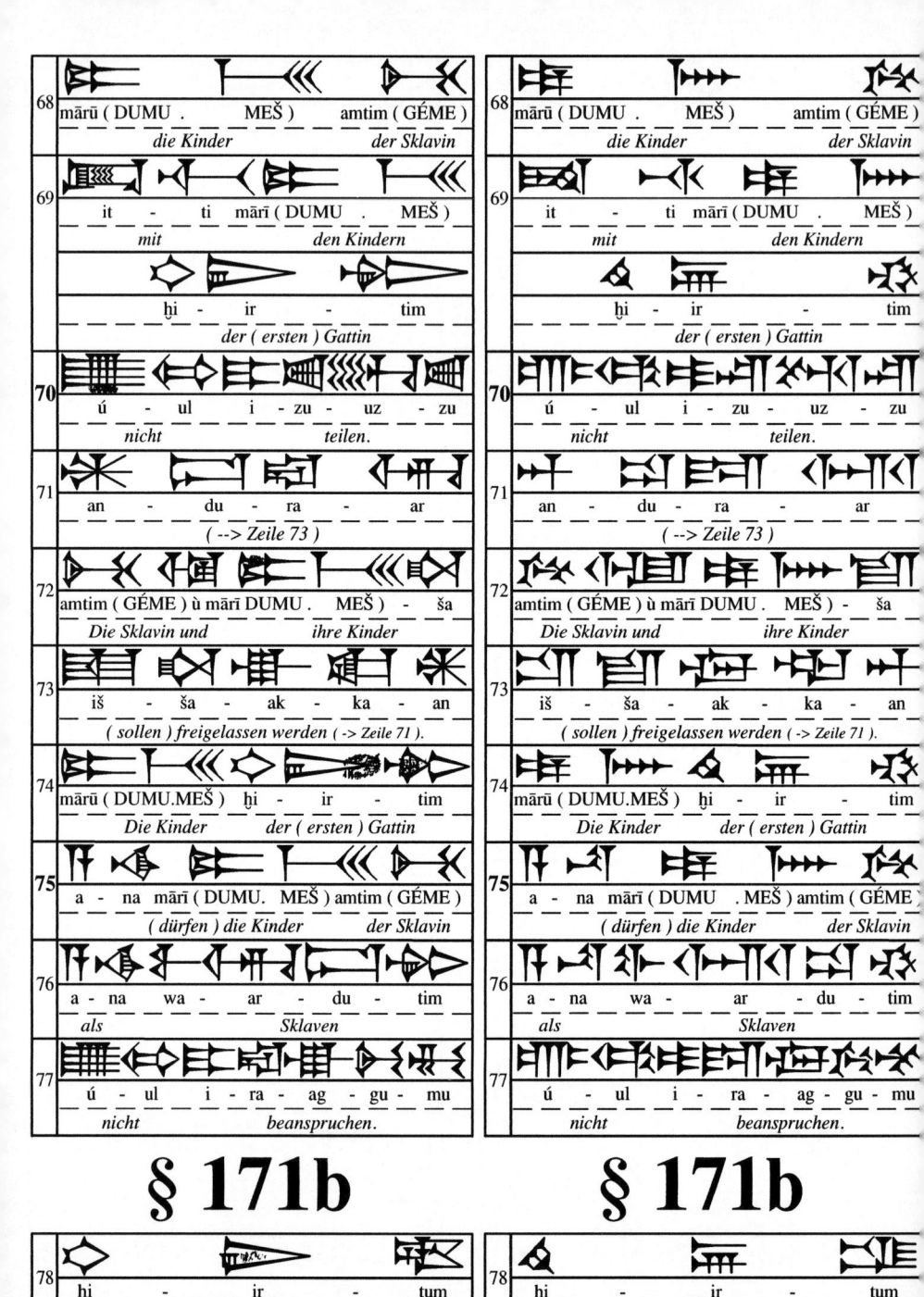

Zeile	Umschrift	Übersetzung
79	še - ri - ik - ta - ša	*(darf) ihre Mitgift*
80	ù nu - du - na - am	*und die Ehegabe,*
81	ša mu - sà	*die ihr Gatte*
82	id - di - nu - ši - im	*ihr gegeben*
83	i - na ṭup - pí - im	*(und) auf einer Tafel*
84	iš - ṭú - ru - ši - im	*verschrieben hat,*
85	i - le - qé - ma	*nehmen*
86	i - na šu - ba - at	*(und) in der Wohnung*
87	mu - ti - ša uš - ša - ab	*ihres Mannes wohnen (bleiben).*

Zeile	Umschrift	Übersetzung
79	še - ri - ik - ta - ša	*(darf) ihre Mitgift*
80	ù nu - du - na - am	*und die Ehegabe,*
81	ša mu - sà	*die ihr Gatte*
82	id - di - nu - ši - im	*ihr gegeben*
83	i - na ṭup - pí - im	*(und) auf einer Tafel*
84	iš - ṭú - ru - ši - im	*verschrieben hat,*
85	i - le - qé - ma	*nehmen*
86	i - na šu - ba - at	*(und) in der Wohnung*
87	mu - ti - ša uš - ša - ab	*ihres Mannes wohnen (bleiben).*

XXXVI

Zeile	Umschrift	Übersetzung
1	a - di ba - al - ṭa - at	*Solange sie lebt,*
	i - ik - ka - al	*(hat sie) den Niessbrauch (und)*
2	a - na kaspim (KÙ . BABBAR)	*für Geld*

XXXVI

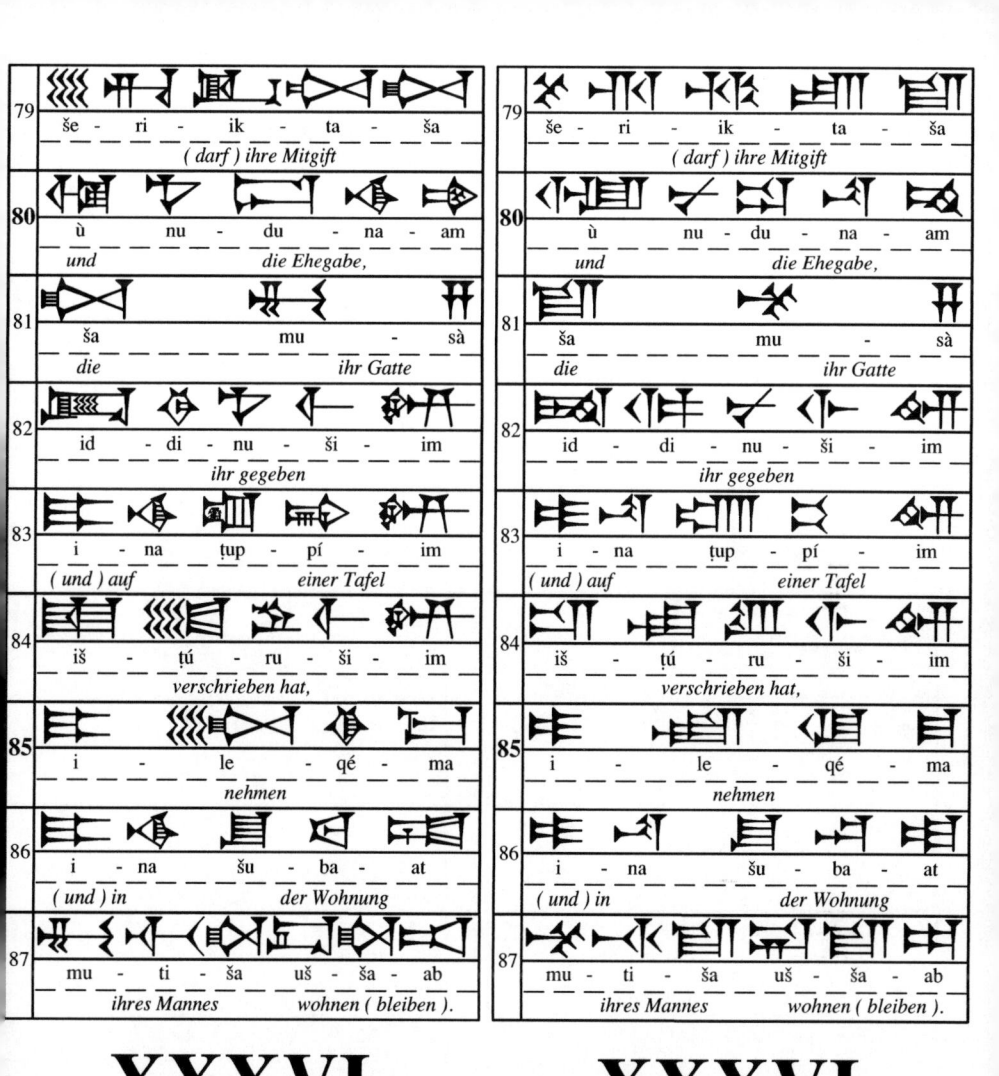

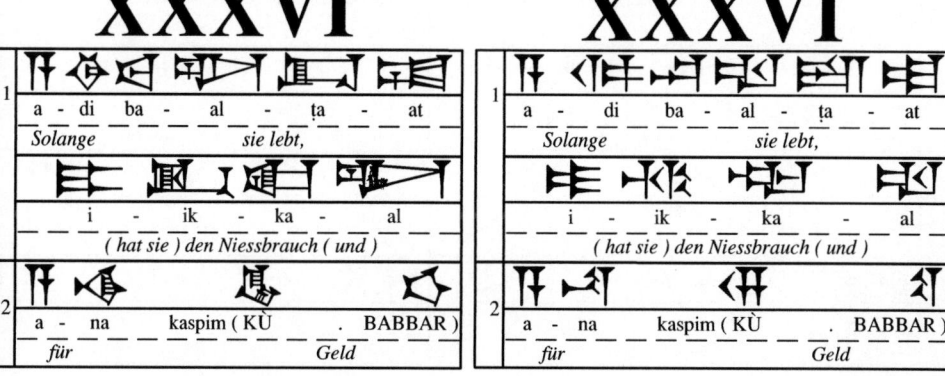

Zeile	Umschrift	Übersetzung
1	a - di ba - al - ṭa - at	*Solange sie lebt,*
	i - ik - ka - al	*(hat sie) den Niessbrauch (und)*
2	a - na kaspim (KÙ . BABBAR)	*für Geld*

3	ú - ul i - na - ad -	(darf sie) nichts
	di - in	hergeben.
4	wa - ar - ka - sà	Ihr Nachlass
5	ša mārī (DUMU . MEŠ) - ša - ma	gehört ihren Kindern.

§ 172

6	šum - ma mu - sà	Wenn ihr Ehemann
7	nu - du - un - na - am	ihr eine Gabe
8	la id - di - iš - ši - im	nicht gegeben hat,
9	še - ri - ik - ta - ša	(soll man) ihre Mitgift
10	ú - ša - la - mu -	
	ši - im - ma	ihr voll erstatten
11	i - na NÍG .GA (namkūr/ makkūr)	(und) vom Besitz
12	bīt (É) mu - ti - ša	des Hauses ihres Ehemannes

3	ú - ul i - na - ad -	(darf sie) nichts
	di - in	hergeben.
4	wa - ar - ka - sà	Ihr Nachlass
5	ša mārī (DUMU . MEŠ) - ša - ma	gehört ihren Kindern.

§ 172

6	šum - ma mu - sà	Wenn ihr Ehemann
7	nu - du - un - na - am	ihr eine Gabe
8	la id - di - iš - ši - im	nicht gegeben hat,
9	še - ri - ik - ta - ša	(soll man) ihre Mitgift
10	ú - ša - la - mu -	
	ši - im - ma	ihr voll erstatten
11	i - na NÍG .GA (namkūr/ makkūr)	(und) vom Besitz
12	bīt (É) mu - ti - ša	des Hauses ihres Ehemannes

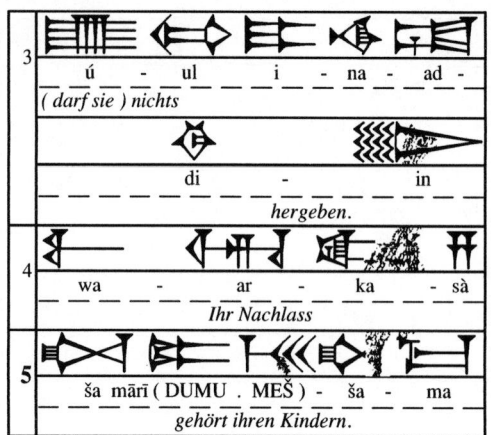

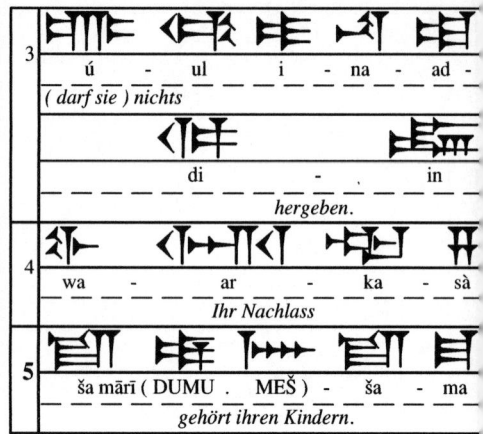

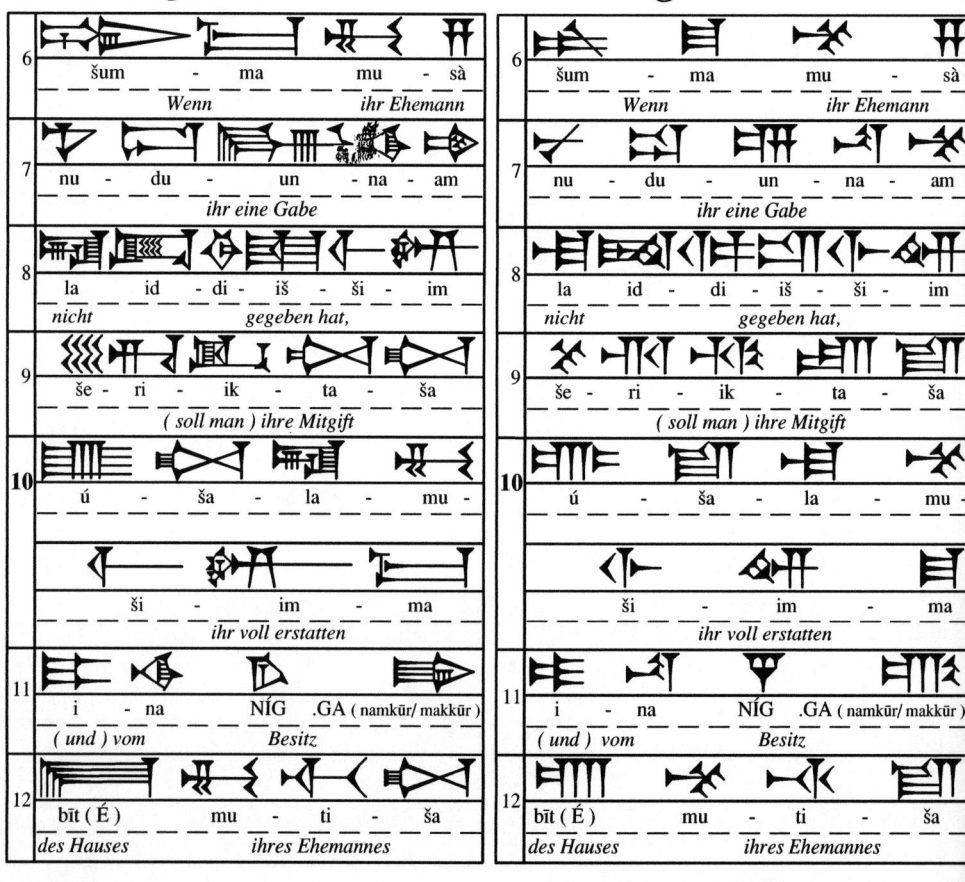

13	zí - it - tam	(soll) sie einen Anteil
14	ki - ma aplim (IBILA = TUR. UŠ)	*wie* *der Erbsohn,*
	iš - te - en	*der einzelne,*
15	i - le - qé	*bekommen.*
16	šum - ma mārū (DUMU . MEŠ) - ša	*Wenn* *ihre Kinder,*
17	aš - šum i - na bītim (É)	*um sie* *aus dem Haus*
	šu - ṣí - im	*zu vertreiben,*
18	ú - sà - aḫ - ḫa - mu - ši	*sie schikanieren,*
19	da - a - a - nu	*(sollen) die Richter*
20	wa - ar - ka - sà	*ihre Angelegenheit*
21	i - pár - ra - sú - ma	*überprüfen*
22	mārī (DUMU . MEŠ) ar - nam	*(und) den Kindern* *eine Strafe*
23	i - im - mi - du	*auferlegen.*

13	zí - it - tam	(soll) sie einen Anteil
14	ki - ma aplim (IBILA = TUR. UŠ)	*wie* *der Erbsohn,*
	iš - te - en	*der einzelne,*
15	i - le - qé	*bekommen.*
16	šum - ma mārū (DUMU . MEŠ) - ša	*Wenn* *ihre Kinder,*
17	aš - šum i - na bītim (É)	*um sie* *aus* *dem Haus*
	šu - ṣí - im	*zu vertreiben,*
18	ú - sà - aḫ - ḫa - mu - ši	*sie schikanieren,*
19	da - a - a - nu	*(sollen) die Richter*
20	wa - ar - ka - sà	*ihre Angelegenheit*
21	i - pár - ra - sú - ma	*überprüfen*
22	mārī (DUMU . MEŠ) ar - nam	*(und) den Kindern* *eine Strafe*
23	i - im - mi - du	*auferlegen.*

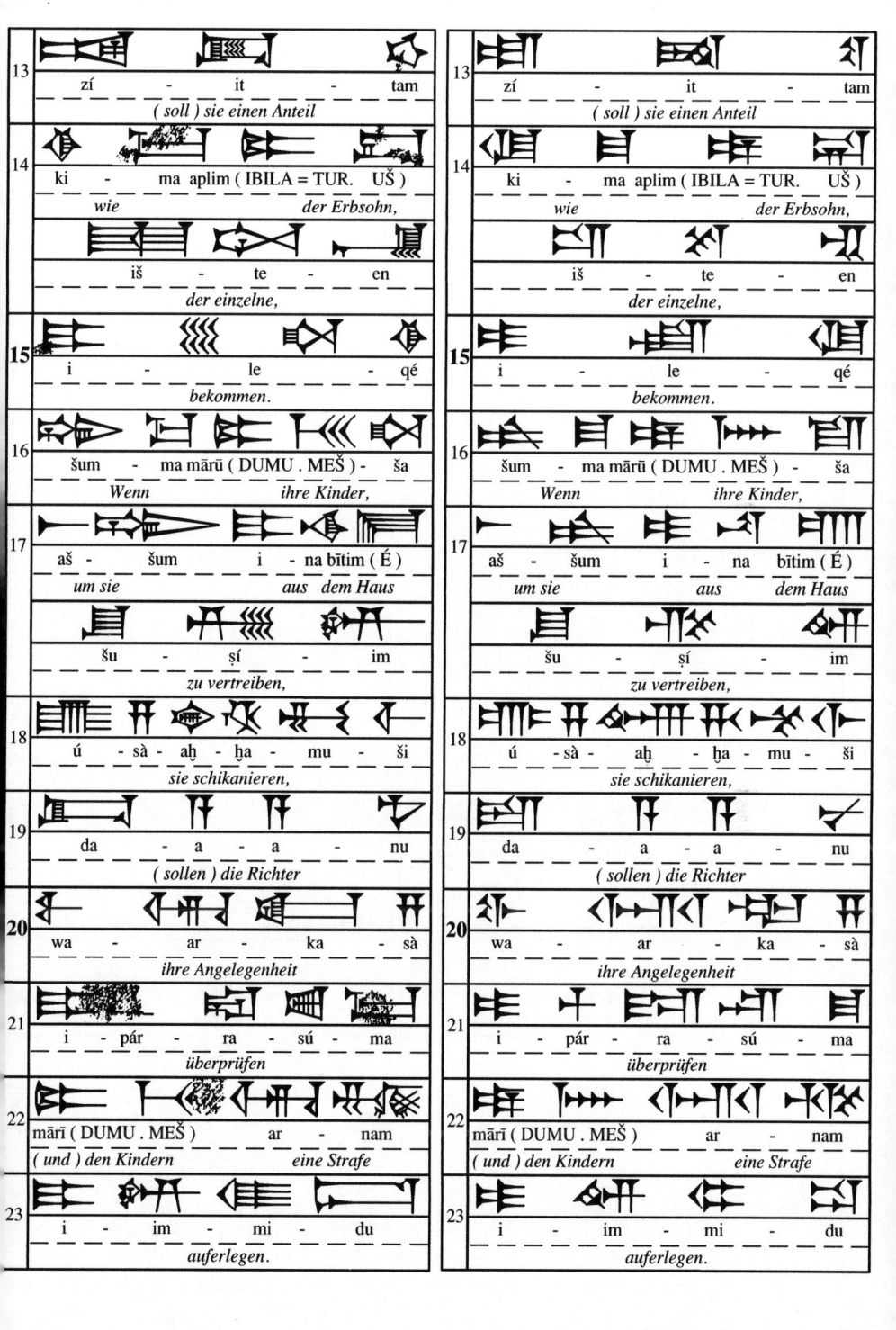

24	sinništum (MÍ) ši - i	*Die Frau, diese,*
25	i - na bīt (É) mu - ti - ša	*(braucht) aus dem Hause ihres Ehemannes*
26	ú - ul uṣ - ṣí	*nicht auszuziehen.*
27	šum - ma sinništum (MÍ) ši - i	*Wenn die Frau, diese,*
28	a - na wa - ṣe - em	*auszuziehen*
29	pa - ni - ša	
30	iš - ta - ka - an	*beabsichtigt,*
31	nu - du - un - na - am	*(soll) sie die Ehegabe,*
32	ša mu - sà	*die ihr Ehemann*
33	id - di - nu - ši - im	*ihr gegeben hat,*
34	a - na mārī (DUMU . MEŠ) - ša	*ihren Kindern*
35	i - iz - zi - ib	*zurücklassen,*
36	še - ri - ik - tam	*die Mitgift*

24	sinništum (MÍ) ši - i	*Die Frau, diese,*
25	i - na bīt (É) mu - ti - ša	*(braucht) aus dem Hause ihres Ehemannes*
26	ú - ul uṣ - ṣí	*nicht auszuziehen.*
27	šum - ma sinništum (MÍ) ši - i	*Wenn die Frau, diese,*
28	a - na wa - ṣe - em	*auszuziehen*
29	pa - ni - ša	
30	iš - ta - ka - an	*beabsichtigt,*
31	nu - du - un - na - am	*(soll) sie die Ehegabe,*
32	ša mu - sà	*die ihr Ehemann*
33	id - di - nu - ši - im	*ihr gegeben hat,*
34	a - na mārī (DUMU . MEŠ) - ša	*ihren Kindern*
35	i - iz - zi - ib	*zurücklassen,*
36	še - ri - ik - tam	*die Mitgift*

37	ša bīt (É) a - bi - ša	*vom Hause ihres Vaters*
38	i - le - qé - ma	*(darf) sie nehmen*
39	mu - ut li - ib - bi - ša	*(und) einen Ehemann ihres Herzens*
40	i - iḫ - ḫa - as - sí	*heiraten.*

37	ša bīt (É) a - bi - ša	*vom Hause ihres Vaters*
38	i - le - qé - ma	*(darf) sie nehmen*
39	mu - ut li - ib - bi - ša	*(und) einen Ehemann ihres Herzens*
40	i - iḫ - ḫa - as - sí	*heiraten.*

§ 173

§ 173

41	šum - ma sinništum (MÍ) ši - i	*Wenn die Frau, diese,*
42	a - šar i - ru - bu	*wo sie eingezogen ist,*
43	a - na mu - ti - ša	*ihrem Ehemann,*
44	wa - ar - ki - im	*dem späteren,*
45	mārī (DUMU.MEŠ) it - ta - la - ad	*Kinder gebiert*
46	wa - ar - ka sinništum (MÍ) ši - i im - tu - ut	*(und) nachher die Frau, diese, stirbt,*

41	šum - ma sinništum (MÍ) ši - i	*Wenn die Frau, diese,*
42	a - šar i - ru - bu	*wo sie eingezogen ist,*
43	a - na mu - ti - ša	*ihrem Ehemann,*
44	wa - ar - ki - im	*dem späteren,*
45	mārī (DUMU.MEŠ) it - ta - la - ad	*Kinder gebiert*
46	wa - ar - ka sinništum (MÍ) ši - i im - tu - ut	*(und) nachher die Frau, diese, stirbt,*

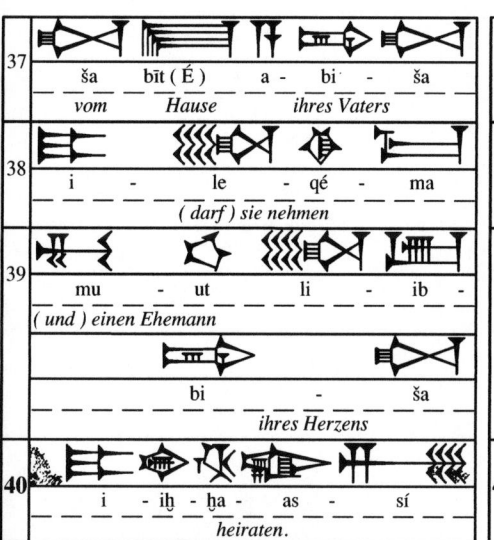

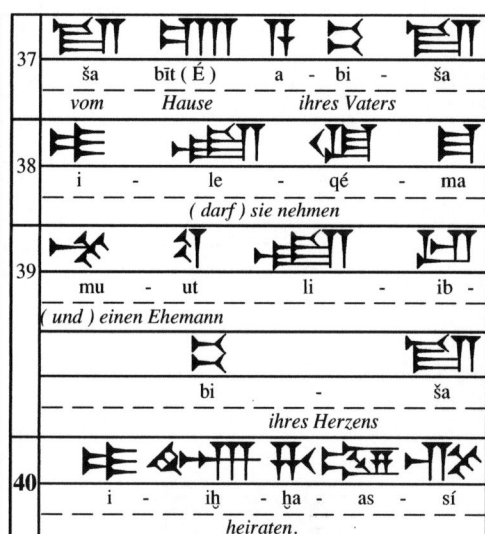

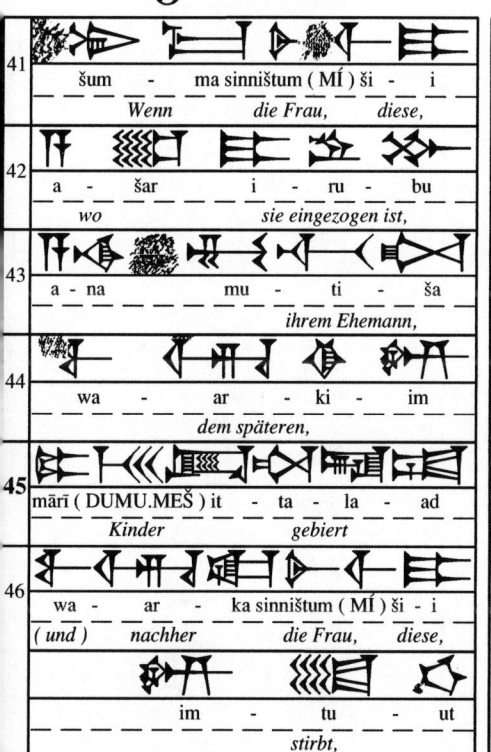

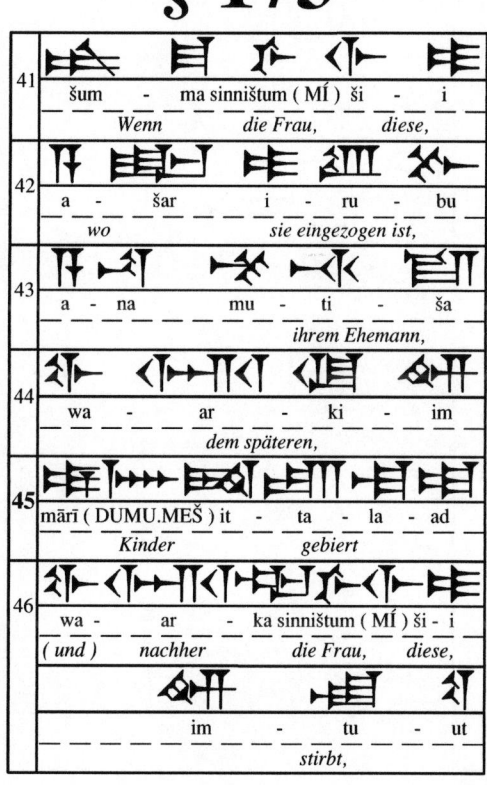

47	še - ri - ik - ta - ša	*ihre Mitgift*
48	mārū (DUMU.MEŠ) maḫ - ru - tum	*(sollen) die Kinder, die früheren,*
49	ù wa - ar - ku - tum	*und späteren*
50	i - zu - uz - zu	*teilen.*

§ 174

51	šum - ma a - na mu - ti - ša	*Wenn sie ihrem Ehemann,*
52	wa - ar - ki - im	*dem späteren,*
53	mārī (DUMU. MEŠ) la it - ta - la - ad	*Kinder nicht gebiert,*
54	še - ri - ik - ta - ša	*ihre Mitgift*
55	mārū (DUMU. MEŠ) ḫa - wi - ri - ša - ma	*(sollen) die Kinder ihres (ersten) Ehemannes*
56	i - le - qú - ú	*nehmen.*

47	še - ri - ik - ta - ša	*ihre Mitgift*
48	mārū (DUMU.MEŠ) maḫ - ru - tum	*(sollen) die Kinder, die früheren,*
49	ù wa - ar - ku - tum	*und späteren*
50	i - zu - uz - zu	*teilen.*

§ 174

51	šum - ma a - na mu - ti - ša	*Wenn sie ihrem Ehemann,*
52	wa - ar - ki - im	*dem späteren,*
53	mārī (DUMU. MEŠ) la it - ta - la - ad	*Kinder nicht gebiert,*
54	še - ri - ik - ta - ša	*ihre Mitgift*
55	mārū (DUMU. MEŠ) ḫa - wi - ri - ša - ma	*(sollen) die Kinder ihres (ersten) Ehemannes*
56	i - le - qú - ú	*nehmen.*

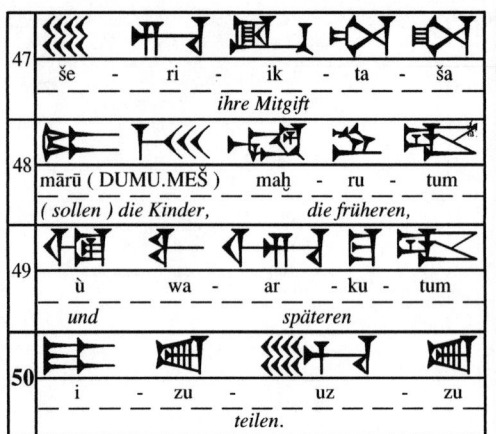

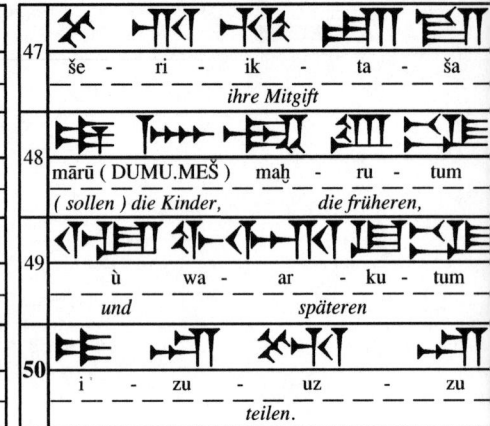

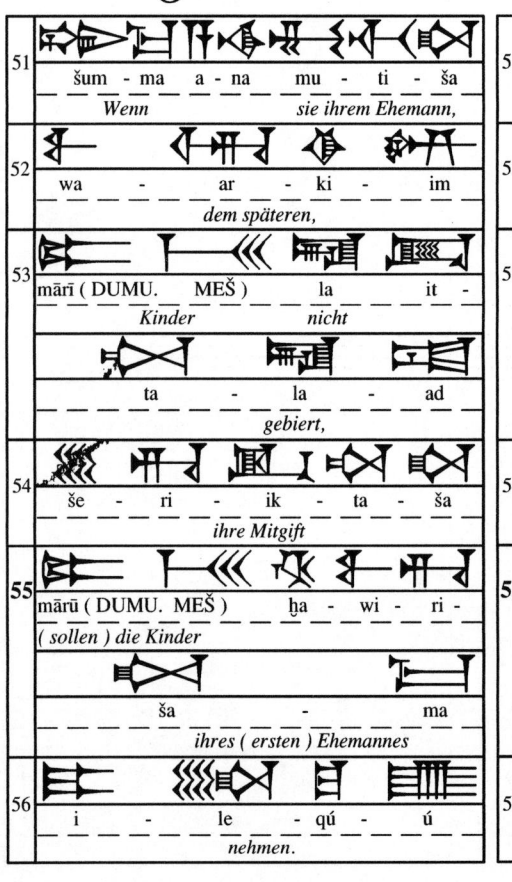

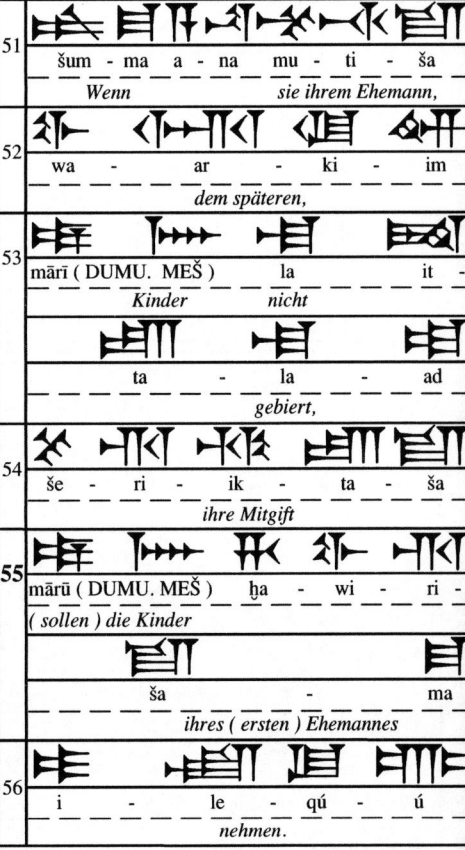

§ 175

57	šum - ma lu warad (árad)	*Wenn ein Sklave*
	ekallim (É . GAL)	*des Palastes*
58	ù lu warad (árad)	*oder ein Sklave*
59	muškēnim (MAŠ . EN . GAG)	*eines Palasthörigen*
60	mārat (DUMU.MÍ) a - wi - lim	*die Tochter eines Bürgers*
61	i - ḫu - uz - ma	*heiratet,*
62	mārī (DUMU) . MEŠ)	*(und) sie Kinder*
63	it - ta - la - ad	*gebiert,*
64	be - el wardim (árad)	*(darf) der Eigentümer des Sklaven*
65	a - na mārī (DUMU . MEŠ)	*die Söhne*
66	mārat (DUMU . MÍ) a - wi - lim	*der Tochter eines Bürgers*
67	a - na wa - ar -	*als*

§ 175

57	šum - ma lu warad (árad)	*Wenn ein Sklave*
	ekallim (É . GAL)	*des Palastes*
58	ù lu warad (árad)	*oder ein Sklave*
59	muškēnim (MAŠ . EN . GAG)	*eines Palasthörigen*
60	mārat (DUMU.MÍ) a - wi - lim	*die Tochter eines Bürgers*
61	i - ḫu - uz - ma	*heiratet,*
62	mārī (DUMU) . MEŠ)	*(und) sie Kinder*
63	it - ta - la - ad	*gebiert,*
64	be - el wardim (árad)	*(darf) der Eigentümer des Sklaven*
65	a - na mārī (DUMU . MEŠ)	*die Söhne*
66	mārat (DUMU . MÍ) a - wi - lim	*der Tochter eines Bürgers*
67	a - na wa - ar -	*als*

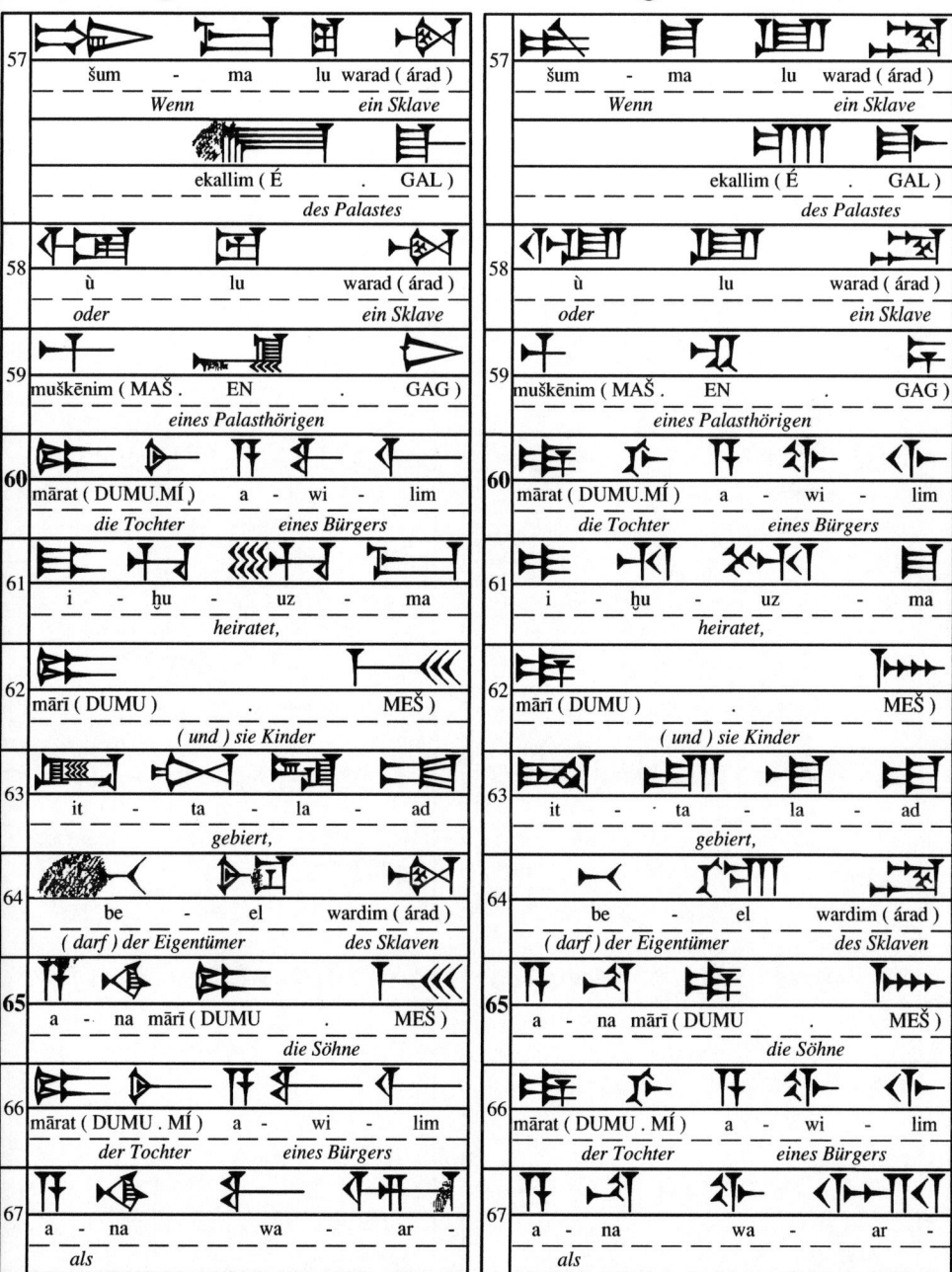

du - tim

Sklaven

68 ú - ul i - ra - ag - gu - um

nicht beanspruchen.

§ 176

69 ù šum - ma

Und wenn

warad (árad) ekallim (É . GAL)

ein Sklave des Palastes

70 ù lu warad (árad) muškēnim (MAŠ.EN.GAG) RASUR

und/ oder ein Sklave eines Palasthörigen

71 mārat (DUMU.MÍ) a - wi - lim

die Tochter eines Bürgers

72 i - ḫu - uz - ma

heiratet,

73 i - nu - ma i - ḫu - zu - ši

wenn sie, (nachdem) er sie geheiratet hat,

74 qá - du - um RASUR

mitsamt

75 še - ri - ik - tim

der Mitgift

76 ša bīt (É) a - bi - ša

des Hauses ihres Vaters

77 a - na bīt (É) warad (árad) ekallim (É. GAL)

in das Haus des Sklaven des Palastes

du - tim

Sklaven

68 ú - ul i - ra - ag - gu - um

nicht beanspruchen.

§ 176

69 ù šum - ma

Und wenn

warad (árad) ekallim (É . GAL)

ein Sklave des Palastes

70 ù lu warad (árad) muškēnim (MAŠ.EN .GAG) RASUR

und/ oder ein Sklave eines Palasthörigen

71 mārat (DUMU.MÍ) a - wi - lim

die Tochter eines Bürgers

72 i - ḫu - uz - ma

heiratet,

73 i - nu - ma i - ḫu - zu - ši

wenn sie, (nachdem) er sie geheiratet hat,

74 qá - du - um

mitsamt

75 še - ri - ik - tim

der Mitgift

76 ša bīt (É) a - bi - ša

des Hauses ihres Vaters

77 a - na bīt (É) warad (árad) ekallim (É. GAL)

in das Haus des Sklaven des Palastes

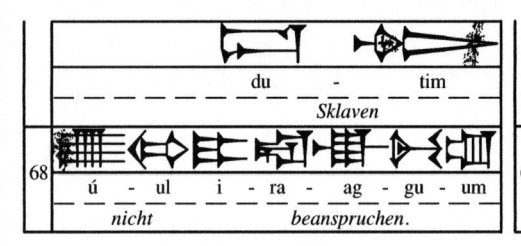

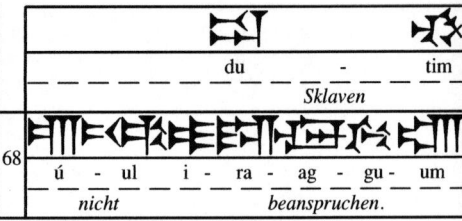

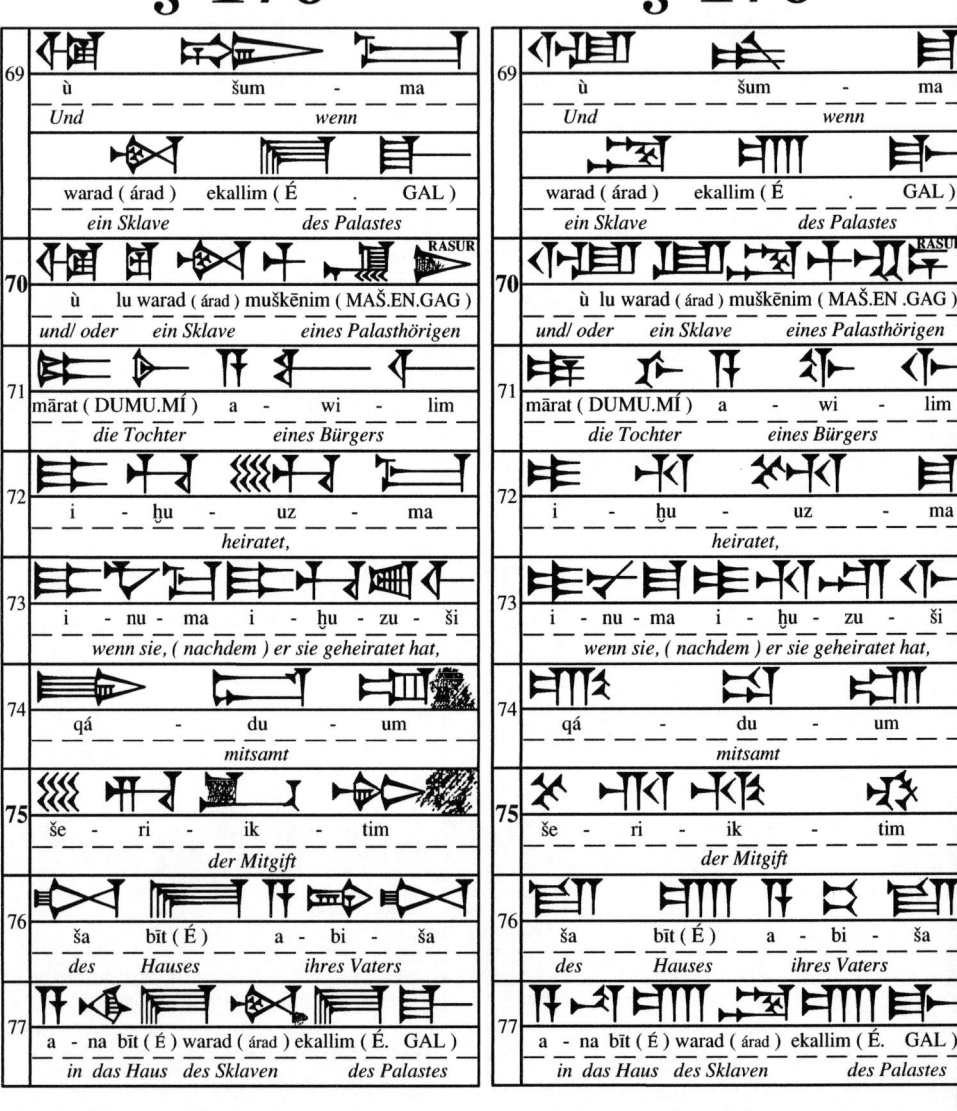

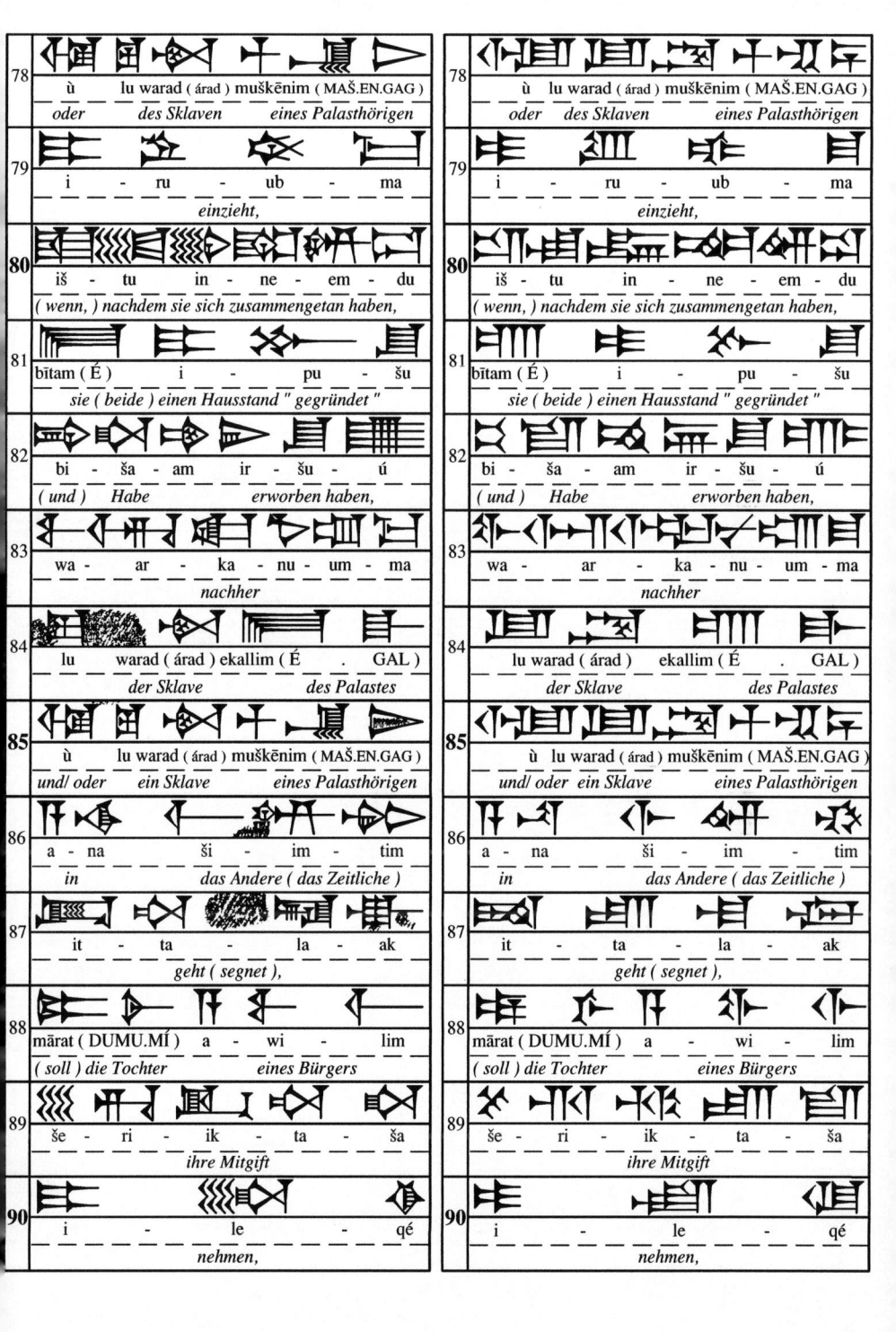

78 
ù lu warad (árad) muškēnim (MAŠ.EN.GAG)
oder des Sklaven eines Palasthörigen

79 
i - ru - ub - ma
einzieht,

80 
iš - tu in - ne - em - du
(wenn,) nachdem sie sich zusammengetan haben,

81 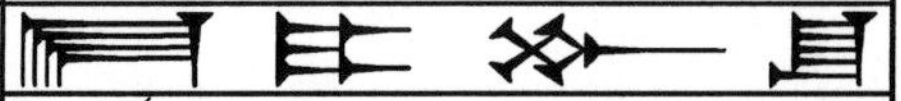
bītam (É) i - pu - šu
sie (beide) einen Hausstand " gegründet "

82 
bi - ša - am ir - šu - ú
(und) Habe erworben haben,

83 
wa - ar - ka - nu - um - ma
nachher

84 
lu warad (árad) ekallim (É . GAL)
der Sklave des Palastes

85 
ù lu warad (árad) muškēnim (MAŠ.EN.GAG)
und/ oder ein Sklave eines Palasthörigen

86 
a - na ši - im - tim
in das Andere (das Zeitliche)

87 
it - ta - la - ak
geht (segnet),

88 
mārat (DUMU.MÍ) a - wi - lim
(soll) die Tochter eines Bürgers

89 
še - ri - ik - ta - ša
ihre Mitgift

90 
i - le - qé
nehmen,

78 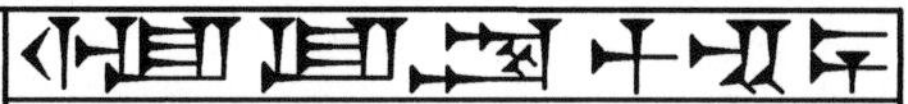
ù lu warad (árad) muškēnim (MAŠ.EN.GAG)
oder des Sklaven eines Palasthörigen

79 
i - ru - ub - ma
einzieht,

80 
iš - tu in - ne - em - du
(wenn,) nachdem sie sich zusammengetan haben,

81 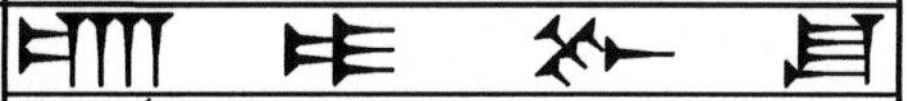
bītam (É) i - pu - šu
sie (beide) einen Hausstand " gegründet "

82 
bi - ša - am ir - šu - ú
(und) Habe erworben haben,

83 
wa - ar - ka - nu - um - ma
nachher

84 
lu warad (árad) ekallim (É . GAL)
der Sklave des Palastes

85 
ù lu warad (árad) muškēnim (MAŠ.EN.GAG)
und/ oder ein Sklave eines Palasthörigen

86 
a - na ši - im - tim
in das Andere (das Zeitliche)

87 
it - ta - la - ak
geht (segnet),

88 
mārat (DUMU.MÍ) a - wi - lim
(soll) die Tochter eines Bürgers

89 
še - ri - ik - ta - ša
ihre Mitgift

90 
i - le - qé
nehmen,

91	ù - mi - im - ma	*und alles, was*
92	ša mu - sà ù ši - i	*ihr Ehemann und sie selbst,*

XXXVII

1	iš - tu	*nachdem*
	in - ne - em - du	*sie sich zusammengetan hatten,*
2	ir - šu - ú	*erworben haben,*
3	a - na ši - ni - šu	*(soll man) in zwei Teile*
4	i - zu - uz - zu - ma	*teilen;*
5	mi - iš - lam	*die (eine) Hälfte*
	be - el wardim (árad)	*der Eigentümer des Sklaven*
6	i - le - qé	*bekommt,*
7	mi - iš - lam	*die (andere) Hälfte*
8	mārat (DUMU.MÍ) a - wi - lim	*die Tochter des Bürgers*

91	ù - mi - im - ma	*und alles, was*
92	ša mu - sà ù ši - i	*ihr Ehemann und sie selbst,*

XXXVII

1	iš - tu	*nachdem*
	in - ne - em - du	*sie sich zusammengetan hatten,*
2	ir - šu - ú	*erworben haben,*
3	a - na ši - ni - šu	*(soll man) in zwei Teile*
4	i - zu - uz - zu - ma	*teilen;*
5	mi - iš - lam	*die (eine) Hälfte*
	be - el wardim (árad)	*der Eigentümer des Sklaven*
6	i - le - qé	*bekommt,*
7	mi - iš - lam	*die (andere) Hälfte*
8	mārat (DUMU.MÍ) a - wi - lim	*die Tochter des Bürgers*

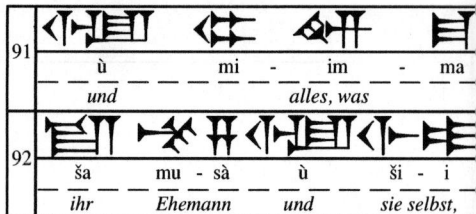

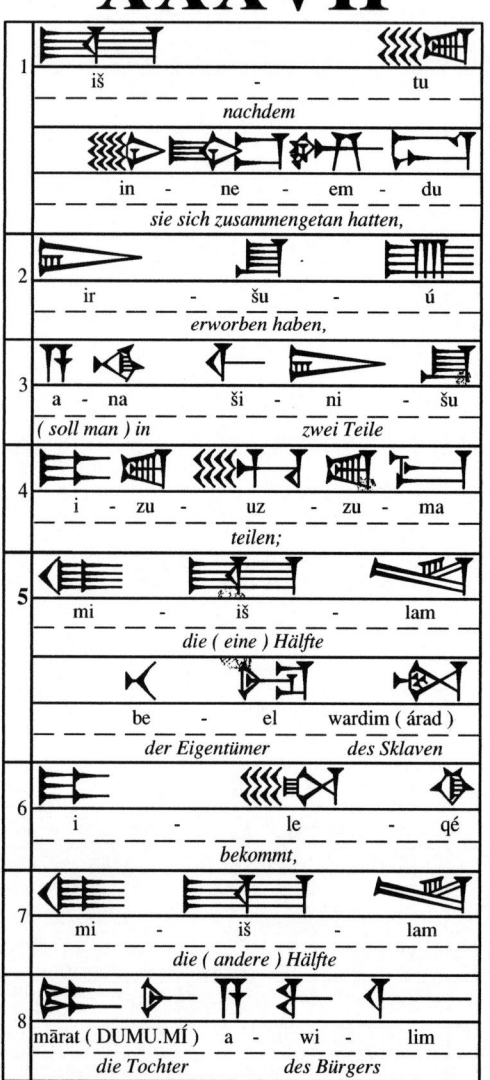

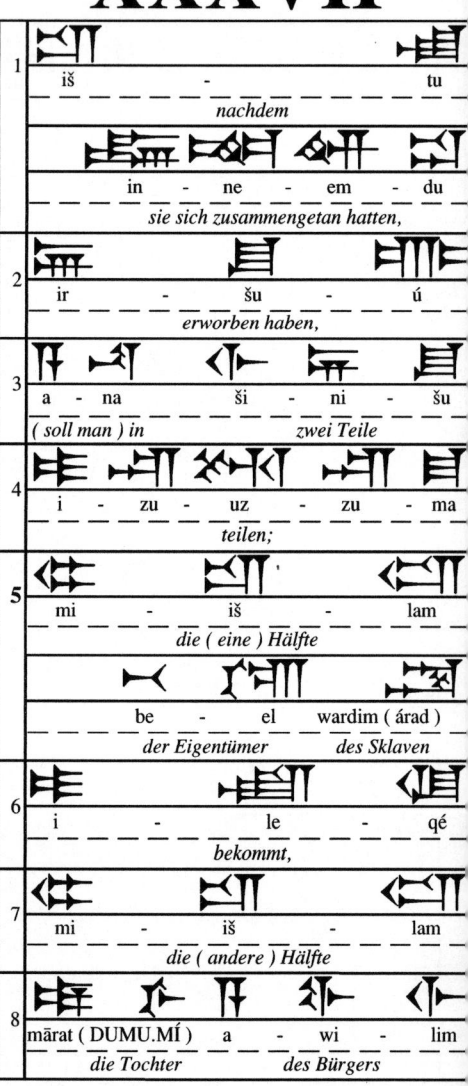

9 a - na mārī (DUMU . MEŠ) - ša

für ihre Kinder

i - le - qé

bekommt.

§ 176b

10 šum - ma

Wenn

mārat (DUMU . MÍ) a - wi - lim

die Tochter eines Bürgers

11 še - ri - ik - tam

eine Mitgift

la i - šu

nicht sie hat,

12 mi - im - ma

(soll man) alles, was

ša mu - sà ù ši - i

ihr Ehemann und sie selbst,

13 iš - tu

nachdem

in - ne - em - du

sie sich zusammengetan hatten,

14 ir - šu - ú

erworben haben,

15 a - na ši - ni - šu

in zwei Teile

9 a - na mārī (DUMU . MEŠ) - ša

für ihre Kinder

i - le - qé

bekommt.

§ 176b

10 šum - ma

Wenn

mārat (DUMU . MÍ) a - wi - lim

die Tochter eines Bürgers

11 še - ri - ik - tam

eine Mitgift

la i - šu

nicht sie hat,

12 mi - im - ma

(soll man) alles, was

ša mu - sà ù ši - i

ihr Ehemann und sie selbst,

13 iš - tu

nachdem

in - ne - em - du

sie sich zusammengetan hatten,

14 ir - šu - ú

erworben haben,

15 a - na ši - ni - šu

in zwei Teile

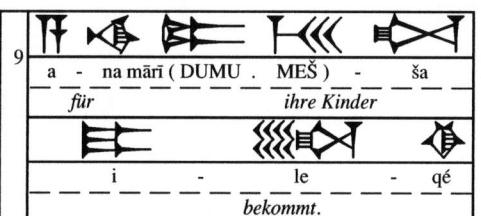

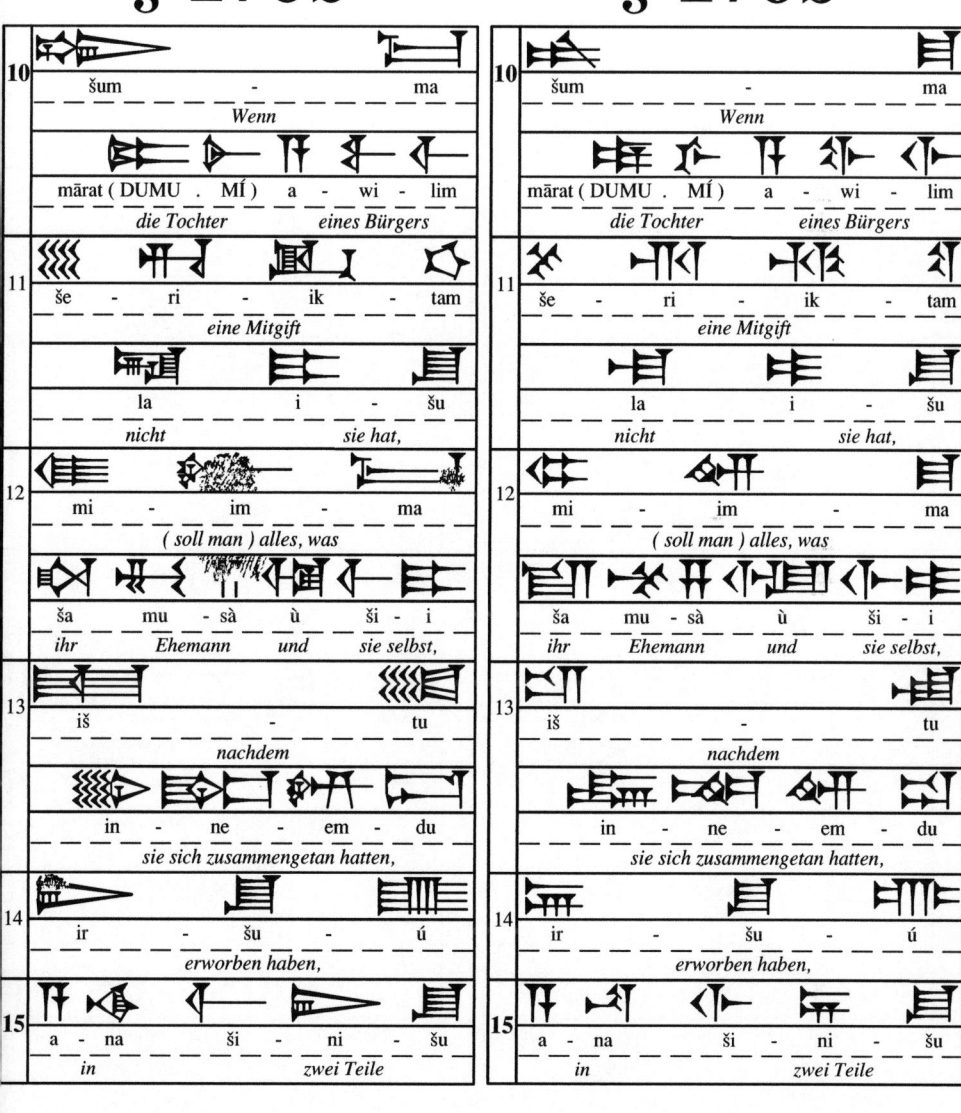

16	i - zu - uz - zu - ma	*teilen;*
17	mi - iš - lam	*die (eine) Hälfte*
	be - el wardim (árad)	*der Eigentümer des Sklaven*
18	i - le - qé	*bekommt;*
19	mi - iš - lam	*die (andere) Hälfte*
20	mārat (DUMU. MÍ) a - wi - lim	*die Tochter des Bürgers*
21	a - na mārī (DUMU . MEŠ) - ša	*für ihre Kinder*
	i - le - qé	*bekommt.*

16	i - zu - uz - zu - ma	*teilen;*
17	mi - iš - lam	*die (eine) Hälfte*
	be - el wardim (árad)	*der Eigentümer des Sklaven*
18	i - le - qé	*bekommt;*
19	mi - iš - lam	*die (andere) Hälfte*
20	mārat (DUMU. MÍ) a - wi - lim	*die Tochter des Bürgers*
21	a - na mārī (DUMU . MEŠ) - ša	*für ihre Kinder*
	i - le - qé	*bekommt.*

§ 177

§ 177

22	šum - ma almattum (NU.MU . SU)	*Wenn eine Witwe,*
23	ša mārū (DUMU . MEŠ) - ša	*deren Kinder*
24	ṣe - eḫ - ḫe - ru	*(noch) klein sind,*
25	a - na bīt (É) ša - ni - im	*in das Haus eines Anderen*

22	šum - ma almattum (NU. MU . SU)	*Wenn eine Witwe,*
23	ša mārū (DUMU . MEŠ) - ša	*deren Kinder*
24	ṣe - eḫ - ḫe - ru	*(noch) klein sind,*
25	a - na bīt (É) ša - ni - im	*in das Haus eines Anderen*

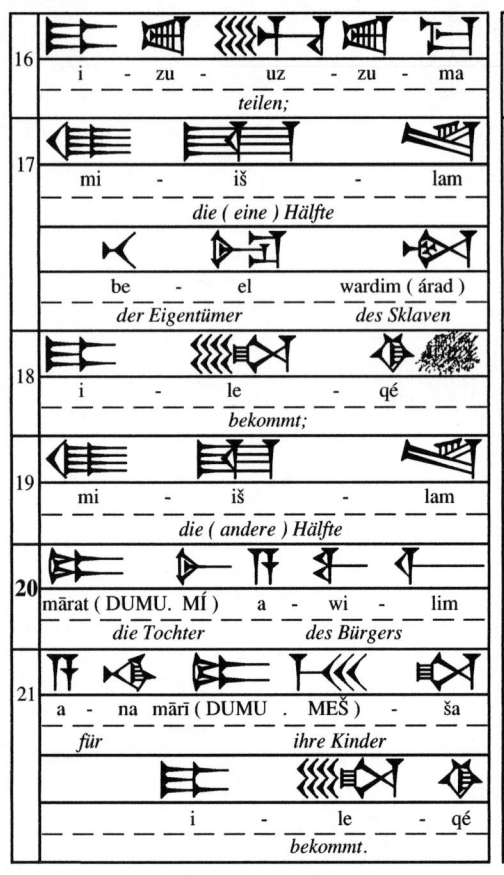

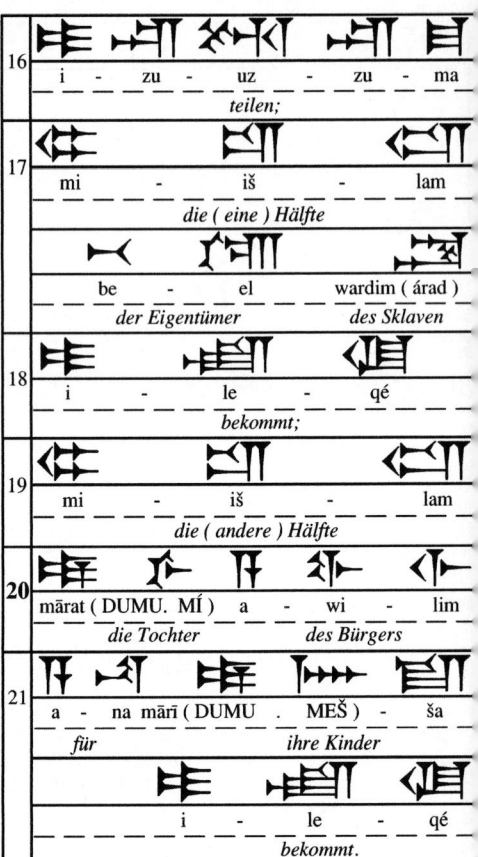

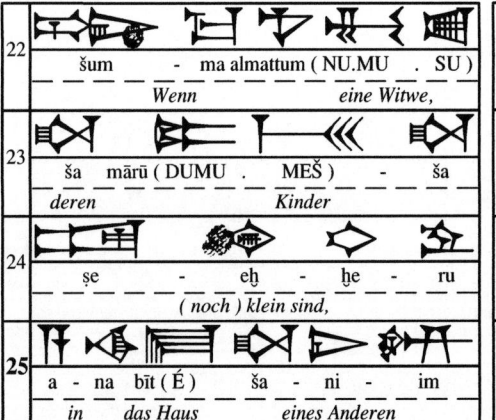

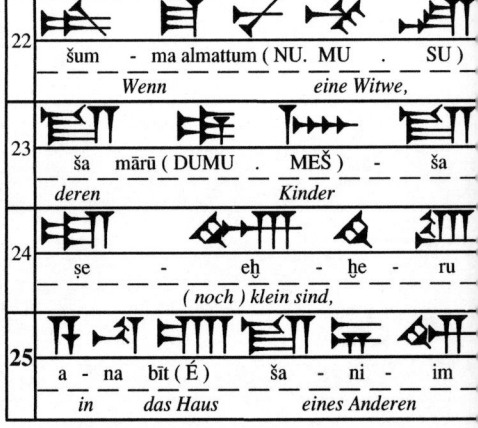

§ 170) 37) Wenn 38) die (erste) Gemahlin 37) eines Bürgers 39) ihm Kinder gebiert 40) und auch seine Sklavin 41) ihm Kinder gebiert, 42) und wenn der Vater 43) zu seinen Lebzeiten 44) die Kinder, die die Sklavin ihm geboren hat, 45) als seine Kinder bezeichnet 46) und mit den Kindern der (ersten) Gattin 47) gleichgestellt hat, 48) so sollen, nachdem der Vater 49) das Zeitliche 50) gesegnet hat, 52) die Kinder der (ersten) Gattin 53) und die Kinder der Sklavin 54) sich zu gleichen Teilen 51) in den Besitz des Vaterhauses 55) teilen; 56) der Erbsohn, Sohn der (ersten) Gattin, 57) darf (seinen) Anteil (Stele falsch: im Anteil. Der Passus ist im Duplikat weggelassen) 58) auswählen 59) und vorwegnehmen.

§ 171a) 60) Wenn jedoch der Vater 61) zu seinen Lebzeiten 62) die Kinder, die die Sklavin ihm geboren hat, 63) nicht als seine Kinder bezeichnet hat, 64) so sollen, nachdem der Vater 65) das Zeitliche 66) gesegnet hat, 68) die Kinder der Sklavin 69) sich nicht mit den Kindern der (ersten) Gemahlin 67) in den Besitz des Vaterhauses 70) teilen; 72) die Sklavin und ihre Kinder 71+73) sollen freigelassen werden, 74) und die Kinder der (ersten) Gattin 75) dürfen die Kinder der Sklavin 76) nicht als Sklaven 77) beanspruchen.

§ 171b) 78) Die (erste) Gemahlin 79) darf ihre Mitgift 80) und die Ehegabe, 81) die ihr Ehemann 82) ihr gegeben 83) und auf einer Tafel 84) verschrieben hat, 85) nehmen 86) und in der Wohnung 87) ihres Ehemannes wohnen bleiben; **XXXVI** 1) solange sie lebt, hat sie Nutzniessung davon, 2) für Geld 3) darf sie (diese Sachen) nicht verkaufen, 4) ihr Nachlass 5) gehört ihren Kindern.

§ 172) 6) Wenn ihr Ehemann 7) ihr keine Ehegabe 8) gegeben hat, 9) soll man ihre Mitgift 10) ihr voll erstatten, 11) und vom Besitz 12) des Hauses ihres Ehemannes 13) soll sie einen Anteil 14) wie ein Erbsohn 15) bekommen, 16) Wenn ihre Kinder, 17) um sie aus dem Hause zu vertreiben, 18) sie schikanieren, 19) so sollen die Richter 20) ihre Angelegenheit 21) überprüfen 22) und den Kindern eine Strafe 23) auferlegen; 24) diese Frau 25) braucht aus dem Hause ihres Ehemanns 26) nicht auszuziehen. 27) Wenn diese Frau 29f.) plant, 28) auszuziehen, 31) so soll sie die Ehegabe, 32) die ihr Ehemann 33) ihr gegeben hat, 34) ihren Kindern 35) zurücklassen, 36) die Mitgift 37) vom Hause ihres Vaters 38) darf sie an sich nehmen, 39) und ein Ehemann nach ihrem Herzen 40) mag sie heiraten.

§ 173) 41) Wenn diese Frau, 42) wo sie eingezogen ist, 44) ihrem späteren 43) Ehemann 45) Kinder gebiert 46) und wenn nachher diese Frau stirbt, 48) so sollen die früheren Kinder 49) und die späteren 47) ihre Mitgift 50) teilen.

§ 174) 51) Wenn sie ihrem 52) späteren 51) Ehemann 53) keine Kinder gebiert, 55) so sollen die Kinder ihres (ersten) Gemahls 54) ihre Mitgift 56) nehmen.

§ 175) 57) Wenn ein Sklave des Palastes 58) oder ein Sklave 59) eines Palasthörigen 60) die Tochter eines Bürgers 61) heiratet 62) und sie Kinder 63) gebiert, 64) so darf der Eigentümer des Sklaven 65) die Söhne 66) der Tochter eines Bürgers 67) nicht als Sklaven 68) beanspruchen.

§ 176a) 69 Und wenn ein Sklave des Palastes 70) oder ein Sklave eines Palasthörigen 71) die Tochter eines Bürgers 72) heiratet, 73) wenn sie, nachdem er sie geheiratet hat, 74) mitsamt 75) der Mitgift 76) des Hauses ihres Vaters 77) in das Haus des Sklaven des Palastes 78) oder des Sklaven eines Palasthörigen 79) einzieht, 80) (und wenn) nachdem sie sich zusammengetan haben, 81) sie (beide) einen Hausstand "gegründet" 82) und Habe erworben haben, 83) nachher 84) der Sklave des Palastes 85) oder der Sklave eines Palasthörigen 86) das Zeitliche 87) segnet, 88) so soll die Tochter eines Bürgers 89) ihre Mitgift 90) nehmen 91) und alles, was 92) ihr Ehemann und sie selbst, **XXXVII** 1) nachdem sie sich zusammen getan hatten, 2) erworben haben, 3) soll man in zwei Teile 4) teilen; 5) die eine Hälfte, 6) bekommt 5) der Eigentümer des Sklaven, 7) die andere Hälfte 9) bekommt, 8) die Tochter eines Bürgers 9) für ihre Kinder.

26	e - re - bi - im	*einzutreten*
27	pa - ni - ša	
28	iš - ta - ka - an	*beabsichtigt,*
29	ba - lum da - a - a - ni	*(darf) sie ohne (Erlaubnis) der Richter*
30	ú - ul i - ir - ru - ub	*(das) nicht tun.*
31	i - nu - ma	*Wenn sie,*
32	a - na bīt (É) ša - ni - im	*in das Haus eines Anderen*
33	i - ir - ru - bu	*eintreten will,*
34	da - a - a - nu	*(sollen) die Richter*
35	wa - ar - ka - at	*die Angelegenheit*
36	bīt (É) mu - ti - ša	*des Hauses ihres Ehemannes,*
37	pa - ni - im	*(ihres) früheren,*
38	i - pár - ra - su - ma	*überprüfen;*

26	e - re - bi - im	*einzutreten*
27	pa - ni - ša	
28	iš - ta - ka - an	*beabsichtigt,*
29	ba - lum da - a - a - ni	*(darf) sie ohne (Erlaubnis) der Richter*
30	ú - ul i - ir - ru - ub	*(das) nicht tun.*
31	i - nu - ma	*Wenn sie,*
32	a - na bīt (É) ša - ni - im	*in das Haus eines Anderen*
33	i - ir - ru - bu	*eintreten will,*
34	da - a - a - nu	*(sollen) die Richter*
35	wa - ar - ka - at	*die Angelegenheit*
36	bīt (É) mu - ti - ša	*des Hauses ihres Ehemannes,*
37	pa - ni - im	*(ihres) früheren,*
38	i - pár - ra - su - ma	*überprüfen;*

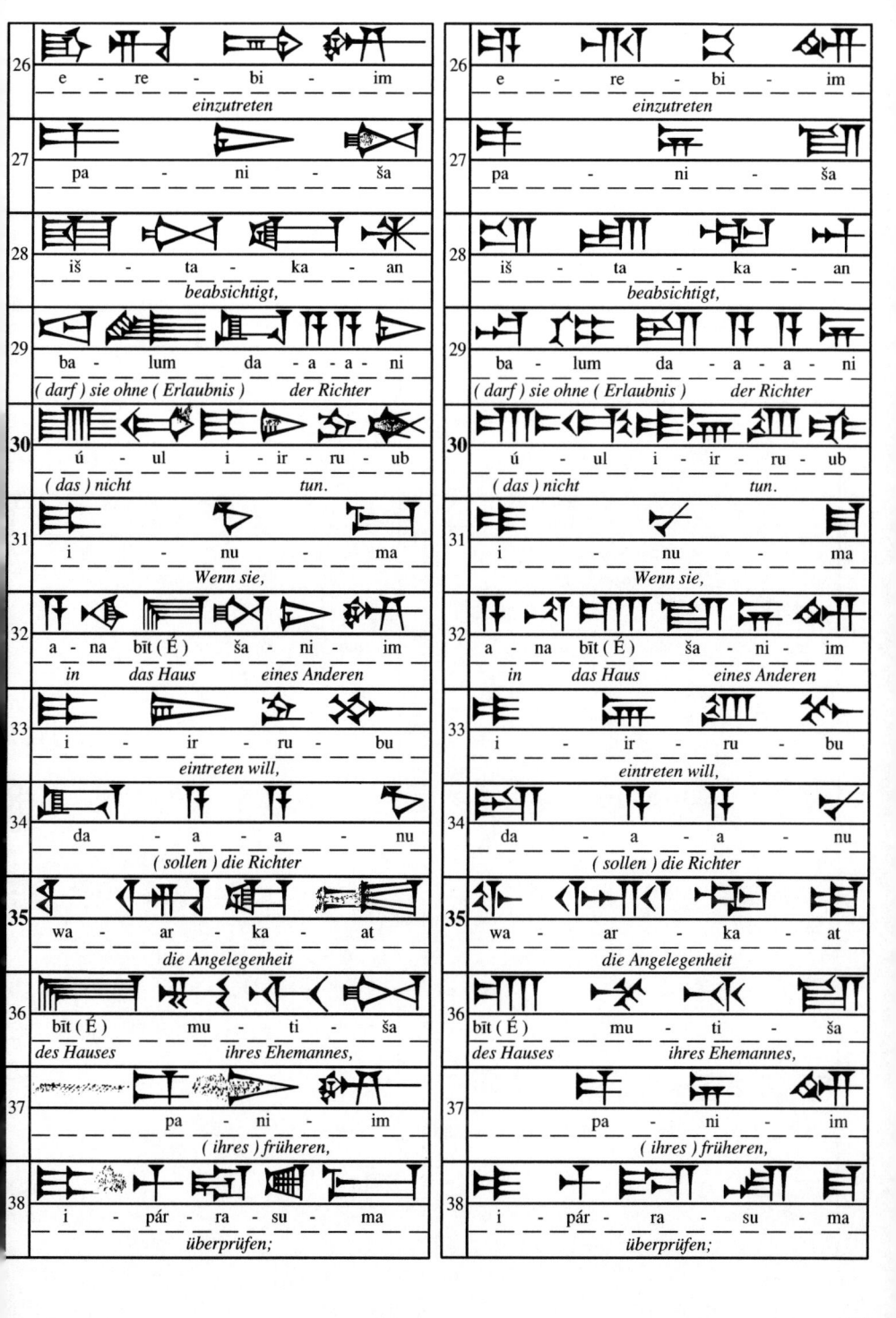

39	bītam (É) ša mu - ti - ša	*das Haus des Ehemannes,*
40	pa - ni - im	*des früheren,*
41	a - na mu - ti - ša	*(sollen sie) ihrem Ehemann,*
42	wa - ar - ki - im	*dem späteren,*
43	ù sinništim (MÍ) šu - a - ti	*und der Frau, dieser,*
44	i - pa - aq - qí - du - ma	*anvertrauen*
45	ṭup - pa - am	*(und sie beide) eine Urkunde*
46	ú - še - ez - ze - bu - šu - nu - ti	*ausfertigen lassen.*
47	bītam (É) i - na - ṣa - ru	*Das Haus (sollen sie dann) in Ordnung halten*
48	ù ṣe - eḫ - ḫe - ru - tim	*und die kleinen Kinder*
49	ú - ra - ab - bu - ú	*grossziehen.*
50	ú - ni - a - tim	*Die Hausgeräte*

39	bītam (É) ša mu - ti - ša	*das Haus des Ehemannes,*
40	pa - ni - im	*des früheren,*
41	a - na mu - ti - ša	*(sollen sie) ihrem Ehemann,*
42	wa - ar - ki - im	*dem späteren,*
43	ù sinništim (MÍ) šu - a - ti	*und der Frau, dieser,*
44	i - pa - aq - qí - du - ma	*anvertrauen*
45	ṭup - pa - am	*(und sie beide) eine Urkunde*
46	ú - še - ez - ze - bu - šu - nu - ti	*ausfertigen lassen.*
47	bītam (É) i - na - ṣa - ru	*Das Haus (sollen sie dann) in Ordnung halten*
48	ù ṣe - eḫ - ḫe - ru - tim	*und die kleinen Kinder*
49	ú - ra - ab - bu - ú	*grossziehen.*
50	ú - ni - a - tim	*Die Hausgeräte*

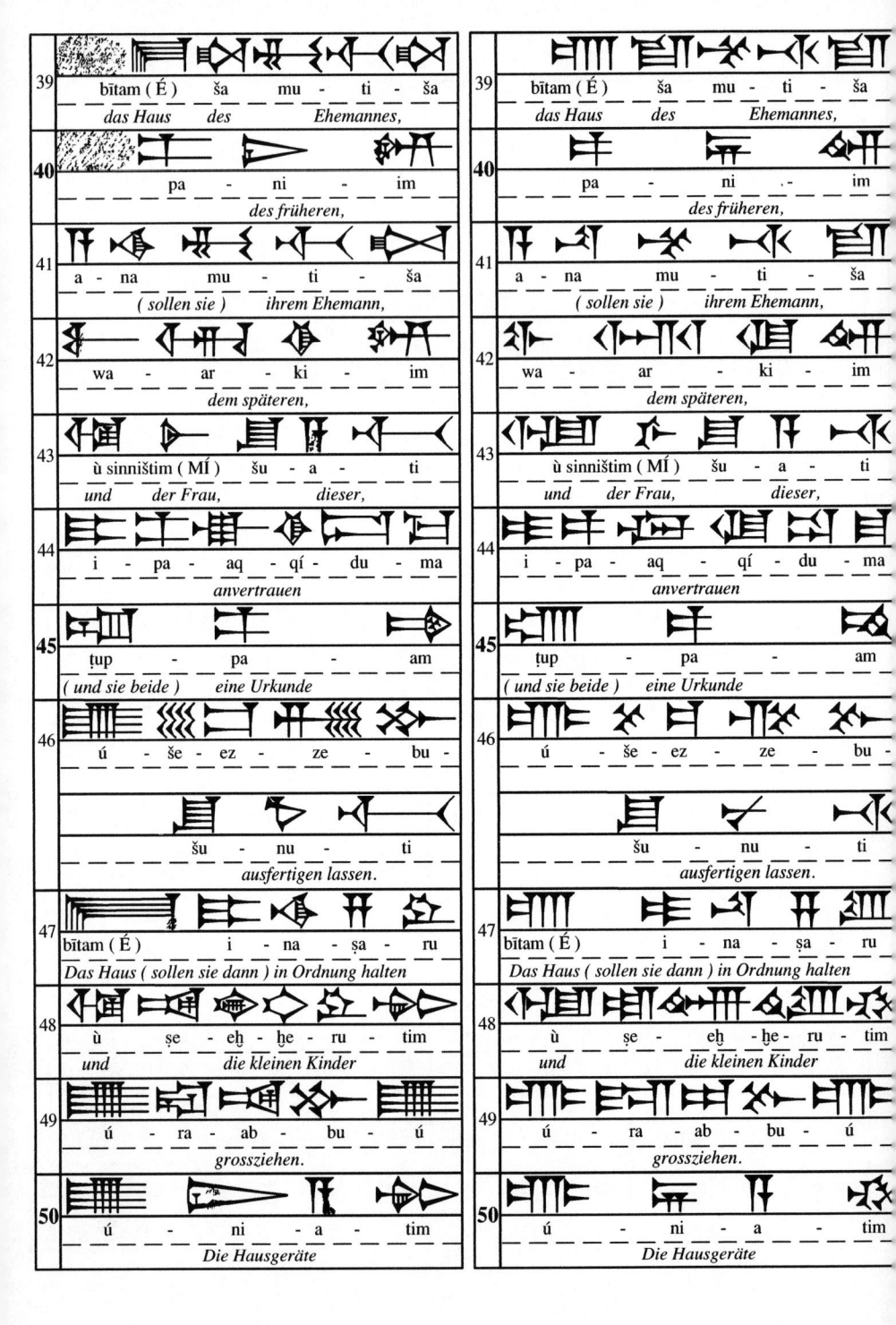

51	a - na kaspim (KÙ . BABBAR)	*für Geld*
52	ú - ul i - na - ad - di - nu	*(dürfen sie) nicht hergeben (verkaufen);*
53	ša - a - a - ma - nu - um	*ein Käufer*
54	ša ú - nu - ut	*der Hausgerät*
55	mārī (DUMU.MEŠ) almattim (NU . MU . SU)	*der Kinder einer Witwe*
56	i - ša - am - mu	*kauft,*
57	i - na kaspī (KÙ .BABBAR) - šu	*geht seines Geldes*
58	i - te - el - li	*verlustig.*
59	NÍG.GA (namkūr/ makkūr) a - na be - lí - šu	*Der Besitz (geht) an seine Eigentümer*
60	i - ta - ar	*zurück.*

§ 178

61	šum - ma entum (NIN .DINGIR)	*Wenn eine **entu** - Priesterin,*
	nadītum (LUKUR)	*eine **nadītu** - Priesterin,*

51	a - na kaspim (KÙ . BABBAR)	*für Geld*
52	ú - ul i - na - ad - di - nu	*(dürfen sie) nicht hergeben (verkaufen);*
53	ša - a - a - ma - nu - um	*ein Käufer*
54	ša ú - nu - ut	*der Hausgerät*
55	mārī (DUMU.MEŠ) almattim (NU . MU . SU)	*der Kinder einer Witwe*
56	i - ša - am - mu	*kauft,*
57	i - na kaspī (KÙ . BABBAR) - šu	*geht seines Geldes*
58	i - te - el - li	*verlustig.*
59	NÍG.GA (namkūr/ makkūr) a - na be - lí - šu	*Der Besitz (geht) an seine Eigentümer*
60	i - ta - ar	*zurück.*

§ 178

61	šum - ma entum (NIN .DINGIR)	*Wenn eine **entu** - Priesterin,*
	nadītum (LUKUR = MUNUS-ME)	*eine **nadītu** - Priesterin,*

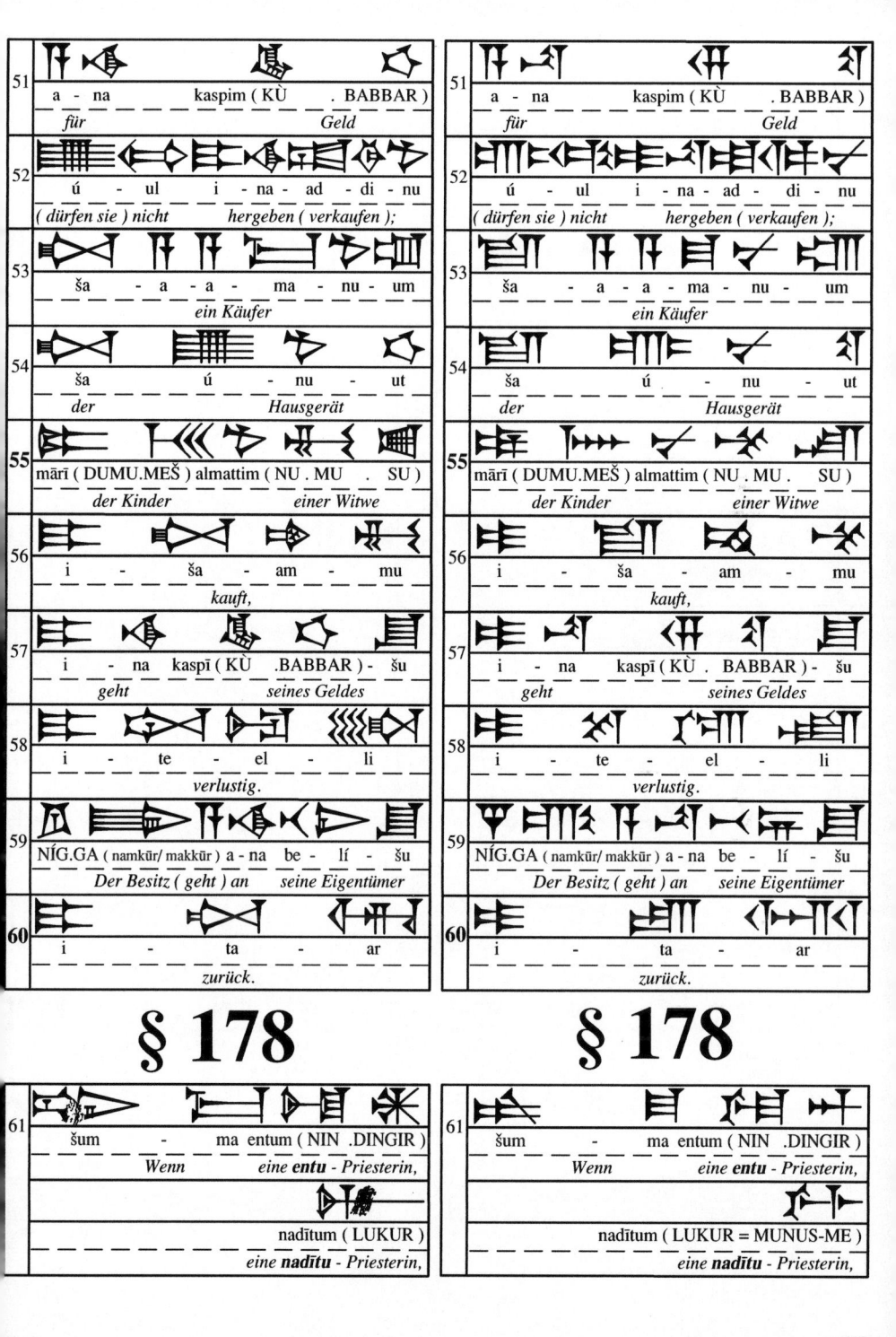

62	ù lu mí ZI - IK - RU . UM	*oder (Frau) eine* ***sekr(et)u*** *- Priesterin,*
63	ša a - bu - ša	*deren Vater*
64	še - ri - ik - tam	*ihr eine Mitgift*
65	iš - ru - ku - ši - im	*gegeben*
66	ṭup - pa - am	*(und) eine Urkunde*
67	iš - ṭú - ru - ši - im	*geschrieben hat,*
68	i - na ṭup - pí - im	*(wenn er) auf der Urkunde,*
69	ša iš - ṭú - ru - ši - im	*die er geschrieben hat,*
70	wa - ar - ka - sà	*ihren Nachlass*
71	e - ma e - li - ša	*wohin es ihr*
72	ṭa - bu na - da - nam	*gefällt, zu vergeben,*
73	la iš - ṭur - ši - im - ma	*nicht schriftlich*

62	ù lu mí ZI - IK - RU . UM	*oder (Frau) eine* ***sekr(et)u*** *- Priesterin,*
63	ša a - bu - ša	*deren ihr Vater*
64	še - ri - ik - tam	*ihr eine Mitgift*
65	iš - ru - ku - ši - im	*gegeben*
66	ṭup - pa - am	*(und) eine Urkunde*
67	iš - ṭú - ru - ši - im	*geschrieben hat,*
68	i - na ṭup - pí - im	*(wenn er) auf der Urkunde,*
69	ša iš - ṭú - ru - ši - im	*die er geschrieben hat,*
70	wa - ar - ka - sà	*ihren Nachlass*
71	e - ma e - li - ša	*wohin es ihr*
72	ṭa - bu na - da - nam	*gefällt, zu vergeben,*
73	la iš - ṭur - ši - im - ma	*nicht schriftlich*

74 

ma - la li - ib - bi - ša

gestattet (und) ihr Verfügungsfreiheit

75 

la ú - ša - am - ṣí - ši

nicht gewährt,

76 

wa - ar - ka a - bu - um

(sollen,) nachdem der Vater

77 

a - na ši - im - tim

in das Andere (das Zeitliche)

78 

it - ta - al - ku

gegangen ist (gesegnet hat),

79 

eqel (A.ŠÀ) - ša , ù ^{giš}kirâ (KIRI$_6$) - ša

ihr Feld und (Holz) ihren Baumgarten

80 

aḫ - ḫu - ša

ihre Brüder

81 

i - le - qú - ma

nehmen

82 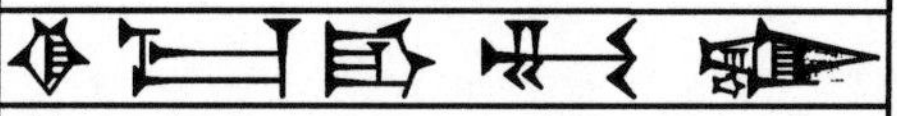

ki - ma e - mu - uq

(und) wie (in der Höhe) des Wertes

83 

zi - it - ti - ša

ihres Anteils

84 

ipram (ŠE . BA) piššatam (Ì . BA)

ihr Kost, Öl

ù lubuš(t)am (?SÍG . BA)

und Kleidung

85 

i - na - ad - di - nu - šim - ma

geben

74 

ma - la li - ib - bi - ša

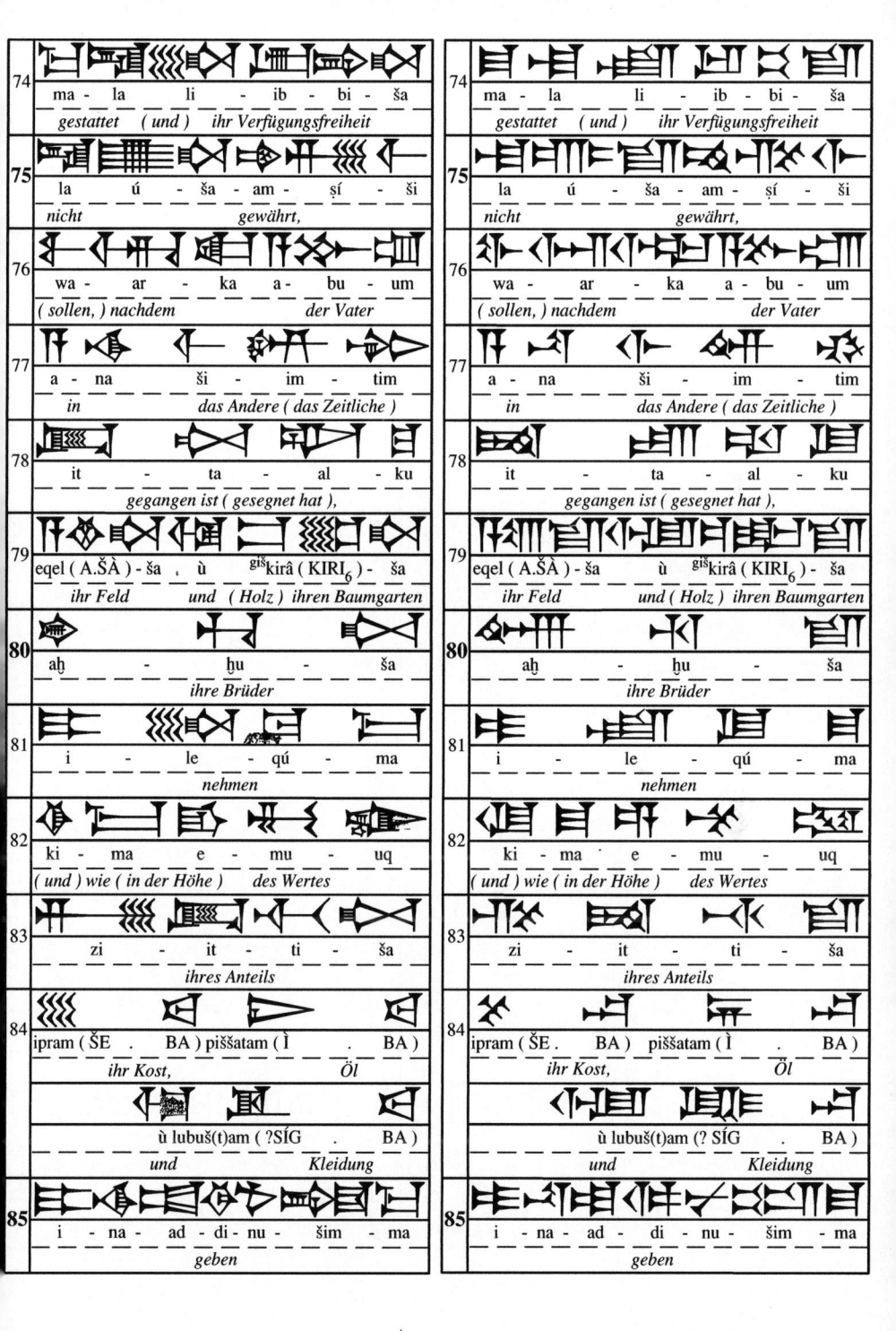

gestattet (und) ihr Verfügungsfreiheit

75 

la ú - ša - am - ṣí - ši

nicht gewährt,

76 

wa - ar - ka a - bu - um

(sollen,) nachdem der Vater

77 

a - na ši - im - tim

in das Andere (das Zeitliche)

78 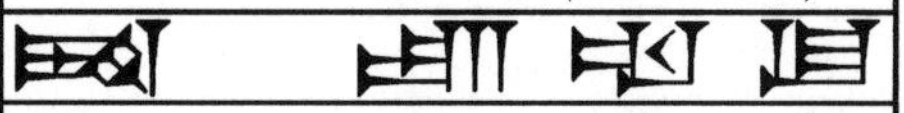

it - ta - al - ku

gegangen ist (gesegnet hat),

79 

eqel (A.ŠÀ) - ša ù ^{giš}kirâ (KIRI$_6$) - ša

ihr Feld und (Holz) ihren Baumgarten

80 

aḫ - ḫu - ša

ihre Brüder

81 

i - le - qú - ma

nehmen

82 

ki - ma e - mu - uq

(und) wie (in der Höhe) des Wertes

83 

zi - it - ti - ša

ihres Anteils

84 

ipram (ŠE . BA) piššatam (Ì . BA)

ihr Kost, Öl

ù lubuš(t)am (? SÍG . BA)

und Kleidung

85 

i - na - ad - di - nu - šim - ma

geben

86	li - ib - ba - ša	(und) ihr Herz
87	ú - ṭa - ab - bu	zufriedenstellen.
88	šum - ma ah̯ - h̯u - ša	Wenn ihre Brüder
89	ki - ma e - mu - uq	in der Höhe des Wertes
90	zi - it - ti - ša	ihres Anteils
91	ipram (ŠE.BA) piššatam (Ì .BA) ù lubuštam (SÍG.BA)	Kost, Öl und Kleidung
92	la it - ta - ad -	ihr nicht
	nu - ši - im - ma	geben

86	li - ib - ba - ša	(und) ihr Herz
87	ú - ṭa - ab - bu	zufriedenstellen.
88	šum - ma ah̯ - h̯u - ša	Wenn ihre Brüder
89	ki - ma e - mu - uq	in der Höhe des Wertes
90	zi - it - ti - ša	ihres Anteils
91	ipram (ŠE.BA) piššatam (Ì .BA) ù lubuštam (SÍG.BA)	Kost, Öl und Kleidung
92	la it - ta - ad -	ihr nicht
	nu - ši - im - ma	geben

XXXVIII

1	li - ib - ba - ša	(und) ihr Herz
2	la uṭ - ṭi - ib - bu	nicht zufriedenstellen,
3	eqel (A.ŠÀ) - ša ù ^{giš}kirâ ($KIRI_6$) - ša	(kann sie) ihr Feld und (Holz) ihren Baumgarten
4	a - na er - re - ši - im	an einen Pächter,

XXXVIII

1	li - ib - ba - ša	(und) ihr Herz
2	la uṭ - ṭi - ib - bu	nicht zufriedenstellen,
3	eqel (A.ŠÀ) - ša ù ^{giš}kirâ ($KIRI_6$) - ša	(kann sie) ihr Feld und (Holz) ihren Baumgarten
4	a - na er - re - ši - im	an einen Pächter,

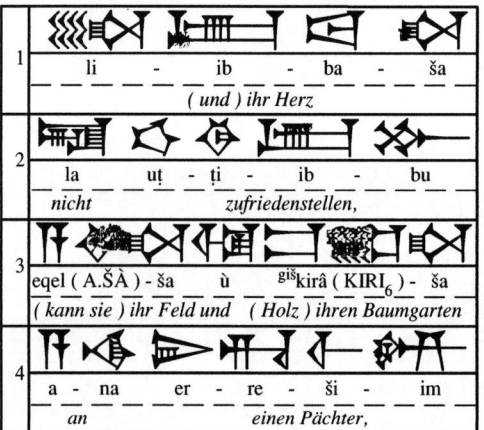

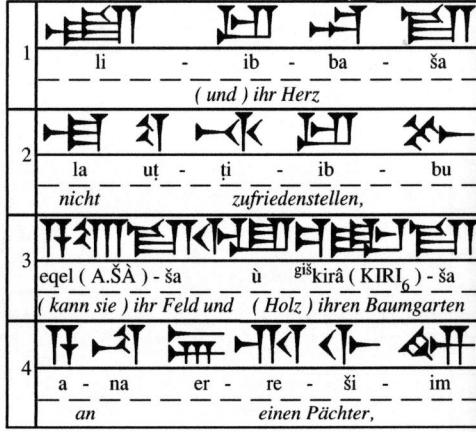

5 ša e - li - ša

der

ṭa - bu

ihr angenehm ist,

6 i - na - ad - di - in - ma

geben.

7 er - re - sà

Ihr Pächter

8 it - ta - na - aš - ši - ši

(soll) sie unterhalten

9 eqlam (A.ŠÀ) gìš kiriam (KIRI$_6$)

ihr Feld, (Holz) ihren Baumgarten

10 ù mi - im - ma

und alles, was

11 ša a - bu - ša

von ihrem Vater

12 id - di - nu - ši - im

an sie gegeben wurde,

13 a - di ba - al - ṭa - at

solange sie lebt,

ì - kal

nutzniessen;

14 a - na kaspim (KÙ . BABBAR)

für Geld

15 ú - ul i - na - ad - di - in

(darf sie es) nicht hergeben (verkaufen);

5 ša e - li - ša

der

ṭa - bu

ihr angenehm ist,

6 i - na - ad - di - in - ma

geben.

7 er - re - sà

Ihr Pächter

8 it - ta - na - aš - ši - ši

(soll) sie unterhalten

9 eqlam (A.ŠÀ) gìš kiriam (KIRI$_6$)

ihr Feld, (Holz) ihren Baumgarten

10 ù mi - im - ma

und alles, was

11 ša a - bu - ša

von ihrem Vater

12 id - di - nu - ši - im

an sie gegeben wurde,

13 a - di ba - al - ṭa - at

solange sie lebt,

ì - kal

nutzniessen;

14 a - na kaspim (KÙ . BABBAR)

für Geld

15 ú - ul i - na - ad - di - in

(darf sie es) nicht hergeben (verkaufen);

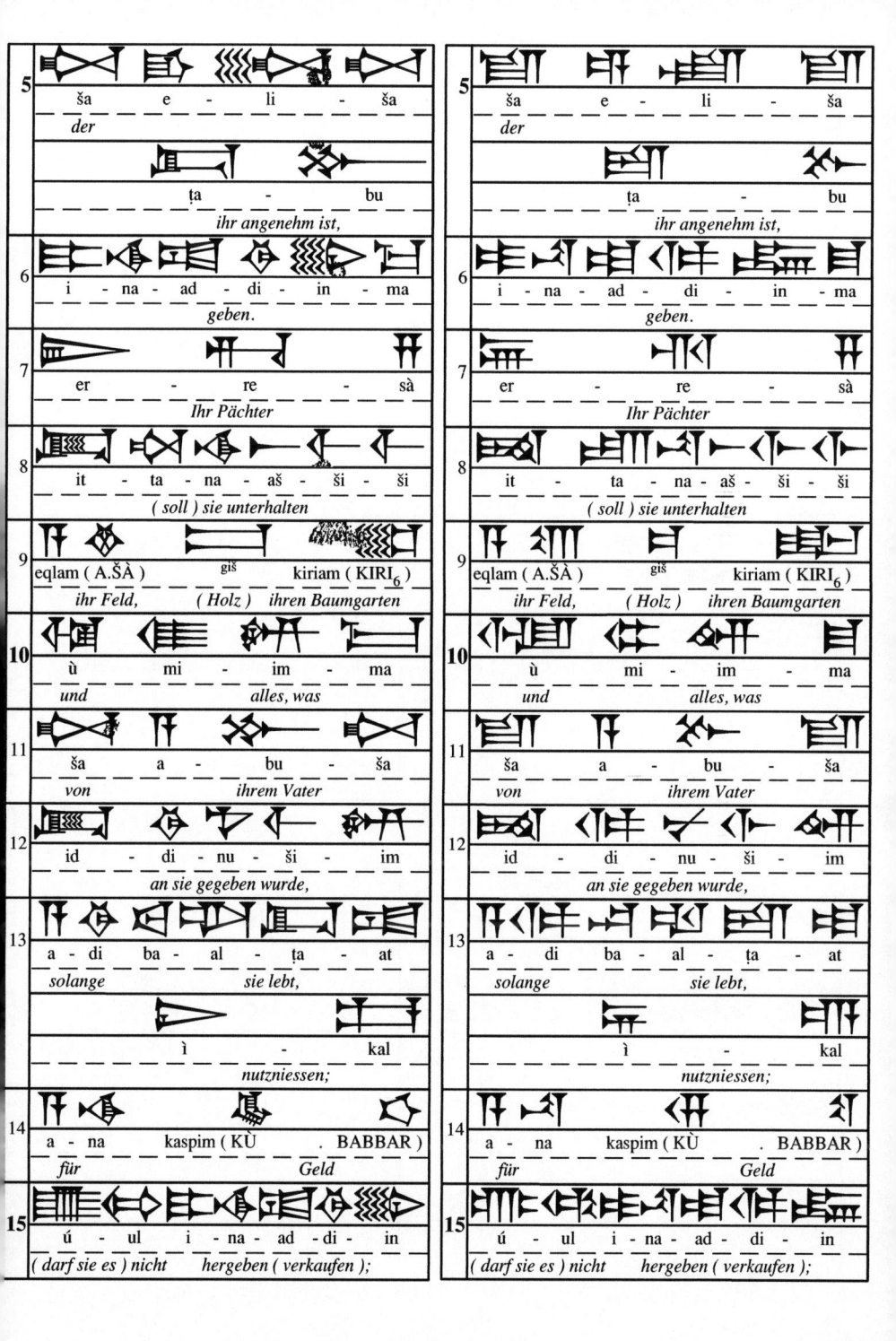

16 ša - ni - a - am
einem anderen

17 ú - ul ú - up - pa - al
(darf sie) nichts vererben.

18 ap - lu - sà
Ihr Nachlass

19 ša ah - hi -
ša - ma
(gehört) ihren Brüdern.

§ 179

20 šum - ma entum (NIN.DINGIR) nadītum (LUKUR)
*Wenn eine **entu** - Priesterin, eine **nadītu** - Priesterin*

21 ù lu [mí] ZI . IK . RU . UM
*oder (Frau) eine **sekr(et)u** - Priesterin*

22 ša a - bu - ša
deren Vater

23 še - ri - ik - tam
ihr eine Mitgift

24 iš - ru - ku - ši - im
gegeben

25 ku - nu - kam
(und) eine gesiegelte Urkunde

16 ša - ni - a - am
einem anderen

17 ú - ul ú - up - pa - al
(darf sie) nichts vererben.

18 ap - lu - sà
Ihr Nachlass

19 ša ah - hi -
ša - ma
(gehört) ihren Brüdern.

§ 179

20 šum - ma entum (NIN.DINGIR) nadītum (LUKUR)
*Wenn eine **entu** - Priesterin, eine **nadītu** - Priesterin*

21 ù lu [mí] ZI . IK . RU . UM
*oder (Frau) eine **sekr(et)u** - Priesterin*

22 ša a - bu - ša
deren Vater

23 še - ri - ik - tam
ihr eine Mitgift

24 iš - ru - ku - ši - im
gegeben

25 ku - nu - kam
(und) eine gesiegelte Urkunde

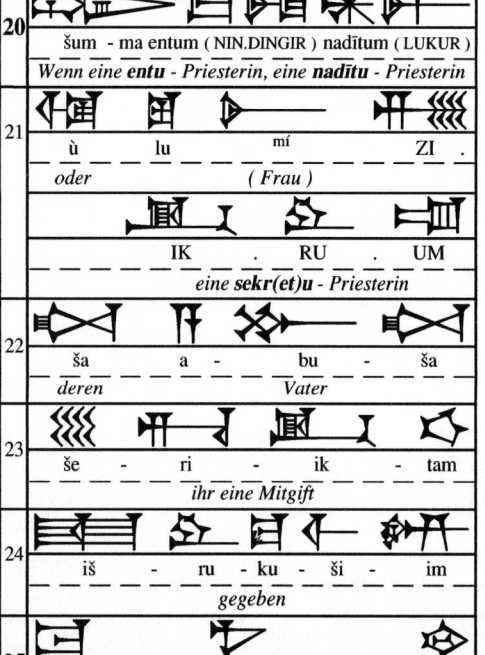

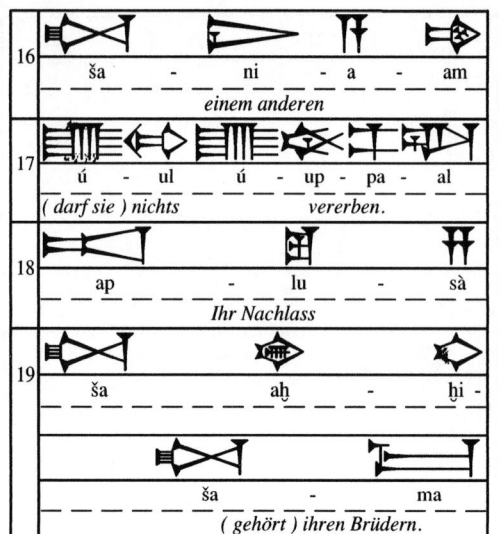

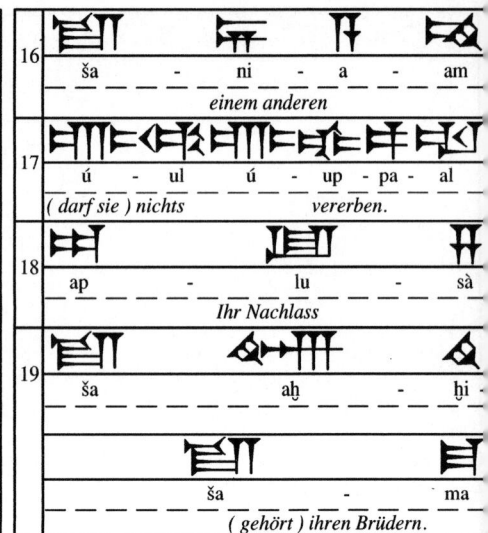

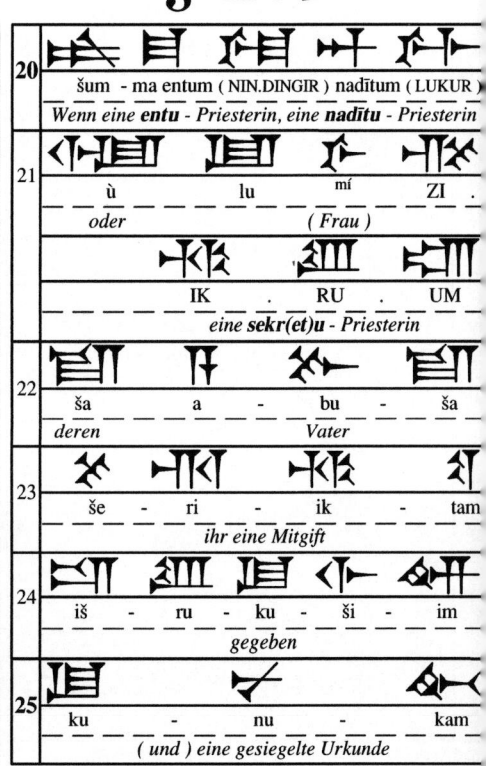

26	iš - ṭú - ru - ši - im	*geschrieben hat,*
27	i - na ṭup - pí - im	*(wenn er) auf der Urkunde,*
28	ša iš - ṭú - ru - ši - im	*die er ihr geschrieben hat,*
29	wa - ar - ka - sà	*ihren Nachlass*
30	e - ma e - li - ša	*wohin*
	ṭa - bu	*es ihr gefällt,*
31	na - da - nam	*zu vergeben,*
32	iš - ṭur - ši - im - ma	*es ihr schriftlich (gestattet),*
33	ma - la li - ib - bi - ša	*(und) ihr Verfügungsfreiheit*
34	uš - tam - ṣí - ši	*gewährt,*
35	wa - ar - ka a - bu - um	*(darf sie,) nachdem der Vater*
36	a - na ši - im - tim	*in das Andere (das Zeitliche)*
37	it - ta - al - ku	*gegangen ist (gesegnet hat),*

26	iš - ṭú - ru - ši - im	*geschrieben hat,*
27	i - na ṭup - pí - im	*(wenn er) auf der Urkunde,*
28	ša iš - ṭú - ru - ši - im	*die er ihr geschrieben hat,*
29	wa - ar - ka - sà	*ihren Nachlass*
30	e - ma e - li - ša	*wohin*
	ṭa - bu	*es ihr gefällt,*
31	na - da - nam	*zu vergeben,*
32	iš - ṭur - ši - im - ma	*es ihr schriftlich (gestattet),*
33	ma - la li - ib - bi - ša	*(und) ihr Verfügungsfreiheit*
34	uš - tam - ṣí - ši	*gewährt,*
35	wa - ar - ka a - bu - um	*(darf sie,) nachdem der Vater*
36	a - na ši - im - tim	*in das Andere (das Zeitliche)*
37	it - ta - al - ku	*gegangen ist (gesegnet hat),*

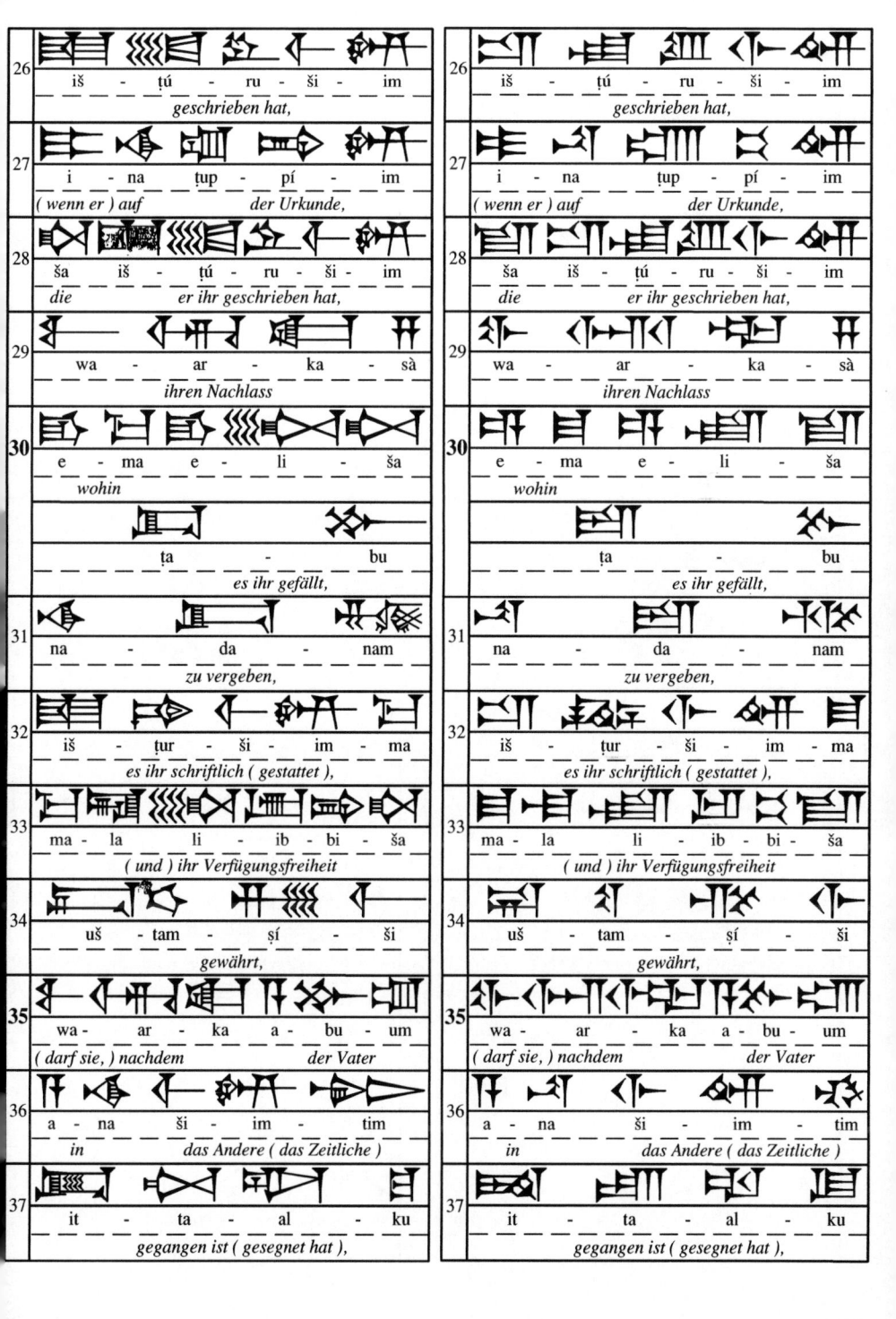

38 wa - ar - ka - sà
ihren Nachlass

39 e - ma e - li - ša ṭa - bu
wohin es ihr gefällt,

40 i - na - ad - di - in
geben.

41 aḫ - ḫu - ša
Ihre Brüder

42 ú - ul i - ba -
(dürfen) keinen

aq - qá - ru - ši
Anspruch gegen sie erheben.

§ 180

43 šum - ma a - bu - um
Wenn ein Vater

44 a - na mārtī (DUMU . MÍ) - šu
an seine Tochter,

45 nadīt (LUKUR) gagîm (GÁ . GI$_4$. A)
*die **nadītu** - Priesterin eines **gagû** - Klosters* *

46 ù lu [mí] ZI .
oder

IK . RU . UM
***sekr(et)u** - Priesterin (ist),*

47 še - ri - ik - tam
eine Mitgift

38 wa - ar - ka - sà
ihren Nachlass

39 e - ma e - li - ša ṭa - bu
wohin es ihr gefällt,

40 i - na - ad - di - in
geben.

41 aḫ - ḫu - ša
Ihre Brüder

42 ú - ul i - ba -
(dürfen) keinen

aq - qá - ru - ši
Anspruch gegen sie erheben.

§ 180

43 šum - ma a - bu - um
Wenn ein Vater

44 a - na mārtī (DUMU . MÍ) - šu
an seine Tochter,

45 nadīt (LUKUR) gagîm (GÁ . GI$_4$. A)
*die **nadītu** - Priesterin eines **gagû** - Klosters* *

46 ù lu [mí] ZI .
oder

IK . RU . UM
***sekr(et)u** - Priesterin (ist),*

47 še - ri - ik - tam
eine Mitgift

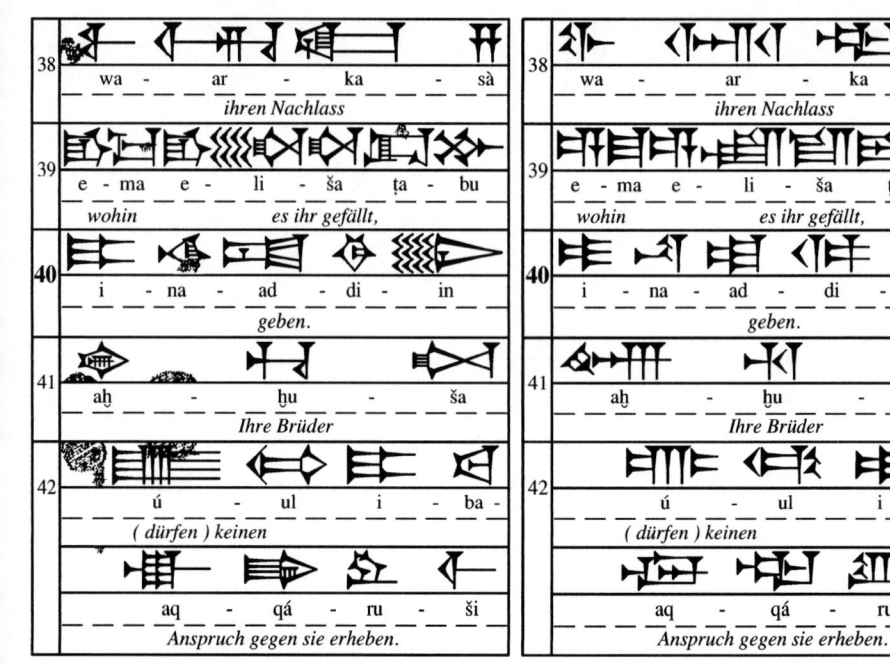

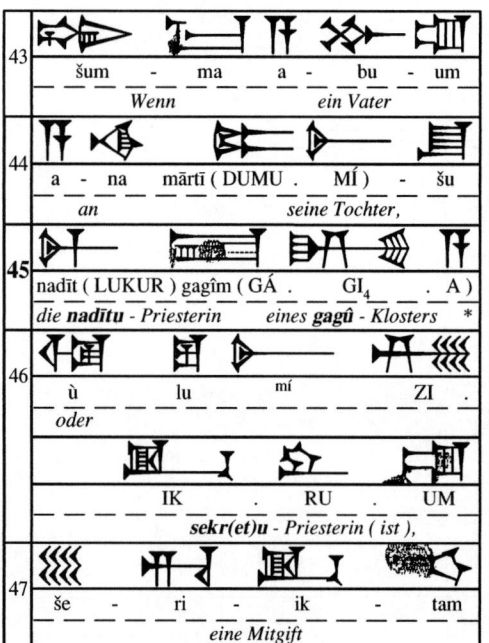

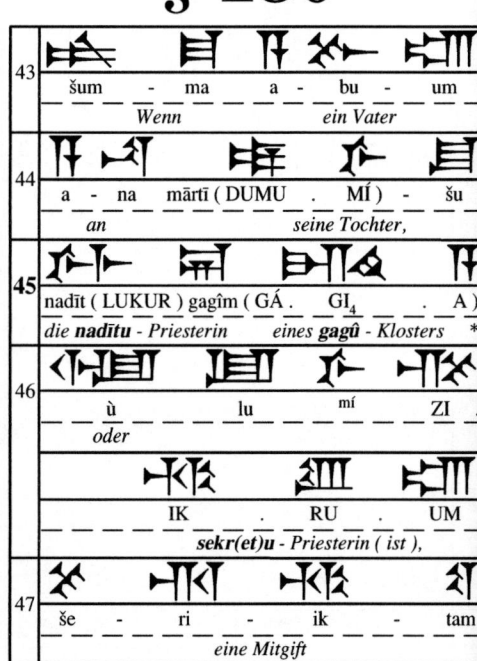

48 

la iš (**ru fehlt!**) - uk - ši - im

nicht schenkt,

49 

wa - ar - ka a - bu - um

(soll sie,) nachdem der Vater

50 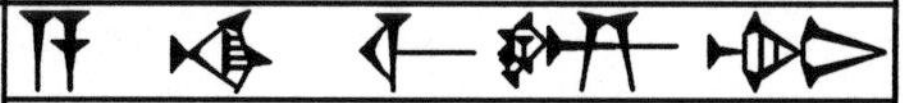

a - na ši - im - tim

in das Andere (das Zeitliche)

51 

it - ta - al - ku

gegangen ist (gesegnet hat),

52 

i - na NÍG.GA (namkūr/ makkūr) bīt (É) abim (A.BA)

vom Besitz des Hauses des Vaters

53 

zí - it - tam ki - ma

einen Anteil wie

54 

ap - lim iš - te - en

der Erbsohn, der einzelne,

55 

i - za - az - ma

(und) von dem Anteil

56 

a - di ba - al - ṭa - at

solange sie lebt,

57 

i - ik - ka - al

nutzniessen;

58 

wa - ar - ka - sà

ihr Nachlass

59 

ša aḫ - ḫi - ša - ma

(geht) an ihre Brüder.

* oder mit M. Stol (Revue d'Assyriol.): É.GI $_4$ .A = nadītim kallatim?

48 

la iš (**ru fehlt!**) - uk - ši - im

nicht schenkt,

49 

wa - ar - ka a - bu - um

(soll sie,) nachdem der Vater

50 

a - na ši - im - tim

in das Andere (das Zeitliche)

51 

it - ta - al - ku

gegangen ist (gesegnet hat),

52 

i - na NÍG.GA (namkūr/ makkūr) bīt (É) abim (A.BA)

vom Besitz des Hauses des Vaters

53 

zí - it - tam ki - ma

einen Anteil wie

54 

ap - lim iš - te - en

der Erbsohn, der einzelne,

55 

i - za - az - ma

(und) von dem Anteil

56 

a - di ba - al - ṭa - at

solange sie lebt,

57 

i - ik - ka - al

nutzniessen;

58 

wa - ar - ka - sà

ihr Nachlass

59 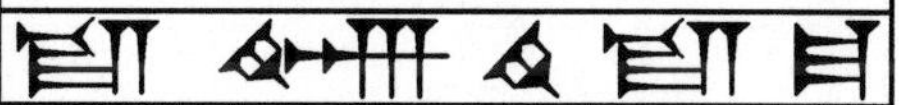

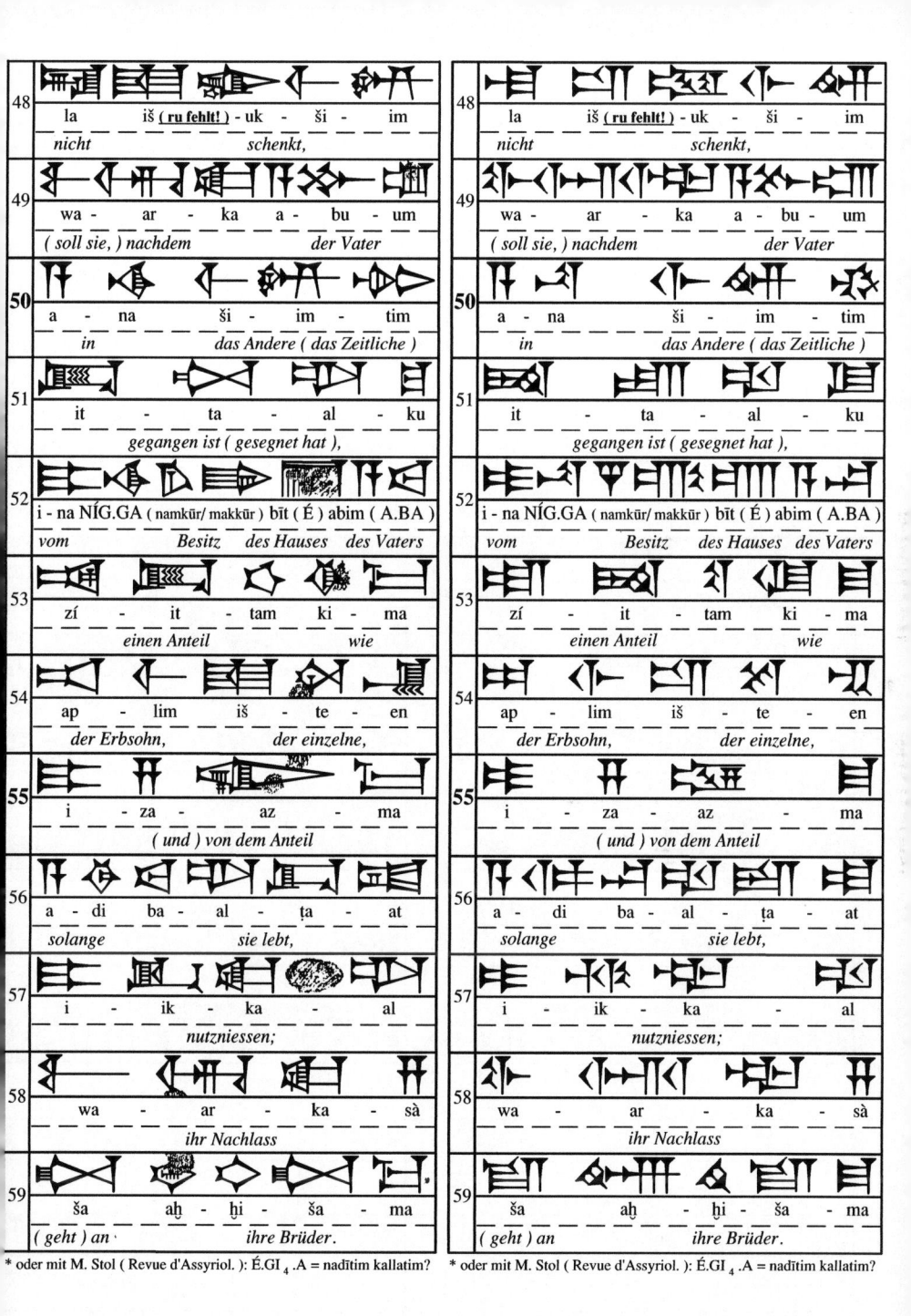

ša aḫ - ḫi - ša - ma

(geht) an ihre Brüder.

* oder mit M. Stol (Revue d'Assyriol.): É.GI $_4$ .A = nadītim kallatim?

§ 181

60	šum - ma a - bu - um	*Wenn ein Vater*
61	nadītam (LUKUR) qadištam (NU . GIG)	*eine **nadītu** - Priesterin, eine **qadištu** - Priesterin*
62	ù lu kulmašītam (NU . BAR)	*oder eine **kulmašītu** - Priesterin*
63	a - na ilim (DINGIR) iš - ši - ma	*einem/ dem Gott weiht,*
64	še - ri - ik - tam	*ihr eine Mitgift*
65	la iš - ru - uk - ši - im	*nicht schenkt,*
66	wa - ar - ka a - bu - um	*(soll sie,) nachdem der Vater*
67	a - na ši - im - tim	*in das Andere (das Zeitliche)*
68	it - ta - al - ku	*gegangen ist (gesegnet hat),*
69	i - na NÍG.GA (namkūr/ makkūr) bīt (É) abim (A.BA)	*vom Besitz des Hauses des Vaters*
70	IGI . 3 . GÁL aplūtī (IBILA = TUR.UŠ) - ša	*ein Drittel ihrer Erbschaft*
71	i - za - az - ma	*als Anteil bekommen*

§ 181

60	šum - ma a - bu - um	*Wenn ein Vater*
61	nadītam (LUKUR) qadištam (NU . GIG)	*eine **nadītu** - Priesterin, eine **qadištu** - Priesterin*
62	ù lu kulmašītam (NU . BAR)	*oder eine **kulmašītu** - Priesterin*
63	a - na ilim (DINGIR) iš - ši - ma	*einem/ dem Gott weiht,*
64	še - ri - ik - tam	*ihr eine Mitgift*
65	la iš - ru - uk - ši - im	*nicht schenkt,*
66	wa - ar - ka a - bu - um	*(soll sie,) nachdem der Vater*
67	a - na ši - im - tim	*in das Andere (das Zeitliche)*
68	it - ta - al - ku	*gegangen ist (gesegnet hat),*
69	i - na NÍG.GA (namkūr/ makkūr) bīt (É) abim (A.BA)	*vom Besitz des Hauses des Vaters*
70	IGI . 3 . GÁL aplūtī (IBILA = TUR.UŠ) - ša	*ein Drittel ihrer Erbschaft*
71	i - za - az - ma	*als Anteil bekommen*

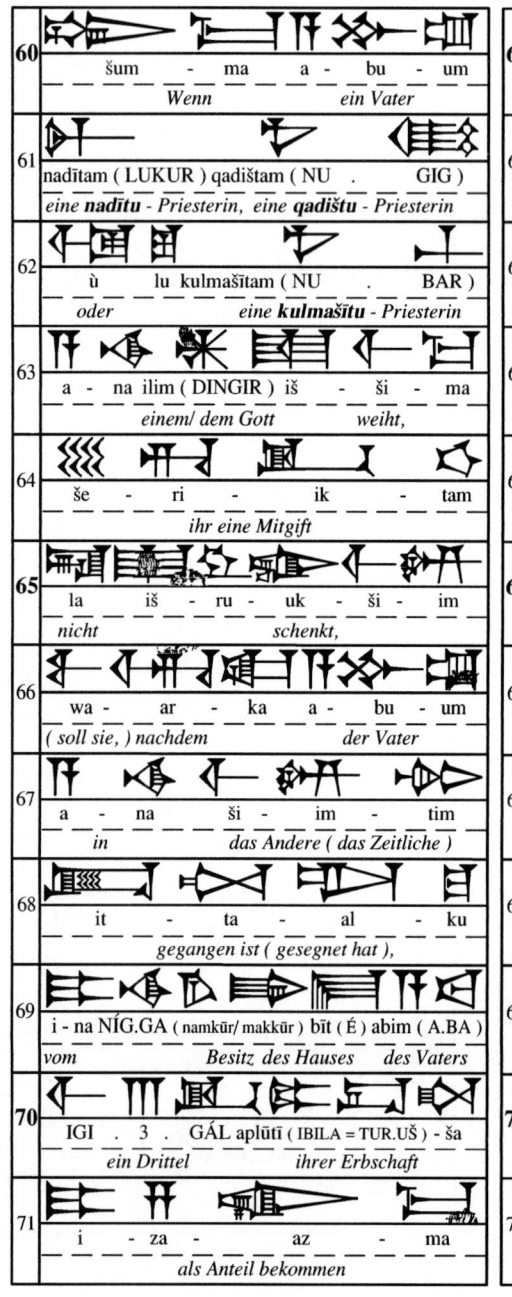

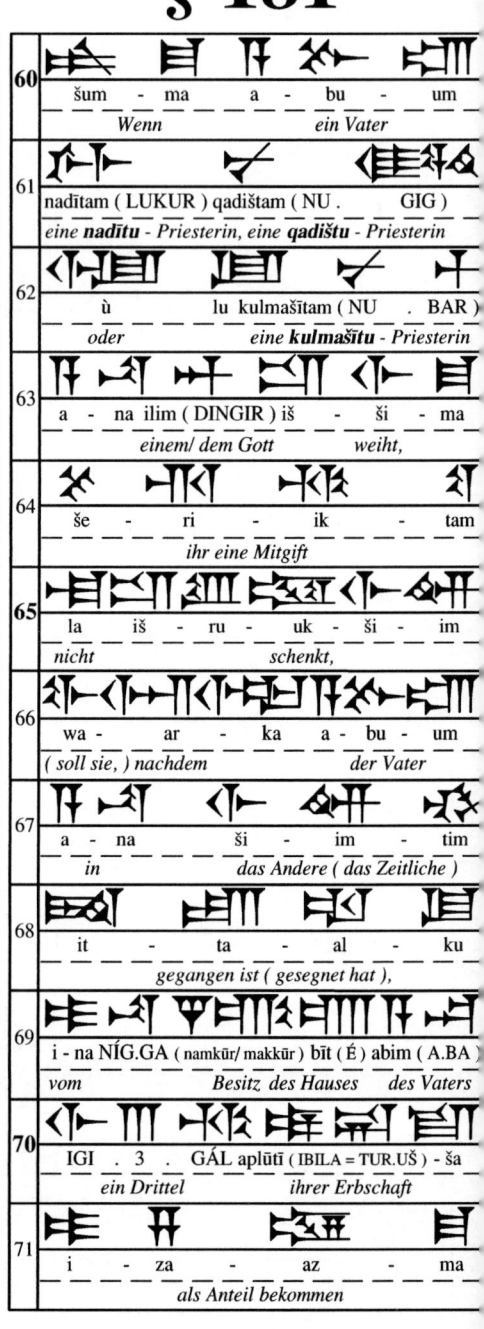

72	a - di ba - al - ṭa - at	*solange sie lebt,*
73	i - ik - ka - al	*nutzniessen;*
74	wa - ar - ka - sà	*ihr Nachlass*
75	ša aḫ - ḫi - ša - ma	*(geht) an ihre Brüder.*

§ 182

76	šum - ma a - bu - um	*Wenn ein Vater*
77	a - na mārtī (DUMU . MÍ) - šu	*an seine Tochter,*
78	nadīt (LUKUR) d Marduk (AMAR . UTU)	*die nadītu-Priesterin (Gott) des* ***MARDUK***
79	ša Bābilim (KÁ (**nicht É!**) .DINGIR .RA) ki	*von* ***B A B Y L O N*** *(ist) (Stadt),*
80	še - ri - ik - tam	*ihr eine Mitgift*
81	la iš - ru - uk - ši - im	*nicht schenkt,*
82	ku - nu - kam	*(und ihr) eine gesiegelte Urkunde*
83	la iš - ṭur - ši - im	*nicht schreibt,*

72	a - di ba - al - ṭa - at	*solange sie lebt,*
73	i - ik - ka - al	*nutzniessen;*
74	wa - ar - ka - sà	*ihr Nachlass*
75	ša aḫ - ḫi - ša - ma	*(geht) an ihre Brüder.*

§ 182

76	šum - ma a - bu - um	*Wenn ein Vater*
77	a - na mārtī (DUMU . MÍ) - šu	*an seine Tochter,*
78	nadīt (LUKUR) d Marduk (AMAR . UTU)	*die nadītu-Priesterin (Gott) des* ***MARDUK***
79	ša Bābilim (KÁ (**nicht É!**) .DINGIR .RA) ki	*von* ***B A B Y L O N*** *(ist) (Stadt),*
80	še - ri - ik - tam	*ihr eine Mitgift*
81	la iš - ru - uk - ši - im	*nicht schenkt,*
82	ku - nu - kam	*(und ihr) eine gesiegelte Urkunde*
83	la iš - ṭur - ši - im	*nicht schreibt,*

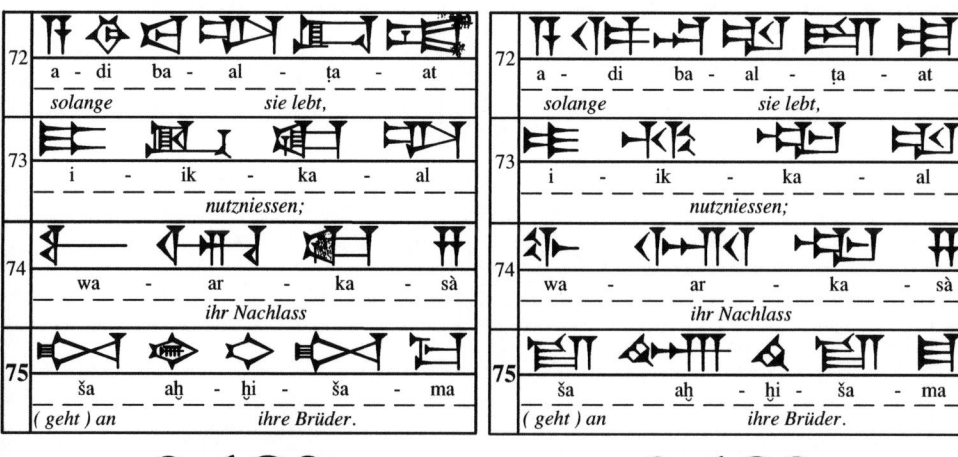

84
wa - ar - ka
(soll sie,) nachdem

a - bu - um
der Vater

85
a - na ši - im - tim
in das Andere (das Zeitliche)

86
it - ta - al - ku
gegangen ist (gesegnet hat),

87
i - na NÍG . GA (namkūr/ makkūr)
vom Besitz

bīt (É) abim (A . BA)
des Hauses des Vaters

88
IGI . 3 . GÁL aplūtī (IBILA = TUR.UŠ) - ša
ein Drittel ihrer Erbschaft

89
it - ti aḫ - ḫi - ša
(bei der Teilung) mit ihren Brüdern

90
i - za - az - ma
als Anteil (bekommen),

91
il - kam
(jedoch) eine Lehnspflicht

92
ú - ul i - il - la - ak
nicht erfüllen;

93
nadīt (LUKUR) d Marduk (AMAR . UTU)
*eine **nadītu**-Priesterin (Gott) des **MARDUK***

94
wa - ar - ka - sà
(darf) ihren Nachlass

84
wa - ar - ka
(soll sie,) nachdem

a - bu - um
der Vater

85
a - na ši - im - tim
in das Andere (das Zeitliche)

86
it - ta - al - ku
gegangen ist (gesegnet hat),

87
i - na NÍG . GA (namkūr/ makkūr)
vom Besitz

bīt (É) abim (A . BA
des)Hauses des Vaters

88
IGI . 3 . GÁL aplūtī (IBILA = TUR.UŠ) - ša
ein Drittel ihrer Erbschaft

89
it - ti aḫ - ḫi - ša
(bei der Teilung) mit ihren Brüdern

90
i - za - az - ma
als Anteil (bekommen),

91
il - kam
(jedoch) eine Lehnspflicht

92
ú - ul i - il - la - ak
nicht erfüllen;

93
nadīt (LUKUR) d Marduk (AMAR . UTU
*eine **nadītu**-Priesterin (Gott) des **MARDUK***

94
wa - ar - ka - sà
(darf) ihren Nachlass

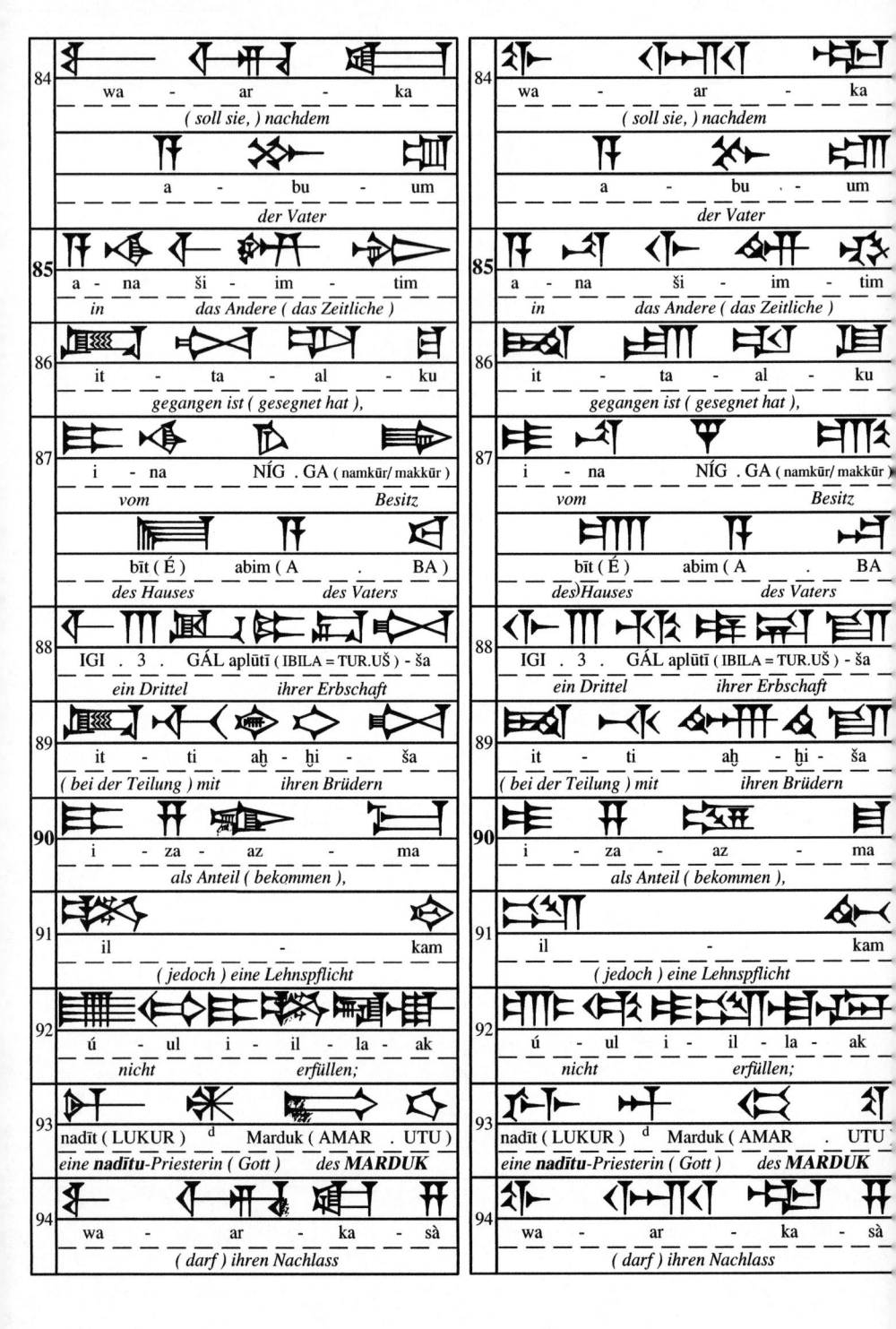

95 e - ma e - li - ša

wohin

96 ṭa - bu

es ihr gefällt

XXXIX

1 i - na - ad - di - in

(ver) geben.

§ 183

2 šum - ma a - bu - um

Wenn ein Vater

3 a - na mārtī (DUMU . MÍ) - šu

an seine Tochter,

šu - gi$_4$ - tim

(die) ***šugītu*** *- Priesterin (ist),*

4 še - ri - ik - tam

eine Mitgift

5 iš - ru - uk - ši - im

schenkt,

6 a - na mu - tim

an einen Ehemann

7 id - di - iš - ši

gibt,

8 ku - nu - uk - kam

(und ihr) eine gesiegelte Urkunde

95 e - ma e - li - ša

wohin

96 ṭa - bu

es ihr gefällt

XXXIX

1 i - na - ad - di - in

(ver) geben.

§ 183

2 šum - ma a - bu - um

Wenn ein Vater

3 a - na mārtī (DUMU . MÍ) - šu

an seine Tochter,

šu - gi$_4$ - tim

(die) ***šugītu*** *- Priesterin (ist),*

4 še - ri - ik - tam

eine Mitgift

5 iš - ru - uk - ši - im

schenkt,

6 a - na mu - tim

an einen Ehemann

7 id - di - iš - ši

gibt,

8 ku - nu - uk - kam

(und ihr) eine gesiegelte Urkunde

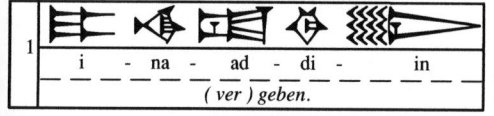

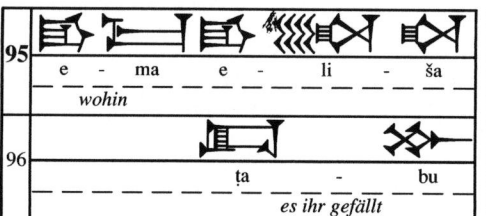

§ 176b) 10 Wenn die Tochter eines Bürgers 11) keine Mitgift hat, 12) so soll man alles, was ihr Ehemann und sie selbst, 13) nachdem sie sich zusammen getan hatten, 14) erworben haben, 15) in zwei Teile 16) teilen; 17) die eine Hälfte 18) bekommt 17) der Eigentümer des Sklaven, 19) die andere Hälfte 20) bekommt 21) die Tochter eines Bürgers 22) für ihre Kinder.

§ 177) 22) Wenn eine Witwe, 23) deren Kinder 24) noch ganz klein sind, 25) in das Haus eines anderen 26) einzutreten 27f.) plant, 29) so darf sie ohne Erlaubnis der Richter 30) das nicht tun. 31) Wenn sie 32) in das Haus eines anderen 33) eintreten will, 34) sollen die Richter 35) die Angelegenheit 36) des Hauses ihres 37) früheren 36) Ehemannes 38) überprüfen, 39) das Haus ihres 40) früheren 39) Ehemannes 41) sollen sie ihrem 42) späteren 41) Ehemann 43) und dieser Frau 44) anvertrauen 45) und sie (beide) eine Urkunde 46) ausfertigen lassen. 47) Das Haus sollen sie dann in Ordnung halten 48) und die ganz kleinen Kinder 49) großziehen. 50) Die Hausgeräte 52) dürfen sie nicht 51) für Geld 52) verkaufen; 53) ein Käufer, 54) der Hausgerät 55) der Kinder einer Witwe 56) kauft, 57) geht seines Geldes 58) verlustig, 59) der Besitz kehrt zu seinen Eigentümern 60) zurück.

§ 178) 61) Wenn eine *entu*-Priesterin, eine *nadītu*-Priesterin 62) oder eine *sekr(et)u*-Priesterin, 63) deren Vater ihr 64) eine Mitgift 65) gegeben 66) und eine Urkunde 67) geschrieben hat, 68) (wenn der Vater) auf der Urkunde, 69) die er ihr geschrieben hat, 73) es ihr nicht schriftlich gestattet, 70) ihren Nachlass, 71) wohin es ihr 72) gefällt, zu vergeben, 74) und ihr keine Verfügungsfreiheit 75) gewährt, 76) so sollen, nachdem der Vater 77) das Zeitliche 78) gesegnet hat, 80) ihre Brüder 79) ihr Feld und ihren Baumgarten 81) nehmen 82) und entsprechend dem Wert 83) ihres Anteils 84) ihr Kost, Öl und Kleidung 85) geben 86) und ihr Herz 87) zufriedenstellen. 88) Wenn ihre Brüder 89) ihr nicht entsprechend dem Wert 90) ihres Anteils 91) Kost, Öl und Kleidung 92) geben **XXXVIII** 1) und ihr Herz 2) nicht zufriedenstellen, 3) so kann sie ihr Feld und ihren Baumgarten 4) einem Pächter, 5) der ihr genehm ist, 6) geben 7) und ihr Pächter 8) soll sie unterhalten, 9) das Feld, den Baumgarten 10) und alles, was 11) ihr Vater 12) ihr gegeben hat, 13) soll sie, solange sie lebt, nutznießen; 14) sie darf es nicht für Geld 15) verkaufen, 16) sie darf keinen anderen 17) als Erben einsetzen, 18) ihr Nachlass 19) gehört ihren Brüdern.

§ 179) 20) Wenn eine *entu*-Priesterin, eine *nadītu*-Priesterin 21) oder *sekr(et)tu*-Priesterin, 22) deren Vater ihr 23) eine Mitgift 24) gegeben 25) und eine gesiegelte Urkunde 26) geschrieben hat, 27) (wenn der Vater) auf der Urkunde, 28) die er ihr geschrieben hat, 32) es ihr schriftlich gestattet, 29) ihren Nachlass, 30) wohin es ihr gefällt, 31) zu vergeben 33) und ihr Verfügungsfreiheit 34) gewährt, 35) so darf sie, nachdem der Vater 36) das Zeitliche 37) gesegnet hat, 38) ihren Nachlass, 39) wohin es ihr gefällt, 40) vergeben, 41) ihre Brüder 42) dürfen keine Vindikationsklage gegen sie erheben.

§ 180) 43) Wenn ein Vater 44) seiner Tochter, 45) (die) *nadītu*-Priestern eines *gagû*-Klosters 46) oder *sekr(et)u*-Priesterin (ist), 47) keine Mitgift 48) schenkt, 49) so soll sie, nachdem der Vater 50) das Zeitliche 51) gesegnet hat, 52) vom Besitz des Vaterhauses 53) einen Anteil 55) bekommen 53) wie 54) der einzelne Erbsohn 56) und davon, solange sie lebt, 57) nutznießen; 58) ihr Nachlass 59) gehört ihren Brüdern.

§ 181) 60) Wenn ein Vater 61) eine *nadītu*-Priesterin, eine *qadištu*-Priesterin 62) oder eine *kulmašītu*-Priesterin 63) einem/ dem Gott weiht 64) und ihr keine Mitgift 65) gibt, 66) so soll sie, nachdem der Vater 67) das Zeitliche 68) gesegnet hat, 69) vom Besitz des Vaterhauses 70) ein Drittel ihrer Erbschaft, 71) als Anteil bekommen 72) und davon, solange sie lebt, 73) nutznießen; 74) ihr Nachlass; 75) gehört ihren Brüdern.

§ 182) 76) Wenn ein Vater 77) seiner Tochter, 78) (die) *nadītu*-Priesterin des Marduk 79) von Babel (ist), 80) keine Mitgift gibt 82) und ihr keine gesiegelte Urkunde 83) schreibt, 84) so soll Sie, nachdem der Vater 85) das Zeitliche 86)gesegnet hat, 87) vom Besitz des Vaterhauses 88) ein Drittel ihrer Erbschaft 89) bei der 'I'eilung mit ihren Brüdern bekommen, 90) jedoch keine Lehnspflicht 91) erfüllen; 93) eine *nadītu*-Priesterin des Marduk 94) darf ihren Nachlass, 95) wohin es ihr 96) gefällt, **XXXIX** 1) vergeben.

9 iš - ṭur - ši - im

schreibt,

10 wa - ar - ka

(darf sie,) nachdem

a - bu - um

der Vater

11 a - na ši - im - tim

in das Andere (das Zeitliche)

12 it - ta - al - ku

gegangen ist (gesegnet hat),

13 i - na NÍG . GA (namkūr/ makkūr)

vom Besitz

bīt (É) abim (A . BA)

des Hauses des Vaters

14 ú - ul i - za - az

keinen Anteil (bekommen).

§ 184

15 šum - ma a - wi - lum

Wenn ein Bürger

16 a - na mārtī (DUMU . MÍ) - šu

an seine Tochter,

17 šu - gi$_4$ - tim

(die) ***šugītu*** *- Priesterin ist,*

18 še - ri - ik - tam

eine Mitgift

9 iš - ṭur - ši - im

schreibt,

10 wa - ar - ka

(darf sie,) nachdem

a - bu - um

der Vater

11 a - na ši - im - tim

in das Andere (das Zeitliche)

12 it - ta - al - ku

gegangen ist (gesegnet hat),

13 i - na NÍG . GA (namkūr/ makkūr)

vom Besitz

bīt (É) abim (A . BA)

des Hauses des Vaters

14 ú - ul i - za - az

keinen Anteil (bekommen).

§ 184

15 šum - ma a - wi - lum

Wenn ein Bürger

16 a - na mārtī (DUMU . MÍ) - šu

an seine Tochter,

17 šu - gi$_4$ - tim

(die) šugītu - Priesterin ist,

18 še - ri - ik - tam

eine Mitgift

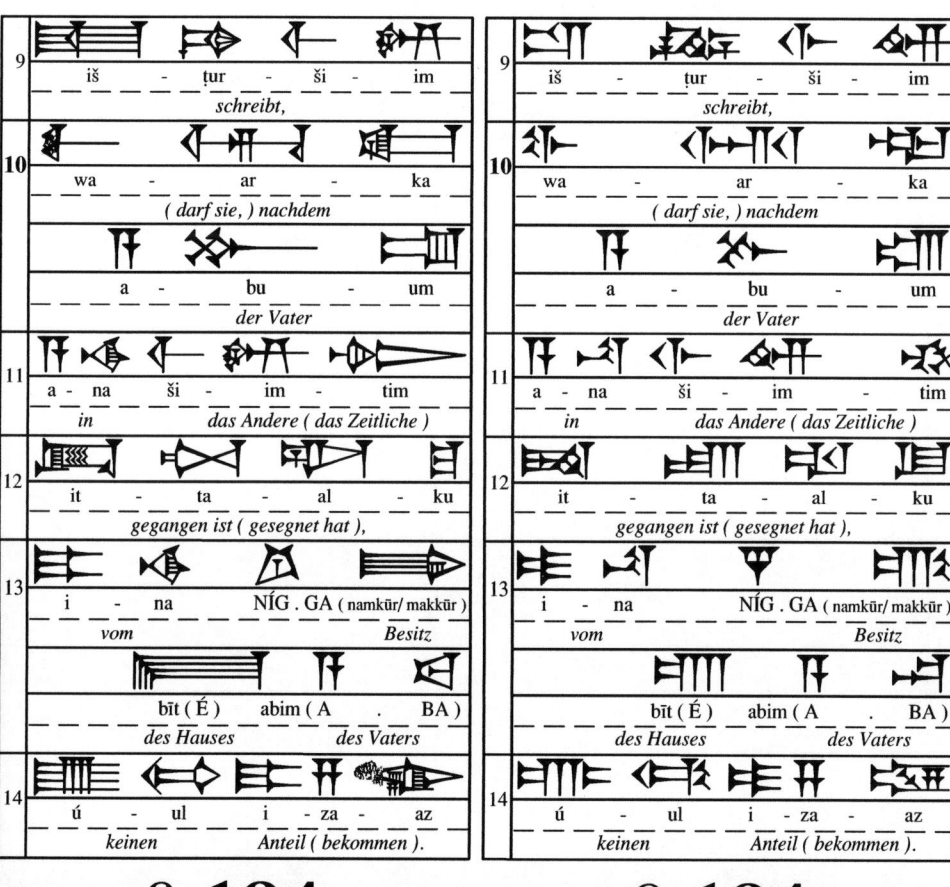

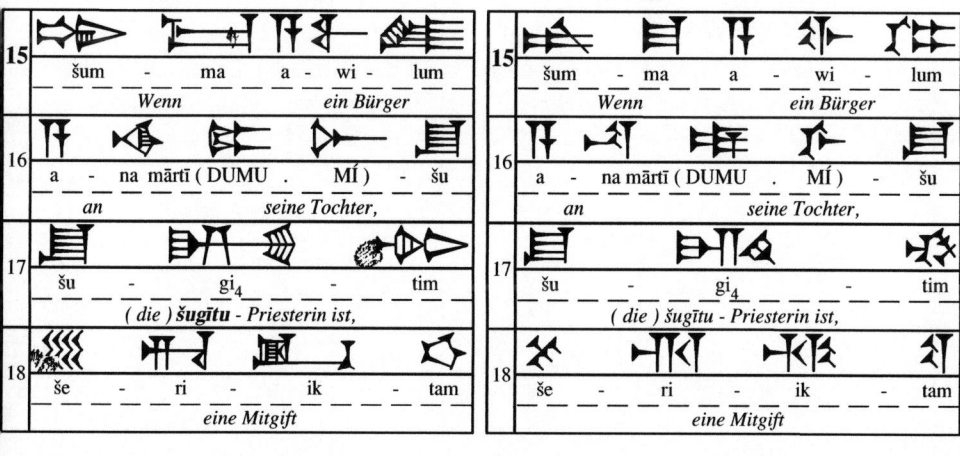

19	la - iš - ru - uk - šim	*nicht schenkt,*	la - iš - ru - uk - šim	*nicht schenkt,*
20	a - na mu - tim	*(und sie) einem Ehemann*	a - na mu - tim	*(und sie) einem Ehemann*
21	la id - di - iš - ši	*nicht gibt,*	la id - di - iš - ši	*nicht gibt,*
22	wa - ar - ka	*(sollen,) nachdem*	wa - ar - ka	*(sollen,) nachdem*
	a - bu - um	*der Vater*	a - bu - um	*der Vater*
23	a - na ši - im - tim	*in das Andere (das Zeitliche)*	a - na ši - im - tim	*in das Andere (das Zeitliche)*
24	it - ta - al - ku	*gegangen ist (gesegnet hat),*	it - ta - al - ku	*gegangen ist (gesegnet hat),*
25	aḫ - ḫu - ša	*ihre Brüder*	aḫ - ḫu - ša	*ihre Brüder*
26	ki - ma e - mu - uq	*in der Höhe des Wertes*	ki - ma e - mu - uq	*in der Höhe des Wertes*
	bīt (É) abim (A . BA)	*des Hauses des Vaters*	bīt (É) abim (A . BA)	*des Hauses des Vaters*
27	še - ri - ik - tam	*eine Mitgift*	še - ri - ik - tam	*eine Mitgift*
28	i - šar - ra - ku -		i - šar - ra - ku -	
	ši - im - ma	*geben.*	ši - im - ma	*geben.*

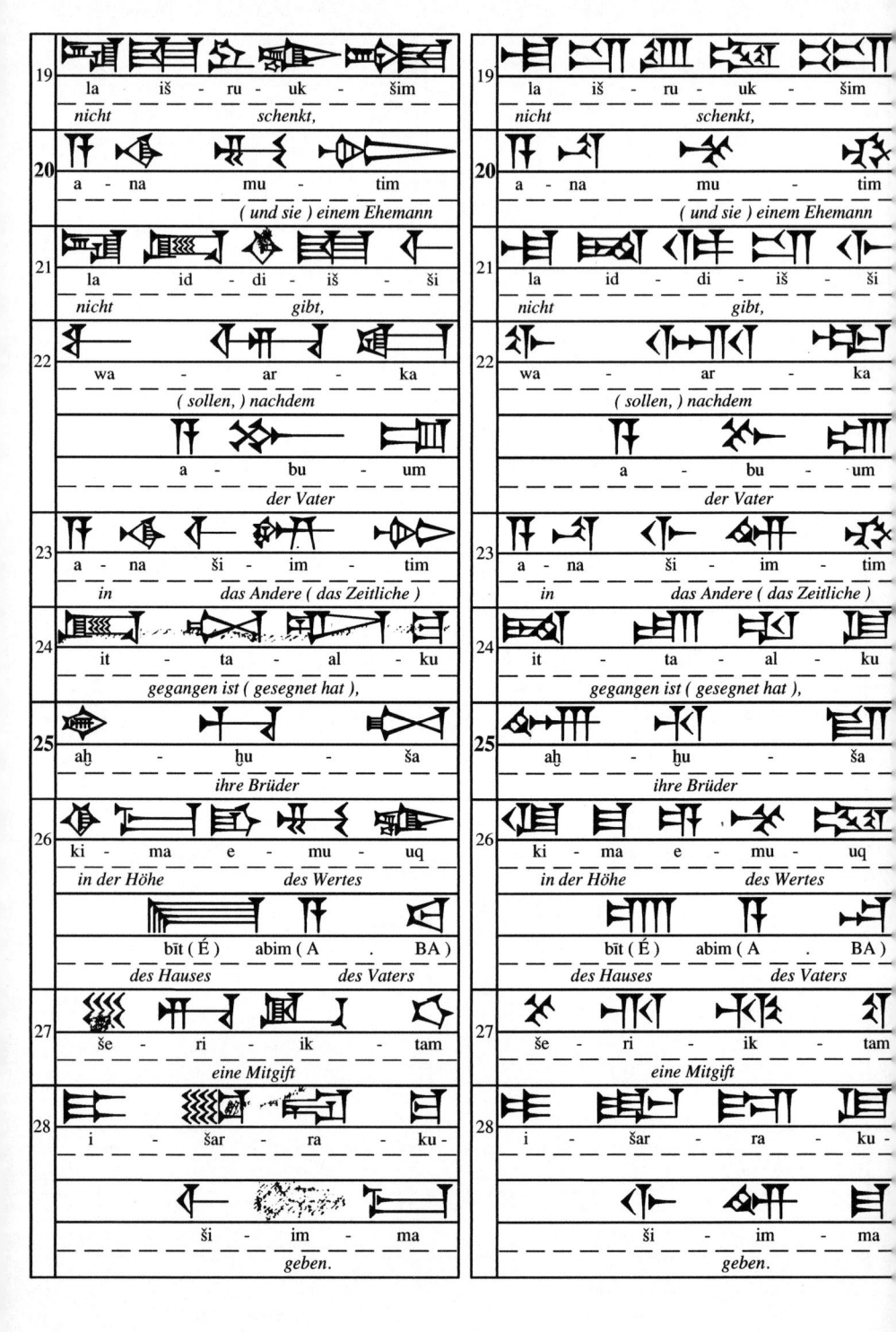

29	a - na mu - tim
	(und sie) an einen Ehemann
30	i - na - ad - di - nu - ši
	geben.

§ 185

31	šum - ma a - wi - lum
	Wenn ein Bürger
32	ṣe - eḫ - ra - am
	ein kleines Kind
33	i - na me - e - šu
	in seinem (Frucht-) wasser
34	a - na ma - ru - tim
	als Sohn
35	il - qé - ma
	annimmt,
36	úr - ta - ab - bi - šu
	(und) ihn grosszieht,
37	tar - bi - tum ši - i
	(darf) das Ziehkind, dieses,
38	ú - ul ib - ba - aq - qar
	nicht beansprucht werden.

§ 186

39	šum - ma a - wi - lum
	Wenn ein Bürger

29	a - na mu - tim
	(und sie) an einen Ehemann
30	i - na - ad - di - nu - ši
	geben.

§ 185

31	šum - ma a - wi - lum
	Wenn ein Bürger
32	ṣe - eḫ - ra - am
	ein kleines Kind
33	i - na me - e - šu
	in seinem (Frucht-) wasser
34	a - na ma - ru - tim
	als Sohn
35	il - qé - ma
	annimmt,
36	úr - ta - ab - bi - šu
	(und) ihn grosszieht,
37	tar - bi - tum ši - i
	(darf) das Ziehkind, dieses,
38	ú - ul ib - ba - aq - qar
	nicht beansprucht werden.

§ 186

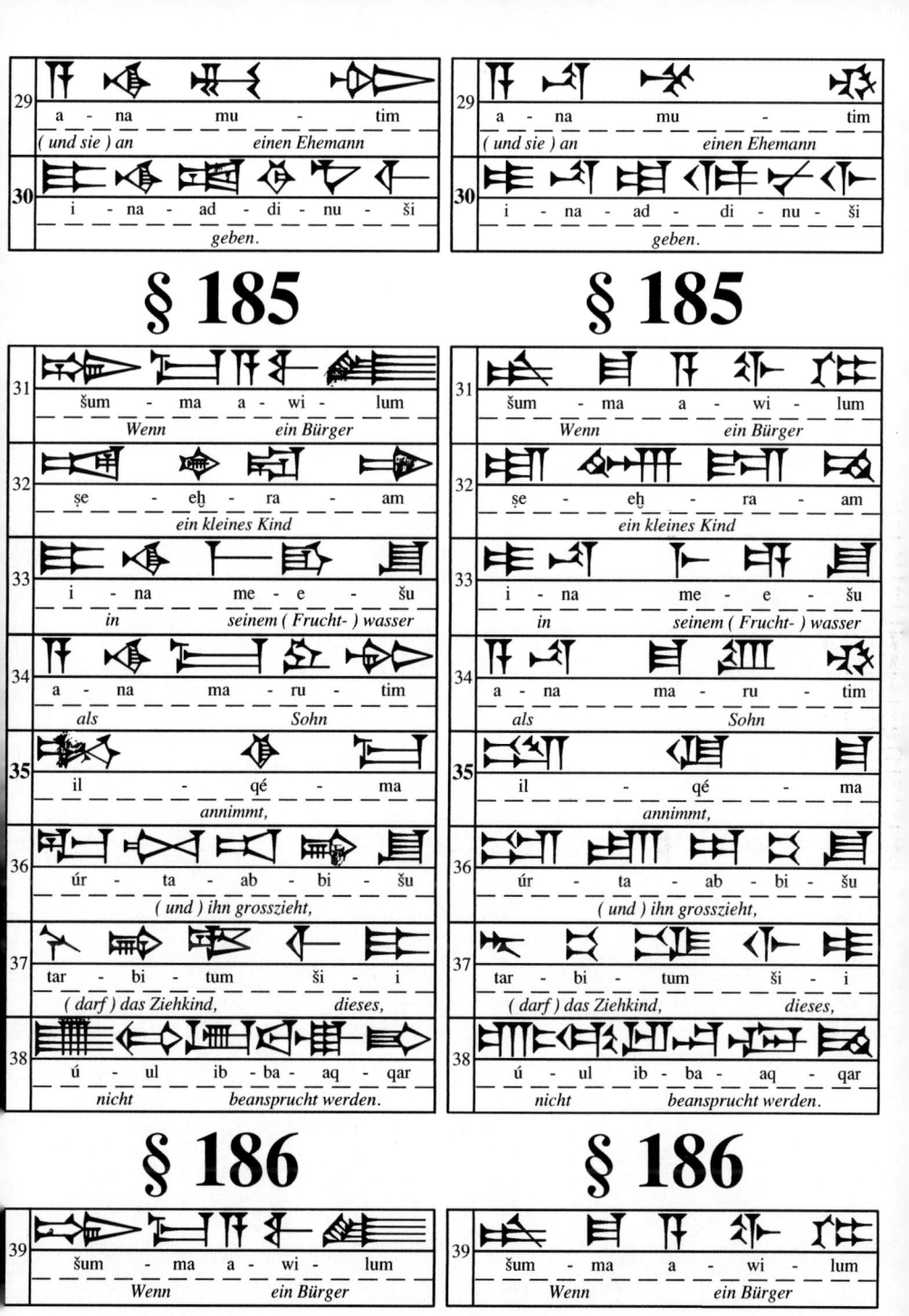

39	šum - ma a - wi - lum
	Wenn ein Bürger

40	ṣe - eḫ - ra - am	*ein kleines Kind*
41	a - na ma - ru - tim	*als Sohn*
	il - qé	*annimmt,*
42	i - nu - ma	*(und) wenn*
43	il - qú - ú - šu	*es seiner Adoption (nach)*
44	a - ba - šu	*seinen Vater*
45	ù um - ma - šu	*und/ oder seine Mutter*
46	i - ḫi - a - aṭ	*erforscht,*
47	tar - bi - tum ši - i	*(darf) das Ziehkind, dieses,*
48	a - na bīt (É) a - bi - šu	*in das Haus seines Vaters*
49	i - ta - ar	*zurückkehren.*

§ 187

50	mār (DUMU) girsiqêm (GÌR . SÌ . GA)	*Ein Sohn eines* ***qirsiqû*** *- Höflings,*

40	ṣe - eḫ - ra - am	*ein kleines Kind*
41	a - na ma - ru - tim	*als Sohn*
	il - qé	*annimmt,*
42	i - nu - ma	*(und) wenn*
43	il - qú - ú - šu	*es seiner Adoption (nach)*
44	a - ba - šu	*seinen Vater*
45	ù um - ma - šu	*und/ oder seine Mutter*
46	i - ḫi - a - aṭ	*erforscht,*
47	tar - bi - tum ši - i	*(darf) das Ziehkind, dieses,*
48	a - na bīt (É) a - bi - šu	*in das Haus seines Vaters*
49	i - ta - ar	*zurückkehren.*

§ 187

50	mār (DUMU) girsiqêm (GÌR . SÌ . GA)	*Ein Sohn eines* ***qirsiqû*** *- Höflings,*

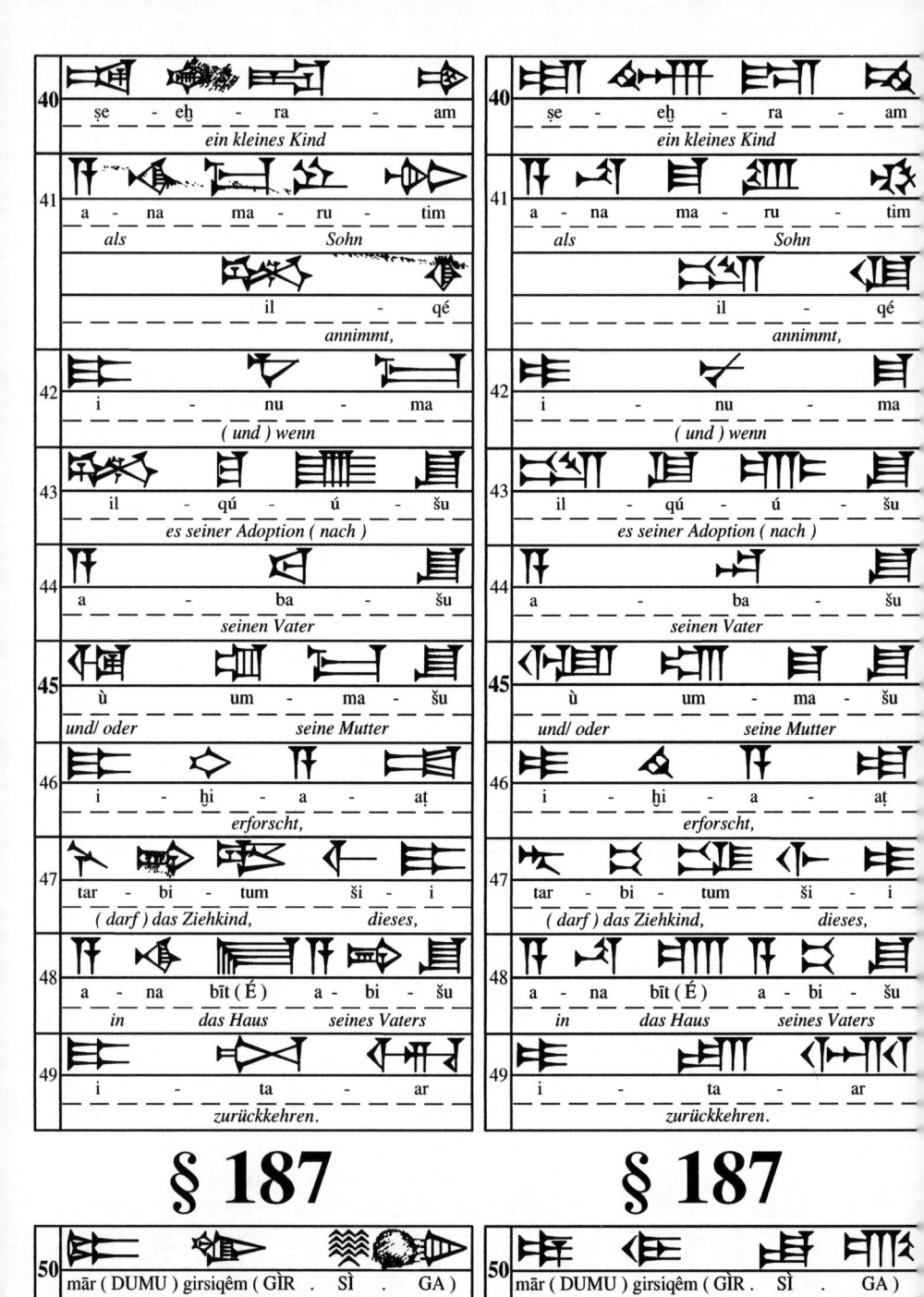

51 mu - za - az ekallim (É . GAL)
eines Angehörigen eines Palastes

52 ù mār (DUMU) mí ZI . IK .
und/ oder der Sohn (Frau)

RU . UM
*einer **sekr(et)u** - Priesterin*

53 ú - ul ib - ba - aq - qar
(darf) nicht beansprucht werden.

51 mu - za - az ekallim (É . GAL)
eines Angehörigen eines Palastes

52 ù mār (DUMU) mí ZI . IK .
und/ oder der Sohn (Frau)

RU . UM
*einer **sekr(et)u** - Priesterin*

53 ú - ul ib - ba - aq - qar
(darf) nicht beansprucht werden.

§ 188

§ 188

54 šum - ma mār (DUMU) ummânim (UM.MI.A)
Wenn ein Handwerker

55 māram (DUMU) a - na tar - bi - tim
einen Sohn als Ziehkind

56 il - qé - ma
annimmt,

57 ši - pí - ir qá - ti - šu
ihn sein Handwerk)

58 uš - ta - ḫi - sú
lehrt,

59 ú - ul ib - ba - qar
(darf dieser) nicht beansprucht werden.

54 šum - ma mār (DUMU) ummânim (UM.MI.A)
Wenn ein Handwerker

55 māram (DUMU) a - na tar - bi - tim
einen Sohn als Ziehkind

56 il - qé - ma
annimmt,

57 ši - pí - ir qá - ti - šu
ihn sein Handwerk)

58 uš - ta - ḫi - sú
lehrt,

59 ú - ul ib - ba - qar
(darf dieser) nicht beansprucht werden.

§ 189

§ 189

60 šum - ma ši - pí - ir
Wenn

60 šum - ma ši - pí - ir
Wenn

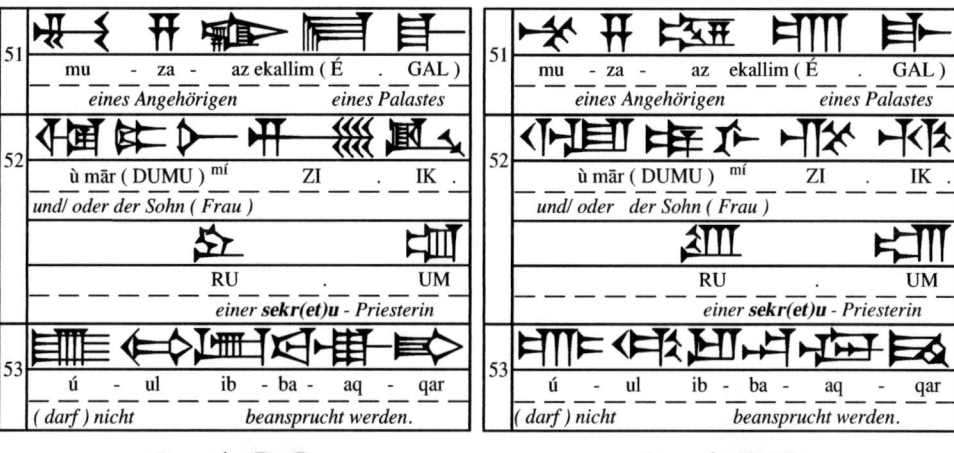

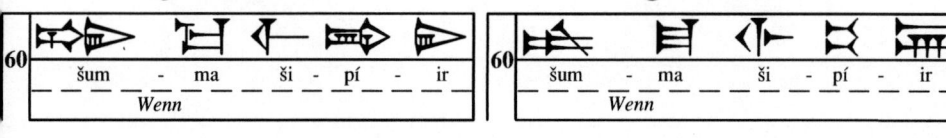

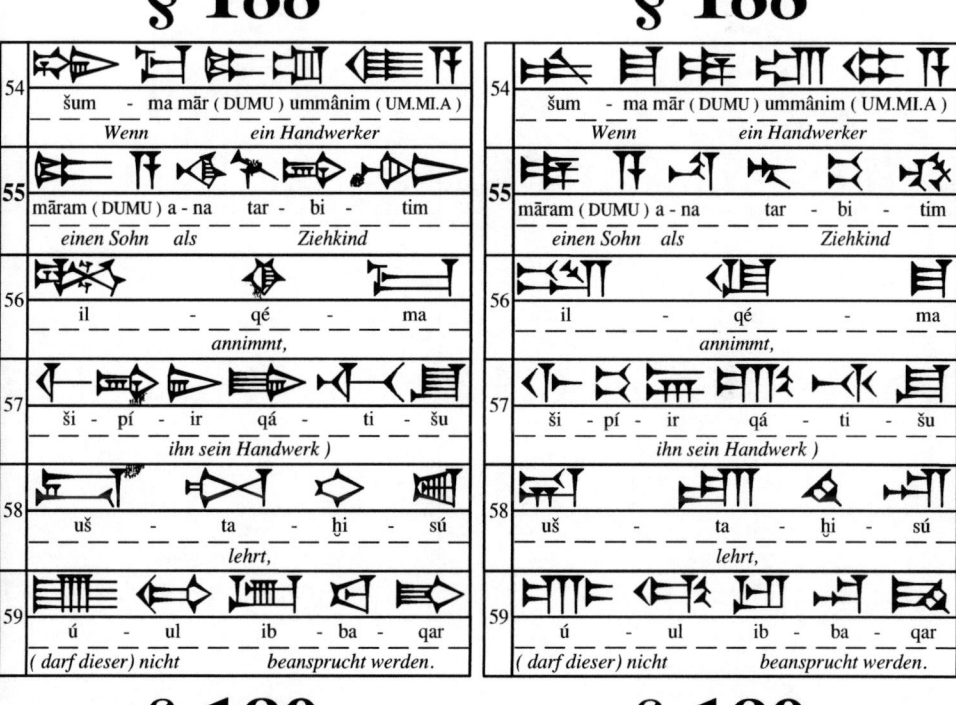

	qá - ti - šu	*er ihn sein Handwerk*
61	la uš - ta - ḫi - sú	*nicht lehrt,*
62	tar - bi - tum ši - i	*(darf) das Ziehkind, dieses,*
63	a - na bīt (É) a - bi - šu	*in das Haus seines Vaters*
64	i - ta - ar	*zurückkehren.*

§ 190

65	šum - ma a - wi - lum	*Wenn ein Bürger*
66	ṣe - eḫ - ra - am	*ein kleines Kind*
67	ša a - na ma - ru - ti - šu	*das (er) als seinen Sohn*
68	il - qú - šu - ma	*adoptiert hat,*
69	ú - ra - ab - bu - šu	*(und) beim Grossziehen*
70	it - ti mārī (DUMU . MEŠ) - šu	*mit seinen eigenen Söhnen*
71	la im - ta - nu - šu	*nicht gleichstellt,*

	qá - ti - šu	*er ihn sein Handwerk*
61	la uš - ta - ḫi - sú	*nicht lehrt,*
62	tar - bi - tum ši - i	*(darf) das Ziehkind, dieses,*
63	a - na bīt (É) a - bi - šu	*in das Haus seines Vaters*
64	i - ta - ar	*zurückkehren.*

§ 190

65	šum - ma a - wi - lum	*Wenn ein Bürger*
66	ṣe - eḫ - ra - am	*ein kleines Kind*
67	ša a - na ma - ru - ti - šu	*das (er) als seinen Sohn*
68	il - qú - šu - ma	*adoptiert hat,*
69	ú - ra - ab - bu - šu	*(und) beim Grossziehen*
70	it - ti mārī (DUMU . MEŠ) - šu	*mit seinen eigenen Söhnen*
71	la im - ta - nu - šu	*nicht gleichstellt,*

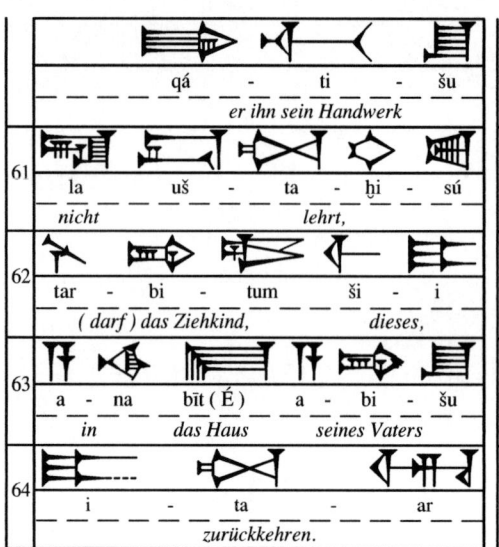

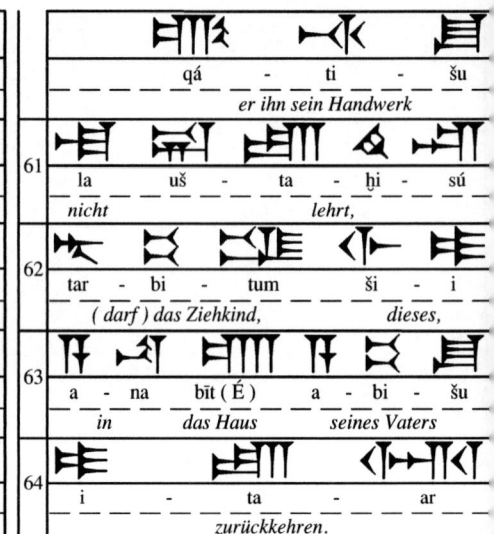

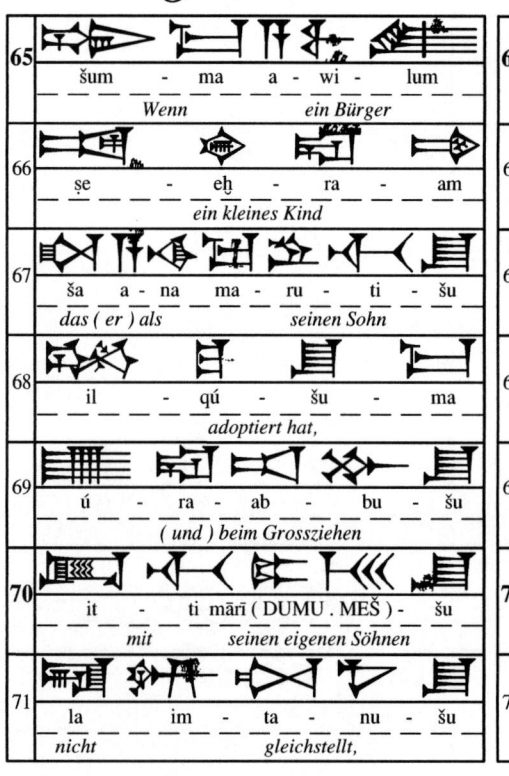

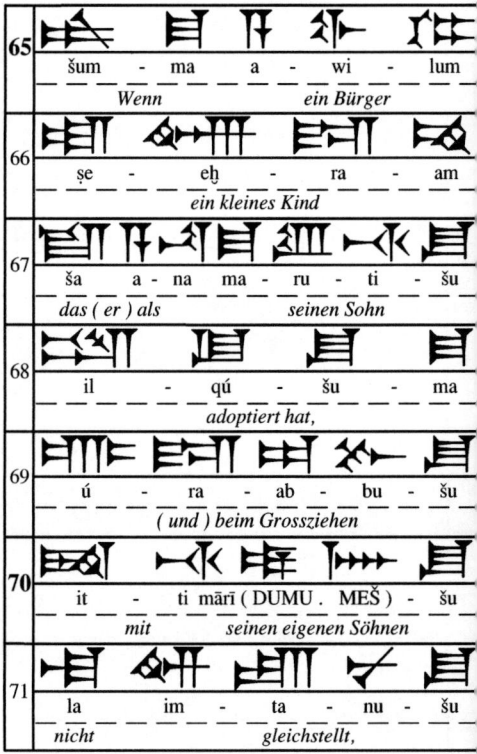

72	tar - bi - tum ši - i	(darf) das Ziehkind, dieses,
73	a - na bīt (É) a - bi - šu	in das Haus seines Vaters
74	i - ta - ar	zurückkehren.

§ 191

75	šum - ma a - wi - lum	Wenn ein Bürger
76	ṣe - eḫ - ra - am	ein kleines Kind
77	ša a - na ma - ru - ti - šu	das (er) als seinen Sohn
78	il - qú - šu - ma	adoptiert
79	ú - ra - ab - bu - ú - šu	(und) grossgezogen hat,
80	bīs (É) - sú (**nicht ba!**) i - pu - uš	einen Hausstand gegründet
81	wa - ar - ka mārī (DUMU.MEŠ)	(und,) nachdem (er eigene) Söhne
82	ir - ta - ši - ma	(anschliessend) bekommen hat,
83	a - na tar - bi - tim na - sa - ḫi - im	das Ziehkind (zu) verstossen

72	tar - bi - tum ši - i	(darf) das Ziehkind, dieses,
73	a - na bīt (É) a - bi - šu	in das Haus seines Vaters
74	i - ta - ar	zurückkehren.

§ 191

75	šum - ma a - wi - lum	Wenn ein Bürger
76	ṣe - eḫ - ra - am	ein kleines Kind
77	ša a - na ma - ru - ti - šu	das (er) als seinen Sohn
78	il - qú - šu - ma	adoptiert
79	ú - ra - ab - bu - ú - šu	(und) grossgezogen hat,
80	bīs (É) - sú (**nicht ba!**) i - pu - uš	einen Hausstand gegründet
81	wa - ar - ka mārī (DUMU.MEŠ)	(und,) nachdem (er eigene) Söhne
82	ir - ta - ši - ma	(anschliessend) bekommen hat,
83	a - na tar - bi - tim na - sa - ḫi - im	das Ziehkind (zu) verstossen

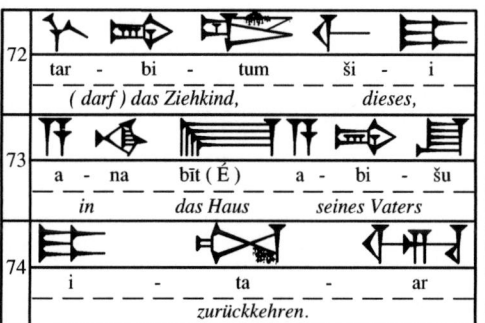

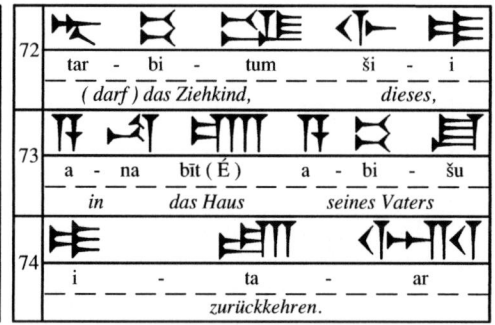

84	pa - nam iš - ta - ka - an	*im Sinn hat,*
85	mārum (DUMU) šu - ú ri - qú - sú	*(soll) der Sohn, dieser, leer*
86	ú - ul it - ta - al - la - a	*nicht ausgehen.*
87	a - bu - um mu - ra - bi - šu	*Sein Ziehvater (soll ihm)*
88	i - na NÍG . GA (namkūrī/ makkūrī) - šu	*von seinem Besitz*
89	IGI . 3 . GÁL aplūtī (IBILA = TUR.UŠ) - šu	*ein Drittel seiner Erbschaft*
90	i - na - ad - di - iš - šum - ma	*geben,*
91	it - ta - la - ak	*(bevor) er (weg-) geht.*
92	i - na eqlim (A.ŠÀ) giš kirîm (KIRI$_6$)	*Vom Feld, (Holz) Baumgarten*
93	ù bītim (É)	*und Haus*
94	ú - ul i - na - ad - di -*	*(braucht) er ihm nichts*
95	iš - šum	*zu geben.*

* Worttrennung in zwei Zeilen!

84	pa - nam iš - ta - ka - an	*im Sinn hat,*
85	mārum (DUMU) šu - ú ri - qú - sú	*(soll) der Sohn, dieser, leer*
86	ak ú - ul it - ta - al - la - ak	*nicht ausgehen.*
87	a - bu - um mu - ra - bi - šu	*Sein Ziehvater (soll ihm)*
88	i - na NÍG . GA (namkūrī/ makkūrī) - šu	*von seinem Besitz*
89	IGI . 3 . GÁL aplūtī (IBILA = TUR.UŠ) - šu	*ein Drittel seiner Erbschaft*
90	i - na - ad - di - iš - šum - ma	*geben,*
91	it - ta - la - ak	*(bevor) er (weg-) geht.*
92	i - na eqlim (A. ŠÀ) giš kirîm (KIRI$_6$)	*Vom Feld, (Holz) Baumgarten*
93	ù bītim (É)	*und Haus*
94	ú - ul i - na - ad - di -*	*(braucht) er ihm nichts*
95	iš - šum	*zu geben.*

* Worttrennung in zwei Zeilen!

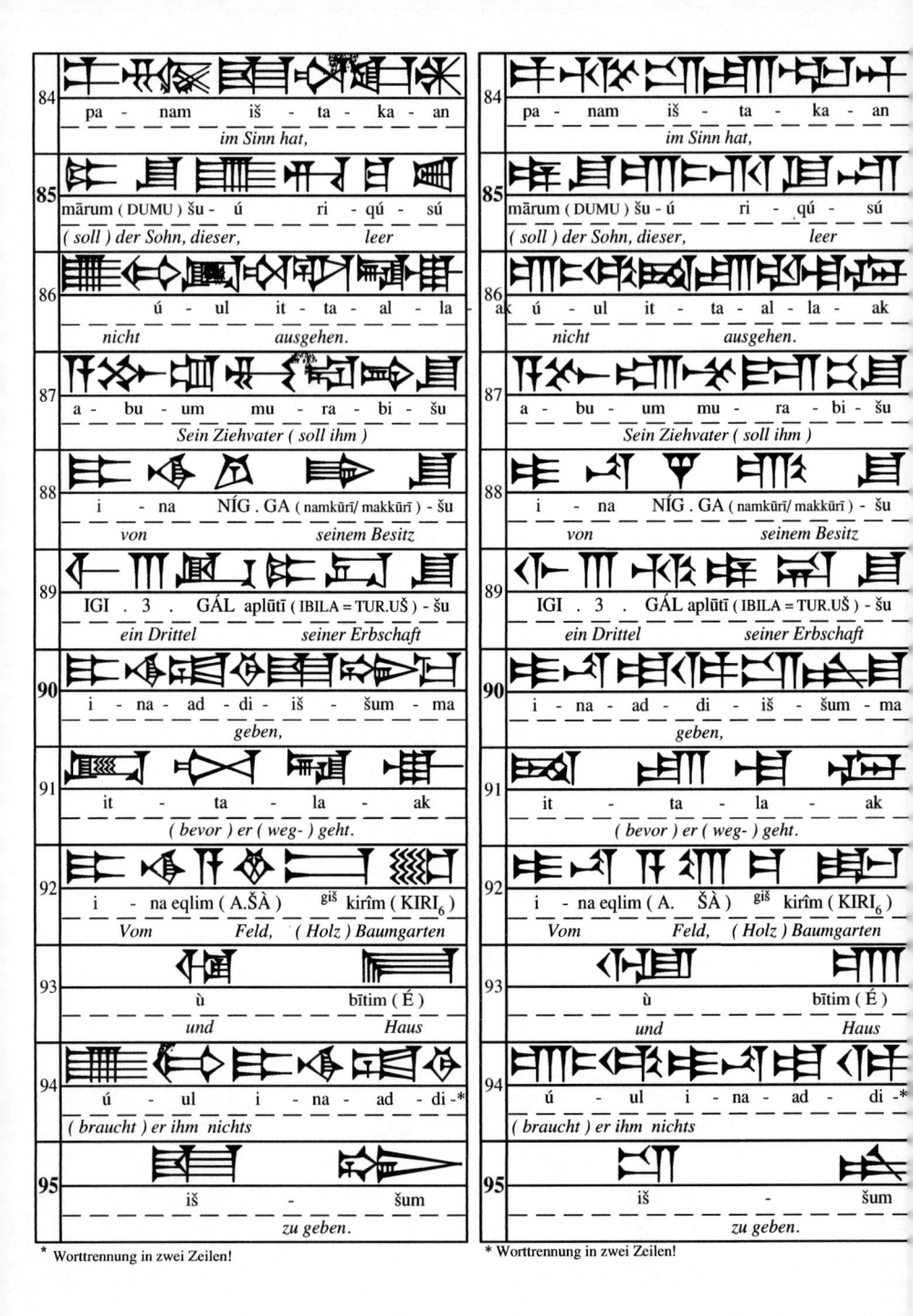

§ 192

96	šum - ma mār (DUMU) girsiqêm (GÌR . SÌ.GA)
	*Wenn ein Sohn eines **girsiqû** - Höflings,*

XL

1	ù lu mār (DUMU) mí ZI .
	oder der Sohn (Frau)
	IK . RU . UM
	*einer **sekr(et)u** - Priesterin*
2	a - na a - bi - im
	zu
3	mu - ra - bi - šu
	seinem Ziehvater
4	ù um - mi - im
	und
5	mu - ra - bi - ti - šu
	seiner Ziehmutter
6	ú - ul a - bi
	" Nicht mein Vater
	at - ta
	bist Du!
7	ú - ul um - mi
	Nicht meine Mutter
	at - ti iq - ta - bi
	bist Du! " sagt,

§ 192

96	šum - ma mār (DUMU) girsiqêm (GÌR . SÌ.GA)
	*Wenn ein Sohn eines **girsiqû** - Höflings,*

XL

1	ù lu mār (DUMU) mí ZI .
	oder der Sohn (Frau)
	IK . RU . UM
	*einer **sekr(et)u** - Priesterin*
2	a - na a - bi - im
	zu
3	mu - ra - bi - šu
	seinem Ziehvater
4	ù um - mi - im
	und
5	mu - ra - bi - ti - šu
	seiner Ziehmutter
6	ú - ul a - bi
	" Nicht mein Vater
	at - ta
	bist Du!
7	ú - ul um - mi
	Nicht meine Mutter
	at - ti iq - ta - bi
	bist Du! " sagt,

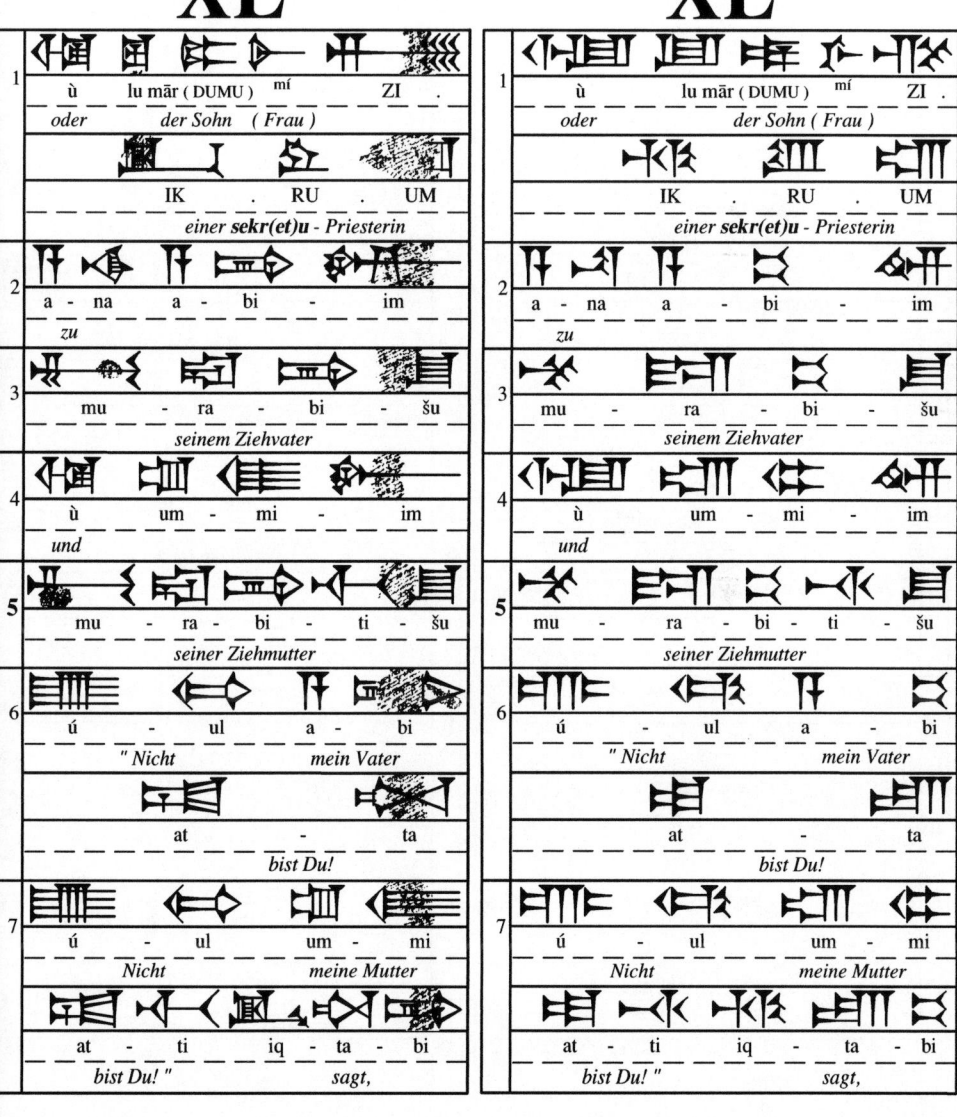

8	lišān (EME) - šu	*(soll man) ihm seine Zunge*
9	i - na - ak - ki - su	*herausschneiden.*

§ 193

10	šum - ma mār (DUMU) girsiqêm (GÌR . SÌ.GA)	*Wenn ein Sohn eines **girsiqû** - Höflings,*
11	ù lu mār (DUMU) mí ZI .	*oder der Sohn (Frau)*
	IK . RU . UM	*einer **sekr(et)u** - Priesterin*
12	bīt (É) a - bi - šu	*das Haus seines Vaters*
13	ú - we - ed - di - ma	*ausfindig macht,*
14	a - ba - am	*(und) gegen*
15	mu - ra - bi - šu	*seinen Ziehvater*
16	ù um - ma - am	*und*
17	mu - ra - bi - sú	*seine Ziehmutter*
18	i - zé - er - ma	*Abneigung bekommt*

8	lišān (EME) - šu	*(soll man) ihm seine Zunge*
9	i - na - ak - ki - su	*herausschneiden.*

§ 193

10	šum - ma mār (DUMU) girsiqêm (GÌR . SÌ.GA)	*Wenn ein Sohn eines **girsiqû** - Höflings,*
11	ù lu mār (DUMU) mí ZI .	*oder der Sohn (Frau)*
	IK . RU . UM	*einer **sekr(et)u** - Priesterin*
12	bīt (É) a - bi - šu	*das Haus seines Vaters*
13	ú - we - ed - di - ma	*ausfindig macht,*
14	a - ba - am	*(und) gegen*
15	mu - ra - bi - šu	*seinen Ziehvater*
16	ù um - ma - am	*und*
17	mu - ra - bi - sú	*seine Ziehmutter*
18	i - zé - er - ma	*Abneigung bekommt*

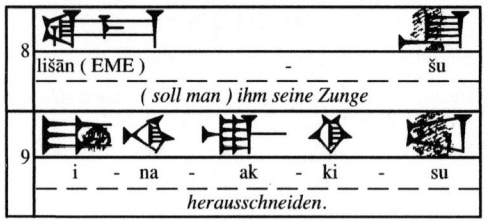

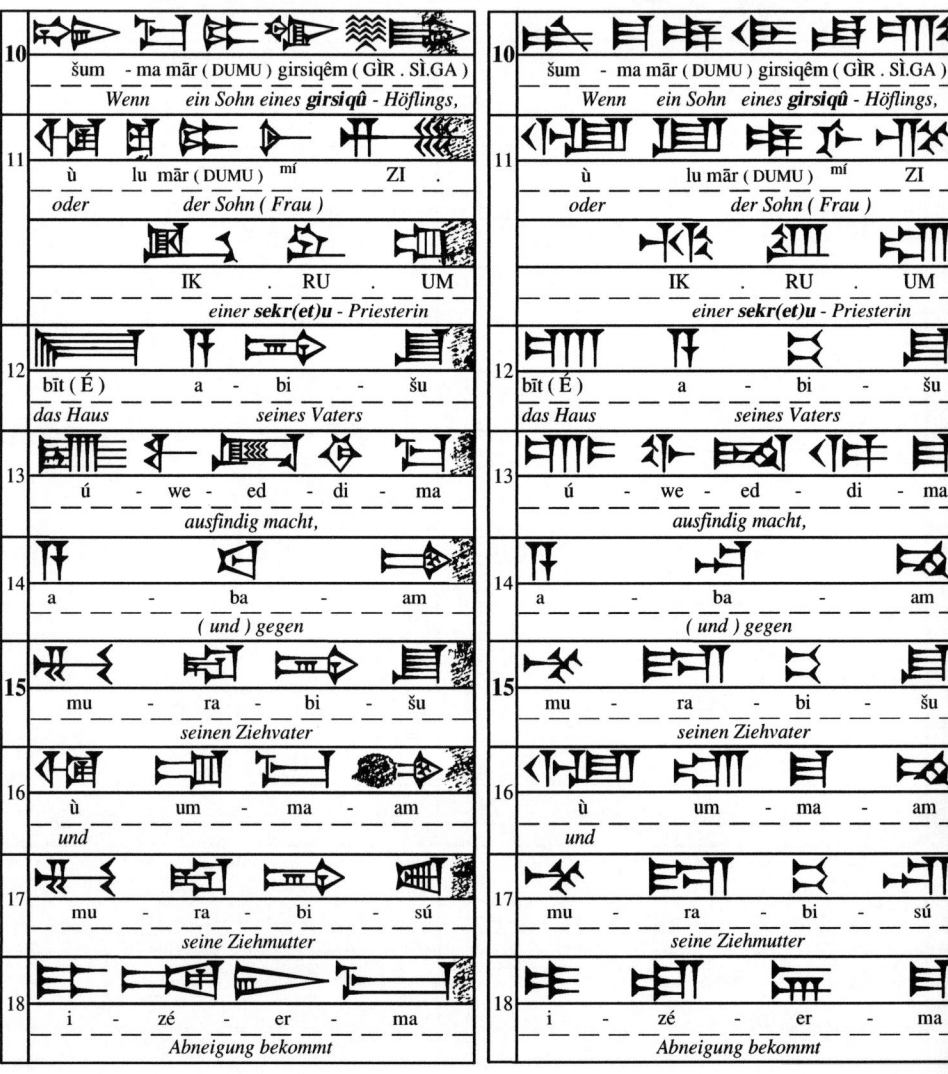

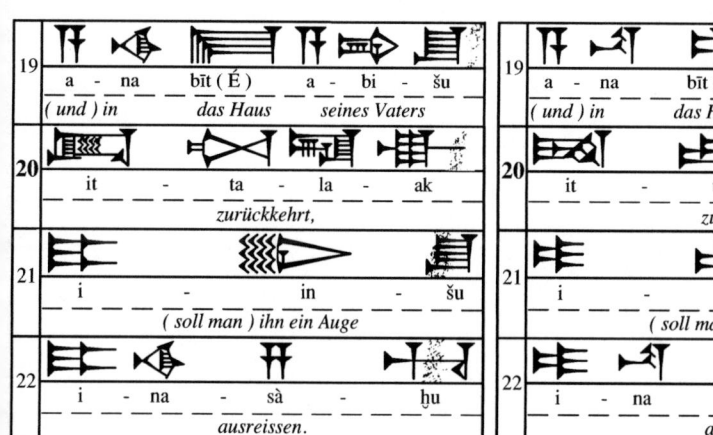

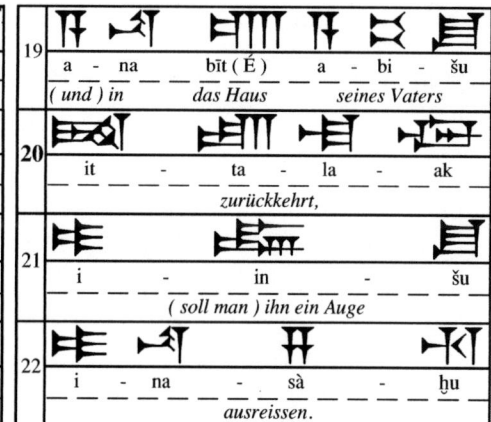

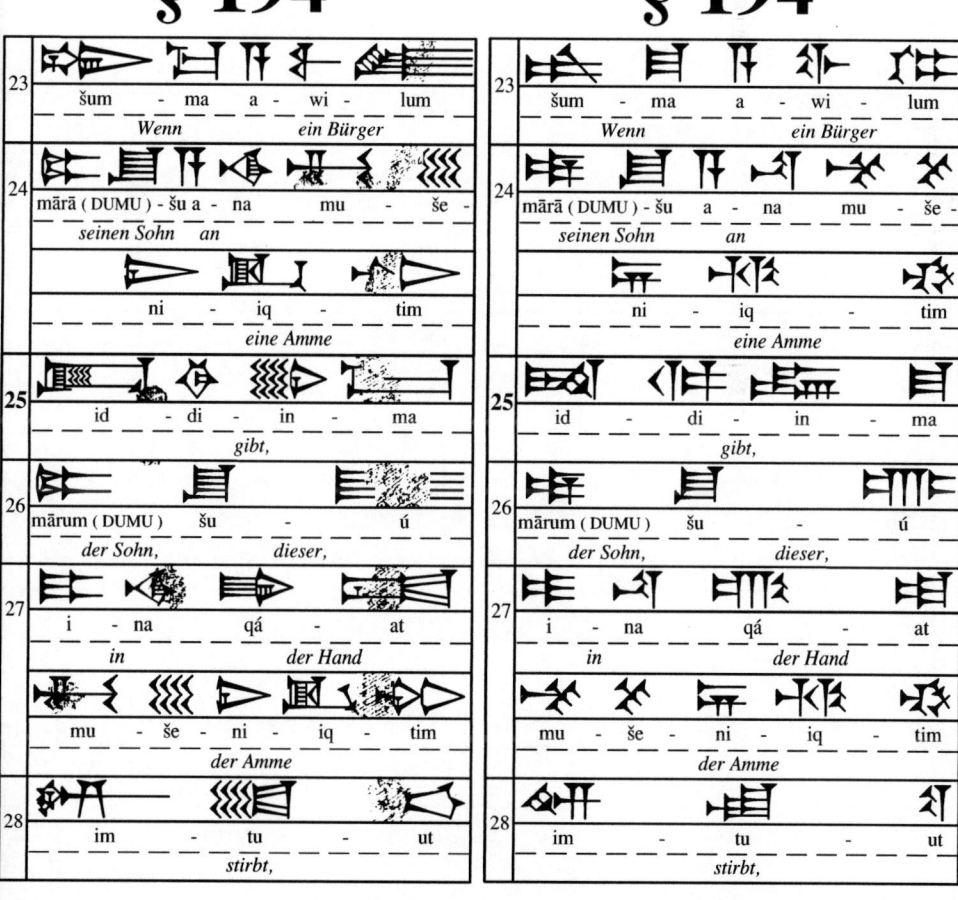

19	a - na bīt (É) a - bi - šu	a - na bīt (É) a - bi - šu
	(und) in das Haus seines Vaters	(und) in das Haus seines Vaters
20	it - ta - la - ak	it - ta - la - ak
	zurückkehrt,	zurückkehrt,
21	i - in - šu	i - in - šu
	(soll man) ihn ein Auge	(soll man) ihn ein Auge
22	i - na - sà - ḫu	i - na - sà - ḫu
	ausreissen.	ausreissen.

§ 194

23	šum - ma a - wi - lum	šum - ma a - wi - lum
	Wenn ein Bürger	Wenn ein Bürger
24	mārā (DUMU) - šu a - na mu - še -	mārā (DUMU) - šu a - na mu - še -
	seinen Sohn an	seinen Sohn an
	ni - iq - tim	ni - iq - tim
	eine Amme	eine Amme
25	id - di - in - ma	id - di - in - ma
	gibt,	gibt,
26	mārum (DUMU) šu - ú	mārum (DUMU) šu - ú
	der Sohn, dieser,	der Sohn, dieser,
27	i - na qá - at	i - na qá - at
	in der Hand	in der Hand
	mu - še - ni - iq - tim	mu - še - ni - iq - tim
	der Amme	der Amme
28	im - tu - ut	im - tu - ut
	stirbt,	stirbt,

29	mu - še - ni - iq - tum	*die Amme (dann)*
30	ba - lum a - bi - šu	*ohne (Wissen) seines Vaters*
31	ù um - mi - šu	*und seiner Mutter*
32	māram (DUMU) ša - ni - a - am - ma	*einen Sohn, einen anderen,*
33	ir - ta - ka - ás	*sich anlegt,*
34	ú - ka - an - nu - ši - ma	*(soll) man sie überführen,*
35	aš - šum ba - lum a - bi - šu	*(und) weil sie ohne (Wissen) seines Vaters*
36	ù um - mi - šu	*und seiner Mutter*
37	māram (DUMU) ša - ni - a - am	*einen Sohn, einen anderen,*
38	ir - ku - su	*sich angelegt hat,*
39	tulâ (UBUR) - ša	*ihr die/ eine Brust*
40	i - na - ak - ki - su	*abschneiden.*

29	mu - še - ni - iq - tum	*die Amme (dann)*
30	ba - lum a - bi - šu	*ohne (Wissen) seines Vaters*
31	ù um - mi - šu	*und seiner Mutter*
32	māram (DUMU) ša - ni - a - am - ma	*einen Sohn, einen anderen,*
33	ir - ta - ka - ás	*sich anlegt,*
34	ú - ka - an - nu - ši - ma	*(soll) man sie überführen,*
35	aš - šum ba - lum a - bi - šu	*(und) weil sie ohne (Wissen) seines Vaters*
36	ù um - mi - šu	*und seiner Mutter*
37	māram (DUMU) ša - ni - a - am	*einen Sohn, einen anderen,*
38	ir - ku - su	*sich angelegt hat,*
39	tulâ (UBUR) - ša	*ihr die/ eine Brust*
40	i - na - ak - ki - su	*abschneiden.*

§ 195

41	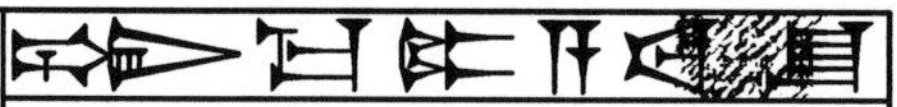
	šum - ma mārum (DUMU) a - ba - šu
	Wenn ein Sohn seinen Vater
42	
	im - ta - ḫa - aṣ
	schlägt,
43	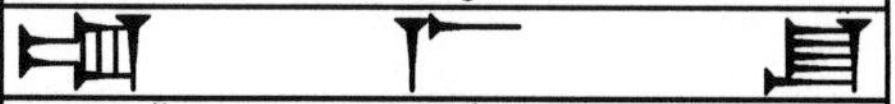
	ritta (KIŠIB . LÁ) - šu
	(soll man) ihm (s) eine Hand
44	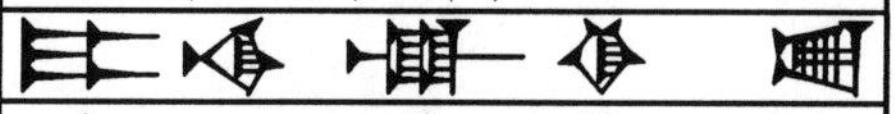
	i - na - ak - ki - su
	abschneiden.

§ 196

45	
	šum - ma a - wi - lum
	Wenn ein Bürger
46	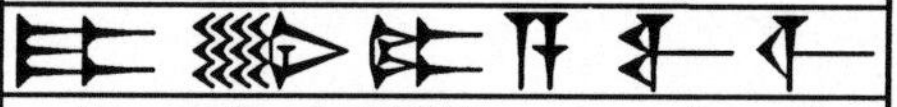
	i - in mār (DUMU) a - wi - lim
	ein Auge des Sohnes eines (anderen) Bürgers
47	
	úḫ - tap - pí - id
	zerstört,
48	
	i - in - šu
	(soll man) ihm ein Auge
49	
	ú - ḫa - ap - pa - du
	zerstören.

§ 197

50	
	šum - ma eṣemti (GÌR . PAD . DU)
	Wenn er einen Knochen

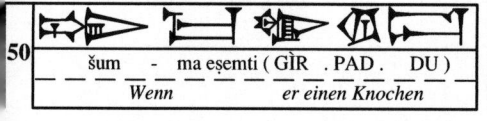

§ 195

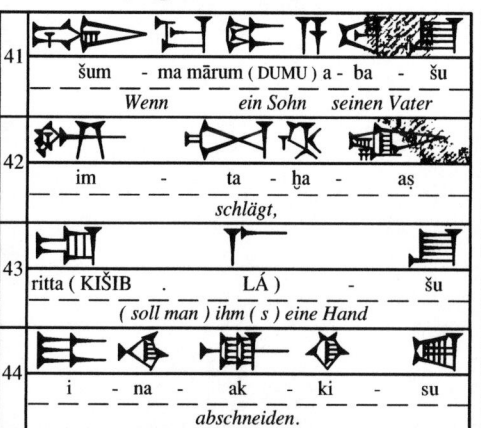

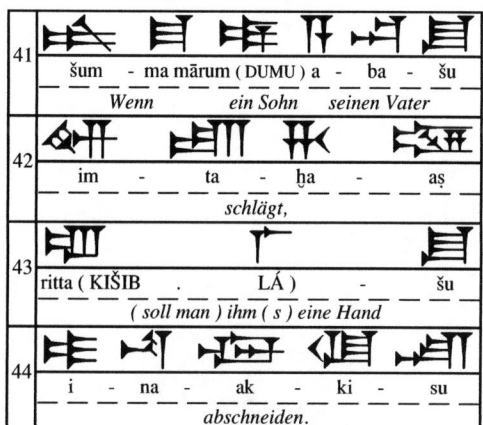

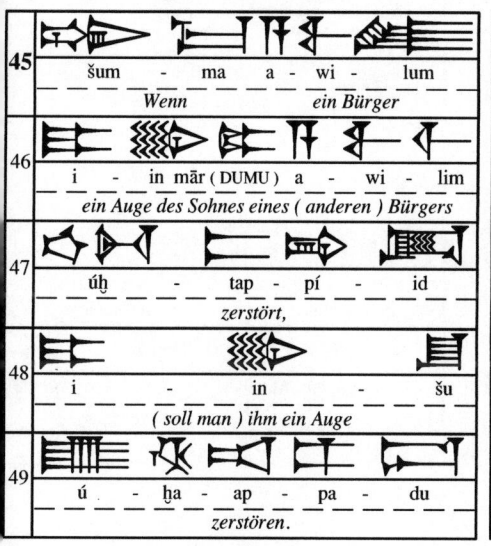

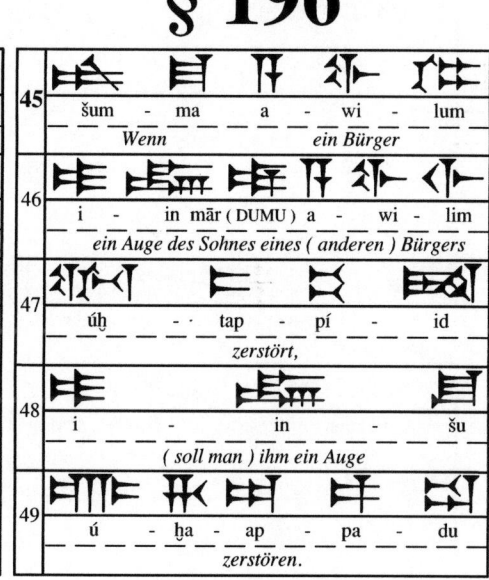

41	
	šum - ma mārum (DUMU) a - ba - šu
	Wenn ein Sohn seinen Vater
42	
	im - ta - ḫa - aṣ
	schlägt,
43	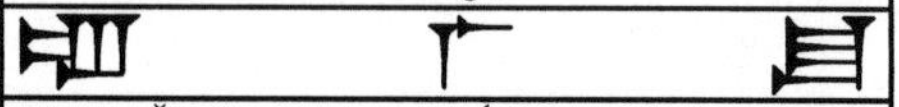
	ritta (KIŠIB . LÁ) - šu
	(soll man) ihm (s) eine Hand
44	
	i - na - ak - ki - su
	abschneiden.

§ 196

45	
	šum - ma a - wi - lum
	Wenn ein Bürger
46	
	i - in mār (DUMU) a - wi - lim
	ein Auge des Sohnes eines (anderen) Bürgers
47	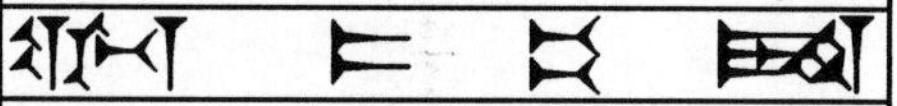
	úḫ - tap - pí - id
	zerstört,
48	
	i - in - šu
	(soll man) ihm ein Auge
49	
	ú - ḫa - ap - pa - du
	zerstören.

§ 197

50	
	šum - ma eṣemti (GÌR . PAD . DU)
	Wenn er einen Knochen

	a - wi - lim
	eines Bürgers
51	iš - te - bi - ir
	bricht,
52	eṣemta (GÌR . PAD . DU) - šu
	(soll man) ihm einen Knochen
53	i - še - eb - bi - ru
	brechen.

§ 198

54	šum - ma i - in
	Wenn er ein Auge
	RASUR
	muškēnim (MAŠ . EN . GAG)
	eines Palasthörigen
55	úḫ - tap - pí - id
	zerstört
56	ù lu eṣemti (GÌR . PAD (**nicht NÍG!**) . DU)
	oder einen Knochen
	RASUR
	muškēnim (MAŠ . EN . GAG)
	eines Palasthörigen
57	iš - te - bi - ir
	bricht,
58	1 MA . NA kaspam (KÙ.BABBAR)
	(soll) er eine Mine Silber
59	i - ša - qal
	zahlen.

	a - wi - lim
	eines Bürgers
51	iš - te - bi - ir
	bricht,
52	eṣemta (GÌR . PAD . DU) - šu
	(soll man) ihm einen Knochen
53	i - še - eb - bi - ru
	brechen.

§ 198

54	šum - ma i - in
	Wenn er ein Auge
	muškēnim (MAŠ . EN . GAG)
	eines Palasthörigen
55	úḫ - tap - pí - id
	zerstört
56	ù lu eṣemti (GÌR . PAD (**nicht NÍG!**) . DU
	oder einen Knochen
	muškēnim (MAŠ . EN . GAG)
	eines Palasthörigen
57	iš - te - bi - ir
	bricht,
58	1 MA . NA kaspam (KÙ.BABBAR)
	(soll) er eine Mine Silber
59	i - ša - qal
	zahlen.

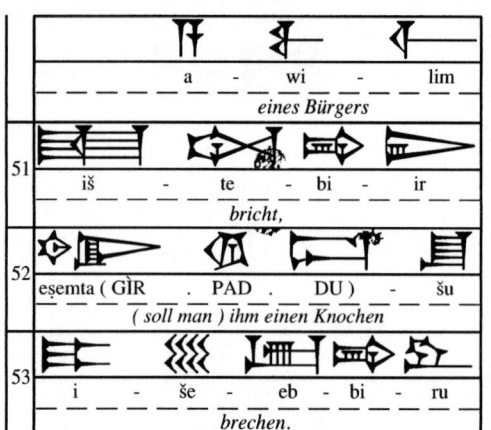

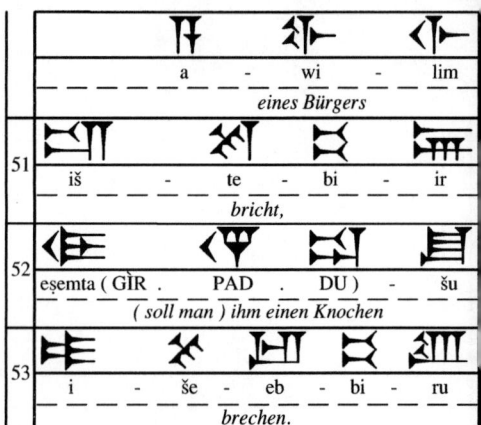

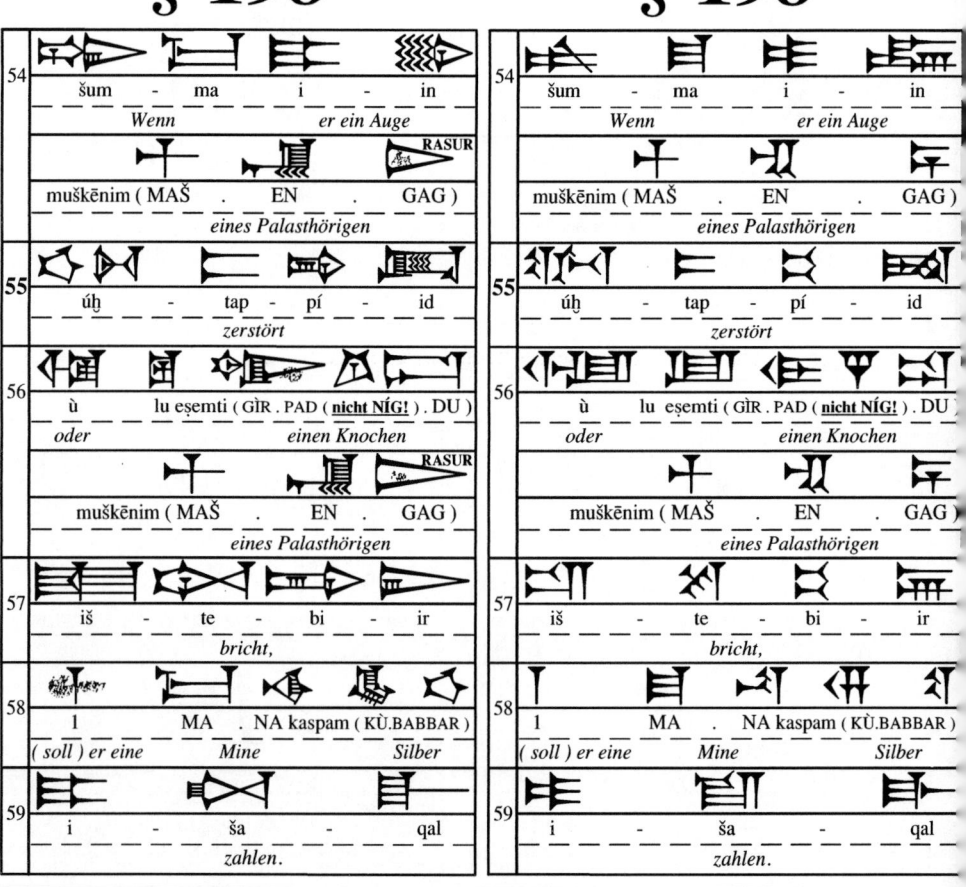

§ 199

60 šum - ma i - in
Wenn er ein Auge
warad (árad) a - wi - lim
eines Sklaven eines Bürgers

61 úḫ - tap - pí - id
zerstört,

62 ù lu eṣemti (GÌR . PAD . DU)
einen Knochen
warad (árad) a - wi - lim
eines Sklaven eines Bürgers

63 iš - te - bi - ir
bricht,

64 mi - ši - il
(soll er) die Hälfte
šīmī (ŠÁM) - šu
seines Kaufpreises

65 i - ša - qal
zahlen.

§ 199

60 šum - ma i - in
Wenn er ein Auge
warad (árad) a - wi - lim
eines Sklaven eines Bürgers

61 úḫ - tap - pí - id
zerstört,

62 ù lu eṣemti (GÌR . PAD . DU)
einen Knochen
warad (árad) a - wi - lim
eines Sklaven eines Bürgers

63 iš - te - bi - ir
bricht,

64 mi - ši - il
(soll er) die Hälfte
šīmī (ŠÁM) - šu
seines Kaufpreises

65 i - ša - qal
zahlen.

§ 200

66 šum - ma a - wi - lum
Wenn ein Bürger

67 ši - in - ni
einen Zahn

§ 200

66 šum - ma a - wi - lum
Wenn ein Bürger

67 ši - in - ni
einen Zahn

§ 183) 2) Wenn ein Vater 3) seiner Tochter, (die) *šugītu*-Priesterin (ist), 4) eine Mitgift 5) gibt, 6) sie einem Ehemann 5) gibt 8) und ihr eine gesiegelte Urkunde 9) schreibt, 10) so darf sie, nachdem der Vater 11) das Zeitliche 12) gesegnet hat, 13) vom Besitz des Vaterhauses 14) keinen Anteil bekommen.

§ 184) 15) Wenn ein Bürger 16) seiner 'I'ochter, 17) (die) *šugītu*-Priesterin (ist), 18) keine Mitgift 19) gibt 20) und sie nicht einem Ehemann 21) gibt, 22) so sollen, nachdem der Vater 23) das Zeitliche 24) gesegnet hat, 25) ihre Brüder 26) entsprechend dem Wert des Vaterhauses 27) ihr eine Mitgift 28) geben 29) und sie einem Ehemann 30) geben.

§185) 31) Wenn ein Bürger 32) ein kleines Kind 33) in seinem (Frucht)wasser 34) als Sohn 35) annimmt 36) und es großzieht, 37) so darf dieses Ziehkind 38) nicht vindiziert werden.

§ 186) 39) Wenn ein Bürger 40) ein kleines Kind 41) als Sohn annimmt 42 f.) und das (Kind) nach der Adoption 44) seinen Vater 45) und seine Mutter 46) erforscht, 47) so soll dieses Ziehkind 48) in das Haus seines Vaters 49) zurückkehren.

§ 187) 50) Ein Sohn eines *girsiqû*-Höflings, 51) eines Palastangehörigen, 52) und der Sohn einer *sekr(et)u*-Priesterin 53) darf nicht vindiziert werden.

§ 188) 54) Wenn ein Handwerker 55) einen Sohn als Ziehkind 56) annimmt 57) und ihn sein Handwerk 58) lehrt, darf dieser nicht vindiziert werden.

§ 189) 60) Wenn er ihn sein Handwerk 61) nicht lehrt, 62) so darf dieses Ziehkind 63) in das Haus seines Vaters 64) zurückkehren.

§ 190) 65) Wenn ein Bürger 66) ein kleines Kind 67) das er als seinen Sohn 68) adoptiert hat 69) und beim Großziehen 70) nicht mit seinen eigenen Söhnen 71) gleichstellt, 72) so darf dieses Ziehkind 73) in das Haus seines Vaters 74) zurückkehren.

§ 191) 75) Wenn ein Bürger 76) in bezug auf ein kleines Kind, 77) das er als Sohn 78) adoptiert 79) und großgezogen hat, 80) nachdem er "einen Hausstand gegründet" 81) und anschliessend (eigene) Söhne 82) bekommen hat, 84) plant 83) das Ziehkind zu verstoßen, 85) so soll dieser Sohn leer 86) nicht ausgehen; 91) bevor er weggeht, 87) soll sein Ziehvater ihm 88) von seinem Besitz 89) ein Drittel seiner Erbschaft, 90) geben; 92) vom Feld, vom Baumgarten 93) und vom Haus 94f.) braucht er ihm nichs zu geben.

§ 192) 96) Wenn ein Sohn eines *girsiqû*-Höflings **XL** 1) oder ein Sohn einer *sekr(et)u*-Priesterin 2f.) zu seinem Ziehvater 4f.) und seiner Ziehmutter 7) sagt: 6) "Du bist nicht mein Vater, 7) du bist nicht meine Mutter", 8) so soll man ihm seine Zunge 9) abschneiden.

§ 193) 10) Wenn ein Sohn eines *girsiqû*-Höflings 11) oder ein Sohn einer *sekr(et)u*-Priesterin 12) das Haus seines Vaters 13) ausfindig macht 14f.) und gegen seinen Ziehvater 16) und seine Ziehmutter 18) Abneigung bekommt und in das Haus seines Vaters 20) fortzieht, 21) so soll man ihm ein Auge ausreissen.

§ 194) 23) Wenn ein Bürger 4) seinen Sohn einer Amme 25) gibt 26) und dieser Sohn 27) in der Hand der Amme 28) stirbt, 29) wenn dann die Amme 30) ohne Wissen seines Vaters 31) und seiner Mutter 32) einen anderen Sohn 33) sich anlegt, 34) so soll man sie überführen 35) und, weil sie ohne Wissen seines Vaters 36) und seiner Mutter 37) einen anderen Sohn 38) sich angelegt hat, 39) ihr eine Brust 40) abschneiden.

§ 195) 41)Wenn ein Sohn seinen Vater 42) schlägt, 43) soll man ihm eine Hand 44) abschneiden.

§ 196) 45) Wenn ein Bürger 46) ein Auge eines Bürgers (wörtlich: Sohnes eines Bürgers) 47) zerstört, 48) so soll man ihm ein Auge 49) zerstören.

§ 197) 50) Wenn er einen Knochen eines Bürgers 51) bricht, 52) soll man ihm einen Knochen 53) brechen.

§ 198) 54) Wenn er ein Auge eines Palasthörigen 55) zerstört 56) oder einen Knochen eines Palasthörigen 57) bricht, 58) so soll er eine Mine Silber 59) zahlen.

§ 199) 60) Wenn er ein Auge eines Sklaven eines Bürgers 61) zerstört 62) oder einen Knochen eines Sklaven eines Bürgers 63) bricht, 64) so soll er die Hälfte seines Kaufpreises 65) zahlen.

a - wi - lim
einem Bürger,

68 me - eḫ - ri - šu
ihm ebenbürtigen,

69 it - ta - di
ausschlägt,

70 ši - in - na - šu
(soll man) ihm einen Zahn

i - na - ad - du - ú
ausschlagen.

§ 201

71 šum - ma ši - in - ni
Wenn er einen Zahn

72 muškēnim (MAŠ.EN.GAG) it - ta - di
einem Palasthörigen ausschlägt,

73 1/3 (šušana) MA . NA kaspam (KÙ.BABBAR)
soll er ein Drittel Mine Silber

74 i - ša - qal
zahlen.

§ 202

75 šum - ma a - wi - lum
Wenn ein Bürger

76 le - e - et a - wi - lim
die Wange eines Bürgers,

a - wi - lim
einem Bürger,

68 me - eḫ - ri - šu
ihm ebenbürtigen,

69 it - ta - di
ausschlägt,

70 ši - in - na - šu
(soll man) ihm einen Zahn

i - na - ad - du - ú
ausschlagen.

§ 201

71 šum - ma ši - in - ni
Wenn er einen Zahn

72 muškēnim (MAŠ.EN.GAG) it - ta - di
einem Palasthörigen ausschlägt,

73 1/3 (šušana) MA . NA kaspam (KÙ.BABBAR)
soll er ein Drittel Mine Silber

74 i - ša - qal
zahlen.

§ 202

75 šum - ma a - wi - lum
Wenn ein Bürger

76 le - e - et a - wi - lim
die Wange eines Bürgers,

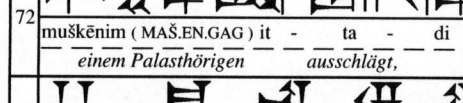

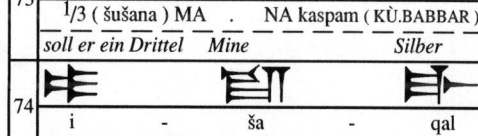

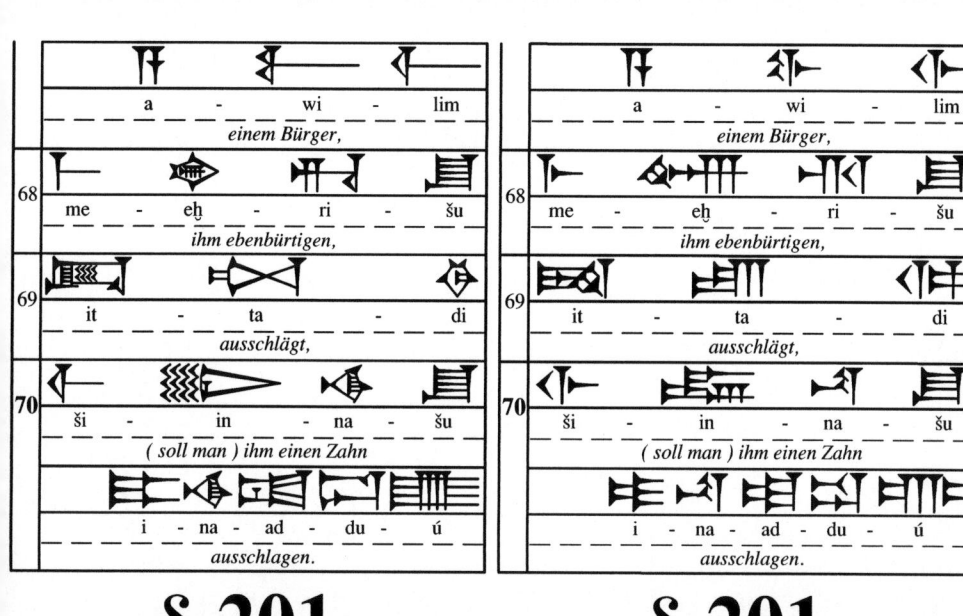

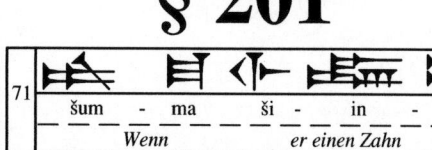

77	ša e - li - šu ra - bu - ú	der höher gestellt ist als er,
78	im - ta - ḫa - aṣ	schlägt,
79	i - na pu - úḫ - ri - im	(erhält) er in der Versammlung
80	i - na ^{kuš} qinnaz (ÙSAN) alpim (GU_4)	mit (Fleisch) dem Ziemer des Ochsen
81	1 šu - ši im - maḫ - ḫa - aṣ	sechzig Schläge.

§ 203

82	šum - ma mār (DUMU) a - wi - lim	Wenn der Sohn eines Bürgers
83	le - e - et mār (DUMU) a - wi - lim	die Wange des Sohnes eines Bürgers,
84	ša ki - ma šu - a - ti	der ihm gleichsteht ist (wörtl.: wie dieser),
85	im - ta - ḫa - aṣ	schlägt,
86	1 MA . NA kaspam (KÙ .BABBAR)	(soll) er eine Mine Silber
87	i - ša - qal	zahlen.

§ 204

77	ša e - li - šu ra - bu - ú	der höher gestellt ist als er,
78	im - ta - ḫa - aṣ	schlägt,
79	i - na pu - úḫ - ri - im	(erhält) er in der Versammlung
80	i - na ^{kuš} qinnaz (ÙSAN) alpim (GU_4)	mit (Fleisch) dem Ziemer des Ochsen
81	1 šu - ši im - maḫ - ḫa - aṣ	sechzig Schläge.

§ 203

82	šum - ma mār (DUMU) a - wi - lim	Wenn der Sohn eines Bürgers
83	le - e - et mār (DUMU) a - wi - lim	die Wange des Sohnes eines Bürgers,
84	ša ki - ma šu - a - ti	der ihm gleichsteht ist (wörtl.: wie dieser),
85	im - ta - ḫa - aṣ	schlägt,
86	1 MA . NA kaspam (KÙ.BABBAR)	(soll) er eine Mine Silber
87	i - ša - qal	zahlen.

§ 204

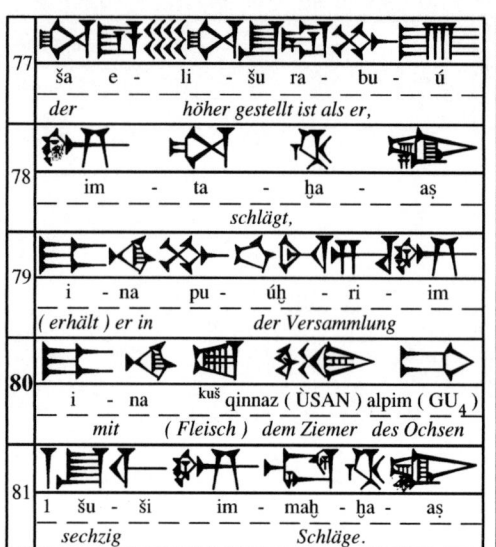

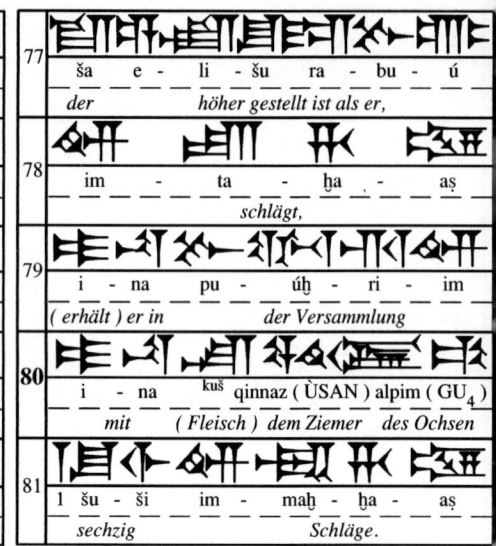

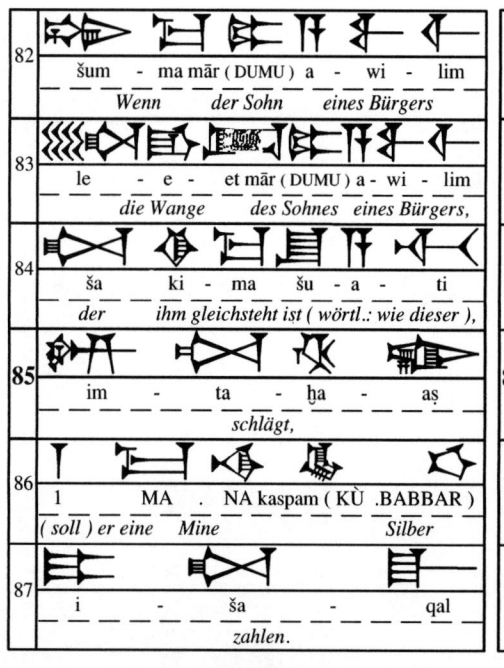

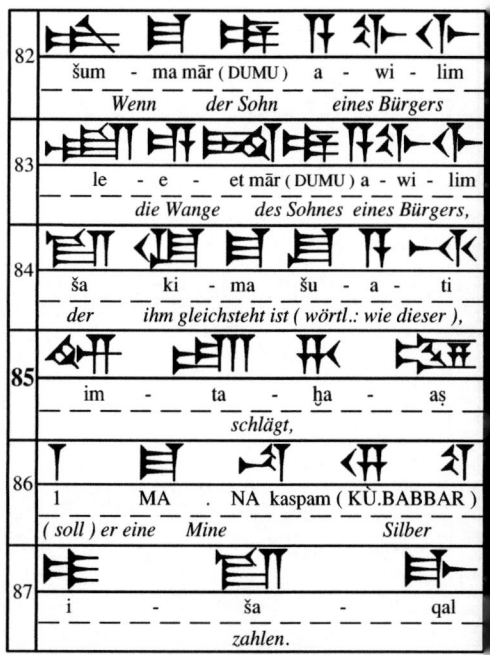

88 šum - ma muškēnum (MAŠ.EN . GAG)
Wenn ein Palasthöriger

89 le - e - et muškēnim (MAŠ.EN . GAG)
die Wange eines Palasthörigen

90 im - ta - ḫa - aṣ
schlägt,

91 10 šiqil (GÍN) kaspam (KÙ.BABBAR) i - ša - qal
(soll) er zehn Scheqel Silber zahlen.

§ 205

92 šum - ma warad (árad) a - wi - lim
Wenn ein Sklave eines Bürgers

93 le - e - et mār (DUMU) a - wi - lim
die Wange des Sohnes eines Bürgers

XLI

1 im - ta - ḫa - aṣ
schlägt,

2 ú - zu - un - šu
(soll man) ihm (s) ein Ohr

3 i - na - ak - ki - su
abschneiden.

§ 206

4 šum - ma a - wi - lum
Wenn ein Bürger

88 šum - ma muškēnum (MAŠ.EN . GAG)
Wenn ein Palasthöriger

89 le - e - et muškēnim (MAŠ.EN .GAG)
die Wange eines Palasthörigen

90 im - ta - ḫa - aṣ
schlägt,

91 10 šiqil (GÍN) kaspam (KÙ.BABBAR) i - ša - qal
(soll) er zehn Scheqel Silber zahlen.

§ 205

92 šum - ma warad (árad) a - wi - lim
Wenn ein Sklave eines Bürgers

93 le - e - et mār (DUMU) a - wi - lim
die Wange des Sohnes eines Bürgers

XLI

1 im - ta - ḫa - aṣ
schlägt,

2 ú - zu - un - šu
(soll man) ihm (s) ein Ohr

3 i - na - ak - ki - su
abschneiden.

§ 206

4 šum - ma a - wi - lum
Wenn ein Bürger

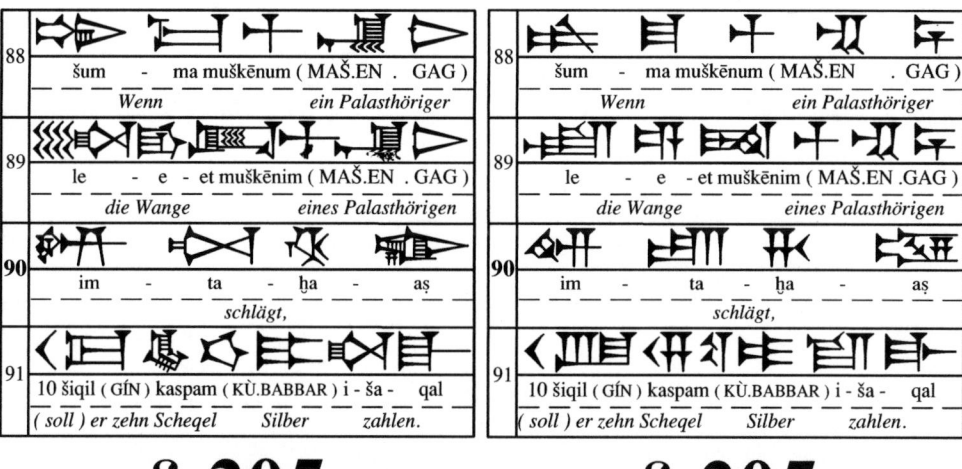

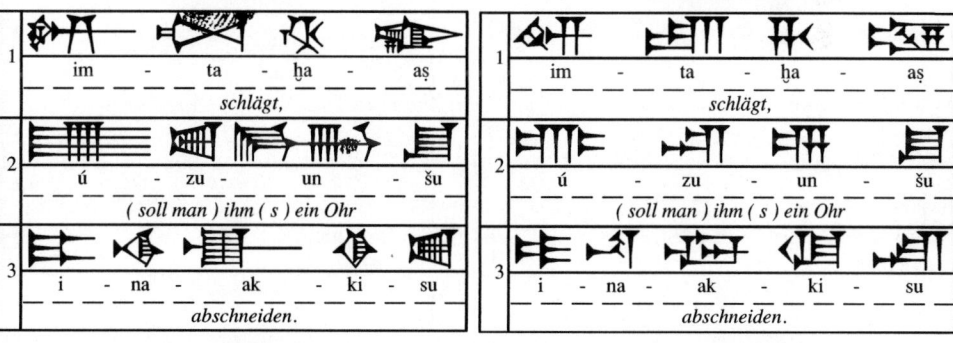

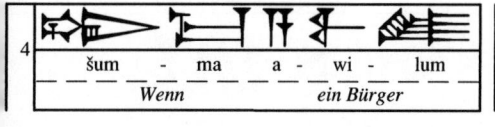

a - wi - lam
einen Bürger

5 i - na ri - is -
bei
ba - tim
einer Rauferei

6 im - ta - ḫa - aṣ - ma
schlägt,

7 sí - im - ma - am
ihm eine Wunde

8 iš - ta - ka - an - šu
beibringt,

9 a - wi - lum šu - ú
(soll) der Bürger, dieser,

10 i - na i - du - ú
" Mit Absicht

11 la am - ḫa - ṣú
(habe ich) nicht geschlagen! "

12 i - tam - ma
schwören

13 ù asâm (A . ZU)
und den Arzt
i - ip - pa - al
bezahlen.

a - wi - lam
einen Bürger

5 i - na ri - is -
bei
ba - tim
einer Rauferei

6 im - ta - ḫa - aṣ - ma
schlägt,

7 sí - im - ma - am
ihm eine Wunde

8 iš - ta - ka - an - šu
beibringt,

9 a - wi - lum šu - ú
(soll) der Bürger, dieser,

10 i - na i - du - ú
" Mit Absicht

11 la am - ḫa - ṣú
(habe ich) nicht geschlagen! "

12 i - tam - ma
schwören

13 ù asâm (A . ZU)
und den Arzt
i - ip - pa - al
bezahlen.

§ 207

§ 207

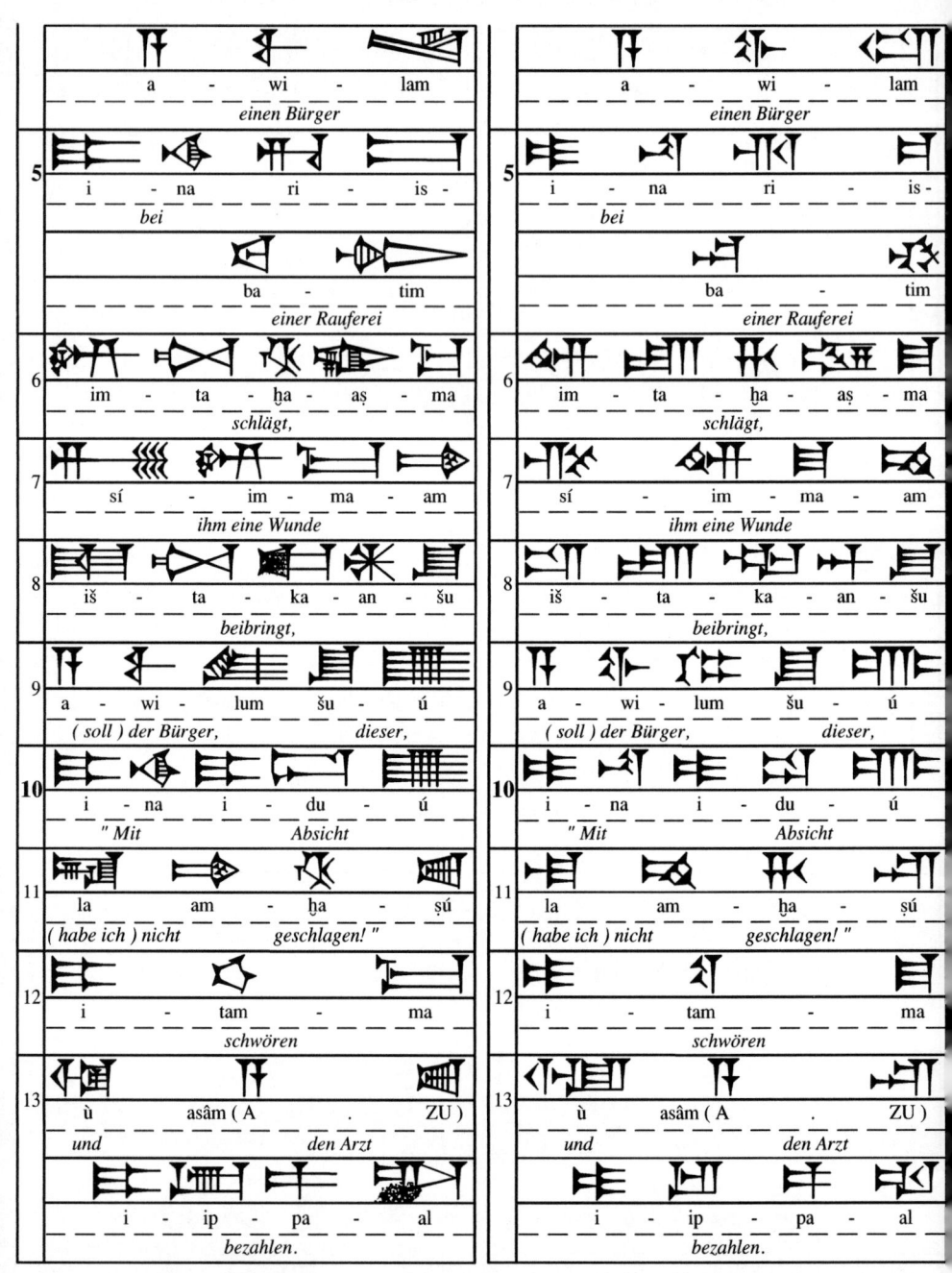

14

šum - ma i - na ma -

Wenn er infolge

ḫa - ṣí - šu

des Schlages

15

im - tu - ut

stirbt,

16

i - tam - ma - ma

(soll) er schwören,

17

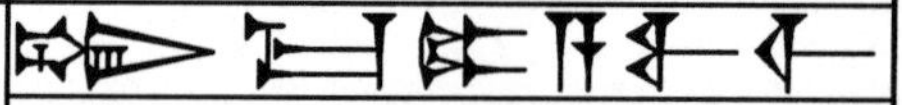

šum - ma mār (DUMU) a - wi - lim

(und) wenn er der Sohn eines Bürgers (ist),

18

1/2 (BÁN) MA . NA kaspam (KÙ.BABBAR)

(soll) er eine halbe Mine Silber

19

i - ša - qal

bezahlen.

§ 208

20

šum - ma mār (DUMU) muškēnim (MAŠ.EN.GAG)

Wenn er der Sohn eines Palasthörigen (ist),

21

1/3 (šušana) MA . NA kaspam (KÙ.BABBAR)

(soll) er ein drittel Mine Silber

22

i - ša - qal

bezahlen.

§ 209

23

šum - ma a - wi - lum

Wenn ein Bürger

14

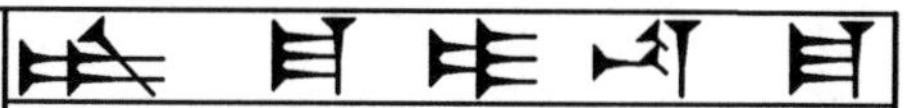

šum - ma i - na ma -

Wenn er infolge

ḫa - ṣí - šu

des Schlages

15

im - tu - ut

stirbt,

16

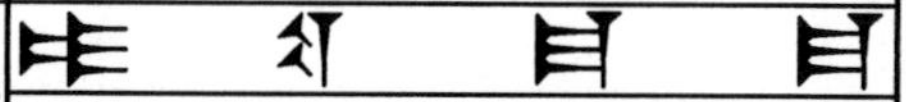

i - tam - ma - ma

(soll) er schwören,

17

šum - ma mār (DUMU) a - wi - lim

(und) wenn er der Sohn eines Bürgers (ist),

18

1/2 (BÁN) MA . NA kaspam (KÙ. BABBAR)

(soll) er eine halbe Mine Silber

19

i - ša - qal

bezahlen.

§ 208

20

šum - ma mār (DUMU) muškēnim (MAŠ.EN. GAG)

Wenn er der Sohn eines Palasthörigen (ist),

21

1/3 (šušana) MA . NA kaspam (KÙ. BABBAR)

(soll) er ein drittel Mine Silber

22

i - ša - qal

bezahlen.

§ 209

23

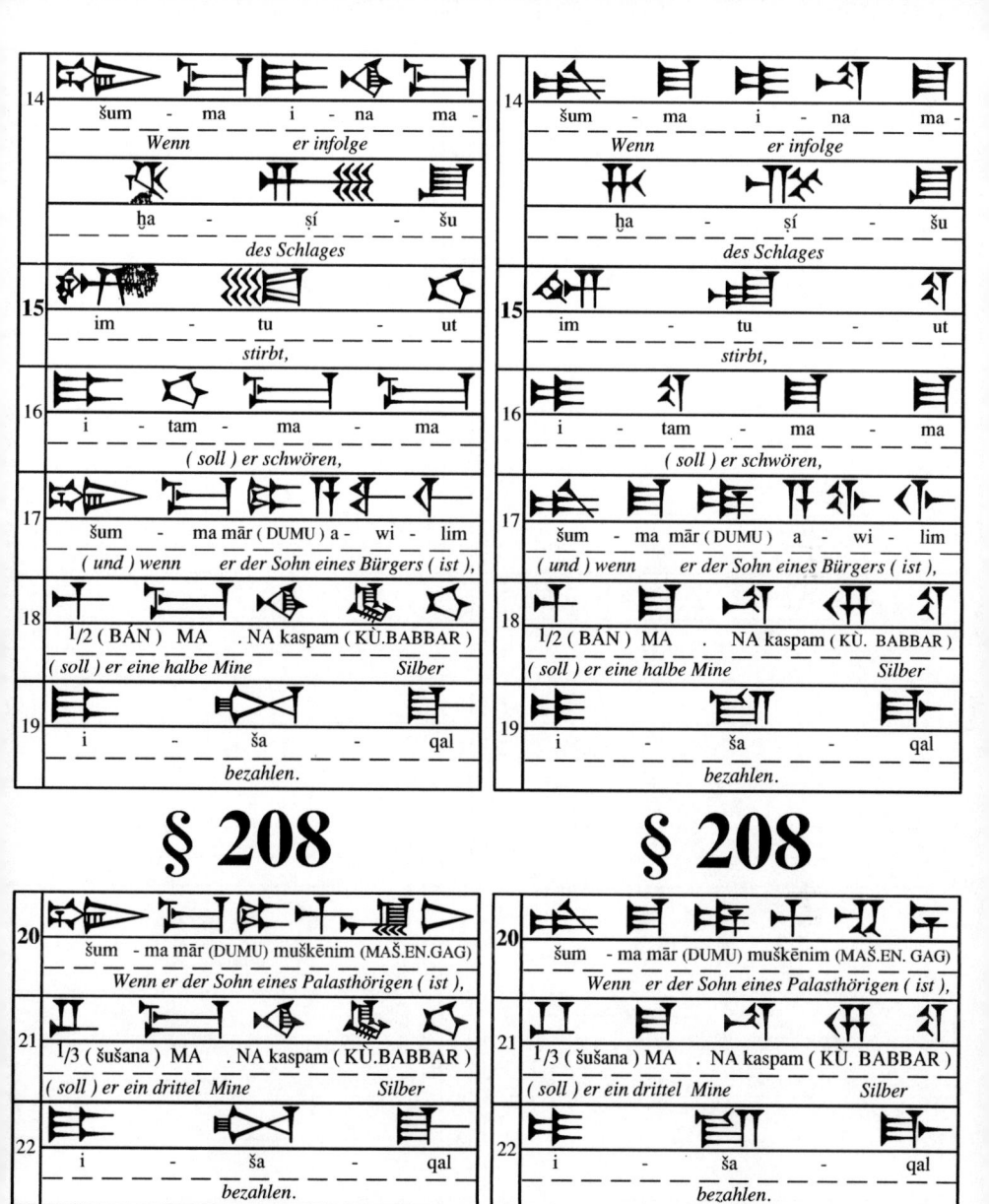

šum - ma a - wi - lum

Wenn ein Bürger

24	mārat (DUMU.MÍ) a - wi - lim	*die Tochter eines Bürgers*
25	im - ḫa - aṣ - ma	*schlägt,*
26	ša li - ib - bi - ša	*bei ihr eine Fehlgeburt*
27	uš - ta - di - ši	*verursacht,*
28	10 šiqil (GÍN) kaspam (KÙ .BABBAR)	*(soll) er zehn Scheqel Silber*
29	a - na ša li - ib -	*für*
	bi - ša	*ihre Leibesfrucht*
30	i - ša - qal	*zahlen.*

§ 210

31	šum - ma sinništum (MÍ) ši - i	*Wenn die Frau, diese,*
32	im - tu - ut	*stirbt,*
33	māras (DUMU . MÍ) - sú	*(soll man) ihm eine Tochter*
34	i - du - uk - ku	*töten.*

24	mārat (DUMU.MÍ) a - wi - lim	*die Tochter eines Bürgers*
25	im - ḫa - aṣ - ma	*schlägt,*
26	ša li - ib - bi - ša	*bei ihr eine Fehlgeburt*
27	uš - ta - di - ši	*verursacht,*
28	10 šiqil (GÍN) kaspam (KÙ .BABBAR)	*(soll) er zehn Scheqel Silber*
29	a - na ša li - ib -	*für*
	bi - ša	*ihre Leibesfrucht*
30	i - ša - qal	*zahlen.*

§ 210

31	šum - ma sinništum (MÍ) ši - i	*Wenn die Frau, diese,*
32	im - tu - ut	*stirbt,*
33	māras (DUMU . MÍ) - sú	*(soll man) ihm eine Tochter*
34	i - du - uk - ku	*töten.*

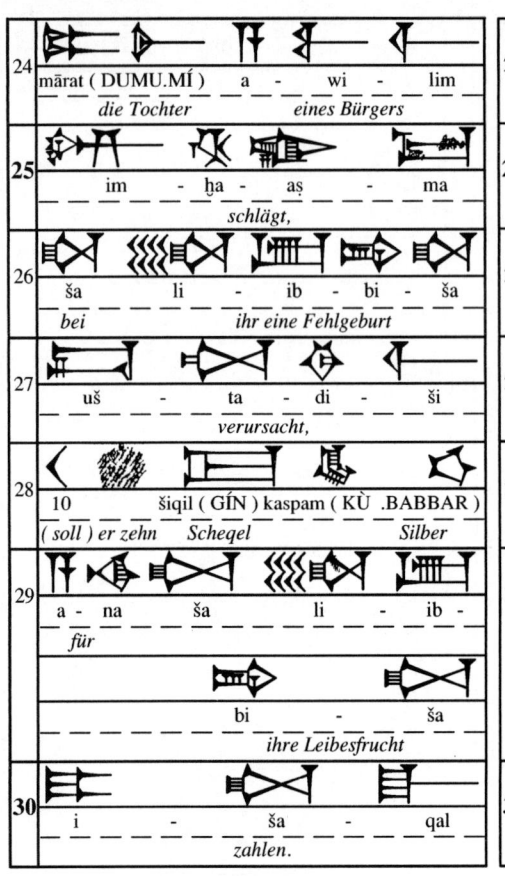

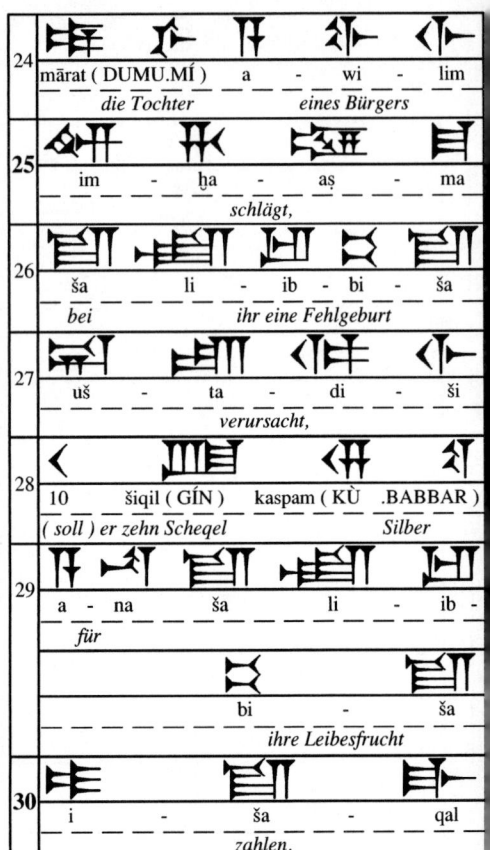

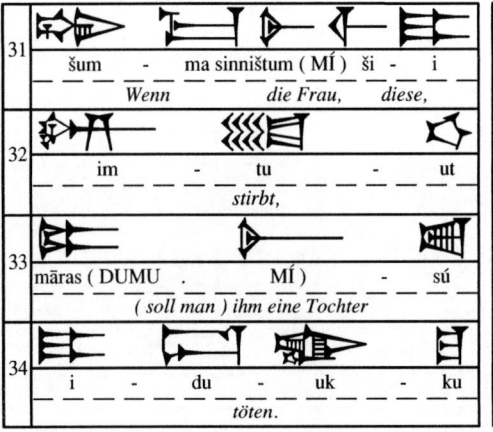

§ 211

35	šum - ma mārat (DUMU . MÍ) *Wenn er (bei) einer Tochter*
	muškēnim (MAŠ . EN . GAG) *eines Palasthörigen*
36	i - na ma - ḫa - ṣí - im *durch Schlagen*
37	ša li - ib - bi - ša *eine Fehlgeburt*
38	uš - ṭa - ad - di - ši *verursacht,*
39	5 šiqil (GÍN) kaspam (KÙ . BABBAR) *(soll) er fünf Scheqel Silber*
40	i - ša - qal *zahlen.*

§ 212

41	šum - ma sinništum (MÍ) ši (**i fehlt!**) *Wenn die Frau, diese,*
42	im - tu - ut *stirbt,*
43	1/2 (BÁN) MA . NA kaspam (KÙ.BABBAR) *(soll) er eine halbe Mine Silber*
44	i - ša - qal *zahlen.*

§ 211

35	šum - ma mārat (DUMU . MÍ) *Wenn er (bei) einer Tochter*
	muškēnim (MAŠ . EN . GAG) *eines Palasthörigen*
36	i - na ma - ḫa - ṣí - im *durch Schlagen*
37	ša li - ib - bi - ša *eine Fehlgeburt*
38	uš - ta - ad - di - ši *verursacht,*
39	5 šiqil (GÍN) kaspam (KÙ . BABBAR) *(soll) er fünf Scheqel Silber*
40	i - ša - qal *zahlen.*

§ 212

41	šum - ma sinništum (MÍ) ši (**i fehlt!**) *Wenn die Frau, diese,*
42	im - tu - ut *stirbt,*
43	1/2 (BÁN) MA . NA kaspam (KÙ. BABBAR) *(soll) er eine halbe Mine Silber*
44	i - ša - qal *zahlen.*

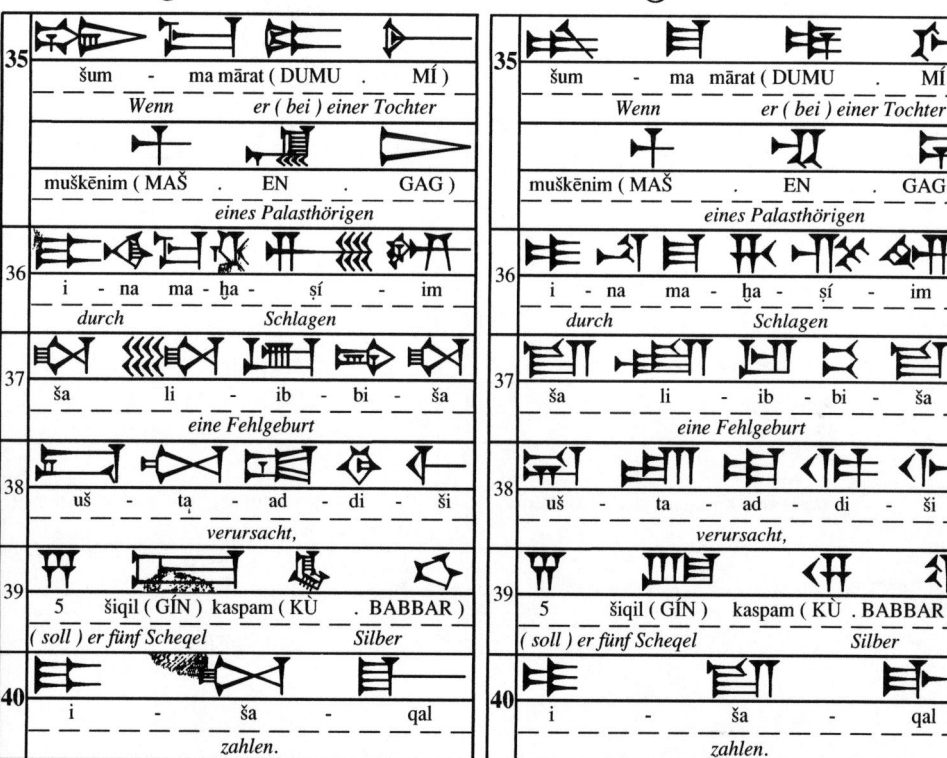

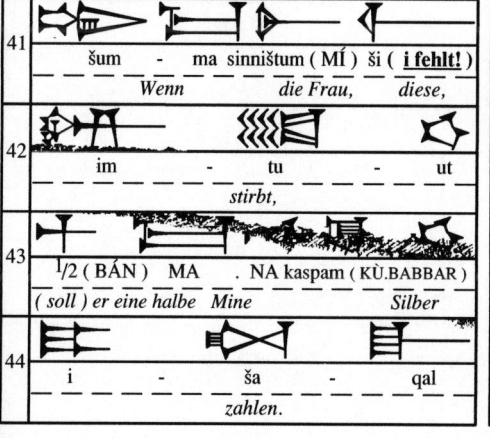

§ 213

45	šum - ma amat (GÉME) a - wi - lim	*Wenn er eine Sklavin eines Bürgers*
46	im - ḫa - aṣ - ma	*schlägt,*
47	ša li - ib - bi - ša	*eine Fehlgeburt*
48	uš - ta - ad - di - ši	*verursacht,*
49	2 šiqil (GÍN) kaspam (KÙ .BABBAR)	*(soll) er zwei Scheqel Silber*
50	i - ša - qal	*zahlen.*

§ 214

51	šum - ma amtum (GÉME) ši - i	*Wenn die Sklavin, diese,*
52	im - tu - ut	*stirbt,*
53	1/3 (šušana) MA . NA kaspam (KÙ.BABBAR)	*(soll) er ein Drittel Mine Silber*
54	i - ša - qal	*zahlen.*

§ 215

§ 213

45	šum - ma amat (GÉME) a - wi - lim	*Wenn er eine Sklavin eines Bürgers*
46	im - ḫa - aṣ - ma	*schlägt,*
47	ša li - ib - bi - ša	*eine Fehlgeburt*
48	uš - ta - ad - di - ši	*verursacht,*
49	2 šiqil (GÍN) kaspam (KÙ .BABBAR)	*(soll) er zwei Scheqel Silber*
50	i - ša - qal	*zahlen.*

§ 214

51	šum - ma amtum (GÉME) ši - i	*Wenn die Sklavin, diese,*
52	im - tu - ut	*stirbt,*
53	1/3 (šušana) MA . NA kaspam (KÙ.BABBAR)	*(soll) er ein Drittel Mine Silber*
54	i - ša - qal	*zahlen.*

§ 215

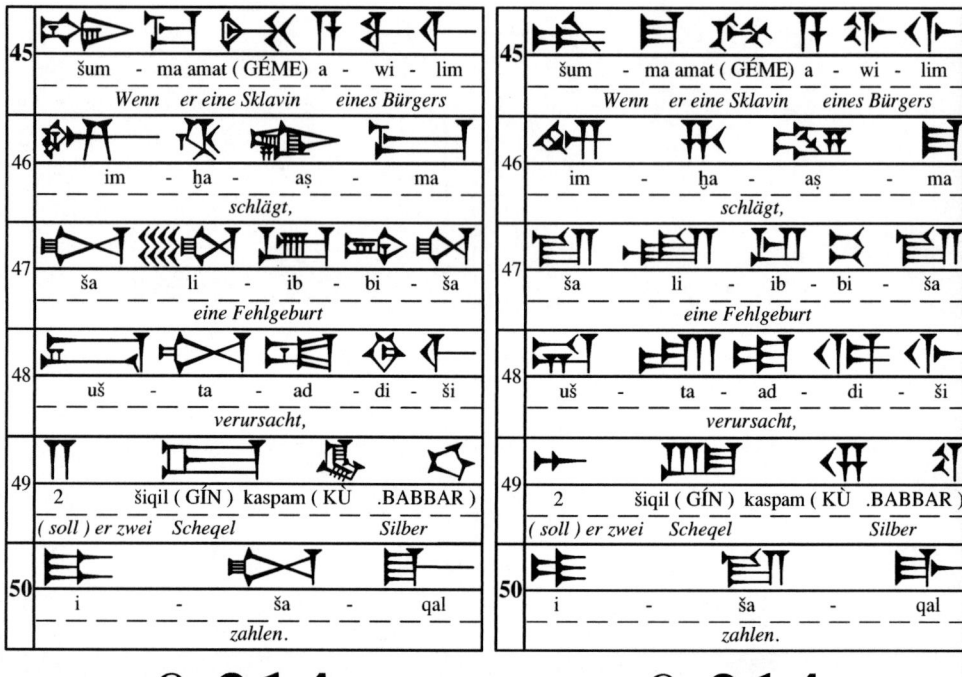

55 šum - ma asûm (A . ZU)
Wenn ein Arzt

56 a - wi - lam
einem Bürger

sí - im - ma - am kab - tam
eine Wunde, eine schwere,

57 i - na GÍR.GAG (**nicht NI!**) .ZABAR (UD.KA.BAR)
mit einem Operationsmesser (karṣ/ zillim)

58 i - pu - uš - ma
beibringt,

59 a - wi - lam
(und) den Bürger

ub - ta - al - li - iṭ
heilt,

60 ù lu na - kap - ti
oder eine Schläfe

(!)

a - wi - lim
eines Bürgers

61 i - na GÍR . GAG.ZABAR (UD.KA.BAR)
mit einem Operationsmesser (karṣ/ zillim)

62 ip - te - ma
öffnet,

63 i - in a - wi - lim
das Auge des Bürgers

64 ub - ta - al - li - iṭ
rettet,

55 šum - ma asûm (A . ZU)
Wenn ein Arzt

56 a - wi - lam
einem Bürger

sí - im - ma - am kab - tam
eine Wunde, eine schwere,

57 i - na GÍR.GAG (**nicht NI!**) .ZABAR (UD.KA.BAR)
mit einem Operationsmesser (karṣ/ zillim)

58 i - pu - uš - ma
beibringt,

59 a - wi - lam
(und) den Bürger

ub - ta - al - li - iṭ
heilt,

60 ù lu na - kap - ti
oder eine Schläfe

a - wi - lim
eines Bürgers

61 i - na GÍR . GAG.ZABAR (UD.KA.BAR)
mit einem Operationsmesser (karṣ/ zillim)

62 ip - te - ma
öffnet,

63 i - in a - wi - lim
das Auge des Bürgers

64 ub - ta - al - li - iṭ
rettet,

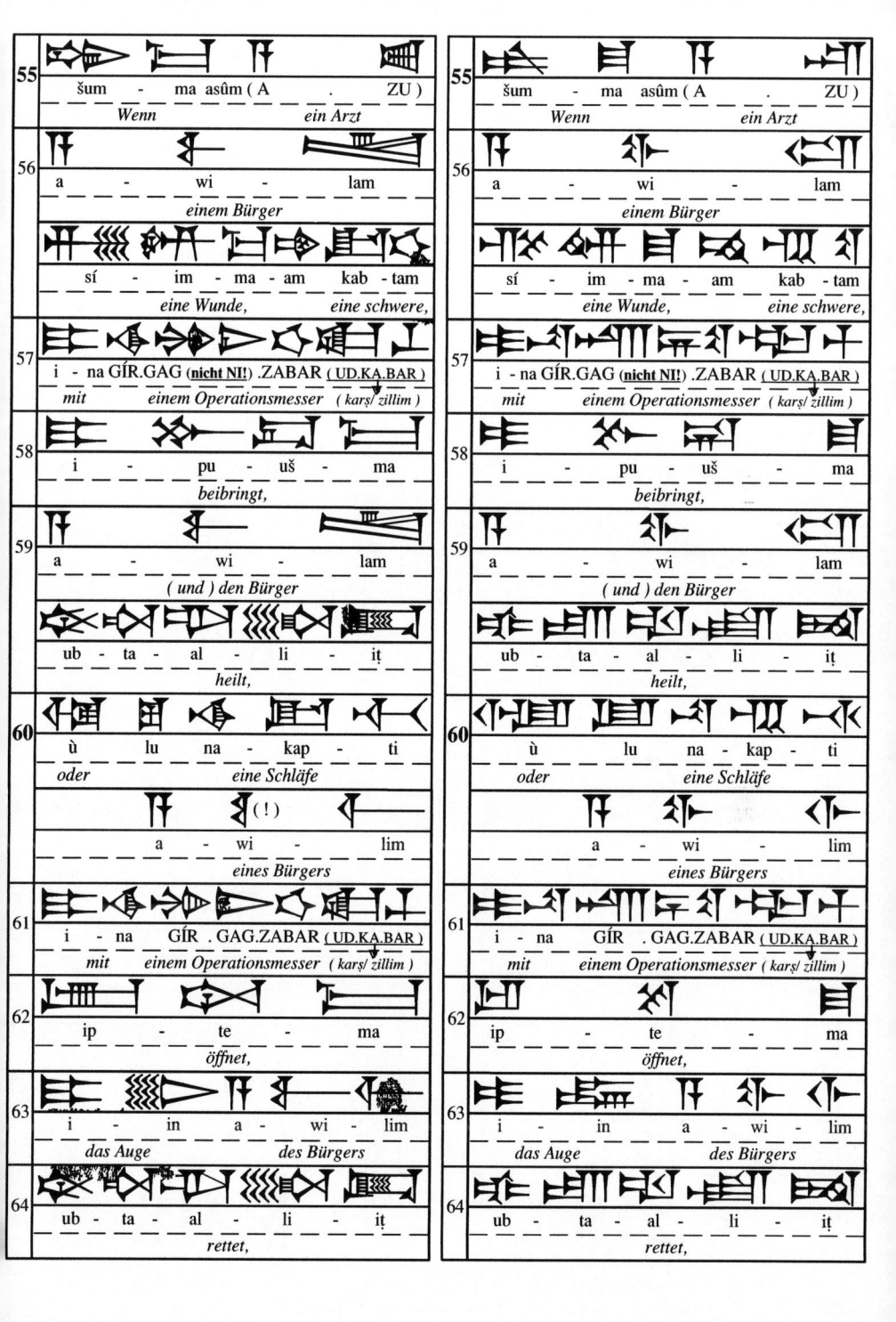

65	10 šiqil (GÍN) kaspam (KÙ .BABBAR)
	(soll er) zehn Scheqel Silber
66	i - le - qé
	bekommen.

§ 216

67	šum - ma mār (DUMU) muškēnim (MAŠ.EN.GAG)
	Wenn es ein Palasthöriger (oder eine Bürgerin) ist,
68	5 šiqil (GÍN) kaspam (KÙ .BABBAR)
	(soll er) fünf Scheqel Silber
69	i - le - qé
	bekommen.

§ 217

70	šum - ma warad (árad) a - wi - lim
	Wenn er ein Sklave eines Bürgers (ist),
71	be - el wardim (árad)
	(soll) der Eigentümer des Sklaven
	a - na asîm (A . ZU)
	an den Arzt
72	2 šiqil (GÍN) kaspam (KÙ . BABBAR)
	zwei Scheqel Silber
73	i - na - ad - di - in
	geben.

§ 218

65	10 šiqil (GÍN) kaspam (KÙ .BABBAR)
	(soll er) zehn Scheqel Silber
66	i - le - qé
	bekommen.

§ 216

67	šum - ma mār (DUMU) muškēnim (MAŠ.EN.GAG)
	Wenn es ein Palasthöriger (oder eine Bürgerin) ist,
68	5 šiqil (GÍN) kaspam (KÙ .BABBAR)
	(soll er) fünf Scheqel Silber
69	i - le - qé
	bekommen.

§ 217

70	šum - ma warad (árad) a - wi - lim
	Wenn er ein Sklave eines Bürgers (ist),
71	be - el wardim (árad)
	(soll) der Eigentümer des Sklaven
	a - na asîm (A . ZU)
	an den Arzt
72	2 šiqil (GÍN) kaspam (KÙ . BABBAR)
	zwei Scheqel Silber
73	i - na - ad - di - in
	geben.

§ 218

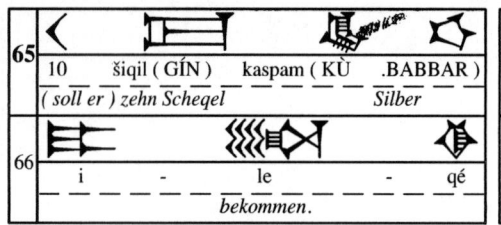

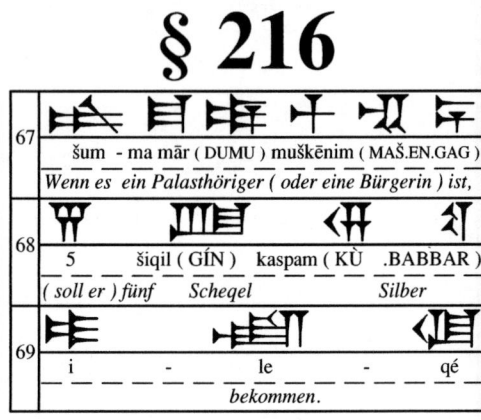

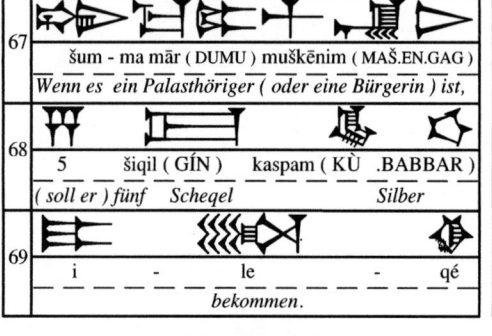

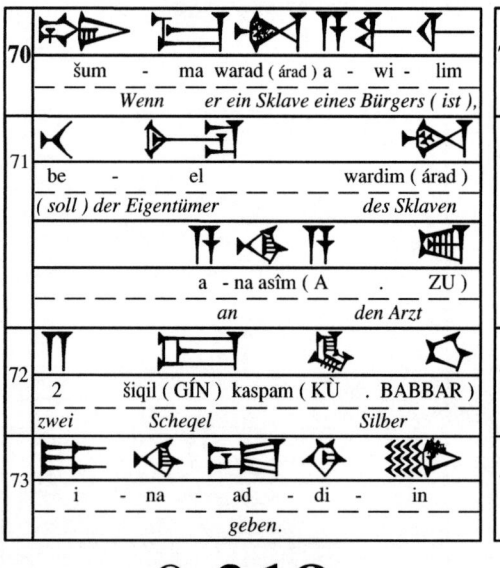

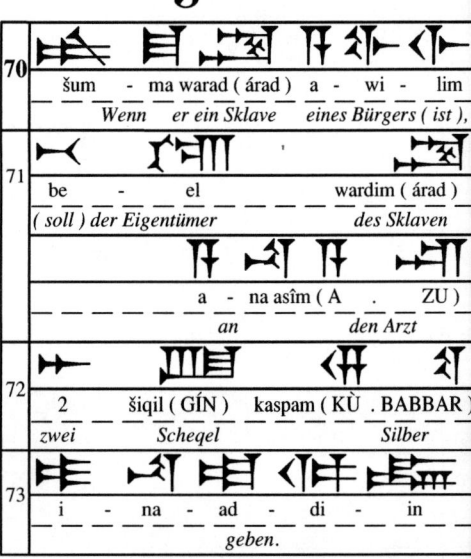

74

šum - ma asûm (A.ZU) a - wi - lam
Wenn ein Arzt einem Bürger

75

sí - im - ma - am kab - tam
eine Wunde, eine schwere,

76

i-na GÍR.GAG (**nicht NI!**) . ZABAR (UD.KA . BAR)
mit einem Operationsmesser (karṣ/ zillim)

77
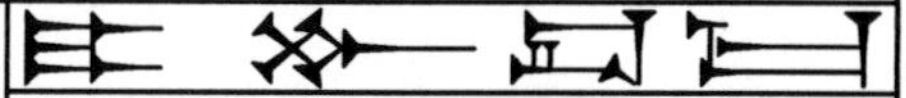
i - pu - uš - ma
beibringt,

78

a - wi - lam uš - ta - mi - it
des Bürgers Tod herbeiführt,

79

ù lu na - kap (**nicht Á!**) ti a - wi - lim
oder eine Schläfe eines Bürgers

80

i-na GÍR.GAG (**nicht NI!**) . ZABAR (UD.KA . BAR)
mit einem Operationsmesser (karṣ/ zillim)

81

ip - te - ma i - in a - wi - lim
öffnet, das Auge des Bürgers

82
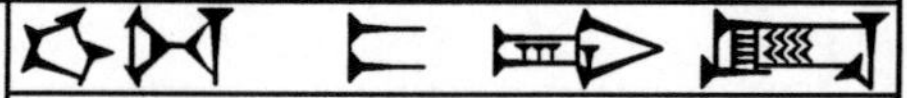
úḫ - tap - pí - id
zerstört,

83

ritta (KIŠIB.LÁ) - šu i - na - ki - su
(soll) man ihm (s)eine Hand abschneiden.

74

šum - ma asûm (A.ZU) a - wi - lam
Wenn ein Arzt einem Bürger

75

sí - im - ma - am kab - tam
eine Wunde, eine schwere,

76

i-na GÍR.GAG (**nicht NI!**) . ZABAR (UD.KA . BAR)
mit einem Operationsmesser (karṣ/ zillim)

77
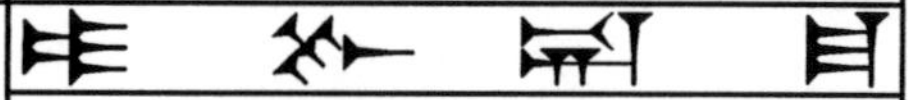
i - pu - uš - ma
beibringt,

78

a - wi - lam uš - ta - mi - it
des Bürgers Tod herbeiführt,

79

ù lu na - kap (**nicht Á!**) ti a - wi - lim
oder eine Schläfe eines Bürgers

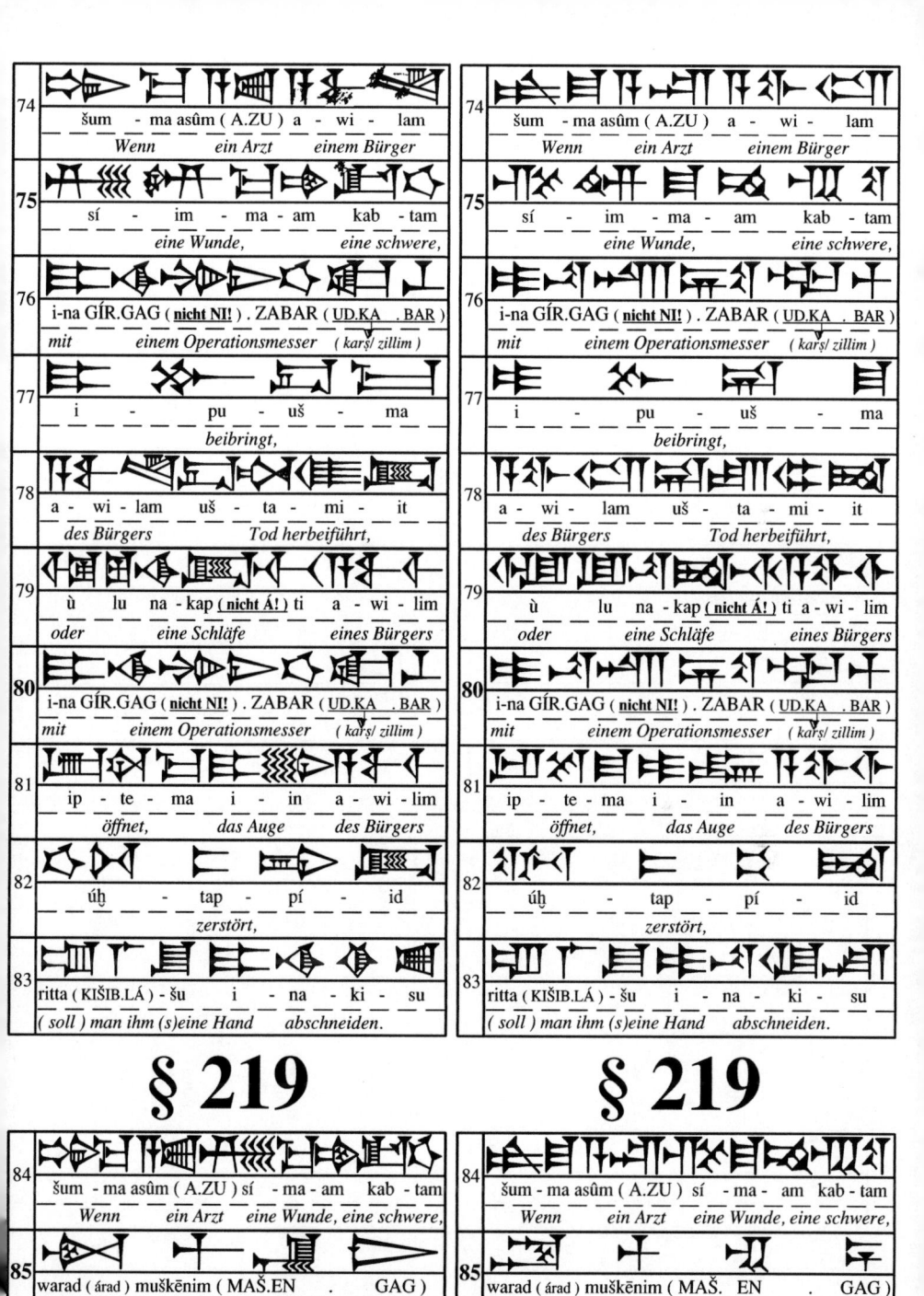

80

i-na GÍR.GAG (**nicht NI!**) . ZABAR (UD.KA . BAR)
mit einem Operationsmesser (karṣ/ zillim)

81

ip - te - ma i - in a - wi - lim
öffnet, das Auge des Bürgers

82
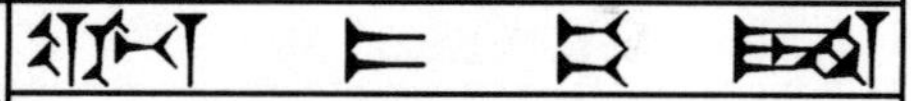
úḫ - tap - pí - id
zerstört,

83

ritta (KIŠIB.LÁ) - šu i - na - ki - su
(soll) man ihm (s)eine Hand abschneiden.

§ 219

84

šum - ma asûm (A.ZU) sí - ma - am kab - tam
Wenn ein Arzt eine Wunde, eine schwere,

85
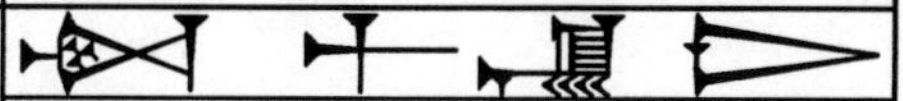
warad (árad) muškēnim (MAŠ.EN . GAG)
einem Sklaven eines Palasthörigen

§ 219

84

šum - ma asûm (A.ZU) sí - ma - am kab - tam
Wenn ein Arzt eine Wunde, eine schwere,

85

warad (árad) muškēnim (MAŠ. EN . GAG)
einem Sklaven eines Palasthörigen

86 i - na GÍR.GAG (**nicht NI!**) .ZABAR (UD.KA .BAR)
mit einem Operationsmesser (karṣ/ zillim)

87 i - pu - uš - ma uš - ta - mi - it
beibringt (und) seinen Tod herbeiführt,

88 wardam (árad) ki - ma wardim (árad) i - ri - ab
(soll) er den Sklaven um Sklaven ersetzen.

§ 220

89 šum - ma na - kap - ta - šu
Wenn er seine Schläfe

90 i - na GÍR.GAG (**nicht NI!**) .ZABAR (UD.KA .BAR)
mit einem Operationsmesser (karṣ/ zillim)

91 ip - te - ma
öffnet

92 i - in - šu úḫ - tap (**pí fehlt!**) - id (**nicht da!**)
(und) sein Auge zerstört,

93 kaspam (KÙ.BABBAR) mi - ši - il
(soll) er Geld (in der Höhe) der Hälfte

94 šīmī (ŠÁM) - šu i - ša - qal
seines Kaufpreises zahlen.

§ 221

95 šum - ma asûm (A . ZU)
Wenn ein Arzt

96 eṣemti (GÌR.PAD. DU) a - wi - lim
einen Knochen eines Bürgers,

86 i - na GÍR.GAG (**nicht NI!**) .ZABAR (UD.KA .BAR)
mit einem Operationsmesser (karṣ/ zillim)

87 i - pu - uš - ma uš - ta - mi - it
beibringt (und) seinen Tod herbeiführt,

88 wardam (árad) ki-ma wardim (árad) i - ri - ab
(soll) er den Sklaven um Sklaven ersetzen.

§ 220

89 šum - ma na - kap - ta - šu
Wenn er seine Schläfe

90 i - na GÍR.GAG (**nicht NI!**) .ZABAR (UD.KA . BAR)
mit einem Operationsmesser (karṣ/ zillim)

91 ip - te - ma
öffnet

92 i - in - šu úḫ - tap (**pí fehlt!**) - id (**nicht da!**)
(und) sein Auge zerstört,

93 kaspam (KÙ.BABBAR) mi - ši - il
(soll) er Geld (in der Höhe) der Hälfte

94 šīmī (ŠÁM) - šu i - ša - qal
seines Kaufpreises zahlen.

§ 221

95 šum - ma asûm (A . ZU)
Wenn ein Arzt

96 eṣemti (GÌR.PAD . DU) a - wi - lim
einen Knochen eines Bürgers,

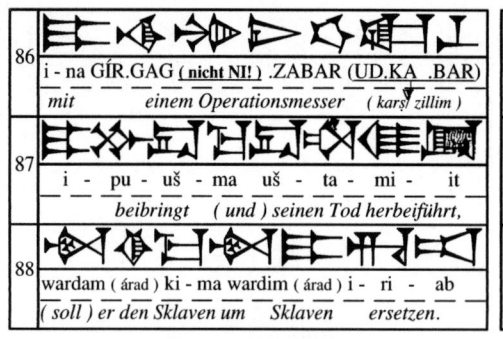

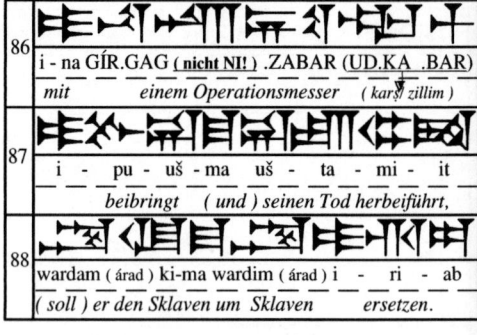

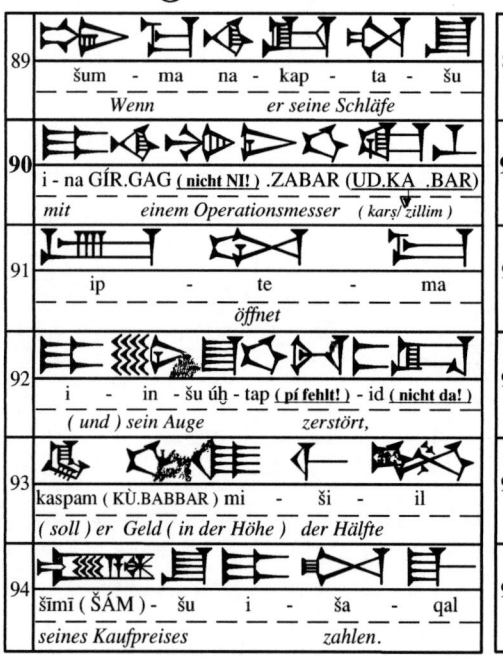

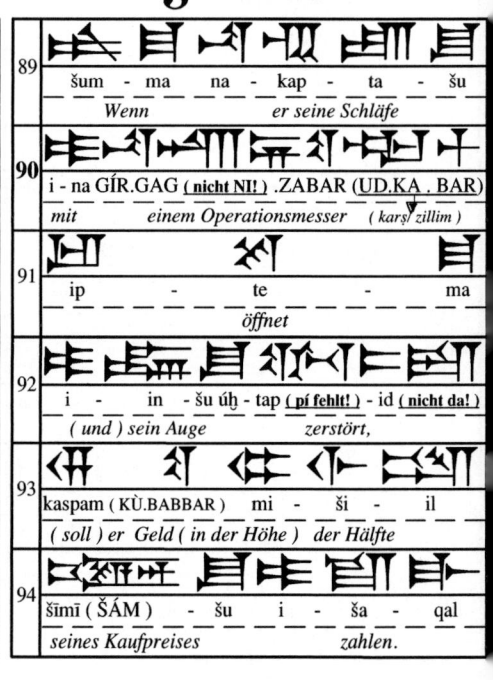

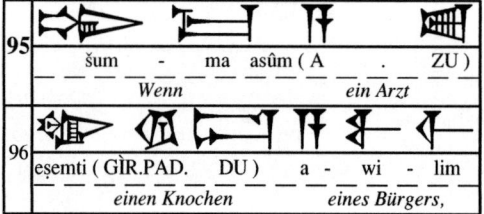

§ **200)** 66) Wenn ein Bürger 68) einem ihm ebenbürtigen 67) Bürger einen Zahn 69) ausschlägt, 70) soll man ihm einen Zahn ausschlagen.

§ **201)** 71) Wenn er 72) einem Palasthörigen 71) einen Zahn 72) ausschlägt, 73) so soll er ein drittel Mine Silber 74) zahlen.

§ **202)** 75) Wenn ein Bürger 76) die Wange eines Bürgers, 77) der höher gestellt ist als er, 78) schlägt, 79) so bekommt er in der Versammlung 81) sechzig Schläge 80) mit dem Ochsenziemer.

§ **203)** 82) Wenn ein Bürger 83) die Wange eines Bürgers 84) der ihm gleich steht, 85) schlägt, 86) so soll er eine Mine Silber 87) zahlen.

§ **204)** 88) Wenn ein Palasthöriger 89) dieWange eines Palasthörigen 90) schlägt, 91) so soll er zehn Scheqel Silber zahlen.

§ **205)** 92) Wenn ein Sklave eines Bürgers 93) die Wange eines Bürgers **XLI** 1) schlägt, 2) so soll man ihm ein Ohr 3) abschneiden.

§ **206)** 4) Wenn ein Bürger einen Bürger 5) bei einer Rauferei 6) schlägt 7) und ihm eine Wunde 8) beibringt, 9) so soll dieser Bürger 12) schwören: 10) "Ich habe nicht mit Absicht 11) geschlagen", 13) und den Arzt zahlen.

§ **207)** 14) Wenn er infolge seines Schlage(n)s 15) stirbt, 16) so soll er schwören, 17) und wenn es sich um einen Bürger (wörtlich: Sohn eines Bürgers) handelt, 18) soll er eine halbe Mine Silber 19) zahlen.

§ **208)** 20) Wenn es sich um einen Palasthörigen (wörtlich: Sohn eines Palasthörigen) handelt, 21) soll er ein drittel Mitte Silber 22) zahlen.

§ **209)** 23) Wenn ein Bürger 24) eine 'I'ochter eines Bürgers/ einer Bürgerin 25) schlägt 26) und bei ihr eine Fehlgeburt 27) verursacht, 28) so soll er zehn Scheqel Silber 29) für ihre Leibesfrucht 30) zahlen.

§ **210)** 31) Wenn diese Frau 31) stirbt, 33) so soll man ihm eine 'I'ochter 34) töten.

§ **211)** 35) Wenn er bei einer Tochter eines/ r Palasthörigen 36) durch Schlagen 37) eine Fehlgeburt 38) verursacht, 39) so soll er fünf Scheqel Silber 40) zahlen.

§ **212)** 41) Wenn diese Frau 42) stirbt, 43) so soll er eine halbe Mine Silber 44) zahlen.

§ **213)** 45) Wenn er eine Sklavin eines Bürgers 46) schlägt 47) und bei ihr eine Fehlgeburt 48) verursacht, 49) so soll er zwei Scheqel Silber 50) zahlen.

§ **214)** 51) Wenn diese Sklavin 52) stirbt, 53) so soll er ein drittel Mine Silber 54) zahlen.

§ **215)** 55) Wenn ein Arzt 56) einem Bürger eine schwere Wunde, 57) mit einem "Operationsmesser" 58) beibringt 59) und den Bürger heilt, 60) oder eine "Schläfe" eines Bürgers 61) mit einem "Operationsmesser" 62) öffnet 63) und das Auge des Bürgers 64) rettet, 66) bekommt er 65) zehn Scheqel Silber.

§ **216)** 67) Wenn es sich um einen Palasthörigen (wörtlich: Sohn eines Palasthörigen) handelt, 69) bekommt er 68) fünf Scheqel Silber.

§ **217)** 70) Wenn es sich um einen Sklaven eines Bürgers handelt, 71) soll der Eigentürner des Sklaven dem Arzt 72) zwei Scheqel Silber 73) geben.

§ 218) 74) Wenn ein Arzt einem Bürger 75) eine schwere "Wunde" 76) mit einem "Operationsmesser " 77) beibringt 78) und den Tod des Bürgers herbeiführt, 79) oder wenn er eine "Schläfe" eines Bürgers 80) mit einem "Operationsmesser " 81) öffnet und das Auge des Bürgers 82) zerstört, 83) so soll man ihm eine Hand abschneiden.

§ 219) 84) Wenn ein Arzt 85) einem Sklaven eines Palasthörigen 84) eine schwere "Wunde" 86) mit einem "Operationsmesser" 87) beibringt und seinen Tod herbeiführt, 88) so soll er Sklaven um Sklaven ersetzen.

XLII

1	še - bi - ir - tam	*einen gebrochenen,*
2	uš - ta - li - im	*heilt,*
3	ù lu še - er - ḫa - nam	*oder eine Sehne,*
4	mar - ṣa - am	*eine kranke,*
5	ub - ta - al - li - iṭ	*gesund macht,*
6	be - el si_{20} - im - mi - im	*(soll) der Patient*
7	a - na asîm (A . ZU)	*an den Arzt*
8	5 šiqil (GÍN) kaspam (KÙ . BABBAR)	*fünf Scheqel Silber*
9	i - na - ad - di - in	*geben.*

§ 222

10	šum - ma	*Wenn*
	mār (DUMU) muškēnim (MAŠ.EN . GAG)	*er der Sohn eines Palasthörigen (ist),*

XLII

1	še - bi - ir - tam	*einen gebrochenen,*
2	uš - ta - li - im	*heilt,*
3	ù lu še - er - ḫa - nam	*oder eine Sehne,*
4	mar - ṣa - am	*eine kranke,*
5	ub - ta - al - li - iṭ	*gesund macht,*
6	be - el si_{20} - im - mi - im	*(soll) der Patient*
7	a - na asîm (A . ZU)	*an den Arzt*
8	5 šiqil (GÍN) kaspam (KÙ . BABBAR)	*fünf Scheqel Silber*
9	i - na - ad - di - in	*geben.*

§ 222

10	šum - ma	*Wenn*
	mār (DUMU) muškēnim (MAŠ.EN . GAG)	*er der Sohn eines Palasthörigen (ist),*

11 3 šiqil (GÍN) kaspam (KÙ .BABBAR)

(soll er) drei Scheqel Silber

12 i - na - ad - di - in

geben.

11 3 šiqil (GÍN) kaspam (KÙ .BABBAR)

(soll er) drei Scheqel Silber

12 i - na - ad - di - in

geben.

§ 223

§ 223

13 šum - ma

Wenn

warad (árad) a - wi - lim

er ein Sklave eines Bürgers (ist),

14 be - el wardim (árad)

(soll) der Eigentümer des Sklaven

15 a - na asîm (A . ZU)

an den Arzt

16 2 šiqil (GÍN) kaspam (KÙ . BABBAR)

zwei Scheqel Silber

17 i - na - ad - di - in

geben.

13 šum - ma

Wenn

warad (árad) a - wi - lim

er ein Sklave eines Bürgers (ist),

14 be - el wardim (árad)

(soll) der Eigentümer des Sklaven

15 a - na asîm (A . ZU)

an den Arzt

16 2 šiqil (GÍN) kaspam (KÙ . BABBAR)

zwei Scheqel Silber

17 i - na - ad - di - in

geben.

§ 224

§ 224

18 šum - ma asûm (A. ZU) alpim (GU_4)

Wenn ein Arzt der Rinder

19 ú lu imērim (ANŠE)

oder Esel

20 lu alpam (GU_4) ù lu imēram (ANŠE)

einem Rind oder einem Esel

18 šum - ma asûm (A . ZU) alpim (GU_4)

Wenn ein Arzt der Rinder

19 ú lu imērim (ANŠE)

oder Esel

20 lu alpam (GU_4) ù lu imēram (ANŠE)

einem Rind oder einem Esel

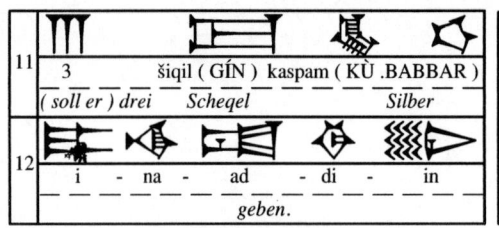

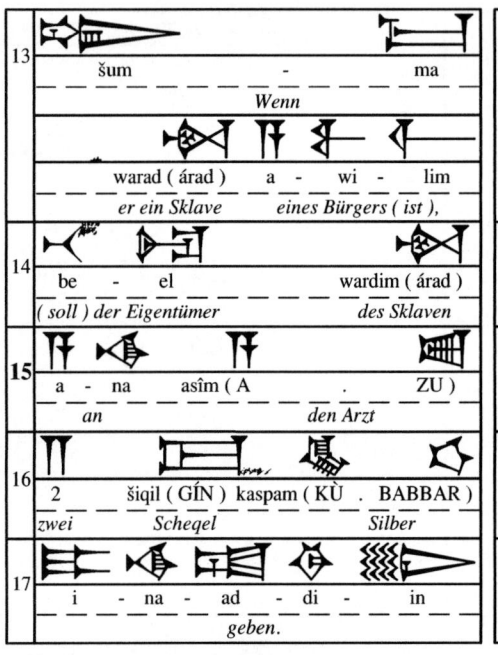

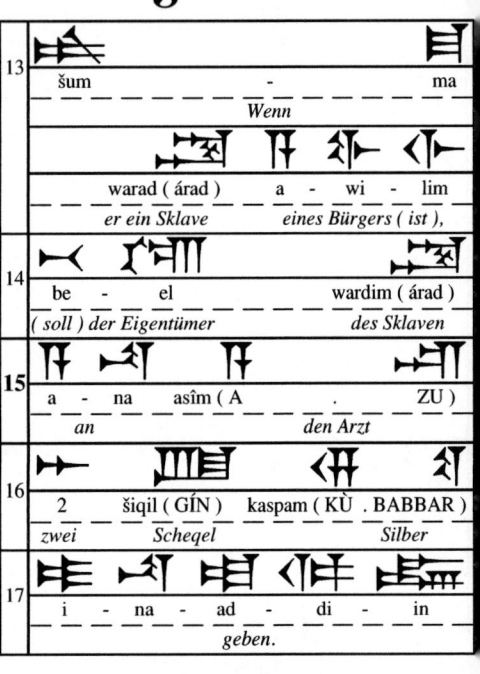

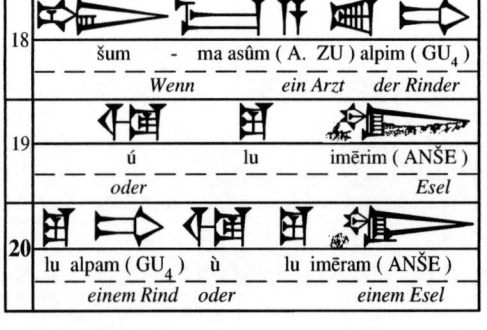

21 si$_{20}$ - im - ma - am kab - tam
eine Wunde, eine schwere,

22 i - pu - uš - ma
beibringt,

23 ub - ta - al - li - iṭ
(und) es/ ihn heilt,

24 be - el alpim (GU$_4$)
(soll) der Eigentümer des Rindes

ù lu imērim (ANŠE)
oder des Esels

25 IGI . 6 . GÁL KÙ . BABBAR
ein Sechstel (Scheqel) Silber

26 a - na asîm (A . ZU)
an den Arzt

27 idī (Á) - šu
als Lohn

28 i - na - ad - di - in
geben.

§ 225

29 šum - ma alpam (GU$_4$) ù lu imēram (ANŠE)
Wenn er einem Rind oder einem Esel

30 sí - im - ma - am
eine Wunde,

kab - tam
eine schwere,

21 si$_{20}$ - im - ma - am kab - tam
eine Wunde, eine schwere,

22 i - pu - uš - ma
beibringt,

23 ub - ta - al - li - iṭ
(und) es/ ihn heilt,

24 be - el alpim (GU$_4$)
(soll) der Eigentümer des Rindes

ù lu imērim (ANŠE)
oder des Esels

25 IGI . 6 . GÁL KÙ . BABBAR
ein Sechstel (Scheqel) Silber

26 a - na asîm (A . ZU)
an den Arzt

27 idī (Á) - šu
als Lohn

28 i - na - ad - di - in
geben.

§ 225

29 šum - ma alpam (GU$_4$) ù lu imēram (ANŠE)
Wenn er einem Rind oder einem Esel

30 sí - im - ma - am
eine Wunde,

kab - tam
eine schwere,

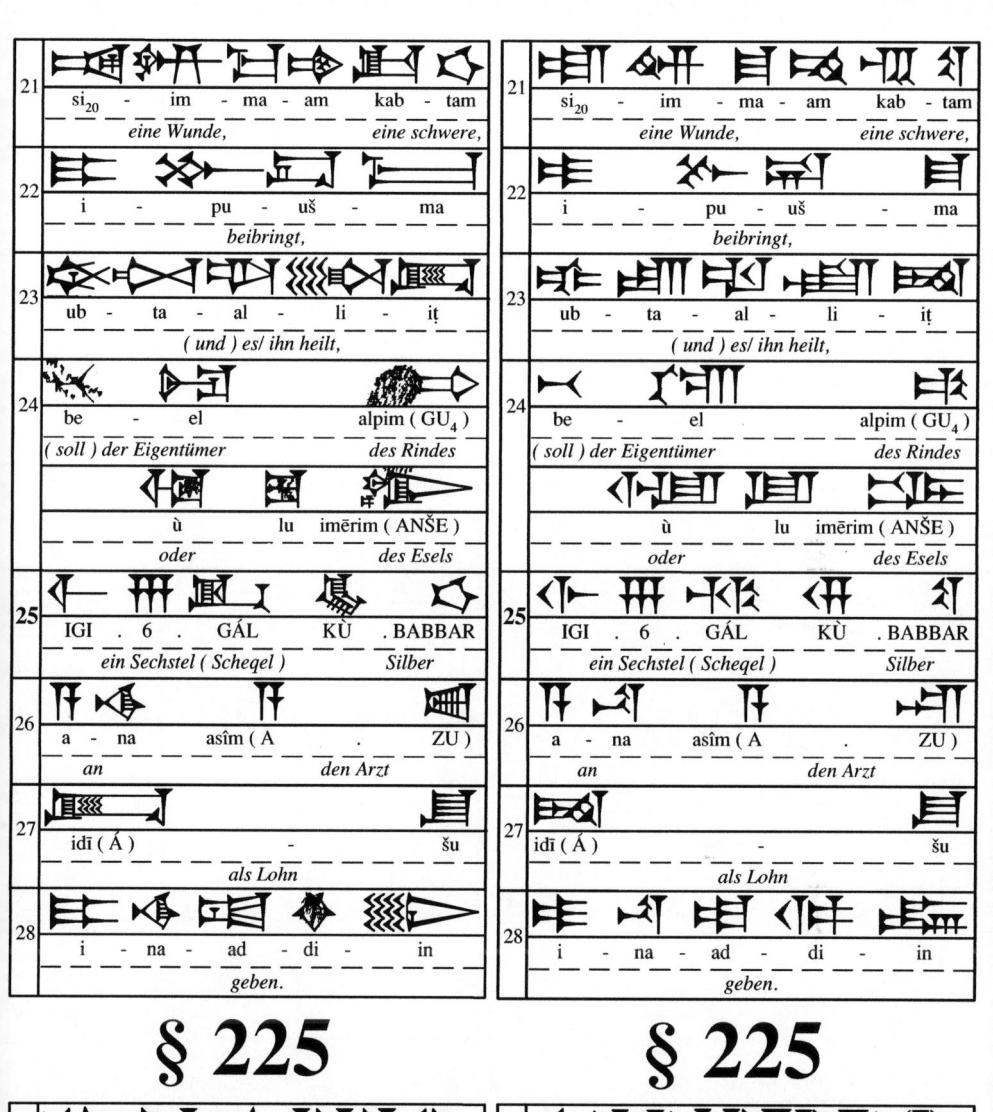

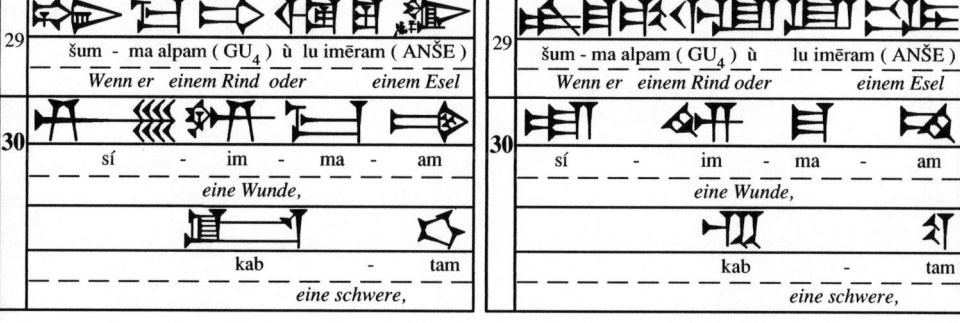

31	i - pu - uš - ma	*beibringt,*
32	uš - ta - mi - it	*seinen Tod herbeiführt,*
33	IGI 4 (? 5?) GÁL šīmī (ŠÁM) - šu	*(soll) er ein Viertel (ein Fünftel?) seines Kaufpreises*
34	a - na be - el alpim (GU_4)	*an den Eigentümer des Rindes*
	ù lu imērim (ANŠE)	*oder des Esels*
35	i - na - ad - di - in	*geben.*

§ 226

36	šum - ma gallābum (ŠU . I)	*Wenn ein Barbier*
37	ba - lum be - el wardim (árad)	*ohne (Erlaubnis) des Eigentümers des Sklaven*
38	ab - bu - ti	*das Sklavenmal*
39	wardim (árad) la še - e - em	*einem Sklaven, der ihm nicht gehört,*
40	ú - gal - li - ib	*abschert,*
41	ritti (KIŠIB . LÁ)	*(soll) man eine Hand*

31	i - pu - uš - ma	*beibringt,*
32	uš - ta - mi - it	*seinen Tod herbeiführt,*
33	IGI 4 (? 5?) GÁL šīmī (ŠÁM) - šu	*(soll) er ein Viertel (ein Fünftel?) seines Kaufpreises*
34	a - na be - el alpim (GU_4)	*an den Eigentümer des Rindes*
	ù lu imērim (ANŠE)	*oder des Esels*
35	i - na - ad - di - in	*geben.*

§ 226

36	šum - ma gallābum (ŠU . I)	*Wenn ein Barbier*
37	ba - lum be - el wardim (árad)	*ohne (Erlaubnis) des Eigentümers des Sklaven*
38	ab - bu - ti	*das Sklavenmal*
39	wardim (árad) la še - e - em	*einem Sklaven, der ihm nicht gehört,*
40	ú - gal - li - ib	*abschert,*
41	ritti (KIŠIB . LÁ)	*(soll) man eine Hand*

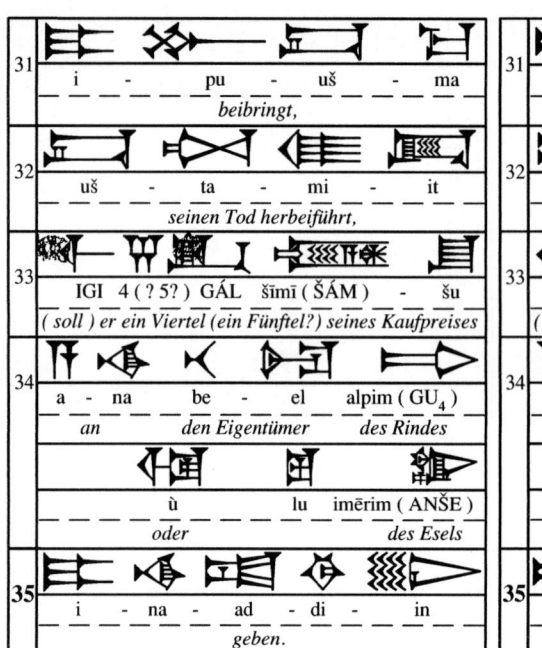

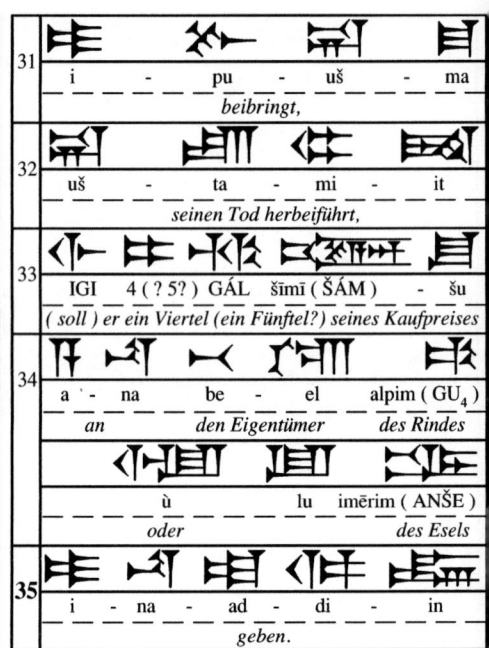

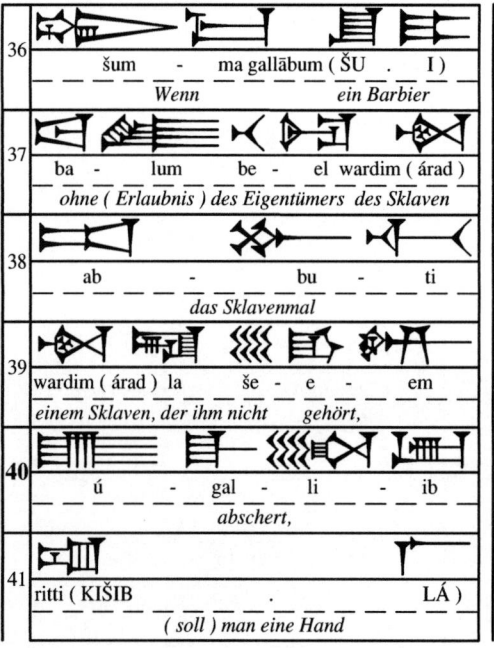

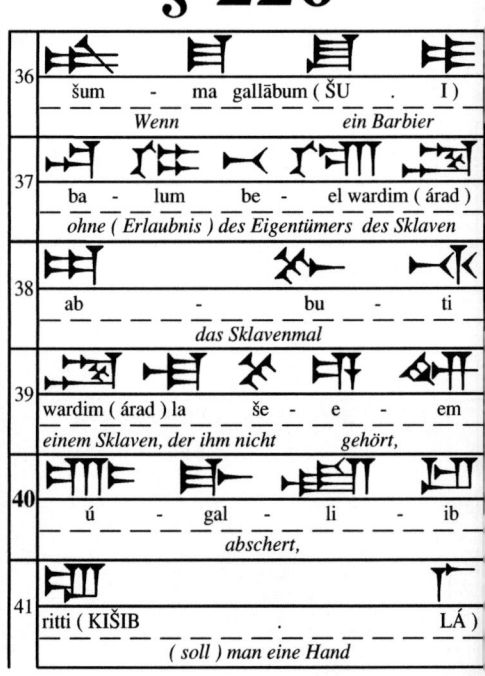

gallābim (ŠU . I) šu - a - ti

dem Barbier, diesem,

42 i - na - ak - ki - sú

abschneiden.

§ 227

43 šum - ma a - wi - lum

Wenn ein Bürger

44 gallābam (ŠU.I) i - da - aṣ - ma

einen Barbier nötigt (täuscht),

45 ab - bu - ti

(und dieser) das Sklavenmal

46 wardim (árad) la še - e - em

dem Sklaven, der ihm nicht gehört,

47 ug - da - al - li - ib

abschert,

48 a - wi - lam šu - a - ti

(soll) man den Bürger, diesen,

49 i - du - uk - ku - šu - ma

töten

50 i - na bābī (KÁ) - šu

(und) ihn in seinem Tore

51 i - ḫa - al - la -

lu - šu

aufhängen (verscharren).

gallābim (ŠU . I) šu - a - ti

dem Barbier, diesem,

42 i - na - ak - ki - sú

abschneiden.

§ 227

43 šum - ma a - wi - lum

Wenn ein Bürger

44 gallābam (ŠU.I) i - da - aṣ - ma

einen Barbier nötigt (täuscht),

45 ab - bu - ti

(und dieser) das Sklavenmal

46 wardim (árad) la še - e - em

dem Sklaven, der ihm nicht gehört,

47 ug - da - al - li - ib

abschert,

48 a - wi - lam šu - a - ti

(soll) man den Bürger, diesen,

49 i - du - uk - ku - šu - ma

töten

50 i - na bābī (KÁ) - šu

(und) ihn in seinem Tore

51 i - ḫa - al - la -

lu - šu

aufhängen (verscharren).

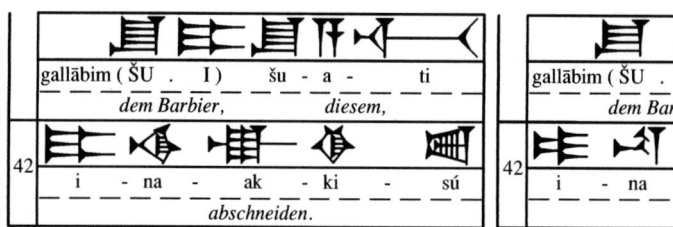

52	gallābum (ŠU.I) i - na i - du - ú
	Der Barbier: " Ich habe ihn wissentlich
53	la ú - gal - li - bu
	nicht geschoren! "
54	i - tam - ma - ma
	(soll) er schwören
55	ú - ta - aš - šar
	(und) frei ausgehen.

§ 228

56	šum - ma itinnum (ŠITIM)
	Wenn ein Baumeister
57	bītam (É) a - na a - wi - lim
	ein Haus für einen Bürger
58	i - pu - uš - ma
	baut,
59	ú - ša - ak - li -
	il - šum
	es ihm vollendet,
60	a - na 1 mušara (SAR) bītim (É)
	(soll) dieser an ihn (pro) 36 qm Haus(fläche)
61	2 šiqil (GÍN) kaspam (KÙ .BABBAR)
	zwei Scheqel Silber
62	a - na qí - iš - ti - šu
	als sein Honorar

52	gallābum (ŠU.I) i - na i - du - ú
	Der Barbier: " Ich habe ihn wissentlich
53	la ú - gal - li - bu
	nicht geschoren! "
54	i - tam - ma - ma
	(soll) er schwören
55	ú - ta - aš - šar
	(und) frei ausgehen.

§ 228

56	šum - ma itinnum (ŠITIM)
	Wenn ein Baumeister
57	bītam (É) a - na a - wi - lim
	ein Haus für einen Bürger
58	i - pu - uš - ma
	baut,
59	ú - ša - ak - li -
	il - šum
	es ihm vollendet,
60	a - na 1 mušara (SAR) bītim (É)
	(soll) dieser an ihn (pro) 36 qm Haus(fläche)
61	2 šiqil (GÍN) kaspam (KÙ . BABBAR)
	zwei Scheqel Silber
62	a - na qí - iš - ti - šu
	als sein Honorar

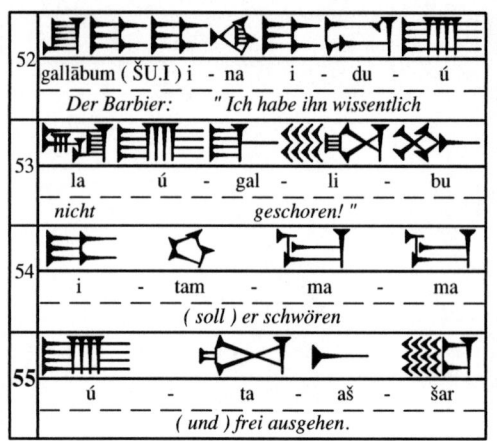

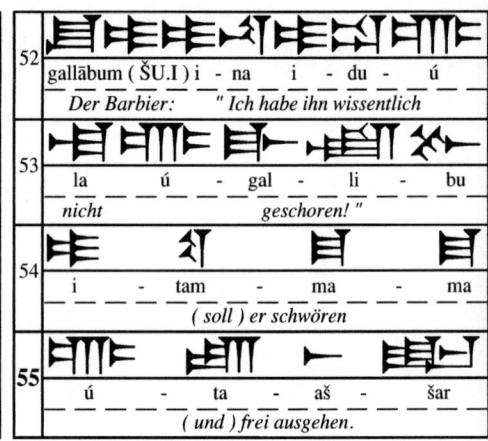

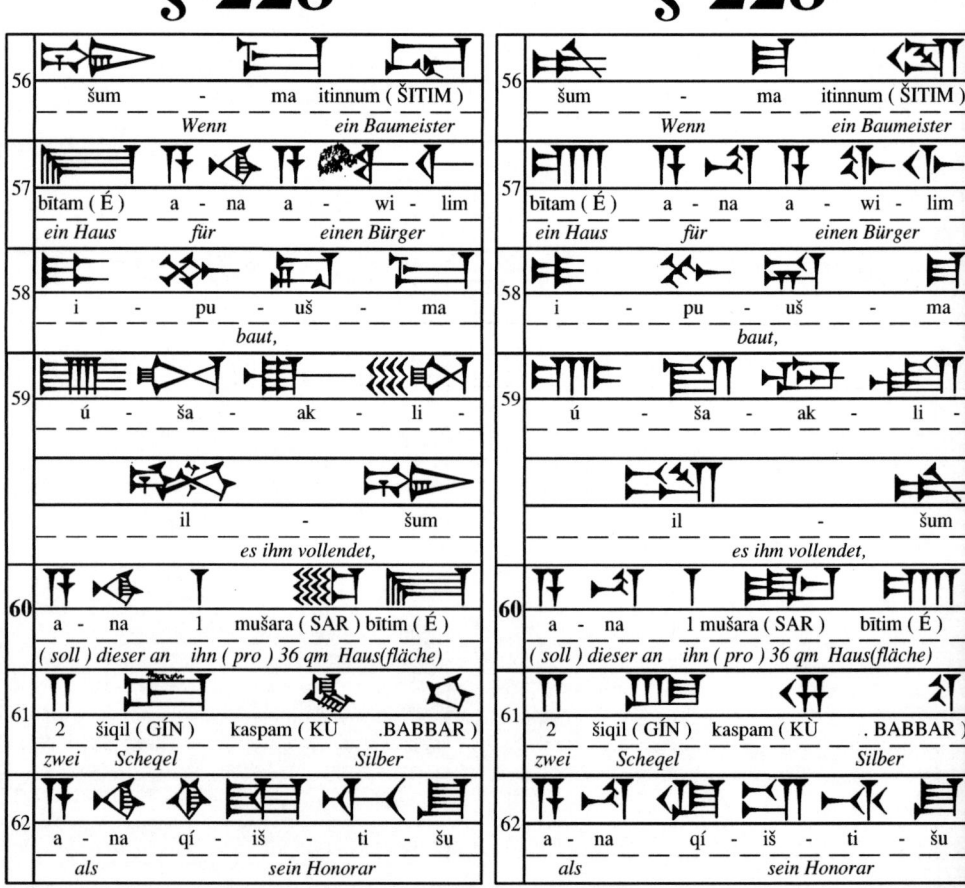

63	i - na - ad - di - iš - šum	*geben.*

§ 229

64	šum - ma itinnum (ŠITIM)	*Wenn ein Baumeister*
65	a - na a - wi - lim	*für einen Bürger*
66	bītam (É) i - pu - uš - ma	*ein Haus baut,*
67	ši - pí - ir - šu	*(aber) seine Arbeit*
68	la ú - dan - ni - in - ma	*nicht solide ausführt,*
69	bīt (É) i - pu - šu	*(sodass) das Haus, das er gebaut hat,*
70	im - qú - ut - ma	*einstürzt,*
71	be - el bītim (É)	*des Eigentümers des Hauses*
	uš - ta - mi - it	*Tod herbeiführt,*
72	itinnum (ŠITIM) šu - ú id - da - ak	*(wird) der Baumeister, dieser, getötet.*

63	i - na - ad - di - iš - šum	*geben.*

§ 229

64	šum - ma itinnum (ŠITIM)	*Wenn ein Baumeister*
65	a - na a - wi - lim	*für einen Bürger*
66	bītam (É) i - pu - uš - ma	*ein Haus baut,*
67	ši - pí - ir - šu	*(aber) seine Arbeit*
68	la ú - dan - ni - in - ma	*nicht solide ausführt,*
69	bīt (É) i - pu - šu	*(sodass) das Haus, das er gebaut hat,*
70	im - qú - ut - ma	*einstürzt,*
71	be - el bītim (É)	*des Eigentümers des Hauses*
	uš - ta - mi - it	*Tod herbeiführt,*
72	itinnum (ŠITIM) šu - ú id - da - ak	*(wird) der Baumeister, dieser, getötet.*

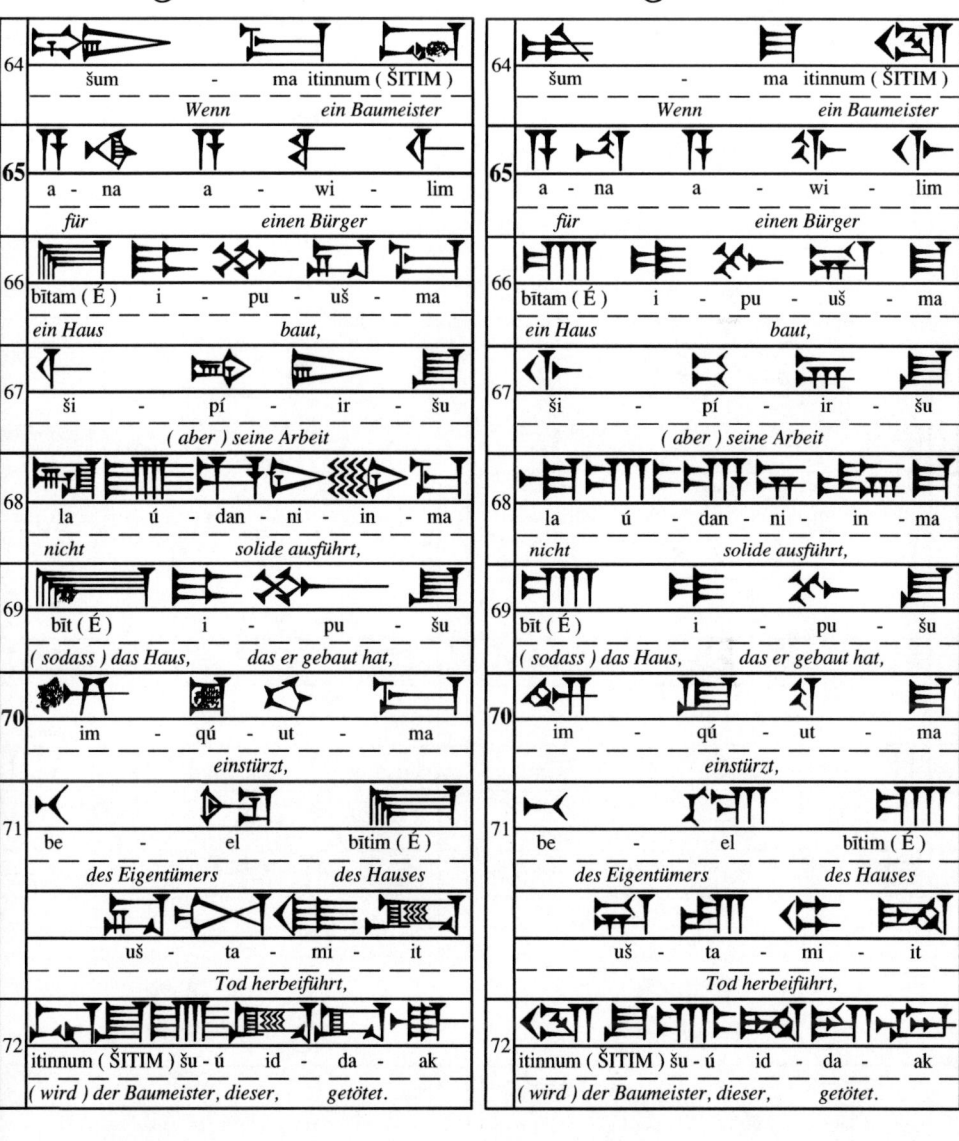

§ 230

73	šum - ma mār (DUMU) be - el bītim (É)
	Wenn er des Sohnes des Eigentümers des Hauses
74	uš - ta - mi - it
	Tod herbeiführt,
75	mār (DUMU) itinnim (ŠITIM) šu - a - ti
	(soll man) einen Sohn des Baumeisters, dieses,
76	i - du - uk - ku
	töten.

§ 231

77	šum - ma warad (árad) be - el bītim (É)
	Wenn er eines Sklaven des Eigentümers des Hauses
78	uš - ta - mi - it
	Tod herbeiführt,
79	wardam (árad) ki - ma wardim (árad)
	(soll) er einen Sklaven um Sklaven
80	a - na be - el bītim (É)
	an den Eigentümer des Hauses
81	i - na - ad - di - in
	geben.

§ 232

82	šum - ma NÍG.GA (namkūram/ makkūram)
	Wenn er Besitz

§ 230

73	šum - ma mār (DUMU) be - el bītim (É)
	Wenn er des Sohnes des Eigentümers des Hauses
74	uš - ta - mi - it
	Tod herbeiführt,
75	mār (DUMU) itinnim (ŠITIM) šu - a - ti
	(soll man) einen Sohn des Baumeisters, dieses,
76	i - du - uk - ku
	töten.

§ 231

77	šum - ma warad (árad) be - el bītim (É)
	Wenn er eines Sklaven des Eigentümers des Hauses
78	uš - ta - mi - it
	Tod herbeiführt,
79	wardam (árad) ki - ma wardim (árad)
	(soll) er einen Sklaven um Sklaven
80	a - na be - el bītim (É)
	an den Eigentümer des Hauses
81	i - na - ad - di - in
	geben.

§ 232

82	šum - ma NÍG.GA (namkūram/ makkūram)
	Wenn er Besitz

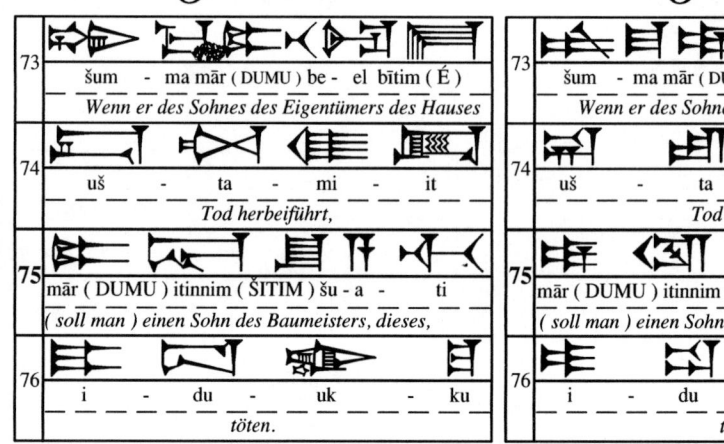

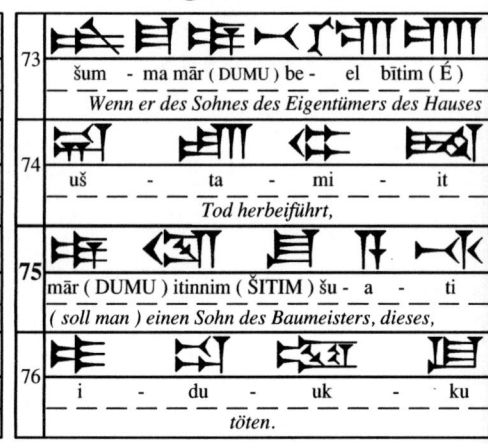

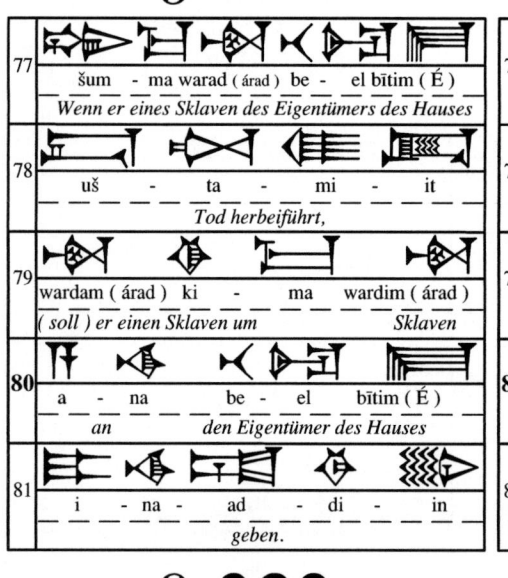

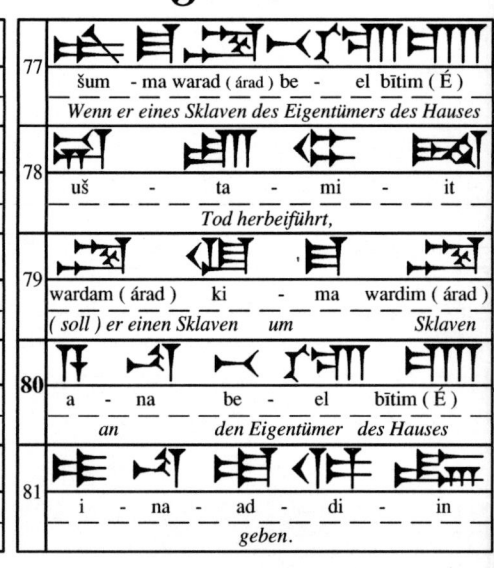

Zeile	Umschrift	Übersetzung
83	úḫ - ta - al - li - iq	*vernichtet,*
84	mi - im - ma	*(soll er) alles, was*
85	ša ú - ḫal - li - qú	*er vernichtet hat,*
86	i - ri - ab	*ersetzen.*
87	ù aš - šum bīt (É) i - pu - šu	*Und, weil er das Haus, (das) er gebaut hat,*
88	la ú - dan - ni - nu - ma	*nicht solide ausführte,*
89	im - qú - tu	*(dass) es einfiel,*
90	i - na NÍG . GA (namkūr/ makkūr)	*(soll) er auf Kosten,*
91	ra - ma - ni - šu	*seine eigenen,*
92	bīt (É) im - qú - tu i - ip - pé - eš	*das Haus, das eingefallene, (wieder) aufbauen.*

§ 233

Zeile	Umschrift	Übersetzung
93	šum - ma itinnum (ŠITIM) bītam (É)	*Wenn ein Baumeister ein Haus*
94	a - na a - wi - lim i - pu - uš - ma	*für einen Bürger baut,*

Zeile	Umschrift	Übersetzung
83	úḫ - ta - al - li - iq	*vernichtet,*
84	mi - im - ma	*(soll er) alles, was*
85	ša ú - ḫal - li - qú	*er vernichtet hat,*
86	i - ri - ab	*ersetzen.*
87	ù aš - šum bīt (É) i - pu - šu	*Und, weil er das Haus, (das) er gebaut hat,*
88	la ú - dan - ni - nu - ma	*nicht solide ausführte,*
89	im - qú - tu	*(dass) es einfiel,*
90	i - na NÍG . GA (namkūr/ makkūr)	*(soll) er auf Kosten,*
91	ra - ma - ni - šu	*seine eigenen,*
92	bīt (É) im - qú - tu i - ip - pé - eš	*das Haus, das eingefallene, (wieder) aufbauen.*

§ 233

Zeile	Umschrift	Übersetzung
93	šum - ma itinnum (ŠITIM) bītam (É)	*Wenn ein Baumeister ein Haus*
94	a - na a - wi - lim i - pu - uš - ma	*für einen Bürger baut,*

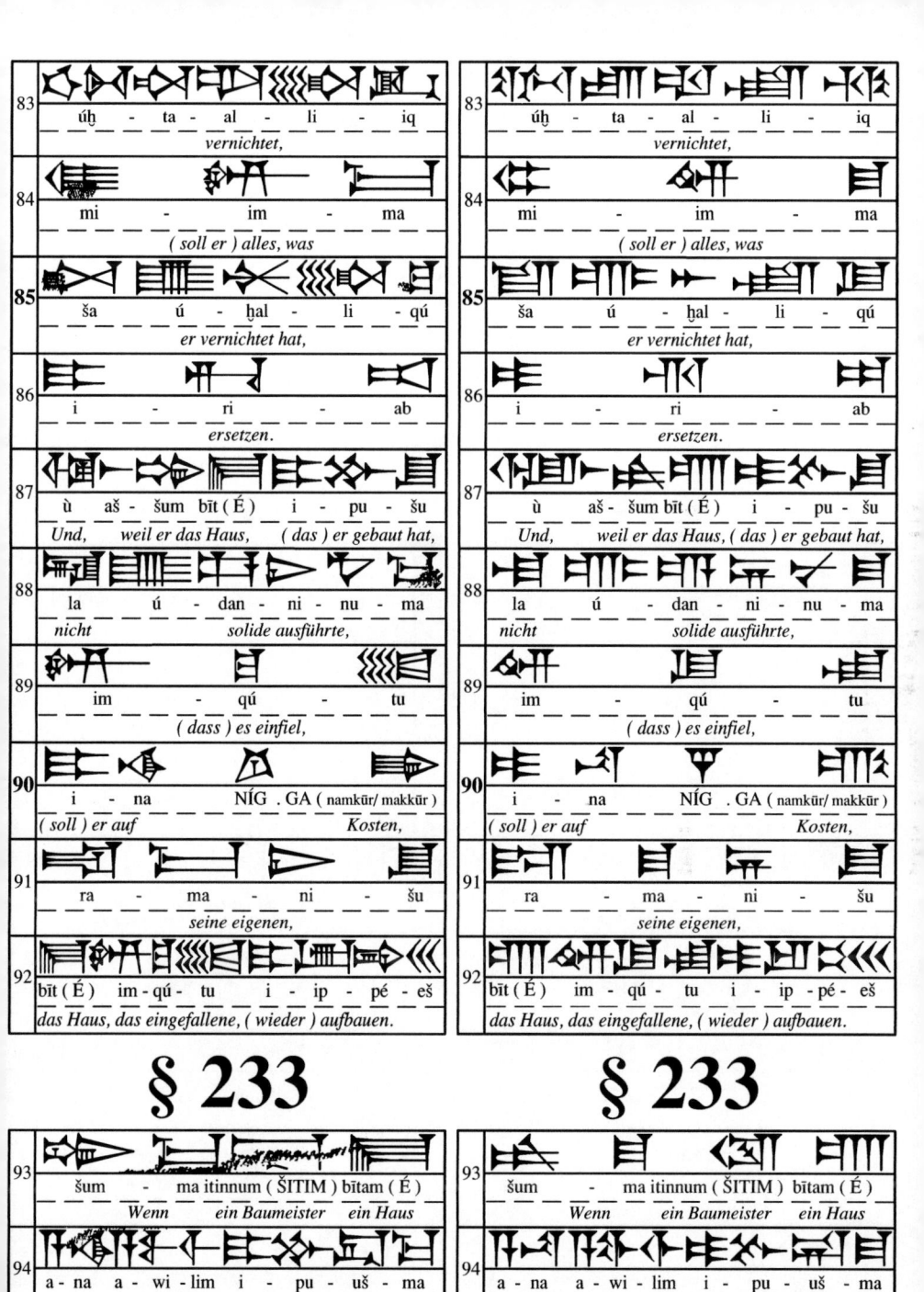

95	ši - pí - ir - šu
	(aber) seine Arbeit
96	la uš - te - eṣ - bi - ma
	nicht planmässig ausführt,
97	igārum (É. GAR_8) iq - tu - up
	(sodass) eine Wand baufällig wird (einfällt),
98	itinnum (ŠITIM) šu - ú
	(soll) der Baumeister, dieser,

XLIII

1	i - na kasap (KÙ .BABBAR)
	vom Geld,
	ra - ma - ni - šu
	seinem eigenen,
2	igāram (É . GAR_8) šu - a - ti
	die Wand, diese,
3	ú - dan - na - an
	befestigen (wiederherstellen).

§ 234

4	šum - ma malaḫum (MÁ.LAH_5 = DU.DU)
	Wenn ein Schiffer
5	giš MÁ . 60 . GUR (elep šūšim?)
	(Holz) ein Schiff (von) sechzig Kor
6	a - na a - wi - lim ip - ḫe
	für einen Bürger abdichtet,

95	ši - pí - ir - šu
	(aber) seine Arbeit
96	la uš - te - eṣ - bi - ma
	nicht planmässig ausführt,
97	igārum (É. GAR_8) iq - tu - up
	(sodass) eine Wand baufällig wird (einfällt),
98	itinnum (ŠITIM) šu - ú
	(soll) der Baumeister, dieser,

XLIII

1	i - na kasap (KÙ .BABBAR)
	vom Geld,
	ra - ma - ni - šu
	seinem eigenen,
2	igāram (É . GAR_8) šu - a - ti
	die Wand, diese,
3	ú - dan - na - an
	befestigen (wiederherstellen).

§ 234

4	šum - ma malaḫum (MÁ.LAH_5 = DU.DU)
	Wenn ein Schiffer
5	giš MÁ . 60 . GUR (elep šūšim?)
	(Holz) ein Schiff (von) sechzig Kor
6	a - na a - wi - lim ip - ḫe
	für einen Bürger abdichtet,

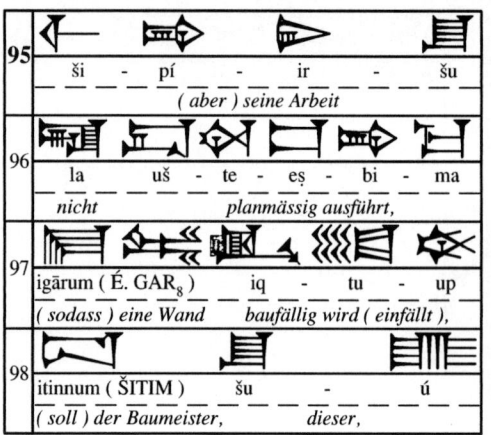

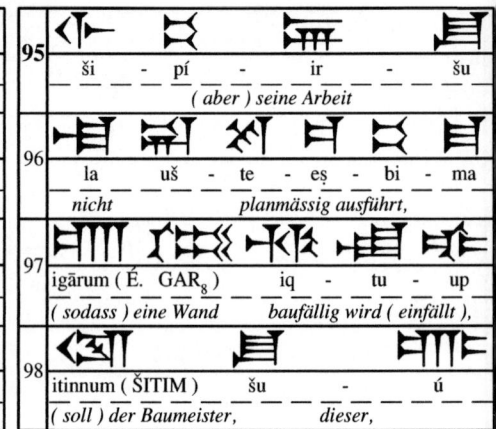

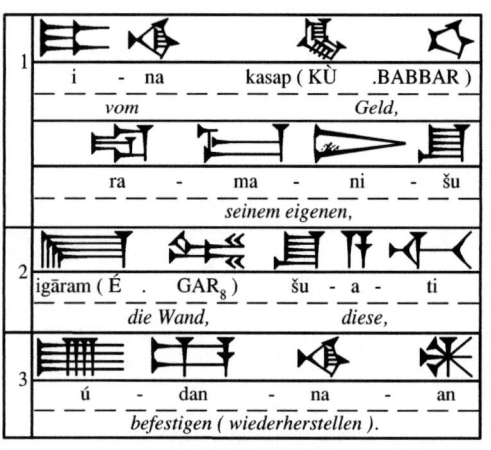

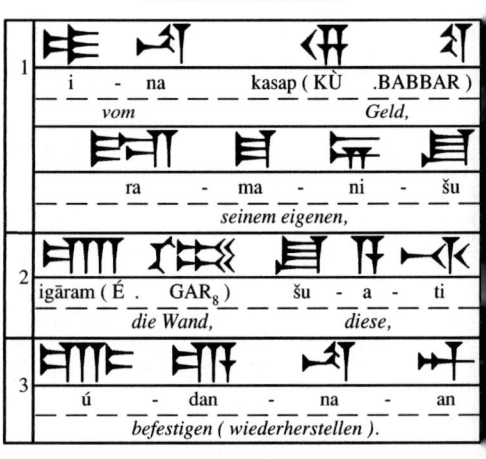

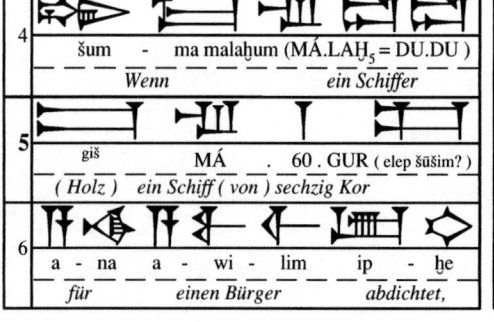

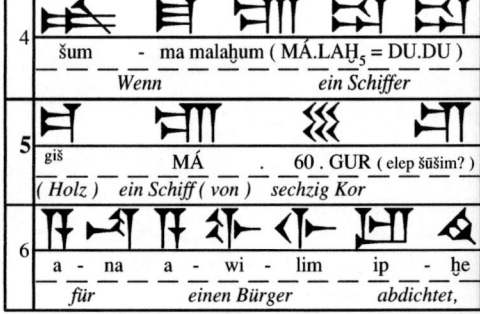

7 2 šiqil (GÍN) kaspam (KÙ . BABBAR)
(soll) dieser ihm zwei Scheqel Silber

8 a - na qí - iš - ti - šu
als seinen Lohn

9 i - na - ad - di -
iš - šum
geben.

§ 235

10 šum - ma malaḫum (MÁ.LAḪ$_5$ = DU.DU)
Wenn ein Schiffer

11 giš eleppam (MÁ)
(Holz) ein Schiff
a - na a - wi - lim
für einen Bürger

12 ip - ḫe - ma
abdichtet,

13 ši - pí - ir - šu
(aber) seine Arbeit

14 la ú - ták -
nicht
ki - il - ma
zuverlässig erledigt,

15 i - na ša - at - tim - ma
sodass (noch) in dem Jahr

7 2 šiqil (GÍN) kaspam (KÙ . BABBAR)
(soll) dieser ihm zwei Scheqel Silber

8 a - na qí - iš - ti - šu
als seinen Lohn

9 i - na - ad - di -
iš - šum
geben.

§ 235

10 šum - ma malaḫum (MÁ.LAḪ$_5$ = DU. DU)
Wenn ein Schiffer

11 giš eleppam (MÁ)
(Holz) ein Schiff
a - na a - wi - lim
für einen Bürger

12 ip - ḫe - ma
abdichtet,

13 ši - pí - ir - šu
(aber) seine Arbeit

14 la ú - ták -
nicht
ki - il - ma
zuverlässig erledigt,

15 i - na ša - at - tim - ma
sodass (noch) in dem Jahr

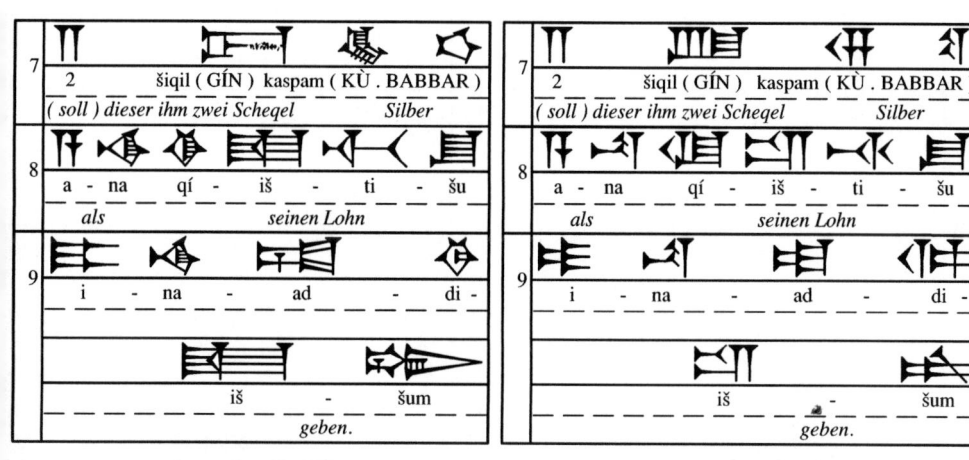

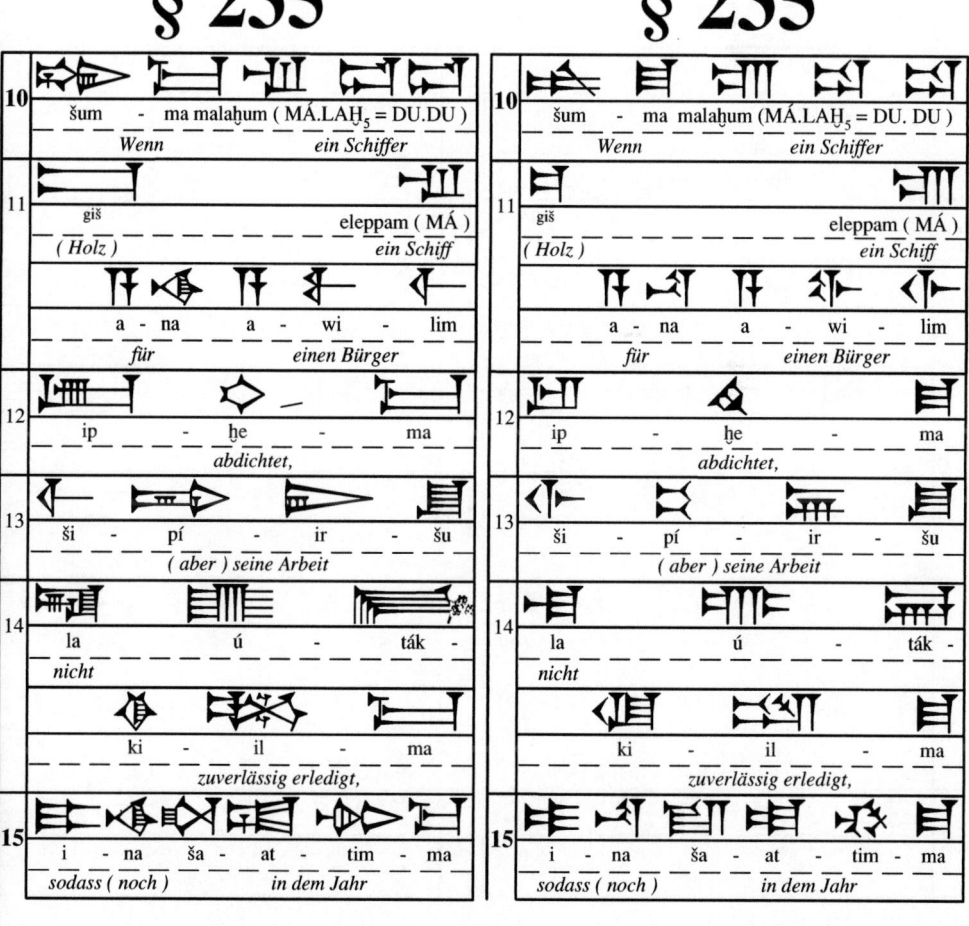

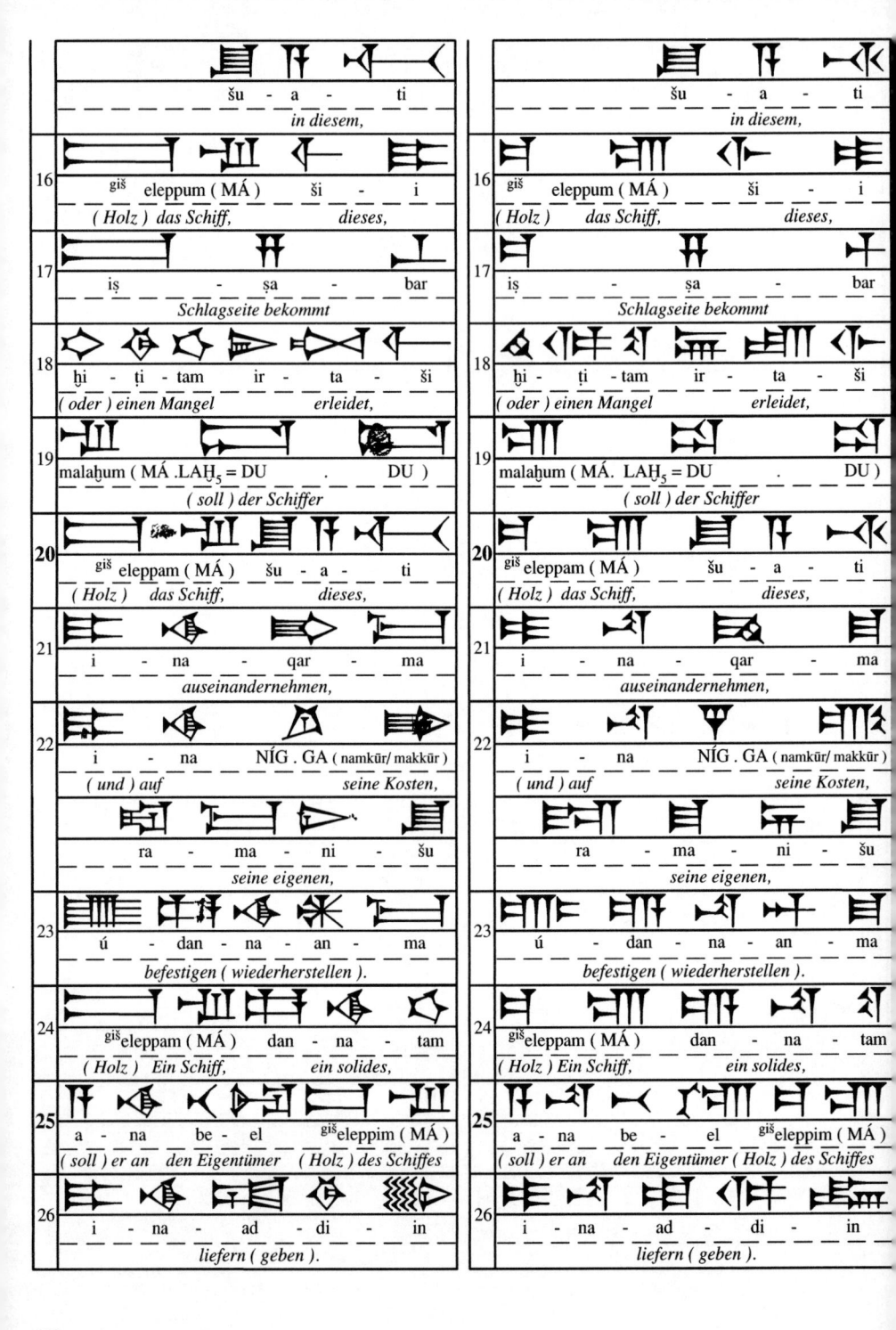

šu - a - ti	šu - a - ti
in diesem,	*in diesem,*
16 ᵍⁱˢ eleppum (MÁ) ši - i	16 ᵍⁱˢ eleppum (MÁ) ši - i
(Holz) das Schiff, dieses,	*(Holz) das Schiff, dieses,*
17 iṣ - ṣa - bar	17 iṣ - ṣa - bar
Schlagseite bekommt	*Schlagseite bekommt*
18 ḫi - ṭi - tam ir - ta - ši	18 ḫi - ṭi - tam ir - ta - ši
(oder) einen Mangel erleidet,	*(oder) einen Mangel erleidet,*
19 malaḫum (MÁ.LAH$_5$ = DU . DU)	19 malaḫum (MÁ.LAH$_5$ = DU . DU)
(soll) der Schiffer	*(soll) der Schiffer*
20 ᵍⁱˢ eleppam (MÁ) šu - a - ti	20 ᵍⁱˢ eleppam (MÁ) šu - a - ti
(Holz) das Schiff, dieses,	*(Holz) das Schiff, dieses,*
21 i - na - qar - ma	21 i - na - qar - ma
auseinandernehmen,	*auseinandernehmen,*
22 i - na NÍG.GA (namkūr/ makkūr)	22 i - na NÍG.GA (namkūr/ makkūr)
(und) auf seine Kosten,	*(und) auf seine Kosten,*
ra - ma - ni - šu	ra - ma - ni - šu
seine eigenen,	*seine eigenen,*
23 ú - dan - na - an - ma	23 ú - dan - na - an - ma
befestigen (wiederherstellen).	*befestigen (wiederherstellen).*
24 ᵍⁱˢeleppam (MÁ) dan - na - tam	24 ᵍⁱˢeleppam (MÁ) dan - na - tam
(Holz) Ein Schiff, ein solides,	*(Holz) Ein Schiff, ein solides,*
25 a - na be - el ᵍⁱˢeleppim (MÁ)	25 a - na be - el ᵍⁱˢeleppim (MÁ)
(soll) er an den Eigentümer (Holz) des Schiffes	*(soll) er an den Eigentümer (Holz) des Schiffes*
26 i - na - ad - di - in	26 i - na - ad - di - in
liefern (geben).	*liefern (geben).*

§ 220) 89) Wenn er seine "Schläfe" 90) mit einem "Operationsmesser" 91) öffnet 92) und sein Auge zerstört, 93) so soll er Geld in der Höhe der Hälfte 94) seines Kaufpreises zahlen.

§ 221) 95) Wenn ein Arzt **XLII** 1) einen gebrochenen **XLI** 96) Knochen eines Bürgers **XLII** 2) heilt 3) oder 4) eine kranke 3) Sehne 5) gesund macht, 6) so soll der Patient 7) dem Arzt 8) fünf Scheqel Silber 9) geben.

§ 222) 10) Wenn es sich um einen Palasthörigen (wörtlich: Sohn eines Palasthörigen) handelt 11) so soll er drei Scheqel Silber 12) geben.

§ 223) 13) Wenn es sich um einen Sklaven eines Bürgers handelt, 14) so soll der Eigentümer des Sklaven 15) dem Arzt 16) zwei Scheqel Silber 17) geben.

§ 224) 18) Wenn ein Rinder- 19) oder ein Eselarzt 20) einem Rind oder einem Esel 21) eine "schwere Wunde" 22) beibringt 23) und es/ ihn heilt, 24) so soll der Eigentümer des Rindes oder des Esels 25) ein sechstel (Scheqel) Silber 26) dem Arzt 27) als seinen Lohn 28) geben.

§ 225) 29) Wenn er einem Rind oder einem Esel 30) eine schwere "Wunde" 31) beibringt 32) und seinen Tod herbeiführt, 33) so soll er ein Viertel (ein Fünftel?) seines Kaufpreises 34) dem Eigentümer des Rindes oder des Esels 35) geben.

§ 226) 36) Wenn ein Barbier 37) ohne Erlaubnis des Eigentümers des Sklaven 39) einem ihm nicht gehörigen Sklaven 38) das Sklavenmal 40) abschert, 41) so soll man diesem Barbier eine Hand 42) abschneiden.

§ 227) 43) Wenn ein Bürger 44) einen Barbier nötigt (täuscht) und dieser 46) einem ihm nicht gehörigen Sklaven 45) das Sklavenmal 47) abschert, 48) so soll man diesen Bürger 49) töten 50) und ihn in seinem Tore 51) "aufhängen" (verscharren); 52) der Barbier 54) soll schwören: 52) "Ich habe ihn unwissentlich 53) geschoren", 55) und frei ausgehen.

§ 228) 56) Wenn ein Baumeister 57) einem Bürger ein Haus 58) baut 59) und es ihm vollendet, 60) so soll dieser ihm pro sechsunddreißig Quadratmeter Hausfläche 61) zwei Scheqel Silber 62) als sein Honorar 63) geben.

§ 229) 64) Wenn ein Baumeister 65) einem Bürger 66) ein Haus baut, 67) aber seine Arbeit 68) nicht auf solide Weise ausführt, 69) sodass das Haus, das er gebaut hat, 70) einstürzt 71) und er/ s den Tod des Eigentümers des Hauses herbeiführt, 72) so wird dieser Baumeister getötet.

§ 230) 73) Wenn er/ s den Tod eines Sohnes des Eigentümers des Hauses 74) herbeiführt, 75) so soll man einen Sohn dieses Baumeisters 76) töten.

§ 231) 77) Wenn er/ s den Tod eines Sklaven des Eigentümers des Hauses 78) herbeiführt, 80) so soll er dem Eigentümer des Hauses 79) Sklaven um Sklaven 81) geben.

§ 232) 82) Wenn er/ s Besitz 83) vernichtet, 84) so soll er alles, was 85) er/ s vernichtet hat, 86) ersetzen, 87) und weil er das Haus, das er gebaut hat, 88) nicht auf solide Weise hergestellt hat, 89) sodass es einfiel, 90) soll er auf 91) eigene 90) Kosten 92) das eingefallene Haus aufbauen.

§ 233) 93) Wenn ein Baumeister 94) für einen Bürger 93) ein Haus 94) baut, 95) aber seine Arbeit 96) nicht planmäßig ausführt, 97) sodass eine Wand baufällig wird bzw. einfällt, 98) so soll dieser Baumeister **XLIII** 1) aus eigenen Mitteln 2) diese Wand 3) befestigen.

§ 234) 4) Wenn ein Schiffer 5) ein Schiff von sechzig Kor 6) für einen Bürger abdichtet, 7) so soll dieser ihm zwei Scheqel Silber 8) als seine Vergütung 9) geben.

§ 235) 10) Wenn ein Schiffer 11) ein Schiff für einen Bürger abdichtet, 13) aber seine Arbeit 14) nicht zuverlässig erledigt, 15) sodass noch im selben Jahre 16) dieses Schiff 17) Schlagseite bekommt 18) oder Havarie erleidet, 19) so soll der Schiffer 20) dieses Schiff 21) auseinander nehmen, 22) es auf eigene Kosten 23) befestigen 25) und dem Eigentümer des Schiffes 24) ein solides Schiff 26) liefern.

§ 236

27	šum - ma a - wi - lum	*Wenn ein Bürger*
28	giš eleppa (MÁ) - šu	*(Holz) sein Schiff*
29	a - na malaḫim (MÁ . LAḪ₅ = DU. DU)	*an einen Schiffer*
30	a - na ig - ri - im	*zur Leihe*
31	id - di - in - ma	*gibt,*
32	malaḫum (MÁ . LAḪ₅ = DU . DU)	*der Schiffer*
	i - gi - ma	*durch Nachlässigkeit*
33	gišeleppam (MÁ) uṭ - ṭe₄ - bi	*(Holz) das Schiff versenkt,*
34	ù lu úḫ - ta -	*und/ oder*
	al - li - iq	*zugrunde richtet,*
35	malaḫum (MÁ . LAḪ₅ = DU.DU) gišeleppam (MÁ)	*(soll) der Schiffer (Holz) das Schiff*
36	a - na be - el gišeleppim (MÁ)	*dem Eigentümer (Holz) des Schiffes*

§ 236

27	šum - ma a - wi - lum	*Wenn ein Bürger*
28	giš eleppa (MÁ) - šu	*(Holz) sein Schiff*
29	a - na malaḫim (MÁ .LAḪ₅ = DU . DU)	*an einen Schiffer*
30	a - na ig - ri - im	*zur Leihe*
31	id - di - in - ma	*gibt,*
32	malaḫum (MÁ . LAḪ₅ = DU . DU)	*der Schiffer*
	i - gi - ma	*durch Nachlässigkeit*
33	gišeleppam (MÁ) uṭ - ṭe₄ - bi	*(Holz) das Schiff versenkt,*
34	ù lu úḫ - ta -	*und/ oder*
	al - li - iq	*zugrunde richtet,*
35	malaḫum (MÁ . LAḪ₅ = DU.DU) gišeleppam (MÁ)	*(soll) der Schiffer (Holz) das Schiff*
36	a - na be - el gišeleppim (MÁ)	*dem Eigentümer (Holz) des Schiffes*

37	i - ri - a - ab
	ersetzen.

§ 237

38	šum - ma a - wi - lum
	Wenn ein Bürger
39	malaḫam (MÁ. LAḪ$_5$ = DU . DU)
	einen Schiffer
	ù ^{giš} eleppam (MÁ)
	und (Holz) ein Schiff
40	i - gur - ma
	mietet,
41	še᾽am (ŠE) šīpātim (SÍG) šamnam (Ì.GIŠ) suluppī (ZÚ.LUM)
	(mit) Getreide, Wolle, Öl, Datteln
42	ù mi - im - ma
	und sonstigem, was
	šum - šu
	er hat,
43	ša ṣe - nim
	(mit) Fracht
44	i - ṣe - en - ši
	belädt,
45	malaḫum (MÁ .LAḪ$_5$ = DU.DU) šu - ú
	der Schiffer, dieser,
46	i - gi - ma
	durch Nachlässigkeit

37	i - ri - a - ab
	ersetzen.

§ 237

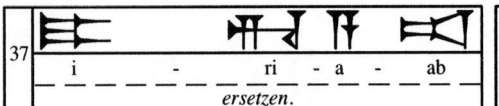

38	šum - ma a - wi - lum
	Wenn ein Bürger
39	malaḫam (MÁ . LAḪ$_5$ = DU . DU)
	einen Schiffer
	ù ^{giš} eleppam (MÁ)
	und (Holz) ein Schiff
40	i - gur - ma
	mietet,
41	še᾽am (ŠE) šīpātim (SÍG) šamnam (Ì.GIŠ) suluppī (ZÚ.LUM)
	(mit) Getreide, Wolle, Öl, Datteln
42	ù mi - im - ma
	und sonstigem, was
	šum - šu
	er hat,
43	ša ṣe - nim
	(mit) Fracht
44	i - ṣe - en - ši
	belädt,
45	malaḫum (MÁ .LAḪ$_5$ = DU.DU) šu - ú
	der Schiffer, dieser,
46	i - gi - ma
	durch Nachlässigkeit

47	^{giš}eleppam (MÁ) uṭ - ṭe$_4$ - eb - bi
	(Holz) das Schiff versenkt,
48	ù ša li - ib -
	und
	bi - ša
	seinen Inhalt (sein Innerstes)
49	úḫ - ta - al - li - iq
	zugrunde richtet,
50	malaḫum (MÁ . LAḪ$_5$ = DU . DU)
	soll der Schiffer
51	^{giš}eleppam (MÁ) ša ú - ṭe$_4$ -
	(Holz) das Schiff, das
	eb - bu - ú
	er versenkt hat,
52	ù mi - im - ma
	und alles, was
53	ša i - na li - ib - bi - ša
	er darin (in seinem Inneren)
54	ú - ḫal - li - qú
	zugrunde gerichtet hat,
55	i - ri - a - ab
	ersetzen.

47	^{giš}eleppam (MÁ) uṭ - ṭe$_4$ - eb - bi
	(Holz) das Schiff versenkt,
48	ù ša li - ib -
	und
	bi - ša
	seinen Inhalt (sein Innerstes)
49	úḫ - ta - al - li - iq
	zugrunde richtet,
50	malaḫum (MÁ . LAḪ$_5$ = DU . DU)
	soll der Schiffer
51	^{giš}eleppam (MÁ) ša ú - ṭe$_4$ -
	(Holz) das Schiff, das
	eb - bu - ú
	er versenkt hat,
52	ù mi - im - ma
	und alles, was
53	ša i - na li - ib - bi - ša
	er darin (in seinem Inneren)
54	ú - ḫal - li - qú
	zugrunde gerichtet hat,
55	i - ri - a - ab
	ersetzen.

§ 238

56	šum - ma malaḫum (MÁ.LAḪ$_5$ = DU.DU)
	Wenn ein Schiffer,

§ 238

56	šum - ma malaḫum (MÁ . LAḪ$_5$ = DU . DU)
	Wenn ein Schiffer,

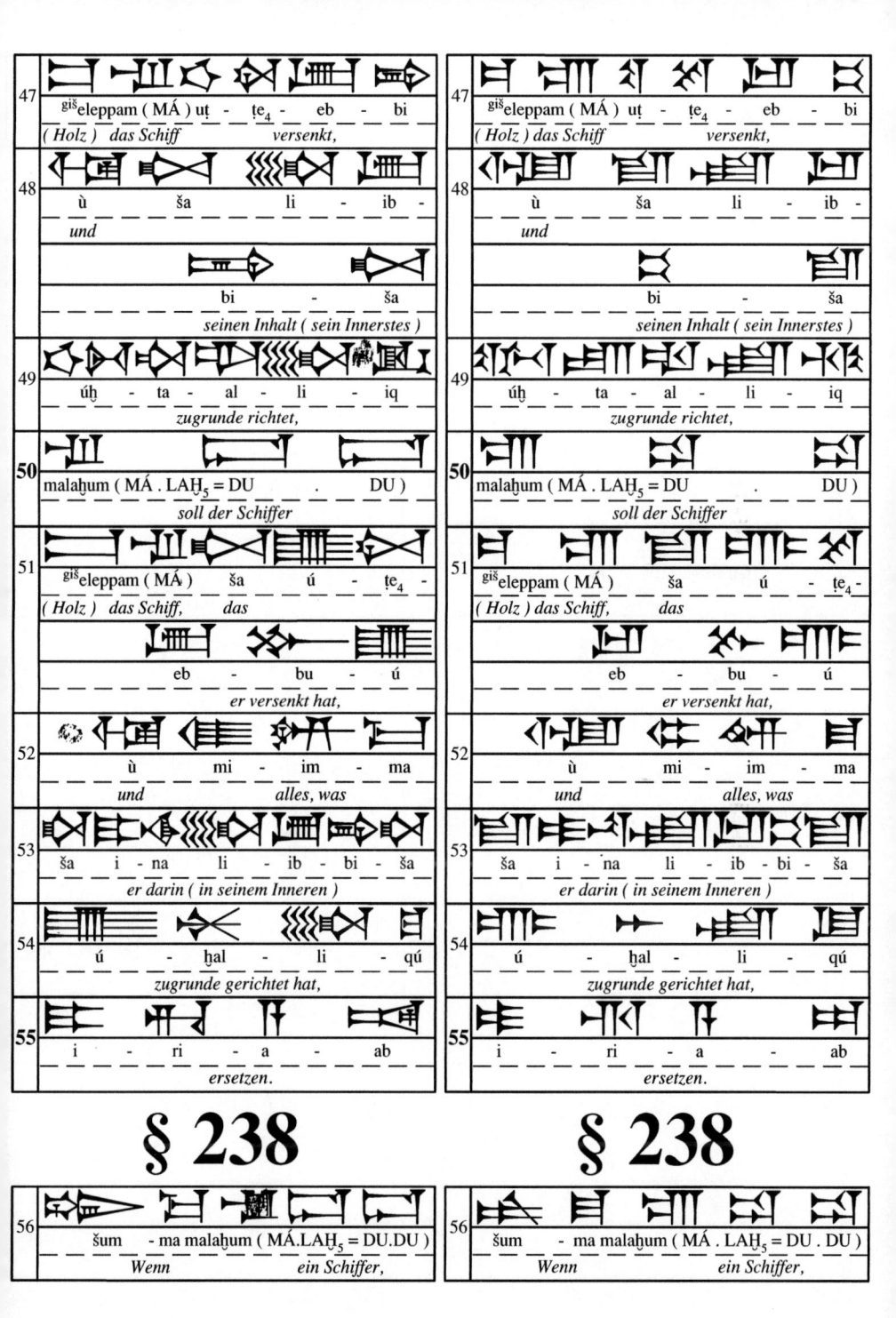

57	giš elep (MÁ) a - wi - lim	(Holz) das Schiff eines Bürgers
58	ú - ṭe$_4$ - eb - bi - ma	versenkt,
59	uš - te - li - a - aš - ši	es (dann aber) hebt,
60	kaspam (KÙ.BABBAR) mi - ši - il	(soll er) Geld in der Höhe der Hälfte
	šīmī (ŠÁM) - ša	seines Kaufpreises
61	i - na - ad - di - in	geben.

57	giš elep (MÁ) a - wi - lim	(Holz) das Schiff eines Bürgers
58	ú - ṭe$_4$ - eb - bi - ma	versenkt,
59	uš - te - li - a - aš - ši	es (dann aber) hebt,
60	kaspam (KÙ.BABBAR) mi - ši - il	(soll er) Geld in der Höhe der Hälfte
	šīmī (ŠÁM) - ša	seines Kaufpreises
61	i - na - ad - di - in	geben.

§ 239

§ 239

62	šum - ma a - wi - lum	Wenn ein Bürger
63	RASUR malaḫam (MÁ .LAḪ$_5$ = DU.DU) i - gur	einen Schiffer mietet,
64	6 ŠE . GUR	(soll er) sechs Getreide Kor
65	i - na ša - na - at	pro Jahr
66	i - na - ad - di -	
	iš - šum	geben.

62	šum - ma a - wi - lum	Wenn ein Bürger
63	malaḫam (MÁ . LAḪ$_5$ = DU.DU) i - gur	einen Schiffer mietet,
64	6 ŠE . GUR	(soll er) sechs Getreide Kor
65	i - na ša - na - at	pro Jahr
66	i - na - ad - di -	
	iš - šum	geben.

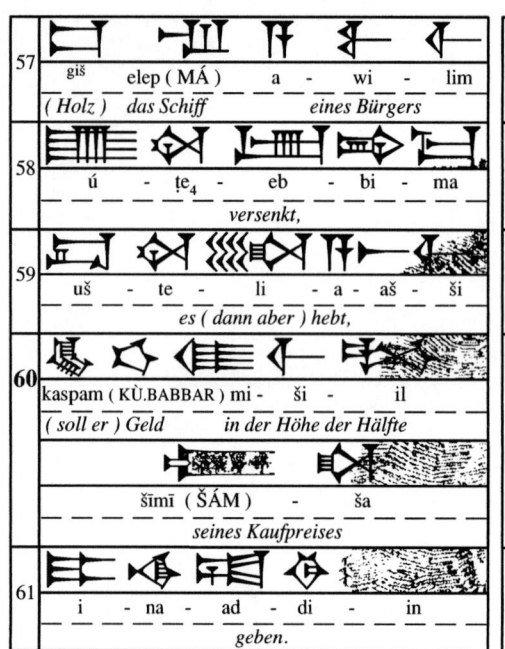

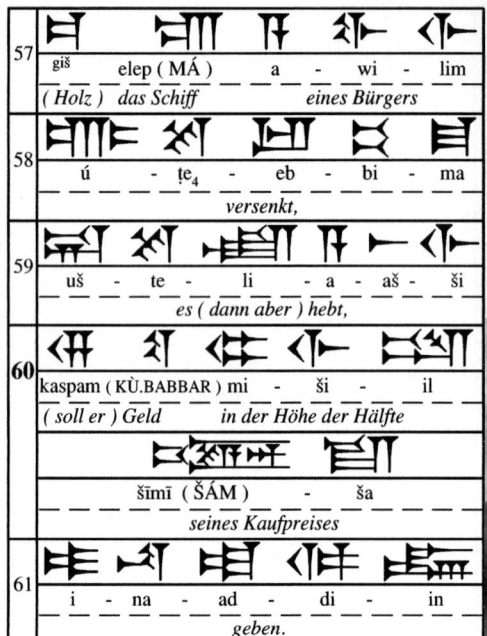

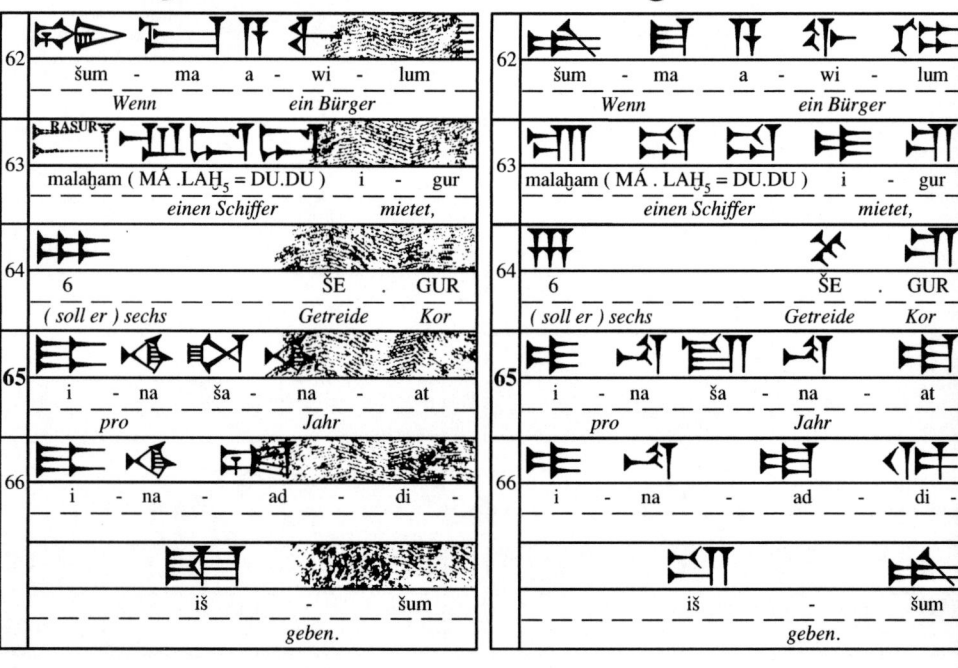

§ 240

67	šum - ma ^{giš} elep (MÁ)	*Wenn (Holz) das Schiff*
68	ša ma - ḫi - ir - tim	*eines Ruderschiffkapitäns*
69	^{giš}elep (MÁ) ša mu - uq -	*(Holz) das Schiff*
	qé - el - pí - tim	*eines Segelschiffkapitäns*
70	im - ḫa - aṣ - ma	*rammt*
71	uṭ - ṭe$_4$ - eb - bi	*(und) versenkt,*
72	be - el ^{giš}eleppim (MÁ) ša ^{giš}eleppa (MÁ) - šu	*(soll) der Eigentümer (Holz) seines (Holz) Schiffes*
	ṭe$_4$ - bi - a - at	*des versenkten,*
73	mi - im - ma ša i - na	*alles, was in*
	^{giš}eleppī (MÁ) - šu ḫal - qú	*(Holz) seinem Schiff verlorengegangen (ist),*
74	i - na ma - ḫar i - lim	*im Angesicht eines/ des Gottes*
75	ú - ba - ar - ma	*angeben,*

§ 240

67	šum - ma ^{giš} elep (MÁ)	*Wenn (Holz) das Schiff*
68	ša ma - ḫi - ir - tim	*eines Ruderschiffkapitäns*
69	^{giš} elep (MÁ) ša mu - uq -	*(Holz) das Schiff*
	qé - el - pí - tim	*eines Segelschiffkapitäns*
70	im - ḫa - aṣ - ma	*rammt*
71	uṭ - ṭe$_4$ - eb - bi	*(und) versenkt,*
72	be - el ^{giš}eleppim (MÁ) ša ^{giš}eleppa (MÁ) - šu	*(soll) der Eigentümer (Holz) seines (Holz) Schiffes*
	ṭe$_4$ - bi - a - at	*des versenkten,*
73	mi - im - ma ša i - na	*alles, was in*
	^{giš}eleppī (MÁ) - šu ḫal - qú	*(Holz) seinem Schiff verlorengegangen (ist),*
74	i - na ma - ḫar i - lim	*im Angesicht eines/ des Gottes*
75	ú - ba - ar - ma	*angeben,*

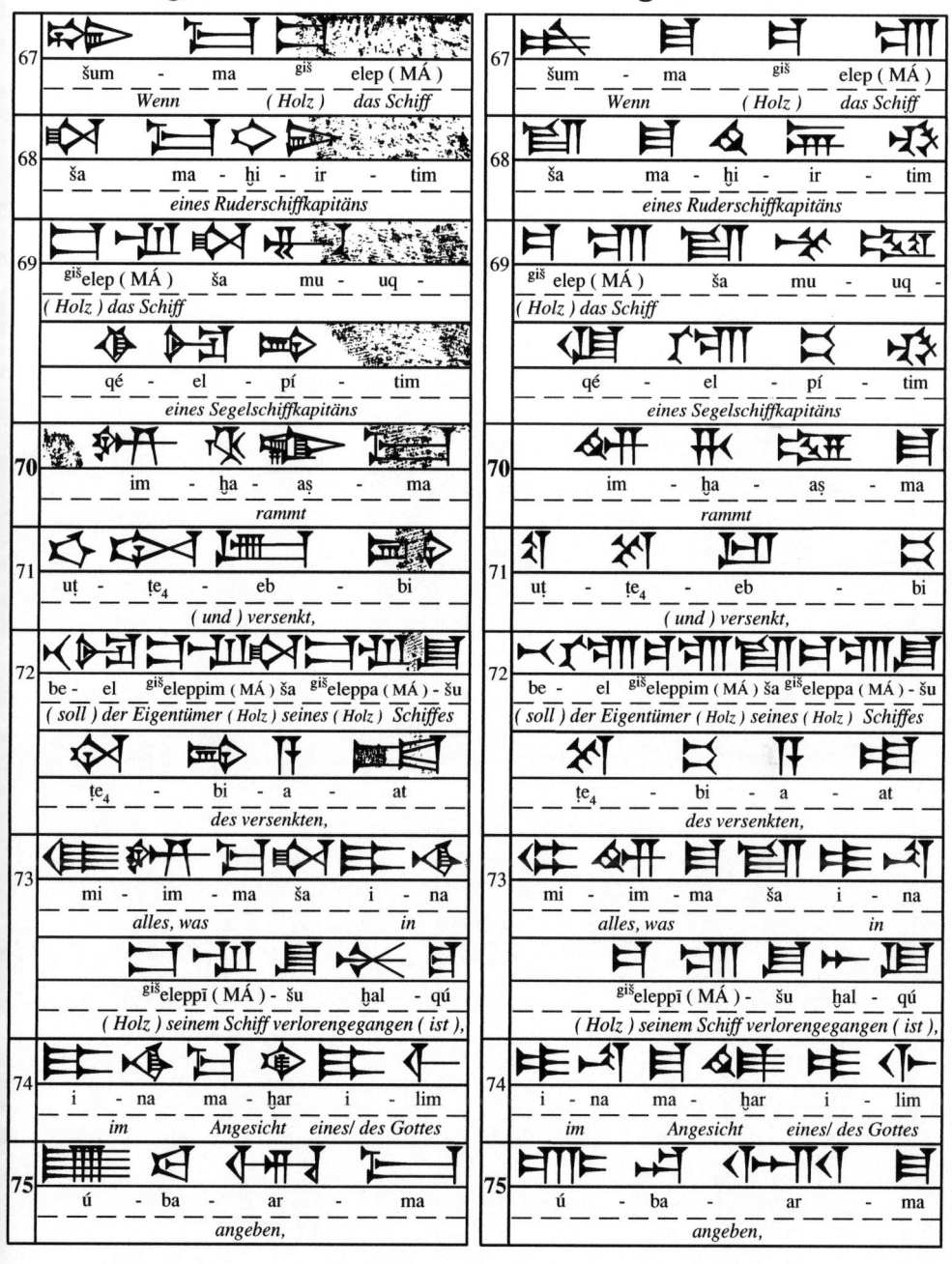

76	ša ma - ḫi - ir - tim	(und) der Ruderschiffkapitän
77	ša gišelep (MÁ) ša mu - uq -	der (Holz) das Schiff des
	qé - el - pí - tim	Segelschiffkapitäns
78	ú - ṭe₄ - eb - bu - ú	versenkt hat,
79	gišeleppa (MÁ) - šu ù mi - im -	(Holz) ihm sein Schiff und
	ma - šu ḫal - qá - am	alles, was ihm verlorenging,
80	i - ri - a - ab - šum	ersetzen.

§ 241

81	šum - ma a - wi - lum	Wenn ein Bürger
82	alpam (GU₄) a - na ni - pu - tim	ein Rind als Pfand
83	it - te - pé	nimmt,
84	1/3 MA . NA kaspam (KÙ.BABBAR) i - ša - qal	(soll) er ein Drittel Mine Silber zahlen.

§ 242

76	ša ma - ḫi - ir - tim	(und) der Ruderschiffkapitän
77	ša gišelep (MÁ) ša mu - uq -	der (Holz) das Schiff des
	qé - el - pí - tim	Segelschiffkapitäns
78	ú - ṭe₄ - eb - bu - ú	versenkt hat,
79	gišeleppa (MÁ) - šu ù mi - im -	(Holz) ihm sein Schiff und
	ma - šu ḫal - qá - am	alles, was ihm verlorenging,
80	i - ri - a - ab - šum	ersetzen.

§ 241

81	šum - ma a - wi - lum	Wenn ein Bürger
82	alpam (GU₄) a - na ni - pu - tim	ein Rind als Pfand
83	it - te - pé	nimmt,
84	1/3 MA . NA kaspam (KÙ.BABBAR) i - ša - qal	(soll) er ein Drittel Mine Silber zahlen.

§ 242

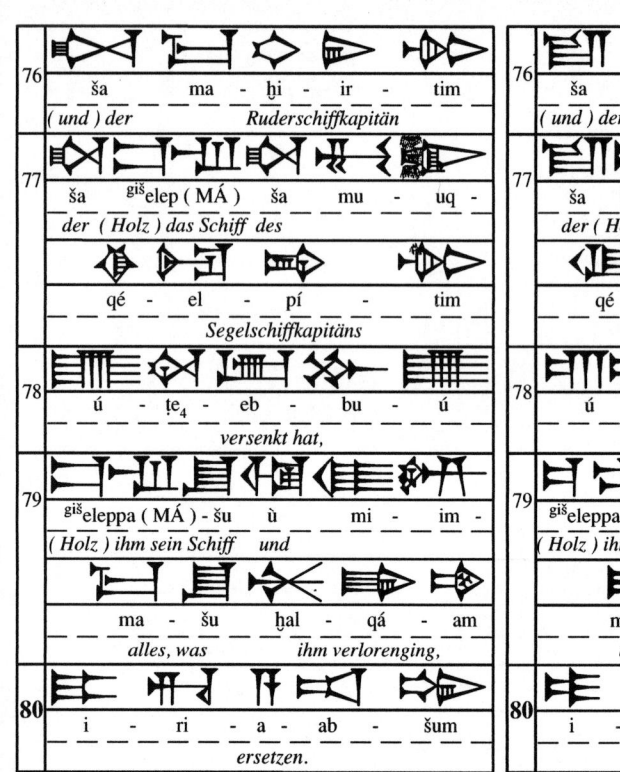

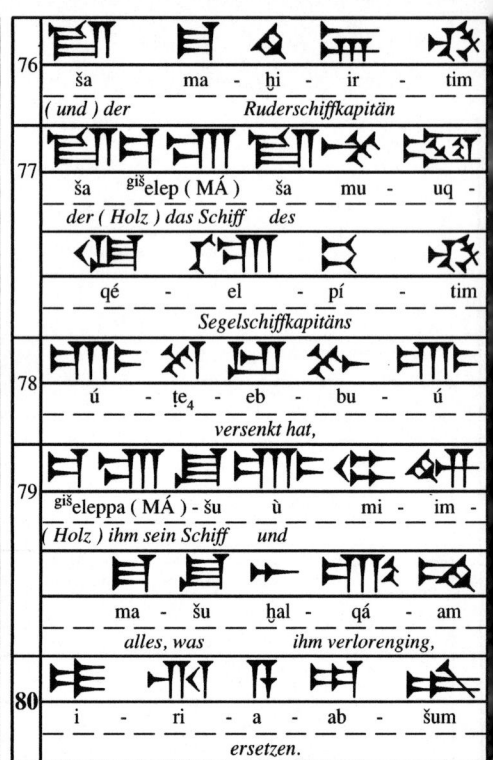

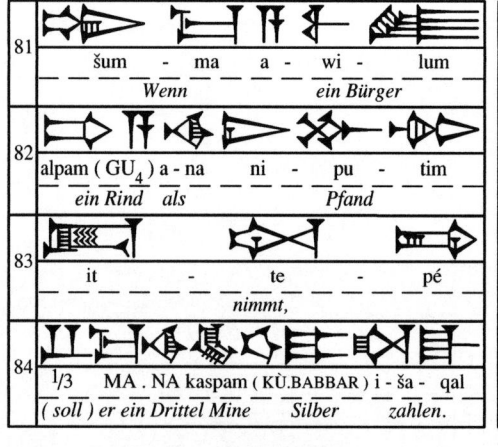

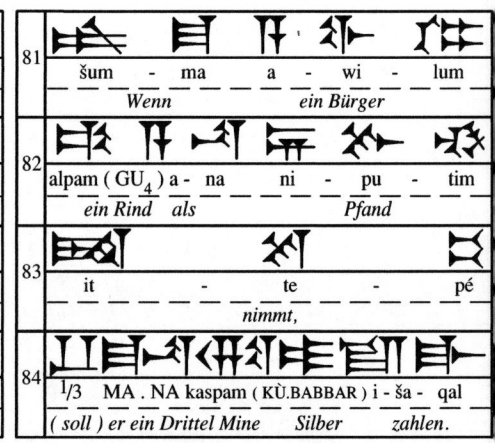

85	šum - ma a - wi - lum	Wenn ein Bürger
86	(alpam (GU$_4$) fehlt!) a - na MU . 1 i - gur	< ein Rind > für ein Jahr mietet,
87	idī (Á) GU$_4$.Á.ÙR.RA (alpim warkîm o. alpim ša warka?)	(soll er als) Miete (für) ein hinteres Rind (beim Pflügen),
88	4 ŠE . GUR	vier Getreide Kor,

"§ 243"

89	idī (Á) GU$_4$.ÁB.MÚRU.SAG (alpim qablîm o. alpim ša qabla?)	(und als) Miete (für) ein mittleres oder vorderes Rind
90	3 ŠE . GUR a - na be - lí - šu	drei Getreide Kor an den Eigentümer
91	i - na - ad - di - in	geben.

XLIV

§ 244

1	šum - ma a - wi - lum	Wenn ein Bürger
2	alpam (GU$_4$) imēram (ANŠE) i - gur - ma	ein Rind (oder) einen Esel mietet,
3	i - na ṣe - ri - im	auf dem Felde

85	šum - ma a - wi - lum	Wenn ein Bürger
86	(alpam (GU$_4$) fehlt!) a - na MU . 1 i - gur	< ein Rind > für ein Jahr mietet,
87	idī (Á) GU$_4$.Á.ÙR.RA (alpim warkîm o. alpim ša warka?)	(soll er als) Miete (für) ein hinteres Rind (beim Pflügen),
88	4 ŠE . GUR	vier Getreide Kor,

"§ 243"

89	idī (Á) GU$_4$.ÁB.MÚRU.SAG (alpim qablîm o. alpim ša qabla?)	(und als) Miete (für) ein mittleres oder vorderes Rind
90	3 ŠE . GUR a - na be - lí - šu	drei Getreide Kor an den Eigentümer
91	i - na - ad - di - in	geben.

XLIV

§ 244

1	šum - ma a - wi - lum	Wenn ein Bürger
2	alpam (GU$_4$) imēram (ANŠE) i - gur - ma	ein Rind (oder) einen Esel mietet,
3	i - na ṣe - ri - im	auf dem Felde

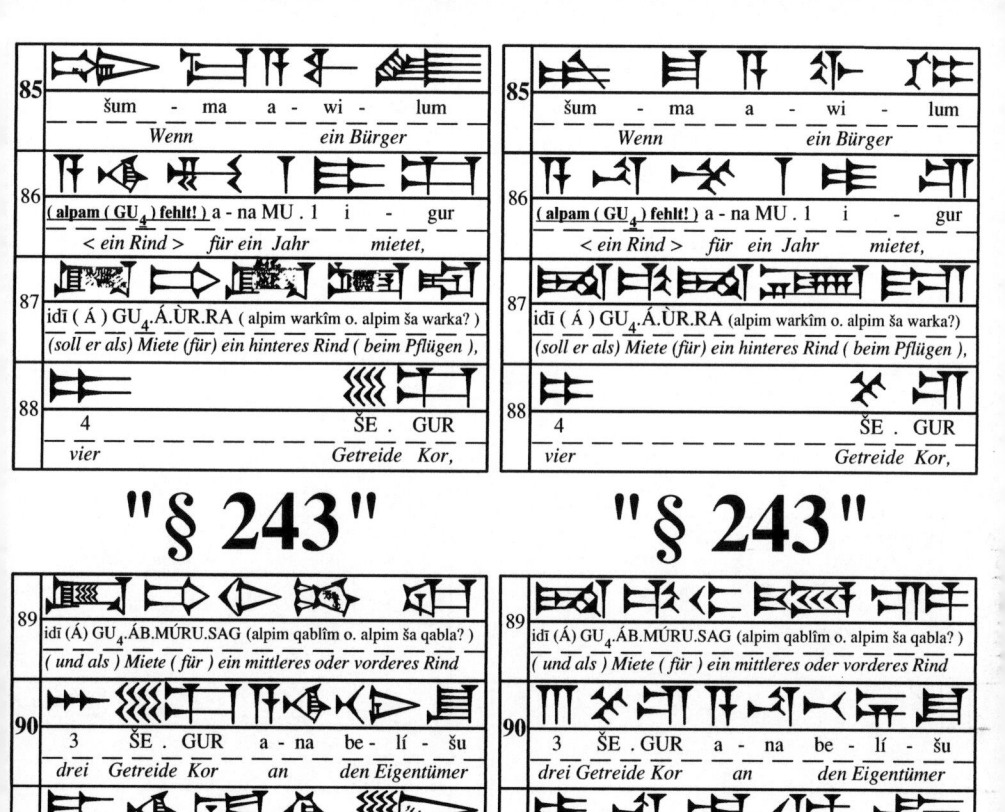

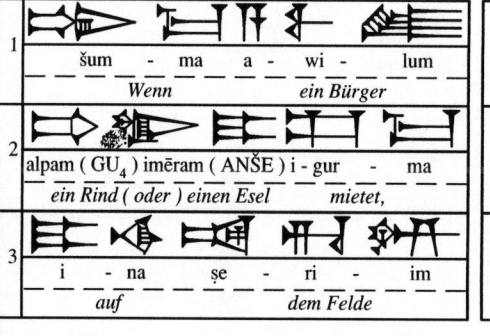

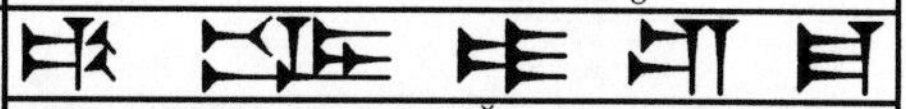

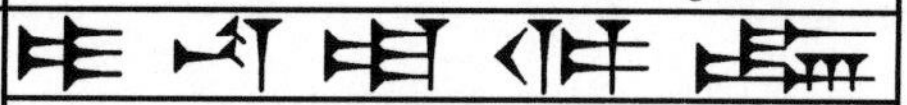

4 nēšum (UR.MAḪ) id - du - uk - šu
ein Löwe es/ ihn tötet,

5 a - na be - lí - šu - ma
ist dies die Angelegenheit des Eigentümers.

§ 245

6 šum - ma a - wi - lum
Wenn ein Bürger

7 alpam (GU_4) i - gur - ma
ein Rind mietet,

8 i - na me - gu - tim
durch Nachlässigkeit

9 ù lu i - na ma - ḫa - ṣí - im
und/ oder durch Schlagen

10 uš - ta - mi - it
seinen Tod (herbeiführt),

11 alpam (GU_4) ki - ma alpim (GU_4)
(soll) er Rind um Rind

12 a - na be - el alpim (GU_4)
an den Eigentümer des Rindes

13 i - ri - a - ab
ersetzen.

§ 246

4 nēšum (UR.MAḪ) id - du - uk - šu
ein Löwe es/ ihn tötet,

5 a - na be - lí - šu - ma
ist dies die Angelegenheit des Eigentümers.

§ 245

6 šum - ma a - wi - lum
Wenn ein Bürger

7 alpam (GU_4) i - gur - ma
ein Rind mietet,

8 i - na me - gu - tim
durch Nachlässigkeit

9 ù lu i - na ma - ḫa - ṣí - im
und/ oder durch Schlagen

10 uš - ta - mi - it
seinen Tod (herbeiführt),

11 alpam (GU_4) ki - ma alpim (GU_4)
(soll) er Rind um Rind

12 a - na be - el alpim (GU_4)
an den Eigentümer des Rindes

13 i - ri - a - ab
ersetzen.

§ 246

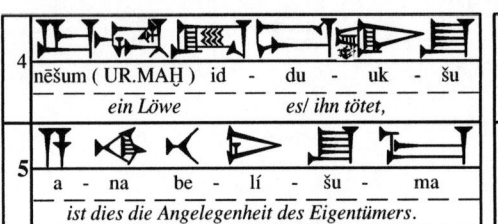

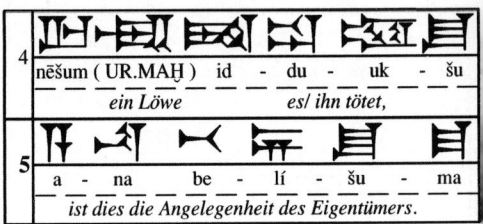

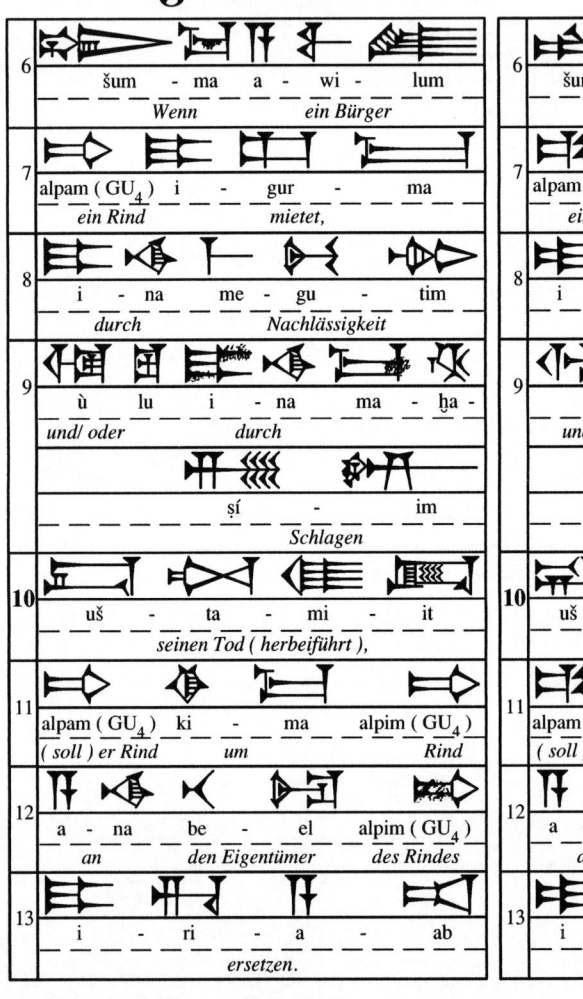

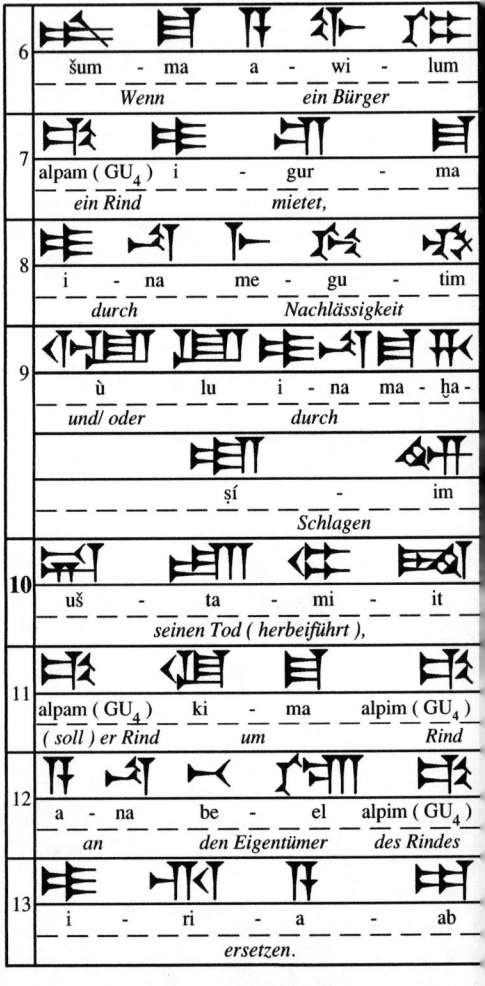

14	šum - ma a - wi - lum	*Wenn ein Bürger*
15	alpam (GU_4) i - gur - ma	*ein Rind mietet,*
16	šēp (GÌR) - šu iš - te - bi - ir	*ihm einen Fuss bricht,*
17	ù lu la - bi - a - an - šu	*und/ oder die Nackensehne (oder die Hüfte?)*
18	it - ta - ki - is	*durchschneidet (abreisst),*
19	alpam (GU_4) ki - ma alpim (GU_4)	*(soll) er Rind um Rind*
20	a - na be - el alpim (GU_4)	*an den Eigentümer des Rindes*
21	i - ri - a - ab	*ersetzen.*

14	šum - ma a - wi - lum	*Wenn ein Bürger*
15	alpam (GU_4) i - gur - ma	*ein Rind mietet,*
16	šēp (GÌR) - šu iš - te - bi - ir	*ihm einen Fuss bricht,*
17	ù lu la - bi - a - an - šu	*und/ oder die Nackensehne (oder die Hüfte?)*
18	it - ta - ki - is	*durchschneidet (abreisst),*
19	alpam (GU_4) ki - ma alpim (GU_4)	*(soll) er Rind um Rind*
20	a - na be - el alpim (GU_4)	*an den Eigentümer des Rindes*
21	i - ri - a - ab	*ersetzen.*

§ 247

§ 247

22	šum - ma a - wi - lum	*Wenn ein Bürger*
23	alpam (GU_4) i - gur - ma	*ein Rind mietet,*
24	īn (IGI) - šu úḫ - tap **(pí fehlt!)** - id	*ihm ein Auge zerstört,*
25	kaspam (KÙ.BABBAR) mi - ši - il šīmī (ŠÁM) - šu	*(soll er) Geld in (der Höhe) der Hälfte seines Kaufpreises*

22	šum - ma a - wi - lum	*Wenn ein Bürger*
23	alpam (GU_4) i - gur - ma	*ein Rind mietet,*
24	īn (IGI) - šu úḫ - tap **(pí fehlt!)** - id	*ihm ein Auge zerstört,*
25	kaspam (KÙ.BABBAR) mi - ši - il šīmī (ŠÁM) - šu	*(soll er) Geld in (der Höhe) der Hälfte seines Kaufpreises*

26	a - na be - el alpim (GU_4)	*an den Eigentümer des Rindes*
27	i - na - ad - di - in	*geben.*

§ 248

28	šum - ma a - wi - lum	*Wenn ein Bürger*
29	alpam (GU_4) i - gur - ma	*ein Rind mietet,*
30	RASUR RASUR qaran (SI) - šu iš - bi - ir	*ihm (s)ein Horn bricht,*
31	zibbas (KUN) - sú it - ta - ki - is	*seinen Schwanz abschneidet,*
32	ù lu uzu šašalla (SA . SAL) - šu	*und/ oder (Fleisch) sein Rückenfleisch*
33	it - ta - sa - AG (lies aḫ?)	*abreisst,*
34	kaspam (KÙ.BABBAR) IGI.4(?5?).GÁL šīmī (ŠÁM) - šu	*(soll) er Geld (in der Höhe) von ¼ (⅕?) des Kaufpreises*
35	i - na - ad - di - in	*geben.*

§ 249

36	šum - ma a - wi - lum	*Wenn ein Bürger*

26	a - na be - el alpim (GU_4)	*an den Eigentümer des Rindes*
27	i - na - ad - di - in	*geben.*

§ 248

28	šum - ma a - wi - lum	*Wenn ein Bürger*
29	alpam (GU_4) i - gur - ma	*ein Rind mietet,*
30	qaran (SI) - šu iš - bi - ir	*ihm (s)ein Horn bricht,*
31	zibbas (KUN) - sú it - ta - ki - is	*seinen Schwanz abschneidet,*
32	ù lu uzu šašalla (SA . SAL) - šu	*und/ oder (Fleisch) sein Rückenfleisch*
33	it - ta - sa - AG (lies aḫ?)	*abreisst,*
34	kaspam (KÙ.BABBAR) IGI.4(?5?).GÁL šīmī (ŠÁM) - šu	*(soll) er Geld (in der Höhe) von ¼ (⅕?) des Kaufpreises*
35	i - na - ad - di - in	*geben.*

§ 249

36	šum - ma a - wi - lum	*Wenn ein Bürger*

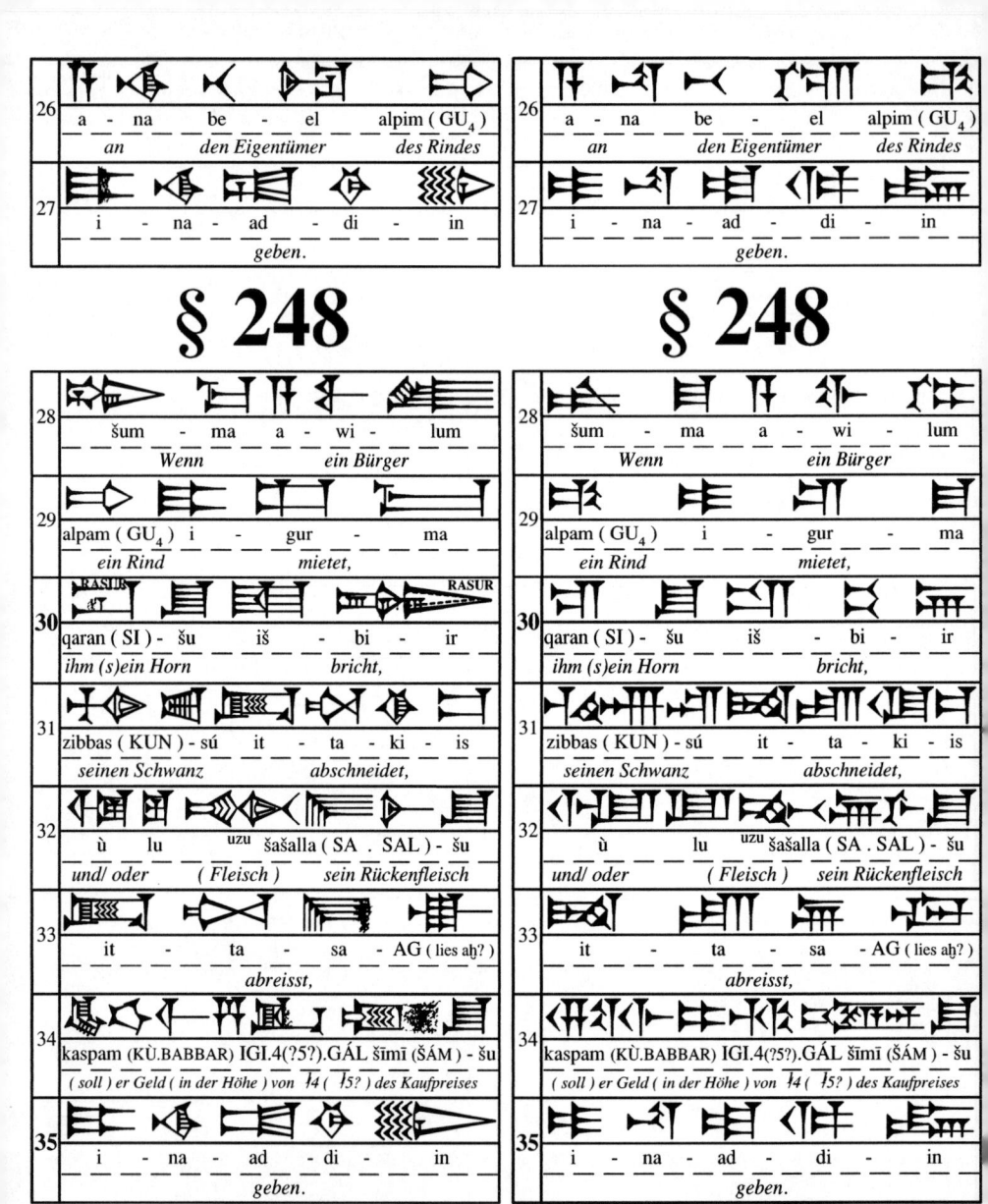

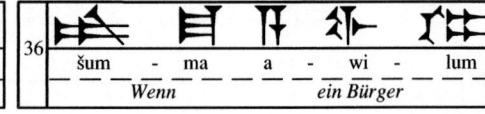

37	alpam (GU_4) i - gur - ma	*ein Rind mietet,*
38	i - lum im - ḫa - sú - ma	*(und) ein Gott schlägt es,*
39	im - tu - ut	*(sodass) es stirbt,*
40	a - wi - lum ša alpam (GU_4)	*(soll) der Bürger, der das Rind*
	i - gu - ru	*gemietet hat,*
41	ni - iš i - lim	*vor einem/ dem Gott*
42	i - za - kar - ma	*schwören*
43	ú - ta - aš - šar	*(und) frei ausgehen.*

§ 250

44	šum - ma alpum (GU_4) sú (?su?) - qá - am	*Wenn ein Rind (auf) der Strasse*
45	i - na a - la - ki - šu	*beim Laufen*
46	a - wi - lam	*einen Bürger*
47	ik - ki - ip - ma	*stösst*

37	alpam (GU_4) i - gur - ma	*ein Rind mietet,*
38	i - lum im - ḫa - sú - ma	*(und) ein Gott schlägt es,*
39	im - tu - ut	*(sodass) es stirbt,*
40	a - wi - lum ša alpam (GU_4)	*(soll) der Bürger, der das Rind*
	i - gu - ru	*gemietet hat,*
41	ni - iš i - lim	*vor einem/ dem Gott*
42	i - za - kar - ma	*schwören*
43	ú - ta - aš - šar	*(und) frei ausgehen.*

§ 250

44	šum - ma alpum (GU_4) sú (?su?) - qá - am	*Wenn ein Rind (auf) der Strasse*
45	i - na a - la - ki - šu	*beim Laufen*
46	a - wi - lam	*einen Bürger*
47	ik - ki - ip - ma	*stösst*

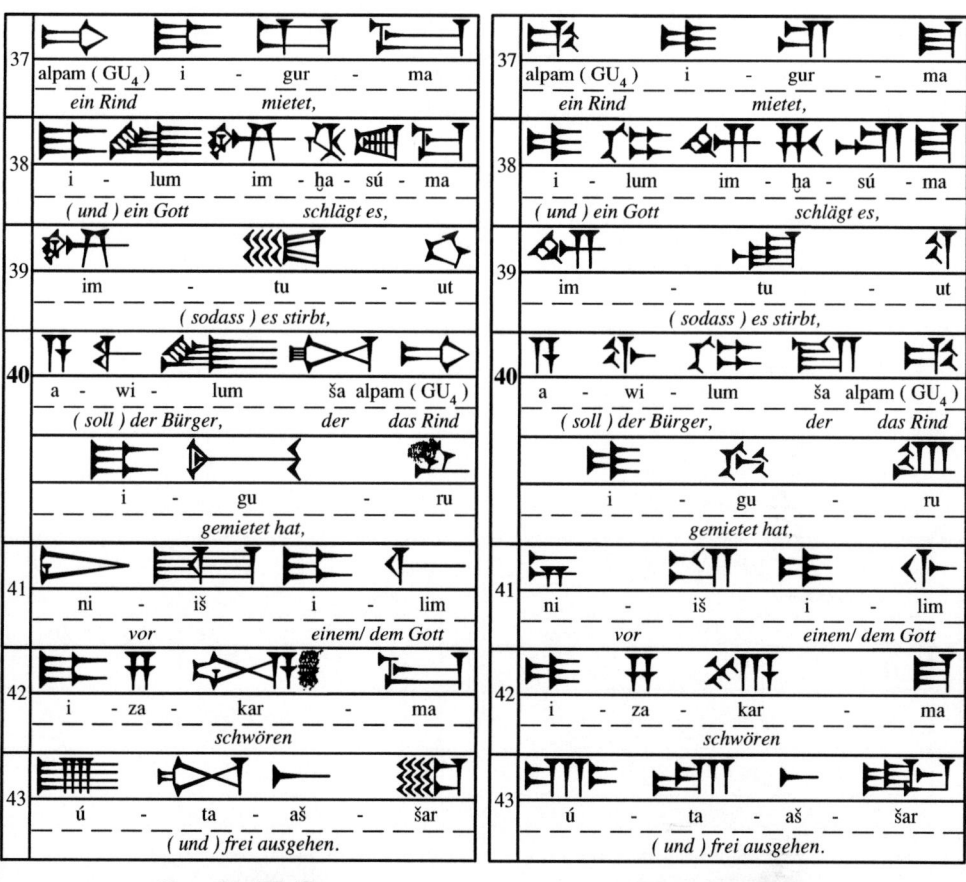

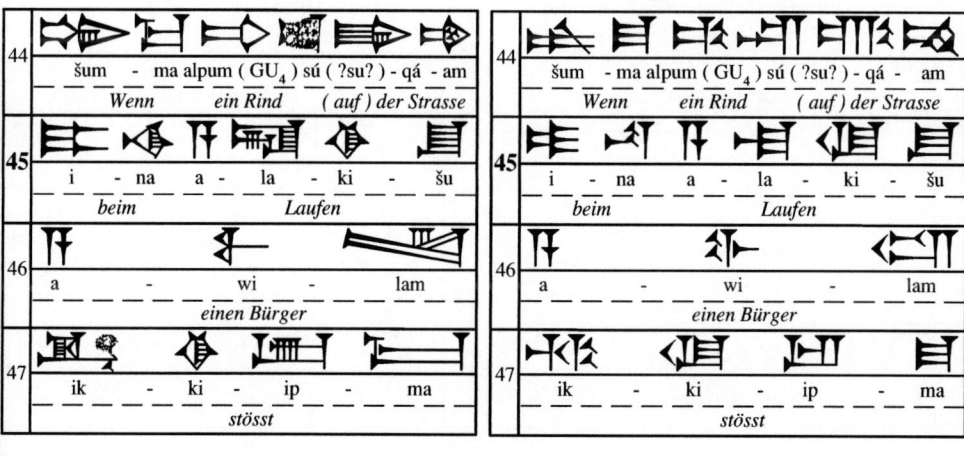

48 uš - ta - mi - it
(und) seinen Tod herbeiführt,

49 di - nu - um šu - ú
der Rechtsfall, dieser,

50 ru - gu - um - ma - am
einen Klageanspruch

51 ú - ul i - šu
nicht hat er.

§ 251

52 šum - ma alap (GU_4) a - wi - lim
Wenn ein Rind eines Bürgers

53 na - ak - ka - pí - ma
stössig ist,

54 ki - ma na - ak - ka - pu - ú
(und) er, obwohl es stössig ist,

55 ba - ab - ta - šu
(und) seine Behörde

56 ú - še - di - šum - ma
ihn (darüber) informiert (hat),

57 qar - ni - šu
seine Hörner

58 la ú - šar - ri - im
nicht stutzt,

48 uš - ta - mi - it
(und) seinen Tod herbeiführt,

49 di - nu - um šu - ú
der Rechtsfall, dieser,

50 ru - gu - um - ma - am
einen Klageanspruch

51 ú - ul i - šu
nicht hat er.

§ 251

52 šum - ma alap (GU_4) a - wi - lim
Wenn ein Rind eines Bürgers

53 na - ak - ka - pí - ma
stössig ist,

54 ki - ma na - ak - ka - pu - ú
(und) er, obwohl es stössig ist,

55 ba - ab - ta - šu
(und) seine Behörde

56 ú - še - di - šum - ma
ihn (darüber) informiert (hat),

57 qar - ni - šu
seine Hörner

58 la ú - šar - ri - im
nicht stutzt,

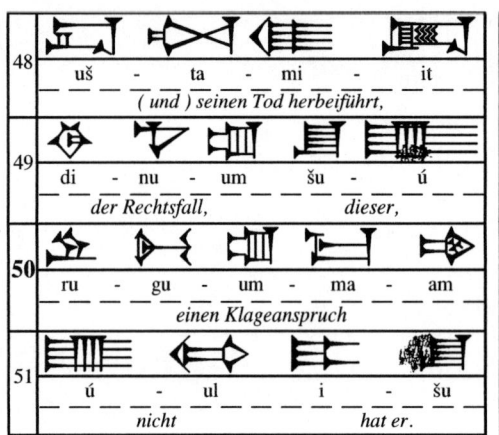

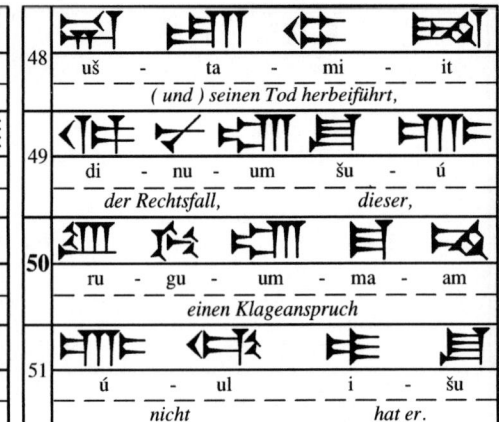

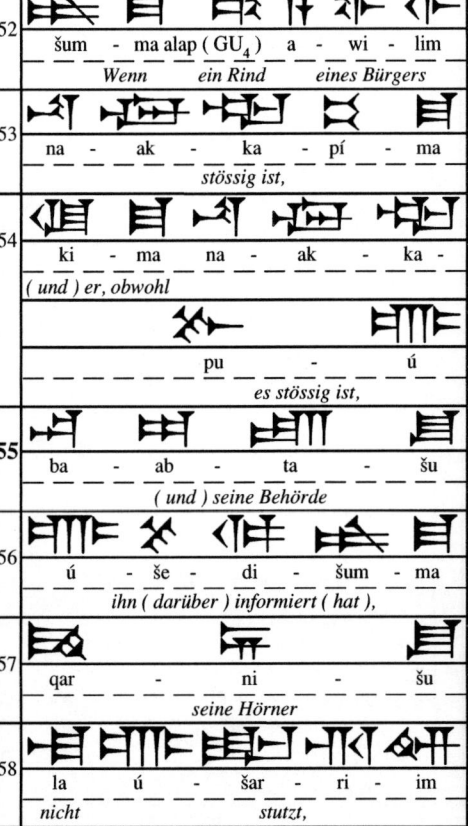

59	alap (GU_4) - šu la ú - sa -
	sein Rind nicht
	an - ni - iq - ma
	überwacht,
60	alpum (GU_4) šu - ú
	das Rind, dieses, (dann)
61	mār (DUMU) a - wi - lim
	den Sohn eines Bürgers
62	ik - ki - ip - ma
	stösst
63	uš - ta - mi - it
	seinen Tod herbeiführt,
64	1/2 (BÁN) MA . NA kaspam (KÙ.BABBAR)
	(soll) er eine halbe Mine Silber
65	i - na - ad - di - in
	geben.

59	alap (GU_4) - šu la ú - sa -
	sein Rind nicht
	an - ni - iq - ma
	überwacht,
60	alpum (GU_4) šu - ú
	das Rind, dieses, (dann)
61	mār (DUMU) a - wi - lim
	den Sohn eines Bürgers
62	ik - ki - ip - ma
	stösst
63	uš - ta - mi - it
	seinen Tod herbeiführt,
64	1/2 (= BÁN) MA . NA kaspam (KÙ.BABBAR)
	(soll) er eine halbe Mine Silber
65	i - na - ad - di - in
	geben.

§ 252

§ 252

66	šum - ma warad (árad) a - wi - lim
	Wenn es ein Sklave eines Bürgers (ist),
67	1/3 (?) MA . NA kaspam (KÙ.BABBAR)
	(soll) er ein drittel (?) Mine Silber
68	i - na - ad - di - in
	geben.

66	šum - ma warad (árad) a - wi - lim
	Wenn es ein Sklave eines Bürgers (ist),
67	1/3 (?) MA . NA kaspam (KÙ.BABBAR)
	(soll) er ein drittel (?) Mine Silber
68	i - na - ad - di - in
	geben.

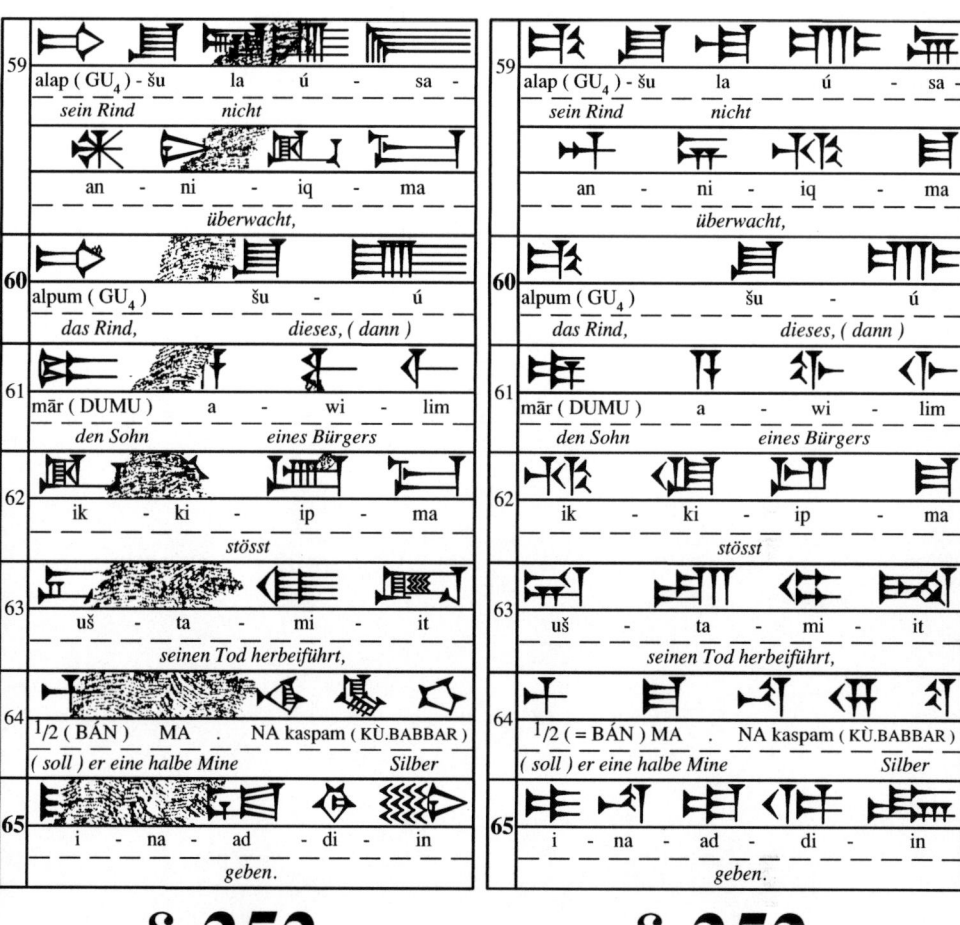

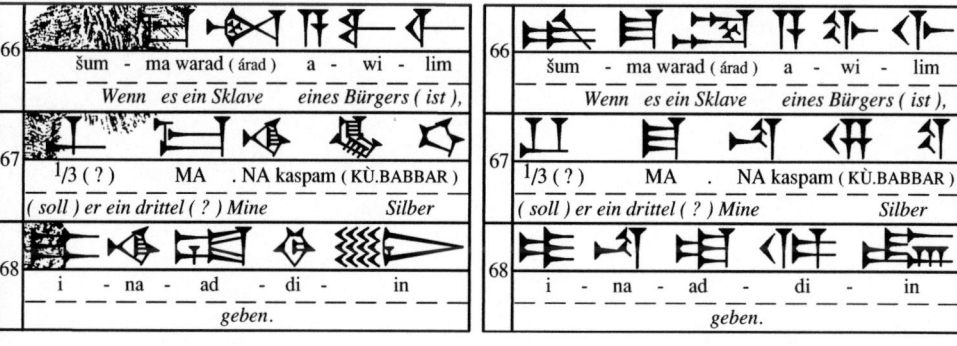

§ 236) 27) Wenn ein Bürger 28) sein Schiff 29) einem Schiffer 30f.) vermietet 32) und der Schiffer durch Nachlässigkeit 33) das Schiff versenkt 34) oder zugrunde richtet, 35) so soll der Schiffer 36) dem Eigentümer des Schiffes 35) das Schiff 37) ersetzen.

§ 237) 38) Wenn ein Bürger 39) einen Schiffer und ein Schiff 40) mietet 44) und es belädt mit 41) Getreide, Wolle, Öl, Datteln 42) oder sonst irgendwelcher 43) Fracht, 45) und dieser Schiffer 46) durch Nachlässigkeit 47) das Schiff versenkt 48) und seinen Inhalt 49) zugrunde richtet, 50) so soll der Schiffer 51) das Schiff, das er versenkt hat, 52) und alles, was 53) er darin 54) zugrunde gerichtet hat, 55) ersetzen.

§ 238) 56) Wenn ein Schiffer 57) das Schiff eines Bürgers 58) versenkt, 59) es dann aber hebt, 60) so soll er Geld in der der Höhe der Hälfte seines Kaufpreises 61) geben.

§ 239) 62) Wenn ein Bürger 63) einen Schiffer [mietet], 65) so soll er ihm pro Jahr 64) sechs [Kor Getreide] 66) geben.

§ 240) 67) Wenn [das Schiff] 68) eines Ruderschiffkapitäns 69) das Schiff eines Segelschiffkapitäns 70) rammt 71) und versenkt, 71) so soll der Eigentümer des versenkten Schiffes 73) alles, was in seinem Schiff verlorengegangen ist, 74) vor (einem/ dem) Gott 75) angeben, 76) und der Ruderschiffkapitän, 77) der das Schiff des Segelschiffkapitäns 78) versenkt hat, 79) soll ihm sein Schiff und sein verloren gegangenes Gut 80) ersetzen.

§ 241) 81) Wenn ein Bürger 82) ein Rind als Pfand 83) nimmt, 84) so soll er ein drittel Mine Silber zahlen.

§ 242) 85) Wenn ein Bürger 86) auf ein Jahr (ein Rind) mietet, 87) so soll er Miete für ein Rind, das (beim Pflügen) hinten ist, 88) vier Kor Getreide,

§ 243) 89) und als Miete für ein Rind, das (beim Pflügen) in der Mitte oder vorne ist, 90) drei Kor Getreide seinem Eigentümer 91) geben.

§ 244) XLIV 1) Wenn ein Bürger ein Rind oder einen Esel mietet, 4) (und) ein Löwe es/ ihn 3) auf dem Felde 4) tötet, 5) so ist das die Sache seines Eigentümers.

§ 245) 6) Wenn ein Bürger 7) ein Rind mietet 8) und durch Nachlässigkeit 9) oder durch Schlagen 10) seinen Tod herbeiführt, 12) so soll er dem Eigentümer des Rindes 11) Rind um Rind 13) ersetzen.

§ 246) 14) Wenn ein Bürger 15) ein Rind mietet 16) und ihm einen Fuß bricht 17) oder die Nackensehne 18) durchschneidet (Zeilen 17+ 18 andere Lesart: oder die "Hüfte" abreisst), 20) so soll er dem Eigentümer des Rindes 19) Rind um Rind 21) ersetzen.

§ 247) 22) Wenn ein Bürger 23) ein Rind mietet 24) und ihm ein Auge zerstört, 26) so soll er dem Eigentümer des Rindes 25) Geld in der Höhe der Hälfte seines Kaufpreises 27) geben (Zeilen 25 - 27 andere Lesart: die Hälfte seines Kaufpreises in Geld zahlen).

§ 248) 28) Wenn ein Bürger 29) ein Rind mietet 30) und ihm ein Horn bricht, 31) den Schwanz abschneidet 32) oder sein Rückenfleisch 33) abreißt, 34) so soll er Geld in der Höhe eines Viertels (Fünftels?) seines Kaufpreises 35) geben.

§ 249) 36) Wenn ein Bürger 37) ein Rind mietet, 38) und ein Gott schlägt es, 39) sodass es stirbt, 40) so soll der Bürger, der das Rind gemietet hat, 41) bei (einem/ dem) Gott 42) schwören 43) und frei ausgehen.

§ 250) 44) Wenn ein Rind, während es auf der Strasse 45) geht, 46) einen Bürger 47) stößt 48) und tötet, 49) so hat dieser Rechtsfall 51) keinen 50) Klageanspruch.

§ 251) 52) Wenn ein Rind eines Bürgers 53) stößig ist 55) und er, obwohl seine Behörde 56) ihn darüber informiert hat, 54) dass es stößig ist, 57) seine Hörner 58) nicht stutzt 59) und sein Rind nicht überwacht, 60) wenn dann dieses Rind 61) einen Bürger (wörtlich: Sohn eines Bürgers) 62) stößt 63) und tötet, 64) soll er eine halbe Mine Silber 65) geben.

§ 253

69	šum - ma a - wi - lum
	Wenn ein Bürger
	a - wi - lam
	einen Bürger
70	a - na pa - ni eqlī (A . ŠÀ) - šu
	für sein Feld
71	ú - zu - uz - zi - im
	zur Beaufsichtigung
72	i - gur - ma
	mietet,
73	aldâm (AL . DÙ - a - am oder AL.DÙ.A - am)
	ihm Saatgut
74	i - qí - ip - šu
	anvertraut,
75	ÁB . GU_4 . ḪÁ (šugullam o. liātim?)
	ihm Rinder
	ip - qí - súm
	übergibt,
76	a - na (?) eqlîm (A.ŠÀ) e - re - ši - im
	auf dem Feld zu arbeiten
	ú - ra - ak - ki - sú
	ihn verpflichtet,
77	šum - ma a - wi - lum šu - ú
	wenn (dann) der Bürger, dieser,

§ 253

69	šum - ma a - wi - lum
	Wenn ein Bürger
	a - wi - lam
	einen Bürger
70	a - na pa - ni eqlī (A . ŠÀ) - šu
	für sein Feld
71	ú - zu - uz - zi - im
	zur Beaufsichtigung
72	i - gur - ma
	mietet,
73	aldâm (AL . DÙ - a - am oder AL.DÙ.A - am)
	ihm Saatgut
74	i - qí - ip - šu
	anvertraut,
75	ÁB . GU_4 . ḪÁ (šugullam o. liātim?)
	ihm Rinder
	ip - qí - súm
	übergibt,
76	a - na (?) eqlîm (A.ŠÀ) e - re - ši - im
	auf dem Feld zu arbeiten
	ú - ra - ak - ki - sú
	ihn verpflichtet,
77	šum - ma a - wi - lum šu - ú
	wenn (dann) der Bürger, dieser,

78 ^{še}zēram (NUMUN) ù lu ukullâm (ŠÀ. GAL)
(Getreide) *Samen oder Futter*

79 iš - ri - iq - ma
stiehlt,

80 i - na qá - ti - šu
(dies) in seiner Hand

81 it - ta - aṣ - ba - at
angetroffen wird,

82 ritta (KIŠIB.LÁ) - šu i - na - ak - ki - su
(soll man) ihm (s)eine Hand abschneiden.

§ 254

83 šum - ma aldâm (AL . DÙ - a - am o. AL.DÙ.A - am)
Wenn er das Saatgut

84 il - qé - ma (ÁB.GU$_4$. ḪÁ (sugullam o. liātim?)
nimmt, die Rinder (aber)

85 ú - te - en - ni (**nicht GAG!**) - iš
hungern lässt,

86 ta - aš (áš?) - na šeʾam (ŠE) ša im - ḫu (**nicht RI!**) -ru
(soll) er doppelt das Getreide, (das) er erhalten hat,

87 i - ri - ab
ersetzen.

§ 255

88 šum - ma ÁB.GU$_4$.ḪÁ (sugul o. liāt?)
Wenn er die Rinder

78 ^{še}zēram (NUMUN) ù lu ukullâm (ŠÀ . GAL)
(Getreide) *Samen oder Futter*

79 iš - ri - iq - ma
stiehlt,

80 i - na qá - ti - šu
(dies) in seiner Hand

81 it - ta - aṣ - ba - at
angetroffen wird,

82 ritta (KIŠIB.LÁ) - šu i - na - ak - ki - su
(soll man) ihm (s)eine Hand abschneiden.

§ 254

83 šum - ma aldâm (AL . DÙ - a - am o. AL.DÙ.A - am)
Wenn er das Saatgut

84 il - qé - ma (ÁB.GU$_4$. ḪÁ (sugullam o. liātim?)
nimmt, die Rinder (aber)

85 ú - te - en - ni (**nicht GAG!**) - iš
hungern lässt,

86 ta - aš (áš?) - na šeʾam (ŠE) ša im - ḫu (**nicht RI!**) - ru
(soll) er doppelt das Getreide, (das) er erhalten hat,

87 i - ri - ab
ersetzen.

§ 255

88 šum - ma ÁB .GU$_4$.ḪÁ (sugul o. liāt?)
Wenn er die Rinder

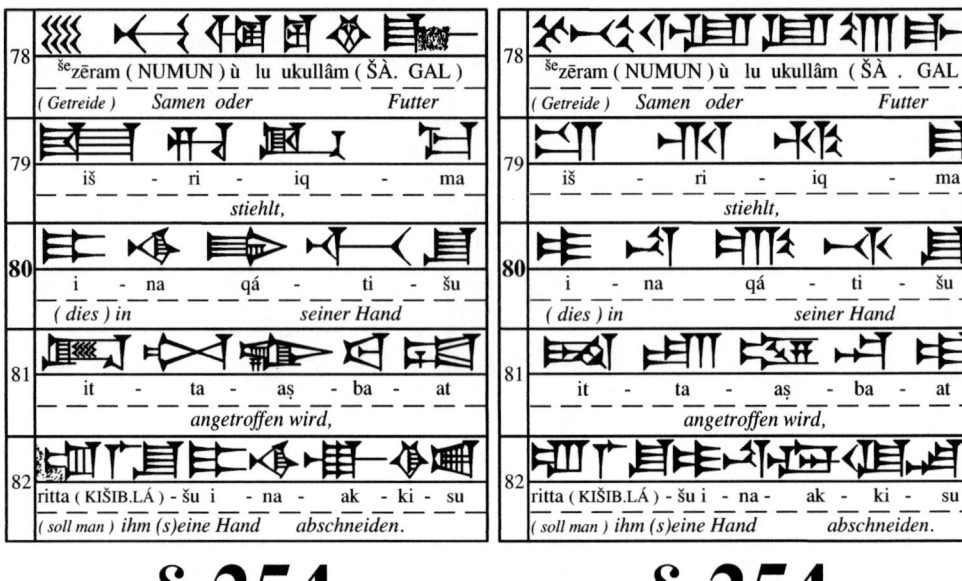

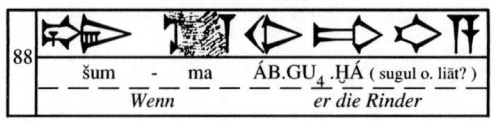

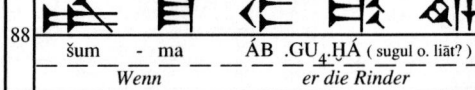

89	a - wi - lim a - na ig - ri - im	*des Bürgers zur Vermietung*
90	it - ta - di - in	*gibt,*
91	ù lu [še] zēram (NUMUN) iš - ri - iq - ma	*oder (Getreide) Samen stiehlt*
92	i - na eqlim (A.ŠÀ) la uš - tab - ši	*auf dem Felde (Getreide) nicht wachsen lässt,*
93	a - wi - lam šu - a - ti	*(soll man) den Bürger, diesen,*
94	ú - ka - an - nu - šu - ma	*überführen.*
95	i - na ebūrim ($BURU_{14}$) BÙR[iku] . E	*Zur Erntezeit (soll) er (pro) 6 1/2 Hektar*
96	60 ŠE . GUR i - ma - ad - da - ad	*sechzig Getreide Kor darmessen.*

§ 256

97	šum - ma pí - ḫa - sú	*Wenn er seine Leistungspflicht*
98	a - pa - lam la i - le - i	*zu begleichen nicht imstande ist,*
99	i - na eqlim (A.ŠÀ) šu - a - ti	*auf dem Feld, diesem,*
	i - na ÁB.GU_4.ḪÁ (sugullim o. liātim?)	*hinter den Rindern (dem Rinde)*

89	a - wi - lim a - na ig - ri - im	*des Bürgers zur Vermietung*
90	it - ta - di - in	*gibt,*
91	ù lu [še] zēram (NUMUN) iš - ri - iq - ma	*oder (Getreide) Samen stiehlt*
92	i - na eqlim (A.ŠÀ) la uš - tab - ši	*auf dem Felde (Getreide) nicht wachsen lässt,*
93	a - wi - lam šu - a - ti	*(soll man) den Bürger, diesen,*
94	ú - ka - an - nu - šu - ma	*überführen.*
95	i - na ebūrim ($BURU_{14}$) BÙR[iku] . E	*Zur Erntezeit (soll) er (pro) 6 1/2 Hektar*
96	60 ŠE . GUR i - ma - ad - da - ad	*sechzig Getreide Kor darmessen.*

§ 256

97	šum - ma pí - ḫa - sú	*Wenn er seine Leistungspflicht*
98	a - pa - lam la i - le - i	*zu begleichen nicht imstande ist,*
99	i - na eqlim (A. ŠÀ) šu - a - ti	*auf dem Feld, diesem,*
	i - na ÁB.GU_4.ḪÁ (sugullim o. liātim?)	*hinter den Rindern (dem Rinde)*

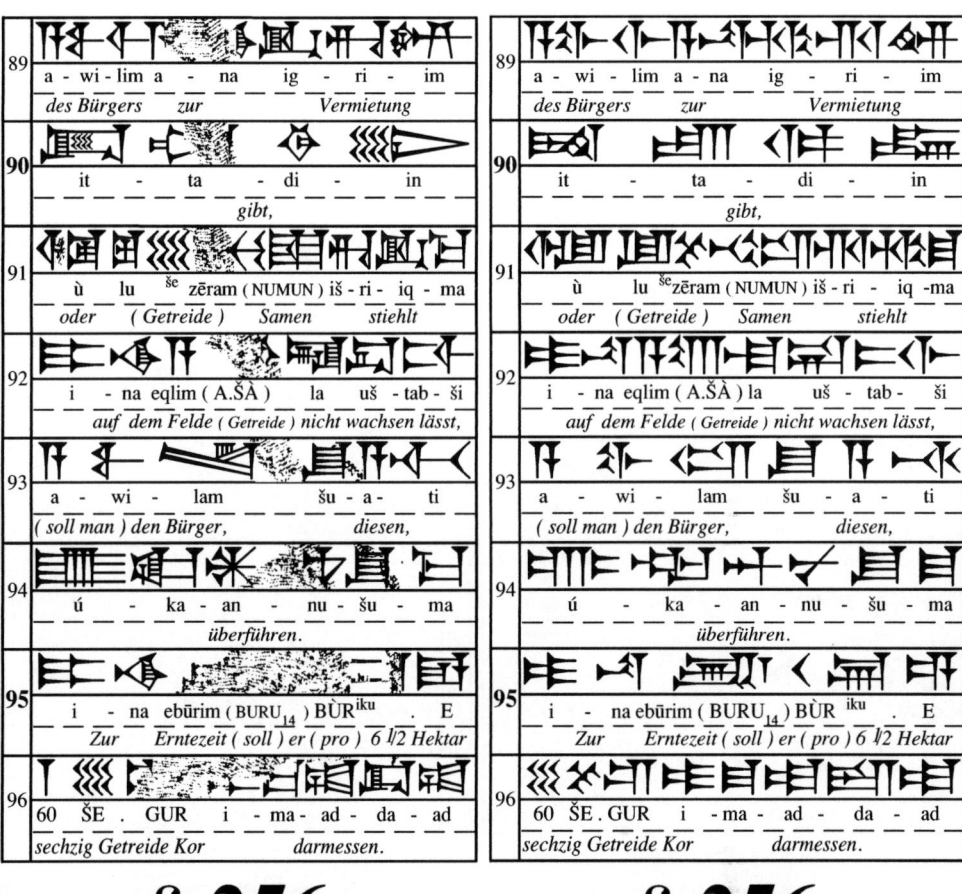

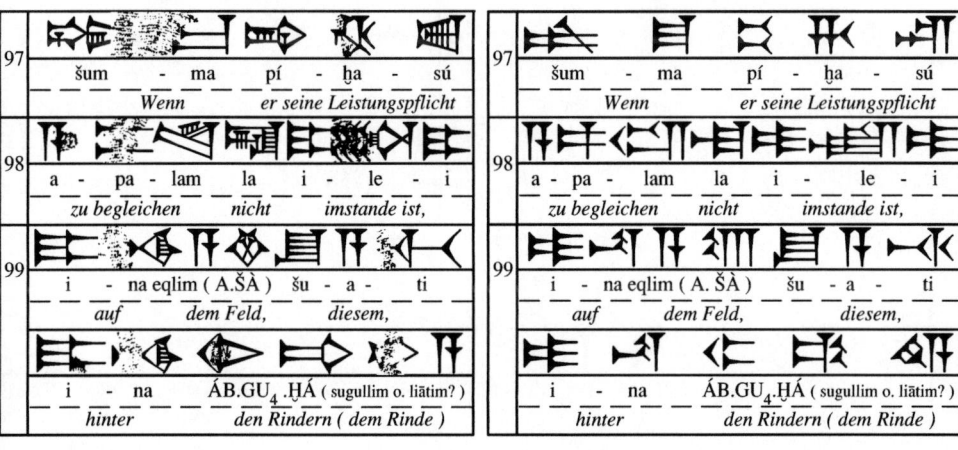

100 im - ta - na - aš - ša - ru - šu

(soll man) ihn (zu Tode) schleifen.

§ 257

101 šum - ma a - wi - lum

Wenn ein Bürger

XLV

1 ikkaram (ENGAR) i - gur

einen Landmann mietet,

2 8 ŠE . GUR

acht Getreide Kor

3 i - na MU . 1 . KAM

(soll) er ihm pro Jahr

4 i - na - ad - di - iš - šum

geben.

§ 258

5 šum - ma a - wi - lum

Wenn ein Bürger

6 kullizam (ŠÀ . GU$_4$) i - gur

einen Rinderknecht mietet,

7 6 ŠE . GUR

sechs Getreide Kor

8 i - na MU . 1 . KAM

(soll) er ihm pro Jahr

100 im - ta - na - aš - ša - ru - šu

(soll man) ihn (zu Tode) schleifen.

§ 257

101 šum - ma a - wi - lum

Wenn ein Bürger

XLV

1 ikkaram (ENGAR) i - gur

einen Landmann mietet,

2 8 ŠE . GUR

acht Getreide Kor

3 i - na MU . 1 . KAM

(soll) er ihm pro Jahr

4 i - na - ad - di - iš - šum

geben.

§ 258

5 šum - ma a - wi - lum

Wenn ein Bürger

6 kullizam (ŠÀ . GU$_4$) i - gur

einen Rinderknecht mietet,

7 6 ŠE . GUR

sechs Getreide Kor

8 i - na MU . 1 . KAM

(soll) er ihm pro Jahr

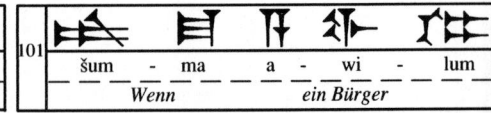

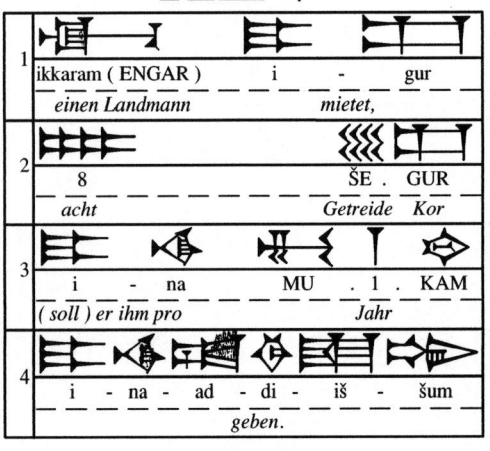

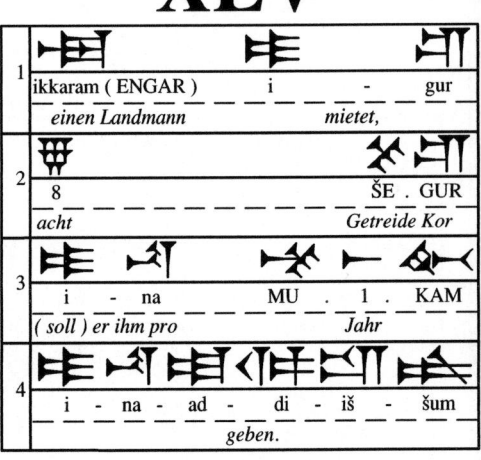

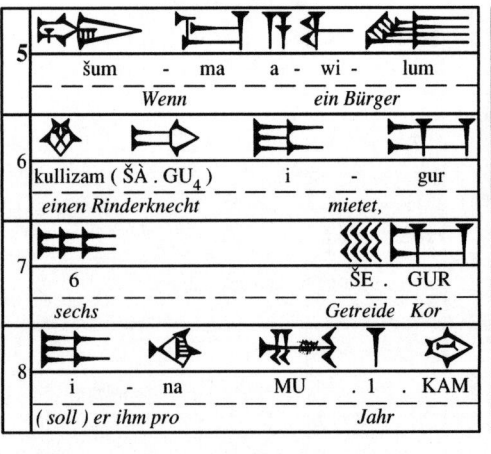

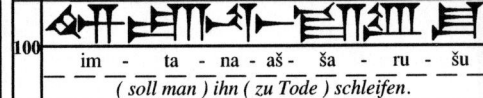

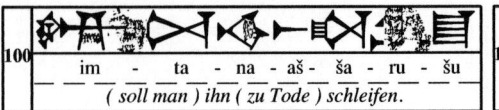

9	i - na - ad - di - iš - šum
	geben.

§ 259

10	šum - ma a - wi - lum
	Wenn ein Bürger
11	gišepinnam (APIN) i - na ugārim (A . GÀR)
	(Holz) einen Pflug auf der Flur
12	iš - ri - iq
	stiehlt,
13	5 šiqil (GÍN) kaspam (KÙ . BABBAR)
	(soll er) fünf Scheqel Silber
14	a - na be - el gišepinnim (APIN)
	an den Eigentümer (Holz) des Pfluges
15	i - na - ad - di - in
	geben.

§ 260

16	šum - ma gišḫarbam (APIN.TÚG.KIN)
	Wenn er (Holz) einen Umbruchpflug
17	ù lu gišmaškakātim (GÁN . ÙR)
	oder (Holz) eine Egge
18	iš - ta - ri - iq
	stiehlt,
19	3 šiqil (GÍN) kaspam (KÙ . BABBAR)
	(soll) er drei Scheqel Silber

9	i - na - ad - di - iš - šum
	geben.

§ 259

10	šum - ma a - wi - lum
	Wenn ein Bürger
11	gišepinnam (APIN) i - na ugārim (A . GÀR)
	(Holz) einen Pflug auf der Flur
12	iš - ri - iq
	stiehlt,
13	5 šiqil (GÍN) kaspam (KÙ . BABBAR)
	(soll er) fünf Scheqel Silber
14	a - na be - el gišepinnim (APIN)
	an den Eigentümer (Holz) des Pfluges
15	i - na - ad - di - in
	geben.

§ 260

16	šum - ma gišḫarbam (APIN.TÚG . KIN)
	Wenn er (Holz) einen Umbruchpflug
17	ù lu gišmaškakātim (GÁN . ÙR)
	oder (Holz) eine Egge
18	iš - ta - ri - iq
	stiehlt,
19	3 šiqil (GÍN) kaspam (KÙ . BABBAR)
	(soll) er drei Scheqel Silber

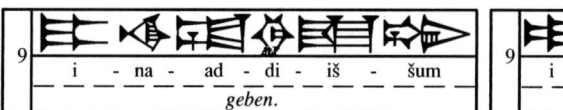

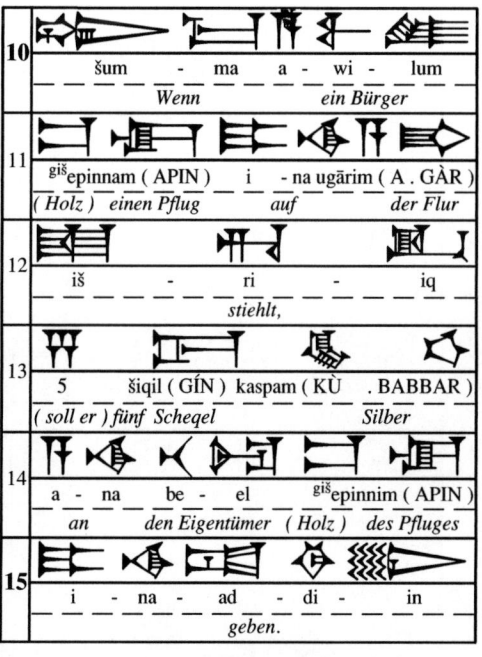

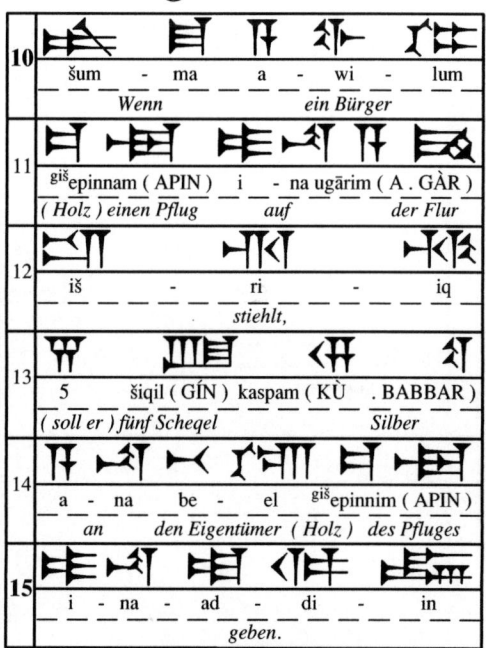

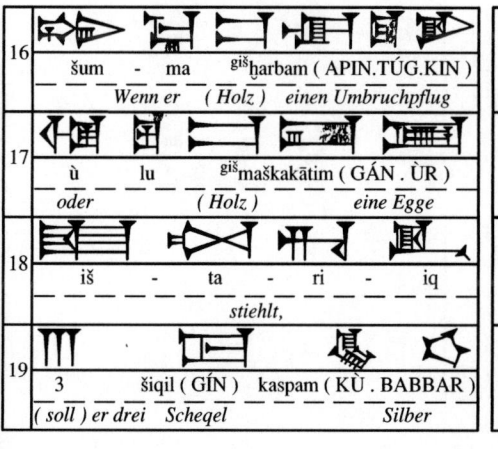

20	i - na - ad - di - in
	geben.

§ 261

21	šum - ma a - wi - lum
	Wenn ein Bürger
22	nāqidam (NA . GAD)
	einen (Ober) hirten
	a - na ÁB . GU_4 . ḪÁ (sugullim o. liātim?)
	für Rinder
23	ù ṣēnī (USDUḪA = U_8 . UDU . ḪÁ)
	und/ oder Kleinvieh
24	re - im i - gur
	zum Weiden mietet,
25	8 ŠE . GUR
	(soll er ihm) acht Getreide Kor
26	i - na MU . 1 . KAM
	pro Jahr
27	i - na - ad - di - iš - šum
	geben.

§ 262

28	šum - ma a - wi - lum
	Wenn ein Bürger
29	alpam (GU_4) ù lu immeram (UDU)
	ein Rind oder ein Schaf

20	i - na - ad - di - in
	geben.

§ 261

21	šum - ma a - wi - lum
	Wenn ein Bürger
22	nāqidam (NA . GAD)
	einen (Ober) hirten
	a - na ÁB . GU_4. ḪÁ (sugullim o. liātim?)
	für Rinder
23	ù ṣēnī (USDUḪA = U_8 . UDU . ḪÁ)
	und/ oder Kleinvieh
24	re - im i - gur
	zum Weiden mietet,
25	8 ŠE . GUR
	(soll er ihm) acht Getreide Kor
26	i - na MU . 1 . KAM
	pro Jahr
27	i - na - ad - di - iš - šum
	geben.

§ 262

28	šum - ma a - wi - lum
	Wenn ein Bürger
29	alpam (GU_4) ù lu immeram (UDU)
	ein Rind oder ein Schaf

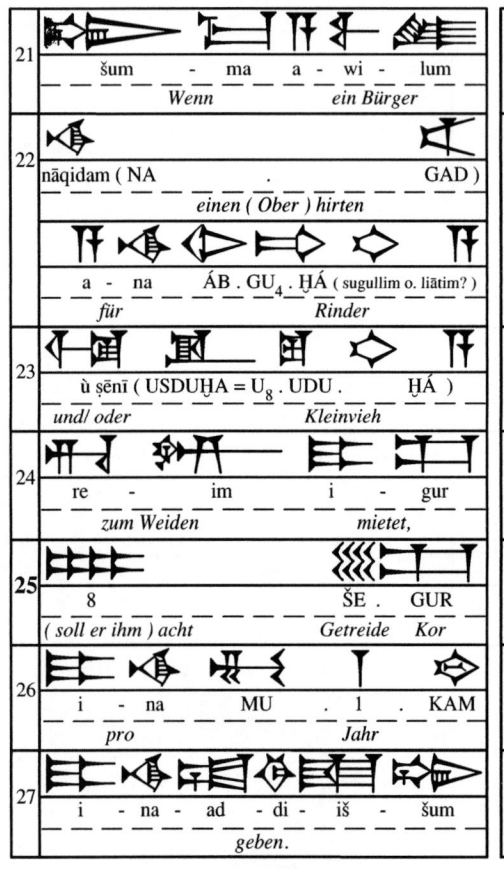

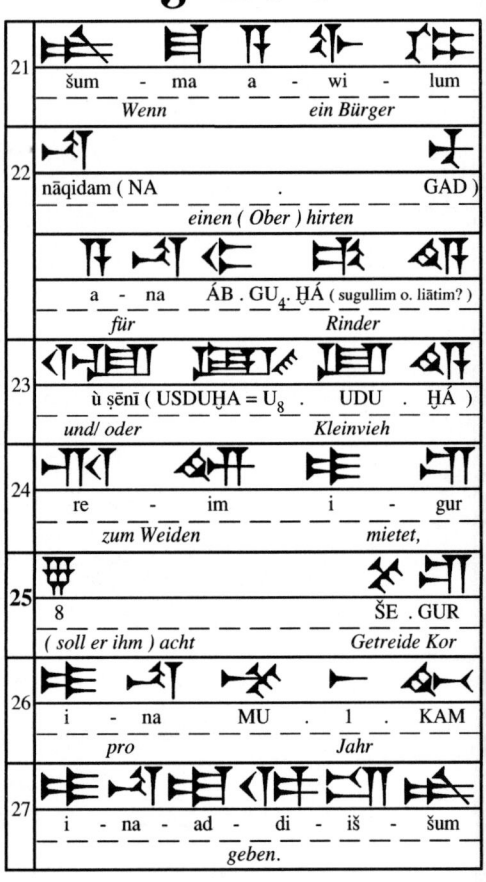

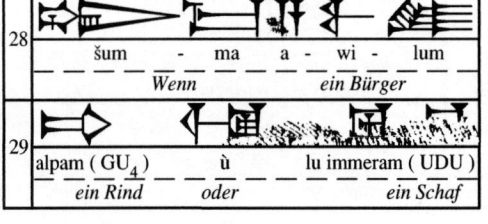

30 

a - na -->?

31 

DIE ZEILEN 31 - 36 SIND ABGEBROCHEN!

32 

33 

34 

35 

36 

30 

a - na -->?

31

DIE ZEILEN 31 - 36 SIND ABGEBROCHEN!

32

33

34

35

36

§ 263

§ 263

37 

šum - ma alpam (GU_4)

Wenn er das Rind

ù lu immeram (UDU)

und/ oder das Schaf,

38 

ša in - na - ad - nu - šum

das ihm übergeben worden war,

39 

úḫ - ta - al - li - iq

verlorengehen lässt,

40 

alpam (GU_4) ki - ma alpim (GU_4)

Rind um Rind

37 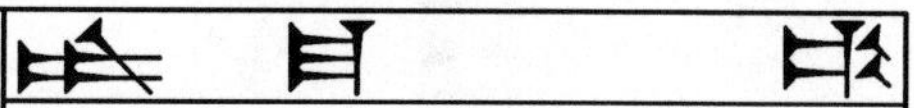

šum - ma alpam (GU_4)

Wenn er das Rind

ù lu immeram (UDU)

und/ oder das Schaf,

38 

ša in - na - ad - nu - šum

das ihm übergeben worden war,

39 

úḫ - ta - al - li - iq

verlorengehen lässt,

40 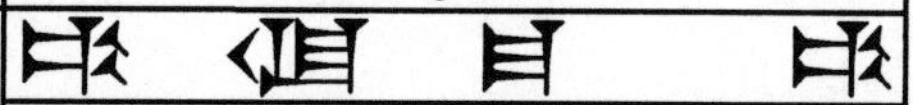

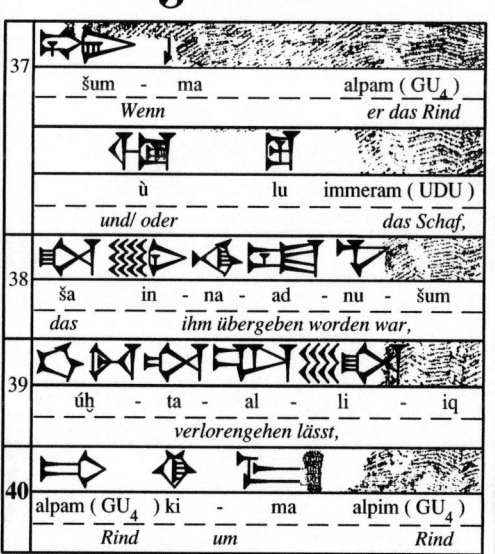

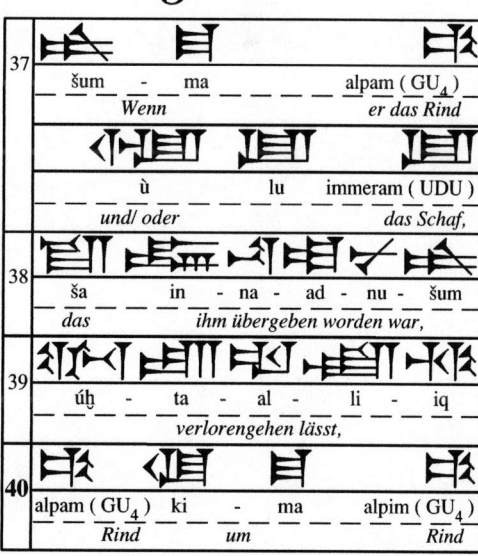

alpam (GU_4) ki - ma alpim (GU_4)

Rind um Rind

41 immeram (UDU) ki - ma immerim (UDU)
(und) Schaf um Schaf

42 a - na be - lí - šu - nu
(soll) er deren Eigentümern

43 i - ri - a - ab
ersetzen.

§ 264

44 šum - ma rē'ûm (SIPA)
Wenn ein Hirte,

45 ša ÁB . GU_4 . ḪÁ (sugullum o. liātum?)
dem Rinder

46 ù lu ṣēnū (USDUḪA = U_8. UDU . ḪÁ)
und/ oder Kleinvieh

47 a - na re - im
zum Weiden

48 in - na - ad - nu - šum
gegeben sind,

49 idī (Á) - šu ga - am - ra - tim
seinen Lohn, den vollen,

50 ma - ḫi - ir
erhalten hat,

51 li - ib - ba - šu ṭa - ab
(nachdem) er zu seiner Zufriedenheit

52 ÁB . GU_4 . ḪÁ (sugullam/ liātim?)
die Rinder

41 immeram (UDU) ki - ma immerim (UDU)
(und) Schaf um Schaf

42 a - na be - lí - šu - nu
(soll) er deren Eigentümern

43 i - ri - a - ab
ersetzen.

§ 264

44 šum - ma rē'ûm (SIPA)
Wenn ein Hirte,

45 ša ÁB . GU_4 . ḪÁ (sugullum o. liātum?)
dem Rinder

46 ù lu ṣēnū (USDUḪA = U_8. UDU . ḪÁ)
und/ oder Kleinvieh

47 a - na re - im
zum Weiden

48 in - na - ad - nu - šum
gegeben sind,

49 idī (Á) - šu ga - am - ra - tim
seinen Lohn, den vollen,

50 ma - ḫi - ir
erhalten hat,

51 li - ib - ba - šu ṭa - ab
(nachdem) er zu seiner Zufriedenheit

52 ÁB . GU_4 . ḪÁ (sugullam/ liātim?)
die Rinder

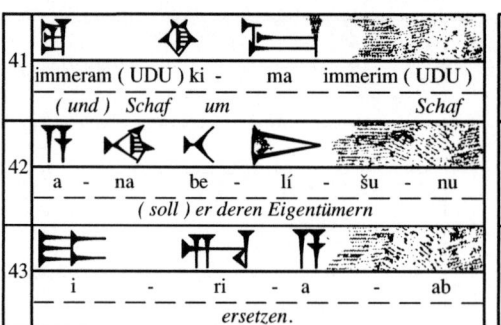

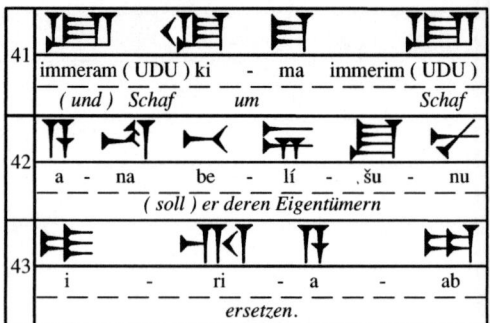

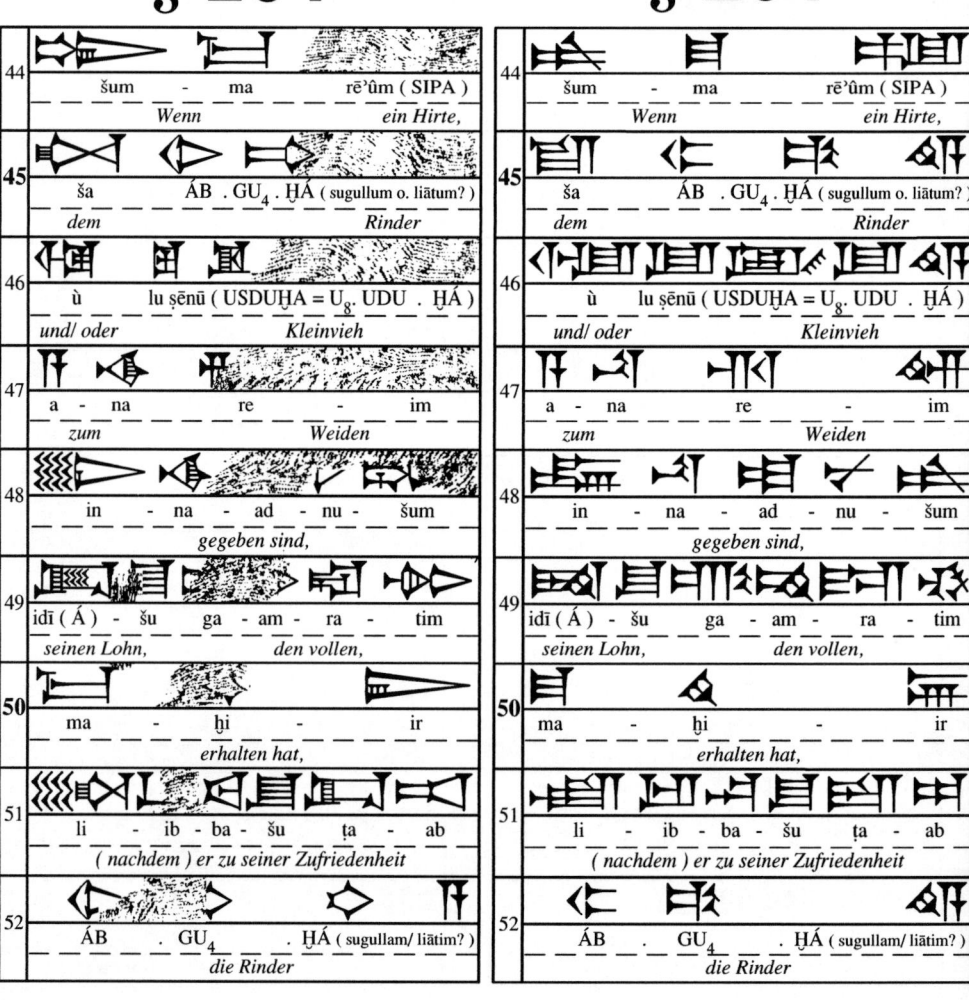

53 uṣ - ṣa - aḫ - ḫi - ir
verringert,

54 ṣēnī (USDUḪA = U$_8$. UDU . ḪÁ
das Kleinvieh

55 uṣ - ṣa - aḫ - ḫi - ir
verringert,

56 ta - li - it - tam
den Nachwuchs der Tiere

um - ta - ṭi
weniger werden lässt,

57 a - na pī (KA) ri - ik -
(soll) er gemäss

sa - ti - šu
seiner vertraglichen Abmachungen

58 ta - li - it - tam
den Nachwuchs der Tiere

59 ù bi - il - tam
und Ertrag

60 i - na - ad - di - in
abgeben.

§ 265

61 šum - ma rē'ûm (SIPA)
Wenn ein Hirte,

62 ša ÁB . GU$_4$.ḪÁ (sugullum/ liātum?)
dem Rinder

53 uṣ - ṣa - aḫ - ḫi - ir
verringert,

54 ṣēnī (USDUḪA = U$_8$. UDU . ḪÁ
das Kleinvieh

55 uṣ - ṣa - aḫ - ḫi - ir
verringert,

56 ta - li - it - tam
den Nachwuchs der Tiere

um - ta - ṭi
weniger werden lässt,

57 a - na pī (KA) ri - ik -
(soll) er gemäss

sa - ti - šu
seiner vertraglichen Abmachungen

58 ta - li - it - tam
den Nachwuchs der Tiere

59 ù bi - il - tam
und Ertrag

60 i - na - ad - di - in
abgeben.

§ 265

61 šum - ma rē'ûm (SIPA)
Wenn ein Hirte,

62 ša ÁB . GU$_4$.ḪÁ (sugullum/ liātum?)
dem Rinder

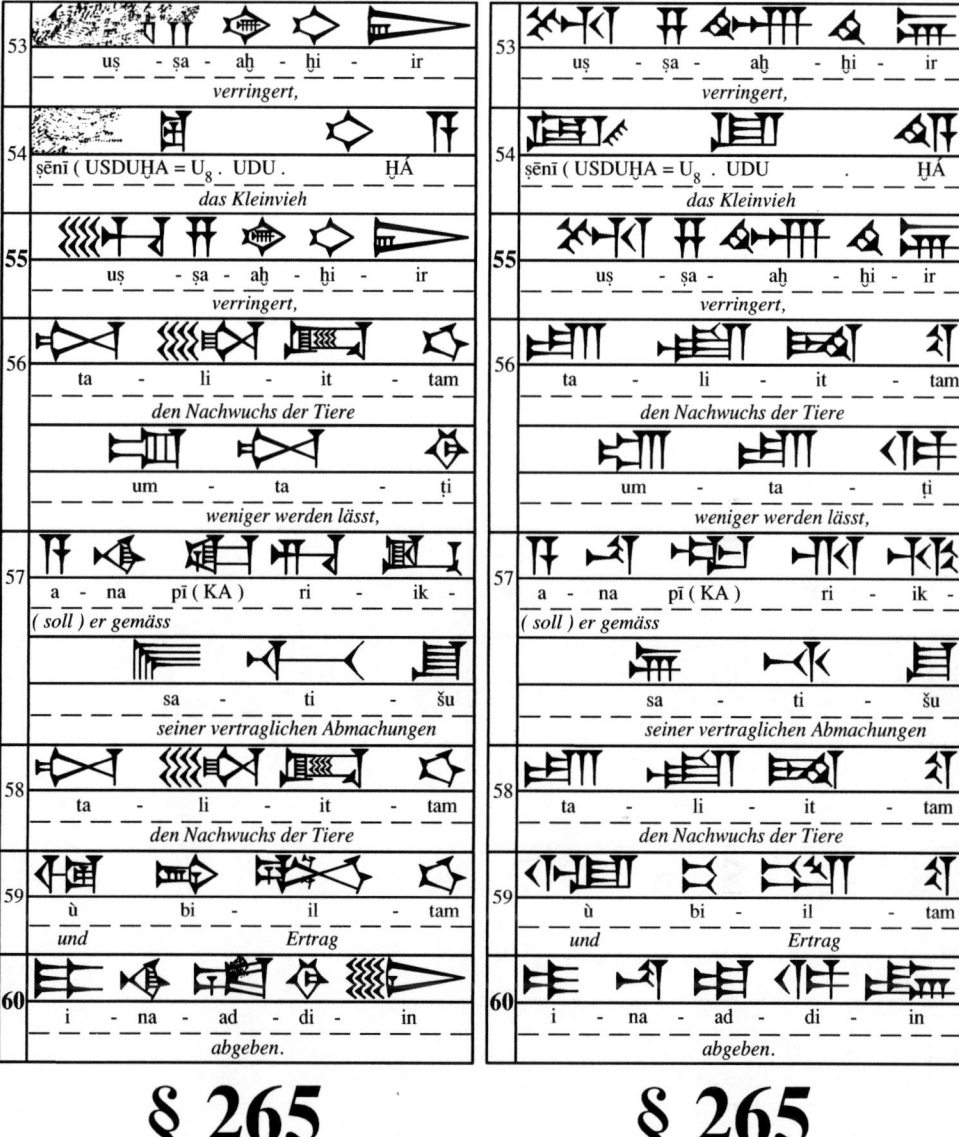

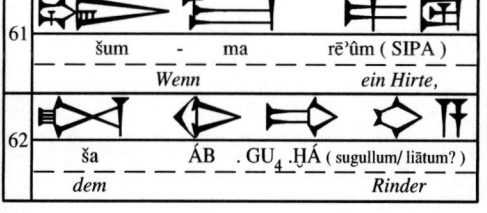

63 

ù lu ṣēnū (USDUḪA = U_8 . UDU . ḪÁ)

und/ oder Kleinvieh

64 

a - na re - im

zum Weiden

65 

in - na - ad - nu - šum

gegeben sind,

66 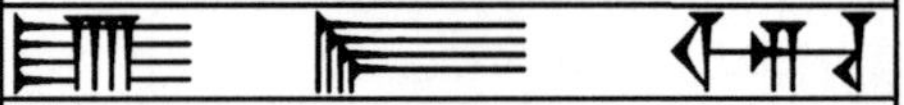

ú - sa - ar -

ri - ir - ma

Betrug verübt,

67 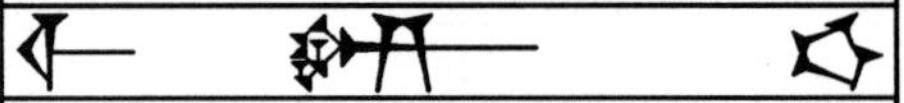

ši - im - tam

die Viehmarke

ut - ta - ak - ki - ir

verändert

68 

ù a - na kaspim (KÙ .BABBAR)

und (das Vieh) für Geld

69 

it - ta - di - in

gibt (verkauft),

70 

ú - ka - an - nu - šu - ma

(soll man) ihn überführen.

71 

adi (A . RÁ) 10 - šu

Er (soll) zehnfach

ša iš - ri - qú

die gestohlenen

72 

ÁB - GU_4 . ḪÁ (sugullam o. liātam?)

Rinder

63 

ù lu ṣēnū (USDUḪA = U_8.UDU . ḪÁ)

und/ oder Kleinvieh

64 

a - na re - im

zum Weiden

65 

in - na - ad - nu - šum

gegeben sind,

66 

ú - sa - ar -

ri - ir - ma

Betrug verübt,

67 

ši - im - tam

die Viehmarke

ut - ta - ak - ki - ir

verändert

68 

ù a - na kaspim (KÙ .BABBAR)

und (das Vieh) für Geld

69 

it - ta - di - in

gibt (verkauft),

70 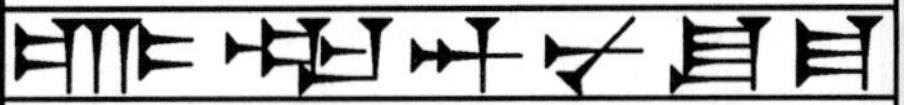

ú - ka - an - nu - šu - ma

(soll man) ihn überführen.

71 

adi (A . RÁ) 10 - šu

Er (soll) zehnfach

ša iš - ri - qú

die gestohlenen

72 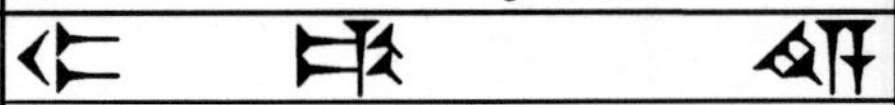

ÁB - GU_4 .ḪÁ (sugullam o. liātam?)

Rinder

73	ù ṣēnī (USDUḪA = U_8 . UDU . ḪÁ)
	und das Kleinvieh
74	a - na be - lí - šu - nu
	deren Eigentümern
75	i - ri - a - ab
	ersetzen.

§ 266

76	šum - ma i - na tarbaṣim (TÙR)
	Wenn in einer Viehhürde
77	li - pí - it ilim (DINGIR)
	eine Viehepidemie (Berührung durch einen Gott)
	it - tab - ši
	entsteht,
78	ù lu nēšum (UR.MAḪ) i (**nicht id!**) - du - uk
	oder ein Löwe (Tiere) tötet,
	rē'ûm (SIPA) ma - ḫar (**nicht ḫi!**) ilim (DINGIR)
	(soll) der Hirte vor einem / dem Gott
79	ú - ub - ba - am - ma
	einen Reinigungseid (leisten).
80	mi - qí - it - ti tarbaṣim (TÙR)
	Die gestorbenen (Tiere in) der Viehhürde
81	be - el tarbaṣim (TÙR) i - maḫ - ḫar - šu
	(soll) der Eigentümer der Viehhürde ihm abnehmen.

§ 267

73	ù ṣēnī (USDUḪA = U_8 . UDU . ḪÁ)
	und das Kleinvieh
74	a - na be - lí - šu - nu
	deren Eigentümern
75	i - ri - a - ab
	ersetzen.

§ 266

76	šum - ma i - na tarbaṣim (TÙR)
	Wenn in einer Viehhürde
77	li - pí - it ilim (DINGIR)
	eine Viehepidemie (Berührung durch einen Gott)
	it - tab - ši
	entsteht,
78	ù lu nēšum (UR.MAḪ) i (**nicht id!**) - du - uk
	oder ein Löwe (Tiere) tötet,
	rē'ûm (SIPA) ma - ḫar (**nicht ḫi!**) ilim (DINGIR)
	(soll) der Hirte vor einem / dem Gott
79	ú - ub - ba - am - ma
	einen Reinigungseid (leisten).
80	mi - qí - it - ti tarbaṣim (TÙR)
	Die gestorbenen (Tiere in) der Viehhürde
81	be - el tarbaṣim (TÙR) i - maḫ - ḫar - šu
	(soll) der Eigentümer der Viehhürde ihm abnehmen.

§ 267

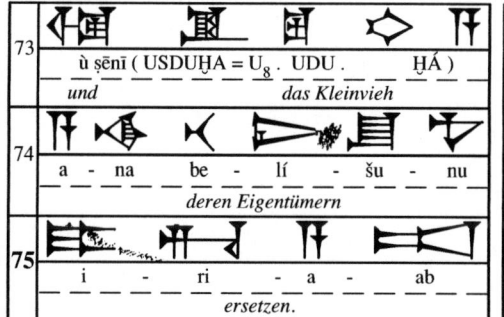

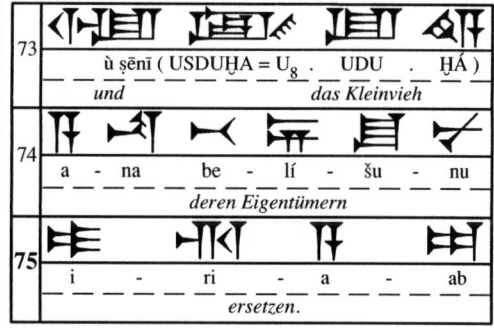

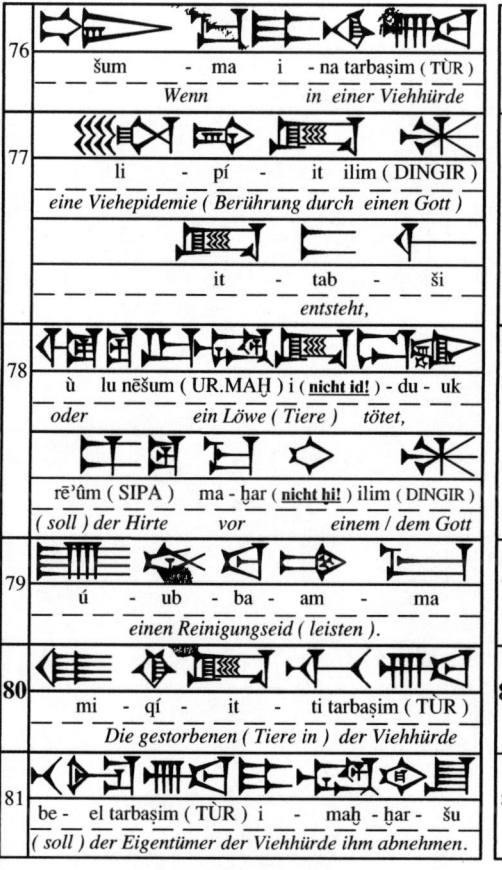

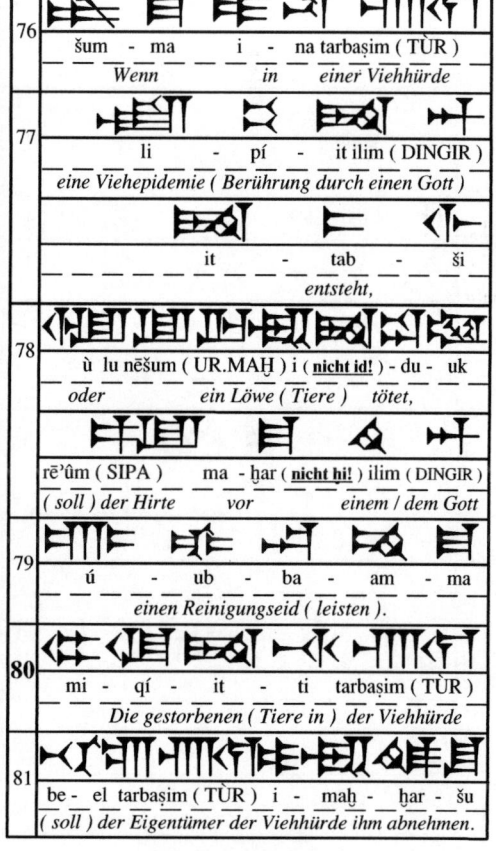

82	šum - ma rēʾûm (SIPA) i - gu (**nicht GÉME!**) - ma	*Wenn ein Hirte (durch) seine Nachlässigkeit*
83	i - na tarbaṣim (TÙR) pé - sà - tam uš - tab - ši	*in der Viehhürde die Drehkrankheit entstehen lässt,*
84	rēʾûm (SIPA) ḫi - ṭi - it é - sà - tim	*(soll) der Hirte den Schaden (durch) die Drehkrankheit,*
85	ša i - na tarbaṣim (TÙR) ú - ša - ab - šu - ú	*den er in der Viehhürde hat entstehen lassen,*
86	ÁB.GU$_4$.ḪÁ (sugullam o. liātim?) ù ṣēnī (USDUḪA)	*(durch Lieferung von) Rindern oder Kleinvieh*
87	ú - ša - lam - ma	*vollständig*
88	a - na be - lí - šu - nu	*an deren Eigentümer*
89	i - na - ad - di - in	*erstatten.*

§ 268

90	šum - ma a - wi - lum alpam (GU$_4$)	*Wenn ein Bürger ein Rind*
91	a - na di - a - ši - im i - gur	*zum Dreschen mietet,*
92	2 sâ (BANMIN = PA) šeʾum (ŠE) idū (Á) - šu	*zwei Liter Getreide (sind) sein Entgelt.*

§ 269

82	šum - ma rēʾûm (SIPA) i - gu (**nicht GÉME!**) - ma	*Wenn ein Hirte (durch) seine Nachlässigkeit*
83	i - na tarbaṣim (TÙR) pé - sà - tam uš - tab - ši	*in der Viehhürde die Drehkrankheit entstehen lässt,*
84	rēʾûm (SIPA) ḫi - ṭi - it pé - sà - tim	*(soll) der Hirte den Schaden (durch) die Drehkrankheit,*
85	ša i - na tarbaṣim (TÙR) ú - ša - ab - šu - ú	*den er in der Viehhürde hat entstehen lassen,*
86	ÁB.GU$_4$. ḪÁ (sugullam o. liātim?) ù ṣēnī (USDUḪA)	*(durch Lieferung von) Rindern oder Kleinvieh*
87	ú - ša - lam - ma	*vollständig*
88	a - na be - lí - šu - nu	*an deren Eigentümer*
89	i - na - ad - di - in	*erstatten.*

§ 268

90	šum - ma a - wi - lum alpam (GU$_4$)	*Wenn ein Bürger ein Rind*
91	a - na di - a - ši - im i - gur	*zum Dreschen mietet,*
92	2 sâ (BANMIN = PA) šeʾum (ŠE) idū (Á) - šu	*zwei Liter Getreide (sind) sein Entgelt.*

§ 269

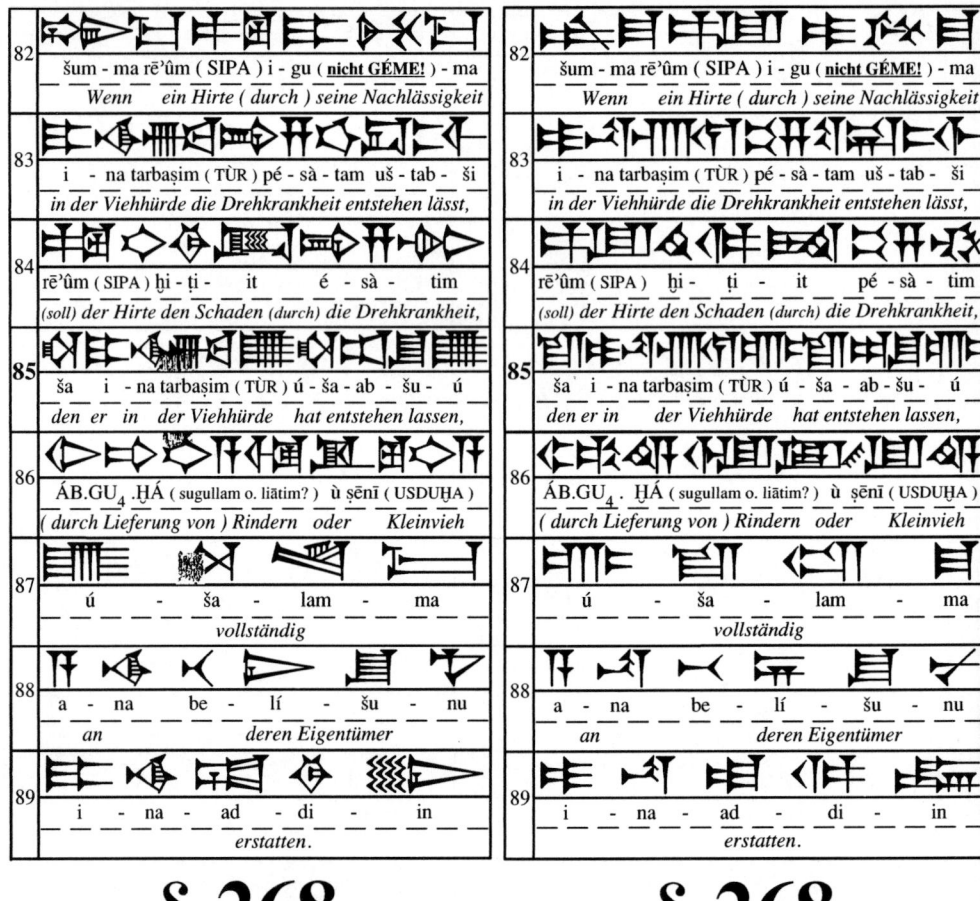

93	šum	-	ma		imēram (ANŠE)		
	Wenn				ein Esel		
94	a - na	di - a - ši -		im	i - gur		
	zum	Dreschen			gemietet wird,		
95	1 sūt (BÁN)	še'um (ŠE)	idū (Á)	-	šu		
	ein Liter	Getreide (ist)	sein Entgelt.				

§ 270

96	šum	-	ma	urīṣam (MÁŠ)	
	Wenn			ein Bock	
97	a - na	di - ą - ši -	im	i - gur	
	zum	Dreschen		gemietet wird,	
98	1 qa (SÌLA)	še'um (ŠE)	idū (Á)	-	šu
	ein Liter	Getreide (ist)	sein Entgelt.		

§ 271

99	šum	-	ma	a	-	wi	- lum
	Wenn			Bürger			
100	ÁB . GU_4 .	ḪÁ	^{giš}ereqqam (MAR.GÍD. DA)				
	Rinder	(Holz),	einen Lastwagen				
101	ù	mu	- úr	- te	- di -		
	und						
	ša	i	- gur				
	dessen Führer	mietet,					

XLVI

93	šum	-	ma		imēram (ANŠE)		
	Wenn				ein Esel		
94	a - na	di - a - ši -		im	i - gur		
	zum	Dreschen			gemietet wird,		
95	1sūt (BÁN)	še'um (ŠE)	idū (Á)	-	šu		
	ein Liter	Getreide (ist)	sein Entgelt.				

§ 270

96	šum	-	ma	urīṣam (MÁŠ)	
	Wenn			ein Bock	
97	a - na	di - a - ši -	im	i - gur	
	zum	Dreschen		gemietet wird,	
98	1 qa (SÌLA)	še'um (ŠE)	idū (Á)	-	šu
	ein Liter	Getreide (ist)	sein Entgelt.		

§ 271

99	šum	-	ma	a	-	wi	- lum
	Wenn			Bürger			
100	ÁB . GU_4 .	ḪÁ	^{giš}ereqqam (MAR.GÍD. DA)				
	Rinder	(Holz),	einen Lastwagen				
101	ù	mu -	úr	- te -	di -		
	und						
	ša	i	- gur				
	dessen Führer	mietet,					

XLVI

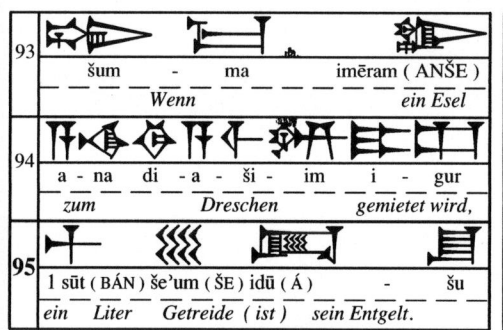

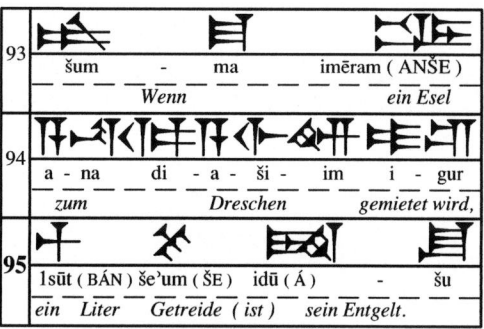

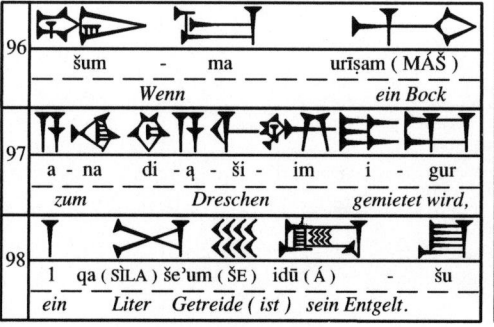

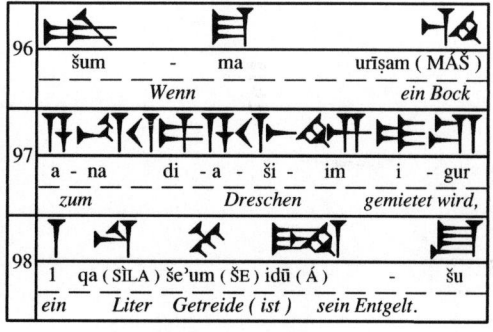

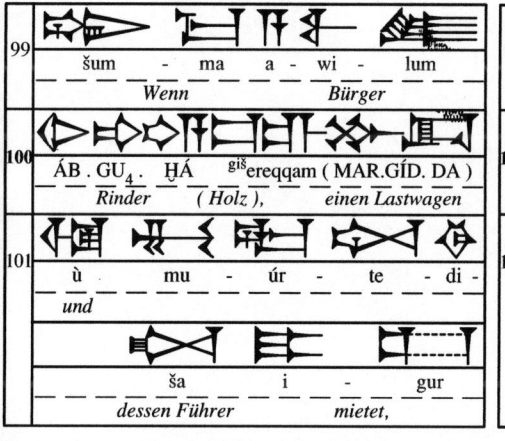

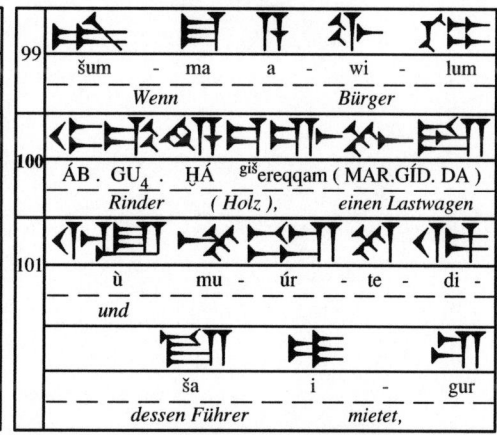

§ 252) 66) Wenn es sich um einen Sklaven eines Bürgers handelt, 67) soll er ein drittel Mine Silber 68) geben.

§ 253) 69) Wenn ein Bürger einen Bürger 71) zur Beaufsichtigung 70) seines Feldes 72) mietet, 73) ihm Saatgut 74) anvertraut, 75) ihm Rinder übergibt 76) und ihn verpflichtet, das Feld zu bearbeiten, 77) wenn dann jener Bürger Samen oder Futter 79) stiehlt 80) und dies in seiner Hand 81) angetroffen wird, 82) so soll man ihm eine Hand abschneiden.

§ 254) 83) Wenn er das Saatgut 84) nimmt und die Rinder 85) hungern lässt, 86) so soll er doppelt das Getreide, das er erhalten hat, 87) ersetzen.

§ 255) 88) Wenn er die Rinder 89) des Bürgers 90) vermietet 91) oder Samen stiehlt 92) und auf dem Felde kein (Getreide) wachsen lässt, 93) so soll man jenen Mann 94) überführen, 95) und zur Erntezeit soll er pro 6 ½ Hektar 96) sechzig Kor Getreide darmessen.

§ 256) 97) Wenn er 98) ausserstande ist, 97) seine Leistungspflicht 98) zu begleichen, 99) so soll man ihn auf diesem Felde hinter dem/ n Rinder/ n 100) zu 'I'ode schleifen.

§ 257) 101) Wenn ein Bürger **XLV** 1) einen Landmann mietet, 3) soll er ihm pro Jahr 2) acht Kor Getreide 4) geben.

§ 258) 5) Wenn ein Bürger 6) einen Rinderknecht mietet, 8) soll er ihm pro Jahr 7) sechs Kor Getreide 9) geben.

§ 259) 10) Wenn ein Bürger 11) auf der Flur einen Pflug 12) stiehlt, 14) so soll er dem Eigentümer des Pfluges 13) fünf Scheqel Silber 15) geben.

§ 260) 16) Wenn er einen Umbruchpflug 17) oder eine Egge 18) stiehlt, 19) soll er drei Scheqel Silber 20) geben.

§ 261) 21) Wenn ein Bürger 22) einen (Ober)hirten 24) zum Weiden von 22) Rindern 23) und Kleinvieh 24) mietet, 26) soll er ihm pro Jahr 25) acht Kor Getreide 27) geben.

§ 262) 28) Wenn ein Bürger 29) ein Rind oder ein Schaf 30) zum .?..(6 Zeilen abgebrochen)

§ 263) 37) Wenn er [das Rind] oder [das Schaf], 38) das ihm übergeben worden war, 39) verloren gehen lässt, 42) soll er [deren] Eigentümern 40) Rind um [Rind] 41) und Schaf um [Schaf] 43) ersetzen.

§ 264) 44) Wenn [ein Hirt], 45) dem Rinder 46) oder Kleinvieh 47) zum Weiden 48) gegeben sind, 51) nachdem er zu seiner Zufriedenheit 49) seinen vollen Lohn 50) erhalten hat, 52) die Rinder 53) verringert, 54) das Kleinvieh 55) verringert 56) und den Nachwuchs weniger werden lässt, 57) so soll er seinen vertraglichen Abmachungen entsprechend 58) Nachwuchs 59) und Ertrag 60) abgeben.

§ 265) 61) Wenn ein Hirt, 62) dem Rinder 63) oder Kleinvieh 64) zum Weiden 65) gegeben sind, 66) Betrug verübt, 67) die Viehmarke verändert 68) oder (das Vieh) für Geld 69) verkauft, 70) so soll man ihn überführen, 71) und er soll zehnfach die gestohlenen 72) Rinder 73) und das Kleinvieh 74) deren Eigentümern 75) ersetzen.

§ 266) 76) Wenn in einer Viehhürde 77) eine Viehepidemie (wörtlich: Berührung durch einen Gott), entsteht 78) oder ein Löwe (Tiere) tötet, so soll der Hirte vor (einem/ dem) Gott 79) einen Reinigungseid leisten, 81) und der Eigentümer der Viehhürde 80) die in der Viehhürde gestorbenen Tiere 81) ihm abnehmen.

§ 267) 82) Wenn ein Hirte durch Nachlässigkeit 83) in der Viehhürde Drehkrankheit entstehen lässt, 84) so soll der Hirt den durch die Drehkrankheit angerichteten Schaden, 85) den er in der Viehhürde hat entstehen lassen, 86) (durch Lieferung von) Rindern und Kleinvieh 88) deren Eigentümer 87) voll 89) erstatten.

§ 268) 90) Wenn ein Bürger ein Rind 91) zum Dreschen mietet, 92) so beträgt sein Entgelt zwei Liter Getreide.

§ 269) 93) Wenn er einen Esel 94) zum Dreschen mietet, 95) so beträgt sein Entgelt ein Liter Getreide.

1 i - na UD.1.KAM 3 parsikat (NIEŠ) še'am (ŠE)

(soll) er pro Tag drei Scheffel Getreide

2 i - na - ad - di - in

geben.

§ 272

3 šum - ma a - wi - lum

Wenn ein Bürger

4 ^{giš}ereqqam (MAR. GÍD . DA) - ma

(Holz) einen Lastwagen

5 a - na ra - ma - ni - ša

allein (nur)

i - gur

mietet,

6 i - na UD.1.KAM 4 sâ (BANLIMMU) še'am (ŠE)

(soll) er pro Tag vier Liter Getreide

7 i - na - ad - di - in

geben.

§ 273

8 šum - ma a - wi - lum

Wenn ein Bürger

9 ^{lú}agram (ḪUN . GÁ) i - gur

(Mann) einen Mietling mietet,

10 iš - tu re - eš

(soll) er ihm vom Anfang (Kopf)

1 i - na UD.1.KAM 3 parsikat (NIEŠ) še'am (ŠE)

(soll) er pro Tag drei Scheffel Getreide

2 i - na - ad - di - in

geben.

§ 272

3 šum - ma a - wi - lum

Wenn ein Bürger

4 ^{giš}ereqqam (MAR . GÍD . DA) - ma

(Holz) einen Lastwagen

5 a - na ra - ma - ni - ša

allein (nur)

i - gur

mietet,

6 i - na UD.1.KAM 4 sâ (BANLIMMU) še'am (ŠE)

(soll) er pro Tag vier Liter Getreide

7 i - na - ad - di - in

geben.

§ 273

8 šum - ma a - wi - lum

Wenn ein Bürger

9 ^{lú}agram (ḪUN . GÁ) i - gur

(Mann) einen Mietling mietet,

10 iš - tu re - eš

(soll) er ihm vom Anfang (Kopf)

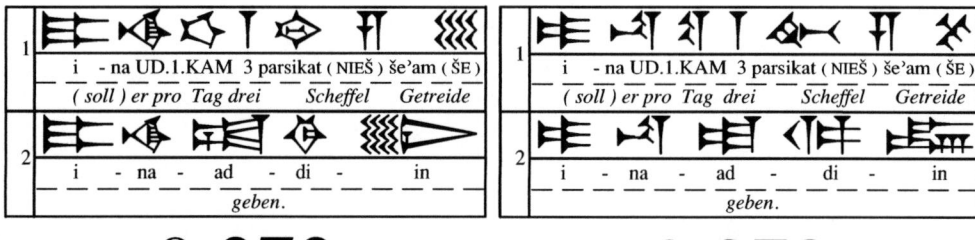

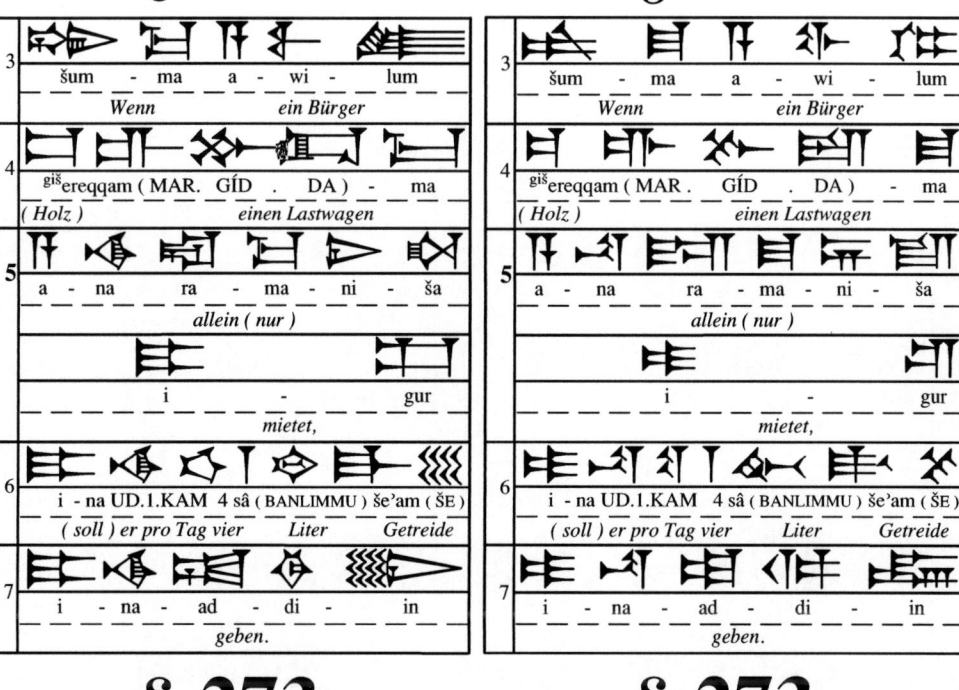

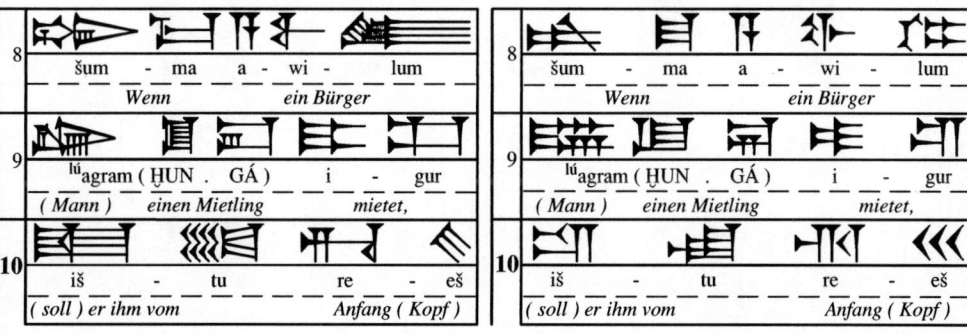

ša - at - tim
des Jahres

11 a - di ḫa - am - ši - im
bis zum fünften

warḫim (ITU - im)
Monat

12 6 uṭṭet (ŠE) kaspam (KÙ . BABBAR)
sechs Gran Silber

13 i - na UD . 1 . KAM
pro Tag

14 i - na - ad - di - in
geben.

15 iš - tu ši -
Vom

ši - im warḫim (ITU - im)
sechsten Monat

16 a - di ta - aq - ti - it (**nicht da!**)
bis zum Ende

ša - at - tim
des Jahres (soll er)

17 5 uṭṭet (ŠE) kaspam (KÙ . BABBAR)
fünf Gran Silber

18 i - na UD . 1 . KAM
pro Tag

19 i - na - ad - di - in
geben.

ša - at - tim
des Jahres

11 a - di ḫa - am - ši - im
bis zum fünften

warḫim (ITU - im)
Monat

12 6 uṭṭet (ŠE) kaspam (KÙ . BABBAR)
sechs Gran Silber

13 i - na UD . 1 . KAM
pro Tag

14 i - na - ad - di - in
geben.

15 iš - tu ši -
Vom

ši - im warḫim (ITU - im)
sechsten Monat

16 a - di ta - aq - ti -it (**nicht da!**)
bis zum Ende

ša - at - tim
des Jahres (soll er)

17 5 uṭṭet (ŠE) kaspam (KÙ . BABBAR)
fünf Gran Silber

18 i - na UD . 1 . KAM
pro Tag

19 i - na - ad - di - in
geben.

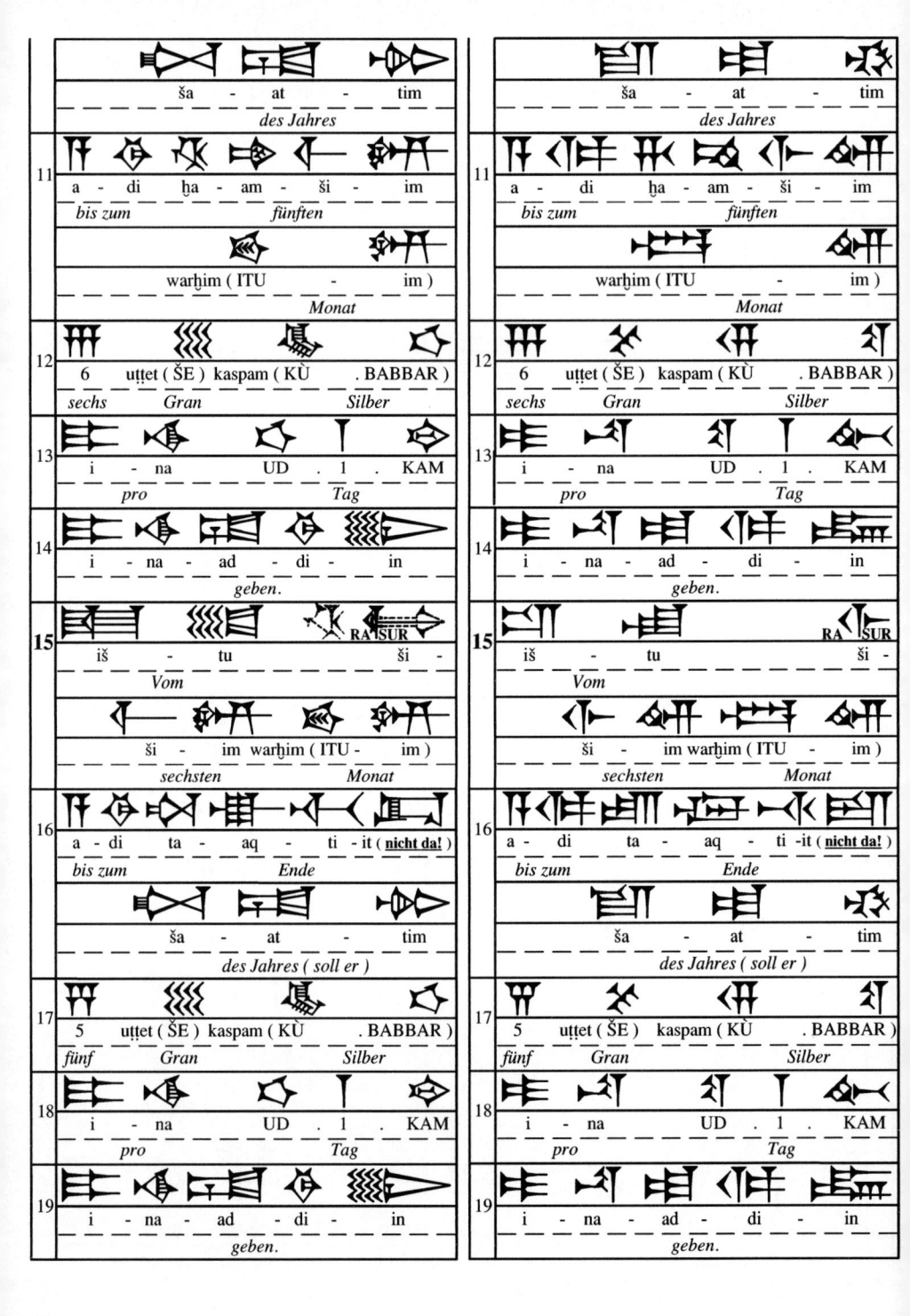

§ 274

Zeile	Umschrift	Übersetzung
20	šum - ma a - wi - lum	*Wenn ein Bürger*
21	mār (DUMU) ummânim (UM . MI . A)	*einen Handwerker*
22	i - ig - ga - ar	*mieten will,*
23	idī (Á) lú x	*(als) Miete (Mann) eines ?*
24	5 uṭṭet (ŠE) kaspam (KÙ . BABBAR)	*fünf Gran Silber,*
25	idī (Á) lúkāmidim (TÚG . DU_8 . A)	*(als) Miete (Mann) eines Stoffklopfers*
26	5 uṭṭet (ŠE) kaspam (KÙ . BABBAR)	*fünf Gran Silber,*
27	idī (Á) lú GAD	*(als) Miete (Mann) eines Leinewebers (?)*
28	x uṭṭet (ŠE) kaspam (KÙ . BABBAR)	*x Gran Silber,*
29	idī (Á) purkullim (BUR . GUL)	*(als) Miete eines Siegelschneiders*
30	x uṭṭet (ŠE) kaspam (KÙ . BABBAR)	*x Gran Silber,*
31	idī (Á) sasinnim (ZADIM)	*(als) Miete eines Bogenmachers*

§ 274

Zeile	Umschrift	Übersetzung
20	šum - ma a - wi - lum	*Wenn ein Bürger*
21	mār (DUMU) ummânim (UM . MI . A)	*einen Handwerker*
22	i - ig - ga - ar	*mieten will,*
23	(?) idī (Á) lú x	*(als) Miete (Mann) eines ?*
24	5 uṭṭet (ŠE) kaspam (KÙ . BABBAR)	*fünf Gran Silber,*
25	idī (Á) lúkāmidim (TÚG . DU_8 . A)	*(als) Miete (Mann) eines Stoffklopfers*
26	5 uṭṭet (ŠE) kaspam (KÙ . BABBAR)	*fünf Gran Silber,*
27	idī (Á) lú GAD	*(als) Miete (Mann) eines Leinewebers (?)*
28	(?) x uṭṭet (ŠE) kaspam (KÙ . BABBAR)	*x Gran Silber,*
29	idī (Á) purkullim (BUR . GUL)	*(als) Miete eines Siegelschneiders*
30	(?) x uṭṭet (ŠE) kaspam (KÙ . BABBAR)	*x Gran Silber,*
31	idī (Á) sasinnim (ZADIM)	*Als Miete eines Bogenmachers*

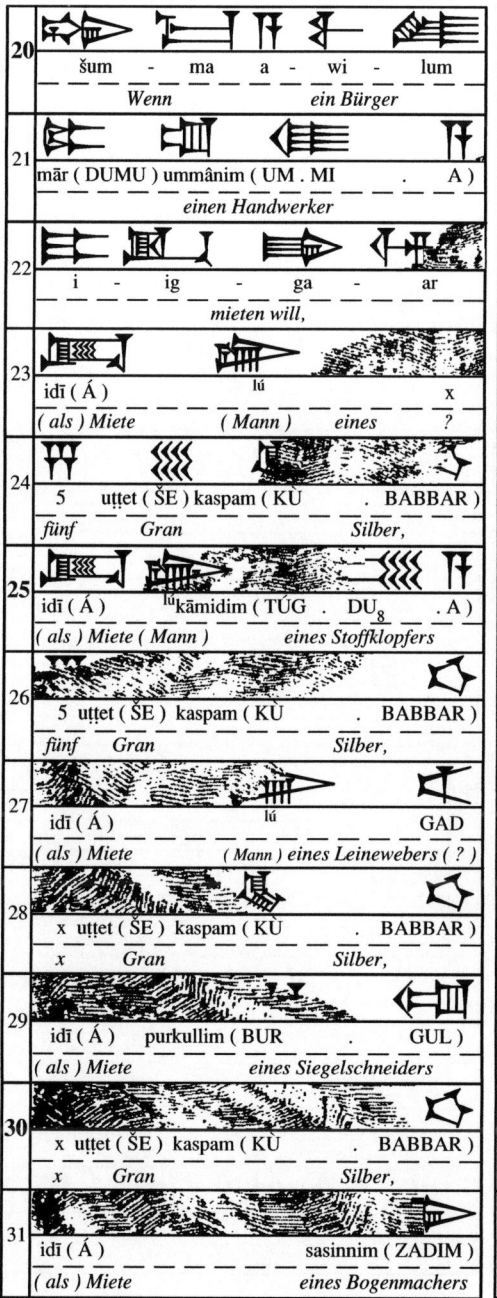

32	x uṭṭet (ŠE) kaspam (KÙ . BABBAR)	*x Gran Silber,*
33	idī (Á) nappāḫim (SIMUG)	*(als) Miete eines Schmiedes*
34	x uṭṭet (ŠE) kaspam (KÙ . BABBAR)	*x Gran Silber,*
35	idī (Á) nagārim (NAGAR)	*(als) Miete eines Zimmermanns*
36	4 (?) uṭṭet (ŠE) kaspam (KÙ . BABBAR)	*vier (?) Gran Silber*
37	idī (Á) aškāpim (AŠGAB)	*(als) Miete eines Lederbearbeiters*
38	x uṭṭet (ŠE) kaspam (KÙ . BABBAR)	*x Gran Silber,*
39	idī (Á) atkuppim (AD . KID)	*(als) Miete eines Rohrmattenflechters*
40	x uṭṭet (ŠE) kaspam (KÙ . BABBAR)	*x Gran Silber,*
41	idī (Á) itinnim (ŠITIM)	*(als) Miete eines Baumeisters*
42	x uṭṭet (ŠE) kaspam (KÙ . BABBAR)	*x Gran Silber,*
43	i - na UD . 1 . KAM	*(soll) er ihm pro Tag*
44	i - na - ad - di - in	*geben.*

32	(?) x uṭṭet (ŠE) kaspam (KÙ . BABBAR)	*x Gran Silber,*
33	idī (Á) nappāḫim (SIMUG)	*(als) Miete eines Schmiedes*
34	(?) x uṭṭet (ŠE) kaspam (KÙ . BABBAR)	*x Gran Silber,*
35	idī (Á) nagārim (NAGAR)	*(als) Miete eines Zimmermanns*
36	4 (?) uṭṭet (ŠE) kaspam (KÙ .BABBAR)	*vier (?) Gran Silber*
37	idī (Á) aškāpim (AŠGAB)	*(als) Miete eines Lederbearbeiters*
38	(?) x uṭṭet (ŠE) kaspam (KÙ .BABBAR)	*x Gran Silber,*
39	idī (Á) atkuppim (AD . KID)	*(als) Miete eines Rohrmattenflechters*
40	(?) x uṭṭet (ŠE) kaspam (KÙ . BABBAR)	*x Gran Silber,*
41	idī (Á) itinnim (ŠITIM)	*(als) Miete eines Baumeisters*
42	(?) x uṭṭet (ŠE) kaspam (KÙ . BABBAR)	*x Gran Silber,*
43	i - na UD . 1 . KAM	*(soll) er ihm pro Tag*
44	i - na - ad - di - in	*geben.*

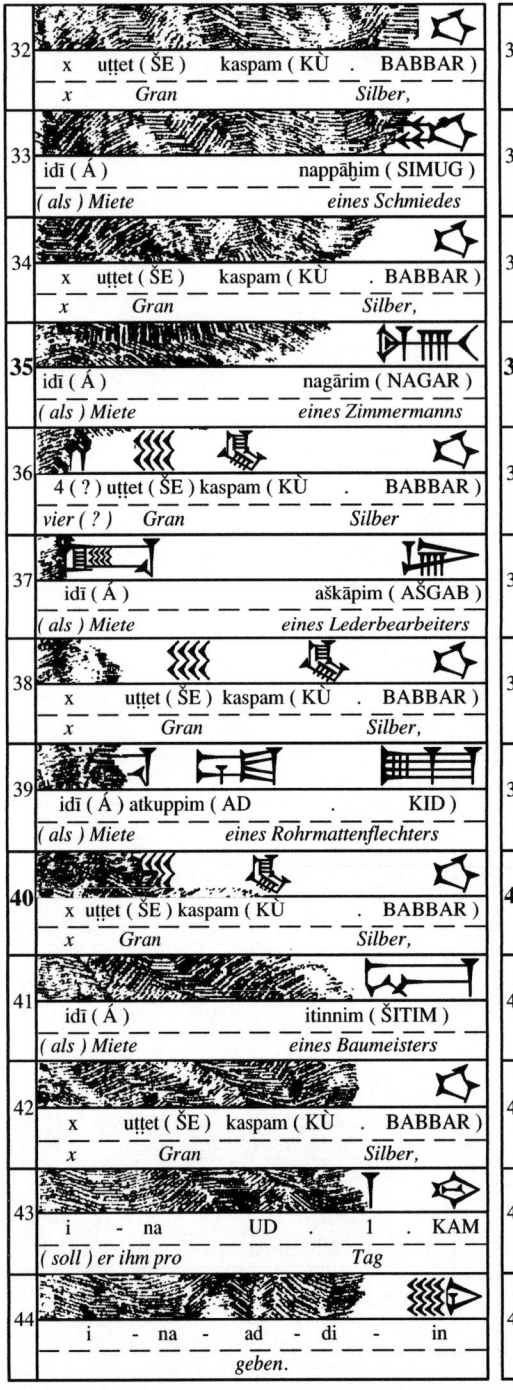

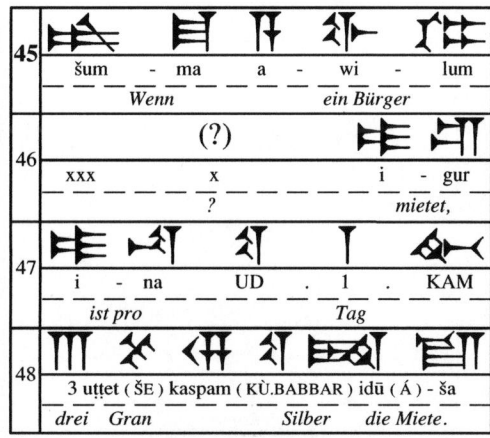

§ 275

45 
šum - ma a - wi - lum
Wenn ein Bürger

46 
xxx x i - gur
? mietet,

47 
i - na UD . 1 . KAM
ist pro Tag

48 
3 uṭṭet (ŠE) kaspam (KÙ.BABBAR) idū (Á) - ša
drei Gran Silber die Miete.

§ 276

49 
šum - ma ma - ḫi - ir - tam i - gur
Wenn er ein Ruderschiff mietet,

50 
2 1/2 uṭṭet (ŠE) kaspam (KÙ . BABBAR)
(soll er) zwei einhalb Gran Silber

idī (Á) - ša
als seine Miete

51 
i - na UD . 1 . KAM
pro Tag

52 
i - na - ad - di - in
geben.

§ 277

53 
šum - ma a - wi - lum
Wenn ein Bürger

§ 275

45 
šum - ma a - wi - lum
Wenn ein Bürger

46 
(?)
xxx x i - gur
? mietet,

47 
i - na UD . 1 . KAM
ist pro Tag

48 
3 uṭṭet (ŠE) kaspam (KÙ.BABBAR) idū (Á) - ša
drei Gran Silber die Miete.

§ 276

49 
šum - ma ma - ḫi - ir - tam i - gur
Wenn er ein Ruderschiff mietet,

50 
2 1/2 uṭṭet (ŠE) kaspam (KÙ . BABBAR)
(soll er) zwei einhalb Gran Silber
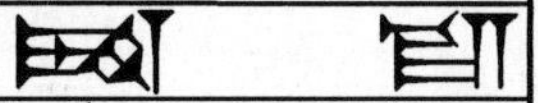
idī (Á) - ša
als seine Miete

51 
i - na UD . 1 . KAM
pro Tag

52 
i - na - ad - di - in
geben.

§ 277

53 
šum - ma a - wi - lum
Wenn ein Bürger

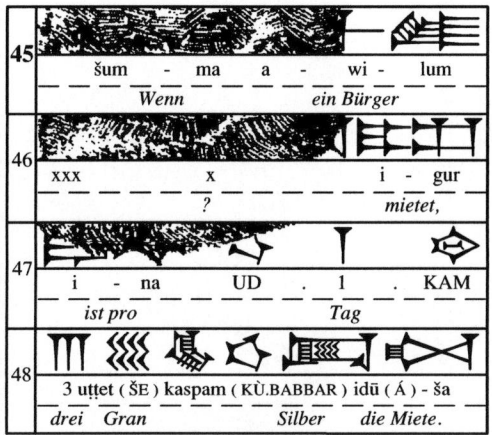

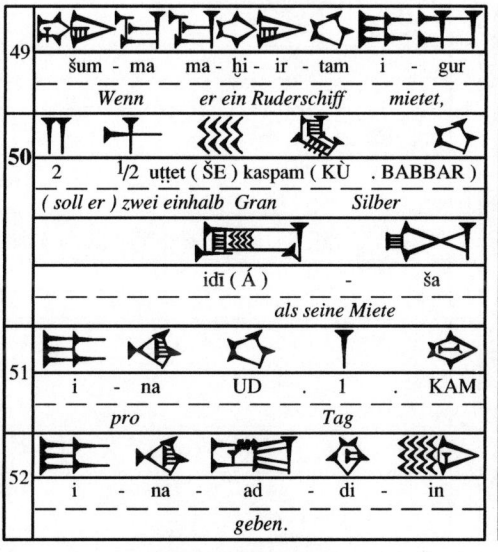

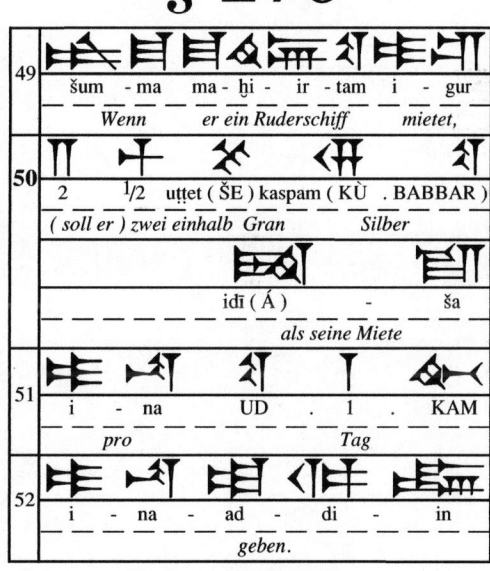

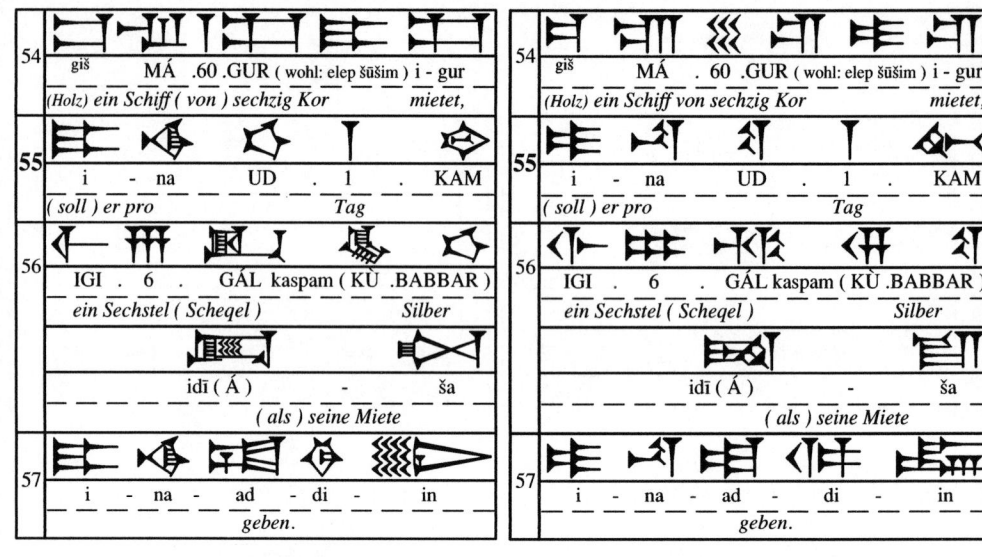

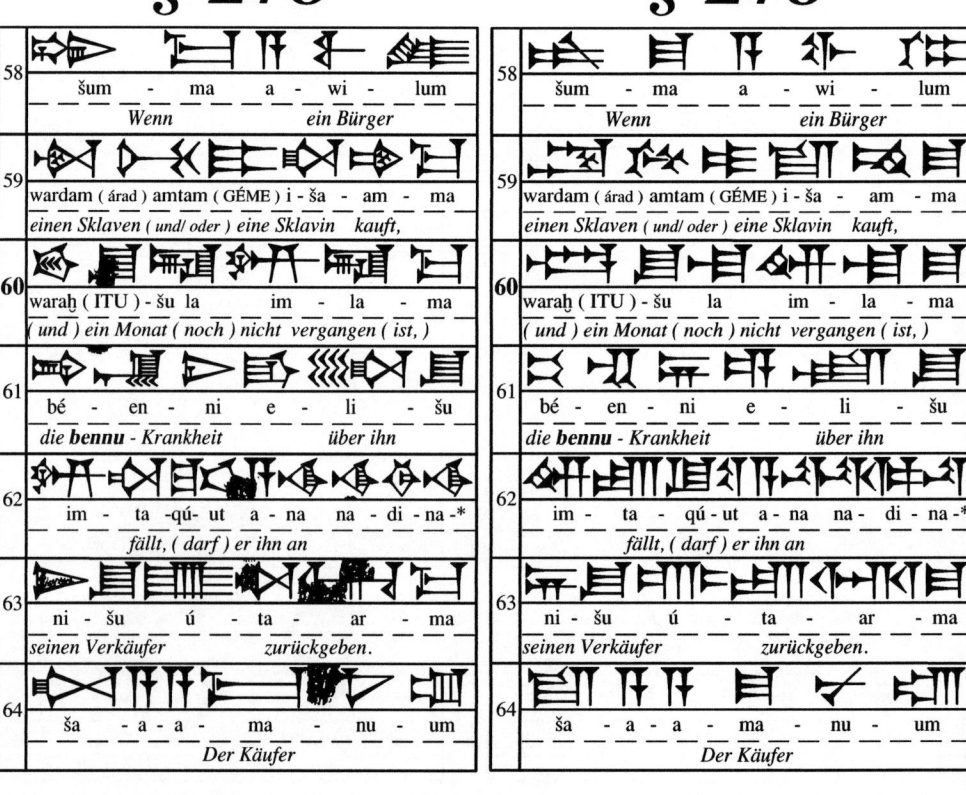

54 giš MÁ .60 .GUR (wohl: elep šūšim) i - gur *(Holz) ein Schiff (von) sechzig Kor mietet,*	54 giš MÁ . 60 .GUR (wohl: elep šūšim) i - gur *(Holz) ein Schiff von sechzig Kor mietet,*
55 i - na UD . 1 . KAM *(soll) er pro Tag*	55 i - na UD . 1 . KAM *(soll) er pro Tag*
56 IGI . 6 . GÁL kaspam (KÙ .BABBAR) *ein Sechstel (Scheqel) Silber* idī (Á) - ša *(als) seine Miete*	56 IGI . 6 . GÁL kaspam (KÙ .BABBAR) *ein Sechstel (Scheqel) Silber* idī (Á) - ša *(als) seine Miete*
57 i - na - ad - di - in *geben.*	57 i - na - ad - di - in *geben.*

§ 278

58 šum - ma a - wi - lum *Wenn ein Bürger*	58 šum - ma a - wi - lum *Wenn ein Bürger*
59 wardam (árad) amtam (GÉME) i - ša - am - ma *einen Sklaven (und/ oder) eine Sklavin kauft,*	59 wardam (árad) amtam (GÉME) i - ša - am - ma *einen Sklaven (und/ oder) eine Sklavin kauft,*
60 waraḫ (ITU) - šu la im - la - ma *(und) ein Monat (noch) nicht vergangen (ist,)*	60 waraḫ (ITU) - šu la im - la - ma *(und) ein Monat (noch) nicht vergangen (ist,)*
61 bé - en - ni e - li - šu *die **bennu** - Krankheit über ihn*	61 bé - en - ni e - li - šu *die **bennu** - Krankheit über ihn*
62 im - ta -qú- ut a - na na - di - na -* *fällt, (darf) er ihn an*	62 im - ta - qú- ut a -na na - di - na -* *fällt, (darf) er ihn an*
63 ni - šu ú - ta - ar - ma *seinen Verkäufer zurückgeben.*	63 ni - šu ú - ta - ar - ma *seinen Verkäufer zurückgeben.*
64 ša - a - a - ma - nu - um *Der Käufer*	64 ša - a - a - ma - nu - um *Der Käufer*

65 kasap (KÙ.BABBAR) iš - qú - lu

(soll) das Geld, das gezahlte,

66 i - le - qé

zurückerhalten.

* Worttrennung in 2 Zeilen!

§ 279

67 šum - ma a - wi - lum

Wenn ein Bürger

68 wardam (árad) amtam (GÉME) i - ša - am - ma

einen Sklaven (und/ oder) eine Sklavin kauft,

69 ba - aq - ri

Einspruch

ir - ta - ši

erfährt,

70 na - di - na - an - šu

(soll) sein Verkäufer

71 ba - aq - ri i - ip - pa - al

(für) den Einspruch aufkommen.

§ 280

72 šum - ma a - wi - lum

Wenn ein Bürger

73 i - na ma - at

im Land

74 nu - ku - úr - tim

eines Feindes

65 kasap (KÙ.BABBAR) iš - qú - lu

(soll) das Geld, das gezahlte,

66 i - le - qé

zurückerhalten.

* Worttrennung in 2 Zeilen!

§ 279

67 šum - ma a - wi - lum

Wenn ein Bürger

68 wardam (árad) amtam (GÉME) i - ša - am - ma

einen Sklaven (und/ oder) eine Sklavin kauft,

69 ba - aq - ri

Einspruch

ir - ta - ši

erfährt,

70 na - di - na - an - šu

(soll) sein Verkäufer

71 ba - aq - ri i - ip - pa - al

(für) den Einspruch aufkommen.

§ 280

72 šum - ma a - wi - lum

Wenn ein Bürger

73 i - na ma - at

im Land

74 nu - ku - úr - tim

eines Feindes

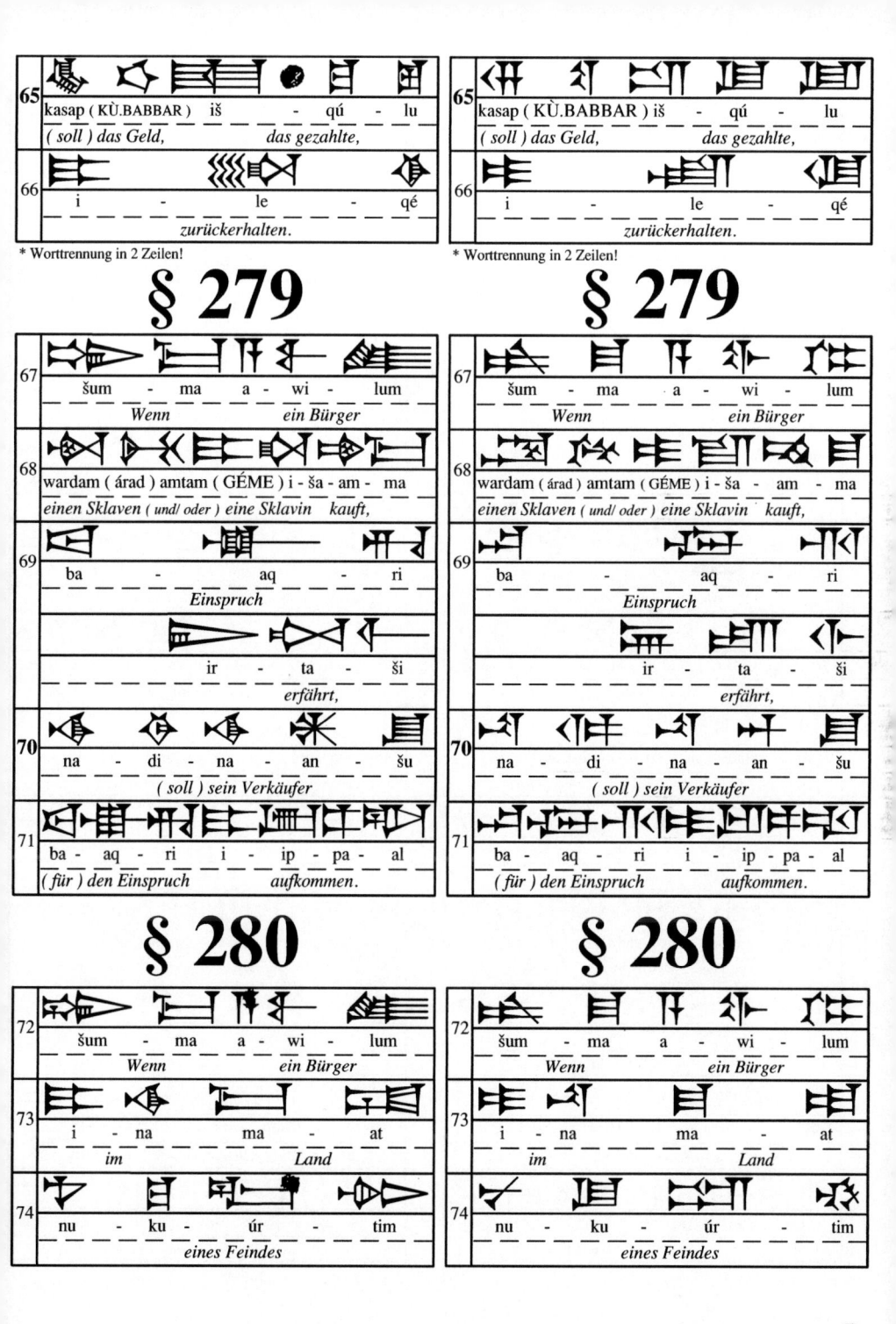

75	wardam (árad) amtam (GÉME) ša	*einen Sklaven, eine Sklavin*
	a - wi - lim	*eines Bürgers*
76	iš - ta - am	*kauft,*
77	i - nu - ma	*(sollen) gegebenenfalls*
78	i - na li - ib - bu mātim (KALAM)	*in das Heimatland (wörtl.: Herzensland)*
79	it - ta - al - kam - ma	*(nach) der Rückkehr*
80	be - el wardim (árad) ù lu amtim (GÉME)	*der Eigentümer des Sklaven und/ oder der Sklavin*
81	lu waras (árad) - sú ù lu amas (GÉME) - sú	*seinen Sklaven und/ oder seine Sklavin*
82	ú - te - ed - di	*erkennt,*
83	šum - ma wardum (árad) ù amtum (GÉME) šu - nu	*gesetzt, es handelt sich bei dem Sklaven und/ oder dieser Sklavin*
84	mārū (DUMU.MEŠ) ma - tim	*um Eingeborene (Kinder des Landes)*
85	ba - lum kaspim (KÙ.BABBAR) - ma	*(diese) ohne (Entschädigung von) Geld*
86	an - du - ra - ar - šu - nu	*ihre Freilassung werden.*

75	wardam (árad) amtam (GÉME) ša	*einen Sklaven, eine Sklavin*
	a - wi - lim	*eines Bürgers*
76	iš - ta - am	*kauft,*
77	i - nu - ma	*(sollen) gegebenenfalls*
78	i - na li - ib - bu mātim (KALAM)	*in das Heimatland (wörtl.: Herzensland)*
79	it - ta - al - kam - ma	*(nach) der Rückkehr*
80	be - el wardim (árad) ù lu amtim (GÉME)	*der Eigentümer des Sklaven und/ oder der Sklavin*
81	lu waras (árad) - sú ù lu amas (GÉME) - sú	*seinen Sklaven und/ oder seine Sklavin*
82	ú - te - ed - di	*erkennt,*
83	šum - ma wardum (árad) ù amtum (GÉME) šu - nu	*gesetzt, es handelt sich bei dem Sklaven und/ oder dieser Sklavin*
84	mārū (DUMU.MEŠ) ma - tim	*um Eingeborene (Kinder des Landes)*
85	ba - lum kaspim (KÙ .BABBAR) - ma	*(diese) ohne (Entschädigung von) Geld*
86	an - du - ra - ar - šu - nu	*ihre Freilassung werden.*

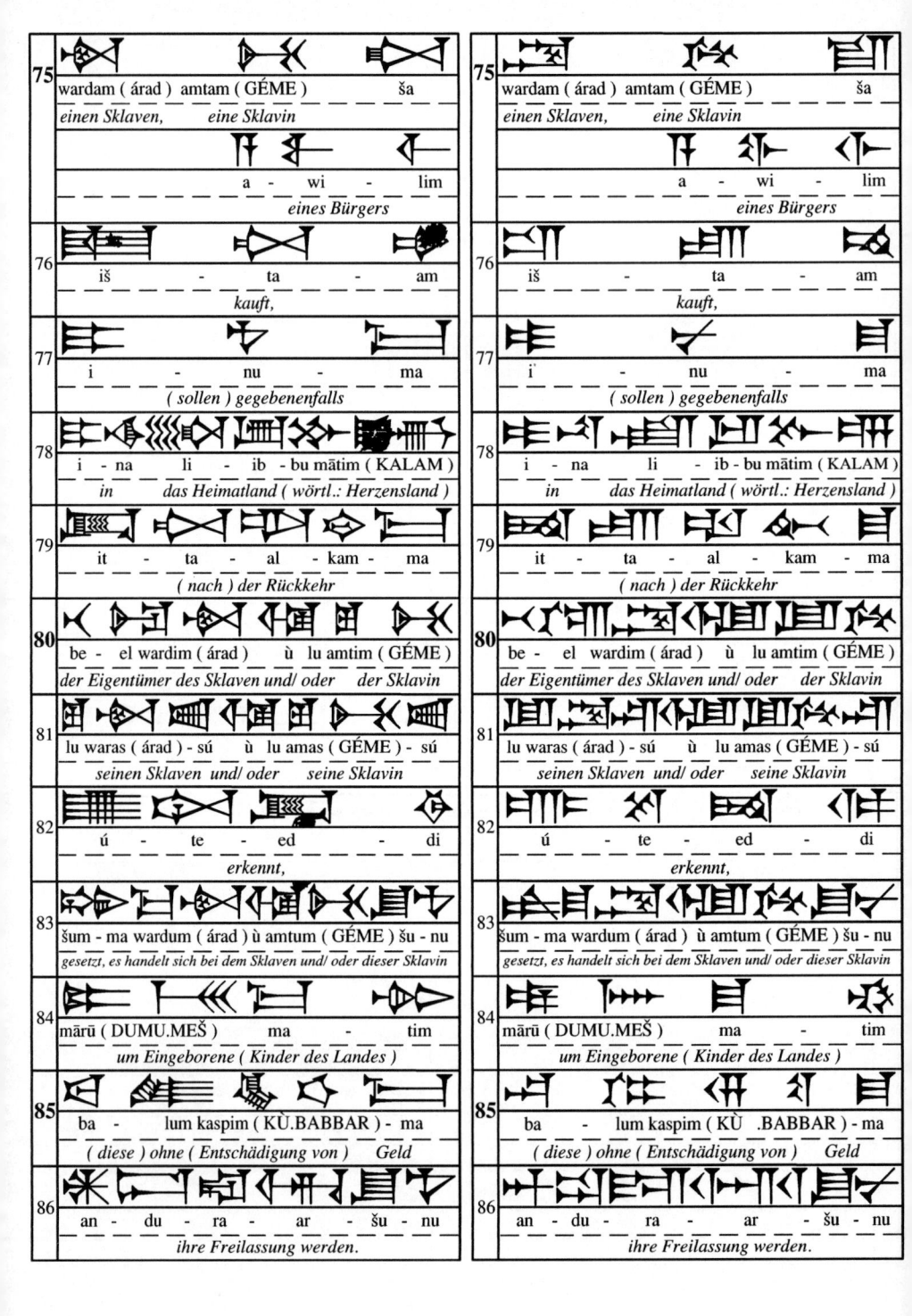

87 iš - ša - ak - ka - an

durchzuführen.

§ 281

88 šum - ma mārū (DUMU.MEŠ) ma - tim

Wenn es sich um Eingeborene (Kinder des Landes)

ša - ni - tim

eines anderen (handelt),

89 ša - a - a - ma - nu - um (**nicht ma!**)

(soll) der Käufer

90 i - na ma - ḫar i - lim

vor einem/ dem Gott

91 kasap (KÙ.BABBAR) iš - qú (**nicht lu!**) - lu

das Geld, das gezahlte,

92 i - qá (**nicht bi!**) - ab - bi - ma

nennen;

93 be - el wardim (árad) ù lu amtim (GÉME)

der Eigentümer des Sklaven und/ oder der Sklavin

94 kasap (KÙ.BABBAR) iš-qú-lu a-na tamkārim (DAM.GÀR)

(soll) das Geld, das gezahlte, an den Kaufmann

95 i - na - ad - di - in - ma

geben (ersetzen)

96 lu waras (árad) - sú lu amas (GÉME) - sú i-pa-ṭár (**nicht AG!**)

(und) seinen Sklaven (und) seine Sklavin freikaufen.

§ 282

87 iš - ša - ak - ka - an

durchzuführen.

§ 281

88 šum - ma mārū (DUMU.MEŠ) ma - tim

Wenn es sich um Eingeborene (Kinder des Landes)

ša - ni - tim

eines anderen (handelt),

89 ša - a - a - ma - nu - um (**nicht ma!**)

(soll) der Käufer

90 i - na ma - ḫar i - lim

vor einem/ dem Gott

91 kasap (KÙ.BABBAR) iš - qú (**nicht lu!**) - lu

das Geld, das gezahlte,

92 i - qá (**nicht bi!**) - ab - bi - ma

nennen;

93 be - el wardim (árad) ù lu amtim (GÉME)

der Eigentümer des Sklaven und/ oder der Sklavin

94 kasap (KÙ.BABBAR) iš-qú-lu a-na tamkārim (DAM.GÀR)

(soll) das Geld, das gezahlte, an den Kaufmann

95 i - na - ad - di - in - ma

geben (ersetzen)

96 lu waras (árad) - sú lu amas (GÉME) - sú i-pa-ṭár (**nicht AG!**)

(und) seinen Sklaven (und) seine Sklavin freikaufen.

§ 282

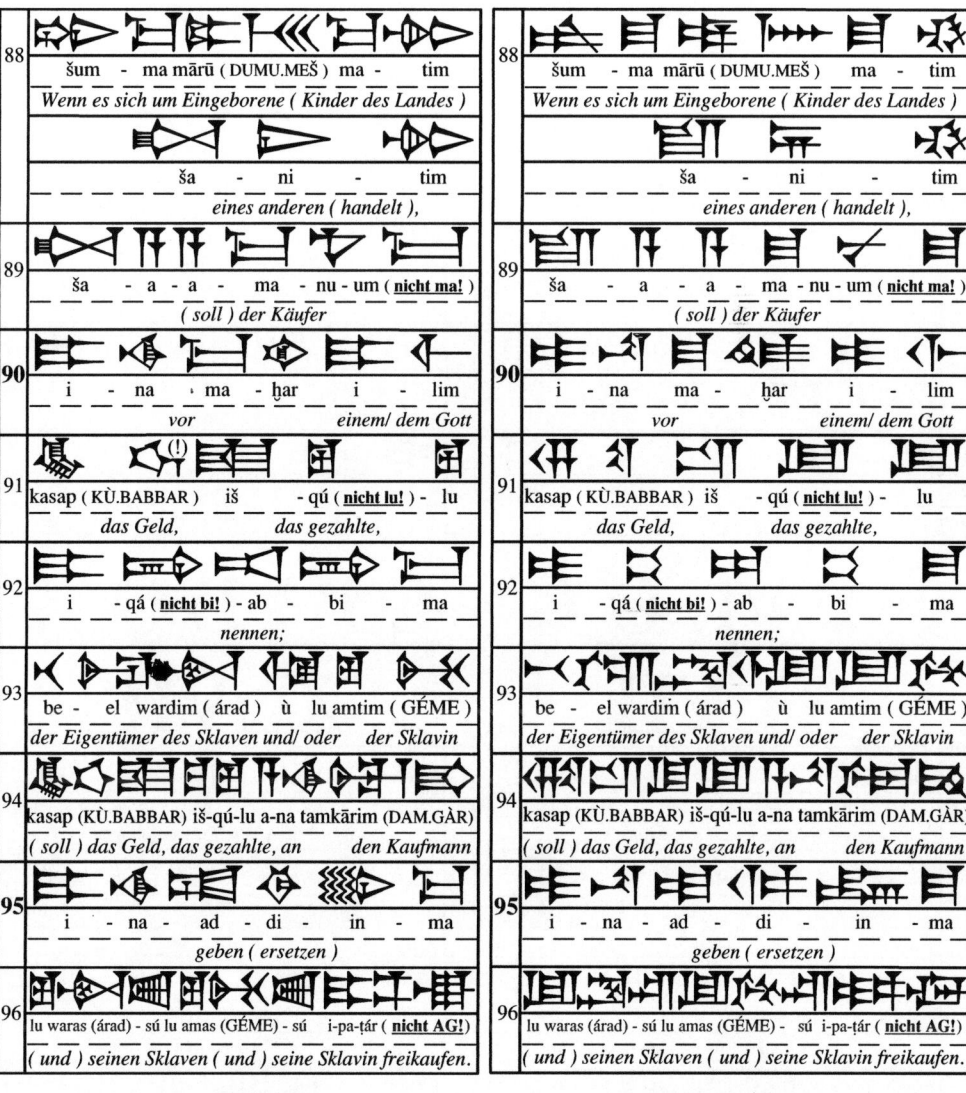

97	šum - ma wardum (árad) a - na be - lí - šu	*Wenn ein Sklave zu seinem Herrn*
98	ú - ul be - lí at - ta	*" Nicht mein Herr bist du! "*
99	iq - ta - bi	*sagt:*
100	ki - ma waras (árad) - sú	*(soll er ihn) als seinen Sklaven*
101	ú - ka - an - šu - ma	*nachweisen.*
102	be - el - šu ú - zu - un - šu	*Sein Eigentümer (soll/ kann) ihm (s)ein Ohr*
	i - na - ak - ki - is	*abschneiden.*

97	šum - ma wardum (árad) a - na be - lí - šu	*Wenn ein Sklave zu seinem Herrn*
98	ú - ul be - lí at - ta	*" Nicht mein Herr bist du! "*
99	iq - ta - bi	*sagt:*
100	ki - ma waras (árad) - sú	*(soll er ihn) als seinen Sklaven*
101	ú - ka - an - šu - ma	*nachweisen.*
102	be - el - šu ú - zu - un - šu	*Sein Eigentümer (soll/ kann) ihm (s)ein Ohr*
	i - na - ak - ki - is	*abschneiden.*

EPILOG

XLVII

EPILOG

XLVII

1	di - na - a - at	*(Dies sind) die Richtersprüche,*
2	mi - ša - ri - im	*die gerechten,*
3	ša Ḫa - am - mu - ra - pí	*die* ***HAMMURAPI,***
4	šar - ru - um le - ú - um	*der König, der tüchtige,*

1	di - na - a - at	*(Dies sind) die Richtersprüche,*
2	mi - ša - ri - im	*die gerechten,*
3	ša Ḫa - am - mu - ra - pí	*die* ***HAMMURAPI,***
4	šar - ru - um le - ú - um	*der König, der tüchtige,*

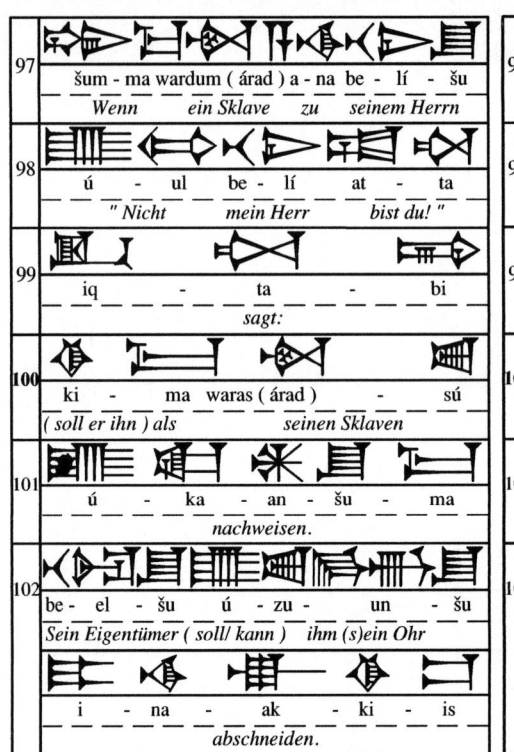

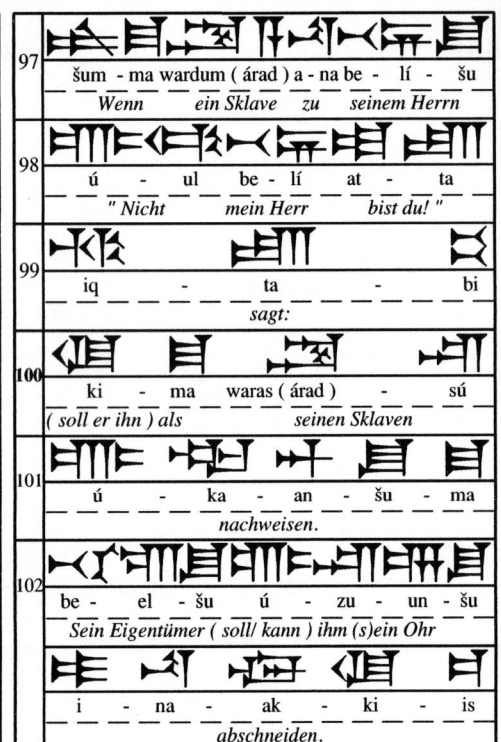

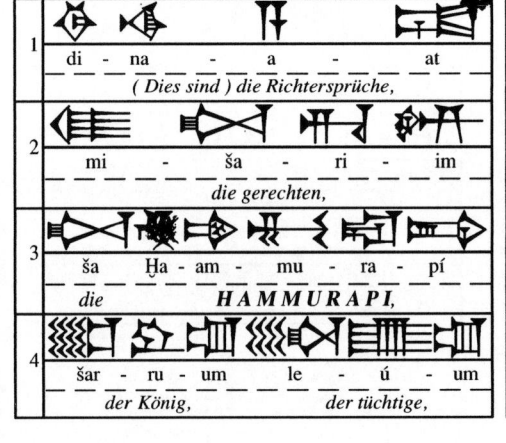

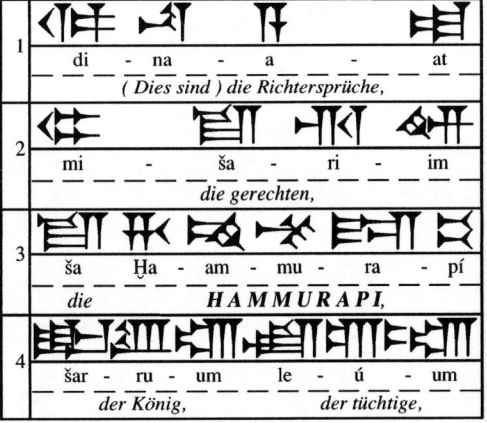

§ 270) 98) Wenn er einen Bock 97) zum Dreschen mietet, 98) so beträgt sein Entgelt dafür ein Liter Getreide.

§ 271) 99) Wenn ein Bürger 100) Rinder, einen Lastwagen 101) und dessen Führer mietet, **XLVI** 1) so soll er pro Tag drei Scheffel Getreide 2) geben.

§ 272) 3) Wenn ein Bürger 4) einen Lastwagen 5) allein mietet, 6) so soll er pro Tag vier Liter Getreide 7) geben.

§ 273) 8) Wenn ein Bürger 9) einen Mietling mietet, 10) so soll er ihm vom Jahresanfang 11) bis zum fünften Monat 13) pro Tag 12) sechs Gran Silber 14) geben; 15) vom sechsten Monat 16) bis zum Jahresende 18) soll er ihm pro 'I'ag 17) fünf Gran Silber 19) geben.

§ 274) 20) Wenn ein Bürger 21) einen Handwerker 22) mieten will, 43) so soll er pro Tag 23) als Miete eines .?. 24) fünf Gran Silber; 25) als Miete eines Textilherstellers 26) fünf Gran Silber; 27) [als Miete] eines Leinewebers (Übersetzung sehr unsicher) 28) [x Gran] Silber; 29) [als Miete] eines Siegelschneiders 30) [x Gran] Silber; 31) [als Miete] eines Bogenmachers 32) [x Gran) Silber; 33) [als Miete] eines Schmiedes 34) [x Gran] Silber; 35) [als Miete] eines Zimmermanns 36) vier Gran Silber; 37) als Miete eines Lederbearbeiters 38) [x] Gran Silber; 39) als Miete eines Rohrmattenflechters 40) [x] Gran Silber; 41) [als Miete] eines Baumeisters 42) [x Gran] Silber. 44) geben.

§ 275) 45) [Wenn] ein Bürger 46) .?. mietet, 47) so ist pro 'I'ag 48) drei Gran Silber ihre Miete.

§ 276) 49) Wenn er ein Ruderschiff mietet, 51) so soll er pro 'I'ag 50) 2½ Gran Silber als seine Miete 52) geben.

§ 277) 53) Wenn ein Bürger 54) ein Schiff von sechzig Kor mietet, 55) so soll er pro 'I'ag 56) ein sechstel (Scheqel) als seine Miete 57) geben.

§ 278) 58) Wenn ein Bürger 59) einen Sklaven oder eine Sklavin kauft 60) und, noch bevor ein Monat vergangen ist, 61) die *bennu*-Krankheit ihn 62) befällt, so darf er ihn seinem Verkäufer 63) zurückgeben, 64) und der Käufer 65) soll das Geld, das er gezahlt hat, 66) zurückbekommen.

§ 279) 67) Wenn ein Bürger 68) einen Sklaven oder eine Sklavin kauft 69) und Einspruch erfährt, 70) so soll sein Verkäufer 71) für den Einspruch aufkommen.

§ 280) 72) Wenn ein Bürger 73) im Land 74) eines Feindes 75) einen Sklaven oder eine Sklavin eines Bürgers 76) kauft, 77) so sollen, wenn 79) nach der Rückkehr 78) in das Heimatland 80) der Eigentümer des Sklaven oder der Sklavin 81) seinen Sklaven bzw, seine Sklavin 82) identifiziert, 83) gesetzt, es handelt sich bei diesem Sklaven und dieser Sklavin 84) um Eingeborene, 85) müssen diese ohne jede Geldentschädigung 86) freigelassen 87 werden.

§ 281) 88) Wenn es sich um Eingeborene eines anderen Landes handelt, 89) so soll der Käufer 90) vor (einem/ dem) Gott 91) das Geld, das er bezahlt hat, 92) nennen; 93) der Eigentümer des Sklaven oder der Sklavin 94) soll dem Kaufmann das Geld, das dieser bezahlt hat, 95) ersetzen 96) und seinen Sklaven bzw, seine Sklavin freikaufen.

§ 282) 97) Wenn ein Sklave zu seinem Herrn 99) sagt: 98) "Du bist nicht mein Herr", 99) so soll dieser ihn als seinen Sklaven 101) nachweisen, 102) und sein Eigentümer soll/ kann ihm ein Ohr abschneiden.

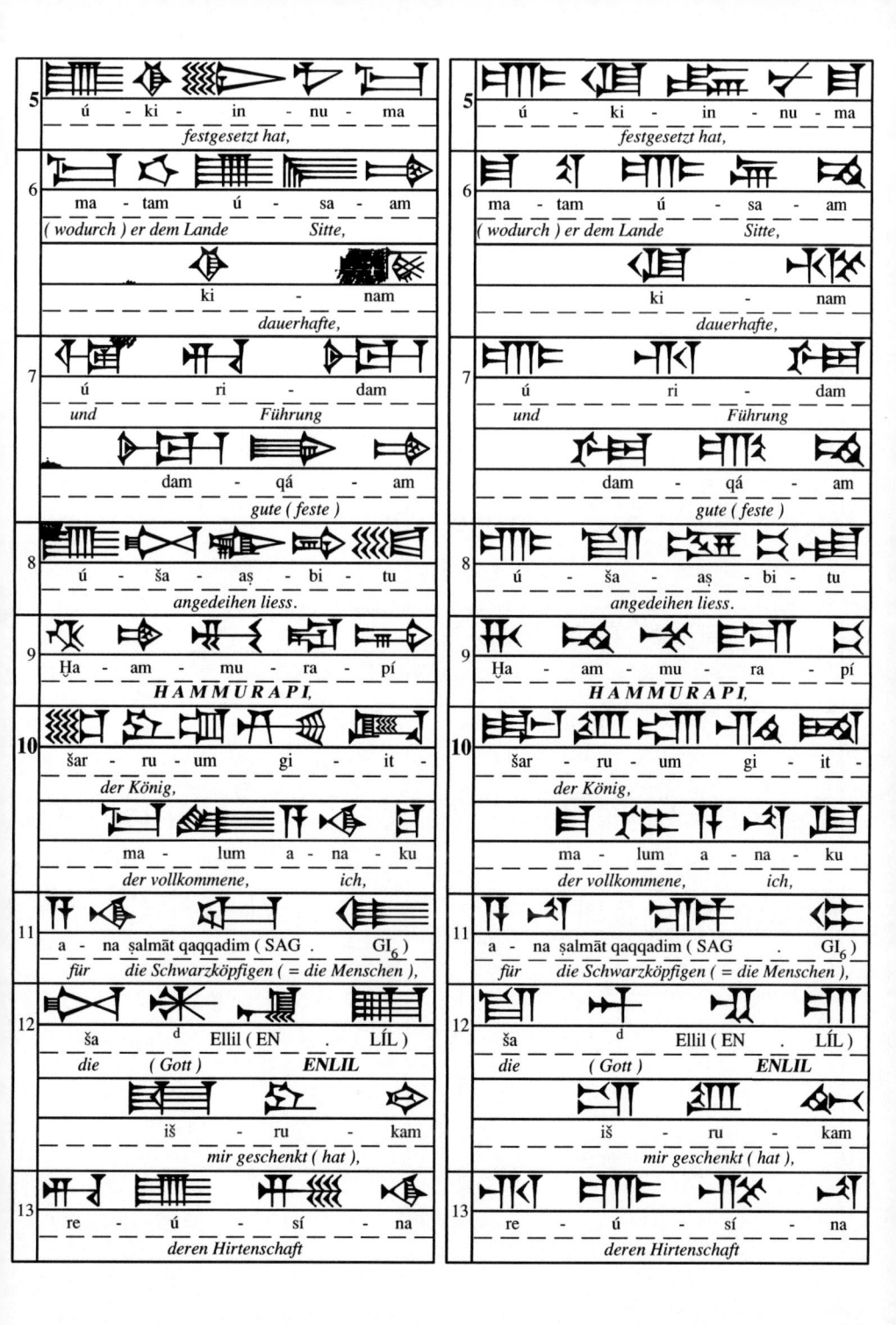

5

ú - ki - in - nu - ma
festgesetzt hat,

6

ma - tam ú - sa - am
(wodurch) er dem Lande Sitte,

ki - nam
dauerhafte,

7

ú ri - dam
und Führung

dam - qá - am
gute (feste)

8

ú - ša - aṣ - bi - tu
angedeihen liess.

9

Ḫa - am - mu - ra - pí
HAMMURAPI,

10

šar - ru - um gi - it -
der König,

ma - lum a - na - ku
der vollkommene, ich,

11

a - na ṣalmāt qaqqadim (SAG . GI_6)
für die Schwarzköpfigen (= die Menschen),

12

ša d Ellil (EN . LÍL)
die (Gott) ***ENLIL***
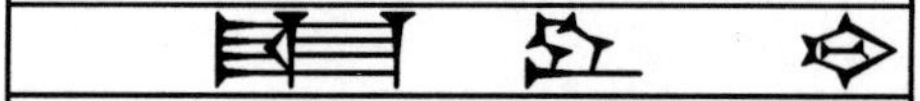
iš - ru - kam
mir geschenkt (hat),

13
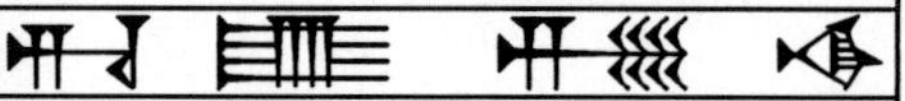
re - ú - sí - na
deren Hirtenschaft

5
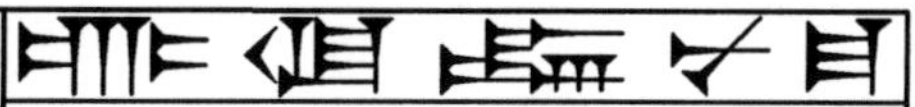
ú - ki - in - nu - ma
festgesetzt hat,

6

ma - tam ú - sa - am
(wodurch) er dem Lande Sitte,

ki - nam
dauerhafte,

7

ú ri - dam
und Führung
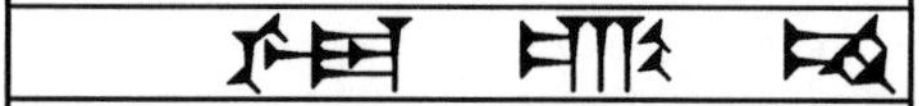
dam - qá - am
gute (feste)

8

ú - ša - aṣ - bi - tu
angedeihen liess.

9

Ḫa - am - mu - ra - pí
HAMMURAPI,

10

šar - ru - um gi - it -
der König,

ma - lum a - na - ku
der vollkommene, ich,

11

a - na ṣalmāt qaqqadim (SAG . GI_6)
für die Schwarzköpfigen (= die Menschen),

12
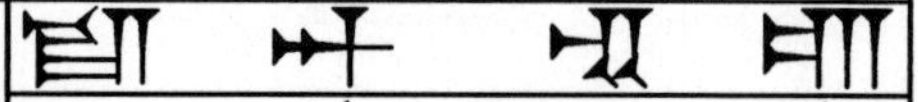
ša d Ellil (EN . LÍL)
die (Gott) ***ENLIL***

iš - ru - kam
mir geschenkt (hat),

13
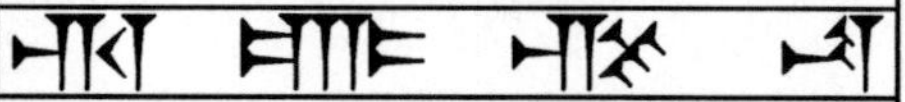
re - ú - sí - na
deren Hirtenschaft

14	dMarduk (AMAR.UTU) i - din - nam	(Gott) **MARDUK** *mir gegeben (hat),*
15	ú - ul e - gu	*nicht säumig wurde ich,*
16	a - ḫi ú - ul ad - di	*in den Schoss nicht meine Hände legte ich.*
17	aš - ri šu - ul - mi - im	*Stätten, sichere,*
18	eš - te - i - ši - na - šim	*suchte ich immer für sie,*
19	pu - uš - qí	*Engpässe,*
	wa - aš - ṭú - tim	*schwierige,*
20	ú - pe - et - ti	*überwand ich,*
21	nu - ra - am ú - še - ṣí -	*Licht*
	ši - na - ši - im	*liess ich über sie aufgehen.*
22	i - na giš kakkim (TUKUL)	*Mit (Holz) der Waffe,*
	da - an - nim	*der starken,*
23	ša d Za - ba_4 - ba_4	*die (Göttin)* **ZABABA**

14	dMarduk (AMAR.UTU) i - din - nam	(Gott) **MARDUK** *mir gegeben (hat),*
15	ú - ul e - gu	*nicht säumig wurde ich,*
16	a - ḫi ú - ul ad - di	*in den Schoss nicht meine Hände legte ich.*
17	aš - ri šu - ul - mi - im	*Stätten, sichere,*
18	eš - te - i - ši - na - šim	*suchte ich immer für sie,*
19	pu - uš - qí	*Engpässe,*
	wa - aš - ṭú - tim	*schwierige,*
20	ú - pe - et - ti	*überwand ich,*
21	nu - ra - am ú - še - ṣí -	*Licht*
	ši - na - ši - im	*liess ich über sie aufgehen.*
22	i - na giš kakkim (TUKUL)	*Mit (Holz) der Waffe,*
	da - an - nim	*der starken,*
23	ša d Za - ba_4 - ba_4	*die (Göttin)* **ZABABA**

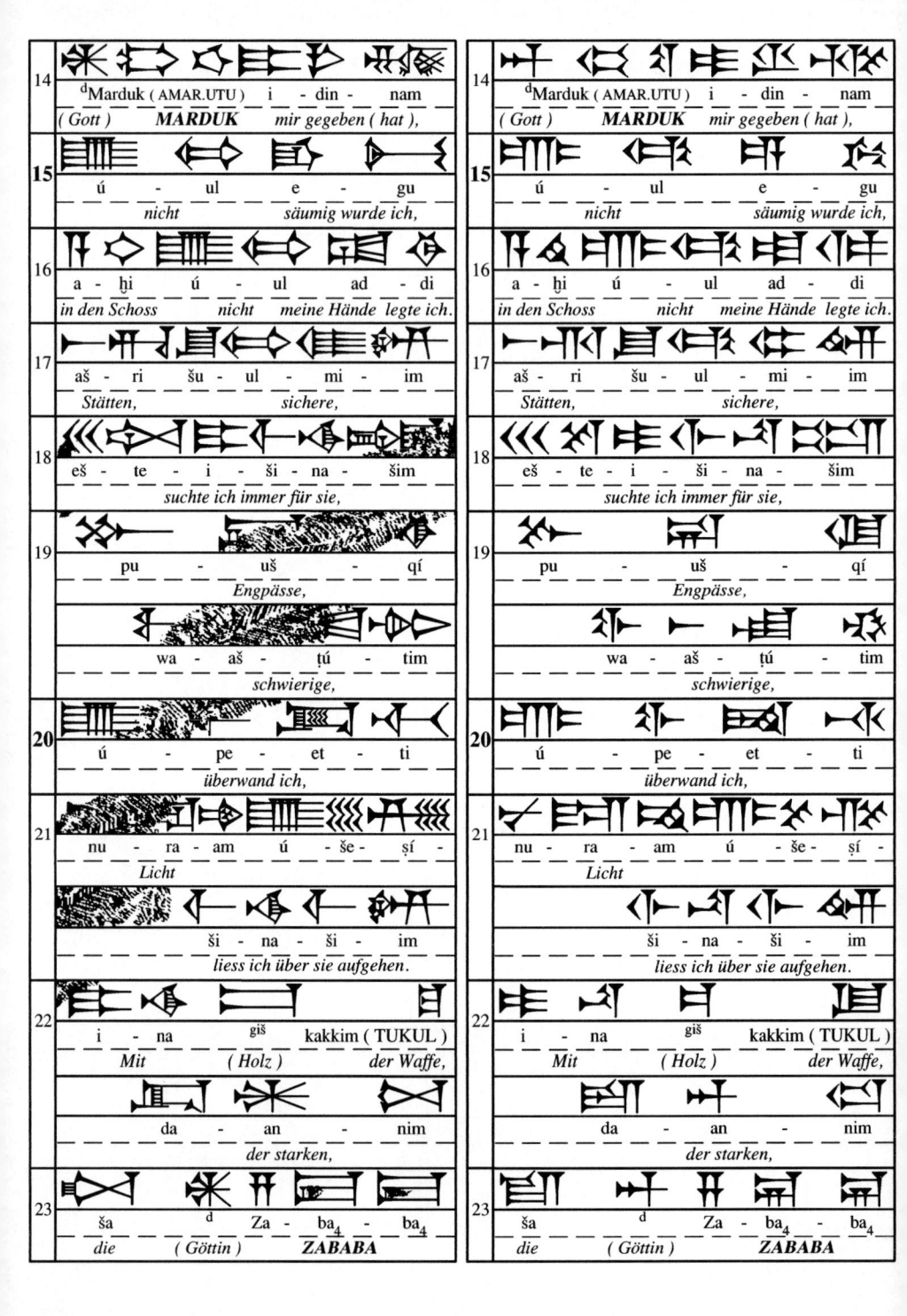

24	ù ^d Ištar (INNIN)	*und (Göttin)* ***IŠTAR***
25	ú - ša - at - li - mu - nim	*mir verliehen haben,*
26	i - na igigallim (IGI . GÁL)	*mit Weisheit,*
27	ša ^d Ea (EN . KI)	*die (Gott)* ***EA*** *(oder* ***ENKI*** *)*
	i - ši - ma - am	*mir bestimmt hat,*
28	i - na le - ú - tim	*mit der Tüchtigkeit,*
29	ša ^dMarduk (AMAR . UTU)	*die (Gott)* ***MARDUK***
	id - di - nam	*mir gegeben hat,*
30	na - ak - ri e - li - iš	*die Feinde oben*
31	ù ša - ap - li - iš	*und unten*
	as - sú - úḫ	*entfernte ich,*
32	qá - ab - la - tim	*den Widerstand*
	ú - bé - el - li	*vernichtete ich,*

24	ù ^d Ištar (INNIN)	*und (Göttin)* ***IŠTAR***
25	ú - ša - at - li - mu - nim	*mir verliehen haben,*
26	i - na igigallim (IGI . GÁL)	*mit Weisheit,*
27	ša ^d Ea (EN . KI)	*die (Gott)* ***EA*** *(oder* ***ENKI*** *)*
	i - ši - ma - am	*mir bestimmt hat,*
28	i - na le - ú - tim	*mit der Tüchtigkeit,*
29	ša ^dMarduk (AMAR . UTU)	*die (Gott)* ***MARDUK***
	id - di - nam	*mir gegeben hat,*
30	na - ak - ri e - li - iš	*die Feinde oben*
31	ù ša - ap - li - iš	*und unten*
	as - sú - úḫ	*entfernte ich,*
32	qá - ab - la - tim	*den Widerstand*
	ú - bé - el - li	*vernichtete ich,*

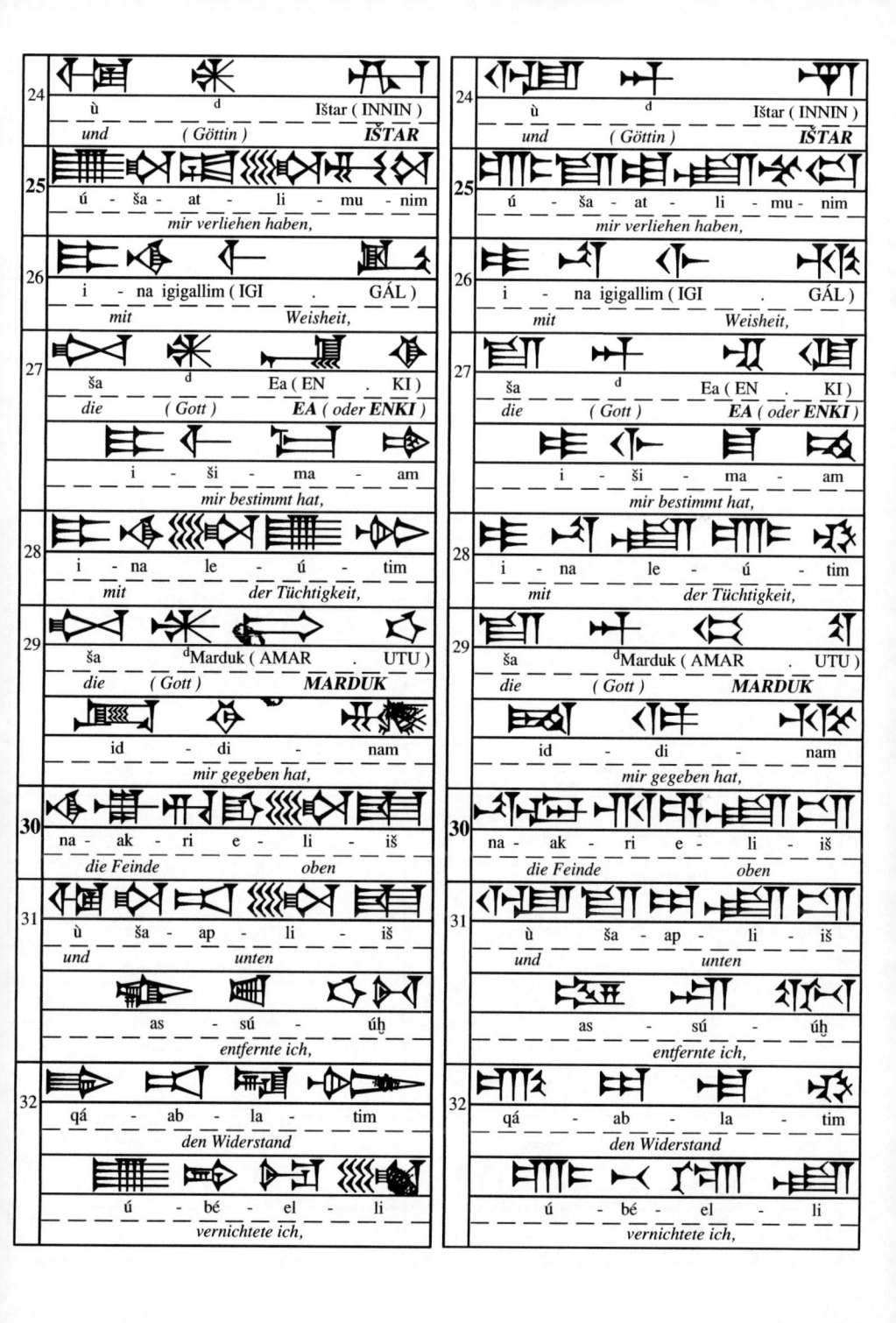

33	ši - ir ma - tim	
	(für) das Wohlergehen des Landes	
34	ú - ṭì - ib	
	trug ich Sorge,	
35	ni - ši da - ad - mi	
	die Einwohner der Orte (liess ich)	
36	a - bu - úr - ri	
	(wie Schafe) auf Wiesen	
37	ú - šar - bí - iṣ	
	lagern,	
38	mu - gal - li - tam	
	einen Störenfried	
39	ú - ul ú - šar - ši -	
	(liess) ich nicht	
	ši - na - ti	
	erstehen.	
40	ilū rabûtum (DINGIR. GAL . GAL)	
	Die grossen Götter	
41	ib - bu - ú - nin - ni - ma	
	haben mich berufen.	
42	a - na - ku - ma	
	Ich (bin?)	
43	rē'ûm (SIPA) mu - ša - al -	
	der Hirte,	
	li - mu - um	
	der heilbringende,	

33	ši - ir ma - tim	
	(für) das Wohlergehen des Landes	
34	ú - ṭì - ib	
	trug ich Sorge,	
35	ni - ši da - ad - mi	
	die Einwohner der Orte (liess ich)	
36	a - bu - úr - ri	
	(wie Schafe) auf Wiesen	
37	ú - šar - bí - iṣ	
	lagern,	
38	mu - gal - li - tam	
	einen Störenfried	
39	ú - ul ú - šar - ši -	
	(liess) ich nicht	
	ši - na - ti	
	erstehen.	
40	ilū rabûtum (DINGIR. GAL . GAL)	
	Die grossen Götter	
41	ib - bu - ú - nin - ni - ma	
	haben mich berufen.	
42	a - na - ku - ma	
	Ich (bin?)	
43	rē'ûm (SIPA) mu - ša - al -	
	der Hirte,	
	li - mu - um	
	der heilbringende,	

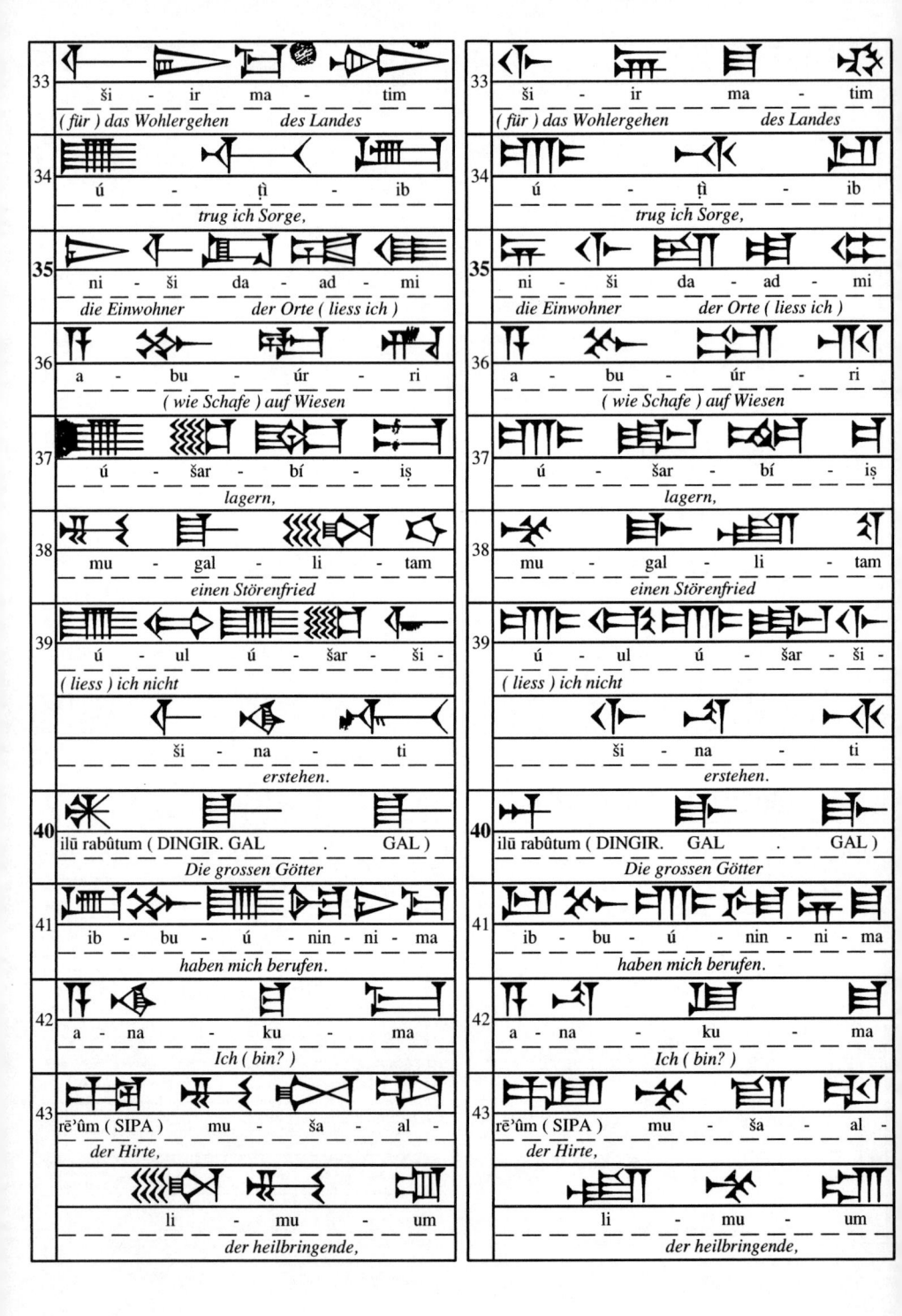

44	ša ^{giš} ḫaṭṭa (GIDRU) - šu	dessen (Holz) Stab
45	i - ša - ra - at	gerecht ist -
46	ṣi - lí ṭa - bu - um	mein Schatten, mein guter,
47	a - na ālī (URU) - ia	(ist) auf meine Stadt
48	ta - ri - iṣ	gebreitet,
49	i - na ut - li - ia	auf meinem Schoss
50	ni - ši māt (KALAM)	die Einwohner des Landes
	Šu - me - rí - im	***SUMER***
51	ù Ak - ka - di - im	und ***AKKAD***,
52	ú - ki - il	hielt ich,
53	i - na la - ma - sí - ia	von meiner Schutzgöttin (geleitet)
54	iḫ - ḫi - ša	gediehen sie,
55	i - na šu - ul - mi - im	in Frieden

44	ša ^{giš} ḫaṭṭa (GIDRU) - šu	dessen (Holz) Stab
45	i - ša - ra - at	gerecht ist -
46	ṣi - lí ṭa - bu - um	mein Schatten, mein guter,
47	a - na ālī (URU) - ia	(ist) auf meine Stadt
48	ta - ri - iṣ	gebreitet,
49	i - na ut - li - ia	auf meinem Schoss
50	ni - ši māt (KALAM)	die Einwohner des Landes
	Šu - me - rí - im	***SUMER***
51	ù Ak - ka - di - im	und ***AKKAD***,
52	ú - ki - il	hielt ich,
53	i - na la - ma - sí - ia	von meiner Schutzgöttin (geleitet)
54	iḫ - ḫi - ša	gediehen sie,
55	i - na šu - ul - mi - im	in Frieden

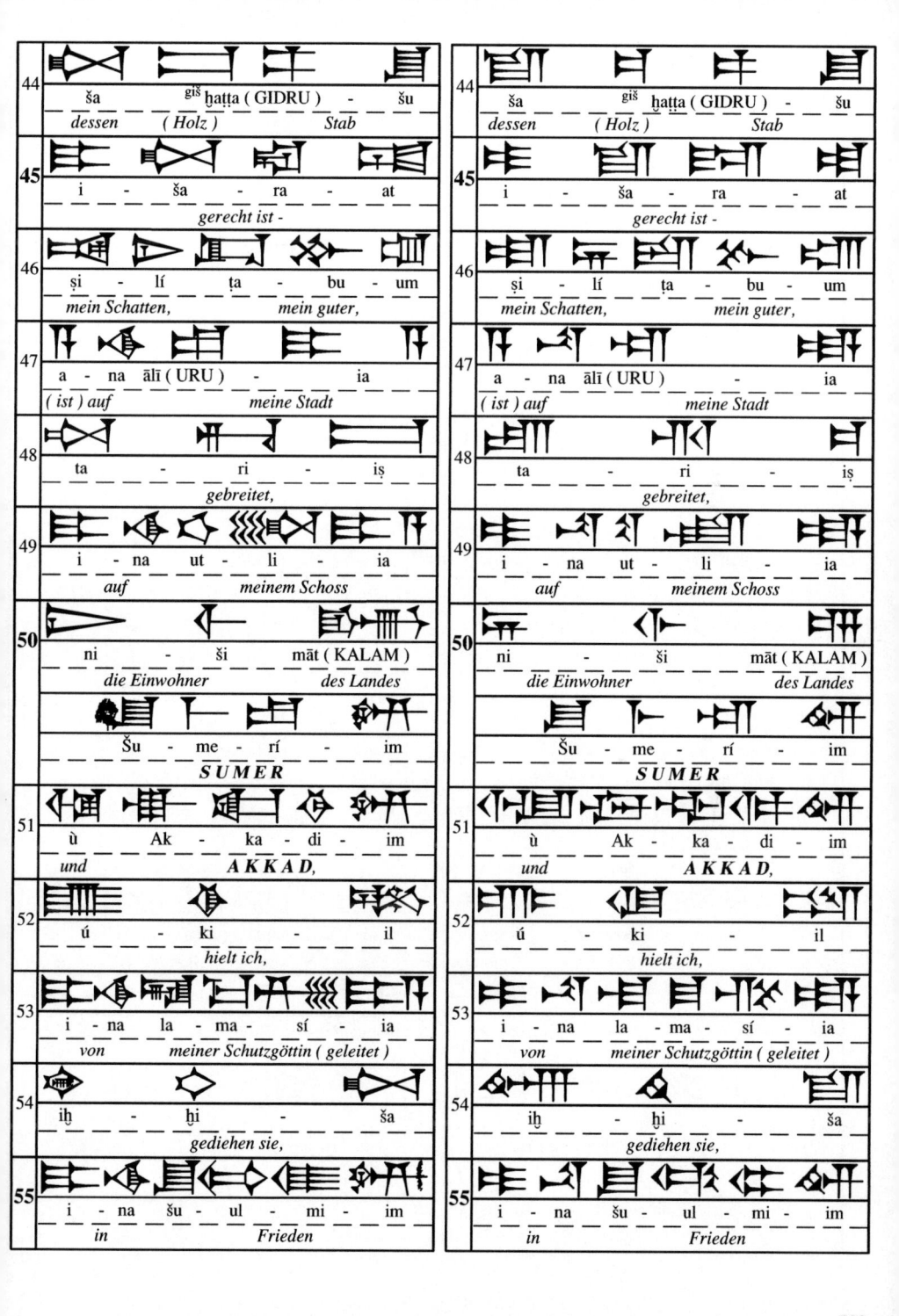

56 at - tab - ba - al -

ši - na - ti

lenkte ich sie,

57 i - na ne - me - qí - ia

in meiner Weisheit

58 uš - tap - zí - ir -

ši - na - ti

barg ich sie.

59 dan - nu - um en - ša - am

(Damit) der Starke den Schwachen,

60 a - na la ḫa - ba - lim

nicht schädigt,

61 ekūtim (NU.SÍG) almattim (NU. MU . SU)

(um) der Waise (und) der Witwe

62 šu - te - šu - ri - im

zu ihrem Recht zu verhelfen,

63 i - na Bābilim (KÁ.DINGIR.RA) ki

(habe ich) in ***B A B E L,*** *(Stadt)*

64 ālim (URU) ša ANUM (AN)

der Stadt, die ***ANU***

ù d Ellil (EN . LÍL)

und (Gott) ***ENLIL***

65 re - ši - šu

ihr Haupt

56 at - tab - ba - al -

ši - na - ti

lenkte ich sie,

57 i - na ne - me - qí - ia

in meiner Weisheit

58 uš - tap - zí - ir -

ši - na - ti

barg ich sie.

59 dan - nu - um en - ša - am

(Damit) der Starke den Schwachen,

60 a - na la ḫa - ba - lim

nicht schädigt,

61 ekūtim (NU.SÍG) almattim (NU . MU . SU)

(um) der Waise (und) der Witwe

62 šu - te - šu - ri - im

zu ihrem Recht zu verhelfen,

63 i - na Bābilim (KÁ.DINGIR.RA) ki

(habe ich) in ***B A B E L,*** *(Stadt)*

64 ālim (URU) ša ANUM (AN)

der Stadt, die ***ANU***

ù d Ellil (EN . LÍL)

und (Gott) ***ENLIL***

65 re - ši - šu

ihr Haupt

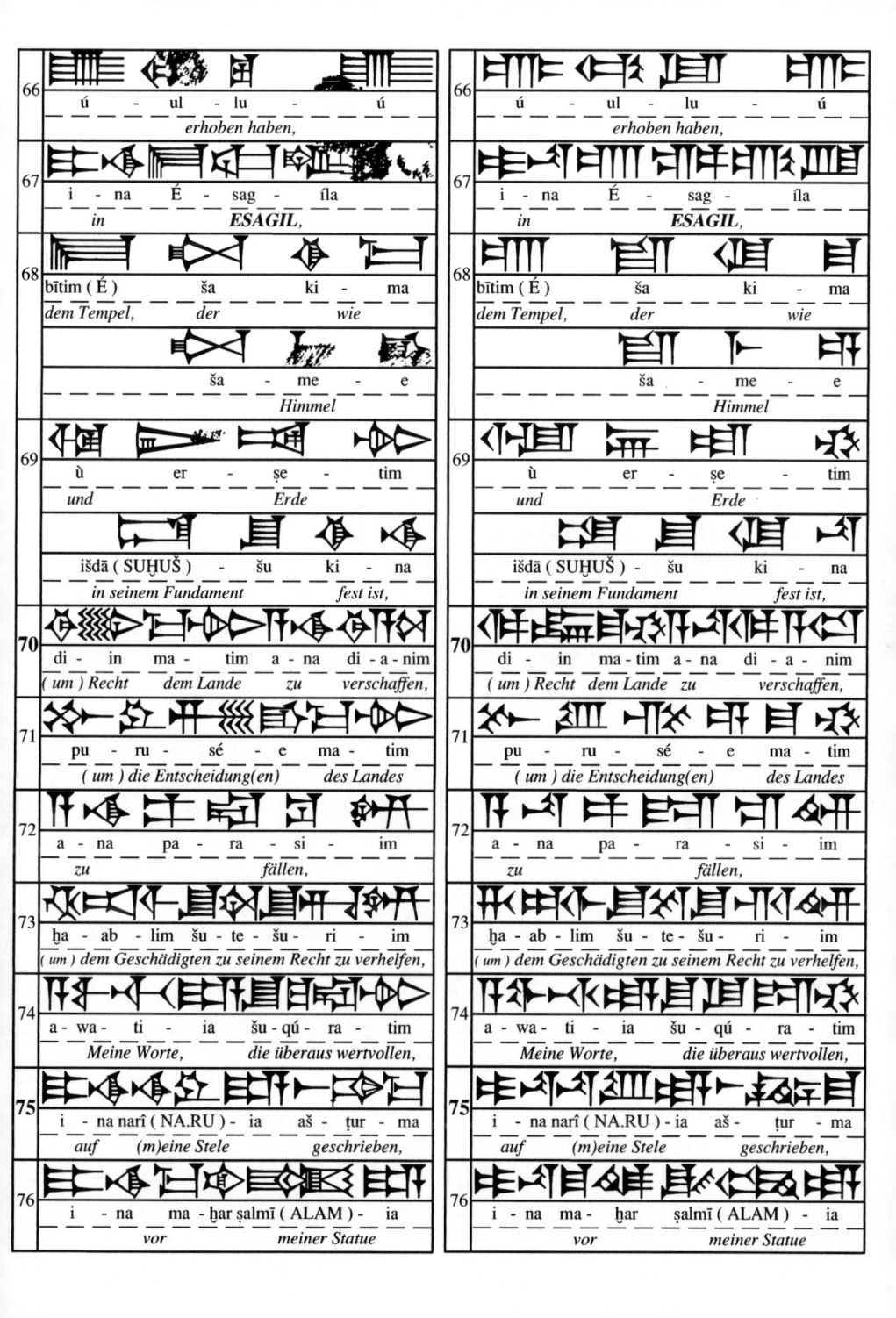

66	ú - ul - lu - ú	ú - ul - lu - ú
	erhoben haben,	erhoben haben,
67	i - na É - sag - íla	i - na É - sag - íla
	in ESAGIL,	in ESAGIL,
68	bītim (É) ša ki - ma	bītim (É) ša ki - ma
	dem Tempel, der wie	dem Tempel, der wie
	ša - me - e	ša - me - e
	Himmel	Himmel
69	ù er - ṣe - tim	ù er - ṣe - tim
	und Erde	und Erde
	išdā (SUḪUŠ) - šu ki - na	išdā (SUḪUŠ) - šu ki - na
	in seinem Fundament fest ist,	in seinem Fundament fest ist,
70	di - in ma - tim a - na di - a - nim	di - in ma - tim a - na di - a - nim
	(um) Recht dem Lande zu verschaffen,	(um) Recht dem Lande zu verschaffen,
71	pu - ru - sé - e ma - tim	pu - ru - sé - e ma - tim
	(um) die Entscheidung(en) des Landes	(um) die Entscheidung(en) des Landes
72	a - na pa - ra - si - im	a - na pa - ra - si - im
	zu fällen,	zu fällen,
73	ḫa - ab - lim šu - te - šu - ri - im	ḫa - ab - lim šu - te - šu - ri - im
	(um) dem Geschädigten zu seinem Recht zu verhelfen,	(um) dem Geschädigten zu seinem Recht zu verhelfen,
74	a - wa - ti - ia šu - qú - ra - tim	a - wa - ti - ia šu - qú - ra - tim
	Meine Worte, die überaus wertvollen,	Meine Worte, die überaus wertvollen,
75	i - na narî (NA.RU) - ia aš - ṭur - ma	i - na narî (NA.RU) - ia aš - ṭur - ma
	auf (m)eine Stele geschrieben,	auf (m)eine Stele geschrieben,
76	i - na ma - ḫar ṣalmī (ALAM) - ia	i - na ma - ḫar ṣalmī (ALAM) - ia
	vor meiner Statue	vor meiner Statue

77	šàr mi - ša - ri - im	(namens) " König der Gerechtigkeit "
78	ú - ki - in	aufgestellt.
79	šarrum (LUGAL) ša in šàr - rí	Der König, der unter den Königen
80	šu - tu - ru a - na - ku	hervorragt, ich, -
81	a - wa - tu - ú - a na - ás - qá	Meine Worte (sind) erlesen,
82	le - ú - ti ša - ni - nam	meine Tüchtigkeit ihresgleichen
83	ú - ul i - šu (**nicht na!**)	nicht hat sie.
84	i - na qí - bí - it dŠamaš (UTU)	Auf Befehl des Sonnengottes
85	da - a - a - nim ra - bi - im	des Richters, des grossen,
86	ša šamê (AN) ù erṣetim (KI)	des Himmels und der Erde,
87	mi - ša - ri i - na mātim (KALAM)	(möge) meine Gerechtigkeit im Lande
88	li - iš - te - pí	sichtbar werden,
89	i - na a - wa - at	auf das Wort

77	šàr mi - ša - ri - im	(namens) " König der Gerechtigkeit "
78	ú - ki - in	aufgestellt.
79	šarrum (LUGAL) ša in šàr - rí	Der König, der unter den Königen
80	šu - tu - ru a - na - ku	hervorragt, ich, -
81	a - wa - tu - ú - a na - ás - qá	Meine Worte (sind) erlesen,
82	le - ú - ti ša - ni - nam	meine Tüchtigkeit ihresgleichen
83	ú - ul i - šu (**nicht na!**)	nicht hat sie.
84	i - na qí - bí - it dŠamaš (UTU)	Auf Befehl des Sonnengottes
85	da - a - a - nim ra - bi - im	des Richters, des grossen,
86	ša šamê (AN) ù erṣetim (KI)	des Himmels und der Erde,
87	mi - ša - ri i - na mātim (KALAM)	(möge) meine Gerechtigkeit im Lande
88	li - iš - te - pí	sichtbar werden,
89	i - na a - wa - at	auf das Wort

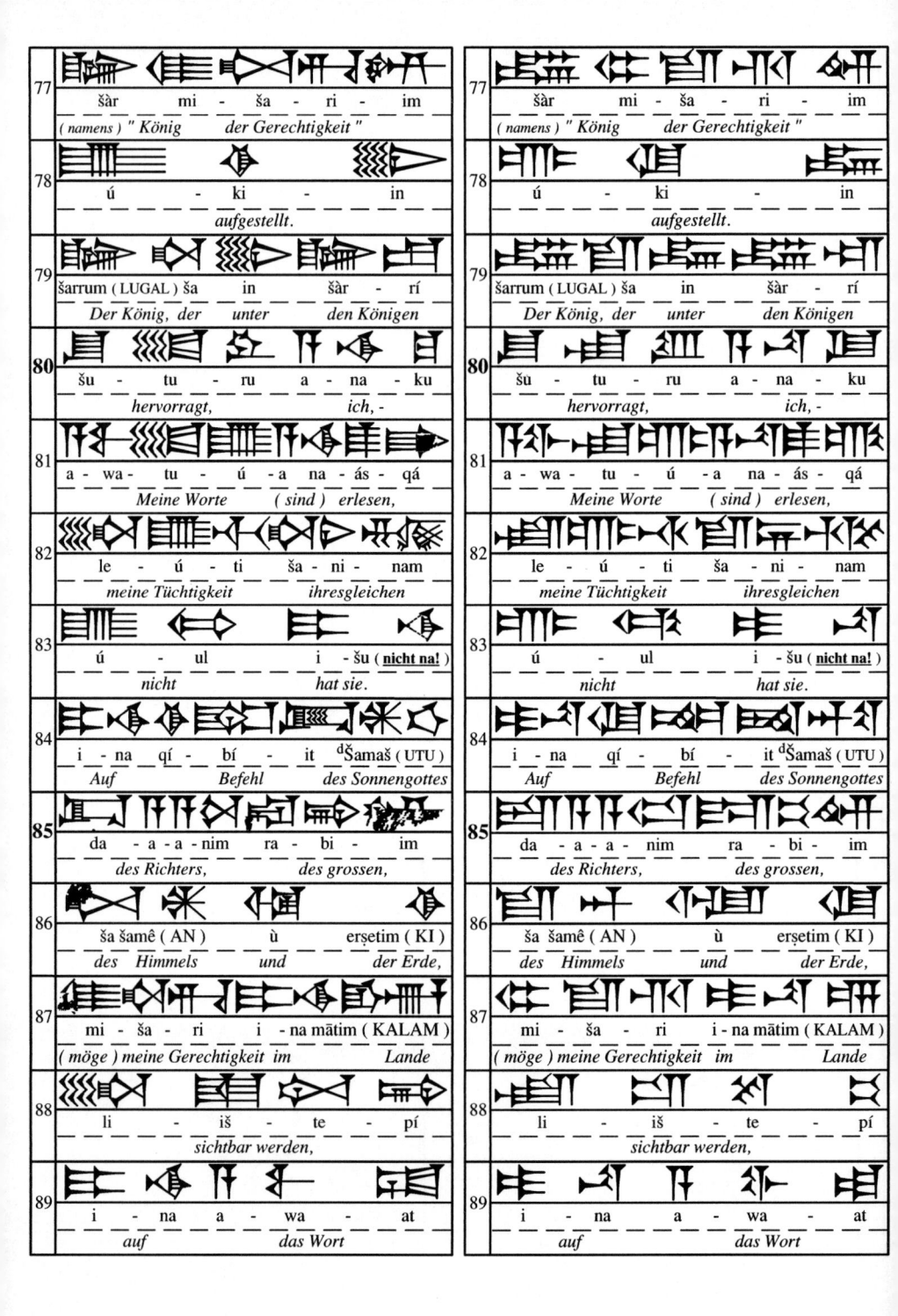

90	ᵈMarduk (AMAR.UTU) be - lí - ia	*(Gott) MARDUKS, meines Herrn,*
91	ú - ṣú - ra - tu - ú - a	*(mögen) meine Aufzeichnungen*
92	mu - ša - sí - kam a ir - ši - a	*finden keinen, der sie beseitigt.*
93	i - na É - sag - íla	*In **ESAGIL**,*
94	ša a - ra - am - mu	*das ich liebe,*
	šu - mi i - na da - mi - iq - tim	*(möge) mein Name dankbar*

XLVIII

1	a - na da - ar	*für immer*
2	li - iz - za - ki - ir	*ausgesprochen werden.*
3	a - wi - lum ḫa - ab - lum	*Ein Bürger, ein geschädigter,*
4	ša a - wa - tam	*der eine Rechtssache*
5	i - ra - aš - šu - ú	*bekommt,*
6	a - na ma - ḫa - ar	*(möge) vor*

90	ᵈMarduk (AMAR.UTU) be - lí - ia	*(Gott) MARDUKS, meines Herrn,*
91	ú - ṣú - ra - tu - ú - a	*(mögen) meine Aufzeichnungen*
92	mu - ša - sí - kam a ir - ši - a	*finden keinen, der sie beseitigt.*
93	i - na É - sag - íla	*In **ESAGIL**,*
94	ša a - ra - am - mu	*das ich liebe,*
	šu - mi i - na da - mi - iq - tim	*(möge) mein Name dankbar*

XLVIII

1	a - na da - ar	*für immer*
2	li - iz - za - ki - ir	*ausgesprochen werden.*
3	a - wi - lum ḫa - ab - lum	*Ein Bürger, ein geschädigter,*
4	ša a - wa - tam	*der eine Rechtssache*
5	i - ra - aš - šu - ú	*bekommt,*
6	a - na ma - ḫa - ar	*(möge) vor*

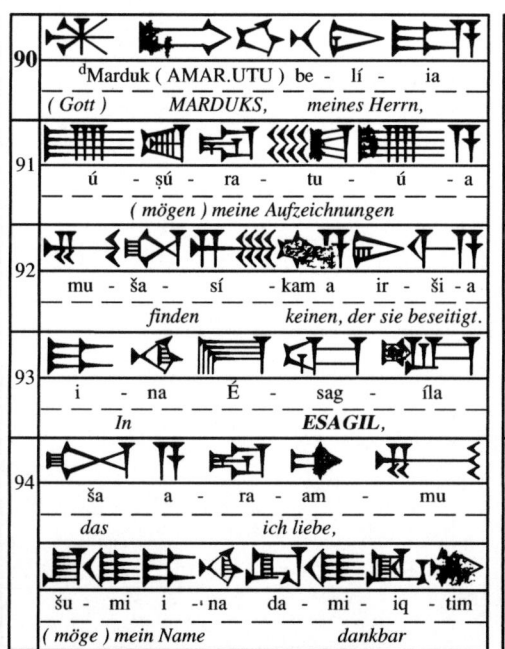

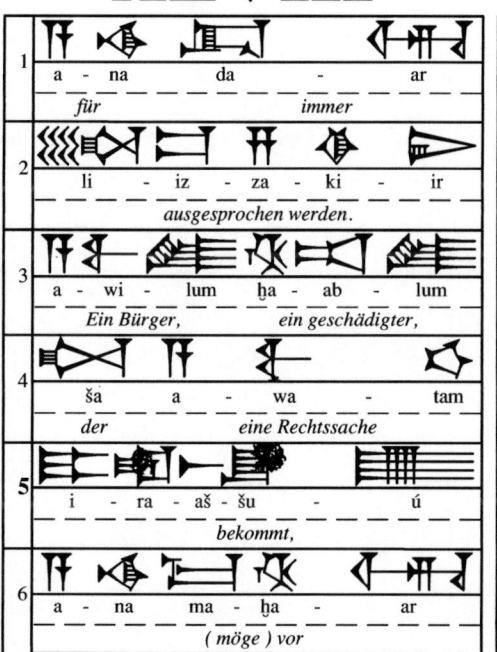

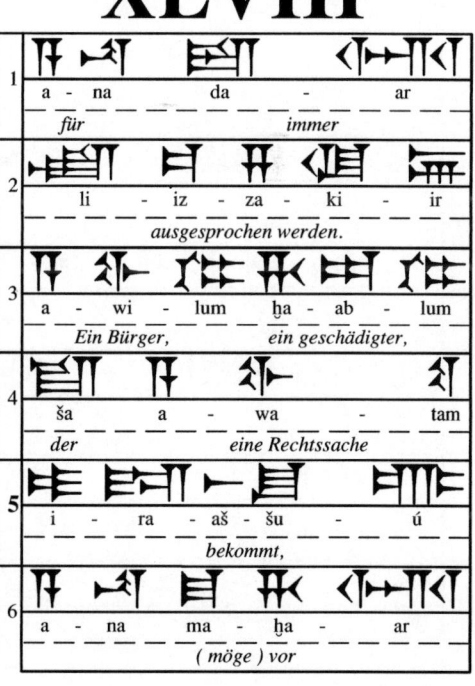

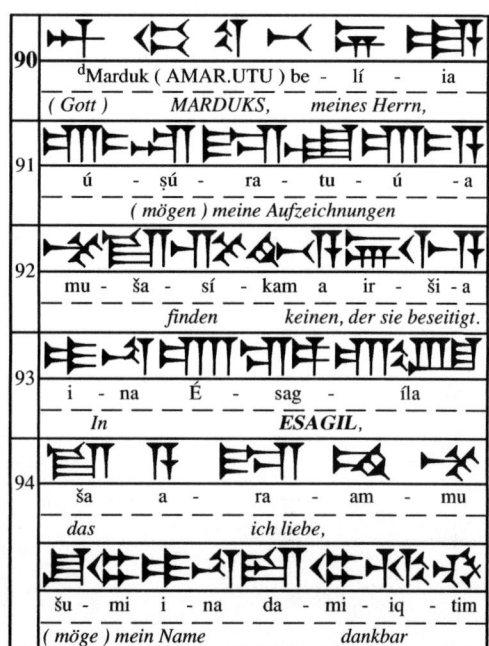

ṣalmī (ALAM) - ia

meiner Statue

7 šàr mi - ša - ri - im

(namens) " König der Gerechtigkeit "

8 li - il - li - ik - ma

treten,

9 narî (NA . RU) - i

meine Stele,

10 ša - aṭ - ra - am

die beschriftete,

11 li - iš - ta -

ás - si - ma

(möge) er lesen,

12 a - wa - ti - ia

meine Worte,

13 šu - qú - ra - tim

die überaus wertvollen,

14 li - iš - me - ma

(möge) er sprechen,

15 narî (NA . RU) - ia - wa - tam

meine Stele (möge) die Rechtssache

16 li - kál - lim - šu

ihm klären,

17 di - in - šu

seinen Richterspruch

ṣalmī (ALAM) - ia

meiner Statue

7 šàr mi - ša - ri - im

(namens) " König der Gerechtigkeit "

8 li - il - li - ik - ma

treten,

9 narî (NA . RU) - i

meine Stele,

10 ša - aṭ - ra - am

die beschriftete,

11 li - iš - ta -

ás - si - ma

(möge) er lesen,

12 a - wa - ti - ia

meine Worte,

13 šu - qú - ra - tim

die überaus wertvollen,

14 li - iš - me - ma

(möge) er sprechen,

15 narî (NA . RU) - i a - wa - tam

meine Stele (möge) die Rechtssache

16 li - kál - lim - šu

ihm klären,

17 di - in - šu

seinen Richterspruch

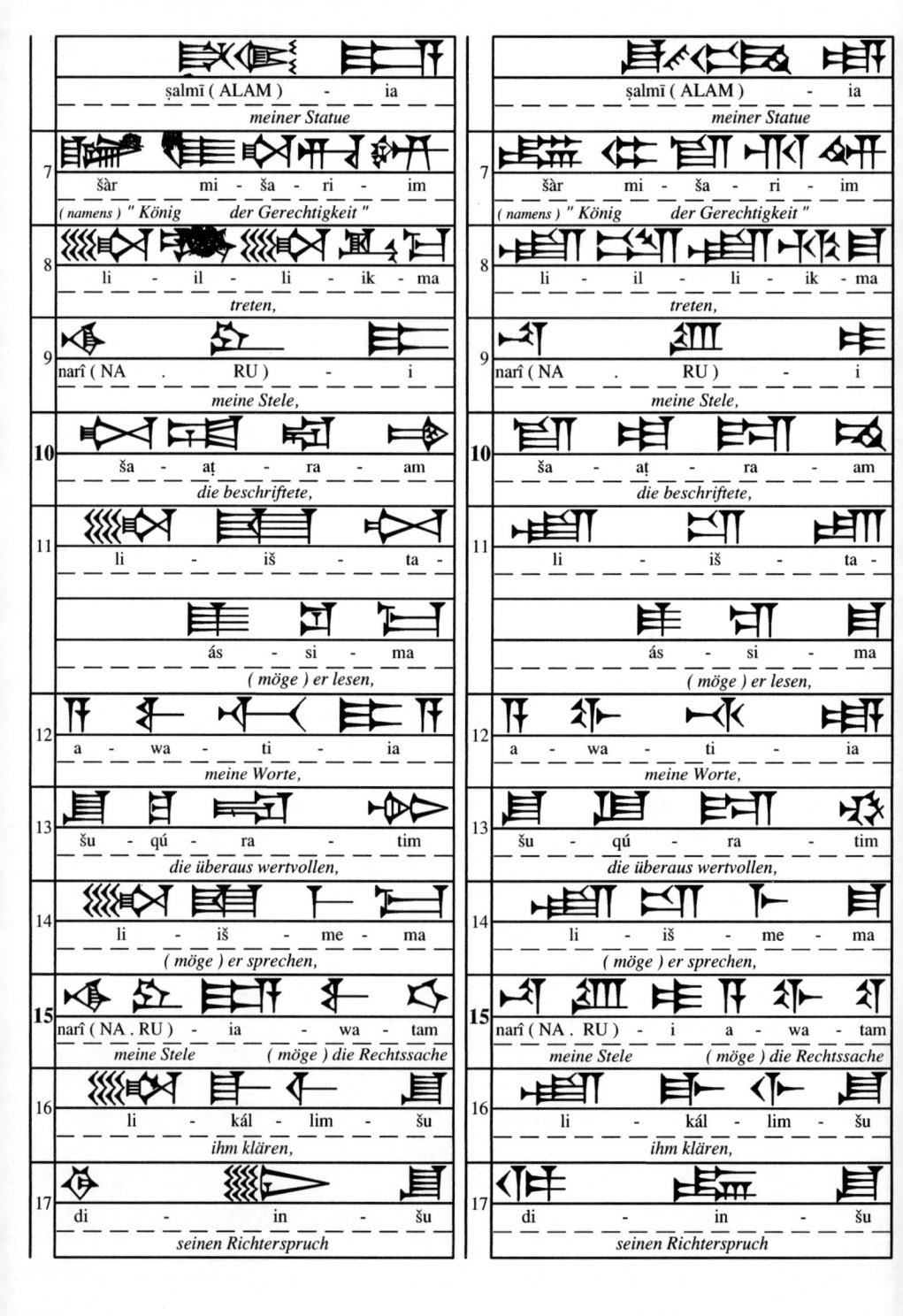

	li - mu - úr	*(möge) er ersehen,*
18	li - ib - ba - šu	*sein Herz*
19	li - na - ap - pí - iš - ma	*(möge) er aufatmen (und sagen) lassen:*
20	" Ḫa - am - mu - ra - pí - mi	***HAMMURAPI,***
21	be - lum ša ki - ma	*der Herr, der wie*
	a - bi - im	*ein Vater,*
22	wa - li - di - im	*ein leiblicher,*
23	a - na ni - ši	*für die Einwohner*
24	i - ba - aš - šu - ú	*vorhanden ist,*
25	a - na a - wa - at	*(hat) auf das Wort*
26	^{d}Marduk (AMAR .UTU) be - lí - šu	*(von) (Gott)* ***MARDUK,*** *seinem Herrn,*
27	uš - ta - ak - ti -	
	it - ma	*sich bemüht,*

	li - mu - úr	*(möge) er ersehen,*
18	li - ib - ba - šu	*sein Herz*
19	li - na - ap - pí - iš - ma	*(möge) er aufatmen (und sagen) lassen:*
20	" Ḫa - am - mu - ra - pí - mi	***HAMMURAPI,***
21	be - lum ša ki - ma	*der Herr, der wie*
	a - bi - im	*ein Vater,*
22	wa - li - di - im	*ein leiblicher,*
23	a - na ni - ši	*für die Einwohner*
24	i - ba - aš - šu - ú	*vorhanden ist,*
25	a - na a - wa - at	*(hat) auf das Wort*
26	^{d}Marduk (AMAR .UTU) be - lí - šu	*(von) (Gott)* ***MARDUK,*** *seinem Herrn,*
27	uš - ta - ak - ti -	
	it - ma	*sich bemüht,*

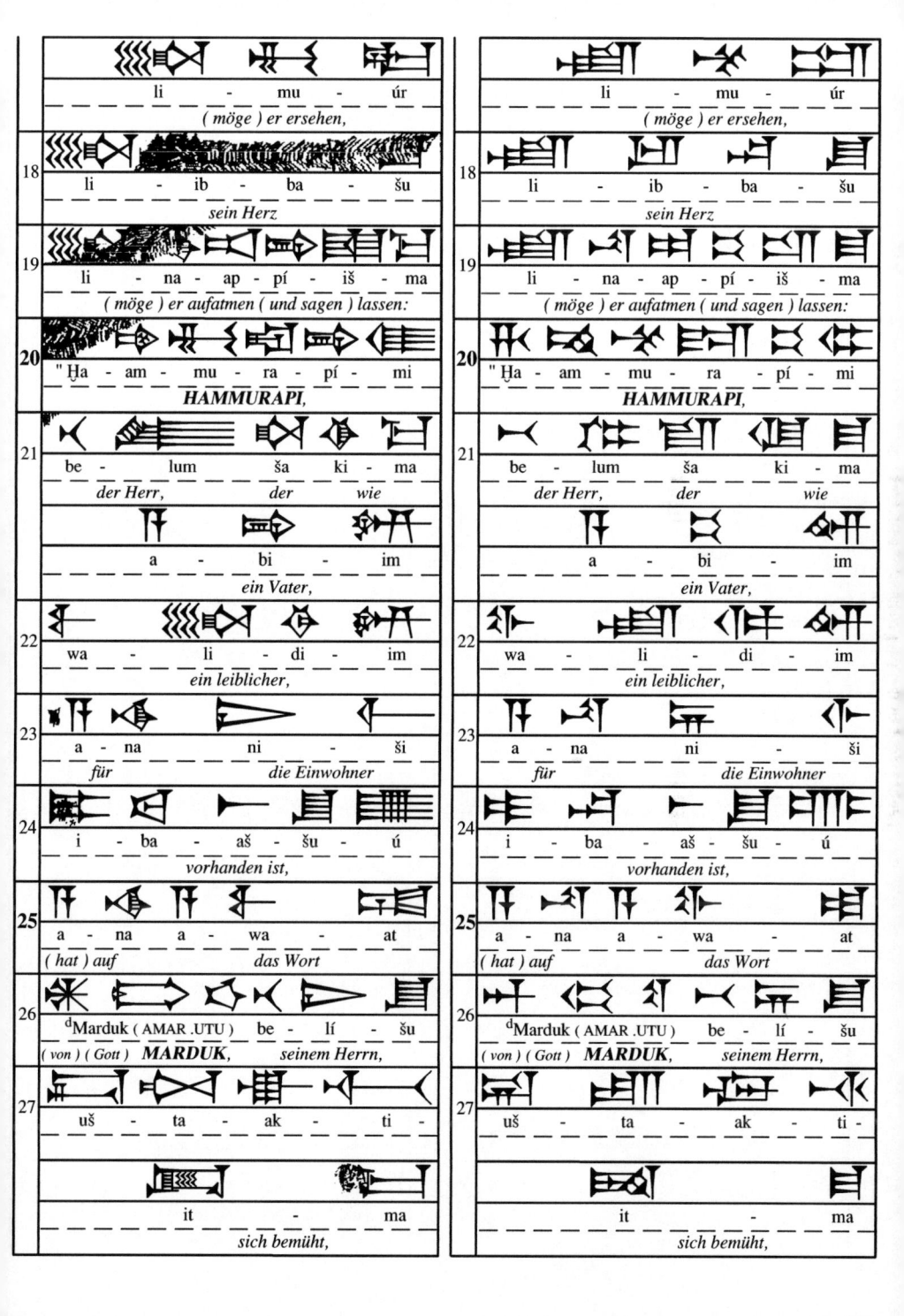

28	ir - ni - ti [d]Marduk (AMAR.UTU)	*den Wunsch des (Gottes)* ***MARDUK***
29	e - li - iš	*oben*
30	ù ša - ap - li - iš	*und unten*
31	ik - šu - ud	*erreicht,*
32	li - ib - bi [d]Marduk (AMAR.UTU)	*das Herz (von) (Gott)* ***MARDUK,***
33	be - lí - šu ú - ṭì - ib	*seines Herrn, erfreut*
34	ù ši - ra - am ṭa - ba - am	*und Wohlergehen*
35	a - na ni - ši	*für die Einwohner*
36	a - na da - ar	*auf ewig*
	i - ši - im	*bestimmt*
37	ù ma - tam	*und dem Lande*
38	uš - te - še - er	*zu seinem Recht verholfen. "*
39	á - ni - tam	*Dieses*

28	ir - ni - ti [d]Marduk (AMAR.UTU)	*den Wunsch des (Gottes)* ***MARDUK***
29	e - li - iš	*oben*
30	ù ša - ap - li - iš	*und unten*
31	ik - šu - ud	*erreicht,*
32	li - ib - bi [d]Marduk (AMAR.UTU)	*das Herz (von) (Gott)* ***MARDUK,***
33	be - lí - šu ú - ṭì - ib	*seines Herrn, erfreut*
34	ù ši - ra - am ṭa - ba - am	*und Wohlergehen*
35	a - na ni - ši	*für die Einwohner*
36	a - na da - ar	*auf ewig*
	i - ši - im	*bestimmt*
37	ù ma - tam	*und dem Lande*
38	uš - te - še - er	*zu seinem Recht verholfen. "*
39	á - ni - tam	*Dieses*

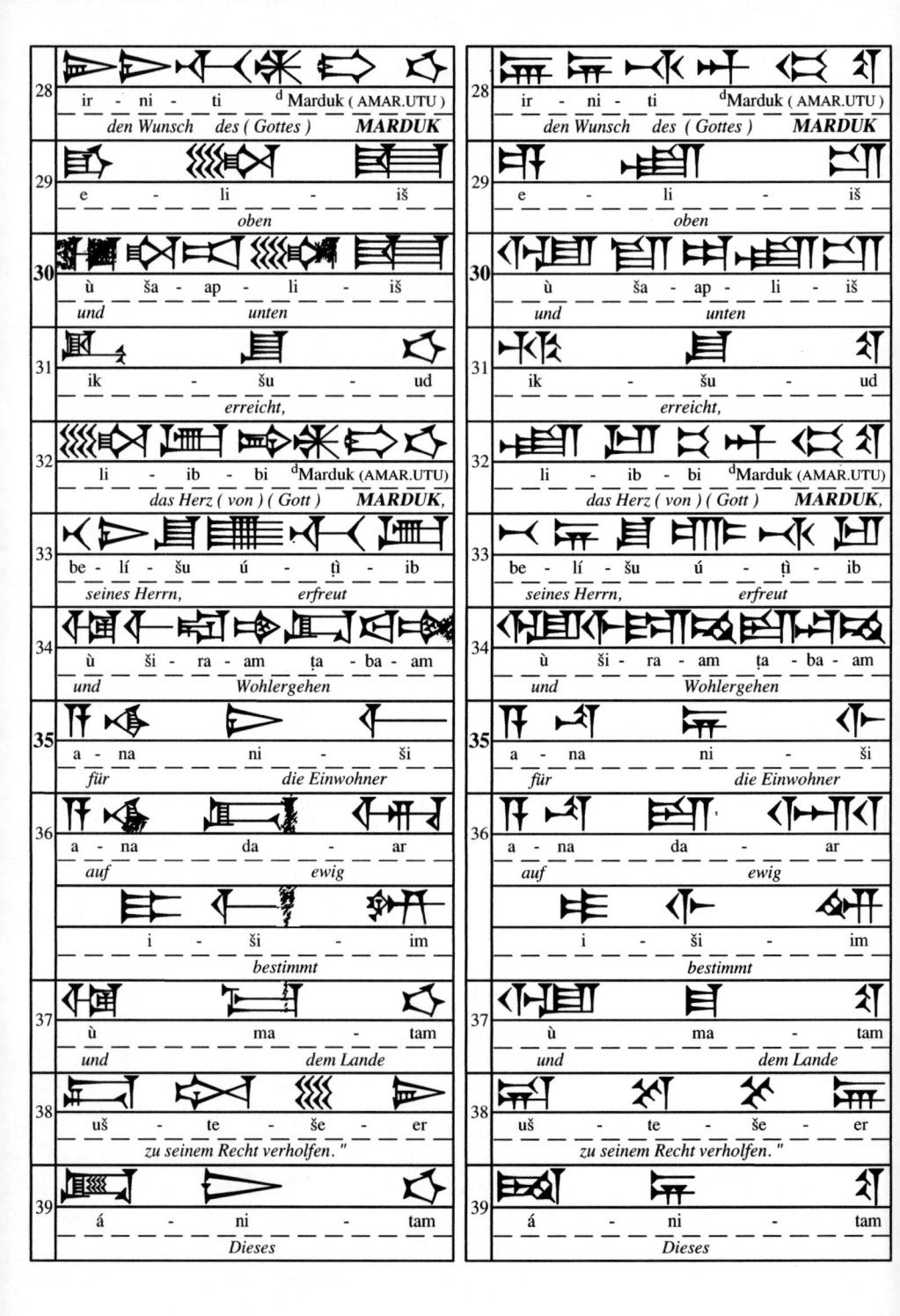

40	li - iq - bi - ma	*(möge) er sagen:*
41	i - na ma - ḫar	*(und) vor dem Angesicht*
42	^{d}Marduk (AMAR.UTU) be - lí - ia	*(Gott) **MARDUKS**, meines Herrn,*
43	^{d} Zar - pa - ni - tum	*(und) (Göttin) **ZARPANITUS**,*
44	be - el - ti - ia	*meiner Herrin,*
45	i - na li - ib - bi - šu	*von meinem Herzen,*
46	ga - am - ri - im	*dem ganzen,*
47	li - ik - ru - ba - am	*mich segnen.*
48	še - du - um	*Der Schutzgott*
	la - ma - súm	*(und) die Schutzgöttin,*
49	ilū (DINGIR.DINGIR) e - ri - bu - ut	*die Götter, die betreten*
50	É - sag - íla	***ESAGIL**,*
51	libitti (SIG$_4$) É - sag - íla	*das Ziegelwerk (von) **ESAGIL***

40	li - iq - bi - ma	*(möge) er sagen:*
41	i - na ma - ḫar	*(und) vor dem Angesicht*
42	^{d}Marduk (AMAR.UTU) be - lí - ia	*(Gott) **MARDUKS**, meines Herrn,*
43	^{d} Zar - pa - ni - tum	*(und) (Göttin) **ZARPANITUS**,*
44	be - el - ti - ia	*meiner Herrin,*
45	i - na li - ib - bi - šu	*von meinem Herzen,*
46	ga - am - ri - im	*dem ganzen,*
47	li - ik - ru - ba - am	*mich segnen.*
48	še - du - um	*Der Schutzgott*
	la - ma - súm	*(und) die Schutzgöttin,*
49	ilū (DINGIR.DINGIR) e - ri - bu - ut	*die Götter, die betreten*
50	É - sag - íla	***ESAGIL**,*
51	libitti (SIG$_4$) É - sag - íla	*das Ziegelwerk (von) **ESAGIL***

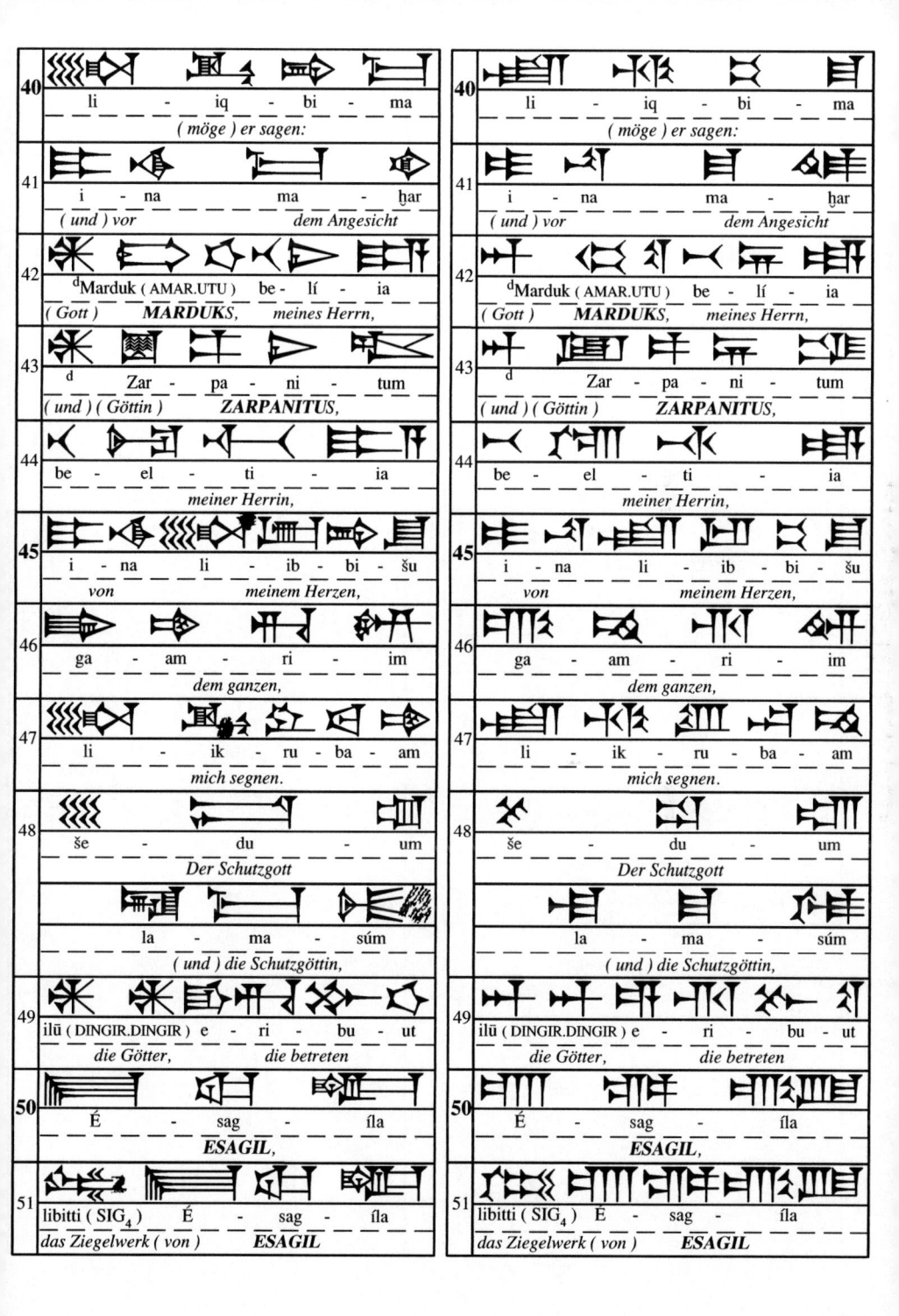

52	i - gi - ir - re - e(!)	*(mögen) meinen Ruf*
53	u_4 - mi - ša - am	*täglich*
54	i - na ma - ḫar	*(und) vor dem Angesicht*
55	[d]Marduk (AMAR.UTU) be - lí - ia	*(Gott)* ***MARDUKS****, meines Herrn,*
56	[d] Zar - pa - ni - tum	*(und) (Göttin)* ***ZARPANITUS****,*
57	be - el - ti - ia	*meiner Herrin,*
58	li - dam - mi - qú	*gut machen.*
59	a - na wa - ar - ki -*	*In*
60	a - at u_4 - mi	*der Zukunft,*
61	a - na ma - ti - ma	*für immer,*
62	šarrum (LUGAL) ša i - na mātim (KALAM)	*(möge) ein König, der im Lande*
63	ib - ba - aš - šu - ú	*erstehen wird,*
64	a - wa - a - at	*die Worte*

52	i - gi - ir - re - e(!)	*(mögen) meinen Ruf*
53	u_4 - mi - ša - am	*täglich*
54	i - na ma - ḫar	*(und) vor dem Angesicht*
55	[d]Marduk (AMAR.UTU) be - lí - ia	*(Gott)* ***MARDUKS****, meines Herrn,*
56	[d] Zar - pa - ni - tum	*(und) (Göttin)* ***ZARPANITUS****,*
57	be - el - ti - ia	*meiner Herrin,*
58	li - dam - mi - qú	*gut machen.*
59	a - na wa - ar - ki - *	*In*
60	a - at u_4 - mi	*der Zukunft,*
61	a - na ma - ti - ma	*für immer,*
62	šarrum (LUGAL) ša i - na mātim (KALAM)	*(möge) ein König, der im Lande*
63	ib - ba - aš - šu - ú	*erstehen wird,*
64	a - wa - a - at	*die Worte*

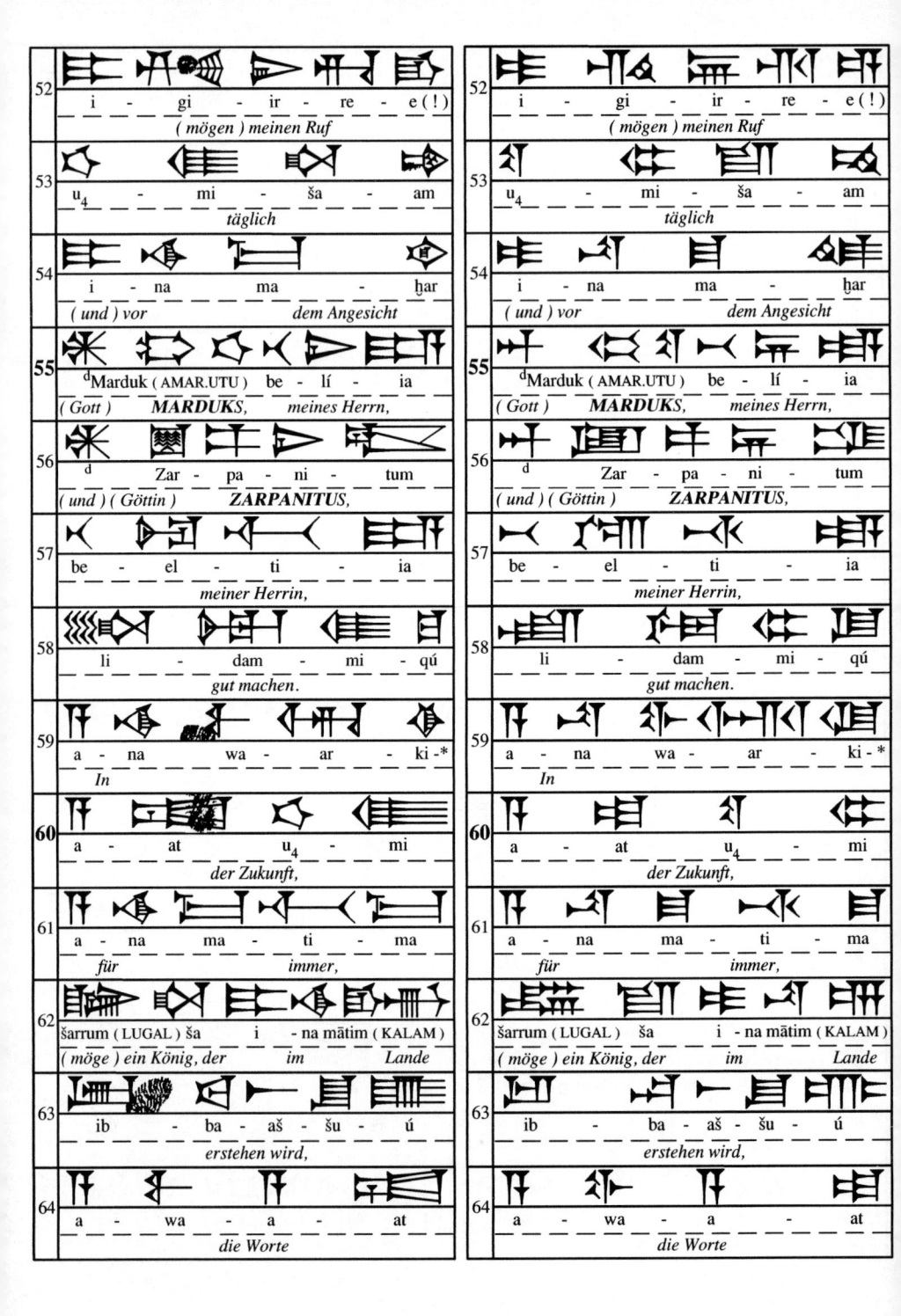

65	mi - ša - ri - im	der Gerechtigkeit,
66	ša i - na narî (NA. RU) - ia	die auf meine Stele
67	aš - ṭú - ru li - ṣur	ich geschrieben habe, beachten,
68	di - in ma - tim	das Recht des Landes,
69	ša a - di - nu	das ich geschafft habe,
70	pu - ru - sé - e mātim (KALAM)	die Entscheidung(en) des Landes,
71	ša ap - ru - su	die ich gefällt habe,
72	a ú - na - ak - ki - ir	nicht ändern,
73	ú - ṣú - ra - ti - ia	meine Aufzeichnungen
74	a ú - ša - sí - ik	nicht beseitigen.
75	šum - ma a - wi - lum šu - ú	Wenn der Bürger, dieser,
76	ta - ši - im - tam i - šu - ma	Einsicht hat,
77	ma - ṣú šu - te - šu - ra - am	sein Land recht zu leiten,

65	mi - ša - ri - im	der Gerechtigkeit,
66	ša i - na narî (NA . RU) - ia	die auf meine Stele
67	aš - ṭú - ru li - ṣur	ich geschrieben habe, beachten,
68	di - in ma - tim	das Recht des Landes,
69	ša a - di - nu	das ich geschafft habe,
70	pu - ru - sé - e mātim (KALAM)	die Entscheidung(en) des Landes,
71	ša ap - ru - su	die ich gefällt habe,
72	a ú - na - ak - ki - ir	nicht ändern,
73	ú - ṣú - ra - ti - ia	meine Aufzeichnungen
74	a ú - ša - sí - ik	nicht beseitigen.
75	šum - ma a - wi - lum šu - ú	Wenn der Bürger, dieser,
76	ta - ši - im - tam i - šu - ma	Einsicht hat,
77	ma - ṣú šu - te - šu - ra - am	sein Land recht zu leiten,

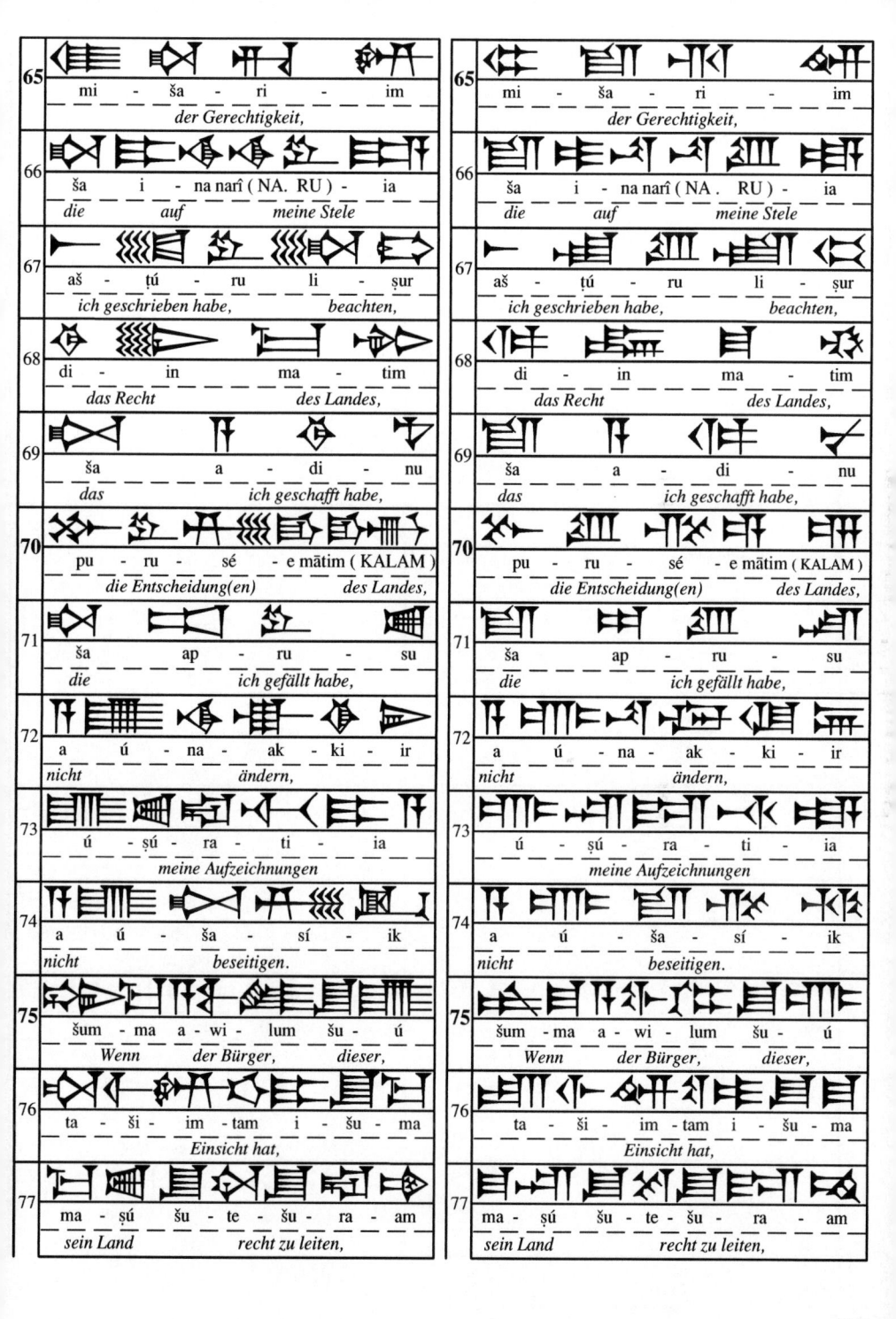

	i - le - i	*fähig ist,*
78	a - na a - wa - a - tim	*(möge) er auf die Worte,*
79	ša i - na narî (NA. RU) - ia	*die auf meine Stele*
	aš - ṭú - ru li - qúl - ma	*ich geschrieben habe, achten.*
80	ki - ib - sa - am ri - dam	*Benehmen, Führung,*
81	di - in mātim (KALAM) ša a - di - nu	*das Recht des Landes, das ich geschaffen habe,*
82	pu - ru - sé - e mātim (KALAM)	*die Entscheidung(en) des Landes,*
83	ša ap - ru - su	*die ich gefällt habe,*
84	narûm (NA. RU - um) šu - ú	*(möge) die Stele, diese,*
85	li - kál - lim - šu - ma	*ihm zeigen,*
86	ṣa - al - ma - at qá - qá - di - šu	*seine Schwarzköpfigen (seine Menschen)*
87	li - iš - te - še - er	*(möge) er recht leiten,*
88	di - in - ši - na li - di - in	*Recht schaffen,*

	i - le - i	*fähig ist,*
78	a - na a - wa - a - tim	*(möge) er auf die Worte,*
79	ša i - na narî (NA. RU) - ia	*die auf meine Stele*
	aš - ṭú - ru li - qúl - ma	*ich geschrieben habe, achten.*
80	ki - ib - sa - am ri - dam	*Benehmen, Führung,*
81	di - in mātim (KALAM) ša a - di - nu	*das Recht des Landes, das ich geschaffen habe,*
82	pu - ru - sé - e mātim (KALAM)	*die Entscheidung(en) des Landes,*
83	ša ap - ru - su	*die ich gefällt habe,*
84	narûm (NA. RU - um) šu - ú	*(möge) die Stele, diese,*
85	li - kál - lim - šu - ma	*ihm zeigen,*
86	ṣa - al - ma - at qá - qá - di - šu	*seine Schwarzköpfigen (seine Menschen)*
87	li - iš - te - še - er	*(möge) er recht leiten,*
88	di - in - ši - na li - di - in	*Recht schaffen,*

89	pu - ru - sà - ši - na	*die Entscheidung (für sie)*
90	li - ip - ru - ús	*treffen,*
91	i - na ma - ti - šu ra - ga - am	*aus seinem Lande die Bösen*
92	ù ṣe - nam li - sú - úḫ	*und Schlimmen entfernen,*
93	ši - ir ni - ši - šu	*(für) das Wohlergehen seiner Einwohner*
94	li - ṭi - ib	*Sorge tragen.*
95	Ḫa - am - mu - ra - pí	***HAMMURAPI,***
96	šàr mi - ša - ri - im	*der König der Gerechtigkeit,*
97	ša dŠamaš (UTU) ki - na - tim	*dem der Sonnengott Recht*
98	iš - ru - ku - šum a - na - ku	*geschenkt hat, ich -*
99	a - wa - tu - ú - a na - ás - qá	*Meine Worte (sind) erlesen,*
100	ep - še - tu - ú - a	*meine Taten*
101	ša - ni - nam	*ihresgleichen (andere)*

89	pu - ru - sà - ši - na	*die Entscheidung (für sie)*
90	li - ip - ru - ús	*treffen,*
91	i - na ma - ti - šu ra - ga - am	*aus seinem Lande die Bösen*
92	ù ṣe - nam li - sú - úḫ	*und Schlimmen entfernen,*
93	ši - ir ni - ši - šu	*(für) das Wohlergehen seiner Einwohner*
94	li - ṭi - ib	*Sorge tragen.*
95	Ḫa - am - mu - ra - pí	***HAMMURAPI,***
96	šàr mi - ša - ri - im	*der König der Gerechtigkeit,*
97	ša d Šamaš (UTU) ki - na - tim	*dem der Sonnengott Recht*
98	iš - ru - ku - šum a - na - ku	*geschenkt hat, ich -*
99	a - wa - tu - ú - a na - ás - qá	*Meine Worte (sind) erlesen,*
100	ep - še - tu - ú - a	*meine Taten*
101	ša - ni - nam	*ihresgleichen (andere)*

102 ú - ul i - ša - a
(sind) nicht vorhanden;

103 e - la a - na la ḫa -*
Nur für den nicht

104 ṣí - im ri - qá
Vernünftigen (sind) sie leer.

105 a - na em - qí - im
Für den Weisen

*Worttrennung in 2 Zeilen!

XLIX

1 a - na ta - na - da -
tim šu - ṣa - a
(sind) sie lobenswürdig (und) hervorragend.

2 šum - ma a - wi - lum
Wenn der Mensch (Bürger),
šu - ú
dieser,

3 a - na a - wa - ti - ia
auf meine Worte,

4 ša i - na narî (NA. RU) - ia
die auf meine Stele
aš - ṭú - ru
ich geschrieben habe,

5 i - qúl - ma
achtet,

102 ú - ul i - ša - a
(sind) nicht vorhanden;

103 e - la a - na la ḫa -*
Nur für den nicht

104 ṣí - im ri - qá
Vernünftigen (sind) sie leer.

105 a - na em - qí - im
Für den Weisen

* Worttrennung in 2 Zeilen!

XLIX

1 a - na ta - na - da -
tim šu - ṣa - a
(sind) sie lobenswürdig (und) hervorragend.

2 šum - ma a - wi - lum
Wenn der Mensch (Bürger),
šu - ú
dieser,

3 a - na a - wa - ti - ia
auf meine Worte,

4 ša i - na narî (NA . RU) - ia
die auf meine Stele
aš - ṭú - ru
ich geschrieben habe,

5 i - qúl - ma
achtet,

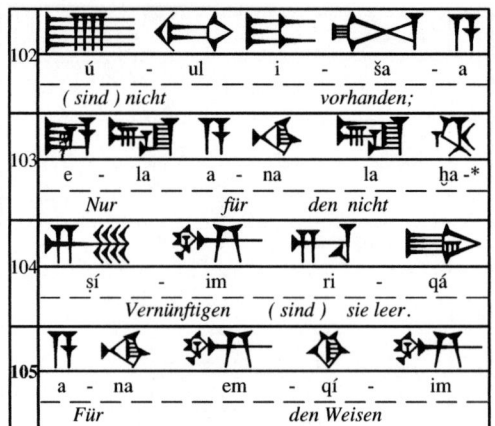

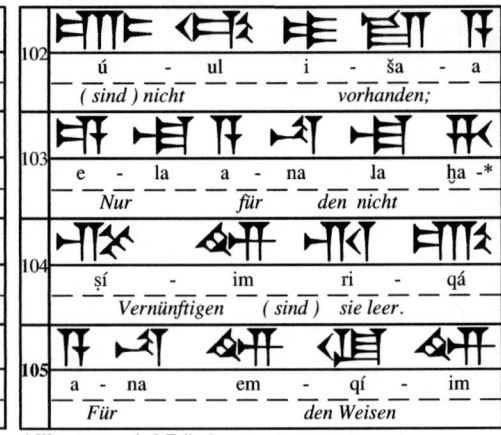

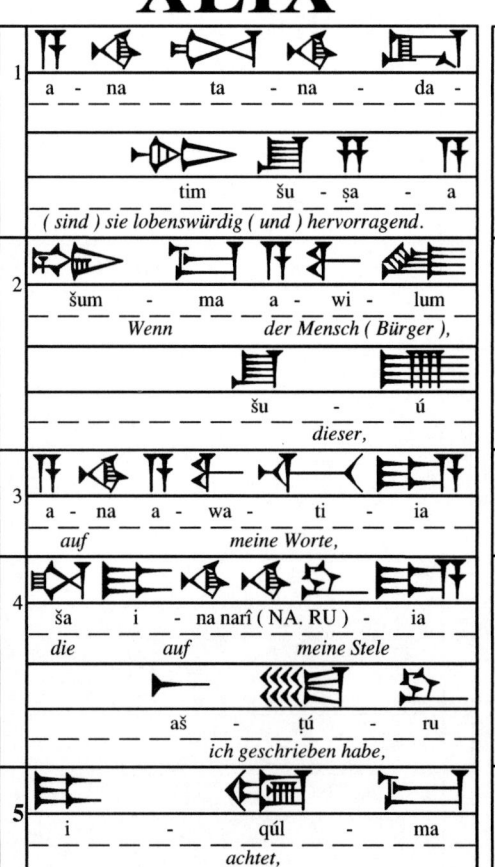

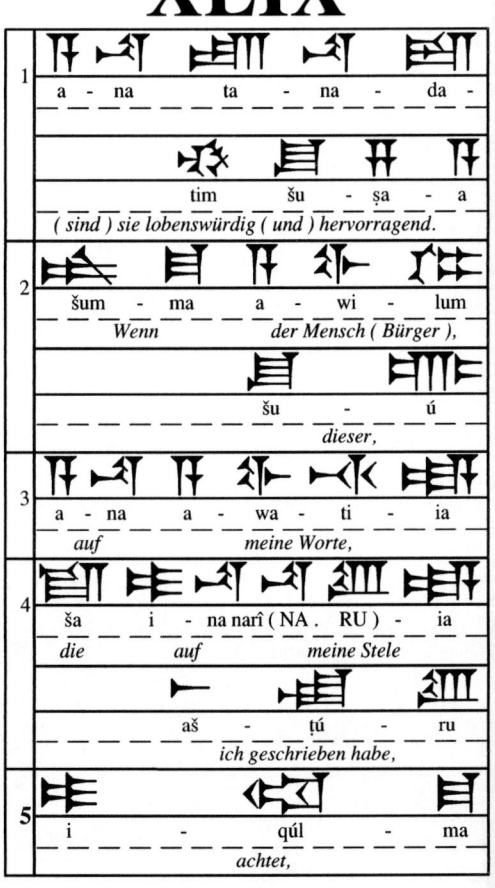

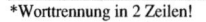

6	di - ni la ú -	meine Gesetzgebung nicht
	ša - as - sí - ik	beseitigt,
7	a - wa - ti - ia	meine Worte
8	la uš - te - pe - el	nicht verdreht,
9	ú - ṣú - ra - ti - ia	meine Aufzeichnungen
10	la ú - na - ki - ir	nicht ändert,
11	a - wi - lum šu - ú	(möge) dem Manne, diesem,
12	ki - ma ia - ti	wie mir,
13	šàr mi - ša - ri - im	dem König der Gerechtigkeit,
14	dŠamaš (UTU) gišḫaṭṭa (GIDRU) - šu	der Sonnengott (Holz) seinen Stab
15	li - ir - ri - ik	lang machen,
16	ni - ši - šu	seine Leute
17	i - na mi - ša - ri - im	(möge) er in Gerechtigkeit

6	di - ni la ú -	meine Gesetzgebung nicht
	ša - as - sí - ik	beseitigt,
7	a - wa - ti - ia	meine Worte
8	la uš - te - pe - el	nicht verdreht,
9	ú - ṣú - ra - ti - ia	meine Aufzeichnungen
10	la ú - na - ki - ir	nicht ändert,
11	a - wi - lum šu - ú	(möge) dem Manne, diesem,
12	ki - ma ia - ti	wie mir,
13	šàr mi - ša - ri - im	dem König der Gerechtigkeit,
14	dŠamaš (UTU) gišḫaṭṭa (GIDRU) - šu	der Sonnengott (Holz) seinen Stab
15	li - ir - ri - ik	lang machen,
16	ni - ši - šu	seine Leute
17	i - na mi - ša - ri - im	(möge) er in Gerechtigkeit

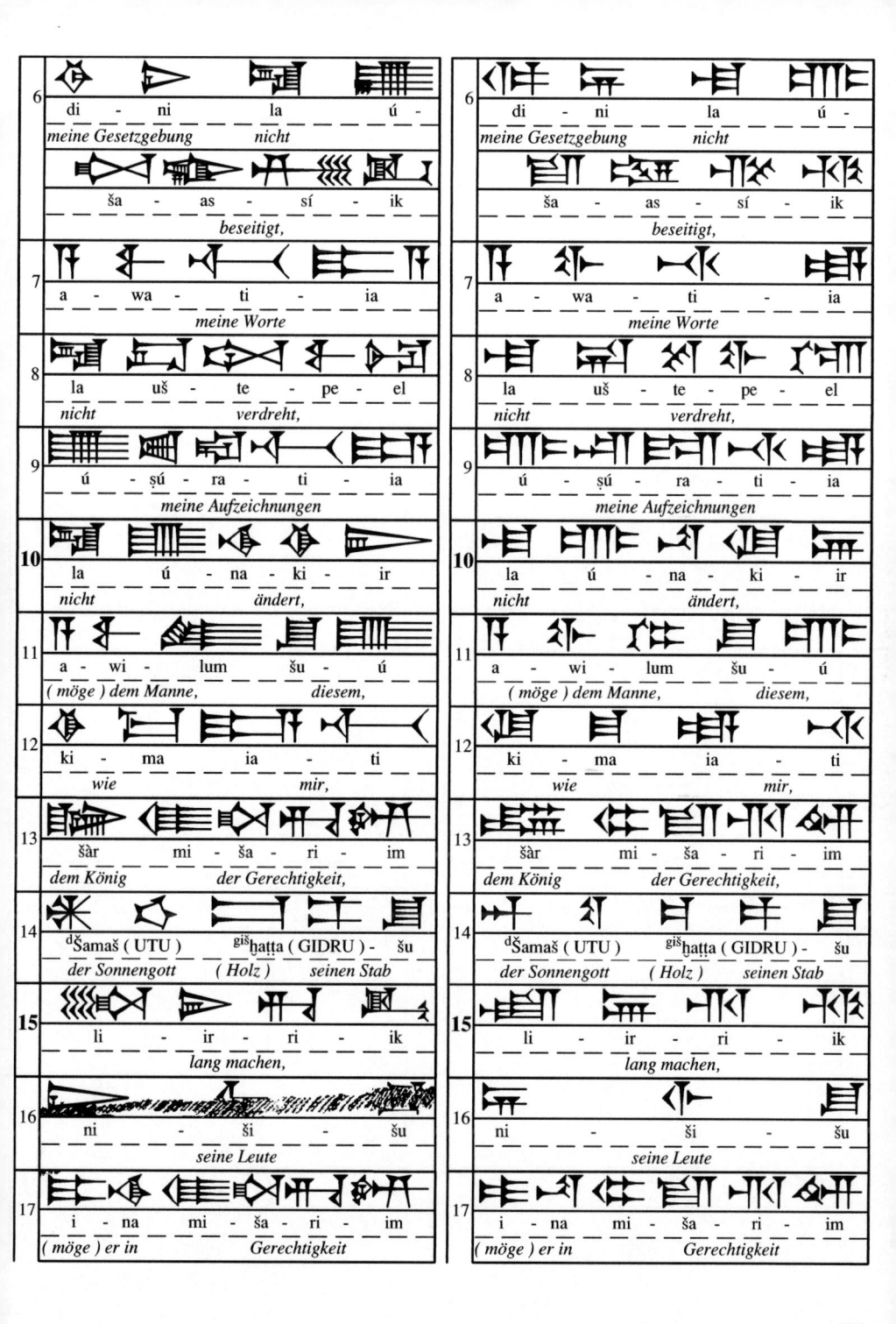

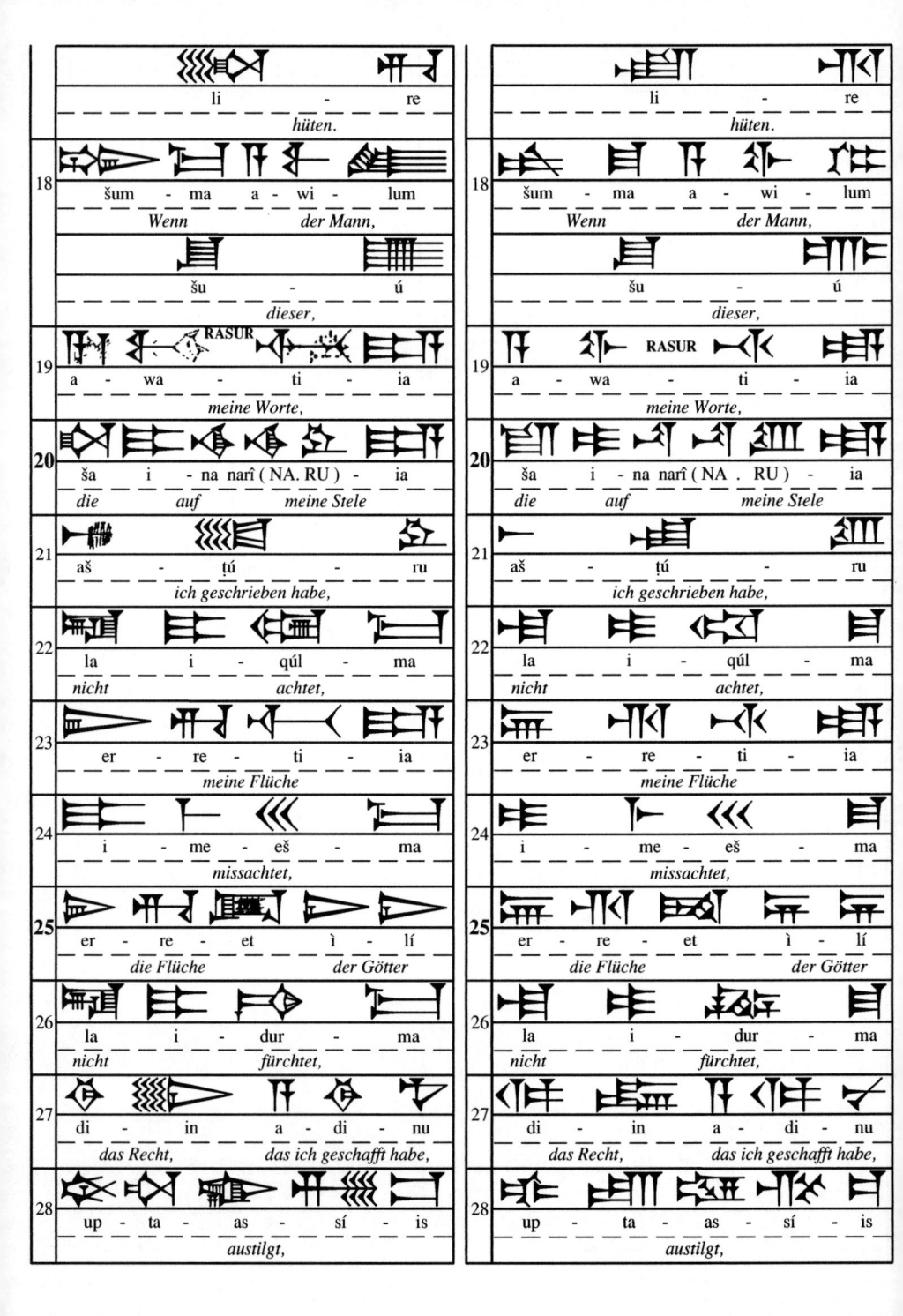

li - re *hüten.*	li - re *hüten.*
18 šum - ma a - wi - lum *Wenn der Mann,*	18 šum - ma a - wi - lum *Wenn der Mann,*
šu - ú *dieser,*	šu - ú *dieser,*
19 a - wa - RASUR - ti - ia *meine Worte,*	19 a - wa - RASUR - ti - ia *meine Worte,*
20 ša i - na narî (NA.RU) - ia *die auf meine Stele*	20 ša i - na narî (NA.RU) - ia *die auf meine Stele*
21 aš - ṭú - ru *ich geschrieben habe,*	21 aš - ṭú - ru *ich geschrieben habe,*
22 la i - qúl - ma *nicht achtet,*	22 la i - qúl - ma *nicht achtet,*
23 er - re - ti - ia *meine Flüche*	23 er - re - ti - ia *meine Flüche*
24 i - me - eš - ma *missachtet,*	24 i - me - eš - ma *missachtet,*
25 er - re - et ì - lí *die Flüche der Götter*	25 er - re - et ì - lí *die Flüche der Götter*
26 la i - dur - ma *nicht fürchtet,*	26 la i - dur - ma *nicht fürchtet,*
27 di - in a - di - nu *das Recht, das ich geschafft habe,*	27 di - in a - di - nu *das Recht, das ich geschafft habe,*
28 up - ta - as - sí - is *austilgt,*	28 up - ta - as - sí - is *austilgt,*

29	a - wa - ti - ia	*meine Worte*
30	uš - te - pe - el	*verdreht,*
31	ú - ṣú - ra - ti - ia	*meine Aufzeichnungen*
32	ut - ta - ak - ki - ir	*ändert,*
33	šu - mi ša - aṭ - ra - am	*meine Namensschrift*
34	ip - ši - iṭ - ma	*löscht*
35	šum - šu iš - ta - ṭár	*(und) seinen Namen hinschreibt,*
36	aš - šum er - re - tim (**nicht šum!**) (RA-SUR)	*(oder) wegen dieser Flüche*
	ši - na - ti	*einen anderen*
37	ša - ni - a - am - ma	*zu ändern*
38	uš - ta - ḫi - iz	*(dazu) anstiftet,*
39	a - wi - lum šu - ú	*der Mann, dieser,*
40	lu šarrum (LUGAL)	*(sei er) König,*

29	a - wa - ti - ia	*meine Worte*
30	uš - te - pe - el	*verdreht,*
31	ú - ṣú - ra - ti - ia	*meine Aufzeichnungen*
32	ut - ta - ak - ki - ir	*ändert,*
33	šu - mi ša - aṭ - ra - am	*meine Namensschrift*
34	ip - ši - iṭ - ma	*löscht*
35	šum - šu iš - ta - ṭár	*(und) seinen Namen hinschreibt,*
36	aš - šum er - re - tim (**nicht šum!**) (RASUR)	*(oder) wegen dieser Flüche*
	ši - na - ti	*einen anderen*
37	ša - ni - a - am - ma	*zu ändern*
38	uš - ta - ḫi - iz	*(dazu) anstiftet,*
39	a - wi - lum šu - ú	*der Mann, dieser,*
40	lu šarrum (LUGAL)	*(sei er) König,*

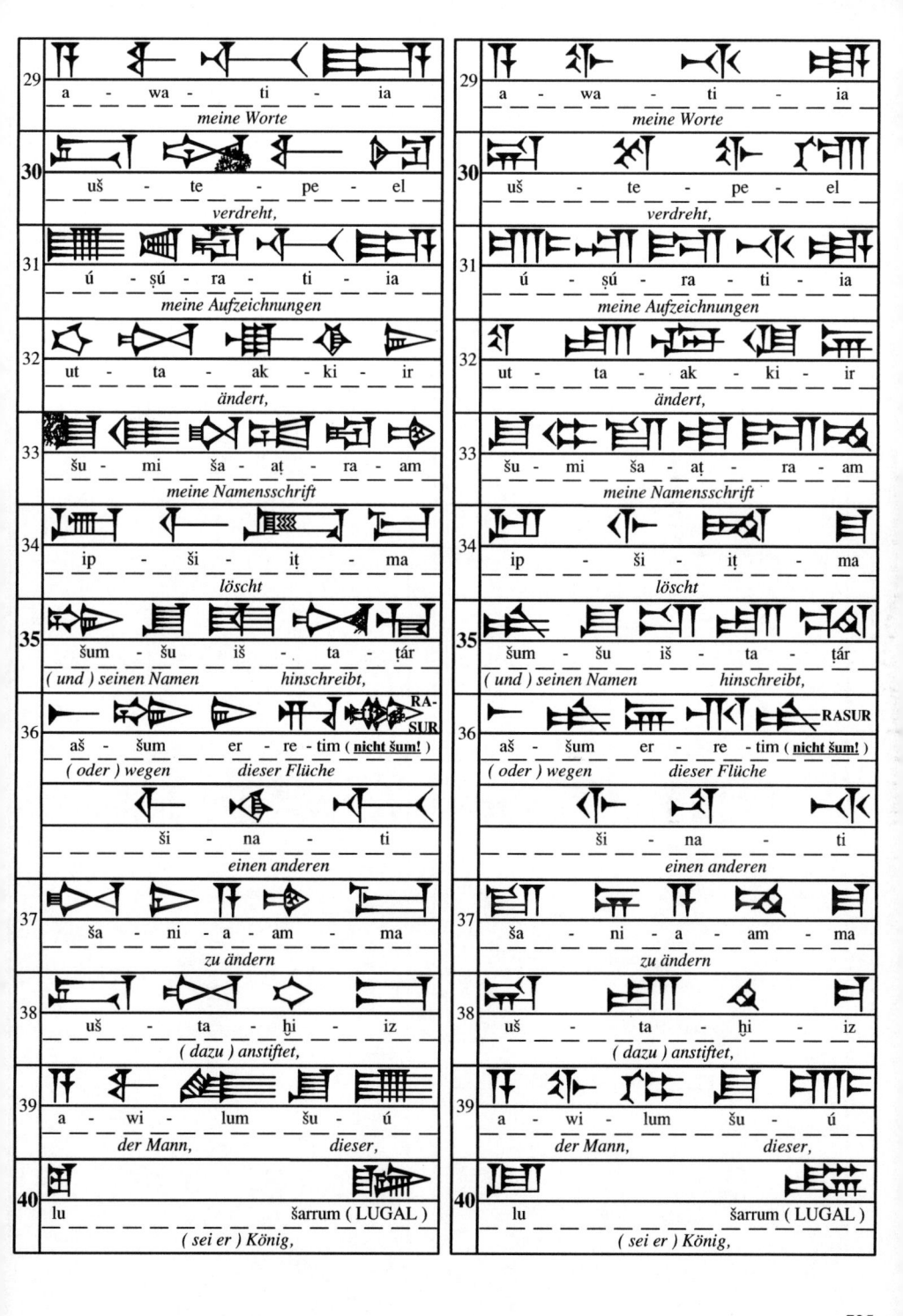

41	lu bēlum (EN oder enum)	*Fürst,*
42	lu iššiakkum (ÉNSI = PA. TE . SI)	*Stadtfürst*
43	ù lu a - wi - lu - tum	*oder ein Bürger,*
44	ša šu - ma - am na - bi - a - at	*irgendein beliebiger (?).*
45	Anum (AN) ra - bu - um	***ANU,*** *der grosse,*
46	a - bu ì - lí	*der Vater der Götter,*
47	na - bu - ú palê (BALA) - ia	*(der) mich berufen hat zu meiner Regierung,*
48	melemmī (ME.LÁM) šar - ru - tim	*(möge) ihm den Glanz des Königtums*
49	li - ṭe$_4$ - er - šu	*wegnehmen,*
50	giš ḫaṭṭa (GIDRU) - šu	*(Holz) seinen Stab (Zepter)*
51	li - iš - bi - ir	*zerbrechen,*
52	ši - ma - ti - šu	*seine Geschicke*

41	lu bēlum (EN oder enum)	*Fürst,*
42	lu iššiakkum (ÉNSI = PA . TE . SI)	*Stadtfürst*
43	ù lu a - wi - lu - tum	*oder ein Bürger,*
44	ša šu - ma - am na - bi - a - at	*irgendein beliebiger (?).*
45	Anum (AN) ra - bu - um	***ANU,*** *der grosse,*
46	a - bu ì - lí	*der Vater der Götter,*
47	na - bu - ú palê (BALA) - ia	*(der) mich berufen hat zu meiner Regierung,*
48	melemmī (ME.LÁM) šar - ru - tim	*(möge) ihm den Glanz des Königtums*
49	li - ṭe$_4$ - er - šu	*wegnehmen,*
50	giš ḫaṭṭa (GIDRU) - šu	*(Holz) seinen Stab (Zepter)*
51	li - iš - bi - ir	*zerbrechen,*
52	ši - ma - ti - šu	*seine Geschicke*

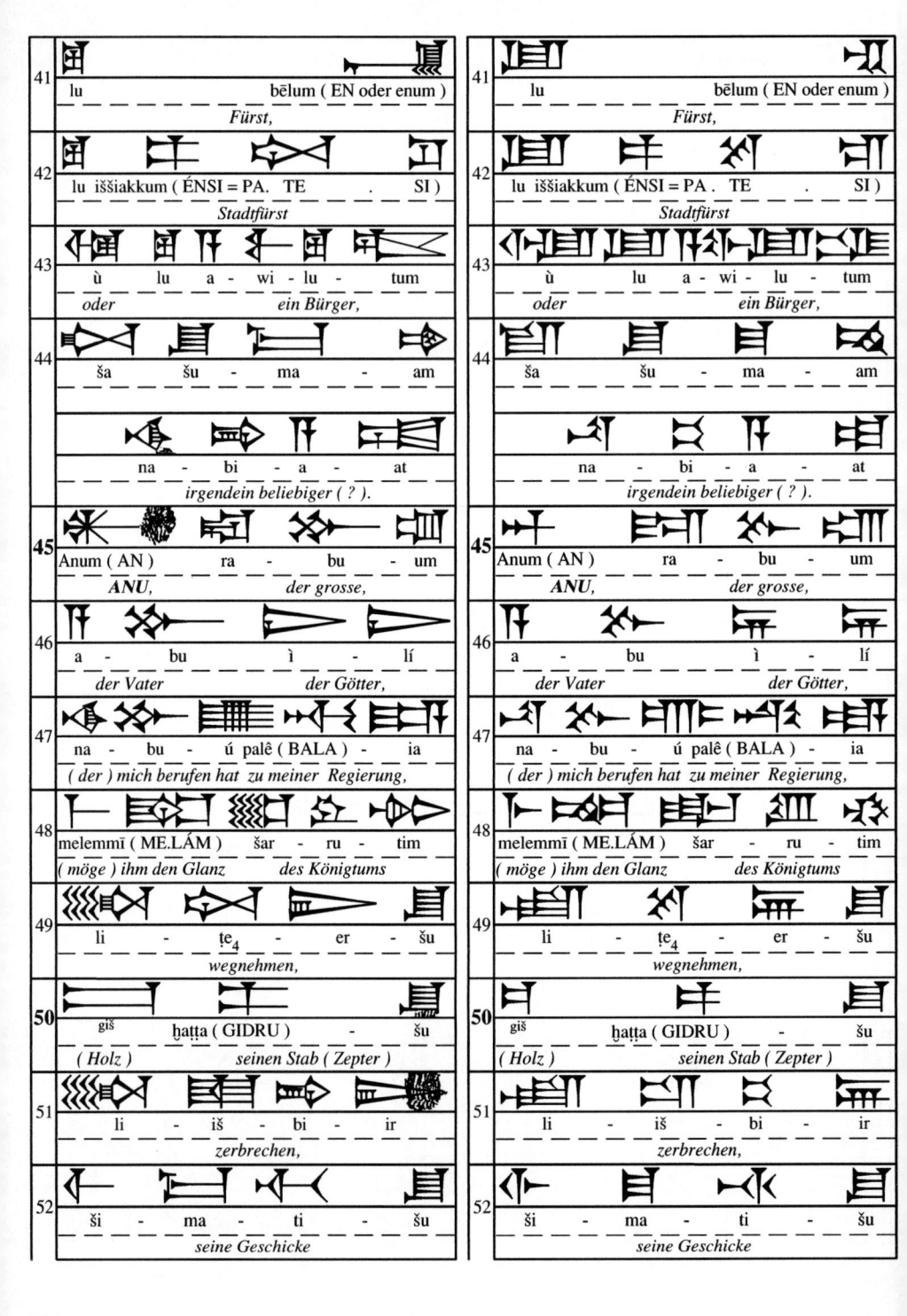

	li - ru - ur	*verfluchen.*
53	d Ellil (EN . LÍL) be - lum	*(Gott)* ***ENLIL,*** *der Herr,*
54	mu - ši - im	*(der) bestimmt*
	ši - ma - tim	*die Geschicke,*
55	ša qí - bí - sú	*dessen Befehl*
56	la ut - ta - ka - ru	*nicht geändert werden kann,*
57	mu - šar - bu - ù (!)	*(der) gross gemacht hat*
58	šar - ru - ti - ia	*mein Königtum,*
59	te - ši la šu - up -	*(möge) Verwirrungen, (die) nicht*
	pí - im	*zu unterdrücken sind,*
60	ga - ba - ra - aḫ	*Verzweiflung,*
61	ḫa - la - qí - šu	*(die zu) seinem Untergang (führt),*
62	i - na šu - ub - ti - šu	*in seinem Wohnsitz*

	li - ru - ur	*verfluchen.*
53	d Ellil (EN . LÍL) be - lum	*(Gott)* ***ENLIL,*** *der Herr,*
54	mu - ši - im	*(der) bestimmt*
	ši - ma - tim	*die Geschicke,*
55	ša qí - bí - sú	*dessen Befehl*
56	la ut - ta - ka - ru	*nicht geändert werden kann,*
57	mu - šar - bu - ù (!)	*(der) gross gemacht hat*
58	šar - ru - ti - ia	*mein Königtum,*
59	te - ši la šu - up -	*(möge) Verwirrungen, (die) nicht*
	pí - im	*zu unterdrücken sind,*
60	ga - ba - ra - aḫ	*Verzweiflung,*
61	ḫa - la - qí - šu	*(die zu) seinem Untergang (führt),*
62	i - na šu - ub - ti - šu	*in seinem Wohnsitz*

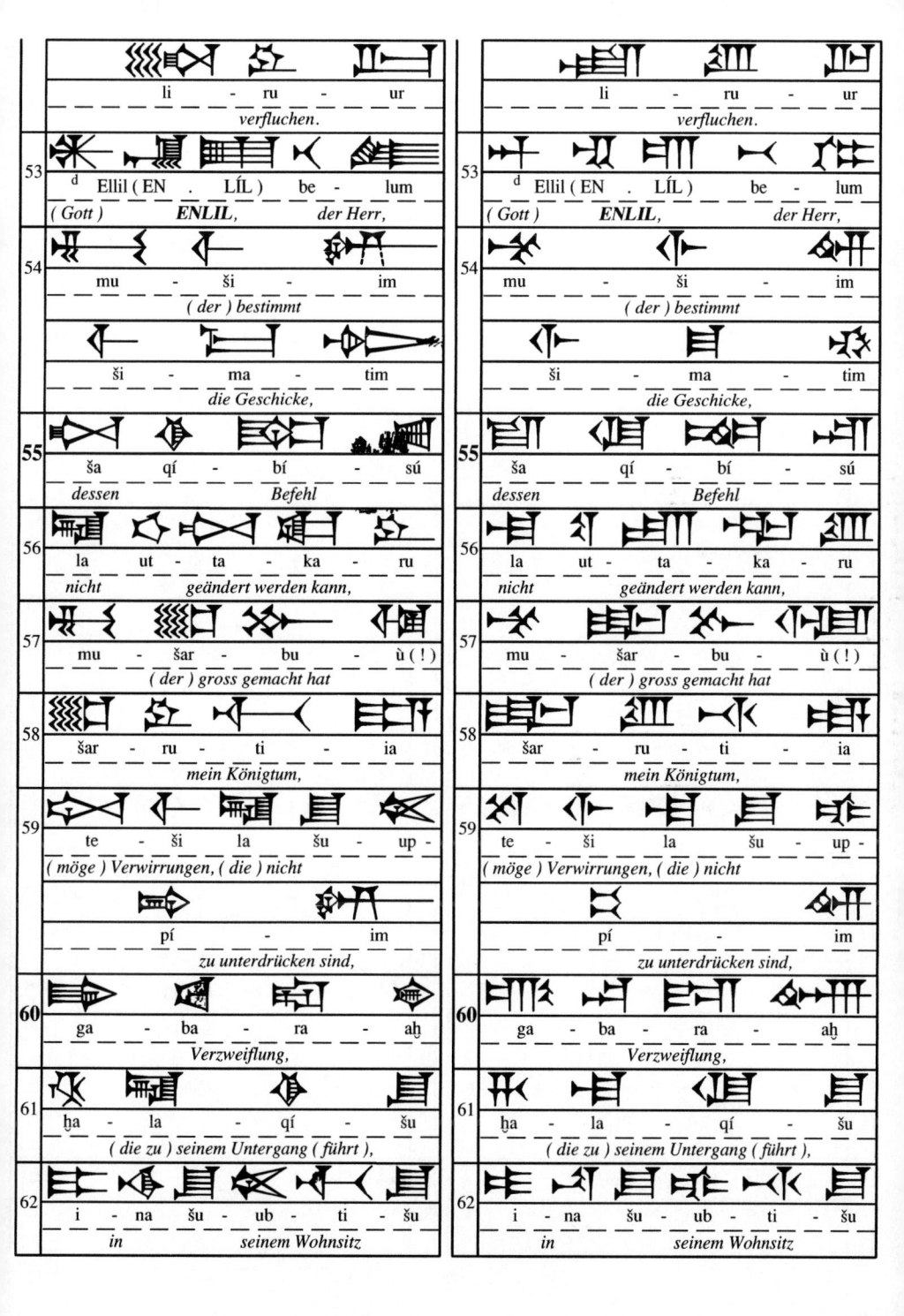

63 li - ša - AB - BI -

ḫa - aš - šum

ausbreiten (?),

64 palê (BALA) ta - ne - ḫi - im

eine Regierungszeit, eine leidvolle,

65 u$_4$ - mi i - ṣú - tim

Tage, wenige,

66 ša - na - a - at

Jahre

67 ḫu - ša - aḫ - ḫi - im

der Hungersnot,

68 ek - le - et

der Finsternis,

69 la na - wa - ri - im

nicht erhellbare,

70 mu - ut ni - ṭi - il

Tod des Lichtes

i - nim

der Augen

71 a - na ši - im - tim

zum Schicksal

72 li - ši - im - šum

ihm bestimmen;

73 ḫa - la - aq ālī (URU) - šu

den Untergang seiner Stadt,

63 li - ša - AB - BI -

ḫa - aš - šum

ausbreiten (?),

64 palê (BALA) ta - ne - ḫi - im

eine Regierungszeit, eine leidvolle,

65 u$_4$ - mi i - ṣú - tim

Tage, wenige,

66 ša - na - a - at

Jahre

67 ḫu - ša - aḫ - ḫi - im

der Hungersnot,

68 ek - le - et

der Finsternis,

69 la na - wa - ri - im

nicht erhellbare,

70 mu - ut ni - ṭi - il

Tod des Lichtes

i - nim

der Augen

71 a - na ši - im - tim

zum Schicksal

72 li - ši - im - šum

ihm bestimmen;

73 ḫa - la - aq ālī (URU) - šu

den Untergang seiner Stadt,

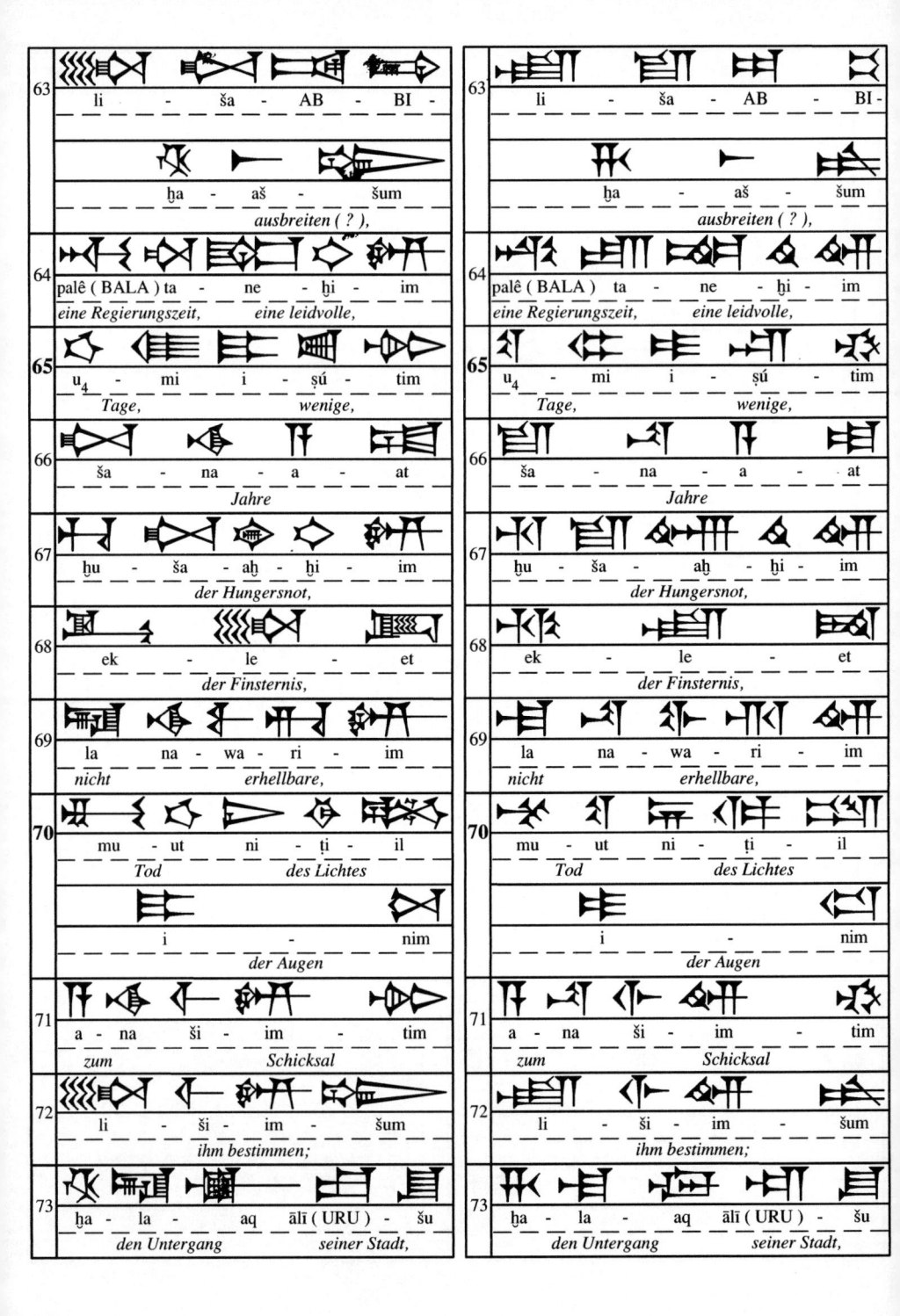

Zeile	Umschrift	Übersetzung
74	na - ás - pu - úḫ	*Zerstreuung*
	ni - ši - šu	*seiner Leute,*
75	šar - ru - ṣú šu - pé - lam	*Thronwechsel,*
76	šum - šu ù zi - kir - šu	*seines Namens und seines Gedenkens*
77	i - na ma - tim	*aus dem Lande*
78	la šu - ub - ša - a - am	*Tilgung*
79	i - na pî (KA) - šu kab - tim	*(möge) er mit seinem Ausspruch, dem gewichtigen,*
80	li - iq - bi	*befehlen.*
81	d Nin - líl	*(Göttin)* ***NINLIL,***
82	ummum (AMA) ra - bí - tum	*die Mutter, die grosse,*
83	ša qí - bí - sà	*deren Befehl*
84	i - na É - kur kab - ta - at	*im* ***EKUR*** *gewichtig (ist),*
85	bēltum (NIN) mu - dam - mi - qá - at	*die Herrin, (die) gut macht*

Zeile	Umschrift	Übersetzung
74	na - ás - pu - úḫ	*Zerstreuung*
	ni - ši - šu	*seiner Leute,*
75	šar - ru - ṣú šu - pé - lam	*Thronwechsel,*
76	šum - šu ù zi - kir - šu	*seines Namens und seines Gedenkens*
77	i - na ma - tim	*aus dem Lande*
78	la šu - ub - ša - a - am	*Tilgung*
79	i - na pî (KA) - šu kab - tim	*(möge) er mit seinem Ausspruch, dem gewichtigen,*
80	li - iq - bi	*befehlen.*
81	d Nin - líl	*(Göttin)* ***NINLIL,***
82	ummum (AMA) ra - bí - tum	*die Mutter, die grosse,*
83	ša qí - bí - sà	*deren Befehl*
84	i - na É - kur kab - ta - at	*im* ***EKUR*** *gewichtig (ist),*
85	bēltum (NIN) mu - dam - mi - qá - at	*die Herrin, (die) gut macht*

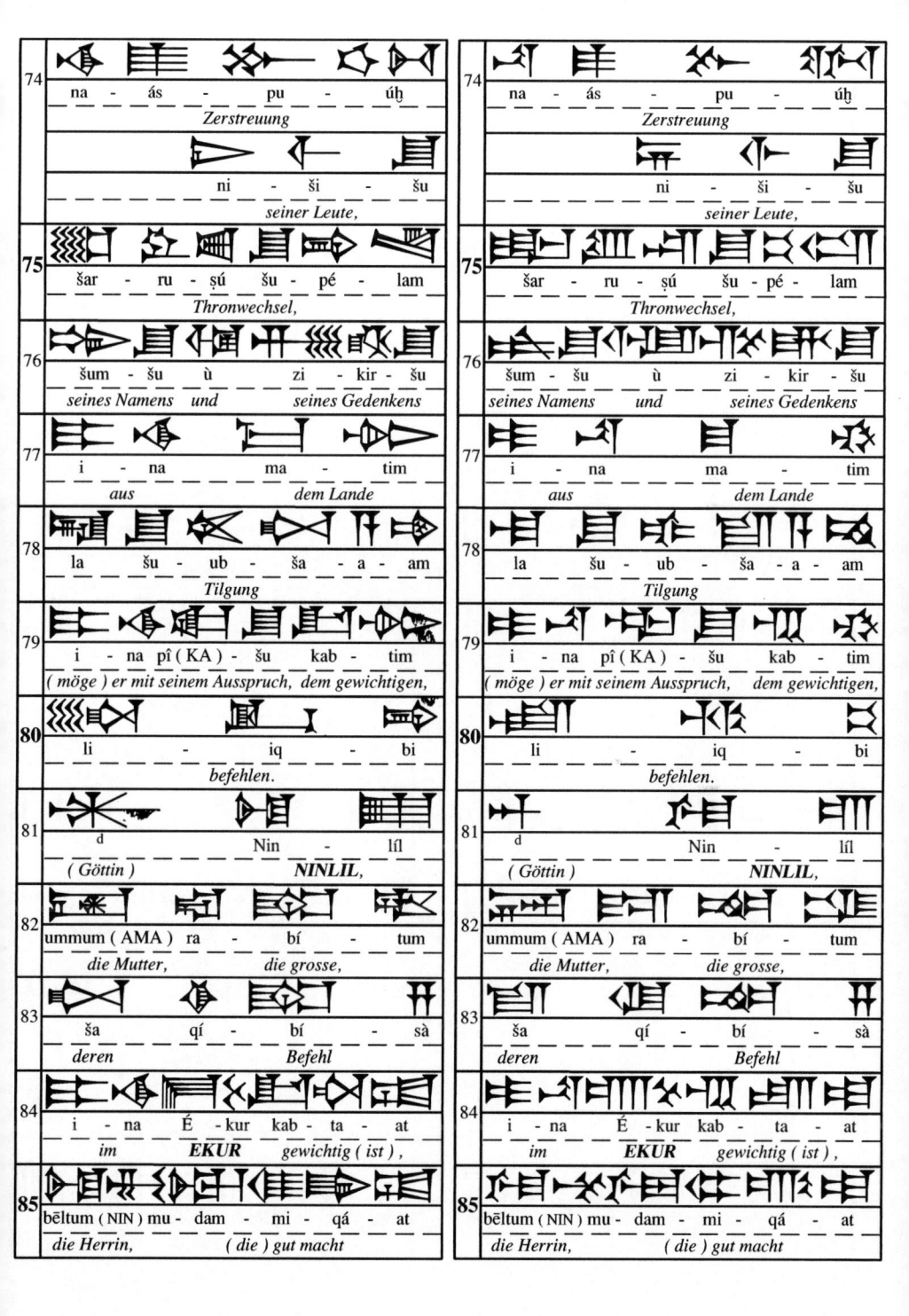

86 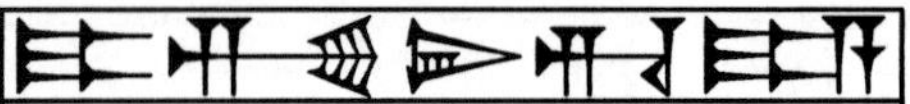
i - gi - ir - re - ia
meinen Ruf,

87 
a - šar ši - ip - ṭi - im
(möge) beim Strafgericht

88 
ù pu - ru - sé - em
und der Entscheidung

89 
i - na ma - ḫar ^{d}Ellil (EN . LÍL)
vor (Gott) ***ENLIL***

90 
a - wa - sú li - le - mi - in
seine Sache schlecht machen;

91 
šu - ul - pu - ut ma - ti - šu
Zerstörung seines Landes,

92 
ḫa - la - aq ni - ši - šu
Untergang seiner Leute,

93 
ta - ba - ak na - piš - ti - šu
Ausgiessung seiner Seele

94 
ki - ma me - e
gleich Wasser

95 
i - na pī (KA) ^{d}Ellil (EN . LÍL)
(möge) sie in den Mund (Gott) ***ENLILS,***

96 
šar - ri - im
des Königs,

97 
li - ša - aš - ki - in
legen.

98 
^{d} Ea (EN . KI) rubûm (NUN) ra - bi - um
(Gott) ***EA,*** *der Fürst, der grosse,*

86 
i - gi - ir - re - ia
meinen Ruf,

87 
a - šar ši - ip - ṭi - im
(möge) beim Strafgericht

88 
ù pu - ru - sé - em
und der Entscheidung

89 
i - na ma - ḫar ^{d}Ellil (EN . LÍL)
vor (Gott) ***ENLIL***

90 
a - wa - sú li - le - mi - in
seine Sache schlecht machen;

91 
šu - ul - pu - ut ma - ti - šu
Zerstörung seines Landes,

92 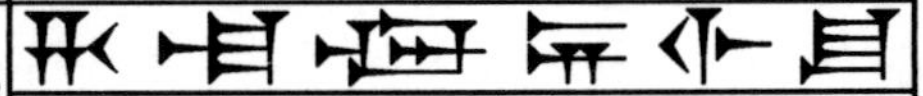
ḫa - la - aq ni - ši - šu
Untergang seiner Leute,

93 
ta - ba - ak na - piš - ti - šu
Ausgiessung seiner Seele

94 
ki - ma me - e
gleich Wasser

95 
i - na pī (KA) ^{d}Ellil (EN . LÍL)
(möge) sie in den Mund (Gott) ***ENLILS,***

96 
šar - ri - im
des Königs,

97 
li - ša - aš - ki - in
legen.

98 
^{d}Ea (EN . KI) rubûm (NUN) ra - bi - um
(Gott) ***EA,*** *der Fürst, der grosse,*

99	ša ši - ma - tu - šu	*dessen Schicksalsbestimmungen*
100	i - na maḫ - ra i - la - ka	*vorangehen,*
101	apkal (NUN . ME) ì - lí	*der weiseste der Götter,*
102	mu - de mi - im - ma šum - šu	*(der) vertraut ist mit allem Möglichen,*
103	mu - ša - ri - ku	*der verlängert*

99	ša ši - ma - tu - šu	*dessen Schicksalsbestimmungen*
100	i - na maḫ - ra i - la - ka	*vorangehen,*
101	apkal (NUN . ME) ì - lí	*der weiseste der Götter,*
102	mu - de mi - im - ma šum - šu	*(der) vertraut ist mit allem Möglichen,*
103	mu - ša - ri - ku	*der verlängert*

L

L

1	u_4 - um ba - la - ṭi - ia	*meine Lebenszeit,*
2	uz - nam	*(möge) ihm Verstand*
3	ù ne - me - qá - am	*und Weisheit*
4	li - ṭe$_4$ - er - šu - ma	*wegnehmen,*
5	i - na mi - ši - tim	*in Verwirrung*
6	li - it - ta - ar - ru - šu	*ihn führen;*
7	nārātī (ÍD . ÍD) - šu	*seine Flüsse*

1	u_4 - um ba - la - ṭi - ia	*meine Lebenszeit,*
2	uz - nam	*(möge) ihm Verstand*
3	ù ne - me - qá - am	*und Weisheit*
4	li - ṭe$_4$ - er - šu - ma	*wegnehmen,*
5	i - na mi - ši - tim	*in Verwirrung*
6	li - it - ta - ar - ru - šu	*ihn führen;*
7	nārātī (ÍD . ÍD) - šu	*seine Flüsse*

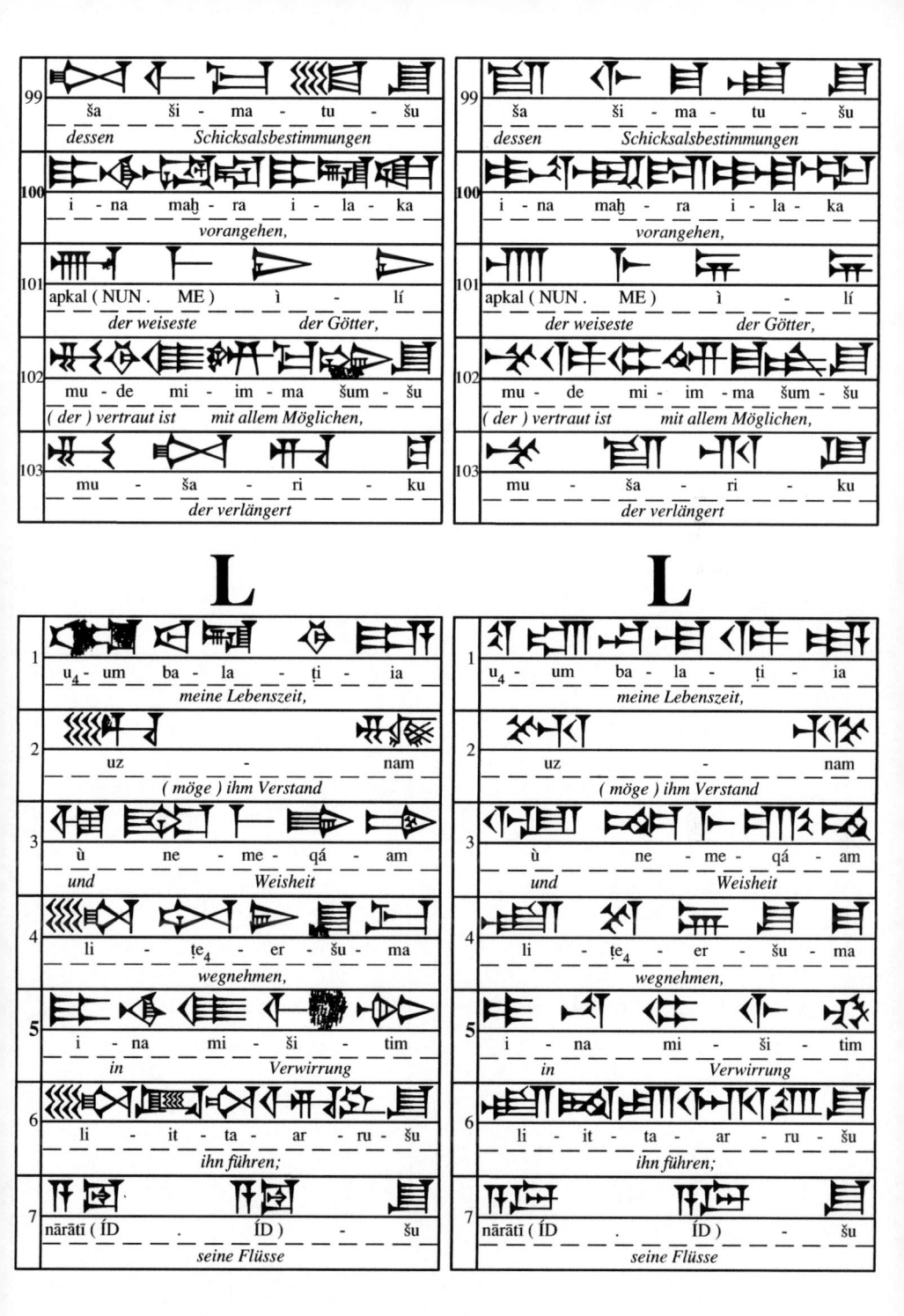

8 i - na na - ag - bi - im
(möge) er an der Quelle

9 li - is - ki - ir
verstopfen,

10 i - na er - ṣe - ti - šu
in seinem Gebiet

11 [d] ašnan (ÉZINA = ŠE . TIR)
(Gott) möge er Getreide,

12 na - pí - iš - ti
den Lebensunterhalt

ni - ši
der Leute,

13 a ú - ša - ab - ši
nicht wachsen lassen.

14 [d]Šamaš (UTU) da - a - a - nu - um
Der Sonnengott, der Richter,

ra - bi - um
der grosse,

15 ša ša - me - e
des Himmels

16 ù er - ṣe - tim
und der Erde,

17 mu - uš - te - še - er
(der) recht leitet

18 ša - ak - na - at

8 i - na na - ag - bi - im
(möge) er an der Quelle

9 li - is - ki - ir
verstopfen,

10 i - na er - ṣe - ti - šu
in seinem Gebiet

11 [d] ašnan (ÉZINA = ŠE . TIR)
(Gott) möge er Getreide,

12 na - pí - iš - ti
den Lebensunterhalt

ni - ši
der Leute,

13 a ú - ša - ab - ši
nicht wachsen lassen.

14 [d]Šamaš (UTU) da - a - a - nu - um
Der Sonnengott, der Richter,

ra - bi - um
der grosse,

15 ša ša - me - e
des Himmels

16 ù er - ṣe - tim
und der Erde,

17 mu - uš - te - še - er
(der) recht leitet

18 ša - ak - na - at

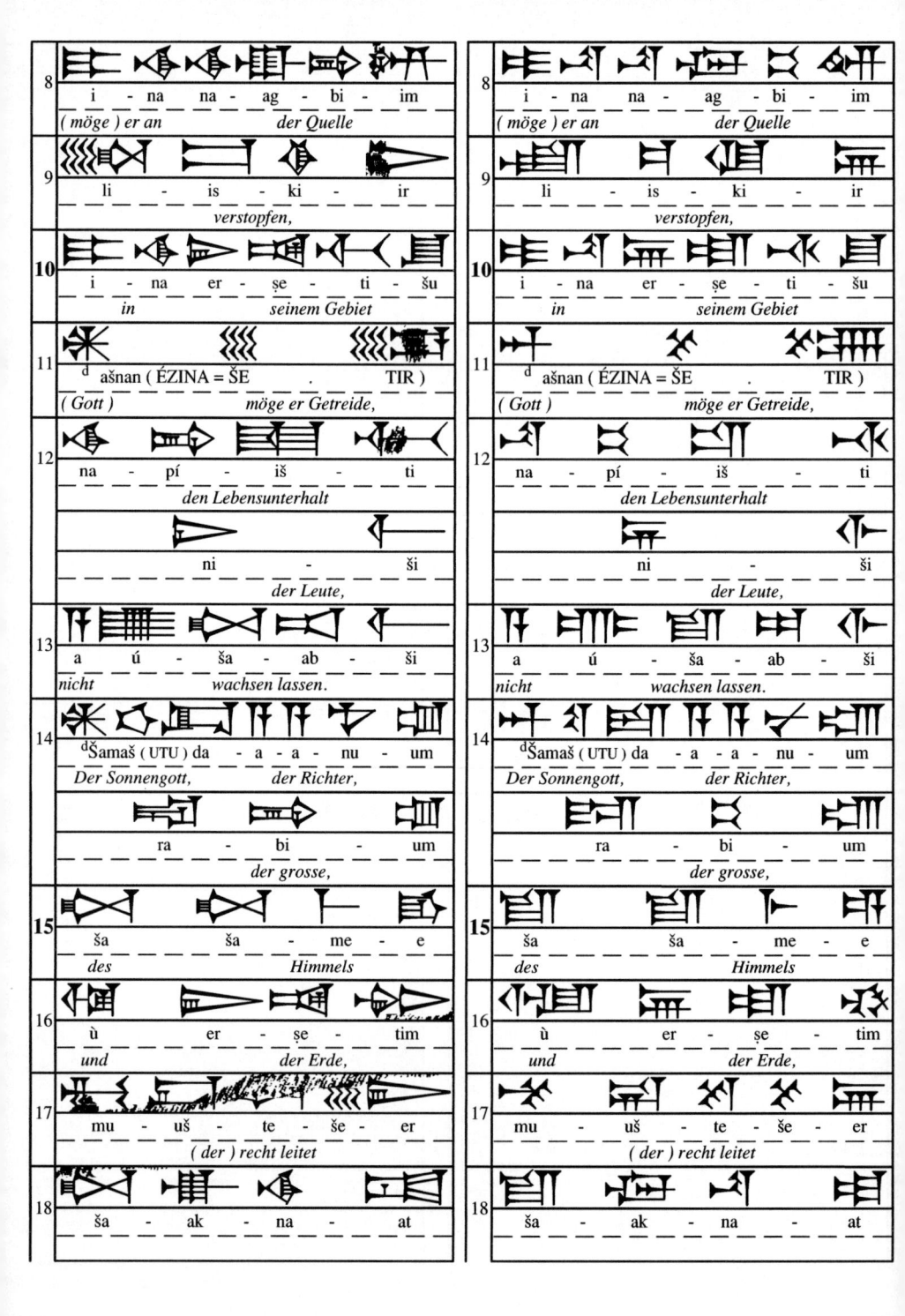

	na - pí - iš - tim	*die Lebewesen,*
19	be - lum tu - kúl - ti	*der Herr, meine Zuversicht,*
20	šar - ru - sú	*(möge) sein Königtum*
	li - is - ki - ip	*stürzen,*
21	di - in - šu	*(zu) seinem Recht*
22	a i - di - in	*nicht ihm verhelfen,*
23	ú - ru - úḫ - šu	*seinen Weg*
	li - ši	*verwirren,*
24	išdī (SUḪUŠ) (**nicht DU!**) um - ma - ni - šu	*die Füsse seiner Truppen*
25	li - iš - ḫe - el - ṣí	*ausgleiten lassen,*
26	i - na bi - ri - šu	*bei seiner Opferschau*
27	šīram (UZU) lem - nam	*ein Vorzeichen, ein böses,*
28	ša na - sa - aḫ	*das Entwurzelung*

	na - pí - iš - tim	*die Lebewesen,*
19	be - lum tu - kúl - ti	*der Herr, meine Zuversicht,*
20	šar - ru - sú	*(möge) sein Königtum*
	li - is - ki - ip	*stürzen,*
21	di - in - šu	*(zu) seinem Recht*
22	a i - di - in	*nicht ihm verhelfen,*
23	ú - ru - úḫ - šu	*seinen Weg*
	li - ši	*verwirren,*
24	išdī (SUḪUŠ) (**nicht DU!**) um - ma - ni - šu	*die Füsse seiner Truppen*
25	li - iš - ḫe - el - ṣí	*ausgleiten lassen,*
26	i - na bi - ri - šu	*bei seiner Opferschau*
27	šīram (UZU) lem - nam	*ein Vorzeichen, ein böses,*
28	ša na - sa - aḫ	*das Entwurzelung*

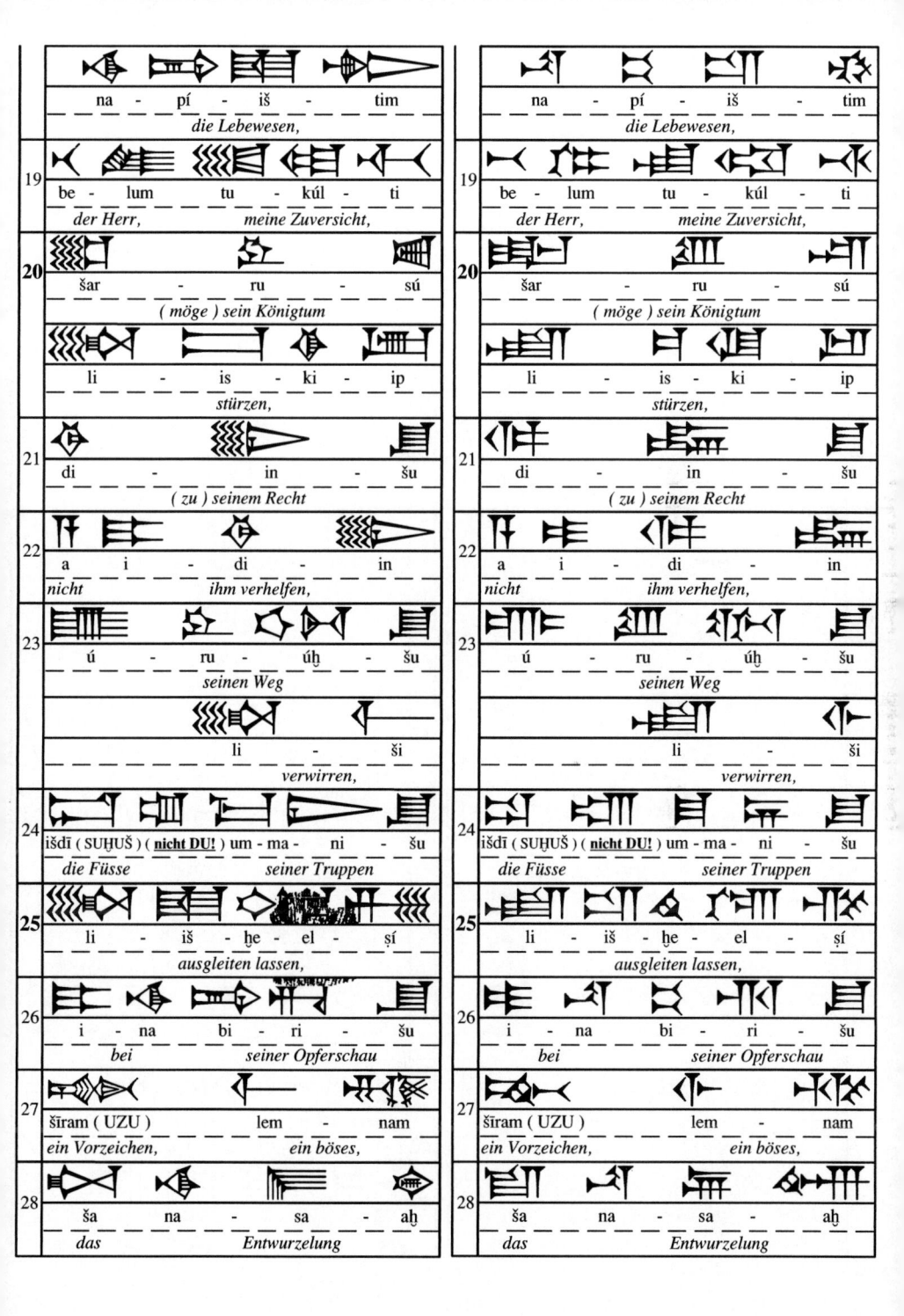

29 išdī (SUḪUŠ) šar - ru - ti - šu
seines Königtums

30 ù ḫa - la - aq ma - ti - šu
und Untergang seines Landes (bedeutet),

li - iš - ku - un - šum
ihm bescheren;

31 a - wa - tum ma - ru - uš - tum
ein Wort, ein unheilvolles,

32 ša [d]Šamaš (UTU) ar - ḫi - iš
des Sonnengottes (möge) eilends

33 li - ik - šu - sú
ihn treffen,

34 e - li - iš
oben

35 i - na ba - al - ṭú - tim
(möge) er ihn aus den Lebendigen

36 li - is - sú - úḫ - šu
entfernen,

37 ša - ap - li - iš
unten,

38 i - na er - ṣe - tim
in der Unterwelt,

39 eṭemmī (GIDIM$_4$ (= udug) . GIDIM$_4$) - šu
(möge) er seine Totengeister

40 me - e li - ša - az - mi
(nach) Wasser dürsten lassen.

29 išdī (SUḪUŠ) šar - ru - ti - šu
seines Königtums

30 ù ḫa - la - aq ma - ti - šu
und Untergang seines Landes (bedeutet),

li - iš - ku - un - šum
ihm bescheren;

31 a - wa - tum ma - ru - uš - tum
ein Wort, ein unheilvolles,

32 ša [d]Šamaš (UTU) ar - ḫi - iš
des Sonnengottes (möge) eilends

33 li - ik - šu - sú
ihn treffen,

34 e - li - iš
oben

35 i - na ba - al - ṭú - tim
(möge) er ihn aus den Lebendigen

36 li - is - sú - úḫ - šu
entfernen,

37 ša - ap - li - iš
unten,

38 i - na er - ṣe - tim
in der Unterwelt,

39 eṭemmī (GIDIM$_4$ (= udug) . GIDIM$_4$) - šu
(möge) er seine Totengeister

40 me - e li - ša - az - mi
(nach) Wasser dürsten lassen.

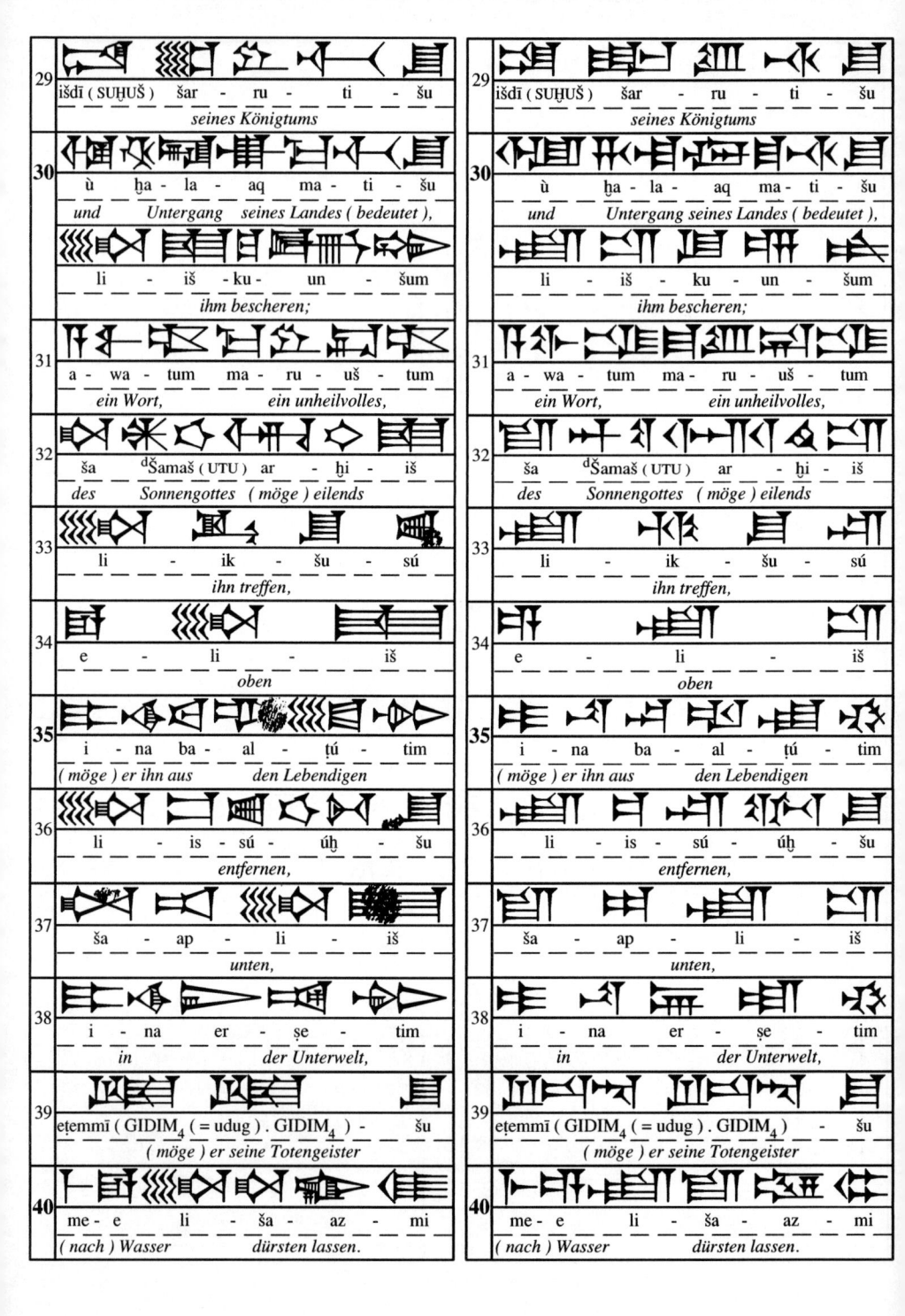

41	
	^{d}Sîn (ZUEN = EN.ZU) be - el ša - me - e
	*(Gott) **SIN**, der Herr des Himmels,*
42	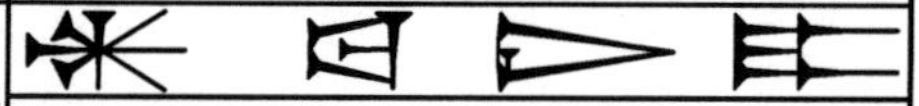
	ilum (DINGIR) ba - ni - i
	mein göttlicher Schöpfer,
43	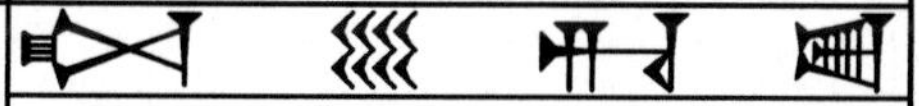
	ša še - re - sú
	dessen Strafe
44	
	i - na ì - lí šu - pa - a - at
	unter den Göttern sichtbar (ist),
45	
	agâm (AGA) ^{giš}kussiam (GU . ZA)
	(möge) ihm die Krone (Holz) (und) den Thron

	ša šar - ru - tim
	des Königtums
46	
	li - ṭe$_4$ - er - šu
	wegnehmen,
47	
	ar - nam kab - tam
	ihm eine Strafe, eine schwere,
48	
	še - re - sú ra - bi - tam
	seine Sühne, die grosse,
49	
	ša i - na zu - um - ri - šu
	die aus seinem Leibe
50	
	la i - ḫal - li - qú
	nicht verschwindet,
51	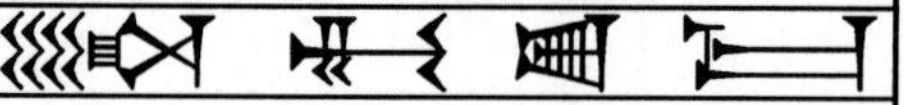
	li - mu - sú - ma
	auferlegen,
52	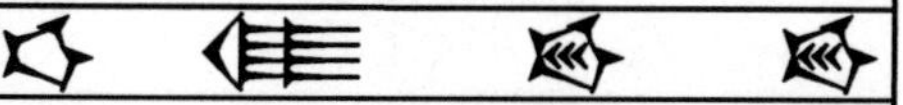
	u$_4$ - mi warḫī (ITU . ITU)
	die Tage, die Monate,

41	
	^{d}Sîn (ZUEN = EN.ZU) be - el ša - me - e
	*(Gott) **SIN**, der Herr des Himmels,*
42	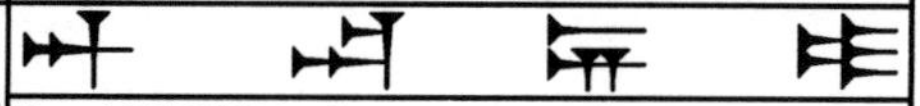
	ilum (DINGIR) ba - ni - i
	mein göttlicher Schöpfer,
43	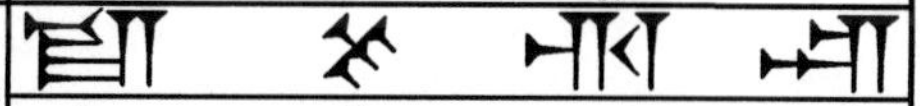
	ša še - re - sú
	dessen Strafe
44	
	i - na ì - lí šu - pa - a - at
	unter den Göttern sichtbar (ist),
45	
	agâm (AGA) ^{giš}kussiam (GU . ZA)
	(möge) ihm die Krone (Holz) (und) den Thron

	ša šar - ru - tim
	des Königtums
46	
	li - ṭe$_4$ - er - šu
	wegnehmen,
47	
	ar - nam kab - tam
	ihm eine Strafe, eine schwere,
48	
	še - re - sú ra - bi - tam
	seine Sühne, die grosse,
49	
	ša i - na zu - um - ri - šu
	die aus seinem Leibe
50	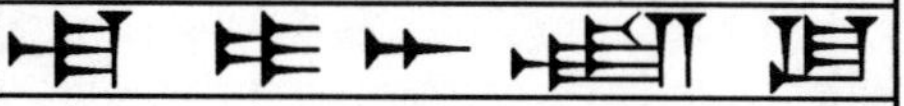
	la i - ḫal - li - qú
	nicht verschwindet,
51	
	li - mu - sú - ma
	auferlegen,
52	
	u$_4$ - mi warḫī (ITU . ITU)
	die Tage, die Monate,

53	ša - na - a - at palê (BALA) - šu	*(und) Jahre seiner Regierungszeit*
54	i - na ta - ne - ḫi - im	*unter Mühsal*
55	ù di - im - ma - tim	*und Klagen*
56	li - ša - aq - ti	*beenden,*
57	kam - ma - al šar - ru - tim	*einen Widersacher des Königtums*
58	li - ša - aṭ - ṭi - il - šu!	*ihn erblicken lassen,*
59	ba - la - ṭam	*ein Leben,*
60	ša it - ti mu - tim	*das dazu noch dem Tode*
61	ši - ta - an - nu	*gleichkommt,*
62	a - na ši - im - tim	*zum Schicksal*
63	li - ši - im - šum	*ihm bestimmen.*
64	ᵈAdad (IŠKUR) be - el ḫegallim (ḪÉ . GÁL)	*(Gott)* ***ADAD****, der Herr des Überflusses,*

53	ša - na - a - at palê (BALA) - šu	*(und) Jahre seiner Regierungszeit*
54	i - na ta - ne - ḫi - im	*unter Mühsal*
55	ù di - im - ma - tim	*und Klagen*
56	li - ša - aq - ti	*beenden*
57	kam - ma - al šar - ru - tim	*einen Widersacher des Königtums*
58	li - ša - aṭ - ṭi - il - šu!	*ihn erblicken lassen,*
59	ba - la - ṭam	*ein Leben,*
60	ša it - ti mu - tim	*das dazu noch dem Tode*
61	ši - ta - an - nu	*gleichkommt,*
62	a - na ši - im - tim	*zum Schicksal*
63	li - ši - im - šum	*ihm bestimmen.*
64	ᵈAdad (IŠKUR) be - el ḫegallim (ḪÉ . GÁL)	*(Gott)* ***ADAD****, der Herr des Überflusses,*

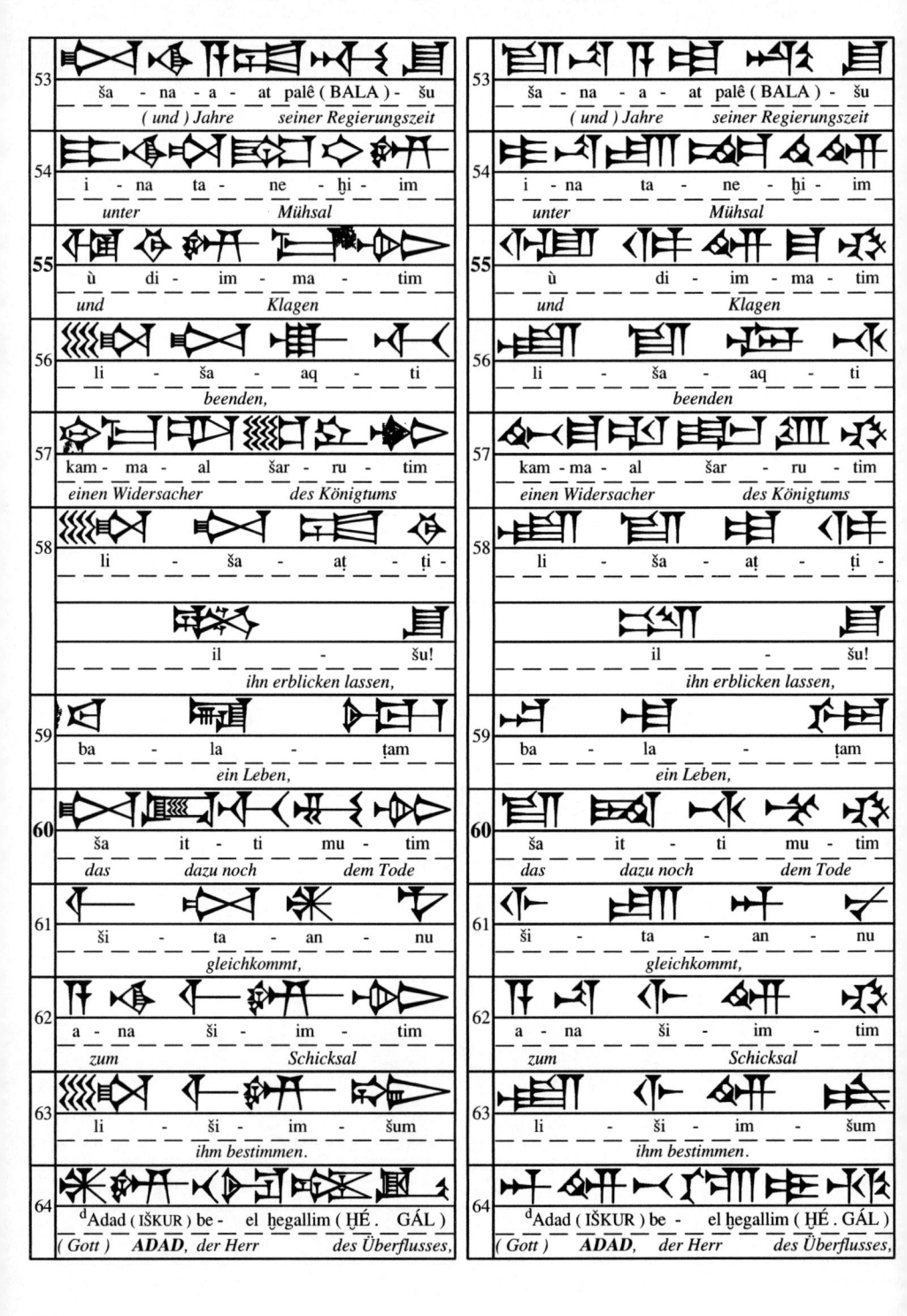

65	gú - gal ša - me - e	*der Kanalinspektor des Himmels*
66	ù er - ṣe - tim	*und der Erde,*
67	re - ṣú - ú - a	*mein Helfer,*
68	zu - ni i - na ša - me - e	*(möge) ihm die Regengüsse im Himmel,*
69	mi - lam	*die Hochflut*
70	i - na na - ag - bi - im	*in der Quelle*
71	li - ṭe$_4$ - er - šu	*wegnehmen,*
72	ma - sú	*sein Land*
73	i - na ḫu - ša - aḫ - ḫi - im	*durch Mangel*
74	ù bu - bu - tim	*und Hungersnot*
75	li - ḫal - li - iq	*vernichten,*
76	e - li ālī (URU) - šu	*über seine Stadt*
77	ez - zi - iš	*(möge) er zornig*

65	gú - gal ša - me - e	*der Kanalinspektor des Himmels*
66	ù er - ṣe - tim	*und der Erde,*
67	re - ṣú - ú - a	*mein Helfer,*
68	zu - ni i - na ša - me - e	*(möge) ihm die Regengüsse im Himmel,*
69	mi - lam	*die Hochflut*
70	i - na na - ag - bi - im	*in der Quelle*
71	li - ṭe$_4$ - er - šu	*wegnehmen,*
72	ma - sú	*sein Land*
73	i - na ḫu - ša - aḫ - ḫi - im	*durch Mangel*
74	ù bu - bu - tim	*und Hungersnot*
75	li - ḫal - li - iq	*vernichten,*
76	e - li ālī (URU) - šu	*über seine Stadt*
77	ez - zi - iš	*(möge) er zornig*

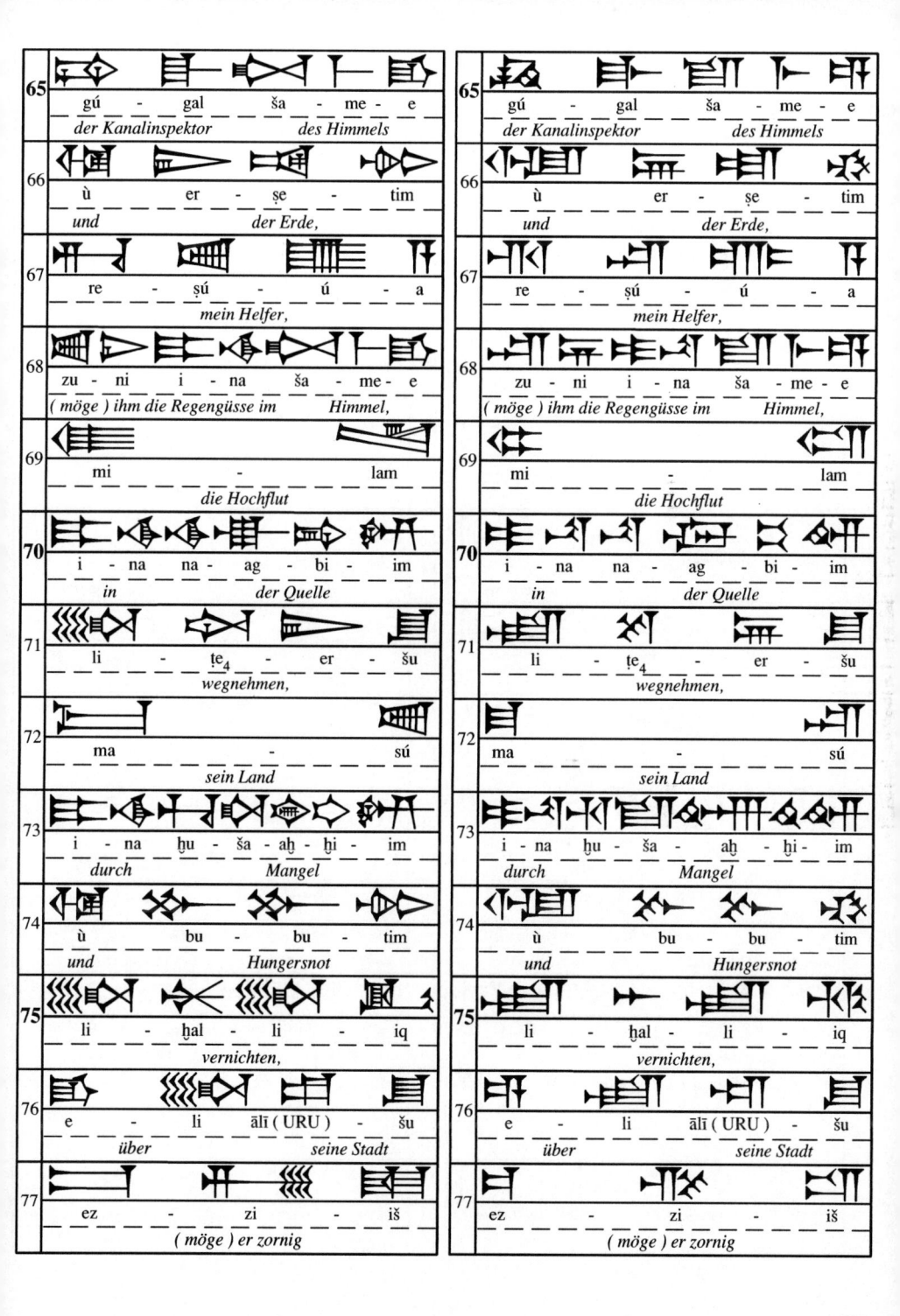

78	li - is - si - ma	*brüllen,*
79	ma - sú a - na tíl (DU_6)	*sein Land in eine Ruine*
	a - bu - bi - im	*der Sintflut*
80	li - te - er	*verwandeln.*
81	d Za - ba_4 - ba_4	*(Gott)* ***ZABABA,***
82	qar - ra - du - um ra - bi - um	*der Krieger, der grosse,*
83	mārum (DUMU) re - eš - tu - um	*der Sohn, erstgeborene,*
84	ša É - kur	*von* ***EKUR,***
85	a - li - ku im - ni - ia	*er geht zu meiner Rechten,*
86	a - šar tám - ḫa - ri - im	*(möge) auf dem Feld der Schlacht*
87	[giš]kakka (TUKUL) - šu li - iš - bi - ir	*(Holz) seine Waffe zerbrechen,*
88	u_4 - ma - am a - na mu - ši - im	*ihm den Tag in Nacht*
89	li - te - er - šum - ma	*verwandeln,*

78	li - is - si - ma	*brüllen,*
79	ma - sú a - na tíl (DU_6)	*sein Land in eine Ruine*
	a - bu - bi - im	*der Sintflut*
80	li - te - er	*verwandeln.*
81	d Za - ba_4 - ba_4	*(Gott)* ***ZABABA,***
82	qar - ra - du - um ra - bi - um	*der Krieger, der grosse,*
83	mārum (DUMU) re - eš - tu - um	*der Sohn, erstgeborene,*
84	ša É - kur	*von* ***EKUR,***
85	a - li - ku im - ni - ia	*er geht zu meiner Rechten,*
86	a - šar tám - ḫa - ri - im	*(möge) auf dem Feld der Schlacht*
87	[giš]kakka (TUKUL) - šu li - iš - bi - ir	*(Holz) seine Waffe zerbrechen,*
88	u_4 - ma - am a - na mu - ši - im	*ihm den Tag in Nacht*
89	li - te - er - šum - ma	*verwandeln,*

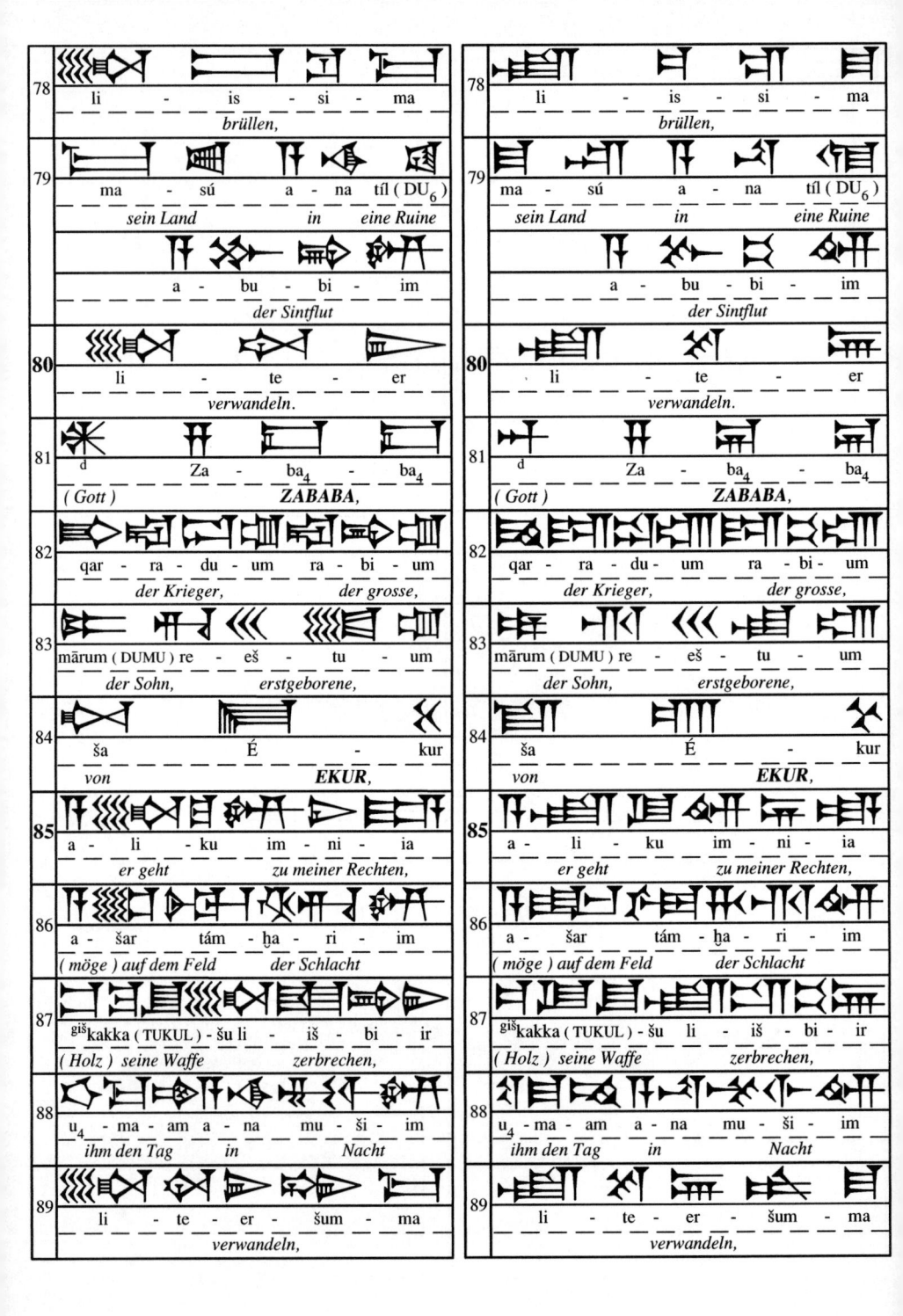

90	na - ki - ir - šu e - li - šu	*seinen Feind über ihn*
91	li - iš - zi - iz	*triumphieren lassen.*
92	dIštar (INNIN) be - le - et	*(Göttin) **IŠTAR**, die Herrin,*
93	tāḫāzim (ME_6) (**nicht mè!**) ù qablim (ŠEN. ŠEN)	*der Schlacht und des Kampfes,*
94	pa - ti - a - at	*sie zückt*
95	giš kakkī (TUKUL) - ia	*(Holz) meine Waffe,*
96	la - ma - sí	*meine Schutzgöttin,*
97	da - mi - iq - tum	*die gute,*
98	ra - i - ma - at palê (BALA) - ia	*die liebt meine Regierung,*
99	i - na li - ib - bi - ša	*(möge) in ihrem Herzen,*
100	ag - gi - im	*dem zornigen,*
101	i - na uz - za - ti - ša	*in ihrem Grimme,*
102	ra - bí - a - tim	*dem grossen,*

90	na - ki - ir - šu e - li - šu	*seinen Feind über ihn*
91	li - iš - zi - iz	*triumphieren lassen.*
92	dIštar (INNIN) be - le - et	*(Göttin) **IŠTAR**, die Herrin,*
93	tāḫāzim (ME_6) (**nicht mè!**) ù qablim (ŠEN. ŠEN)	*der Schlacht und des Kampfes,*
94	pa - ti - a - at	*sie zückt*
95	giš kakkī (TUKUL) - ia	*(Holz) meine Waffe,*
96	la - ma - sí	*meine Schutzgöttin,*
97	da - mi - iq - tum	*die gute,*
98	ra - i - ma - at palê (BALA) - ia	*die liebt meine Regierung,*
99	i - na li - ib - bi - ša	*(möge) in ihrem Herzen,*
100	ag - gi - im	*dem zornigen,*
101	i - na uz - za - ti - ša	*in ihrem Grimme,*
102	ra - bí - a - tim	*dem grossen,*

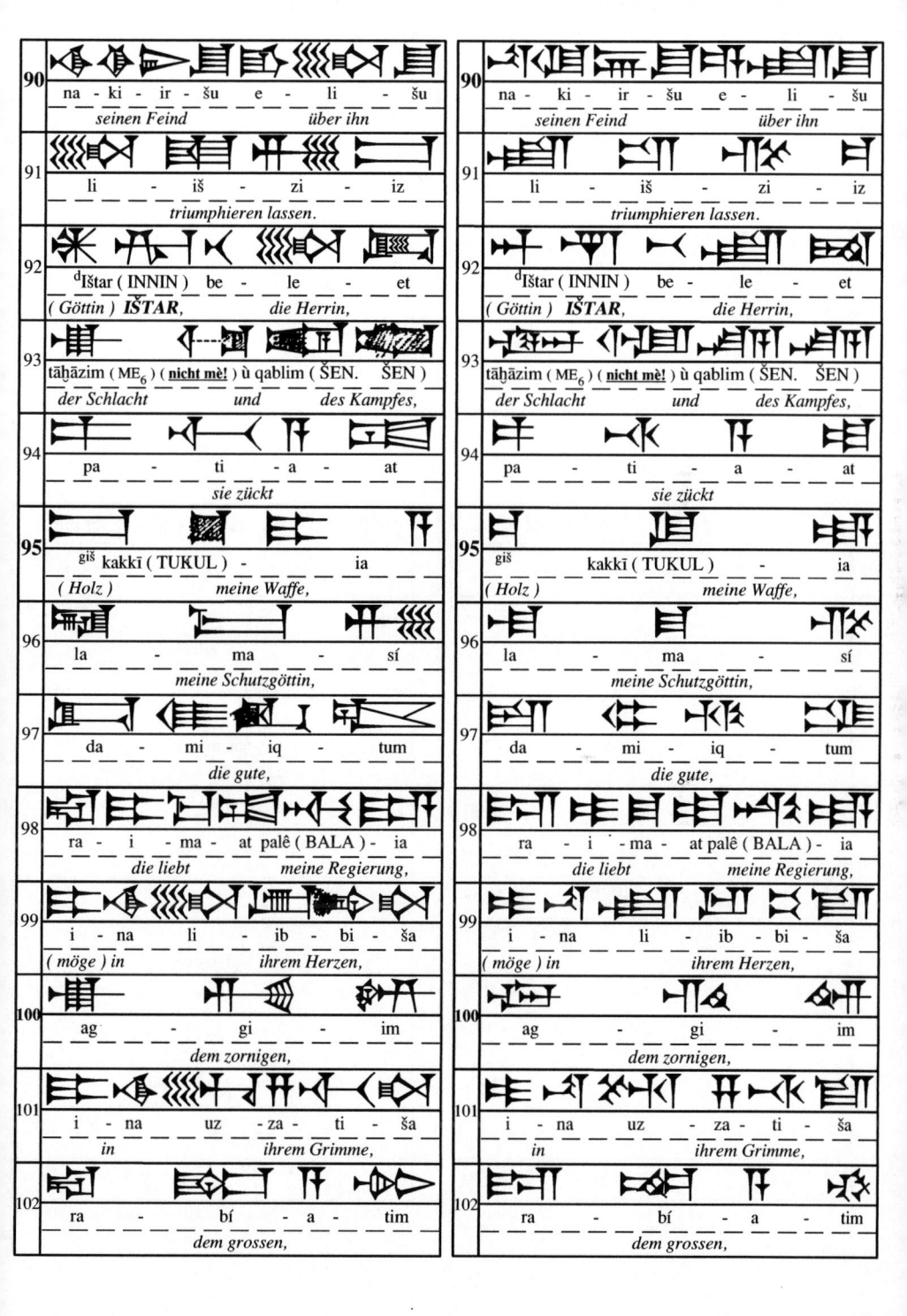

103	šar - ru - sú li - ru - ur
	sein Königtum verfluchen,
104	dam - qá - ti - šu
	sein Gutes
105	a - na le - em - ne - tim
	(möge) sie in Böses
106	li - te - er
	verwandeln,

LI

1	**ZEILE IST ZU STREICHEN!**
2	a - šar tāḫāzim (ME_6) (**nicht MÈ!**)
	(in) Feldschlacht
	ù qablim (ŠEN . ŠEN)
	und Kampf
3	giš kakka (TUKUL) - šu
	(Holz) seine Waffe
4	li - iš - bi - ir
	zerbrechen,
5	i - ši - tam
	ihm Verwirrung
6	sà - aḫ - ma - aš - tam
	(und) Aufruhr
7	li - iš - ku - un - šum
	bewirken,

103	šar - ru - sú li - ru - ur
	sein Königtum verfluchen,
104	dam - qá - ti - šu
	sein Gutes
105	a - na le - em - ne - tim
	(möge) sie in Böses
106	li - te - er
	verwandeln,

LI

1	**ZEILE IST ZU STREICHEN!**
2	a - šar tāḫāzim (ME_6) (**nicht MÈ!**)
	(in) Feldschlacht
	ù qablim (ŠEN . ŠEN)
	und Kampf
3	giš kakka (TUKUL) - šu
	(Holz) seine Waffe
4	li - iš - bi - ir
	zerbrechen,
5	i - ši - tam
	ihm Verwirrung
6	sà - aḫ - ma - aš - tam
	(und) Aufruhr
7	li - iš - ku - un - šum
	bewirken,

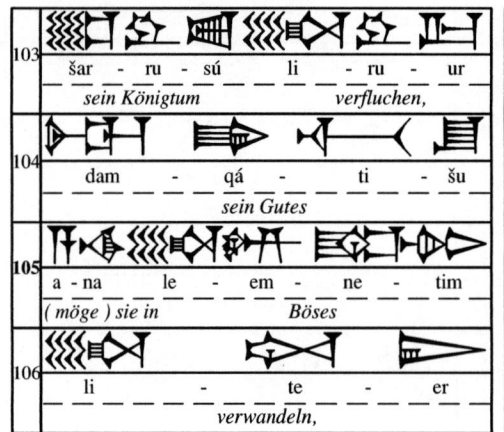

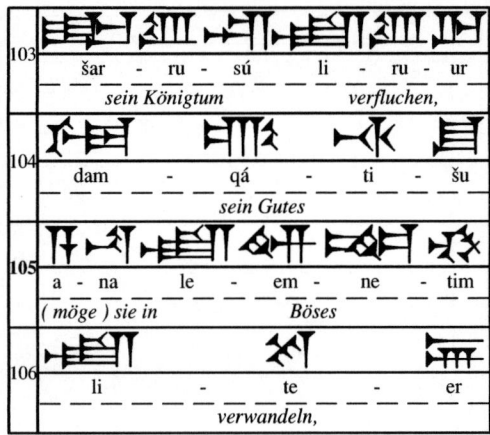

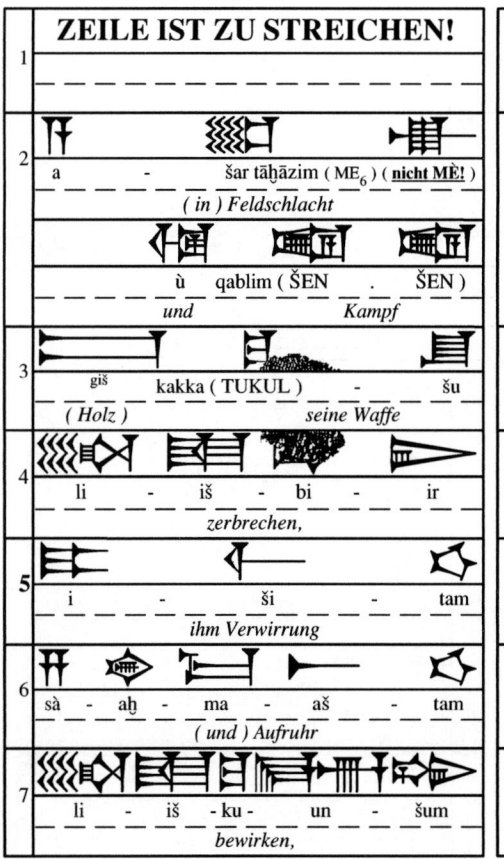

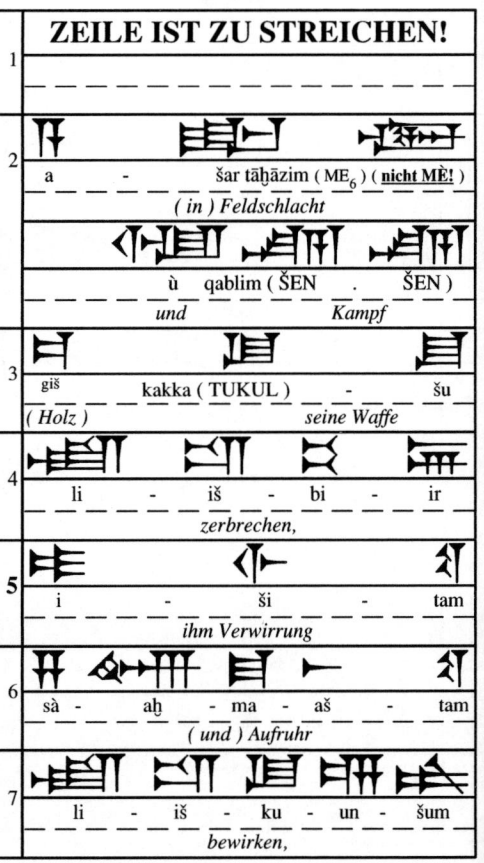

8	qar - ra - di - šu	*seine Krieger*
9	li - ša - am - qí - it	*niederstrecken,*
10	da - mi - šu - nu	*(mit) ihrem Blut*
11	er - ṣe - tam li - iš - qí	*den Erdboden tränken,*
12	gu - ru - un	*zu einem Hügel*
13	ša - al - ma - at	*die Leichen*
14	um - ma - na - ti - šu	*seiner Truppen*
15	i - na ṣe - ri - im	*auf dem Felde*
16	li - it - ta - ad - di	*aufschichten,*
17	ummān (ERIM) - šu - ma (?) re - ma - am	*seinem Heer Erbarmen*
18	a - i ú - šar - ši	*nicht angedeihen lassen,*
19	šu - a - ti	*ihn selbst*
20	a - na qá - at	*an die Hand*

8	qar - ra - di - šu	*seine Krieger*
9	li - ša - am - qí - it	*niederstrecken,*
10	da - mi - šu - nu	*(mit) ihrem Blut*
11	er - ṣe - tam li - iš - qí	*den Erdboden tränken,*
12	gu - ru - un	*zu einem Hügel*
13	ša - al - ma - at	*die Leichen*
14	um - ma - na - ti - šu	*seiner Truppen*
15	i - na ṣe - ri - im	*auf dem Felde*
16	li - it - ta - ad - di	*aufschichten,*
17	ummān (ERIM) - šu - ma (?) re - ma - am	*seinem Heer Erbarmen*
18	a - i ú - šar - ši	*nicht angedeihen lassen,*
19	šu - a - ti	*ihn selbst*
20	a - na qá - at	*an die Hand*

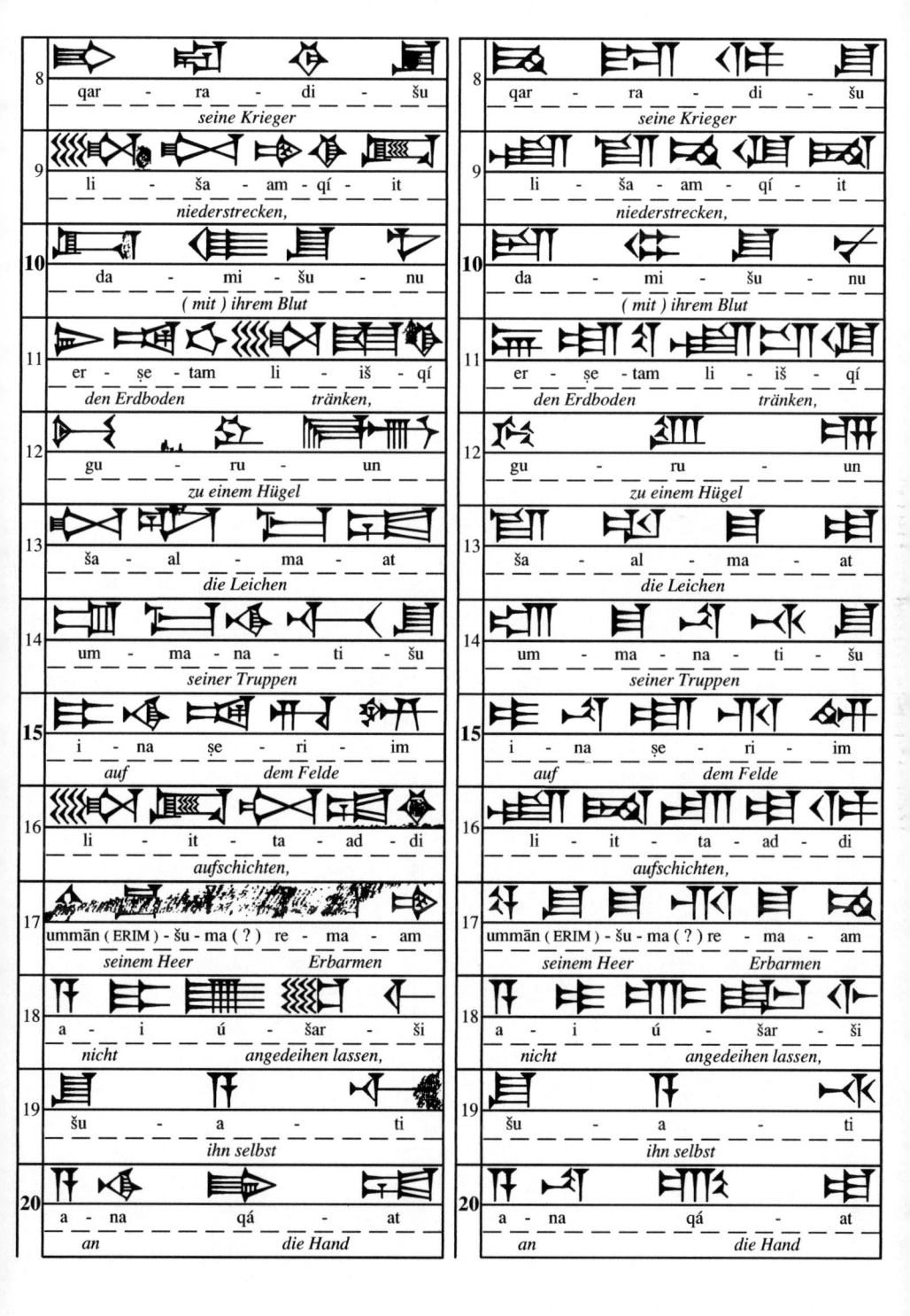

	na - ak - ri - šu	seines Feindes
21	li - ma - al - li - šu - ma	überantworten
22	a - na ma - at nu - ku -	(und) in das Land
	úr - ti - šu	des Feindes
23	ka - mi - iš li - ru - šu	gebunden ihn führen.
24	d Nergal (NÈ . ERI_{11} . GAL)	(Gott) **NERGAL,**
25	dan - nu - um i - na ì - lí	der mächtigste unter den Göttern,
26	qá - ba - al	im Kampf
	la - ma - ḫa - ar	unwiderstehlich,
27	mu - ša - ak - ši - du	(der) mich erreichen lässt
28	ir - ni - ti - ia	meinen Wunsch,
29	i - na ka - šu - ši - šu	(möge) er mit seiner Waffe,
30	ra - bi - im	der grossen,

	na - ak - ri - šu	seines Feindes
21	li - ma - al - li - šu - ma	überantworten
22	a - na ma - at nu - ku -	(und) in das Land
	úr - ti - šu	des Feindes
23	ka - mi - iš li - ru - šu	gebunden ihn führen.
24	d Nergal (NÈ . ERI_{11} . GAL)	(Gott) **NERGAL,**
25	dan - nu - um i - na ì - lí	der mächtigste unter den Göttern,
26	qá - ba - al	im Kampf
	la - ma - ḫa - ar	unwiderstehlich,
27	mu - ša - ak - ši - du	(der) mich erreichen lässt
28	ir - ni - ti - ia	meinen Wunsch,
29	i - na ka - šu - ši - šu	(möge) er mit seiner Waffe,
30	ra - bi - im	der grossen,

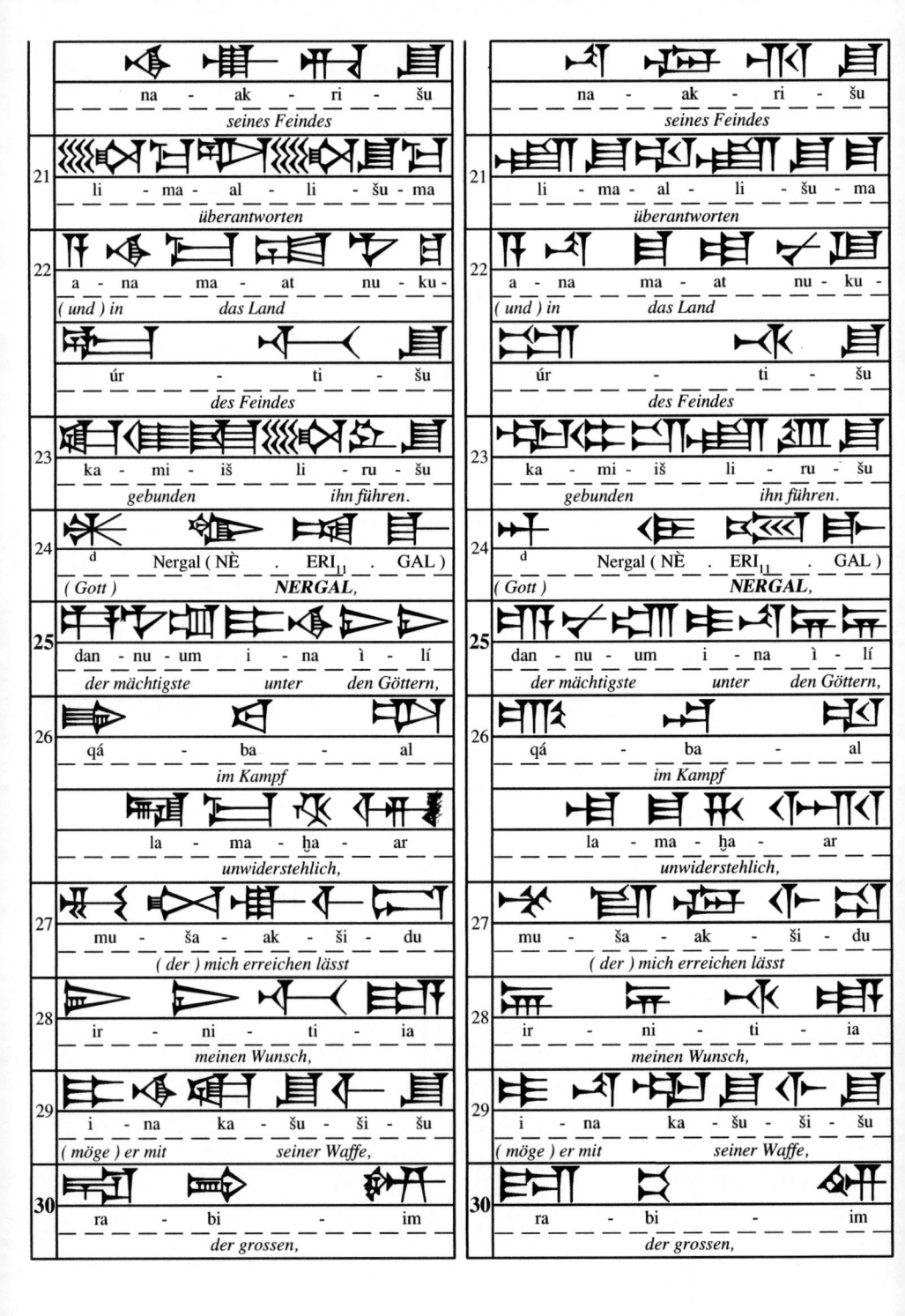

31	ki - ma i - ša - tim	*gleich einem Feuer*
32	ez - ze - tim	*wütend*
	ša a - pí - im	*im Röhricht*
33	ni - ši - šu	*seine Leute*
34	li - iq - mì (**nicht me!**)	*verbrennen,*
35	in ^{giš}kakkī (TUKUL) - šu	*mit (Holz) seiner Waffe,*
	dan - nim	*der mächtigen,*
36	li - ša - ti - šu - ma	*ihn verwirren (?),*
37	bi - ni - a - ti - šu	*seine Glieder*
38	ki - ma ṣa - lam	*wie ein Bild*
	ṭi - ṭi - im	*(aus) Ton*
39	li - iḫ - bu - uš	*zerschmeissen.*
40	^{d} Nin - tu	*(Göttin) **NINTU**,*

31	ki - ma i - ša - tim	*gleich einem Feuer*
32	ez - ze - tim	*wütend*
	ša a - pí - im	*im Röhricht*
33	ni - ši - šu	*seine Leute*
34	li - iq - mì (**nicht me!**)	*verbrennen,*
35	in ^{giš}kakkī (TUKUL) - šu	*mit (Holz) seiner Waffe,*
	dan - nim	*der mächtigen,*
36	li - ša - ti - šu - ma	*ihn verwirren (?),*
37	bi - ni - a - ti - šu	*seine Glieder*
38	ki - ma ṣa - lam	*wie ein Bild*
	ṭi - ṭi - im	*(aus) Ton*
39	li - iḫ - bu - uš	*zerschmeissen.*
40	^{d} Nin - tu	*(Göttin) **NINTU**,*

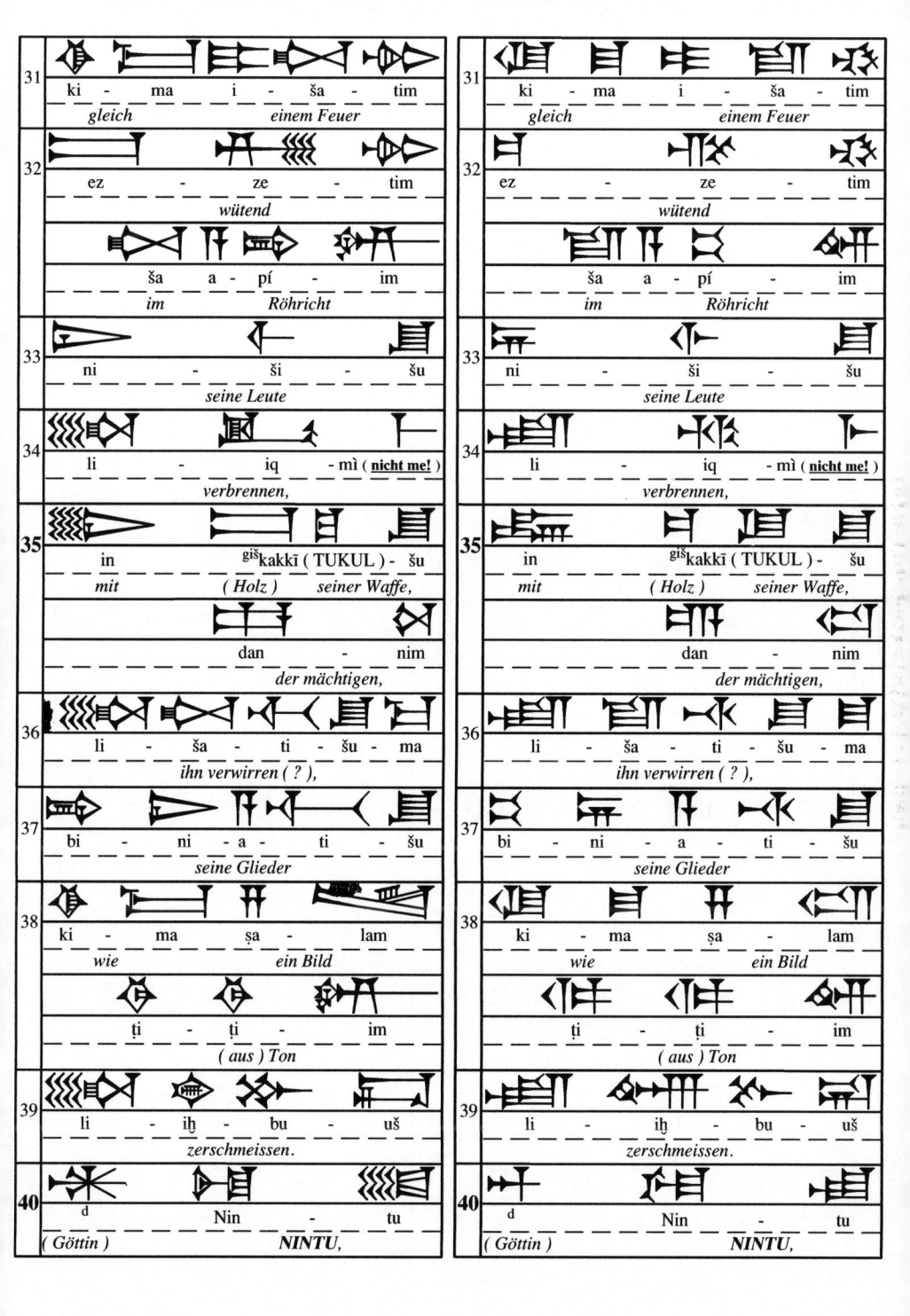

41 bēltum (NIN) ṣi - ir - tum
die Herrin, die erhabene,

42 ša ma - ta - tim
der Länder,

43 ummum (AMA) ba - ni - ti
die Mutter, (die) mich geboren hat,

44 aplam (IBILA = DUMU . UŠ)
den Erbsohn

li - ṭe$_4$ - er - šu - ma
(möge) sie ihm wegnehmen,

45 šu - ma - am
ihn einen (Namen(sträger)

46 a ú - šar -
nicht

ši - šu
bekommen lassen,

47 i - na qer - bi - it
in der Mitte

ni - ši - šu
seiner Leute

48 zēr (NUMUN) a - wi - lu - tim
(möge) sie (er) den Samen des Menschen

49 a ib - ni
nicht schaffen.

50 ^{d} Nin - kar - ra - ak
*(Göttin) **NINKARRAK**,*

41 bēltum (NIN) ṣi - ir - tum
die Herrin, die erhabene,

42 ša ma - ta - tim
der Länder,

43 ummum (AMA) ba - ni - ti
die Mutter, (die) mich geboren hat,

44 aplam (IBILA = DUMU . UŠ)
den Erbsohn

li - ṭe$_4$ - er - šu - ma
(möge) sie ihm wegnehmen,

45 šu - ma - am
ihn einen (Namen(sträger)

46 a ú - šar -
nicht

ši - šu
bekommen lassen,

47 i - na qer - bi - it
in der Mitte

ni - ši - šu
seiner Leute

48 zēr (NUMUN) a - wi - lu - tim
(möge) sie (er) den Samen des Menschen

49 a ib - ni
nicht schaffen.

50 ^{d} Nin - kar - ra - ak
*(Göttin) **NINKARRAK**,*

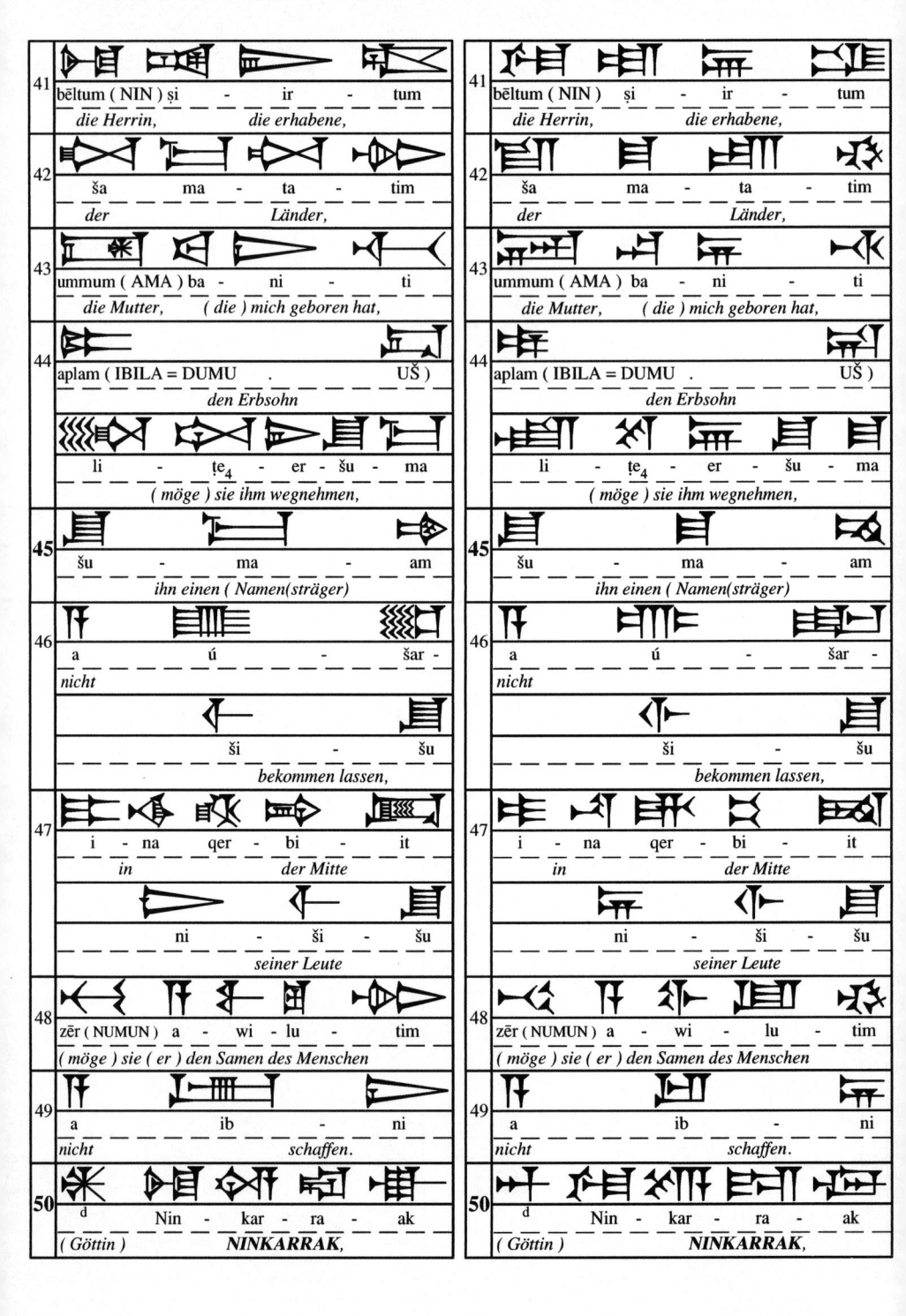

51	mārat (DUMU. MÍ) Anim (An - nim)	*die Tochter* ***ANUMS,***
52	qá - bi - a - at	*spricht*
53	dum - qí - ia	*Gutes für mich*
54	i - na É - kur	*in* ***EKUR,***
55	mur - ṣa - am	*(möge) eine Krankheit,*
	kab - tam	*eine schwere,*
56	asakkam (Á.ZÁG) le - em - nam	*einen Krankheitsdämon, einen bösen,*
57	sí - im - ma - am	*eine Wunde,*
	mar - ṣa - am	*eine schmerzliche,*
58	ša la i - pa - aš - še - ḫu	*die nicht abheilt,*
59	asûm (A.ZU) (**<u>nicht su!</u>**) qé - re - eb - šu	*ein Arzt deren Wesen*
60	la i - lam - ma - du	*nicht erkennt,*
61	i - na ṣí - im - di	*(die) er mit Verbänden*

51	mārat (DUMU.MÍ) Anim (An - nim)	*die Tochter* ***ANUMS,***
52	qá - bi - a - at	*spricht*
53	dum - qí - ia	*Gutes für mich*
54	i - na É - kur	*in* ***EKUR,***
55	mur - ṣa - am	*(möge) eine Krankheit,*
	kab - tam	*eine schwere,*
56	asakkam (Á.ZÁG) le - em - nam	*einen Krankheitsdämon, einen bösen,*
57	sí - im - ma - am	*eine Wunde,*
	mar - ṣa - am	*eine schmerzliche,*
58	ša la i - pa - aš - še - ḫu	*die nicht abheilt,*
59	asûm (A.ZU) (**<u>nicht su!</u>**) qé - re - eb - šu	*ein Arzt deren Wesen*
60	la i - lam - ma - du	*nicht erkennt,*
61	i - na ṣí - im - di	*(die) er mit Verbänden*

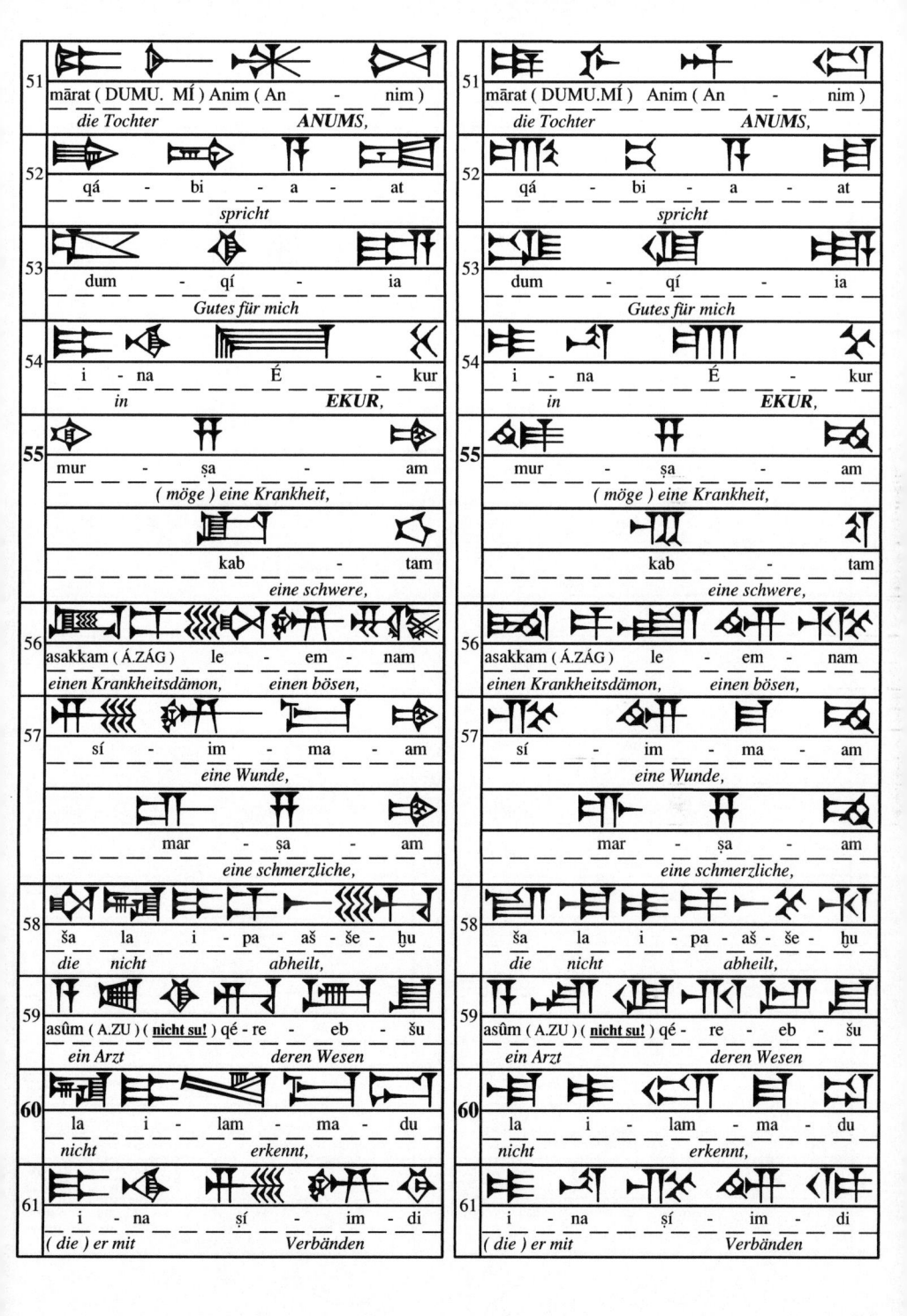

62 la ú - na -
nicht

aḫ - ḫu - šu
zur Ruhe bringt,

63 ki - ma ni - ši - ik mu - tim
(die) wie ein Biss, ein tödlicher,

la in - na - sà - ḫu
nicht ausgerissen werden kann,

64 i - na bi - ni - a -
in

ti - šu
seinen Gliedern

65 li - ša - ṣi - a -

aš - šum - ma
ihm hervortreten lassen;

66 a - di na - pí - iš -
bis

ta - šu
sein Leben

67 i - bé - el - lu - ú
erlischt,

68 a - na eṭ - lu - ti - šu
(möge) er wegen seiner Manneskraft

69 li - id (**nicht da!**) dam - ma - am
jammern immerfort.

62 la ú - na -
nicht

aḫ - ḫu - šu
zur Ruhe bringt,

63 ki - ma ni - ši - ik mu - tim
(die) wie ein Biss, ein tödlicher,

la in - na - sà - ḫu
nicht ausgerissen werden kann,

64 i - na bi - ni - a -
in

ti - šu
seinen Gliedern

65 li - ša - ṣi - a -

aš - šum - ma
ihm hervortreten lassen;

66 a - di na - pí - iš -
bis

ta - šu
sein Leben

67 i - bé - el - lu - ú
erlischt,

68 a - na eṭ - lu - ti - šu
(möge) er wegen seiner Manneskraft

69 li - id (**nicht da!**) dam - ma - am
jammern immerfort.

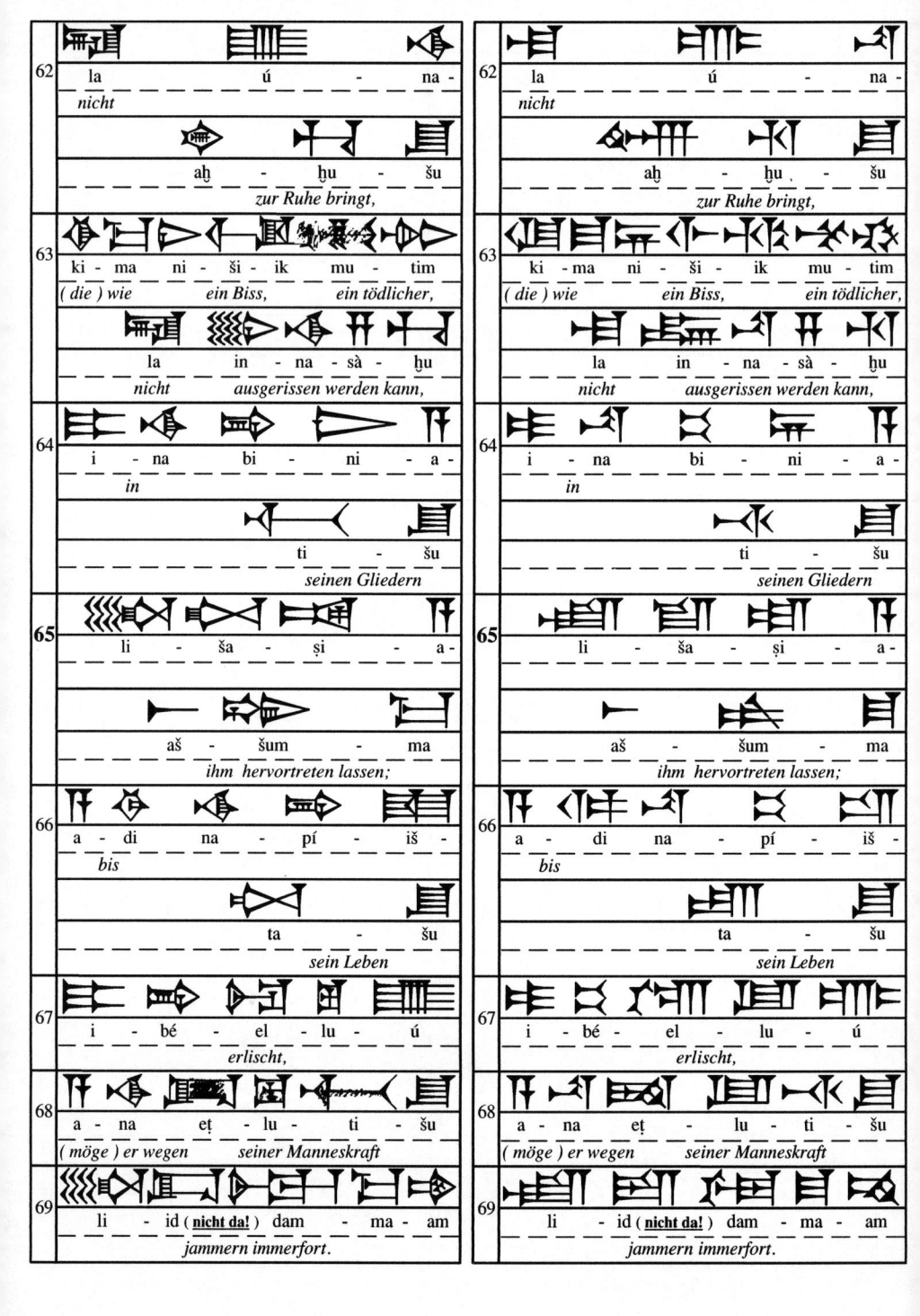

70	ilū rabûtum (DINGIR. GAL . GAL)	*Die grossen Götter*
71	ša ša - me - e	*des Himmels*
72	ù er - ṣe - tim	*und der Erde,*
73	d Anunnakū (A . NUN . NA)	*(Gott) die* ***ANUNNAKU***
74	i - na napḫarī (ŠU.NÍGIN) - šu - nu	*in ihrer Gesamtheit,*
75	še - ed bi - tim	*der Schutzgott des Tempels*
76	libitti (SIG_4) É - babbar - ra	*(und) das Ziegelwerk (von)* ***EBABARRA***
77	šu - a - ti	*(mögen) ihn selbst,*
78	zērā (NUMUN) - šu	*seine Nachkommenschaft,*
79	ma - sú ṣābā (ERIM) - šu	*sein Land, seine Truppen,*
80	ni - ši - šu	*seine Leute,*
81	ù um - ma - an - šu	*und sein Heer*
82	er - re - tam	*(mit) einem Fluch,*

70	ilū rabûtum (DINGIR. GAL . GAL)	*Die grossen Götter*
71	ša ša - me - e	*des Himmels*
72	ù er - ṣe - tim	*und der Erde,*
73	d Anunnakū (A . NUN . NA)	*(Gott) die* ***ANUNNAKU***
74	i - na napḫarī (ŠU.NÍGIN) - šu - nu	*in ihrer Gesamtheit,*
75	še - ed bi - tim	*der Schutzgott des Tempels*
76	libitti (SIG_4) É - babbar - ra	*(und) das Ziegelwerk (von)* ***EBABARRA***
77	šu - a - ti	*(mögen) ihn selbst,*
78	zērā (NUMUN) - šu	*seine Nachkommenschaft,*
79	ma - sú ṣābā (ERIM) - šu	*sein Land, seine Truppen,*
80	ni - ši - šu	*seine Leute,*
81	ù um - ma - an - šu	*und sein Heer*
82	er - re - tam	*(mit) einem Fluch,*

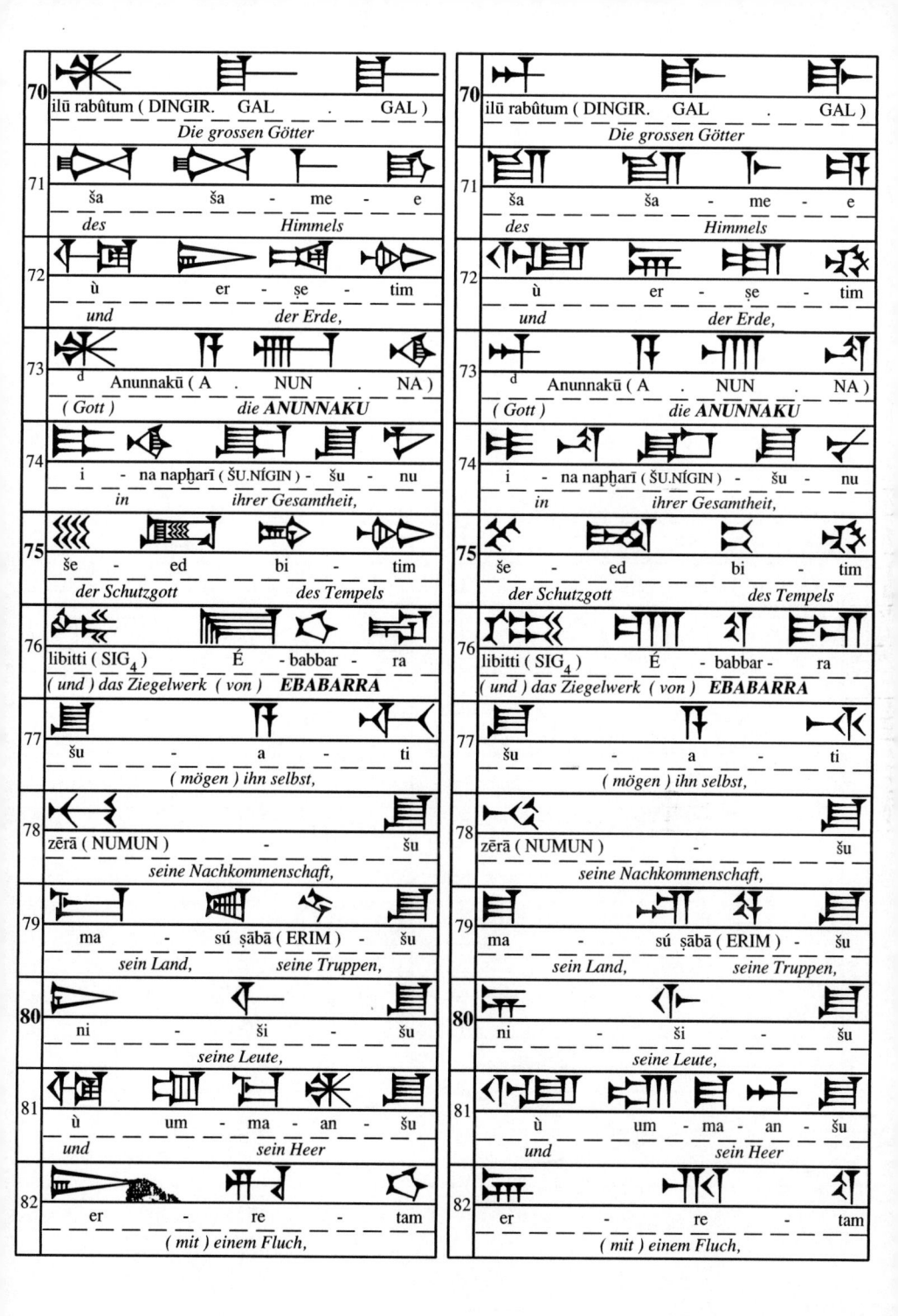

83 ma - ru - uš - tam

einem unheilvollen,

li - ru - ru

verfluchen;

84 er - re - tim

Flüchen,

85 á (**nicht da!**) - ni - a - tim

(mit) diesen

86 d Ellil (EN . LÍL)

(Gott) *(möge)* ***ENLIL***

87 i - na pî (KA) - šu

durch *seinen Ausspruch,*

88 ša la ut - ta -

der *nicht*

ak - ka - ru

geändert werden kann,

89 li - ru - ur - šu - ma

ihn verfluchen,

90 ar - ḫi - iš

eilends (mögen die Flüche)

91 li - ik - šu - da - šu

ihn erreichen.

83 ma - ru - uš - tam

einem unheilvollen,

li - ru - ru

verfluchen;

84 er - re - tim

Flüchen,

85 á (**nicht da!**) - ni - a - tim

(mit) diesen

86 d Ellil (EN . LÍL)

(Gott) *(möge)* ***ENLIL***

87 i - na pî (KA) - šu

durch *seinen Ausspruch,*

88 ša la ut - ta -

der *nicht*

ak - ka - ru

geändert werden kann,

89 li - ru - ur - šu - ma

ihn verfluchen,

90 ar - ḫi - iš

eilends (mögen die Flüche)

91 li - ik - šu - da - šu

ihn erreichen.

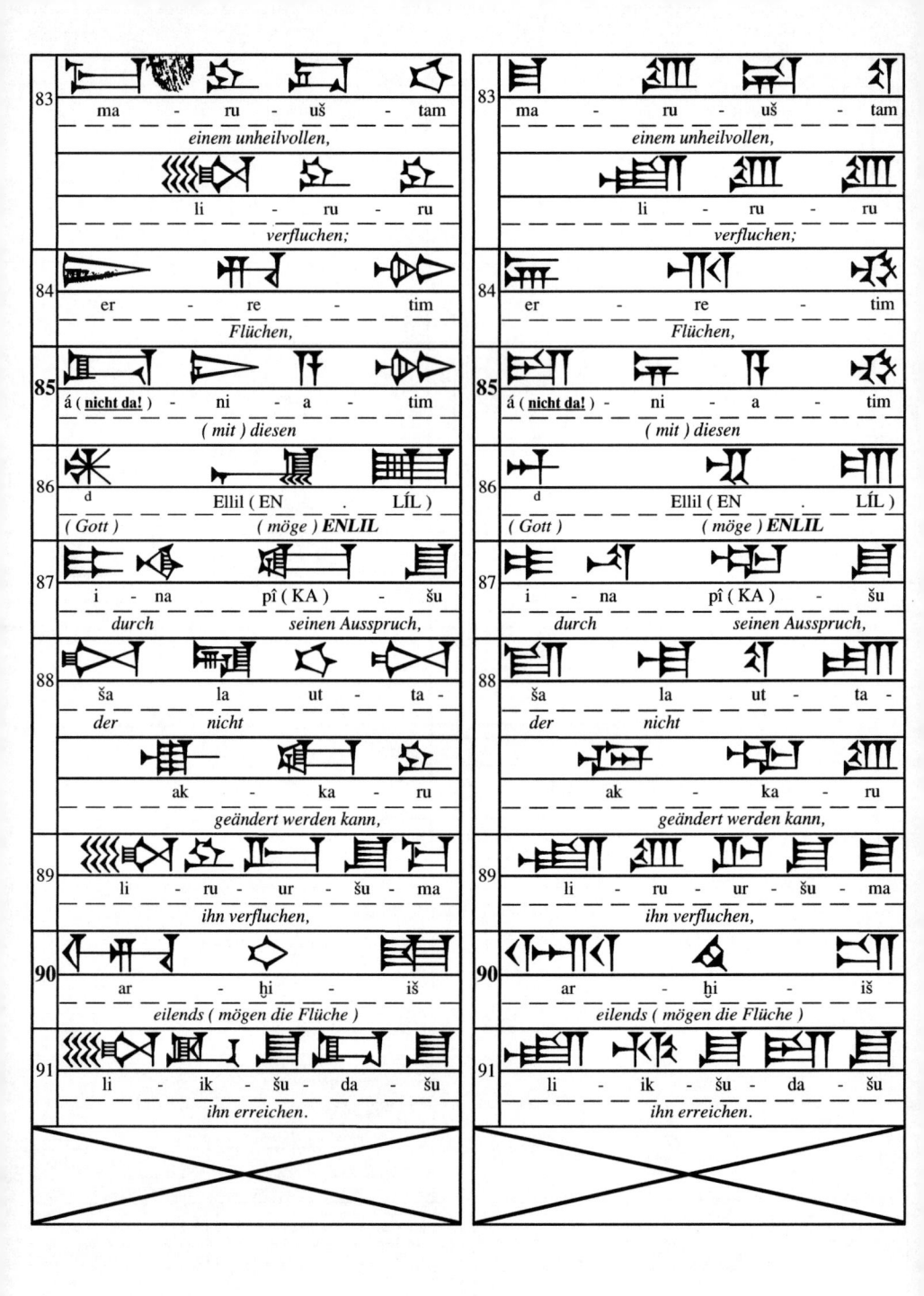

Der Epilog

(Fette und unterstrichene Begriffe s. Beschreibungen)

XLVII 2) (Dies sind) die gerechten 1) Richtersprüche, 3) die **Hammurapi** , 4) der tüchtige König, festgesetzt hat, 6) (wodurch) er dem Lande feste Sitte 7) und gute Führung 8) angedeihen ließ.

10) Ich, 9) **Hammurapi**, 10) der vollkommene König, 11) für die "Schwarzköpfigen" (= die Menschen) 12) die **Enlil** mir geschenkt hat, 13) deren Hirtenschaft 14) **Marduk** mir gegeben hat, 15) wurde ich nicht säumig 16) und legte ich meine Hände nicht in den Schoss. 17) Sichere Stätten 18) suchte ich immer für sie, 19) schwierige Engpässe 20) überwand ich, 21) Licht ließ ich über sie aufgehen. 22) Mit der starken Waffe, 23) die **Zababa** 24) und **Ischtar**, 25) mir verliehen haben, 26) mit der Weisheit, 27) die **Ea** mir bestimmt hat, 28) mit der Tüchtigkeit, 29) die, **Marduk** mir gegeben hat, 31) entfernte ich 30) die Feinde oben 31) und unten, 32) vernichtete ich den Widerstand, 34) trug ich Sorge für 33) das Wohlergehen des Landes, 35) ließ ich die Einwohner der Ortschaften 36) (wie Schafe) auf Wiesen 37) lagern, 38) ließ ihnen keinen Störenfried 39) erstehen. 40) Die großen Götter 41) haben mich berufen. 42) Ich (Ich bin?), 43) der heilbringende Hirte, 44) dessen Stab 45) gerecht ist - 46) Mein guter Schatten 47) ist über meine Stadt 48) gebreitet, 49) auf meinem Schoss 52) hielt ich 50) die Einwohner von **Sumer**, 51) und **Akkad**, 53) von meiner Schutzgöttin geleitet 54) gediehen sie, 55) in Frieden 56) lenkte ich sie, 57) in meiner Weisheit 58) barg ich sie. 59) Damit der Starke den Schwachen 60) nicht schädigt, 61) um der Waisen und der Witwe 62) zu ihrem Recht zu verhelfen, 63) habe ich in **Babel**, 64) der Stadt, 65) deren Haupt 64) **Anu** und **Enlil** 66) erhoben haben, 67) in **Esagila**, 68) dem Tempel, 69) dessen Grundfesten 68) wie Himmel 69) und Erde fest sind, 70) um dem Lande Recht zu schaffen, 71) um die Entscheidung(en) des Landes 72) zu fällen, 73) um dem Geschädigten Recht zu verschaffen, 74) meine überaus wertvollen Worte 75) auf (m)eine Stele geschrieben 76) und vor meiner Statue 77 (namens) "König der Gerechtigkeit" 78) aufgestellt.

80) Ich, 79) der König, der unter den Königen 80) hervorragt - 81) meine Worte sind erlesen, 82) meine Tüchtigkeit 83) hat nicht 82) ihresgleichen. 84) Auf Befehl des Sonnengottes, 85) des großen Richters 86) des Himmels und der Erde, 87) möge meine Gerechtigkeit im Lande, 88) sichtbar werden, 89) auf das Wort 90) meines Herrn **Marduk** 91) mögen meine Aufzeichnungen 92) keinen finden, der sie beseitigt, 93) in **Esagila**, 94) das ich liebe, möge mein Name dankbar **XLVIII** 1) ewig 2) ausgesprochen werden. 3) Ein geschädigter Bürger, 4) der eine Rechtssache 5) bekommt, möge vor meine Statue 7) (namens) "König der Gerechtigkeit" 8) treten, 10) meine beschriftete 9) Stele 11) möge er lesen, 13) meine überaus wertvollen 12) Worte 14) möge er sprechen (?), 15) meine Stele möge die Rechtssache 16) ihm klären, 17) seinen Richterspruch möge er ersehen, 18) sein Herz 19) möge er aufatmen lassen (und sagen:) 20) "**Hammurapi**, 23) der Herr, der wie ein 22) leiblicher 21) Vater 23) für die Leute 24) da ist, 25) hat auf das Wort 26) seines Herrn **Marduk** 27) sich bemüht, 28) den Wunsch **Marduks** 29) oben 30) und unten 31) erreicht, 32) das Herz 33) seines Herrn 32) **Marduk** 33) erfreut 34) und Wohlergehen 35) für die Leute 36) auf ewig bestimmt 37) und dem Lande 38) zu seinem Recht verholfen" - 39) dies 40) möge er sagen 41) und vor 42) meinem Herrn **Marduk** 44) und meiner Herrin 43) **Zarpanitu** 46) von ganzem 45) Herzen 47) mich segnen. 48) Der Schutzgott und die Schutzgöttin, 49) die Götter, die 50) **Esagila** 49) betreten, sowie das 51) Ziegelwerk von **Esagila** 53) mögen täglich 52) meinen Ruf 54) vor 55) meinem Herrn **Marduk** 57) und meiner Herrin 56) **Zarpanitu** 58) gut machen.

59f.) In der Zukunft, 61) auf immer 62) möge ein König, der im Lande 63) erstehen wird, 64) die Worte 65) der Gerechtigkeit, 66) die ich auf meine Stele geschrieben habe, beachten, 68) das Recht, das ich dem Lande 69) geschafft habe. 70) die Entscheidung für das Land, 71) die ich gefällt habe, 72) nicht ändern, 73) meine Aufzeichnungen 74) nicht beseitigen. 75) Wenn dieser Mann 76) Einsicht hat 77) und fähig ist, sein Land recht zu leiten, 78) möge er auf die Worte, 79) die ich auf meine Stele geschrieben habe, achten, 80) Benehmen und Führung, 81) das Recht, das ich dem Lande geschafft habe, 82) die Entscheidung für das Land, 83) die ich gefällt habe, 84) möge diese Stele 85) ihm zeigen, 86) seine "Schwarzköpfigen" 87) möge er recht leiten, 88) er möge ihnen Recht schaffen, 89) die Entscheidung für sie 90) treffen, 91) aus seinem Lande den Bösen 92) und den Schlimmen zu entfernen, 93) für das Wohlergehen seiner Leute 94) Sorge tragen.

95) **Hammurapi**, 96) der König der Gerechtigkeit, 97) dem der Sonnengott Recht 98) geschenkt hat, ich - 99) meine Worte sind erlesen, 100) meine Taten 102) haben nicht 101) ihresgleichen; 103) nur für den nicht 104) Vernünftigen sind sie leer, 105) für den Weisen **XLIX** 1) sind sie lobenswürdig und hervorragend.2) Wenn dieser Mensch 3) auf meine Worte, 4) die ich auf meine Stele geschrieben habe, 5) achtet, 6) meine Gesetzgebung nicht beseitigt, 7) meine Worte 8) nicht verdreht, 9) meine Aufzeichnungen 10) nicht ändert, 11) so möge diesem Manne 12) wie mir, 13) dem König der Gerechtigkeit, 14) der Sonnengott seinen Stab 15) lang machen, 16) seine Leute 17) möge er in Gerechtigkeit hüten. 18) Wenn dieser Mann 19) auf meine Worte, 20) die ich auf meine Stele 21) geschrieben habe, 22) nicht achtet, 23) meine Flüche 24) missachtet, 25) die Flüche der Götter 26) nicht fürchtet, 27) das Recht, das ich geschafft habe, 28) austilgt, 29) meine Worte 30) verdreht, 31) meine Aufzeichnungen 32) ändert, 33) meine Namensschrift 34) löscht 35) und seinen Namen hinschreibt, 36) oder im Hinblick auf diese Flüche einen anderen 37) zu ändern 38) dazu anstiftet, 39) dieser Mann, 40) sei er König, 41) Fürst, 42) Stadtfürst 43) oder 44) eine beliebige 43) Person - 45) Der große **Anu**, 46) der Vater der Götter, 47) der mich zur Regierung berufen hat; 48) möge ihm den Glanz des Königtums 49) wegnehmen, 50) sein Zepter 51) zerbrechen, 52) seine Geschicke verfluchen. 53) **Enlil**, der Herr, 54) der die Geschicke bestimmt, 55) dessen Befehl 56) nicht geändert werden kann, 58) der mein Königtum 57) groß gemacht hat, 59) möge ununterdrückbare Wirren, 60) Verzweiflung, 61) die zu seinem Untergang führt, 62) in seinem Wohnsitz 63) ausbreiten (?), 64) eine leidvolle Regierungszeit, 65) wenige Tage, 66) Jahre 67) der Hungersnot, 69) unerhellbare 68) Finsternis, 70) Tod des *Augenlichts* 71) zum Schicksal 72) ihm bestimmen; 73) Untergang seiner Stadt, 74) Zerstreuung seiner Leute, 75) Thronwechsel, 78) Tilgung 76) seines Namens und seines Gedenkens 77) aus dem Lande 79) möge er mit seinem gewichtigen Ausspruch 80) befehlen.

81) **Ninlil**, 82) die große Mutter, 83) deren Befehl 84) im **Ekur** gewichtig ist, 85) die Herrin (Fürstin), die 86) meinen Ruf 85) gut macht, 87) möge beim Strafgericht 88) und bei der Entscheidung 89) vor **Enlil** 90) seine Sache schlecht machen; 91) Zerstörung seines Landes, 92) Untergang seiner Leute, 93) Ausgießung seiner Seele 94) gleich Wasser 95) möge sie in den Mund **Enlil**s, 96) des Königs, 97) legen. 98) **Ea**, der grosse Fürst, 99) dessen Schicksalsbestimmungen 100) vorangehen, 101) der Weiseste unter den Göttern, 102) der mit allem vertraut ist, **L** 1) der meine Lebenszeit **XLIX** 103) verlängert, L 2) möge ihm Verstand 3) und Weisheit 4) wegnehmen, 5) in "Verwirrung" 6) ihn führen; 7) seine Flüsse 8) möge er an der Quelle 9) verstopfen, 10) in seinem Gebiet 11) möge er Getreide, 12) den Lebensunterhalt der Leute, 13) nicht wachsen lassen. 14) Der Sonnengott, der grosse Richter 15) des Himmels 16) und der Erde, 18) der die Lebewesen 17) recht leitet, 19) der Herr, meine Zuversicht, 20) möge sein Königtum stürzen, 22) ihm nicht 21) zu seinem Recht 22) verhelfen, 23) seinen Weg verwirren, 24) die Füße seiner Truppen 25) ausgleiten lassen, 26) bei seiner Opferschau 27) ein böses Vorzeichen,

28) das Entwurzelung 29) seines Königtums 30) und Untergang seines Landes bedeutet, ihm bescheren; 31) ein unheilvolles Wort 32) des Sonnengottes möge eilends 33) ihn treffen, 34) oben 35) möge er ihn aus den Lebendigen 36) entfernen, 37) unten, 38) in der Unterwelt, 39) möge er seine Totengeister 40) nach Wasser dürsten lassen. 41) **Sin**, der Herr des Himmels, 42) mein göttlicher Schöpfer, 43) dessen Strafe 44) unter den Göttern sichtbar ist, 45) möge ihm die Krone und den Thron des Königtums 46) wegnehmen, 47) ihm eine schwere Strafe, 48) seine große Sühne, 49) die aus seinem Leibe 50) nicht verschwindet, 51) auferlegen, 52) die Tage, Monate 53) und Jahre seiner Regierungszeit 54) unter Mühsal 55) und Klagen 56) beenden, 57) ihn einen Widersacher des Königtums 58) erblicken lassen, 59) ein Leben, 60) das dazu noch dem Tode 61) gleichkommt, 62) zum Schicksal 63) ihm bestimmen. 64) Adad, der Herr des Überflusses, 65) der Kanalinspektor des Himmels 66) und der Erde, 67) mein Helfer, 68) möge ihm die Regengüsse im Himmel, 69) die Hochflut 70) in der Quelle 71) wegnehmen, 72) sein Land 73) durch Mangel 74) und Hungersnot 75) vernichten, 76) über seine Stadt möge er 77) zornig 78) brüllen, 79) sein Land in eine Sintflutruine 80) verwandeln.

81) **Zababa**, 82) der große Krieger, 83) der erstgeborene Sohn 84) von **Ekur**, 85) der zu meiner Rechten geht, 86) möge auf dem Schlachtfeld 87) seine Waffe zerbrechen, 88) ihm den Tag in Nacht 89) verwandeln, 90) seinen Feind über ihn 91) triumphieren lassen. 92) **Ischtar**, die Herrin 93) der Schlacht und des Kampfes, 95) die meine Waffen 94) zückt, 97) meine gute 96) Schutzgöttin, 98) die meine Regierung liebt, 99) möge in ihrem 100) zornigen 99) Herzen, 101) in ihrem 102) großen 101) Grimme 103) sein Königtum verfluchen, 104) sein Gutes 105) möge sie in Böses 106) verwandeln, **LI** *1) Zeile ist zu streichen!* 2) in Feldschlacht und Kampf 3) seine Waffe 4) zerbrechen, 5) in Verwirrung und Aufruhr 7) bewirken, 8) seine Krieger 9) niederstrecken, 10) mit ihrem Blut 11) den Erdboden tränken, 13) die Leichen 14) seiner Truppen 15) auf dem Felde 12) zu einem Hügel 16) aufschichten, 17) seinem Heere Erbarmen 18) nicht angedeihen lassen, 19) ihn selbst 20) seinem Feinde 21) überantworten 23) und ihn gebunden 22) in das Feindesland 23) führen. 24) **Nergal**, 25) der Mächtigste unter den Göttern, 26) unwiderstehlich im Kampf, 28) der mich meinen Wunsch 27) erreichen lässt, 30) möge mit seiner großen 29) "Waffe" 31) gleich einem 32) im Röhricht wütenden 31) Feuer 33) seine Leute 34) verbrennen, 35) mit seiner mächtigen Waffe 36) ihn verwirren (?), 37) seine Glieder 38) wie ein Bild aus Ton 39) zerschmeissen. 40) **Nintu**, 41) die erhabene Herrin 42) der Länder, 43) die Mutter, die mich geboren hat, 44) möge ihm den Erbsohn wegnehmen, 45) ihn keinen Namen(sträger) 46) bekommen lassen, 47) inmitten seiner Leute 48) möge sie menschlichen Samen 49) nicht schaffen. 50) **Ninkarrak**, 51) die Tochter **Anu**s, 54) die in **Ekur**, 53) Gutes für mich 52) spricht, 55) möge eine schwere Krankheit, 56) einen bösen Krankheitsdämon, 57) eine schmerzliche Wunde, 58) die nicht heilt, 59) deren Wesen kein Arzt 60) erkennt, 62) die er nicht 61) mit Verbänden 62) zur Ruhe bringt, 63) die wie ein tödlicher Biss nicht ausgerissen werden kann, 64) in seinen Gliedern 65) ihm hervortreten lassen; 66) bis sein Leben 67) erlischt, 68) möge er wegen seiner Manneskraft 69) immerfort jammern. 70) Die großen Götter 71) des Himmels 72) und der Erde, 73) die **Anunnaku** 74) in ihrer Gesamtheit, 75) der Schutzgott des Tempels 76) und das Ziegelwerk von **Ebabbara** 77) mögen ihn selbst, 78) seine Nachkommenschaft, 79) sein Land seine Truppen, 80) seine Leute 81) und sein Heer 83) mit einem unheilvollen 82) Fluch 83) verfluchen; 85) mit diesen 84) Flüchen 86) möge Enlil 87) durch seinen Ausspruch, 88) der nicht geändert werden kann, 89) ihn verfluchen, 90) und (die Flüche) mögen eilends 91) ihn erreichen.

Der CODEX HAMMURABI

Transkription

Der Prolog und der Epilog müssen von rechts nach links gelesen werden.
Statt y kann auch j geschrieben werden.
< ... > = ausgelassene (vergessene) Zeichen, die aufgrund von Kopien identifiziert werden konnten-
[...] = Zeichen, die offensichtlich falsch geschrieben und korrigiert wurden.

PROLOG

Quelle: Hammurabi's Laws von M. E. J. Richardson

īnu Anum, ṣīrum, šar Anunnakī, Ellil, bēl šamê u erṣetim, šā'im šīmāt mātim,
ana Marduk, mārim rēštîm ša Ea, ellilūt kiššat nišī išīmūšum.
in Igigī ušarbiūšu, Bābilam šumšu ṣīram ibbiū
in kibrātim ušāterūšu, ina libbišu šarrūtam dārītam
ša kīma šamê u erṣetim išdāša šuršudā ukinnūšum.
inūmišu Ḫammurabi, rubâm na'dam, pāliḫ ilī,
iâti, mīšaram ina mātim ana šūpîm,
raggam u ṣēnam ana ḫulluqim, dannum enšam ana la ḫabālim,
kīma Šamaš ana ṣalmāt qaqqadim waṣêmma mātim nuwwurim,
Anum u Ellil ana šīr nišī ṭubbim šumī ibbû.
Ḫammurabi, rē'ûm, nibīt Ellil, anāku mukammer nuḫšim u ṭuḫdim
mušaklil mimma šumšu ana Nippur, markas šamê erṣetim,
zāninum na'dum ša Ekur.
šarrum lē'ûm, mutēr Eridu ana ašrišu, mubbib šuluḫ Eabzu, ṭīb kibrāt erbettim,
mušarbi zikru Bābilim, muṭīb libbi Marduk bēlišu,
ša ūmīšu izzazzu ana Esagil.
zēr šarrūtim, ša Sîn ibniušu munaḫḫiš Urim,
wašrum muštēmiqum, bābil ḫegallim ana Egišnugal.
šar tašīmtim, šēmû Šamaš dannum, mukīn išdī Sippar
mušalbiš warqim gigunē Aya, muṣīr bīt Ebabbar ša kî šubat šamā'i.
qarrādum, gāmil Larsa muddiš Ebabbar, ana Šamaš rēṣišu
bēlum, muballiṭ Uruk šākin mê nuḫšim ana nišīšu
mullî rēš Eanna, mukammer ḫiṣbim ana Anim u Ištar
ṣulūl mātim mupaḫḫir nišī sapḫātim ša Isin
muṭaḫḫid nuḫšim bīt Egalmaḫ.
ušumgal šarrī, talīm Zababa
mušaršid šubat Kiš, muštasḫir melemmē Emeteursag
mušteṣbî parṣī rabûtim ša Ištar, pāqid bītim Ḫursagkalamma.
sapar nakirī, ša Erra rūšu, ušakšidu nizmassu
mušāter Kutî, murappiš mimma šumšu ana Meslam.
rīmum kadrum, munakkip zā'irī narām Tutu, murīš Barsippa
na'dum, la mupparkûm ana Ezida ilu šarrī, mudē igigallim
mušaddil mēreštim ša Dilbat, mugarrin karê ana Uraš gašrim

bēlum, simat ḫaṭṭim u agêm   ša ušaklilušu erištum Mama
mukīn uṣurātim ša Keš   mudeššī mākalī ellūtim ana Nintu
muštālum gitmālum, šā'im mirītim u mašqītim ana Lagaš u Giršîm
mukīl nindabê rabûtim ana Eninnu,   mutammeḫ ayyābī, migir Telītim
mušaklil tērētim ša Sugal   muḫaddi libbi Ištar.
rubûm ellum, ša nīš qātišu Adad idû   munēḫ libbi Adad
qurādim in Bīt Karkara   muštakkin simātim ina Eudgalgal.
šarrum, nādin napištim ana Adab, āšer bīt Emaḫ
etel šarrī, qabal la maḫārim
šû iqīšu napšatam ana Maškan-šāpir   mušešqi nuḫšim ana Meslam.
emqum muttabbilum   šû ikšudu nagab uršim
mušpazzir nišī Malgīm in karašîm   mušaršidu šubātišin in nuḫšim
ana Ea u Damgalnunna mušarbû šarrūtišu   dāriš išīmu zībī ellūtim
ašared šarrī, mukanniš dadmē nār Purattim   ittum Dagan bānîšu.
šû igmilu nišī Mera u Tuttul   rubûm na'dum
munawwer pani Tišpak   šākin mākalī ellūtim ana Ninazu
šāṭip nišīšu in pušqim   mukinnu išdīšin qerbum Bābilim šulmāniš
rē'î nišī, ša epšētušu eli Ištar ṭāba   mukinni Ištar ina Eulmaš, qerbum Akkadim ribītim
mušēpī kīnātim, mušūšer ammi
mutêr lamassišu damiqtim ana ālim Aššur, mušeppi nābiḫī
šarrum, ša ina Ninua ina Emesmes ušūpi'u mê Ištar
na'dum, muštēmiqum ana ilī rabûtim.
liplippim ša Sumula'il   aplum dannum ša Sîn-muballiṭ
zērum dārium ša šarrūtim   šarrum dannum, šamšu Bābilim
mušēṣi nūrim ana māt Šumerim u Akkadîm   šarrum muštešmi kibrāt arba'im
migir Ištar anāku.
inūma Marduk ana šutēšur nišī mātim ūsim šūḫuzim uwa'eranni,
kittam u mīšaram ina pī mātim aškun, šīr nišī uṭīb,
inūmišu...

Die Gesetze

§ 1) šumma awīlum awīlam ubbirma nērtam elišu iddīma la uktīnšu mubbiršu iddâk.

§ 2) šumma awīlum kišpī eli awīlim iddīma la uktīnšu, ša elišu kišpū nadû ana Id illak, Id išalliamma. šumma Id iktašassu, mubbiršu bīssu itabbal. šumma awīlam šuāti Id ūtebbibaššuma, ištalmam.ša elišu kišpī iddû, iddâk. ša Id išliam, bīt mubbirišu itabbal.

§ 3) šumma awīlum ina dīnim ana šībūt šarrātim ūṣiamma, awat iqbû la uktīn, šumma dīnum šû dīn napištim, awīlum šû iddâk.

§ 4) šumma ana šībūt še'im u kaspim ūṣiam, aran dīnim šuāti ittanašši.

§ 5) šumma dayyānum dīnam idīn, purussâm iprus, kunukkam ušēzib, warkānumma dīnšu ītene, dayyānam šuāti ina dīn idīnu enêm ukannūšuma, rugummâm ša ina dīnim šuāti ibaššû adi 12-šu inaddin. u ina puḫrim ina kussî dayyānūtišu ušetbûšuma, ul itârma, itti dayyānī ina dīnim ul uššab.

§ 6) šumma awīlum makkūr ilim u ekallim išriq, awīlum šû iddâk, u ša šurqam ina qātišu imḫuru iddâk.

§ 7) šumma awīlum lu kaspam lu ḫurāṣam lu wardam lu amtam lu alpam lu immeram lu imēram u lu mimma šumšu ina qāt mār awīlim u lu warad awīlim balum šībī u riksātim ištām u lu ana maṣṣarūtim imḫur, awīlum šû šarrāq iddâk.

§ 8) šumma awīlum lu alpam lu immeram lu imēram lu šaḫâm u lu eleppam išriq, šumma ša ilim šumma ša ekallim, adi 30-šu inaddin. šumma ša muškēnim, adi 10-šu iriab. šumma šarrāqānum ša nadānim la išu, iddâk.

§ 9) šumma awīlum ša mimmûšu ḫalqu mimmāšu ḫalqam ina qāti awīlim iṣṣabat, awīlum ša ḫulqum ina qātišu ṣabtu 'nādinānummi iddinam, maḫar šībīmi ašām' iqtabi, u bēl ḫulqim šībī mudē ḫulqiyami lublam' iqtabi, šāyyimānum nādin iddinušum u šībī ša ina maḫrišunu išāmu itbalam u bēl ḫulqim šībī mudē ḫulqišu itbalam, dayyānū awâtišunu immarūma. šībū ša maḫrišunu šīmum iššāmu u šībū mudē ḫulqim mudūssunu maḫar ilim iqabbûma. nādinānum šarrāq iddâk bēl ḫulqim ḫuluqšu ileqqe. šāyyimānum ina bīt nādinānim kasap išqulu ileqqe.

§ 10) šumma šāyyimānum nādin iddinušum u šībī ša ina maḫrišunu išāmu la itbalam bēl ḫulqimma šībī mudē ḫulqišu itbalam, šāyyimānum šarrāq iddâk. bēl ḫulqim ḫuluqšu ileqqe.

§ 11) šumma bēl ḫulqim šībī mudē ḫulqišu la itbalam, šār tuššamma iddī (!), iddâk.

§ 12) šumma nādinānum ana šīmtim ittalak, šāyyimānum ina bīt nādinānim rugummē dīnim šuāti adi ḫamšīšu ileqqe.

§ 13) šumma awīlum šû šībūšu la qerbu, dayyānū adannam ana šeššet warḫī išakkanūšumma, šumma ina šeššet warḫī šībīšu la irdeam, awīlum šû sār, aran dīnim šuāti ittanašši.

§ 14) šumma awīlum mār awīlim ṣeḫram ištariq, iddâk.

§ 15) šumma awīlum lu warad ekallim lu amat ekallim lu warad muškēnim lu amat muškēnim abullam uštēṣi, iddâk.

§ 16) šumma awīlum lu wardam lu amtam ḫalqam ša ekallim u lu muškēnim ina bītišu irtaqīma ana šisīt nāgirim la uštēṣiam, bēl bītim šû iddâk.

§ 17) šumma awīlum lu wardam lu amtam ḫalqam ina ṣērim iṣbatma ana bēlišu irtediaššu, 2 šiqil kaspam bēl wardim inaddiššum.

§ 18) šumma wardum šû bēlšu la izzakar, ana ekallim ireddīšu. warkassu ipparrasma ana bēlišu utarrūšu.

§ **19)** šumma wardam šuāti ina bītišu iktalāšu, warka wardum ina qātišu ittaṣbat, awīlum šû iddâk.

§ **20)** šumma wardum ina qāt ṣābitānišu iḫtaliq, awīlum šû ana bēl wardim nīš ilim izakkarma ūtaššar.

§ **21)** šumma awīlum bītam ipluš, ina pani pilšim šuāti idukkūšuma iḫallalūšu.

§ **22)** šumma awīlum ḫubtam iḫbutma ittaṣbat, awīlum šû iddâk.

§ **23)** šumma ḫabbātum la ittaṣbat awīlum ḫabtum mimmâšu ḫalqam maḫar ilim ubârma ālum u rabiānum, ša ina erṣetišunu u paṭṭišunu ḫubtum iḫḫabtu, mimmâšu ḫalqam iriabbūšum.

§ **24)** šumma napištum ālum u rabiānum 1 mana kaspam ana nišīšu išaqqalū.

§ **25)** šumma ina bīt awīlim išātum innapiḫma awīlum ša ana bullîm illiku ana numāt bēl bītim īnšu iššīma numāt bēl bītim ilteqe (!), awīlum šû ana išātim šuāti inaddi.

§ **26)** šumma lu rēdûm u lu bā'irum, ša ana ḫarrān šarrim alākšu qabû la illik u lu agram īgurma, pūḫšu iṭṭarad, lu redûm u lu bā'irum šû iddâk. munaggiršu bīssu itabbal.

§ **27)** šumma lu rēdûm u lu bā'irum, ša ina dannat šarrim turru warkišu eqelšu u kirāšu ana šanîm iddinūma ilikšu ittalak. šumma ittūramma ālšu iktašdam eqelšu u kirāšu utarrūšumma, šûma ilikšu illak.

§ **28)** šumma lu rēdûm u lu bā'irum, ša ina dannat šarrim turru mārušu ilkam alākam ile'i, eqlum u kirûm innaddiššumma. ilik abišu illak.

§ **29)** šumma mārušu ṣeḫerma ilik abišu alākam la ile'i, šalušti eqlim u kirîm ana ummišu innaddinma, ummašu urabbāšu.

§ **30)** šumma lu rēdûm u lu bāi'rum eqelšu kirāšu u bīssu ina pani ilkim iddīma uddappir, šanûm warkišu eqelšu kirāšu u bīssu iṣbatma, šalaš šanātim ilikšu ittalak. šumma itūramma, eqelšu kirāšu u bīssu irriš. ul innaddiššum. ša iṣṣabtuma ilikšu ittalku šûma illak.

§ **31)** šumma šattam ištiatma uddappirma ittūram, eqelšu kirāšu u bīssu innaddiššumma šûma ilikšu illak.

§ **32)** šumma lu rēdûm u lu bā'irum ša ina ḫarrān šarrim turru, tamkārum ipṭuraššuma ālšu uštakšidaššu, šumma ina bītišu ša paṭārim ibašši, šûma ramanšu ippaṭṭar. šumma ina bītišu ša paṭārišu la ibašši, ina bīt il ālišu ippaṭṭar. šumma ina bīt il ālišu ša paṭārišu la ibašši, ekallum ipaṭṭaršu (!) eqelšu kirāšu u bīssu ana ipṭerišu ul innaddin.

§ **33)** šumma lu ša ḫaṭṭātim u lu laputtûm ṣāb nisḫātim irtaši u lu ana ḫarrān šarrim agram pūḫam imḫurma irtede lu ša ḫaṭṭātim u lu lapputtûm šû iddâk.

§ **34)** šumma lu ša ḫaṭṭātim u lu laputtûm numāt rēdîm ilteqe, rēdiam iḫtabal rēdiam ana igrim ittadin rēdiam ina dīnim ana dannim ištarak qīšti šarrum ana rēdîm iddinu ilteqe lu ša ḫaṭṭātim u lu lapputtûm šû iddâk.

§ **35)** šumma awīlum liātim u ṣēnī ša šarrum ana rēdîm iddinu ina qāti rēdîm ištām, ina kaspišu ītelli.

§ **36)** eqlum kirûm u bītum ša rēdîm bā'irim u nāši biltim ana kaspim ul innaddin (!).

§ **37)** šumma awīlum eqlam kirâm u bītam ša rēdîm bā'irim u nāši biltim ištām ṭuppašu iḫḫeppe u ina kaspišu ītelli. eqlum kirûm u bītum ana bēlišu itâr.

§ **38)** rēdûm bā'irum u nāši biltim ina eqlim kirîm u bītim ša ilkišu ana aššatišu u mārtišu ul išaṭṭar u ana e'iltišu ul inaddin.

§ **39)** ina eqlim, kirîm u bītim ša išammuma iraššû ana aššatišu u mārtišu išaṭṭar u ana e'iltišu inaddin.

§ **40)** nadītum tamkārum u ilkum aḫûm eqelšu kirāšu u bīssu ana kaspim inaddin, šāyyimānum ilik eqlim kirîm u bītim ša išammu illak.

§ **41)** šumma awīlum eqlam kirâm u bītam ša rēdîm bā'irim u nāši biltim upīḫ u niplātim iddin, rēdûm bā'irum u nāši biltim ana eqlišu kirîšu u bītišu itâr u niplātim ša innadnušum itabbal.

§ **42)** šumma awīlum eqlam ana errēšūtim ušēṣīma ina eqlim še'am la uštabši, ina eqlim šiprim la epēšim ukannūšuma še'am kīma itēšu ana bēl eqlim inaddin.

§ **43)** šumma eqlam la īrišma ittadi, še'am kīma itēšu ana bēl eqlim inaddin. u eqlam ša iddû mayyārī imaḫḫaṣ išakkakma ana bēl eqlim utâr.

§ **44)** šumma awīlum kankallam ana šalaš šanātim ana teptītim ušēṣīma aḫšu iddīma eqlam la iptete ina rebûtim šattim eqlam mayyārī imaḫḫaṣ imarrar u išakkakma ana bēl eqlim utâr. u ana 1 burum 10 kur še'am imaddad.

§ **45)** šumma awīlum eqelšu ana biltim ana errēšim iddinma u bilat eqlišu imtaḫar, warka eqlam Adad irtaḫiṣ u lu bibbulum itbal bitiqtum ša errēšimma.

§ **46)** šumma bilat eqlišu la imtaḫar, u lu ana mišlāni u lu ana šaluš eqlam iddin še'am ša ina eqlim ibbaššû errēšum u bēl eqlim ana apšītêm izuzzū.

§ **47)** šumma errēšum aššum ina šattim maḫrītim mānaḫātišu la ilqû eqlam erēšam iqtabi bēl eqlim ul uppas. errēssuma eqelšu irrišma ina ebūrim kīma riksātišu še'am ileqqe.

§ **48)** šumma awīlum ḫubullum elišu ibaššīma eqelšu Adad irtaḫiṣ u lu bibbulum itbal u lu ina la mê še'um ina eqlim la ittabši ina šattim šuāti še'am ana bēl ḫubullišu ul utâr. ṭuppašu uraṭṭab u ṣibtam ša šattim šuāti ul inaddin.

§ **49)** šumma awīlum kaspam itti tamkārim ilqēma eqel epšētim ša še'im u lu šamaššammī ana tamkārim iddin, "eqlam erišma, še'am u lu šamaššammī ša ibbaššû esip, tabal" iqbīšum, šumma errēšum ina eqlim še'am u lu šamaššammī uštabši, ina ebūrim še'am u šamaššammī ša ina eqlim ibbaššû bēl eqlimma ileqqēma še'am ša kaspišu u ṣibassu ša itti tamkārim ilqû, u mānaḫāt erēšim, ana tamkārim inaddin.

§ **50)** šumma eqel < še'im > eršam u lu eqel šamaššammī eršam iddin, še'am u lu šamaššammī ša ina eqlim ibbaššû bēl eqlimma ileqqēma kaspam u ṣibassu ana tamkārim utâr.

§ **51)** šumma kaspam ana turrim la išu < še'am u lu > šamaššammī ana maḫīrātišunu ša kaspišu u ṣibtišu ša itti tamkārim ilqû ana pī ṣimdat šarrim ana tamkārim inaddin.

§ **52)** šumma errēšum ina eqlim še'am u lu šamaššammī la uštabši, riksātišu ul inni.

§ **53)** šumma awīlum ana kār eqlišu dunnunim aḫšu iddīma kāršu la udanninma ina kārišu pītum ittepte u ugāram mê uštābil, awīlum ša ina kārišu pītum ippetû še'am ša uḫalliqu iriab.

§ **54)** šumma še'am riābam la ile'i, šuāti u bīšašu ana kaspim inaddinūma mārū ugārim ša še'šunu mû ublū izuzzū.

§ **55)** šumma awīlum atappašu ana šiqītim ipte aḫšu iddīma eqel itēšu mê uštābil, še'am kīma itēšu imaddad.

§ **56)** šumma awīlum mê iptēma epšētim ša eqel itēšu mê uštābil, ana 1 burum 10 kur še'am imaddad.

§ **57)** šumma rē'ûm ana šammī ṣēnim šūkulim itti bēl eqlim la imtagarma, balum bēl eqlim eqlam ṣēnam uštākil, bēl eqlim eqelšu iṣṣid. rē'ûm ša ina balum bēl eqlim eqlam ṣēnam ušākilu, elēnumma ana 1 burum 20 kur še'am ana bēl eqlim inaddin.

§ **58)** šumma, ištu ṣēnum ugārim ītelianim kannu gamartim ina abullim ittaḫlalū, rē'ûm ṣēnam ana eqlim iddīma eqlam ṣēnam uštākil, rē'ûm eqel ušākilu inaṣṣarma ina ebūrim ana 1 burum 60 kur še'am ana bēl eqlim imaddad.

§ **59)** šumma awīlum balum bēl kirîm ina kirî awīlim iṣam ikkis, 1/2 mana kaspam išaqqal.

§ **60)** šumma awīlum eqlam ana kirîm zaqāpim ana nukaribbim iddin, nukaribbum kiriam izqup, erbe šanātim kiriam urabba. ina ḫamuštim šattim bēl kirîm u nukaribbum mitḫāriš izuzzū. bēl kirîm zittašu inassaqma ileqqe.

§ 61) šumma nukaribbum eqlam ina zaqāpim la igmurma nidītam īzib, nidītam ana libbi zittišu išakkanūšum.

§ 62) šumma eqlam ša innadnušum ana kirîm la izqup šumma šer'um bilat eqlim ša šanātim ša innadû nukaribbum ana bēl eqlim kīma itēšu imaddad. u eqlam šipram ippešma ana bēl eqlim utâr.

§ 63) šumma kankallum eqlam šipram ippešma, ana bēl eqlim utâr. u ana 1 burum 10 kur še'am ša šattim ištiat imaddad.

§ 64) šumma awīlum kirāšu ana nukaribbim ana rukkubim iddin, nukaribbum adi kirâm ṣabtu ina bilat kirîm šittīn ana bēl kirîm inaddin. šaluštam šû ileqqe.

§ 65) šumma nukaribbum kirâm la urakkibma biltam umtaṭṭi, nukaribbum bilat kirîm ana <bēl kirîm kīma > itēšu [imaddad...].

Fragmente (§ 66 - § 100)

§ 66) šumma awīlum kaspam itti tamkārim ilqēma tamkāršu īsiršuma, mimma ša nadānim la ibaššīšum, kirâšu ištu tarkibtim ana tamkārim iddinma, 'suluppī mala ina kirîm ibbaššû ana kaspika tabal', iqbīšum tamkārum šû ul immaggar. suluppī ša ina kirîm ibbaššû bēl kirîmma ileqqēma kaspam u ṣibassu ša pī ṭuppišu tamkāram ippalma suluppī watrūtim ša ina kirîm ibbaššû bēl kirîmma ileqqe.

§ 67) šumma [awīlum] bītam [ippešma] ṭēḫušu...ša....

§ 67+a) **(Roth gap c)**. šumma...ana šīmim...ul inaddiššum šumma še'am kaspam u bīšam ana bīt ilkim ša bīt itēšu ša išāmu inaddin ina mimma ša iddinu ītelli bītum ana [bēlišu] itâr, šumma bītum šû ilkam la išu išâm ana bītim šuāti še'am kaspam u bīšam inaddin.

§ 68+a) **(Roth gap d)** šumma awīlum [nidītam] balum [itēšu ītepuš] ina bīt... [itēšu]...ana...

§ 68+b) **(Roth gap e)** [šumma] 'nabalkattaka dunnin, ištu bītika ibbalakkatunim' ana bēl nidītim 'nidītka epuš [ištu] nidītika [bīti] ipallašūnim' iqbi, šībī iškun, [šumma] ina nabalkattim [šarrāqum...mimma ša ina] nabalkattim [ḫalqu] bēl...šumma...bēl...mimma...iriab. šumma...

§ 68+c) **(Roth gap f)** [šumma] ina...bītum

§ 69+c) **(Roth gap g)** [šumma awīlum...ina...] awīlum ašbumma kasap kiṣrišu gamram ša šanat ana bēl [bītim] iddinma bēl bītim ana waššābim ina ūmīšu la malûtim waṣâm iqtabi bēl bītim aššum waššābam ina ūmīšu la malûtim ina bītišu [ušēṣû] ina kaspim ša waššābum [iddinušum ītelli].

§ 4.12 (Roth gap h)

[šumma wašbum bīt muškēnim] išām...kiṣrim ša ippušu [ana] bīt muškēnim šâmim...ša iššakanu ...išakkanšu
...šumma rūqim...ša muškēnim...
šumma ul išāmma [ina kaspim ša] ilqû [ītellīma bīt muškēnim ana bēlišu itār].

§§4.13, 4.14, 5.1 (Roth gap i, j, k)

nicht erhalten

§ 5.2 (76 + ff, Roth gap l)

[šumma awīlum...] ina ebūrim kasapšu u ṣibassu [išaqqal], šumma anadānim (!) ul [išu] mimmûšu bīšam u še'am [inaddinšum].
šumma ana nadānim...išu...

§ 5.3a (Roth gap m)

šumma tamkārum ša ana...ša ana...ana 5 šiqil kaspim...kunukkišu la išṭuršum...

maḫar šu ma...mār awīlim la...šuāti idukkūšu.

§ 5.3b (Roth gap n) šumma warad awīlim...1/3 mana kaspam išaqqal u wardum šû...gamram...ša idû iddâk.

§ 5.4 (Roth gap o) [šumma] awīlum awīlam...kaspum...

§ 5.5, 5.6 (Roth gap p, q) fragmentarisch

§ 5.7 (Roth gap r) [šumma...] ana...idī...kaspam...
šumma awīlum šuāti ša...la...ina kaspim ša iddinu ītelli.

§ 5.8 (BAL 69+d, Roth gap s) šumma [lu] wardum lu [amtum...] ana bēlišu [utarrūšu] šumma...itarrakaššu [...ana bēlišu] ul utarrūšum.

§ 5.9 (BAL 70+d, Roth gap t) šumma tamkārum še'am u kaspam ana ḫubullim iddin ana 1 kurrum 1 pān 4 sūt še'am ṣibtam ileqqe. šumma kaspam ana ḫubullim iddin ana 1 šiqil kaspim 1/6 u 6 uṭṭet ṣibtam ileqqe.

§ 5.10 (BAL 71+d, Roth gap u) šumma awīlum ša ḫubullam iršû kaspam ana turrim la išu še'am u kaspam kīma ṣimdat šarrim u ṣibassu 1 kurrum še'am 1 pān ana šattim (?) ileqqe.
šumma tamkārum ṣibat ḫubulli...ana 1 kur... 1/6 u 6 uṭṭet ...uwatterma ilqe ina [mimma] ša iddinu [ītelli].

§ 5.11 (BAL 72+d, Roth gap v) šumma tamkārum še'am [u kaspam] ana ṣibtim [iddinma] ṣibtam mala [qaqqadišu] še'am kaspam...ilteqēma...še'um u kaspum [qaqqadašu u ṣibassu] ṭuppi rikistišu [iḫeppe].

§ 5.12 (BAL 72+e, Roth gap w) šumma tamkārum...ana...ṣibtam...ilteqēma...u lu še'am [u lu kaspam] mala [imḫuru u lu] la uštaḫriṣma ṭuppam eššam (?) la išṭur u lu ṣibātim ana qaqqadim uṭṭeḫḫi tamkārum šû še'am mala ilqû uštašannāma utâr.

§ 5.13 (BAL 73+e, Roth gap x) šumma tamkārum še'am u kaspam ana ḫubullim iddinma inūma ana ḫubullim iddinu kaspam ina abnim maṭītim u še'am ina sūtim maṭītim iddin u inūma imḫuru kaspam ina abnim [rabītim] še'am ina sūtim rabītim imḫur [tamkārum šû] ina [mimma ša iddinu ītelli].

§ 5.14 (BAL 74+e, Roth gap y) šumma [tamkārum...] ana ḫubullim...iddin ina mimma [ša] iddinu ītelli.

§ 5.15 (BAL 75+e, Roth gap z) šumma awīlum še'am u kaspam itti tamkārim ilqēma še'am u kaspam ana turrim la išu bīšamma išu mimma ša ina qātišu ibaššû maḫar šībī kīma ubbalu ana tamkārišu inaddin tamkārum ul uppas imaḫḫar.

§ 5.16 (BAL 76+e, Roth gap aa; eventuell die Fortsetzung von § 5.15)
[šumma...awīlum...] kīma...

§ 76+f (BL § T) [šumma] ...iddâk...

§ 77+f (BL § U) šumma awīlum ana awīlim kaspam ana tappûtim iddin nēmelam u butuqqâm ša ibbašû maḫar ilim mitḫāriš izuzzū.

§ 100) (BL § V) šumma tamkārum ana šamallêm kaspam ana [nadānim u maḫārim] iddinma ana ḫarrānim iṭrussu, šamallûm ina ḫarrānim [...] šumma ašar illiku
[nēmelam] ītamar,

§ 100) ab hier auf der Stele wieder einwandfrei zu lesen!: ṣibāt kaspim mala ilqû isaddarma ūmīšu imannūma tamkāršu ippal.

§ 101) šumma ašar illiku nēmelam la ītamar, kasap ilqû uštašannāma šamallûm ana tamkārim inaddin.

§ 102) šumma tamkārum ana šamallîm kaspam ana tadmiqtim ittadinma ašar illiku bitiqtam ītamar, qaqqad kaspim ana tamkārim utâr.

§ 103) šumma ḫarrānam ina alākišu nakrum mimma ša našû uštaddīšu, šamallûm nīš ilim izakkarma ūtaššar.

§ 104) šumma tamkārum ana šamallîm še'am šipātim šamnam u mimma bīšam ana pašārim iddin, šamallûm kaspam isaddarma ana tamkārim utâr. šamallûm kanīk kaspim ša ana tamkārim inaddinu ileqqe.

§ 105) šumma šamallûm ītegīma kanīk kaspim ša ana tamkārim iddinu la ilteqe, kasap la kanīkim ana nikkassim ul iššakkan.

§ 106) šumma šamallûm kaspam itti tamkārim ilqēma tamkāršu ittakir tamkārum šû ina maḫar ilim u šībī ina kaspim leqêm šamallâm ukânma
šamallûm kaspam, mala ilqû, adi 3-šu ana tamkārim inaddin.

§ 107) šumma tamkārum kaspam šamallâm iqīpma šamallûm mimma ša tamkārum iddinušum ana tamkārišu uttēr, tamkārum mimma ša šamallûm iddinušum ittakiršu šammalûm šû ina maḫar ilim u šībī tamkāram ukânma, tamkārum, aššum šamallâšu ikkiru, mimma ša ilqû adi 6-šu ana šamallîm inaddin.

§ 108) šumma sābītum ana šīm šikarim še'am la imtaḫar, ina abnim rabītim kaspam imtaḫar u maḫīr šikarim ana maḫīr še'im umtaṭṭi, sābītam šuāti ukannūšima ana mê inaddûši.

§ 109) šumma sābītum sarrūtum ina bītiša ittarkasūma sarrūtim šunūti la iṣṣabtamma ana ekallim la irdeam, sābītum šî iddâk.

§ 110) šumma nadītum ugbabtum ša ina gagîm la wašbat bīt sībim iptete u lu ana šikarim ana bīt sībim īterub, awīltam šuāti iqallûši.

§ 111) šumma sābītum ištēn pīḫam ana qīptim iddin, ina ebūrim 5 sūt še'am ileqqe.

§ 112) šumma awīlum ina ḫarrānim wašibma kaspam ḫurāṣam, abnam u bīs qātišu ana awīlim iddinma ana šēbultim ušābilšu, awīlum šû mimma ša šūbulu ašar šūbulu la iddinma itbal, bēl šēbultim awīlam šuāti ina mimma ša šūbuluma la iddinu ukânšuma, awīlum šû adi 5-šu mimma ša innadnūšum ana bēl šēbultim inaddin.

§ 113) šumma awīlum eli awīlim še'am u kaspam išūma ina balum bēl še'im ina našpakim u lu ina maškanim še'am ilteqe, awīlam šuāti ina balum bēl še'im ina našpakim u lu ina maškanim ina še'im leqêm ukannūšuma še'am mala ilqû utâr. u ina mimma šumšu mala iddinu ītelli.

§ 114) šumma awīlum eli awīlim še'am u kaspam la išūma nipûssu ittepe, ana nipûtim ištiat 1/3 mana kaspam išaqqal.

§ 115) šumma awīlum eli awīlim še'am u kaspam išūma nipûssu ippēma nipûtim ina bīt nēpīša ina šīmātiša imtūt, dīnum šû rugummâm ul išu.

§ 116) šumma nipûtim ina bīt nēpīša ina maḫāṣim u lu ina uššušim imtūt bēl nipûtim tamkāršu ukânma. šumma mār awīlim mārašu idukkū. šumma warad awīlim 1/3 mana kaspam išaqqal u ina mimma šumšu mala iddinu ītelli.

§ 117) šumma awīlam e'iltum iṣbassuma aššassu mārāšu u mārassu ana kaspim iddin u lu ana kiššatim ittandin, šalaš šanātim bīt šāyyimānišunu u kāšišišunu ippešū ina rebûtim šattim andurāršunu iššakkan.

§ 118) šumma wardam u lu amtam ana kiššātim ittandin tamkārum ušetteq, ana kaspim inaddin ul ibbaqqar.

§ 119) šumma awīlam e'iltum iṣbassuma amassu ša mārī uldušum ana kaspim ittadin, kasap tamkārum išqulu bēl amtim išaqqalma amassu ipaṭṭar.

§ 120) šumma awīlum še'ašu ana našpakūtim ina bīt awīlim išpukma ina qarītim ibbûm ittabši u lu bēl bītim našpakam iptēma še'am ilqe, u lu še'am ša ina bītišu iššapku ana gamrim ittakir, bēl še'im maḫar ilim še'ašu ubârma bēl bītim še'am ša ilqû uštašannāma ana bēl še'im inaddin.

§ 121) šumma awīlum ina bīt awīlim še'am išpuk, ina šanat ana 1 kur še'im 5 qa še'am idī našpakim inaddin.

§ 122) šumma awīlum ana awīlim kaspam ḫurāṣam u mimma šumšu ana maṣṣarūtim inaddin, mimma mala inaddinu šībī ukallam riksātim išakkanma ana maṣṣarūtim inaddin.

§ 123) šumma balum šībī u riksātim ana maṣṣarūtim iddinma ašar iddinu ittakrūšu, dīnum šû rugummâm ul išu.

§ 124) šumma awīlum ana awīlim kaspam ḫurāṣam u mimma šumšu maḫar šībī ana maṣṣarūtim iddinma ittakiršu, awīlam šuāti ukannūšuma mimma ša ikkiru uštašannāma inaddin.

§ 125) šumma awīlum mimmâšu ana maṣṣarūtim iddinma ašar iddinu u lu ina pilšim u lu ina nabalkattim mimmûšu itti mimmê bēl bītim iḫtaliq, bēl bītim ša īgūma mimma ša ana maṣṣarūtim iddinušumma uḫalliqu ušallamma ana bēl makkūrim iriab. bēl bītim mimmâšu ḫalqam ištene'īma itti šarrāqānišu ileqqe.

§ 126) šumma awīlum mimmûšu la ḫaliqma 'mimmê ḫaliq' iqtabi, babtašu ūtebbir, kīma mimmûšu la ḫalqu babtašu ina maḫar ilim ubâršuma mimma ša irgumu uštašannāma ana babtišu inaddin.

§ 127) šumma awīlum eli ugbabtim u aššat awīlim ubānam ušatriṣma la uktīn awīlam šuāti maḫar dayyānī inaṭṭûšu. u muttassu ugallabū.

§ 128) šumma awīlum aššatam īḫuzma riksātiša la iškun, sinništum šî ul aššat.

§ 129) šumma aššat awīlim itti zikarim šanîm ina itūlim ittaṣbat ikassûšunūtima ana mê inaddûšunūti. šumma bēl aššatim aššassu uballaṭ, u šarrum warassu uballaṭ.

§ 130) šumma awīlum aššat awīlim ša zikaram la idûma ina bīt abiša wašbat ukabbilšima ina sūniša ittatīlma iṣṣabtūšu, awīlum šû iddâk. sinništum šî ūtaššar.

§ 131) šumma aššat awīlim mussa ubbiršima itti zikarim šanîm ina utūlim la iṣṣabit, nīš ilim izakkarma ana bītiša itâr.

§ 132) šumma aššat awīlim aššum zikarim šanîm ubānum eliša ittariṣma itti zikarim šanîm ina utūlim la ittaṣbat, ana mutiša Id išalli.

§ 133a) šumma awīlum iššalilma ina bītišu ša akālim ibašši, aššasu [adi mussa ṣabtu pagarša inaṣṣar], ana bīt šanîm ul irrub.

§ 133b) šumma sinništum šî pagarša la iṣṣurma ana bīt šanîm īterub, sinništam šuāti ukannūšima ana mê inaddûši.

§ 134) šumma awīlum iššalilma ina bītišu ša akālim la ibašši, aššassu ana bīt šanîm irrub. sinništum šî arnam ul išu.

§ 135) šumma awīlum iššalilma ina bītišu ša akālim la ibašši ana panīšu aššassu ana bīt šanîm īterubma mārī ittalad, ina warka mussa ittūramma ālšu iktašdam, sinništum šî ana ḫāwiriša itâr. mārū warki abišunu illakū.

§ 136) šumma awīlum ālšu iddīma ittābit warkišu aššassu ana bīt šanîm īterub šumma awīlum šû ittūramma, aššassu iṣṣabat aššum ālšu izēruma innabitu, aššat munnabtim ana mutiša ul itâr.

§ 137) šumma awīlum ana šugītim ša mārī uldušum, u lu nadītim ša mārī ušaršûšu ezēbim panīšu ištakan, ana sinništim šuāti šeriktaša utarrūšim u muttat eqlim kirîm u bīšim inaddinūšimma mārīša urabba. ištu mārīša urtabbû ina mimma ša ana mārīša innadnu zittam kīma aplim ištēn inaddinūšimma mutu libbiša iḫḫassi.

§ 138) šumma awīlum ḫīrtašu ša mārī la uldušum izzib, kaspam mala terḫatiša inaddiššim. u šeriktam ša ištu bīt abiša ublam ušallamšimma izzibši.

§ 139) šumma terḫatum la ibašši, 1 mana kaspam ana uzubbêm inaddiššim.

§ 140) šumma muškēnum, 1/3 mana kaspam inaddiššim.

§ 141) šumma aššat awīlim ša ina bīt awīlim wašbat ana waṣêm panīša ištakanma, sikiltam isakkil, bīssa usappaḫ, mussa ušamṭa, ukannūšima.
šumma mussa ezēbša iqtabi, izzibši. ḫarrānša uzzubūša mimma ul innaddišim.
šumma mussa la ezēbša iqtabi, mussa sinništam šanītam iḫḫaz. šinništum šî kīma amtim ina bīt mutiša uššab.

§ 142) šumma sinništum mussa izērma 'ul taḫḫazanni' iqtabi, warkassa ina bābtiša ipparrasma šumma naṣratma ḫiṭītam la išu u mussa waṣīma magal ušamṭāši, sinništum šî arnam ul išu šeriktaša ileqqēma ana bīt abiša ittallak.

§ 143) šumma la naṣratma waṣiāt bīssa usappaḫ mussa ušamṭa, sinništam šuāti ana mê inaddûši.

§ 144) šumma awīlum nadītam īḫuzma nadītum šî amtam ana mutiša iddinma, mārī uštabši awīlum šû ana šugītim aḫāzim panīšu ištakan, awīlam šuāti ul imaggarūšu. šugītam ul iḫḫaz.

§ 145) šumma awīlum nadītam īḫuzma mārī la ušaršīšuma ana šugītim aḫāzim panīšu ištakan, awīlum šû šugītam iḫḫaz.
ana bītišu ušerrebši.
šugītum šî itti nadītim ul uštamaḫḫar.

§ 146) šumma awīlum nadītam īḫuzma amtam ana mutiša iddinma mārī ittalad warkānum amtum šî itti bēltiša uštatamḫir aššum mārī uldu, bēlessa ana kaspim ul inaddišši.
abuttam išakkanšimma itti amātim imannûši.

§ 147) šumma mārī la ūlid, bēlessa ana kaspim inaddišši.

§ 148) šumma awīlum aššatam īḫuzma la'bum iṣṣabassi ana šanītim aḫāzim panīšu ištakkan, iḫḫaz.
aššassu ša la'bum iṣbatu ul izzibši.
ina bīt īpušu uššamma adi balṭat ittanaššīši.

§ 149) šumma siništum šî ina bīt mutiša wašābam la imtagar, šeriktaša ša ištu bīt abiša ublam ušallamšimma ittallak.

§ 150) šumma awīlum ana aššatišu eqlam kirâm bītam u bīšam išrukšim, kunukkam īzibšim.
warki mutiša mārūša ul ipaqqarūši
ummum warkassa ana māriša ša irammu inaddin.
ana aḫîm ul inaddin.

§ 151) šumma sinništum ša ina bīt awīlim wašbat aššum bēl ḫubullim ša mutiša la ṣabātiša mussa urtakkis, ṭuppam uštēzib.
šumma awīlum šû lāma sinništam šuāti iḫḫazu ḫubullum elišu ibašši, bēl ḫubullīšu aššassu ul iṣabbatu.
u šumma sinništum šî lāma ana bīt awīlim irrubu ḫubullum eliša ibašši, bēl ḫubullīša mussa ul iṣabbatu.

§ 152) šumma ištu sinništum šî ana bīt awīlim īrubu elišunu ḫubullum ittabši, kilallāšunu tamkāram ippalū.

§ 153) šumma aššat awīlim aššum zikarim šanîm mussa ušdīk, sinništam šuāti ina gašīšim išakkanūši.

§ 154) šumma awīlum mārassu iltamad, awīlam šuāti ālam ušeṣṣûšu.

§ 155) šumma awīlum ana mārišu kallatam iḫīrma mārušu ilmassi šû warkānumma ina sūniša ittatīlma, iṣṣabtūšu.
awīlam šuāti ikassûšuma ana mê inaddûšu.

§ 156) šumma awīlum ana mārišu kallatam iḫīrma mārušu la ilmassima šû ina sūniša ittatīl, 1/2 mana kaspam išaqqalšimma.
u mimma ša ištu bīt abiša ublam ušallamšimma mutu libbiša iḫḫassi.

§ 157) šumma awīlum warki abišu ina sūn ummišu ittatīl, kilallīšunu iqallûšunūti.

§ 158) šumma awīlum warki abišu ina sūn rabītišu ša mārī waldat ittaṣbat, awīlam šû ina bīt abim innassaḫ.

§ 159) šumma awīlum ša ana bīt emišu biblam ušābilu terḫatam iddinu ana sinništim šanītim uptallisma ana emišu 'māratka ul aḫḫaz' iqtabi, abi mārtim mimma ša ibbablušum itabbal.

§ 160) šumma awīlum ana bīt emim biblam ušābil terḫatam iddinma abi mārtim, 'mārtī ul anaddikkum' iqtabi, mimma mala ibbablušum uštašannāma utâr.

§ 161) šumṃa awīlum ana bīt emišu biblam ušābil terḫatam iddinma ibiršu uktarissu emušu ana bēl aššatim, 'mārtī ul taḫḫaz' iqtabi, mimma mala ibbablušum uštašannāma utâr.
u aššassu ibiršu ul iḫḫaz.

§ 162) šumma awīlum aššatam īḫuz mārī ūlissumma sinništum šî ana šīmtim ittalak, ana šeriktiša abuša ul iraggum šeriktaša ša mārīšama.

§ 163) šumma awīlum aššatam īḫuzma mārī la ušaršīšu sinništum šî ana šīmtim ittallak, šumma terḫatam ša awīlum šû ana bīt emišu ublu emušu uttēršum, ana šerikti sinništim šuāti mussa ul iraggum šeriktaša ša bīt abišama.

§ 164) šumma emušu terḫatam la uttēršum, ina šeriktiša mala terḫatiša iḫarraṣma šeriktaša ana bīt abiša utâr.

§ 165) šumma awīlum ana aplišu ša īnšu maḫru eqlam kirâm u bītam išruk.
kunukkam išṭuršum, warka abum ana šīmtim ittalku inūma aḫḫū izuzzū, qīšti abum iddinušum ileqqēma.
elēnumma ina makkūr bīt abim mitḫāriš izuzzū.

§ 166) šumma awīlum ana mārī ša iršû aššatim īḫuz ana mārišu ṣeḫrim aššatam la īḫuz warka abum ana šīmtim ittalku, inūma aḫḫū izuzzū ina makkūr bīt abim ana aḫḫišunu ṣeḫrim ša aššatam la aḫzu eliāt zittišu kasap terḫatim išakkanūšumma aššatam ušaḫḫazūšu.

§ 167) šumma awīlum aššatam īḫuzma mārī ūlissum sinništum šî ana šīmtim ittalak warkiša sinništam šanītam ītaḫazma mārī ittalad warkānum abum ana šīmtim ittalku, mārū ana ummātim ul izuzzū.
šerikti ummātišunu ileqqûma makkūr bīt abim mitḫāriš izuzzū.

§ 168) šumma awīlum ana mārišu nasāḫim panam ištakan, ana dayyānī "mārī anassaḫ" iqtabi dayyānū warkassu iparrasūma.
šumma mārum arnam kabtam ša ina aplūtim nasāḫim la ublam abum mārašu ina aplūtim ul inassaḫ.

§ 169) šumma arnam kabtam ša ina aplūtim nasāḫim ana abišu itbalam ana ištiššu panīšu ubbalū. šumma arnam kabtam adi šinīšu itbalam abum mārašu ina aplūtim inassaḫ.

§ 170) šumma awīlum ḫīrtašu mārī ūlissum u amassu mārī ūlissum abum ina bulṭišu ana mārī ša amtum uldušum, "mārūa" iqtabi, itti mārī ḫīrtim imtanûšunūti, warka abum ana šīmtim ittalku ina makkūr bīt abim mārū ḫīrtim u mārū amtim mitḫāriš izuzzū.
aplum mār ḫīrtim ina zittim inassaqma ileqqe.

§ 171a) u šumma abum ina bulṭišu ana mārī ša amtum uldušum, 'mārūa' la iqtabi, warka abum ana šīmtim ittalku ina makkūr bīt abim mārū amtim itti mārī ḫīrtim ul izuzzū.
andurār amtim u mārīša ištakan (!).
mārū ḫīrtim ana mārī amtim ana wardūtim ul iraggumū.

§ 171b) ḫīrtum šeriktaša u nudunnâm ša mussa iddinušim ina ṭuppim išṭurušim ileqqēma ina šubat mutiša uššab.
adi balṭat ikkal.
ana kaspim ul inaddin.
warkassa ša mārīšama.

§ 172) šumma mussa nudunnâm la iddiššim, šeriktaša ušallamūšimma ina makkūr bīt mutiša zittam kīma aplim ištēn ileqqe.
šumma mārūša aššum ina bītim šūṣîm usaḫḫamūši, dayyānū warkassa iparrasūma mārī arnam immidu.
sinništum šî ina bīt mutiša ul uṣṣi.
šumma sinništum šî ana waṣêm panīša ištakan nudunnâm ša mussa iddinušim ana mārīša izzib.
šeriktam ša bīt abiša ileqqēma, mut libbiša iḫḫassi.

§ 173) šumma sinništum šî ašar īrubu ana mutiša warkîm mārī ittalad warka sinništum šî imtūt, šeriktaša mārū maḫrûtum u warkûtum izuzzū.

§ 174) šumma ana mutiša warkîm mārī la ittalad, šeriktaša mārū ḫāwirišama ileqqû.

§ 175) šumma lu warad ekallim u lu warad muškēnim mārat awīlim īḫuzma mārī ittalad, bēl wardim ana mārī mārat awīlim ana wardūtim ul iraggum.

§ 176a) u šumma warad ekallim u lu warad muškēnim mārat awīlim īḫuzma inūma īḫuzuši qadum šeriktim ša bīt abiša ana bīt warad ekallim u lu warad muškēnim īrubma ištu innemdū bītam īpušū bīšam iršû warkānumma lu warad ekallim u lu warad muškēnim ana šīmtim ittalak, mārat awīlim šeriktaša ileqqe.
u mimma ša mussa u šî ištu innemdū iršû ana šinīšu izuzzūma mišlam bēl wardim ileqqe.
mišlam mārat awīlim ana mārīša ileqqe.

§ 176b) šumma mārat awīlim šeriktam la išu, mimma ša mussa u šî ištu innemdū iršû ana šinīšu izuzzūma mišlam bēl wardim ileqqe.
mišlam mārat awīlim ana mārīša ileqqe.

§ 177) šumma almattum ša mārūša ṣeḫḫeru ana bīt šanîm erēbim panīša ištakan balum dayyānī ul irrub.
inūma ana bīt šanîm irrubu dayyānū warkat bīt mutiša panîm iparrasūma bītam ša mutiša panîm ana mutiša warkîm u sinništim šuāti ipaqqidūma ṭuppam ušezzebūšunūti.
bītam inaṣṣarū, u ṣeḫḫerūtim urabbû.
uniātim ana kaspim ul inaddinū.
šāyyimānum ša unūt mārī almattim išammu ina kaspišu ītelli.
makkūrum ana bēlišu itâr.

§ 178) šumma ugbabtum nadītum u lu sekretum ša abuša šeriktam išrukušim ṭuppam išṭurušim ina ṭuppim ša išṭurušim warkassa ēma eliša ṭābu nadānam la išṭuršimma mala libbiša la ušamṣīši warka abum ana šīmtim ittalku eqelša u kirāša aḫḫūša ileqqûma kīma emūq zittiša ipram piššatam u lubūšam inaddinūšimma libbaša uṭabbū.
šumma aḫḫūša kīma emūq zittiša ipram piššatam u lubūšam la ittadnūšimma libbaša la uṭṭibbū, eqelša u kirāša ana errēšim ša eliša ṭābu inaddinma errēssa ittanaššīši.
eqlam kīrâm u mimma ša abuša iddinušim adi balṭat ikkal.
ana kaspim ul inaddin.
šaniam ul uppal.
aplūssa ša aḫḫīšama.

§ 179) šumma ugbabtum nadītum u lu sekretum ša abuša šeriktam išrukušim kunukkam išṭ urušim ina ṭuppim ša išṭurušim warkassa ēma eliša ṭābu nadānam išṭuršimma mala libbiša uštamṣīši.
warka abum ana šīmtim ittalku, warkassa ēma eliša ṭābu inaddin. aḫḫūša ul ipaqqarūši.

§ 180) šumma abum ana mārtišu nadīt gagîm u lu sekretim šeriktam la išrukšim (!) warka abum ana šīmtim ittalku, ina makkūr bīt abim zittam kīma aplim ištēn izâzma adi balṭat ikkal.
warkassa ša aḫḫīšama.

§ 181) šumma abum nadītam qadištam u lu kulmašītam ana ilim iššīma seriktam la išrukšim warka abum ana šīmtim ittalku, ina makkūr bīt abim šalušti aplūtiša izâzma adi balṭat ikkal.
warkassa ša aḫḫīšama.

§ 182) šumma abum ana mārtišu nadīt Marduk ša Bābilim šeriktam la išrukšim kunukkam la išṭuršim warka abum ana šīmtim ittalku, ina makkūr bīt abim šalušti aplūtiša itti aḫḫīša izâzma ilkam ul illak.
nadīt Marduk warkassa ēma eliša ṭābu inaddin.

§ 183) šumma abum ana mārtišu šugītim šeriktam išrukšim ana mutim iddišši kunukkam išṭ uršim warka abum ana šīmtim ittalku, ina makkūr bīt abim ul izâz.

§ 184) šumma awīlum ana mārtišu šugītim šeriktam la išrukšim ana mutim la iddišši warka abum ana šīmtim ittalku, aḫḫūša kīma emūq bīt abim šeriktam išarrakūšimma ana mutim inaddinūši.

§ 185) šumma awīlum ṣeḫram ina mêšu ana mārūtim ilqēma urtabbīšu, tarbītum šî ul ibbaqqar.

§ 186) šumma awīlum ṣeḫram ana mārūtim ilqe inūma ilqûšu abašu u ummašu iḫiaṭ, tarbītum. šî ana bīt abišu itâr.

§ 187) mār girseqîm muzzaz ekallim u mār sekretim ul ibbaqqar.

§ 188) šumma mār ummānim ṣeḫram ana tarbītim ilqēma šipir qātišu uštāḫissu, ul ibbaqqar.

§ 189) šumma šipir qātišu la uštāḫissu, tarbītum šî ana bīt abišu itâr.

§ 190) šumma awīlum ṣeḫram ša ana mārūtišu ilqûšuma urabbûšu itti mārīšu la imtanūšu, tarbītum šî ana bīt abišu itâr.

§ 191) šumma awīlum ṣeḫram ša ana mārūtišu ilqûšuma urabbûšu bīssu īpuš warka mārī irtašīma ana tarbītim nasāḫim panam ištakan, ṣeḫrum šû rēqūssu ul ittallak.
abum murabbīšu ina makkūrišu šalušti aplūtišu inaddiššumma ittalak. ina eqlim kirîm u bītim ul inaddiššum.

§ 192) šumma mār girseqîm u lu mār sekretim ana abim murabbīšu u ummim murabbītišu 'ul abī atta, ul ummī atti' iqtabi, lišānšu inakkisū.

§ 193) šumma mār girseqîm u lu mār sekretim bīt abišu uweddīma abam murabbīšu u ummam murabbīssu izērma ana bīt abišu ittalak īnšu inassaḫū.

§ 194) šumma awīlum mārašu ana mušēniqtim iddinma ṣiḫrum šû ina qāt mušēniqtim imtūt, mušēniqtum balum abišu u ummišu ṣiḫram šaniamma irtakas. ukannūšima, aššum balum abišu u ummišu ṣiḫram šaniam irkusu tulāša inakkisū.

§ 195) šumma mārum abašu imtaḫaṣ, rittašu inakkisū.

§ 196) šumma awīlum īn mār awīlim uḫtappid, īnšu uḫappadū.

§ 197) šumma eṣemti awīlim ištebir, eṣemtašu išebbirū.

§ 198) šumma īn muškēnim uḫtappid u lu eṣemti (!) muškēnim ištebir, 1 mana kaspam išaqqal.

§ 199) šumma īn warad awīlim uḫtappid u lu eṣemti warad awīlim ištebir, mišil šīmišu išaqqal.

§ 200) šumma awīlum šinni awīlim meḫrišu ittadi, šinnašu inaddû.

§ 201) šumma šinni muškēnim ittadi 1/3 mana kaspam išaqqal.

§ 202) šumma awīlum lēt awīlim ša elišu rabû imtaḫaṣ, ina puḫrim ina qinnaz alpim 1 šūši immaḫḫaṣ.

§ 203) šumma mār awīlim lēt mār awīlim ša kīma šuāti imtaḫaṣ 1 mana kaspam išaqqal.

§ 204) šumma muškēnum lēt muškēnim imtaḫaṣ, 10 šiqil kaspam išaqqal.

§ 205) šumma warad awīlim lēt mār awīlim imtaḫaṣ, uzunšu inakkisū.

§ 206) šumma awīlum awīlam ina risbātim imtaḫaṣma simmam ištakanšu, awīlum šû 'ina idû la amḫaṣu' itamma u asâm ippal.

§ 207) šumma ina maḫāṣišu imtūt, itammāma: šumma mār awīlim 1/2 mana kaspam išaqqal.

§ 208) šumma mār muškēnim, 1/3 mana kaspam išaqqal.

§ 209) šumma awīlum mārat awīlim imḫaṣma ša libbiša uštaddīši, 10 šiqil kaspam ana ša libbiša išaqqal.

§ 210) šumma šinništum šî imtūt, mārassu idukkū.

§ 211) šumma mārat muškēnim ina maḫāṣim ša libbiša uštaddīši, 5 šiqil kaspam išaqqal.

§ 212) šumma šinništum šî imtūt, 1/2 mana kaspam išaqqal.

§ 213) šumma amat awīlim imḫaṣma ša libbiša uštaddīši, 2 šiqil kaspam išaqqal.

§ 214) šumma amtum šî imtūt, 1/3 mana kaspam išaqqal.

§ 215) šumma asûm awīlam simmam kabtam ina karzilli siparrim īpušma awīlam' ubtalliṭ u lu nakkapti awīlim ina karzilli siparrim iptēma īn awīlim ubtalliṭ, 10 šiqil kaspam ileqqe.

§ 216) šumma mār muškēnim, 5 šiqil kaspam ileqqe.

§ 217) šumma warad awīlim, bēl wardim ana asîm 2 šiqil kaspam inaddin.

§ 218) šumma asûm awīlam simmam kabtam ina karzilli siparrim īpušma awīlam uštamīt u lu nakkapti awīlim ina karzilli siparrim iptēma īn awīlim uḫtappid, rittašu inakkisū.

§ 219) šumma asûm simmam kabtam warad muškēnim ina karzilli siparrim īpušma uštamīt, wardam kīma wardim iriab.

§ 220) šumma nakkaptašu ina karzilli siparrim iptēma īnšu uḫtapid (!), kaspam mišil šīmišu išaqqal.

§ 221) šumma asûm eṣemti awīlim šebirtam uštallim u lu šer'ānam marṣam ubtalliṭ, bēl simmim ana asîm 5 šiqil kaspam inaddin.

§ 222) šumma mār muškēnim, 3 šiqil kaspam inaddin.

§ 223) šumma warad awīlim, bēl wardim ana asîm 2 šiqil kaspam inaddin.

§ 224) šumma asî alpim u lu imērim lu alpam u lu imēram simmam kabtam īpušma ubtalliṭ, bēl alpim u lu imērim 1/6 kaspam ana asîm idīšu inaddin.

§ 225) šumma alpam u lu imēram simmam kabtam īpušma uštamīt, 1/4 šīmišu ana bēl alpim u lu imērim inaddin.

§ 226) šumma gallābum balum bēl wardim abbutti wardim la šêm ugallib ritti gallābim šuāti inakkisū.

§ 227) šumma awīlum gallābam idāṣma abbutti wardim la šêm ugdallib, awīlam šuāti idukkūšūma ina bābišu iḫallalūšu.
gallābum 'ina idû la ugallibu' itammāma utaššar.

§ 228) šumma itinnum bītam ana awīlim īpušma ušaklilšum ana 1 musar bītim 2 šiqil kaspam ana qīštišu inaddiššum.

§ 229) šumma itinnum ana awīlim bītam īpušma šipiršu la udanninma bīt īpušu imqutma bēl bītim uštamīt, itinnum šû iddâk.

§ 230) šumma mār bēl bītim uštamīt, mār itinnim šuāti idukkū.

§ 231) šumma warad bēl bītim uštamīt, wardam kīma wardim ana bēl bītim inaddin.

§ 232) šumma makkūram uḫtalliq mimma ša uḫalliqu iriab.
u, aššum bīt īpušu la udanninuma imqutu, ina makkūr ramanišu bīt imqutu ippeš.

§ 233) šumma itinnum bītam ana awīlim īpušma šipiršu la uštesbīma igārum iqtūp, itinnum šû ina kasap ramanišu igāram šuāti udannan.

§ 234) šumma malāḫum elep 60 kur ana awīlim ipḫe, 2 šiqil kaspam ana qīštišu inaddiššum.

§ 235) šumma malāḫum eleppam ana awīlim ipḫēma šipiršu la utakkilma ina šattimma šuāti eleppum šî iṣṣabar, ḫiṭītam irtaši.
malāḫum eleppam šuāti inaqqarma ina makkūr ramanišu udannanma eleppam dannatam ana bēl eleppim inaddin.

§ 236) šumma awīlum eleppašu ana malāḫim ana igrim iddinma malāḫum īgīma eleppam uṭṭ ebbi u lu uḫtalliq, malāḫum eleppam ana bēl eleppim iriab.

§ 237) šumma awīlum malāḫam u eleppam īgurma še'am šipātim šamnam suluppī u mimma šumšu ša ṣēnim iṣēnši malāḫum šû īgīma eleppam uṭṭebbi u ša libbiša uḫtalliq, malāḫum eleppam ša uṭebbû u mimma ša ina libbiša uḫalliqu iriab.

§ 238) šumma malāḫum elep awīlim uṭṭebbīma uštēliašši, kaspam mišil šīmiša inaddin.

§ 239) šumma awīlum malāḫam [īgur], 6 [kur še'am] ina šanat inaddiššum.

§ 240) šumma elep ša māḫirtim elep ša muqqelpītim imḫaṣma uṭṭebbi, bēl eleppim ša eleppašu ṭebiat mimma ša ina eleppišu ḫalqu ina maḫar ilim ubârma ša māḫirtim ša elep ša muqqelpītim uṭebbû eleppašu u mimmâšu ḫalqam iriabšum.

§ 241) šumma awīlum alpam ana nipûtim iteppe 1/3 mana kaspam išaqqal.

§ 242/ 3) šumma awīlum <alpam> ana šattim ištiat īgur, idī alpim ša warka 4 kur še'am, idī alpim ša qabla 3 kur še'am, ana bēlišu inaddin.

§ 244) šumma awīlum alpam imēram īgurma ina ṣērim nēšum iddūkšu, ana bēlišuma.

§ 245) šumma awīlum alpam īgurma ina mēgûtim u lu ina maḫāṣim uštamīt, alpam kīma alpim ana bēl alpim iriab.

§ 246) šumma awīlum alpam īgurma šēpšu ištebir u lu labiānšu ittakis alpam kīma alpim ana bēl alpim iriab.

§ 247) šumma awīlum alpam īgurma īnšu uḫtappid, kaspam 1/2 šīmišu ana bēl alpim inaddin.

§ 248) šumma awīlum alpam īgurma qaranšu išbir zibbassu ittakis u lu šašallašu ittasak (ḫ?), kaspam 1/4 (?) šīmišu inaddin.

§ 249) šumma awīlum alpam īgurma ilum imḫassuma imtūt, awīlum ša alpam īguru nīš ilim izakkarma ūtaššar.

§ 250) šumma alpum sūqam ina alākišu awīlam ikkipma uštamīt dīnum šû rugummâm ul išu.

§ 251) šumma alap awīlim nakkāpīma kīma nakkāpû bābtašu ušēdīšumma qarnīšu la ušarrim alapšu la usanniqma alpum šû mār awīlim ikkipma uštamīt, 1/2 mana kaspam inaddin.

§ 252) šumma warad awīlim, 1/3 mana kaspam inaddin.

§ 253) šumma awīlum awīlam ana panī eqlišu uzuzzim īgurma aldâm iqīpšu liātim ipqissum [ana] eqlim erēšim urakkissu.
šumma awīlum šû zēram u lu ukullâm išriqma ina qātišu ittaṣbat, rittašu inakkisū.

§ 254) šumma aldâm ilqēma liātim ūtenniš, tašna še'am ša imḫuru iriab.

§ 255) šumma liāt awīlim ana igrim ittadin u lu zēram išriqma ina eqlim la uštabši, awīlam šuāti ukannūšuma ina ebūrim ana 1 burum 60 kur še'am imaddad.

§ 256) šumma pīḫassu apālam la ile'i, ina eqlim šuāti ina liātim imtanaššarūšu.

§ 257) šumma awīlum ikkaram īgur, 8 kur še'am ina šattim ištiat inaddiššum.

§ 258) šumma awīlum kullizam īgur, 6 kur še'am ina šattim ištiat inaddiššum.

§ 259) šumma awīlum epinnam ina ugārim išriq, 5 šiqil kaspam ana bēl epinnim inaddin.

§ 260) šumma ḫarbam u lu maškakātim ištariq, 3 šiqil kaspam inaddin.

§ 261) šumma awīlum nāqidam ana liātim u ṣēnim re'îm īgur, 8 kur še'am ina šattim ištiat inaddiššum.

§ 262) šumma awīlum alpam u lu immeram ana [nāqidim (Zeilen 31 - 36 sind abgebrochen!)

§ 263) šumma [alpam] u lu [immeram] ša innadnušum uḫtalliq alpam kīma [alpim] immeram kīma [immerim] ana bēlišu iriab.

§ 264) šumma [rē'ûm] ša liātum u lu ṣēnum ana rē'îm innadnušum idīšu gamrātim maḫir libbašu ṭāb liātim uṣṣaḫḫir ṣēnam uṣṣaḫḫir tālittam umtaṭṭi, ana pī riksātišu tālittam u biltam inaddin.

§ 265) šumma rē'ûm ša liātum u lu ṣēnum ana rē'îm innadnušum usarrirma šimtam uttakkir. u ana kaspim ittadin, ukannūšuma adi 10-šu ša išriqu liātim u ṣēnam ana bēlišunu iriab.

§ 266) šumma ina tarbaṣim lipit ilim ittabši u lu nēšum iddūk, rē'ûm maḫar ilim ubbamma miqitti tarbaṣim bēl tarbaṣim imaḫḫaršu.

§ 267) šumma rē'ûm īgūma ina tarbaṣim pissatam uštabši rē'ûm ḫiṭīt pissatim ša ina tarbaṣim ušabšû liātim u šēnam ušallamma ana bēlišunu inaddin.

§ 268) šumma awīlum alpam ana diāšim īgur 2 sūt še'um idūšu.

§ 269) šumma imēram ana diāšim īgur 1 sūt še'um idūšu.

§ 270) šumma urīṣam ana diāšim īgur 1 qa še'um idūšu.

§ 271) šumma awīlum liātim ereqqam u murteddīša īgur, ina ūmim ištēn 3 parsikat še'am inaddin.

§ 272) šumma awīlum ereqqamma ana ramaniša īgur ina ūmim ištēn 4 sūt še'am inaddin.

§ 273) šumma awīlum agram īgur, ištu rēš šattim adi ḫamšim warḫim 6 uṭṭet kaspam ina ūmim ištēn inaddin, ištu šiššim warḫim adi taqtīt šattim 5 uṭṭet kaspam ina ūmim ištēn inaddin.

§ 274) šumma awīlum mār ummānim iggar,

idī [ ]	5 uṭṭet kaspam
idī kāmidim	5 uṭṭet kaspam
[idī] ša kitîm	[... uṭṭet] kaspam
[idī] purkullim	[... uṭṭet] kaspam
[idī] sasinnim	[... uṭṭet] kaspam
[idī] nappāḫim	[... uṭṭet] kaspam
idī naggārim	4 (?) uṭṭet kaspam
idī aškāpim	[ ] uṭṭet kaspam
idī atkuppim	[ ] uṭṭet kaspam

[idī] itinnim [... uṭṭet] kaspam
[ina ūmim] ištēn [inaddin].

§ 275) [šumma] awīlum [...] īgur, ina ūmim ištēn 3 uṭṭet kaspum idūša.

§ 276) šumma māḫirtam īgur, 2 1/2 uṭṭet kaspam idīša ina ūmim ištēn inaddin.

§ 277) šumma awīlum elep šūšim īgur, ina ūmim ištēn 1/6 kaspam idīša inaddin.

§ 278) šumma awīlum wardam amtam išāmma waraḫšu la imlāma benni elišu imtaqut ana nādinānišu utârma šāyyimānum kasap išqulu ileqqe.

§ 279) šumma awīlum wardam amtam išāmma baqrī irtaši nādinānšu baqrī ippal.

§ 280) šumma awīlum ina māt nukurtim wardam amtam ša awīlim ištām inūma ina libbū mātim ittalkamma bēl wardim u lu amtim lu warassu u lu amassu ūteddi, šumma wardum u amtum šunu mārū mātim, balum kaspimma andurāršunu iššakkan.

§ 281) šumma mārū mātim šanītim, šāyyimānumma (!) ina maḫar ilim kasap išqulu iqabbīma, bēl wardim u lu amtim kasap išqulu ana tamkārim inaddinma, lu warassu lu amassu ipaṭ ṭar.

§ 282) šumma wardum ana bēlišu 'ul bēli atta' iqtabi, kīma warassu ukânšuma bēlšu uzunšu inakkis.

EPILOG

dīnāt mīšarim, ša Ḫammurabi šarrum lēʾûm ukinnuma
mātam ussam kīnam u rīdam damqam ušaṣbitu.
Ḫammurabi šarrum gitmālum anāku
ana ṣalmāt qaqqadim, ša Ellil išrukam, rēʾûssina Marduk iddinam
ul ēgu, aḫi ul addī.
ašri šulmim ešteʾīšināšim   pušqī wašṭūtim upetti
nūram ušēṣišināšim.
ina kakkim dannim ša Zababa u Ištar ušatlimūnim ina igigallim ša Ea išīmam
ina lēʾûtim ša Marduk iddinam   nakrī eliš u šapliš assuḫ.
qablātim ubelli, šīr mātim uṭīb   nišī dadmī aburrī ušarbiṣ, mugallitam ul ušaršīšināti.
ilū rabûtum ibbûninnima   anākuma rēʾûm mušallimum, ša ḫaṭṭašu išarat.
ṣillī ṭābum ana āliya tariṣ   ina utliya nišī māt Šumerim u Akkadîm ukīl
ina lamassiya iḫḫiša   ina šulmim attabbalšināti
ina nēmeqiya uštapziršināti.
dannum enšam ana la ḫabālim, ekūtam almattam šutēšurim
ina Bābilim   ālim ša Anum u Ellil rēšīšu ullû
ina Esagil   bītim ša kīma šamê u erṣetim išdāšu kīnā
dīn mātim ana diānim   purussê mātim ana parāsim
ḫablim šutēšurim
awâtiya šūqurātim ina narîya ašṭurma   ina maḫar ṣalmiya šar mīšarim ukīn.
šarrum ša in šarrī šūturu anāku   awâtūa nasqā
lēʾûtī šāninam ul išû
ina qibīt Šamaš   dayyānim rabîm ša šamê u erṣetim
mīšarī ina mātim lištēpi   ina awat Marduk bēliya
uṣurātūa mušassikam ay iršia   ina Esagil ša arammu
šumī ina damiqtim ana dār lizzakir.   awīlum ḫablum, ša awatam iraššû
ana maḫar ṣalmīya šar mīšarim lillikma, narî šaṭram lištassīma
awâtiya šūqurātim lišmēma, narî awatam likallimšu

dīnšu līmur, libbašu linappišma.
'Hammurabimi bēlum ša kīma abim wālidim ana nišī ibaššû
ana awat Marduk bēlišu uštaktitma irnitti Marduk eliš u šapliš ikšud
libbi Marduk bēlišu uṭīb u šīram ṭābam ana nišī ana dār išīm
u mātam uštēšer' annītam liqbīma
ina maḫar Marduk bēliya Zarpānītum bēltiya
ina libbišu gamrim likrubam.
šēdum, lamassum, ilū ēribūt Esagil, libitti Esagil,
igirrê ūmišam ina maḫar Marduk bēliya Zarpānītum bēltiya lidammiqū.
ana warkiāt ūmī ana mātima šarrum ša ina mātim ibbaššû
awât mīšarim ša ina narîya ašṭuru liṣṣur
dīn mātim ša adīnu, purussē mātim ša aprusu, ay unakkir,
uṣurātiya ay ušassik.
šumma awīlum šû tašīmtam išūma māssu šutēšuram ile'i,
ana awâtim ša ina narîya ašṭuru liqūlma,
kibsam rīdam dīn mātim ša adīnu, purussē mātim ša aprusu,
narûm šû likallimšuma.
ṣalmāt qaqqadišu lištēšer, dīnšina lidīn, purussāšina liprus,
ina mātišu raggam u ṣēnam lissuḫ, šīr nišīšu liṭīb.
Hammurabi šar mīšarim, ša Šamaš kīnātim išrukušum, anāku
awâtūa nasqā epšētūa šāninam ul išâ ela ana la ḫassim rēqa
ana emqim ana tanādātim šūṣâ
šumma awīlum šû ana awâtiya ša ina narîya ašṭuru iqūlma
dīnī la ušassik, awâtiya la uštepēl, uṣurātiya la unakkir,
awīlum šû kīma iâti šar mīšarim Šamaš ḫaṭṭašu lirrik
nišīšu ina mīšarim lirē.
šumma awīlum šû ana awâtiya ša ina narîya ašṭuru la iqūlma
errētiya imēšma, errēt ilī la īdurma,
dīn adīnu uptassis, awâtiya uštepēl, uṣurātiya uttakkir
šumī šaṭram ipšiṭma, šumšu ištaṭar aššum errētim (!) šināti šaniamma uštāḫiz
awīlum šû lu šarrum lu bēlum lu iššiakkum u lu awīlūtum ša šumam nabiat
Anum rabûm abu ilī nābû palêya,
melemmī šarrūtim līṭeršu, ḫaṭṭašu lišbir, šīmātišu līrur.
Ellil bēlum mušīm šīmātim ša qibīssu la uttakkaru
mušarbû šarrūtiya,
tēšî la šubbîm, gabaraḫ ḫalāqišu, ina šubtišu lišappiḫaššum
palê tānēḫim ūmī īṣūtim, šanāt ḫušaḫḫim
iklet la nawārim, mūt niṭil īnim ana šīmtim lišīmšum
ḫalāq ālišu, naspuḫ nišīšu šarrūssu šupēlam
šumšu u zikiršu ina mātim la šubšâm ina pīšu kabtim liqbi.
Ninlil ummum rabītum, ša qibīssa ina Ekur kabtat,
bēltum mudammiqat igirrēya
ašar šipṭim u purussêm, ina maḫar Ellil awassu lilemmin
šulput mātišu, ḫalāq nišīšu, tabāk napištišu kīma mê
ina pī Ellil šarrim lišaškin.
Ea rubûm rabium ša šīmātušu ina maḫra illakā
apkal ilī mudē mimma šumšu mušāriku ūm balāṭiya
uznam u nēmeqam līṭeršuma ina mīšītim littarrušu

nārātišu ina nagbim liskir	ina erṣetišu ašnān napišti nišī ay ušabši.
Šamaš dayyānum rabium	ša šamê u erṣetim
muštēšer šaknat napištim	bēlum tukultī
šarrūssu liskip, dīnšu ay idīn	uruḫšu līši, išdī ummānišu lišḫelṣi
ina bīrišu šīram lemnam	ša nasāḫ išdī šarrūtišu u ḫalāq mātišu
liškunšum	awatum maruštum
ša Šamaš arḫīš likšussu	eliš ina balṭūtim lissuḫšu
šapliš ina erṣetim eṭemmašu mê lišaṣmi.	
Sîn bēl šamê	ilum bānî
ša têressu (!) ina ilī šūpât	
agâm kussiam ša šarrūtim līṭeršu	arnam kabtam šēressu rabītam
ša ina zumrišu la iḫalliqu	līmussuma
ūmī warḫī šanāt palēšu ina tānēḫim	u dimmatim lišaqti
kammāl šarrūtim lišaṭṭilšu	balāṭam ša itti mūtim šitannu ana šīmtim lišīmšum.
Adad bēl ḫegallim	gugal šamê u erṣetim, rēṣūa
zunnī ina šamê mīlam ina nagbim līṭeršu	mātsu ina ḫušaḫḫim u bubūtim liḫalliq
eli ālišu ezziš lissīma	mātsu ana til abūbim litēr.
Zababa qarrādum rabium	mārum rēštûm ša Ekur
āliku imniya	ašar tamḫārim kakkašu lišbir
ūmam ana mūšim litēršumma	nakiršu elišu lišziz.
Ištar bēlet tāḫazim u qablim, pātiat kakkiya	lamassī damiqtum, rā'imat palêya
ina libbiša aggim, ina uzzātiša rabiātim	šarrūssu līrur
damqātišu ana lemnētim litēr	--- 1 Zeile zu streichen!!! ---
ašar tāḫazim u qablim kakkašu lišbir	išītam saḫmaštam liškunšum
qarrādīšu lišamqit	damīšunu erṣetam lišqi
gurun šalmāt ummānātišu ina ṣērim littaddi	ummānšuma (!) rēmam ay ušarši
šuāti ana qāt nakrīšu limallīšuma	ana māt nukurtišu kamîš līrûšu.
Nergal dannum ina ilī	qabal la maḫār
mušakšidu irnittiya	ina kašūšišu rabîm
kīma išātim ezzetim ša appim	nišīšu liqmi
in kakkišu dannim lišaṭṭīšuma	biniātišu kīma ṣalam ṭiddim liḫbuš.
Nintu bēltum ṣīrtum ša mātātim	ummum bānītī
aplam līṭeršuma	šumam ay ušaršīšu
ina qerbīt nišīšu zēr awīlūtim ay ibni.	
Ninkarrak mārat Anim	qābiat dumqiya ina Ekur
murṣam kabtam, asakkam lemnam, simmam marṣam,	
ša la ipaššeḫū	asûm qerebšu la ilammadu
ina ṣimdi la unaḫḫušu	kīma nišik mūtim la innassaḫu
ina biniātišu lišāṣiaššumma	adi napištašu ibellû
ana eṭlūtišu liddammam.	
ilū rabûtum ša šamê u erṣetim	Anunnakū ina napḫarišunu
šēd bītim, libitti Ebabbara	šuāti zērašu mātsu ṣābašu nišīšu u ummānšu
errētam maruštam līrurū.	
errētim anniātim (!) Ellil, ina pīšu ša la uttakkaru	
līruršuma arḫiš likšudašu.	

==

Bemerkungen zu den Zeittafeln

Weder für die Namen - schon gar nicht für die Schreibung - noch für die Jahresdaten kann ich eine Gewähr übernehmen. Außer in den auf den Tafeln als Quelle angegebenen Büchern habe ich in etlichen weiteren nachgeforscht, wobei mal die eine, mal die andere Übereinstimmung erzielt wurde.

Beide - sowohl die Namen, als auch die Jahresdaten - weisen teilweise erhebliche Unterschiede auf, die nichts mit den Chronologien (kurze, mittlere, lange) zu tun haben. Ich musste mich daher für einen Weg entscheiden.

Auch, um die Parallelität bezüglich der Herrschaft der jeweiligen Könige zu wahren.

Es ist schon sehr traurig (oder auch lustig), dass keine Zeittafeln existieren (zumindest für mich nicht), die den von mir bearbeiteten Raum in einer Karte zeigen.

Aus Platzgründen habe ich auf einige Völker bzw. Städte verzichten müssen (bspw. Elam), was jedoch angesichts der - mindestens periodisch - kurzen Herrschaft meines Erachtens zu verkraften ist.

Zeittafel der Herrscher des Alten Orient
MESOPOTAMIEN

Jahre	URUK	KIŠ	UR	LAGAŠ	AKKAD	ISIN	LARSA	Jahre
3.300			***FRÜHSUMERISCHE ZEIT (um 3.300 - 2.850)*** ***Uruk-Zeit (um 3.300 - 2.850) Ğemdet-Nasr-Zeit (um 3.100 - 2.850)*** **Frühdynastisch I (um 2.850 - 2.700), II (um 2.700 - 2.600), III (um 2.600 - 2.350)**					3.300
2.800								2.800
2.700	Archaische Tafeln Gilgameš (um 2.675)	Mebaragesi (um 2.700) Aka/ Agga (um 2.675)		En-hegal Lugal-šag-en-gur				2.700
2.600		Mesa/ ilim (um 2.600) **UMMA**	**Ur I-Zeit** Meskalamdug (um 2.550)	Mesa/ ilim (um 2.600) Uru-inimgina (um 2.560) Urnanše (um 2.520)				2.600
2.500	Lugalkingenešdudu (~ 2.430)	Uš (um 2.500) Enakale (um 2.475) Eannatum (um 2.470) Ur-Lumma (um 2.430)	Mesanepada (um 2.500) Aanepada (um 2.475) Meskiagnunna (um 2.450) Balulu (um 2.415)	Akurgal (um 2.500) Eannatum (um 2.470) Enannatum I. (um 2.450) Enbī-Ištar (um 2.440) Entemena (um 2.430) Enannatum II. (um 2.400)				2.500
2.400	Lugalkisalsi (~ 2.400) Lugalzagesi (~ 2.350)<--->	Lugalzagesi (um 2.350) **GUTÄER**		Enentarzi (um 2.380) Lugalanda (um 2.370) Urukagina (um 2.355)	Šarru-kin (2.340 - 2.284)			2.400
2.300		Erridupizir, Imta', Inkišuš Sarlagab (~ 2.210), Šulme' Elulumeš, Inimabakeš, Igeša'uš Iarlagab, Ibate, Iarlangab Kurum, Ḫabilkin?, La'erabum Irarum, Ibranum, Ḫablum Puzursin, Iarlaganda Si'um, Tiriqan (2.116) **(Jahresangaben? Reihenfolge/ Namen nicht sicher!)**		Ki-KU-id (um 2.280) Engilsa (um 2.270) Ur'a (um 2.250) Lugalušumgal (um 2.215) Puzurmama, Urmama, Lubaba, Lugula, Urutu, Kaku, Urinsuna, Urituda	Rimuš (2.283 - 2.275) Maništušu (2.274 - 2.260) Naram-sin (2.259 - 2.223) Šar-kali-šarri (2.222 - 2.198) Igigi, Nanum, Imi, Elulu (2.198 - 2.195)			2.300
2.200	Urnigin (~ 2.190) Urgigir (~ 2.183) Kudda (~ 2.177) Puzurili (~ 2.170) Utuḫengal (~ 2.116 - 2.110)		**Ur III-Zeit**	Urbaba (2.164 - 2.144) Gudea (2.144 - 2.124)	Dudu (2.195 - 2.174) Šu-Durul (2.174 - 2.159)			2.200
2.100	Lugalmelam (2.045 - 2.037)		Urnammu (2.111 - 2.094) Šulgi (2.093 - 2.046) Amar-Sin (2.045 - 2.037) Šu-sin (2.036 - 2.028) Ibbi-sin (2.027 - 2.003)	Urningirsu (2.124 - 2.119) Pirigme (2.119 - 2.117) Ur-GAR (2.117 - 2.113) Nammaḫani (2.113 - 2.109) **Letzter König von Lagaš!**	**Letzter König von Akkad!** **EŠNUNNA**	Išbierra (2.017 - 1.985) Šu-ilišu (1.984 - 1.975)	Naplanum (2.025 - 2.005) Emiṣum (2.004 - 1.977)	2.100
2.000		**ASSUR** Puzur-aššur I. (um 1.960) Šalimaḫum Ilu-šuma (um 1.920) Irišum I., Ikunum	**Letzter König von Ur!** **BABYLON**	**MARI**	Ituria, Ilšu-ilija, Nur-aḫum, Kirikiri, Bilalama, Azuzum, Ipiq-adad I., Šiklanum, Abdi-eraḫ, Belakum,	Iddin-Dagan (1.974-1.954) Išme-Dagan (1.953-1.935) Lipit-Ištar (1.934 - 1.924) Ur-Ninurta (1.923 - 1.896)	Samium (1.976 - 1.942) Zabaja (1.941 - 1.933) Gungunum (1.932 - 1.906) Abi-Sare (1.905 - 1.895)	2.000
1.900	Sinkašid (1.865/60 - 1.833) Anam (1.821 - 1.817) Irdanene (1.816 - 1.809) **Letzter König von Uruk!**	Šarru-Kin, Puzur-aššur II. Naram-Sin (um 1.820) Irišum II. Šamšī-adad I.(1.815-1.782) Išme-dagan (1.781-1.742)	Sumu-abum (1.894-1.881) Sumu-la-El (1.880 - 1.845) Zabium (1.844 - 1.831) Apilsin (1.830 - 1.813) Sinmuballit (1.812 - 1.793)	Ištup-II (um 1.890) Jaggidlim (um 1.830) Jaḫdunlim (1.825 - 1.810) Jasmaḫadad (1.809-1.783)	Warassa, Ibal-pi-El I., Ipiq-adad II. (um 1.830) Naram-sin (um 1.820) Daduša Ibal-pi-El II. (um 1.815)	Bur-Sin (1.895 - 1.874) Lipit-Enlil (1.873 - 1.869) Irra-imitti (1.868 - 1.861) Enlil-Bani (1.860 - 1.837) Zambija, Iter-piša, Ur-dukuga Sîn-Māgir (1.827 - 1.817) Damiq-Ilišu (1.816-1.794)	Sumu'el (1.894 - 1.866) Nur-Adad (1.865 - 1.850) Sin-Iddinam (1.849-1.843) Sin-Eribam, Sin-Iqišam, Ṣilli-Adad Warad-Sin (1.834 - 1.823) Rim-Sin (1.822 - 1.763) Rim-Sin II.(?)	1.900
1.800	**HETHITER** Pitḫana (um 1.730) Anitta von Kuššara (um 1.715)		Ḫammurapi (1.792 - 1.750) Samsuiluna (1.749 - 1.712) Abi'ešuḫ (1.711 - 1.684)	Zimrilim (1.782 - 1.759) **Letzter König von Mari!**	**Letzter König von Ešnunna!**	**Letzter König von Isin!**	**Letzter König von Larsa!**	1.800
1.700	↓	Adasi (um 1.700) ↓	↓					1.700

Quelle: Fischer Weltgeschichte: Band 2 u. a.

Zeittafel der Herrscher des Alten Orients in *MESOPOTAMIEN, KLEINASIEN, ISRAEL und JUDA*

Tafel 2

	BABYLON	ASSYRIEN	HETHITER	ḪURRI-MITANNI	
1.600	Ammiditana (1.683 - 1.647) Ammiṣaduqa (1.646-1.626) Samsuditana (1.625-1.594) **Kassiten**	**14 weitere Könige (Vasallen) unbekannten Namens (?)** **Mittelbabylonische/ -assyrische Zeit (~1.600 - 1.000)**	**Altes Reich (alle Daten ca.!)** Labarna-Ḫattušili I. (1.650) Muršili I. (1.620) Ḫantili I. (1.590) Zidanta I. (1.560) Ammuna (1.550)	**(alle Jahresangaben sehr unsicher!)**	1.600
1.500	Agum II. (um 1.580) Burnaburiaš (um 1.520) Kaštiliaš III. (um 1.480) Ulamburiaš (um 1.475) Agum III. (um 1.460) Karaindaš (um 1.450)	Puzur-Aššur III. (um 1.540) Enlil-naṣir I. (um 1.455) Nur-ili (um 1.445)	Ḫuzzija I. (1.530) Telipinu (1.525) Alluwamna (1.500) Ḫantili II. (1.490) Zidanta II. (1.480) Ḫuzzija II. (1.470)	Kirta (um 1.520) Šuttarna I. (um 1.510) Baratarna (um 1.490) Parsatatar (um 1.475)	1.500
1.400	Kadašman-Ḫarbe I. (um 1.425) Kurigalzu I. (um 1.400) Kadašman-Enlil (um 1.390) Burnaburiaš II. (1.375-1.347) Karaḫardaš, Nazibugaš Kurigalzu II. (1.345 - 1.324)	Enlil-naṣir II. (um 1.435) Aššur-nirari II. (um 1.425) Aššur-bēl-nišešu (um 1.420) Aššur-bel-nišešu (1.419-11) Aššur-rim-nišešu (um 1.410) Aššur-nadin-aḫḫe (1.402-1.393) Eriba-Adad (1.392 - 1.366) Aššur-uballiṭ I. (1.365-1.330)	**Grossreich** Tutḫalija II. (1.460) Arnuwanda I. (1.440) Ḫattušili II. (1.420) Tutḫalija III. (1.400)	Sauštatar (um 1.445) Artatama (um 1.420) Šuttarna II. (um 1.400) Tušratta (um 1.380)	1.400
1.300	Nazimaruttaš (1.323 - 1.298) Kadašman-Turgu (1.297 - 80) Kadašman-Enlil II. (1.279 - 65) Kudur-Enlil I. (1.264 - 1.255) Šagarakti-Šuriaš (1.255 - 42) Kastiliaš IV. (1.242 - 1.235) Enlil-nadin-šumi, Kadašman-Ḫarbe II., Adad-šuma-iddina	Enlil-narari (1.329 - 1.320) Arik-den-ilu (1.319 - 1.308) Adad-narari I. (1.307 - 1.275) Šalmanassar I. (1.274 - 1.245) Tukulti-Ninurta I. (1.244 - 08) Aššur-nadin-apli (1.207 - 04)	Šuppululiuma I. (1.370) Arnuwanda II. (1.330) Muršili II. (1.300) Muwatalli (1.300) Urḫi-Tešup (Muršili III. (1.280) Ḫattušili III. (1.275) Tutḫalija IV. (1.250)	Artatama (um 1.350) Mattiwaza (um 1.330) Šattuara I. (um 1.300) Wašašatta (um 1.280) Šattuara II. (um 1.260)	1.300
1.200	Adad-šuma-uṣur (1.218 - 1.189) Melišiḫu (1.188 - 1.174) Marduk-apla-iddina (1.173 - 61) Zababa-šuma-iddina (1.160) Enlil-nadin-aḫḫe (1.159 - 57) **Letzter König der Kassiten**	Aššur-narari III., Iluḫaddā, Enlil-kudur-uṣṣur (1.197 - 93) Ninurta-apil-Ekur (1.192 - 80) Aššur-dan I. (1.179 - 1.134) Muttakil-Nusku, Ninurta-Tukulti-Aššur	Arnuwanda III. (1.220) Šupilulijama II. (1.200)	**Letzter König Mitannis**	1.200
			ISIN (2. Dynastie)		
1.100	Nabu-kudurri-uṣṣur I. (1.124-03) Enlil-nādin-apli (1.102-1.099) Marduk-nadin-aḫḫe (1.098-81) Marduk-šapik-zer-mati (80-68)	Aššur-reš-iši I. (1.133 - 1.116) Tiglat-Pileser I. (1.117-1.077) Aššur-id-apal-Ekur II. (1.076 - 75) Aššur-bel-kala (1.074 - 57	Marduk-kabit-aḫḫešu (1.156 - 1.139) Ninurta-nadin-šumi (1.130 - 1.125) Enlil-nadin-apli (1.102-1.099)	Itti-Marduk-balaṭu (1.138 - 1.131) Nabu-kudurri-uṣur I. (1.124 - 1.103) Marduk-nadin-aḫḫe (1.098 - 1.081)	1.100
1.000	Adad-apla-iddina (1.067 - 1.046) **II. Meerland-Dyn. (1.024-07/ Dyn. v. Bazi 1.003-984)** Mar-biti-apla-uṣṣur " der Elamiter" (985 - 980) Nabu-mukin-apli (979 - 944) Ninurta-kudurri-uṣṣur II. (944) Mar-bīti-aḫḫe-iddina (943 - ?)	Šamši-Adad II. (1.054 - 1.051) **Neuassyrische Zeit (~ 1.000 - ~ 600)** Aššur-rabi II. (1.010 - 970) Aššur-reš-iši (969 - 967) Tiglat-Pileser II. (966 - 935)	Marduk-šapik-zeri (1.080 - 1.068) Marduk-aḫḫe-eriba (1.045) Nabu-šumu-libur (1.032 - 1.025)	Adad-apli-iddina (1.067 - 1.046) Marduk-zer-x (1.044 - 1.033) **Letzter König Isins**	1.000
			Israel und Juda	**URARTU**	
900	Šamaš-mudammiq (um 905) Nabu-šuma-ukin I. (um 895) Nabu-apla-iddina (um 870) Marduk-zakir-šumi (um 854-19) Marduk-balassu-iqbi (818-13) Baba-aḫḫe-iddina (812) **5 unbekannte Könige**	Aššur-dan II. (934 - 912) Adad-nirari II. (912 - 891) Tukulti-Ninurta II. (890 - 885) Aššur-naṣir-apli II. (884-859) Šalmanassar III. (858 - 824) Šamši-Adad V. (823 - 811) Adad-narāri III. (810 - 783)	Saul (1.012 - 1.004) David (1.004 - 965) Salomo (964 - 926)	Aramu (um 860) Sardur I. (832 - 825)	900
800	Ninurta-apla-x, Marduk-bel-zeri, Marduk-apla-uṣur Eriba-marduk (um 770) Nabu-šuma-iškun (um 760-748) Nabu-nadin-uṣṣur (747 - 734) Nabu-šuma-ukin II. (732) Nabu-mukin-zeri (731 - 729) Tiglatpileser III. (Pulu) (728-27) Salmanassar V. (Ululaiu) (726-22) Merodaḫ-Baladan II. (721-10) Sargon II. (709 - 705) <----> Sanherib (704 - 703) <----> Marduk-zakir-šumi/ Merodaḫ-Baladan II. (703) Bel-ibni (702 - 700) Aššur-nadin-šumi (699 - 694)	Šalmanassar IV. (782 - 772) Aššur-dan III. (771 - 754) Aššur-narari V. (753 - 746) Tiglat-Pileser III. (745 - 727) Šalmanassar V. (726 - 722) Sargon II. (721 - 705) Sanherib (704 - 681)	Israel: Jerobeam I. (926 - 907) Nadab (907 - 906) Baesa (906 - 883) Ela (883 - 882) Simri (882) Tibni (882 - 878) Omri (878 - 871) Aḫab (871 - 852) Aḫasja (852 - 851) Joram (851 - 845) Juda: Rehabeam (926 - 910) Abija (910 - 908) Asa (908 - 868) Josaphat (868 - 847) Joram (847 - 845) 852 Mitregent Aḫasja (845) Athalia (845 - 840) Amazja (801 - 773)	Išpuini (824 - 806) Menua (805 - 788) Argišti I. (787 - 766) Sardur II. (765 - 733) Rusa I. (730 - 714)	800
700	Nergal-ušesib (693) Mušesib-Marduk (692 - 689) Sanherib (688 -681) Asarhaddon (680 - 669)<----> Šamaš-šum-ukin (667 - 648) Kandalanu (647 - 627) **Chaldäische Dynastie (spätbabylonische Zeit) (626 - 539)** Nabu-apla-uṣṣur (625 - 605)	Asarhaddon (680 - 669) Aššur-ban-apli (668 - 629?) Aššur-etel-ilani (629 - 627) Sin-šum-lišir Sîn-šar-iškun (626? - 612) Aššur-uballiṭ II. (611 - 609)	Israel: Jehu (845 - 818) Joahas (818 - 802) Joas (802 - 787) Jerobeam II. (787 - 747) Saḫarja, Sallum (747) Menaḫem (747 - 738) Pekaḫja (737 - 736) Juda: Asarja (773 - 736) 787 Mitregent Jotham (756 - 741) Mitregent Aḫas (736 - 726) 741 Mitregent Hiskia (725 - 697)	Argišti II. (713 - 680) Rusa II. (680 - 655) Sardur III. (654 - 640) Sardur IV. (639 - ?) Erimena (Daten <u>sehr</u> unsicher!)	700
600	Nabu-kudurri-uṣṣur II. (604-562) Awil-Marduk (561 - 560) Nergal-šar-uṣṣur (559 - 556) Labaši-Marduk (556) Nabu-na'id (555 - 539) **Letzter König** **Achaemeniden** Kambyses I. (um 600 - 559) Kyros II., der Gr. (558 - 530) Kambyses II. (529 - 522)	**Letzter König Assyriens** **(605 Fall von Karkemiš, Ende des assyr. Reiches)**	Israel: Pekaḫ (735 - 732) Hosea (731 - 723) **Besetzung durch Assyrien 722** Juda: Manasse (696 - 642) Amon (641 - 640) Josia (639 - 609) Joahas (609)	Rusa III. Rusa IV. (? - 585) **Letzter König Urartus (Fall 585)**	600
500	Bardiya, Nabu-kudurri-uṣṣur III. (522), dto IV. (521) Dareios I. (521 - 486) Xerxes I. (485 - 465) Bel-šimanni, Šamaš-eriba (482) Artaxerxes I. (464 - 424)		Juda: Jojakim (608 - 598) Jojaḫin (598 - 597) Zedekia (597 - 587) **Besetzung durch Babylonien 587**		500
400	Dareios II. (423 - 405) Artaxerxes II. (404 - 359) Artaxerxes III. (358 - 338) Arses (337 - 336) Dareios III. (335 - 331) **Letzter Achaemenidenkönig**			Quellen: Fischer Weltgeschichte: Bände 2, 3 und 4, Magnus-Kulturgeschichte "Mesopotamien" und Joan Oates: Babylon (Gondrom V.)	400

Beispiele zur Entwicklung der Keilschrift von der sumerischen bis zur neu-assyrischen Periode (um 3.000 - um 1.000) Tafel 3

um 3.000	um 2.900 (90 ° gedreht)	um 2.500 (in Ton)	um 2.500 (in Stein)	zw. 2.350 und 2.000	alt-babylonisch	neu-assyrisch	sumerisch/ *akkadisch*/ **deutsch**
							an *šamû* **Himmel** dingir *ilu* **Gott**
							ki *erṣetu* **Erde**
							lú *awīlu* **Mensch, Mann**
							sal *?* **Scham** munus *iššu* **Frau**
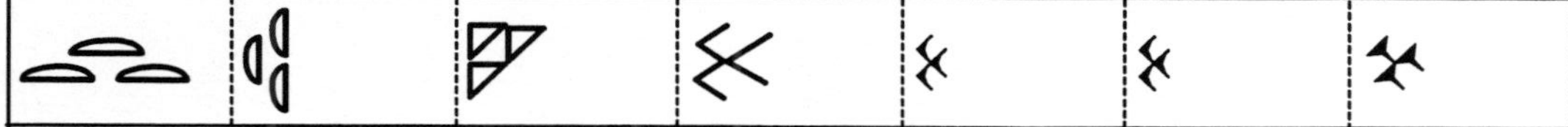							kur *šadû* **Berg, Gebirge**
							géme *amtu* **Sklavin**
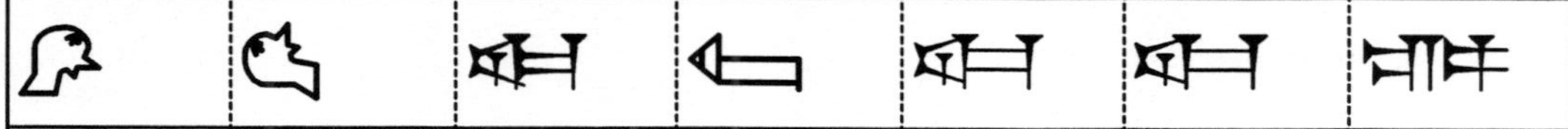							sag *rēšu* **Kopf**
							ka *pû* **Mund** dug *dabābu* **sprechen**
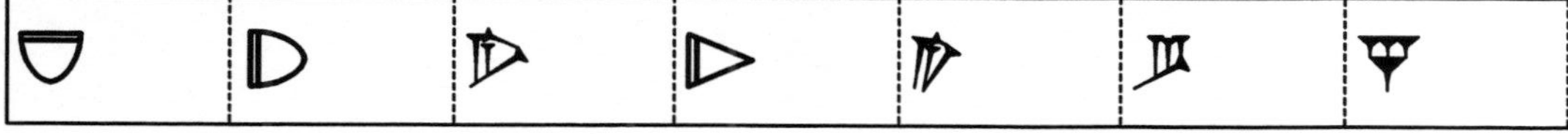							ninda *? makālu* **Schale, Speise**

Beispiele zur Entwicklung der Keilschrift von der sumerischen bis zur neu-assyrischen Periode (um 3.000 - um 1.000) Tafel 4

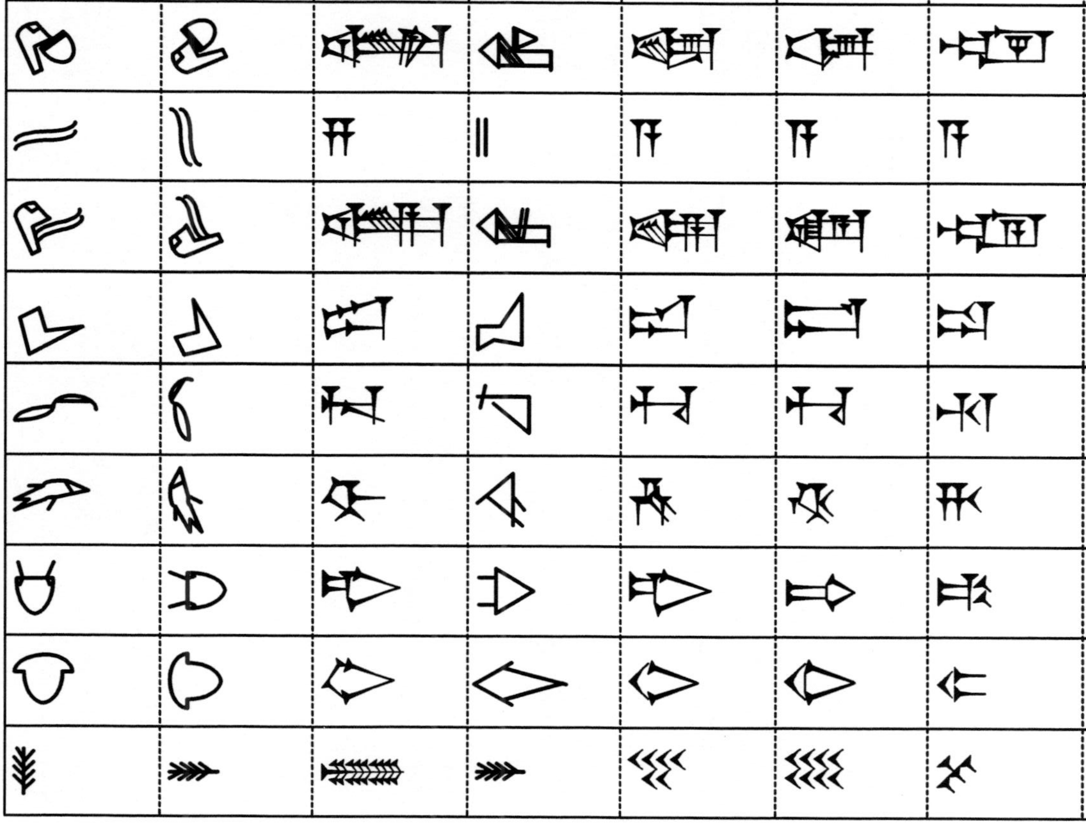

um 3.000	um 2.900 (90 ° gedreht)	um 2.500 (in Ton)	um 2.500 (in Stein)	zw. 2.350 und 2.000	alt-babylonisch	neu-assyrisch	sumerisch	*akkadisch*	**deutsch**
							gu$_7$	*akālu*	**essen**
							a	*mû*	**Wasser**
							nag	*šatû*	**trinken**
							du gub	*alāku* *izuzzu*	**gehen** **stehen**
							mušen	*iṣṣūru*	**Vogel**
							ḫa	*nūnu*	**Fisch**
							gud	*alpu*	**Rind**
							áb	*lītu*	**Kuh**
							še	*še'u*	**Getreide, Gerste**

Die Entwicklung des Alphabets im Raum Syrien/ Palaestina und ihre Auswirkung auf unsere heutige Schreibweise in Beispielen Tafel 5																							
	ugaritisch Keilschrift-1. Alphabet	Laut - wert	Alt-Phönikisch	Laut - wert	Zahl - wert	griech. (arch.) Theros, Melos 7. Jhdt.	Laut - wert	griech. (klassisch)	Laut - wert	Zahl - wert	heu-tiger Druck	Name der Buch-staben	hebräisch (Papyrus Nash) 2. Jhdt. u. Z.	Laut - wert	heu-tiger Druck	palmy-renisch 3.Jhdt.u.Z.	Laut - wert	syrisch Estrangelo 5.Jhdt.u.Z.	Laut - wert	arab. (isol. Form)	Laut - wert	Name der Buch-staben	Zahl - wert
1	𐎀	ʾ	𐤀 , 𐤀	a	1	Α , Α	a	Α	a	1	A	alpha	א, א, א	ʾ	a	𐡠	ʾ	ܐ	ʾ	ا	ʾ	ʾalif	1
2	𐎁	b	𐤁	b	2	Β, Β, Β	b	Β	b	2	B	bēta	ב, ב	b	c	𐡡	b	ܒ	b	ب	b	bā	2
3	𐎂	g	𐤂	g	3	Γ, Γ, Γ	g	Γ	g	3	Γ	gamma		g	d	𐡢	g	ܓ	g	ج	ğ	ğīm	3
4	𐎄	d	𐤃	d	4	Δ	d	Δ	d	4	Δ	delta	ד , ד	d	r	𐡣	d	ܕ	d	د	d	dāl	4
5	𐎛	e (i)				Ε , Ε	e	Ε	è	5	E	epsilon								ذ	ḏ	ḏāl	700
6	𐎜	u										digamma (Zahlen-) wert 6								ض	ḍ	ḍād	800
7	𐎅	h	𐤄	h	5						Z	zēta	ה, ה, ה	h	v	𐡤	h	ܗ	h	ه	h	hā	5
8	𐎆	w	𐤅 , 𐤅	w	6	Υ, Ϝ, V	u	Ϛ		6			ו , ו	w	u	𐡥	w	ܘ	w	و	w	wāw	6
9	𐎇	z	𐤆 , 𐤆	z	7	Ζ	z	Ι	z	7			ז	z	z	𐡦	z	ܙ	z	ز	z	zā	7
10	𐎈	ḥ	𐤇 , 𐤇	ḥ	8	Η , ⊟	h, ē	Η	ē	8	H	ēta	ח , ח	ḥ	w	𐡧	ḥ	ܚ	ḥ	ح	ḥ	ḥā	8
11	𐎃	ḫ																		خ	ḫ	ḫā	600
12	𐎉	ṭ	𐤈 , 𐤈	ṭ	9	⊕ , ⊙	th	⊙	th	9	Θ	thēta	ט , ט	ṭ	y	𐡨	ṭ	ܛ	ṭ	ط	ṭ	ṭā	9
13	𐎊	y	𐤉 , 𐤉	j	10	Ι, Ι, Ι, Ι	i	Ι	i	10	I	iōta	י , י	j	h	𐡩	j	ܝ	j	ي ، ى	j (i)	jā	10
14	𐎋	k	𐤊	k	20	Κ, Κ, Κ	k	Κ	k	20	K	kappa	כ, כ, ך	k	f , l	𐡪	k	ܟ, ܟ	k	ك	k	kāf	20
15	𐎍	l	𐤋, 𐤋, 𐤋	l	30	Λ, Λ, Λ	l	Λ	l	30	Λ	lambda	ל , ל	l	k	𐡫	l	ܠ	l	ل	l	lām	30
16	𐎎	m	𐤌 , 𐤌	m	40	Μ , Μ	m	Μ	m	40	M	mü	מ , ם	m	n , o	𐡬	m	ܡ, ܡ	m	م	m	mīm	40
17	𐎐	n	𐤍	n	50	Ν, Ν, Ν	n	Ν	n	50	N	nü	נ , ן	n	c , u	𐡮, 𐡭	n	ܢ , ܢ	n	ن	n	nūn	50
18	𐎒	s	𐤎 , 𐤎	s	60	Ϻ	s	Ξ	ks	60	Ξ	ksī	ס	s	o	𐡯	s	ܣ	s	س	s	sīn	60

Die Entwicklung des Alphabets im Raum Syrien/ Palaestina und ihre Auswirkung auf unsere heutige Schreibweise in Beispielen — Tafel 6

	ugaritisch Keilschrift- 1. Alphabet	Laut - wert	Alt-Phönikisch	Laut - wert	Zahl - wert	griech. (arch.) Theros, Melos 7. Jhdt.	Laut - wert	griech. (klassisch)	Laut - wert	Zahl - wert	heu-tiger Druck	Name der Buch-staben	hebräisch (Papyrus Nash) 2. Jhdt. u. Z.	Laut - wert	heu-tiger Druck	palmy-renisch 3.Jhdt.u.Z.	Laut - wert	syrisch Estrangelo 5.Jhdt.u.Z.	Laut - wert	arab. (isol. Form)	Laut - wert	Name der Buch-staben	Zahl - wert
19	𐎝	s_2																					
20	𐎓	ʿ	𐤏	ʿ	70	O , C	o	O	ŏ	70	O	omikron	ע	ʿ	g	𐡰	ʿ	ܥ	ʿ	ع	ʿ	ʿain	70
21	𐎙	ġ																		غ	ġ	ġain	1000
22	𐎔	p	𐤐	p	80	Γ , Γ	p	Γ	p	80	Π	pī	פ, פ, ף	p	p , Ü	𐡱	p, f	ܦ	p, f	ف	f	fā	80
23	𐎕	ṣ	𐤑 , 𐤑	ṣ	90			ϡ, ϡ		900		ṣādhē (Zahlen-) wert 900	צ, צ, ץ	ṣ (c)	m	𐡲	ṣ	ܨ	ṣ	ص	ṣ	ṣād	90
24	𐎑	ẓ																		ض	ẓ	ẓā	900
25	𐎖	q	𐤒 , 𐤒	q	100	Ϙ , Ϙ	q	ϟ, ϟ		90		qoppa	ק	q	e	𐡳	q	ܩ	q	ق	q	qāf	100
26	𐎗	r	𐤓	r	200	P , P , R	r	P	r	100	P	rhō	ר , ר	r	s	𐡴	r	ܪ	r	ر	r	rā	200
27	𐎌	š	𐤔 , 𐤔	š	300			Σ	s	200	Σ	sigma	ש	š (ś)	a	𐡵	š	ܫ	š	ش	š	šīn	300
28	𐎏	ž																					
29	𐎚	t	X, +, 𐤕	t	400	T , Y	t	T	t	300	T	tau	ת, ת, ת	t	w	𐡶	t	ܬ	t	ت	t	tā	400
30	𐎘	ṯ																		ث	ṯ	ṯā	500
31			𐤅	w				Y	ü	400	Y	üpsi-lon											
32								Φ	ph	500	Φ	phī											
33						↓	ks	X	kh	600	X	khī											
34								Ψ	ps	700	Ψ	psī											
35						⊙	ō	Ω	ō	800	Ω	ōmega											

Die jeweiligen Reihenfolgen entsprechen nicht denen der dazugehörigen " Alphabete ".
Vielmehr erfolgte die Ausrichtung an dem sogenannten "Ur-Keilschrift-Alphabet" von Ugarit!

Quelle (teilweise): "Universalgeschichte der Schrift" von Harald Haarmann, Campus Verlag u. a.

MASSE, GEWICHTE und ZEITEINHEITEN

Zeichen-Nr.	akkad. (SUM.) Name	heutiger Wert ca.
Hohlmasse:		
99	qû/ SÌLA	1 l
122, cf 464, 548, 550, 551	sūtu/ BÁN	10 l (später 6 l)
180	kurru/ GUR	300 l (später 180 l)
353	emāru	100 l
598, 748, cf nach 845	pars/ šiktu (pānu/ BARIGA)	60 l (später 36 l)
Flächenmasse		
113, cf 358	eblu	21.600 m^2
175	ikû/ IKU	3.600 m^2
541	muš/ sarû/ SAR	36 m^2
559	bur/ BUR	64.800 m^2
836	šiqlu/ GÍN	0,6 m^2
Längenmasse		
v. Soden ZA 58 192	ṣuppān	
141	qanû/ GI	3 m
302	bēru	10.000 m
381	UŠ	360 m
490	ammatu/ KUŠ	0,5 m (später 0,43 m)
567	ubānu/ ŠU.SI	ca. 2,5 cm (Zoll)
795	aslu	eine Elle (ca. 0,5 m)
859	nindānu/ NINDA	5,5 m
Gewichte		
179 und 176	biltu/ GÚN	30 kg
435	kisal	?
552	manû/ MA.NA	0,5 kg
579	uṭṭetu/ ŠE	1/ 20 g
836	šiqlu/ GÍN	8 1/3 g
579	uṭṭetu/ ŠE	0,05 g
Zeiteinheiten		
302	bēru	120 Min. (Doppelstunde)
381	UŠ	4 Min.

Quellennachweis

Zeichen aus dem C. Ḫ.	E. Bergmann, Codex Hammurabi, textus primigenius, editio tertia (Rom 1953).
Akkadischer Wortlaut	Babylonisch-Assyrische Lesestücke, R. Borger (1979)
Deutscher Wortlaut	Texte aus der Umwelt des Alten Testamentes, Band 1 (R. Borger u. a.)
Neuassyrische Zeichen	Linguist's Software, Ausgabe 1999 unter Bezugnahme auf die noch nicht erschienene neue Zeichenliste von R. Borger
Kurzexkurs in die akkadische Grammatik	Lehrbuch des Akkadischen (Langenscheidt) Einführung in das Akkadische (R. Caplice)
Masse, Gewichte und Zeiteinheiten	Assyrisch-Babylonische Zeichenliste, AOAT (R. Borger) und div. a.
Beschreibungen der Eigennamen	RLA, Buchstaben A - M, Die geheime Botschaft des Gilgamesch, Werner Papke im Weltbild Verlag. Lexikon der Götter und Dämonen, Manfred Lurker im Alfred Kröner Verlag. Kulturgeschichte des Alten Vorderasien, Horst Klengel u. a. im Akademie Verlag. Die Sumerer, Helmut Uhlig im Gondrom Verlag. Babylon, Joan Oates im Gondrom Verlag. Kulturgeschichte des Alten Orient, Hartmut Schmökel im Weltbild Verlag. Kunst-Geschichte "Der alte Orient", Band 18, Winfried Orthmann im Propyläen Verlag. Kulturgeschichte "Mesopotamien" H. W. F. Saggs im Magnus Verlag. Weltgeschichte, Bände 2 - 4 im Fischer Verlag Lexikon der Alten Welt im Weltbild Verlag. Handbuch Tempel-, Kult- und Ruinenstätten, Max-Otto Herrmann im VMA Verlag. Weltgeschichte, Band 1 im Propyläen Verlag. Das große Abenteuer Archäologie, Pörtner/ Niemeyer im Andreas Verlag. Alter Orient - Mythos und Wirklichkeit, H. Frankfort u. a. im Kohlhammer Verlag. Geschichte der Kunst im Alten Orient, Paolo Matthiae im Theis Verlag.
Zeittafeln	-> dort
Entwicklung der Schrift	-> dort und "Universalgeschichte der Schrift von Harald Haarmann (Campus Verlag)
Karte von Mesopotamien	Mit freundlicher Genehmigung des Andromeda-Verlages, London, GB
Umschlag-Vorderseite	Eigenes Bild